ANNE FRANK
Gesamtausgabe

Tagebücher – Geschichten und Ereignisse aus dem Hinterhaus – Erzählungen – Briefe – Fotos und Dokumente

Herausgegeben vom
Anne Frank Fonds, Basel

Aus dem Niederländischen
von Mirjam Pressler

Mit Beiträgen von Gerhard Hirschfeld,
Mirjam Pressler und Francine Prose

FISCHER Taschenbuch

Erschienen bei FISCHER Taschenbuch
Frankfurt am Main, Juni 2024

Die Texte von Mirjam Pressler und Gerhard Hirschfeld sowie die Editorischen Notizen wurden auf Deutsch, der Text von Francine Prose auf Englisch verfasst.

Redaktion: Rebekka Göpfert, Berlin

Satz: Dörlemann Satz, Lemförde
Druck und Bindung: CPI books GmbH, Leck
ISBN 978-3-596-71077-5

Inhalt

Botschaft und Erbe: Vorwort *7*

I. Texte von Anne Frank

Anne Frank Tagebuch – Edition Mirjam Pressler (Version d) unter Berücksichtigung der Fassung von Otto H. Frank (Version c) *11*

Geschichten und Ereignisse aus dem Hinterhaus beschrieben von Anne Frank *265*

Wurde eingebrochen? *267* · Der Zahnarzt *269* · Wursttag *270* · Der Floh *271* · Weißt du noch? *272* · Das beste Tischchen *275* · Anne in Theorie *278* · Der Streit über die Kartoffeln *280* · Der Abend und die Nacht im Hinterhaus *282* · Mittagspause *285* · Das Hinterhaus zu acht am Tisch *286* · Wenn die Uhr halb neune schlägt … *288* · Schufte! *289* · Die Pflicht des Tages in der Gemeinschaft: Kartoffelschälen! *290* · Die Freiheit im Hinterhaus *292* · Kaatje *294* · Die Portiersfamilie *296* · Mein erster Lyzeumstag *298* · Eine Biologiestunde *300* · Eine Mathematikstunde *302* · Evas Traum *304* · Pensionsgäste oder Untermieter *310* · Paulas Flug *313* · Filmstar-Illusionen *320* · Katrientje *326* · Sonntag *329* · Das Blumenmädchen *331* · Mein erstes Interview *333* · Der Sumpf des Verderbens *337* · Der Schutzengel *338* · Das Glück *340* · Angst *344* · Gib! *346* · Der kluge Zwerg *349* · Blurry, der Weltentdecker *353*

Weitere Erzählungen *365*

Die Fee *367* · [Riek] *370* · [Joke] *372* · Warum? *373* · Wer ist interessant? *375* · Cadys Leben *377*

Briefe *399*

Einträge in Poesiealben *415*

Das Schöne-Sätze-Buch *419*

[Das Ägyptenbuch] *455*

II. Fotos und Dokumente *469*

III. Hintergrund und Kontext

Mirjam Pressler: Anne Franks Leben *505*

Mirjam Pressler: Die Geschichte der Familie von Anne Frank *516*

Gerhard Hirschfeld: Der zeitgeschichtliche Kontext *527*

Francine Prose: Die Rezeptionsgeschichte *539*

IV. Anhang

Tagebuch Version a *555*

Tagebuch 1: 12. Juni 1942 bis 5. Dezember 1942 *557* · Tagebuch 2: 22. Dezember 1943 bis 17. April 1944 *604* · Tagebuch 3: 18. April 1944 bis 1. August 1944 *669*

Tagebuch Version b *709*

Tagebucheintrag vom 20. Juli 1942 *797*

Stammbaum der Familie Frank *798*

Zeittafel *801*

Auswahlbibliographie *803*

Die Übersetzerin und Beiträger *805*

Bildnachweis *807*

Editorische Nachbemerkung *809*

Botschaft und Erbe

Vorwort des Anne Frank Fonds, Basel

Das Werk von Anne Frank ist klein – und groß zugleich. Als die Familie Frank 1944 von den Nationalsozialisten aus dem Amsterdamer Versteck deportiert wurde, war Anne 15 Jahre alt. Die Familien im Hinterhaus wurden verraten. Anne und ihre Schwester starben nach der Deportation nach Auschwitz in Bergen-Belsen.

Vor diesem Hintergrund ist Anne Franks erhaltenes Werk immens. Erstmals werden in dieser Gesamtausgabe sämtliche bekannten Texte von Anne Frank publiziert. Tagebücher, Geschichten, Essays, Aufsätze und Briefe. Sie zeugen nicht nur von der außerordentlichen Begabung des in Frankfurt am Main geborenen Mädchens, sondern zeigen auch eine in der Familie gepflegte Schreibtradition und -kultur, die nicht nur Jugendlichen heute fast schon weltfremd erscheinen mag.

Mit der vorliegenden Gesamtausgabe macht der Anne Frank Fonds Basel alle Texte von Anne Frank in einem Band zugänglich und tut dies in einer populären Gesamtausgabe mit Kontext, Erklärungen sowie weiterführendem Material. Die Gesamtausgabe eignet sich als Primär- und Sekundärliteratur für Schülerinnen und Schüler sowie für den Unterricht. Mit Mirjam Pressler und Francine Prose versammelt das Buch renommierte Expertinnen für Anne Franks Texte und mit Gerhard Hirschfeld einen exzellenten und einschlägig ausgewiesenen Historiker.

Der Anne Frank Fonds Basel wurde 1963 von Anne Franks Vater Otto, dem einzigen Überlebenden der Familie, gegründet und als Universalerbe eingesetzt. Nach der ersten Publikation im Jahre 1947 und den weltweiten Reaktionen durfte Otto Frank hoffen, dass das Tagebuch nicht nur ein einzigartiges Zeugnis der Zeitgeschichte, sondern auch ein nachhaltiger Welterfolg werden könnte. Mit den Einnahmen aus dem Verkauf der Bücher, von Theater- und Filmrechten unterstützt der Anne Frank Fonds karitative und edukative Zwecke auf aller Welt im Sinne von Anne und Otto Frank.

Hauptanliegen des Anne Frank Fonds ist es, Anne Franks zeitlose Botschaft von Frieden, Gerechtigkeit und Humanismus in jeder Generation neu in die Welt hinauszutragen mit den authentischen Texten. Zugleich ist es seit jeher ein Anliegen des Anne Frank Fonds Basel, die Geschichte der jüdischen Familie Frank im historischen und kulturellen Kontext ganzheitlich darzustellen. Mit der vorliegenden Publikation aller Texte von Anne Frank schließt sich eine Lücke und gleichsam ein Kreis in ihrem Schaffen.

Basel, Oktober 2013

Weitere Informationen finden sich unter www.annefrank.ch

Teil I

Texte von Anne Frank

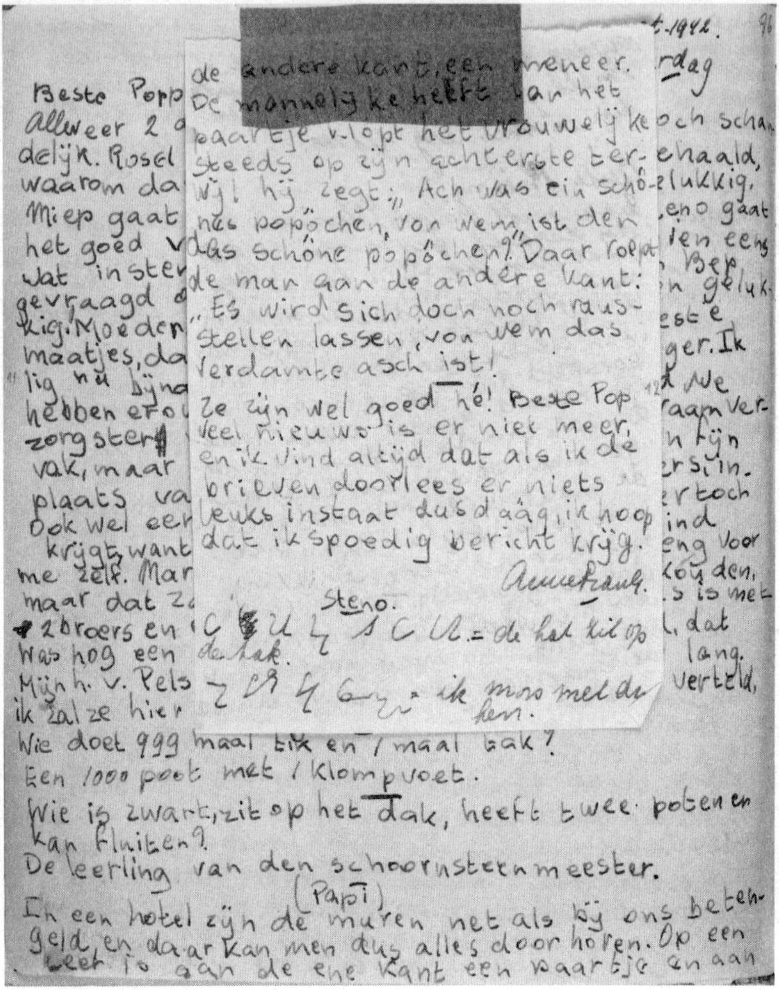

de andere kant, een meneer.
De mannelijke heeft van het
paartje klopt het vrouwelijke
steeds op zijn achterste ter-
wijl hij zegt: „Ach was ein schö-
nes pöpöchen, von wem ist den
das schöne pöpöchen?" Daar roept
de man aan de andere kant:
„Es wird sich doch noch raus-
stellen lassen, von wem das
verdamnte asch ist!
Ze zijn wel goed hé! Beste Pop
veel nieuws is er niet meer,
en ik vind altijd dat als ik de
brieven doorlees er niets
leuks instaat dus dag, ik hoop
dat ik spoedig bericht krijg.
Annefrank.

Wie doet 999 maal tik en 1 maal tak?
Een 1000 poot met 1 klompvoet.
Wie is zwart, zit op het dak, heeft twee poten en
kan fluiten?
De leerling van den schoorsteenmeester.
(Papi)
In een hotel zijn de muren net als bij ons beteh-
geld, en daar kan men dus alles door horen. Op een
keer is aan de ene kant een paartje en aan

Tagebucheintrag vom 22. Oktober 1942

Anne Frank Tagebuch

Edition Mirjam Pressler (Version d) unter Berücksichtigung der Fassung von Otto H. Frank (Version c)

Editorische Notiz

Anne Frank führte vom 12. Juni 1942 bis 1. August 1944 Tagebuch. Bis zum Frühjahr 1944 schrieb sie ihre Briefe an »Kitty« nur für sich selbst. Dann hörte sie im Radio aus London den niederländischen Erziehungsminister im Exil, der davon sprach, dass man nach dem Krieg alles über die Leiden des niederländischen Volkes während der deutschen Besatzung sammeln und veröffentlichen müsse. Als Beispiel führte er unter anderem Tagebücher an. Unter dem Eindruck dieser Rede beschloss Anne Frank, nach Kriegsende ein Buch zu veröffentlichen. Ihr Tagebuch sollte dafür als Grundlage dienen.

Sie begann, ihr Tagebuch ab- und umzuschreiben, korrigierte, ließ Passagen weg, die sie für uninteressant hielt, und fügte anderes aus ihrer Erinnerung hinzu. Gleichzeitig führte sie ihr ursprüngliches Tagebuch weiter, das Version a genannt wird, im Unterschied zu Version b, dem umgearbeiteten zweiten Tagebuch. Version a und Version b sind erstmals in einer durchgängig lesbaren Fassung im Anhang dieses Buches abgedruckt, um die Genese der heute weltweit verbindlichen Fassung d zu verdeutlichen.

Anne Franks letzter Eintrag datiert vom 1. August 1944. Am 4. August wurden die acht untergetauchten Juden, also die Bewohner des Hinterhauses in der Amsterdamer Prinsengracht 263, von der »Grünen Polizei« abgeholt. Miep Gies und Bep Voskuijl stellten noch am Tag der Verhaftung die Aufzeichnungen Anne Franks sicher. Miep Gies bewahrte sie in ihrem Schreibtisch auf und übergab sie nach dem Krieg ungelesen Otto H. Frank, Annes Vater, als endgültig feststand, dass Anne nicht mehr lebte.

Otto Frank entschloss sich nach reiflicher Überlegung, den Wunsch seiner toten Tochter zu erfüllen und ihre Aufzeichnungen als Buch zu veröffentlichen. Dazu stellte er aus beiden Fassungen von Anne, der ursprünglichen (Version a) und der von ihr selbst umgearbeiteten (Version b), eine gekürzte dritte (Version c) zusammen. Der Text sollte in einer Buchreihe erscheinen, deren Umfang vom niederländischen Verlag vorgegeben war.

Als das Buch 1947 in den Niederlanden publiziert wurde, war es noch nicht üb-

lich, ungezwungen über sexuelle Themen zu schreiben, besonders nicht in Jugendbüchern. Ein anderer wichtiger Grund, ganze Passagen oder bestimmte Formulierungen nicht aufzunehmen, war, dass Otto Frank das Andenken an seine Frau und die anderen Schicksalsgenossen des Hinterhauses schützen wollte. Anne Frank schrieb im Alter von dreizehn bis fünfzehn Jahren und äußerte in ihren Aufzeichnungen ihre Abneigungen und ihren Ärger ebenso deutlich wie ihre Zuneigungen.

Otto Frank starb 1980. Die Originalaufzeichnungen seiner Tochter vermachte er testamentarisch dem Rijksinstituut voor Oorlogsdocumentatie (heute: NIOD Institut voor Oorlogs-, Holocaust- en Genocidestudies – Niederländisches Staatliches Institut für Kriegsdokumentation) in Amsterdam. Da seit den fünfziger Jahren die Echtheit des Tagebuchs immer wieder angezweifelt wurde, ließen die Wissenschaftler des Instituts sämtliche Aufzeichnungen prüfen. Erst als die Echtheit zweifelsfrei feststand, veröffentlichten sie sämtliche Tagebuchaufzeichnungen von Anne Frank, zusammen mit den Ergebnissen ihrer Forschungen 1986 in einer Kritischen Ausgabe unter dem Titel »Die Tagebücher der Anne Frank«: Sie hatten dabei unter anderem die familiären Hintergründe, die Umstände der Verhaftung und Deportation, die verwendeten Schreibmaterialien und die Schrift von Anne Frank untersucht und in ihrem umfangreichen Werk auch die Verbreitung des Tagebuchs beschrieben.

Der Anne Frank Fonds in Basel, der als Universalerbe von Otto Frank sämtliche Autorenrechte dessen Tochter geerbt hat, entschloss sich im Jahr 1986, von den inzwischen vorliegenden Texten Anne Franks weitere Passagen in die neue Fassung aufzunehmen. Die von Otto Frank geleistete editorische Arbeit, die dem Tagebuch zu großer Verbreitung und politischer Bedeutung verholfen hat, wird dadurch in keiner Weise geschmälert. Mit der Redaktion wurde die Autorin und Übersetzerin Mirjam Pressler beauftragt. Dabei wurden die Tagebuchversionen a und b zu einer Leseausgabe zusammengeführt, die nun weltweit in über 80 Sprachen und über 100 Ländern publiziert worden ist. Diese vom Anne Frank Fonds autorisierte Fassung ist wesentlich umfangreicher als die Version c und wird heute als Version d bezeichnet. Sie soll dem Leser einen tieferen Einblick in die Welt der Anne Frank ermöglichen und ist die heute weltweit verbindliche Fassung, die im Folgenden abgedruckt wird.

Ende der neunziger Jahre tauchten fünf bisher unbekannte Manuskriptseiten auf. Mit Erlaubnis des Anne Frank Fonds wurde nun auch eine längere Passage mit dem Datum 8. Februar 1944 aufgenommen und dem bereits existierenden Eintrag desselben Datums hinzugefügt. Die kurze Fassung des Eintrags vom 20. Juli 1942 wurde nicht berücksichtigt, weil bereits eine ausführlichere Ver-

sion im Tagebuch existiert. Ferner wurde der Eintrag vom 7. November 1942 auf den 30. Oktober 1943 verschoben, wo er nach neuesten Erkenntnissen hingehört.
Als Anne Frank ihre zweite Version (Version b) schrieb, legte sie fest, welche Pseudonyme sie den Personen in einem zu veröffentlichenden Buch geben wollte. Sich selbst wollte sie zuerst Anne Aulis, dann Anne Robin nennen. Otto Frank hat diese Namen nicht übernommen, sondern den Familiennamen beibehalten; ihre Namensvorschläge für die anderen Personen hat er hingegen berücksichtigt. Die Helfer, die heute allgemein bekannt sind, verdienen es, namentlich genannt zu werden; die Namen aller anderen Personen entsprechen der Kritischen Ausgabe: In Fällen, in denen die Personen anonym bleiben wollten, wurden die vom Rijksinstituut willkürlich gewählten Anfangsbuchstaben zum Teil übernommen; einige der Kürzel wurden für die vorliegende Ausgabe aufgelöst.
Die richtigen Namen der Versteckten waren: Familie van Pels (aus Osnabrück): Auguste (geboren 29. 9. 1890), Hermann (geboren 31. 3. 1889), Peter (geboren 8. 11. 1926) van Pels; von Anne genannt: Petronella, Hans und Alfred van Daan; in Version d: Petronella, Hermann und Peter van Daan.
Fritz Pfeffer (geboren 1889 in Gießen); von Anne und in Version d genannt: Albert Dussel.
Schreibfehler von Eigennamen wurden stillschweigend korrigiert.

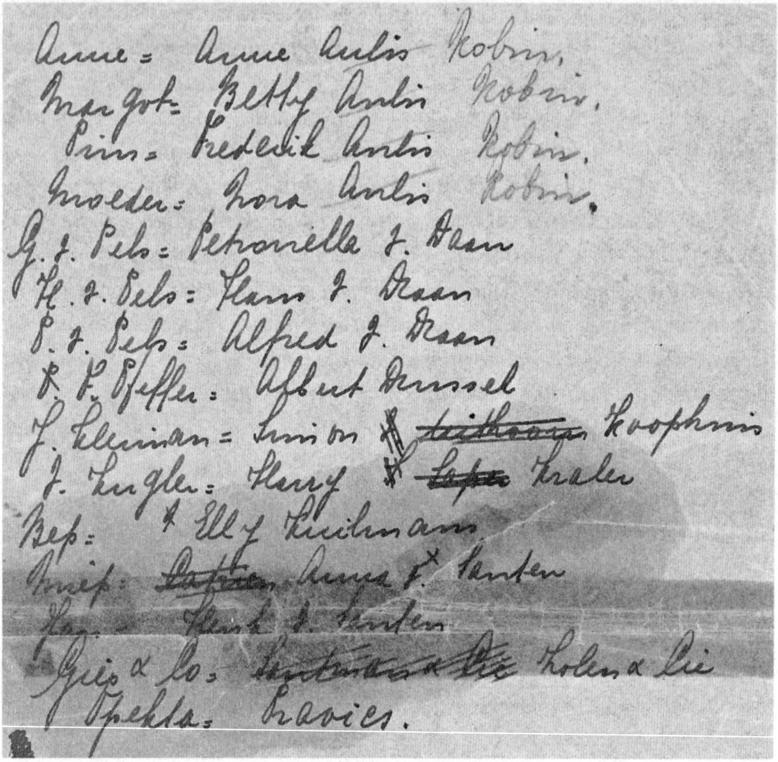

Anne Franks Liste der geplanten Namensänderungen

Anne = Anne Aulis Robin.
Margot = Betty Aulis Robin.
Pim = Frederik Aulis Robin.
Mutter = Nora Aulis Robin.
G. v. Pels = Petronella v. Daan
H. v. Pels = Hans v. Daan
P. v. Pels = Alfred v. Daan
F. Pfeffer = Albert Dussel

J. Kleiman = Simon Koophuis
V. Kugler = Harry Kraler
Bep = Elly Kuilmans
Miep = Anne v. Santen
Jan = Henk v. Santen
Gis & Co = Kolen & Cie
Opekta = Travies.

12. Juni 1942

Ich werde, hoffe ich, dir alles anvertrauen können, wie ich es noch bei niemandem gekonnt habe, und ich hoffe, du wirst mir eine große Stütze sein.

28. September 1942 (Nachtrag)

Ich habe bis jetzt eine große Stütze an dir gehabt. Auch an Kitty, der ich jetzt regelmäßig schreibe. Diese Art, Tagebuch zu schreiben, finde ich viel schöner, und ich kann die Stunde fast nicht abwarten, wenn ich Zeit habe, in dich zu schreiben.

Ich bin, oh, so froh, dass ich dich mitgenommen habe!

Sonntag, 14. Juni 1942

Ich werde mit dem Augenblick beginnen, als ich dich bekommen habe, das heißt, als ich dich auf meinem Geburtstagstisch liegen gesehen habe (denn das Kaufen, bei dem ich auch dabei gewesen bin, zählt nicht).

Am Freitag, dem 12. Juni, war ich schon um sechs Uhr wach, und das ist sehr begreiflich, da ich Geburtstag hatte. Aber um sechs Uhr durfte ich noch nicht aufstehen, also musste ich meine Neugier noch bis Viertel vor sieben bezwingen. Dann ging es nicht länger. Ich lief ins Esszimmer, wo ich von Moortje, unserer Katze, mit Purzelbäumen begrüßt wurde.

Kurz nach sieben ging ich zu Papa und Mama und dann ins Wohnzimmer, um meine Geschenke auszupacken. An erster Stelle warst du es, die ich zu sehen bekam und was wahrscheinlich eines von meinen schönsten Geschenken ist. Dann ein Strauß Rosen, eine Topfpflanze und zwei Pfingstrosen. Von Papa und Mama habe ich eine blaue Bluse bekommen, ein Gesellschaftsspiel, eine Flasche Traubensaft, der ein bisschen nach Wein schmeckt (Wein wird ja aus Trauben gemacht), ein Puzzle, Creme, Geld und einen Gutschein für zwei Bücher. Dann bekam ich noch ein Buch, »Camera Obscura«, aber das hat Margot schon, darum habe ich es getauscht, selbst gebackene Plätzchen (von mir gebacken, natürlich, denn im Plätzchenbacken bin ich zur Zeit stark), viele Süßigkeiten und eine Erdbeertorte von Mutter. Auch einen Brief von Omi, ganz pünktlich, aber das ist natürlich Zufall.

Dann kam Hanneli, um mich abzuholen, und wir gingen zur Schule. In der Pause bewirtete ich Lehrer und Schüler mit Butterkeksen, dann ging es wieder an die Arbeit.

Ich kam erst um fünf Uhr nach Hause, weil ich zum Turnen gegangen war

(obwohl ich nie mitmachen darf, da ich mir leicht Arme und Beine ausrenke) und für meine Klassenkameraden Volleyball als Geburtstagsspiel ausgesucht habe. Sanne Ledermann war schon da. Ilse Wagner, Hanneli Goslar und Jacqueline van Maarsen habe ich mitgebracht, die sind bei mir in der Klasse. Hanneli und Sanne waren früher meine besten Freundinnen, und wer uns zusammen sah, sagte immer: »Da laufen Anne, Hanne und Sanne.« Jacqueline van Maarsen habe ich erst auf dem Jüdischen Lyzeum kennengelernt, sie ist jetzt meine beste Freundin. Ilse ist Hannelis beste Freundin, und Sanne geht in eine andere Schule und hat dort ihre Freundinnen.
Sie haben mir ein tolles Buch geschenkt, »Niederländische Sagen und Legenden«, aber sie haben mir aus Versehen den zweiten Band gegeben. Deshalb habe ich zwei andere Bücher gegen den ersten Band getauscht. Tante Helene hat noch ein Puzzle gebracht, Tante Stephanie eine Brosche und Tante Leny ein tolles Buch, nämlich »Daisys Ferien im Gebirge«.
Heute Morgen im Bad dachte ich darüber nach, wie herrlich es wäre, wenn ich so einen Hund wie Rin-tin-tin[1] hätte. Ich würde ihn dann auch Rin-tin-tin nennen, und er würde in der Schule immer beim Pedell oder, bei schönem Wetter, im Fahrradunterstand sein.

Montag, 15. Juni 1942

Sonntagnachmittag war meine Geburtstagsfeier. Rin-tin-tin hat meinen Klassenkameraden gut gefallen. Von Miep habe ich eine Brosche bekommen, und von Leny auch eine Brosche. Von Nanny Blitz ein Lesezeichen und von den anderen noch zwei Bücher.
Ich möchte noch einiges von meiner Klasse und der Schule erzählen und will mit ein paar Schülern anfangen.
Betty Bloemendaal sieht ein bisschen ärmlich aus, ist es, glaube ich, auch. Sie ist in der Schule sehr gescheit. Aber das liegt daran, dass sie so fleißig ist, denn nun lässt die Gescheitheit schon was zu wünschen übrig. Sie ist ein ziemlich ruhiges Mädchen.
Jacqueline van Maarsen gilt als meine beste Freundin. Aber eine wirkliche Freundin habe ich noch nie gehabt. Bei Jacque dachte ich erst, sie könnte es werden, aber es ist schiefgegangen.
Lenij Duijzend ist sehr nervös, vergisst alles mögliche und bekommt Strafarbeit um Strafarbeit. Sie ist sehr gutmütig, vor allem Miep Lobatto gegen-

1 Rin-tin-tin hieß der Hund in einem bekannten Kinderfilm; A. d. Ü.

über. Nannie Blitz schwätzt so entsetzlich, dass es nicht mehr schön ist. Wenn sie einen etwas fragt, fasst sie einen immer an den Haaren oder Knöpfen an. Man sagt, dass Nannie mich nicht ausstehen kann. Aber das ist nicht schlimm, weil ich sie auch nicht sehr sympathisch finde.
Henny Metz ist fröhlich und nett, nur spricht sie sehr laut und ist, wenn sie auf der Straße spielt, sehr kindisch. Es ist sehr schade, dass sie eine Freundin hat, Beppy, die einen schlechten Einfluss auf sie hat, weil dieses Mädchen schrecklich schmutzig und schweinisch ist.
Über Danka Zajde könnten ganze Romane geschrieben werden. Sie ist ein angeberisches, tuschelndes, ekliges, erwachsentuendes, hinterhältiges Mädchen. Sie hat Jacque eingewickelt, und das ist schade. Sie weint beim kleinsten Anlass und ist schrecklich zimperlich. Immer muss Fräulein Danka recht haben. Sie ist sehr reich und hat einen ganzen Schrank voll mit goldigen Kleidern, in denen sie aber viel zu alt aussieht. Das Mädchen bildet sich ein, sehr schön zu sein, aber sie ist gerade das Gegenteil. Danka und ich können einander nicht ausstehen.
Ilse Wagner ist ein fröhliches und nettes Mädchen, aber sie ist sehr genau und kann stundenlang jammern. Ilse mag mich ziemlich gern. Sie ist auch sehr gescheit, aber faul.
Hanneli Goslar oder Lies, wie sie in der Schule genannt wird, ist ein bisschen eigenartig. Sie ist meist schüchtern und zu Hause sehr frech. Sie tratscht alles, was man ihr erzählt, an ihre Mutter weiter. Aber sie hat eine offene Meinung, und vor allem in der letzten Zeit schätze ich sie sehr.
Nannie v. Praag-Sigaar ist ein kleines, gescheites Mädchen. Ich finde sie ganz nett. Sie ist ziemlich klug. Viel ist über sie nicht zu sagen.
Eefje de Jong finde ich großartig. Sie ist erst zwölf Jahre alt, aber ganz und gar eine Dame. Sie tut, als wäre ich ein Baby. Und sie ist sehr hilfsbereit, deshalb mag ich sie auch.
Miep Lobatto ist das schönste Mädchen in der Klasse. Sie hat ein liebes Gesicht, ist aber in der Schule ziemlich dumm. Ich glaube, dass sie sitzenbleibt, aber das sage ich natürlich nicht zu ihr.
(Nachtrag)
Sie ist zu meiner großen Verwunderung doch nicht sitzengeblieben.
Und am Schluss von uns zwölf Mädchen sitze ich, neben Miep Lobatto.
Über die Jungen lässt sich viel, aber auch wenig sagen.
Maurice Coster ist einer von meinen vielen Verehrern, aber er ist ein ziemlich unangenehmer Junge.
Sally Springer ist ein schrecklich schweinischer Junge, und es geht das Ge-

rücht um, dass er gepaart hat. Trotzdem finde ich ihn toll, denn er ist sehr witzig.
Emiel Bonewit ist der Verehrer von Miep Lobatto, aber sie macht sich nicht viel daraus. Er ist ziemlich langweilig.
Rob Cohen war auch verliebt in mich, aber jetzt kann ich ihn nicht mehr ausstehen. Er ist heuchlerisch, verlogen, weinerlich, verrückt und unangenehm und bildet sich schrecklich viel ein.
Max van de Velde ist ein Bauernjunge aus Medemblik, aber ganz annehmbar, würde Margot sagen.
Herman Koopman ist auch arg schweinisch, genau wie Jopie de Beer, der ein richtiger Schürzenjäger ist.
Leo Blom ist der Busenfreund von Jopie de Beer und auch vom Schweinischsein angesteckt.
Albert de Mesquita kommt von der Montessorischule und hat eine Klasse übersprungen. Er ist sehr klug.
Leo Slager kommt von derselben Schule, ist aber nicht so klug.
Ru Stoppelmon ist ein kleiner, verrückter Junge aus Almelo, der erst später in die Klasse gekommen ist.
Pim Pimentel tut alles, was nicht erlaubt ist.
Jacques Kokernoot und Pam sitzen hinter uns, und wir lachen uns oft krank (Miep und ich).
Harry Schaap ist der anständigste Junge aus unserer Klasse, er ist nett.
Werner Joseph auch, ist aber zu still und wirkt dadurch langweilig.
Sam Salomon ist ein Rabauke aus der Gosse, ein Mistjunge. (Verehrer!)
Appie Riem ist ziemlich orthodox, aber auch ein Dreckskerl. Jetzt muss ich aufhören. Beim nächsten Mal habe ich wieder so viel in dich zu schreiben, d. h. dir zu erzählen. Tschüs! Ich finde dich so toll!

Samstag, 20. Juni 1942

Es ist für jemanden wie mich ein eigenartiges Gefühl, Tagebuch zu schreiben. Nicht nur, dass ich noch nie geschrieben habe, sondern ich denke auch, dass sich später keiner, weder ich noch ein anderer, für die Herzensergüsse eines dreizehnjährigen Schulmädchens interessieren wird. Aber darauf kommt es eigentlich nicht an, ich habe Lust zu schreiben und will mir vor allem alles Mögliche gründlich von der Seele reden.
Papier ist geduldiger als Menschen. Dieses Sprichwort fiel mir ein, als ich an einem meiner leicht-melancholischen Tage gelangweilt am Tisch saß, den

Kopf auf den Händen, und vor Schlaffheit nicht wusste, ob ich weggehen oder lieber zu Hause bleiben sollte, und so schließlich sitzen blieb und weitergrübelte. In der Tat, Papier ist geduldig. Und weil ich nicht die Absicht habe, dieses kartonierte Heft mit dem hochtrabenden Namen »Tagebuch« jemals jemanden lesen zu lassen, es sei denn, ich würde irgendwann in meinem Leben »den« Freund oder »die« Freundin finden, ist es auch egal.

Nun bin ich bei dem Punkt angelangt, an dem die ganze Tagebuch-Idee angefangen hat: Ich habe keine Freundin.

Um noch deutlicher zu sein, muss hier eine Erklärung folgen, denn niemand kann verstehen, dass ein Mädchen von dreizehn ganz allein auf der Welt steht. Das ist auch nicht wahr. Ich habe liebe Eltern und eine Schwester von sechzehn, ich habe, alle zusammengezählt, mindestens dreißig Bekannte oder was man so Freundinnen nennt. Ich habe einen Haufen Anbeter, die mir alles von den Augen ablesen und sogar, wenn's sein muss, in der Klasse versuchen, mit Hilfe eines zerbrochenen Taschenspiegels einen Schimmer von mir aufzufangen. Ich habe Verwandte und ein gutes Zuhause. Nein, es fehlt mir offensichtlich nichts, außer »die« Freundin. Ich kann mit keinen von meinen Bekannten etwas anderes tun als Spaß machen, ich kann nur über alltägliche Dinge sprechen und werde nie intimer mit ihnen. Das ist der Haken. Vielleicht liegt dieser Mangel an Vertraulichkeit auch an mir. Jedenfalls ist es so, leider, und nicht zu ändern. Darum dieses Tagebuch.

Um nun die Vorstellung der ersehnten Freundin in meiner Phantasie noch zu steigern, will ich nicht einfach Tatsachen in mein Tagebuch schreiben wie alle andern, sondern ich will dieses Tagebuch die Freundin selbst sein lassen, und diese Freundin heißt *Kitty*.

Meine Geschichte! (Idiotisch, so etwas vergisst man nicht.)

Weil niemand das, was ich Kitty erzähle, verstehen würde, wenn ich so mit der Tür ins Haus falle, muss ich, wenn auch ungern, kurz meine Lebensgeschichte wiedergeben.

Mein Vater, der liebste Schatz von einem Vater, den ich je getroffen habe, heiratete erst mit 36 Jahren meine Mutter, die damals 25 war. Meine Schwester Margot wurde 1926 in Frankfurt am Main geboren, in Deutschland. Am 12. Juni 1929 folgte ich. Bis zu meinem vierten Lebensjahr wohnte ich in Frankfurt. Da wir Juden sind, ging dann mein Vater 1933 in die Niederlande. Er wurde Direktor der Niederländischen Opekta Gesellschaft zur Marmeladeherstellung. Meine Mutter, Edith Frank-Holländer, fuhr im September auch nach Holland, und Margot und ich gingen nach Aachen, wo unsere Großmutter wohnte. Margot ging im Dezember nach Holland und ich im

Februar, wo ich als Geburtstagsgeschenk für Margot auf den Tisch gesetzt wurde.
Ich ging bald in den Kindergarten der Montessorischule. Dort blieb ich bis sechs, dann kam ich in die erste Klasse. In der 6. Klasse kam ich zu Frau Kuperus, der Direktorin. Am Ende des Schuljahres nahmen wir einen herzergreifenden Abschied voneinander und weinten beide, denn ich wurde am Jüdischen Lyzeum angenommen, in das Margot auch ging.
Unser Leben verlief nicht ohne Aufregung, da die übrige Familie in Deutschland nicht von Hitlers Judengesetzen verschont blieb. Nach den Pogromen 1938 flohen meine beiden Onkel, Brüder von Mutter, nach Amerika, und meine Großmutter kam zu uns. Sie war damals 73 Jahre alt.
Ab Mai 1940 ging es bergab mit den guten Zeiten: erst der Krieg, dann die Kapitulation, der Einmarsch der Deutschen, und das Elend für uns Juden begann. Judengesetz folgte auf Judengesetz, und unsere Freiheit wurde sehr beschränkt. Juden müssen einen Judenstern tragen; Juden müssen ihre Fahrräder abgeben; Juden dürfen nicht mit der Straßenbahn fahren; Juden dürfen nicht mit einem Auto fahren, auch nicht mit einem privaten; Juden dürfen nur von 3–5 Uhr einkaufen; Juden dürfen nur zu einem jüdischen Frisör; Juden dürfen zwischen 8 Uhr abends und 6 Uhr morgens nicht auf die Straße; Juden dürfen sich nicht in Theatern, Kinos und an anderen dem Vergnügen dienenden Plätzen aufhalten; Juden dürfen nicht ins Schwimmbad, ebenso wenig auf Tennis-, Hockey- oder andere Sportplätze; Juden dürfen nicht rudern; Juden dürfen in der Öffentlichkeit keinerlei Sport treiben; Juden dürfen nach acht Uhr abends weder in ihrem eigenen Garten noch bei Bekannten sitzen; Juden dürfen nicht zu Christen ins Haus kommen; Juden müssen auf jüdische Schulen gehen und dergleichen mehr. So ging unser Leben weiter, und wir durften dies nicht und das nicht. Jacque sagt immer zu mir: »Ich traue mich nichts mehr zu machen, ich habe Angst, dass es nicht erlaubt ist.«
Im Sommer 1941 wurde Oma sehr krank. Sie musste operiert werden, und aus meinem Geburtstag wurde nicht viel. Im Sommer 1940 auch schon nicht, da war der Krieg in den Niederlanden gerade vorbei. Oma starb im Januar 1942. Niemand weiß, wie oft <u>ich</u> an sie denke und sie noch immer liebhabe. Dieser Geburtstag 1942 ist dann auch gefeiert worden, um alles nachzuholen, und Omas Kerze stand daneben.
Aber es ist noch auszuhalten, trotz Stern, getrennter Schulen, Sperrstunde usw. usw. Margot und ich sind im Oktober 1941 ins Jüdische Lyzeum übergewechselt, sie in die 4. Klasse, ich in die 1. Uns vieren geht es noch immer

gut, und so bin ich dann bei dem heutigen Datum angelangt, an dem die feierliche Einweihung meines Tagebuchs beginnt, dem 20. Juni 1942.

Samstag, 20. Juni 1942

Liebe Kitty!
Dann fange ich gleich an. Es ist schön ruhig, Vater und Mutter sind ausgegangen, Margot ist mit ein paar jungen Leuten zu ihrer Freundin zum Pingpongspielen. Ich spiele in der letzten Zeit auch sehr viel, sogar so viel, dass wir fünf Mädchen einen Club gegründet haben. Der Club heißt »Der Kleine Bär minus 2«. Ein verrückter Name, der auf einem Irrtum beruht. Wir wollten einen besonderen Namen und dachten wegen unserer fünf Mitglieder sofort an die Sterne, an den Kleinen Bären. Wir meinten, er hätte fünf Sterne, aber da haben wir uns geirrt, er hat sieben, genau wie der Große Bär. Daher das »minus zwei«. Ilse Wagner hat ein Pingpongspiel, und das große Esszimmer der Wagners steht uns immer zur Verfügung. Da wir Pingpongspielerinnen vor allem im Sommer gerne Eis essen und das Spielen warm macht, endet es meistens mit einem Ausflug zum nächsten Eisgeschäft, das für Juden erlaubt ist, die Oase oder das Delphi. Nach Geld oder Portemonnaie suchen wir überhaupt nicht mehr, denn in der Oase ist es meistens so voll, dass wir immer einige großzügige Herren aus unserem weiten Bekanntenkreis oder den einen oder anderen Verehrer finden, die uns mehr Eis anbieten, als wir in einer Woche essen können.
Ich nehme an, du bist ein bisschen erstaunt über die Tatsache, dass ich, so jung ich bin, über Verehrer spreche. Leider (in einigen Fällen auch nicht leider) scheint dieses Übel auf unserer Schule unvermeidbar zu sein. Sobald mich ein Junge fragt, ob er mit mir nach Hause radeln darf, und wir ein Gespräch anfangen, kann ich in neun von zehn Fällen damit rechnen, dass der betreffende Jüngling die Gewohnheit hat, sofort in Feuer und Flamme zu geraten, und mich nicht mehr aus den Augen lässt. Nach einiger Zeit legt sich die Verliebtheit wieder, vor allem, weil ich mir aus feurigen Blicken nicht viel mache und lustig weiterradle. Wenn es mir manchmal zu bunt wird, schlenkere ich ein bisschen mit dem Rad, die Tasche fällt runter, und der junge Mann muss anstandshalber absteigen. Wenn er mir die Tasche zurückgegeben hat, habe ich längst ein anderes Gesprächsthema angefangen. Das sind aber noch die Unschuldigen. Es gibt auch einige, die mir Kusshändchen zuwerfen oder versuchen, mich am Arm zu nehmen. Aber da sind sie bei mir an der falschen Adresse! Ich steige ab und weigere mich, weiter seine Gesell-

schaft in Anspruch zu nehmen. Oder ich spiele die Beleidigte und sage ihm klipp und klar, er könne nach Hause gehen.
So, der Grundstein für unsere Freundschaft ist gelegt. Bis morgen!

Deine Anne

Sonntag, 21. Juni 1942

Liebe Kitty!
Unsere ganze Klasse bibbert. Der Anlass ist natürlich die anstehende Lehrerkonferenz. Die halbe Klasse schließt Wetten über Versetzungen oder Sitzenbleiben ab. Miep Lobatto, meine Nachbarin, und ich lachen uns kaputt über unsere beiden Hintermänner, Pim Pimentel und Jacques Kocernoot, die schon ihr ganzes Ferienkapital verwettet haben. »Du wirst versetzt«, »von wegen«, »doch …«, so geht es von morgens bis abends. Weder Mieps flehende Blicke noch meine Wutausbrüche können die beiden zur Ruhe bringen. Meiner Meinung nach müsste ein Viertel der Klasse sitzenbleiben, solche Trottel sitzen hier drin. Aber Lehrer sind die launenhaftesten Menschen, die es gibt. Vielleicht sind sie ausnahmsweise auch mal launenhaft in der richtigen Richtung. Für meine Freundinnen und mich habe ich nicht so viel Angst, wir werden wohl durchkommen. Nur in Mathematik bin ich unsicher. Na ja, abwarten. Bis dahin sprechen wir uns gegenseitig Mut zu.
Ich komme mit allen Lehrern und Lehrerinnen ziemlich gut aus. Es sind insgesamt neun, sieben männliche und zwei weibliche. Herr Keesing, der alte Mathematiklehrer, war eine Zeitlang sehr böse auf mich, weil ich so viel schwätzte. Eine Ermahnung folgte der anderen, bis ich eine Strafarbeit bekam. Ich sollte einen Aufsatz über das Thema »Eine Schwatzliese« schreiben. Eine Schwatzliese, was kann man darüber schreiben? Aber ich machte mir erst noch keine Sorgen, steckte das Aufgabenheft in die Tasche und versuchte, mich ruhig zu verhalten.
Abends, als ich mit den anderen Aufgaben fertig war, entdeckte ich plötzlich die Eintragung für den Aufsatz. Mit dem Füllerende im Mund fing ich an, über das Thema nachzudenken. Einfach irgendetwas schwafeln und die Worte so weit wie möglich auseinanderziehen, das kann jeder, aber einen schlagenden Beweis für die Notwendigkeit des Schwätzens zu finden, das war die Kunst. Ich dachte und dachte, und dann hatte ich plötzlich eine Idee. Ich schrieb die drei aufgegebenen Seiten und war zufrieden. Als Argument hatte ich angeführt, dass Reden weiblich sei, dass ich ja mein Bestes täte, mich zu bessern, aber ganz abgewöhnen könnte ich es mir wohl nie, da meine

Mutter genauso viel redete wie ich, wenn nicht mehr, und dass an ererbten Eigenschaften nun mal wenig zu machen ist.
Herr Keesing musste über meine Argumente lachen. Aber als ich in der nächsten Stunde wieder schwätzte, folgte der zweite Aufsatz. Diesmal sollte es »Eine unverbesserliche Schwatzliese« sein. Auch der wurde abgeliefert, und zwei Stunden lang hatte Herr Keesing nichts zu klagen. In der dritten wurde es ihm jedoch wieder zu bunt. »Anne Frank, als Strafarbeit für Schwätzen einen Aufsatz mit dem Thema: ›Queck, queck, queck, sagte Fräulein Schnatterbeck.‹«
Die Klasse lachte schallend. Ich musste auch lachen, obwohl mein Erfindungsgeist auf dem Gebiet von Schwätzaufsätzen erschöpft war. Ich musste etwas anderes finden, etwas sehr Originelles. Meine Freundin Sanne, eine gute Dichterin, bot mir ihre Hilfe an, um den Aufsatz von vorn bis hinten in Reimen abzufassen. Ich jubelte. Keesing wollte mich mit diesem blödsinnigen Thema reinlegen, aber ich würde es ihm doppelt und dreifach heimzahlen.
Das Gedicht wurde fertig und war großartig. Es handelte von einer Mutter Ente und einem Vater Schwan mit drei kleinen Entchen, die wegen zu vielen Schnatterns von ihrem Vater totgebissen wurden. Zum Glück verstand Keesing Spaß. Er las das Gedicht samt Kommentaren in der Klasse vor, dann noch in anderen Klassen. Seitdem durfte ich schwätzen und bekam nie mehr eine Strafarbeit. Im Gegenteil, Keesing macht jetzt immer Witzchen.

Deine Anne

Mittwoch, 24. Juni 1942

Liebe Kitty!
Es ist glühend heiß. Jeder schnauft und wird gebraten, und bei dieser Hitze muss ich jeden Weg zu Fuß gehen. Jetzt merke ich erst, wie angenehm eine Straßenbahn ist, vor allem eine offene. Aber dieser Genuss ist uns Juden nicht mehr beschieden, für uns sind Schusters Rappen gut genug. Gestern musste ich in der Mittagspause zum Zahnarzt in die Jan Luikenstraat. Von unserer Schule in den Stadstimmertuinen ist das ein langer Weg. Nachmittags schlief ich im Unterricht dann auch fast ein. Ein Glück, dass einem die Leute von selbst was zu trinken anbieten. Die Schwester beim Zahnarzt war wirklich eine herzliche Frau.
Das einzige Fahrzeug, das wir noch benützen dürfen, ist die Fähre. Der Fährmann an der Jozef-Israëls-Kade nahm uns sofort mit, als wir ums Überset-

zen baten. An den Holländern liegt es wirklich nicht, dass wir Juden es so schlecht haben.
Ich wünschte nur, dass ich nicht zur Schule müsste! Mein Fahrrad ist in den Osterferien gestohlen worden, und Mutters Rad hat Vater Christen zur Aufbewahrung gegeben. Aber zum Glück nähern sich die Ferien in Windeseile. Noch eine Woche, und das Leid ist vorbei.
Gestern Morgen habe ich was Nettes erlebt. Als ich am Fahrradabstellplatz vorbeikam, rief mich jemand. Ich schaute mich um und sah einen netten Jungen hinter mir stehen, den ich am vorhergehenden Abend bei Wilma getroffen hatte. Er ist ein Cousin um drei Ecken von ihr, und Wilma ist eine Bekannte. Ich fand sie erst sehr nett. Das ist sie ja auch, aber sie spricht den ganzen Tag über nichts anderes als über Jungen, und das wird langweilig. Der Junge kam ein bisschen schüchtern näher und stellte sich als Hello Silberberg vor. Ich war erstaunt und wusste nicht so recht, was er wollte. Aber das stellte sich schnell heraus. Er wollte meine Gesellschaft genießen und mich zur Schule begleiten. »Wenn du sowieso in dieselbe Richtung gehst, dann komme ich mit«, antwortete ich, und so gingen wir zusammen. Hello ist schon sechzehn und kann von allen möglichen Dingen gut erzählen.
Heute Morgen hat er wieder auf mich gewartet, und in Zukunft wird es wohl so bleiben.

Anne

Mittwoch, 1. Juli 1942

Liebe Kitty!
Bis heute hatte ich wirklich keine Zeit zum Schreiben. Donnerstag war ich den ganzen Nachmittag bei Bekannten, Freitag hatten wir Besuch, und so ging es weiter bis heute.
Hello und ich haben uns in dieser Woche gut kennengelernt, er hat mir viel von sich erzählt. Er stammt aus Gelsenkirchen und ist hier in den Niederlanden bei seinen Großeltern. Seine Eltern sind in Belgien. Für ihn gibt es keine Möglichkeit, auch dorthin zu kommen. Hello hat ein Mädchen, Ursula. Ich kenne sie, sie ist ein Muster an Sanftmut und Langeweile. Nachdem er mich getroffen hat, hat Hello entdeckt, dass er an Ursuls Seite einschläft. Ich bin also eine Art Wachhaltemittel! Ein Mensch weiß nie, wozu er noch einmal gebraucht wird.
Samstag hat Jacque bei mir geschlafen. Mittags war sie bei Hanneli, und ich habe mich totgelangweilt.
Hello sollte abends zu mir kommen, aber gegen sechs rief er an. Ich war am

Telefon, da sagte er: »Hier ist Helmuth Silberberg. Kann ich bitte mit Anne sprechen?«
»Ja, Hello, hier ist Anne.«
»Tag, Anne. Wie geht es dir?«
»Gut, danke.«
»Ich muss dir zu meinem Bedauern sagen, dass ich heute Abend nicht zu dir kommen kann, aber ich würde dich gerne kurz sprechen. Ist es in Ordnung, wenn ich in zehn Minuten vor deiner Tür bin?«
»Ja, in Ordnung. Tschüs!«
Hörer aufgelegt. Ich habe mich rasch umgezogen und mir meine Haare noch ein bisschen zurechtgemacht. Und dann hing ich nervös am Fenster. Endlich kam er. Wunder über Wunder bin ich nicht sofort die Treppe hinuntergesaust, sondern habe ruhig abgewartet, bis er geklingelt hat. Ich ging hinunter. Er fiel gleich mit der Tür ins Haus.
»Hör mal, Anne, meine Großmutter findet dich noch zu jung, um regelmäßigen Umgang mit dir zu haben. Sie meint, ich sollte zu Löwenbachs gehen. Aber du weißt vielleicht, dass ich nicht mehr mit Ursul gehe.«
»Nein, wieso? Habt ihr Streit gehabt?«
»Nein, im Gegenteil. Ich habe Ursul gesagt, dass wir doch nicht so gut miteinander auskommen und deshalb nicht mehr zusammen gehen sollten, aber dass sie auch weiterhin bei uns sehr willkommen wäre und ich hoffentlich bei ihnen auch. Ich dachte nämlich, dass sie mit anderen Jungen ginge, und habe sie auch danach behandelt. Aber das war überhaupt nicht wahr. Und nun sagte mein Onkel, ich müsste Ursul um Entschuldigung bitten. Aber das wollte ich natürlich nicht, und darum habe ich Schluss gemacht. Doch das war nur einer von vielen Gründen.
Meine Großmutter will nun, dass ich zu Ursul gehe und nicht zu dir. Aber der Meinung bin ich nicht und habe es auch nicht vor. Alte Leute haben manchmal sehr altmodische Ansichten, aber danach kann ich mich nicht richten. Ich habe meine Großeltern zwar nötig, aber sie mich auch, in gewisser Weise. Mittwochs abends habe ich immer frei, weil meine Großeltern glauben, ich gehe zum Schnitzen, aber ich gehe zum Treffen der Zionistischen Partei. Das darf ich eigentlich nicht, weil meine Großeltern sehr gegen den Zionismus sind. Ich bin zwar auch nicht fanatisch, aber ich interessiere mich dafür. In der letzten Zeit ist dort allerdings so ein Durcheinander, dass ich vorhabe auszutreten. Deshalb gehe ich nächsten Mittwoch zum letzten Mal hin. Also habe ich mittwochs abends, samstags abends und sonntags nachmittags und so weiter Zeit.«

»Aber wenn deine Großeltern das nicht wollen, solltest du es nicht hinter ihrem Rücken tun.«
»Liebe lässt sich nun mal nicht zwingen.«
Dann kamen wir an der Buchhandlung Blankevoort vorbei, und da stand Peter Schiff mit zwei anderen Jungen. Es war seit langem das erste Mal, dass er mich grüßte, und ich freute mich wirklich sehr darüber.
Montagabend war Hello bei uns zu Hause, um Vater und Mutter kennenzulernen. Ich hatte Torte und Süßigkeiten geholt. Tee und Kekse, alles gab's. Aber weder Hello noch ich hatten Lust, ruhig nebeneinander auf den Stühlen zu sitzen. Wir sind spazieren gegangen, und er lieferte mich erst um zehn nach acht zu Hause ab. Vater war sehr böse, fand das keine Art, dass ich zu spät heimkam. Ich musste versprechen, in Zukunft schon um zehn vor acht drinnen zu sein. Am kommenden Samstag bin ich bei Hello eingeladen.
Wilma hat mir erzählt, dass Hello neulich abends bei ihr war und sie ihn fragte: »Wen findest du netter, Ursul oder Anne?« Da hat er gesagt: »Das geht dich nichts an.«
Aber als er wegging (sie hatten den ganzen Abend nicht mehr miteinander gesprochen), sagte er: »Anne! Tschüs, und niemandem sagen!« Schwupp, war er zur Tür draußen.
Man merkt, dass Hello in mich verliebt ist, und ich finde es zur Abwechslung ganz schön. Margot würde sagen, Hello ist ein annehmbarer Junge, und das finde ich auch. Sogar mehr als das. Mutter lobt ihn auch über die Maßen. »Ein hübscher, höflicher und netter Junge.« Ich bin froh, dass er der Familie so gut gefällt, nur meinen Freundinnen nicht, die findet er sehr kindlich, und da hat er recht. Jacque zieht mich immer mit ihm auf. Ich bin wirklich nicht verliebt, oh nein, aber ich darf doch wohl Freunde haben. Niemand findet was dabei.
Mutter will immer wissen, wen ich später heiraten möchte. Aber sie rät bestimmt nie, dass es Peter Schiff ist, weil ich es, ohne mit der Wimper zu zucken, immer ableugne. Ich habe Peter so gern, wie ich noch nie jemanden gern gehabt habe. Und ich rede mir immer ein, dass Peter, nur um seine Gefühle für mich zu verbergen, mit anderen Mädchen geht. Vielleicht denkt er jetzt auch, dass Hello und ich ineinander verliebt sind. Aber das ist nicht wahr. Er ist nur ein Freund von mir, oder, wie Mutter es ausdrückt, ein Kavalier.

Deine Anne

Sonntag, 5. Juli 1942

Beste Kitty!

Die Versetzungsfeier am Freitag ist nach Wunsch verlaufen, mein Zeugnis ist gar nicht so schlecht. Ich habe ein Ungenügend in Algebra, zwei Sechsen[2], zwei Achten und sonst alles Siebenen. Zu Hause haben sie sich gefreut. Aber meine Eltern sind in Notenangelegenheiten sowieso anders als andere Eltern. Sie haben sich nie etwas aus guten oder schlechten Zeugnissen gemacht und achten nur darauf, ob ich gesund bin, nicht zu frech und Spaß habe. Wenn diese drei Dinge in Ordnung sind, kommt alles andere von selbst.

Ich bin das Gegenteil, ich möchte nicht schlecht sein. Ich bin unter Vorbehalt ins Lyzeum aufgenommen worden, ich hätte eigentlich noch die siebte Klasse in der Montessorischule bleiben sollen. Aber als alle jüdischen Kinder in jüdische Schulen mussten, hat Herr Elte mich und Lies Goslar nach einigem Hin und Her unter Vorbehalt aufgenommen. Lies ist auch versetzt worden, aber mit einer schweren Nachprüfung in Geometrie.

Arme Lies, sie kann zu Hause fast nie richtig arbeiten. In ihrem Zimmer spielt den ganzen Tag ihre kleine Schwester, ein verwöhntes Baby von fast zwei Jahren. Wenn Gabi ihren Willen nicht bekommt, schreit sie, und wenn Lies sich dann nicht mit ihr beschäftigt, schreit Frau Goslar. Auf so eine Art kann Lies unmöglich richtig arbeiten, da helfen auch die zahllosen Nachhilfestunden nicht, die sie immer wieder bekommt. Bei Goslars ist das aber auch ein Haushalt! Die Eltern von Frau Goslar wohnen nebenan, essen aber bei der Familie. Dann gibt es noch ein Dienstmädchen, das Baby, Herrn Goslar, der immer zerstreut und abwesend ist, und Frau Goslar, immer nervös und gereizt, die wieder guter Hoffnung ist. In dieser Lotterwirtschaft ist Lies mit ihren beiden linken Händen so gut wie verloren.

Meine Schwester Margot hat auch ihr Zeugnis bekommen, ausgezeichnet, wie immer. Wenn es in der Schule cum laude gäbe, wäre sie sicher mit Auszeichnung versetzt worden. So ein kluges Köpfchen!

Vater ist in der letzten Zeit viel zu Hause, im Geschäft hat er nichts mehr verloren. Ein unangenehmes Gefühl muss das sein, wenn man sich so überflüssig fühlt. Herr Kleiman hat Opekta übernommen und Herr Kugler »Gies und Co.«, die Firma für (Ersatz-)Kräuter, die erst 1941 gegründet worden ist. Als wir vor ein paar Tagen um unseren Platz spazierten, fing Vater an, über Untertauchen zu sprechen. Er meinte, dass es sehr schwer für uns sein wird,

2 Zehn ist die beste Note, fünf bedeutet knapp ungenügend; A. d. Ü.

ganz und gar abgeschnitten von der Welt zu leben. Ich fragte, warum er jetzt schon darüber sprach.

»Du weißt«, sagte er, »dass wir schon seit mehr als einem Jahr Kleider, Lebensmittel und Möbel zu anderen Leuten bringen. Wir wollen nicht, dass unser Besitz den Deutschen in die Hände fällt. Aber noch weniger wollen wir selbst geschnappt werden. Deshalb werden wir von uns aus weggehen und nicht warten, bis wir geholt werden.«

»Wann denn, Vater?« Der Ernst, mit dem Vater sprach, machte mir Angst.

»Mach dir keine Sorgen darüber, das regeln wir schon. Genieße dein unbeschwertes Leben, solange du es noch genießen kannst.«

Das war alles. Oh, lass die Erfüllung dieser Worte noch in weiter Ferne bleiben!

Gerade klingelt es, Hello kommt, ich höre auf! Deine Anne

Mittwoch, 8. Juli 1942

Liebe Kitty!

Zwischen Sonntagmorgen und jetzt scheinen Jahre zu liegen. Es ist so viel geschehen, als hätte sich plötzlich die Welt umgedreht. Aber, Kitty, du merkst, dass ich noch lebe, und das ist die Hauptsache, sagt Vater. Ja, in der Tat, ich lebe noch, aber frage nicht, wo und wie. Ich denke, dass du mich heute überhaupt nicht verstehst, deshalb werde ich einfach anfangen, dir zu erzählen, was am Sonntag geschehen ist.

Um 3 Uhr (Hello war eben weggegangen und wollte später zurückkommen) klingelte jemand an der Tür. Ich hatte es nicht gehört, da ich faul in einem Liegestuhl auf der Veranda in der Sonne lag und las. Kurz darauf erschien Margot ganz aufgeregt an der Küchentür. »Für Vater ist ein Aufruf von der SS gekommen«, flüsterte sie. »Mutter ist schon zu Herrn van Daan gegangen.«[3]

Ich erschrak schrecklich. Ein Aufruf! Jeder weiß, was das bedeutet. Konzentrationslager und einsame Zellen sah ich vor mir auftauchen, und dahin sollten wir Vater ziehen lassen müssen? »Er geht natürlich nicht«, erklärte Margot, als wir im Zimmer saßen und auf Mutter warteten. »Mutter ist zu van Daan gegangen und fragt, ob wir schon morgen in unser Versteck umziehen können. Van Daans gehen mit. Wir sind dann zu siebt.«

3 Van Daan ist ein guter Bekannter des Vaters und Teilhaber der Firma; A. d. Ü.

Stille. Wir konnten nicht mehr sprechen. Der Gedanke an Vater, der, nichts Böses ahnend, einen Besuch im jüdischen Altersheim machte, das Warten auf Mutter, die Hitze, die Anspannung … das alles ließ uns schweigen.
Plötzlich klingelte es wieder. »Das ist Hello«, sagte ich. Margot hielt mich zurück. »Nicht aufmachen!«
Aber das war überflüssig. Wir hörten Mutter und Herrn van Daan unten mit Hello reden. Dann kamen sie herein und schlossen die Tür hinter sich. Bei jedem Klingeln sollten Margot oder ich nun leise hinuntergehen, um zu sehen, ob es Vater war. Andere Leute ließen wir nicht rein. Margot und ich wurden aus dem Zimmer geschickt, van Daan wollte mit Mutter allein sprechen.
Als Margot und ich in unserem Schlafzimmer saßen, erzählte sie, dass der Aufruf nicht Vater betraf, sondern sie. Ich erschrak erneut und begann zu weinen. Margot ist sechzehn. So junge Mädchen wollten sie wegschicken? Aber zum Glück würde sie nicht gehen, Mutter hatte es selbst gesagt. Und vermutlich hatte auch Vater das gemeint, als er mit mir über Verstecken gesprochen hatte.
Verstecken! Wo sollten wir uns verstecken? In der Stadt? Auf dem Land? In einem Haus, in einer Hütte? Wann? Wie? Wo? Das waren Fragen, die ich nicht stellen konnte und die mich doch nicht losließen.
Margot und ich fingen an, das Nötigste in unsere Schultaschen zu packen. Das Erste, was ich hineintat, war dieses gebundene Heft, danach Lockenwickler, Taschentücher, Schulbücher, einen Kamm, alte Briefe. Ich dachte ans Untertauchen und stopfte deshalb die unsinnigsten Sachen in die Tasche. Aber es tut mir nicht leid, ich mache mir mehr aus Erinnerungen als aus Kleidern.
Um fünf Uhr kam Vater endlich nach Hause. Wir riefen Herrn Kleiman an und fragten, ob er noch an diesem Abend kommen könnte. Van Daan ging weg und holte Miep. Sie kam, packte einige Schuhe, Kleider, Mäntel, Unterwäsche und Strümpfe in eine Tasche und versprach, abends noch einmal zu kommen. Danach war es still in unserer Wohnung. Keiner von uns vieren wollte essen. Es war noch warm, und alles war sehr sonderbar.
Das große Zimmer oben war an Herrn Goldschmidt vermietet, einen geschiedenen Mann in den Dreißigern. Anscheinend hatte er an diesem Abend nichts vor, er hing bis zehn Uhr bei uns rum und war nicht wegzukriegen.
Um elf Uhr kamen Miep und Jan Gies. Miep ist seit 1933 bei Vater im Geschäft und eine gute Freundin geworden, ebenso ihr frisch gebackener Ehemann Jan. Wieder verschwanden Schuhe, Hosen, Bücher und Unterwäsche

in Mieps Beutel und Jans tiefen Taschen. Um halb zwölf waren sie wieder gegangen.

Ich war todmüde, und obwohl ich wusste, dass es die letzte Nacht in meinem eigenen Bett sein würde, schlief ich sofort ein und wurde am nächsten Morgen um halb sechs von Mutter geweckt. Glücklicherweise war es nicht mehr so heiß wie am Sonntag; den ganzen Tag fiel ein warmer Regen. Wir zogen uns alle vier so dick an, als müssten wir in einem Eisschrank übernachten, und das nur, um noch ein paar Kleidungsstücke mehr mitzunehmen. Kein Jude in unserer Lage hätte gewagt, mit einem Koffer voller Kleider aus dem Haus zu gehen. Ich hatte zwei Hemden, drei Hosen, zwei Paar Strümpfe und ein Kleid an, darüber Rock, Mantel, Sommermantel, feste Schuhe, Mütze, Schal und noch viel mehr. Ich erstickte zu Hause schon fast, aber danach fragte niemand.

Margot stopfte ihre Schultasche voll mit Schulbüchern, holte ihr Rad und fuhr hinter Miep her in eine mir unbekannte Ferne. Ich wusste nämlich noch immer nicht, wo der geheimnisvolle Ort war, zu dem wir gehen würden.

Um halb acht schlossen auch wir die Tür hinter uns. Die Einzige, von der ich Abschied nehmen musste, war Moortje, meine kleine Katze, die ein gutes Heim bei den Nachbarn bekommen sollte, wie auf einem Briefchen an Herrn Goldschmidt stand.

Die aufgedeckten Betten, das Frühstückszeug auf dem Tisch, ein Pfund Fleisch für die Katze in der Küche, das alles erweckte den Eindruck, als wären wir Hals über Kopf weggegangen. Eindrücke konnten uns egal sein. Weg wollten wir, nur weg und sicher ankommen, sonst nichts.

Fortsetzung morgen. Deine Anne

Donnerstag, 9. Juli 1942

Liebe Kitty!

So gingen wir dann im strömenden Regen, Vater, Mutter und ich, jeder mit einer Schul- und Einkaufstasche, bis obenhin voll gestopft mit den unterschiedlichsten Sachen. Die Arbeiter, die früh zu ihrer Arbeit gingen, schauten uns mitleidig nach. In ihren Gesichtern war deutlich das Bedauern zu lesen, dass sie uns keinerlei Fahrzeug anbieten konnten. Der auffallende gelbe Stern sprach für sich selbst.

Erst als wir auf der Straße waren, erzählten Vater und Mutter mir stückchenweise den ganzen Versteckplan. Schon monatelang hatten wir so viel Hausrat und Leibwäsche wie möglich aus dem Haus geschafft, und nun waren wir ge-

rade so weit, dass wir am 16. Juli freiwillig untertauchen wollten. Durch diesen Aufruf war der Plan um zehn Tage vorverlegt, so dass wir uns mit weniger gut geordneten Räumen zufriedengeben mussten.
Das Versteck war in Vaters Bürogebäude. Für Außenstehende ist das ein bisschen schwer zu begreifen, darum werde ich es näher erklären. Vater hatte nicht viel Personal, Herrn Kugler, Herrn Kleiman und Miep, dann noch Bep Voskuijl, die 23-jährige Stenotypistin, die alle über unser Kommen informiert waren. Im Lager waren Herr Voskuijl, Beps Vater, und zwei Arbeiter, denen hatten wir nichts gesagt.
Das Gebäude sieht so aus: Im Parterre ist ein großes Magazin, das als Lager benutzt wird und wieder unterteilt ist in verschiedene Verschläge, zum Beispiel den Mahlraum, wo Zimt, Nelken und Pfeffersurrogat vermahlen werden, und den Vorratsraum. Neben der Lagertür befindet sich die normale Haustür, die durch eine Zwischentür zu einer Treppe führt. Oben an der Treppe erreicht man eine Tür mit Halbmattglas, auf der einmal mit schwarzen Buchstaben das Wort »Kontor« stand. Das ist das große vordere Büro, sehr groß, sehr hell, sehr voll. Tagsüber arbeiten da Bep, Miep und Herr Kleiman. Durch ein Durchgangszimmer mit Tresor, Garderobe und einem großen Vorratsschrank kommt man zu dem kleinen, ziemlich muffigen, dunklen Direktorenzimmer. Dort saßen früher Herr Kugler und Herr van Daan, nun nur noch Ersterer. Man kann auch vom Flur aus in Kuglers Zimmer gehen, durch eine Glastür, die zwar von innen, aber nicht ohne weiteres von außen zu öffnen ist. Von Kuglers Büro aus durch den langen, schmalen Flur, vorbei am Kohlenverschlag und vier Stufen hinauf, da ist das Prunkstück des ganzen Gebäudes, das Privatbüro. Vornehme, dunkle Möbel, Linoleum und Teppiche auf dem Boden, Radio, elegante Lampe, alles prima-prima. Daneben ist eine große, geräumige Küche mit Durchlauferhitzer und zwei Gaskochern. Dann noch ein Klo. Das ist der erste Stock. Vom unteren Flur führt eine normale Holztreppe nach oben. Dort ist ein kleiner Vorplatz, der Diele genannt wird. Rechts und links sind Türen, die linke führt zum Vorderhaus mit den Lagerräumen, dem Dachboden und dem Oberboden. Vom Vorderhaus aus führt auf der anderen Seite auch noch eine lange, übersteile, echt holländische Beinbrechtreppe zur zweiten Straßentür.
Rechts von der Diele liegt das »Hinterhaus«. Kein Mensch würde vermuten, dass hinter der einfachen, grau gestrichenen Tür so viele Zimmer versteckt sind. Vor der Tür ist eine Schwelle, und dann ist man drinnen. Direkt gegenüber der Eingangstür ist eine steile Treppe, links ein kleiner Flur und ein Raum, der Wohn- und Schlafzimmer der Familie Frank werden soll. Dane-

ben ist noch ein kleineres Zimmer, das Schlaf- und Arbeitszimmer der beiden jungen Damen Frank. Rechts von der Treppe ist eine Kammer ohne Fenster mit einem Waschbecken und einem abgeschlossenen Klo und einer Tür in Margots und mein Zimmer. Wenn man die Treppe hinaufgeht und oben die Tür öffnet, ist man erstaunt, dass es in einem alten Grachtenhaus so einen hohen, hellen und geräumigen Raum gibt. In diesem Raum stehen ein Herd (das haben wir der Tatsache zu verdanken, dass hier früher Kuglers Laboratorium war) und ein Spülstein. Das ist also die Küche und gleichzeitig auch das Schlafzimmer des Ehepaares van Daan, allgemeines Wohnzimmer, Esszimmer und Arbeitszimmer. Ein sehr kleines Durchgangszimmerchen wird Peters Appartement werden. Dann, genau wie vorn, ein Dachboden und ein Oberboden. Siehst du, so habe ich dir unser ganzes schönes Hinterhaus vorgestellt!

Deine Anne

Freitag, 10. Juli 1942

Liebe Kitty!

Sehr wahrscheinlich habe ich dich mit meiner langatmigen Wohnungsbeschreibung ziemlich gelangweilt, aber ich finde es notwendig, dass du weißt, wo ich gelandet bin. Wie ich gelandet bin, wirst du aus den folgenden Briefen schon erfahren.

Nun die Fortsetzung meiner Geschichte, denn ich bin noch nicht fertig, das weißt du. Nachdem wir in der Prinsengracht 263 angekommen waren, führte uns Miep gleich durch den langen Flur und über die hölzerne Treppe direkt nach oben ins Hinterhaus. Sie schloss die Tür hinter uns, und wir waren allein. Margot war mit dem Rad viel schneller gewesen und hatte schon auf uns gewartet.

Unser Wohnzimmer und alle anderen Zimmer waren so voller Zeug, dass man es nicht beschreiben kann! Alle Kartons, die im Lauf der vergangenen Monate ins Büro geschickt worden waren, standen auf dem Boden und auf den Betten. Das kleine Zimmer war bis an die Decke mit Bettzeug vollgestopft. Wenn wir abends in ordentlich gemachten Betten schlafen wollten, mussten wir uns sofort dranmachen und den Kram aufräumen. Mutter und Margot waren nicht in der Lage, einen Finger zu rühren. Sie lagen auf den kahlen Betten, waren müde und schlapp und was weiß ich noch alles. Aber Vater und ich, die beiden Aufräumer der Familie, wollten sofort anfangen.

Wir räumten den ganzen Tag hindurch Schachteln aus und Schränke ein, hämmerten und werkten, bis wir abends todmüde in die sauberen Betten fielen. Den ganzen Tag haben wir kein warmes Essen bekommen, aber das störte uns nicht. Mutter und Margot waren zu müde und zu überspannt, um zu essen, Vater und ich hatten zu viel Arbeit. Dienstagmorgens fingen wir dort an, wo wir am Montag aufgehört hatten. Bep und Miep kauften mit unseren Lebensmittelmarken ein, Vater reparierte die unzureichende Verdunklung, wir schrubbten den Küchenboden und waren wieder von morgens bis abends beschäftigt. Zeit, um über die große Veränderung nachzudenken, die in mein Leben gekommen war, hatte ich bis Mittwoch kaum. Dann fand ich zum ersten Mal seit unserer Ankunft im Hinterhaus Gelegenheit, dir die Ereignisse mitzuteilen und mir gleichzeitig darüber klarzuwerden, was nun eigentlich mit mir passiert war und was noch passieren würde. Deine Anne

Samstag, 11. Juli 1942

Liebe Kitty!

Vater, Mutter und Margot können sich noch immer nicht an das Geräusch der Westerturmglocke gewöhnen, die jede Viertelstunde angibt, wie spät es ist. Ich schon, mir hat es sofort gefallen, und besonders nachts ist es so etwas Vertrautes. Es wird dich vermutlich interessieren, wie es mir als Untergetauchter gefällt. Nun, ich kann dir nur sagen, dass ich es selbst noch nicht genau weiß. Ich glaube, ich werde mich in diesem Haus nie daheim fühlen, aber damit will ich überhaupt nicht sagen, dass ich es hier unangenehm finde. Ich fühle mich eher wie in einer sehr eigenartigen Pension, in der ich Ferien mache. Eine ziemlich verrückte Auffassung von Untertauchen, aber es ist nun mal nicht anders. Das Hinterhaus ist ein ideales Versteck. Obwohl es feucht und ein bisschen schief ist, wird man wohl in ganz Amsterdam, ja vielleicht in ganz Holland, kein so bequem eingerichtetes Versteck finden.

Unser Zimmer war mit seinen nackten Wänden bis jetzt noch sehr kahl. Dank Vater, der meine ganze Postkarten- und Filmstarsammlung schon vorher mitgenommen hatte, habe ich mit Leimtopf und Pinsel die ganze Wand bestrichen und aus dem Zimmer ein einziges Bild gemacht. Es sieht viel fröhlicher aus. Wenn die van Daans kommen, werden wir aus dem Holz, das auf dem Dachboden liegt, ein paar Schränkchen und anderen netten Krimskrams machen.

Margot und Mutter haben sich wieder ein bisschen erholt. Gestern wollte Mutter zum ersten Mal Erbsensuppe kochen, aber als sie zum Schwätzen unten war, vergaß sie die Suppe. Die brannte so an, dass die Erbsen kohlschwarz und nicht mehr vom Topf loszukriegen waren.

Gestern Abend sind wir alle vier hinunter ins Privatbüro gegangen und haben den englischen Sender angestellt. Ich hatte solche Angst, dass es jemand hören könnte, dass ich Vater buchstäblich anflehte, wieder mit nach oben zu gehen. Mutter verstand meine Angst und ging mit. Auch sonst haben wir große Angst, dass die Nachbarn uns hören oder sehen könnten. Gleich am ersten Tag haben wir Vorhänge genäht. Eigentlich darf man nicht von Vorhängen sprechen, denn es sind nur Lappen, vollkommen unterschiedlich in Form, Qualität und Muster, die Vater und ich sehr unfachmännisch schief aneinandergenäht haben. Mit Reißnägeln wurden diese Prunkstücke vor den Fenstern befestigt, um vor Ablauf unserer Untertauchzeit nie mehr herunterzukommen.

Rechts neben uns ist das Haus einer Firma aus Zaandam, links eine Möbeltischlerei. Diese Leute sind also nach der Arbeitszeit nicht in den Gebäuden, aber trotzdem könnten Geräusche durchdringen. Wir haben Margot deshalb auch verboten, nachts zu husten, obwohl sie eine schwere Erkältung erwischt hat, und geben ihr große Mengen Codein zu schlucken.

Ich freue mich sehr auf die Ankunft der van Daans, die auf Dienstag festgelegt ist. Es wird viel gemütlicher und auch weniger still sein. Diese Stille ist es nämlich, die mich abends und nachts so nervös macht, und ich würde viel darum geben, wenn jemand von unseren Beschützern hier schlafen würde.

Sonst ist es hier überhaupt nicht so schlimm, denn wir können selbst kochen und unten in Papis Büro Radio hören. Herr Kleiman, Miep und Bep haben uns sehr geholfen. Wir haben sogar schon Rhabarber, Erdbeeren und Kirschen gehabt, und ich glaube nicht, dass wir uns hier vorläufig langweilen werden. Zu lesen haben wir auch, und wir kaufen noch einen Haufen Spiele. Aus dem Fenster schauen oder hinausgehen dürfen wir natürlich nie. Tagsüber müssen wir auch immer sehr leise gehen und leise sprechen, denn im Lager dürfen sie uns nicht hören.

Gestern hatten wir viel Arbeit, wir mussten für das Büro zwei Körbe Kirschen entkernen, Herr Kugler wollte sie einmachen. Aus den Kirschenkisten machen wir Bücherregale.

Gerade werde ich gerufen! Deine Anne

28. September 1942 (Nachtrag)

Es beklemmt mich doch mehr, als ich sagen kann, dass wir niemals hinausdürfen, und ich habe große Angst, dass wir entdeckt und dann erschossen werden. Das ist natürlich eine weniger angenehme Aussicht.

Sonntag, 12. Juli 1942

Heute vor einem Monat waren sie alle so nett zu mir, weil ich Geburtstag hatte, aber nun fühle ich jeden Tag mehr, wie ich mich von Mutter und Margot entfremde. Ich habe heute hart gearbeitet, und alle haben mich ungeheuer gelobt, doch fünf Minuten später schimpften sie schon wieder mit mir.

Man kann deutlich den Unterschied sehen, wie sie mit Margot umgehen und mit mir. Margot hat zum Beispiel den Staubsauger kaputtgemacht, und deshalb hatten wir den ganzen Tag kein Licht. Mutter sagte: »Aber Margot, man sieht, dass du keine Arbeit gewöhnt bist, sonst hättest du gewusst, dass man einen Staubsauger nicht an der Schnur herauszieht.« Margot sagte irgendwas, und damit war die Geschichte erledigt.

Aber heute Mittag wollte ich etwas von Mutters Einkaufsliste abschreiben, weil ihre Schrift so undeutlich ist. Sie wollte das nicht und hielt mir sofort wieder eine gepfefferte Standpauke, in die sich die ganze Familie einmischte.

Ich passe nicht zu ihnen, das merke ich vor allem in der letzten Zeit sehr deutlich. Sie sind so gefühlvoll miteinander, und das will ich lieber sein, wenn ich allein bin. Sie sagen, wie gemütlich wir vier es doch haben und dass wir so harmonisch zusammenpassen. Dass ich es ganz anders empfinde, daran denken sie keinen Augenblick.

Nur Papa versteht mich manchmal, ist aber meistens auf der Seite von Mutter und Margot. Ich kann es auch nicht ausstehen, wenn sie vor Fremden erzählen, dass ich geheult habe oder wie vernünftig ich bin, oder dass sie von Moortje anfangen. Das kann ich überhaupt nicht ertragen. Moortje ist mein weicher und schwacher Punkt. Ich vermisse sie jede Minute, und niemand weiß, wie oft ich an sie denke.

Ich bekomme dann immer Tränen in die Augen. Moortje ist so lieb, und ich habe sie so gern, und ich mache schon Traumpläne, dass sie wieder zurückkommt.

Ich träume hier so schön. Aber die Wirklichkeit ist, dass wir hier sitzen müssen, bis der Krieg vorbei ist. Wir dürfen nie hinausgehen, und Besuch können wir nur von Miep, ihrem Mann Jan, Bep, Herrn Kugler und Herrn und Frau Kleiman bekommen, aber diese kommt nicht, sie findet es zu gefährlich.

28. September 1942 (Nachtrag)

Papi ist immer so lieb. Er versteht mich vollkommen, und ich würde gern mal vertraulich mit ihm reden, ohne dass ich sofort in Tränen ausbreche. Aber das scheint an meinem Alter zu liegen. Ich würde am liebsten immerfort schreiben, aber das wird viel zu langweilig.

Bis jetzt habe ich fast ausschließlich Gedanken in mein Buch geschrieben, aber zu hübschen Geschichten, die ich später mal vorlesen kann, ist es nie gekommen. Aber ich werde in Zukunft nicht oder weniger sentimental sein und mich mehr an die Wirklichkeit halten.

Freitag, 14. August 1942

Beste Kitty!

Einen Monat lang habe ich dich im Stich gelassen, aber es passiert auch wirklich nicht so viel, um dir jeden Tag etwas Schönes zu erzählen. Van Daans sind am 13. Juli angekommen. Wir dachten, sie kämen erst am 14., aber weil die Deutschen immer mehr Aufrufe verschickten, fanden sie es sicherer, lieber einen Tag zu früh als einen Tag zu spät umzuziehen.

Morgens um halb zehn (wir saßen noch beim Frühstück) kam Peter van Daan, ein ziemlich langweiliger und schüchterner Lulatsch, noch nicht sechzehn, von dessen Gesellschaft nicht viel zu erwarten ist. Frau und Herr van Daan kamen eine halbe Stunde später.

Frau van Daan hatte zu unserem großen Vergnügen einen Nachttopf in ihrer Hutschachtel. »Ohne Nachttopf fühle ich mich nirgends daheim«, erklärte sie, und der Topf bekam auch gleich seinen festen Platz unter der Bettcouch. Herr van Daan brachte keinen Topf mit, sondern hatte einen zusammenklappbaren Teetisch unter dem Arm.

Wir aßen am ersten Tag unseres Zusammenseins gemütlich miteinander, und nach drei Tagen hatten wir alle sieben das Gefühl, dass wir eine große Familie geworden waren. Selbstverständlich wussten die van Daans noch viel zu erzählen, sie hatten eine Woche länger in der Welt draußen verbracht. Unter anderem interessierte uns sehr, was mit unserer Wohnung und mit Herrn Goldschmidt passiert war.

Herr van Daan erzählte: »Montagmorgen um neun Uhr rief Goldschmidt an und fragte, ob ich mal schnell vorbeikommen könnte. Ich ging sofort hin und fand ihn in großer Aufregung vor. Er gab mir den Zettel zu lesen, den Sie zurückgelassen hatten, und wollte die Katze laut Anweisung zu den Nachbarn bringen, was ich sehr gut fand. Er hatte Angst vor einer Hausdurchsu-

chung, deshalb gingen wir durch alle Zimmer, deckten den Tisch ab und räumten ein bisschen auf. Plötzlich entdeckte ich auf Frau Franks Schreibtisch einen Zettel, auf dem eine Adresse in Maastricht stand. Obwohl ich wusste, dass Frau Frank ihn absichtlich hingelegt hatte, tat ich sehr erstaunt und erschrocken und bat Herrn Goldschmidt dringend, dieses Unglückspapierchen zu verbrennen. Die ganze Zeit blieb ich dabei, dass ich nichts von Ihrem Verschwinden wüsste. Aber nachdem ich den Zettel gesehen hatte, bekam ich eine gute Idee. ›Herr Goldschmidt‹, sagte ich, ›jetzt fällt mir auf einmal ein, was diese Adresse bedeuten kann. Ich erinnere mich genau, dass vor ungefähr einem halben Jahr ein hoher Offizier im Büro war, der sich als ein Jugendfreund von Herrn Frank erwies und versprach, ihm zu helfen, wenn es nötig sein würde, und der tatsächlich in Maastricht stationiert war. Ich nehme an, er hat Wort gehalten und die Franks auf irgendeine Art nach Belgien und von dort in die Schweiz gebracht. Erzählen Sie das auch den Bekannten, die vielleicht nach den Franks fragen. Maastricht brauchen Sie dann natürlich nicht zu erwähnen.‹ Und damit ging ich weg. Die meisten Bekannten wissen es jetzt schon, denn ich habe meinerseits schon von verschiedenen Seiten diese Erklärung gehört.«
Wir fanden die Geschichte sehr witzig, lachten aber noch mehr über die Einbildungskraft der Leute. So hatte eine Familie vom Merwedeplein uns alle vier morgens auf dem Fahrrad vorbeikommen sehen, und eine andere Frau wusste sicher, dass wir mitten in der Nacht auf ein Militärauto geladen worden waren.

Deine Anne

Freitag, 21. August 1942

Beste Kitty!
Unser Versteck ist nun erst ein richtiges Versteck geworden. Herr Kugler fand es nämlich besser, vor unsere Zugangstür einen Schrank zu stellen (weil viele Hausdurchsuchungen gemacht werden, um versteckte Fahrräder zu finden), aber natürlich einen Schrank, der drehbar ist und wie eine Tür aufgeht. Herr Voskuijl hat das Ding geschreinert. (Wir haben ihn inzwischen über die sieben Untergetauchten informiert, und er ist die Hilfsbereitschaft selbst.)
Wenn wir nach unten gehen wollen, müssen wir uns jetzt immer erst bücken und dann einen Sprung machen. Nach drei Tagen liefen wir alle mit Beulen an der Stirn herum, weil jeder sich an der niedrigen Tür stieß. Peter hat dann ein Tuch mit Holzwolle davorgenagelt. Mal sehen, ob es hilft!

Lernen tue ich nicht viel, bis September mache ich Ferien. Danach will Vater mir Unterricht geben, doch erst müssen wir die neuen Schulbücher kaufen.
Viel Veränderung kommt in unser Leben hier nicht. Heute sind Peters Haare gewaschen worden, aber das ist nicht so etwas Besonderes. Herr van Daan und ich sind dauernd zerstritten. Mama tut immer, als ob ich ein Baby wäre, und das kann ich nicht ausstehen. Peter finde ich noch immer nicht netter. Er ist ein langweiliger Junge, faulenzt den ganzen Tag auf seinem Bett, tischlert mal ein bisschen und geht dann wieder dösen. Was für ein Dummkopf!
Mama hat mir heute Morgen wieder eine elende Predigt gehalten. Wir sind immer genau gegenteiliger Meinung. Papa ist ein Schatz, auch wenn er mal fünf Minuten böse auf mich ist.
Draußen ist schönes, warmes Wetter, und trotz allem nutzen wir das so weit wie möglich aus, indem wir uns auf dem Dachboden auf das Harmonikabett legen.

Deine Anne

21. September 1942 (Nachtrag)

Herr van Daan ist in der letzten Zeit katzenfreundlich zu mir, ich lasse es mir ruhig gefallen.

Mittwoch, 2. September 1942

Liebe Kitty!
Herr und Frau van Daan haben heftigen Streit gehabt. So etwas habe ich noch nie erlebt, da Vater und Mutter nicht daran denken würden, einander derartig anzuschreien. Der Anlass war so geringfügig, dass es nicht mal der Mühe wert war, ein einziges Wort darüber zu verlieren. Na ja, jeder nach seinem Geschmack.
Für Peter ist es natürlich unangenehm, er steht doch dazwischen. Aber er wird von niemand mehr ernst genommen, weil er schrecklich zimperlich und faul ist. Gestern war er ganz beunruhigt, weil er statt einer roten eine blaue Zunge bekommen hatte. Diese seltsame Erscheinung verschwand aber genauso schnell, wie sie gekommen war. Heute läuft er mit einem dicken Schal um den Hals herum, weil der steif ist. Ferner klagt der Herr über Hexenschuss. Schmerzen zwischen Herz, Niere und Lunge sind ihm auch nicht fremd. Er ist ein echter Hypochonder! (So heißt das doch, oder?)

Mutter und Frau van Daan vertragen sich nicht sehr gut. Anlässe für Unannehmlichkeiten gibt's genug. Als kleines Beispiel will ich dir erzählen, dass Frau van Daan jetzt aus dem gemeinsamen Wäscheschrank ihre Laken bis auf drei herausgeholt hat. Sie nimmt natürlich an, dass Mutters Wäsche für die ganze Familie verwendet werden kann. Sie wird schwer enttäuscht sein, wenn sie merkt, dass Mutter ihrem guten Beispiel gefolgt ist.
Außerdem hat sie eine Stinkwut, dass nicht unser Tischgeschirr im Gebrauch ist, sondern das ihre. Immer versucht sie herauszubekommen, wo wir unsere Teller hingetan haben. Sie sind näher als sie denkt, sie stehen in Kartons auf dem Dachboden hinter einem ganzen Haufen Reklamematerial von Opekta. Solange wir uns verstecken, sind die Teller unerreichbar, und das ist auch gut so! Mir passieren dauernd Missgeschicke. Gestern habe ich einen Suppenteller von Frau van Daans Geschirr kaputtgeschmissen.
»Oh«, rief sie wütend, »sei doch ein bisschen vorsichtiger! Das ist das Einzige, was ich noch habe.«
(Bitte berücksichtige, Kitty, dass die beiden Damen hier ein fürchterliches Niederländisch sprechen. Über die Herren wage ich nichts zu sagen, sie wären sehr beleidigt. Wenn du diese Haspelei hören könntest, würdest du laut lachen. Wir beachten es gar nicht mehr, verbessern nützt doch nichts. Ich werde aber, wenn ich über Mutter oder Frau van Daan schreibe, nicht ihre Originalsprache wiedergeben, sondern ordentliches Niederländisch.)
Letzte Woche hatten wir eine kleine Unterbrechung in unserem so eintönigen Leben, und das lag an einem Buch über Frauen und an Peter. Du musst nämlich wissen, dass Margot und Peter fast alle Bücher lesen dürfen, die Herr Kleiman für uns leiht. Aber dieses besondere Buch über ein Frauenthema wollten die Erwachsenen lieber nicht aus den Händen geben. Das stachelte Peters Neugier an. Was für verbotene Dinge würden wohl in dem Buch stehen? Heimlich nahm er es seiner Mutter weg, als sie unten am Reden war, und lief mit seiner Beute zum Oberboden. Zwei Tage ging das gut. Frau van Daan wusste längst, was er tat, verriet aber nichts, bis Herr van Daan dahinterkam. Er wurde böse, nahm Peter das Buch weg und dachte, dass die Sache damit erledigt wäre. Er hatte aber nicht mit der Neugier seines Sohnes gerechnet, der durch das energische Auftreten seines Vaters keineswegs aus der Fassung gebracht war. Er sann auf Möglichkeiten, dieses mehr als interessante Buch doch zu Ende zu lesen.
Frau van Daan hatte inzwischen Mutter gefragt, was sie von dieser Sache halte. Mutter fand das Buch nicht gut für Margot, aber in den meisten anderen sah sie nichts Schlimmes.

»Zwischen Margot und Peter ist ein großer Unterschied«, sagte Mutter. »Erstens ist Margot ein Mädchen, und Mädchen sind immer reifer als Jungen, zweitens hat Margot schon mehr ernste Bücher gelesen und sucht nicht nach Dingen, die für sie nicht mehr verboten sind, und drittens ist sie viel weiter entwickelt und verständiger, was auch ihre vier Jahre Oberschule mit sich bringen.«

Frau van Daan stimmte dem zu, fand es aber doch prinzipiell falsch, Jugendliche Erwachsenenbücher lesen zu lassen.

Inzwischen hatte Peter den richtigen Zeitpunkt gefunden, an dem niemand auf das Buch oder auf ihn achtete. Abends um halb acht, als die ganze Familie unten im Privatbüro Radio hörte, nahm er seinen Schatz mit hinauf zum Oberboden. Um halb neun hätte er wieder unten sein müssen, aber weil das Buch so spannend war, vergaß er die Zeit und kam gerade die Dachbodentreppe herunter, als sein Vater ins Zimmer kam. Was folgte, ist klar. Ein Klaps, ein Schlag, ein Ruck, das Buch lag auf dem Tisch, und Peter war auf dem Oberboden.

So standen die Dinge, als die Familie zum Essen kam. Peter blieb oben, niemand kümmerte sich um ihn, er sollte ohne Essen ins Bett. Wir setzten unsere Mahlzeit fort und plauderten fröhlich, als auf einmal ein durchdringendes Pfeifen zu uns drang. Wir legten die Gabeln hin und schauten uns mit bleichen und erschrockenen Gesichtern an. Dann hörten wir Peters Stimme, die durch das Ofenrohr rief: »Ich komme doch nicht hinunter!«

Herr van Daan sprang auf, seine Serviette fiel zu Boden, und mit einem feuerroten Kopf schrie er: »Jetzt ist es aber genug.«

Vater nahm ihn am Arm, da er Schlimmes befürchtete, und zusammen gingen die beiden Herren zum Dachboden. Nach viel Sträuben und Trampeln landete Peter in seinem Zimmer. Die Tür ging zu, und wir aßen weiter.

Frau van Daan wollte ein Butterbrot für ihr Sohnemännchen übrig lassen, aber Herr van Daan war unerbittlich. »Wenn er nicht sofort um Entschuldigung bittet, muss er auf dem Dachboden schlafen.«

Wir protestierten und fanden, ohne Essen zu bleiben sei schon Strafe genug. Und wenn er sich erkälten würde, könnte noch nicht mal ein Doktor vorbeikommen.

Peter bat nicht um Entschuldigung, er war schon wieder auf dem Oberboden. Herr van Daan kümmerte sich nicht mehr darum, bemerkte aber morgens, dass Peters Bett doch benutzt worden war. Um sieben Uhr war Peter schon wieder auf dem Dachboden, wurde aber durch Vaters freundschaftliche Worte dazu gebracht, herunterzukommen.

Drei Tage mürrische Gesichter, hartnäckiges Schweigen, und alles lief wieder in gewohnten Gleisen.
Deine Anne

Montag, 21. September 1942

Liebe Kitty!

Heute werde ich dir kurz die allgemeinen Neuigkeiten vom Hinterhaus erzählen. Über meiner Bettcouch ist ein Licht angebracht worden, damit ich nur an der Schnur zu ziehen brauche, wenn nachts geschossen wird. Im Augenblick geht das aber nicht, da unser Fenster Tag und Nacht spaltbreit geöffnet ist.

Die männlichen van Daans haben einen komfortablen, gebeizten Vorratsschrank geschreinert, mit richtigem Fliegengitter. Dieses glorreiche Ding stand bis jetzt in Peters Zimmer, ist nun aber wegen der größeren Frische auf den Dachboden gestellt worden. Jetzt gibt es stattdessen ein Brett. Ich habe Peter geraten, den Tisch dort hinzustellen, mit einer hübschen Decke, und das eine Schränkchen an die Wand zu hängen, wo jetzt der Tisch ist. Dann könnte es noch ein gemütliches Kämmerchen werden, auch wenn ich nicht gern da schlafen wollte.

Frau van Daan ist unausstehlich. Ständig bekomme ich von oben Standpauken, weil ich zu viel schwätze. Ich mache mir aus ihren Worten aber nichts! Mit Madame ist immer was anderes. Jetzt will sie die Töpfe nicht abwaschen. Wenn noch ein Restchen drin ist, tut sie das nicht in eine Glasschale, sondern lässt es lieber im Topf verderben. Und wenn Margot dann mittags beim Spülen viele Töpfe hat, sagt Madame auch noch: »Och, Margotchen, Margotchen, du hast aber viel zu tun!«

Herr Kleiman bringt jede zweite Woche ein paar Mädchenbücher für mich mit. Ich bin begeistert von der Joop-ter-Heul-Serie. Cissy van Marxfeldt gefällt mir im Allgemeinen besonders gut. »Eine Sommertorheit« habe ich schon viermal gelesen und muss noch immer über die komischen Situationen lachen.

Mit Vater bin ich jetzt damit beschäftigt, einen Stammbaum seiner Familie zu machen, und dabei erzählt er etwas von jedem.

Das Lernen hat angefangen. Ich mache viel für Französisch und pauke jeden Tag fünf unregelmäßige Verben. Aber ich habe bitter viel von dem, was ich in der Schule gelernt habe, vergessen. Peter hat seufzend seine Englischaufgaben wiederaufgenommen. Gerade sind einige Schulbücher angekommen. Einen umfangreichen Vorrat an Heften, Bleistiften, Radiergummis, Etiketten

usw. habe ich von zu Hause mitgebracht. Pim (das ist Vaters Kosename) erhebt Anspruch auf Unterricht in Niederländisch. Ich finde das prima, sozusagen als Gegenleistung für seine Hilfe in Französisch und anderen Fächern. Aber die Schnitzer, die er macht, sind unglaublich!
Ich höre manchmal den Sender Oranje. Kürzlich sprach Prinz Bernhard. Ungefähr im Januar wird wieder ein Kind bei ihnen geboren werden, sagte er. Ich finde das schön. Hier verstehen sie nicht, dass ich so oranjetreu gesinnt bin.

Vor einigen Tagen sprachen wir darüber, dass ich noch viel lernen müsste, mit der Folge, dass ich mich am nächsten Tag gleich hart an die Arbeit gemacht habe. Ich habe wirklich keine Lust, mit vierzehn oder fünfzehn Jahren noch in der ersten Klasse[4] zu sitzen. Es kam auch zur Sprache, dass ich fast nichts lesen darf. Mutter liest gerade »Heeren, knechten en vrouwen«, das darf ich natürlich noch nicht lesen (Margot schon!), ich muss erst noch etwas weiter entwickelt sein, so wie meine begabte Schwester. Wir sprachen auch darüber, dass ich über Philosophie, Psychologie und Physiologie (diese Wörter habe ich erst mal nachgeschlagen) tatsächlich nichts weiß. Vielleicht bin ich im nächsten Jahr klüger!
Ich bin zu der erschreckenden Erkenntnis gekommen, dass ich nur ein Kleid mit langen Ärmeln und drei Strickjacken für den Winter habe. Vater hat erlaubt, dass ich mir einen Pullover aus weißer Schafwolle stricke. Die Wolle ist nicht sehr schön, die Wärme wird den Mangel wettmachen müssen. Wir haben noch einige Kleider bei anderen Leuten, aber die kann man erst nach dem Krieg zurückholen, falls sie dann noch da sind. Als ich neulich etwas über Frau van Daan an dich schrieb, kam sie gerade ins Zimmer. Klapp, Buch zu.
»Na, Anne, darf ich nicht mal schauen?«
»Nein, Frau van Daan.«
»Nur die letzte Seite?«
»Nein, auch die nicht, Frau van Daan.«
Ich bekam einen Mordsschreck, denn gerade auf dieser Seite war sie schlecht weggekommen.
So passiert jeden Tag was, aber ich bin zu faul und zu müde, um alles aufzuschreiben.

Deine Anne

4 Gemeint ist die erste Klasse einer weiterführenden Schule nach sechs Klassen Grundschule; A. d. Ü.

Freitag, 25. September 1942

Liebe Kitty!

Vater hat einen alten Bekannten, einen Herrn Dreher, einen Mann von siebzig, sehr schwerhörig, krank und arm. An seiner Seite als lästiges Anhängsel eine Frau, die siebenundzwanzig Jahre jünger ist, auch arm, aber vollgehängt mit echten und unechten Armbändern und Ringen, die noch aus früheren goldenen Zeiten übrig sind. Dieser Herr Dreher hat Vater schon ziemlich viel Mühe bereitet, und ich bewunderte Vater immer wegen der Engelsgeduld, mit der er dem bedauernswerten alten Herrchen am Telefon Rede und Antwort stand. Als wir noch zu Hause waren, hat Mutter oft vorgeschlagen, Vater sollte doch ein Grammophon vor das Telefon stellen, das alle drei Minuten »Ja, Herr Dreher« und »Nein, Herr Dreher« sagt, denn der alte Mann verstand sowieso nichts von Vaters ausführlichen Antworten.

Heute rief nun Herr Dreher im Büro an und fragte Herrn Kugler, ob er nicht kurz vorbeikommen könnte. Herr Kugler hatte keine Lust und wollte Miep schicken. Miep sagte telefonisch ab. Frau Dreher rief danach dreimal an. Und weil Miep angeblich ja den ganzen Nachmittag nicht da war, musste sie am Telefon Beps Stimme nachmachen. Unten im Büro und auch hier oben haben alle schrecklich gelacht. Jedes Mal, wenn jetzt das Telefon klingelt, sagt Bep: »Das ist Frau Dreher!« Woraufhin Miep sofort anfängt zu lachen und unhöflich kichernd den Leuten Auskunft gibt.

Wirklich, so eine verrückte Firma gibt es nicht noch einmal! Die Direktoren machen zusammen mit den Büromädchen den größten Spaß!

Ich gehe manchmal abends zu den van Daans, um mich ein bisschen zu unterhalten. Dann essen wir Mottenkekse mit Sirup (die Keksdose stand in einem Kleiderschrank, der eingemottet ist) und amüsieren uns. Neulich ging das Gespräch um Peter. Ich habe erzählt, dass Peter mir so oft über die Wange streichelt und ich das nicht mag. Auf echte Elternart fragten sie, ob ich Peter nicht ein bisschen gernhaben könnte, er hätte mich bestimmt sehr gern. Ich dachte »Oje!« und sagte »Oh nee!«. Stell dir das vor! Dann sagte ich, dass Peter sich ein bisschen linkisch anstellt. Ich nehme an, er ist schüchtern. Das ist mit allen Jungen so, die noch nicht oft Umgang mit Mädchen gehabt haben.

Ich muss wirklich sagen, dass die Versteckkommission Hinterhaus (Abteilung Herren) sehr erfinderisch ist. Hör nur, was sie sich jetzt wieder ausgedacht haben! Sie wollen Herrn Broks, Vertreter der Opekta-Gesellschaft und illegaler Sachen-Verstecker, eine Nachricht von uns zukommen lassen! Sie tippen an einen Opekta-Kunden in Zeeuws-Vlaanderen einen Brief mit

einer Anfrage, und zwar so, dass der Mann einen Zettel ausfüllen und mit dem beigelegten Umschlag zurückschicken muss. Die Adresse auf dem Umschlag schreibt Vater mit der Hand. Wenn dieser Umschlag zurückkommt, wird der Brief des Kunden herausgeholt und ein handgeschriebenes Lebenszeichen von Vater hineingesteckt. So wird Broks den Brief lesen, ohne misstrauisch zu werden. Sie haben ausgerechnet Zeeland gewählt, weil es dicht an der belgischen Grenze liegt und der Brief also einfach über die Grenze geschmuggelt worden sein kann. Außerdem darf dort niemand ohne besondere Genehmigung hin, und ein gewöhnlicher Vertreter wie Broks wird diese Genehmigung nicht bekommen.
Vater hat gestern Abend wieder einmal ein Theater aufgeführt. Ihm war schlecht vor Müdigkeit, und er torkelte ins Bett. Dort hatte er kalte Füße, und ich habe ihm meine Bettschuhe angezogen. Fünf Minuten später lagen sie doch wieder neben seinem Bett. Dann wollte er kein Licht haben und hat sich mit dem Kopf unter die Decke gelegt. Als das Licht ausgemacht wurde, kam er sehr vorsichtig zum Vorschein. Es war zu komisch. Dann sprachen wir darüber, dass Peter Margot »eine Tante« nennt, und auf einmal kam Papas Stimme aus der Tiefe: »Eine Kaffeetante.«
Mouschi, die Katze, wird immer lieber zu mir, aber ich habe immer noch ein bisschen Angst.

Deine Anne

Sonntag, 27. September 1942

Liebe Kitty!
Heute habe ich wieder eine sogenannte »Diskussion« mit Mutter gehabt. Das Schlimme ist, ich breche immer sofort in Tränen aus, ich kann es nicht ändern. Papa ist <u>immer</u> lieb zu mir, und er versteht mich auch viel besser. Ach, ich kann Mutter in solchen Momenten nicht ausstehen, und ich bin für sie auch eine Fremde. Das sieht man gleich, sie weiß noch nicht mal, wie ich über die normalsten Dinge denke.
Wir sprachen über Dienstmädchen, dass man sie Haushaltshilfe nennen sollte und dass das nach dem Krieg sicher verlangt werden wird. Ich sah das nicht sofort ein. Und da sagte sie, dass ich so oft über »später« spreche und mich dann als große Dame aufspiele. Aber das ist überhaupt nicht wahr. Ich darf mir doch wirklich mal kleine Luftschlösser bauen, das ist doch nicht schlimm, das braucht man doch nicht so ernst zu nehmen. Papi verteidigt mich wenigstens, ohne ihn würde ich es hier bestimmt nicht aushalten.

Auch mit Margot verstehe ich mich nicht sehr gut. Obwohl es in unserer Familie nie so einen Ausbruch wie oben gibt, ist es doch längst nicht immer gemütlich. Ich habe eine ganz andere Natur als Margot und Mutter, sie sind so fremd für mich. Ich verstehe mich mit meinen Freundinnen besser als mit meiner eigenen Mutter. Das ist schade, gell!

Frau van Daan ist wieder eine Laus über die Leber gekrochen. Sie ist sehr launisch und schließt immer mehr von ihren Privatsachen weg. Schade, dass Mutter nicht jeden van-Daan-Schwund mit einem Frank-Schwund beantwortet.

Manche Leute scheinen ein besonderes Vergnügen daran zu finden, nicht nur ihre eigenen Kinder zu erziehen, sondern auch die ihrer Bekannten, so sind auch die van Daans. An Margot ist nicht viel zu erziehen, sie ist von Natur aus die Gut-, Lieb- und Klugheit selbst. Aber ich trage ihren Anteil an Untugenden ausreichend mit. Mehr als einmal fliegen beim Essen ermahnende Worte und freche Antworten hin und her. Vater und Mutter verteidigen mich immer heftig, ohne sie könnte ich den Kampf nicht so ohne weiteres aufnehmen. Zwar ermahnen sie mich immer, weniger zu reden, mich in nichts einzumischen und bescheidener zu sein, aber das schaffe ich selten. Wäre Vater nicht immer wieder so geduldig, hätte ich die Hoffnung schon längst aufgegeben, die Forderungen meiner Eltern zu erfüllen, dabei sind sie wirklich nicht zu hoch.

Wenn ich von einem Gemüse, das ich überhaupt nicht mag, wenig nehme und stattdessen Kartoffeln esse, kann vor allem Frau van Daan diese Verwöhntheit nicht ertragen. »Nimm noch etwas Gemüse, Anne, komm«, sagt sie dann gleich.

»Nein, danke«, antworte ich. »Mir reichen die Kartoffeln.«

»Gemüse ist sehr gesund, das sagt deine Mutter auch. Nimm noch was«, drängt sie dann, bis Vater eingreift und mir recht gibt.

Dann fängt Frau van Daan an zu wettern und sagt: »Da hätten Sie mal bei uns zu Hause sein müssen, da wurden die Kinder wenigstens erzogen! Das ist doch keine Erziehung! Anne ist schrecklich verwöhnt, ich würde das nie zulassen. Wenn Anne meine Tochter wäre …«

Damit beginnt und endet immer der ganze Wortschwall. »Wenn Anne meine Tochter wäre …« Zum Glück bin ich das nicht.

Aber um auf das Erziehungsthema zurückzukommen: Gestern trat nach Frau van Daans letzten vielsagenden Worten eine Stille ein, und dann sagte Vater: »Ich finde, dass Anne sehr gut erzogen ist. Sie hat wenigstens schon so viel gelernt, dass sie auf Ihre langen Predigten keine Antwort

mehr gibt. Und was das Gemüse betrifft, kann ich nichts anderes sagen als vice versa.«
Madame war geschlagen, und zwar gründlich. Das bezog sich natürlich auf sie, weil sie abends keine Bohnen und überhaupt keine Kohlsorten vertragen kann, denn dann lässt sie »Winde«. Das könnte ich auch sagen. Sie ist doch idiotisch, nicht wahr? Soll sie wenigstens über mich den Mund halten.
Es ist komisch zu sehen, wie schnell Frau van Daan rot wird. Ich nicht, bätsch! Und darüber ärgert sie sich insgeheim schrecklich. Deine Anne

Montag, 28. September 1942

Liebe Kitty!
Mein Brief von gestern war noch lange nicht fertig, als ich mit dem Schreiben aufhören musste. Ich kann die Lust nicht unterdrücken, dir von einer anderen Unstimmigkeit zu erzählen. Doch bevor ich damit anfange, noch dies: Ich finde es sehr seltsam, dass erwachsene Menschen so schnell, so viel und über alle möglichen Kleinigkeiten Streit anfangen. Bisher dachte ich immer, dass nur Kinder sich so zanken und dass sich das später legen würde. Natürlich gibt es schon mal Anlass für einen »richtigen« Streit, aber diese Wortgefechte hier sind nichts anderes als Zankereien. Sie gehören zur Tagesordnung, und ich müsste eigentlich schon daran gewöhnt sein. Das ist jedoch nicht der Fall und wird auch nicht der Fall sein, solange ich bei fast jeder Diskussion (dieses Wort wird hier statt Streit verwendet, ganz falsch natürlich, aber das wissen Deutsche eben nicht besser!) zur Sprache komme.
Nichts, aber auch gar nichts lassen sie an mir gelten. Mein Auftreten, mein Charakter, meine Manieren werden Stück für Stück von vorn bis hinten und von hinten bis vorn bequatscht und betratscht, und etwas, an das ich überhaupt nicht gewöhnt war, nämlich harte Worte und Geschrei an meine Adresse, soll ich jetzt laut befugter Seite wohlgemut schlucken. Das kann ich nicht! Ich denke nicht daran, diese Beleidigungen auf mir sitzenzulassen. Ich werde ihnen schon zeigen, dass Anne Frank nicht von gestern ist! Sie werden sich noch wundern und ihre große Klappe halten, wenn ich ihnen klarmache, dass sie nicht mit meiner, sondern erst mal mit ihrer eigenen Erziehung beginnen müssen. Das ist eine Art aufzutreten! Einfach barbarisch! Ich bin jedes Mal wieder verblüfft von so viel Ungezogenheit und vor allem Dummheit (Frau van Daan). Aber sobald ich mich daran gewöhnt haben werde, und das wird schon bald sein, werde ich ihnen ihre Wörter ungesalzen zurückgeben, da werden sie anders reden! Bin ich denn wirklich so ungezogen,

eigenwillig, störrisch, unbescheiden, dumm, faul usw., wie sie es oben behaupten? Na ja, ich weiß schon, dass ich viele Fehler und Mängel habe, aber sie übertreiben wirklich maßlos. Wenn du nur wüsstest, Kitty, wie ich manchmal bei diesen Schimpfkanonaden koche! Es wird wirklich nicht mehr lange dauern, bis meine angestaute Wut zum Ausbruch kommt.
Aber nun genug hierüber, ich habe dich lange genug mit meinen Streitereien gelangweilt. Doch ich kann es nicht lassen, eine hochinteressante Tischdiskussion muss ich dir noch erzählen.
Irgendwie kamen wir auf Pims weitgehende Bescheidenheit. Die ist eine so feststehende Tatsache, dass selbst von den idiotischsten Leuten nicht daran gezweifelt werden kann. Plötzlich sagte Frau van Daan, die jedes Gespräch auf sich beziehen muss: »Ich bin auch sehr bescheiden, viel bescheidener als mein Mann!«
Hast du je im Leben so was gehört? Dieser Satz zeigt doch schon sehr deutlich ihre Bescheidenheit!
Herr van Daan fand es nötig, das »als mein Mann« näher zu erklären, und sagte ganz ruhig: »Ich will auch nicht bescheiden sein. Ich habe immer festgestellt, dass unbescheidene Leute es viel weiter bringen als bescheidene.« Und dann wandte er sich an mich: »Sei nur nicht bescheiden, Anne, damit kommt man wirklich nicht weiter.«
Mutter stimmte dieser Ansicht vollkommen bei. Aber wie gewöhnlich musste Frau van Daan zu diesem Erziehungsthema ihren Senf dazugeben. Diesmal wandte sie sich jedoch nicht an mich, sondern an mein Elternpaar, und sagte: »Sie haben eine seltsame Lebensanschauung, so etwas zu Anne zu sagen. In meiner Jugend war das ganz anders. Aber ich bin sicher, dass es jetzt auch noch anders ist, außer eben in Ihrer modernen Familie.«
Damit war Mutters mehrmals verteidigte moderne Erziehungsmethode gemeint. Frau van Daan war feuerrot vor Aufregung. Jemand, der rot wird, regt sich durch die Erhitzung immer mehr auf und hat das Spiel bald verloren.
Mutter, die nicht rot geworden war, wollte die Geschichte so schnell wie möglich vom Tisch haben und überlegte kurz, bevor sie antwortete: »Frau van Daan, auch ich finde tatsächlich, dass es im Leben viel besser ist, etwas weniger bescheiden zu sein. Mein Mann, Margot und Peter sind außergewöhnlich bescheiden. Ihr Mann, Anne, Sie und ich sind nicht unbescheiden, aber wir lassen uns auch nicht bei jeder Gelegenheit einfach zur Seite schieben.«
Frau van Daan: »Aber Frau Frank, ich verstehe Sie nicht! Ich bin wirklich außergewöhnlich bescheiden. Wie kommen Sie dazu, mich unbescheiden zu nennen?«

Mutter: »Sie sind sicher nicht unbescheiden, aber niemand würde Sie besonders bescheiden finden.«
Frau van Daan: »Ich würde gerne wissen wollen, worin ich unbescheiden bin! Wenn ich hier nicht für mich selbst sorgen würde, müsste ich verhungern, ein anderer täte es bestimmt nicht. Aber deshalb bin ich wirklich genauso bescheiden wie Ihr Mann.«
Mutter konnte bei dieser albernen Selbstverteidigung nur lachen. Das irritierte Frau van Daan, die ihre Ausführungen noch mit einer langen Reihe prächtiger deutsch-niederländischer und niederländisch-deutscher Worte fortsetzte, bis die geborene Rednerin sich so in ihren eigenen Worten verhedderte, dass sie sich schließlich vom Stuhl erhob und aus dem Zimmer gehen wollte. Ihr Blick fiel auf mich. Das hättest du sehen müssen! Unglücklicherweise hatte ich in dem Moment, als sie uns den Rücken zeigte, mitleidig und ironisch mit dem Kopf geschüttelt, nicht mit Absicht, sondern ganz unwillkürlich, so intensiv hatte ich den Wortschwall verfolgt. Frau van Daan kehrte um und fing an zu keifen, laut, deutsch, gemein und unhöflich, genau wie ein dickes, rotes Fischweib. Es war ein Vergnügen, sie anzuschauen. Wenn ich zeichnen könnte, hätte ich sie am liebsten in dieser Haltung gezeichnet, so komisch war dieses kleine, verrückte, dumme Weib! Aber eines weiß ich jetzt: Man lernt die Menschen erst gut kennen, wenn man einmal richtigen Streit mit ihnen gehabt hat. Erst dann kann man ihren Charakter beurteilen!

Deine Anne

Dienstag, 29. September 1942

Liebe Kitty!
Versteckte erleben seltsame Sachen! Weil wir keine Badewanne haben, waschen wir uns in einem Waschzuber, und weil nur das Büro (damit meine ich immer das gesamte untere Stockwerk) warmes Wasser hat, nutzen wir alle sieben der Reihe nach diesen Vorteil aus. Weil wir nun aber auch so verschieden sind und einige sich mehr genieren als andere, hat sich jedes Familienmitglied einen anderen Badeplatz ausgesucht. Peter badet in der Küche, obwohl die Küche eine Glastür hat. Wenn er vorhat, ein Bad zu nehmen, teilt er jedem einzeln mit, dass wir in der nächsten halben Stunde nicht an der Küche vorbeigehen dürfen. Diese Maßnahme scheint ihm ausreichend. Herr van Daan badet ganz oben. Für ihn macht die Sicherheit des eigenen Zimmers die Unbequemlichkeit wett, das heiße Wasser die ganzen Treppen hochzutragen. Frau van Daan badet vorläufig überhaupt nicht, sie wartet ab,

welcher Platz der beste ist. Vater badet im Privatbüro, Mutter in der Küche hinter einem Ofenschirm, und Margot und ich haben das vordere Büro als Planschplatz gewählt. Samstagnachmittags sind dort die Vorhänge zugezogen. Dann reinigen wir uns im Dunkeln, und diejenige, die gerade nicht an der Reihe ist, schaut durch einen Spalt zwischen den Vorhängen aus dem Fenster und beobachtet die komischen Leute draußen.
Seit letzter Woche gefällt mir dieses Bad nicht mehr, und ich habe mich auf die Suche nach einem bequemeren Platz gemacht. Peter hat mich auf die Idee gebracht, meine Schüssel in die geräumige Bürotoilette zu stellen. Dort kann ich mich hinsetzen, Licht machen, die Tür abschließen, das Wasser ohne fremde Hilfe weggießen und bin sicher vor indiskreten Blicken. Am Sonntag habe ich mein schönes Badezimmer erstmals benutzt, und so verrückt es klingt, ich finde es besser als jeden anderen Platz.
Am Mittwoch war der Installateur im Haus, um unten die Rohre der Wasserleitung von der Bürotoilette auf den Flur zu verlegen. Diese Veränderung ist in Hinblick auf einen eventuellen kalten Winter gemacht worden, damit die Rohre nicht einfrieren. Der Installateurbesuch war für uns alles andere als angenehm. Nicht nur, dass wir tagsüber kein Wasser laufen lassen durften, wir durften natürlich auch nicht aufs Klo.
Es ist wohl sehr unfein, wenn ich dir erzähle, was wir getan haben, um dem Übel abzuhelfen. Aber ich bin nicht so prüde, über solche Dinge nicht zu sprechen. Vater und ich haben uns zu Beginn unseres Untertauchens einen improvisierten Nachttopf angeschafft, das bedeutet, wir haben aus Mangel an einem Topf ein Weckglas geopfert. Diese Weckgläser haben wir während des Installateurbesuchs ins Zimmer gestellt und unsere Bedürfnisse tagsüber aufbewahrt. Das fand ich lange nicht so eklig wie die Tatsache, dass ich den ganzen Tag stillsitzen musste und auch nicht reden durfte. Du kannst dir gar nicht vorstellen, wie schwer das dem Fräulein Quak-quak-quak gefallen ist. An normalen Tagen dürfen wir ja auch nur flüstern, aber überhaupt nicht zu sprechen und sich nicht zu bewegen, das ist noch zehnmal schlimmer. Mein Hintern war nach drei Tagen Sitzen plattgedrückt und ganz steif und tat weh. Abendgymnastik hat geholfen. Deine Anne

Donnerstag, 1. Oktober 1942

Beste Kitty!
Gestern bin ich schrecklich erschrocken. Um acht Uhr klingelte es plötzlich ganz laut. Ich dachte natürlich, da käme jemand … Wer, kannst du dir wohl

denken. Als aber alle behaupteten, es wären sicher Straßenjungen oder die Post gewesen, beruhigte ich mich.
Die Tage werden hier sehr still. Levinsohn, ein kleiner jüdischer Apotheker und Chemiker, arbeitet für Kugler in der Küche. Er kennt das ganze Haus sehr gut, und darum haben wir ständig Angst, dass es ihm einfallen könnte, auch mal das frühere Labor zu besichtigen. Wir sind so still wie Babymäuschen. Wer hätte vor drei Monaten angenommen, dass die Quecksilber-Anne stundenlang ruhig sitzen müsste und auch kann?
Am 29. September hatte Frau van Daan Geburtstag. Obwohl nicht groß gefeiert wurde, bekam sie doch Blumen und kleine Geschenke, und es gab gutes Essen. Rote Nelken von dem Herrn Gemahl scheinen bei der Familie Tradition zu sein.
Um noch kurz bei Frau van Daan zu bleiben: Eine Quelle ständigen Ärgers sind für mich ihre Flirtversuche mit Vater. Sie streicht ihm über Wange und Haare, zieht ihr Röckchen sehr hoch hinauf, sagt Dinge, die sie für witzig hält, und versucht so, Pims Aufmerksamkeit auf sich zu ziehen. Glücklicherweise findet Pim sie nicht schön und auch nicht nett und geht daher auf die Flirtereien nicht ein. Aber ich bin ziemlich eifersüchtig ausgefallen, wie du weißt, also kann ich das nicht haben. Mutter tut das doch auch nicht bei Herrn van Daan. Das habe ich ihr auch ins Gesicht gesagt.
Peter kann ab und zu recht witzig sein. Eine Vorliebe, die alle zum Lachen bringt, hat er jedenfalls mit mir gemeinsam, und zwar Verkleiden. Er in einem sehr engen Kleid seiner Mutter, ich in seinem Anzug, so erschienen wir, mit Hut und Mütze geschmückt. Die Erwachsenen bogen sich vor Lachen, und wir hatten nicht weniger Spaß.
Bep hat im Warenhaus neue Röcke für Margot und mich gekauft. Der Stoff ist schlecht, wie Jute, aus der Kartoffelsäcke gemacht werden. So ein Ding, das die Läden früher nicht zu verkaufen gewagt hätten, kostet jetzt 7,75 respektive 24 Gulden.
Noch etwas Schönes haben wir in Aussicht: Bep hat für Margot, Peter und mich schriftlichen Steno-Unterricht bestellt. Du wirst schon sehen, was für perfekte Stenographen wir nächstes Jahr sein werden. Ich finde es jedenfalls sehr wichtig, so eine Geheimschrift zu lernen.
Ich habe schreckliche Schmerzen in meinem Zeigefinger (von der linken Hand) und kann deshalb nicht bügeln, was für ein Glück!
Herr van Daan wollte lieber, dass ich mich neben ihn an den Tisch setze, denn Margot isst nicht mehr genug, meint er. Nun, ich finde so eine Veränderung auch ganz schön. Im Garten läuft immer ein kleines, schwarzes Kätz-

chen herum. Das erinnert mich so an mein Moortje, oh, dieser Schatz! Mama hat ständig was auszusetzen, vor allem bei Tisch, auch deshalb ist die Veränderung ganz schön. Jetzt hat Margot den Ärger damit, oder besser gesagt, keinen Ärger damit, denn über sie macht Mama nicht solche stacheligen Bemerkungen, über das vorbildliche Kind! Mit dem vorbildlichen Kind piesacke ich sie jetzt immer, das kann sie nicht ausstehen. Vielleicht gewöhnt sie es sich ab, es wird auch höchste Zeit.
Zum Schluss dieser Kuddelmuddelmitteilungen noch einen besonders komischen Witz, der von Herrn van Daan stammt:
Was macht 999 mal klick und einmal klack?
Ein Tausendfüßler mit einem Klumpfuß! Tschüs, deine Anne

Samstag, 3. Oktober 1942

Beste Kitty!
Gestern haben sie mich geneckt, weil ich mit Herrn van Daan zusammen auf dem Bett gelegen habe. »So früh schon, ein Skandal!«, und lauter solche Ausdrücke. Blöd natürlich. Ich würde nie mit Herrn van Daan schlafen wollen, in der allgemeinen Bedeutung natürlich.
Gestern gab es wieder einen Zusammenstoß, und Mutter hat sich schrecklich aufgespielt. Sie hat Papa alle meine Sünden erzählt und heftig angefangen zu weinen. Ich natürlich auch, und ich hatte sowieso schon schreckliche Kopfschmerzen. Ich habe Papi endlich gesagt, dass ich »ihn« viel lieber habe als Mutter. Daraufhin hat er gesagt, dass das schon wieder vorbeigehen würde, aber das glaube ich nicht. Mutter kann ich nun mal nicht ausstehen, und ich muss mich mit Gewalt zwingen, sie nicht immer anzuschnauzen und ruhig zu bleiben. Ich könnte ihr glatt ins Gesicht schlagen. Ich weiß nicht, wie es kommt, dass ich eine so schreckliche Abneigung gegen sie habe. Papa hat gesagt, ich müsste ihr mal von selbst anbieten, ihr zu helfen, wenn sie sich nicht wohl fühlt oder Kopfschmerzen hat. Aber das tue ich nicht, weil ich sie nicht liebe, und dann fühle ich das nicht. Ich kann mir auch gut vorstellen, dass Mutter mal stirbt. Aber dass Papa mal stirbt, das könnte ich, glaube ich, nicht aushalten. Das ist sehr gemein von mir, aber so fühle ich es. Ich hoffe, dass Mutter dieses und alles andere niemals lesen wird.
Ich lese gerade »Evas Jugend« von Nico van Suchtelen. Den Unterschied zwischen Mädchenbüchern und diesem finde ich nicht so arg groß. Eva denkt, dass Kinder wie Äpfel an einem Baum wachsen und der Storch sie dort abpflückt, wenn sie reif sind, und sie den Müttern bringt. Aber die Katze ihrer

Freundin hatte Junge bekommen, die kamen aus der Katze. Nun dachte Eva, dass die Katze, genau wie ein Huhn, Eier legt und sie ausbrütet. Auch Mütter, die ein Kind bekommen, würden ein paar Tage zuvor ins Schlafzimmer gehen und ein Ei legen, um es dann auszubrüten. Wenn das Kind dann da ist, sind die Mütter noch etwas schwach vom langen Hocken. Eva wollte nun auch ein Kind haben. Sie nahm einen Wollschal und legte ihn auf den Boden, da hinein sollte das Ei fallen. Dann kauerte sie sich hin, drückte und fing an zu gackern, aber es kam kein Ei. Endlich, nach sehr langem Sitzen, kam etwas heraus, aber kein Ei, sondern eine Wurst. Eva schämte sich sehr. Sie dachte, dass sie krank wäre. Witzig, nicht wahr? In »Evas Jugend« steht auch was darüber, dass Frauen ihre Körper auf der Straße verkaufen und dafür einen Haufen Geld verlangen. Ich würde mich totschämen vor so einem Mann. Außerdem steht drin, dass Eva ihre Periode bekommen hat. Danach sehne ich mich so sehr, dann bin ich wenigstens erwachsen. Papa mault schon wieder und droht, dass er mir mein Tagebuch wegnehmen wird. Oh, was für ein Schreck! Ich werde es in Zukunft verstecken! Anne Frank

Mittwoch, 7. Oktober 1942

Ich stelle mir jetzt vor, dass …
ich in die Schweiz gehe. Papa und ich schlafen in einem Zimmer, während das Zimmer der Jungen[5] mein Zimmer wird, wo ich sitze und meine Gäste empfange. Dort haben sie mir als Überraschung neue Möbel gekauft, Teetisch, Schreibtisch, Sessel und Diwan, einfach großartig. Nach ein paar Tagen gibt Papa mir 150 Gulden, umgerechnet natürlich, aber ich bleibe einfach bei Gulden, und sagt, dass ich mir dafür alles kaufen kann, nur für mich selbst, was ich für nötig halte. (Später soll ich dann jede Woche einen Gulden bekommen, dafür kann ich mir auch kaufen, was ich will.) Ich gehe mit Bernd los und kaufe:

3 Sommerhemden à 0,50 = 1,50
3 Sommerhosen à 0,50 = 1,50
3 Winterhemden à 0,75 = 2,25
3 Winterhosen à 0,75 = 2,25
2 Unterkleider à 0,50 = 1,00
2 Büstenhalter (kleinste Größe) à 0,50 = 1,00

5 Gemeint sind ihre Cousins Stephan und Bernhard (Buddy); A. d. Ü.

5 Pyjamas à 1,00 = 5,00
1 Sommermorgenrock à 2,50 = 2,50
1 Wintermorgenrock à 3,00 = 3,00
2 Bettjäckchen à 0,75 = 1,50
1 kleines Kissen à 1,00 = 1,00
1 Paar Sommerpantoffeln à 1,00 = 1,00
1 Paar Winterpantoffeln à 1,50 = 1,50
1 Paar Sommerschuhe (Schule) à 1,50 = 1,50
1 Paar Sommerschuhe (gut) à 2,00 = 2,00
1 Paar Winterschuhe (Schule) à 2,50 = 2,50
1 Paar Winterschuhe (gut) à 3,00 = 3,00
2 Schürzen à 0,50 = 1,00
25 Taschentücher à 0,05 = 1,25
4 Paar Seidenstrümpfe à 0,75 = 3,00
4 Paar Kniestrümpfe à 0,50 = 2,00
4 Paar Socken à 0,25 = 1,00
2 Paar dicke Socken à 1,00 = 2,00
3 Knäuel weiße Wolle (Hosen, Mütze) = 1,50
3 Knäuel blaue Wolle (Pullover, Rock) = 1,50
3 Knäuel farbige Wolle (Mütze, Schal) = 1,50
Schals, Gürtel, Krägen, Knöpfe = 1,25

Dann noch 2 Schulkleider (Sommer), 2 Schulkleider (Winter), 2 gute Kleider (Sommer), 2 gute Kleider (Winter), 1 Sommerrock, 1 guter Winterrock, 1 Schulwinterrock, 1 Regenmantel, 1 Sommermantel, 1 Wintermantel, 2 Hüte, 2 Mützen.

Das sind zusammen 108 Gulden.

2 Taschen, 1 Eiskostüm, 1 Paar Schlittschuhe mit Schuhen, 1 Schachtel (mit Puder, Fettcreme, Pudercreme, Abschminkcreme, Sonnenöl, Watte, Verbandsschachtel, Rouge, Lippenstift, Augenbrauenstift, Badesalz, Körperpuder, Eau de Cologne, Seife, Quaste).

Dann noch 4 Pullover à 1,50, 4 Blusen à 1,00, diverse Dinge à 10,00 und Bücher, Geschenke à 4,50.

Freitag, 9. Oktober 1942

Liebe Kitty!

Nichts als traurige und deprimierende Nachrichten habe ich heute. Unsere jüdischen Bekannten werden gleich gruppenweise festgenommen. Die Gestapo geht nicht im Geringsten zart mit diesen Menschen um. Sie werden in Viehwagen nach Westerbork gebracht, dem großen Judenlager in Drente. Miep hat von jemandem erzählt, der aus Westerbork geflohen ist. Es muss dort schrecklich sein. Die Menschen bekommen fast nichts zu essen, geschweige denn zu trinken. Sie haben nur eine Stunde pro Tag Wasser und ein Klo und ein Waschbecken für ein paar tausend Menschen. Schlafen tun sie alle durcheinander, Männer und Frauen, und die Letzteren und Kinder bekommen oft die Haare abgeschoren. Fliehen ist fast unmöglich. Die Menschen sind gebrandmarkt durch ihre kahlgeschorenen Köpfe und viele auch durch ihr jüdisches Aussehen.

Wenn es in Holland schon so schlimm ist, wie muss es dann erst in Polen sein? Wir nehmen an, dass die meisten Menschen ermordet werden. Der englische Sender spricht von Vergasungen, vielleicht ist das noch die schnellste Methode zu sterben.

Ich bin völlig durcheinander. Miep erzählt all diese Gräuelgeschichten so ergreifend und ist selbst ganz aufgeregt dabei. Erst neulich saß zum Beispiel eine alte, lahme jüdische Frau vor ihrer Tür und musste auf die Gestapo warten, die weggegangen war, um ein Auto zu holen, um sie abzutransportieren. Die arme Alte hatte solche Angst vor der Schießerei auf die englischen Flugzeuge und auch vor den grellen, flitzenden Scheinwerfern. Trotzdem wagte Miep nicht, sie ins Haus zu holen, das würde niemand tun. Die Herren Deutschen sind nicht zimperlich mit ihren Strafen.

Auch Bep ist still. Ihr Freund muss nach Deutschland. Sie hat jedes Mal Angst, wenn die Flugzeuge über unsere Häuser fliegen, dass sie ihre Bombenlast von oft einer Million Kilo auf Bertus' Kopf fallen lassen. Witze wie: »Eine Million wird er wohl nicht bekommen« und »Eine einzige Bombe ist schon genug« finde ich nicht gerade angebracht. Bertus ist nicht der Einzige, der gehen muss, jeden Tag fahren Züge voll mit jungen Leuten weg. Manchen gelingt es, heimlich auszusteigen, wenn sie auf einem kleinen Bahnhof halten, und dann unterzutauchen. Einem kleinen Prozentsatz gelingt das vielleicht.

Ich bin noch nicht fertig mit meinem Trauergesang. Hast du schon mal was von Geiseln gehört? Das führen sie nun als neueste Strafmethode für Sabotage ein. Etwas Schrecklicheres kann man sich nicht vorstellen. Angesehene, unschuldige Bürger werden verhaftet und warten auf ihre Ermordung. Wird irgendwo sabotiert und der Täter nicht gefunden, stellt die Gestapo seelenruhig so fünf Geiseln an die Wand. Oft stehen die Todesmeldungen in der Zeitung. Ein »schicksalhaftes Unglück« wird dieses Verbrechen dann genannt. Ein schönes Volk, die Deutschen, und da gehöre ich eigentlich auch noch dazu! Aber nein, Hitler hat uns längst staatenlos gemacht. Und im Übrigen gibt es keine größere Feindschaft auf dieser Welt als zwischen Deutschen und Juden.

Deine Anne

Mittwoch, 14. Oktober 1942

Beste Kitty!

Ich habe schrecklich viel zu tun. Gestern habe ich ein Kapitel von »La belle Nivernaise« übersetzt und die Wörter aufgeschrieben. Dann eine Mistrechenaufgabe gemacht und noch drei Seiten französische Sprachlehre übersetzt. Heute französische Sprachlehre und Geschichte. Ich denke nicht daran, jeden Tag solche Mistrechenaufgaben zu machen. Papa findet sie auch schrecklich, ich kann sie fast noch besser als er, aber in Wirklichkeit können wir sie alle beide nicht, so dass wir immer Margot holen müssen. Ich bin auch eifrig beim Stenographieren, das finde ich toll, ich bin am weitesten von uns dreien. Ich habe »De stormers« gelesen. Es war ganz nett, aber lange nicht so gut wie »Joop ter Heul«. Übrigens, in beiden Büchern kommen dieselben Wörter vor, klar, bei derselben Autorin. Cissy van Marxveldt schreibt wirklich toll. Bestimmt werde ich ihre Bücher meinen Kindern auch zu lesen geben.

Außerdem habe ich eine Menge Theaterstücke von Körner gelesen. Ich finde, dass der Mann schön schreibt. Zum Beispiel »Hedwig«, »Der Vetter aus Bremen«, »Die Gouvernante«, »Der grüne Domino« usw.

Mutter, Margot und ich sind wieder die besten Freundinnen, und das ist eigentlich viel angenehmer. Gestern Abend lagen Margot und ich zusammen in meinem Bett. Es war sehr eng, aber gerade deshalb witzig. Sie fragte, ob sie mal mein Tagebuch lesen dürfte. »Manche Stücke schon«, sagte ich und fragte nach ihrem. Das dürfte ich dann auch lesen.

So kamen wir auf die Zukunft, und ich fragte sie, was sie werden wollte. Aber das wollte sie nicht sagen, sie machte ein großes Geheimnis daraus, Ich habe mal so etwas aufgeschnappt wie Unterricht. Ich weiß natürlich nicht, ob das stimmt, aber ich vermute, dass es in diese Richtung geht. Eigentlich darf ich nicht so neugierig sein.

Heute Morgen lag ich auf Peters Bett, nachdem ich ihn erst verjagt hatte. Er war wütend auf mich, aber das kann mir herzlich wenig ausmachen. Er könnte ruhig mal etwas freundlicher zu mir sein, denn gestern Abend habe ich ihm noch einen Apfel geschenkt.
Ich habe Margot mal gefragt, ob sie mich sehr hässlich fände. Sie sagte, ich sähe witzig aus und hätte hübsche Augen. Ziemlich vage, findest du nicht auch?
Bis zum nächsten Mal! Anne Frank

P. S. heute Morgen sind wir wieder alle auf der Waage gewesen. Margot wiegt nun 120 Pfund, Mutter 124, Vater 141, Anne 87, Peter 134, Frau van Daan 106, Herr van Daan 150. Ich habe in den drei Monaten, die ich hier bin, 17 Pfund zugenommen, enorm, gell?

Dienstag, 20. Oktober 1942

Liebe Kitty!
Meine Hand zittert noch, obwohl der Schreck, den wir hatten, schon zwei Stunden her ist. Du musst wissen, dass wir fünf Minimax-Feuerlöscher im Haus haben. Weil sie unten so gescheit sind, haben sie uns nicht gewarnt, dass der Zimmermann, oder wie der Bursche sonst heißt, die Geräte auffüllte. Deshalb waren wir überhaupt nicht leise, bis ich plötzlich draußen auf dem Treppenabsatz (gegenüber unserer Schranktür) Hammerschläge hörte. Ich dachte sofort an den Zimmermann und warnte Bep, die gerade beim Essen war, dass sie nicht nach unten gehen konnte. Vater und ich bezogen Posten hinter der Tür, um zu hören, wann der Mann weggehen würde. Nachdem er eine Viertelstunde gearbeitet hatte, legte er seinen Hammer und andere Werkzeuge auf unseren Schrank (so meinten wir!) und klopfte an unsere Tür. Wir wurden ganz weiß! Sollte er doch etwas gehört haben und nun dieses geheimnisvolle Ungetüm untersuchen wollen? Es schien so, denn das Klopfen, Ziehen, Schieben und Reißen hörte nicht auf.
Ich wurde fast ohnmächtig vor Angst, dass es dem wildfremden Mann doch gelingen könnte, unseren schönen Schlupfwinkel zu enttarnen. Ich dachte gerade, ich hätte die längste Zeit gelebt, da hörten wir die Stimme von Herrn Kleiman sagen: »Macht doch mal auf, ich bin es.«
Sofort machten wir auf. Was war passiert? Der Haken, mit dem der Schrank an der Tür festsitzt, hatte geklemmt, deshalb konnte uns niemand vor dem Zimmermann warnen. Der Mann war inzwischen nach unten gegangen, und Kleiman wollte Bep abholen, bekam aber den Drehschrank wieder nicht

auf. Ich kann dir kaum sagen, wie erleichtert ich war. Der Mann, von dem ich meinte, dass er zu uns herein wollte, hatte in meiner Einbildung immer größere Formen angenommen. Zuletzt sah er aus wie ein Riese und war so ein Faschist, wie es keinen schlimmeren gibt. Gell, zum Glück ist es diesmal gut abgelaufen!

Am Montag hatten wir hier viel Spaß. Miep und Jan haben bei uns übernachtet. Margot und ich haben für die eine Nacht bei Vater und Mutter geschlafen, so dass das Ehepaar Gies unsere Plätze einnehmen konnte. Das Ehrenmenü schmeckte herrlich. Eine kleine Unterbrechung war, dass Vaters Lampe einen Kurzschluss verursachte und wir mit einem Schlag im Dunkeln saßen. Was tun? Neue Sicherungen waren zwar da, mussten aber ganz hinten im dunklen Lager eingeschraubt werden, und abends war das keine besonders hübsche Aufgabe. Trotzdem wagten es die Herren, und nach zehn Minuten konnten wir unsere Kerzenbeleuchtung wieder wegräumen.

Morgens war ich schon früh auf. Jan war schon angezogen. Er musste um halb neun weg, also saß er schon um acht Uhr oben und frühstückte. Miep zog sich gerade an und stand im Hemd da, als ich hereinkam. Sie hat genau solche wollenen Unterhosen wie ich fürs Fahrrad. Margot und ich zogen uns nun an und waren viel früher oben als gewöhnlich. Nach einem gemütlichen Frühstück ging Miep nach unten. Es goss, und sie war froh, dass sie heute nicht mit dem Fahrrad ins Büro zu fahren brauchte. Ich machte mit Papi die Betten, dann lernte ich fünf unregelmäßige Verben. Fleißig, nicht wahr?

Margot und Peter saßen in unserem Zimmer und lasen, und Mouschi saß bei Margot auf der Couch. Ich setzte mich nach meinen französischen Unregelmäßigkeiten auch dazu und las »Und ewig singen die Wälder«. Es ist ein sehr schönes, aber seltsames Buch, ich habe es fast ausgelesen.

Bep kommt nächste Woche auch mal auf Nachtbesuch! Deine Anne

Donnerstag, 29. Oktober 1942

Liebste Kitty!

Ich bin ziemlich beunruhigt, Vater ist krank. Er hat hohes Fieber und roten Ausschlag, es scheinen die Masern zu sein. Stell dir vor, wir können nicht mal einen Doktor holen! Mutter lässt ihn kräftig schwitzen, vielleicht geht das Fieber davon runter.

Heute Morgen erzählte Miep, dass die Wohnung der van Daans nun von den Deutschen entmöbelt worden ist. Wir haben es Frau van Daan noch nicht gesagt, sie ist ohnehin schon so »nervenmäßig« in der letzten Zeit, und wir

haben keine Lust, uns das Gejammer über ihr schönes Service und die feinen Sesselchen anzuhören, die zu Hause geblieben sind. Wir haben doch auch fast alles, was schön war, im Stich lassen müssen, was hilft nun das Geklage?
Vater will nun, dass ich Bücher von bekannten deutschen Schriftstellern lese. Das Deutschlesen geht schon relativ flott. Nur flüstere ich meistens, statt dass ich für mich lese. Aber das wird wohl vorbeigehen. Vater hat Goethes und Schillers Dramen aus dem großen Bücherschrank geholt, er will mir nun jeden Abend etwas vorlesen. Mit »Don Carlos« haben wir schon angefangen.
Um Vaters gutem Vorbild zu folgen, hat Mutter mir ihr Gebetbuch in die Hand gedrückt. Anstandshalber habe ich ein paar Gebete in Deutsch gelesen. Ich finde es schon schön, aber es sagt mir nicht viel. Warum zwingt sie mich, so fromm-religiös zu tun?
Morgen wird der Ofen zum ersten Mal angemacht. Wir werden wohl ziemlich im Rauch sitzen, der Schornstein ist schon lange Zeit nicht gefegt worden. Hoffen wir, dass das Ding zieht! Deine Anne

Montag, 2. November 1942

Beste Kitty!
Freitagabend war Bep bei uns. Es war ziemlich gemütlich, aber sie hat nicht gut geschlafen, weil sie Wein getrunken hatte. Sonst gibt es nichts Besonderes. Gestern hatte ich schlimme Kopfschmerzen und bin früh ins Bett gegangen. Margot ist wieder mal garstig.
Heute Morgen habe ich angefangen, für das Büro einen Karteikasten zu sortieren. Der war umgefallen und ganz durcheinander. Ich wurde schon bald wahnsinnig davon und fragte Margot und Peter, ob sie mir helfen wollten, aber die beiden waren zu faul. Da habe ich die Sachen auch weggeräumt. Ich bin doch nicht verrückt und mache das alleine! Anne Frank

P. S. Ich habe noch vergessen, dir die wichtige Neuigkeit zu erzählen, dass ich wahrscheinlich bald meine Periode bekomme. Das merke ich an dem klebrigen Zeug in meiner Hose, und Mutter hat es mir vorausgesagt. Ich kann es kaum erwarten. Es scheint mir so wichtig! Nur schade, dass ich nun keine Damenbinden tragen kann, die bekommt man nicht mehr. Und die Stäbchen von Mama können nur Frauen tragen, die schon mal ein Kind gehabt haben.

22. *Januar 1944* (Nachtrag)

Ich würde so etwas nun nicht mehr schreiben können.

Wenn ich jetzt, eineinhalb Jahre später, wieder in mein Tagebuch schaue, staune ich sehr, dass ich jemals ein so unverdorbener Backfisch gewesen bin. Unwillkürlich weiß ich, dass ich, wie sehr ich es auch wollte, nie mehr so sein kann. Die Launen und die Äußerungen über Margot, Mutter und Vater verstehe ich noch genauso gut, als ob ich sie gestern geschrieben hätte. Aber dass ich so ungeniert über andere Dinge geschrieben habe, kann ich mir nicht mehr vorstellen. Ich schäme mich wirklich, wenn ich die Seiten lese, die von Themen handeln, die ich mir gerne schöner vorstelle. Ich habe es so unfein hingeschrieben. Aber nun genug davon.

Was ich sehr gut verstehe, sind das Heimweh und die Sehnsucht nach Moortje. Oft bewusst, aber noch viel öfter unbewusst, hatte ich die ganze Zeit, die ich hier war und bin, ein Verlangen nach Vertrauen, Liebe und Zärtlichkeit. Dieses Verlangen ist manchmal stärker und manchmal schwächer, aber es ist immer da.

Donnerstag, 5. November 1942

Beste Kitty!

Die Engländer haben nun endlich in Afrika ein paar Erfolge, also sind die Herren sehr fröhlich, und wir haben heute Morgen Kaffee und Tee getrunken. Sonst nichts Besonderes.

Ich habe in dieser Woche sehr viel gelesen und wenig gearbeitet. So muss man es tun, so wird man sicher weiterkommen!

Mutter und ich kommen in der letzten Zeit wieder besser miteinander aus, aber vertraulich sind wir nie. Und Vater hat was, was er nicht sagen will. Aber er ist ein Schatz, wie immer.

Seit ein paar Tagen ist der Ofen an, und das ganze Zimmer ist voller Rauch. Ich halte doch mehr von Zentralheizung, und ich werde wohl nicht die Einzige sein. Margot kann ich nur als Miststück bezeichnen, das mich Tag und Nacht schrecklich reizt.

Anne Frank

Montag, 9. November 1942

Liebe Kitty!

Gestern hatte Peter Geburtstag, er ist sechzehn geworden. Um acht bin ich schon nach oben gegangen und habe mit Peter die Geschenke betrachtet. Er hat unter anderem das Börsenspiel bekommen, einen Rasierapparat und ein Feuerzeug. Nicht dass er so viel raucht, überhaupt nicht, nur für die Eleganz.

Die größte Überraschung brachte Herr van Daan um ein Uhr mit der Nachricht, dass die Engländer in Tunis, Casablanca, Algier und Oran gelandet wären.

»Das ist der Anfang vom Ende«, sagten alle.

Aber Churchill, der englische Premierminister, der wahrscheinlich in England auch diesen Ausspruch gehört hatte, sagte: »Diese Landung ist ein wichtiger Schritt, doch darf man nicht glauben, dass dies der Anfang vom Ende sei. Ich sage eher, dass es das Ende vom Anfang bedeutet.«

Merkst du den Unterschied? Grund für Optimismus gibt es aber doch. Stalingrad, die russische Stadt, wird nun auch schon seit drei Monaten verteidigt und ist immer noch nicht den Deutschen in die Hände gefallen.

Ich werde dir doch auch mal was von unserer Lebensmittelversorgung erzählen müssen. (Du musst wissen, dass die oben richtige Leckermäuler sind!)

Unser Brot liefert ein sehr netter Bäcker, ein Bekannter von Kleiman. Wir bekommen natürlich nicht so viel, wie wir zu Hause hatten, aber es ist ausreichend. Lebensmittelkarten werden illegal eingekauft. Der Preis dafür steigt ständig, erst 27 Gulden, jetzt schon 33. Und das nur für ein Blatt bedrucktes Papier!

Um außer unseren hundert Konservenbüchsen noch etwas Haltbares im Haus zu haben, haben wir 270 Pfund Hülsenfrüchte gekauft. Nicht nur für uns allein, auch das Büro wurde einberechnet. Die Säcke mit den Hülsenfrüchten hingen an Haken in unserem kleinen Flur hinter der Versteckttür. Durch das schwere Gewicht sind ein paar Nähte an den Säcken aufgegangen. Wir beschlossen dann doch, den Wintervorrat lieber auf den Dachboden zu bringen, und vertrauten Peter das Hochschleppen an. Fünf von sechs Säcken waren schon heil oben angekommen, und Peter war gerade dabei, Nummer sechs hochzuschleppen, als die untere Naht des Sackes riss und ein Regen – nein, ein Hagel! – von braunen Bohnen durch die Luft und die Treppe hinunterflog. In dem Sack waren ungefähr 50 Pfund, es war dann auch ein Höllenlärm! Unten dachten sie schon, dass sie das alte Haus samt Inhalt auf den Kopf bekämen. Peter erschrak, dann musste er aber schrecklich lachen, als er

mich unten an der Treppe stehen sah, wie eine Insel in Bohnenwellen, so war ich umringt von den braunen Dingern, die mir bis zum Knöchel reichten. Schnell machten wir uns ans Aufsammeln. Aber Bohnen sind so glatt und klein, dass sie in alle möglichen und unmöglichen Ecken und Löcher rollen. Jedes Mal, wenn jetzt jemand die Treppe hinaufgeht, bückt er sich und liefert dann eine Handvoll Bohnen bei Frau van Daan ab.
Fast hätte ich vergessen zu vermelden, dass Vaters Krankheit wieder ganz vorbei ist. Deine Anne

P. S. Gerade kommt die Nachricht durch das Radio, dass Algier gefallen ist. Marokko, Casablanca und Oran sind schon in englischen Händen. Jetzt wird noch auf Tunis gewartet.

Dienstag, 10. November 1942

Liebe Kitty!
Großartige Neuigkeiten, wir wollen einen achten Untertaucher aufnehmen!
Ja, wirklich, wir sind immer der Meinung gewesen, dass es hier noch genug Platz und Essen für eine achte Person gibt. Wir hatten nur Angst, Kugler und Kleiman noch mehr zu belasten. Als nun die Gräuelberichte wegen der Juden immer schlimmer wurden, hat Vater mal bei den beiden entscheidenden Personen vorgefühlt, und sie fanden die Idee ausgezeichnet. »Die Gefahr ist für sieben genauso groß wie für acht«, sagten sie völlig zu Recht. Als dieser Punkt geregelt war, sind wir in Gedanken unseren Bekanntenkreis durchgegangen, um einen alleinstehenden Menschen zu finden, der gut zu unserer Versteckfamilie passen würde. Es war nicht schwer, so jemanden zu finden. Nachdem Vater alle Verwandten der van Daans abgelehnt hatte, fiel unsere Wahl auf einen Zahnarzt namens Albert Dussel. Er lebt mit einer viel jüngeren und netten Christin zusammen, mit der er wahrscheinlich nicht verheiratet ist, aber das ist nebensächlich. Er gilt als ruhig und höflich, und nach der flüchtigen Bekanntschaft zu urteilen, schien er sowohl uns als auch den van Daans sympathisch. Miep kennt ihn auch, so dass sie alles regeln kann. Wenn er kommt, muss er in meinem Zimmer schlafen. Margot bekommt dann das Harmonikabett[6] als Lagerstatt.
Wir werden ihn fragen, ob er etwas mitbringen kann, um hohle Backenzähne zu füllen. Deine Anne

6 Margot zog nach Dussels Ankunft ins Zimmer der Eltern; A. d. Ü.

Donnerstag, 12. November 1942

Liebe Kitty!

Miep hat uns erzählt, dass sie bei Dr. Dussel gewesen ist. Dussel fragte Miep gleich, als sie ins Zimmer kam, ob sie nicht einen Versteckplatz für ihn wüsste. Er war sehr froh, als sie ihm sagte, dass sie etwas für ihn hätte und dass er so schnell wie möglich hingehen müsste, am besten schon am Samstag. Er hatte Bedenken, er müsste seine Kartei noch in Ordnung bringen, zwei Patienten behandeln und die Kasse machen. Mit diesem Bericht kam Miep heute zu uns. Wir fanden es nicht gut, noch so lange zu warten. Diese Vorbereitungen erfordern Erklärungen an etliche Leute, die wir lieber raushalten würden. Miep sollte fragen, ob er nicht doch am Samstag kommen würde. Er sagte Nein und wird nun am Montag kommen.

Ich finde es verrückt, dass er nicht sofort auf jeden Vorschlag eingeht.

Wenn er auf der Straße mitgenommen wird, kann er weder der Kartei noch den Patienten nützen. Warum dann der Aufschub? Ich persönlich finde es dumm von Vater, dass er nachgegeben hat.

Sonst nichts Neues. Deine Anne

Dienstag, 17. November 1942

Liebe Kitty!

Dussel ist angekommen. Es hat alles gut geklappt. Miep hatte zu ihm gesagt, er müsse um elf Uhr an einer bestimmten Stelle vor dem Postamt sein, dort würde ihn ein Herr abholen. Dussel stand an dem verabredeten Platz, pünktlich, Herr Kleiman ging auf ihn zu und sagte, dass der genannte Herr noch nicht kommen könne und ob er so lange zu Miep ins Büro kommen wolle. Kleiman stieg in die Straßenbahn und fuhr zurück ins Büro, und Dussel ging denselben Weg zu Fuß.

Um zehn Minuten vor halb zwölf klopfte Dussel an die Bürotür. Miep ließ ihn seinen Mantel ausziehen, so dass der Stern nicht zu sehen war, und brachte ihn ins Privatbüro. Dort kümmerte sich Kleiman um ihn, bis die Putzfrau weg war. Unter dem Vorwand, dass das Privatbüro nicht länger frei sei, ging Miep mit Dussel nach oben, öffnete den Drehschrank und stieg vor den Augen des verblüfften Mannes hinein.

Wir sieben saßen oben um den Tisch und erwarteten mit Kaffee und Kognak unseren Mitverstecker. Miep führte ihn erst in unser Wohnzimmer. Er erkannte sofort unsere Möbel, dachte aber nicht im Entferntesten daran, dass wir uns über seinem Kopf befänden. Als Miep ihm das erzählte, fiel er fast in

Ohnmacht vor Staunen. Aber zum Glück ließ Miep ihm nicht lange Zeit und brachte ihn nach oben. Dussel ließ sich auf einen Stuhl fallen und starrte uns alle eine Weile sprachlos an, als wollte er die genaue Wahrheit von unseren Gesichtern ablesen. Dann stotterte er: »Aber … nein … aber sind Sie denn nicht in Belgien? Ist der Offizier nicht gekommen? Das Auto? Die Flucht … ist sie nicht geglückt?«

Wir erklärten ihm die ganze Sache, dass wir das Märchen von dem Militär und dem Auto extra ausgestreut hatten, um die Leute und die Deutschen, die vielleicht nach uns suchen würden, auf die falsche Spur zu locken. Dussel war sprachlos über so viel Erfindungsgeist und konnte sich nur immer wieder erstaunt umschauen, als er unser hyperpraktisches und schönes Hinterhäuschen näher beschnüffelte. Wir aßen zusammen, dann schlief er ein bisschen, trank dann Tee mit uns, ordnete sein bisschen Zeug, das Miep bereits vorher gebracht hatte, und fühlte sich schon ziemlich heimisch. Vor allem, als er die folgende getippte Hinterhausordnung (Fabrikat van Daan) in die Hände bekam.

PROSPEKT UND LEITFADEN VOM HINTERHAUS

Spezielle Einrichtung für die vorübergehende Unterkunft von Juden und ihresgleichen.

Während des ganzen Jahres geöffnet.

Schöne, ruhige, waldfreie Umgebung im Herzen von Amsterdam. Keine privaten Nachbarn. Zu erreichen mit den Straßenbahnlinien 13 und 17, ferner auch mit Auto oder Fahrrad. In bestimmten Fällen, in denen die Deutschen die Benutzung dieser Transportmittel nicht erlauben, auch zu Fuß. Möblierte und unmöblierte Wohnungen und Zimmer ständig verfügbar, mit oder ohne Pension.

Miete: gratis.

Diätküche, fettfrei.

Fließendes Wasser im Badezimmer (leider keine Wanne) und an diversen Innen- und Außenwänden. Herrliche Feuerstellen.

Geräumige Lagerplätze für Güter aller Art. Zwei große, moderne Panzerschränke.

Eigene Radiozentrale mit direkter Verbindung nach London, New York, Tel Aviv und vielen anderen Stationen. Dieser Apparat steht allen Bewohnern ab sechs Uhr abends zur Verfügung, wobei es keine verbotenen Sender gibt, unter einer Bedingung, dass nur ausnahmsweise deutsche Sender gehört werden dürfen, z. B. klassische Musik u. Ä. Es ist strengstens verboten, deut-

sche Nachrichten zu hören (egal, woher sie gesendet werden) und sie zu verbreiten.
Ruhezeiten: 10 Uhr abends bis 7.30 Uhr morgens, sonntags 10.15 Uhr. Unter besonderen Umständen werden auch tagsüber Ruhestunden abgehalten, je nach Anweisung der Direktion. Ruhestunden müssen im Interesse der allgemeinen Sicherheit unbedingt eingehalten werden!!!
Freizeit: Fällt bis auf weiteres aus (sofern außer Haus).
Gebrauch der Sprache: Es wird zu allen Zeiten gefordert, leise zu sprechen. Erlaubt sind alle Kultursprachen, also kein Deutsch.
Lektüre und Entspannung: Es dürfen keine deutschen Bücher gelesen werden, ausgenommen wissenschaftliche und klassische, alle anderen sind frei.
Gymnastik: Täglich.
Gesang: Ausschließlich leise und nach 6 Uhr abends.
Film: nach Abmachung.
Unterricht: In Stenographie jede Woche eine schriftliche Lektion. In Englisch, Französisch, Mathematik und Geschichte jederzeit. Bezahlung durch Gegenunterricht, z. B. Niederländisch.
Spezielle Abteilung für kleine Haustiere mit guter Versorgung. (Ausgenommen Ungeziefer, für das eine besondere Genehmigung erforderlich ist …)
Mahlzeiten:
Frühstück: täglich morgens um 9 Uhr, Sonn- und Feiertage ca. 11.30 Uhr.
Mittagessen: zum Teil ausgedehnt. 1.15 Uhr bis 1.45 Uhr.
Abendessen: kalt und / oder warm, keine feste Zeit, abhängig vom Nachrichtendienst.
Verpflichtungen gegenüber der Versorgungskolonne: Bereitschaft, jederzeit bei Büroarbeiten zu helfen.
Baden: Sonntags ab 9 Uhr steht der Zuber allen Hausgenossen zur Verfügung. Gebadet wird in der Toilette, in der Küche, im Privatbüro oder im vorderen Büro, ganz nach Wunsch.
Starke Getränke: nur gegen ärztliches Attest.
Ende. Deine Anne

Donnerstag, 19. Nov. 1942

Liebe Kitty!
Wie wir alle annahmen, ist Dussel ein sehr netter Mann. Er war natürlich einverstanden, das Zimmer mit mir zu teilen. Ich bin, ehrlich gesagt, nicht so erfreut darüber, dass ein Fremder meine Sachen benutzt, aber für die gute

Sache muss man was übrighaben, und ich bringe dieses kleine Opfer dann auch gern. »Wenn wir jemanden retten können, ist alles andere Nebensache«, sagte Vater, und damit hat er vollkommen recht.
Dussel hat mich am ersten Tag, als er hier war, gleich über alles ausgefragt, so z. B., wann die Putzfrau kommt, wann die Badezimmerzeiten sind, wann man auf die Toilette gehen darf. Du wirst lachen, aber das alles ist in einem Versteck gar nicht so einfach. Wir dürfen tagsüber nicht so viele Umstände machen, dass sie uns unten hören, und wenn eine Extraperson unten ist, z. B. die Putzfrau, müssen wir extra vorsichtig sein. Ich erklärte Dussel alles sehr genau, aber etwas erstaunt mich dabei sehr, dass er so schwer von Begriff ist. Alles fragt er doppelt und behält es auch dann noch nicht. Vielleicht geht das vorbei, und er ist nur wegen der Überraschung so durcheinander. Ansonsten geht es prima.
Dussel hat uns viel von der Außenwelt erzählt, die wir nun schon so lange vermissen. Es ist traurig, was er alles gewusst hat. Zahllose Freunde und Bekannte sind weg, zu einem schrecklichen Ziel. Abend für Abend fahren die grünen oder grauen Militärfahrzeuge vorbei, und an jeder Tür wird geklingelt und gefragt, ob da auch Juden wohnen. Wenn ja, muss die ganze Familie sofort mit, wenn nicht, gehen sie weiter. Niemand kann seinem Schicksal entkommen, wenn er sich nicht versteckt. Sie gehen auch oft mit Listen herum und klingeln nur dort, wo sie wissen, dass sie eine reiche Beute finden. Kopfgeld wird oft bezahlt, pro Kopf soundso viel. Es ist wirklich wie bei den Sklavenjagden, die es früher gab. Aber es ist kein Witz, dafür ist es viel zu dramatisch. Ich sehe abends oft die Reihen guter, unschuldiger Menschen vor mir, mit weinenden Kindern! Immer nur laufen müssen, kommandiert von ein paar Kerlen, geschlagen und gepeinigt, bis sie fast zusammenbrechen. Niemand wird geschont. Alte, Kinder, Babys, schwangere Frauen, Kranke … alles, alles geht mit in dem Zug zum Tod.
Wie gut haben wir es hier, wie gut und ruhig. Wir brauchten uns aus dem ganzen Elend nichts zu machen, wenn wir nicht so viel Angst um all jene hätten, die uns teuer sind und denen wir nicht helfen können. Ich fühle mich schlecht, weil ich in einem warmen Bett liege, während meine liebsten Freundinnen irgendwo draußen niedergeworfen werden oder zusammenbrechen.
Ich bekomme selbst Angst, wenn ich an alle denke, mit denen ich mich draußen immer so eng verbunden fühlte und die nun den Händen der brutalsten Henker ausgeliefert sind, die es jemals gegeben hat.
Und das alles, weil sie Juden sind. Deine Anne

Freitag, 20. November 1942

Liebe Kitty!

Wir wissen nicht, wie wir uns verhalten sollen. Bis jetzt ist von den Berichten über die Juden nie viel zu uns durchgedrungen, und wir haben es vorgezogen, so heiter wie möglich zu bleiben. Wenn Miep ab und zu mal etwas über das schreckliche Los eines Bekannten erzählte, fingen Mutter oder Frau van Daan immer an zu weinen, so dass Miep lieber gar nichts mehr sagte. Aber Dussel wurde sofort mit Fragen bestürmt, und die Geschichten, die er erzählte, waren so grauenhaft und barbarisch, dass es nicht zu einem Ohr rein und zum anderen wieder rausgeht. Trotzdem werden wir, wenn die Berichte ein bisschen gesackt sind, wohl wieder Witze machen und uns necken. Es hilft uns und denen da draußen nicht, wenn wir so bedrückt bleiben, wie wir es im Augenblick sind, und was hat es für einen Sinn, aus dem Hinterhaus ein melancholisches Hinterhaus zu machen?

Bei allem, was ich tue, muss ich an die anderen denken, die weg sind. Und wenn ich wegen etwas lachen muss, höre ich erschrocken wieder auf und denke mir, dass es eine Schande ist, so fröhlich zu sein. Aber muss ich denn den ganzen Tag weinen? Nein, das kann ich nicht, und sie wird wohl auch wieder vorbeigehen, diese Niedergeschlagenheit.

Zu all diesem Traurigen kommt noch etwas anderes, das persönlicher Art ist und neben dem eben erzählten Elend ins Nichts verschwindet. Trotzdem muss ich dir erzählen, dass ich mich in der letzten Zeit immer verlassener fühle. Um mich herum ist eine große Leere. Früher dachte ich darüber nie nach, Vergnügungen und Freundinnen erfüllten mein Denken. Nun denke ich oft über unglückliche Dinge oder mich selbst nach. Und ich bin schließlich zu der Überzeugung gekommen, dass Vater, wie lieb er auch ist, mir doch nicht meine frühere Welt ersetzen kann. Mutter und Margot zählen in meinen Gefühlen schon lange nicht mehr mit.

Aber warum falle ich dir mit solchen dummen Dingen zur Last? Ich bin so schrecklich undankbar, Kitty, ich weiß es ja. Aber mir wird oft schwindlig, wenn ich zu viel abbekomme und dann noch an all das andere Schlimme denken muss!

Deine Anne

Samstag, 28. November 1942

Liebe Kitty!

Wir haben zu viel Licht verbraucht und unsere Elektrizitätsration überschritten. Die Folge: übertriebene Sparsamkeit und eine drohende Abschaltung. Vierzehn Tage kein Licht, hübsch, gell? Aber wer weiß, vielleicht geht es ja gut! Ab vier oder halb fünf Uhr ist es zu dunkel, um zu lesen. Wir verkürzen uns die Zeit mit allerlei verrückten Sachen. Rätsel aufgeben, Gymnastik im Dunkeln machen, Englisch oder Französisch sprechen, Bücher kritisieren – das alles langweilt auf die Dauer. Gestern Abend habe ich etwas Neues entdeckt, und zwar: mit einem scharfen Fernglas in die erleuchteten Zimmer der hinteren Nachbarn zu spähen. Tagsüber dürfen die Vorhänge niemals einen einzigen Zentimeter zur Seite geschoben werden, aber wenn es dunkel ist, kann das nicht schaden.

Ich wusste früher nie, dass Nachbarn so interessante Menschen sein können, jedenfalls unsere. Einige habe ich bei der Mahlzeit angetroffen, bei einer Familie wurde ein Film vorgeführt, und der Zahnarzt gegenüber hatte eine alte, ängstliche Dame in Behandlung.

Herr Dussel, der Mann, von dem immer gesagt wurde, dass er hervorragend mit Kindern zurechtkäme und sie auch gernhätte, entpuppt sich als der altmodischste Erzieher und Prediger von ellenlangen Manierenreihen. Da ich das seltene Glück (!) habe, mit dem hochedelwohlerzogenen Herrn mein leider sehr enges Zimmer teilen zu dürfen, und da ich allgemein als die am schlechtesten Erzogene der drei Jugendlichen gelte, habe ich ziemlich zu tun, um den allzu häufig wiederholten Standpauken und Ermahnungen zu entgehen und mich taub zu stellen. Das alles würde noch gehen, wenn der Herr nicht auch noch ein großer Petzer wäre und sich ausgerechnet Mutter als Beschwerdestelle ausgesucht hätte. Wenn ich von ihm gerade den Wind von vorn abbekommen habe, setzt Mutter noch eins drauf, und ich kriege also den Wind von hinten, und wenn ich dann noch besonders großes Glück habe, ruft Frau van Daan mich fünf Minuten später zur Verantwortung, und der Wind bläst von oben!

Wirklich, glaube ja nicht, dass es einfach ist, der unerzogene Mittelpunkt einer Versteckerfamilie zu sein, bei der sich jeder ständig in alles einmischt. Abends im Bett, wenn ich über meine vielen Sünden und angedichteten Mängel nachdenke, komme ich so durcheinander durch die große Zahl der Dinge, die betrachtet werden müssen, dass ich entweder lache oder weine, je nach meiner inneren Verfassung. Und dann schlafe ich mit dem verrückten Gefühl ein, anders sein zu wollen, als zu sein, oder anders zu sein, als zu wollen, oder vielleicht auch anders zu tun, als zu wollen oder zu sein.

Lieber Himmel, jetzt bringe ich auch dich noch durcheinander. Verzeih mir, aber durchstreichen mag ich nicht, und Papier wegwerfen ist in Zeiten großer Papierknappheit verboten. Also kann ich dir nur raten, den vorhergehenden Satz nicht noch einmal durchzulesen und dich vor allem nicht hineinzuvertiefen, denn du kommst da doch nicht raus! Deine Anne

Montag, 7. Dezember 1942

Liebe Kitty!
Chanukka und Nikolaus fielen dieses Jahr fast zusammen, der Unterschied war nur ein Tag. Für Chanukka haben wir nicht viele Umstände gemacht, ein paar hübsche Sächelchen hin und her und dann die Kerzen. Da ein Mangel an Kerzen herrscht, wurden sie nur zehn Minuten angezündet, aber wenn das Lied nicht fehlt, ist das auch ganz gut. Herr van Daan hatte einen Leuchter aus Holz gemacht, so dass das auch geregelt ist.
Der Nikolausabend am Samstag war viel schöner. Bep und Miep hatten uns sehr neugierig gemacht und schon die ganze Zeit immer mit Vater geflüstert, so dass wir irgendwelche Vorbereitungen wohl vermutet hatten. Und wirklich, um acht Uhr gingen wir alle die Treppe hinunter, durch den stockdunklen Flur (mir schauderte, und ich wünschte mich schon wieder heil und sicher oben!) zu dem Durchgangszimmer. Dort konnten wir Licht anmachen, weil dieser Raum keine Fenster hat. Vater machte den großen Schrank auf.
»Oh, wie hübsch!«, riefen wir alle.
In der Ecke stand ein großer Korb, mit Nikolauspapier geschmückt, und ganz oben war eine Maske vom Schwarzen Piet befestigt.
Schnell nahmen wir den Korb mit nach oben. Es war für jeden ein schönes Geschenk mit einem passenden Vers drin. Nikolausverse wirst du wohl kennen, darum werde ich sie dir auch nicht schreiben.
Ich bekam eine Puppe aus Brotteig, Vater Buchstützen und so weiter. Es war jedenfalls alles schön ausgedacht, und da wir alle acht noch nie in unserem Leben Nikolaus gefeiert haben, war diese Premiere gut gelungen.

Deine Anne

P. S. Für unsere Freunde unten hatten wir natürlich auch was, alles noch aus den früheren guten Zeiten, und bei Miep und Bep ist Geld außerdem immer passend.
Heute haben wir gehört, dass Herr Voskuijl den Aschenbecher für Herrn van Daan, den Bilderrahmen für Dussel und die Buchstützen für Vater selbst gemacht hat. Wie jemand so kunstvolle Sachen mit der Hand machen kann, ist mir ein Rätsel!

Donnerstag, 10. Dezember 1942

Liebe Kitty!

Herr van Daan kommt aus dem Wurst-, Fleisch- und Gewürzhandel. In der Firma wurde er wegen seiner Gewürzkenntnisse angestellt, doch nun zeigt er sich von der wurstigen Seite, was uns keineswegs unangenehm ist.

Wir hatten viel Fleisch bestellt (illegal natürlich!) und wollten es einmachen, falls wir noch schwere Zeiten durchmachen müssten. Er wollte Bratwurst, Geldersche Wurst und Mettwurst machen. Es war ein schöner Anblick, wie erst die Fleischstücke durch den Wolf gedreht wurden, zwei- oder dreimal, dann alle Zutaten in die Fleischmasse gemengt und die schließlich mit Hilfe einer Tülle in Därme gefüllt wurde. Die Bratwurst aßen wir mittags sofort zum Sauerkraut auf, aber die Geldersche Wurst, die zum Aufheben bestimmt war, musste erst gut trocknen, und dafür wurde sie an eine Stange gehängt, die mit zwei Schnüren an der Decke hing. Jeder, der in das Zimmer kam und die aufgehängten Würste erblickte, fing an zu lachen. Es war ein äußerst drolliger Anblick.

Im Zimmer herrschte ein heilloses Durcheinander. Herr van Daan hatte eine Schürze seiner Frau umgebunden und war in seiner ganzen Dicke (er sah viel dicker aus, als er ist) mit dem Fleisch beschäftigt. Mit seinen blutigen Händen, dem roten Kopf und der bekleckerten Schürze sah er aus wie ein richtiger Metzger. Frau van Daan tat alles gleichzeitig: Niederländisch aus einem Buch lernen, die Suppe rühren, nach dem Fleisch schauen und über ihre gebrochene obere Rippe seufzen und klagen. Das kommt davon, wenn ältere (!) Damen solche äußerst idiotischen Gymnastikübungen machen, um ihren dicken Hintern wieder loszuwerden!

Dussel hat ein entzündetes Auge und betupfte es am Herd mit Kamillentee. Pim saß auf einem Stuhl in dem Sonnenstrahl, der durch das Fenster kam, und wurde von der einen Seite zur anderen geschoben. Dabei hatte er sicher wieder Rheumaschmerzen, denn er saß ziemlich krumm und mit einem verstörten Gesicht da und schaute Herrn van Daan auf die Finger. Er sah aus wie ein alter Invalide aus einem Diakonissenheim. Peter tobte mit der Katze Mouschi im Zimmer herum, Mutter, Margot und ich pellten Kartoffeln. Aber schließlich arbeiteten wir alle nicht besonders gut, weil wir van Daan zuschauten.

Dussel hat seine Zahnarztpraxis eröffnet. Ich werde dir zum Spaß erzählen, wie die erste Behandlung abgelaufen ist.

Mutter bügelte, und Frau van Daan, die Erste, die dran glauben musste,

setzte sich mitten im Zimmer auf einen Stuhl. Dussel fing wichtigtuerisch an, seine Instrumente auszupacken, bat um Eau de Cologne als Desinfektionsmittel und um Vaseline als Wachsersatz. Dann schaute er Frau van Daan in den Mund, berührte einen Schneidezahn und einen Backenzahn, wobei Frau van Daan sich jedes Mal krümmte, als ob sie vor Schmerzen verginge, und unzusammenhängende Töne ausstieß. Nach einer langen Untersuchung (für Frau van Daan wenigstens, denn es dauerte nicht länger als zwei Minuten) fing Dussel an, ein Loch auszukratzen. Aber daran war nicht zu denken! Frau van Daan schlug wild mit Armen und Beinen um sich, so dass Dussel irgendwann den Kratzer losließ und … dieser in Frau van Daans Zahn stecken blieb. Da war erst recht der Teufel los! Frau van Daan schlug um sich, weinte (soweit das möglich ist mit so einem Instrument im Mund), versuchte den Kratzer aus dem Mund zu bekommen und stieß ihn bei alledem noch fester hinein. Herr Dussel betrachtete das Schauspiel völlig ungerührt, die Hände in die Seiten gestemmt. Der Rest der Zuschauer lachte unbändig. Das war natürlich gemein, denn ich bin sicher, dass ich noch viel lauter geschrien hätte. Nach vielem Drehen, Treten, Schreien und Rufen hatte Frau van Daan den Kratzer endlich heraus, und Herr Dussel setzte seine Arbeit fort, als wäre nichts passiert. Er tat dies so rasch, dass Frau van Daan keine Zeit hatte, noch einmal anzufangen. Aber er hatte auch so viel Hilfe wie noch nie in seinem Leben. Herr van Daan und ich assistierten gut. Das Ganze sah aus wie auf einem Bild aus dem Mittelalter mit dem Titel »Quacksalber bei der Arbeit«. Die Patientin hatte jedoch nicht so viel Geduld, sie musste auf »ihre« Suppe und »ihr« Essen aufpassen!
Eines ist sicher, Frau van Daan lässt sich so schnell nicht mehr behandeln!

Deine Anne

Sonntag, 13. Dezember 1942

Liebe Kitty!
Ich sitze sehr gemütlich im vorderen Büro und schaue durch einen Spalt zwischen den schweren Vorhängen hinaus. Hier ist es dämmrig, aber noch hell genug, um dir zu schreiben.
Es ist ein sehr seltsamer Anblick, wenn ich mir die Leute draußen betrachte. Es sieht aus, als hätten sie es alle schrecklich eilig und würden fast über ihre eigenen Füße stolpern. Die Radfahrer – dieses Tempo ist kaum mitzuhalten! Ich kann nicht mal sehen, was für ein Individuum auf dem Vehikel sitzt. Die Menschen hier in der Nachbarschaft sehen nicht sehr anziehend aus, und vor

allem die Kinder sind so schmutzig, dass man sie nicht mal mit der Zange anfassen möchte, richtige Gossenkinder mit Rotznasen, und ihren Dialekt kann ich kaum verstehen.
Gestern Nachmittag haben Margot und ich hier gebadet, und da sagte ich: »Wenn wir nun mal die Kinder, die hier vorbeilaufen, Stück für Stück mit einer Angel heraufholen würden, sie ins Bad stopfen, ihre Wäsche waschen und flicken und sie dann wieder laufen ließen, dann …«
»Würden sie morgen wieder genauso schmutzig und zerrissen aussehen wie vorher«, antwortete Margot.
Aber was fasele ich hier herum, es gibt noch andere Dinge zu sehen, Autos, Schiffe und den Regen. Ich höre die Straßenbahn und die Kinder und amüsiere mich.
Unsere Gedanken haben genauso wenig Abwechslung wie wir selbst. Wie bei einem Karussell dreht sich alles von den Juden zum Essen, vom Essen zur Politik. Apropos Juden, gestern habe ich, als wäre es ein Weltwunder, durch den Vorhang zwei Juden gesehen. Das war ein seltsames Gefühl, als hätte ich die Menschen verraten und würde nun heimlich ihr Unglück betrachten.
Direkt gegenüber liegt ein Hausboot, auf dem ein Schiffer mit Frau und Kindern lebt. Der Mann hat einen kleinen Kläffer, den wir nur vom Bellen kennen und von seinem Schwanz, den man sieht, wenn er am Bootsrand entlangläuft.
Bah, jetzt hat es angefangen zu regnen, und die meisten Leute haben sich unter ihren Schirmen versteckt. Ich sehe nur noch Regenmäntel und manchmal einen bemützten Hinterkopf. Eigentlich brauche ich auch nicht mehr zu sehen. So allmählich kenne ich die Frauen auswendig, aufgeschwemmt von zu viel Kartoffeln, mit einem roten oder grünen Mantel und abgetretenen Absätzen, einer Tasche am Arm und mit einem grimmigen oder gutmütigen Gesicht, je nach der Laune ihres Mannes. Deine Anne

Dienstag, 22. Dezember 1942

Liebe Kitty!
Das Hinterhaus hat mit Freude vernommen, dass jeder zu Weihnachten ein viertel Pfund Butter extra bekommt. In der Zeitung steht zwar ein halbes Pfund, aber das gilt nur für die glücklichen Sterblichen, die ihre Lebensmittelkarten vom Staat bekommen, nicht für untergetauchte Juden, die, weil der Preis so hoch ist, nur vier statt acht Karten illegal kaufen können. Wir wollen alle etwas backen mit dieser Butter. Ich habe heute Morgen Plätzchen und

zwei Torten gemacht. Oben gibt es viel Arbeit, und Mutter hat verboten, dass ich lerne oder lese, bevor die ganze Hausarbeit erledigt ist.
Frau van Daan liegt mit ihrer gequetschten Rippe im Bett, klagt den ganzen Tag, lässt sich ständig neue Verbände anlegen und ist mit nichts zufrieden. Ich werde froh sein, wenn sie wieder auf ihren beiden Beinen steht und ihren Kram selbst macht. Denn das muss man sagen, sie ist außergewöhnlich fleißig und ordentlich, und solange sie sich körperlich und geistig in einem guten Zustand befindet, auch fröhlich.
Als ob ich tagsüber nicht schon genug »pst, pst« zu hören bekomme, weil ich immer zu viel Lärm mache, ist mein Herr Zimmergenosse nun auf die Idee gekommen, mir auch nachts wiederholt »pst, pst« zuzurufen. Ich dürfte mich, wenn es nach ihm ginge, noch nicht mal umdrehen. Ich denke nicht daran, das zu beachten, und das nächste Mal rufe ich einfach auch »pst«.
Er wird von Tag zu Tag unangenehmer und egoistischer. Von den freigiebig versprochenen Plätzchen habe ich nach der ersten Woche kein Stück mehr gesehen. Vor allem sonntags macht er mich wütend, wenn er so früh das Licht anmacht und mit seinen zehn Minuten Gymnastik anfängt.
Mir armen Geplagten kommt es wie Stunden vor, denn die Stühle, mit denen mein Bett verlängert ist, schieben sich ständig unter meinem schläfrigen Kopf hin und her. Nachdem er mit ein paar heftigen Armschwüngen seine Gelenkigkeitsübungen beendet hat, beginnt der Herr mit seiner Toilette. Die Unterhose hängt am Haken, also erst dorthin, dann wieder zurück. Die Krawatte liegt auf dem Tisch, also wieder schiebend und stoßend an meinen Stühlen vorbei und auf die gleiche Art zurück.
Aber ich will dich nicht mit Gejammer über alte, unangenehme Herren aufhalten, es wird doch nicht besser davon. Und alle meine Rachepläne (Birnen ausschrauben, Tür abschließen, Kleider verstecken) muss ich um des lieben Friedens willen leider unterlassen.
Ach, ich werde ja so vernünftig! Alles muss hier mit Vernunft geschehen, lernen, zuhören, Mund halten, helfen, lieb sein, nachgeben und was weiß ich noch alles! Ich habe Angst, dass ich meinen Vorrat an Vernunft, der ohnehin nicht besonders groß ist, viel zu schnell verbrauche und für die Nachkriegszeit nichts mehr übrig behalte.

Deine Anne

Mittwoch, 13. Januar 1943

Liebe Kitty!

Heute Morgen war ich wieder ganz verstört und konnte nicht ordentlich arbeiten.

Wir haben eine neue Beschäftigung, nämlich Päckchen mit Bratensoße (in Pulverform) abfüllen. Diese Bratensoße ist ein Fabrikat der Firma Gies & Co. Herr Kugler kann keine Abfüller finden, und wenn wir es machen, ist es auch viel billiger. Es ist eine Arbeit, wie sie von Leuten im Gefängnis gemacht werden muss. Sie ist seltsam langweilig, und man wird ganz schwindlig und albern davon.

Draußen ist es schrecklich. Tag und Nacht werden die armen Menschen weggeschleppt, sie haben nichts anderes bei sich als einen Rucksack und etwas Geld. Diese Besitztümer werden ihnen unterwegs auch noch abgenommen. Die Familien werden auseinandergerissen, Männer, Frauen und Kinder werden getrennt. Kinder, die von der Schule nach Hause kommen, finden ihre Eltern nicht mehr. Frauen, die Einkäufe machen, finden bei ihrer Heimkehr die Wohnung versiegelt, ihre Familie verschwunden. Die niederländischen Christen haben auch schon Angst, ihre Söhne werden nach Deutschland geschickt. Jeder fürchtet sich. Und jede Nacht fliegen Hunderte von Flugzeugen über die Niederlande zu deutschen Städten und pflügen dort die Erde mit ihren Bomben, und jede Stunde fallen in Russland und Afrika Hunderte, sogar Tausende Menschen. Niemand kann sich raushalten, der ganze Erdball führt Krieg, und obwohl es mit den Alliierten bessergeht, ist ein Ende noch nicht abzusehen.

Und wir, wir haben es gut, besser als Millionen anderer Menschen. Wir sitzen sicher und ruhig und essen sozusagen unser Geld auf. Wir sind so egoistisch, dass wir über »nach dem Krieg« sprechen, uns über neue Kleider und Schuhe freuen, während wir eigentlich jeden Cent sparen müssten, um nach dem Krieg anderen Menschen zu helfen, zu retten, was noch zu retten ist.

Die Kinder hier laufen in dünnen Blusen und mit Holzschuhen an den Füßen herum, kein Mantel, keine Mütze, keine Strümpfe und niemand, der ihnen hilft. Sie haben nichts im Bauch, sondern kauen an einer Mohrrübe herum. Sie gehen aus ihrer kalten Wohnung auf die kalte Straße und kommen in der Schule in eine noch kältere Klasse. Ja, es ist sogar so weit mit Holland gekommen, dass viele Kinder auf der Straße die Vorübergehenden anhalten und um ein Stück Brot bitten.

Stundenlang könnte ich dir über das Elend, das der Krieg mit sich bringt, erzählen, aber das macht mich nur noch bedrückter. Es bleibt uns nichts anderes übrig, als so ruhig wie nur möglich das Ende dieser Misere abzuwarten. Die Juden warten, die Christen warten, der ganze Erdball wartet, und viele warten auf ihren Tod.

Deine Anne

Samstag, 30. Januar 1943

Liebe Kitty!
Ich dampfe vor Wut und darf es nicht zeigen. Ich würde am liebsten mit den Füßen aufstampfen, schreien, Mutter gründlich durchschütteln, weinen und was weiß ich noch alles wegen der bösen Worte, der spöttischen Blicke, der Beschuldigungen, die mich jeden Tag aufs Neue treffen wie Pfeile von einem straff gespannten Bogen und die so schwer aus meinem Körper zu ziehen sind. Ich möchte Mutter, Margot, van Daan, Dussel und auch Vater anschreien: »Lasst mich in Ruhe! Lasst mich endlich mal eine Nacht schlafen, ohne dass mein Kissen nass von Tränen ist, meine Augen brennen und Schmerzen in meinem Kopf hämmern! Lasst mich weg, weg von allem, am liebsten weg von der Welt!« Aber ich kann es nicht. Ich kann ihnen meine Verzweiflung nicht zeigen. Ich kann sie keinen Blick auf die Wunden werfen lassen, die sie mir zufügen. Ich würde das Mitleid und den gutmütigen Spott nicht aushalten, auch dann noch würde ich schreien müssen!

Jeder findet mich übertrieben, wenn ich was sage, lächerlich, wenn ich schweige, frech, wenn ich eine Antwort gebe, gerissen, wenn ich eine gute Idee habe, faul, wenn ich müde bin, egoistisch, wenn ich einen Bissen zu viel esse, dumm, feige, berechnend usw. usw. Den ganzen Tag höre ich nichts anderes, als dass ich ein unausstehlicher Fratz bin. Und obwohl ich darüber lache und tue, als wäre es mir egal, macht es mir sehr wohl etwas aus, würde ich Gott bitten wollen, mir eine andere Natur zu geben, die nicht alle Leute gegen mich in Harnisch bringt.

Aber das geht nicht, meine Natur ist mir gegeben, und ich kann nicht schlecht sein, ich fühle es. Ich gebe mir mehr Mühe, es allen recht zu machen, als sie auch nur im Entferntesten vermuten. Wenn ich oben bin, versuche ich zu lachen, weil ich ihnen meinen Kummer nicht zeigen will.

Mehr als einmal habe ich Mutter nach einer Reihe ungerechter Verweise an den Kopf geworfen: »Es ist mir egal, was du sagst. Ziehe deine Hände ruhig ganz von mir ab, ich bin doch ein hoffnungsloser Fall.« Dann bekam ich natürlich zu hören, ich sei frech, wurde zwei Tage ein bisschen ignoriert, und dann war auf einmal wieder alles vergessen, und ich wurde behandelt wie jeder andere.

Mir ist es aber unmöglich, den einen Tag katzenfreundlich zu sein und ihnen am folgenden Tag meinen Hass ins Gesicht zu schleudern. Ich wähle lieber den goldenen Mittelweg, der gar nicht vergoldet ist, und halte meinen Mund über das, was ich denke, und versuche, ihnen gegenüber einmal genauso verächtlich zu werden, wie sie zu mir sind. Ach, wenn ich das nur könnte!

Deine Anne

Freitag, 5. Februar 1943

Liebe Kitty!

Obwohl ich dir lange nichts mehr von den Streitereien geschrieben habe, hat sich daran doch nichts geändert. Herr Dussel nahm anfangs die schnell vergessenen Auseinandersetzungen noch sehr ernst, aber nun gewöhnt er sich daran und versucht nicht mehr, zu vermitteln.

Margot und Peter sind überhaupt nicht das, was man »jung« nennt, beide sind so langweilig und still. Ich steche schrecklich dagegen ab und bekomme immer wieder zu hören: »Margot und Peter tun das auch nicht. Schau mal, deine liebe Schwester!« Grässlich finde ich das.

Ich gebe auch gerne zu, dass ich ganz und gar nicht wie Margot werden will. Sie ist mir viel zu lasch und gleichgültig, lässt sich von jedem überreden und gibt in allem nach. Ich will einen kräftigeren Geist! Aber solche Theorien behalte ich für mich, sie würden mich schrecklich auslachen, wenn ich mit dieser Verteidigung ankäme.

Bei Tisch ist die Stimmung meistens gespannt. Zum Glück werden manche Ausbrüche wegen der Suppen-Esser zurückgehalten. Die Suppen-Esser sind alle, die von unten kommen, um einen Teller Suppe zu kriegen.

Heute Mittag sprach Herr van Daan wieder darüber, dass Margot zu wenig isst. »Sicher wegen der schlanken Linie«, sagte er spöttisch.

Mutter, die immer für Margot eintritt, sagte laut: »Ich kann Ihr dummes Geschwätz nicht mehr hören.«

Frau van Daan wurde feuerrot, er schaute vor sich hin und schwieg.

Oft lachen wir auch über irgendetwas. Erst kürzlich kramte Frau van Daan so herrlichen Blödsinn hervor. Sie erzählte von früher, wie gut sie mit ihrem Vater zurechtkam und wie viel sie geflirtet hat. »Und wissen Sie«, fuhr sie fort, »wenn ein Herr ein bisschen handgreiflich wird, hat mein Vater gesagt, dann musst du zu ihm sagen: ›Mein Herr, ich bin eine Dame!‹ Dann weiß er schon, was du meinst.« Wir brachen in Lachen aus wie über einen guten Witz.

Auch Peter, so still er meistens ist, gibt uns manchmal Grund zu Fröhlichkeit. Er hat das Pech, versessen auf Fremdwörter zu sein, deren Bedeutung er aber oft nicht kennt. An einem Nachmittag durften wir nicht auf die Toilette gehen, weil im Büro Besuch war. Peter musste aber sehr dringend, zog die Spülung jedoch nicht. Um uns nun vor dem wenig angenehmen Geruch zu warnen, befestigte er einen Zettel an der Tür: »S. V. P. Gas.« Er hatte natürlich gemeint »Vorsicht, Gas«, fand aber S. V. P.[7] vornehmer. Dass es »bitte« bedeutet, davon hatte er keine blasse Ahnung. Deine Anne

Samstag, 27. Februar 1943

Liebe Kitty!

Pim erwartet jeden Tag die Invasion. Churchill hat eine Lungenentzündung gehabt, aber es geht ihm langsam besser. Gandhi, der indische Freiheitskämpfer, hält seinen soundsovielten Hungerstreik.

Frau van Daan behauptet, sie sei eine Fatalistin. Aber wer hat am meisten Angst, wenn geschossen wird? Niemand anderes als Petronella!

Jan hat den Hirtenbrief der Bischöfe an die Menschen in der Kirche für uns mitgebracht. Er war sehr schön und ermutigend geschrieben. »Bleibt nicht ruhig, Niederländer! Jeder kämpfe mit seinen eigenen Waffen für die Freiheit von Land, Volk und Religion! Helft, gebt, zögert nicht!« Das verkünden sie einfach von der Kanzel! Ob es hilft? Unseren Glaubensbrüdern bestimmt nicht.

Stell dir vor, was uns nun wieder passiert ist! Der Besitzer dieses Gebäudes hat, ohne Kugler und Kleiman zu informieren, das Haus verkauft. Eines Morgens kam der neue Hausbesitzer mit einem Architekten, um das Haus zu besichtigen. Zum Glück war Herr Kleiman da, der den Herren alles gezeigt hat, bis auf unser Hinterhäuschen. Er hatte angeblich den Schlüssel von der Zwischentür zu Hause vergessen. Der neue Hausbesitzer fragte nicht weiter.

Wenn er nur nicht zurückkommt und doch das Hinterhaus sehen will, dann sieht es schlecht für uns aus!

Vater hat für Margot und mich einen Karteikasten leer gemacht und Kärtchen hineingetan, die auf einer Seite noch unbeschrieben sind. Das wird unsere Bücherkartei. Wir schreiben nämlich beide auf, welche Bücher wir gelesen haben, von wem sie geschrieben wurden und das Datum. Ich habe

7 S'il vous plaît; A. d. Ü.

gerade wieder was gelernt, »Bordell« und »Kokotte«. Dafür habe ich mir ein besonderes Heft angelegt.
Neue Butter- oder Margarineverteilung! Jeder bekommt sein Stückchen Aufstrich auf den Teller. Aber die Verteilung läuft sehr ungerecht. Van Daans, die immer das Frühstück machen, geben sich selbst anderthalbmal so viel wie uns. Meine Eltern haben viel zu viel Angst vor Streit, um was dazu zu sagen. Schade, ich finde, dass man es solchen Leuten immer mit gleicher Münze zurückzahlen muss.

Deine Anne

Donnerstag, 4. März 1943

Liebe Kitty!
Frau van Daan hat einen neuen Namen, wir nennen sie Mrs. Beaverbrook. Was das bedeutet, verstehst du natürlich nicht, ich werde es dir erzählen: Im englischen Sender spricht nämlich oft ein Mr. Beaverbrook über die viel zu laschen Bombardierungen auf Deutschland. Frau van Daan widerspricht sonst jedem, sogar Churchill und dem Nachrichtendienst, aber mit Herrn Beaverbrook ist sie geradezu rührend einig. Wir hielten es darum für das Beste, dass sie Herrn Beaverbrook heiratet. Und weil sie sich deshalb geschmeichelt fühlte, heißt sie fortan Mrs. Beaverbrook.
Wir bekommen einen neuen Lagerarbeiter, der alte muss nach Deutschland. Das ist schlimm, aber für uns ganz gut, weil ein neuer das Haus nicht kennt. Wir haben vor den Lagerarbeitern noch immer Angst.
Gandhi isst wieder.
Der Schwarzhandel funktioniert hervorragend. Wir könnten uns rund und fett essen, wenn wir Geld hätten, um die unmöglichen Preise zu bezahlen. Unser Gemüsehändler kauft Kartoffeln bei der deutschen Wehrmacht und bringt sie in Säcken ins Privatbüro. Er weiß, dass wir uns hier verstecken, und kommt deshalb auch immer in der Mittagspause, wenn die Lagerarbeiter weg sind.
Wir können nicht atmen, ohne zu niesen und zu husten, so viel Pfeffer wird durch die Mühlen gedreht. Jeder, der heraufkommt, begrüßt uns mit »hatschi«. Frau van Daan behauptet, dass sie nicht hinuntergehen kann, sie würde krank, wenn sie noch mehr Pfeffer riecht.
Ich finde Vaters Firma überhaupt nicht schön. Nichts als Geliermittel oder scharfer Pfeffer. Wenn man schon mit Lebensmitteln handelt, dann sollte es doch auch was zum Naschen geben!
Heute Morgen habe ich wieder ein donnerndes Gewitter von Worten über

mich ergehen lassen müssen. Es blitzte nur so von unfreundlichen Ausdrücken, dass meine Ohren gellten von den vielen »Anne-schlecht« und »Van-Daan-gut«. Zum Donnerwetter! Deine Anne

Mittwoch, 10. März 1943

Liebe Kitty!

Gestern Abend hatten wir Kurzschluss, und außerdem ballerten sie unaufhörlich. Ich habe meine Angst vor Schießereien und Flugzeugen noch nicht abgelegt und liege fast jede Nacht bei Vater im Bett, um Trost zu suchen. Das ist vielleicht sehr kindisch, aber du müsstest das mal mitmachen! Man kann sein eigenes Wort nicht mehr verstehen, so donnern die Kanonen. Mrs. Beaverbrook, die Fatalistin, fing fast an zu weinen und sprach mit einem sehr beklommenen Stimmchen: »Oh, es ist so unangenehm! Oh, sie schießen so laut!« Das heißt doch nur: Ich habe solche Angst!

Bei Kerzenlicht kam es mir nicht so schlimm vor wie in der Dunkelheit. Ich zitterte, als ob ich Fieber hätte, und flehte Vater an, die Kerze wieder anzumachen. Er war unerbittlich, das Licht blieb aus. Plötzlich schossen Maschinengewehre, das ist noch zehnmal schlimmer als Kanonen. Mutter sprang aus dem Bett und steckte zu Pims großem Ärger die Kerze an. Ihre resolute Antwort auf sein Murren war:

»Anne ist doch kein alter Soldat!« Damit basta!

Habe ich dir schon von Frau van Daans anderen Ängsten erzählt? Ich glaube nicht. Damit du über alle Hinterhausabenteuer informiert bist, musst du auch das wissen. Frau van Daan hörte eines Nachts Diebe auf dem Dachboden. Sie vernahm richtige laute Schritte und hatte solche Angst, dass sie ihren Mann weckte. Genau in diesem Augenblick verschwanden die Diebe und der Lärm, und Herr van Daan hörte nur noch das Klopfen des ängstlichen Herzens der Fatalistin.

»Ach, Putti (Herrn van Daans Kosename), sie haben sicher die Würste und alle Hülsenfrüchte mitgenommen. Und Peter! Oh, ob Peter wohl noch in seinem Bett liegt?«

»Peter haben sie bestimmt nicht gestohlen. Hab keine Angst und lass mich schlafen!«

Doch daraus wurde nichts. Frau van Daan schlief vor lauter Angst nicht mehr ein.

Ein paar Nächte später wurde die ganze obere Familie wieder von dem gespenstischen Lärm geweckt. Peter ging mit einer Taschenlampe auf den

Dachboden, und rrrrt, was lief da weg? Ein Haufen großer Ratten! Als wir wussten, wer die Diebe waren, haben wir Mouschi auf dem Dachboden schlafen lassen, und die ungebetenen Gäste sind nicht mehr zurückgekommen – wenigstens nicht nachts.

Vor einigen Tagen ging Peter abends zum Oberboden (es war erst halb acht und noch hell), um ein paar alte Zeitungen zu holen. Um die Treppe hinunterzuklettern, musste er sich gut an der Luke festhalten.

Ohne hinzuschauen, legte er seine Hand hin … und fiel fast vor Schreck und Schmerz die Treppe hinunter. Er hatte seine Hand auf eine Ratte gelegt, die ihn fest in den Arm biss. Das Blut lief durch seinen Pyjama, und er war so weiß wie ein Handtuch, als er mit weichen Knien zu uns kam. Kein Wunder, eine große Ratte zu streicheln ist nicht sehr angenehm, und dann noch obendrein ein Biss, das ist schrecklich. Deine Anne

Freitag, 12. März 1943

Liebe Kitty!

Darf ich dir vorstellen: Mama Frank, Vorkämpferin der Kinder! Extra Butter für die Jugendlichen, moderne Jugendprobleme, in allem setzt sich Mutter für die Jugend ein und bekommt nach einer Portion Streit fast immer ihren Willen.

Ein Glas eingemachte Zunge ist verdorben. Eine Galamahlzeit für Mouschi und Moffi.

Moffi kennst du noch nicht, aber sie ist schon in der Firma gewesen, bevor wir uns hier versteckten. Sie ist die Lager- und Bürokatze und hält die Ratten vom Lager fern. Auch ihr politischer Name[8] ist leicht zu erklären. Eine Zeitlang hatte die Firma zwei Katzen, eine für das Lager und eine für den Dachboden. Manchmal trafen sich die beiden, was immer zu heftigen Kämpfen führte. Die Lagerkatze war immer diejenige, die angriff, während das Dachbodentier am Ende doch den Sieg errang. Genau wie in der Politik. Also wurde die Lagerkatze die Deutsche oder Moffi genannt, und die Dachbodenkatze der Engländer oder Tommy. Tommy ist später abgeschafft worden, und Moffi dient uns allen zur Unterhaltung, wenn wir hinuntergehen.

Wir haben so viele braune und weiße Bohnen gegessen, dass ich sie nicht mehr sehen kann. Wenn ich nur daran denke, wird mir schlecht.

8 Mof, pl. Moffen: Name für Deutsche; A. d. Ü.

Die abendliche Brotverteilung ist ganz eingestellt worden.
Papi hat gerade gesagt, dass er schlechte Laune hat. Er hat wieder so traurige Augen, der Ärmste!
Ich bin einfach süchtig nach dem Buch »De klop op de deur« von Ina Boudier-Bakker. Dieser Familienroman ist außerordentlich gut geschrieben. Nur was drumherum ist über Krieg, Schriftsteller oder Emanzipation der Frau, ist nicht so gut. Ehrlich gesagt, es interessiert mich nicht so sehr.
Schreckliche Bombenangriffe auf Deutschland.
Herr van Daan ist schlecht gelaunt. Der Anlass: Zigarettenknappheit. Die Diskussion über die Frage, ob die Dosen aufgegessen werden oder nicht, ist zu unseren Gunsten ausgegangen.
Ich kann keine Schuhe mehr anziehen, außer hohen Skischuhen, die im Haus sehr unpraktisch sind. Ein paar Strohsandalen für 6,50 Gulden konnte ich nur eine Woche tragen, dann versagten sie den Dienst. Vielleicht treibt Miep im Schwarzhandel was auf.
Ich muss jetzt noch Vaters Haare schneiden. Pim behauptet, dass er nach dem Krieg nie mehr einen anderen Frisör nimmt, so gut erledige ich meine Arbeit. Wenn ich nur nicht so oft sein Ohr mitschneiden würde!

Deine Anne

Donnerstag, 18. März 1943

Liebste Kitty!
Die Türkei ist im Krieg. Große Aufregung. Warten mit Spannung auf die Nachrichten im Radio.

Freitag, 19. März 1943

Liebe Kitty!
Die Enttäuschung ist der Freude schon nach einer Stunde gefolgt und hat Letztere überholt. Die Türkei ist doch nicht im Krieg, der dortige Minister sprach lediglich von einer baldigen Aufhebung der Neutralität. Ein Zeitungsverkäufer auf dem Dam schrie: »Türkei auf der Seite Englands!« Auf diese Art wurden ihm die Zeitungen aus der Hand gerissen, und das erfreuliche Gerücht hat auch uns erreicht.
Die Tausendguldenscheine werden für ungültig erklärt. Das ist ein großer Schlag für alle Schwarzhändler und dergleichen Leute, aber noch mehr für andere Besitzer von schwarzem Geld oder für Untergetauchte. Man muss,

wenn man einen Tausendguldenschein wechseln will, genau nachweisen, wie man ihn bekommen hat. Steuern dürfen allerdings noch damit bezahlt werden, doch auch das läuft nächste Woche ab. Gleichzeitig verfallen die Fünfhundertguldenscheine. Gies & Co. hatte noch schwarzes Geld in Tausendguldenscheinen, sie haben für eine ganze Zeit die Steuern im Voraus bezahlt, auf diese Art war alles legal.
Dussel hat eine Tretbohrmaschine bekommen, und ich werde wohl bald einer ernsthaften Kontrolle unterzogen.
Dussel gehorcht den Versteckregeln überhaupt nicht. Er schreibt nicht nur Briefe an seine Frau, sondern führt auch eine rege Korrespondenz mit diversen anderen Leuten und lässt Margot, die Hinterhauslehrerin für Niederländisch, die Briefe korrigieren. Vater hat ihm streng verboten, damit weiterzumachen. Margots Korrigieren hat aufgehört, aber ich persönlich glaube, dass er das Schreiben wohl bald wiederaufnehmen wird.
Der Führer aller Germanen hat vor verwundeten Soldaten gesprochen. Es war traurig anzuhören. Die Fragen und Antworten waren ungefähr so:
»Heinrich Scheppel ist mein Name.«
»Wo verwundet?«
»Bei Stalingrad.«
»Was verwundet?«
»Zwei abgefrorene Füße und ein Gelenkbruch am linken Arm.«
Genau so gab das Radio dieses schreckliche Marionettentheater an uns weiter. Die Verwundeten schienen noch stolz auf ihre Verwundung zu sein, je mehr, umso besser! Einer brachte vor Rührung, weil er seinem Führer die Hand reichen durfte (falls er diese noch hatte), fast kein Wort heraus.
Ich habe Dussels Duftseife auf den Boden fallen lassen und bin draufgetreten, und jetzt ist ein ganzes Stück rausgebrochen. Ich habe Vater um einen Schadensersatz für ihn gebeten, weil Dussel nur ein Stück Seife im Monat bekommt.
Deine Anne

Donnerstag, 25. März 1943

Liebe Kitty!
Mutter, Vater, Margot und ich saßen gestern Abend sehr gemütlich zusammen. Auf einmal kam Peter herein und flüsterte Vater etwas ins Ohr. Ich hörte was von »eine Tonne umgefallen im Lager« und »jemand an der Tür rütteln«.

Margot hatte es auch verstanden, versuchte aber, mich ein bisschen zu beruhigen, denn ich war natürlich gleich kreideweiß und nervös. Wir drei warteten, Vater war inzwischen mit Peter hinuntergegangen. Keine zwei Minuten später kam Frau van Daan vom Radiohören herauf und sagte, Pim hätte sie gebeten, das Radio auszumachen und leise hinaufzugehen. Aber wie es so ist, wenn man besonders leise sein will, dann krachen die Stufen einer alten Treppe doppelt so laut. Wieder fünf Minuten danach kamen Peter und Pim, weiß bis an die Nasenspitzen, und erzählten uns ihre Widrigkeiten.
Sie hatten sich unten an die Treppe gesetzt und gewartet, ohne Resultat. Aber plötzlich hörten sie auf einmal zwei harte Schläge, als würden hier im Haus zwei Türen zugeschlagen. Pim war mit einem Satz oben, Peter warnte erst noch Dussel, der umständlich und geräuschvoll endlich auch oben landete. Nun ging es auf Strümpfen eine Etage höher, zur Familie van Daan. Herr van Daan war sehr erkältet und lag schon im Bett, deshalb scharten wir uns um sein Lager und tauschten flüsternd unsere Vermutungen aus. Immer wieder, wenn Herr van Daan laut hustete, bekamen seine Frau und ich fast Krämpfe vor Angst. Das ging so lange, bis einer von uns die glänzende Idee hatte, ihm Codein zu geben. Der Husten ließ dann sofort nach.
Wieder warteten und warteten wir, aber nichts war zu hören. Nun nahmen wir eigentlich alle an, dass die Diebe weggelaufen waren, als sie Schritte in dem sonst so stillen Haus gehört hatten. Das Unglück wollte, dass unten am Radio noch der englische Sender eingestellt war und unsere Stühle auch noch ordentlich drumherum standen. Falls die Tür aufgebrochen wäre und der Luftschutzwart das sehen und der Polizei Bescheid sagen würde, könnte das sehr unangenehme Folgen für uns haben. Also stand Herr van Daan auf, zog Hose und Jacke an, setzte einen Hut auf und ging sehr vorsichtig hinter Vater die Treppe hinunter, gefolgt von Peter, der zur Sicherheit mit einem schweren Hammer bewaffnet war. Die Damen oben (mich und Margot eingeschlossen) warteten mit Spannung, bis fünf Minuten später die Herren wieder oben erschienen und sagten, dass im Haus alles ruhig sei. Wir machten aus, dass wir kein Wasser laufen lassen und im Klo nicht die Spülung ziehen würden. Aber da die Aufregung fast allen Hausgenossen auf den Magen geschlagen war, kannst du dir vorstellen, was für ein Gestank dort herrschte, nachdem wir einer nach dem anderen unser Geschäft erledigt hatten.
Wenn so etwas passiert, kommt immer alles Mögliche zusammen. So auch jetzt. Erstens spielte die Westerturmglocke nicht mehr, die mir immer so ein beruhigendes Gefühl gab, und dann war Herr Voskuijl am Abend vorher

früher weggegangen, und wir wussten nicht genau, ob Bep den Schlüssel noch bekommen und vielleicht vergessen hatte, die Tür abzuschließen.
Aber jetzt kam es darauf nicht an, es war noch immer Abend, und wir waren noch sehr unsicher, obwohl wir uns inzwischen doch etwas beruhigt hatten, weil wir von Viertel nach acht, als der Dieb unser Haus unsicher gemacht hatte, bis halb elf nichts mehr gehört hatten. Bei genauerer Überlegung kam es uns dann auch sehr unwahrscheinlich vor, dass ein Dieb so früh am Abend, wenn noch Leute auf der Straße sein können, eine Tür aufgebrochen hätte. Außerdem kam einer von uns auf den Gedanken, dass der Lagermeister von den Nachbarn, der Firma Keg, vielleicht noch an der Arbeit gewesen war, denn in der Aufregung und bei unseren dünnen Wänden konnte man sich leicht bei den Geräuschen irren, und in solchen heiklen Augenblicken spielt auch die Aufregung eine große Rolle.
Wir gingen also ins Bett, aber der Schlaf wollte nicht bei allen kommen. Vater, Mutter und Herr Dussel wachten oft auf, und auch ich kann (mit ein bisschen Übertreibung) ruhig sagen, dass ich kein Auge zugemacht habe. Heute Morgen sind die Herren hinuntergegangen und haben an der Haustür gezogen, ob sie noch abgeschlossen wäre. Alles war in Ordnung!
Die Ereignisse, die alles andere als angenehm waren, wurden natürlich lang und breit dem gesamten Büro erzählt, denn hinterher kann man leicht lachen, und nur Bep hat uns ernst genommen. Deine Anne

P. S. Das Klo war heute Morgen verstopft, und Vater hat alle Erdbeerrezepte (unser gegenwärtiges Klopapier) samt einigen Kilo Kot mit einem langen, hölzernen Stock aus der Toilette stochern müssen. Der Stock wurde später verbrannt.

Samstag, 27. März 1943

Liebe Kitty!
Der Stenokurs ist zu Ende, wir fangen nun an, Geschwindigkeit zu üben. Was werden wir klug! Ich will dir noch etwas von meinen »Tagtotschlagefächern« erzählen (ich nenne sie so, weil wir nichts anderes tun, als die Tage so schnell wie möglich vorbeigehen zu lassen, damit das Ende der Untertauchzeit schnell näher kommt): Ich bin versessen auf Mythologie, am meisten auf griechische und römische Götter. Hier glauben alle, dass es nur eine vorübergehende Neigung ist, sie haben noch nie von einem Backfisch gehört, der Götter hochschätzt. Nun, dann bin ich der erste!

Herr van Daan ist erkältet, oder besser gesagt: er hat ein bisschen Halskratzen. Er macht ein gewaltiges Getöse darum. Gurgeln mit Kamillentee, Gaumen pinseln mit Myrrhentinktur, Balsam auf Brust, Nase, Zähne und Zunge, und dann auch noch schlechte Laune!
Rauter, irgendein hoher Deutscher, hat eine Rede gehalten. »Alle Juden müssen bis zum 1. Juli die germanischen Länder verlassen haben. Vom 1. April bis 1. Mai wird die Provinz Utrecht gesäubert (als wären es Kakerlaken!), vom 1. Mai bis 1. Juni die Provinzen Nord- und Südholland.« Wie eine Herde armes, krankes und verwahrlostes Vieh werden die armen Menschen zu ihren schmutzigen Schlachtplätzen geführt. Aber lass mich lieber schweigen, ich bekomme nur Alpträume von meinen eigenen Gedanken.
Noch eine tolle Neuigkeit ist, dass die deutsche Abteilung des Arbeitsamts durch Sabotage in Brand gesteckt worden ist. Einige Tage danach folgte das Standesamt. Männer in deutschen Polizeiuniformen haben die Wachtposten geknebelt und dafür gesorgt, dass somit wichtige Unterlagen futsch sind.

Deine Anne

Donnerstag, 1. April 1943

Liebe Kitty!
Ich bin wirklich nicht in Scherzstimmung (siehe Datum), ganz im Gegenteil. Heute kann ich ruhig das Sprichwort anführen: Ein Unglück kommt selten allein.
Erstens hat unser Aufheiterer, Herr Kleiman, gestern eine starke Magenblutung bekommen und muss mindestens drei Wochen das Bett hüten. Du musst wissen, dass er oft an Magenblutungen leidet, gegen die kein Kraut gewachsen zu sein scheint. Zweitens: Bep hat Grippe. Drittens geht Herr Voskuijl nächste Woche ins Krankenhaus. Er hat wahrscheinlich ein Magengeschwür und muss operiert werden. Und viertens kamen die Direktoren der Pomesinwerke aus Frankfurt, um die neuen Opekta-Lieferungen zu besprechen. Alle Punkte zu dieser Besprechung hatte Vater mit Kleiman diskutiert, und Kugler konnte in der Eile nicht mehr so gut informiert werden.
Die Frankfurter Herren kamen, und Vater zitterte schon im Voraus wegen des Ablaufs der Besprechung. »Wenn ich doch nur dabei sein könnte«, rief er. »Wäre ich doch bloß unten!«
»Dann leg dein Ohr auf den Fußboden! Die Herren kommen doch ins Privatbüro, da kannst du alles hören.«

Vaters Gesicht hellte sich auf, und gestern um halb elf nahmen Pim und Margot (zwei Paar Ohren hören mehr als eines) ihre Stellung auf dem Fußboden ein. Die Besprechung war am Vormittag noch nicht beendet, aber nachmittags war Vater nicht mehr in der Lage, die Lauschaktion fortzusetzen. Er war wie gerädert durch die ungewohnte und unbequeme Haltung. Ich nahm seinen Platz ein, als wir um halb drei Stimmen im Flur hörten. Margot leistete mir Gesellschaft. Das Gespräch war teilweise so weitschweifig und langweilig, dass ich plötzlich auf dem harten, kalten Linoleumboden eingeschlafen war. Margot wagte nicht, mich anzufassen, aus Angst, sie könnten uns unten hören. Und rufen ging erst recht nicht. Ich schlief eine gute halbe Stunde, wachte dann erschrocken auf und hatte alles von der wichtigen Besprechung vergessen. Zum Glück hatte Margot besser aufgepasst.

Freitag, 2. April 1943

Liebe Kitty!
Ach, ich habe wieder etwas Schreckliches in meinem Sündenregister stehen. Gestern Abend lag ich im Bett und wartete, dass Vater zum Beten und Gutenachtsagen kommen würde, als Mutter ins Zimmer kam, sich auf mein Bett setzte und sehr bescheiden sagte: »Anne, Papi kommt noch nicht. Sollen wir nicht mal zusammen beten?«
»Nein, Mansa«, antwortete ich.
Mutter stand auf, blieb neben meinem Bett stehen, ging dann langsam zur Tür. Plötzlich drehte sie sich um und sagte mit einem verzerrten Gesicht: »Ich will nicht böse auf dich sein. Liebe lässt sich nicht erzwingen.« Ein paar Tränen liefen über ihr Gesicht, als sie zur Tür hinausging.
Ich blieb still liegen und fand es sofort gemein von mir, dass ich sie so rüde von mir gestoßen hatte. Aber ich wusste auch, dass ich nichts anderes antworten konnte. Ich konnte nicht so heucheln und gegen meinen Willen mit ihr beten. Es ging einfach nicht. Ich hatte Mitleid mit ihr, sehr viel Mitleid. Zum ersten Mal in meinem Leben habe ich gemerkt, dass meine kühle Haltung sie nicht gleichgültig lässt. Ich habe den Kummer auf ihrem Gesicht gesehen, als sie sagte, dass Liebe sich nicht zwingen lässt. Es ist hart, die Wahrheit zu sagen, und doch ist es die Wahrheit, dass sie mich selbst von sich gestoßen hat, dass sie mich selbst durch ihre taktlosen Bemerkungen für jede Liebe von ihrer Seite abgestumpft hat, durch ihre rohen Scherze über Dinge, die ich nicht witzig finde. So wie sich in mir jedes Mal alles zusammen-

krampft, wenn sie mir harte Worte sagt, so krampfte sich ihr Herz zusammen, als sie merkte, dass die Liebe zwischen uns wirklich verschwunden ist.
Sie hat die halbe Nacht geweint und die ganze Nacht nicht gut geschlafen. Vater schaut mich nicht an, und wenn er es doch tut, lese ich in seinen Augen die Worte: »Wie konntest du so gemein sein, wie wagst du es, Mutter solchen Kummer zu bereiten!«
Alle erwarten, dass ich mich entschuldige. Aber das ist eine Sache, für die ich mich nicht entschuldigen kann, weil ich etwas gesagt habe, was wahr ist und was Mutter früher oder später doch wissen muss. Ich scheine und bin gleichgültig gegenüber Mutters Tränen und Vaters Blicken, weil sie beide zum ersten Mal fühlen, was ich unaufhörlich merke. Ich kann nur Mitleid haben mit Mutter, die selbst ihre Haltung wiederfinden muss. Ich für meinen Teil schweige und bin kühl und werde auch weiterhin vor der Wahrheit nicht zurückschrecken, weil sie umso schwerer zu ertragen ist, je länger sie verschoben wird.

Deine Anne

Dienstag, 27. April 1943

Liebe Kitty!
Das ganze Haus dröhnt vor Streit. Mutter und ich, van Daan und Papa, Mutter und Frau van Daan, jeder ist böse auf jeden. Eine nette Atmosphäre, gell? Annes übliches Sündenregister kam in seinem vollen Umfang neu aufs Tapet.
Vergangenen Samstag kamen die ausländischen Herren wieder zu Besuch. Sie sind bis sechs Uhr geblieben, und wir saßen alle oben und wagten nicht, uns zu rühren. Wenn sonst niemand im Haus ist oder in der Nachbarschaft niemand arbeitet, hört man im Privatbüro jeden Schritt von oben. Ich hatte wieder das Sitzfieber. So lange mucksmäuschenstill zu sitzen ist wirklich nicht erfreulich.
Herr Voskuijl liegt schon im Krankenhaus, Herr Kleiman ist wieder im Büro, die Magenblutungen waren schneller gestillt als sonst. Er hat erzählt, dass das Standesamt bei dem Brand neulich noch mal zusätzlich von den Feuerwehrleuten zugerichtet worden ist, die, statt das Feuer zu löschen, den ganzen Kram unter Wasser gesetzt haben. Macht mir Spaß!
Das Carlton-Hotel ist kaputt, zwei englische Flugzeuge mit einer großen Ladung Brandbomben an Bord sind genau auf dieses »Offiziersheim« gefallen. Die ganze Ecke Vijzelstraat-Singel ist abgebrannt.

Die Luftangriffe auf deutsche Städte werden von Tag zu Tag stärker. Wir haben keine Nacht mehr Ruhe. Ich habe schwarze Ringe unter den Augen durch den Mangel an Schlaf.
Unser Essen ist miserabel. Frühstück mit trockenem Brot und Kaffee-Ersatz. Mittagessen schon seit vierzehn Tagen: Spinat oder Salat. Zwanzig Zentimeter lange Kartoffeln schmecken süß und faul. Wer abmagern will, logiere im Hinterhaus! Oben klagen sie Stein und Bein, wir finden es nicht so tragisch.
Alle Männer, die 1940 gekämpft haben oder mobilisiert waren, sind aufgerufen worden, um in Kriegsgefangenenlagern für den Führer zu arbeiten. Sicher eine Vorsichtsmaßnahme für den Fall der Invasion. Deine Anne

Samstag, 1. Mai 1943

Liebe Kitty!
Dussel hatte Geburtstag. Zuvor hat er getan, als ob er nichts davon wissen wollte, aber als Miep mit einer großen Einkaufstasche kam, die vor Päckchen überquoll, war er so aufgeregt wie ein kleines Kind. Seine Charlotte hat ihm Eier, Butter, Kekse, Limonade, Brot, Kognak, Kräuterkuchen, Blumen, Orangen, Schokolade, Bücher und Briefpapier geschickt. Er baute einen Geburtstagstisch auf und stellte ihn nicht weniger als drei Tage zur Schau, dieser alte Blödian!
Du musst nicht glauben, dass er Hunger leidet. Wir haben in seinem Schrank Brot, Käse, Marmelade und Eier gefunden. Es ist mehr als ein Skandal, dass er, den wir hier so liebevoll aufgenommen haben, nur um ihn vor dem Untergang zu retten, sich hinter unserem Rücken den Bauch vollstopft und uns nichts abgibt. Wir haben doch auch alles mit ihm geteilt! Noch schlimmer finden wir aber, dass er auch gegenüber Kleiman, Voskuijl und Bep so kleinlich ist, sie bekommen nichts von ihm. Die Orangen, die Kleiman so nötig für seinen kranken Magen braucht, findet Dussel für seinen eigenen Magen noch gesünder.
Heute Nacht habe ich viermal alle meine Besitztümer einpacken müssen, so laut haben sie draußen geballert. Heute habe ich ein Köfferchen gepackt und die notwendigsten Fluchtgegenstände hineingestopft. Aber Mutter sagte ganz richtig: »Wohin willst du denn flüchten?«
Ganz Holland wird gestraft, weil so viele Arbeiter streiken. Deshalb ist der Ausnahmezustand ausgerufen worden, und jeder bekommt eine Buttermarke weniger. So straft man ungezogene Kinder!

Heute Abend habe ich Mutter die Haare gewaschen. Das ist in diesen Zeiten gar nicht so einfach. Wir müssen uns mit klebriger grüner Seife behelfen, weil es kein Schampoo gibt, und außerdem kann Mans ihre Haare nicht richtig auskämmen, denn unser Familienkamm hat nicht mehr als zehn Zähne.

Deine Anne

Sonntag, 2. Mai 1943

Wenn ich manchmal darüber nachdenke, wie wir hier leben, komme ich meistens zu dem Schluss, dass wir es hier im Vergleich zu den anderen Juden, die sich nicht verstecken, wie im Paradies haben. Aber später, wenn wieder alles normal ist, werde ich mich doch wundern, wie wir, die wir es zu Hause sehr ordentlich hatten, so, ja, man kann wohl sagen, heruntergekommen sind. Heruntergekommen, was die Manieren betrifft. Wir haben zum Beispiel schon seit unserer Ankunft eine Wachstuchdecke auf dem Tisch, die durch den häufigen Gebrauch nicht mehr zu den saubersten gehört. Ich versuche zwar oft, sie noch etwas herzurichten, aber mit einem Abwaschlappen, der mehr Loch ist als Lappen und ebenfalls vor dem Verstecken – vor langer Zeit also – mal neu war, kann man auch mit noch so viel Schrubben mit dem Tisch keinen Staat mehr machen. Van Daans schlafen schon den ganzen Winter auf einem Flanelltuch, das man hier nicht waschen kann, weil das Seifenpulver, das man auf Marken bekommt, viel zu knapp und außerdem viel zu schlecht ist. Vater läuft mit einer ausgefransten Hose herum, und auch seine Krawatte zeigt Verschleiß. Mamas Korsett ist heute aus Altersschwäche zusammengebrochen und nicht mehr zu reparieren, während Margot mit einem um zwei Nummern zu kleinen Büstenhalter herumläuft. Mutter und Margot sind den ganzen Winter mit zusammen drei Hemden ausgekommen, und die meinen sind so klein, dass sie mir noch nicht mal bis zum Bauch reichen. Das sind zwar alles Dinge, über die man hinwegsehen kann, aber trotzdem überlege ich manchmal mit Schrecken: Wie können wir, die wir von meiner Unterhose bis zu Vaters Rasierpinsel nur verschlissenes Zeug haben, später wieder zu unserem Vorkriegsstand zurückkommen?

Sonntag, 2. Mai 1943

Die Hinterhausansichten über den Krieg

Herr van Daan: Der ehrenwerte Herr hat nach unser aller Meinung viel Durchblick in der Politik. Aber er sagt uns doch voraus, dass wir uns noch bis Ende 43 hier aufhalten müssen. Das ist zwar sehr lange, wird aber trotzdem auszuhalten sein. Doch wer gibt uns die Zusicherung, dass dieser Krieg, der jedem nur Leid und Kummer bereitet, dann vorbei sein wird? Und wer kann uns versprechen, dass bis dahin weder mit uns noch mit unseren Helfern nicht längst was passiert ist? Doch niemand! Und darum leben wir auch jeden Tag in Anspannung. Einer Anspannung von Erwartung und Hoffnung, aber auch von Angst, wenn man im Haus oder draußen Geräusche hört, wenn geschossen wird oder wenn neue »Bekanntmachungen« in der Zeitung stehen. Es könnte auch jeden Tag passieren, dass einige von unseren Helfern sich selbst hier verstecken müssen. Untertauchen ist ein ganz normales Wort geworden. Wie viele Menschen werden sich wohl verstecken? Im Verhältnis natürlich nicht viel, aber trotzdem werden wir später bestimmt staunen, wie viele gute Menschen es in den Niederlanden gegeben hat, die Juden oder auch geflohene Christen mit oder ohne Geld zu sich genommen haben. Es ist auch unglaublich, von wie vielen Leuten man hört, die einen falschen Personalausweis haben.

Frau van Daan: Als diese schöne Dame (nur ihrer eigenen Meinung nach) hörte, dass es nicht mehr so schwierig ist wie früher, an einen falschen Personalausweis zu kommen, schlug sie sofort vor, für uns alle welche machen zu lassen. Als ob das nichts wäre und das Geld bei Vater und Herrn van Daan auf dem Rücken wächst!

Während Frau van Daan immer größeren Unsinn behauptet, geht Putti oft in die Luft. Das kann er auch leicht, denn den einen Tag sagt seine Kerli: »Ich lasse mich später taufen!« Und am nächsten Tag heißt es: »Ich wollte schon immer nach Jerusalem, denn ich fühle mich nur unter Juden heimisch.«

Pim ist ein großer Optimist, aber er kann immer einen Grund dafür angeben.

Herr Dussel denkt ins Blaue hinein, und wenn jemand seiner Hoheit widerspricht, dann kommt er schlecht weg. Ich glaube, bei Herrn Albert Dussel zu Hause ist alles, was er sagt, Gesetz. Aber Anne Frank passt solches ganz und gar nicht!

Was die anderen Mitglieder des Hinterhauses über den Krieg denken, ist nicht interessant. Nur diese vier zählen in der Politik, eigentlich nur zwei, aber Madame van Daan und Herr Dussel zählen sich auch dazu.

Dienstag, 18. Mai 1943

Liebe Kit!

Ich war Zuschauerin bei einem schweren Luftgefecht zwischen deutschen und englischen Fliegern. Ein paar Alliierte mussten leider Gottes aus ihren brennenden Maschinen springen. Unser Milchmann, der in Halfweg wohnt, hat am Straßenrand vier Kanadier sitzen sehen, von denen einer fließend Holländisch sprach. Er bat den Milchmann um Feuer für eine Zigarette und erzählte, dass die Besatzung der Maschine aus sechs Personen bestanden habe. Der Pilot war verbrannt, und der fünfte Mann hatte sich irgendwo versteckt. Die grüne Polizei hat die vier kerngesunden Männer später abholen lassen. Wie ist es möglich, dass man nach einem so gewaltigen Fallschirmabsprung noch so bei Sinnen ist!

Obwohl es so warm ist, müssen wir jeden zweiten Tag unsere Öfen anmachen, um Gemüseabfälle und Schmutz zu verbrennen. In den Mülleimer können wir nichts werfen, weil wir immer mit den Lagerarbeitern rechnen müssen. Wie leicht verrät man sich durch eine kleine Unvorsichtigkeit!

Alle Studenten sollen auf einer Liste unterschreiben, dass sie »mit allen Deutschen sympathisieren und der neuen Ordnung gut gesonnen« sind. Achtzig Prozent haben ihr Gewissen und ihre Überzeugung nicht verleugnet, doch die Folgen sind nicht ausgeblieben. Alle Studenten, die nicht unterzeichnet haben, müssen nach Deutschland in ein Arbeitslager. Was bleibt von der niederländischen Jugend noch übrig, wenn alle in Deutschland hart arbeiten müssen?

Wegen der lauten Schießerei hat Mutter heute Nacht das Fenster geschlossen. Ich war in Pims Bett. Plötzlich sprang über unserem Kopf Frau van Daan aus ihrem Bett, wie von Mouschi gebissen, und gleich darauf hörten wir einen lauten Schlag. Es klang, als sei eine Brandbombe direkt neben meinem Bett eingeschlagen. Ich schrie: »Licht! Licht!«

Pim knipste die Lampe an, und ich erwartete, das Zimmer würde in wenigen Minuten lichterloh brennen. Nichts geschah. Wir rannten hinauf, um zu sehen, was dort los war. Herr und Frau van Daan hatten durch das offene Fenster eine rötliche Glut gesehen. Herr van Daan glaubte, dass es in der Nachbarschaft brannte, und Frau van Daan dachte, dass unser Haus bereits Feuer gefangen hätte. Bei dem Schlag, der folgte, stand die Dame schon auf ihren zitternden Beinen. Dussel blieb oben und rauchte eine Zigarette, wir legten uns wieder in unsere Betten. Es war noch keine Viertelstunde vergangen, da begann die Schießerei erneut. Frau van Daan stand sofort auf und ging die Treppe hinunter in Dussels Zimmer, um dort den Schutz zu finden, der ihr

bei ihrem Ehegatten offenbar nicht beschert war. Dussel empfing sie mit den Worten: »Komm in mein Bett, mein Kind!«
Was uns in schallendes Gelächter ausbrechen ließ! Das Kanonenfeuer konnte uns nichts mehr anhaben, unsere Angst war wie weggefegt.

Deine Anne

Sonntag, 13. Juni 1943

Liebe Kitty!
Mein Geburtstagsvers von Vater ist zu schön, als dass ich dir dieses Gedicht vorenthalten kann.
Da Pim in Deutsch dichtete, musste Margot sich ans Übersetzen machen. Urteile selbst, ob sie ihre freiwillige Aufgabe prima erledigt hat. Nach der üblichen kurzen Zusammenfassung der Jahresereignisse folgt:

Als Jüngste von allen und doch nicht mehr klein
Hast du es nicht leicht; ein jeder will sein
Ein bisschen dein Lehrer, dir oft zur Pein!
»Wir haben Erfahrung! – Nimm's von mir an.«
»Wir haben so was schon öfter getan
Und wissen besser, was einer kann oder mag.«
Ja, ja, so geht es seit Jahr und Tag.
Die eignen Fehler wiegen nicht schwer,
Doch die der anderen umso mehr.
Oft wirst du ermahnt, musst vieles hören,
Gar manches wird dich sicher stören.
Doch können nicht immer dir recht wir geben.
Nachgiebig muss man sein im Leben.
Und um des lieben Friedens willen
Schluckt manches man wie bittre Pillen.
Das Lebensjahr, das nun beendet,
Hast du sehr nützlich angewendet,
Durch Lernen, Arbeit und viel Lesen
Ist's doch nie »langweilig« gewesen.
Und nun zur Kleidung: Ich höre dich fragen:
Was kann ich eigentlich noch tragen?
Mein Kleid, mein Rock, alles zu kurz,
Mein Hemd nur noch ein Lendenschurz.

Und dann die Schuhe, es ist nicht zu sagen,
Wie viele Schmerzen mich da plagen.
Ja, wächst man auch zehn Zentimeter,
Passt nichts mehr, das versteht ein jeder!

Bei dem Stück zum Thema Essen ist Margot keine Übersetzung mit Reimen gelungen, deshalb lasse ich es hier ganz weg. Findest du meinen Vers nicht schön?

Ich bin sehr verwöhnt worden und habe sehr schöne Sachen bekommen. U. a. ein dickes Buch über mein Lieblingsthema, die Mythologie von Hellas und Rom. Auch über einen Mangel an Süßigkeiten kann ich nicht klagen, alle haben ihre letzten Vorräte angegriffen. Als Benjamin der Untertauchfamilie bin ich wirklich mit viel mehr beschenkt worden, als mir zusteht.

Deine Anne

Dienstag, 15. Juni 1943

Liebe Kitty!

Es ist eine Menge passiert, aber ich denke oft, dass all mein uninteressantes Geschwätz dich langweilt und du froh bist, wenn du nicht so viele Briefe bekommst. Darum werde ich dir auch nur kurz berichten.

Herr Voskuijl ist nicht an seinem Magengeschwür operiert worden. Als sie ihn auf dem Operationstisch hatten und sein Magen offen war, sahen die Ärzte, dass er Krebs hat, der schon so weit gewachsen war, dass es nichts mehr zu operieren gab. Sie haben die Wunde also nur wieder geschlossen, ihn drei Wochen lang im Bett behalten, ihm gut zu essen gegeben und ihn dann nach Hause geschickt. Aber sie haben eine unverzeihliche Dummheit begangen, nämlich dem armen Mann genau gesagt, wie es um ihn steht. Er kann nicht mehr arbeiten, sitzt zu Hause, umringt von seinen acht Kindern, und grübelt über seinen nahen Tod nach. Er tut mir schrecklich leid, und ich finde es schlimm, dass wir nicht hinauskönnen, sonst würde ich ihn bestimmt oft besuchen, um ihn abzulenken. Für uns ist es ein Unglück, dass der gute Voskuijl uns nicht mehr über alles auf dem Laufenden hält, was im Lager passiert und was man so hört. Er war unsere beste Hilfe, was die Vorsicht betrifft, wir vermissen ihn sehr.

Nächsten Monat sind wir an der Reihe, wir müssen unser Radio abliefern. Kleiman hat zu Hause ein illegales Baby-Gerät, das wir als Ersatz für unseren großen Philips bekommen sollen. Es ist ja schade, dass der schöne Apparat abgeliefert werden muss. Aber ein Haus, in dem Leute untergetaucht sind, darf sich auf keinen Fall die Regierung mutwillig auf den Hals laden. Das kleine Radio stellen wir dann natürlich bei uns oben hin. Zu illegalen Juden und illegalem Geld passt auch ein illegales Radio ganz gut. Alle Leute versuchen, einen alten Apparat statt ihrer »Bleib-tapfer-Quelle« abzuliefern. Es ist wirklich wahr, wenn die Berichte von draußen immer schlimmer werden, hilft das Radio mit seiner Wunderstimme, dass wir den Mut nicht verlieren und jedes Mal wieder sagen: »Kopf hoch! Tapfer bleiben! Es kommen auch wieder bessere Zeiten!«

Deine Anne

Sonntag, 11. Juli 1943

Liebe Kitty!

Um zum soundsovielten Mal auf das Erziehungsthema zurückzukommen, muss ich dir sagen, dass ich mir sehr viel Mühe gebe, hilfsbereit, freundlich und lieb zu sein und alles so zu machen, dass aus dem Beanstandungsregen ein Nieselregen wird. Es ist verflixt schwer, sich Menschen gegenüber, die man nicht ausstehen kann, vorbildlich zu benehmen, während man doch nichts davon so meint. Aber ich sehe wirklich, dass ich weiterkomme, wenn ich ein bisschen heuchle, statt meine alte Gewohnheit beizubehalten und jedem geradeheraus meine Meinung zu sagen (obwohl nie jemand nach meiner Meinung fragt oder Wert darauf legt). Natürlich falle ich sehr oft aus der Rolle und kann mir bei Ungerechtigkeiten die Wut nicht verbeißen, so dass wieder vier Wochen lang über das frechste Mädchen der Welt hergezogen wird. Findest du nicht auch, dass ich manchmal zu bedauern bin? Es ist nur gut, dass ich nicht nörglerisch bin, sonst würde ich versauern und meine gute Laune verlieren. Meistens nehme ich die Standpauken von der humorvollen Seite, aber das kann ich besser, wenn jemand anderes sein Fell vollbekommt, als wenn ich selbst die Gelackmeierte bin.

Außerdem habe ich beschlossen (es hat langes Nachdenken gekostet), Steno erst mal sausen zu lassen. Erstens, um meinen anderen Fächern noch mehr Zeit widmen zu können, und zweitens wegen meiner Augen. Eine elende Misere: Ich bin sehr kurzsichtig geworden und müsste längst eine Brille haben. (Buh, wie eulenhaft werde ich aussehen!) Aber du weißt ja, Versteckte …

Gestern sprach das ganze Haus von nichts anderem als von Annes Augen, weil Mutter vorgeschlagen hatte, Frau Kleiman mit mir zum Augenarzt zu schicken. Bei dieser Mitteilung wurde mir einen Moment ganz schwindlig, denn das ist auch keine Kleinigkeit. Auf die Straße! Stell dir vor, auf die

Straße! Zuerst bekam ich eine Todesangst, später war ich froh. Aber so einfach ging das nicht, denn nicht alle Instanzen, die über einen solchen Schritt zu beschließen haben, waren so schnell damit einverstanden. Alle Schwierigkeiten und Risiken mussten erwogen werden, obwohl sich Miep direkt mit mir auf den Weg machen wollte. Ich holte schon meinen grauen Mantel aus dem Schrank, aber der war so klein, dass er aussah, als gehörte er einer jüngeren Schwester von mir. Der Saum war aufgegangen, und zuknöpfen ließ er sich auch nicht mehr. Ich bin wirklich neugierig, was passiert. Aber ich glaube nicht, dass der Plan ausgeführt werden wird, denn inzwischen sind die Engländer auf Sizilien gelandet, und Vater ist wieder auf ein »baldiges Ende« eingestellt.

Bep gibt Margot und mir viel Büroarbeit, das finden wir beide wichtig, und ihr hilft es. Korrespondenz ablegen und Verkaufsbuch führen kann jeder, aber wir tun es besonders sorgfältig.

Miep schleppt sich ab wie ein Packesel. Fast jeden Tag treibt sie irgendwo Gemüse auf und bringt es in großen Einkaufstaschen auf dem Fahrrad mit. Sie ist es auch, die jeden Samstag fünf Bücher aus der Bibliothek bringt. Sehnsüchtig warten wir immer auf den Samstag, weil dann die Bücher kommen, wie kleine Kinder auf ein Geschenk. Normale Leute können nicht wissen, was Bücher für einen Eingeschlossenen bedeuten. Lesen, lernen und Radio hören sind unsere einzige Ablenkung.

Deine Anne

Dienstag, 13. Juli 1943

Das beste Tischchen

Gestern Nachmittag hatte ich mit Vaters Erlaubnis Dussel gefragt, ob er bitte damit einverstanden sein wolle (doch sehr höflich), dass ich zweimal in der Woche unseren Tisch nachmittags von vier bis halb sechs benutzen dürfe. Von halb drei bis vier Uhr sitze ich jeden Tag dort, während Dussel schläft, und sonst sind das Zimmer und der Tisch verbotenes Gebiet. Drinnen, in unserem allgemeinen Zimmer, ist nachmittags viel zu viel los, da kann man nicht arbeiten. Im Übrigen sitzt Vater nachmittags auch gern am Schreibtisch und arbeitet.

Der Grund war berechtigt und die Frage nur reine Höflichkeit. Was glaubst du nun, was der hochgelehrte Herr Dussel antwortete? »Nein.« Glattweg und nur »Nein«!

Ich war empört und ließ mich nicht einfach so abweisen, fragte ihn also nach den Gründen seines Neins. Aber da habe ich Pech gehabt. Er legte sofort los:

»Ich muss auch arbeiten. Wenn ich nachmittags nicht arbeiten kann, bleibt mir überhaupt keine Zeit mehr übrig. Ich muss mein Pensum erledigen, sonst habe ich ganz umsonst damit angefangen. Du arbeitest doch nicht ernsthaft. Die Mythologie, was ist das schon für eine Arbeit! Stricken und Lesen ist auch keine Arbeit! Ich bin und bleibe an dem Tisch.«

Meine Antwort war: »Herr Dussel, ich arbeite sehr wohl ernsthaft. Ich kann drinnen nachmittags nicht arbeiten und bitte Sie freundlich, noch mal über meine Bitte nachzudenken.«

Mit diesen Worten drehte sich die beleidigte Anne um und tat, als wäre der hochgelehrte Doktor Luft. Ich kochte vor Wut, fand Dussel schrecklich unhöflich (und das war er auch!) und mich sehr freundlich.

Abends, als ich Pim erwischte, erzählte ich ihm, wie die Sache abgelaufen war, und besprach mit ihm, was ich nun weiter tun sollte. Denn aufgeben wollte ich nicht, und ich wollte die Angelegenheit lieber allein erledigen. Pim erklärte mir so ungefähr, wie ich die Sache anpacken sollte, ermahnte mich aber, lieber bis zum nächsten Tag zu warten, weil ich so aufgeregt war.

Diesen letzten Rat schlug ich in den Wind und wartete Dussel abends nach dem Spülen ab. Pim saß im Zimmer neben uns, und das gab mir große Ruhe.

»Herr Dussel«, fing ich an, »ich glaube, dass Sie es nicht der Mühe wert fanden, die Sache genauer zu betrachten, und ersuche Sie, es doch zu tun.«

Mit seinem freundlichsten Lächeln bemerkte Dussel daraufhin: »Ich bin immer und jederzeit bereit, über diese inzwischen erledigte Sache zu sprechen.«

Ich fuhr mit dem Gespräch fort, wobei Dussel mich ständig unterbrach: »Wir haben am Anfang, als Sie hierherkamen, abgemacht, dass dieses Zimmer uns beiden gemeinsam gehören soll. Wenn die Aufteilung gerecht wäre, müssten Sie den Vormittag und ich den ganzen Nachmittag bekommen. Aber das verlange ich noch nicht mal, und mir scheint, dann sind zwei Nachmittage in der Woche doch wohl berechtigt.«

Bei diesen Worten sprang Dussel hoch, als hätte ihn jemand mit der Nadel gestochen. »Über Recht hast du hier überhaupt nicht zu sprechen. Wo soll ich denn bleiben? Ich werde Herrn van Daan fragen, ob er auf dem Dachboden einen Verschlag für mich baut, dort kann ich dann sitzen. Ich kann ja auch nirgends mal ruhig arbeiten. Mit dir hat ein Mensch auch immer nur Streit. Wenn deine Schwester Margot, die doch mehr Grund dazu hat, mit dieser Bitte zu mir käme, würde es mir nicht einfallen, sie ihr abzuschlagen, aber du …«

Und dann folgte wieder das von der Mythologie und dem Stricken, und Anne war wiederum beleidigt. Ich zeigte es jedoch nicht und ließ Dussel aussprechen. »Aber mit dir kann man ja nicht reden, du bist eine schändliche Egoistin. Wenn du nur deinen Willen durchsetzen kannst, dann können alle anderen sehen, wo sie bleiben. So ein Kind habe ich noch nie erlebt! Aber letzten Endes werde ich doch genötigt sein, dir deinen Willen zu lassen, denn sonst bekomme ich später zu hören, Anne Frank ist durch das Examen gefallen, weil Herr Dussel ihr den Tisch nicht überlassen wollte.«
So ging es weiter und immer weiter. Zuletzt wurde eine solche Flut daraus, dass ich fast nicht mehr mitkam. Den einen Augenblick dachte ich: Ich schlage ihm direkt aufs Maul, dass er mit seinen Lügen gegen die Wand fliegt! Und im nächsten Augenblick sagte ich mir: Bleib ruhig, dieser Kerl ist es nicht wert, dass du dich so über ihn aufregst.
Endlich hatte sich Herr Dussel ausgetobt und ging mit einem Gesicht, auf dem sowohl Wut als auch Triumph zu lesen waren, und mit seinem Mantel voller Esswaren aus dem Zimmer.
Ich rannte zu Vater und erzählte ihm die ganze Geschichte, soweit er sie nicht mitbekommen hatte. Pim beschloss, noch am selben Abend mit Dussel zu sprechen, und so geschah es. Sie redeten mehr als eine halbe Stunde miteinander. Erst ging es darum, ob Anne an dem Tisch sitzen solle oder nicht. Vater erinnerte Dussel daran, dass sie schon einmal über dieses Thema gesprochen hätten und dass er damals Dussel recht gegeben hätte, um den Älteren der Jüngeren gegenüber nicht ins Unrecht zu setzen, aber berechtigt habe er es damals schon nicht gefunden. Dussel meinte, dass ich nicht sprechen dürfe, als wäre er ein Eindringling und nähme alles in Beschlag. Aber dem widersprach Vater entschieden, denn er hatte selbst gehört, dass ich darüber kein Wort gesagt hatte. So ging es hin und her, Vater verteidigte meinen angeblichen Egoismus und meine Pfuscharbeit, und Dussel maulte.
Endlich musste Dussel dann doch nachgeben, und ich bekam an zwei Nachmittagen in der Woche die Gelegenheit, ungestört zu arbeiten. Dussel sah sehr betreten aus, sprach zwei Tage nicht mit mir und musste sich dann von fünf bis halb sechs doch noch an den Tisch setzen. Kindisch, natürlich.
Jemand, der schon 54 Jahre alt ist und noch so pedantisch und kleinlich, ist von der Natur so gemacht und gewöhnt sich das auch nie mehr ab.

Freitag, 16. Juli 1943

Liebe Kitty!
Schon wieder ein Einbruch, aber diesmal ein echter! Heute Morgen ging Peter wie gewöhnlich um sieben Uhr zum Lager und sah sofort, dass sowohl die Lager- als auch die Straßentür offen standen. Er berichtete das sofort Pim, der im Privatbüro das Radio auf den deutschen Sender zurückdrehte und die Tür schloss. Zusammen gingen sie dann nach oben. Das normale Kommando in solchen Fällen »Nicht waschen, still sein, um acht Uhr fix und fertig dasitzen, nicht zum Klo gehen!«, wurde wie gewöhnlich genau befolgt. Wir waren alle acht froh, dass wir nachts so gut geschlafen und nichts gehört hatten. Ein wenig waren wir empört, als sich den ganzen Morgen niemand um uns kümmerte und Herr Kleiman uns bis halb zwölf warten ließ. Er erzählte, dass die Einbrecher die Außentür mit einem Stemmeisen eingestoßen und die Lagertür aufgebrochen hatten. Im Lager gab es jedoch nicht viel zu stehlen, und deshalb versuchten die Diebe ihr Glück eben eine Etage höher. Sie haben zwei Geldkassetten mit vierzig Gulden und Scheckbücher gestohlen und, was am schlimmsten ist, unsere ganzen Marken für die Zuckerzuteilung von 150 kg. Es wird nicht leicht sein, neue Marken zu besorgen.
Herr Kugler denkt, dass dieser Einbrecher zur selben Gilde gehört wie derjenige, der vor sechs Wochen hier war und an allen drei Türen (1 Lagertür, 2 Haustüren) versucht hat, hereinzukommen, dem es damals aber nicht gelungen war.
Der Fall hat wieder etwas Aufregung verursacht, aber ohne das scheint das Hinterhaus nicht auszukommen. Wir waren natürlich froh, dass die Schreibmaschinen und die Kasse sicher in unserem Kleiderschrank verwahrt waren.

Deine Anne

P. S. Landung auf Sizilien. Wieder ein Schritt näher zum …

Montag, 19. Juli 1943

Liebe Kitty!
Am Sonntag ist Amsterdam-Nord sehr schwer bombardiert worden. Die Verwüstung muss entsetzlich sein, ganze Straßen liegen in Schutt, und es wird noch lange dauern, bis alle Verschütteten ausgegraben sind. Bis jetzt gibt es 200 Tote und unzählige Verwundete, die Krankenhäuser sind übervoll. Man hört von Kindern, die verloren in den schwelenden Ruinen nach

ihren toten Eltern suchen. Es überläuft mich immer noch kalt, wenn ich an das dumpfe, dröhnende Grollen in der Ferne denke, das für uns das Zeichen der nahenden Vernichtung war.

Freitag, 23. Juli 1943

Bep kann im Moment wieder Hefte bekommen, vor allem Journale und Hauptbücher, nützlich für Margot, meine buchhaltende Schwester. Andere Hefte gibt es auch zu kaufen, aber frage nicht, was für welche und für wie lange noch. Hefte haben zur Zeit die Aufschrift »Markenfrei erhältlich«. Genau wie alles andere, was noch »markenfrei« ist, sind sie unter aller Kritik. So ein Heft besteht aus zwölf Seiten grauem, schief- und engliniertem Papier. Margot überlegt, ob sie einen Fernkurs in Schönschreiben belegen soll. Ich habe ihr zugeraten. Mutter will aber auf keinen Fall, dass ich auch mitmache, wegen meiner Augen. Ich finde das dumm. Ob ich nun das mache oder etwas anderes, das bleibt sich doch gleich.

Da du noch nie einen Krieg mitgemacht hast, Kitty, und du trotz all meiner Briefe doch wenig vom Verstecken weißt, will ich dir zum Spaß mal erzählen, was der erste Wunsch von uns acht ist, wenn wir wieder mal hinauskommen.

Margot und Herr van Daan wünschen sich am meisten ein heißes Bad, bis zum Rand gefüllt, und wollen darin mehr als eine halbe Stunde bleiben. Frau van Daan will am liebsten sofort Torten essen. Dussel kennt nichts als seine Charlotte, und Mutter ihre Tasse Kaffee. Vater geht zu Voskuijls, Peter in die Stadt und ins Kino, und ich würde vor lauter Seligkeit nicht wissen, wo anfangen.

Am meisten sehne ich mich nach unserer eigenen Wohnung, nach freier Bewegung und endlich wieder nach Hilfe bei der Arbeit, also nach der Schule!

Bep hat uns Obst angeboten, aber es kostet ein kleines Vermögen. Trauben 5 Gulden pro Kilo, Stachelbeeren 1,40 Gulden, ein Pfirsich 40 Cent, ein Kilo Melonen 1,50 Gulden. Und dann steht jeden Tag mit Riesenbuchstaben in der Zeitung: »Preistreiberei ist Wucher!«

Montag, 26. Juli 1943

Beste Kitty!

Gestern war ein stürmischer Tag, und wir sind noch immer aufgeregt. Eigentlich kannst du fragen, welcher Tag bei uns ohne Aufregung vorbeigeht.

Morgens beim Frühstück gab es zum ersten Mal Voralarm, aber das stört uns nicht, weil es bedeutet, dass die Flugzeuge an der Küste sind. Nach dem Frühstück habe ich mich eine Stunde hingelegt, denn ich hatte starke Kopfschmerzen, und dann ging ich hinunter ins Büro. Es war ungefähr zwei Uhr. Um halb drei war Margot mit ihrer Büroarbeit fertig. Sie hatte ihren Kram noch nicht wieder weggeräumt, als die Sirenen heulten, daher ging ich mit ihr hinauf. Es war höchste Zeit, denn fünf Minuten später fing die Schießerei an, so laut, dass wir uns in den Flur stellten. Das Haus dröhnte, und die Bomben fielen. Ich drückte meine Fluchttasche an mich, mehr, um mich an etwas festzuhalten, als um zu flüchten, denn wir können ja doch nicht weg. Im Notfall ist für uns die Straße genauso lebensgefährlich wie eine Bombardierung. Nach einer halben Stunde kamen weniger Flugzeuge, aber die Geschäftigkeit im Haus nahm zu. Peter kam von seinem Beobachtungsposten auf dem vorderen Dachboden herunter, Dussel war im vorderen Büro, Frau van Daan fühlte sich im Privatbüro sicher, Herr van Daan hatte vom Oberboden aus zugeschaut, und wir in der Diele zerstreuten uns auch, um die Rauchsäulen zu sehen, die über dem IJ[9] aufstiegen. Bald roch es überall nach Brand, und draußen sah es aus, als ob ein dicker Nebel über der Stadt hinge.

Ein so großer Brand ist kein schöner Anblick, aber wir waren froh, dass wir es mal wieder glücklich hinter uns hatten, und begaben uns an unsere jeweiligen Tätigkeiten.

Abends beim Essen: Luftalarm! Wir hatten ein leckeres Essen, aber der Appetit verging mir schon allein bei dem Geräusch. Es passierte jedoch nichts, und eine Dreiviertelstunde später war die Gefahr vorbei. Als der Abwasch an die Reihe kam: Luftalarm, Schießen, fürchterlich viele Flugzeuge. Oje, zweimal an einem Tag, das ist sehr viel, dachten wir. Aber es half nichts, wieder regnete es Bomben, diesmal auf der anderen Seite, auf Schiphol, laut Bericht der Engländer. Die Flugzeuge tauchten, stiegen, es sauste in der Luft, und es war sehr unheimlich. Jeden Augenblick dachte ich, jetzt stürzt er ab, das war's dann.

9 Hafen von Amsterdam; A. d. Ü.

Ich versichere dir, dass ich meine Beine noch nicht gerade halten konnte, als ich um neun Uhr ins Bett ging. Punkt zwölf wurde ich wach: Flugzeuge! Dussel zog sich gerade aus. Ich kümmerte mich nicht darum, ich sprang beim ersten Schuss hellwach aus dem Bett. Bis ein Uhr war ich drüben, um halb zwei im Bett, um zwei wieder bei Vater, und sie flogen immer und immer noch. Dann wurde kein Schuss mehr abgegeben, und ich konnte zurück. Um halb drei bin ich eingeschlafen.
Sieben Uhr. Mit einem Schlag saß ich aufrecht im Bett. Van Daan war bei Vater. Einbrecher, war mein erster Gedanke. »Alles«, hörte ich van Daan sagen und dachte, dass alles gestohlen worden sei. Aber nein, es war ein herrlicher Bericht, so schön, wie wir ihn seit Monaten, vielleicht noch nie in all den Kriegsjahren, gehört haben. Mussolini ist abgetreten, der Kaiserkönig von Italien hat die Regierung übernommen.
Wir jubelten. Nach all dem Schrecklichen von gestern endlich wieder was Gutes, und … Hoffnung! Hoffnung auf das Ende! Hoffnung auf den Frieden!
Kugler ist eben vorbeigekommen und hat erzählt, dass Fokker schwer heimgesucht worden ist. Auch heute Morgen hatten wir wieder Luftalarm, mit Flugzeugen, die über uns hinwegflogen, und noch einmal Voralarm. Ich ersticke in Alarmen, bin nicht ausgeschlafen und habe keine Lust zu arbeiten. Aber jetzt hält uns die Spannung um Italien wach, und die Hoffnung auf das Ende des Jahres … Deine Anne

Donnerstag, 29. Juli 1943

Liebe Kitty!
Frau van Daan, Dussel und ich waren mit dem Abwasch beschäftigt, und ich war, was selten vorkommt und ihnen auffallen musste, außergewöhnlich still. Um Fragen vorzubeugen, suchte ich also schnell nach einem ziemlich neutralen Thema und hielt das Buch »Henri van de Overkant« für geeignet. Aber ich hatte mich verrechnet. Wenn ich von Frau van Daan nichts aufs Dach kriege, dann ist es Herr Dussel. Es lief auf Folgendes hinaus: Herr Dussel hatte uns dieses Buch als etwas ganz Besonderes empfohlen, Margot und ich fanden es jedoch alles andere als hervorragend. Der Junge war zwar gut beschrieben, aber der Rest … Darüber schweige ich lieber. Etwas Derartiges brachte ich beim Abwaschen aufs Tapet, und dann bekam ich es ab, aber dick!
»Wie kannst du die Psyche eines Mannes begreifen? Die von einem Kind, das ist nicht so schwierig (!). Du bist viel zu jung für ein solches Buch. Ein Zwan-

zigjähriger könnte es kaum erfassen.« (Warum hat er mir und Margot dieses Buch dann so empfohlen?)
Nun fuhren Dussel und Frau van Daan gemeinsam fort: »Du weißt viel zu viel von Dingen, die für dich nicht geeignet sind, du bist völlig falsch erzogen. Später, wenn du älter bist, hast du an nichts mehr Vergnügen, dann sagst du: Das habe ich vor zwanzig Jahren schon in Büchern gelesen. Du musst dich schon beeilen, wenn du noch einen Mann bekommen oder dich verlieben willst, du bist bestimmt von allem enttäuscht. In der Theorie weißt du alles, nur die Praxis fehlt dir noch!«
Wer könnte sich meine Situation nicht vorstellen? Ich wunderte mich, dass ich ruhig antworten konnte. »Sie denken vielleicht, dass ich falsch erzogen bin, aber diese Meinung teilt nicht jeder!«
Sicher ist es gute Erziehung, wenn sie mich gegen meine Eltern aufhetzen! Denn das tun sie oft. Und einem Mädchen in meinem Alter nichts über bestimmte Dinge zu erzählen, ist wohl auch hervorragend. Die Ergebnisse einer solchen Erziehung sieht man nur allzu deutlich.
Ich hätte den beiden, die mich so lächerlich machten, in diesem Moment ins Gesicht schlagen können. Ich war außer mir vor Wut und würde die Tage zählen (wenn ich wüsste, wo aufhören), bis ich diese Menschen los bin.
Sie ist schon ein Exemplar, diese Frau van Daan! An ihr sollte man sich ein Beispiel nehmen … aber ein schlechtes Beispiel! Frau van Daan ist bekannt als unbescheiden, egoistisch, schlau, berechnend und mit nichts zufrieden. Eitelkeit und Koketterie kommen noch dazu. Sie ist, daran ist nichts zu rütteln, eine ausgesprochen unangenehme Person. Ganze Bände könnte ich über sie füllen, und wer weiß, vielleicht komme ich noch dazu. Einen schönen Firnis auf der Oberfläche kann sich jeder zulegen. Frau van Daan ist freundlich zu Fremden, vor allem zu Männern, und deshalb täuscht man sich, wenn man sie erst kurz kennt.
Mutter findet sie zu dumm, um ein Wort darüber zu verlieren, Margot zu unwichtig, Pim zu hässlich (buchstäblich und im übertragenen Sinn), und ich bin nach langer Beobachtung, denn ich bin nie voreingenommen, zu dem Schluss gekommen, dass sie dies alles ist – und noch viel mehr. Sie hat so viele schlechte Eigenschaften, warum sollte ich dann mit einer davon anfangen?

Deine Anne

P. S. Die Leser mögen zur Kenntnis nehmen, dass, als diese Geschichte geschrieben wurde, die Wut der Schreiberin noch nicht abgekühlt war.

Dienstag, 3. August 1943

Liebe Kitty!

Mit der Politik geht es ausgezeichnet. In Italien ist die faschistische Partei verboten worden. An vielen Stellen kämpft das Volk gegen die Faschisten, auch Soldaten nehmen an dem Kampf teil. Wie kann so ein Land noch weiter Krieg mit England führen?

Unser schönes Radio ist letzte Woche weggebracht worden. Dussel war sehr böse, dass Kugler es zum festgelegten Datum abgeliefert hat. Dussel sinkt in meiner Achtung immer tiefer, er ist schon unter null. Was er auch sagt über Politik, Geschichte, Erdkunde oder andere Themen, es ist so ein Unsinn, dass ich es fast nicht zu wiederholen wage. Hitler verschwindet in der Geschichte. Der Hafen von Rotterdam ist größer als der von Hamburg. Die Engländer sind Idioten, weil sie im Augenblick Italien nicht kurz und klein bombardieren usw. usw.

Eine dritte Bombardierung hat stattgefunden, und ich habe die Zähne aufeinandergebissen und mich in Mut geübt.

Frau van Daan, die immer sagt »Lass sie nur kommen« oder »Besser ein Ende mit Schrecken als gar kein Ende« ist nun die Feigste von uns allen. Heute Morgen hat sie gebebt wie ein Rohrstängel und brach sogar in Tränen aus. Ihr Mann, mit dem sie nach einer Woche Streit gerade wieder Frieden geschlossen hatte, tröstete sie. Ich wurde fast sentimental bei diesem Anblick.

Dass Katzenhaltung nicht nur Vorteile bringt, hat Mouschi uns eindeutig bewiesen. Das ganze Haus ist voller Flöhe, und die Plage nimmt mit jedem Tag zu. Herr Kleiman hat gelben Puder in alle Ecken gestreut, den Flöhen macht das aber nichts aus. Wir werden schon ganz nervös. Immer meint man, etwas auf Armen, Beinen oder anderen Körperteilen herumkrabbeln zu fühlen, und dauernd verrenkt sich jemand, um etwas auf Bein oder Hals zu entdecken. Nun rächt sich die geringe körperliche Bewegung: Wir sind viel zu steif geworden, um den Nacken richtig zu drehen. Wirkliche Gymnastik haben wir schon längst aufgegeben.

Deine Anne

Mittwoch, 4. August 1943

Liebe Kitty!

Du weißt nun, nachdem wir seit gut einem Jahr Hinterhäusler sind, schon einiges über unser Leben, aber vollständig kann ich dich doch nicht informieren. Es ist alles so anders als in normalen Zeiten und bei normalen Leuten. Um dir einen genaueren Einblick in unser Leben zu ermöglichen, werde ich jetzt ab und zu einen Teil unseres normalen Tagesablaufs beschreiben. Heute fange ich mit dem Abend und der Nacht an.

Abends um neun Uhr fängt im Hinterhaus der Rummel mit dem Ins-Bett-Gehen an, und es ist tatsächlich immer ein Rummel. Stühle werden geschoben, Betten herausgeholt, Decken aufgefaltet, und nichts bleibt, wo es tagsüber zu sein hat. Ich schlafe auf der kleinen Couch, die noch nicht mal 1,50 Meter lang ist. Also müssen Stühle als Verlängerung dienen. Plumeau, Laken, Kissen, Decken – alles wird aus Dussels Bett geholt, wo es tagsüber untergebracht ist.

Von drüben hört man ein schreckliches Knarren von Margots Bett à la Harmonika. Wieder Couchdecken und Kissen, um die hölzernen Latten ein bisschen bequemer zu machen. Oben scheint es zu gewittern, es ist aber nur das Bett von Frau van Daan. Das wird nämlich ans Fenster geschoben, damit Ihre Hoheit im rosa Bettjäckchen etwas frische Luft in die kleinen Nasenlöcher bekommt.

Neun Uhr: Nach Peter betrete ich das Badezimmer, wo dann eine gründliche Wäsche folgt. Nicht selten passiert es (nur in den heißen Monaten, Wochen oder Tagen), dass ein kleiner Floh im Waschwasser treibt. Dann Zähne putzen, Haare locken, Nägel pflegen, der Wattebausch mit Wasserstoff (um schwarze Schnurrbarthaare zu bleichen), und das alles in einer knappen halben Stunde.

Halb zehn: Schnell den Bademantel angezogen. Die Seife in der einen Hand, Nachttopf, Haarnadeln, Hose, Lockenwickler und Watte in der anderen, eile ich aus dem Badezimmer, meistens noch zurückgerufen wegen der Haare, die in zierlichen, aber für den nachfolgenden Wäscher nicht angenehmen Bögen das Waschbecken verunzieren.

Zehn Uhr: Verdunklung vor, gute Nacht! Eine gute Viertelstunde lang noch das Knarren von Betten und das Seufzen von kaputten Federn, dann ist alles still. Wenigstens dann, wenn die oben keinen Streit im Bett haben.

Halb zwölf: Die Zimmertür quietscht. Ein dünner Lichtstreifen fällt ins Zimmer. Das Knarren von Schuhen, ein großer Mantel, noch größer als der Mann, der in ihm steckt … Dussel kommt von seiner nächtlichen Arbeit in Kuglers Büro zurück. Zehn Minuten lang Schlurfen auf dem Boden, das Rascheln von Papier (von den Esswaren, die er versteckt), ein Bett wird gemacht. Dann verschwindet die Gestalt wieder, und man hört nur von Zeit zu Zeit aus der Toilette ein verdächtiges Geräusch.

Ungefähr drei Uhr: Ich muss aufstehen, um ein kleines Geschäft in die Blechdose unter meinem Bett zu verrichten, unter die vorsichtshalber noch eine Gummimatte gelegt worden ist, falls das Ding leckt. Wenn das nötig ist, halte ich immer die Luft an, denn es plätschert in die Dose wie ein Bach von einem Berg. Dann kommt die Dose wieder an ihren Platz, und die Gestalt in dem weißen Nachthemd, das Margot jeden Abend den Ausruf entlockt »Oh, dieses unsittliche Nachthemd«, steigt wieder ins Bett. Eine knappe Viertelstunde liegt dann die gewisse Person und horcht auf die nächtlichen Geräusche. Zuerst, ob unten vielleicht ein Dieb sein könnte, dann auf die Geräusche von den diversen Betten, oben, nebenan und im Zimmer, denen man meistens entnehmen kann, ob die verschiedenen Hausgenossen schlafen oder halb wach die Nacht verbringen. Letzteres ist nicht angenehm, vor allem, wenn es um ein Familienmitglied namens Dr. D. geht. Erst höre ich ein Geräusch, als ob ein Fisch nach Luft schnappt. Das wiederholt sich ungefähr zehnmal, dann werden umständlich die Lippen befeuchtet oder man hört kleine Schmatzgeräusche, gefolgt von einem langdauernden Hin- und Herdrehen im Bett und dem Verschieben von Kissen. Fünf Minuten herrscht vollkommene Ruhe, dann wiederholt sich der Ablauf der Ereignisse mindestens noch dreimal, bis sich der Doktor wieder für eine Weile in den Schlaf gelullt hat.

Es kann auch vorkommen, dass irgendwann nachts zwischen eins und vier geschossen wird. Ich bin mir dessen kaum bewusst, da stehe ich aus Gewohnheit neben meinem Bett. Manchmal bin ich auch so in Träume versunken, dass ich an französische unregelmäßige Verben oder einen kleinen Streit oben denke und erst dann merke, dass geschossen wird und ich ruhig im Zimmer geblieben bin. Aber meistens passiert, was ich oben gesagt habe. Schnell ein Kissen und ein Taschentuch geschnappt, Bademantel und Pantoffeln angezogen und zu Vater gerannt, genau so, wie Margot es in dem Geburtstagsgedicht beschrieben hat:

»Des Nachts, beim allerersten Krach
Steht gleich danach in unsrem Gemach
Ein kleines Mädchen, lieb und nett
Mit flehendem Blick an Vaters Bett.«

Im großen Bett angelangt, ist der ärgste Schreck schon vorbei, außer wenn das Schießen sehr laut ist.

<u>Viertel vor sieben:</u> Rrrrrr … Der Wecker, der zu jeder Stunde des Tages, ob man es braucht oder nicht, loslegen kann. Knack … peng, Frau van Daan hat ihn ausgemacht. Krach … Herr van Daan ist aufgestanden. Wasser aufstellen, dann flugs ins Badezimmer.

<u>Viertel nach sieben:</u> Die Tür knarrt wieder. Dussel kann ins Badezimmer gehen. Endlich allein, entferne ich die Verdunklung, und der neue Tag im Hinterhaus hat begonnen.

Deine Anne

Donnerstag, 5. August 1943

Liebe Kitty,

Heute nehmen wir mal die Mittagspause dran.

Es ist halb eins. Der ganze Haufen atmet auf. Nun sind van Maaren, der Mann mit der dunklen Vergangenheit, und de Kok nach Hause gegangen. Oben hört man das Stampfen des Staubsaugers auf dem schönen und einzigen Teppich von Frau van Daan. Margot nimmt ein paar Bücher unter den Arm und geht zum Unterricht für »lernbehinderte Kinder«, denn so wirkt Dussel. Pim setzt sich mit seinem ewigen Dickens in eine ruhige Ecke. Mutter eilt eine Etage höher, um der eifrigen Hausfrau zu helfen, und ich gehe ins Badezimmer, um dieses – gleichzeitig mit mir selbst – etwas zu verschönern.

Viertel vor eins: Nach und nach tröpfeln alle ein. Erst Herr Gies, dann Kleiman oder Kugler, Bep und manchmal für kurze Zeit auch Miep.

Ein Uhr: Alle sitzen um das kleine Radio und lauschen gespannt dem BBC, und das sind die einzigen Minuten, in denen sich die Mitglieder des Hinterhauses nicht gegenseitig ins Wort fallen, denn da spricht jemand, dem sogar Herr van Daan nicht widersprechen kann.

Viertel nach eins: Das große Austeilen. Jeder von unten bekommt eine Tasse Suppe, und wenn es mal Nachtisch gibt, auch davon etwas. Zufrieden setzt sich Herr Gies auf die Couch oder lehnt sich an den Schreibtisch, die Zeitung und die Tasse und meistens auch die Katze neben sich. Wenn eines von den dreien fehlt, hört er nicht auf zu protestieren. Kleiman erzählt die letzten Neuigkeiten aus der Stadt, dafür ist er tatsächlich eine hervorragende Quelle. Kugler kommt holterdiepolter die Treppe herauf. Ein kurzes und kräftiges Klopfen an der Tür, und er kommt händereibend herein, je nach Stimmung gut gelaunt und geschäftig oder schlecht gelaunt und still.

Viertel vor zwei: Die Esser erheben sich, und jeder geht wieder seiner Beschäftigung nach. Margot und Mutter machen den Abwasch, Herr und Frau van Daan legen sich auf die Couch, Peter geht auf den Dachboden, Vater auf die Couch, Dussel auch, und Anne macht sich an die Arbeit.

Nun folgt die ruhigste Stunde. Wenn alle schlafen, wird niemand gestört. Dussel träumt von leckerem Essen, das sieht man seinem Gesicht an. Aber ich betrachte es nicht lange, denn die Zeit rennt, und um vier Uhr steht der pedantische Doktor schon mit der Uhr in der Hand da, weil ich eine Minute zu spät den Tisch für ihn räume.

Deine Anne

Samstag, 7. August 1943

Liebe Kitty!

Ich habe vor ein paar Wochen angefangen, eine Geschichte zu schreiben, etwas, das ganz ausgedacht ist, und es macht mir so viel Freude, dass sich meine Federkinder schon stapeln. Deine Anne

Montag, 9. August 1943

Liebe Kitty!

Diesmal die Fortsetzung des Tagesablaufs im Hinterhaus. Nach der Mittagspause ist der Mittagstisch an der Reihe.

Herr van Daan: Er eröffnet den Reigen. Er wird als Erster bedient, nimmt beträchtlich viel von allem, wenn es ihm schmeckt. Er redet meistens mit, gibt immer seine Meinung zum Besten, und wenn er das getan hat, gibt es nichts mehr daran zu rütteln. Wenn jemand das wagt, dann hat er es in sich. Ach, er kann einen anfauchen wie eine Katze! Ich möchte das lieber nicht erleben. Wer es einmal mitgemacht hat, hütet sich vor dem zweiten Mal. Er hat die einzig richtige Meinung, er weiß über alles das meiste. Na gut, er hat einen gescheiten Kopf, aber die Selbstgefälligkeit dieses Herrn hat ein hohes Maß erreicht.

Die gnädige Frau: Eigentlich sollte ich besser schweigen. An manchen Tagen, vor allem, wenn sie schlecht gelaunt ist, schaut man ihr Gesicht besser nicht an. Genaugenommen ist sie an allen Diskussionen schuld. Nicht das Objekt! O nein, jeder hütet sich davor, sie anzugreifen, aber man könnte sie die Anstifterin nennen. Hetzen, das ist ihre liebste Beschäftigung. Hetzen gegen Frau Frank und Anne. Gegen Margot und Herrn Frank geht Hetzen nicht so leicht.

Aber nun zu Tisch. Frau van Daan kommt nicht zu kurz, auch wenn sie das manchmal denkt. Die kleinsten Kartoffeln, die leckersten Häppchen, das Zarteste von allem heraussuchen, das ist Madames Parole. Die anderen kommen schon noch an die Reihe, wenn ich erst das Beste habe. (Genau das, was sie von Anne Frank denkt.) Das andere ist Reden. Hauptsache, es hört jemand zu, ob es denjenigen interessiert oder nicht, darauf kommt es offenbar nicht an. Sie denkt sicher, was Frau van Daan interessiert, interessiert jeden. Kokett lächeln, tun, als wüsste man von allem etwas, jedem einen guten Rat geben und jeden bemuttern, das muss doch einen guten Eindruck machen. Aber schaut man genauer hin, geht der Lack ab. Fleißig, *eins,* fröhlich, *zwei,* kokett, *drei,* und manchmal ein hübsches Lärvchen. Das ist Petronella van Daan.

Der dritte Tischgenosse: Man hört nicht viel von ihm. Der junge Herr van Daan ist meistens still und unauffällig. Was den Appetit betrifft: ein Danaidenfass, es wird niemals voll, und nach der kräftigsten Mahlzeit behauptet er seelenruhig, dass er bestimmt noch mal das Doppelte essen könnte.
Nummer 4 ist Margot: Isst wie ein Mäuschen, redet überhaupt nicht. Das Einzige, was bei ihr reingeht, ist Gemüse oder Obst. »Verwöhnt« ist das Urteil von Herrn und Frau van Daan. »Zu wenig frische Luft und Sport« ist unsere Meinung.
Daneben Mama: Appetit gut, redet eifrig. Niemand kommt bei ihr, wie bei Frau van Daan, auf den Gedanken: Das ist die Hausfrau. Worin der Unterschied liegt? Nun, Frau van Daan kocht, und Mutter spült und putzt.
Nummer 6 und 7: Über Vater und mich werde ich nicht viel sagen. Ersterer ist der Bescheidenste am Tisch. Er schaut immer erst, ob die anderen schon haben. Er braucht nichts, die besten Sachen sind für die Kinder. Er ist ein Vorbild an Güte, und neben ihm sitzt das Nervenbündel vom Hinterhaus!
Dussel: Nimmt, schaut nicht, isst, redet nicht. Und wenn schon geredet werden muss, dann um Himmels willen nur über Essen, das führt nicht zu Streit, nur zu Aufschneiderei. Enorme Portionen passen in ihn, und »nein« sagt er nie, nicht bei den guten Sachen und auch nicht oft bei schlechten.
Die Hose bis zur Brust hochgezogen, eine rote Jacke, schwarze Lackpantoffeln und eine Hornbrille. So kann man ihn am Arbeitstisch sehen, ewig arbeitend, ohne Fortschritte, nur unterbrochen vom Mittagsschläfchen, dem Essen und (seinem Lieblingsort) dem Klo. Drei-, vier-, fünfmal am Tag steht jemand ungeduldig vor der Klotür und verkneift es sich, hüpft von einem Bein aufs andere und kann es kaum mehr halten. Stört er sich daran? Nicht doch! Von Viertel nach sieben bis halb acht, von halb eins bis eins, von zwei bis Viertel nach zwei, von vier bis Viertel nach vier, von sechs bis Viertel nach sechs und von halb zwölf bis zwölf Uhr nachts, danach kann man sich richten, das sind seine festen »Sitzungen«. Davon wird nicht abgewichen, und er lässt sich auch nicht durch die flehende Stimme vor der Tür stören, die vor einem schnell nahenden Unheil warnt.
Nummer 9 ist kein Hinterhaus-Familienmitglied, aber doch Haus- und Tischgenossin. Bep hat einen gesunden Appetit. Sie lässt nichts stehen, ist nicht wählerisch. Mit allem kann man sie erfreuen, und das gerade erfreut uns. Fröhlich und gut gelaunt, willig und gutmütig, das sind ihre Kennzeichen.

Dienstag, 10. August 1943

Liebe Kitty!

Eine neue Idee! Ich rede bei Tisch mehr mit mir selbst als mit den anderen. Das ist in zweierlei Hinsicht günstig. Erstens sind alle froh, wenn ich nicht ununterbrochen quatsche, und zweitens brauche ich mich über die Meinung anderer Leute nicht zu ärgern. Meine eigene Meinung finde ich nicht blöd, die anderen tun das aber, also kann ich sie genauso gut für mich behalten. Ebenso mache ich es, wenn ich etwas essen muss, was ich überhaupt nicht ausstehen kann. Ich stelle den Teller vor mich und bilde mir ein, es sei etwas sehr Leckeres, schaue möglichst wenig hin, und ehe ich mich versehe, ist es aufgegessen. Morgens beim Aufstehen – auch etwas, was nicht angenehm ist – springe ich aus dem Bett, denke mir »du legst dich gleich wieder gemütlich rein«, laufe zum Fenster, mache die Verdunklung weg, schnüffle so lange an dem Spalt, bis ich ein bisschen frische Luft spüre, und bin hellwach. Das Bett wird so schnell wie möglich auseinandergelegt, dann ist die Verführung weg. Weißt du, wie Mutter so etwas nennt? Eine Lebenskünstlerin. Findest du das Wort nicht auch witzig?

Seit einer Woche sind wir alle ein bisschen durcheinander mit der Zeit, weil anscheinend unsere liebe und teure Westerturmglocke weggeholt worden ist, für irgendeine Fabrik, und wir wissen seither weder bei Tag noch bei Nacht genau, wie spät es ist. Ich hoffe, man wird etwas finden, was der Nachbarschaft die Glocke wenigstens ein bisschen ersetzt, ein zinnernes, kupfernes oder was weiß ich für ein Ding.

Wo ich auch bin, unten oder oben oder wo auch immer, jeder schaut mir bewundernd auf die Füße, an denen ein paar außergewöhnlich schöne Schuhe (für diese Zeit!) prangen. Miep hat sie für 27,50 Gulden ergattert. Weinrot, Peau de Suède und mit einem ziemlich hohen Blockabsatz. Ich gehe wie auf Stelzen und sehe noch größer aus, als ich ohnehin schon bin.

Gestern hatte ich einen Unglückstag. Ich stach mich mit dem hinteren Ende einer dicken Nadel in den rechten Daumen. Die Folge war, dass Margot an meiner Stelle die Kartoffeln schälen musste (das Gute beim Schlechten) und ich krakelig schrieb. Dann rannte ich mit dem Kopf gegen die Schranktür, fiel fast rückwärts um, bekam einen Rüffel wegen des Lärms, den ich wieder gemacht hatte, durfte den Wasserhahn nicht aufdrehen, um meine Stirn zu betupfen, und laufe nun mit einer Riesenbeule über dem rechten Auge herum. Zu allem Unglück blieb ich mit meinem rechten kleinen Zeh im Stift vom Staubsauger hängen. Es blutete und tat weh, aber ich hatte so viel mit meinen anderen Leiden zu tun, dass dieses Wehwehchen dagegen ins Nichts

versank. Dumm genug, denn nun laufe ich mit einem infizierten Zeh und Zugsalbe, Verbandmull und Heftpflaster herum und kann meine großartigen Schuhe nicht anziehen.
Dussel hat uns zum soundsovielten Mal in Lebensgefahr gebracht. Miep brachte wahrhaftig ein verbotenes Buch für ihn mit, eine Schmähschrift über Mussolini. Unterwegs wurde sie von einem SS-Motorrad angefahren. Sie verlor die Nerven, schrie »Elende Schufte!«, und fuhr weiter. Ich will lieber nicht daran denken, was passiert wäre, wenn sie mit zum Büro gemusst hätte!

Deine Anne

<u>Die Pflicht des Tages in der Gemeinschaft: Kartoffelschälen!</u>
Der eine holt das Zeitungspapier, der zweite die Messer (und behält natürlich das beste für sich selbst), der dritte die Kartoffeln, der vierte das Wasser.
Herr Dussel fängt an. Er schält nicht immer gut, dafür aber ohne Pause, schaut kurz nach links und rechts, ob jeder es auch ja auf die gleiche Art tut wie er. Nein!
»Anne, schau mal, ich nehme das Messer so in die Hand, schäle von oben nach unten! Nein, so nicht, sondern so!«
»Ich finde es anders bequemer, Herr Dussel«, bemerke ich schüchtern.
»Aber das ist doch die beste Art, du kannst es mir glauben. Mir kann es natürlich egal sein, du musst es selbst wissen.«
Wir schälen wieder weiter. Ich schaue verstohlen zu meinem Nachbarn hinüber. Der schüttelt gedankenverloren den Kopf (sicher über mich), schweigt aber.
Ich schäle weiter, schaue dann kurz zur anderen Seite, wo Vater sitzt. Für Vater ist Kartoffelschälen nicht einfach eine Tätigkeit, sondern eine Präzisionsarbeit. Wenn er liest, hat er eine tiefe Falte am Hinterkopf, wenn er aber hilft, Kartoffeln, Bohnen oder anderes Gemüse vorzubereiten, dann scheint überhaupt gar nichts zu ihm durchzudringen, dann hat er sein Kartoffelgesicht. Und nie wird er eine weniger gut geschälte Kartoffel abliefern, das gibt es einfach nicht, wenn er so ein Gesicht macht.
Ich arbeite weiter, schaue kurz auf und weiß genug. Frau van Daan versucht, ob sie Dussels Aufmerksamkeit auf sich ziehen kann. Erst schaut sie zu ihm hin, und Dussel tut, als ob er nichts merkt. Dann zwinkert sie ihm zu, Dussel arbeitet weiter. Dann lacht sie, Dussel schaut nicht hoch. Jetzt lacht Mutter auch, Dussel macht sich nichts daraus. Frau van Daan hat nichts erreicht, nun muss sie es also anders anfangen. Kurze Stille, dann kommt: »Putti,

nimm doch eine Schürze vor! Morgen muss ich auch wieder die Flecken an deinem Anzug saubermachen.«
»Ich mache mich nicht schmutzig.«
Wieder einen Moment Stille, dann: »Putti, warum setzt du dich nicht hin?«
»Ich stehe gut so, ich stehe lieber.« Pause.
»Putti, schau, du spritzt schon.«
»Ja, Mami, ich passe schon auf.«
Frau van Daan sucht ein anderes Thema. »Sag, Putti, warum bombardieren die Engländer jetzt nicht?«
»Weil das Wetter zu schlecht ist, Kerli.«
»Aber gestern war das Wetter doch schön, und sie sind auch nicht geflogen.«
»Reden wir nicht darüber.«
»Warum? Darüber kann man doch reden und seine Meinung sagen.«
»Nein!«
»Warum denn nicht?«
»Sei jetzt mal still, Mamichen.«
»Herr Frank gibt seiner Frau doch auch immer Antwort.«
Herr van Daan kämpft, das ist seine empfindliche Stelle, das kann er nicht aushalten, und Frau van Daan fängt wieder an: »Die Invasion kommt doch nie!«
Herr van Daan wird weiß. Als Frau van Daan das merkt, wird sie rot, fährt aber trotzdem fort: »Die Engländer leisten nichts!«
Die Bombe platzt. »Jetzt halt mal deinen Mund, zum Donnerwetter nochmal!«
Mutter kann sich das Lachen kaum verbeißen, ich schaue stur vor mich hin.
So etwas wiederholt sich fast jeden Tag, wenn sie nicht gerade einen schlimmen Streit gehabt haben. Dann halten sowohl Herr van Daan als auch seine Frau den Mund.
Ich muss noch ein paar Kartoffeln holen und gehe zum Dachboden. Dort ist Peter damit beschäftigt, die Katze zu entflöhen. Er schaut hoch, die Katze merkt es, wupp … weg ist sie, durch das offene Fenster in die Dachrinne.
Peter flucht, ich lache und verschwinde.

<u>Die Freiheit im Hinterhaus</u>
<u>Halb sechs:</u> Bep kommt herauf, um uns die Abendfreiheit zu schenken. Jetzt kommt sofort Schwung in den Betrieb. Ich gehe erst mit Bep nach oben, wo sie meistens unseren Nachtisch vom Abendessen im Voraus bekommt.

Bep sitzt noch nicht richtig, da fängt Frau van Daan schon an, ihre Wünsche aufzuzählen. »Ach, Bep, ich habe noch einen Wunsch …«
Bep zwinkert mir zu. Frau van Daan lässt keine Gelegenheit aus, um jedem, der nach oben kommt, ihre Wünsche mitzuteilen. Das ist sicher einer der Gründe, dass sie alle nicht gern hinaufgehen.
Viertel vor sechs: Bep geht. Ich gehe zwei Stockwerke tiefer. Erst in die Küche, dann ins Privatbüro, dann in den Kohlenverschlag, um für Mouschi das Mäusetürchen aufzumachen.
Nachdem ich mich überall umgeschaut habe, lande ich in Kuglers Zimmer. Dort sucht van Daan in allen Schubladen und Mappen nach der Tagespost. Peter holt die Lagerschlüssel und Moffi, Pim schleppt die Schreibmaschinen nach oben, Margot sucht sich einen ruhigen Platz für ihre Büroarbeit, Frau van Daan setzt einen Kessel Wasser auf den Gasherd, und Mutter kommt mit einem Topf Kartoffeln die Treppe herunter. Jeder weiß, welche Arbeit er zu tun hat.
Schon bald kommt Peter vom Lager zurück. Die erste Frage gilt dem Brot: Es ist vergessen worden. Er macht sich so klein wie möglich, kriecht auf allen vieren durch das vordere Büro zum Stahlschrank, nimmt das Brot und verschwindet. Das heißt, er will verschwinden, denn bevor er kapiert, was geschieht, ist Mouschi über ihn hinweggesprungen und hat sich unter dem Schreibtisch verkrochen.
Peter sucht in allen Ecken. Hach, dort ist die Katze! Wieder kriecht er in das Büro hinein und zieht das Tier am Schwanz. Mouschi faucht. Peter seufzt. Was hat er erreicht? Mouschi sitzt nun direkt am Fenster und leckt sich, sehr zufrieden damit, dass sie Peter entkommen ist. Jetzt hält er als letztes Lockmittel der Katze ein Stück Brot hin. Jawohl, sie folgt ihm, und die Tür schließt sich.
Ich habe alles durch den Türspalt beobachtet.
Herr van Daan ist böse, schmeißt mit der Tür. Margot und ich schauen uns an und denken das Gleiche: Er hat sich bestimmt wieder über irgendeine Dummheit von Kugler aufgeregt und denkt jetzt nicht an unsere Nachbarn.
Da hört man wieder Schritte im Flur. Dussel kommt herein, geht in Besitzerhaltung zum Fenster, atmet tief – und hustet, niest, keucht! Er hat Pech gehabt, das war Pfeffer. Nun setzt er seinen Weg zum vorderen Büro fort. Die Vorhänge sind offen, das bedeutet, dass er sich kein Briefpapier holen kann. Mit mürrischem Gesicht verschwindet er.
Margot und ich werfen uns einen Blick zu. »Morgen bekommt seine Liebste ein Blatt weniger«, sagt sie. Ich nicke zustimmend.

Auf der Treppe hört man noch Elefantengetrampel. Das ist Dussel, der auf seinem geliebten Ort Trost sucht.
Wir arbeiten weiter. Tik, tik, tik … Dreimal klopfen, Essenszeit!

Wenn die Uhr halb neune schlägt …
Margot und Mutter sind nervös. »Pst, Vater! Still, Otto! Pst, Pim! Es ist halb neun. Komm jetzt her, du kannst kein Wasser mehr laufen lassen. Geh leise!« Das sind die diversen Ausrufe für Vater im Badezimmer. Schlag halb neun muss er im Zimmer sein. Kein Tröpfchen Wasser, kein Klo, nicht herumlaufen, alles still! Wenn im Büro noch niemand ist, kann man im Lager alles hören.
Oben wird um zehn vor halb neun die Tür geöffnet und kurz danach dreimal auf den Fußboden geklopft. Der Brei für Anne. Ich steige hinauf und hole das Hundeschüsselchen.
Unten angekommen, geht alles schnell-schnell. Haare kämmen, Plätscherdose ausgießen, Bett auf seinen Platz. Still! Die Uhr schlägt. Frau van Daan wechselt die Schuhe und schlurft auf Badeschlappen durch das Zimmer, Herr Charlie Chaplin auch auf Schlappen, und alles ist ruhig.
Nun ist die ideale Familienszenerie vollkommen. Ich möchte lesen oder lernen, Margot auch, ebenso Vater und Mutter. Vater sitzt (natürlich mit Dickens und Wörterbuch) auf dem Rand seines ausgeleierten Quietschbettes, auf dem noch nicht mal anständige Matratzen liegen. Zwei aufeinandergelegte Keilkissen tun's auch. »Muss ich nicht haben, es geht auch ohne.«
Einmal am Lesen, schaut er nicht auf oder um, lacht ab und zu, gibt sich schreckliche Mühe, Mutter eine Geschichte aufzudrängen.
»Ich habe jetzt keine Zeit.«
Einen Moment sieht er enttäuscht aus, dann liest er weiter. Kurz darauf, wenn wieder etwas Schönes und Typisches kommt, versucht er es wieder: »Das musst du lesen, Mutter!«
Mutter sitzt auf dem Klappbett, liest, näht, strickt oder lernt, was eben an der Reihe ist. Auf einmal fällt ihr etwas ein. Schnell sagt sie:
»Anne, du weißt doch …«, oder: »Margot, schreib mal eben auf …«
Nach einer Weile ist wieder Ruhe eingekehrt. Plötzlich schlägt Margot mit einem Knall ihr Buch zu. Vater zieht die Augenbrauen zu einem witzigen Bogen, seine Lesefalte bildet sich aufs Neue, und er ist wieder vertieft. Mutter fängt an, mit Margot zu schwätzen, ich werde neugierig, höre auch zu. Pim wird in das Gespräch hineingezogen …
Neun Uhr! Frühstück!

Freitag, 10. September 1943

Liebe Kitty!

Jedes Mal, wenn ich an dich schreibe, ist wieder etwas Besonderes passiert, aber meistens sind es mehr unangenehme als angenehme Dinge. Jetzt jedoch ist es etwas Schönes.

Am Mittwochabend, dem 8. September, saßen wir um sieben Uhr am Radio, und das Erste, was wir hörten, war folgendes: »Here follows the best news of the whole war: Italy has capitulated.« Italien hat bedingungslos kapituliert! Um Viertel nach acht fing der Sender Oranje an:

»Hörer, vor eineinviertel Stunden, gerade als ich mit der Chronik des Tages fertig war, traf die herrliche Nachricht von der Kapitulation Italiens hier ein. Ich kann Ihnen sagen, dass ich noch nie meine Papiere mit so viel Befriedigung in den Papierkorb geworfen habe wie heute!«

God save the King, die amerikanische Hymne und die russische Internationale wurden gespielt. Wie immer war der Sender Oranje herzerfrischend und doch nicht zu optimistisch.

Die Engländer sind in Neapel gelandet. Norditalien ist von den Deutschen besetzt. Am Freitag, dem 3. September, war der Waffenstillstand schon unterzeichnet, genau an dem Tag, als die Engländer in Italien gelandet sind. Die Deutschen fluchen und wettern in allen Zeitungen über den Verrat Badoglios und des italienischen Königs.

Aber wir haben auch Sorgen, es geht um Herrn Kleiman. Du weißt, wir haben ihn alle sehr gern. Obwohl er immer krank ist, viele Schmerzen hat und nicht viel essen und herumgehen darf, ist er immer fröhlich und bewundernswert tapfer. »Wenn Herr Kleiman hereinkommt, geht die Sonne auf«, sagte Mutter gerade neulich, und damit hat sie recht.

Nun muss er für eine unangenehme Darmoperation ins Krankenhaus, für mindestens vier Wochen. Du hättest sehen sollen, wie er von uns Abschied genommen hat. Als würde er einkaufen gehen, so normal. Deine Anne

Donnerstag, 16. September 1943

Liebe Kitty!

Hier wird das Verhältnis untereinander immer schlechter, je länger es dauert. Bei Tisch wagt niemand, den Mund aufzumachen (außer, um einen Bissen hineinzuschieben), denn was man sagt, wird entweder übel genommen oder verkehrt verstanden. Herr Voskuijl kommt manchmal zu Besuch. Leider geht es ihm sehr schlecht. Er macht es seiner Familie auch nicht einfacher,

weil er immer mit der Vorstellung herumläuft: Was kann es mir noch ausmachen, ich sterbe sowieso bald! Ich kann mir die Stimmung bei Voskuijls zu Hause gut vorstellen, wenn ich mir überlege, wie gereizt hier schon alle sind.
Ich schlucke jeden Tag Baldriantabletten, gegen Angst und Depression, aber das verhütet doch nicht, dass meine Stimmung am Tag darauf noch miserabler ist. Einmal richtig und laut zu lachen, das würde mehr helfen als zehn Baldriantabletten. Aber das Lachen haben wir fast verlernt. Manchmal habe ich Angst, dass ich vor lauter Ernst ein starres Gesicht und Falten um den Mund bekommen werde. Mit den anderen ist es auch nicht besser, alle erwarten mit bangen Gefühlen den großen Brocken, der vor uns liegt, den Winter.
Noch etwas trägt nicht zu unserer Erheiterung bei, der Lagerarbeiter van Maaren ist misstrauisch geworden, was das Hintergebäude betrifft. Es muss jemandem, der ein bisschen Gehirn hat, wohl auffallen, dass Miep sagt, sie geht ins Laboratorium, Bep ins Archiv, Kleiman zum Opekta-Vorrat. Und Kugler behauptet, das Hinterhaus gehöre nicht zu dem Gebäude, sondern zum Nachbarhaus.
Es könnte uns egal sein, was Herr van Maaren von der Sache hält, wenn er nicht als unzuverlässig bekannt und sehr neugierig wäre, so dass er sich nicht mit ein paar leeren Worten abspeisen lässt.
Eines Tages wollte Kugler mal besonders vorsichtig sein, zog zehn Minuten vor halb eins seinen Mantel an und ging zur Drogerie um die Ecke. Keine fünf Minuten später war er wieder zurück, schlich wie ein Dieb über die Treppe und kam zu uns. Um Viertel nach eins wollte er wieder gehen, traf aber auf dem Treppenabsatz Bep, die ihn warnte, dass van Maaren im Büro säße. Kugler machte rechtsum kehrt und saß bis halb zwei bei uns. Dann nahm er seine Schuhe in die Hand und ging auf Strümpfen (trotz seiner Erkältung) zur Tür des vorderen Dachbodens, balancierte Stufe um Stufe die Treppe hinunter, um jedes Knarren zu vermeiden, und kam nach einer Viertelstunde von der Straßenseite ins Büro.
Bep, die van Maaren inzwischen losgeworden war, kam, um Herrn Kugler bei uns abzuholen, aber der war schon längst weg, der war inzwischen noch in Strümpfen auf der Treppe. Was werden die Leute auf der Straße wohl gedacht haben, als der Direktor seine Schuhe draußen wieder anzog? Hach, der Direktor in Socken!

Deine Anne

Mittwoch, 29. September 1943

Liebe Kitty!
Frau van Daan hat Geburtstag. Wir haben ihr außer einer Käse-, Fleisch- und Brotmarke nur noch ein Glas Marmelade geschenkt. Von ihrem Mann, Dussel und vom Büro hat sie auch ausschließlich Blumen oder Esswaren bekommen. So sind die Zeiten nun einmal!
Bep hat in dieser Woche einen halben Nervenzusammenbruch bekommen, so oft wurde sie geschickt. Zehnmal am Tag bekam sie Aufträge, immer wurde darauf gedrängt, dass sie etwas schnell holen müsse, dass sie noch einmal gehen müsse oder dass sie es falsch gemacht habe. Wenn man dann bedenkt, dass sie auch unten im Büro ihre Arbeit erledigen muss, Kleiman krank ist, Miep zu Hause ist mit einer Erkältung und sie selbst sich den Knöchel verstaucht hat, Liebeskummer und zu Hause einen murrenden Vater hat, dann kann man sich vorstellen, dass sie weder aus noch ein weiß. Wir haben sie getröstet und gesagt, sie müsse nur ein paarmal energisch sagen, dass sie keine Zeit hätte, dann würde die Einkaufsliste bestimmt von alleine kleiner werden.
Am Samstag spielte sich hier ein Drama ab, das in seiner Heftigkeit noch nicht seinesgleichen hatte. Es begann mit van Maaren und endete mit einem allgemeinen Streit und Geschluchze. Dussel hat sich bei Mutter darüber beklagt, dass er wie ein Ausgestoßener behandelt würde, dass niemand von uns freundlich zu ihm sei und dass er uns doch gar nichts getan habe und noch eine Reihe süßlicher Schmeicheleien, auf die Mutter diesmal zum Glück nicht reinfiel. Sie sagte ihm, dass er alle sehr enttäuscht und uns mehr als einmal Anlass zu Ärger gegeben hätte. Dussel versprach das Blaue vom Himmel herunter, aber wie immer ist bisher nichts dabei herausgekommen.
Mit van Daans geht es schief, ich sehe es kommen! Vater ist wütend, weil sie uns betrügen, sie unterschlagen Fleisch und Ähnliches. Oh, welch ein Ausbruch schwebt wieder über unseren Köpfen? Wenn ich nur nicht in all diese Scharmützel verwickelt wäre, wenn ich nur weggehen könnte! Sie machen uns noch verrückt!

Deine Anne

Sonntag, 17. Oktober 1943

Liebe Kitty!
Kleiman ist wieder zurück, was für ein Glück! Er sieht noch ein bisschen blass aus, aber geht doch wohlgemut los, um für van Daan Kleidungsstücke zu verkaufen.

Es ist sehr unangenehm, dass das Geld der van Daans radikal zu Ende ist. Seine letzten hundert Gulden hat er im Lager verloren, was uns auch Schwierigkeiten gemacht hat. Wie können an einem Montagmorgen hundert Gulden ins Lager geraten sein? Alles Anlässe für Argwohn. Inzwischen sind die hundert Gulden gestohlen worden.
Wer ist der Dieb?
Aber ich sprach über Geldmangel. Frau van Daan will von ihrem Stoß Mäntel, Kleider und Schuhen nichts missen, der Anzug von Herrn van Daan lässt sich schwer verkaufen, und Peters Fahrrad ist von der Besichtigung zurück, niemand wollte es haben. Das Ende vom Lied ist nicht in Sicht. Frau van Daan wird wohl doch ihren Pelzmantel hergeben müssen. Ihr Standpunkt, dass die Firma für unseren Unterhalt aufkommen muss, stimmt wohl nicht. Oben haben sie deswegen wieder einen Mordskrach hinter sich und sind in die Versöhnungsphase mit »Ach, lieber Putti« und »Süße Kerli« eingetreten.
Mir ist ganz schwindlig von all den Schimpfworten, die im letzten Monat durch dieses ehrbare Haus geflogen sind. Vater geht mit zusammengepressten Lippen herum, und wenn jemand ihn anspricht, schaut er so erschrocken hoch, als hätte er Angst, wieder eine schwierige Aufgabe lösen zu müssen. Mutter hat vor Aufregung rote Flecken auf den Backen, Margot klagt über Kopfschmerzen, Dussel kann nicht schlafen, Frau van Daan jammert den ganzen Tag, und ich selbst bin ganz aus der Fassung. Ehrlich gesagt, ich vergesse ab und zu, mit wem wir Streit haben und mit wem die Versöhnung bereits stattgefunden hat.
Das Einzige, was mich ablenkt, ist Lernen, und das tue ich viel.

Deine Anne

Freitag, 29. Oktober 1943

Liebste Kitty!
Herr Kleiman ist wieder nicht da, sein Magen lässt ihm keine Ruhe. Er weiß selbst noch nicht, ob die Blutung schon aufgehört hat. Er war zum ersten Mal wirklich down, als er uns erzählt hat, dass er sich nicht gut fühle, und nach Hause ging.
Hier gab es wieder laute Streitereien zwischen Herrn van Daan und seiner Frau. Das kam so: Ihr Geld ist alle. Sie wollten einen Wintermantel und einen Anzug von Herrn van Daan verkaufen, aber dafür war niemand zu finden. Er wollte einen viel zu hohen Preis dafür haben.

Eines Tages, es ist schon eine Weile her, sprach Kleiman über einen befreundeten Kürschner. Dadurch kam Herr van Daan auf die Idee, den Pelzmantel seiner Frau zu verkaufen. Es ist ein Pelzmantel aus Kaninchenfell und siebzehn Jahre getragen. Frau van Daan bekam 325 Gulden dafür, das ist enorm viel. Frau van Daan wollte das Geld behalten, um dafür nach dem Krieg neue Kleider zu kaufen. Es war eine ganz schön harte Nuss, bis Herr van Daan ihr klargemacht hatte, dass das Geld dringend für den Haushalt benötigt wurde.
Das Gekreische, Geweine, Gestampfe und Geschimpfe kannst du dir unmöglich vorstellen. Es war beängstigend. Meine Familie stand mit angehaltenem Atem unten an der Treppe, bereit, die Kämpfenden notfalls auseinanderzuhalten. All das Keifen, das Weinen und die Nervosität sind so aufregend und anstrengend, dass ich abends weinend ins Bett falle und dem Himmel danke, dass ich mal eine halbe Stunde für mich allein habe.
Mir selbst geht es ganz gut, außer dass ich überhaupt keinen Appetit habe. Immer wieder höre ich: »Was siehst du aber schlecht aus!« Ich muss sagen, dass sie sich große Mühe geben, mich ein bisschen bei Kräften zu halten. Traubenzucker, Lebertran, Hefetabletten und Kalk sollen helfen. Meine Nerven gehen oft mit mir durch, vor allem sonntags fühle ich mich elend. Dann ist die Stimmung im Haus drückend, schläfrig und bleiern. Draußen hört man keinen Vogel singen, eine tödliche und bedrückende Stille liegt über allem. Diese Schwere hängt sich an mir fest, als würde sie mich in die Tiefe ziehen. Vater, Mutter und Margot lassen mich dann oft gleichgültig. Ich irre von einem Zimmer zum anderen, die Treppe hinunter und wieder hinauf, und habe ein Gefühl wie ein Singvogel, dem die Flügel mit harter Hand ausgerissen worden sind und der in vollkommener Dunkelheit gegen die Stäbe seines engen Käfigs fliegt. »Nach draußen, Luft und Lachen!«, schreit es in mir. Ich antworte nicht mal mehr, lege mich auf die Couch und schlafe, um die Zeit, die Stille und auch die schreckliche Angst abzukürzen, denn abzutöten sind sie nicht.
Deine Anne

Samstag, 30. Oktober 1943

Liebe Kitty!
Mutter ist schrecklich nervös, und das ist für mich immer sehr gefährlich. Sollte es Zufall sein, dass Vater und Mutter Margot nie ausschimpfen und ich immer alles abbekomme? Gestern Abend zum Beispiel: Margot las ein Buch, in dem prächtige Zeichnungen waren. Sie stand auf und legte das Buch zur

Seite, um es später weiterzulesen. Ich hatte gerade nichts zu tun, nahm das Buch und betrachtete die Bilder. Margot kam zurück, sah »ihr« Buch in meiner Hand, bekam eine Falte in die Stirn und verlangte es böse zurück. Ich wollte es nur noch kurz weiterbetrachten. Margot wurde immer böser. Mutter mischte sich mit den Worten ein: »Das Buch liest Margot, gib es ihr also.«
Vater kam ins Zimmer, wusste nicht mal, um was es ging, sah, dass Margot etwas angetan wurde, und fuhr mich an: »Ich würde dich mal sehen wollen, wenn Margot in deinem Buch herumblättern würde!«
Ich gab sofort nach, legte das Buch hin und ging, ihrer Meinung nach beleidigt, aus dem Zimmer. Doch ich war weder beleidigt noch böse, wohl aber traurig.
Es war nicht richtig von Vater, dass er geurteilt hat, ohne die Streitfrage zu kennen. Ich hätte das Buch Margot von selbst zurückgegeben, und dazu noch viel schneller, wenn Vater und Mutter sich nicht eingemischt und Margot in Schutz genommen hätten, als würde ihr das größte Unrecht geschehen.
Dass Mutter sich für Margot einsetzt, versteht sich von selbst, die beiden setzen sich immer füreinander ein. Ich bin daran so gewöhnt, dass ich völlig gleichgültig gegen Mutters Standpauken und Margots gereizte Launen geworden bin. Ich liebe sie nur deshalb, weil sie nun einmal Mutter und Margot sind, als Menschen können sie mir gestohlen bleiben. Bei Vater ist das was anderes. Wenn er Margot vorzieht, alle ihre Taten gutheißt, sie lobt und mit ihr zärtlich ist, dann nagt etwas in mir. Denn Vater ist mein Alles, er ist mein großes Vorbild, und ich liebe niemanden auf der Welt außer Vater. Er ist sich nicht bewusst, dass er mit Margot anders umgeht als mit mir. Margot ist nun mal die Klügste, die Liebste, die Schönste und die Beste. Aber ein bisschen Recht habe ich doch auch darauf, ernst genommen zu werden. Ich war immer der Clown und der Taugenichts der Familie, musste immer für alle Taten doppelt büßen, einmal durch die Standpauken und einmal durch meine eigene Verzweiflung. Die oberflächlichen Zärtlichkeiten befriedigen mich nicht mehr, ebenso wenig die sogenannten ernsthaften Gespräche. Ich verlange etwas von Vater, was er mir nicht geben kann. Ich bin nicht neidisch auf Margot, war es nie. Ich begehre weder ihre Klugheit noch ihre Schönheit. Ich würde nur so gerne Vaters echte Liebe fühlen, nicht nur als sein Kind, sondern als Anne-als-sie-selbst.
Ich klammere mich an Vater, weil ich jeden Tag verächtlicher auf Mutter hinunterschaue und er der Einzige ist, der in mir noch ein Restchen Familiengefühl aufrechterhält. Vater versteht nicht, dass ich mich manchmal über

Mutter aussprechen muss. Er will nicht über sie reden, vermeidet alles, was sich auf Mutters Fehler bezieht.
Und doch liegt mir Mutter mit all ihren Mängeln am schwersten auf dem Herzen. Ich weiß nicht, wie ich mich beherrschen soll. Ich kann ihr nicht ihre Schlampigkeit, ihren Sarkasmus und ihre Härte unter die Nase reiben, kann jedoch auch nicht immer die Schuld bei mir finden.
Ich bin das genaue Gegenteil von ihr, und deshalb prallen wir natürlich aufeinander. Ich urteile nicht über Mutters Charakter, denn darüber kann ich nicht urteilen, ich betrachte sie nur als Mutter. Für mich ist sie eben keine Mutter. Ich selbst muss meine Mutter sein. Ich habe mich von ihnen abgesondert, laviere mich alleine durch und werde später schon sehen, wo ich lande. Es liegt alles daran, dass ich eine genaue Vorstellung in mir habe, wie eine Mutter und eine Frau sein soll, und nichts davon finde ich in ihr, der ich den Namen Mutter geben muss.
Ich nehme mir immer vor, nicht mehr auf Mutters falsche Beispiele zu achten, ich will nur ihre guten Seiten sehen, und was ich bei ihr nicht finde, bei mir selbst suchen. Aber das gelingt mir nicht. Besonders schlimm ist es, dass weder Vater noch Mutter erkennen, dass sie mir gegenüber ihren Verpflichtungen nicht nachkommen und dass ich sie dafür verurteile. Kann eigentlich jemand seine Kinder voll und ganz zufriedenstellen?
Manchmal glaube ich, dass Gott mich auf die Probe stellen will, jetzt und auch später. Muss ich ein guter Mensch werden, ohne Vorbilder und ohne Reden, damit ich später besonders stark werde?
Wer außer mir wird später alle diese Briefe lesen? Wer außer mir wird mich trösten? Ich habe so oft Trost nötig. Ich bin so häufig nicht stark genug und versage öfter, als dass ich den Anforderungen genüge. Ich weiß es und versuche immer wieder, jeden Tag aufs Neue, mich zu bessern.
Ich werde unterschiedlich behandelt. Den einen Tag ist Anne so vernünftig und darf alles wissen, am nächsten höre ich wieder, dass Anne noch ein kleines, dummes Schaf ist, das nichts weiß und nur glaubt, Wunder was aus Büchern gelernt zu haben! Ich bin nicht mehr das Baby und das Hätschelkind, das immer ausgelacht werden darf. Ich habe meine eigenen Ideale, Vorstellungen und Pläne, aber ich kann sie noch nicht in Worte fassen.
Ach, mir kommt so viel hoch, wenn ich abends allein bin, auch tagsüber, wenn ich die Leute aushalten muss, die mir zum Hals heraushängen oder meine Absichten immer verkehrt auffassen. Letztlich komme ich deshalb immer wieder auf mein Tagebuch zurück, das ist mein Anfang und mein Ende, denn Kitty ist immer geduldig. Ich verspreche ihr, dass ich trotz allem

durchhalten werde, mir meinen eigenen Weg suche und meine Tränen hinunterschlucke. Ich würde nur so gern auch mal einen Erfolg sehen und ein einziges Mal von jemandem ermutigt werden, der mich liebhat.
Verurteile mich nicht, sondern betrachte mich als jemanden, dem es auch mal zu viel wird!

Deine Anne

Mittwoch, 3. November 1943

Liebe Kitty!
Um uns etwas Abwechslung und Fortbildung zu verschaffen, hat Vater den Prospekt des Leidener Lehrinstituts angefordert. Margot hat das dicke Buch schon dreimal durchgeschaut, ohne dass sie etwas nach ihrem Geschmack oder ihrer Geldbörse fand. Vater entschied sich schneller, er wollte eine Probelektion »Grundkurs Latein« bestellen. Gesagt, getan. Die Lektion kam, Margot machte sich begeistert an die Arbeit, und der Kurs, egal wie teuer, wurde genommen. Für mich ist er viel zu schwer, obwohl ich sehr gerne Latein lernen würde.
Damit ich auch etwas Neues anfangen kann, bat Vater Kleiman um eine Kinderbibel, damit ich endlich auch etwas vom Neuen Testament erfahre.
»Willst du Anne zu Chanukka etwa eine Bibel schenken?«, fragte Margot etwas entsetzt.
»Ja … eh, ich denke, dass Nikolaus eine passendere Gelegenheit ist«, antwortete Vater.
Jesus zu Chanukka, das passt nun mal nicht.
Weil der Staubsauger kaputt ist, muss ich jeden Abend den Teppich mit einer alten Bürste ausbürsten. Fenster zu, Licht an, Ofen auch, und dann los, mit einem Handbesen über den Fußboden. Das kann nicht gutgehen, dachte ich mir schon beim ersten Mal, das muss zu Klagen führen. Und jawohl, Mutter bekam Kopfschmerzen von den dicken Staubwolken, die im Zimmer herumwirbelten, Margots neues lateinisches Wörterbuch war vom Schmutz bedeckt, und Pim murrte, dass sich der Boden überhaupt nicht verändert hätte. Gestank als Dank, nennt man das.
Die neue Hinterhaus-Regelung ist, dass der Ofen sonntags um halb acht angemacht wird statt um halb sechs Uhr morgens. Ich finde das gefährlich. Was werden wohl die Nachbarn über unseren rauchenden Schornstein denken?
Dasselbe ist mit den Vorhängen. Von Anfang unserer Versteckzeit an sind sie festgesteckt. Manchmal bekommt aber einer der Herren oder Damen eine

Anwandlung und muss mal schnell hinausschauen. Ein Sturm von Vorwürfen ist die Folge. Die Antwort: »Das sieht man doch nicht.« Damit beginnt und endet jede Unvorsichtigkeit. Das sieht man nicht, das hört man nicht, darauf achtet niemand. Das ist leicht gesagt, aber ob es der Wahrheit entspricht?
Die Streitereien haben sich zur Zeit etwas gelegt, nur Dussel hat noch Krach mit van Daans. Wenn er über Frau van Daan spricht, sagt er nur »die dumme Kuh« oder »das alte Kalb«, und sie wiederum betitelt den unfehlbaren studierten Herrn als »alte Jungfer« oder »alten Junggesellen, der sich ewig auf den Schlips getreten fühlt« und so weiter.
Der Topf wirft dem Kessel vor, dass er schwarz aussieht! Deine Anne

Montagabend, 8. November 1943

Liebe Kitty!
Wenn du meinen Stapel Briefe hintereinander durchlesen könntest, würde dir sicher auffallen, in was für unterschiedlichen Stimmungen sie geschrieben sind. Ich finde es selbst schlimm, dass ich hier im Hinterhaus so sehr von Stimmungen abhängig bin. Übrigens nicht ich alleine, wir sind es alle. Wenn ich ein Buch lese, das mich beeindruckt, muss ich erst in mir selbst gründlich Ordnung machen, bevor ich mich wieder unter die Leute begebe, sonst würden die anderen denken, ich wäre ein bisschen komisch im Kopf. Im Augenblick habe ich wieder eine Periode, in der ich niedergeschlagen bin, wie du wohl merken wirst. Ich kann dir wirklich nicht sagen, warum, aber ich glaube, dass es meine Feigheit ist, gegen die ich immer wieder stoße.
Heute Abend, als Bep noch hier war, klingelte es lang, laut und durchdringend. Ich wurde sofort weiß, bekam Bauchweh und Herzklopfen, und das alles vor Angst!
Abends im Bett sehe ich mich allein in einem Kerker, ohne Vater und Mutter. Manchmal irre ich auf der Straße herum, oder unser Hinterhaus steht in Brand, oder sie kommen uns nachts holen, und ich lege mich vor Verzweiflung unters Bett. Ich sehe alles so, als würde ich es am eigenen Leib erleben. Und dann noch das Gefühl, das alles könnte sofort passieren!
Miep sagt oft, dass sie uns beneidet, weil wir hier Ruhe haben. Das kann schon stimmen, aber an unsere Angst denkt sie sicher nicht.
Ich kann mir überhaupt nicht vorstellen, dass die Welt für uns je wieder normal wird. Ich spreche zwar über »nach dem Krieg«, aber dann ist es, als spräche ich über ein Luftschloss, etwas, das niemals Wirklichkeit werden kann.

Ich sehe uns acht im Hinterhaus, als wären wir ein Stück blauer Himmel, umringt von schwarzen, schwarzen Regenwolken. Das runde Fleckchen, auf dem wir stehen, ist noch sicher, aber die Wolken rücken immer näher, und der Ring, der uns von der nahenden Gefahr trennt, wird immer enger. Jetzt sind wir schon so dicht von Gefahr und Dunkelheit umgeben, dass wir in der verzweifelten Suche nach Rettung aneinanderstoßen. Wir schauen alle nach unten, wo die Menschen gegeneinander kämpfen, wir schauen nach oben, wo es ruhig und schön ist, und wir sind abgeschnitten durch die düstere Masse, die uns nicht nach unten und nicht nach oben gehen lässt, sondern vor uns steht wie eine undurchdringliche Mauer, die uns zerschmettern will, aber noch nicht kann. Ich kann nichts anderes tun, als zu rufen und zu flehen: »O Ring, Ring, werde weiter und öffne dich für uns!« Deine Anne

Donnerstag, 11. November 1943

Liebe Kitty!
Ich habe einen passenden Titel für dieses Kapitel:

Ode an meinen Füllhalter
»In memoriam«

Mein Füllhalter war mir immer ein kostbarer Besitz. Ich schätzte ihn sehr, vor allem wegen seiner dicken Feder, denn ich kann nur mit dicken Federn wirklich schön schreiben. Er hat ein sehr langes und interessantes Füllerleben geführt, von dem ich hier kurz erzählen möchte.
Als ich neun Jahre alt war, kam mein Füller in einem Päckchen (in Watte gewickelt) als »Muster ohne Wert« den ganzen Weg von Aachen, dem Wohnort meiner Großmutter, der gütigen Geberin. Ich lag mit Grippe im Bett, und der Februarwind heulte ums Haus. Der glorreiche Füller lag in einem roten Lederetui und wurde gleich am ersten Tag allen Freundinnen gezeigt. Ich, Anne Frank, die stolze Besitzerin eines Füllhalters!
Als ich zehn Jahre alt war, durfte der Füller mit in die Schule, und die Lehrerin erlaubte wahrhaftig, dass ich damit schrieb. Als ich elf war, musste mein Schatz jedoch wieder weggepackt werden, da die Lehrerin der sechsten Klasse nur Schulfedern und Tintenfass erlaubte. Als ich mit zwölf ins Jüdische Lyzeum ging, bekam mein Füller ein neues Etui, in das auch noch ein Bleistift passte und das außerdem viel echter aussah, weil es einen Reißverschluss hatte. Mit dreizehn ging der Füller mit mir ins Hinterhaus und begleitete mich durch zahllose Tagebücher und Hefte. Als ich vierzehn

Jahre alt war, endete auch das letzte Jahr, das mein Füller mit mir verbrachte …
Es war am Freitagnachmittag nach fünf Uhr, dass ich aus meinem Zimmer kam und mich an den Tisch setzen wollte, um zu schreiben, als ich grob zur Seite geschoben wurde und für Margot und Vater Platz machen musste, die Latein übten. Der Füller blieb unbenutzt auf dem Tisch liegen, seine Besitzerin nahm seufzend mit einer kleinen Tischecke vorlieb und fing an, Bohnen zu reiben. »Bohnen reiben« bedeutet hier, verschimmelte braune Bohnen wieder sauber zu machen. Um Viertel vor sechs fegte ich den Boden und warf den Schmutz zusammen mit den schlechten Bohnen auf einer Zeitung in den Ofen. Eine gewaltige Flamme schlug heraus, und ich fand es großartig, dass sich das Feuer auf diese Art wieder erholt hatte.
Ruhe war wieder eingekehrt, die Lateiner abgezogen, und ich setzte mich an den Tisch, um meine geplante Schreibarbeit aufzunehmen. Aber wo ich auch suchte, mein Füller war nirgends zu entdecken. Ich suchte noch einmal, Margot suchte, Mutter suchte, Vater suchte, Dussel suchte, aber das Ding war spurlos verschwunden.
»Vielleicht ist er in den Ofen gefallen, zusammen mit den Bohnen!«, meinte Margot.
»Aber nein!«, antwortete ich.
Als jedoch mein Füllhalter auch abends noch nicht zum Vorschein kommen wollte, nahmen wir alle an, dass er verbrannt war, umso mehr, da Zelluloid so gut brennt. Und wirklich, diese traurige Annahme bestätigte sich, als Vater am nächsten Morgen beim Ofen-Saubermachen den Klip, mit dem man den Füller feststeckt, mitten in einem Aschehaufen fand. Von der goldenen Feder war nichts mehr zu entdecken. »Sicher festgebacken an irgendeinem Stein«, meinte Vater.
Ein Trost ist mir geblieben, wenn auch ein magerer. Mein Füllhalter ist eingeäschert worden, genau, was ich später auch will. Deine Anne

Mittwoch, 17. November 1943

Liebe Kitty!
Hauserschütternde Ereignisse sind im Gang. Bei Bep daheim herrscht Diphtherie, deshalb darf sie sechs Wochen lang nicht mit uns in Berührung kommen. Das ist sehr unangenehm, sowohl wegen des Essens als auch wegen der Einkäufe, ganz zu schweigen von der mangelnden Geselligkeit. Kleiman liegt

noch immer und hat schon drei Wochen lang nichts anderes als Milch und dünnen Brei gegessen. Kugler hat unheimlich viel zu tun.
Margots lateinische Übungen werden eingeschickt und von einem Lehrer korrigiert zurückgeschickt. Margot schreibt unter Beps Namen. Der Lehrer ist sehr nett und obendrein witzig. Sicher ist er froh, dass er eine so gescheite Schülerin bekommen hat.
Dussel ist ganz durcheinander. Keiner von uns weiß, warum. Es hat damit angefangen, dass er oben den Mund zusammenkniff und weder mit Herrn van Daan noch mit Frau van Daan ein Wort sprach. Das fiel jedem auf, und als es ein paar Tage anhielt, nutzte Mutter eine Gelegenheit und warnte ihn vor Frau van Daan, die ihm tatsächlich viele Unannehmlichkeiten bereiten könnte. Dussel sagte, Herr van Daan habe mit dem Schweigen angefangen, deshalb habe er auch nicht vor, das seine zu brechen. Nun musst du wissen, dass gestern der 16. November war, der Tag, an dem er ein Jahr im Hinterhaus ist. Mutter bekam aus diesem Anlass einen Blumentopf geschenkt, aber Frau van Daan, die schon Wochen zuvor mehrmals auf dieses Datum angespielt und gemeint hatte, dass Dussel etwas spendieren müsste, bekam nichts. Statt seine Dankbarkeit für die uneigennützige Aufnahme zu äußern, sprach er überhaupt nicht. Und als ich ihn am Morgen des Sechzehnten fragte, ob ich ihm gratulieren oder kondolieren solle, antwortete er, dass ihm alles recht sei. Mutter, die in der schönen Rolle als Friedensstifterin fungieren wollte, kam auch keinen Schritt weiter mit ihm, und der Zustand änderte sich nicht.
Es ist keine Übertreibung, wenn ich sage, dass in Dussels Gehirn ein Bindeglied fehlt. Wir machen uns oft insgeheim lustig, dass er kein Gedächtnis hat, keine Meinung und kein Urteil, und so manches Mal lachen wir darüber, wenn er Berichte, die er eben gehört hat, völlig verkehrt weitererzählt und alles durcheinanderstottert.
Für jeden Vorwurf und für jede Beschuldigung hat er viele schöne Versprechungen, von denen aber nicht eine ausgeführt wird.
»Der Mann hat einen großen Geist und ist so klein von Taten!«

Deine Anne

Samstag, 27. November 1943

Liebe Kitty!

Gestern vor dem Einschlafen stand mir plötzlich Hanneli vor den Augen. Ich sah sie vor mir, in Lumpen gekleidet, mit einem eingefallenen und abgemagerten Gesicht. Ihre Augen waren sehr groß, und sie sah mich so traurig und vorwurfsvoll an, dass ich in ihren Augen lesen konnte:

»O Anne, warum hast du mich verlassen? Hilf, o hilf mir, rette mich aus dieser Hölle!«

Und ich kann ihr nicht helfen. Ich kann nur zuschauen, wie andere Menschen leiden und sterben. Ich muss untätig dasitzen und kann Gott nur bitten, sie zu uns zurückzuführen. Ausgerechnet Hanneli sah ich, niemand anderen, und ich verstand es. Ich habe sie falsch beurteilt, war noch zu sehr Kind, um ihre Schwierigkeiten zu begreifen. Sie hing an ihrer Freundin, und für sie sah es aus, als wollte ich sie ihr wegnehmen. Wie muss sich die Ärmste gefühlt haben! Ich weiß es, ich kenne dieses Gefühl selbst so gut!

Manchmal, wie ein Blitz, erkannte ich etwas von ihrem Leben und ging dann, egoistisch, sofort wieder in meinen eigenen Vergnügungen und Schwierigkeiten auf.

Es war gemein, wie ich mit ihr umgegangen bin, und jetzt schaute sie mich mit ihrem blassen Gesicht und ihren flehenden Augen so hilflos an. Könnte ich ihr bloß helfen! O Gott, dass ich hier alles habe, was ich mir wünschen kann, und dass sie vom Schicksal so hart angefasst worden ist! Sie war mindestens so fromm wie ich, sie wollte auch das Gute. Warum wurde ich dann auserwählt, um zu leben, und sie musste womöglich sterben? Welcher Unterschied war zwischen uns? Warum sind wir jetzt so weit voneinander entfernt?

Ehrlich gesagt, ich habe sie monatelang, ja ein Jahr, fast vergessen. Nicht ganz, aber doch nicht so, dass ich sie in all ihrem Elend vor mir sah.

Ach, Hanneli, ich hoffe, dass ich dich bei uns aufnehmen kann, wenn du das Ende des Krieges erlebst, um etwas von dem Unrecht an dir gutzumachen, das ich dir angetan habe.

Aber wenn ich wieder imstande bin, ihr zu helfen, hat sie meine Hilfe nicht mehr so nötig wie jetzt. Ob sie manchmal an mich denkt? Und was sie dann wohl fühlt?

Lieber Gott, hilf ihr, dass sie wenigstens nicht allein ist. Wenn du ihr nur sagen könntest, dass ich mit Liebe und Mitleid an sie denke, es würde sie vielleicht in ihrem Durchhaltevermögen stärken.

Ich darf nicht weiter denken, denn ich komme nicht davon los. Ich sehe immer wieder ihre großen Augen, die mich nicht loslassen. Hat Hanneli wirk-

lich den Glauben in sich selbst? Hat sie ihn nicht von außen aufgedrängt bekommen? Ich weiß es nicht, nie habe ich mir die Mühe gemacht, sie danach zu fragen.
Hanneli, Hanneli, könnte ich dich bloß wegholen von dem Ort, an dem du jetzt bist, könnte ich dich an allem teilhaben lassen, was ich genieße! Es ist zu spät, ich kann nicht mehr helfen und nicht mehr gutmachen, was ich falsch gemacht habe. Aber ich werde sie niemals vergessen und immer für sie beten!

Deine Anne

Montag, 6. Dezember 1943

Liebe Kitty!
Als Nikolaus näher kam, dachten wir alle unwillkürlich an den schön hergerichteten Korb vom vergangenen Jahr. Vor allem mir kam es langweilig vor, Nikolaus dieses Jahr zu übergehen. Ich dachte lange nach, bis ich etwas gefunden hatte, etwas zum Lachen. Pim wurde zu Rate gezogen, und vor einer Woche gingen wir an die Arbeit, um für alle acht ein Gedicht zu machen.
Sonntagabend um Viertel nach acht erschienen wir oben mit dem großen Wäschekorb zwischen uns, der mit Figuren und Bändern aus rosa und blauem Durchschlagpapier geschmückt war. Über dem Korb lag ein großes Stück braunes Packpapier, auf dem ein Zettel befestigt war. Alle waren ziemlich erstaunt.
Ich nahm den Zettel von dem Packpapier und las:

Prolog:
Nikolaus ist auch dieses Jahr gekommen,
Sogar das Hinterhaus hat es vernommen.
Leider können wir's nicht so schön begehen,
wie es vergangenes Jahr geschehen.
Damals, so denken wir heute zurück,
glaubten wir alle an unser Glück.
Und dachten, dass in diesem Jahr frei
Sankt Nikolaus zu feiern sei.
Doch wollen wir des Tags gedenken.
Weil's aber nichts mehr gibt zum Schenken,
so müssen wir was andres tun:
Ein jeder schaue in seinen Schuh'n.

Ein schallendes Gelächter folgte, als jeder Eigentümer seinen Schuh aus dem Korb holte. In dem Schuh befand sich ein kleines Päckchen, in Packpapier gewickelt, mit dem Namen des Besitzers und einem Vers.

Mittwoch, 22. Dezember 1943

Liebe Kitty!
Eine hartnäckige Grippe hat mich gehindert, dir eher als heute zu schreiben. Es ist ein Elend, wenn man hier krank ist. Wenn ich husten musste, kroch ich eins-zwei-drei unter die Decke und versuchte, so geräuschlos wie möglich meine Kehle zu beruhigen, was meistens zur Folge hatte, dass das Kribbeln gar nicht mehr wegging und Milch mit Honig, Zucker oder Pastillen notwendig war. Wenn ich an die Kuren denke, die sie mich haben machen lassen, wird mir schwindlig. Schwitzen, Umschläge, feuchte Brustwickel, trockene Brustwickel, heiße Getränke, Gurgeln, Pinseln, Stillliegen, Heizkissen, Wärmflaschen, Zitronenwasser und dabei alle zwei Stunden das Thermometer. Kann man auf so eine Art eigentlich gesund werden?
Am schlimmsten fand ich aber, als Herr Dussel angefangen hat, den Doktor zu spielen, und seinen Pomadenkopf auf meine nackte Brust legte, um die Geräusche da drinnen abzuhören. Nicht nur, dass mich seine Haare schrecklich gekitzelt haben, ich genierte mich auch, obwohl er vor dreißig Jahren studiert und den Doktortitel hat. Was hat sich dieser Kerl an mein Herz zu legen? Er ist doch nicht mein Geliebter! Übrigens, was da drin gesund oder nicht gesund ist, hört er ohnehin nicht. Seine Ohren müssten erst ausgespült werden, er scheint nämlich beängstigend schwerhörig zu werden. Aber genug mit der Krankheit. Ich fühle mich wieder pudelwohl, bin einen Zentimeter gewachsen, habe zwei Pfund zugenommen und bin blass und lernlustig.
Ausnahmsweise ist das Einvernehmen hier gut, niemand hat Streit. Aber es wird wohl nicht lange dauern, wir haben einen solchen Hausfrieden bestimmt ein halbes Jahr nicht gehabt.
Bep ist noch immer von uns getrennt, aber bald wird ihre kleine Schwester wohl bazillenfrei sein.
Zu Weihnachten gibt es extra Öl, Süßigkeiten und Sirup. Zu Chanukka hat Herr Dussel Frau van Daan und Mutter eine Torte geschenkt. Miep hat sie auf Dussels Ersuchen gebacken. Bei all der Arbeit musste sie auch das noch tun. Margot und ich haben eine Brosche bekommen, aus einem Centstück gemacht und schön glänzend. Es lässt sich kaum beschreiben, wie prächtig!

Für Miep und Bep habe ich auch etwas zu Weihnachten. Ich habe seit ungefähr einem Monat den Zucker zum Brei gespart und Kleiman hat zu Weihnachten Fondant davon machen lassen.
Das Wetter ist trüb, der Ofen stinkt, das Essen drückt schwer auf aller Magen, was von allen Seiten donnernde Geräusche verursacht.
Kriegsstillstand, Miststimmung. Deine Anne

Freitag, 24. Dezember 1943

Beste Kitty!
Ich habe dir schon öfter geschrieben, dass wir hier alle so unter Stimmungen leiden, und ich glaube, dass das vor allem in der letzten Zeit bei mir stark zunimmt.
»Himmelhoch jauchzend, zu Tode betrübt« ist da bestimmt zutreffend. »Himmelhoch jauchzend« bin ich, wenn ich daran denke, wie gut wir es hier noch haben im Vergleich zu all den anderen jüdischen Kindern. Und »zu Tode betrübt« überfällt mich zum Beispiel, wenn Frau Kleiman hier gewesen ist und von Jopies Hockeyclub, von Kanufahrten, Theateraufführungen und Teetrinken mit Freunden erzählt hat.
Ich glaube nicht, dass ich eifersüchtig auf Jopie bin. Aber ich bekomme dann so eine heftige Sehnsucht, auch mal wieder Spaß zu machen und zu lachen, bis ich Bauchweh habe. Vor allem jetzt im Winter, mit den freien Weihnachts- und Neujahrstagen, da sitzen wir hier wie Ausgestoßene. Und doch dürfte ich diese Worte nicht aufschreiben, weil ich dann undankbar erscheine. Aber ich kann nicht alles für mich behalten und führe noch einmal meine Anfangsworte an: »Papier ist geduldig.«
Wenn jemand gerade von draußen hereinkommt, mit dem Wind in den Kleidern und der Kälte im Gesicht, dann würde ich am liebsten meinen Kopf unter die Decke stecken, um nicht zu denken: »Wann ist es uns wieder mal vergönnt, Luft zu riechen?« Und obwohl ich meinen Kopf nicht unter der Decke verstecken darf, mich im Gegenteil aufrecht und stark halten muss, kommen die Gedanken doch, nicht nur einmal, sondern viele Male, unzählige Male.
Glaub mir, wenn man eineinhalb Jahre eingeschlossen sitzt, kann es einem an manchen Tagen mal zu viel werden, ob es nun berechtigt oder undankbar ist. Gefühle lassen sich nicht zur Seite schieben. Radfahren, tanzen, pfeifen, die Welt sehen, mich jung fühlen, wissen, dass ich frei bin – danach sehne ich mich. Und doch darf ich es nicht zeigen. Denn stell dir vor, wenn wir alle

acht anfingen, uns zu beklagen oder unzufriedene Gesichter zu machen, wohin sollte das führen?
Manchmal überlege ich mir: »Kann mich wohl irgendjemand verstehen, über die Undankbarkeit hinwegsehen, hinwegsehen über Jude oder nicht Jude, und nur den Backfisch in mir sehen, der so ein großes Bedürfnis nach ausgelassenem Vergnügen hat?« Ich weiß es nicht, und ich könnte auch nie, mit niemandem, darüber sprechen, denn ich würde bestimmt sofort anfangen zu weinen. Weinen kann so eine Erleichterung bringen, wenn man nur einen Menschen hat, bei dem man weinen kann. Trotz allem, trotz aller Theorien und Bemühungen, vermisse ich jeden Tag und jede Stunde die Mutter, die mich versteht. Und deshalb denke ich bei allem, was ich tue und was ich schreibe, dass ich später für meine Kinder die Mutter sein will, wie ich sie mir vorstelle. Die Mams, die nicht alles so ernst nimmt, was dahingesagt wird, und doch ernst nimmt, was von mir kommt. Ich merke, ich kann es nicht beschreiben, aber das Wort »Mams« sagt schon alles. Weißt du, was ich für einen Ausweg gefunden habe, um doch so etwas wie Mams zu meiner Mutter zu sagen? Ich nenne sie oft Mansa, und davon kommt Mans. Es ist sozusagen die unvollkommene Mams, die ich so gerne noch mit einem Strich am »n« ehren möchte. Zum Glück begreift Mans das nicht, denn sie wäre sehr unglücklich darüber.
Nun ist es genug, mein »zu Tode betrübt« ist beim Schreiben ein bisschen vorbeigegangen!

Deine Anne

In diesen Tagen, an Weihnachten, muss ich immer wieder an Pim denken und an das, was er mir vergangenes Jahr erzählt hat. Vergangenes Jahr, als ich die Bedeutung seiner Worte nicht so verstand, wie ich sie jetzt verstehe. Wenn er doch noch einmal sprechen würde, vielleicht würde ich ihm dann zeigen können, dass ich ihn verstehe.
Ich glaube, dass Pim darüber gesprochen hat, weil er, der so viele »Herzensgeheimnisse« von anderen weiß, sich auch mal aussprechen musste. Denn Pim sagt sonst nie etwas über sich selbst, und ich glaube nicht, dass Margot vermutet, was Pim hat durchmachen müssen. Der arme Pim! Er kann mir nicht weismachen, dass er sie vergessen hat. Nie wird er das vergessen. Er ist nachgiebig geworden, denn auch er sieht Mutters Fehler. Ich hoffe, dass ich ihm ein bisschen ähnlich werde, ohne dass ich das auch durchmachen muss!

Anne

Montag, 27. Dezember 1943

Freitagabend habe ich zum ersten Mal in meinem Leben etwas zu Weihnachten bekommen. Die Mädchen, Kleiman und Kugler hatten wieder eine herrliche Überraschung vorbereitet. Miep hat einen wunderbaren Weihnachtskuchen gebacken, auf dem »Friede 1944« stand. Bep hat ein Pfund Butterkekse in Vorkriegsqualität besorgt.
Für Peter, Margot und mich gab es eine Flasche Joghurt und für die Erwachsenen je eine Flasche Bier. Alles war wieder so hübsch eingepackt, mit Bildchen auf den verschiedenen Paketen. Ansonsten sind die Weihnachtstage schnell vorbeigegangen.

Anne

Mittwoch, 29. Dezember 1943

Gestern Abend war ich wieder sehr traurig. Oma und Hanneli kamen mir vor Augen. Oma – die liebe Oma, wie wenig haben wir verstanden, was sie gelitten hat. Wie lieb war sie immer wieder zu uns, wie viel Interesse brachte sie allem entgegen, was uns betraf. Und dabei bewahrte sie stets sorgfältig das schreckliche Geheimnis, das sie mit sich trug.[10]
Wie treu und gut war Oma immer, nie hätte sie einen von uns im Stich gelassen. Was auch war, wie ungezogen ich auch war, Oma entschuldigte mich immer. Oma, hast du mich geliebt oder hast du mich auch nicht verstanden? Ich weiß es nicht. Wie einsam muss Oma gewesen sein, wie einsam, obwohl wir da waren. Ein Mensch kann einsam sein, trotz der Liebe von vielen, denn für niemanden ist er der »Liebste«.
Und Hanneli? Lebt sie noch? Was tut sie? O Gott, beschütze sie und bringe sie zu uns zurück. Hanneli, an dir sehe ich immer, wie mein Schicksal auch hätte sein können, immer sehe ich mich an deiner Stelle.
Warum bin ich denn so oft traurig wegen dem, was hier passiert? Müsste ich nicht immer froh, zufrieden und glücklich sein, außer wenn ich an sie und ihre Schicksalsgenossen denke? Ich bin selbstsüchtig und feige. Warum träume und denke ich immer die schlimmsten Dinge und würde vor Angst am liebsten schreien? Weil ich doch noch, trotz allem, Gott nicht genügend vertraue. Er hat mir so viel gegeben, was ich sicher noch nicht verdient habe, und doch tue ich jeden Tag so viel Falsches!
Man könnte weinen, wenn man an seinen Nächsten denkt, man könnte eigentlich den ganzen Tag weinen. Aber man kann nur beten, dass Gott ein

10 Die Großmutter war schwer krank; A. d. Ü.

Wunder geschehen lässt und einige von ihnen verschont. Ich hoffe, dass ich das ausreichend tue! Anne

Donnerstag, 30. Dezember 1943

Liebe Kitty!
Hier ist nach den letzten heftigen Streitereien alles wieder gut geworden, sowohl zwischen uns, Dussel und oben, als auch zwischen Herrn und Frau van Daan. Aber jetzt brauen sich wieder dicke Unwetterwolken zusammen, und zwar wegen Essen. Frau van Daan kam auf die unselige Idee, morgens weniger Bratkartoffeln zu machen und sie lieber aufzuheben. Mutter und Dussel und wir auch waren damit nicht einverstanden. Nun haben wir auch die Kartoffeln aufgeteilt. Aber jetzt geht es mit dem Fett ungerecht zu, und Mutter muss wieder einen Riegel vorschieben. Wenn das alles ein einigermaßen interessantes Ende nimmt, werde ich dir darüber bestimmt noch schreiben. Im Lauf der letzten Zeit haben wir nun geteilt: das Fleisch (sie fett, wir ohne Fett); sie Suppe, wir keine Suppe; die Kartoffeln (sie geschält, wir gepellt). Getrennt einkaufen, und jetzt auch noch die Bratkartoffeln.
Wären wir nur schon wieder ganz geteilt! Deine Anne

P. S. Bep hat für mich eine Ansichtskarte von der ganzen Königlichen Familie abziehen lassen. Juliane sieht darauf sehr jung aus, ebenso die Königin. Die drei Mädchen sind goldig. Ich fand das riesig nett von Bep, du nicht?

Sonntag, 2. Januar 1944

Liebe Kitty!
Als ich heute Morgen nichts zu tun hatte, blätterte ich mal in meinem Tagebuch und stieß mehrmals auf Briefe, die das Thema »Mutter« in so heftigen Worten behandelten, dass ich darüber erschrak und mich fragte: »Anne, bist du das, die über Hass gesprochen hat?
O Anne, wie konntest du das?«
Ich blieb mit dem offenen Buch in der Hand sitzen und dachte darüber nach, wie es kam, dass ich so randvoll mit Wut und wirklich so voller Hass war, dass ich dir das alles anvertrauen musste. Ich habe versucht, die Anne von vor einem Jahr zu verstehen und zu entschuldigen, denn mein Gewissen ist nicht rein, solange ich dich mit diesen Beschuldigungen sitzen lasse, ohne dir nun hinterher zu erklären, wie ich so wurde. Ich litt (und leide) an Stimmun-

gen, die mich (bildlich) mit dem Kopf unter Wasser hielten und mich die Dinge nur subjektiv sehen ließen. Ich habe nicht versucht, ruhig über die Worte der Gegenpartei nachzudenken und bei meinen Handlungen an den zu denken, den ich mit meinem aufbrausenden Temperament beleidigt oder traurig gemacht habe.

Ich habe mich in mir selbst versteckt, nur mich selbst betrachtet und alle meine Freude, meinen Spott und meine Traurigkeit ungestört in mein Tagebuch geschrieben. Dieses Tagebuch hat für mich bereits einen Wert, weil es oft ein Memoirenbuch geworden ist. Aber über viele Seiten könnte ich schon das Wort »Vorbei« setzen.

Ich war wütend auf Mutter (bin es noch oft). Sie verstand mich nicht, das ist wahr, aber ich verstand sie auch nicht. Da sie mich liebte, war sie zärtlich. Aber sie ist durch mich auch in viele unangenehme Situationen gebracht worden und wurde dadurch und durch viele andere traurige Umstände nervös und gereizt. Es ist gut zu verstehen, dass sie mich anschnauzte.

Ich nahm das viel zu ernst, war beleidigt, frech und unangenehm zu ihr, was sie ihrerseits wieder bekümmerte. Es war also eigentlich ein Hin und Her von Unannehmlichkeiten und Verdruss. Angenehm war es für uns beide sicher nicht, aber es geht vorbei. Dass ich dies nicht einsehen wollte und viel Mitleid mit mir selbst hatte, ist ebenfalls verständlich.

Diese zu heftigen Sätze sind lauter Äußerungen von Wut, die ich im normalen Leben mit ein paar Mal Aufstampfen in meinem Zimmer, hinter verschlossener Tür, oder mit Schimpfen hinter Mutters Rücken ausgelebt hätte.

Die Zeit, in der ich Mutter unter Tränen verurteilt habe, ist vorbei. Ich bin klüger geworden, und Mutters Nerven haben sich etwas beruhigt. Ich halte meistens den Mund, wenn ich mich ärgere, und sie tut das auch. Deshalb geht es uns augenscheinlich viel besser. Denn Mutter so richtig lieben, mit der anhänglichen Liebe eines Kindes, das kann ich nicht.

Ich beruhige mein Gewissen jetzt einfach mit dem Gedanken, dass Schimpfworte besser auf dem Papier stehen, als dass Mutter sie in ihrem Herzen tragen muss.

Deine Anne

Donnerstag, 6. Januar 1944

Liebe Kitty!

Heute muss ich dir zwei Dinge bekennen, die ziemlich viel Zeit in Anspruch nehmen werden, die ich aber unbedingt irgendjemandem erzählen <u>muss</u>.

Das tue ich natürlich am besten bei dir, denn ich bin sicher, dass du immer und unter allen Umständen schweigen wirst.
Das Erste geht um Mutter. Du weißt, dass ich oft über sie geklagt habe und mir dann doch immer wieder Mühe gab, nett zu ihr zu sein. Plötzlich ist mir klargeworden, was ihr fehlt. Mutter hat uns selbst gesagt, dass sie uns mehr als Freundinnen denn als Töchter betrachtet. Das ist natürlich ganz schön, aber trotzdem kann eine Freundin nicht die Mutter ersetzen. Ich habe das Bedürfnis, mir meine Mutter als Vorbild zu nehmen und sie zu achten. Meistens ist sie auch ein Beispiel für mich, aber eben umgekehrt, wie ich es nicht machen soll. Ich habe das Gefühl, dass Margot über das alles ganz anders denkt und es nie begreifen würde. Und Vater weicht allen Gesprächen aus, bei denen es um Mutter gehen könnte.
Eine Mutter stelle ich mir als eine Frau vor, die vor allem viel Takt an den Tag legt, besonders für Kinder in unserem Alter. Nicht wie Mansa, die mich laut auslacht, wenn ich wegen etwas weine, nicht wegen Schmerzen, sondern wegen anderer Dinge.
Eine Sache, sie mag vielleicht unbedeutend erscheinen, habe ich ihr nie vergeben. Es war an einem Tag, als ich zum Zahnarzt musste. Mutter und Margot gingen mit und waren einverstanden, dass ich mein Fahrrad mitnahm. Als wir beim Zahnarzt fertig waren und wieder vor der Tür standen, sagten Margot und Mutter ganz fröhlich, sie gingen nun in die Stadt, um etwas anzuschauen oder zu kaufen, ich weiß es nicht mehr so genau. Ich wollte natürlich mit, aber das durfte ich nicht, weil ich mein Fahrrad dabeihatte. Vor Wut sprangen mir Tränen in die Augen, und Margot und Mutter fingen laut an zu lachen. Da wurde ich so wütend, dass ich ihnen auf der Straße die Zunge rausstreckte, als zufällig gerade ein kleines Frauchen vorbeikam und mich ganz erschrocken anschaute. Ich fuhr mit dem Fahrrad nach Hause und habe noch lange geweint. Seltsam, dass bei den unzähligen Wunden, die Mutter mir zugefügt hat, ausgerechnet diese immer noch anfängt zu brennen, wenn ich daran denke, wie wütend ich damals war.
Das Zweite fällt mir sehr schwer, dir zu erzählen, denn es geht um mich selbst. Ich bin nicht prüde, Kitty, aber wenn die anderen so oft im Detail darüber sprechen, was sie auf der Toilette erledigen, habe ich doch das Gefühl, dass ich mich mit meinem ganzen Körper dagegen wehre.
Gestern habe ich nun einen Artikel von Sis Heyster gelesen, über das Erröten. Sie spricht darin so, als meinte sie mich persönlich. Obwohl ich nicht so schnell rot werde, passen aber die anderen Dinge genau. Sie sagt so ungefähr, dass ein Mädchen in der Zeit der Pubertät still wird und anfängt, über die

Wunder nachzudenken, die in ihrem Körper passieren. Auch ich habe das, und deshalb fange ich in der letzten Zeit an, mich zu genieren. Vor Margot, Mutter und Vater. Margot hingegen, die sonst viel schüchterner ist als ich, geniert sich überhaupt nicht.

Ich finde es so sonderbar, was da mit mir passiert, und nicht nur das, was äußerlich an meinem Körper zu sehen ist, sondern das, was sich innen vollzieht. Gerade weil ich über mich und vor allem über so etwas nie mit anderen spreche, spreche ich mit mir selbst darüber. Immer, wenn ich meine Periode habe (das war erst dreimal), habe ich das Gefühl, dass ich trotz der Schmerzen, des Unangenehmen und Ekligen ein süßes Geheimnis in mir trage. Deshalb, auch wenn es mir nur Schwierigkeiten macht, freue ich mich in gewisser Hinsicht immer wieder auf diese Zeit, in der ich es wieder fühle.

Sis Heyster schreibt auch noch, dass junge Mädchen in diesen Jahren nicht sehr selbstsicher sind und erst entdecken, dass sie selbst ein Mensch mit Ideen, Gedanken und Gewohnheiten sind. Ich habe, da ich schon mit kaum dreizehn Jahren hierhergekommen bin, früher damit angefangen, über mich nachzudenken, und früher gewusst, dass ich ein eigenständiger Mensch bin. Manchmal bekomme ich abends im Bett das heftige Bedürfnis, meine Brüste zu betasten und zu hören, wie ruhig und sicher mein Herz schlägt.

Unbewusst habe ich solche Gefühle schon gehabt, bevor ich hierherkam. Ich weiß, dass ich einmal, als ich abends bei Jacque schlief, mich nicht mehr halten konnte, so neugierig war ich auf ihren Körper, den sie immer vor mir versteckt gehalten und den ich nie gesehen hatte. Ich fragte sie, ob wir als Beweis unserer Freundschaft uns gegenseitig die Brüste befühlen sollten. Jacque lehnte das ab. Ich hatte auch ein schreckliches Bedürfnis, sie zu küssen, und habe das auch getan. Ich gerate jedes Mal in Ekstase, wenn ich eine nackte Frauengestalt sehe, zum Beispiel in dem Buch über Kunstgeschichte eine Venus. Manchmal finde ich das so wunderbar und schön, dass ich an mich halten muss, dass ich die Tränen nicht laufen lasse.

Hätte ich nur eine Freundin!

Donnerstag, 6. Januar 1944

Liebe Kitty!

Mein Verlangen, mit jemandem zu sprechen, wurde so groß, dass es mir irgendwie in den Kopf kam, Peter dafür auszuwählen. Wenn ich manchmal in Peters Zimmerchen kam, bei Licht, fand ich es dort immer sehr gemütlich, aber weil er so bescheiden ist und nie jemanden, der lästig wird, vor die Tür setzt, traute ich mich nie, länger zu bleiben. Ich hatte Angst, dass er mich schrecklich langweilig finden könnte. Ich suchte nach einer Gelegenheit, unauffällig in seinem Zimmer zu bleiben und ihn am Reden zu halten, und diese Gelegenheit ergab sich gestern. Peter hat nämlich plötzlich eine Manie für Kreuzworträtsel entwickelt und tut nichts anderes mehr, als den ganzen Tag zu raten. Ich half ihm dabei, und schon bald saßen wir uns an seinem Tisch gegenüber, er auf dem Stuhl, ich auf der Couch.

Mir wurde ganz seltsam zumute, als ich in seine dunkelblauen Augen schaute und sah, wie verlegen er bei dem ungewohnten Besuch war. Ich konnte an allem sein Inneres ablesen, ich sah in seinem Gesicht noch die Hilflosigkeit und die Unsicherheit, wie er sich verhalten sollte, und gleichzeitig einen Hauch vom Bewusstsein seiner Männlichkeit. Ich sah seine Verlegenheit und wurde ganz weich von innen. Ich hätte ihn gerne gebeten: Erzähl mir was von dir. Schau doch über die verhängnisvolle Schwatzhaftigkeit hinweg! Ich merkte jedoch, dass solche Fragen leichter vorzubereiten als auszuführen sind.

Der Abend ging vorbei, und nichts passierte, außer dass ich ihm von dem Erröten erzählte. Natürlich nicht das, was ich hier aufgeschrieben habe, sondern dass er mit den Jahren bestimmt sicherer werden würde.

Abends im Bett musste ich weinen, weinen, und doch durfte es niemand hören. Ich fand die Vorstellung, dass ich um Peters Gunst flehen sollte, einfach abstoßend. Man tut eine Menge, um seine Wünsche zu befriedigen, das siehst du an mir. Denn ich nahm mir vor, mich öfter zu Peter zu setzen und ihn auf irgendeine Art zum Sprechen zu bringen.

Du musst nicht meinen, dass ich in Peter verliebt bin, davon ist keine Rede. Wenn die van Daans statt eines Sohnes eine Tochter hier gehabt hätten, würde ich auch versucht haben, mit ihr Freundschaft zu schließen.

Heute Morgen wurde ich fünf vor sieben wach und wusste gleich ganz genau, was ich geträumt hatte. Ich saß auf einem Stuhl, und mir gegenüber saß Peter … Schiff. Wir blätterten in einem Buch mit Illustrationen von Mary Bos. So deutlich war mein Traum, dass ich mich teilweise noch an die Zeichnungen erinnere. Aber das war nicht alles, der Traum ging weiter. Auf einmal trafen Peters Augen die meinen, und lange schaute ich in diese schönen, samtbraunen Augen. Dann sagte Peter sehr leise: »Wenn ich das gewusst hätte, wäre ich schon längst zu dir gekommen.« Brüsk drehte ich mich um, denn die Rührung wurde mir zu stark. Und dann fühlte ich eine weiche, o so kühle und wohltuende Wange an meiner, und alles war so gut, so gut …

An dieser Stelle wachte ich auf, während ich noch seine Wange an meiner fühlte und seine braunen Augen tief in mein Herz schauten, so tief, dass er

darin gelesen hatte, wie sehr ich ihn geliebt habe und ihn noch liebe. Wieder sprangen mir die Tränen in die Augen, und ich war so traurig, weil ich ihn wieder verloren hatte, aber gleichzeitig doch froh, weil ich wusste, dass Peter noch immer mein Auserwählter ist.
Seltsam, dass ich hier oft so deutliche Traumbilder habe. Erst sah ich Omi[11] eines Nachts so klar, dass mir ihre Haut wie aus dickem, weichem Faltensamt vorkam. Dann erschien mir Oma als Schutzengel, danach Hanneli, die für mich das Symbol des Elends meiner Freunde und aller Juden ist. Wenn ich also für sie bete, bete ich für alle Juden und alle armen Menschen.
Und nun Peter, mein lieber Peter. Noch nie habe ich ihn so deutlich gesehen. Ich brauche kein Foto von ihm, ich sehe ihn so gut, so gut.

Freitag, 7. Januar 1944

Liebe Kitty!
Dummkopf, der ich bin! Ich habe überhaupt nicht daran gedacht, dass ich dir die Geschichte meiner großen Liebe nie erzählt habe.
Als ich noch sehr klein war, noch im Kindergarten, war meine Sympathie auf Sally Kimmel gefallen. Er hatte keinen Vater mehr und wohnte mit seiner Mutter bei einer Tante. Ein Vetter von Sally, Appy, war ein hübscher, schlanker, dunkler Junge, der später aussah wie ein Filmstar und der immer mehr Bewunderung erweckte als der kleine humorvolle Moppel Sally. Eine Zeitlang waren wir viel zusammen, aber ansonsten blieb meine Liebe unerwidert, bis mir Peter über den Weg lief und ich von einer heftigen Kinderverliebtheit gepackt wurde. Er mochte mich ebenso gerne, und einen Sommer lang waren wir unzertrennlich. Ich sehe uns noch in Gedanken Hand in Hand auf der Straße gehen, er in einem weißen Baumwollanzug, ich in einem kurzen Sommerkleid. Am Ende der großen Ferien kam er in die erste Klasse der Oberschule, ich in die sechste Klasse der Primarschule. Er holte mich von der Schule ab, und umgekehrt holte ich ihn ab.
Peter war ein Bild von einem Jungen, groß, hübsch, schlank, mit einem ernsten, ruhigen und intelligenten Gesicht. Er hatte dunkle Haare und wunderschöne braune Augen, rotbraune Backen und eine spitze Nase. Besonders verrückt war ich nach seinem Lachen, dann sah er so lausbubenhaft und frech aus.

11 Omi ist die Großmutter mütterlicherseits, Oma die Mutter des Vaters; A. d. Ü.

In den großen Ferien war ich nicht da, und als ich zurückkam, fand ich Peter nicht mehr an seiner alten Adresse. Er war inzwischen umgezogen und wohnte mit einem viel älteren Jungen zusammen. Der machte ihn anscheinend darauf aufmerksam, dass ich noch ein kindischer Knirps war, und Peter verließ mich. Ich liebte ihn so sehr, dass ich die Wahrheit nicht sehen wollte, bis mir schließlich bewusst wurde, dass ich als mannstoll verschrien würde, wenn ich ihm noch länger nachliefe.

Die Jahre gingen vorbei, Peter verkehrte mit Mädchen seines eigenen Alters und dachte nicht mehr daran, mich zu grüßen. Ich kam ins Jüdische Lyzeum, und viele Jungen aus unserer Klasse verliebten sich in mich. Ich fand das schön, fühlte mich geschmeichelt, aber es berührte mich nicht weiter. Noch später war Hello verrückt nach mir, aber wie gesagt, ich habe mich nie mehr verliebt.

Es gibt ein Sprichwort: »Die Zeit heilt alle Wunden.« So ging es auch bei mir. Ich bildete mir ein, dass ich Peter vergessen hätte und ihn überhaupt nicht mehr nett fände. Die Erinnerung an ihn lebte jedoch so stark fort, dass ich mir manchmal eingestand, dass ich eifersüchtig auf die anderen Mädchen war und ihn deshalb nicht mehr nett fand. Heute Morgen habe ich gemerkt, dass sich nichts geändert hat. Im Gegenteil, während ich älter und reifer wurde, wuchs meine Liebe in mir mit. Jetzt kann ich verstehen, dass Peter mich damals zu kindlich fand, und doch tat es mir weh, dass er mich so schnell vergessen hatte. Ich habe sein Gesicht so deutlich vor mir gesehen und weiß jetzt, dass niemand anders so fest in mir verhaftet bleiben kann.

Heute bin ich dann auch völlig verwirrt. Als Vater mir heute Morgen einen Kuss gab, hätte ich am liebsten geschrien: »Oh, wärest du bloß Peter!« Bei allem denke ich an ihn und wiederhole den ganzen Tag heimlich für mich: »O Petel, lieber, lieber Petel …«

Was kann mir helfen? Ich muss einfach weiterleben und Gott bitten, dass er mir, wenn ich hier rauskomme, Peter über den Weg führt und der in meinen Augen meine Gefühle liest und sagt: »O Anne, wenn ich das gewusst hätte, wäre ich schon längst zu dir gekommen.«

Vater sagte einmal zu mir, als wir über Sexualität sprachen, dass ich dieses Verlangen noch nicht verstehen könnte. Ich wusste aber immer, dass ich es verstand, und nun verstehe ich es ganz. Nichts ist mir so teuer wie er, mein Petel.

Ich habe im Spiegel mein Gesicht gesehen, und das sieht so anders aus als sonst. Meine Augen sind so klar und tief, meine Wangen sind, was seit Wo-

chen nicht der Fall war, rosig gefärbt, mein Mund ist viel weicher. Ich sehe aus, als wäre ich glücklich, und doch ist so etwas Trauriges in meinem Ausdruck, das Lächeln verschwindet sofort wieder von meinen Lippen. Ich bin nicht glücklich, denn ich kann mir denken, dass Petels Gedanken nicht bei mir sind. Und doch, ich fühle immer wieder seine Augen auf mich gerichtet und seine kühle, weiche Wange an meiner …
O Petel, Petel, wie komme ich wieder von deinem Bild los? Ist jeder andere an deiner Stelle nicht ein armseliger Ersatz? Ich liebe dich so sehr, dass die Liebe nicht länger in meinem Herzen wachsen konnte, sondern zum Vorschein kommen musste und sich mir plötzlich in so gewaltigem Umfang offenbarte.
Vor einer Woche, noch vor einem Tag, würde ich, wenn du mich gefragt hättest: Welchen von deinen Bekannten findest du am besten geeignet, um ihn zu heiraten?, geantwortet haben: »Sally, denn bei ihm ist es gut, ruhig und sicher.« Jetzt würde ich schreien: »Petel, denn ihn liebe ich mit meinem ganzen Herzen, mit meiner ganzen Seele in vollkommener Hingabe!« Außer einem – er darf mich nur im Gesicht berühren, weiter nicht.
In Gedanken saß ich heute Morgen mit Petel auf dem vorderen Dachboden, auf dem Holz vor dem Fenster, und nach einem kurzen Gespräch fingen wir beide an zu weinen. Und später fühlte ich seinen Mund und seine herrliche Wange! O Petel, komm zu mir, denke an mich, mein lieber Petel!

Mittwoch, 12. Januar 1944

Liebe Kitty!
Seit vierzehn Tagen ist Bep nun wieder bei uns, obwohl ihre Schwester erst nächste Woche wieder zur Schule darf. Sie selbst lag zwei Tage mit einer heftigen Erkältung im Bett. Auch Miep und Jan konnten zwei Tage nicht kommen, sie hatten sich den Magen verdorben.
Ich habe im Augenblick Tanz- und Ballettanwandlungen und übe jeden Abend fleißig. Aus einem helllila Spitzenunterrock von Mansa habe ich mir ein hypermodernes Tanzkleid hergestellt. Oben ist ein Band durchgezogen, das über der Brust schließt, und ein Band aus rosa gerippter Seide vollendet das Ganze. Allerdings habe ich vergeblich versucht, aus meinen Turnschuhen Ballettschuhe zu machen.
Meine steifen Gliedmaßen sind auf dem besten Weg, wieder so geschmeidig zu werden wie früher. Eine tolle Übung finde ich: auf dem Boden sitzen, mit jeder Hand eine Ferse halten und dann die Beine in die Höhe heben. Ich

muss jedoch ein Kissen als Unterlage verwenden, sonst wird mein armes Steißbein zu sehr misshandelt.
Hier lesen sie ein Buch mit dem Titel »Wolkenloser Morgen«. Mutter fand es außerordentlich gut, weil viele Probleme Jugendlicher darin beschrieben werden. Ein bisschen ironisch dachte ich mir: »Kümmere du dich erst mal um deine eigenen Jugendlichen.«
Ich glaube, Mutter denkt, dass Margot und ich das beste Verhältnis zu unseren Eltern haben, das es nur gibt, und dass niemand sich mehr mit dem Leben seiner Kinder beschäftigt als sie. Dabei hat sie bestimmt nur Margot im Auge, denn ich glaube, dass die solche Probleme und Gedanken wie ich nie hat. Ich will Mutter gar nicht auf die Idee bringen, dass es in einem ihrer Sprösslinge ganz anders aussieht, als sie sich das vorstellt. Sie wäre völlig verblüfft und wüsste doch nicht, wie sie die Sache anders anpacken sollte. Den Kummer, der für sie daraus folgen würde, will ich ihr ersparen, vor allem, weil ich weiß, dass es für mich doch dasselbe bleiben würde. Mutter fühlt wohl, dass Margot sie viel lieber hat als ich, aber sie denkt, dass das nur vorübergehend ist.
Margot ist so lieb geworden, sie scheint mir ganz anders zu sein als früher. Sie ist längst nicht mehr so schnippisch und wird nun eine wirkliche Freundin. Sie sieht nicht mehr den kleinen Knirps in mir, mit dem man nicht zu rechnen braucht.
Es ist ein seltsames Phänomen, dass ich mich manchmal wie mit den Augen eines anderen sehe. Ich betrachte mir die Angelegenheit einer gewissen Anne Frank und blättere seelenruhig in meinem eigenen Lebensbuch, als wäre es das einer Fremden.
Früher, zu Hause, als ich noch nicht so viel nachdachte, hatte ich zuweilen das Gefühl, dass ich nicht zu Mansa, Pim und Margot gehörte und immer eine Außenseiterin bleiben würde. Manchmal spielte ich dann vielleicht ein halbes Jahr lang die Rolle eines Waisenkindes, bis ich mir selbst vorwarf, dass ich nur durch meine eigene Schuld die Leidende spielte, wo ich es doch immer so gut hatte. Dann folgte eine Periode, in der ich mich zwang, freundlich zu sein. Jeden Morgen, wenn jemand die Treppe herabkam, hoffte ich, dass es Mutter sein würde, die käme, um mir guten Morgen zu sagen. Ich begrüßte sie sehr lieb, weil ich mich wirklich darüber freute, dass sie mich so lieb anschaute. Dann schnauzte sie mich wegen irgendeiner Bemerkung an, und ich ging ganz entmutigt zur Schule. Auf dem Heimweg entschuldigte ich sie dann, dachte, dass sie Sorgen hatte, kam fröhlich nach Hause und redete drauflos, bis sich das Gleiche wie morgens wiederholte und ich mit einem nachdenk-

lichen Gesicht wieder ging. Manchmal nahm ich mir auch vor, böse zu bleiben. Aber aus der Schule heimgekommen, hatte ich so viele Neuigkeiten, dass ich mein Vorhaben schon längst vergessen hatte und Mutter unter allen Umständen ein offenes Ohr für meine Erlebnisse haben musste. Bis wieder die Zeit kam, wo ich morgens nicht mehr auf die Schritte von der Treppe horchte, mich einsam fühlte und abends mein Kissen mit Tränen übergoss.
Hier ist alles viel schlimmer geworden, du weißt es ja. Aber jetzt hat Gott mir eine Hilfe geschickt: Peter. Ich fasse schnell an meinen Anhänger, drücke einen Kuss darauf und denke: »Was kann mir der ganze Kram ausmachen! Petel gehört zu mir, und niemand weiß davon!« Auf diese Art kann ich jedes Anschnauzen überwinden.
Wer hier wohl ahnt, was alles in einer Backfischseele vorgeht?

Samstag, 15. Januar 1944

Liebste Kitty!
Es hat keinen Zweck, dass ich dir immer wieder bis in die kleinsten Einzelheiten unsere Streitereien und Auseinandersetzungen beschreibe. Es genügt, wenn ich dir erzähle, dass wir jetzt viele Dinge wie Fett und Fleisch getrennt haben und unsere eigenen Bratkartoffeln machen. Seit einiger Zeit essen wir etwas Roggenbrot extra, weil wir um vier Uhr schon sehnsüchtig auf das Essen warten und unsere knurrenden Mägen es fast nicht aushalten.
Mutters Geburtstag nähert sich. Sie hat von Kugler zusätzlich Zucker bekommen, ein Anlass für Eifersucht, weil zu Frau van Daans Geburtstag die Bewirtung ausgefallen war. Aber wozu könnte es gut sein, dich weiter mit harten Worten, Heulausbrüchen und giftigen Gesprächen zu langweilen. Wenn du nur weißt, dass sie uns noch mehr langweilen!
Mutter hat den vorläufig unerfüllbaren Wunsch geäußert, Herrn van Daans Gesicht mal vierzehn Tage nicht sehen zu müssen.
Ich frage mich, ob man mit allen Menschen, mit denen man so lange zusammenwohnt, auf die Dauer Streit bekommt. Oder haben wir vielleicht nur großes Pech gehabt? Wenn Dussel am Tisch von einer halben Schüssel Soße ein Viertel wegnimmt und alle anderen seelenruhig ihr Essen ohne Soße essen lässt, dann ist mir der Appetit vergangen. Dann würde ich am liebsten aufspringen und ihn vom Stuhl und aus der Tür hinausstoßen.
Ist die Mehrheit der Menschen so egoistisch und knauserig? Ich finde es ganz gut, dass ich hier ein bisschen Menschenkenntnis bekommen habe, aber nun reicht's. Peter sagt das auch.

Der Krieg stört sich nicht an unseren Streitereien, an unserer Sehnsucht nach Freiheit und Luft, und darum müssen wir versuchen, das Beste aus unserem Aufenthalt hier zu machen.
Ich predige, aber ich glaube, wenn wir noch lange hier bleiben, werde ich eine ausgetrocknete Bohnenstange. Und ich würde so gerne noch ein richtiger Backfisch sein!
Deine Anne

Mittwochabend, 19. Januar 1944

Liebe Kitty!
Ich (schon wieder dieser Fehler!) weiß nicht, was es ist, aber ich merke immer wieder, dass ich nach meinem Traum verändert bin. Nebenbei bemerkt, heute Nacht träumte ich wieder von Peter und sah seine durchdringenden Augen, aber dieser Traum war nicht so schön und auch nicht so klar wie der vorige.
Du weißt, dass ich früher, was Vater betraf, immer eifersüchtig auf Margot war. Davon ist nichts mehr zu merken. Es tut mir zwar noch weh, wenn Vater nervös ist und mich ungerecht behandelt, aber ich denke: »Ich kann es euch eigentlich nicht übelnehmen, dass ihr so seid. Ihr redet viel über die Gedanken von Kindern und Jugendlichen, aber ihr habt ja keine Ahnung.« Ich sehne mich nach mehr als Vaters Küssen, nach mehr als seinen Liebkosungen. Bin ich nicht schrecklich, dass ich mich immer mit mir selbst beschäftige? Muss ich, die ich gut und lieb sein will, ihnen nicht erst mal verzeihen? Ich vergebe Mutter ja, aber ich kann mich fast nicht beherrschen, wenn sie so sarkastisch ist und mich immer wieder auslacht.
Ich weiß, ich bin noch lange nicht so, wie ich sein muss. Werde ich jemals so werden?
Anne Frank
P. S. Vater fragte, ob ich dir von der Torte erzählt habe. Mutter hat nämlich an ihrem Geburtstag eine richtige Vorkriegstorte vom Büro bekommen, mit Mokka. Sie war wirklich toll. Aber ich habe im Augenblick so wenig Platz in meinen Gedanken für solche Sachen.

Samstag, 22. Januar 1944

Liebe Kitty!
Kannst du mir vielleicht erzählen, wie es kommt, dass alle Menschen ihr Inneres so ängstlich verbergen? Wie kommt es, dass ich mich in Gesellschaft immer ganz anders verhalte, als ich mich verhalten sollte? Warum vertraut

der eine dem anderen so wenig? Ich weiß, es wird einen Grund dafür geben, aber manchmal finde ich es sehr schlimm, dass man nirgends, selbst bei den Menschen, die einem am nächsten stehen, ein wenig Vertraulichkeit findet.

Es kommt mir vor, als wäre ich seit meinem Traum älter geworden, eine eigenständigere Person. Du wirst auch erstaunt sein, wenn ich dir sage, dass sogar van Daans jetzt eine andere Position bei mir einnehmen. Ich betrachte auf einmal all die Diskussionen und so weiter nicht mehr von unserem voreingenommenen Standpunkt aus. Warum bin ich so verändert? Ja, siehst du, ich dachte plötzlich daran, dass unsere Beziehung ganz anders gewesen wäre, wenn Mutter anders wäre, eine richtige Mams. Es stimmt natürlich, dass Frau van Daan alles andere als ein feiner Mensch ist. Trotzdem denke ich, dass die Hälfte aller Streitereien hätte vermieden werden können, wenn Mutter im Umgang und bei jedem scharfen Gespräch nicht so unmöglich wäre. Frau van Daan hat nämlich eine Sonnenseite, und die ist, dass man mit ihr reden kann. Trotz allem Egoismus, aller Raffgier und Rückständigkeit kann man sie leicht zum Nachgeben bewegen, wenn man sie nicht reizt und widerborstig macht. Bis zum nächsten Anlass funktioniert dieses Mittel nicht, aber wenn man geduldig ist, kann man immer wieder versuchen, wie weit man damit kommt.

All die Fragen über unsere Erziehung, die Verwöhnerei, das Essen, alles, alles, alles hätte einen anderen Verlauf genommen, wenn man offen und freundschaftlich geblieben wäre und nicht immer nur die schlechten Seiten gesehen hätte.

Ich weiß genau, was du jetzt sagen würdest, Kitty: »Aber Anne, kommen diese Worte wirklich von dir? Von dir, die so viele harte Worte von oben hören musste? Von dir, die all das Unrecht kennt, das geschehen ist?«

Ja, sie kommen von mir. Ich möchte alles neu erforschen und dabei nicht nach dem Sprichwort vorgehen: »Wie die Alten sungen, so zwitschern auch die Jungen.« Ich will die van Daans beobachten und sehen, was wahr und was übertrieben ist. Wenn ich dann eine Enttäuschung erlebe, kann ich ja wieder mit Vater und Mutter am selben Strick ziehen. Und wenn nicht, nun, dann werde ich versuchen, sie von ihren falschen Vorstellungen abzubringen. Auch wenn mir das nicht gelingt, halte ich an meiner eigenen Meinung und meinem Urteil fest. Ich werde jetzt jede Gelegenheit ergreifen, um offen mit Frau van Daan über viele Streitpunkte zu sprechen, und keine Angst haben, neutral meine Meinung zu sagen, auch wenn sie mich für einen Naseweis hält.

Was gegen meine eigene Familie verstößt, das muss ich wohl verschweigen, aber ab heute gehört Tratschen, was mich betrifft, der Vergangenheit an, obwohl das nicht bedeutet, dass ich nachlasse, sie zu verteidigen, gegen wen auch immer.
Bisher glaubte ich felsenfest, dass alle Schuld an den Streitereien bei den van Daans liegt, aber ein großer Teil lag sicher auch an uns. Wir hatten schon recht, was die Themen anging, aber von vernünftigen Menschen (zu denen wir uns rechnen!) kann man doch etwas mehr Einsicht beim Umgang mit Menschen erwarten.
Ich hoffe, dass ich ein Tüpfelchen von jener Einsicht bekommen habe und die Gelegenheit finden werde, sie gut anzuwenden. Deine Anne

Montag, 24. Januar 1944

Liebe Kitty!
Mir ist etwas passiert (oder eigentlich kann ich von passieren nicht sprechen), was ich selbst ganz verrückt finde.
Früher wurde zu Hause und in der Schule über Geschlechtsfragen entweder geheimnisvoll oder Ekel erregend gesprochen. Worte, die sich darauf bezogen, wurden geflüstert, und wenn jemand etwas nicht wusste, wurde er ausgelacht. Ich fand das seltsam und dachte oft: »Warum spricht man über diese Dinge immer so geheimnisvoll oder hässlich?« Aber weil doch nichts daran zu ändern war, hielt ich so weit wie möglich den Mund oder bat meine Freundinnen um Auskunft.
Als ich über vieles Bescheid wusste, sagte Mutter einmal: »Anne, ich gebe dir einen guten Rat, sprich über dieses Thema nie mit Jungen und gib keine Antwort, wenn sie damit anfangen.«
Ich weiß meine Antwort noch ganz genau, ich sagte: »Nein, natürlich nicht, was stellst du dir vor!« Und dabei ist es geblieben.
In der ersten Zeit im Versteck sprach Vater häufig von Dingen, die ich lieber von Mutter gehört hätte, und den Rest erfuhr ich aus Büchern oder Gesprächen.
Peter van Daan war in dieser Hinsicht nie so unangenehm wie die Jungen in der Schule, am Anfang vielleicht schon mal, aber niemals, um mich herauszufordern. Frau van Daan hat mal gesagt, dass sie nie mit Peter über diese Dinge gesprochen hat, ihr Mann auch nicht. Offensichtlich wusste sie nicht einmal, wie und über was Peter informiert war.
Gestern nun, als Margot, Peter und ich beim Kartoffelschälen waren, kam

das Gespräch auf Moffi, die Katze. »Wir wissen noch immer nicht, welches Geschlecht Moffi hat, gell?«, fragte ich.
»Doch, schon«, antwortete Peter. »Es ist ein Kater.«
Ich fing an zu lachen. »Ein schöner Kater, der in anderen Umständen ist.«
Peter und Margot lachten mit. Vor zwei Monaten hatte Peter nämlich gesagt, es würde nicht mehr lange dauern und Moffi bekäme Kinder, ihr Bauch wurde so erstaunlich dick. Der dicke Bauch kam aber, wie sich herausstellte, von den vielen gestohlenen Leckerbissen, denn die Kinderchen wuchsen nicht, geschweige denn, dass sie geboren wurden.
Peter musste sich nun doch verteidigen. »Du kannst selbst mitkommen und ihn betrachten. Als ich mal mit ihm gebalgt habe, habe ich ganz genau gesehen, dass er ein Kater ist.«
Ich konnte meine Neugier nicht zurückhalten und ging mit ins Lager. Moffi hatte jedoch keine Sprechstunde und war nirgends zu entdecken. Wir warteten eine Weile, fingen an zu frieren und stiegen die Treppe wieder hinauf.
Später am Nachmittag hörte ich, dass Peter wieder hinunterging. Ich nahm meinen ganzen Mut zusammen und ging allein durch das stille Haus hinunter ins Lager. Peter spielte mit Moffi auf dem Packtisch und wollte Moffi gerade auf die Waage setzen, um sein Gewicht zu kontrollieren.
»Hallo, willst du mal sehen?« Er machte keine langen Vorbereitungen, hob das Tier hoch, drehte es auf den Rücken, hielt sehr geschickt Kopf und Pfoten fest, und der Unterricht begann. »Das ist das männliche Geschlechtsteil, das sind ein paar lose Härchen, und das ist der Hintern.«
Die Katze machte nochmals eine halbe Umdrehung und stand wieder auf ihren weißen Socken.
Jeden anderen Jungen, der mir so »das männliche Geschlechtsteil« gezeigt hätte, hätte ich nicht mehr angeschaut. Aber Peter sprach ganz seelenruhig über das sonst so peinliche Thema und hatte überhaupt keine Hintergedanken, so dass ich mich schließlich beruhigte und auch normal wurde. Wir spielten mit Moffi, amüsierten uns gut, tratschten miteinander und schlenderten schließlich durch das Lager zur Tür.
»Bist du dabei gewesen, als Mouschi kastriert wurde?«, fragte ich.
»Ja, sicher, das geht sehr schnell. Das Tier wird natürlich betäubt.«
»Holen sie da was raus?«
»Nein, der Doktor knipst einfach den Samenleiter durch. Man kann von außen nichts sehen.«
Ich sammelte Mut, denn so einfach ging es bei mir doch nicht. »Peter, Geschlechtsteile haben doch bei Männchen und Weibchen verschiedene Namen.«

»Das weiß ich.«
»Bei Weibchen heißt es Vagina, soviel ich weiß, bei Männchen weiß ich es nicht mehr.«
»Ja.«
»Ach ja«, sagte ich wieder. »Wie soll man diese Worte auch wissen, meist trifft man sie durch Zufall.«
»Warum? Ich frage sie oben. Meine Eltern wissen das besser als ich und haben auch mehr Erfahrung.«
Wir standen schon auf der Treppe, und ich hielt den Mund.
Ja, wirklich, so einfach hätte ich nie mit einem Mädchen darüber gesprochen. Ich bin auch sicher, dass Mutter nicht dieses gemeint hat, als sie mich vor den Jungen warnte.
Trotzdem war ich den ganzen Tag ein bisschen durcheinander, wenn ich an unser Gespräch zurückdachte, es kam mir doch seltsam vor. Aber in einem Punkt bin ich wenigstens klüger geworden: Es gibt auch junge Menschen, sogar vom anderen Geschlecht, die ungezwungen und ohne Witze darüber sprechen können.
Ob Peter wirklich seine Eltern fragt? Ist er wirklich so, wie er sich gestern gezeigt hat?
Ach, was weiß ich davon?!!! Deine Anne

Freitag, 28. Januar 1944

Liebe Kitty!
In der letzten Zeit habe ich eine starke Vorliebe für Stammbäume und genealogische Tabellen von königlichen Häusern. Wenn man einmal mit Suchen anfängt, muss man immer weiter in der Vergangenheit graben und kommt zu immer interessanteren Entdeckungen. Obwohl ich außerordentlich eifrig bin, was meine Lehrfächer angeht, schon ziemlich gut dem Home-Service vom englischen Sender folgen kann, widme ich doch viele Sonntage dem Aussuchen und Sortieren meiner großen Filmstarsammlung, die einen respektablen Umfang angenommen hat. Herr Kugler macht mir jeden Montag eine Freude, wenn er mir die »Cinema & Theater« mitbringt. Obwohl das von den unmondänen Hausgenossen oft als Geldverschwendung bezeichnet wird, sind sie dann jedes Mal wieder erstaunt über die Genauigkeit, mit der ich nach einem Jahr noch präzise die Mitwirkenden eines bestimmten Films angeben kann. Bep, die oft ihre freien Tage mit ihrem Freund im Kino verbringt, teilt mir den Titel des geplanten Films samstags mit, und ich rassle ihr

sowohl die Hauptdarsteller als auch die Kritik herunter. Es ist noch nicht lange her, da sagte Mans, dass ich später nicht ins Kino zu gehen bräuchte, weil ich Inhalt, Besetzung und Kritiken bereits im Kopf hätte.
Wenn ich mal mit einer neuen Frisur angesegelt komme, schauen mich alle mit missbilligenden Gesichtern an, und bestimmt fragt einer, welche Filmschauspielerin denn diese Frisur auf ihrem Kopf prangen hat. Wenn ich antworte, dass sie eine eigene Erfindung ist, glauben sie mir immer nur halb. Was die Frisur betrifft, die hält nicht länger als eine halbe Stunde, dann bin ich die abweisenden Urteile so leid, dass ich ins Badezimmer renne und schnell meine normale Lockenfrisur wiederherstelle. Deine Anne

Freitag, 28. Januar 1944

Liebe Kitty!
Heute Morgen habe ich mich gefragt, ob du dir nicht vorkommst wie eine Kuh, die alle alten Neuigkeiten immer wiederkäuen muss und, von der einseitigen Ernährung gelangweilt, schließlich laut gähnt und sich im Stillen wünscht, dass Anne mal was Neues auftreibt.
Leider, ich weiß, das Alte ist langweilig für dich, aber stell dir mal vor, wie gelangweilt ich von den alten, immer wieder aufgewärmten Geschichten werde. Wenn es bei einem Tischgespräch nicht um Politik oder herrliche Mahlzeiten geht, nun, dann rücken Mutter oder Frau van Daan bloß wieder mit längst schon erzählten Geschichten aus ihrer Jugendzeit heraus. Oder Dussel schwafelt über den reichhaltigen Kleiderschrank seiner Frau, über schöne Rennpferde, lecke Ruderboote, von Jungen, die mit vier Jahren schwimmen können, von Muskelkater und von ängstlichen Patienten. Wenn einer von den acht seinen Mund aufmacht, können die anderen sieben seine angefangene Geschichte fertig machen. Die Pointe eines jeden Witzes wissen wir schon im Voraus, und der Erzähler lacht alleine darüber. Die diversen Milchmänner, Lebensmittelhändler und Metzger der Exhausfrauen sehen wir in unserer Einbildung schon mit einem Bart, so oft sind sie bei Tisch in den Himmel gehoben oder fertiggemacht worden. Es ist unmöglich, dass etwas noch jung und frisch ist, wenn es im Hinterhaus zur Sprache kommt.
Das wäre ja noch zu ertragen, wenn die Erwachsenen nicht die Angewohnheit hätten, Geschichten, die Kleiman, Jan oder Miep zum Besten geben, zehnmal nachzuerzählen und sie jedes Mal mit eigenen Erfindungen auszuschmücken, so dass ich mich oft unterm Tisch in den Arm kneifen muss, damit ich dem begeisterten Erzähler nicht den richtigen Weg zeige. Kleine

Kinder wie Anne dürfen Erwachsene unter keinen Umständen verbessern, egal, welche Schnitzer sie auch machen oder welche Unwahrheiten oder Erfindungen sie sich aus den Fingern saugen.
Ein Thema, über das Kleiman und Jan oft reden, ist Verstecken oder Untertauchen. Sie wissen, dass wir ebenso mitleiden, wenn Versteckte gefangen werden, wie wir uns mitfreuen, wenn Gefangene befreit werden.
Untertauchen und Verstecken sind jetzt so normale Begriffe wie früher Papas Pantoffeln, die vor dem Ofen stehen mussten. Es gibt viele Organisationen wie »Freie Niederlande«. Sie fälschen Personalausweise, geben Untergetauchten Geld, treiben Verstecke auf, beschaffen untergetauchten christlichen jungen Männern Arbeit, und es ist erstaunlich, wie oft, wie nobel und wie uneigennützig diese Arbeit verrichtet wird und wie die Leute unter Einsatz ihres Lebens anderen helfen und andere retten.
Das beste Beispiel dafür sind doch wohl unsere Helfer, die uns bis jetzt durchgebracht haben und uns hoffentlich noch ans sichere Ufer bringen. Sonst müssten sie das Schicksal all derer teilen, die gesucht werden. Nie haben wir von ihnen ein Wort gehört, das auf die Last hinweist, die wir doch sicher für sie sind. Niemals klagt einer, dass wir ihnen zu viel Mühe machen. Jeden Tag kommen sie herauf, sprechen mit den Herren über Geschäft und Politik, mit den Damen über Essen und die Beschwerden der Kriegszeit, mit den Kindern über Bücher und Zeitungen. Sie machen, soweit es geht, ein fröhliches Gesicht, bringen Blumen und Geschenke zu Geburts- und Festtagen, stehen immer und überall für uns bereit. Das ist etwas, was wir nie vergessen dürfen. Andere zeigen Heldenmut im Krieg oder gegenüber den Deutschen, aber unsere Helfer beweisen ihren Heldenmut in ihrer Fröhlichkeit und Liebe.

Die verrücktesten Geschichten machen die Runde, und die meisten sind wirklich passiert. Kleiman erzählte zum Beispiel diese Woche, dass in Gelderland zwei Fußballmannschaften gegeneinander gespielt haben. Die eine bestand ausschließlich aus Untergetauchten, die zweite aus Feldjägern. In Hilversum werden neue Stammkarten ausgeteilt. Damit die vielen Versteckten auch welche bekommen (Lebensmittelkarten sind ausschließlich auf Stammkarten oder für 60 Gulden je Stück erhältlich), haben Beamte der Zuteilungsstelle alle Untergetauchten aus der Umgebung zu einer bestimmten Zeit bestellt, um ihre Ausweise abzuholen.
Man muss aber sehr vorsichtig sein, dass solche Kunststückchen den Moffen nicht zu Ohren kommen.

Deine Anne

Sonntag, 30. Januar 1944

Liebste Kit!

Wir sind wieder an einem Sonntag angelangt. Ich finde Sonntage zwar nicht mehr so schlimm wie früher, aber immer noch langweilig genug.

Im Lager bin ich noch nicht gewesen, vielleicht klappt es später. Gestern bin ich ganz allein im Dunkeln hinuntergegangen. Ich stand oben an der Treppe, deutsche Flugzeuge flogen hin und her, und ich wusste, dass ich ein Mensch-für-sich-selbst bin, der nicht mit der Hilfe anderer rechnen darf. Meine Angst war verschwunden. Ich sah hinauf zum Himmel und vertraute auf Gott.

Ich habe ein schreckliches Bedürfnis, allein zu sein. Vater merkt, dass ich anders bin als sonst, aber ich kann ihm auch nichts erzählen. Am liebsten würde ich immer nur sagen: »Lass mich in Ruhe, lass mich allein!«

Wer weiß, vielleicht werde ich noch einmal mehr allein gelassen, als mir lieb ist!

Anne Frank

Donnerstag, 3. Februar 1944

Liebe Kitty!

Die Invasionsstimmung im Land steigt mit jedem Tag. Wenn du hier wärest, wärest du sicher genauso beeindruckt wie ich von all diesen Vorbereitungen, aber andererseits würdest du uns auch auslachen, weil wir uns so aufregen, und vielleicht umsonst!

Alle Zeitungen sind voll von der Invasion. Sie machen die Leute ganz verrückt, weil sie schreiben: »Falls die Engländer in den Niederlanden landen, werden die deutschen Machthaber alle Mittel einsetzen, das Land zu verteidigen, es notfalls auch unter Wasser setzen.« Dazu sind Karten veröffentlicht worden, in denen die Teile der Niederlande, die unter Wasser gesetzt werden können, schraffiert sind. Da große Teile von Amsterdam dazugehören, war die erste Frage, was zu tun ist, wenn das Wasser einen Meter hoch in den Straßen steht. Auf diese schwierige Frage kamen von allen Seiten die verschiedensten Antworten.

»Weil Rad fahren oder zu Fuß gehen ausgeschlossen sind, werden wir eben durch das Wasser waten müssen, wenn es zum Stillstand gekommen ist.«

»Nicht doch, man muss versuchen zu schwimmen. Wir ziehen uns alle eine Bademütze und einen Badeanzug an und schwimmen so viel wie möglich unter Wasser, dann sieht niemand, dass wir Juden sind.«

»Was für ein Geschwätz! Ich sehe die Damen schon schwimmen, wenn die

Ratten sie in die Beine beißen!« (Das war natürlich ein Mann! Mal sehen, wer am lautesten schreit!)
»Wir werden nicht aus dem Haus können. Das Lager ist so wacklig, das fällt bestimmt gleich zusammen, wenn das Wasser strömt.«
»Hört mal, Leute, Spaß beiseite. Wir müssen versuchen, ein kleines Boot zu bekommen.«
»Wozu ist das nötig? Ich weiß etwas viel Besseres. Wir nehmen jeder eine Milchzuckerkiste vom vorderen Dachboden und rudern mit einem Kochlöffel.«
»Ich gehe auf Stelzen, das konnte ich in meiner Jugend primissima.«
»Jan Gies hat das nicht nötig. Der nimmt seine Frau auf den Rücken, dann hat Miep Stelzen.«
Nun weißt du es schon so ungefähr, nicht wahr, Kitty? Dieses Gerede ist ja ganz witzig, aber die Wahrheit wird anders aussehen.
Die zweite Invasionsfrage konnte nicht ausbleiben. Was tun, wenn die Deutschen Amsterdam evakuieren?
»Mitgehen, uns so gut wie möglich vermummen.«
»Auf keinen Fall auf die Straße! Das Einzige ist hier bleiben. Die Deutschen sind imstande, die ganze Bevölkerung immer weiterzutreiben, bis sie in Deutschland sterben.«
»Ja, natürlich, wir bleiben hier. Hier ist es am sichersten. Wir werden versuchen, Kleiman zu überreden, dass er mit seiner Familie herkommt und hier wohnt. Wir werden uns einen Sack Holzwolle besorgen, dann können wir auf dem Boden schlafen. Miep und Kleiman sollen jetzt schon Decken herbringen. Wir werden zu unseren 60 Pfund noch Korn dazubestellen. Jan soll versuchen, Hülsenfrüchte zu bekommen. Wir haben jetzt ungefähr 60 Pfund Bohnen und 10 Pfund Erbsen im Haus. Und vergesst die 50 Dosen Gemüse nicht.«
»Mutter, zähl mal die anderen Dosen.«
»10 Dosen Fisch, 40 Dosen Milch, 10 Kilo Milchpulver, 3 Flaschen Öl, 4 Weckgläser Butter, 4 Weckgläser Fleisch, 2 Korbflaschen Erdbeeren, 2 Flaschen Himbeeren-Johannisbeeren, 20 Flaschen Tomaten, 10 Pfund Haferflocken, 8 Pfund Reis. Das ist alles.«
Unser Vorrat ist recht erfreulich. Aber wenn man bedenkt, dass wir dann zusätzlich Besuch füttern müssen und jede Woche etwas davon verbraucht wird, dann scheint er größer, als er ist. Kohlen und Brennholz sind genug im Haus, auch Kerzen.
»Wir wollen uns Brustsäckchen nähen, um, wenn nötig, all unser Geld mitzunehmen.«

»Wir werden Listen erstellen, was bei einer Flucht mitgenommen werden muss, und jetzt schon Rucksäcke packen.«
»Wenn es so weit ist, stellen wir zwei Wachtposten auf, einen auf den vorderen und einen auf den hinteren Oberboden.«
»Sagt, was fangen wir mit so viel Esswaren an, wenn wir kein Wasser, kein Gas und keinen Strom kriegen?«
»Dann müssen wir auf dem Ofen kochen. Wasser filtern und abkochen. Wir werden große Korbflaschen sauber machen und Wasser darin aufheben. Ferner haben wir als Wasserreservoir noch drei Weckkessel und eine Waschschüssel.«
»Wir haben außerdem noch eineinhalb Zentner Winterkartoffeln im Gewürzraum stehen.«
Dieses Gerede höre ich den ganzen Tag. Invasion vorne, Invasion hinten. Dispute über Hungern, Sterben, Bomben, Feuerspritzen, Schlafsäcke, Judenausweise, Giftgase und so weiter. Alles nicht erheiternd.
Ein Beispiel für diese unzweideutigen Warnungen unserer Herren ist das folgende Gespräch mit Jan:
Hinterhaus: »Wir haben Angst, dass die Deutschen bei einem Rückzug die ganze Bevölkerung mitnehmen.«
Jan: »Das ist doch nicht möglich. Dafür haben sie keine Züge.«
Hinterhaus: »Züge? Denken Sie, dass sie die Zivilisten auch noch in Züge setzen? Keine Rede! Schusters Rappen können sie benützen.« (Per pedes apostolorum,* sagt Dussel immer.)
Jan: »Das glaube ich nicht. Sie sehen alles durch eine viel zu schwarze Brille. Was sollten sie für ein Interesse daran haben, alle Zivilisten wegzutreiben?«
Hinterhaus: »Wissen Sie nicht, dass Goebbels gesagt hat: Wenn wir abtreten müssen, schlagen wir in allen besetzten Gebieten hinter uns die Tür zu.«
Jan: »Sie haben schon so viel gesagt.«
Hinterhaus: »Glauben Sie, dass die Deutschen für so eine Tat zu edel oder zu menschenfreundlich sind? Die denken: Wenn wir untergehen müssen, dann sollen alle Menschen innerhalb unseres Machtbereichs auch untergehen.«
Jan: »Sie können mir viel erzählen, ich glaube kein Wort davon!«
Hinterhaus: »Es ist immer dasselbe Lied. Niemand will die Gefahr sehen, bevor er sie nicht am eigenen Leib spürt.«
Jan: »Sie wissen es doch auch nicht mit Sicherheit. Sie nehmen es auch nur an.«

* Scherzhafter Ausdruck für »zu Fuß« (wie die Apostel); A. d. Ü.

Hinterhaus: »Wir haben das alles doch selbst mitgemacht, erst in Deutschland und dann hier. Und was passiert in Russland?«
Jan: »Die Juden müssen Sie mal außer Betracht lassen. Ich glaube, dass niemand weiß, was in Russland los ist. Die Engländer und die Russen werden aus Propagandagründen übertreiben, genau wie die Deutschen.«
Hinterhaus: »Davon kann nicht die Rede sein. Der englische Sender hat immer die Wahrheit gesagt. Und angenommen, dass die Berichte zehn Prozent übertrieben sind, dann sind die Tatsachen noch schlimm genug. Sie können nicht leugnen, dass in Polen viele Millionen Menschen mir nichts, dir nichts hingemordet und vergast werden.«
Die weiteren Gespräche werde ich dir ersparen. Ich bin ganz ruhig und mache mir nichts aus der ganzen Aufregung. Ich bin jetzt so weit, dass es mir nicht mehr viel ausmachen kann, ob ich sterbe oder am Leben bleibe. Die Welt wird sich auch ohne mich weiterdrehen, und ich kann mich gegen die Ereignisse doch nicht wehren. Ich lasse es darauf ankommen und tue nichts als lernen und auf ein gutes Ende hoffen. Deine Anne

Dienstag, 8. Februar 1944

Beste Kitty!
Wie ich mich fühle, könnte ich dir nicht sagen. Den einen Augenblick sehne ich mich nach Ruhe, den anderen wieder nach etwas Fröhlichkeit. Lachen sind wir hier nicht mehr gewöhnt, so richtig lachen, bis man nicht mehr kann.
Heute Morgen hatte ich einen »Lachanfall«, du weißt schon, wie man ihn manchmal in der Schule hat. Margot und ich kicherten wie richtige Backfische.
Gestern Abend hatte ich wieder was mit Mutter. Margot rollte sich in ihre Wolldecke, sprang aber plötzlich wieder aus dem Bett und untersuchte die Decke gründlich. Eine Stecknadel war drin. Mutter hatte einen Flicken in die Decke gesetzt. Vater schüttelte den Kopf und sprach über Mutters Schlampigkeit. Schon bald kam Mutter aus dem Badezimmer, und ich sagte zum Spaß: »Du bist eine echte Rabenmutter!«
Sie fragte natürlich, warum, und wir erzählten ihr von der Stecknadel.
Sie machte sofort ein hochmütiges Gesicht und sagte zu mir: »Ausgerechnet du musst etwas über Schlamperei sagen! Wenn du nähst, ist der ganze Boden mit Stecknadeln übersät. Und hier, schau mal, hier liegt wieder das Nageletui. Das räumst du auch nie auf.«

Ich sagte, ich hätte es nicht benutzt, und Margot sprang ein, denn sie war die Schuldige.
Mutter redete noch eine Weile über Schlampigkeit zu mir, bis ich wieder randvoll war und ziemlich kurz angebunden sagte: »Ich habe doch gar nichts über Schlampigkeit gesagt! Immer bekomme ich es ab, wenn ein anderer was tut.«
Mutter schwieg. Und ich war gezwungen, ihr keine Minute später den Gutenachtkuss zu geben. Der Vorfall ist vielleicht unwichtig, aber mich ärgert alles.

Da ich im Augenblick eine Zeit des Nachdenkens zu haben scheine und alle Gebiete abgrase, wo es etwas zum Nachdenken gibt, kamen meine Gedanken wie von selbst auf Vaters und Mutters Ehe. Mir war diese immer als Vorbild einer idealen Ehe hingestellt worden. Nie Krach, keine bösen Gesichter, vollkommene Harmonie usw. usw.
Von Vaters Vergangenheit weiß ich einiges und was ich nicht weiß, habe ich dazuphantasiert. Ich meine zu wissen, dass Vater Mutter geheiratet hat, weil er Mutter für geeignet hielt, den Platz als seine Frau einzunehmen. Ich muss sagen, dass ich Mutter bewundere, wie sie diesen Platz eingenommen hat und dass sie, soweit ich weiß, nie gemurrt hat und auch nie eifersüchtig war. Es kann für eine Frau, die liebt, nicht einfach sein zu wissen, dass sie im Herzen ihres Mannes nie den ersten Platz einnehmen wird, und Mutter wusste das. Vater hat Mutter dafür bestimmt bewundert und fand ihren Charakter hervorragend. Warum sollte er eine andere heiraten? Seine Ideale waren verflogen und seine Jugend war vorbei. Was ist aus ihrer Ehe geworden? Kein Streit und keine Meinungsverschiedenheiten – nein, aber eine Ideal-Ehe ist es doch auch nicht. Vater schätzt Mutter und hat sie gern, aber nicht mit der Liebe einer Ehe, die ich mir vorstelle. Vater nimmt Mutter so, wie sie ist. Er ärgert sich oft, aber sagt so wenig wie möglich, weil er weiß, welche Opfer Mutter bringen hat müssen. Über das Geschäft, über andere Dinge, über Menschen, über alles. Vater fragt sie längst nicht immer nach ihrem Urteil, erzählt nicht alles, denn er weiß, dass sie viel zu übertrieben, viel zu kritisch und oft viel zu voreingenommen ist. Vater ist nicht verliebt, er gibt ihr einen Kuss, wie er uns küsst, er stellt sie nie zum Vorbild, weil er das nicht tun kann. Er schaut sie neckend und spottend an, aber nie liebevoll. Es mag sein, dass Mutter durch das große Opfer hart und unangenehm für ihre Umgebung geworden ist, aber auf diese Art wird sie immer weiter vom Weg der Liebe abtreiben und immer weniger Bewunderung wecken. Bestimmt wird Vater einmal wissen, dass sie zwar niemals nach außen hin Anspruch auf seine volle Liebe gestellt hat, aber dadurch von innen langsam, aber sicher,

abgebröckelt ist. Sie liebt ihn wie keinen anderen, und es ist hart, diese Art Liebe immer unbeantwortet zu sehen.

Muss ich folglich nicht sehr viel Mitleid mit Mutter haben, muss ihr helfen? Und Vater? – Ich kann nicht, ich sehe immer eine andere Mutter vor mir, ich kann es nicht. – Wie sollte ich auch? Sie hat mir nichts von sich erzählt, ich habe sie nie danach gefragt. Was wissen wir von unseren gegenseitigen Gedanken? Ich kann nicht mit ihr sprechen, ich kann nicht liebevoll in diese kalten Augen schauen, ich kann nicht, nie! – Wenn sie nur ein bisschen was von einer verständnisvollen Mutter hätte, entweder Weichheit oder Freundlichkeit oder Geduld oder etwas anderes; ich würde mich ihr immer wieder zu nähern versuchen. Aber diese gefühllose Natur zu lieben, dieses spöttische Wesen, ist mir mit jedem Tag unmöglicher! Deine Anne

Samstag, 12. Februar 1944

Liebe Kitty!
Die Sonne scheint, der Himmel ist tiefblau, es weht ein herrlicher Wind, und ich sehne mich so, sehne mich so nach allem … Nach Reden, nach Freiheit, nach Freunden, nach Alleinsein. Ich sehne mich so … nach Weinen! Ich habe ein Gefühl, als ob ich zerspringe, und ich weiß, dass es mit Weinen besser würde. Ich kann es nicht. Ich bin unruhig, laufe von einem Zimmer ins andere, atme durch die Ritze eines geschlossenen Fensters, fühle mein Herz klopfen, als ob es sagt: »Erfülle doch endlich meine Sehnsucht.«
Ich glaube, dass ich den Frühling in mir fühle. Ich fühle das Frühlingserwachen, fühle es in meinem Körper und in meiner Seele. Ich muss mich mit Gewalt zusammennehmen, um mich normal zu verhalten. Ich bin völlig durcheinander, weiß nicht, was zu lesen, was zu schreiben, was zu tun ist, weiß nur, dass ich mich sehne … Deine Anne

Montag, 14. Februar 1944

Liebe Kitty!
Für mich hat sich viel geändert. Das kam so: Ich sehnte mich (und ich sehne mich noch), aber … ein ganz kleines bisschen ist mir schon geholfen.
Am Sonntagmorgen merkte ich schon (ehrlich gesagt, zu meiner großen Freude), dass Peter mich immerfort anschaute. So ganz anders als gewöhnlich. Ich weiß nicht wie, ich kann es nicht erklären, aber ich hatte auf einmal

das Gefühl, dass er doch nicht so verliebt in Margot ist, wie ich gedacht habe. Den ganzen Tag schaute ich ihn absichtlich nicht oft an, denn wenn ich das tat, schaute er auch immer. Und dann – ja dann, dann bekam ich ein so schönes Gefühl, das ich besser nicht zu oft bekommen sollte.
Sonntagabend saßen sie alle am Radio, außer Pim und mir, und lauschten der »unsterblichen Musik deutscher Meister«. Dussel drehte andauernd an dem Gerät, Peter ärgerte sich darüber, die anderen auch. Nach einer halben Stunde unterdrückter Nervosität bat ihn Peter einigermaßen gereizt, das Gedrehe einzustellen. Dussel antwortete in seinem hochmütigsten Ton: »Ich mache das schon richtig.« Peter wurde böse, wurde frech, Herr van Daan stimmte ihm zu, und Dussel musste nachgeben. Das war alles.
Der Anlass war an sich nicht außergewöhnlich wichtig, aber Peter hat sich die Sache anscheinend sehr zu Herzen genommen. Jedenfalls kam er heute Morgen, als ich in der Bücherkiste auf dem Dachboden herumwühlte, und erzählte mir die Geschichte. Ich wusste noch nichts davon. Peter merkte, dass er eine aufmerksame Zuhörerin gefunden hatte, und kam in Schwung.
»Ja, und siehst du«, sagte er, »ich sage nicht schnell was, denn ich weiß schon im Voraus, dass ich nichts richtig rauskriege. Ich fange an zu stottern, werde rot und verdrehe die Worte, die ich sagen wollte, so lange, bis ich abbrechen muss, weil ich die Worte nicht mehr finde.
Gestern ging es mir auch so. Ich wollte etwas ganz anderes sagen, aber als ich mal angefangen hatte, habe ich den Kopf verloren, und das ist schrecklich. Früher hatte ich eine schlechte Gewohnheit, die ich am liebsten jetzt noch anwenden würde: Wenn ich böse auf jemanden war, dann habe ich ihn lieber mit meinen Fäusten bearbeitet, als dass ich mit Worten mit ihm gestritten hätte. Aber ich weiß, dass ich mit dieser Methode nicht weiterkomme. Deshalb bewundere ich dich auch so. Du kannst dich wenigstens richtig ausdrücken, sagst den Leuten, was du zu sagen hast, und bist nicht im mindesten schüchtern.«
»Da irrst du dich sehr«, antwortete ich. »Ich sage in den meisten Fällen was ganz anderes, als ich mir vorgenommen hatte. Und dann rede ich viel zu viel und zu lange, das ist ein ebenso schlimmer Fehler.«
»Kann sein. Aber du hast den Vorteil, dass man dir nie ansieht, dass du verlegen bist. Du bleibst in Farbe und Form gleich.«
Insgeheim musste ich über diesen letzten Satz lachen. Ich wollte ihn jedoch ruhig weiter von sich selbst sprechen lassen, ließ mir meine Fröhlichkeit nicht anmerken, setzte mich auf den Boden auf ein Kissen, schlug die Arme um die angezogenen Beine und schaute ihn aufmerksam an.

Ich bin riesig froh, dass noch jemand im Haus ist, der genau solche Wutanfälle wie ich kriegen kann. Peter tat es sichtbar gut, dass er Dussel mit den schlimmsten Ausdrücken kritisieren durfte, ohne dass er Angst vor Petzen haben musste. Und ich, ich fand es auch schön, weil ich ein starkes Gefühl von Gemeinschaft empfand, wie ich es früher nur mit meinen Freundinnen hatte.

Deine Anne

Dienstag, 15. Februar 1944

Diese kleine Angelegenheit mit Dussel hatte noch ein langes Nachspiel, und zwar nur durch seine eigene Schuld. Am Montagabend kam Dussel triumphierend zu Mutter, erzählte, dass Peter ihn am Morgen gefragt habe, ob er die Nacht gut verbracht hatte. Er habe noch hinzugefügt, dass ihm die Angelegenheit vom Sonntag leid tue und er seinen Ausbruch nicht böse gemeint habe. Daraufhin beruhigte ihn Dussel mit der Versicherung, er habe es auch nicht böse aufgefasst. Alles war also in bester Ordnung.
Mutter erzählte mir diese Geschichte, und ich war insgeheim erstaunt, dass Peter sich trotz seiner Versicherungen so erniedrigt hatte.
Ich konnte es dann auch nicht lassen, erkundigte mich bei Peter und erfuhr sogleich, dass Dussel gelogen hatte. Du hättest Peters Gesicht sehen müssen, es hätte sich gelohnt, es zu fotografieren. Empörung wegen der Lüge, Wut, Überlegung, was er tun könnte, Unruhe und noch viel mehr erschienen mit kleinen Zwischenpausen auf seinem Gesicht.
Abends hielten Herr van Daan und Peter Dussel eine gepfefferte Standpauke. Aber so schlimm kann es nicht gewesen sein, da Peter heute in zahnärztlicher Behandlung war.
Eigentlich wollten sie nicht mehr miteinander sprechen.

Mittwoch, 16. Februar 1944

Den ganzen Tag sprachen wir nicht miteinander, wir wechselten nur ein paar belanglose Worte. Es war zu kalt, um auf den Dachboden zu gehen, und außerdem hatte Margot Geburtstag. Um halb eins kam er, um die Geschenke anzuschauen, und blieb viel länger, als nötig gewesen wäre und als er es sonst je getan hätte. Aber nachmittags kam die Chance. Da ich Margot einmal im Jahr besonders verwöhnen wollte, ging ich den Kaffee holen, danach die Kartoffeln. Ich kam in Peters Zimmer, und er räumte sofort seine Papiere von der Treppe. Ich fragte, ob ich die Luke vom Dachboden schließen solle.

»Ja«, antwortete er, »mach das. Wenn du zurückkommst, klopfst du einfach, dann mache ich sie dir wieder auf.«
Ich dankte ihm, ging hinauf und suchte ungefähr zehn Minuten lang die kleinsten Kartoffeln aus der großen Tonne. Dann bekam ich Rückenschmerzen, und mir wurde kalt. Ich klopfte natürlich nicht, sondern machte selbst die Luke auf, aber er kam mir doch sehr diensteifrig entgegen und nahm mir den Topf ab.
»Ich habe lange gesucht, aber kleinere konnte ich nicht finden.«
»Hast du in der großen Tonne nachgeschaut?«
»Ja, ich habe alles mit den Händen umgewühlt.«
Inzwischen stand ich unten an der Treppe, er schaute prüfend in den Topf, den er noch in den Händen hielt. »Aber die sind doch prima«, sagte er und als ich ihm den Topf abnahm, fügte er hinzu: »Mein Kompliment!«
Dabei sah er mich mit einem so warmen, weichen Blick an, dass mir auch ganz warm und weich von innen wurde. Ich konnte richtig merken, dass er mir eine Freude machen wollte, und weil er keine großen Lobreden halten konnte, legte er seine Gedanken in seinen Blick. Ich verstand ihn gut und war ihm schrecklich dankbar. Noch jetzt werde ich froh, wenn ich an seine Worte und den Blick denke!
Als ich runterkam, sagte Mutter, dass noch mehr Kartoffeln geholt werden müssten, jetzt für das Abendessen. Ich bot sehr bereitwillig an, noch einmal nach oben zu gehen. Als ich zu Peter kam, entschuldigte ich mich, dass ich noch einmal stören müsste. Er stand auf, stellte sich zwischen die Treppe und die Wand, nahm meinen Arm, als ich schon auf der Treppe stand, und wollte mich mit Gewalt zurückhalten.
»Ich gehe schon«, sagte er, »ich muss sowieso hinauf.«
Aber ich antwortete, das sei wirklich nicht nötig, und diesmal brauche ich keine kleinen Kartoffeln zu holen. Da war er überzeugt und ließ meinen Arm los. Als ich zurückkam, öffnete er die Luke und nahm mir wieder den Topf ab. An der Tür fragte ich noch: »Was machst du gerade?«
»Französisch«, war die Antwort.
Ich fragte, ob ich mir die Aufgaben mal anschauen dürfe, wusch meine Hände und setzte mich ihm gegenüber auf die Couch.
Nachdem ich ihm einiges in Französisch erklärt hatte, fingen wir bald an, uns zu unterhalten. Er erzählte mir, dass er später nach Niederländisch-Indien gehen und dort auf einer Plantage leben wolle. Er sprach über sein Leben zu Hause, über den Schwarzhandel und dass er so ein Nichtsnutz wäre. Ich sagte, dass er sehr starke Minderwertigkeitsgefühle hätte. Er sprach

über den Krieg, dass die Russen und die Engländer sicher auch wieder Krieg miteinander bekommen würden, und er sprach über die Juden. Er hätte es bequemer gefunden, wenn er Christ wäre oder wenn er es nach dem Krieg sein könnte. Ich fragte, ob er sich taufen lassen würde, aber das war auch nicht der Fall. Er könnte doch nicht fühlen wie die Christen, sagte er, aber nach dem Krieg würde niemand wissen, ob er Christ oder Jude sei. Dabei ging mir ein Stich durchs Herz. Ich finde es so schade, dass er immer noch einen Rest Unehrlichkeit in sich hat.
Er sagte noch: »Die Juden sind immer das auserwählte Volk gewesen und werden es wohl immer bleiben!«
Ich antwortete: »Ich hoffe nur, dass sie einmal zum Guten auserwählt sind.«
Aber sonst sprachen wir ganz gemütlich über Vater und über Menschenkenntnis und über alle möglichen Dinge, ich weiß selbst nicht mehr, über was.
Um Viertel nach fünf ging ich erst weg, weil Bep kam.
Abends sagte er noch etwas Schönes. Wir sprachen über Filmschauspieler, deren Bilder er mal von mir bekommen hat. Sie hängen nun schon anderthalb Jahre in seinem Zimmer. Er fand sie so schön, und ich bot ihm an, ihm mal ein paar andere Bilder zu geben.
»Nein«, antwortete er, »ich lasse es lieber so, diese hier, die schaue ich jeden Tag an, das sind meine Freunde geworden.«
Warum er Mouschi immer so an sich drückt, verstehe ich jetzt auch viel besser. Er hat natürlich auch ein Bedürfnis nach Zärtlichkeit. Noch etwas habe ich vergessen, worüber er sprach. Er sagte: »Nein, Angst kenne ich nicht, nur wenn mir selbst etwas fehlt. Aber das gewöhne ich mir auch noch ab.«
Peters Minderwertigkeitskomplex ist sehr schlimm. So denkt er zum Beispiel immer, dass er so blöd wäre und wir so klug. Wenn ich ihm bei Französisch helfe, bedankt er sich tausendmal. Irgendwann werde ich bestimmt mal sagen: »Hör auf mit diesen Sprüchen. Du kannst dafür Englisch und Geographie viel besser!«

Anne Frank

Donnerstag, 17. Februar 1944

Beste Kitty!
Heute Morgen war ich oben, ich hatte Frau van Daan versprochen, mal ein paar Geschichten vorzulesen. Ich fing mit Evas Traum an, das fand sie sehr schön. Dann las ich noch ein paar Sachen aus dem Hinterhaus, über die sie schallend lachten. Peter hörte auch teilweise zu (ich meine nur bei dem Letzten) und fragte, ob ich mal zu ihm käme, um noch mehr vorzulesen. Ich

dachte, dass ich nun mein Glück probieren könnte, holte mein Tagebuch und ließ ihn das Stück von Cady und Hans über Gott lesen. Ich kann überhaupt nicht sagen, was das für einen Eindruck auf ihn gemacht hat. Er sagte etwas, was ich nicht mehr weiß, nicht, ob es gut war, sondern etwas über den Gedanken selbst. Ich sagte, dass ich nur mal hatte zeigen wollen, dass ich nicht nur witzige Sachen aufschrieb. Er nickte mit dem Kopf, und ich ging aus dem Zimmer. Mal sehen, ob ich noch was davon höre!

Deine Anne M. Frank

Freitag, 18. Februar 1944

Liebste Kitty!

Wann immer ich auch nach oben gehe, hat das zum Ziel, »ihn« zu sehen. Mein Leben hier ist also viel besser geworden, weil es nun wieder einen Sinn hat und ich mich auf etwas freuen kann.

Der Gegenstand meiner Freundschaft ist wenigstens immer im Haus, und ich brauche (außer vor Margot) keine Angst vor Rivalen zu haben. Du brauchst wirklich nicht zu denken, dass ich verliebt bin, das ist nicht wahr. Aber ich habe ständig das Gefühl, dass zwischen Peter und mir noch einmal etwas sehr Schönes wachsen wird, das Freundschaft und Vertrauen gibt. Wann immer es möglich ist, gehe ich zu ihm, und es ist nicht mehr so wie früher, dass er nicht genau weiß, was er mit mir anfangen soll. Im Gegenteil, er redet noch, wenn ich schon fast zur Tür hinaus bin.

Mutter sieht es nicht gern, dass ich nach oben gehe. Sie sagt immer, dass ich Peter lästig falle und ihn in Ruhe lassen soll. Versteht sie denn nicht, dass ich genug Intuition habe? Immer wenn ich hinaufgehe, schaut sie mich so seltsam an. Wenn ich von oben herunterkomme, fragt sie, wo ich gewesen bin. Das finde ich schlimm, und langsam kann ich sie nicht ausstehen!

Deine Anne M. Frank

Samstag, 19. Februar 1944

Liebe Kitty!

Es ist wieder Samstag, und das sagt eigentlich schon genug. Der Morgen war ruhig. Ich war fast eine Stunde oben, aber »ihn« habe ich nur flüchtig gesprochen.

Als alle um halb drei entweder lasen oder schliefen, zog ich mit Decken und allem hinunter, um mich an den Schreibtisch zu setzen und zu lesen oder zu

schreiben. Es dauerte nicht lange, da wurde es mir zu viel, mein Kopf fiel auf meinen Arm, und ich brach in Schluchzen aus. Die Tränen strömten, und ich fühlte mich tief unglücklich. Wäre »er« nur gekommen, um mich zu trösten.
Es war schon vier Uhr, als ich wieder hinaufging. Um fünf holte ich Kartoffeln, wieder mit einer neuen Hoffnung im Herzen, ihn zu treffen. Aber als ich noch im Badezimmer war und meine Haare zurechtmachte, ging er zu Moffi ins Lager.
Ich wollte Frau van Daan helfen und setzte mich mit meinem Buch oben hin. Aber auf einmal fühlte ich wieder die Tränen aufsteigen und rannte hinunter zur Toilette, nicht ohne unterwegs schnell noch den Handspiegel mitzunehmen. Da saß ich dann, auch nachdem ich schon längst fertig war, völlig angezogen auf dem Klo, meine Tränen machten dunkle Flecken auf das Rot meiner Schürze, und ich war sehr traurig.
Ich dachte ungefähr Folgendes: »So erreiche ich Peter nie. Wer weiß, vielleicht findet er mich überhaupt nicht nett und hat gar kein Bedürfnis nach Vertrauen. Vielleicht denkt er nur oberflächlich an mich? Ich muss wieder allein weiter, ohne Vertrauen und ohne Peter. Womöglich bald wieder ohne Hoffnung, Trost und Erwartung. Ach, könnte ich jetzt nur meinen Kopf an seine Schulter legen, damit ich mich nicht so hoffnungslos allein und verlassen fühle. Wer weiß, vielleicht macht er sich überhaupt nichts aus mir und schaut die anderen auch so freundlich an. Vielleicht habe ich mir nur eingebildet, dass es mir gilt. O Peter, könntest du mich nur hören oder sehen! Aber die Wahrheit, die vielleicht enttäuschend ist, könnte ich nicht ertragen.«
Später war ich doch wieder hoffnungsvoll und voller Erwartung, während innerlich meine Tränen noch flossen. Deine Anne

Sonntag, 20. Februar 1944

Was bei anderen Leuten in der Woche passiert, passiert im Hinterhaus sonntags. Wenn andere Leute schöne Kleider anhaben und in der Sonne spazieren gehen, sind wir hier am Schrubben, Fegen und Waschen.
<u>Acht Uhr:</u> Ungeachtet aller Langschläfer steht Dussel schon um acht Uhr auf, geht zum Badezimmer, anschließend nach unten, wieder nach oben, dann folgt im Badezimmer eine gründliche Wäsche, die eine volle Stunde dauert.
<u>Halb zehn:</u> Ofen werden angemacht, es wird entdunkelt, und van Daan geht ins Badezimmer. Eine der sonntäglichen Heimsuchungen ist, dass ich von

meinem Bett aus Dussel genau auf den Rücken schauen muss, wenn er betet. Jeder wird sich wundern, wenn ich sage, dass ein betender Dussel ein schrecklicher Anblick ist. Nicht dass er weint und übermäßig gefühlvoll tut, o nein, aber er hat die Angewohnheit, eine Viertelstunde lang, wohlgemerkt, eine Viertelstunde, von den Fersen auf die Zehen zu wippen. Hin und her, hin und her, endlos dauert das, und wenn ich meine Augen nicht zukneife, wird mir fast schwindlig.
<u>Viertel nach zehn:</u> Die van Daans pfeifen, das Badezimmer ist leer. Bei uns erheben sich die ersten verschlafenen Gesichter aus den Kissen. Dann geht alles schnell, schnell, schnell. Der Reihe nach gehen Margot und ich mit hinunter zum Waschen. Da es dort ordentlich kalt ist, sind lange Hosen und ein Kopftuch angebracht. Inzwischen ist Vater im Badezimmer. Um elf Uhr gehen Margot oder ich, dann ist jeder wieder sauber.
<u>Halb zwölf:</u> Frühstücken. Hierüber werde ich mich nicht weiter auslassen, denn über das Essen wird auch ohne mich schon genug gesprochen.
<u>Viertel nach zwölf:</u> Alle Personen gehen ihrer Wege. Vater liegt im Overall bald auf den Knien und bürstet den Teppich so fest, dass das Zimmer in eine dicke Staubwolke gehüllt ist. Herr Dussel macht die Betten (natürlich verkehrt) und pfeift dabei immer dasselbe Violinkonzert von Beethoven. Mutter hört man auf dem Dachboden schlurfen, während sie Wäsche aufhängt. Herr van Daan setzt seinen Hut auf und verschwindet in die unteren Regionen, meist gefolgt von Peter und Mouschi. Frau van Daan zieht eine lange Schürze, eine schwarze Wollweste und Überschuhe an, bindet sich einen dicken roten Wollschal um den Kopf, nimmt ein Bündel schmutzige Wäsche unter den Arm und geht, nach einem gut einstudierten Waschfrauenknicks, zum Waschen. Margot und ich spülen und räumen das Zimmer auf.

Mittwoch, 23. Februar 1944

Liebste Kitty!
Seit gestern ist draußen herrliches Wetter, und ich bin vollkommen aufgekratzt. Meine Schreibarbeit, das Schönste, was ich habe, geht gut voran. Ich gehe fast jeden Morgen zum Dachboden, um mir die dumpfe Stubenluft aus den Lungen wehen zu lassen. Heute Morgen, als ich wieder zum Dachboden ging, war Peter am Aufräumen. Bald war er fertig, und während ich mich auf meinen Lieblingsplatz auf den Boden setzte, kam er auch. Wir betrachteten den blauen Himmel, den kahlen Kastanienbaum, an dessen Zweigen kleine Tropfen glitzerten, die Möwen und die anderen Vögel, die im Tiefflug wie

aus Silber aussahen. Das alles rührte und packte uns beide so, dass wir nicht mehr sprechen konnten. Er stand mit dem Kopf an einen dicken Balken gelehnt, ich saß. Wir atmeten die Luft ein, schauten hinaus und fühlten, dass dies nicht mit Worten unterbrochen werden durfte. Wir schauten sehr lange hinaus, und als er anfangen musste, Holz zu hacken, wusste ich, dass er ein feiner Kerl ist. Er kletterte die Treppe zum Oberboden hinauf, und ich folgte ihm. Während der Viertelstunde, die er Holz hackte, sprachen wir wieder kein Wort. Ich schaute ihm von meinem Stehplatz aus zu, wie er sichtlich sein Bestes tat, gut zu hacken und mir seine Kraft zu zeigen. Aber ich schaute auch aus dem offenen Fenster über ein großes Stück Amsterdam, über alle Dächer, bis an den Horizont, der so hellblau war, dass man ihn kaum mehr sehen konnte.

»Solange es das noch gibt«, dachte ich, »und ich es erleben darf, diesen Sonnenschein, diesen Himmel, an dem keine Wolke ist, so lange kann ich nicht traurig sein.«

Für jeden, der Angst hat, einsam oder unglücklich ist, ist es bestimmt das beste Mittel, hinauszugehen, irgendwohin, wo er ganz allein ist, allein mit dem Himmel, der Natur und Gott. Dann erst, nur dann, fühlt man, dass alles so ist, wie es sein soll, und dass Gott die Menschen in der einfachen und schönen Natur glücklich sehen will.

Solange es das noch gibt, und das wird es wohl immer, weiß ich, dass es unter allen Umständen auch einen Trost für jeden Kummer gibt. Und ich glaube fest, dass die Natur viel Schlimmes vertreiben kann.

Wer weiß, vielleicht dauert es nicht mehr lange, bis ich dieses überwältigende Glücksgefühl mit jemandem teilen kann, der es genauso empfindet wie ich.

Deine Anne

P. S. Gedanken: An Peter.

Wir vermissen hier viel, sehr viel, und auch schon lange. Ich vermisse es auch, genau wie du. Du musst nicht denken, dass ich von äußerlichen Dingen spreche, damit sind wir hier hervorragend versorgt. Nein, ich meine die inneren Dinge. Ich sehne mich, genauso wie du, nach Freiheit und Luft, aber ich glaube, dass wir für diese Entbehrungen reichlich Entschädigung bekommen haben. Ich meine innere Entschädigung. Als ich heute Morgen vor dem Fenster saß und Gott und die Natur genau und gut betrachtete, war ich glücklich, nichts anderes als glücklich. Und, Peter, solange es dieses innere Glück gibt, das Glück über Natur, Gesundheit und noch sehr viel mehr, solange man das in sich trägt, wird man immer wieder glücklich werden.

Reichtum, Ansehen, alles kann man verlieren, aber das Glück im eigenen Herzen kann nur verschleiert werden und wird dich, solange du lebst, immer wieder glücklich machen.
Wenn du allein und unglücklich bist, dann versuche mal, bei schönem Wetter vom Oberboden aus in den Himmel zu schauen. Solange du furchtlos den Himmel anschauen kannst, so lange weißt du, dass du innerlich rein bist und dass du wieder glücklich werden wirst.

Sonntag, 27. Februar 1944

Liebste Kitty!
Von morgens früh bis abends spät denke ich eigentlich an nichts anderes als an Peter. Ich schlafe mit seinem Bild vor Augen ein, träume von ihm und werde wieder wach, wenn er mich anschaut.
Ich glaube, dass Peter und ich gar nicht so verschieden sind, wie das von außen wirkt, und ich erkläre dir auch, warum: Peter und ich vermissen beide eine Mutter. Seine ist zu oberflächlich, flirtet gern und kümmert sich nicht viel um Peters Gedanken. Meine bemüht sich zwar um mich, hat aber keinen Takt, kein Feingefühl, kein mütterliches Verständnis.
Peter und ich kämpfen beide in unserem Inneren. Wir sind beide noch unsicher und eigentlich zu zerbrechlich und innerlich zu zart, um so hart angepackt zu werden. Dann will ich raus oder will mein Inneres verbergen. Ich werfe mit Töpfen und Wasser und bin laut und lärmend, so dass jeder sich wünscht, ich wäre weit weg. Er zieht sich dann zurück, spricht fast nicht, ist still und träumt und verbirgt sich ängstlich.
Aber wie und wann werden wir uns endlich finden?
Ich weiß nicht, wie lange ich dieses Verlangen noch mit meinem Verstand beherrschen kann.

Deine Anne M. Frank

Montag, 28. Februar 1944

Liebste Kitty!
Es wird ein Nacht- und Tagalptraum. Ich sehe ihn fast jede Stunde und kann nicht zu ihm. Ich darf nichts zeigen, niemandem, muss fröhlich sein, während in mir alles verzweifelt ist.
Peter Schiff und Peter van Daan sind zusammengeflossen zu einem Peter, der gut und lieb ist und nach dem ich mich schrecklich sehne. Mutter ist furchtbar, Vater lieb und dadurch noch lästiger. Margot ist am lästigsten, denn

sie erhebt Anspruch auf ein freundliches Gesicht, und ich will meine Ruhe haben.

Peter kam nicht zu mir auf den Dachboden, er ging zum Oberboden und schreinerte dort etwas. Mit jedem Krachen und jedem Schlag bröckelte ein Stück von meinem Mut ab, und ich wurde noch trauriger. Und in der Ferne spielte eine Uhr: »Aufrecht der Körper, aufrecht die Seele!«

Ich bin sentimental, ich weiß es. Ich bin verzweifelt und unvernünftig, das weiß ich auch.

O hilf mir! Deine Anne M. Frank

Mittwoch, 1. März 1944

Liebe Kitty!

Meine eigenen Angelegenheiten sind in den Hintergrund gedrängt worden, und zwar durch … einen Einbruch. Ich werde langweilig mit meinen Einbrüchen, aber was kann ich dafür, dass die Einbrecher so ein Vergnügen daran haben, Kolen & Co. die Ehre eines Besuchs anzutun? Dieser Einbruch ist viel komplizierter als der vorige vom Juli 43.

Als Herr van Daan gestern Abend wie gewöhnlich um halb acht in Kuglers Büro ging, sah er die gläserne Zwischentür und die Bürotür offen stehen. Das wunderte ihn. Er ging weiter und staunte immer mehr, als die Kabinettstüren ebenfalls geöffnet waren und im vorderen Büro ein schreckliches Durcheinander herrschte. Hier war ein Dieb, schoss es ihm durch den Kopf. Um sich sofort Gewissheit zu verschaffen, ging er die Treppe hinunter, kontrollierte die Vordertür und das Sicherheitsschloss, alles war zu. »Dann werden Bep und Peter heute sehr schlampig gewesen sein«, nahm er an. Er blieb eine Weile in Kuglers Zimmer sitzen, drehte dann die Lampe aus, ging nach oben und machte sich weder über die offenen Türen noch über das unordentliche Büro viele Gedanken.

Heute Morgen klopfte Peter schon früh an unsere Zimmertür und kam mit der wenig hübschen Neuigkeit, dass die Vordertür weit offen stand und das Projektionsgerät und Kuglers neue Aktentasche aus dem Wandschrank verschwunden waren. Peter bekam den Auftrag, die Tür zu schließen, van Daan erzählte seine Beobachtungen vom vergangenen Abend, und wir waren ziemlich unruhig.

Die ganze Sache ist nicht anders zu erklären, als dass der Dieb einen Nachschlüssel von der Tür hat, denn die war nicht aufgebrochen worden. Er muss schon sehr früh am Abend hereingeschlüpft sein, schloss die Tür hinter sich,

wurde von van Daan gestört, versteckte sich, bis dieser weggegangen war, flüchtete dann mit seiner Beute und ließ in der Eile die Tür offen stehen.
Wer kann unseren Schlüssel haben? Warum ist der Dieb nicht ins Lager gegangen? War vielleicht einer unserer eigenen Lagerarbeiter der Täter? Würde er uns nun nicht verraten, da er van Daan gehört und vielleicht sogar gesehen hatte?
Es ist sehr unheimlich, weil wir nicht wissen, ob es dem betreffenden Einbrecher nicht noch mal einfällt, unsere Tür zu öffnen. Oder war er selbst erschrocken über den Mann, der da herumlief? Deine Anne

P. S. Wenn du vielleicht einen guten Detektiv für uns auftreiben könntest, wäre uns das sehr angenehm. Erste Forderung ist natürlich Zuverlässigkeit in Sachen Verstecken.

Donnerstag, 2. März 1944

Liebe Kitty!
Margot und ich waren heute zusammen auf dem Dachboden. Aber mit ihr kann ich es nicht so genießen, wie ich es mir mit Peter vorstelle (oder mit einem anderen), obwohl ich weiß, dass sie die meisten Dinge genauso empfindet wie ich!
Beim Abwaschen fing Bep an, mit Mutter und Frau van Daan über ihre Niedergeschlagenheit zu sprechen. Was helfen ihr die beiden? Vor allem unsere taktlose Mutter verhilft einem Menschen nur noch tiefer in die Pfütze. Weißt du, was sie Bep für einen Rat gab? Sie sollte mal an all die Menschen denken, die in dieser Welt zugrunde gehen! Wem hilft der Gedanke an Elend, wenn er sich selbst schon elend fühlt? Das sagte ich auch. Die Antwort war natürlich, dass ich bei solchen Dingen nicht mitreden kann!
Was sind die Erwachsenen doch idiotisch und blöd! Als ob Peter, Margot, Bep und ich nicht alle dasselbe fühlten! Und dagegen hilft nur Mutterliebe oder die Liebe von sehr, sehr guten Freunden. Aber die beiden Mütter hier verstehen nicht das geringste bisschen von uns! Frau van Daan vielleicht noch mehr als Mutter. Oh, ich hätte der armen Bep gern was gesagt, etwas, von dem ich aus Erfahrung weiß, dass es hilft. Aber Vater kam dazwischen und schob mich sehr grob beiseite. Wie blöd sind sie doch alle!
Ich habe auch noch mit Margot über Vater und Mutter gesprochen. Wie nett könnten wir es hier haben, wenn die nicht so schrecklich langweilig wären. Wir könnten Abende organisieren, an denen jeder der Reihe nach über

ein Thema spricht. Aber da sind wir schon beim springenden Punkt. Ich kann hier nicht sprechen. Herr van Daan greift immer an, Mutter wird scharf und kann über gar nichts normal reden, Vater hat keine Lust zu so etwas, ebenso wenig wie Herr Dussel, und Frau van Daan wird immer angegriffen, so dass sie mit rotem Kopf dasitzt und sich kaum mehr wehren kann. Und wir? Wir dürfen kein Urteil haben! Ja, sie sind so schrecklich modern! Kein Urteil haben! Man kann jemandem sagen, er soll den Mund halten. Aber kein Urteil haben, das gibt es nicht. Niemand kann einem anderen sein Urteil verbieten, auch wenn der andere noch so jung ist! Bep, Margot, Peter und mir hilft nur eine große, hingebungsvolle Liebe, die wir hier nicht bekommen. Und niemand hier kann uns verstehen, vor allem diese idiotischen Besserwisser nicht. Denn wir sind empfindsamer und viel weiter in unseren Gedanken, als einer von ihnen es wohl auch nur im Entferntesten vermuten würde.

Liebe, was ist Liebe? Ich glaube, dass Liebe etwas ist, was sich eigentlich nicht in Worte fassen lässt. Liebe ist, jemanden zu verstehen, ihn gernzuhaben. Glück und Unglück mit ihm zu teilen. Und dazu gehört auf die Dauer auch die körperliche Liebe. Du hast etwas geteilt, etwas hergegeben und etwas empfangen. Und ob du dann verheiratet oder unverheiratet bist, ob du ein Kind kriegst oder nicht, ob die Ehre weg ist, auf das alles kommt es nicht an, wenn du nur weißt, dass für dein ganzes weiteres Leben jemand neben dir steht, der dich versteht und den du mit niemandem zu teilen brauchst!

Zur Zeit mault Mutter wieder. Sie ist sichtbar eifersüchtig, weil ich mehr mit Frau van Daan rede als mit ihr. Das ist mir egal!

Heute Nachmittag habe ich Peter erwischt, wir haben uns mindestens eine Dreiviertelstunde lang unterhalten. Es fiel ihm schwer, etwas von sich zu sagen, aber es kam dann doch ganz langsam. Ich wusste wirklich nicht, ob ich besser daran täte, hinunterzugehen oder oben zu bleiben. Aber ich wollte ihm so gern helfen. Ich erzählte ihm von Bep und dass die beiden Mütter so taktlos sind. Er erzählte, dass seine Eltern immer streiten, über Politik und Zigaretten und alles Mögliche. Wie schon gesagt, Peter war sehr schüchtern, aber dann ließ er doch heraus, dass er seine Eltern gerne mal zwei Jahre lang nicht sehen möchte. »Mein Vater ist wirklich nicht so toll, wie er aussieht«, sagte er, »und in der Zigarettenfrage hat Mutter absolut recht!«

Ich erzählte ihm auch von meiner Mutter. Doch Vater verteidigte er, er findet ihn einen »Mordskerl«.

Heute Abend, als ich nach dem Spülen meine Schürze aufhängte, rief er mich und bat mich, unten nichts davon zu sagen, dass sie wieder Streit hat-

ten und nicht miteinander reden. Ich versprach es ihm, obwohl ich es Margot schon erzählt hatte. Aber ich bin überzeugt, dass sie ihren Mund hält.
»Nein, Peter«, sagte ich, »du brauchst vor mir keine Angst zu haben. Ich habe es mir abgewöhnt, alles weiterzusagen. Ich sage nie etwas, was du mir erzählst.«
Das fand er toll. Ich erzählte ihm auch von den schrecklichen Tratschereien bei uns und sagte: »Da hat Margot natürlich sehr recht, wenn sie meint, dass ich nicht ehrlich bin. Denn obwohl ich nicht mehr tratschen will, über Herrn Dussel tue ich es noch viel zu gern.«
»Das ist schön von dir«, sagte er. Er war rot geworden, und ich wurde bei diesem aufrichtigen Kompliment auch fast verlegen.
Dann sprachen wir noch über die oben und uns. Peter war wirklich ein bisschen erstaunt, dass wir seine Eltern noch immer nicht mögen.
»Peter«, sagte ich, »du weißt, dass ich ehrlich bin. Warum sollte ich es dir nicht sagen? Wir kennen ihre Fehler doch auch.«
Ich sagte auch noch: »Peter, ich würde dir so gern helfen, geht das nicht? Du stehst hier so dazwischen, und ich weiß, auch wenn du es nicht sagst, dass dir das was ausmacht.«
»Ich werde deine Hilfe immer gern annehmen.«
»Vielleicht gehst du lieber zu Vater. Der sagt auch nie etwas weiter, dem kannst du ruhig alles erzählen.«
»Ja, er ist ein echter Kamerad.«
»Du hast ihn sehr gern, nicht wahr?«
Peter nickte, und ich fuhr fort: »Nun, er dich auch!«
Er wurde rot. Es war wirklich rührend, wie froh er über diese paar Worte war.
»Glaubst du?«, fragte er.
»Ja«, sagte ich, »das merkt man doch an dem, was er ab und zu von sich gibt.«
Dann kam Herr van Daan zum Diktieren. Peter ist sicher auch ein »Mordskerl«, genau wie Vater.

Deine Anne M. Frank

Freitag, 3. März 1944

Liebste Kitty!
Als heute Abend die Kerzen angezündet wurden, wurde ich wieder froh und ruhig. Oma ist für mich in dieser Kerze, und Oma ist es auch, die mich behütet und beschützt und mich wieder froh macht. Aber … ein anderer beeinflusst meine Stimmung, und das ist Peter. Als ich heute die Kartoffeln

holte und noch mit dem vollen Topf auf der Treppe stand, fragte er schon: »Was hast du über Mittag gemacht?«
Ich setzte mich auf die Treppe, und wir fingen an zu reden. Um Viertel nach fünf (eine Stunde, nachdem ich sie geholt hatte) kamen die Kartoffeln erst im Zimmer an. Peter sprach mit keinem Wort mehr über seine Eltern, wir redeten nur über Bücher und über früher. Was hat dieser Junge für einen warmen Blick! Es fehlt, glaube ich, nicht mehr viel, und ich verliebe mich in ihn.
Darüber sprach er heute Abend. Ich kam zu ihm, nach dem Kartoffelschälen, und sagte, dass mir so heiß wäre. »An Margot und mir kann man sofort die Temperatur sehen. Wenn es kalt ist, sind wir weiß, und wenn es warm ist, rot«, sagte ich.
»Verliebt?«, fragte er.
»Warum sollte ich verliebt sein?« Meine Antwort (oder besser gesagt Frage) war ziemlich albern.
»Warum nicht!«, sagte er, und dann mussten wir zum Essen.
Ob er mit dieser Frage etwas beabsichtigt hat? Ich bin heute endlich dazu gekommen, ihn zu fragen, ob er mein Gerede nicht lästig fände. Er sagte nur: »Mir gefällt's gut!« Inwieweit diese Antwort nur Schüchternheit war, kann ich nicht beurteilen.
Kitty, ich bin wie eine Verliebte, die von nichts anderem erzählen kann als von ihrem Schatz. Peter ist aber auch wirklich ein Schatz. Wann werde ich ihm das mal sagen können? Natürlich nur, wenn er mich auch für einen Schatz hält. Aber ich bin kein Kätzchen, das man ohne Handschuhe anpackt, das weiß ich wirklich. Und er liebt seine Ruhe, also habe ich keine Ahnung, inwieweit er mich nett findet. Jedenfalls lernen wir uns ein bisschen besser kennen. Ich wünschte nur, dass wir uns mit viel mehr Dingen heraustrauen würden. Aber wer weiß, vielleicht kommt diese Zeit schneller, als ich denke. Ein paar Mal am Tag fange ich einen Blick des Einvernehmens von ihm auf, ich zwinkere zurück, und wir sind beide froh. Ich bin verrückt, wenn ich auch von <u>seiner</u> Freude spreche, aber ich habe das unumstößliche Gefühl, dass er genauso denkt wie ich.

Deine Anne M. Frank

Samstag, 4. März 1944

Beste Kitty!
Dieser Samstag ist seit Monaten und Monaten mal nicht so langweilig, traurig und öde wie alle vorherigen. Kein anderer als Peter ist die Ursache. Heute Morgen ging ich zum Dachboden, um meine Schürze aufzuhängen, als Vater

fragte, ob ich nicht bleiben wolle, um ein bisschen Französisch zu reden. Ich fand das prima. Wir sprachen zuerst Französisch, ich erklärte etwas, dann machten wir Englisch. Vater las aus Dickens vor, und ich war selig, denn ich saß auf Vaters Stuhl, dicht neben Peter.
Um Viertel vor elf ging ich nach unten. Als ich um halb zwölf wieder hinaufkam, stand er schon auf der Treppe und wartete auf mich. Wir redeten bis Viertel vor eins. Wenn es nur eben möglich ist, zum Beispiel nach dem Essen, wenn niemand es hört, sagt er: »Tschüs, Anne, bis später!«
Ach, ich bin so froh! Fängt er jetzt doch an, mich zu mögen? Jedenfalls ist er ein netter Kerl, und wer weiß, wie toll ich noch mit ihm reden kann.
Frau van Daan findet es gut, wenn wir zusammen sind, aber heute fragte sie neckend: »Kann ich euch beiden da oben denn trauen?«
»Natürlich« sagte ich protestierend. »Sie beleidigen mich!« Ich freue mich von morgens bis abends, dass ich Peter sehen werde.

Deine Anne M. Frank

P. S. Dass ich es nicht vergesse: Heute Nacht ist ein Haufen Schnee gefallen. Jetzt ist schon fast nichts mehr zu sehen, alles ist weggetaut.

Montag, 6. März 1944

Liebe Kitty!
Findest du es nicht verrückt, dass ich mich für Peter, nachdem er mir das von seinen Eltern erzählt hat, ein bisschen verantwortlich fühle? Es kommt mir vor, als gingen mich die Streitereien ebenso viel an wie ihn. Doch ich wage nicht mehr, mit ihm darüber zu sprechen, ich habe Angst, dass er das nicht mag. Um nichts in der Welt möchte ich nun unsensibel sein.
Ich sehe Peters Gesicht an, dass er genauso viel nachdenkt wie ich, und gestern Abend habe ich mich dann auch sehr geärgert, als Frau van Daan spöttisch sagte: »Der Denker!« Peter wurde rot und verlegen, und ich bin fast geplatzt.
Die Leute sollen doch ihren Mund halten! Es ist schlimm, untätig mit anzusehen, wie einsam er ist. Ich kann mir so gut, als würde ich es selbst mitmachen, vorstellen, wie verzweifelt er sich manchmal bei Streitereien fühlen muss. Armer Peter, wie sehr hat er Liebe nötig!
Wie hart klang es in meinen Ohren, als er davon sprach, dass er keine Freunde nötig hätte. Wie er sich irrt! Ich glaube auch, dass er diese Worte nicht ernst gemeint hat. Er klammert sich an seine Männlichkeit, seine Ein-

samkeit und seine gespielte Gleichgültigkeit, nur um nicht aus der Rolle zu fallen, um nie, nie zu zeigen, wie er sich fühlt. Armer Peter, wie lange kann er diese Rolle spielen? Wird dieser übermenschlichen Anstrengung kein schrecklicher Ausbruch folgen? O Peter, könnte und dürfte ich dir nur helfen! Wir zusammen würden unser beider Einsamkeit schon vertreiben!

Ich denke viel, aber ich sage nicht viel. Ich bin froh, wenn ich ihn sehe, und wenn dann auch noch die Sonne scheint. Gestern war ich beim Haarewaschen sehr ausgelassen und wusste die ganze Zeit, dass er im Zimmer nebenan war. Ich konnte es nicht ändern. Je stiller und ernster ich von innen bin, desto lärmender bin ich von außen. Wer wird der Erste sein, der diesen Panzer entdeckt und ihn durchbricht?

Es ist doch gut, dass van Daans kein Mädchen haben. Nie wäre die Eroberung so schwierig, so schön und so toll, wenn nicht gerade das andere Geschlecht so anziehen würde! Deine Anne M. Frank

P. S. Du weißt, dass ich dir alles ehrlich schreibe. Darum muss ich dir auch sagen, dass ich eigentlich von einem Treffen zum anderen lebe. Immer hoffe ich zu entdecken, dass er auch so auf mich wartet, und ich bin innerlich ganz entzückt, wenn ich seine kleinen, schüchternen Versuche merke. Er würde sich, meiner Meinung nach, gern genauso ausdrücken wie ich, und er weiß nicht, dass gerade seine Unbeholfenheit mich so anrührt.

Dienstag, 7. März 1944

Liebe Kitty!

Wenn ich so über mein Leben von 1942 nachdenke, kommt es mir so unwirklich vor. Dieses Götterleben erlebte eine ganz andere Anne Frank als die, die hier jetzt vernünftig geworden ist. Ein Götterleben, das war es. An jedem Finger fünf Verehrer, ungefähr zwanzig Freundinnen und Bekannte, der Liebling der meisten Lehrer, verwöhnt von Vater und Mutter, viele Süßigkeiten, genug Geld – was will man mehr?

Du wirst mich natürlich fragen, wie ich denn all die Leute so um den Finger gewickelt habe. Peter sagt »Anziehungskraft«, aber das stimmt nicht ganz. Die Lehrer fanden meine schlauen Antworten, mein lachendes Gesicht und meinen kritischen Blick nett, amüsant und witzig. Mehr war ich auch nicht, nur kokett und amüsant. Ein paar Vorteile hatte ich, durch die ich ziemlich in der Gunst blieb, nämlich Fleiß, Ehrlichkeit und Großzügigkeit. Nie hätte

ich mich geweigert, jemanden, egal wen, abschauen zu lassen, Süßigkeiten verteilte ich mit offenen Händen, und ich war nicht eingebildet.
Ob ich bei all der Bewunderung nicht übermütig geworden wäre? Es ist ein Glück, dass ich mittendrin, auf dem Höhepunkt des Festes sozusagen, plötzlich in der Wirklichkeit landete, und es hat gut ein Jahr gedauert, bevor ich mich daran gewöhnt hatte, dass von keiner Seite mehr Bewunderung kam.
Wie sahen sie mich in der Schule? Die Anführerin von Späßen und Späßchen, immer vorne dran und niemals schlecht gelaunt oder weinerlich. War es ein Wunder, dass jeder gern mit mir mitradelte oder mir eine Aufmerksamkeit erwies?
Ich betrachte diese Anne Frank jetzt als ein nettes, witziges, aber oberflächliches Mädchen, das nichts mehr mit mir zu tun hat. Was sagte Peter über mich? »Wenn ich dich sah, warst du immer umringt von zwei oder mehr Jungen und einem Haufen Mädchen. Immer hast du gelacht und warst der Mittelpunkt!« Er hatte recht.
Was ist von dieser Anne Frank übrig geblieben? O sicher, ich habe mein Lachen und meine Antworten nicht verlernt, ich kann noch genauso gut oder besser die Menschen kritisieren, ich kann noch genauso flirten und amüsant sein, wenn ich will …
Das ist der Punkt. Ich möchte gerne noch mal für einen Abend, für ein paar Tage, für eine Woche so leben, scheinbar unbekümmert und fröhlich. Am Ende der Woche wäre ich dann todmüde und würde bestimmt dem Erstbesten, der vernünftig mit mir redet, sehr dankbar sein. Ich will keine Anbeter, sondern Freunde, keine Bewunderung für ein schmeichelndes Lächeln, sondern für mein Auftreten und meinen Charakter. Ich weiß sehr gut, dass dann der Kreis um mich viel kleiner würde. Aber was macht das, wenn ich nur ein paar Menschen, aufrechte Menschen übrig behalte.
Trotz allem war ich 1942 auch nicht ungeteilt glücklich. Ich fühlte mich oft verlassen, aber weil ich von morgens bis abends beschäftigt war, dachte ich nicht nach und machte Spaß. Bewusst oder unbewusst versuchte ich, die Leere mit Witzchen zu vertreiben.
Nun betrachte ich mein Leben und merke, dass eine Zeitspanne schon unwiderruflich abgeschlossen ist. Die sorglose, unbekümmerte Schulzeit kommt niemals zurück. Ich sehne mich noch nicht mal danach, ich bin darüber hinausgewachsen. Ich kann nicht mehr nur Unsinn machen, ein Teil von mir bewahrt immer seinen Ernst.
Ich betrachte mein Leben bis Neujahr 1944 wie unter einer scharfen Lupe. Daheim das Leben mit viel Sonne, dann 1942 hierher, der plötzliche Über-

gang, die Streitereien, die Anschuldigungen. Ich konnte es nicht fassen, ich war überrumpelt und habe meine Haltung nur durch Frechheit bewahren können.

Dann die erste Hälfte von 1943: Meine Heulanfälle, die Einsamkeit, das langsame Einsehen der Fehler und Mängel, die groß sind und doppelt so groß schienen. Ich redete tagsüber über alles hinweg und versuchte Pim auf meine Seite zu ziehen. Das gelang mir nicht. Ich stand allein vor der schwierigen Aufgabe, mich so zu verändern, dass ich keine Tadel mehr hören musste, denn die drückten mich nieder bis zur schrecklichen Mutlosigkeit.

In der zweiten Hälfte des Jahres wurde es etwas besser. Ich wurde ein Backfisch, galt als erwachsener. Ich fing an nachzudenken, Geschichten zu schreiben, und kam zu dem Schluss, dass die anderen nichts mehr mit mir zu tun hatten. Sie hatten kein Recht, mich hin und her zu zerren. Ich wollte mich selbst umformen, nach meinem eigenen Willen. Ich verstand, dass ich auf Mutter verzichten kann, ganz und vollständig. Das tat weh. Aber eines traf mich noch mehr, nämlich die Einsicht, dass Vater nie mein Vertrauter werden würde. Ich vertraute niemandem mehr, nur noch mir selbst.

Nach Neujahr dann die zweite große Veränderung, mein Traum … Durch ihn entdeckte ich meine Sehnsucht nach einem Jungen. Nicht nach einer Mädchenfreundschaft, sondern nach einem Jungenfreund. Entdeckte auch das Glück in mir selbst und meinen Panzer aus Oberflächlichkeit und Fröhlichkeit. Aber dann und wann wurde ich ruhig. Nun lebe ich nur noch von Peter, denn von ihm wird sehr viel davon abhängen, was weiter mit mir passieren wird.

Abends, wenn ich im Bett liege und mein Gebet mit den Worten beende: »Ich danke dir für all das Gute und Liebe und Schöne«, dann jubelt es in mir. Dann denke ich an »das Gute«: das Verstecken, meine Gesundheit, mein ganzes Selbst. »Das Liebe« von Peter, das, was noch klein und empfindlich ist und das wir beide noch nicht zu benennen wagen, die Liebe, die Zukunft, das Glück. »Das Schöne«, das die Welt meint, die Welt, die Natur und die weite Schönheit von allem, allem Schönen zusammen.

Dann denke ich nicht an das Elend, sondern an das Schöne, das noch immer übrig bleibt. Hier liegt zu einem großen Teil der Unterschied zwischen Mutter und mir. Ihr Rat bei Schwermut ist: »Denke an all das Elend in der Welt und sei froh, dass du das nicht erlebst.« Mein Rat ist: »Geh hinaus in die Felder, die Natur und die Sonne. Geh hinaus und versuche, das Glück in dir selbst zurückzufinden. Denke an all das Schöne, das noch in dir und um dich ist, und sei glücklich!«

Meiner Meinung nach kann Mutters Satz nicht stimmen, denn was tust du dann, wenn du das Elend doch erlebst? Dann bist du verloren. Ich hingegen finde, dass noch bei jedem Kummer etwas Schönes übrig bleibt. Wenn man das betrachtet, entdeckt man immer mehr Freude, und man wird wieder ausgeglichen. Und wer glücklich ist, wird auch andere glücklich machen. Wer Mut und Vertrauen hat, wird im Unglück nicht untergehen!

Deine Anne M. Frank

Mittwoch, 8. März 1944

Margot und ich haben uns Briefchen geschrieben, nur zum Spaß, natürlich.
Anne: Verrückt, nicht wahr, mir fallen nächtliche Begebenheiten immer erst viel später ein. Jetzt weiß ich plötzlich, dass Herr Dussel heute Nacht sehr laut geschnarcht hat (jetzt ist es mittwochnachmittags, Viertel vor drei, und Herr Dussel schnarcht wieder, deshalb ist es mir natürlich eingefallen). Ich habe, als ich auf den Topf musste, absichtlich etwas mehr Lärm gemacht, damit das Schnarchen aufhört.
Margot: Was ist besser, das Geschnappe nach Luft oder das Schnarchen?
Anne: Schnarchen, denn wenn ich Krach mache, hört es auf, ohne dass die betreffende Person wach wird.

Etwas habe ich Margot nicht geschrieben, aber dir will ich es bekennen, Kitty, nämlich dass ich sehr viel von Peter träume. Vorgestern Nacht war ich im Traum hier, in unserem Wohnzimmer, auf dem Eis. Mit mir war der kleine Junge von der Kunsteisbahn, der mit seinem Schwesterchen in dem ewigen blauen Kleid und den Storchenbeinen hier lief. Ich stellte mich ihm geziert vor und fragte nach seinem Namen. Er hieß Peter. Schon im Traum fragte ich mich, wie viele Peters ich nun kenne.
Dann träumte ich, dass wir in Peters Zimmer standen, einander gegenüber. Ich sagte etwas zu ihm, er gab mir einen Kuss. Aber er sagte, dass er mich doch nicht so gern hätte und ich nicht flirten sollte. Mit einer verzweifelten und flehenden Stimme sagte ich: »Ich flirte nicht, Peter!«
Als ich wach wurde, war ich froh, dass Peter das nicht gesagt hatte.
Heute Nacht küssten wir uns auch. Aber Peters Wangen waren sehr enttäuschend. Sie waren nicht so weich, wie sie aussehen, sondern wie Vaters Wangen, also die eines Mannes, der sich schon rasiert.

Freitag, 10. März 1944

Liebste Kitty!

Heute passt das Sprichwort »Ein Unglück kommt selten allein«. Peter sagte es gerade. Ich werde dir erzählen, was wir für Unannehmlichkeiten haben und was uns vielleicht noch bevorsteht.

Erstens ist Miep krank. Sie war bei einer Trauung in der Westernkirche und hat sich erkältet. Zweitens ist Kleiman noch immer nicht zurück von seiner letzten Magenblutung, und Bep ist also allein im Büro. Drittens ist ein Mann, dessen Namen ich nicht nennen will, verhaftet worden. Das ist nicht nur für den Betreffenden sehr schlimm, sondern auch für uns, da wir auf Kartoffeln, Butter und Marmelade warten. Herr M., nennen wir ihn mal so, hat fünf Kinder unter 13 Jahren, und eins ist unterwegs.

Gestern Abend haben wir mal wieder einen kleinen Schreck erlebt, weil plötzlich neben uns an die Wand geklopft wurde. Wir waren gerade beim Essen. Der weitere Abend verlief bedrückt und nervös.

Ich habe in der letzten Zeit überhaupt keine Lust, die Ereignisse hier aufzuschreiben, meine eigenen Angelegenheiten gehen mir mehr zu Herzen. Versteh das nicht falsch, ich finde das Schicksal des armen Herrn M. schrecklich, aber in meinem Tagebuch ist doch nicht viel Platz für ihn.

Dienstag, Mittwoch und Donnerstag war ich von halb fünf bis Viertel nach fünf bei Peter. Wir haben Französisch gemacht und über alles und noch was getratscht. Ich freue mich wirklich auf dieses kleine Stündchen nachmittags, und am schönsten ist, dass Peter, glaube ich, mein Kommen auch schön findet.

Deine Anne M. Frank

Samstag, 11. März 1944

Liebe Kitty!

In der letzten Zeit habe ich kein Sitzfleisch mehr. Ich gehe von oben nach unten und von unten wieder nach oben. Ich finde es schön, mit Peter zu reden, habe aber immer Angst, dass ich ihm lästig falle. Er hat mir einiges von früher erzählt, von seinen Eltern und sich selbst, aber ich finde es viel zu wenig und frage mich doch alle fünf Minuten, wie ich dazu komme, mehr zu verlangen. Er fand mich früher unausstehlich, ich ihn auch. Jetzt habe ich meine Meinung geändert, muss er seine auch geändert haben? Ich glaube ja, doch das bedeutet noch nicht, dass wir dicke Freunde werden müssen, obwohl ich meinerseits das ganze Verstecken dann leichter ertragen könnte. Aber ich will mich nicht verrückt machen, ich beschäftige mich genug mit ihm und muss dich nicht auch noch langweilen, weil ich so lahm bin!

Sonntag, 12. März 1944

Liebe Kitty!
Alles wird immer verrückter, je länger es dauert. Seit gestern schaut Peter mich nicht an, als wäre er böse auf mich. Ich gebe mir dann auch Mühe, ihm nicht nachzulaufen und so wenig wie möglich mit ihm zu reden, aber es fällt mir schwer. Was ist es denn, das ihn oft von mir abhält und oft zu mir hindrängt? Vielleicht bilde ich mir auch nur ein, dass es schlimm ist. Vielleicht hat er auch Launen, vielleicht ist morgen alles wieder gut.
Am schwersten ist es, dass ich nach außen hin normal sein muss, auch wenn ich so traurig bin. Ich muss helfen, mit anderen reden und zusammensitzen und vor allem fröhlich sein! Ganz besonders vermisse ich die Natur und einen Platz, wo ich allein sein kann, solange ich will. Ich glaube, ich bringe alles durcheinander, aber ich bin auch völlig verwirrt. Auf der einen Seite bin ich verrückt vor Sehnsucht nach ihm, kann kaum im Zimmer sein, ohne zu ihm hinzuschauen, und auf der anderen Seite frage ich mich, warum es mir eigentlich so viel ausmacht, warum ich nicht wieder ruhig werden kann!
Tag und Nacht, immer wenn ich wach bin, tue ich nichts anderes, als mich zu fragen: »Hast du ihn nicht genug in Ruhe gelassen? Bist du zu oft oben? Redest du zu oft über ernste Dinge, über die er noch nicht sprechen kann? Findet er dich vielleicht überhaupt nicht sympathisch? War der ganze Rummel vielleicht nur Einbildung? Aber warum hat er dir dann so viel über sich selbst erzählt? Tut ihm das vielleicht leid?« Und noch viel mehr.
Gestern Nachmittag war ich nach einer Reihe trauriger Neuigkeiten von draußen so durchgedreht, dass ich mich auf meine Couch legte. Ich wollte nichts als schlafen, um nicht nachzudenken. Ich schlief bis vier Uhr, dann musste ich hinüber. Es fiel mir schwer, Mutters Fragen zu beantworten und mir für Vater eine Ausrede auszudenken, die mein Schlafen erklärte. Ich schob Kopfschmerzen vor, was nicht gelogen war, da ich auch Kopfschmerzen hatte … von innen!
Normale Menschen, normale Mädchen, Backfische wie ich, werden mich wohl für übergeschnappt halten mit meinem Selbstmitleid. Aber es ist ja so, dass ich dir alles sage, was mir auf dem Herzen liegt, den übrigen Tag bin ich so frech, fröhlich und selbstbewusst wie möglich, um alle Fragen zu vermeiden, und ärgere mich innerlich über mich selbst.

Margot ist sehr lieb und möchte gern meine Vertraute sein, aber ich kann ihr doch nicht alles sagen. Ihr fehlt es an Ungezwungenheit. Sie nimmt mich ernst, viel zu ernst, und denkt lange über ihre verrückte Schwester nach. Sie schaut mich bei allem, was ich sage, prüfend an und denkt: Ist das jetzt Komödie, oder meint sie es wirklich?
Wir sind eben dauernd zusammen, und ich könnte meine Vertraute nicht immer um mich haben.
Wann komme ich wieder heraus aus diesem Wirrwarr von Gedanken? Wann wird wieder Ruhe und Frieden in mir sein? Deine Anne

Dienstag, 14. März 1944

Liebe Kitty!
Für dich ist es vielleicht vergnüglich (für mich weniger) zu hören, was wir heute essen werden. Da die Putzfrau unten ist, sitze ich im Augenblick bei van Daans am Wachstuchtisch und habe ein Taschentuch, das mit wohlriechendem Parfüm aus der Vorversteckzeit durchzogen ist, gegen Mund und Nase gedrückt. Das wirst du so natürlich nicht verstehen, also »mit dem Anfang beginnen«.
Da unsere Markenlieferanten festgenommen worden sind, haben wir außer unseren fünf schwarzen Lebensmittelkarten keine Marken und kein Fett. Und weil Miep und Kleiman wieder krank sind, kann Bep auch nichts besorgen. Und weil die ganze Stimmung trübselig ist, ist es das Essen auch. Ab morgen haben wir kein Stückchen Fett, Butter oder Margarine mehr. Zum Frühstück gibt es nun nicht mehr Bratkartoffeln (aus Brotersparnis), sondern Brei, und da Frau van Daan glaubt, dass wir verhungern, haben wir dafür extra Vollmilch gekauft. Unser Mittagessen heute ist Grünkohleintopf aus dem Fass. Daher auch die Vorsichtsmaßnahme mit dem Taschentuch. Unglaublich, wie Grünkohl, der wahrscheinlich ein paar Jahre alt ist, stinken kann! Es riecht hier im Zimmer nach einer Mischung aus verdorbenen Pflaumen, Konservierungsmittel und faulen Eiern. Bah, mir wird schon übel allein bei dem Gedanken, dass ich dieses Zeug essen muss!
Dazu kommt noch, dass sich unsere Kartoffeln sonderbare Krankheiten zugezogen haben und von zwei Eimern »pommes de terre« einer im Herd landet. Wir machen uns einen Spaß daraus, die verschiedenen Krankheiten herauszufinden, und sind zu dem Schluss gekommen, dass Krebs, Pocken und Masern einander abwechseln. O ja, es ist kein Vergnügen, im vierten Kriegsjahr versteckt zu leben. Wäre der ganze Mist nur schon vorbei!

Ehrlich gesagt, mir würde das Essen nicht so viel ausmachen, wenn es sonst etwas vergnüglicher hier wäre. Der Haken ist, dass dieses langweilige Leben anfängt, uns unleidlich zu machen. Hier folgen die Meinungen von fünf erwachsenen Untertauchern über den gegenwärtigen Zustand (Kinder dürfen keine Meinung haben, ich habe mich für diesmal daran gehalten).

Frau van Daan:

»Die Arbeit als Küchenfee gefällt mir schon lange nicht mehr, aber dazusitzen und nichts zu tun zu haben ist langweilig. Also koche ich doch wieder und beklage mich: ›Kochen ohne Fett ist unmöglich. Mir wird übel von all den ekelhaften Gerüchen. Nichts als Undankbarkeit und Geschrei ist der Lohn für meine Mühe. Ich bin immer das schwarze Schaf, an allem bekomme ich die Schuld.‹ Ferner bin ich der Meinung, dass der Krieg nicht viel Fortschritte macht, die Deutschen werden am Schluss doch noch gewinnen. Ich habe schreckliche Angst, dass wir verhungern, und schimpfe jeden aus, wenn ich schlechte Laune habe.«

Herr van Daan:

»Ich muss rauchen, rauchen, rauchen, dann sind Essen, Politik und Kerlis Launen nicht so schlimm, und Kerli ist eine liebe Frau. Wenn ich nichts zu rauchen bekomme, dann werde ich krank, dann brauche ich Fleisch. Dann leben wir zu schlecht, ist nichts gut genug, es folgt bestimmt ein heftiger Streit, und meine Kerli ist eine schrecklich dumme Frau.«

Frau Frank:

»Das Essen ist nicht so wichtig, aber gerade jetzt hätte ich gerne eine Scheibe Roggenbrot, denn ich habe schrecklichen Hunger. Wenn ich Frau van Daan wäre, hätte ich dem ewigen Rauchen meines Mannes schon längst einen Riegel vorgeschoben. Aber jetzt brauche ich dringend eine Zigarette, ich habe schon einen ganz blöden Kopf. Die van Daans sind schreckliche Leute, die Engländer machen viele Fehler, aber der Krieg geht voran. Ich muss reden und froh sein, dass ich nicht in Polen bin.«

Herr Frank:

»Alles in Ordnung, ich brauche nichts. Immer mit der Ruhe, wir haben Zeit. Gib mir meine Kartoffeln, dann halte ich den Mund. Schnell noch was von meiner Ration zur Seite legen, für Bep. Politisch geht es voran, ich bin optimistisch.«

Herr Dussel:

»Ich muss mein Pensum schaffen, alles rechtzeitig fertigmachen. Mit der Politik geht es ausgezeichnet, dass wir geschnappt werden, ist unmöglich. Ich, ich, ich …!«

Deine Anne

Donnerstag, 16. März 1944

Liebe Kitty!

Puh, ein Weilchen von den düsteren Szenen befreit! Heute habe ich nichts anderes gehört als: »Wenn dies oder das passiert, dann bekommen wir Schwierigkeiten, wenn der noch krank wird, stehen wir allein auf der Welt …, wenn dann …«

Nun ja, den Rest weißt du schon. Ich vermute wenigstens, dass du die Hinterhäusler inzwischen gut genug kennst, um ihre Gespräche zu erraten.

Der Anlass für dieses »wenn, wenn« ist, dass Kugler zu sechs Tagen Arbeitsdienst aufgerufen worden ist, Bep mehr als nur einen Stockschnupfen hat und wahrscheinlich morgen zu Hause bleiben muss, Miep von ihrer Grippe noch nicht genesen ist und Kleiman eine Magenblutung mit Bewusstlosigkeit gehabt hat. Eine wahre Trauerliste für uns.

Kugler muss unserer Meinung nach zu einem zuverlässigen Arzt gehen, sich ein Attest schreiben lassen und es auf dem Rathaus in Hilversum vorlegen. Für morgen haben die Arbeiter vom Lager einen Tag frei bekommen, Bep ist dann allein im Büro. Wenn (schon wieder ein Wenn) sie zu Hause bleibt, dann bleibt die Tür verschlossen und wir müssen mäuschenstill sein, dass die Leute im Nachbarhaus nichts hören. Jan will um ein Uhr kommen und die Verlassenen für eine halbe Stunde besuchen, er spielt dann sozusagen die Rolle eines Zoowärters.

Jan hat heute Mittag zum ersten Mal seit langer Zeit wieder mal was von der großen Welt erzählt. Du hättest sehen müssen, wie wir acht um ihn herum saßen, genau wie auf einem Bild »Wenn Großmutter erzählt«.

Er kam vom Hundertsten ins Tausendste vor seinem dankbaren Publikum und sprach in erster Linie natürlich vom Essen. Eine Bekannte von Miep kocht für ihn. Vorgestern bekam er Karotten mit grünen Erbsen, gestern musste er Reste essen, heute kocht sie Ackererbsen, und morgen gibt's aus den übrig gebliebenen Karotten Eintopf.

Wir erkundigten uns nach Mieps Doktor.

»Doktor?«, fragte Jan. »Was wollen Sie vom Doktor? Ich rief heute Morgen bei ihm an, bekam so ein Assistentchen ans Telefon, bat um ein Rezept gegen Grippe und erhielt die Antwort, dass ich es zwischen acht und neun abholen könnte. Wenn man eine sehr schwere Grippe hat, kommt der Doktor selbst kurz an den Apparat und sagt:

›Strecken Sie mal Ihre Zunge raus! Sagen Sie aah! Ich höre schon, Sie haben einen roten Hals. Ich schreibe ein Rezept für Sie, damit können Sie zur Apotheke gehen. Guten Tag, mein Herr.‹ Und damit basta. Bequeme Praxis ist das,

ausschließlich Bedienung durchs Telefon. Aber ich sollte den Ärzten nichts vorwerfen, schließlich hat jeder Mensch nur zwei Hände, und heute gibt es einen Überfluss an Patienten und nur eine minimale Zahl an Ärzten.«
Trotzdem mussten wir lachen, als Jan das Telefongespräch wiedergab. Ich kann mir wirklich vorstellen, wie ein Wartezimmer gegenwärtig aussieht. Man schaut nicht mehr auf Kassenpatienten hinab, sondern auf Leute, denen nichts Schlimmes fehlt, und denkt sich: Mensch, was hast du hier zu suchen? Hinten anstellen, wirklich Kranke haben Vorrang!

Deine Anne M. Frank

Donnerstag, 16. März 1944

Liebe Kitty!
Das Wetter ist herrlich, unbeschreiblich schön. Ich gehe sicher bald zum Dachboden.
Ich weiß jetzt, warum ich so viel unruhiger bin als Peter. Er hat ein eigenes Zimmer, in dem er arbeitet, träumt, denkt und schläft. Ich werde von einer Ecke in die andere geschoben. Allein bin ich in meinem geteilten Zimmer nie, und doch sehne ich mich so sehr danach. Das ist auch der Grund, weshalb ich zum Dachboden flüchte. Dort und bei dir kann ich mal kurz, ganz kurz, ich selbst sein. Doch ich will nicht über meine Sehnsüchte jammern, im Gegenteil, ich will mutig sein!
Glücklicherweise merkt niemand etwas von meinen Gefühlen, außer dass ich mit jedem Tag kühler und verächtlicher gegen Mutter bin, mit Vater weniger schmuse und auch Margot gegenüber nichts mehr rauslasse, ich bin völlig zugeknöpft. Ich muss vor allem meine äußere Sicherheit bewahren, niemand darf wissen, dass in mir noch immer Krieg herrscht. Krieg zwischen meinem Verlangen und meinem Verstand. Bis jetzt hat Letzterer den Sieg errungen, aber wird das Gefühl nicht doch stärker sein? Manchmal fürchte ich es, und oft ersehne ich es.
Es ist so schwierig, Peter gegenüber nichts zu zeigen, aber ich weiß, dass er anfangen muss. Es fällt mir schwer, all die Gespräche und Handlungen, die ich in meinen Träumen mit ihm erlebt habe, tagsüber wieder als nicht geschehen zu betrachten. Ja, Kitty, Anne ist verrückt, aber ich lebe auch in einer verrückten Zeit und unter noch verrückteren Umständen.
Am besten gefällt mir noch, dass ich das, was ich denke und fühle, wenigstens aufschreiben kann, sonst würde ich komplett ersticken. Was denkt Peter wohl über all das? Immer wieder glaube ich, dass ich eines Tages mit ihm

darüber sprechen kann. Es muss doch etwas geben an mir, das er erraten hat, denn die äußere Anne, die er bis jetzt kennt, kann er doch nicht gernhaben! Wie kann er, der Ruhe und Frieden so sehr liebt, Sympathie für mein lärmendes und lebhaftes Benehmen fühlen? Ist er vielleicht der Erste und Einzige, der hinter meine Betonmaske geschaut hat? Wird er vielleicht bald dahintersteigen? Gibt es nicht einen alten Spruch, dass auf Mitleid oft Liebe folgt oder dass beides oft Hand in Hand geht? Ist das nicht auch bei mir der Fall? Ich habe genauso viel Mitleid mit ihm, wie ich es oft mit mir selbst habe!

Ich weiß wirklich nicht, wie ich die ersten Worte finden sollte. Wie könnte er es dann, der noch viel mehr Schwierigkeiten hat zu sprechen? Könnte ich ihm nur schreiben! Dann wüsste ich wenigstens, dass er weiß, was ich sagen wollte, mit Worten ist es so entsetzlich schwer. Deine Anne M. Frank

Freitag, 17. März 1944

Allerliebster Schatz!

Es ist noch mal gutgegangen, Beps Erkältung ist keine Grippe geworden, sondern nur Heiserkeit, und Herr Kugler ist vom Arbeitsdienst durch das Attest eines Arztes befreit worden. Durch das Hinterhaus weht ein Wind der Erleichterung. Alles ist in Ordnung, außer dass Margot und ich unsere Eltern ein bisschen satthaben.

Du darfst das nicht falsch verstehen, ich liebe Vater, und Margot liebt Vater und Mutter, aber wenn man so alt ist wie wir, will man auch ein bisschen für sich selbst entscheiden, will man mal von der Elternhand los. Wenn ich nach oben gehe, wird gefragt, was ich tun will. Bei Tisch darf ich kein Salz nehmen, jeden Abend um Viertel nach acht fragt Mutter, ob ich mich noch nicht ausziehen sollte, jedes Buch, das ich lese, muss geprüft werden. Ehrlich gesagt, diese Prüfung ist überhaupt nicht streng, und ich darf fast alles lesen, aber all diese Be- und Anmerkungen plus die Fragerei den ganzen Tag finden wir lästig.

Noch etwas passt ihnen nicht, ich will nicht mehr den ganzen Tag Küsschen hier und Küsschen da geben. All die süßen, ausgedachten Kosenamen finde ich geziert. Und Vaters Vorliebe, über Winde lassen und die Toilette zu sprechen, finde ich scheußlich. Kurz, ich möchte sie gern mal für eine Weile loshaben, und das verstehen sie nicht. Nicht dass wir ihnen etwas davon erzählt haben, nein, wozu auch, sie würden es nicht kapieren.

Margot hat gestern Abend gesagt: »Ich finde es wirklich blöd. Wenn man kurz den Kopf auf die Hände legt und zweimal seufzt, fragen sie gleich, ob man Kopfweh hat oder sich nicht gut fühlt.«

Es ist für Margot und mich ein richtiger Schlag, dass wir nun plötzlich sehen, wie wenig von dem vertrauten und harmonischen Zuhause übrig ist. Und das liegt zu einem großen Teil daran, dass unser Verhältnis zueinander so schief ist. Ich meine, dass wir wie kleine Kinder behandelt werden, was die äußerlichen Dinge betrifft, und wir innerlich viel älter sind als Mädchen unseres Alters. Auch wenn ich erst vierzehn bin, weiß ich doch sehr gut, was ich will, ich weiß, wer recht und unrecht hat, ich habe meine Meinung, meine Auffassungen und Prinzipien. Vielleicht klingt das verrückt für einen Backfisch, aber ich fühle mich viel mehr Mensch als Kind, ich fühle mich unabhängig, von wem auch immer. Ich weiß, dass ich besser debattieren und diskutieren kann als Mutter, ich weiß, dass ich einen objektiveren Blick habe und nicht so übertreibe, ordentlicher und geschickter bin, und dadurch fühle ich mich (du kannst darüber lachen) ihr in vielen Dingen überlegen. Wenn ich jemanden lieben soll, muss ich in erster Linie Bewunderung für ihn fühlen, Bewunderung und Respekt, und diese beiden Punkte vermisse ich bei Mutter vollkommen.

Alles wäre gut, wenn ich nur Peter hätte, denn ihn bewundere ich in vielem. Nicht wahr, er ist so ein feiner und hübscher Junge! Deine Anne M. Frank

Samstag, 18. März 1944

Liebe Kitty!

Niemandem auf der Welt habe ich mehr über mich selbst und meine Gefühle erzählt als dir, warum sollte ich dir dann nicht auch etwas über sexuelle Dinge erzählen?

Eltern und Menschen im Allgemeinen verhalten sich bei diesem Thema sehr eigenartig. Statt dass sie sowohl ihren Mädchen als auch ihren Jungen von zwölf Jahren alles erzählen, werden Kinder bei solchen Gesprächen aus dem Zimmer geschickt und dürfen selbst sehen, wo sie ihre Weisheit herbekommen. Wenn die Eltern dann später entdecken, dass ihre Kinder doch etwas erfahren haben, nehmen sie an, dass die Kinder mehr oder weniger wissen, als tatsächlich wahr ist. Warum versuchen sie dann nicht noch, das Versäumte nachzuholen, und fragen, wie es damit steht?

Ein wichtiges Hindernis gibt es für die Erwachsenen, doch ich finde es sehr klein. Sie denken nämlich, dass Kinder sich die Ehe dann nicht mehr heilig und unversehrt vorstellen, wenn sie wissen, dass diese Unversehrtheit in den

meisten Fällen bloß Unsinn ist. Ich persönlich finde es für einen Mann überhaupt nicht schlimm, wenn er ein bisschen Erfahrung mit in die Ehe bringt. Damit hat die Ehe doch nichts zu tun.
Als ich gerade elf geworden war, klärten sie mich über die Periode auf. Woher sie kam oder was sie für eine Bedeutung hat, wusste ich aber noch lange nicht. Mit zwölfeinhalb Jahren erfuhr ich mehr, weil Jopie nicht so blöd war wie ich. Wie Mann und Frau zusammenleben, hat mir mein Gefühl selbst gesagt. Am Anfang fand ich diese Vorstellung verrückt, aber als Jacque es mir bestätigte, war ich schon ein bisschen stolz auf meine Intuition.
Dass Kinder nicht aus dem Bauch geboren werden, habe ich auch von Jacque, die sagte einfach: »Wo es hineingeht, kommt es fertig wieder heraus.« Über Jungfernhäutchen und andere Einzelheiten wussten Jacque und ich aus einem Buch über sexuelle Aufklärung. Dass man Kinderkriegen verhindern kann, wusste ich auch, aber wie das alles innerlich geht, war mir ein Geheimnis. Als ich hierherkam, erzählte Vater mir von Prostituierten und so weiter, aber alles in allem bleiben genug Fragen übrig.
Wenn eine Mutter ihren Kindern nicht alles erzählt, erfahren sie es stückchenweise, und das ist sicher verkehrt.
Obwohl Samstag ist, bin ich nicht gelangweilt. Das liegt daran, dass ich mit Peter auf dem Dachboden war. Mit geschlossenen Augen habe ich dagesessen und geträumt, es war herrlich.

Deine Anne M. Frank

Sonntag, 19. März 1944

Liebe Kitty!
Gestern war ein sehr wichtiger Tag für mich. Nach dem Mittagessen verlief alles ganz normal. Um fünf Uhr setzte ich Kartoffeln auf, und Mutter gab mir etwas von der Blutwurst, um sie Peter zu bringen. Ich wollte erst nicht, ging dann aber doch. Er wollte die Wurst nicht annehmen, und ich hatte das elende Gefühl, dass es noch immer wegen des Streites über das Misstrauen war. Auf einmal konnte ich nicht mehr, die Tränen schossen mir in die Augen. Ich brachte die Untertasse wieder zu Mutter und ging aufs Klo, zum Ausweinen. Dann beschloss ich, die Sache mit Peter durchzusprechen. Vor dem Essen saßen wir zu viert bei ihm an einem Kreuzworträtsel, da konnte ich also nichts sagen. Aber als wir zu Tisch gingen, flüsterte ich ihm zu: »Machst du heute Abend Steno?«
»Nein«, antwortete er.
»Dann möchte ich dich später kurz sprechen.« Er war einverstanden. Nach

dem Abwasch ging ich also zu ihm und fragte, ob er die Blutwurst wegen des letzten Streits nicht angenommen hätte. Das war es zum Glück nicht, er fand es aber nur nicht richtig, so schnell nachzugeben. Es war sehr warm im Zimmer gewesen, und mein Gesicht war rot wie ein Krebs. Deshalb ging ich, nachdem ich Margot das Wasser hinuntergebracht hatte, noch mal nach oben, um etwas Luft zu schnappen. Anstandshalber stellte ich mich erst bei van Daans ans Fenster, ging aber schon bald zu Peter. Er stand an der linken Seite des offenen Fensters, ich stellte mich an die rechte. Es war viel leichter, am offenen Fenster und im Dunkeln zu sprechen, als bei Licht. Ich glaube, Peter fand das auch. Wir haben uns so viel erzählt, so schrecklich viel, das kann ich gar nicht alles wiederholen. Aber es war toll, der schönste Abend, den ich im Hinterhaus je hatte. Einige Themen kann ich dir doch kurz wiedergeben.

Erst sprachen wir über die Streitereien, dass ich denen nun ganz anders gegenüberstehe, dann über die Entfremdung zwischen uns und unseren Eltern. Ich erzählte Peter von Mutter und Vater, von Margot und mir selbst. Irgendwann fragte er: »Ihr sagt euch doch bestimmt immer Gutenacht mit einem Kuss?«

»Mit einem? Mit einem ganzen Haufen. Du nicht, oder?«

»Nein, ich habe fast nie jemandem einen Kuss gegeben.«

»Auch nicht an deinem Geburtstag?«

»Doch, dann schon.«

Wir sprachen auch darüber, dass wir beide unseren Eltern nicht so viel Vertrauen schenken. Dass seine Eltern ihn zwar sehr lieben und wohl auch gern sein Vertrauen haben wollten, aber dass er es nicht wollte. Dass ich meinen Kummer im Bett ausweine und er auf den Oberboden geht und flucht. Dass Margot und ich uns auch erst seit kurzem richtig kennen und dass wir uns doch nicht so viel erzählen, weil wir immer beieinander sind. Wir sprachen über alles Mögliche, über Vertrauen, Gefühl und uns selbst. Er war genau so, wie ich ihn mir vorgestellt hatte.

Dann kamen wir auf das Jahr 1942, wie anders wir damals waren. Wir erkennen uns beide nicht mehr wieder. Wie wir uns am Anfang nicht ausstehen konnten. Er fand mich lebhaft und lästig, und ich fand schon bald an dem ganzen Jungen nichts. Ich verstand nicht, dass er nicht flirtete, aber jetzt bin ich froh. Er sprach auch noch darüber, dass er sich so oft abgesondert hat, und ich sagte, dass zwischen meinem Lärm und Übermut und seiner Stille nicht so viel Unterschied sei und ich auch die Ruhe liebe, aber nirgends für mich allein wäre, außer mit meinem Tagebuch. Und dass mich jeder lieber

gehen als kommen sieht, vor allem Herr Dussel, und im Zimmer der Eltern will ich nicht immer sein. Er ist froh, dass meine Eltern Kinder haben, und ich bin froh, dass er hier ist. Ich sagte ihm, dass ich ihn in seiner Zurückgezogenheit und seinem Verhalten seinen Eltern gegenüber verstehe und ihm gerne helfen würde bei den Streitereien.
»Du hilfst mir doch immer!«, sagte er.
»Womit denn?«, fragte ich sehr erstaunt.
»Mit deiner Fröhlichkeit.«
Das war wohl das Schönste, was er mir gesagt hat. Er sagte auch noch, dass er es überhaupt nicht mehr lästig fände, wenn ich zu ihm komme, sondern toll. Und ich erzählte ihm, dass mir all die Kosenamen von Vater und Mutter leer vorkommen und ein Küsschen hier und ein Küsschen da noch kein Vertrauen schafft. Wir sprachen über unseren eigenen Willen, das Tagebuch und die Einsamkeit, den Unterschied zwischen einem Innen- und einem Außenmenschen, den jeder hat, meine Maske und so weiter.
Es war herrlich. Er muss angefangen haben, mich als Kameraden gern zu haben, und das ist vorläufig genug. Ich habe keine Worte dafür, so dankbar und froh bin ich. Und ich muss mich schon bei dir entschuldigen, Kitty, dass mein Stil heute unter dem sonstigen Niveau liegt. Ich habe einfach aufgeschrieben, was mir eingefallen ist.
Ich habe das Gefühl, als teilten Peter und ich ein Geheimnis. Wenn er mich anschaut, mit diesen Augen, diesem Lachen und diesem Zwinkern, ist es, als gehe in meinem Inneren ein Licht an. Ich hoffe, dass es so bleibt, dass wir noch viele, viele schöne Stunden zusammen verbringen.

<u>Deine dankbare und frohe Anne</u>

Montag, 20. März 1944

Liebe Kitty!
Heute Morgen fragte Peter, ob ich abends mal öfter käme. Ich würde ihn wirklich nicht stören, und in seinem Zimmer wäre genauso gut auch Platz für zwei. Ich sagte, dass ich nicht jeden Abend kommen könnte, weil sie das unten nicht richtig fänden, aber er meinte, dass ich mich daran nicht stören sollte. Ich sagte, dass ich am Samstagabend gerne käme, und bat ihn, mir vor allem Bescheid zu sagen, wenn man den Mond sehen könnte.
»Dann gehen wir hinunter«, sagte er, »und schauen uns von dort den Mond an.« Ich war einverstanden, und so große Angst vor Dieben habe ich auch wirklich nicht.

Inzwischen ist ein Schatten auf mein Glück gefallen. Ich dachte schon längst, dass Margot Peter mehr als nett findet. Ob sie ihn liebt, weiß ich nicht, aber ich finde es sehr schlimm. Jedes Mal, wenn ich Peter nun treffe, muss ich ihr weh tun, und es ist schön, dass sie sich fast nichts anmerken lässt. Ich wäre verzweifelt vor Eifersucht, aber Margot sagt nur, dass ich kein Mitleid mit ihr haben müsste.
»Ich finde es so schlimm, dass du als Dritte dabeistehst«, sagte ich.
»Das bin ich gewöhnt«, sagte sie ziemlich bitter.
Das wage ich Peter nicht zu erzählen. Vielleicht später mal. Wir müssen uns erst noch richtig aussprechen.
Mutter hat mir gestern einen kleinen Schlag verpasst, den ich wirklich verdient habe. Ich darf mich in meiner Gleichgültigkeit und Verachtung ihr gegenüber nicht so gehen lassen. Also wieder mal versuchen, trotz allem freundlich zu sein und meine Bemerkungen zu unterlassen.
Auch Pim ist nicht mehr so herzlich. Er versucht sich das Kindische ein bisschen abzugewöhnen und ist nun viel zu kühl. Mal sehen, was daraus wird. Er hat mir gedroht, dass ich später bestimmt keine Nachhilfestunden bekomme, wenn ich kein Algebra mache. Obwohl ich das abwarten könnte, will ich doch wieder damit anfangen, vorausgesetzt, ich bekomme ein neues Buch.
Vorläufig kann ich nichts anderes tun, als Peter anzuschauen, und ich bin randvoll!

Deine Anne M. Frank

Ein Beweis von Margots Güte. Dies erhielt ich heute, am 20. März 1944:
»Anne, als ich gestern sagte, dass ich nicht eifersüchtig auf dich wäre, war das nur zu 50 % ehrlich. Es ist nämlich so, dass ich weder auf dich noch auf Peter eifersüchtig bin. Ich finde es nur für mich selbst ein bisschen schade, dass ich noch niemanden gefunden habe und vorläufig sicher nicht finden werde, mit dem ich über meine Gedanken und Gefühle sprechen könnte. Aber deshalb gönne ich es euch beiden doch von Herzen, wenn ihr euch etwas Vertrauen schenken könntet. Du vermisst hier schon genug von dem, was für viele andere so selbstverständlich ist. Andererseits weiß ich genau, dass ich mit Peter doch nie so weit gekommen wäre, weil ich das Gefühl habe, dass ich mit demjenigen, mit dem ich viel besprechen möchte, auf ziemlich intimem Fuß stehen müsste. Ich würde das Gefühl brauchen, dass er mich, auch ohne dass ich viel sage, durch und durch versteht. Deshalb müsste es jemand sein, bei dem ich das Gefühl habe, dass er mir geistig überlegen ist, und das ist bei Peter nicht der Fall. Bei dir und Peter könnte ich es mir aber gut vorstellen.

Du brauchst dir also überhaupt keine Vorwürfe zu machen, dass ich zu kurz komme und du etwas tust, was mir zukäme. Nichts ist weniger wahr. Du und Peter werdet nur gewinnen können durch den Umgang miteinander.«

Meine Antwort:
Liebe Margot!
Deinen Brief fand ich außerordentlich lieb, aber ich bin doch nicht völlig beruhigt und werde es wohl auch nicht werden.
Von Vertrauen ist in dem Maße, das du meinst, zwischen Peter und mir vorläufig noch keine Rede, aber an einem offenen und dunklen Fenster sagt man einander mehr als im hellen Sonnenschein. Auch kann man seine Gefühle leichter flüsternd sagen, als wenn man sie ausposaunen muss. Ich glaube, dass du für Peter eine Art schwesterlicher Zuneigung fühlst und ihm gern helfen willst, mindestens so gern wie ich. Vielleicht wirst du das auch noch mal tun können, obwohl das kein Vertrauen in unserem Sinn ist. Ich finde, dass Vertrauen von zwei Seiten kommen muss. Ich glaube, das ist auch der Grund, dass es zwischen Vater und mir nie so weit gekommen ist. Hören wir jetzt damit auf und reden auch nicht mehr darüber. Wenn du noch etwas willst, mache es bitte schriftlich, denn so kann ich viel besser ausdrücken, was ich meine, als mündlich. Du weißt nicht, wie sehr ich dich bewundere, und ich hoffe nur, dass ich noch mal etwas von Vaters und deiner Güte bekomme, denn darin sehe ich zwischen euch nicht mehr viel Unterschied. Deine Anne

Mittwoch, 22. März 1944

Liebe Kitty!
Dies bekam ich gestern Abend von Margot:
»Beste Anne!
Nach deinem Brief von gestern habe ich das unangenehme Gefühl, dass du Gewissensbisse hast, wenn du zu Peter gehst, um zu arbeiten oder zu reden. Dazu gibt es jedoch wirklich keinen Grund. In meinem Inneren hat jemand Recht auf gegenseitiges Vertrauen, und ich würde Peter noch nicht auf dieser Stelle dulden können. Es ist jedoch so, wie du geschrieben hast, dass ich das Gefühl habe, Peter ist eine Art Bruder, aber … ein jüngerer Bruder. Unsere Gefühle strecken Fühler aus, um uns vielleicht später, vielleicht auch nie, in geschwisterlicher Zuneigung zu berühren. So weit ist es jedoch noch lange nicht. Du brauchst also wirklich kein Mitleid mit mir zu haben. Genieße so oft wie möglich die Gesellschaft, die du nun gefunden hast.«

Es wird hier immer schöner. Ich glaube, Kitty, dass wir hier im Hinterhaus vielleicht noch eine echte große Liebe erleben. All das Gewitzel über eine Heirat mit Peter, wenn wir noch lange hierbleiben, war also doch nicht so verrückt. Ich denke wirklich nicht darüber nach, ihn zu heiraten. Ich weiß nicht, wie er mal sein wird, wenn er erwachsen ist. Ich weiß auch nicht, ob wir uns einmal so liebhaben, dass wir gerne heiraten würden.
Ich bin inzwischen sicher, dass Peter mich auch gern hat. Auf welche Art er mich mag, weiß ich nicht. Ob er nur eine gute Kameradin wünscht oder ob ich ihn als Mädchen anziehe oder aber als Schwester, dahinter bin ich noch nicht gekommen. Als er sagte, dass ich ihm bei den Streitereien zwischen seinen Eltern immer helfe, war ich enorm froh und schon einen Schritt weiter auf dem Weg, an seine Freundschaft zu glauben. Gestern fragte ich ihn, was er tun würde, wenn es hier ein Dutzend Annes gäbe und alle immer zu ihm kommen würden. Seine Antwort war: »Wenn sie alle so wären wie du, wäre das wirklich nicht so schlimm!«
Er ist sehr gastfreundlich zu mir, und ich glaube schon, dass er mich wirklich gern kommen sieht. Französisch lernt er inzwischen sehr eifrig, sogar abends im Bett bis Viertel nach zehn.
Ach, wenn ich an Samstagabend denke, an unsere Worte, unsere Stimmen, dann bin ich zum ersten Mal mit mir selbst zufrieden. Dann meine ich, dass ich nun dasselbe sagen würde und nicht alles ganz anders, was sonst meistens der Fall ist. Er ist so hübsch, sowohl wenn er lacht als auch wenn er still vor sich hin schaut. Er ist lieb und gut und hübsch. Meiner Meinung nach war er am meisten überrumpelt, als er merkte, dass ich überhaupt nicht das oberflächlichste Mädchen der Welt bin, sondern genauso verträumt wie er, mit ebenso vielen Schwierigkeiten, wie er sie selbst hat.
Gestern Abend nach dem Spülen wartete ich darauf, dass er mich bitten würde, oben zu bleiben. Aber nichts passierte. Ich ging weg, und er kam herunter, um Dussel zum Radio zu rufen. Er trödelte im Badezimmer herum, aber als Dussel zu lange brauchte, ging er nach oben. Er lief in seinem Zimmer auf und ab und ging sehr früh ins Bett.
Ich war so unruhig den ganzen Abend, dass ich immer wieder ins Badezimmer ging, mir das Gesicht kalt abwusch, las, wieder träumte, auf die Uhr schaute und wartete, wartete, wartete und horchte, ob er käme. Ich lag früh im Bett und war todmüde.
Heute Abend ist Baden dran, und morgen?
Das ist noch so lange! Deine Anne M. Frank

Meine Antwort:
»Liebe Margot!
Am besten würde ich finden, dass wir nun einfach abwarten, was daraus wird. Es kann nicht mehr sehr lange dauern, dass die Entscheidung zwischen Peter und mir fällt, entweder wieder normal oder anders. Wie das gehen soll, weiß ich nicht, aber ich denke, was das betrifft, nicht weiter, als meine Nase lang ist.
Aber eines tue ich bestimmt. Wenn Peter und ich Freundschaft schließen, dann erzähle ich ihm, dass du ihn auch sehr gern hast und für ihn da bist, falls es nötig ist. Letzteres wirst du sicher nicht wollen, aber das macht mir jetzt nichts aus. Was Peter über dich denkt, weiß ich nicht, aber ich werde ihn dann schon fragen. Bestimmt nichts Schlechtes, im Gegenteil! Komm ruhig auf den Dachboden oder wo auch immer wir sind, du störst uns wirklich nicht, da wir, glaube ich, stillschweigend abgemacht haben, dass, wenn wir sprechen wollen, wir das abends im Dunkeln tun.
Halte dich tapfer! Ich tue es auch, obwohl es nicht immer einfach ist. Deine Zeit kommt vielleicht schneller, als du denkst.« Deine Anne

Donnerstag, 23. März 1944

Liebe Kitty!
Hier läuft alles wieder ein bisschen. Unsere Markenmänner sind zum Glück aus dem Gefängnis entlassen worden.
Miep ist seit gestern wieder hier, heute hat sich ihr Ehemann in die Falle gelegt. Frösteln und Fieber, die bekannten Grippesymptome. Bep ist gesund, obwohl ihr Husten anhält. Nur Kleiman wird noch lange zu Hause bleiben müssen.
Gestern ist hier ein Flugzeug abgestürzt. Die Insassen sind noch rechtzeitig mit dem Fallschirm abgesprungen. Die Maschine stürzte auf eine Schule, in der keine Kinder waren. Es gab einen kleinen Brand und ein paar Tote. Die Deutschen haben auf die sinkenden Flieger geschossen. Die zuschauenden Amsterdamer schäumten vor Wut über eine so feige Tat. Wir, das heißt die Damen, erschraken auch zu Tode. Brrr, ich finde Schießen äußerst übel!
Jetzt über mich selbst.
Als ich gestern bei Peter war, kamen wir, ich weiß wirklich nicht mehr wie, auf das Thema Sexualität. Ich hatte mir längst vorgenommen, ihn einiges zu fragen. Er weiß alles. Als ich ihm sagte, dass Margot und ich überhaupt nicht richtig aufgeklärt wurden, war er ganz erstaunt. Ich erzählte ihm viel von

Margot und mir und Mutter und Vater, und dass ich mich in der letzten Zeit nicht mehr traue zu fragen. Er bot dann an, mich aufzuklären, und ich machte davon dankbar Gebrauch. Er hat mir erklärt, wie Verhütungsmittel funktionieren, und ich fragte ihn tollkühn, woran Jungen merken, dass sie erwachsen sind. Darüber musste er erst mal nachdenken, er wollte es mir abends sagen. Unter anderem erzählte ich ihm die Geschichte von Jacque und mir und dass Mädchen starken Jungen gegenüber wehrlos sind. »Vor mir brauchst du keine Angst zu haben«, sagte er.

Abends, als ich wieder zu ihm kam, erzählte er mir dann von den Jungen. Ein bisschen genierlich war es schon, aber doch auch toll, mit ihm darüber zu sprechen. Er und ich konnten uns beide nicht vorstellen, dass wir noch mal mit einem Mädchen beziehungsweise mit einem Jungen so offen über die intimsten Angelegenheiten reden würden. Ich glaube, ich weiß jetzt alles. Er hat mir viel von Präsentivmitteln[12] erzählt.

Abends im Badezimmer haben Margot und ich lange über zwei frühere Bekannte geredet.

Heute Morgen erwartete mich etwas sehr Unangenehmes. Nach dem Frühstück winkte mir Peter, mit ihm nach oben zu gehen. »Du hast mich ganz schön reingelegt«, sagte er. »Ich habe gehört, was Margot und du gestern im Badezimmer besprochen habt. Ich glaube, du wolltest mal sehen, was Peter davon weiß, und dir dann einen Spaß damit machen!«

Mir verschlug es die Sprache. Ich habe es ihm ausgeredet, so gut ich konnte. Ich kann so gut verstehen, wie ihm zumute gewesen sein muss, und dabei war es nicht mal wahr!

»O nein, Peter«, sagte ich, »so gemein würde ich nie sein. Ich habe versprochen, den Mund zu halten, und das tue ich auch. Dir etwas vorzumachen und dann so gemein zu handeln, nein, Peter, das wäre nicht mehr witzig, das wäre unfair. Ich habe nichts erzählt, ehrlich, glaubst du mir?«

Er sagte mir, dass er mir glaubte, aber ich muss noch mal mit ihm darüber sprechen. Den ganzen Tag grüble ich schon darüber nach. Ein Glück, dass er gleich gesagt hat, was er dachte. Stell dir vor, er wäre mit einem so gemeinen Verdacht rumgelaufen. Der liebe Peter!

Nun werde und muss ich ihm alles erzählen! Deine Anne

12 Deutsch im Original; A. d. Ü.

Freitagmorgen, 24. März 1944

Beste Kitty!

Ich gehe zur Zeit oft abends hinauf, um bei Peter im Zimmer etwas frische Atemluft zu schnappen. In einem dunklen Zimmer kommt man viel schneller zu richtigen Gesprächen, als wenn einen die Sonne im Gesicht kitzelt. Ich finde es gemütlich, neben ihm auf einem Stuhl zu sitzen und hinauszuschauen. Van Daan und Dussel stellen sich sehr blöd an, wenn ich in Peters Zimmer verschwinde. »Annes zweite Heimat«, heißt es dann. Oder: »Schickt es sich für Herren, abends im Dunkeln noch junge Mädchen zu Besuch zu haben?«

Peter ist erstaunlich gelassen bei solchen angeblich witzigen Bemerkungen. Meine Mutter ist übrigens auch nicht wenig neugierig und würde mich sicher nach den Themen unserer Gespräche fragen, wenn sie nicht insgeheim Angst vor einer abweisenden Antwort hätte. Peter sagt, dass die Erwachsenen neidisch seien, weil wir jung sind und uns aus ihren Gehässigkeiten nicht viel machen.

Manchmal holt Peter mich unten ab. Aber das ist auch peinlich, denn er bekommt trotz allem ein feuerrotes Gesicht und kriegt fast kein Wort raus. Ich bin nur froh, dass ich nie rot werde, das muss wirklich sehr unangenehm sein.

Außerdem ist es mir nicht recht, dass Margot alleine unten sitzt, während ich oben gute Gesellschaft habe. Aber was soll ich machen? Ich fände es prima, wenn sie mit hinaufginge, aber dann ist sie wieder das fünfte Rad am Wagen.

Ich muss mir von allen ganz schön was über die plötzliche Freundschaft anhören und weiß wirklich nicht, wie viele Tischgespräche nicht schon vom Heiraten im Hinterhaus handelten, falls der Krieg noch fünf Jahre dauern würde. Was gehen uns eigentlich diese Elternsprüche an? Nicht viel jedenfalls, sie sind alle so blöd. Haben meine Eltern vergessen, dass sie mal jung waren? Es scheint so. Wenigstens nehmen sie uns immer ernst, wenn wir einen Witz machen, und lachen über uns, wenn wir es ernst meinen.

Wie das nun weitergeht, weiß ich wirklich nicht, ebenso wenig, ob wir immer was zu reden haben. Aber wenn es weitergeht zwischen uns, werden wir wohl auch zusammen sein, ohne dass wir reden. Wenn sich die Alten da oben nur nicht so blöd anstellen würden. Bestimmt sehen sie mich nicht so gern. Dabei sagen Peter und ich doch niemandem, worüber wir sprechen. Stell dir vor, sie wüssten, dass wir über so intime Themen sprechen.

Ich würde Peter gern fragen, ob er weiß, wie ein Mädchen eigentlich aussieht. Ein Junge ist von unten, glaube ich, nicht so kompliziert gestaltet wie ein Mädchen. Auf Fotos und Abbildungen von nackten Männern kann man doch sehr gut sehen, wie die aussehen, aber bei Frauen nicht. Da sind die Geschlechtsteile oder wie das heißt mehr zwischen den Beinen. Er hat doch vermutlich noch nie ein Mädchen von so nahe gesehen, ehrlich gesagt, ich auch nicht. Tatsächlich ist es bei Jungen viel einfacher. Wie sollte ich die Installation um Himmels willen erklären? Denn dass er es nicht genau weiß, habe ich aus seinen Worten schließen können. Er sprach vom »Muttermund«, aber der sitzt innen, den kann man nicht sehen. Es ist bei uns doch sehr gut eingeteilt. Bevor ich elf oder zwölf Jahre alt war, wusste ich nicht mal, dass es auch noch die inneren Schamlippen gab, die waren überhaupt nicht zu sehen. Und das Schönste war, dass ich dachte, der Urin käme aus dem Kitzler. Als ich Mutter einmal fragte, was dieser Stumpen bedeutet, sagte sie, dass sie das nicht wüsste. Die stellen sich immer so dumm!

Aber zurück zum Thema. Wie soll man ohne Beispiele erklären, wie das alles zusammenhängt? Soll ich es hier gleich mal probieren? Also los!

Von vorn siehst du, wenn du stehst, nur Haare. Zwischen den Beinen sind eine Art Kissen, weiche Dinger, auch mit Haaren, die beim Stehen aneinander liegen. Man kann das, was drinnen ist, dann nicht sehen. Wenn du dich setzt, spalten sie sich auseinander, und innen sieht es sehr rot und hässlich fleischig aus. Am oberen Teil, zwischen den großen Schamlippen, ist eine Hautfalte, die bei näherer Betrachtung eigentlich eine Art Bläschen ist. Das ist der Kitzler. Dann kommen die kleinen Schamlippen, die sind auch aneinander gedrückt, wie eine Falte. Wenn die aufgeht, ist darin ein fleischiger Stummel, nicht größer als die Oberkante meines Daumens. Der obere Teil davon ist porös, da sind verschiedene Löcher drin, aus denen kommt der Urin. Der untere Teil scheint nur Haut zu sein, aber dort ist doch die Scheide. Sie ist ganz von Hautfalten bedeckt und fast nicht zu entdecken. So entsetzlich klein ist das Loch darunter, dass ich mir fast nicht vorstellen kann, wie dort ein Mann hinein soll, geschweige denn ein ganzes Kind heraus. In dieses Loch kannst du noch nicht mal so leicht mit deinem Zeigefinger! Das ist alles, und das spielt doch so eine große Rolle. Deine Anne M. Frank

Samstag, 25. März 1944

Liebe Kitty!

Wenn man sich selbst verändert, merkt man das erst, wenn man verändert ist. Ich bin verändert, und zwar gründlich, ganz und gar. Meine Meinungen und Auffassungen, mein kritischer Blick, mein Äußeres und mein Inneres, alles ist verändert, und zwar zum Guten.

Ich habe dir schon mal erzählt, wie schwierig es für mich war, als ich hierherkam, aus dem Leben einer angebeteten Person in die kalte Wirklichkeit von Standpauken und Erwachsenen. Aber Vater und Mutter sind zu einem großen Teil mit schuld, dass ich so viel ausstehen musste, sie hätten mich nicht noch zusätzlich aufhetzen und mir bei allen Streitereien nur »ihre« Seite zeigen dürfen. Bevor ich dahinterkam, dass sie bei ihren Streitereien fifty-fifty stehen, dauerte es eine ganze Zeit. Aber jetzt weiß ich, wie viele Fehler von allen begangen worden sind. Der größte Fehler von Vater und Mutter gegenüber den van Daans ist, dass sie nie offenherzig und freundschaftlich sprechen (auch wenn die Freundschaft ein bisschen geheuchelt sein sollte).
Ich möchte vor allem Frieden bewahren und weder streiten noch klatschen. Bei Vater und Margot ist das nicht schwierig, bei Mutter schon. Deshalb ist es sehr gut, dass sie mir manchmal auf die Finger klopft. Herrn van Daan kann man auch gewinnen, wenn man ihm recht gibt, ihm ruhig zuhört, nicht viel sagt und vor allem auf seine Scherze und blöden Witze mit einem anderen Scherz eingeht. Frau van Daan gewinnt man durch offenherziges Reden und Alles-Zugeben. Sie selbst gibt ihre Fehler, die sehr zahlreich sind, auch offen zu. Ich weiß nur zu gut, dass sie nicht mehr so schlecht über mich denkt wie am Anfang. Das kommt nur, weil ich ehrlich bin und den Menschen auch weniger schmeichelhafte Dinge einfach ins Gesicht sage. Ich will ehrlich sein und finde, dass man damit viel weiter kommt. Hinzu kommt, dass man sich selbst viel besser fühlt.
Gestern sprach Frau van Daan mit mir über den Reis, den wir Kleiman gegeben haben. »Wir haben gegeben, gegeben und noch mal gegeben«, sagte sie. »Aber dann kam ich an einen Punkt, dass ich sagte: Jetzt ist es genug. Herr Kleiman kann selbst an Reis kommen, wenn er sich Mühe gibt. Warum müssen wir denn alles aus unserem Vorrat weggeben? Wir haben es genauso nötig.«
»Nein, Frau van Daan« antwortete ich, »ich bin nicht Ihrer Meinung. Herr Kleiman kann vielleicht an Reis kommen, aber er findet es unangenehm, sich darum zu kümmern. Es ist nicht unsere Aufgabe, die Leute, die uns helfen, zu kritisieren. Wir müssen ihnen geben, was wir nur eben entbehren können und was sie brauchen. Ein Teller Reis in der Woche bringt uns auch nichts, wir können genauso gut Hülsenfrüchte essen.«
Frau van Daan fand das nicht, aber sie sagte auch, dass sie, obwohl sie nicht damit einverstanden war, gerne nachgeben wolle, das wäre eine andere Frage.
Na gut, höre ich auf, manchmal weiß ich, wo mein Platz ist, aber manchmal zweifle ich noch. Aber ich werde es schaffen! O ja! Vor allem, da ich nun

Hilfe habe. Denn Peter hilft mir bei manch harter Nuss und manch saurem Apfel!
Ich weiß wirklich nicht, wie sehr er mich mag und ob wir je zu einem Kuss kommen, ich will es jedenfalls nicht erzwingen! Vater habe ich gesagt, dass ich viel zu Peter gehe und ob er es in Ordnung fände. Natürlich fand er es in Ordnung.
Peter erzähle ich auch viel lockere Dinge, die ich sonst nie rauslasse. So habe ich ihm gesagt, dass ich später schreiben will. Wenn ich schon keine Schriftstellerin werde, dann will ich doch neben meinem Beruf oder anderen Aufgaben das Schreiben nie vernachlässigen.
Ich bin nicht reich, ich bin nicht hübsch, nicht intelligent, nicht klug, aber ich bin und werde glücklich sein! Ich habe eine glückliche Natur, ich liebe die Menschen, bin nicht misstrauisch und will alle mit mir zusammen glücklich sehen. Deine ergebene Anne M. Frank

Wieder hat der Tag mir nichts gebracht
Er war gleich einer dunklen Nacht.
(Das ist schon ein paar Wochen her und zählt nicht mehr. Da meine Verse aber so selten sind, habe ich diese einfach aufgeschrieben.)

Montag, 27. März 1944

Liebe Kitty!
Ein sehr großes Kapitel in unserer Versteckgeschichte auf Papier müsste eigentlich die Politik einnehmen, aber da dieses Thema mich persönlich nicht so sehr beschäftigt, habe ich es zu sehr links liegen gelassen. Darum werde ich heute mal einen ganzen Brief der Politik widmen.
Dass es sehr viele verschiedene Auffassungen zu diesem Thema gibt, ist selbstverständlich, dass in schlimmen Kriegszeiten auch viel darüber gesprochen wird, ist noch logischer, aber dass so viel deswegen gestritten wird, ist einfach dumm! Sollen sie wetten, lachen, schimpfen, nörgeln, sollen sie in ihrem eigenen Fett schmoren, wenn sie nur nicht streiten. Das hat meistens böse Folgen. Die Leute, die von draußen kommen, bringen viele unwahre Nachrichten mit, unser Radio hat bis jetzt noch nie gelogen. Jan, Miep, Kleiman, Bep und Kugler sind in ihren politischen Stimmungen up und down, Jan allerdings am wenigsten.
Hier im Hinterhaus ist die Stimmung, was Politik betrifft, immer gleich. Bei den zahllosen Debatten über Invasion, Luftangriffe, Reden und so weiter

hört man auch zahllose Bemerkungen wie: »Unmöglich!« »Um Gottes willen, wenn sie jetzt erst anfangen wollen, was soll dann werden?« »Es geht ausgezeichnet, prima, bestens!«
Optimisten, Pessimisten und, nicht zu vergessen, die Realisten geben mit unermüdlicher Energie ihre Meinung zum Besten, und wie das immer so ist: jeder denkt, dass er allein recht hat. Eine gewisse Dame ärgert sich über das beispiellose Vertrauen, das ihr Herr Gemahl in die Engländer setzt. Ein gewisser Herr greift seine Dame immer an wegen ihrer spöttischen und geringschätzigen Bemerkungen hinsichtlich seiner geliebten Nation! Von morgens früh bis abends spät, und das Schönste ist, dass es ihnen nie langweilig wird!
Ich habe etwas herausgefunden, und die Wirkung ist enorm. Es ist, als ob du jemanden mit einer Nadel stichst und er aufspringt. Genauso funktioniert mein Mittel. Fange mit der Politik an, eine Frage, ein Wort, ein Satz, und sofort sind alle mittendrin!

Als ob nun die deutschen Wehrmachtsberichte und der englische BBC noch nicht genug wären, ist vor kurzem noch eine »Luftlagemeldung« eingerichtet worden, großartig, aber andererseits oft enttäuschend. Die Engländer machen aus ihren Luftwaffen einen Dauerbetrieb, nur mehr zu vergleichen mit den deutschen Lügen.
Das Radio ist schon morgens um acht Uhr an, wenn nicht früher, und wird bis abends um neun, zehn, manchmal auch elf jede Stunde gehört. Das ist doch der beste Beweis, dass die Erwachsenen Geduld und nur schwer zu erreichende Gehirne haben (manche natürlich, ich will niemanden beleidigen). Wir hätten nach einer, höchstens zwei Sendungen schon genug für den ganzen Tag. Aber die alten Gänse, na ja, ich sagte es schon! Arbeiterprogramm, Oranje, Frank Philips oder Ihre Majestät Wilhelmina, alles kommt an die Reihe und bekommt ein williges Ohr. Und sind sie nicht am Essen oder Schlafen, dann sitzen sie am Radio und reden über Essen, Schlafen und Politik. Uff, es wird langweilig und ein richtiges Kunststück, dabei nicht selbst ein langweiliges altes Mütterchen zu werden! Den alten Herrschaften kann Letzteres nicht mehr viel schaden!
Ein ideales Beispiel ist die Rede des von uns allen geschätzten Winston Churchill.
Neun Uhr, Sonntagabend. Der Tee steht unter der Haube auf dem Tisch, die Gäste kommen herein. Dussel setzt sich links neben das Radio, Herr van Daan davor, Peter daneben. Mutter neben Herrn van Daan, Frau van Daan dahinter. Margot und ich ganz hinten, Pim an den Tisch. Ich merke, dass das

nicht ganz klar ist, aber unsere Plätze tun letztlich nicht viel zur Sache. Die Herren paffen, Peters Augen fallen von dem anstrengenden Zuhören zu. Mama, in einem langen, dunklen Morgenrock, und Frau van Daan bibbern wegen der Flieger, die sich aus der Rede nichts machen und lustig nach Essen fliegen. Vater schlürft Tee, Margot und ich sind schwesterlich vereint durch die schlafende Mouschi, die zwei verschiedene Knie in Beschlag nimmt. Margot hat Lockenwickler in den Haaren, ich bin in ein viel zu kleines, zu enges und zu kurzes Nachtgewand gekleidet. Es scheint intim, gemütlich, friedlich, ist es für diesmal auch. Aber ich warte mit Schrecken auf die Folgen der Rede. Sie können es ja fast nicht abwarten, zappeln vor Ungeduld, ob nicht wieder ein Streit entsteht! Kst, kst, wie eine Katze, die eine Maus aus ihrem Loch lockt, stacheln sie sich gegenseitig zu Streit und Uneinigkeit auf.

Deine Anne

Dienstag, 28. März 1944

Liebste Kitty!

Ich könnte über Politik noch viel mehr schreiben, aber ich habe heute wieder eine Menge anderes zu berichten. Erstens hat Mutter mir eigentlich verboten, so oft nach oben zu gehen, da ihrer Meinung nach Frau van Daan eifersüchtig ist. Zweitens hat Peter Margot eingeladen, mit nach oben zu kommen, ob aus Höflichkeit oder weil er es ernst meint, weiß ich nicht. Drittens habe ich Vater gefragt, ob er meinte, dass ich mich an der Eifersucht stören müsse. Er meint das nicht.

Was nun? Mutter ist böse, will mich nicht nach oben lassen, will mich wieder drinnen bei Dussel arbeiten lassen, ist vielleicht auch ein bisschen eifersüchtig. Vater gönnt Peter und mir die Stunden und findet es prima, dass wir so gut miteinander auskommen. Margot hat Peter auch gern, fühlt aber, dass man zu dritt nicht das besprechen kann, was man zu zweit kann.

Außerdem denkt Mutter, dass Peter in mich verliebt ist. Ich wünsche mir, ehrlich gestanden, dass es wahr wäre. Dann wären wir quitt und könnten uns viel leichter näherkommen. Sie sagt auch, dass er mich so oft anschaut. Es stimmt, dass wir uns mehr als einmal zuzwinkern. Und dass er nach meinen Wangengrübchen schaut, dafür kann ich doch nichts! Stimmt's?

Ich bin in einer sehr schwierigen Lage. Mutter ist gegen mich, und ich bin gegen sie. Vater schließt die Augen vor dem stillen Kampf zwischen uns beiden. Mutter ist traurig, weil sie mich noch lieb hat, ich bin überhaupt nicht traurig, weil sie für mich erledigt ist.

Und Peter … Peter will ich nicht aufgeben. Er ist so lieb, und ich bewundere ihn. Es könnte so schön zwischen uns werden, warum stecken die Alten ihre Nasen hinein? Zum Glück bin ich daran gewöhnt, mein Inneres zu verbergen. Es gelingt mir ausgezeichnet, nicht zu zeigen, wie versessen ich auf ihn bin. Wird er je etwas sagen? Werde ich je seine Wange fühlen, wie ich Petels Wange im Traum gefühlt habe? Peter und Petel, ihr seid eins! Sie begreifen uns nicht, würden nie verstehen, dass wir schon zufrieden sind, wenn wir nur zusammensitzen, ohne zu reden. Sie begreifen nicht, was uns zueinander zieht. Wann würden alle Schwierigkeiten überwunden sein? Und doch ist es gut, sie zu überwinden, dann ist das Ende umso schöner. Wenn er mit dem Kopf auf den Armen daliegt, die Augen geschlossen, dann ist er noch ein Kind. Wenn er mit Mouschi spielt oder über sie spricht, dann ist er liebevoll. Wenn er Kartoffeln oder andere schwere Sachen trägt, dann ist er stark. Wenn er bei einer Schießerei oder im Dunkeln nachschaut, ob Diebe da sind, dann ist er mutig. Und wenn er so unbeholfen und ungeschickt tut, dann ist er eben lieb. Ich finde es viel schöner, wenn er mir was erklärt, als wenn ich ihm was beibringen muss. Ich hätte es so gerne, dass er mir in fast allem überlegen wäre.

Die Mütter können mir egal sein. Wenn er nur sprechen würde!

Vater sagt immer, dass ich eine Zierpuppe bin, aber das ist nicht wahr. Ich bin nur eitel. Bis jetzt haben mir noch nicht viele Leute gesagt, dass sie mich hübsch finden, außer ein Junge aus der Schule, der sagte, dass ich so nett aussehe, wenn ich lache. Gestern bekam ich ein richtiges Kompliment von Peter, und ich will dir zum Spaß unser Gespräch so ungefähr wiedergeben.

Peter sagte so oft: »Lach mal!«

Das fiel mir auf, und ich fragte gestern: »Warum soll ich immer lachen?«

»Weil das hübsch ist. Du bekommst dann Grübchen in die Wangen. Wie kommt das eigentlich?«

»Damit bin ich geboren, im Kinn habe ich ja auch eins. Das ist auch das einzig Schöne, das ich habe.«

»Aber nein, das ist nicht wahr!«

»Doch. Ich weiß, dass ich kein hübsches Mädchen bin. Das bin ich nie gewesen und werde es auch nie sein!«

»Das finde ich überhaupt nicht. Ich finde dich hübsch.«

»Das ist nicht wahr.«

»Wenn ich das sage, kannst du es mir glauben.«

Ich sagte dann natürlich dasselbe von ihm. Deine Anne M. Frank

Mittwoch, 29. März 1944

Liebe Kitty!

Gestern Abend sprach Minister Bolkestein im Sender Oranje darüber, dass nach dem Krieg eine Sammlung von Tagebüchern und Briefen aus dieser Zeit herauskommen soll. Natürlich stürmten alle gleich auf mein Tagebuch los. Stell dir vor, wie interessant es wäre, wenn ich einen Roman vom Hinterhaus herausgeben würde. Nach dem Titel allein würden die Leute denken, dass es ein Detektivroman wäre.

Aber im Ernst, es muss ungefähr zehn Jahre nach dem Krieg schon seltsam erscheinen, wenn erzählt wird, wie wir Juden hier gelebt, gegessen und gesprochen haben. Auch wenn ich dir viel von uns erzähle, weißt du trotzdem nur ein kleines bisschen von unserem Leben. Wie viel Angst die Damen haben, wenn bombardiert wird, wie zum Beispiel am Sonntag, als 350 englische Maschinen eine halbe Million Kilo Bomben auf Ijmuiden abgeworfen haben, wie die Häuser dann zittern wie Grashalme im Wind, wie viele Epidemien hier herrschen …

Von all diesen Dingen weißt du nichts, und ich müsste den ganzen Tag schreiben, wenn ich dir alles bis in die Einzelheiten erzählen sollte. Die Leute stehen Schlange für Gemüse und alle möglichen anderen Dinge. Die Ärzte kommen nicht zu ihren Kranken, weil ihnen alle naselang ihr Fahrzeug gestohlen wird. Einbrüche und Diebstähle gibt es jede Menge, so dass man anfängt, sich zu fragen, ob etwas in die Niederländer gefahren ist, weil sie plötzlich so diebisch geworden sind. Kleine Kinder von acht bis elf Jahren schlagen die Scheiben von Wohnungen ein und stehlen, was nicht niet- und nagelfest ist. Niemand wagt, seine Wohnung auch nur für fünf Minuten zu verlassen, denn kaum ist man weg, ist der Kram auch weg. Jeden Tag stehen Anzeigen in der Zeitung, die eine Belohnung für das Wiederbringen von gestohlenen Schreibmaschinen, Perserteppichen, elektrischen Uhren, Stoffen usw. versprechen. Elektrische Straßenuhren werden abmontiert, die Telefone in den Zellen bis auf den letzten Draht auseinandergenommen. Die Stimmung unter der Bevölkerung kann nicht gut sein, jeder hat Hunger. Mit der Wochenration kann man keine zwei Tage auskommen (außer mit dem Ersatzkaffee). Die Invasion lässt auf sich warten, die Männer müssen nach Deutschland. Die Kinder sind unterernährt und werden krank, und alle haben schlechte Kleidung und schlechte Schuhe. Eine Sohle kostet »schwarz« 7.50 Gulden. Dabei nehmen die meisten Schuhmacher keine Kunden mehr an, oder man muss vier Monate auf die Schuhe warten, die dann inzwischen oft verschwunden sind.

Ein Gutes hat die Sache, dass die Sabotage gegen die Obrigkeit immer stärker wird, je schlechter die Ernährung ist und je strenger die Maßnahmen gegen das Volk werden. Die Leute von der Lebensmittelzuteilung, die Polizei, die Beamten, alle beteiligen sich entweder dabei, ihren Mitbürgern zu helfen, oder sie verraten sie und bringen sie dadurch ins Gefängnis. Zum Glück steht nur ein kleiner Prozentsatz der Niederländer auf der falschen Seite.

Deine Anne

Freitag, 31. März 1944

Liebe Kitty!

Es ist noch ziemlich kalt, aber die meisten Leute sind schon ungefähr einen Monat ohne Kohlen. Schlimm, nicht? Die Stimmung ist im Allgemeinen wieder optimistisch für die russische Front, denn da ist es großartig! Ich schreibe zwar nicht viel über Politik, aber wo sie jetzt stehen, muss ich dir doch kurz mitteilen, nämlich dicht vor dem Generalgouvernement und bei Rumänien am Pruth. Ganz dicht bei Odessa stehen sie, und Tarnopol haben sie eingekesselt. Hier erwarten sie jeden Abend ein Sonderkommuniqué von Stalin.

In Moskau wird so viel Salut geschossen, dass die Stadt jeden Tag förmlich dröhnen muss. Ob sie es schön finden, so zu tun, als wäre der Krieg in der Nähe, oder ob sie ihre Freude nicht anders äußern können, ich weiß es nicht!

Ungarn ist von deutschen Truppen besetzt. Dort gibt es noch eine Million Juden, die werden nun wohl auch draufgehen.

Hier gibt es nichts Besonderes. Heute hat Herr van Daan Geburtstag. Er hat zwei Päckchen Tabak bekommen, Kaffee für eine Tasse (den hatte seine Frau noch aufgespart), Zitronenpunsch von Kugler, Sardinen von Miep, Eau de Cologne von uns, Flieder und Tulpen. Nicht zu vergessen eine Torte, mit Himbeeren gefüllt und ein bisschen pappig durch das schlechte Mehl und die Abwesenheit von Butter, aber doch lecker.

Das Gerede über Peter und mich hat sich ein bisschen beruhigt. Er wird mich heute Abend abholen. Nett von ihm, findest du nicht, wo es ihm doch so unangenehm ist. Wir sind sehr gute Freunde, sind viel zusammen und unterhalten uns über alles Mögliche. Es ist toll, dass ich mich, wenn wir auf heikles Gebiet kommen, nie zurückhalten muss, wie es bei anderen Jungen der Fall wäre. So sprachen wir zum Beispiel über Blut und kamen auf Menstruation. Er findet uns Frauen sehr zäh, dass wir den Blutverlust so aushalten. Auch mich findet er zäh. Rate mal, warum?

Mein Leben hier ist besser geworden, viel besser. Gott hat mich nicht alleingelassen und wird mich nicht alleinlassen. Deine Anne M. Frank

Samstag, 1. April 1944

Liebste Kitty!
Und doch ist alles noch so schwierig. Du weißt sicher, was ich meine, gell? Ich sehne mich so sehr nach einem Kuss von ihm, dem Kuss, der so lange ausbleibt. Ob er mich immer noch als Kameradin betrachtet? Bin ich denn nicht mehr?
Du weißt und ich weiß, dass ich stark bin, dass ich die meisten Belastungen allein tragen kann. Ich bin es nie gewöhnt gewesen, sie mit jemandem zu teilen, und an einer Mutter habe ich mich nie festgeklammert. Aber jetzt würde ich so gern mal meinen Kopf an seine Schulter legen und nur ganz ruhig sein.
Ich kann nicht, nie, den Traum von Peters Wange vergessen, als alles nur gut war! Ob er sich nicht danach sehnt? Ist er nur zu schüchtern, um seine Liebe zu bekennen? Warum will er mich so oft bei sich haben? Oh, warum spricht er nicht?
Ich will aufhören, ruhig sein. Ich werde mich wieder tapfer halten, und mit etwas Geduld wird das andere wohl auch kommen. Aber, und das ist das Schlimme, es sieht so sehr danach aus, als ob ich ihm nachlaufe. Immer muss <u>ich</u> hinauf, <u>er</u> kommt nicht zu mir. Aber das liegt an der Zimmeraufteilung, und er versteht meine Bedenken. O ja, er wird wohl mehr verstehen.

Deine Anne M. Frank

Montag, 3. April 1944

Liebste Kitty!
Ganz gegen meine Gewohnheit werde ich dir doch mal ausführlich über das Essen schreiben, denn es ist nicht nur hier im Hinterhaus, sondern auch in ganz Holland, in ganz Europa und überall ein sehr wichtiger und schwieriger Faktor geworden.
Wir haben in den einundzwanzig Monaten, die wir nun hier sind, schon etliche Essens-Perioden mitgemacht. Was das bedeutet, wirst du gleich hören. Unter Essens-Periode verstehe ich eine Periode, in der man nichts anderes zu essen bekommt als ein bestimmtes Gericht oder ein bestimmtes Gemüse. Eine Zeitlang gab es jeden Tag Endivie, mit Sand, ohne Sand, Eintopf und in der feuerfesten Form. Dann war es Spinat, danach folgten Kohlrabi, Schwarzwurzeln, Gurken, Tomaten, Sauerkraut und so weiter.
Es ist wirklich nicht schön, jeden Mittag und Abend zum Beispiel Sauerkraut

zu essen, aber man tut viel, wenn man Hunger hat. Nun haben wir jedoch die schönste Periode, wir bekommen überhaupt kein Gemüse.
Unser Wochenmenü besteht mittags aus braunen Bohnen, Erbsensuppe, Kartoffeln mit Mehlklößen, Kartoffelauflauf, mit Gottes Hilfe auch mal Steckrüben oder angefaulte Karotten, dann wieder nur braune Bohnen. Kartoffeln essen wir zu jeder Mahlzeit, beginnend (aus Brotmangel) mit dem Frühstück, aber da werden sie wenigstens noch ein bisschen gebacken. Für die Suppe nehmen wir braune und weiße Bohnen, Kartoffeln und Päckchensuppen (Julienne-, Königin-, Bohnensuppe). In allem sind braune Bohnen, nicht zuletzt im Brot. Abends essen wir immer Kartoffeln mit künstlicher Soße und, das haben wir zum Glück noch, Rote-Bete-Salat. Über die Mehlklöße muss ich auch noch was sagen: Die machen wir aus »Regierungsmehl« mit Wasser und Hefe. Sie sind so pappig und zäh, dass sie einem wie ein Stein im Magen liegen, aber was soll's.
Unsere größte Attraktion ist die Scheibe Leberwurst jede Woche und die Marmelade auf trockenem Brot. Aber wir leben noch, und es schmeckt uns sogar oft gut.

Deine Anne M. Frank

Mittwoch, 5. April 1944

Liebste Kitty!
Eine Zeitlang wusste ich überhaupt nicht mehr, wofür ich noch arbeite. Das Ende des Krieges ist so entsetzlich weit, so unwirklich, märchenhaft und schön. Wenn der Krieg im September nicht vorbei ist, dann gehe ich nicht mehr zur Schule, denn zwei Jahre will ich nicht zurückfallen.
Die Tage bestanden aus Peter, nichts als Peter. Nur Träume und Gedanken, bis ich am Samstagabend ganz schlaff wurde, fürchterlich. Ich kämpfte bei Peter gegen meine Tränen, lachte später schrecklich viel mit van Daan beim Zitronenpunsch, war fröhlich und aufgekratzt.
Aber kaum war ich allein, wusste ich, dass ich mich ausweinen musste. Im Nachthemd ließ ich mich auf den Boden gleiten und betete sehr intensiv und lange, dann weinte ich mit dem Kopf auf den Armen, die Knie angezogen, zusammengekauert auf dem kahlen Fußboden. Bei einem lauten Schluchzer kam ich wieder zu mir und bekämpfte meine Tränen, weil sie drüben nichts hören durften. Dann begann ich, mir Mut zuzusprechen. Ich sagte nur immer: »Ich muss, ich muss, ich muss …« Ganz steif von der ungewohnten Haltung fiel ich gegen die Bettkante und kämpfte weiter, bis ich kurz vor halb elf wieder ins Bett stieg. Es war vorbei!

Und jetzt ist es völlig vorbei. Ich muss arbeiten, um nicht dumm zu bleiben, um weiterzukommen, um Journalistin zu werden, das will ich! Ich weiß, dass ich schreiben kann. Ein paar Geschichten sind gut, meine Hinterhausbeschreibungen humorvoll, vieles in meinem Tagebuch ist lebendig, aber ob ich wirklich Talent habe, das steht noch dahin.

Evas Traum war mein bestes Märchen, und das Seltsame dabei ist, dass ich wirklich nicht weiß, wo es herkommt. Viel aus Cadys Leben ist auch gut, aber insgesamt ist es nichts. Ich bin selbst meine schärfste und beste Kritikerin hier, ich weiß genau, was gut und was nicht gut geschrieben ist. Keiner, der nicht selbst schreibt, weiß, wie toll Schreiben ist. Früher habe ich immer bedauert, dass ich überhaupt nicht zeichnen kann, aber jetzt bin ich überglücklich, dass ich wenigstens schreiben kann.

Und wenn ich nicht genug Talent habe, um Zeitungsartikel oder Bücher zu schreiben, nun, dann kann ich noch immer für mich selbst schreiben. Aber ich will weiterkommen. Ich kann mir nicht vorstellen, dass ich so leben muss wie Mutter, Frau van Daan und all die anderen Frauen, die ihre Arbeit machen und später vergessen sind. Ich muss neben Mann und Kindern etwas haben, dem ich mich ganz widmen kann! O ja, ich will nicht umsonst gelebt haben wie die meisten Menschen. Ich will den Menschen, die um mich herum leben und mich doch nicht kennen, Freude und Nutzen bringen. Ich will fortleben, auch nach meinem Tod. Und darum bin ich Gott so dankbar, dass er mir bei meiner Geburt schon eine Möglichkeit mitgegeben hat, mich zu entwickeln und zu schreiben, also alles auszudrücken, was in mir ist.

Mit Schreiben werde ich alles los. Mein Kummer verschwindet, mein Mut lebt wieder auf. Aber, und das ist die große Frage, werde ich jemals etwas Großes schreiben können, werde ich jemals Journalistin und Schriftstellerin werden?

Ich hoffe es, ich hoffe es so sehr! Mit Schreiben kann ich alles ausdrücken, meine Gedanken, meine Ideale und meine Phantasien.

An Cadys Leben habe ich lange nichts mehr getan. In meinen Gedanken weiß ich genau, wie es weitergehen soll, aber es ist nicht so richtig geflossen. Vielleicht wird es nie fertig, vielleicht landet es im Papierkorb oder im Ofen. Das ist keine angenehme Vorstellung. Aber dann denke ich wieder: »Mit vierzehn Jahren und so wenig Erfahrung kann man auch noch nichts Philosophisches schreiben.«

Also weiter, mit neuem Mut. Es wird schon gelingen, denn schreiben will ich!

Deine Anne M. Frank

Donnerstag, 6. April 1944

Liebe Kitty!

Du hast mich gefragt, was meine Hobbys und Interessen sind, und darauf will ich dir antworten. Aber ich warne dich, erschrick nicht, denn es sind eine ganze Menge.

An erster Stelle: Schreiben. Aber das zählt eigentlich nicht als Hobby.

Zweitens: Stammbäume. In Zeitungen, Büchern u. Ä. suche ich nach den Stammbäumen der deutschen, spanischen, englischen, österreichischen, russischen, skandinavischen und niederländischen Fürstenfamilien. Mit vielen bin ich schon sehr weit gekommen, vor allem, weil ich mir immer Aufzeichnungen mache, wenn ich Biographien oder Geschichtsbücher lese. Ich schreibe sogar ganze Abschnitte aus der Geschichte ab.

Mein drittes Hobby ist dann auch Geschichte. Vater hat schon viele Bücher für mich gekauft. Ich kann den Tag fast nicht erwarten, an dem ich in den öffentlichen Bibliotheken alles nachschlagen kann.

Nummer vier ist die Mythologie Griechenlands und Roms. Auch darüber habe ich verschiedene Bücher. Die neun Musen oder sieben Geliebten von Zeus kann ich dir einfach so aufsagen. Die Frauen von Herakles usw. kenne ich aus dem Effeff.

Weitere Liebhabereien sind Filmstars und Familienfotos. Außerdem bin ich versessen auf Lesen und Bücher, interessiere mich für Kunstgeschichte und für Schriftsteller, Dichter und Maler. Musiker kommen vielleicht später noch. Eine gewisse Antipathie habe ich gegen Algebra, Geometrie und Rechnen. Alle übrigen Schulfächer mache ich mit Vergnügen, aber vor allem Geschichte!

Deine Anne M. Frank

Dienstag, 11. April 1944

Liebste Kitty!

Ich weiß nicht, wo mir der Kopf steht, ich weiß wirklich nicht, womit ich anfangen soll. Der Donnerstag (als ich dir das letzte Mal schrieb) verlief normal. Freitag (Karfreitag) spielten wir nachmittags Gesellschaftsspiele, ebenso am Samstag. Die Tage vergingen sehr schnell. Am Samstag gegen zwei fing eine Schießerei an. Schnellfeuerkanonen, haben die Herren gesagt. Sonst war alles ruhig.

Am Sonntagnachmittag kam Peter auf meine Einladung um halb fünf zu mir, etwas später gingen wir zum vorderen Dachboden, wo wir bis sechs Uhr blieben. Von sechs bis Viertel nach sieben gab es im Radio ein schönes Mo-

zartkonzert, vor allem die »Kleine Nachtmusik« hat mir gut gefallen. Ich kann nicht gut zuhören, wenn die anderen dabei sind, weil mich schöne Musik sehr bewegt.
Am Sonntagabend gingen Peter und ich nicht baden, weil der Zuber unten in der Küche stand und mit Wäsche gefüllt war. Um acht gingen wir zusammen zum vorderen Dachboden, und um weich zu sitzen, nahm ich das einzige Sofakissen mit, das in unserem Zimmer zu finden war. Wir nahmen auf einer Kiste Platz. Kiste als auch Kissen waren sehr schmal. Wir saßen dicht nebeneinander und lehnten uns an andere Kisten. Mouschi leistete uns Gesellschaft, also waren wir nicht unbeobachtet. Plötzlich, um Viertel vor neun, pfiff Herr van Daan und fragte, ob wir ein Kissen von Herrn Dussel hätten. Beide sprangen wir auf und gingen mit Kissen, Katze und van Daan nach unten. Dieses Kissen hat zu einer ganzen Tragödie geführt. Dussel war böse, weil ich sein Nachtkissen mitgenommen hatte, und fürchtete, es wären Flöhe darin. Alle hat er wegen diesem Kissen in Aufregung versetzt! Peter und ich steckten ihm aus Rache für seine Ekelhaftigkeit zwei harte Bürsten ins Bett, aber später kamen sie wieder raus. Wir haben schrecklich gelacht über dieses Intermezzo.
Aber unser Vergnügen sollte nicht lange dauern. Um halb zehn klopfte Peter leise an die Tür und fragte Vater, ob er ihm mal schnell bei einem schwierigen englischen Satz helfen würde.
»Da ist was nicht geheuer«, sagte ich zu Margot. »Die Ausrede ist zu dick. Die Herren reden in einem Ton, als wäre eingebrochen worden.«
Meine Vermutung stimmte, im Lager wurde gerade eingebrochen. Innerhalb kürzester Zeit waren Vater, van Daan und Peter unten. Margot, Mutter, Frau van Daan und ich warteten. Vier Frauen, die Angst haben, müssen reden. So auch wir, bis wir unten einen Schlag hörten. Danach war alles still, die Uhr schlug Viertel vor zehn. Aus unseren Gesichtern war die Farbe gewichen, aber noch waren wir ruhig, wenn auch ängstlich. Wo waren die Herren geblieben? Was war das für ein Schlag? Kämpften sie vielleicht mit den Einbrechern? Weiter dachten wir nicht, wir warteten.
Zehn Uhr: Schritte auf der Treppe. Vater, blass und nervös, kam herein, gefolgt von Herrn van Daan. »Licht aus, leise nach oben, wir erwarten Polizei im Haus!«
Es blieb keine Zeit für Angst. Die Lichter gingen aus, ich nahm noch schnell eine Jacke, und wir waren oben.
»Was ist passiert? Schnell, erzählt!«
Es war niemand da zum Erzählen, die Herren waren wieder unten. Erst um

zehn nach zehn kamen sie alle vier herauf, zwei hielten Wache an Peters offenem Fenster. Die Tür zum Treppenabsatz war abgeschlossen, der Drehschrank zu. Über das Nachtlämpchen hängten wir einen Pullover, dann erzählten sie:
Peter hörte auf dem Treppenabsatz zwei harte Schläge, lief nach unten und sah, dass an der linken Seite der Lagertür ein großes Brett fehlte. Er rannte nach oben, verständigte den wehrhaften Teil der Familie, und zu viert zogen sie hinunter. Die Einbrecher waren noch am Stehlen, als sie ins Lager kamen. Ohne zu überlegen, schrie van Daan:
»Polizei!« Schnelle Schritte nach draußen, die Einbrecher waren geflohen. Um zu verhindern, dass die Polizei das Loch bemerkte, wurde das Brett wieder eingesetzt, aber ein kräftiger Tritt von draußen beförderte es noch mal auf den Boden. Die Herren waren perplex über so viel Frechheit. Van Daan und Peter fühlten Mordgelüste in sich aufsteigen. Van Daan schlug mit dem Beil kräftig auf den Boden, und alles war wieder still. Erneut kam das Brett vor das Loch, erneut eine Störung. Ein Ehepaar leuchtete von draußen mit einer grellen Taschenlampe das ganze Lager ab. »Verflixt«, murmelte einer der Herren, und nun änderten sich ihre Rollen, sie wurden von Polizisten zu Einbrechern. Alle vier rannten sie nach oben, Peter öffnete die Türen und Fenster von Küche und Privatbüro, warf das Telefon auf den Boden, und schließlich landeten sie alle, samt Waschzuber, im Versteck. (Ende des ersten Teils.)

Aller Wahrscheinlichkeit nach hatte das Ehepaar mit der Taschenlampe die Polizei benachrichtigt. Es war Sonntagabend, der Abend des ersten Ostertages. Am zweiten Feiertag kam niemand ins Büro, wir konnten uns also vor Dienstagmorgen nicht rühren. Stell dir vor, zwei Nächte und einen Tag in dieser Angst zu verbringen! Wir stellten uns nichts vor, wir saßen nur im Stockdunkeln, weil Frau van Daan aus Angst die Lampe ganz ausgedreht hatte, wir flüsterten, und bei jedem Knarren klang es: »Pst! Pst!«
Es wurde halb elf, elf Uhr, kein Geräusch. Abwechselnd kamen Vater und van Daan zu uns. Dann, um Viertel nach elf, ein Geräusch von unten. Bei uns konnte man das Atmen der ganzen Familie hören, ansonsten rührten wir uns nicht. Schritte im Haus, im Privatbüro, in der Küche, dann … auf unserer Treppe. Keine Atemzüge waren mehr zu hören, acht Herzen hämmerten. Schritte auf unserer Treppe, dann Gerüttel am Drehschrank. Dieser Moment ist unbeschreiblich.
»Jetzt sind wir verloren«, sagte ich und sah uns schon alle fünfzehn noch in derselben Nacht von der Gestapo mitgenommen.

Wieder Gerüttel am Drehschrank, zweimal, dann fiel etwas herunter, die Schritte entfernten sich. Für den Moment waren wir gerettet. Ein Zittern durchlief uns alle, ich hörte Zähneklappern, aber niemand sagte ein Wort. So saßen wir bis halb zwölf.
Im Haus war nichts zu hören, aber auf dem Treppenabsatz direkt vor dem Schrank brannte Licht. War es deshalb, weil unser Schrank so geheimnisvoll war? Hatte die Polizei vielleicht das Licht vergessen? Kam noch jemand, um es auszumachen? Die Zungen lösten sich, im Haus war niemand mehr. Vielleicht noch ein Bewacher vor der Tür.
Drei Dinge taten wir nun, Vermutungen äußern, zittern vor Angst und zum Klo gehen. Die Eimer waren auf dem Dachboden, so musste Peters Blechpapierkorb herhalten. Van Daan machte den Anfang, danach Vater. Mutter schämte sich zu sehr. Vater brachte das Blechgefäß ins Zimmer, wo Margot, Frau van Daan und ich es gern benutzten. Endlich entschied sich auch Mutter dazu. Die Nachfrage nach Papier war groß, ich hatte zum Glück welches in der Tasche.
Das Gefäß stank, alle flüsterten, und wir waren müde, es war zwölf Uhr.
»Legt euch doch auf den Boden und schlaft!«
Margot und ich bekamen jede ein Kissen und eine Decke. Margot lag in der Nähe vom Vorratsschrank, ich zwischen den Tischbeinen. Auf dem Boden stank es nicht so schlimm, aber Frau van Daan holte doch leise ein bisschen Chlor und legte ein altes Tuch über den Topf.
Gerede, Geflüster, Angst, Gestank, Winde – und dauernd jemand auf dem Topf! Dabei soll einer schlafen! Um halb drei wurde ich jedoch zu müde, und bis halb vier hörte ich nichts. Ich wurde wach, als Frau van Daan ihren Kopf auf meine Füße legte.
»Geben Sie mir bitte was zum Anziehen!«, bat ich. Ich bekam auch was, aber frag nicht, was! Eine wollene Hose über meinen Pyjama, den roten Pullover und den schwarzen Rock, weiße Socken und darüber kaputte Kniestrümpfe.
Frau van Daan nahm dann wieder auf dem Stuhl Platz, und Herr van Daan legte sich auf meine Füße. Ich fing an nachzudenken. Ich zitterte immer noch so, dass van Daan nicht schlafen konnte. In Gedanken bereitete ich mich darauf vor, dass die Polizei zurückkommen würde. Dann müssen wir sagen, dass wir Untertaucher sind. Entweder sind es gute Niederländer, dann ist alles in Ordnung, oder es sind Nazis, dann muss man sie bestechen.
»Tu doch das Radio weg!«, seufzte Frau van Daan.

»Ja, in den Herd«, antwortete Herr van Daan. »Wenn sie uns finden, dürfen sie auch das Radio finden.«
»Dann finden sie auch Annes Tagebuch«, mischte sich Vater ein. »Verbrennt es doch!«, schlug die Ängstlichste von uns vor.
Das und der Moment, als die Polizei an der Schranktür rüttelte, waren meine angstvollsten Augenblicke. Mein Tagebuch nicht! Mein Tagebuch nur zusammen mit mir! Aber Vater antwortete zum Glück nicht.
Es hat überhaupt keinen Zweck, die Gespräche zu wiederholen, an die ich mich erinnere. Es wurde so viel geredet. Ich tröstete Frau van Daan in ihrer Angst. Wir sprachen über Flucht, Verhöre bei der Gestapo, über Telefonieren und über Mut.
»Nun müssen wir uns eben wie Soldaten verhalten, Frau van Daan. Wenn wir draufgehen, na gut, dann eben für Königin und Vaterland, für Freiheit, Wahrheit und Recht, genau was im Sender Oranje immer wieder gesagt wird. Das Schlimme ist nur, dass wir die anderen dann mit ins Unglück ziehen.«
Herr van Daan wechselte nach einer Stunde wieder den Platz mit seiner Frau. Vater kam zu mir. Die Herren rauchten ununterbrochen. Ab und zu war ein tiefer Seufzer zu hören, dann wieder Pinkeln, und dann fing alles wieder von vorn an.
Vier Uhr, fünf Uhr, halb sechs. Nun setzte ich mich zu Peter. Dicht aneinandergedrückt, so dicht, dass wir die Schauer im Körper des anderen fühlten, saßen wir da, sprachen ab und zu ein Wort und lauschten angestrengt. Im Zimmer zogen sie die Verdunklung hoch und schrieben die Punkte auf, die sie Kleiman am Telefon sagen wollten.
Um sieben Uhr wollten sie ihn nämlich anrufen, damit jemand kam. Das Risiko, dass ein möglicher Bewacher vor der Tür oder im Lager das Telefonieren hörte, war groß. Aber noch größer, dass die Polizei wieder zurückkam.
Obwohl ich den Erinnerungszettel hier beilege, zur größeren Deutlichkeit noch die Abschrift der Punkte:

Eingebrochen. Polizei war im Haus, bis zum Drehschrank, weiter nicht.
Einbrecher sind offenbar gestört worden, haben Lager aufgebrochen und sind durch den Garten geflüchtet.
Haupteingang verriegelt. Kugler muss durch die zweite Tür weggegangen sein.
Schreibmaschine und Rechenmaschine sind sicher in der schwarzen Kiste im Privatbüro.

Wäsche von Miep oder Bep liegt in der Waschwanne in der Küche.
Schlüssel für zweite Tür haben nur Bep oder Kugler, möglicherweise Schloss kaputt.
Versuchen, Jan zu benachrichtigen, Schlüssel holen und zum Büro gehen, um nachzuschauen. Katze muss gefüttert werden.
Alles verlief nach Wunsch. Kleiman wurde angerufen, die Schreibmaschine in die Kiste gebracht. Danach saßen wir wieder am Tisch und warteten auf Jan oder die Polizei.
Peter war eingeschlafen, Herr van Daan und ich lagen auf dem Boden, als wir unten laute Schritte hörten. Leise stand ich auf. »Das ist Jan!«
»Nein, nein, das ist die Polizei!«, sagten alle anderen.
Es wurde geklopft, Miep pfiff. Frau van Daan wurde es zu viel. Leichenblass und schlaff hing sie in ihrem Stuhl, und wenn die Spannung noch eine Minute länger gedauert hätte, wäre sie ohnmächtig geworden.
Als Jan und Miep hereinkamen, bot unser Zimmer einen herrlichen Anblick. Der Tisch alleine wäre schon ein Foto wert gewesen: Ein »Cinema & Theater« aufgeschlagen, die Seite mit Tänzerinnen voll mit Marmelade und einem Mittel gegen Durchfall, zwei Marmeladengläser, ein halbes und ein viertel Brötchen, Pektin, Spiegel, Kamm, Streichhölzer, Asche, Zigaretten, Tabak, Aschenbecher, Bücher, eine Unterhose, eine Taschenlampe, Toilettenpapier usw. usw.
Jan und Miep wurden natürlich mit Jauchzen und Tränen begrüßt. Jan zimmerte das Loch mit Holz zu und ging schon bald mit Miep wieder weg, um der Polizei den Einbruch zu melden. Miep hatte unter der Lagertür einen Zettel von Nachtwächter Sleegers gefunden, der das Loch entdeckt und der Polizei Bescheid gesagt hatte. Bei ihm wollte Jan auch vorbeigehen.
Eine halbe Stunde hatten wir also, um uns zurechtzumachen, und noch nie habe ich gesehen, wie sich innerhalb von einer halben Stunde so viel verändert hat. Margot und ich legten unten die Betten aus, gingen zur Toilette, putzten die Zähne, wuschen die Hände und kämmten die Haare. Danach räumte ich das Zimmer noch ein bisschen auf und ging wieder nach oben. Dort war der Tisch schon abgeräumt. Wir holten Wasser, machten Kaffee und Tee, kochten Milch und deckten für die Kaffeestunde. Vater und Peter reinigten die Pinkeltöpfe mit warmem Wasser und Chlorkalk. Der größte war bis oben voll und so schwer, dass er kaum zu heben war. Außerdem leckte das Ding, so dass es in einem Eimer weggetragen werden musste.
Um elf Uhr saßen wir mit Jan, der zurückgekommen war, am Tisch, und es wurde allmählich schon wieder gemütlich. Jan erzählte Folgendes:

Bei Sleegers erzählte seine Frau (Sleegers selbst schlief noch), dass er bei seiner Runde das Loch bei uns entdeckt hatte und mit einem herbeigeholten Polizisten durch das Gebäude gelaufen war. Herr Sleegers ist privater Nachtwächter und radelt jeden Abend mit seinen zwei Hunden die Grachten entlang. Am Dienstag will er zu Kugler kommen und die Sache besprechen. Auf dem Polizeibüro hatten sie noch nichts von dem Einbruch gewusst, es aber sofort notiert. Sie wollen ebenfalls am Dienstag kommen und mal nachschauen.

Auf dem Rückweg ging Jan zufällig bei unserem Kartoffellieferanten vorbei und erzählte ihm, dass eingebrochen worden war.

»Das weiß ich«, sagte der seelenruhig. »Ich kam gestern Abend mit meiner Frau an dem Gebäude vorbei und sah ein Loch in der Tür. Meine Frau wollte schon weitergehen, aber ich schaute mit der Taschenlampe nach, und da sind die Diebe bestimmt weggelaufen. Sicherheitshalber habe ich die Polizei nicht angerufen, ich wollte das bei Ihnen nicht. Ich weiß zwar nichts, aber ich vermute viel.« Jan bedankte sich und ging. Bestimmt nimmt der Mann an, dass wir hier sind, denn er bringt die Kartoffeln immer in der Mittagspause, zwischen halb eins und halb zwei. Ein prima Mann!

Nachdem Jan weggegangen war und wir abgewaschen hatten, war es ein Uhr. Alle acht gingen wir schlafen. Um Viertel vor drei wurde ich wach und sah, dass Herr Dussel schon verschwunden war. Ganz zufällig begegnete ich Peter mit meinem verschlafenen Gesicht im Badezimmer. Wir verabredeten uns für unten. Ich machte mich zurecht und ging hinunter.

»Traust du dich noch, auf den vorderen Dachboden zu gehen?«, fragte er. Ich war einverstanden, holte mein Kopfkissen, wickelte es in ein Tuch, und wir gingen hinauf. Das Wetter war großartig, und schon bald heulten dann auch die Sirenen. Wir blieben, wo wir waren. Peter legte seinen Arm um meine Schulter, ich legte meinen Arm um seine Schulter, und so blieben wir und warteten ruhig, bis Margot uns um vier Uhr zum Kaffee holte.

Wir aßen Brot, tranken Limonade und machten schon wieder Witze, auch sonst lief alles normal. Abends dankte ich Peter, weil er der Mutigste von allen war.

Keiner von uns hat sich je in solch einer Gefahr befunden wie in dieser Nacht. Gott hat uns beschützt. Stell dir vor, die Polizei an unserem Versteckschrank, das Licht davor an, und wir bleiben doch unbemerkt! Wenn die Invasion mit Bombardierungen kommt, ist jeder für sich selbst verantwortlich. Aber hier gab es auch die Angst um unsere unschuldigen und guten Helfer.

»Wir sind gerettet, rette uns weiterhin!« Das ist das Einzige, was wir sagen können.

Diese Geschichte hat viele Veränderungen mit sich gebracht. Dussel sitzt fortan abends im Badezimmer. Peter geht um halb neun und um halb zehn durch das Haus, um alles zu kontrollieren. Sein Fenster darf nachts nicht mehr offen bleiben, weil ein Arbeiter der Nachbarfirma es gesehen hat. Nach halb zehn abends darf das Wasser auf dem Klo nicht mehr gezogen werden. Herr Sleegers ist als Nachtwächter engagiert worden. Heute Abend kommt ein Zimmermann und zimmert aus unseren weißen Frankfurter Betten eine Verbarrikadierung. Im Hinterhaus gibt es hier jetzt Debatten vorn und Debatten hinten. Kugler hat uns Unvorsichtigkeit vorgeworfen. Auch Jan sagte, wir dürften nie nach unten. Man muss jetzt der Sache auf den Grund gehen, ob Sleegers zuverlässig ist, ob die Hunde anschlagen, wenn sie jemanden hinter der Tür hören, wie das mit der Verbarrikadierung klappt, alles Mögliche.

Wir sind sehr stark daran erinnert worden, dass wir gefesselte Juden sind, gefesselt an einen Fleck, ohne Rechte, aber mit Tausenden von Pflichten. Wir Juden dürfen nicht unseren Gefühlen folgen, müssen mutig und stark sein, müssen alle Beschwerlichkeiten auf uns nehmen und nicht murren, müssen tun, was in unserer Macht liegt, und auf Gott vertrauen. Einmal wird dieser schreckliche Krieg doch vorbeigehen, einmal werden wir doch wieder Menschen und nicht nur Juden sein!

Wer hat uns das auferlegt? Wer hat uns Juden zu einer Ausnahme unter allen Völkern gemacht? Wer hat uns bis jetzt so leiden lassen? Es ist Gott, der uns so gemacht hat, aber es wird auch Gott sein, der uns aufrichtet. Wenn wir all dieses Leid ertragen und noch immer Juden übrig bleiben, werden sie einmal von Verdammten zu Vorbildern werden. Wer weiß, vielleicht wird es noch unser Glaube sein, der die Welt und damit alle Völker das Gute lehrt, und dafür, dafür allein müssen wir auch leiden. Wir können niemals nur Niederländer oder nur Engländer oder was auch immer werden, wir müssen daneben immer Juden bleiben. Aber wir wollen es auch bleiben.

Seid mutig! Wir wollen uns unserer Aufgabe bewusst bleiben und nicht murren, es wird einen Ausweg geben. Gott hat unser Volk nie im Stich gelassen, durch alle Jahrhunderte hin sind Juden am Leben geblieben, durch alle Jahrhunderte hindurch mussten Juden leiden. Aber durch alle Jahrhunderte hindurch sind sie auch stark geworden. Die Schwachen fallen, aber die Starken bleiben übrig und werden nicht untergehen!

In dieser Nacht dachte ich eigentlich, dass ich sterben müsste. Ich wartete auf die Polizei, ich war bereit, bereit wie ein Soldat auf dem Schlachtfeld. Ich wollte mich gern opfern für das Vaterland. Aber nun, da ich gerettet bin, ist es mein erster Wunsch für nach dem Krieg, dass ich Niederländerin werde. Ich liebe die Niederländer, ich liebe unser Land, ich liebe die Sprache und will hier arbeiten. Und wenn ich an die Königin selbst schreiben muss, ich werde nicht aufgeben, bevor mein Ziel erreicht ist.
Ich werde immer unabhängiger von meinen Eltern. So jung ich bin, habe ich mehr Lebensmut, ein sichereres Rechtsgefühl als Mutter. Ich weiß, was ich will, habe ein Ziel, habe eine eigene Meinung, habe einen Glauben und eine Liebe. Lasst mich ich selbst sein, dann bin ich zufrieden! Ich weiß, dass ich eine Frau bin, eine Frau mit innerer Stärke und viel Mut!
Wenn Gott mich am Leben lässt, werde ich mehr erreichen, als Mutter je erreicht hat. Ich werde nicht unbedeutend bleiben, ich werde in der Welt und für die Menschen arbeiten.
Und nun weiß ich, dass Mut und Fröhlichkeit das Wichtigste sind!

Deine Anne M. Frank

Freitag, 14. April 1944

Beste Kitty!
Die Stimmung hier ist noch sehr gespannt. Pim ist auf dem Siedepunkt, Frau van Daan liegt mit Erkältung im Bett und schimpft, Herr van Daan ist ohne Glimmstängel und blass, Dussel, der viel von seiner Bequemlichkeit geopfert hat, hat alle möglichen Beanstandungen usw. usw. Wir haben im Augenblick kein Glück. Das Klo ist undicht, der Hahn überdreht. Dank der vielen Beziehungen wird sowohl das eine als auch das andere schnell repariert sein.

Manchmal bin ich sentimental, das weiß ich, aber manchmal ist Sentimentalität auch angebracht. Wenn Peter und ich irgendwo zwischen Gerümpel und Staub auf einer harten Holzkiste sitzen, einer dem anderen den Arm um die Schultern gelegt hat, er mit einer Locke von mir in der Hand, und wenn draußen die Vögel trillern, wenn die Bäume grün werden, wenn die Sonne hinauslockt, wenn der Himmel so blau ist, oh, dann will ich so viel!
Nichts als unzufriedene und mürrische Gesichter sieht man hier, nichts als Seufzen und unterdrückte Klagen sind zu hören, und es scheint, als wäre plötzlich alles schrecklich geworden. In Wirklichkeit ist es hier so schlecht, wie man es sich selbst macht. Hier im Hinterhaus geht niemand mit gutem

Beispiel voran, hier muss jeder selbst sehen, wie er mit seinen Launen klarkommt.
»Wäre es nur schon vorbei!« Das hört man jeden Tag.
Meine Würde, meine Hoffnung, meine Liebe, mein Mut,
das alles hält mich aufrecht und macht mich gut!
Kitty, ich glaube, ich spinne heute ein bisschen, und ich weiß nicht, warum. Alles steht durcheinander, man merkt keinen Zusammenhang, und ich bezweifle manchmal ernsthaft, ob sich später mal jemand für mein Geschwätz interessieren wird. »Die Bekenntnisse eines hässlichen jungen Entleins« wird der ganze Unsinn dann heißen. Herr Bolkestein und Herr Gerbrandy[13] werden von <u>meinen</u> Tagebüchern wirklich nicht viel haben. Deine Anne

Samstag, 15. April 1944

Liebe Kitty!
»Ein Schreck folgt dem anderen. Wann wird das zu Ende sein?« So können wir wirklich sagen. Stell dir vor, was nun schon wieder passiert ist: Peter hat vergessen, den Riegel vor der Tür aufzumachen. Die Folge war, dass Kugler mit den Arbeitern nicht ins Haus kam. Er ist zur Nachbarfirma gegangen und hat von da aus das Küchenfenster eingeschlagen. Unsere Fenster standen offen, und die Nachbarn haben es gesehen. Was sie sich wohl denken? Und van Maaren? Kugler ist wütend. Er bekommt die Vorwürfe, dass er nichts an den Türen verändern lässt, und wir machen so eine Dummheit! Peter ist vollkommen außer Fassung, das kann ich dir sagen. Als Mutter bei Tisch sagte, Peter tue ihr leid, fing er fast an zu weinen. Es ist ebenso unsere Schuld, denn wir und auch van Daan fragen sonst fast jeden Tag, ob der Riegel weg ist. Vielleicht kann ich ihn nachher ein bisschen trösten. Ich würde ihm so gerne helfen.
Hier folgen noch einige vertrauliche Hinterhausmeldungen von den letzten Wochen:
Vor einer Woche wurde Moffi plötzlich krank, er war sehr still und sabberte. Miep nahm ihn, rollte ihn in ein Tuch, steckte ihn in die Einkaufstasche und brachte ihn zur Tierklinik. Der Doktor gab ihm eine Medizin, weil er es an den Eingeweiden hatte. Peter gab ihm ein paarmal von der Arznei, aber schon bald ließ Moffi sich nicht mehr sehen und war Tag und Nacht unterwegs, sicher bei seiner Liebsten. Aber jetzt ist seine Nase geschwollen, und er

13 Mitglieder der niederländischen Exilregierung in London; A. d. Ü.

fiept, wenn man ihn anfasst. Wahrscheinlich hat er irgendwo, wo er was klauen wollte, einen Klaps bekommen. Mouschi hatte ein paar Tage lang eine Art Stimmbruch. Gerade als wir sie auch zum Doktor schicken wollten, war sie schon wieder fast gesund.
Unser Dachbodenfenster bleibt nun auch nachts etwas offen. Peter und ich sitzen jetzt oft abends noch oben.
Dank Gummilösung und Ölfarbe kann unser Klo wieder gerichtet werden. Auch der überdrehte Hahn ist durch einen anderen ersetzt worden.
Herrn Kleiman geht es zum Glück wieder besser. Bald wird er zu einem Spezialisten gehen. Wir wollen nur hoffen, dass er nicht am Magen operiert werden muss.
Diesen Monat haben wir acht Lebensmittelkarten bekommen. Unglücklicherweise hat es in den ersten vierzehn Tagen statt Haferflocken oder Graupen nur Hülsenfrüchte auf die Marken gegeben. Unser neuester Leckerbissen ist Piccalilly. Wenn man Pech hat, sind in einem Glas nur ein paar Gurken und etwas Senfsoße. Gemüse gibt es gar nicht. Vorher Salat und nachher Salat. Unsere Mahlzeiten bestehen nur noch aus Kartoffeln und künstlicher Soße.
Die Russen haben jetzt mehr als die Hälfte der Krim erobert. Bei Cassino kommen die Engländer nicht vorwärts. Rechnen wir eben mit dem Westwall. Bombardierungen gibt es oft, noch dazu unvorstellbar schwere. In Den Haag wurde das Rathaus von einer Bombe getroffen, und viele Dokumente wurden zerstört. Alle Niederländer bekommen neue Stammkarten.
Genug für heute! Deine Anne M. Frank

Sonntag, 16. April 1944

Liebste Kitty!
Behalte den gestrigen Tag, er ist sehr wichtig für mein ganzes Leben. Ist es nicht für jedes Mädchen wichtig, wenn sie den ersten Kuss bekommt? Nun, bei mir ist es auch so. Der Kuss von Bram auf meine rechte Backe zählt nicht, auch nicht der Handkuss von Woudstra. Wie ich so plötzlich zu diesem Kuss gekommen bin? Nun, das werde ich dir erzählen.
Gestern Abend um acht saß ich mit Peter auf seiner Couch. Schon bald legte er einen Arm um mich. (Weil Samstag war, hatte er keinen Overall an.) »Rücken wir ein bisschen weiter«, sagte ich, »damit ich mit dem Kopf nicht an das Schränkchen stoße.«
Er rückte fast bis zur Ecke, ich legte meinen Arm unter seinem Arm hindurch auf seinen Rücken, und er begrub mich fast, weil sein Arm um meine

Schulter hing. Wir hatten schon öfter so gesessen, aber nie so dicht nebeneinander wie gestern Abend. Er drückte mich fest an sich, meine Brust lag an seiner, mein Herz klopfte. Aber das war noch nicht alles. Er ruhte nicht eher, bis mein Kopf auf seiner Schulter lag und der seine darauf. Als ich mich nach ungefähr fünf Minuten etwas aufrichtete, nahm er meinen Kopf in die Hände und zog ihn wieder an sich. Oh, es war so herrlich! Ich konnte nicht sprechen, der Genuss war zu groß. Er streichelte ein bisschen ungeschickt meine Wange und meinen Arm, fummelte an meinen Locken, und unsere Köpfe lagen fast die ganze Zeit aneinander.

Das Gefühl, das mich dabei durchströmte, kann ich dir nicht beschreiben, Kitty. Ich war überglücklich, und ich glaube, er auch.

Um halb neun standen wir auf. Peter zog seine Turnschuhe an, um bei einer zweiten Runde durch das Haus auch leise zu gehen, und ich stand dabei. Wie ich plötzlich die richtige Bewegung fand, weiß ich nicht, aber bevor wir nach unten gingen, gab er mir einen Kuss auf die Haare, halb auf meine linke Wange und halb auf mein Ohr. Ohne mich umzuschauen rannte ich hinunter und warte mit großer Sehnsucht auf heute.

Sonntagmorgen, kurz vor 11 Uhr. Deine Anne M. Frank

Montag, 17. April 1944

Liebe Kitty!

Glaubst du, dass Vater und Mutter es gutheißen würden, dass ich auf einer Couch sitze und einen Jungen küsse? Ein Junge von siebzehneinhalb und ein Mädchen von fast fünfzehn? Ich glaube es eigentlich nicht, aber ich muss mich bei dieser Sache auf mich selbst verlassen. Es ist so ruhig und sicher, in seinen Armen zu liegen und zu träumen, es ist so aufregend, seine Wange an meiner zu fühlen, es ist so herrlich zu wissen, dass jemand auf mich wartet. Aber – und ein Aber gibt es tatsächlich – wird Peter es dabei belassen wollen? Ich habe sein Versprechen nicht vergessen, aber ... er ist ein Junge!

Ich weiß schon, dass ich sehr früh dran bin. Noch keine fünfzehn und schon so selbständig, das ist für andere wohl unbegreiflich. Ich bin mir fast sicher, dass Margot niemals einem Jungen einen Kuss geben würde, ohne dass auch von Verloben oder Heiraten die Rede ist. Solche Pläne haben weder Peter noch ich. Auch Mutter hat vor Vater sicher keinen Mann berührt. Was würden meine Freundinnen dazu sagen, wenn sie wüssten, dass ich in Peters Armen lag, mit meinem Herzen auf seiner Brust, mit meinem Kopf auf seiner Schulter, mit seinem Kopf und Gesicht auf dem meinen!

O Anne, wie skandalös! Ich finde es aber wirklich nicht skandalös. Wir sind hier eingesperrt, abgeschlossen von der Welt, immer in Angst und Sorge, ganz besonders in der letzten Zeit. Warum sollten wir, die einander lieben, uns dann voneinander fernhalten? Warum sollten wir uns in diesen Zeiten keinen Kuss geben? Warum sollten wir warten, bis wir das passende Alter haben? Warum sollten wir viel fragen?
Ich habe es auf mich genommen, selbst auf mich aufzupassen. Er würde mir nie Kummer oder Schmerz zufügen wollen. Warum sollte ich dann nicht tun, was mir das Herz eingibt, und uns beide glücklich machen?
Doch ich glaube, Kitty, dass du ein bisschen von meinen Zweifeln merkst. Ich denke, dass es meine Ehrlichkeit ist, die sich gegen Heimlichkeiten auflehnt. Findest du, dass es meine Pflicht wäre, Vater zu erzählen, was ich tue? Findest du, dass unser Geheimnis einem Dritten zu Ohren kommen soll? Von dem, was schön ist, würde viel verlorengehen. Und würde ich dadurch innerlich ruhiger werden? Ich werde mit ihm darüber sprechen.
O ja, ich will über so viel mit ihm sprechen, denn nur miteinander schmusen, darin sehe ich keinen Sinn. Es gehört viel Vertrauen dazu, einander die Gedanken zu erzählen, aber sicher werden wir beide stärker im Bewusstsein dieses Vertrauens. Deine Anne M. Frank

P. S. Gestern Morgen waren wir schon wieder um sechs Uhr auf den Beinen, da die ganze Familie Einbruchgeräusche gehört hatte. Vielleicht ist diesmal ein Nachbar das Opfer geworden. Bei der Kontrolle um sieben Uhr waren unsere Türen fest verschlossen, zum Glück.

Dienstag, 18. April 1944

Liebe Kitty!
Hier ist alles gut. Gestern Abend war der Zimmermann wieder da und hat angefangen, eiserne Platten vor die Türfüllungen zu schrauben.
Vater hat gerade gesagt, dass er vor dem 20. Mai noch ganz groß angelegte Operationen erwartet, sowohl in Russland als auch in Italien und im Westen. Ich kann mir die Befreiung aus unserer Lage immer weniger vorstellen, je länger es dauert.
Gestern sind Peter und ich dann endlich zu unserem Gespräch gekommen, das mindestens schon zehn Tage verschoben worden ist. Ich habe ihm alles von den Mädchen erklärt und mich nicht gescheut, die intimsten Dinge zu besprechen. Ich fand es allerdings witzig, dass er dachte, dass sie den Eingang

bei Frauen auf Bildern einfach wegließen. Er konnte sich also nicht vorstellen, dass das wirklich zwischen den Beinen liegt.
Der Abend endete mit einem Kuss, ein bisschen neben dem Mund. Es ist wirklich ein tolles Gefühl!
Vielleicht nehme ich mein Schöne-Sätze-Buch doch mal mit hinauf, um endlich etwas tiefer auf die Dinge einzugehen. Ich finde keine Befriedigung darin, sich Tag um Tag immer nur in den Armen zu liegen, und wünsche mir, dass es ihm auch so geht.
Wir haben nach unserem unbeständigen Winter wieder ein prachtvolles Frühjahr. Der April ist tatsächlich wunderbar, nicht zu warm und nicht zu kalt und ab und zu ein kleiner Regenschauer. Unsere Kastanie ist schon ziemlich grün, und hier und da sieht man sogar schon kleine Kerzen.
Bep hat uns am Samstag Blumen gebracht, drei Sträuße Narzissen, und für mich Traubenhyazinthen. Und Herr Kugler versorgt uns immer besser mit Zeitungen.
Ich muss Algebra machen, Kitty, auf Wiedersehen! Deine Anne M. Frank

Mittwoch, 19. April

Lieber Schatz!
(Das ist der Titel eines Films mit Dorit Kreysler, Ida Wüst und Harald Paulsen.)
Was gibt es Schöneres auf der Welt, als aus einem offenen Fenster hinaus in die Natur zu schauen, die Vögel pfeifen zu hören, die Sonne auf den Wangen zu fühlen und einen lieben Jungen in den Armen zu haben? Es ist so ruhig und sicher, seinen Arm um mich zu fühlen, ihn nahe zu wissen und doch zu schweigen. Es kann nicht schlecht sein, denn diese Ruhe ist gut. Oh, wenn sie doch nie gestört würde, noch nicht einmal von Mouschi!

Deine Anne M. Frank

Freitag, 21. April 1944

Liebste Kitty!
Gestern Nachmittag lag ich mit Halsweh im Bett, aber weil ich mich schon am ersten Tag langweilte und kein Fieber hatte, bin ich heute wieder aufgestanden. Das Halsweh ist auch fast verschwunden.
Gestern wurde, wie du vermutlich gemerkt hast, unser »Führer« 55 Jahre alt. Heute ist der achtzehnte Geburtstag Ihrer Königlichen Hoheit, der Kron-

prinzessin Elisabeth von York. Im BBC wurde durchgegeben, dass sie noch nicht für volljährig erklärt worden ist, wie es bei Prinzessinnen sonst der Fall ist. Wir haben uns schon gefragt, mit welchem Prinzen diese Schönheit mal verheiratet wird, konnten jedoch keinen geeigneten finden. Vielleicht kann ihre Schwester, Prinzessin Margaret Rose, den Kronprinzen Baudouin von Belgien bekommen.
Hier geraten wir von einer Misere in die andere. Kaum haben wir nun die Außentüren gut verrammelt, tritt van Maaren, der Lagerarbeiter, wieder in Erscheinung. Aller Wahrscheinlichkeit nach hat er Kartoffelmehl gestohlen und will jetzt Bep die Schuld in die Schuhe schieben. Das Hinterhaus ist begreiflicherweise in Aufruhr. Bep ist außer sich vor Wut. Vielleicht lässt Kugler dieses heruntergekommene Subjekt jetzt beschatten.
Heute Morgen war ein Schätzer aus der Beethovenstraat hier. Er will für unsere Truhe 400 Gulden geben. Auch seine anderen Angebote sind unserer Meinung nach zu niedrig.
Ich will bei der Zeitung anfragen, ob sie ein Märchen von mir nehmen wollen, natürlich unter einem Pseudonym. Aber weil meine Märchen noch zu lang sind, glaube ich nicht, dass ich viel Aussicht auf Erfolg habe.
Bis zum nächsten Mal, Darling! Deine Anne M. Frank

Dienstag, 25. April 1944

Liebe Kitty!
Seit ungefähr zehn Tagen spricht Dussel wieder nicht mit van Daan, und das nur, weil wir nach dem Einbruch eine ganze Menge neuer Sicherheitsvorkehrungen getroffen haben. Eine davon ist, dass er abends nicht mehr hinunterdarf. Peter macht jeden Abend um halb zehn mit Herrn van Daan die letzte Runde, und dann darf niemand mehr hinunter. Von abends acht Uhr an darf auch die Klospülung nicht mehr gezogen werden, auch morgens um acht nicht. Die Fenster gehen erst auf, wenn in Kuglers Büro das Licht brennt, und abends dürfen keine Stöckchen mehr dazwischengesteckt werden. Letzteres ist der Anlass zu Dussels Schmollen gewesen. Er behauptet, dass van Daan ihn angeschnauzt habe, aber daran ist er selbst schuld. Er sagte auch, dass er eher ohne Essen als ohne Luft leben könne und eine Methode gefunden werden müsse, die Fenster zu öffnen.
»Ich werde mit Herrn Kugler darüber sprechen«, sagte er zu mir. Ich antwortete, dass solche Dinge nie von Herrn Kugler beschlossen werden, sondern in der Gemeinschaft.

»Alles passiert hier hinter meinem Rücken, dann werde ich wohl mit deinem Vater darüber sprechen.«
Er darf sich samstags nachmittags und sonntags auch nicht mehr in Kuglers Büro setzen, weil der Chef der Nachbarfirma ihn da hören könnte, falls er käme. Prompt setzte sich Dussel doch rein. Van Daan war rasend, und Vater ging hinunter, um mit ihm zu reden. Natürlich hatte er wieder eine Ausrede, aber diesmal kam er sogar bei Vater nicht damit durch. Vater spricht nun auch so wenig wie möglich mit ihm, weil Dussel ihn beleidigt hat. Wie, weiß ich nicht, wir wissen es alle nicht, aber es muss schlimm sein.
Und nächste Woche hat der Unglückswurm auch noch Geburtstag.
Geburtstag haben, nicht den Mund aufmachen, schmollen und Geschenke bekommen, wie passt das zusammen?
Mit Herrn Voskuijl geht es schnell bergab, er hat seit über zehn Tagen fast vierzig Fieber. Der Doktor hält seinen Zustand für hoffnungslos, es wird angenommen, dass der Krebs auf die Lunge übergegriffen hat. Der arme Mann, man würde ihm so gern helfen, aber niemand als Gott kann hier helfen.
Ich habe eine schöne Geschichte geschrieben. Sie heißt »Blurry, der Weltentdecker« und hat meinen drei Zuhörern sehr gefallen.
Ich bin noch immer erkältet und habe sowohl Margot als auch Mutter und Vater angesteckt. Wenn Peter es nur nicht bekommt! Er musste unbedingt einen Kuss haben und nannte mich sein Eldorado. Es geht doch nicht, du verrückter Junge! Aber lieb ist er doch! Deine Anne M. Frank

Donnerstag, 27. April 1944

Liebe Kitty!
Heute Morgen hatte Frau van Daan schlechte Laune, nichts als Klagen, zuerst über die Erkältung, dass sie keine Hustenbonbons bekam, dass das viele Schnäuzen nicht auszuhalten ist. Dann, dass die Sonne nicht scheint, dass die Invasion nicht kommt, dass wir nicht aus dem Fenster schauen können usw. usw. Wir mussten schrecklich über sie lachen. Es war dann doch nicht so schlimm, und sie lachte mit.
Das Rezept für unseren Kartoffelauflauf, wegen Mangels an Zwiebeln geändert:
Man nehme geschälte Kartoffeln, drehe sie durch eine Mühle, füge etwas trockenes Regierungsmehl und Salz hinzu. Man schmiere die Backform oder die feuerfeste Schüssel mit Paraffin oder Stearin ein, backe den Rührteig zweieinhalb Stunden und esse ihn dann mit angefaultem Erdbeerkompott.

(Zwiebeln nicht vorhanden, auch kein Fett, weder für Schüssel noch für Teig.)
Im Augenblick lese ich »Kaiser Karl V.«, von einem Göttinger Universitätsprofessor geschrieben. Er hat vierzig Jahre an diesem Buch gearbeitet. In fünf Tagen habe ich fünfzig Seiten gelesen, mehr ist nicht möglich. Das Buch hat 598 Seiten, da kannst du dir ausrechnen, wie lange ich dazu brauchen werde. Und dann noch der zweite Band! Aber sehr interessant!
Was ein Schulmädchen an einem Tag nicht alles macht! Nimm mich mal! Erst habe ich ein Stück von Nelsons letzter Schlacht aus dem Niederländischen ins Englische übersetzt. Dann nahm ich die Fortsetzung des nordischen Krieges (1700–1721) durch. Peter der Große, Karl XII., August der Starke, Stanislaus Leczinsky, Mazeppa, Brandenburg, Vorder-Pommern, Hinter-Pommern und Dänemark, samt den dazugehörigen Jahreszahlen. Anschließend landete ich in Brasilien, las vom Bahia-Tabak, dem Überfluss an Kaffee, den anderthalb Millionen Einwohnern von Rio de Janeiro, von Pernambuco und São Paulo, den Amazonasfluss nicht zu vergessen. Von Negern, Mulatten, Mestizen, Weißen, mehr als 50 % Analphabeten und der Malaria. Da mir noch etwas Zeit blieb, nahm ich noch schnell einen Stammbaum durch: Jan der Alte, Wilhelm Ludwig, Ernst Casimir I., Heinrich Casimir I. bis zu der kleinen Margriet Franciska (geboren 1944 in Ottawa).
Zwölf Uhr: Auf dem Dachboden setzte ich meine Lernzeit fort mit Dekanen, Pfarrern, Pastoren, Päpsten und … Puh, bis ein Uhr.
Nach zwei Uhr saß das arme Kind schon wieder an der Arbeit, Schmal- und Breitnasenaffen waren dran. Kitty, sag schnell, wie viel Zehen ein Nilpferd hat!
Dann folgte die Bibel, die Arche Noah, Sem, Ham und Japhet, danach Karl V. Dann mit Peter Englisch, »Der Oberst« von Thackeray. Französische Vokabeln abhören und dann den Mississippi mit dem Missouri vergleichen!
Genug für heute, adieu! Deine Anne M. Frank

Freitag, 28. April 1944

Liebe Kitty!
Meinen Traum von Peter Schiff habe ich nie vergessen. Ich fühle, wenn ich daran denke, heute noch seine Wange an meiner, mit jenem herrlichen Gefühl, das alles gutmachte. Mit Peter hier hatte ich das Gefühl auch manchmal, aber nie so stark, bis wir gestern Abend zusammensaßen, wie gewöhnlich auf der Couch und einer in den Armen des anderen. Da glitt die normale

Anne plötzlich weg, und dafür kam die zweite Anne, die nicht übermütig und witzig ist, sondern nur liebhaben will und weich sein.
Ich lehnte mich fest an ihn und fühlte die Rührung in mir aufsteigen. Tränen sprangen mir in die Augen, die linke fiel auf seinen Overall, die rechte rann an meiner Nase vorbei und fiel auch auf seinen Overall. Ob er es gemerkt hat? Keine Bewegung verriet es. Ob er genauso fühlt wie ich? Er sprach auch fast kein Wort. Ob er weiß, dass er zwei Annes vor sich hat? Das alles sind unbeantwortete Fragen.
Um halb neun stand ich auf und ging zum Fenster. Dort nehmen wir immer Abschied voneinander. Ich zitterte noch, ich war noch Anne Nummer zwei. Er kam auf mich zu, ich legte meine Arme um seinen Hals und drückte einen Kuss auf seine linke Wange. Gerade wollte ich auch zur rechten, als mein Mund den seinen traf. Taumelnd drückten wir uns aneinander, noch einmal und noch einmal, um nie mehr aufzuhören!

Peter hat so viel Bedürfnis nach Zärtlichkeit. Er hat zum ersten Mal in seinem Leben ein Mädchen entdeckt, hat zum ersten Mal gesehen, dass die lästigsten Mädchen auch ein Inneres und ein Herz haben und sich verändern, sobald sie mit einem allein sind. Er hat zum ersten Mal in seinem Leben seine Freundschaft und sich selbst gegeben, er hat noch nie zuvor einen Freund oder eine Freundin gehabt. Nun haben wir uns gefunden. Ich kannte ihn auch nicht, hatte auch nie einen Vertrauten, und nun ist es doch so weit gekommen.
Wieder die Frage, die mich nicht loslässt: »Ist es richtig?« Ist es richtig, dass ich so schnell nachgebe, dass ich so heftig bin, genauso heftig und verlangend wie Peter? Darf ich, ein Mädchen, mich so gehen lassen?
Es gibt nur eine Antwort darauf: »Ich sehne mich so … schon so lange. Ich bin so einsam und habe nun einen Trost gefunden.«
Morgens sind wir normal, nachmittags auch noch ziemlich, aber abends kommt die Sehnsucht des ganzen Tages hoch, das Glück und die Wonne von all den vorherigen Malen, und wir denken nur aneinander. Jeden Abend, nach dem letzten Kuss, möchte ich am liebsten wegrennen, ihm nicht mehr in die Augen sehen, nur weg, weg in die Dunkelheit und allein sein.
Aber was erwartet mich, wenn ich die vierzehn Stufen hinuntergegangen bin? Volles Licht, Fragen hier und Lachen dort. Ich muss reagieren und darf mir nichts anmerken lassen.
Mein Herz ist noch zu weich, um so einen Schock wie gestern Abend einfach zur Seite zu schieben. Die weiche Anne kommt zu selten und lässt sich

darum auch nicht sofort wieder zur Tür hinausjagen. Peter hat mich berührt, tiefer, als ich je in meinem Leben berührt wurde, außer in meinem Traum! Peter hat mich angefasst, hat mein Inneres nach außen gekehrt. Ist es dann nicht für jeden Menschen selbstverständlich, dass er danach seine Ruhe braucht, um sich innerlich wieder zu erholen? O Peter, was hast du mit mir gemacht? Was willst du von mir?

Wohin soll das führen? Jetzt begreife ich Bep, nun, wo ich das erlebe. Nun verstehe ich ihre Zweifel. Wenn ich älter wäre und er würde mich heiraten wollen, was würde ich dann antworten? Anne, sei ehrlich! Du würdest ihn nicht heiraten können, aber loslassen ist auch so schwer. Peter hat noch zu wenig Charakter, zu wenig Willenskraft, zu wenig Mut und Kraft. Er ist noch ein Kind, innerlich nicht älter als ich. Er will nur Ruhe und Glück.

Bin ich wirklich erst vierzehn? Bin ich wirklich noch ein dummes Schulmädchen? Bin ich wirklich noch so unerfahren in allem? Ich habe mehr Erfahrung als die anderen, ich habe etwas erlebt, was fast niemand in meinem Alter kennt.

Ich habe Angst vor mir selbst, habe Angst, dass ich mich in meinem Verlangen zu schnell wegschenke. Wie kann das dann später mit anderen Jungen gutgehen? Ach, es ist so schwierig, immer gibt es das Herz und den Verstand, und jedes muss zu seiner Zeit sprechen. Aber weiß ich sicher, dass ich die Zeit richtig gewählt habe?

Deine Anne M. Frank

Dienstag, 2. Mai 1944

Liebe Kitty!

Samstagabend habe ich Peter gefragt, ob er meint, dass ich Vater etwas von uns erzählen muss. Nach einigem Hin und Her sagte er ja. Ich war froh, es beweist ein gutes Gefühl. Sofort als ich hinunterkam, ging ich mit Vater Wasser holen. Auf der Treppe sagte ich schon: »Vater, du verstehst sicher, dass Peter und ich, wenn wir zusammen sind, nicht einen Meter voneinander entfernt sitzen. Findest du das schlimm?«

Vater antwortete nicht gleich, dann sagte er: »Nein, schlimm finde ich das nicht, Anne. Aber hier, bei diesem beschränkten Raum, musst du vorsichtig sein.« Er sagte noch etwas in diesem Sinn, dann gingen wir nach oben.

Am Sonntagmorgen rief er mich zu sich und sagte: »Anne, ich habe noch mal darüber nachgedacht.« (Ich bekam schon Angst!) »Es ist hier im Hinterhaus eigentlich nicht so gut. Ich dachte, dass ihr Kameraden wäret. Ist Peter verliebt?«

»Davon ist nicht die Rede«, antwortete ich.
»Du weißt, dass ich euch gut verstehe. Aber du musst zurückhaltend sein. Geh nicht mehr so oft nach oben, ermuntere ihn nicht unnötig. Der Mann ist in solchen Dingen immer der Aktive, die Frau kann zurückhalten. Es ist draußen, wenn du frei bist, etwas ganz anderes. Da siehst du andere Jungen und Mädchen, du kannst mal weggehen, Sport treiben und alles Mögliche. Aber hier kannst du nicht weg, wenn du willst. Ihr seht euch jede Stunde, eigentlich immer. Sei vorsichtig, Anne, und nimm es nicht zu ernst.«
»Das tue ich nicht, Vater, und Peter ist anständig. Er ist ein lieber Junge.«
»Ja, aber er hat keinen starken Charakter. Er ist leicht zur guten, aber auch zur schlechten Seite zu beeinflussen. Ich hoffe für ihn, dass er gut bleibt, denn in seinem Wesen ist er gut.«
Wir sprachen noch eine Weile und machten aus, dass Vater auch mit ihm reden würde.
Am Sonntagnachmittag, auf dem vorderen Dachboden, fragte Peter:
»Und hast du mit deinem Vater gesprochen, Anne?«
»Ja«, antwortete ich. »Ich werde es dir schon erzählen. Vater findet es nicht schlimm, aber er sagt, dass hier, wo wir so aufeinandersitzen, leicht Konflikte entstehen könnten.«
»Wir haben doch abgemacht, dass wir uns nicht streiten. Ich habe vor, mich daran zu halten.«
»Ich auch, Peter. Aber Vater hat es nicht geglaubt, er hat gedacht, dass wir Kameraden wären. Meinst du, dass das nicht geht?«
»Ich schon. Und du?«
»Ich auch. Ich habe auch zu Vater gesagt, dass ich dir vertraue. Ich verlasse mich auf dich, Peter, genauso, wie ich mich auf Vater verlasse, und ich glaube, dass du es wert bist. Ist es nicht so?«
»Ich hoffe es.« Er war sehr verlegen und rot geworden.
»Ich glaube an dich, Peter«, fuhr ich fort. »Ich glaube, dass du einen guten Charakter hast und in der Welt vorwärtskommen wirst.«
Wir sprachen dann über andere Dinge. Später sagte ich noch: »Wenn wir hier herauskommen, wirst du dich nicht mehr um mich kümmern, das weiß ich.«
Er geriet in Hitze. »Das ist nicht wahr, Anne! Nein, das <u>darfst</u> du nicht von mir denken!«
Dann wurden wir gerufen.

Vater hat inzwischen mit ihm gesprochen, er erzählte es mir am Montag. »Dein Vater dachte, dass aus Kameradschaft schon mal Verliebtheit werden kann. Ich habe ihm aber gesagt, dass wir uns beherrschen werden.«
Vater will nun, dass ich abends nicht so oft hinaufgehe, aber das will ich nicht. Nicht nur, dass ich gern bei Peter bin, aber ich habe gesagt, dass ich mich auf ihn verlasse. Ich will ihm das Vertrauen beweisen, und das kann ich nicht, wenn ich aus Misstrauen unten bleibe.
Nein, ich gehe hinauf!

Inzwischen ist das Dussel-Drama wieder vorbei. Er hat Samstagabend bei Tisch in schönen niederländischen Worten um Entschuldigung gebeten. Van Daan war sofort wieder gut. Dussel hat für diese Aufgabe bestimmt den ganzen Tag geübt. Sein Geburtstag am Sonntag verlief ruhig. Von uns bekam er eine Flasche guten Wein von 1919, von den van Daans (die ihr Geschenk jetzt geben konnten) ein Glas Piccalilly und ein Päckchen Rasierklingen, von Kugler einen Topf Zitronenlimonade, von Miep ein Buch und von Bep eine kleine Pflanze. Er hat jedem von uns ein Ei spendiert.

Deine Anne M. Frank

Mittwoch, 3. Mai 1944

Liebe Kitty!
Erst kurz die Neuigkeiten der Woche! Die Politik hat Urlaub. Es gibt nichts, aber auch gar nichts mitzuteilen. So allmählich glaube ich auch, dass die Invasion kommt. Sie können die Russen doch nicht alles allein erledigen lassen! Übrigens, die tun zur Zeit auch nichts.
Herr Kleiman ist wieder jeden Morgen im Büro. Er hat für Peters Couch neue Federn besorgt, also muss sich Peter jetzt ans Polstern machen. Begreiflicherweise hat er dazu überhaupt keine Lust. Kleiman hat auch Flohpuder für die Katzen besorgt.
Habe ich dir schon erzählt, dass Moffi weg ist? Seit vergangener Woche Donnerstag spurlos verschwunden. Bestimmt ist sie schon im Katzenhimmel, und irgendein Tierfreund hat sich einen Leckerbissen aus ihr gemacht. Vielleicht kriegt ein Mädchen mit Geld eine Mütze aus ihrem Fell. Peter ist sehr traurig darüber.
Seit zwei Wochen lunchen wir samstags erst um halb zwölf. Am Vormittag gibt es nur eine Tasse Brei. Ab morgen soll das jeden Tag so sein, so können wir eine Mahlzeit einsparen. Gemüse ist immer noch schwer zu bekommen.

Heute Mittag hatten wir fauligen Kochsalat. Es gibt nur Salat, Spinat und Kochsalat, sonst nichts. Dazu noch angefaulte Kartoffeln, also eine herrliche Zusammenstellung!
Seit mehr als zwei Monaten hatte ich meine Periode nicht mehr, seit Sonntag ist es endlich wieder so weit. Trotz der Unannehmlichkeiten und der Umstände bin ich doch froh, dass es mich nicht länger im Stich gelassen hat.

Du kannst dir sicher denken, wie oft hier verzweifelt gefragt wird: »Wofür, oh, wofür nützt nun dieser Krieg? Warum können die Menschen nicht friedlich miteinander leben? Warum muss alles verwüstet werden?«
Diese Frage ist verständlich, aber eine entscheidende Antwort hat bis jetzt noch niemand gefunden. Ja, warum bauen sie in England immer größere Flugzeuge, immer schwerere Bomben und gleichzeitig Einheitshäuser für den Wiederaufbau? Warum gibt man jeden Tag Millionen für den Krieg aus und keinen Cent für die Heilkunde, für die Künstler, für die Armen? Warum müssen die Leute hungern, wenn in anderen Teilen der Welt die überflüssige Nahrung wegfault? Warum sind die Menschen so verrückt?
Ich glaube nicht, dass der Krieg nur von den Großen, von den Regierenden und Kapitalisten gemacht wird. Nein, der kleine Mann ist ebenso dafür. Sonst hätten sich die Völker doch schon längst dagegen erhoben! Im Menschen ist nun mal ein Drang zur Vernichtung, ein Drang zum Totschlagen, zum Morden und Wüten, und solange die ganze Menschheit, ohne Ausnahme, keine Metamorphose durchläuft, wird Krieg wüten, wird alles, was gebaut, gepflegt und gewachsen ist, wieder abgeschnitten und vernichtet, und dann fängt es wieder von vorn an.
Ich bin oft niedergeschlagen gewesen, aber nie verzweifelt. Ich betrachte dieses Verstecken als ein gefährliches Abenteuer, das romantisch und interessant ist. Ich beschreibe jede Entbehrung in meinem Tagebuch wie eine Unterhaltung. Ich habe mir nun mal vorgenommen, dass ich ein anderes Leben führen werde als andere Mädchen und später ein anderes Leben als normale Hausfrauen. Das ist ein passender Anfang mit viel Interessantem, und darum, nur darum muss ich in den gefährlichsten Augenblicken über die komische Situation lachen.
Ich bin jung und habe noch viele verborgene Eigenschaften. Ich bin jung und stark und erlebe das große Abenteuer, sitze mittendrin und kann nicht den ganzen Tag klagen, weil ich mich amüsieren muss! Ich habe viel mitbekommen, eine glückliche Natur, viel Fröhlichkeit und Kraft. Jeden Tag fühle ich, wie mein Inneres wächst, wie die Befreiung naht, wie schön die Natur ist, wie

gut die Menschen in meiner Umgebung, wie interessant und amüsant dieses Abenteuer. Warum sollte ich dann verzweifelt sein? Deine Anne M. Frank

Freitag, 5. Mai 1944

Beste Kitty!
Vater ist unzufrieden mit mir. Er dachte, dass ich nach unserem Gespräch vom Sonntag von selbst nicht mehr jeden Abend nach oben gehen würde. Er will die »Knutscherei« nicht haben. Das Wort konnte ich nicht hören. Es war schon unangenehm genug, darüber zu sprechen, warum muss er mich nun auch noch so schlecht machen! Ich werde heute mit ihm reden. Margot hat mir einen guten Rat gegeben. Hör mal, was ich ungefähr sagen will:
»Ich glaube, Vater, dass du eine Erklärung von mir erwartest, ich will sie dir geben. Du bist enttäuscht von mir, du hattest mehr Zurückhaltung von mir erwartet. Du willst sicher, dass ich so bin, wie eine Vierzehnjährige zu sein hat, und darin irrst du dich.
Seit wir hier sind, seit Juli 1942, hatte ich es bis vor ein paar Wochen nicht einfach. Wenn du wüsstest, wie oft ich abends geweint habe, wie verzweifelt und unglücklich ich war, wie einsam ich mich fühlte, dann würdest du verstehen, dass ich nach oben will. Ich habe es nicht von einem auf den anderen Tag geschafft, so weit zu kommen, dass ich ohne Mutter und ohne die Unterstützung von jemand anderem leben kann. Es hat mich viel, viel Kampf und Tränen gekostet, so selbständig zu werden, wie ich es jetzt bin. Du kannst lachen und mir nicht glauben, es macht mir nichts. Ich weiß, dass ich ein eigenständiger Mensch bin, und ich fühle mich euch gegenüber absolut nicht verantwortlich. Ich habe dir dies nur erzählt, weil du sonst glauben könntest, ich verheimliche etwas. Aber für meine Handlungen muss ich mich nur vor mir selbst verantworten.
Als ich Schwierigkeiten hatte, habt ihr, auch du, die Augen zugemacht und die Ohren verstopft. Du hast mir nicht geholfen, im Gegenteil, nur Ermahnungen habe ich bekommen, dass ich nicht so lärmend sein sollte. Ich war nur lärmend, um nicht immer traurig zu sein. Ich war übermütig, um meine innere Stimme nicht zu hören. Ich habe Komödie gespielt, anderthalb Jahre lang, tagein, tagaus. Ich habe nicht geklagt und bin nicht aus der Rolle gefallen, nichts von alledem, und jetzt habe ich mich durchgekämpft. Ich habe gesiegt. Ich bin selbständig an Leib und Geist. Ich habe keine Mutter mehr nötig, ich bin durch all die Kämpfe stark geworden.
Nun, da ich es geschafft habe, will ich auch meinen eigenen Weg gehen, den

Weg, den ich für richtig halte. Du kannst und darfst mich nicht wie eine Vierzehnjährige betrachten, ich bin durch alle Schwierigkeiten älter geworden. Ich werde meine Taten nicht bedauern, ich werde handeln, wie ich es richtig finde!
Du kannst mich nicht sanft von oben fernhalten. Entweder du verbietest mir alles, oder du vertraust mir durch dick und dünn! Nur lass mich dann auch in Ruhe!«
Deine Anne M. Frank

Samstag, 6. Mai 1944

Liebe Kitty!
Gestern vor dem Essen habe ich meinen Brief in Vaters Tasche gesteckt. Nach dem Lesen war er den ganzen Abend durcheinander, hat Margot gesagt (ich war oben beim Spülen). Armer Pim, ich hätte wissen müssen, welche Wirkung diese Epistel haben würde. Er ist so empfindsam! Sofort habe ich zu Peter gesagt, dass er nichts mehr fragen oder sagen solle. Pim hat kein Wort zu mir gesagt. Ob es noch kommt? Hier geht's wieder so einigermaßen. Was Jan, Kugler und Kleiman von den Menschen und den Preisen draußen erzählen, ist kaum zu glauben. Ein halbes Pfund Tee kostet 350 Gulden, ein halbes Pfund Kaffee 80 Gulden, Butter 35 Gulden das Pfund, ein Ei 1.45 Gulden. Für bulgarische Zigaretten werden 14 Gulden je 100 Gramm bezahlt! Jeder treibt Schwarzhandel, jeder Laufjunge bietet etwas an. Unser Bäckerjunge hat Stopfseide besorgt, 90 Cent für ein dünnes Strängchen. Der Milchmann kommt an illegale Lebensmittelkarten, ein Beerdigungsunternehmen besorgt Käse. Jeden Tag wird eingebrochen, ermordet, gestohlen. Polizisten und Nachtwächter sind ebenso beteiligt wie Berufsdiebe. Jeder will etwas in den Bauch bekommen. Und da Gehaltserhöhungen verboten sind, müssen die Leute wohl oder übel mogeln. Die Jugendpolizei ist dauernd beschäftigt. Junge Mädchen von fünfzehn, sechzehn, siebzehn, achtzehn Jahren und älter werden jeden Tag vermisst.
Ich will versuchen, die Geschichte von der Fee Ellen fertig zu machen. Zum Spaß könnte ich sie Vater zum Geburtstag schenken, mit allen Urheberrechten. Auf Wiedersehen (das ist eigentlich falsch, bei der deutschen Sendung aus England sagen sie »auf Wiederhören«, ich müsste also schreiben »auf Wiederschreiben«).
Deine Anne M. Frank

Sonntagmorgen, 7. Mai 1944

Liebe Kitty!

Vater und ich haben gestern Nachmittag ein langes Gespräch gehabt. Ich musste schrecklich weinen, und er auch. Weißt du, was er zu mir gesagt hat, Kitty?

»Ich habe schon viele Briefe in meinem Leben bekommen, aber dieser ist der hässlichste. Du, Anne, die du so viel Liebe von deinen Eltern empfangen hast, von Eltern, die immer für dich bereit stehen, die dich immer verteidigt haben, was auch war, du sprichst davon, keine Verantwortung zu fühlen. Du fühlst dich zurückgesetzt und alleingelassen. Nein, Anne, das war ein großes Unrecht, das du uns angetan hast. Vielleicht hast du es nicht so gemeint, aber so hast du es geschrieben. Nein, Anne, einen solchen Vorwurf haben wir nicht verdient!«

Ach, ich habe einen schrecklichen Fehler gemacht. Das ist wohl das Schlimmste, was ich in meinem Leben getan habe. Ich wollte nur angeben mit meinem Weinen und meinen Tränen, mich nur aufspielen, damit er Respekt vor mir hat. Sicher, ich habe viel Kummer gehabt, und was Mutter betrifft, ist alles wahr. Aber den guten Pim so zu beschuldigen, ihn, der alles für mich getan hat und noch für mich tut, nein, das war mehr als gemein.

Es ist ganz gut, dass ich mal aus meiner unerreichbaren Höhe heruntergeholt worden bin, dass mein Stolz mal angeknackst worden ist. Ich war wieder viel zu eingenommen von mir selbst. Was Fräulein Anne tut, ist längst nicht immer richtig! Jemand, der einem anderen, den er zu lieben behauptet, einen solchen Kummer zufügt, und das auch noch vorsätzlich, ist niedrig, sehr niedrig!

Am meisten schäme ich mich über die Art, in der Vater mir vergeben hat. Er wird den Brief in den Ofen werfen und ist jetzt so lieb zu mir, als ob er etwas falsch gemacht hätte. Nein, Anne, du musst noch schrecklich viel lernen. Fange erst mal wieder damit an, statt auf andere hinunterzuschauen und andere zu beschuldigen!

Ich habe viel Kummer gehabt, aber hat das nicht jeder in meinem Alter? Ich habe viel Komödie gespielt, aber ich war mir dessen noch nicht mal bewusst. Ich fühlte mich einsam, war aber fast nie verzweifelt. Ich muss mich tief schämen, und ich schäme mich tief.

Geschehen ist geschehen, aber man kann Weiteres verhindern. Ich will wieder von vorn anfangen, und es kann nicht schwer sein, da ich jetzt Peter habe. Mit ihm als Unterstützung kann ich es. Ich bin nicht mehr allein, er liebt mich, ich liebe ihn, ich habe meine Bücher, mein Geschichtenbuch, mein Tagebuch, ich bin nicht besonders hässlich, nicht besonders dumm, habe eine fröhliche Natur und will einen guten Charakter bekommen. Ja, Anne, du hast sehr gut gefühlt, dass dein Brief zu hart und unwahr war, aber du warst noch stolz darauf. Ich will mir Vater wieder zum Vorbild nehmen, und ich werde mich bessern. Deine Anne M. Frank

Montag, 8. Mai 1944

Liebe Kitty!
Habe ich dir eigentlich schon mal was von unserer Familie erzählt? Ich glaube nicht, und deshalb werde ich sofort damit anfangen. Vater wurde in Frankfurt geboren, als Sohn steinreicher Eltern. Michael Frank hatte eine Bank und war Millionär geworden, und Alice Stern, Vaters Mutter, war von sehr vornehmen und reichen Eltern. Michael Frank war in seiner Jugend nicht reich gewesen, hat sich aber ordentlich hochgearbeitet. Vater führte in seiner Jugend ein richtiges Reicher-Eltern-Sohn-Leben, jede Woche Partys, Bälle, Feste, schöne Mädchen, Tanzen, Diners, viele Zimmer und so weiter. All das Geld ging nach Opas Tod verloren, nach dem Weltkrieg und der Inflation war nichts mehr davon übrig. Aber es gab noch genug reiche Verwandte. Vater ist folglich prima-prima erzogen worden und musste gestern schrecklich lachen, weil er das erste Mal in seinem 55-jährigen Leben bei Tisch die Bratpfanne ausgekratzt hat.
Mutter war nicht so reich, aber doch auch ganz wohlhabend, und deshalb hören wir oft mit offenem Mund die Geschichten von Verlobungen mit 250 Gästen, von privaten Bällen und Diners.
Reich kann man uns auf keinen Fall mehr nennen, aber meine Hoffnung richtet sich auf die Zeit nach dem Krieg. Ich versichere dir, dass ich keinesfalls auf ein so beschränktes Leben aus bin, wie Mutter und Margot sich das wünschen. Ich würde gern ein Jahr nach Paris und ein Jahr nach London gehen, um Sprachen zu lernen und Kunstgeschichte zu studieren. Vergleich das mal mit Margot, die Säuglingsschwester in Palästina werden will. Ich male mir immer schöne Kleider und interessante Menschen aus. Ich will etwas sehen und erleben in der Welt, das habe ich dir schon öfter gesagt, und ein bisschen Geld kann dabei nicht schaden!

Miep hat heute Morgen von der Verlobung ihrer Nichte erzählt, wo sie am Samstag war. Die Nichte ist eine Tochter reicher Eltern, der Bräutigam hat noch reichere Eltern. Miep machte uns den Mund wässrig mit der Beschrei-

bung des Essens, das sie bekamen: Gemüsesuppe mit Fleischklößchen, Käse, Brötchen mit Hackfleisch, Hors-d'œuvres mit Eiern und Roastbeef, Käsebrötchen, Moskauer Gebäck, Wein und Zigaretten, und von allem so viel, wie man wollte. Miep hat zehn Gläser Schnaps getrunken und drei Zigaretten geraucht. Ist das die Antialkoholikerin? Wenn Miep schon so viel getrunken hat, wie viel wird sich ihr Gatte dann hinter die Binde gegossen haben? Sie waren natürlich alle etwas angeheitert. Unter den Gästen waren auch zwei Polizisten von der Mordkommission, die Fotos von dem Paar gemacht haben. Du siehst, dass Miep ihre Versteckten keine Minute vergisst, denn sie hat sich gleich Namen und Adresse von diesen Leuten notiert, für den Fall, dass etwas passiert und man gute Niederländer nötig hat.
Sie hat uns wirklich den Mund wässrig gemacht, uns, die wir zum Frühstück nur zwei Löffel Brei bekommen haben, denen die Mägen knurren vor Hunger, die wir tagein, tagaus nichts bekommen als halbrohen Spinat (wegen der Vitamine) und angefaulte Kartoffeln, die wir in unseren leeren Magen nichts anderes als Salat, Kochsalat, Spinat und noch mal Spinat stopfen. Vielleicht werden wir noch mal so stark wie Popeye, obwohl ich davon noch nicht viel merke!
Wenn Miep uns zu dieser Verlobung mitgenommen hätte, dann wäre von den Brötchen nichts für die anderen Gäste übrig geblieben. Wenn wir auf jenem Fest gewesen wären, hätten wir sicher alles geplündert und sogar die Möbel nicht auf ihrem Platz gelassen. Ich kann dir sagen, wir haben Miep die Worte aus der Nase gezogen, wir standen um sie herum, als hätten wir noch nie in unserem Leben von gutem Essen und eleganten Menschen gehört. Und das sind die Enkelinnen eines bekannten Millionärs! Es geht schon verrückt zu in der Welt!

Deine Anne M. Frank

Dienstag, 9. Mai 1944

Liebe Kitty!
Die Geschichte »Ellen, die Fee« ist fertig. Ich habe sie auf schönem Briefpapier abgeschrieben, mit roter Tinte verziert und die Blätter aneinandergenäht. Das Ganze sieht jetzt hübsch aus, aber ich weiß nicht, ob es nicht etwas wenig ist. Margot und Mutter haben jede ein Geburtstagsgedicht gemacht.
Herr Kugler kam heute mit der Nachricht herauf, dass Frau Broks (eine frühere Mitarbeiterin) ab Montag jeden Tag hier zwei Stunden Mittagspause machen möchte. Stell dir vor! Niemand kann mehr heraufkommen, Kartof-

feln können nicht geliefert werden, Bep bekommt kein Essen, wir können nicht aufs Klo, wir dürfen uns nicht rühren und was es sonst noch für Unannehmlichkeiten gibt. Wir kamen mit den ausgefallensten Vorschlägen, um sie abzuwimmeln. Van Daan meinte, ein gutes Abführmittel in ihren Kaffee würde vielleicht reichen. »Nein«, antwortete Herr Kleiman, »bitte nicht, dann kommt sie überhaupt nicht mehr runter vom Thron!«
Schallendes Gelächter. »Vom Thron?«, fragte Frau van Daan. »Was bedeutet das?«
Eine Erklärung folgte. »Kann man das Wort immer benützen?«, fragte sie ziemlich albern.
Bep kicherte. »Stellt euch vor, sie fragt im Bijenkorf nach dem Thron! Sie würden sie nicht mal begreifen.«
Dussel sitzt täglich prompt um halb eins »auf dem Thron«, um den Ausdruck mal beizubehalten. Heute Mittag nahm ich beherzt ein Stück rosa Papier und schrieb:

Toiletten-Dienstplan für Herrn Dussel
Morgens 7.15–7.30
Mittags nach 1 Uhr
Ansonsten nach Wunsch!

Diesen Zettel befestigte ich auf der grünen Klotür, als Dussel noch darauf saß. Ich hätte leicht dazuschreiben können: Bei Übertretung dieses Gesetzes wird Einsperrung verhängt. Denn unsere Toilette kann man von innen und von außen abschließen.

Das ist der neueste Witz von van Daan:
Anlässlich der Bibelstunde und der Geschichte mit Adam und Eva fragt ein 13-jähriger Junge seinen Vater: »Sag mal, Vater, wie bin ich eigentlich geboren worden?«
»Na ja«, antwortet der Vater, »der Storch hat dich aus dem großen Wasser geholt, zu Mutter ins Bett gelegt und sie fest ins Bein gepickt. Deshalb hat sie geblutet und musste über eine Woche im Bett bleiben.«
Um es noch genauer zu erfahren, fragt der Junge auch seine Mutter:
»Sag mal, Mutter, wie bist du eigentlich geboren worden und wie bin ich geboren worden?«
Seine Mutter erzählt ihm dieselbe Geschichte, woraufhin der Junge, um wirklich alles zu erfahren, auch noch zu seinem Großvater geht.

»Sag mal, Großvater, wie bist du geboren worden und wie ist deine Tochter geboren worden?« Zum dritten Mal hört er die gleiche Geschichte.
Abends schreibt er in sein Tagebuch: »Nach gründlichem Sammeln von Informationen muss ich feststellen, dass in unserer Familie während dreier Generationen kein Geschlechtsverkehr stattgefunden hat.«
Ich muss noch arbeiten, es ist schon drei Uhr. Deine Anne M. Frank

P. S. Da ich dir schon von der neuen Putzfrau berichtet habe, will ich noch kurz hinzufügen, dass die Dame verheiratet ist, sechzig Jahre alt und schwerhörig! Sehr sympathisch im Hinblick auf eventuelle Geräusche, die von acht Versteckten durchdringen könnten.
O Kit, es ist so schönes Wetter. Könnte ich doch hinaus!

Mittwoch, 10. Mai 1944

Liebe Kitty!
Wir saßen gestern Nachmittag auf dem Dachboden und lernten Französisch, als ich plötzlich hinter mir ein Plätschern hörte. Ich fragte Peter, was das zu bedeuten hätte, aber er antwortete nicht mal, rannte zum Trockenboden, zum Ort des Unheils, und stieß Mouschi, die sich neben ihr zu nasses Katzenklo gesetzt hatte, mit einer groben Bewegung auf den richtigen Fleck. Ein lautes Spektakel folgte, und Mouschi, die fertiggepinkelt hatte, rannte hinunter. Sie hatte sich, um noch ein wenig katzenkloartige Bequemlichkeit zu empfinden, über einen Spalt auf dem porösen Oberbodengrund auf ein bisschen Holzwolle gesetzt. Die Pfütze lief sofort durch die Decke zum Dachboden und unglücklicherweise direkt in und neben unsere Kartoffeltonne. Die Decke triefte, und da der Dachboden auch nicht frei von Löchern ist, fielen einige gelbe Tropfen auch durch die Decke in das Zimmer, zwischen einen Stapel Strümpfe und ein Buch, die auf dem Tisch lagen. Ich bog mich vor Lachen. Der Anblick war auch zu komisch, die geduckte Mouschi unter einem Stuhl, Peter mit Wasser, Chlorpulver und Lappen, und Herr van Daan am Beschwichtigen. Das Unglück war schon bald behoben. Aber es ist eine bekannte Tatsache, dass Katzenurin schrecklich stinkt. Das bewiesen die Kartoffeln gestern nur allzu deutlich, auch die Holzspäne, die Vater in einem Eimer herunterbrachte, um sie zu verbrennen.
Arme Mouschi! Woher sollst du wissen, dass kein Torfmull zu bekommen ist? Anne

Donnerstag, 11. Mai 1944

Liebe Kitty!

Etwas Neues zum Lachen!

Peters Haare mussten geschnitten werden. Die Haarschneiderin wollte, wie üblich, seine Mutter sein. Fünf Minuten vor halb acht verschwand Peter in seinem Zimmer und kam um halb acht wieder heraus, pudelnackt bis auf eine blaue Badehose und Turnschuhe.

»Kommst du mit?«, fragte er seine Mutter.

»Ja, aber ich suche die Schere.«

Peter half suchen und wühlte dabei in Frau van Daans Toilettenschublade.

»Mach doch nicht so ein Durcheinander«, murrte sie.

Peters Antwort konnte ich nicht verstehen, sie muss auf jeden Fall frech gewesen sein, denn Frau van Daan gab ihm einen Klaps auf den Arm. Er gab ihr einen zurück. Sie schlug mit aller Kraft, und Peter zog mit einem komischen Gesicht seinen Arm zurück. »Komm mit, Alte!«

Frau van Daan blieb stehen. Peter packte sie an den Handgelenken und zog sie durch das ganze Zimmer. Frau van Daan weinte, lachte, schimpfte und strampelte, aber es half nichts. Peter führte seine Gefangene bis zur Dachbodentreppe, wo er sie loslassen musste. Frau van Daan kehrte ins Zimmer zurück und ließ sich laut seufzend auf einen Stuhl fallen.

»Die Entführung der Mutter«, witzelte ich.

»Ja, aber er hat mir weh getan.«

Ich schaute nach und kühlte ihre heißen, roten Handgelenke mit etwas Wasser. Peter, noch an der Treppe, wurde wiederum ungeduldig. Mit seinem Gürtel in der Hand kam er wie ein Tierbändiger ins Zimmer. Aber Frau van Daan ging nicht mit. Sie blieb am Schreibtisch sitzen und suchte nach einem Taschentuch. »Du musst mich erst um Entschuldigung bitten«, sagte sie.

»Na gut, dann bitte ich dich hiermit um Entschuldigung, weil es sonst so spät wird.«

Frau van Daan musste gegen ihren Willen lachen, stand auf und ging zur Tür. Hier fühlte sie sich genötigt, uns erst noch eine Erklärung zu geben. (Uns, das waren Vater, Mutter und ich, wir waren gerade beim Abwaschen.)

»Zu Hause war er nicht so«, sagte sie. »Ich hätte ihm eine verpasst, dass er die Treppe runterfliegt (!). Er ist nie so frech gewesen, er hat auch mehr Schläge bekommen. Das ist nun die moderne Erziehung! Ich hätte meine Mutter nie so angepackt. Sind Sie so mit Ihrer Mutter umgegangen, Herr Frank?« Sie war aufgeregt, lief hin und her, fragte und sagte alles Mögliche und machte immer noch keine Anstalten, hinaufzugehen. Endlich trollte sie sich.

Es dauerte keine fünf Minuten, da stürmte sie mit geblähten Backen wieder herunter, warf ihre Schürze hin, antwortete auf meine Frage, ob sie fertig sei, dass sie kurz hinuntergehe, und sauste wie ein Wirbelwind die Treppe hinunter. Vermutlich in die Arme von ihrem Putti. Sie kam erst um acht Uhr herauf, ihr Mann kam mit. Peter wurde vom Dachboden geholt, bekam eine gehörige Standpauke. Schimpfworte wie Flegel, Bengel, ungezogen, schlechtes Vorbild, Anne ist …, Margot macht … Mehr konnte ich nicht verstehen. Vermutlich ist heute schon wieder alles in Butter. Deine Anne M. Frank

P. S. Dienstag und Mittwoch sprach unsere geliebte Königin. Sie macht Urlaub, um gestärkt in die Niederlande zurückkehren zu können. Sie sprach von »Bald, wenn ich zurück bin … baldige Befreiung … Heldenmut und schwere Lasten«.
Eine Rede von Minister Gerbrandy folgte. Dieser Mann hat ein so nörgelndes Kinderstimmchen, dass Mutter unwillkürlich »och« sagte. Ein Pastor mit salbungsvoller Stimme, die er irgendwo geklaut hat, beschloss den Abend mit einer Bitte an Gott, dass er für die Juden, die Menschen in Konzentrationslagern, in den Gefängnissen und in Deutschland sorgen möge.

Donnerstag, 11. Mai 1944

Liebe Kitty!
Da ich meine ganze »Kramschachtel«, also auch den Füller, oben vergessen habe und ich sie in ihrem Schlafstündchen (bis halb drei) nicht stören kann, musst du jetzt mit einem Bleistiftbrief vorliebnehmen.
Ich habe im Augenblick schrecklich viel zu tun, und so verrückt es auch klingt, ich habe zu wenig Zeit, um durch meinen Berg Arbeit durchzukommen. Soll ich dir erzählen, was ich alles tun muss? Also: Bis morgen muss ich den ersten Teil der Lebensgeschichte von Galileo Galilei auslesen, da das Buch zur Bibliothek zurückmuss. Gestern habe ich damit angefangen, jetzt bin ich auf Seite 220. Es hat 320, also schaffe ich es. Nächste Woche muss ich »Palästina am Scheideweg« und den zweiten Teil von Galilei lesen. Außerdem habe ich den ersten Teil der Biographie von Kaiser Karl V. ausgelesen und muss dringend meine vielen Notizen und Hinweise auf die Stammbäume ausarbeiten. Und dann habe ich auch drei Seiten mit Fremdwörtern aus den verschiedenen Büchern herausgeholt, die alle eingeschrieben, aufgesagt und gelernt werden müssen. Nr. 4 ist, dass meine Filmstars schrecklich ungeordnet sind und nach Aufräumen schreien. Da das aber mehrere Tage in An-

spruch nehmen würde und Professor Anne im Augenblick, wie schon gesagt, in Arbeit erstickt, wird das Chaos weiter ein Chaos bleiben. Dann warten Theseus, Ödipus, Peleus, Orpheus, Jason und Herkules auf ein gründliches Ordnen, da ihre verschiedenen Taten wie bunte Fäden in meinem Kopf durcheinanderliegen. Auch Mykon und Phidias bedürfen dringend einer Behandlung, damit ihr Zusammenhang erhalten bleibt. Ebenso geht es z. B. mit dem Sieben- und dem Neunjährigen Krieg. Ich werfe auf diese Weise alles durcheinander. Ja, was soll man auch mit so einem Gedächtnis anfangen? Stell dir mal vor, wie vergesslich ich erst mit achtzig sein werde! Ach ja, noch was, die Bibel! Wie lange wird es wohl noch dauern, bis ich zu der Geschichte von der badenden Susanne komme? Und was war die Schuld von Sodom und Gomorrha? Ach, es gibt noch so schrecklich viel zu fragen und zu lernen! Und Lieselotte von der Pfalz habe ich ganz im Stich gelassen!
Kitty, siehst du, dass ich überlaufe?
Nun etwas anderes: Du weißt längst, dass es mein liebster Wunsch ist, einmal Journalistin und später eine berühmte Schriftstellerin zu werden. Ob ich diese größenwahnsinnigen (oder wahnsinnigen) Neigungen je ausführen kann, das wird sich noch zeigen müssen, aber Themen habe ich bis jetzt genug. Nach dem Krieg will ich auf jeden Fall ein Buch mit dem Titel »Das Hinterhaus« herausgeben. Ob mir das gelingt, ist auch die Frage, aber mein Tagebuch wird mir als Grundlage dienen können.
Cadys Leben muss auch fertig werden. Ich habe mir die Fortsetzung so gedacht, dass Cady nach ihrer Genesung das Sanatorium verlässt und mit Hans in Briefwechsel bleibt. Das ist 1941. Bald entdeckt sie dann, dass Hans zur NSB[14] neigt, und da Cady mit den Juden und ihrer Freundin Marianne großes Mitleid hat, entsteht eine Entfremdung zwischen ihnen. Nach einem Treffen, bei dem sie sich erst wieder versöhnt hatten, kommt es zum Bruch, und Hans bekommt ein anderes Mädchen. Cady ist tief gebrochen und wird, um eine richtige Arbeit zu haben, Krankenschwester. Auf Drängen von Freunden ihres Vaters geht sie in die Schweiz, um dort in einem Lungensanatorium zu arbeiten. In ihrem ersten Urlaub fährt sie zum Comer See, wo sie zufällig Hans trifft. Er erzählt ihr, dass er vor zwei Jahren geheiratet hat, Cadys Nachfolgerin, dass sich seine Frau aber in einem Anfall von Schwermut das Leben genommen hat. An ihrer Seite hat er erst gemerkt, wie sehr er Cady geliebt hatte, und nun hält er aufs Neue um ihre Hand an. Cady lehnt ab, obwohl sie ihn, gegen ihren Willen, immer noch liebt. Ihr Stolz hält sie

14 Nationalsozialistische Bewegung der Niederlande; A. d. Ü.

zurück. Hans zieht daraufhin weg, und Jahre später hört Cady, dass er, mehr krank als gesund, in England gelandet ist.
Cady selbst heiratet mit 27 Jahren einen wohlhabenden Landbewohner, Simon. Sie fängt an, ihn sehr zu lieben, aber doch nie so sehr wie Hans. Sie bekommt zwei Töchter und einen Sohn, Lilian, Judith und Nico. Simon und sie sind glücklich miteinander, aber immer bleibt Hans im Hintergrund von Cadys Denken, bis sie eines Nachts von ihm träumt und Abschied von ihm nimmt.

Das ist kein sentimentaler Unsinn, denn Vaters Lebensroman ist darin verarbeitet.

Deine Anne M. Frank

Samstag, 13. Mai 1944

Liebste Kitty!
Gestern hatte Vater Geburtstag, und Vater und Mutter waren 19 Jahre verheiratet. Es war kein Putzfrau-Tag, und die Sonne schien, wie sie 1944 noch nie geschienen hat. Unser Kastanienbaum steht von unten bis oben in voller Blüte und ist viel schöner als im vergangenen Jahr.
Vater hat von Kleiman eine Biographie über das Leben von Linnaeus bekommen, von Kugler auch ein naturgeschichtliches Buch, von Dussel »Amsterdam zu Wasser«, von den van Daans eine riesige Schachtel, aufgemacht wie vom besten Dekorateur, mit drei Eiern, einer Flasche Bier, einem Joghurt und einer grünen Krawatte. Unser Glas Sirup fiel dagegen schon etwas ab. Die Rosen von mir riechen herrlich, im Gegensatz zu Mieps und Beps roten Nelken. Er ist ziemlich verwöhnt worden. Vom Bäcker sind 50 Törtchen gekommen, herrlich! Vater spendierte außerdem noch Kräuterkuchen und Bier für die Herren, für die Damen Joghurt. Alle waren zufrieden!

Deine Anne M. Frank

Dienstag, 16. Mai 1944

Liebste Kitty!
Zur Abwechslung (weil wir es so lange nicht gehabt haben) will ich dir von einer kleinen Diskussion erzählen, die Herr und Frau van Daan gestern Abend hatten.
Frau van Daan: »Die Deutschen werden den Atlantik-Wall inzwischen wohl sehr stark gemacht haben. Sie werden sicher alles tun, was in ihrer Macht

steht, um die Engländer zurückzuhalten. Es ist enorm, wie viel Kraft die Deutschen haben.«
Herr van Daan: »O ja, schrecklich!«
Frau van Daan: »Ja-ah!«
Herr van Daan: »Bestimmt werden die Deutschen am Ende noch den Krieg gewinnen, so stark sind sie.«
Frau van Daan: »Das kann gut sein, ich bin vom Gegenteil noch nicht überzeugt.«
Herr van Daan: »Ich sollte lieber nicht antworten.«
Frau van Daan: »Du antwortest doch immer wieder, du lässt dich doch immer wieder hinreißen.«
Herr van Daan: »Aber nein, ich antworte wenig.«
Frau van Daan: »Aber du antwortest doch, und du musst auch immer recht haben! Dabei stimmen deine Voraussagen längst nicht immer.«
Herr van Daan: »Bis jetzt haben meine Voraussagen immer gestimmt.«
Frau van Daan: »Das ist nicht wahr. Bei dir war die Invasion schon im vorigen Jahr, die Finnen hatten schon Frieden, Italien war im Winter schon zu Ende, und die Russen hatten schon Lemberg! O nein, auf deine Voraussagen gebe ich nicht viel.«
Herr van Daan (aufstehend): »Und jetzt halt endlich mal dein großes Maul! Ich werde dir noch beweisen, dass ich recht habe. Einmal wirst du noch genug bekommen. Ich kann das Gezeter nicht mehr hören, ich werde dich mit der Nase auf all deine Hänseleien stoßen!« *(Ende erster Akt)*

Ich musste eigentlich schrecklich lachen, Mutter auch, und Peter verbiss es sich ebenfalls. O die dummen Erwachsenen. Sie sollten lieber selbst anfangen zu lernen, bevor sie so viel an den Kindern auszusetzen haben! Deine Anne

P. S. Seit Freitag sind die Fenster wieder offen.

Wofür sich die Bewohner des Hinterhauses interessieren:
(Systematische Übersicht der Lern- und Lesefächer)
Herr van Daan: lernt nichts; schlägt viel im Knaur nach; liest gern Detektivromane, medizinische Bücher, spannende und belanglose Liebesgeschichten.
Frau van Daan: lernt Englisch in schriftlichen Kursen; liest gern Biographien und einige Romane.
Herr Frank: lernt Englisch (Dickens!), etwas Latein; liest nie Romane, aber gern ernsthafte und trockene Beschreibungen von Personen und Ländern.

Frau Frank: lernt Englisch in schriftlichen Kursen; liest alles, außer Detektivgeschichten.
Herr Dussel: Lernt Englisch, Spanisch und Niederländisch ohne nennenswertes Ergebnis; liest alles, urteilt mit der Mehrheit.
Peter van Daan: Lernt Englisch, Französisch (schriftlich), niederländisch Steno, englisch Steno, deutsch Steno, englische Handelskorrespondenz, Holzbearbeitung, Wirtschaftslehre, ab und zu Rechnen; liest wenig, manchmal erdkundliche Sachen.
Margot Frank: Lernt Englisch, Französisch, Latein nach schriftlichen Kursen, englisch Steno, deutsch Steno, niederländisch Steno, Mechanik, Trigonometrie, Physik, Chemie, Algebra, Geometrie, englische Literatur, französische Literatur, deutsche Literatur, niederländische Literatur, Buchhaltung, Erdkunde, neue Geschichte, Biologie, Ökonomie; liest alles, am liebsten Bücher über Religion und Heilkunde.
Anne Frank: lernt Französisch, Englisch, Deutsch, niederländisch Steno, Geometrie, Algebra, Geschichte, Erdkunde, Kunstgeschichte, Mythologie, Biologie, biblische Geschichte, niederländische Literatur; liest sehr gern Biographien (trocken oder spannend), geschichtliche Bücher, manchmal Romane und Unterhaltungsliteratur.

Freitag, 19. Mai 1944

Liebe Kitty!
Gestern war mir elend, übergeben (und das bei Anne!), Kopfweh, Bauchweh, alles, was du dir nur vorstellen kannst. Heute geht es wieder besser. Ich habe großen Hunger, aber von den braunen Bohnen, die wir heute essen, werde ich mich fernhalten.
Mit Peter und mir geht es prima. Der arme Junge hat ein noch größeres Bedürfnis nach Zärtlichkeit als ich. Er wird noch immer jeden Abend rot beim Gutenachtkuss und bettelt um noch einen. Ob ich nur ein Ersatz für Moffi bin? Ich finde es nicht schlimm. Er ist so glücklich, seit er weiß, dass jemand ihn gernhat.
Ich stehe nach meiner mühsamen Eroberung ein bisschen über der Situation, aber glaube ja nicht, dass meine Liebe abgeflaut ist. Er ist ein Schatz, aber mein Inneres habe ich schnell wieder zugeschlossen. Wenn er jetzt noch mal das Schloss aufbrechen will, muss das Brecheisen schon stärker sein!

Deine Anne M. Frank

Samstag, 20. Mai 1944

Liebe Kitty!

Gestern Abend kam ich vom Dachboden herunter und sah sofort, dass die schöne Vase mit Nelken auf dem Boden lag. Mutter lag auf den Knien und wischte auf, Margot fischte meine Papiere vom Boden. »Was ist hier passiert?«, fragte ich mit ängstlicher Vorahnung, und ohne die Antwort abzuwarten, betrachtete ich aus einiger Entfernung den Schaden. Meine Stammbäume, Mappen, Hefte, Bücher, alles schwamm. Ich weinte fast und war so aufgeregt, dass ich anfing, Deutsch zu sprechen. An meine Worte kann ich mich nicht mehr erinnern, aber Margot sagte, dass ich etwas von mir gab wie »unübersehbarer Schaden, schrecklich, entsetzlich, nie wiedergutzumachen« und Ähnliches. Vater brach in Gelächter aus, Mutter und Margot fielen ein, aber ich hätte weinen können wegen der verlorenen Arbeit und den gut ausgearbeiteten Anmerkungen.

Bei näherer Betrachtung war der »unübersehbare Schaden« zum Glück nicht so schlimm. Sorgfältig sortierte ich auf dem Dachboden die zusammengeklebten Papiere und machte sie los. Dann hängte ich sie nebeneinander an die Wäscheleine zum Trocknen. Es war ein lustiger Anblick, und ich musste dann doch wieder lachen. Maria de Medici neben Karl V., Wilhelm von Oranien und Marie Antoinette.

»Das ist Rassenschande«, witzelte Herr van Daan. Nachdem ich Peter die Fürsorge für meine Papiere anvertraut hatte, ging ich wieder hinunter.

»Welche Bücher sind hin?«, fragte ich Margot, die gerade meine Bücher kontrollierte.

»Algebra«, sagte Margot.

Aber das Algebrabuch war leider Gottes doch nicht kaputt. Ich wollte, es wäre mitten in die Vase gefallen! Noch nie habe ich ein Buch so verabscheut wie dieses. Vorn drin stehen mindestens 20 Namen von Mädchen, die es vor mir besessen haben. Es ist alt, gelb, vollgekritzelt, durchgestrichen und verbessert. Wenn ich mal sehr übermütig bin, reiße ich das Drecksding in Stücke!

Deine Anne M. Frank

Montag, 22. Mai 1944

Liebe Kitty!

Vater hat am 20. Mai fünf Flaschen Joghurt bei einer Wette an Frau van Daan verloren. Die Invasion ist noch nicht gekommen. Ich kann ruhig sagen, dass ganz Amsterdam, die ganzen Niederlande, ja die ganze Westküste Europas

bis Spanien hinunter Tag und Nacht über die Invasion spricht, debattiert, darüber Wetten abschließt und darauf hofft.
Die Spannung steigt und steigt. Längst nicht alle, die wir zu den »guten« Niederländern rechnen, haben das Vertrauen in die Engländer bewahrt, längst nicht alle finden den englischen Bluff ein Meisterstück. O nein, die Menschen wollen nun endlich mal Taten sehen, große und heldenhafte Taten!
Niemand denkt weiter, als seine Nase lang ist, niemand denkt daran, dass die Engländer für sich selbst und ihr Land kämpfen. Jeder meint nur, dass sie verpflichtet sind, die Niederlande so schnell wie möglich zu retten. Welche Verpflichtungen haben die Engländer denn? Womit haben die Holländer die edelmütige Hilfe verdient, die sie so fest erwarten? Dass die Niederländer sich nur nicht irren! Die Engländer haben sich trotz ihres Bluffs bestimmt nicht mehr blamiert als all die anderen Länder und Ländchen, die nun besetzt sind. Die Engländer werden sicher nicht um Entschuldigung bitten. Sie haben geschlafen, während Deutschland sich bewaffnete, aber all die anderen Länder, die Länder, die an Deutschland grenzen, haben auch geschlafen. Mit Vogel-Strauß-Politik kommt man nicht weiter. Das hat England und das hat die ganze Welt gesehen, und alle, nicht zuletzt England, müssen schwer dafür büßen.
Kein Land wird seine Männer umsonst opfern, auch England nicht. Die Invasion, die Befreiung und die Freiheit werden einmal kommen. Doch England kann den Zeitpunkt bestimmen, nicht die besetzten Gebiete.

Zu unserem großen Leidwesen und zu unserem großen Entsetzen haben wir gehört, dass die Stimmung uns Juden gegenüber bei vielen Leuten umgeschlagen ist. Wir haben gehört, dass Antisemitismus jetzt auch in Kreisen aufkommt, die früher nie daran gedacht hätten. Das hat uns tief, tief getroffen. Die Ursache von diesem Judenhass ist verständlich, manchmal sogar menschlich, aber trotzdem nicht richtig. Die Christen werfen den Juden vor, dass sie sich bei den Deutschen verplappern, dass sie ihre Helfer verraten, dass viele Christen durch die Schuld von Juden das schreckliche Los und die schreckliche Strafe von so vielen erleiden müssen. Das ist wahr. Aber sie müssen (wie bei allen Dingen) auch die Kehrseite der Medaille betrachten. Würden die Christen an unserer Stelle anders handeln? Kann ein Mensch, egal ob Jude oder Christ, bei den deutschen Methoden schweigen? Jeder weiß, dass dies fast unmöglich ist. Warum verlangt man das Unmögliche dann von den Juden?
In Kreisen des Untergrunds wird darüber gemunkelt, dass deutsche Juden, die in die Niederlande emigriert waren und jetzt in Polen sind, nicht mehr in

die Niederlande zurückkommen dürfen. Sie hatten hier Asylrecht, müssen aber, wenn Hitler weg ist, wieder nach Deutschland zurück.
Wenn man das hört, fragt man sich dann nicht unwillkürlich, warum dieser lange und schwere Krieg geführt wird? Wir hören doch immer, dass wir alle zusammen für Freiheit, Wahrheit und Recht kämpfen! Fängt jetzt noch während des Kampfes schon wieder die Zwietracht an? Ist ein Jude doch wieder weniger als die anderen? Oh, es ist traurig, sehr traurig, dass wieder, zum soundsovielten Mal, der alte Spruch bestätigt wird: Was ein Christ tut, muss er selbst verantworten, was ein Jude tut, fällt auf alle Juden zurück.
Ehrlich gesagt, ich kann es nicht begreifen, dass Niederländer, Angehörige eines so guten, ehrlichen und rechtschaffenen Volkes, so über uns urteilen, über das vielleicht am meisten unterdrückte, unglücklichste und bedauernswerteste Volk der Welt.
Ich hoffe nur, dass dieser Judenhass vorübergehender Art ist, dass die Niederländer doch noch zeigen werden, wer sie sind, dass sie jetzt und nie in ihrem Rechtsgefühl wanken werden. Denn das ist ungerecht! Und wenn das Schreckliche tatsächlich Wahrheit werden sollte, dann wird das armselige Restchen Juden die Niederlande verlassen. Wir auch. Wir werden mit unserem Bündelchen weiterziehen, weg aus diesem schönen Land, das uns so herzlich Unterschlupf angeboten hat und uns nun den Rücken zukehrt.
Ich liebe die Niederlande. Ich habe einmal gehofft, dass es mir, der Vaterlandslosen, ein Vaterland werden wird. Ich hoffe es noch!

Deine Anne M. Frank

Donnerstag, 25. Mai 1944

Liebe Kitty!
Bep hat sich verlobt! Die Tatsache an sich ist nicht so erstaunlich, obwohl sich keiner von uns sehr darüber freut. Bertus mag ein solider, netter und sportlicher Junge sein, aber Bep liebt ihn nicht, und das ist für mich Grund genug, ihr von der Hochzeit abzuraten. Beps ganzes Streben ist darauf gerichtet, sich hochzuarbeiten, und Bertus zieht sie hinunter. Er ist ein Arbeiter, ohne Interessen und ohne Drang, vorwärtszukommen, und ich glaube nicht, dass Bep sich dabei glücklich fühlen wird. Es ist verständlich, dass Bep mit diesen Halbheiten endlich Schluss machen will. Vor vier Wochen hat sie ihm einen Abschiedsbrief geschrieben, fühlte sich aber noch unglücklicher, und deshalb hat sie ihm wieder geschrieben. Und jetzt hat sie sich verlobt.
Viele Faktoren spielen dabei eine Rolle. Erstens der kranke Vater, der viel von

Bertus hält, zweitens, dass sie die Älteste von den Voskuijl-Mädchen ist und ihre Mutter sie neckt, weil sie noch keinen Mann hat, drittens, dass sie jetzt noch 24 Jahre alt ist, und darauf legt Bep viel Wert.
Mutter sagt, sie hätte es besser gefunden, wenn Bep ein Verhältnis mit ihm angefangen hätte. Ich kann das nicht sagen. Ich habe Mitleid mit Bep und verstehe, dass sie sich einsam fühlt. Heiraten können sie sowieso erst nach dem Krieg, da Bertus illegal lebt, und sie haben beide noch keinen Cent und keine Aussteuer. Was für eine triste Aussicht für Bep, der wir alle so viel Gutes wünschen. Ich hoffe nur, dass Bertus sich unter ihrem Einfluss ändert oder dass Bep noch einen netten Mann findet, der sie schätzt!

Deine Anne M. Frank

Am selben Tag
Jeden Tag was anderes! Heute Morgen ist unser Gemüsehändler verhaftet worden, er hatte zwei Juden im Haus. Das ist ein schwerer Schlag für uns, nicht nur, dass die armen Juden jetzt am Rand des Abgrunds stehen, auch für ihn ist es schrecklich. Die Welt steht hier auf dem Kopf. Die anständigsten Menschen werden in Konzentrationslager, Gefängnisse und einsame Zellen geschickt, und der Abschaum regiert über Jung und Alt, Arm und Reich. Der Eine fliegt durch den Schwarzhandel auf, der Zweite dadurch, dass er Juden versteckt hat. Niemand, der nicht bei der NSB ist, weiß, was morgen passiert.
Auch für uns ist die Verhaftung des Mannes ein schwerer Verlust. Bep kann und darf die Mengen Kartoffeln nicht anschleppen. Das Einzige, was wir tun können, ist, weniger zu essen. Wie das gehen wird, schreibe ich dir noch, aber angenehm wird es sicher nicht sein. Mutter sagt, dass wir morgens kein Frühstück bekommen, mittags Brei und Brot, abends Bratkartoffeln und eventuell ein- oder zweimal die Woche Gemüse oder Salat, mehr nicht. Das heißt hungern. Aber alles ist nicht so schlimm, wie entdeckt zu werden.

Deine Anne M. Frank

Freitag, 26. Mai 1944

Liebste Kitty!
Endlich, endlich bin ich so weit, dass ich ruhig an meinem Tischchen vor dem spaltbreit offenen Fenster sitzen und dir alles schreiben kann.
Ich fühle mich so elend wie seit Monaten nicht, sogar nach dem Einbruch war ich innerlich und äußerlich nicht so kaputt. Einerseits: der Gemüse-

mann, die Judenfrage, die im ganzen Haus ausführlich besprochen wird, die ausbleibende Invasion, das schlechte Essen, die Spannung, die miserable Stimmung, die Enttäuschung wegen Peter, und andererseits: Beps Verlobung, Pfingstempfänge, Blumen, Kuglers Geburtstag, Torten und Geschichten von Kabaretts, Filmen und Konzerten. Diesen Unterschied, diesen großen Unterschied gibt es immer. An einem Tag lachen wir über das Komische an unserer Untertauchsituation, aber am nächsten Tag, an viel mehr Tagen, haben wir Angst, und man kann die Spannung und die Verzweiflung auf unseren Gesichtern lesen. Miep und Kugler spüren am stärksten die Last, die wir ihnen machen, Miep durch ihre Arbeit und Kugler durch die kolossale Verantwortung für uns acht, eine Verantwortung, die ihm manchmal zu groß wird. Dann kann er fast nicht mehr sprechen vor unterdrückter Nervosität und Aufregung. Kleiman und Bep sorgen auch gut für uns, sehr gut sogar, aber sie können das Hinterhaus manchmal vergessen, auch wenn es nur für ein paar Stunden oder einen Tag oder zwei ist. Sie haben ihre eigenen Sorgen, Kleiman wegen seiner Gesundheit, Bep wegen ihrer Verlobung, die gar nicht so rosig aussieht. Und neben diesen Sorgen haben sie auch ihre Abwechslung, Ausgehen, Besuche, das Leben von normalen Menschen. Bei ihnen weicht die Spannung manchmal, auch wenn es nur für kurze Zeit ist. Bei uns weicht sie niemals, zwei Jahre lang nicht. Und wie lange wird sie uns noch drücken?

Die Kanalisation ist wieder verstopft. Es darf kein Wasser ablaufen, wenn, dann nur tropfenweise. Wir dürfen nicht zum Klo oder müssen eine Bürste mitnehmen. Das schmutzige Wasser bewahren wir in einem großen Steinguttopf auf. Für heute können wir uns behelfen, aber was ist, wenn der Klempner es nicht allein schafft? Die von der Stadt kommen nicht vor Dienstag.

Miep hat uns ein Rosinenbrot mit der Aufschrift »Fröhliche Pfingsten« geschickt. Das klingt fast wie Spott, unsere Stimmung und unsere Angst sind wirklich nicht »fröhlich«.

Wir sind ängstlicher geworden nach der Angelegenheit mit dem Gemüsehändler. Von allen Seiten hört man wieder »pst«, alles geschieht leiser. Die Polizei hat dort die Tür aufgebrochen, davor sind wir also auch nicht sicher. Wenn auch wir einmal … Nein, das darf ich nicht schreiben, aber die Frage lässt sich heute nicht wegschieben, im Gegenteil. All die einmal durchgemachte Angst steht wieder mit ihrem ganzen Schrecken vor mir.

Heute Abend um acht Uhr musste ich alleine nach unten, zum Klo. Niemand war unten, alle saßen am Radio. Ich wollte mutig sein, aber es war schwer. Ich fühle mich hier oben noch immer sicherer als allein in dem gro-

ßen, stillen Haus. Allein mit diesen Poltergeräuschen von oben und dem Tuten der Autohupen auf der Straße. Ich fange an zu zittern, wenn ich mich nicht beeile und auch nur einen Moment über die Situation nachdenke.
Miep ist nach dem Gespräch mit Vater viel netter und herzlicher zu uns geworden. Aber das habe ich dir noch gar nicht erzählt. Miep kam eines Nachmittags mit feuerrotem Kopf zu Vater und fragte ihn geradeheraus, ob wir annähmen, dass sie auch vom Antisemitismus angesteckt wären. Vater erschrak gewaltig und redete ihr den Verdacht aus. Aber etwas ist hängengeblieben. Sie kaufen mehr für uns ein, interessieren sich mehr für unsere Schwierigkeiten, obwohl wir ihnen damit sicher nicht zur Last fallen dürfen. Es sind doch so herzensgute Menschen!
Ich frage mich immer wieder, ob es nicht besser für uns alle gewesen wäre, wenn wir nicht untergetaucht wären, wenn wir nun tot wären und dieses Elend nicht mitmachen müssten und es vor allem den anderen ersparten. Aber auch davor scheuen wir zurück. Wir lieben das Leben noch, wir haben die Stimme der Natur noch nicht vergessen, wir hoffen noch, hoffen auf alles.
Lass nur schnell was passieren, notfalls auch Schießereien. Das kann uns auch nicht mehr zermürben als diese Unruhe! Lass das Ende kommen, auch wenn es hart ist, dann wissen wir wenigstens, ob wir letztlich siegen werden oder untergehen.

Deine Anne M. Frank

Mittwoch, 31. Mai 1944

Liebe Kitty!
Samstag, Sonntag, Montag und Dienstag war es so warm, dass ich keinen Füller in der Hand halten konnte, darum war es mir auch unmöglich, dir zu schreiben. Am Freitag war die Kanalisation kaputt, am Samstag ist sie gerichtet worden. Nachmittags hat uns Frau Kleiman besucht und eine ganze Menge von Jopie erzählt, unter anderem, dass sie mit Jacque van Maarssen in einem Hockey-Club ist. Am Sonntag kam Bep und schaute nach, ob nicht eingebrochen war, und blieb zum Frühstück bei uns. Am Montag, dem zweiten Pfingstfeiertag, tat Herr Gies Dienst als Versteckbewacher, und am Dienstag durften die Fenster endlich wieder geöffnet werden. So ein schönes, warmes, man kann ruhig sagen heißes Pfingsten hat es selten gegeben. Hitze ist hier im Hinterhaus schrecklich. Um dir einen Eindruck von den vielen Klagen zu verschaffen, werde ich dir kurz die warmen Tage beschreiben:

Samstag: »Herrlich, was für ein Wetter!«, sagten wir morgens alle. »Wenn es nur etwas weniger warm wäre«, sagten wir mittags, als die Fenster geschlossen werden mussten.
Sonntag: »Nicht auszuhalten, diese Hitze! Die Butter schmilzt, es gibt kein kühles Fleckchen im Haus, das Brot wird trocken, die Milch verdirbt, kein Fenster darf geöffnet werden. Wir armen Ausgestoßenen sitzen hier und ersticken, während die anderen Leute Pfingstferien haben.« (So Frau van Daan.)
Montag: »Meine Füße tun mir weh, ich habe keine dünnen Kleider, ich kann bei dieser Hitze nicht abwaschen.« Geklage von morgens früh bis abends spät, es war äußerst unangenehm.
Ich kann noch immer keine Hitze aushalten und bin froh, dass heute der Wind ordentlich bläst und die Sonne trotzdem scheint.

Deine Anne M. Frank

Freitag, 2. Juni 1944

Beste Kitty!
»Wer zum Dachboden geht, soll einen großen Regenschirm mitnehmen, am besten ein Herrenmodell!« Dies zum Schutz vor Regen, der von oben kommt. Es gibt ja ein Sprichwort, das heißt: »Hoch und trocken, heilig und sicher.« Aber es gilt bestimmt nicht für Kriegszeiten (Schießen) und Versteckte (Katzenklo!). Tatsächlich hat sich Mouschi eine Gewohnheit daraus gemacht, ihr Geschäft auf ein paar Zeitungen oder zwischen die Bodenritzen zu deponieren, so dass nicht nur die Angst vor Geplätscher, sondern eine noch größere Furcht vor entsetzlichem Gestank sehr begründet ist. Weiß man nun, dass auch das neue Moortje aus dem Lager an dem gleichen Laster leidet, dann kann sich sicher jeder, der je eine nicht stubenreine Katze gehabt hat, vorstellen, was für Gerüche durch unser Haus schweben.
Ferner habe ich noch ein brandneues Anti-Schieß-Rezept mitzuteilen. Bei lautem Knallen eile man zur nächstgelegenen Holztreppe, renne diese hinunter und wieder hinauf und sorge dafür, dass man bei einer Wiederholung mindestens einmal nach unten fällt. Mit den so entstandenen Schrammen und dem Lärm, den das Laufen und Fallen macht, hat man genug zu tun, um das Schießen weder zu hören noch daran zu denken. Die Schreiberin dieser Zeilen hat dieses Rezept mit viel Erfolg angewandt! Deine Anne M. Frank

Montag, 5. Juni 1944

Liebe Kitty!
Neue Unannehmlichkeiten im Hinterhaus. Streit zwischen Dussel und Franks über die Butterverteilung. Kapitulation Dussels. Dicke Freundschaft zwischen Frau van Daan und Letztgenanntem, Flirten, Küsschen und freundliches Lächeln. Dussel fängt an, Sehnsucht nach Frauen zu bekommen.
Van Daans wollen keinen Kräuterkuchen für Kuglers Geburtstag backen, weil wir selbst auch keinen essen. Wie kleinlich! Oben schlechte Laune. Frau van Daan erkältet. Dussel hat Bierhefepillen ergattert, wir bekommen nichts ab.
Einnahme von Rom durch die fünfte Armee. Die Stadt ist weder verwüstet noch bombardiert worden. Riesenpropaganda für Hitler.
Wenig Gemüse und Kartoffeln, ein Paket Brot verdorben.
Die neue Lagerkatze verträgt keinen Pfeffer, nimmt das Katzenklo als Schlafplatz und benutzt die Holzwolle zum Verpacken als Klo. Unmöglich zu behalten.
Das Wetter ist schlecht. Anhaltende Bombardierungen auf Pas de Calais und die französische Küste.
Dollars lassen sich nicht verkaufen, Gold noch weniger, der Boden der schwarzen Kasse ist schon zu sehen. Wovon werden wir nächsten Monat leben?

Deine Anne

Dienstag, 6. Juni 1944

Liebste Kitty!
»This is D-day«, sagte um zwölf Uhr das englische Radio, und mit Recht! »This is <u>the</u> day«, die Invasion hat begonnen!
Heute Morgen um acht Uhr berichteten die Engländer: Schwere Bombardements auf Calais, Boulogne, Le Havre und Cherbourg sowie Pas de Calais (wie üblich). Ferner Sicherheitsmaßnahmen für die besetzten Gebiete: Alle Menschen, die in einer Zone von 35 km von der Küste wohnen, müssen sich auf Bombardierungen vorbereiten. Wenn möglich, werden die Engländer eine Stunde vorher Flugblätter abwerfen.
Deutschen Berichten zufolge sind englische Fallschirmtruppen an der französischen Küste gelandet. »Englische Landungsschiffe im Kampf mit deutschen Marinesoldaten«, sagt der BBC.
Entscheidung vom Hinterhaus beim Frühstück um neun Uhr: »Dies ist eine Probelandung, genau wie vor zwei Jahren bei Dieppe.« Sendungen in

Deutsch, Niederländisch, Französisch und anderen Sprachen um zehn Uhr: »The invasion has begun!« Also doch die »echte« Invasion.
Englische Sendung – in Deutsch – um elf Uhr: Rede von Oberbefehlshaber General Dwight Eisenhower.
Englische Sendung – in Englisch – um zwölf Uhr: »This is D-day.« General Eisenhower sprach zum französischen Volk: »Stiff fighting will come now, but after this the victory. The year 1944 is the year of complete victory, good luck!«
Englische Sendung – in Englisch – um ein Uhr: 11 000 Flugzeuge stehen bereit und fliegen unaufhörlich hin und her, um Truppen abzusetzen und hinter den Linien zu bombardieren. 4000 Landefahrzeuge und kleinere Schiffe legen unaufhörlich zwischen Cherbourg und Le Havre an. Englische und amerikanische Truppen sind schon in schwere Gefechte verwickelt. Reden von Gerbrandy, vom belgischen Premierminister, von König Haakon von Norwegen, de Gaulle für Frankreich, dem König von England und, nicht zu vergessen, von Churchill.
Das Hinterhaus ist in Aufruhr. Sollte denn nun wirklich die lang ersehnte Befreiung nahen, die Befreiung, über die so viel gesprochen wurde, die aber zu schön, zu märchenhaft ist, um je wirklich werden zu können? Sollte dieses Jahr, dieses 1944, uns den Sieg schenken? Wir wissen es noch nicht, aber die Hoffnung belebt uns, gibt uns wieder Mut, macht uns wieder stark. Denn mutig müssen wir die vielen Ängste, Entbehrungen und Leiden durchstehen. Nun kommt es darauf an, ruhig und standhaft zu bleiben, lieber die Nägel ins Fleisch zu drücken, als laut zu schreien. Schreien vor Elend können Frankreich, Russland, Italien und auch Deutschland, aber wir haben nicht das Recht dazu!
Kitty, das Schönste an der Invasion ist, dass ich das Gefühl habe, dass Freunde im Anzug sind. Die schrecklichen Deutschen haben uns so lange unterdrückt und uns das Messer an die Kehle gesetzt, dass Freunde und Rettung alles für uns sind. Nun gilt es nicht mehr den Juden, nun gilt es den Niederlanden und dem ganzen besetzten Europa.
Vielleicht, sagt Margot, kann ich im September oder Oktober doch wieder zur Schule gehen.

Deine Anne M. Frank

P. S. Ich werde dich mit den neuesten Berichten auf dem Laufenden halten! Nachts und am frühen Morgen landeten Stroh- und Schaufensterpuppen hinter den deutschen Stellungen. Diese Puppen explodierten, als sie den Boden berührten. Auch viele Fallschirmjäger landeten. Sie waren schwarz angemalt, um nicht aufzufallen. Morgens um sechs Uhr landeten die ersten Schiffe, nachdem die Küste in der Nacht mit 5 Millionen Kilogramm Bomben bombardiert worden war. 20 000 Flugzeuge waren heute in Aktion. Die Küstenbatterien der Deutschen waren bei der Landung selbst schon kaputt, ein kleiner Brückenkopf ist schon gebildet worden. Alles geht gut, obwohl das Wetter schlecht ist. Die Armee und auch das Volk sind »one will and one hope«.

Freitag, 9. Juni 1944

Liebe Kitty!
Mit der Invasion geht es oberprima! Die Alliierten haben Bayeux eingenommen, ein kleines Dorf an der französischen Küste, und kämpfen jetzt um Caen. Es ist klar, dass sie beabsichtigen, die Halbinsel abzuschneiden, auf der Cherbourg liegt. Jeden Abend erzählen Kriegsberichterstatter von den Schwierigkeiten, dem Mut und der Begeisterung der Armee. Die unglaublichsten Dinge passieren. Auch Verwundete, die schon wieder in England sind, waren am Mikrophon. Trotz des miserablen Wetters wird fleißig geflogen. Vom BBC haben wir gehört, dass Churchill die Invasion zusammen mit den Truppen beginnen wollte, nur auf Anraten von Eisenhower und anderen Generälen ist aus dem Plan nichts geworden. Stell dir mal vor, was für ein Mut von so einem alten Mann! Er ist doch sicher schon 70 Jahre alt.
Hier hat sich die Aufregung etwas gelegt. Trotzdem hoffen wir, dass der Krieg Ende des Jahres endlich vorbei sein wird. Es wird auch Zeit. Frau van Daans Gejammer ist kaum mehr zum Anhören. Nachdem sie uns jetzt nicht mehr mit der Invasion verrückt machen kann, nörgelt sie den ganzen Tag über das schlechte Wetter. Ich hätte Lust, sie in einem Eimer kaltes Wasser auf den Dachboden zu stellen!
Das ganze Hinterhaus, mit Ausnahme von van Daan und Peter, hat die Trilogie »Ungarische Rhapsodie« gelesen. Dieses Buch behandelt die Lebensgeschichte des Komponisten, Klaviervirtuosen und Wunderkindes Franz Liszt. Das Buch ist sehr interessant, aber meiner Ansicht nach wird ein bisschen zu viel über Frauen gesprochen. Liszt war zu seiner Zeit nicht nur der größte und bekannteste Pianist, sondern bis zu seinem 70. Lebensjahr auch der größte Schürzenjäger. Er hatte ein Verhältnis mit Marie d'Agoult, Fürstin Caroline Sayn-Wittgenstein, der Tänzerin Lola Montez, der Pianistin Sophie Monter, mit der Tscherkessenfürstin Olga Janina, der Baronesse Olga Meyendorff, der Schauspielerin Lilla ich-weiß-nicht-wie-sie-heißt usw. usw. Es nimmt überhaupt kein Ende. Die Teile des Buches, wo es um Musik und

andere Künste geht, sind viel interessanter. In dem Buch kommen vor: Schumann und Clara Wieck, Hector Berlioz, Johannes Brahms, Beethoven, Joachim, Richard Wagner, Hans von Bülow, Anton Rubinstein, Frederic Chopin, Victor Hugo, Honoré de Balzac, Hiller, Hummel, Czerny, Rossini, Cherubini, Paganini, Mendelssohn und viele andere.
Liszt war an sich ein toller Kerl, sehr großzügig, bescheiden für sich, obwohl übermäßig eitel, half jedem, kannte nichts Höheres als die Kunst, war versessen auf Kognak und auf Frauen, konnte keine Tränen sehen, war ein Gentleman, konnte niemandem einen Gefallen abschlagen, gab nichts auf Geld, hielt viel von der Religionsfreiheit und von der Welt.

Deine Anne M. Frank

Dienstag, 13. Juni 1944

Liebe Kitty!
Der Geburtstag ist wieder vorbei, jetzt bin ich also 15. Ich habe ziemlich viel bekommen: Die fünf Bände Springers Kunstgeschichte, eine Garnitur Unterwäsche, zwei Gürtel, ein Taschentuch, zwei Joghurts, ein Glas Marmelade, 2 Honigkuchen (klein), ein Pflanzenkundebuch von Vater und Mutter, ein Doubléarmband von Margot, ein Buch von den van Daans, Biomalz und Gartenwicken Dussel, Süßigkeiten Miep, Süßigkeiten und Hefte Bep, und als Höhepunkt das Buch »Maria Theresia« und drei Scheiben vollfetten Käse von Kugler. Von Peter einen schönen Strauß Pfingstrosen. Der arme Junge hat sich so viel Mühe gegeben, etwas zu finden, aber nichts hat geklappt.
Mit der Invasion geht es immer noch hervorragend, trotz des miserablen Wetters, der zahllosen Stürme, der Regengüsse und der stürmischen See.
Churchill, Smuts, Eisenhower und Arnold waren gestern in den französischen Dörfern, die von den Engländern erobert und befreit worden sind. Churchill war auf einem Torpedoboot, das die Küste beschoss. Der Mann scheint, wie so viele Männer, keine Angst zu kennen. Beneidenswert!
Die Stimmung in den Niederlanden ist von unserer Hinterburg aus nicht einzuschätzen. Zweifellos sind die Menschen froh, dass das nichtstuende (!) England nun endlich auch mal die Ärmel hochkrempelt. Wie ungerecht sie argumentieren, erkennen die Leute nicht, wenn sie immer wieder sagen, dass sie hier keine englische Besatzung haben wollen. Alles in allem läuft das darauf hinaus: England muss kämpfen, streiten und seine Söhne für die Niederlande und andere besetzte Gebiete aufopfern. Die Engländer dürfen aber nicht in den Niederlanden bleiben, müssen allen besetzten Staaten ihren un-

tertänigsten Dank anbieten, müssen Niederländisch-Indien dem ursprünglichen Eigentümer zurückgeben und dürfen dann, geschwächt und arm, nach England zurückkehren. Ein armer Tölpel, der sich das so vorstellt, und doch müssen viele Niederländer zu diesen Tölpeln gerechnet werden. Was, frage ich, wäre aus den Niederlanden und den benachbarten Ländern geworden, wenn England den so oft möglichen Frieden mit Deutschland unterzeichnet hätte? Die Niederlande wären deutsch geworden, und damit basta!
Alle Niederländer, die nun noch auf die Engländer hinunterschauen, England und die Alte-Herren-Regierung beschimpfen, die Engländer feige nennen, aber doch die Deutschen hassen, müssten mal aufgeschüttelt werden, wie man ein Kissen aufschüttelt. Vielleicht legen sich die verwirrten Gehirne dann in etwas richtigere Falten!

Viele Wünsche, viele Gedanken, viele Beschuldigungen und viele Vorwürfe spuken in meinem Kopf herum. Ich bin wirklich nicht so eingebildet, wie viele Leute meinen. Ich kenne meine zahllosen Fehler und Mängel besser als jeder andere, nur mit dem Unterschied, dass ich auch weiß, dass ich mich bessern will, mich bessern werde und mich schon sehr gebessert habe.
Wie kommt es nur, frage ich mich oft, dass jeder mich noch immer so schrecklich vorlaut und unbescheiden findet? Bin ich so vorlaut? Bin <u>ich</u> es wirklich, oder sind es nicht vielleicht auch die anderen? Das klingt verrückt, ich merke es, aber ich streiche den letzten Satz nicht durch, weil er wirklich nicht so verrückt ist. Frau van Daan und Dussel, meine hauptsächlichen Ankläger, sind beide bekannt als unintelligent und, spreche ich es ruhig mal aus, dumm! Dumme Menschen können es meist nicht ertragen, wenn andere etwas besser machen als sie selbst. Das beste Beispiel sind in der Tat die beiden Dummen, Frau van Daan und Dussel.
Frau van Daan findet mich dumm, weil ich nicht so schrecklich an diesem Übel leide wie sie, sie findet mich unbescheiden, weil sie noch unbescheidener ist, sie findet meine Kleider zu kurz, weil die ihren noch kürzer sind, und darum findet sie mich auch vorlaut, weil sie selbst doppelt so viel bei Themen mitredet, von denen sie überhaupt nichts versteht. Dasselbe gilt für Dussel.
Aber einer meiner Lieblingssprüche ist: »An jedem Vorwurf ist auch etwas Wahres«, und so gebe ich auch prompt zu, dass ich vorlaut bin. Nun ist das Lästige an meiner Natur, dass ich von niemandem so viele Standpauken bekomme und so viel ausgeschimpft werde wie von mir selbst. Wenn Mutter dann noch ihre Portion Ratschläge dazugibt, wird der Stapel Predigten so unüberwindlich hoch, dass ich vor lauter Verzweiflung, je herauszukom-

men, frech werde und widerspreche, und dann ist das bekannte und schon so alte Anne-Wort wieder da: »Niemand versteht mich!«
Dieses Wort ist in mir, und so unwahr es auch scheinen mag, auch darin ist ein Zipfelchen Wahrheit. Meine Selbstbeschuldigungen nehmen oft so einen Umfang an, dass ich nach einer tröstenden Stimme lechze, die alles wieder zurechtrückt und sich auch etwas aus meinem Innenleben macht. Aber da kann ich leider lange suchen, gefunden ist derjenige noch nicht.
Ich weiß, dass du jetzt an Peter denkst, nicht wahr, Kitty? Es ist wahr, Peter hat mich gern, nicht als Verliebter, sondern als Freund. Seine Zuneigung steigt mit jedem Tag. Aber was das Geheimnisvolle ist, das uns beide zurückhält, verstehe ich selbst nicht.
Manchmal denke ich, dass mein schreckliches Verlangen nach ihm übertrieben war. Aber es ist nicht so. Wenn ich mal zwei Tage nicht oben war, sehne ich mich wieder genauso heftig nach ihm wie zuvor. Peter ist lieb und gut, trotzdem, ich darf es nicht leugnen, enttäuscht mich vieles. Vor allem seine Abkehr von der Religion, seine Gespräche über Essen und noch andere so widersprüchliche Dinge gefallen mir nicht. Trotzdem bin ich fest davon überzeugt, dass wir nach unserer ehrlichen Abmachung nie Streit bekommen werden. Peter ist friedliebend, verträglich und sehr nachgiebig. Er lässt sich von mir viel mehr sagen, als er seiner Mutter zugesteht. Er versucht mit viel Hartnäckigkeit, die Tintenflecke aus seinen Büchern zu entfernen und Ordnung in seinen Sachen zu halten. Aber warum bleibt sein Inneres dann innen, und ich darf nie daran rühren? Er ist viel verschlossener als ich, das ist wahr. Aber ich weiß nun wirklich aus der Praxis, dass sogar die verschlossenen Naturen zu gegebener Zeit genauso stark oder noch stärker nach einem Vertrauten verlangen.
Peter und ich haben beide unsere Denk-Jahre im Hinterhaus verbracht. Wir reden oft über Zukunft, Vergangenheit und Gegenwart, aber, wie gesagt, ich vermisse das Echte und weiß doch sicher, dass es da ist!

Liegt es daran, dass ich meine Nase so lange nicht in die frische Luft stecken konnte, dass ich so versessen auf alles bin, was Natur ist? Ich weiß noch sehr gut, dass ein strahlend blauer Himmel, zwitschernde Vögel, Mondschein und blühende Blumen früher meine Aufmerksamkeit lange nicht so gefesselt haben. Hier ist das anders geworden. Ich habe z. B. an Pfingsten, als es so warm war, abends mit Gewalt die Augen offen gehalten, um gegen halb zwölf am offenen Fenster den Mond mal richtig und allein betrachten zu können. Leider führte dieses Opfer zu nichts, denn der Mond war zu hell, ich durfte

kein offenes Fenster riskieren. Ein andermal, es ist schon ein paar Monate her, war ich zufällig abends oben, als das Fenster offen war. Ich ging nicht eher zurück, bis das Lüften vorbei war. Der dunkle, regnerische Abend, der Sturm, die jagenden Wolken hielten mich gefangen. Nach anderthalb Jahren hatte ich zum ersten Mal wieder die Nacht von Angesicht zu Angesicht gesehen. Nach diesem Abend war meine Sehnsucht, das noch mal zu sehen, größer als meine Angst vor Dieben und dem dunklen Rattenhaus oder Überfällen. Ich ging ganz allein hinunter und schaute aus dem Fenster vom Privatbüro und von der Küche.
Viele Menschen finden die Natur schön, viele schlafen mal unter freiem Himmel, viele ersehnen in Gefängnissen oder Krankenhäusern den Tag, an dem sie wieder frei die Natur genießen können, aber wenige sind mit ihrer Sehnsucht so abgeschlossen und isoliert von dem, was für Arme und Reiche dasselbe ist.
Es ist keine Einbildung, dass die Betrachtung des Himmels, der Wolken, des Mondes und der Sterne mich ruhig und abwartend macht. Dieses Mittel ist besser als Baldrian und Brom. Die Natur macht mich demütig und bereit, alle Schläge mutig zu ertragen.
Es hat so sein müssen, dass ich die Natur nur ausnahmsweise durch dick verstaubte und mit schmutzigen Vorhängen versehene Fenster sehen darf. Und da durchzuschauen, ist kein Vergnügen mehr. Die Natur ist das Einzige, das wirklich kein Surrogat vertragen kann!

Eine der vielen Fragen, die mich nicht in Ruhe lassen, ist, warum früher und auch jetzt noch oft die Frauen bei den Völkern einen so viel geringeren Platz einnehmen als der Mann. Jeder kann sagen, dass das ungerecht ist, aber damit bin ich nicht zufrieden. Ich würde so gern die Ursache dieses großen Unrechts wissen.
Es ist anzunehmen, dass der Mann von Anfang an durch seine größere Körperkraft die Herrschaft über die Frau ausgeübt hat. Der Mann, der verdient, der Mann, der die Kinder zeugt, der Mann, der alles darf … All die Frauen waren dumm genug, dass sie das bis vor einiger Zeit still haben geschehen lassen, denn je mehr Jahrhunderte diese Regel lebt, umso fester fasst sie Fuß. Zum Glück sind den Frauen durch Schule, Arbeit und Bildung die Augen geöffnet worden. In vielen Ländern haben Frauen gleiche Rechte bekommen. Viele Menschen, Frauen vor allem, aber auch Männer, sehen nun ein, wie falsch diese Einteilung der Welt so lange Zeit war. Die modernen Frauen wollen das Recht zur völligen Unabhängigkeit.

Aber das ist es nicht allein: Die Würdigung der Frau muss kommen! Überall wird der Mann hoch geschätzt, warum darf die Frau nicht zuallererst daran teilhaben? Soldaten und Kriegshelden werden geehrt und gefeiert, Entdecker erlangen unsterblichen Ruhm, Märtyrer werden angebetet. Aber wer betrachtet die Frau auch als Kämpferin?
In dem Buch »Streiter für das Leben« steht etwas, das mich sehr berührt hat, ungefähr so: Frauen machen im Allgemeinen allein mit dem Kinderkriegen mehr Schmerzen durch, mehr Krankheiten und mehr Elend, als welcher Kriegsheld auch immer. Und was bekommt sie dafür, wenn sie all die Schmerzen durchgestanden hat? Sie wird in eine Ecke geschoben, wenn sie durch die Geburt entstellt ist, ihre Kinder gehören schon bald nicht mehr ihr, ihre Schönheit ist weg. Frauen sind viel tapferere, mutigere Soldaten, die mehr kämpfen und für den Fortbestand der Menschheit mehr Schmerzen ertragen als die vielen Freiheitshelden mit ihrem großen Mund!
Ich will damit überhaupt nicht sagen, dass Frauen sich gegen Kinderkriegen auflehnen sollen, im Gegenteil. So ist die Natur eingerichtet, und so wird es gut sein. Ich verurteile nur die Männer und die ganze Ordnung der Welt, die sich noch nie Rechenschaft darüber abgeben wollten, welchen großen, schweren, aber zeitweilig auch schönen Anteil die Frauen in der Gesellschaft tragen.
Paul de Kruif, der Autor des Buches, hat völlig recht, wenn er sagt, dass die Männer lernen müssen, dass in den Teilen der Welt, die kultiviert genannt werden, eine Geburt aufgehört hat, etwas Natürliches und Normales zu sein. Die Männer haben leicht reden, sie haben die Unannehmlichkeiten der Frauen nie ertragen müssen und werden es auch nie tun müssen.
Die Ansicht, dass es die Pflicht der Frauen ist, Kinder zu bekommen, wird sich, glaube ich, im Lauf des nächsten Jahrhunderts verändern. Sie wird einer Würdigung und Bewunderung für diejenige Platz machen, die ohne Murren und große Worte die Lasten auf ihre Schultern nimmt!

Deine Anne M. Frank

Freitag, 16. Juni 1944

Liebe Kitty!
Neue Probleme! Frau van Daan ist verzweifelt, spricht von: Kugel durch den Kopf, Gefängnis, Aufhängen und Selbstmord. Sie ist eifersüchtig, dass Peter mir sein Vertrauen schenkt und nicht ihr, sie ist beleidigt, dass Dussel nicht genug auf ihre Flirtereien eingeht, sie hat Angst, dass ihr Mann ihr ganzes

Pelzmantel-Geld aufraucht, streitet, schimpft, weint, beklagt sich, lacht und fängt dann wieder Streit an.
Was soll man mit so einer greinenden und verrückten Person anfangen? Von niemandem wird sie ernst genommen. Charakter hat sie nicht, klagt bei jedem und läuft herum: von hinten Lyzeum, von vorne Museum. Dabei ist noch das Schlimmste, dass Peter frech wird, Herr van Daan gereizt und Mutter zynisch. Was für ein Zustand! Es gibt nur eine Regel, die du dir gut vor Augen halten musst: Lache über alles und störe dich nicht an den anderen! Es scheint egoistisch, ist aber in Wirklichkeit das einzige Heilmittel für Selbstmitleid.
Kugler muss vier Wochen schippen gehen. Er versucht, durch ein ärztliches Attest und einen Brief der Firma freizukommen. Kleiman will sich bald einer Magenoperation unterziehen. Gestern Abend um elf Uhr sind alle privaten Telefonanschlüsse abgestellt worden. Deine Anne M. Frank

Freitag, 23. Juni 1944

Liebe Kitty!
Hier ist nichts Besonderes los. Die Engländer haben den großen Angriff auf Cherbourg begonnen. Laut Pim und van Daan sind wir am 10. Oktober bestimmt frei. Die Russen nehmen an der Aktion teil und haben gestern ihre Offensive bei Witebsk begonnen, genau auf den Tag drei Jahre nach dem deutschen Einfall.
Beps Laune ist noch immer unter null. Wir haben fast keine Kartoffeln mehr. In Zukunft wollen wir sie für die Einzelnen abzählen, dann kann jeder selbst entscheiden, was er macht. Miep nimmt eine Woche Urlaub. Kleimans Ärzte haben auf den Röntgenaufnahmen nichts gefunden. Jetzt schwankt er zwischen Operieren und Allem-seinen-Lauf-Lassen.

Deine Anne M. Frank

Dienstag, 27. Juni 1944

Liebste Kitty!
Die Stimmung ist umgeschlagen, es geht enorm gut. Cherbourg, Witebsk und Slobin sind heute gefallen. Sicher viel Beute und Gefangene. Fünf deutsche Generäle sind bei Cherbourg gefallen, zwei gefangen genommen. Nun können die Engländer an Land bringen, was sie wollen, denn sie haben einen Hafen. Die Halbinsel Cotentin drei Wochen nach der Invasion englisch, eine gewaltige Leistung!

In den drei Wochen nach D-day ist noch kein Tag ohne Regen und Sturm gewesen, sowohl hier als in Frankreich, aber dieses Pech hindert die Engländer und Amerikaner nicht, ihre Kraft zu zeigen, und wie zu zeigen! Wohl ist die WUWA (Wunderwaffe) in voller Aktion, aber was bedeutet diese Art Katzenschelle anderes als etwas Schaden in England und volle Zeitungen bei den Moffen. Übrigens, wenn sie in »Mofrika« merken, dass die bolschewistische Gefahr jetzt wirklich im Anmarsch ist, werden sie noch mehr Bammel bekommen.
Alle deutschen Frauen und Kinder, die nicht für die Wehrmacht arbeiten, werden aus dem Küstenstreifen nach Groningen, Friesland und Gelderland evakuiert. Mussert hat erklärt, dass er die Uniform anzieht, wenn die Invasion bis hierher kommt. Will der Dicke etwa kämpfen? Das hätte er schon früher tun können, in Russland. Finnland hat seinerzeit das Friedensangebot abgelehnt, und jetzt sind entsprechende Unterhandlungen wieder abgebrochen worden. Was werden sie das noch bereuen, diese Dummköpfe!
Was glaubst du, wie weit wir am 27. Juli sind? Deine Anne M. Frank

Freitag, 30. Juni 1944

Liebe Kitty!
Schlechtes Wetter oder bad weather from one at a stretch to thirty June. Ist das nicht gut? Oh, ich kann schon ein bisschen Englisch. Um das zu beweisen, lese ich »An ideal Husband« (mit Wörterbuch). Krieg hervorragend: Bobruisk, Mogilew und Orscha gefallen, viele Gefangene.
Hier alles all right. Die Stimmung steigt. Unsere Hyperoptimisten triumphieren, die van Daans zaubern mit dem Zucker, Bep hat ihre Frisur geändert, und Miep hat eine Woche frei. Das sind die letzten Neuigkeiten.
Ich bekomme eine ekelhafte Nervenbehandlung, noch dazu an einem Schneidezahn. Es hat schon schrecklich weh getan und war sogar so schlimm, dass Dussel dachte, ich würde umkippen. Es hat nicht viel gefehlt. Prompt hat Frau van Daan auch Zahnweh bekommen! Deine Anne M. Frank

P. S. Wir haben von Basel gehört, dass Bernd[15] die Rolle des Wirts in »Minna von Barnhelm« gespielt hat. Künstlerneigungen, sagt Mutter.

15 Cousin Bernhard (genannt Buddy) Elias; A. d. Ü.

Donnerstag, 6. Juli 1944

Liebe Kitty!

Mir wird bang ums Herz, wenn Peter davon spricht, dass er später vielleicht Verbrecher wird oder anfängt zu spekulieren. Obwohl es natürlich als Witz gemeint ist, habe ich doch das Gefühl, dass er selbst Angst vor seiner Charakterschwäche hat. Immer wieder höre ich sowohl von Margot als auch von Peter: »Ja, wenn ich so stark und mutig wäre wie du, wenn ich so meinen Willen durchsetzen könnte, wenn ich so eine ausdauernde Energie hätte, ja, dann …!«

Ist es wirklich eine gute Eigenschaft, dass ich mich nicht beeinflussen lasse? Ist es gut, dass ich fast ausschließlich dem Weg meines eigenen Gewissens folge?

Ehrlich gesagt, ich kann mir nicht richtig vorstellen, wie jemand sagen kann »Ich bin schwach« und dann auch schwach bleibt. Wenn man so etwas doch schon weiß, warum dann nicht dagegen angehen, warum den Charakter nicht trainieren? Die Antwort war: »Weil es so viel bequemer ist.« Diese Antwort hat mich ein bisschen missmutig gemacht. Bequem? Bedeutet ein faules und betrügerisches Leben auch, dass es ein bequemes Leben ist? O nein, das kann nicht wahr sein! Es darf nicht sein, dass Bequemlichkeit und Geld so schnell verführen können. Ich habe lange darüber nachgedacht, was ich dann wohl für eine Antwort geben muss, wie ich Peter dazu bringen soll, an sich selbst zu glauben und, vor allem, sich selbst zu bessern. Ob mein Gedankengang richtig ist, weiß ich nicht.

Ich habe mir oft vorgestellt, wie toll es wäre, wenn mir jemand sein Vertrauen schenkt, aber nun, da es so weit ist, sehe ich erst, wie schwierig es ist, mit den Gedanken des anderen zu denken und dann die richtige Antwort zu finden. Vor allem deshalb, weil die Begriffe »bequem« und »Geld« für mich etwas vollkommen Fremdes und Neues sind.

Peter fängt an, sich ein bisschen auf mich zu stützen, und das darf unter keinen Umständen sein. Auf eigenen Beinen im Leben stehen ist schwierig, aber noch schwieriger ist es, charakterlich und seelisch alleinzustehen und doch standhaft zu bleiben. Ich bin ein bisschen durcheinander, suche schon seit Tagen, suche nach einem ausreichenden Mittel gegen das schreckliche Wort »bequem«. Wie kann ich Peter klarmachen, dass das, was so bequem und schön scheint, ihn in die Tiefe ziehen wird, die Tiefe, wo es keine Freunde, keine Unterstützung, nichts Schönes mehr gibt, eine Tiefe, aus der es fast unmöglich ist, herauszukommen.

Wir leben alle, wissen aber nicht, warum und wofür. Wir leben alle mit dem

Ziel, glücklich zu werden, wir leben alle verschieden und doch gleich. Wir drei sind in einem guten Kreis erzogen worden, wir können lernen, wir haben die Möglichkeit, etwas zu erreichen, wir haben Grund, auf Glück zu hoffen, aber – wir müssen uns das selbst verdienen. Und das ist etwas, was mit Bequemlichkeit nie zu erreichen ist. Glück zu verdienen bedeutet, dafür zu arbeiten und Gutes zu tun, und nicht, zu spekulieren und faul zu sein. Faulheit mag anziehend scheinen, Arbeit gibt Befriedigung.

Menschen, die nichts von Arbeit halten, kann ich nicht verstehen. Aber das ist bei Peter auch nicht der Fall. Er hat kein festes Ziel vor Augen, findet sich selbst zu dumm und zu unbedeutend, um etwas zu leisten. Armer Junge, er hat noch nie das Gefühl gekannt, andere glücklich zu machen, und das kann ich ihm auch nicht beibringen. Er hat keine Religion, spricht spottend über Jesus Christus, flucht mit dem Namen Gottes. Obwohl ich auch nicht orthodox bin, tut es mir doch jedes Mal weh, wenn ich merke, wie verlassen, wie geringschätzig, wie arm er ist.

Menschen, die eine Religion haben, dürfen froh sein, denn es ist nicht jedem gegeben, an überirdische Dinge zu glauben. Es ist nicht mal nötig, Angst zu haben vor Strafen nach dem Tod. Das Fegefeuer, die Hölle und der Himmel sind Dinge, die viele nicht akzeptieren können. Trotzdem hält sie irgendeine Religion, egal welche, auf dem richtigen Weg. Es ist keine Angst vor Gott, sondern das Hochhalten der eigenen Ehre und des Gewissens.

Wie schön und gut wären alle Menschen, wenn sie sich jeden Abend die Ereignisse des Tages vor Augen riefen und prüften, was an ihrem eigenen Verhalten gut und was schlecht gewesen ist. Unwillkürlich versucht man dann jeden Tag von neuem, sich zu bessern, und selbstverständlich erreicht man dann im Laufe der Zeit auch einiges. Dieses Mittel kann jeder anwenden, es kostet nichts und ist sehr nützlich. Denn wer es nicht weiß, muss es lernen und erfahren: »Ein ruhiges Gewissen macht stark!« Deine Anne M. Frank

Samstag, 8. Juli 1944

Liebe Kitty!

Ein Vertreter der Firma war in Beverwijk und hat einfach so, bei einer Versteigerung, Erdbeeren bekommen. Sie kamen hier an, sehr staubig, voller Sand, aber in großen Mengen. Nicht weniger als 24 Kistchen für das Büro und uns. Abends wurden sofort die ersten sechs Gläser eingekocht und acht Gläser Marmelade gemacht. Am nächsten Morgen wollte Miep für das Büro Marmelade kochen.

Um halb eins: Außentür zu, Kistchen holen. Peter, Vater und van Daan poltern auf der Treppe, Anne holt warmes Wasser vom Durchlauferhitzer, Margot holt Eimer, alle Mann an Deck! Mit einem ganz komischen Gefühl im Magen betrat ich die übervolle Büroküche, Miep, Bep, Kleiman, Jan, Vater, Peter … Versteckte und Versorgungskolonne, alles durcheinander, und das mitten am Tag! Die Vorhänge und Fenster offen, lautes Reden, schlagende Türen. Vor lauter Aufregung bekam ich Angst. Verstecken wir uns wirklich noch? fuhr es mir durch den Kopf. So ein Gefühl muss das sein, wenn man sich der Welt wieder zeigen darf. Der Topf war voll, schnell nach oben. In der Küche stand der Rest der Familie am Tisch und pflückte Stiele und Blätter ab, wenigstens sollte das Pflücken sein, es ging mehr in die Münder als in den Eimer. Bald war noch ein Eimer nötig, Peter ging wieder hinunter zur Küche. Da klingelte es zweimal! Der Eimer blieb stehen, Peter rannte herauf, die Drehtür wurde geschlossen. Wir zappelten vor Ungeduld. Die Wasserhähne mussten zubleiben, auch wenn die halb gewaschenen Erdbeeren auf ihr Bad warteten. Aber die Versteckregel »Jemand im Haus, alle Hähne dicht wegen des Lärms, den die Wasserzufuhr macht« wurde aufrechterhalten.
Um ein Uhr kommt Jan und sagt, dass es der Postbote war. Peter rennt wieder die Treppe hinunter. Rrrang, die Klingel! Rechtsum kehrt. Ich horche, ob jemand kommt, erst an der Drehschranktür, dann oben an der Treppe. Schließlich hängen Peter und ich wie zwei Diebe über dem Geländer und horchen auf den Lärm von unten. Keine fremde Stimme.
Peter geht leise die Treppe hinunter, bleibt auf halbem Weg stehen und ruft: »Bep!« Keine Antwort. Noch einmal: »Bep!« Der Lärm in der Küche ist lauter als Peters Stimme. Dann rennt er die Treppe hinunter in die Küche. Ich schaue gespannt hinunter.
»Mach, dass du nach oben kommst, Peter! Der Wirtschaftsprüfer ist da! Du musst weg!« Das ist die Stimme von Kleiman. Seufzend kommt Peter herauf, die Drehschranktür bleibt zu.
Um halb zwei kommt Kugler endlich. »Oje, ich sehe nichts anderes mehr, nur Erdbeeren. Mein Frühstück Erdbeeren, Jan isst Erdbeeren, Kleiman nascht Erdbeeren, Miep kocht Erdbeeren, Bep pflückt Erdbeeren, ich rieche Erdbeeren, und wenn ich das rote Zeug loswerden will und nach oben gehe, was wird hier gewaschen? Erdbeeren.«
Der Rest der Erdbeeren wird eingeweckt. Abends: Zwei Gläser offen. Vater macht schnell Marmelade davon. Am nächsten Morgen: zwei Weckgläser offen, mittags vier. Van Daan hat sie nicht heiß genug sterilisiert. Jetzt kocht Vater jeden Abend Marmelade. Wir essen Brei mit Erdbeeren, Buttermilch

mit Erdbeeren, Erdbeeren als Dessert, Erdbeeren mit Zucker, Erdbeeren mit Sand. Zwei Tage tanzten überall Erdbeeren, Erdbeeren, Erdbeeren. Dann war der Vorrat aufgebraucht oder hinter Schloss und Riegel in den Gläsern.
»Hör mal, Anne«, ruft Margot. »Wir haben vom Gemüsemann Erbsen bekommen, 18 Pfund.«
»Das ist nett von ihm«, antworte ich. In der Tat, es war nett, aber die Arbeit ... puh!
»Ihr müsst am Samstagmorgen alle enthülsen«, kündigte Mutter bei Tisch an.
Und wirklich, heute Morgen nach dem Frühstück erschien der große Emailletopf auf dem Tisch, bis zum Rand gefüllt mit Erbsen. Enthülsen ist eine langweilige Arbeit, aber dann solltest du erst mal versuchen, die »Schoten auszunehmen«. Ich glaube, dass die Mehrzahl der Menschen nicht weiß, wie vitaminreich, lecker und weich die Schoten von Erbsen schmecken, wenn das innere Häutchen herausgenommen wird. Die drei gerade angeführten Vorteile kommen aber nicht gegen die Tatsache an, dass die Portion, die man essen kann, wohl dreimal größer ist, als wenn man nur die Erbsen isst.
Dieses »Häutchen abziehen« ist eine außergewöhnlich genaue und fummelige Arbeit, die vielleicht für pedantische Zahnärzte oder genaue Büroarbeiter geeignet ist, für einen ungeduldigen Backfisch wie mich ist es schrecklich. Um halb zehn haben wir angefangen, um halb elf setze ich mich, um elf stehe ich wieder auf, um halb zwölf setze ich mich. Es summt in meinen Ohren: Spitze abknicken, Häutchen entfernen, Fäden abziehen, Hülse werfen, Spitze abknicken, Häutchen entfernen, Fäden abziehen, Hülse werfen usw. usw. Es dreht sich vor meinen Augen, grün, grün, Würmchen, Fäden, verfaulte Hülse, grün, grün, grün. Aus Stumpfsinn und um doch etwas zu tun, quatsche ich den ganzen Vormittag allen möglichen Unsinn, bringe alle zum Lachen und komme fast um vor lauter Langeweile. Mit jedem Faden, den ich ziehe, wird mir wieder klarer, dass ich nie, nie nur Hausfrau sein will!
Um zwölf Uhr frühstücken wir endlich, aber von halb eins bis Viertel nach eins müssen wir wieder Häutchen entfernen. Ich bin fast seekrank, als ich aufhöre, die anderen auch ein bisschen. Ich schlafe bis vier Uhr und bin dann immer noch durcheinander wegen der elenden Erbsen.

Deine Anne M. Frank

Samstag, 15. Juli 1944

Liebe Kitty!

Wir hatten von der Bibliothek ein Buch mit dem herausfordernden Titel: »Wie finden Sie das moderne junge Mädchen?« Über dieses Thema möchte ich heute mal sprechen.

Die Autorin kritisiert »die Jugend von heute« von Kopf bis Fuß, ohne jedoch alles, was jung ist, ganz und gar abzulehnen als zu nichts Gutem imstande. Im Gegenteil, sie ist eher der Meinung, dass die Jugend, wenn sie wollte, eine große, schönere und bessere Welt aufbauen könnte, sich aber mit oberflächlichen Dingen beschäftigt, ohne dem wirklich Schönen einen Blick zu gönnen.

Bei einigen Passagen hatte ich das starke Gefühl, dass die Schreiberin mich mit ihrem Tadel meinte, und darum will ich mich dir endlich mal ganz offenlegen und mich gegen diesen Angriff verteidigen.

Ich habe einen stark ausgeprägten Charakterzug, der jedem, der mich länger kennt, auffallen muss, und zwar meine Selbsterkenntnis. Ich kann mich selbst bei allem, was ich tue, betrachten, als ob ich eine Fremde wäre. Überhaupt nicht voreingenommen oder mit einem Sack voller Entschuldigungen stehe ich dann der alltäglichen Anne gegenüber und schaue zu, was diese gut oder schlecht macht. Dieses »Selbstgefühl« lässt mich niemals los, und bei jedem Wort, das ich ausspreche, weiß ich sofort, wenn es ausgesprochen ist: »Dies hätte anders sein müssen« oder »Das ist ganz gut so, wie es ist«. Ich verurteile mich selbst in so unsagbar vielen Dingen und sehe immer mehr, wie wahr Vaters Worte waren: »Jedes Kind muss sich selbst erziehen.«

Eltern können nur Rat oder gute Anweisungen mitgeben, die endgültige Formung seines Charakters hat jeder selbst in der Hand. Dazu kommt noch, dass ich außerordentlich viel Lebensmut habe, ich fühle mich immer so stark und imstande, viel auszuhalten, so frei und so jung! Als ich das zum ersten Mal merkte, war ich froh, denn ich glaube nicht, dass ich mich schnell unter den Schlägen beuge, die jeder aushalten muss.

Aber darüber habe ich schon oft gesprochen, ich möchte zu dem Kapitel »Vater und Mutter verstehen mich nicht« kommen. Mein Vater und meine Mutter haben mich immer sehr verwöhnt, waren lieb zu mir, haben mich gegen die von oben verteidigt und getan, was Eltern nur tun können. Und doch habe ich mich lange so entsetzlich einsam gefühlt, ausgeschlossen, vernachlässigt, nicht verstanden. Vater versuchte alles, was nur ging, um meine Aufsässigkeit zu besänftigen, das half nichts. Ich habe mich selbst geheilt, indem ich mir das Falsche meines Tuns vorgehalten habe.

Wie kommt es nun, dass Vater mir in meinem Kampf nie eine Hilfe gewesen ist, dass es vollkommen misslang, als er mir die helfende Hand reichen wollte? Vater hat die falschen Mittel angewendet, er hat immer zu mir gesprochen wie zu einem Kind, das schwierige Kinderzeiten durchmachen muss. Das klingt verrückt, denn niemand anders als Vater hat mir immer viel Vertrauen geschenkt, niemand anders als Vater hat mir das Gefühl gegeben, dass ich vernünftig bin. Aber etwas hat er vernachlässigt: Er hat nämlich nicht daran gedacht, dass mir mein Kampf, hochzukommen, wichtiger war als alles andere. Ich wollte nichts von »Alterserscheinungen«, »anderen Mädchen«, »geht von selbst vorbei« hören, ich wollte nicht wie ein Mädchen-wie-alle-anderen behandelt werden, sondern als Anne-für-sich-allein, und Pim verstand das nicht. Übrigens, ich kann niemandem mein Vertrauen schenken, der mir nicht auch viel von sich selbst erzählt, und weil ich von Pim nichts weiß, werde ich den Weg zur Vertraulichkeit zwischen uns nicht betreten können. Pim bewahrt immer den Standpunkt des älteren Vaters, der zwar auch mal solche vorübergehenden Neigungen gehabt hat, der aber nicht als Freund der Jugend mit mir mitleben kann, so eifrig er auch danach strebt. Das hat mich dazu gebracht, meine Anschauungen und meine gut durchdachten Theorien niemals jemand anderem mitzuteilen als meinem Tagebuch und, ganz selten mal, Margot. Vor Vater verbarg ich alles, was mich berührte, habe ihn niemals an meinen Idealen teilhaben lassen, habe ihn mir mit Willen und Absicht entfremdet.

Ich konnte nicht anders, ich habe vollkommen nach meinem Gefühl gehandelt, egoistisch zwar, aber ich habe gehandelt, wie es gut für meine Ruhe war. Denn meine Ruhe und mein Selbstvertrauen, das ich so schwankend aufgebaut habe, würde ich wieder verlieren, wenn ich jetzt Kritik an meinem halb fertigen Werk aushalten müsste. Und das habe ich sogar für Pim nicht übrig, so hart das auch klingen mag, denn ich habe Pim nicht nur an meinem inneren Leben nicht teilhaben lassen, ich stoße ihn auch oft durch meine Gereiztheit noch weiter von mir weg.

Das ist ein Punkt, über den ich viel nachdenke: Wie kommt es, dass Pim mich manchmal so ärgert? Dass ich fast nicht mit ihm lernen kann, dass seine vielen Zärtlichkeiten mir gewollt vorkommen, dass ich Ruhe haben will und am liebsten sähe, er würde mich manchmal ein bisschen links liegenlassen, bis ich ihm wieder sicherer gegenüberstehe? Denn noch immer nagt der Vorwurf von dem gemeinen Brief an mir, den ich ihm in meiner Aufregung zugemutet habe. O wie schwierig es ist, wirklich nach allen Seiten hin stark und mutig zu sein!

Trotzdem ist es nicht das, was mir die schlimmste Enttäuschung bereitet hat. Nein, noch viel mehr als über Vater denke ich über Peter nach. Ich weiß sehr gut, dass ich ihn erobert habe statt umgekehrt. Ich habe mir ein Traumbild von ihm geschaffen, sah ihn als den stillen, empfindsamen, lieben Jungen, der Liebe und Freundschaft dringend braucht! Ich musste mich mal bei einem lebendigen Menschen aussprechen. Ich wollte einen Freund haben, der mir wieder auf den Weg half. Ich habe die schwierige Arbeit vollbracht und ihn langsam, aber sicher für mich gewonnen.
Als ich ihn schließlich zu freundschaftlichen Gefühlen mir gegenüber gebracht hatte, kamen wir von selbst zu Intimitäten, die mir nun bei näherer Betrachtung unerhört vorkommen. Wir sprachen über die geheimsten Dinge, aber über die Dinge, von denen mein Herz voll war und ist, haben wir bis jetzt geschwiegen. Ich kann noch immer nicht richtig klug werden aus Peter. Ist er oberflächlich, oder ist es Verlegenheit, die ihn sogar mir gegenüber zurückhält? Aber abgesehen davon, ich habe einen Fehler gemacht, indem ich alle anderen Möglichkeiten von Freundschaft ausgeschaltet und versucht habe, ihm durch Intimitäten näherzukommen. Er hungert nach Liebe und mag mich jeden Tag mehr, das merke ich gut. Ihm geben unsere Treffen Befriedigung, bei mir führen sie nur zu dem Drang, es immer wieder aufs Neue mit ihm zu versuchen und nie die Themen zu berühren, die ich so gerne ansprechen würde. Ich habe Peter, mehr als er selbst weiß, mit Gewalt zu mir gezogen, jetzt hält er sich an mir fest, und ich sehe vorläufig kein geeignetes Mittel, ihn wieder von mir zu lösen und auf eigene Füße zu stellen. Als ich nämlich sehr schnell merkte, dass er kein Freund sein konnte, wie ich ihn mir vorstelle, habe ich danach gestrebt, ihn dann wenigstens aus seiner Eingeschränktheit herauszuheben und ihn groß zu machen in seiner Jugend.
»Denn im tiefsten Grund ist die Jugend einsamer als das Alter.« Diesen Spruch habe ich aus einem Buch behalten und gefunden, dass er stimmt.
Ist es denn wahr, dass die Erwachsenen es hier schwerer haben als die Jugend? Nein, bestimmt nicht. Ältere Menschen haben eine Meinung über alles und schwanken nicht mehr, was sie tun sollen oder nicht. Wir, die jüngeren, haben doppelt Mühe, unsere Meinungen in einer Zeit zu behaupten, in der aller Idealismus zerstört und kaputtgemacht wird, in der sich die Menschen von ihrer hässlichsten Seite zeigen, in der an Wahrheit, Recht und Gott gezweifelt wird.
Jemand, der dann noch behauptet, dass die Älteren es hier im Hinterhaus viel schwerer haben, macht sich nicht klar, in wie viel stärkerem Maß die

Probleme auf uns einstürmen. Probleme, für die wir vielleicht noch viel zu jung sind, die sich uns aber so lange aufdrängen, bis wir endlich eine Lösung gefunden zu haben meinen, eine Lösung, die meistens den Tatsachen nicht standhält und wieder zunichtegemacht wird. Das ist das Schwierige in dieser Zeit: Ideale, Träume, schöne Erwartungen kommen nicht auf, oder sie werden von der grauenhaftesten Wirklichkeit getroffen und vollständig zerstört. Es ist ein Wunder, dass ich nicht alle Erwartungen aufgegeben habe, denn sie scheinen absurd und unausführbar. Trotzdem halte ich an ihnen fest, trotz allem, weil ich noch immer an das innere Gute im Menschen glaube.

Es ist mir nun mal unmöglich, alles auf der Basis von Tod, Elend und Verwirrung aufzubauen. Ich sehe, wie die Welt langsam immer mehr in eine Wüste verwandelt wird, ich höre den anrollenden Donner immer lauter, der auch uns töten wird, ich fühle das Leid von Millionen Menschen mit. Und doch, wenn ich zum Himmel schaue, denke ich, dass sich alles wieder zum Guten wenden wird, dass auch diese Härte aufhören wird, dass wieder Ruhe und Frieden in die Weltordnung kommen werden. Inzwischen muss ich meine Vorstellungen hochhalten, in den Zeiten, die kommen, sind sie vielleicht doch noch auszuführen! Deine Anne M. Frank

Freitag, 21. Juli 1944

Liebe Kitty!

Nun werde ich hoffnungsvoll, nun endlich geht es gut. Ja, wirklich, es geht gut! Tolle Berichte! Ein Mordanschlag auf Hitler ist ausgeübt worden, und nun mal nicht durch jüdische Kommunisten oder englische Kapitalisten, sondern durch einen hochgermanischen deutschen General, der Graf und außerdem noch jung ist. Die »göttliche Vorsehung« hat dem Führer das Leben gerettet, und er ist leider, leider mit ein paar Schrammen und einigen Brandwunden davongekommen. Ein paar Offiziere und Generäle aus seiner nächsten Umgebung sind getötet oder verwundet worden. Der Haupttäter wurde standrechtlich erschossen.

Der beste Beweis doch wohl, dass es viele Offiziere und Generäle gibt, die den Krieg satthaben und Hitler gern in die tiefsten Tiefen versenken würden, um dann eine Militärdiktatur zu errichten, mit deren Hilfe Frieden mit den Alliierten zu schließen, erneut zu rüsten und nach zwanzig Jahren wieder einen Krieg zu beginnen. Vielleicht hat die Vorsehung mit Absicht noch ein bisschen gezögert, ihn aus dem Weg zu räumen. Denn für die Alliierten ist es viel bequemer und auch vorteilhafter, wenn die fleckenlosen Germanen sich gegenseitig totschlagen. Umso weniger Arbeit bleibt den Russen und Engländern, und umso schneller können sie wieder mit dem Aufbau ihrer eigenen Städte beginnen. Aber so weit sind wir noch nicht, und ich will nichts weniger als den glorreichen Tatsachen vorgreifen. Trotzdem merkst du wohl, dass das, was ich sage, die Wahrheit ist, nichts als die Wahrheit. Ausnahmsweise fasele ich nun mal nicht über höhere Ideale.

Hitler ist ferner noch so freundlich gewesen, seinem treuen und anhänglichen Volk mitzuteilen, dass alle Militärs von heute an der Gestapo zu gehorchen haben und dass jeder Soldat, der weiß, dass sein Kommandant an diesem feigen und gemeinen Attentat teilgenommen hat, ihn abknallen darf.

Eine schöne Geschichte wird das werden. Der kleine Michel hat schmerzende Füße vom langen Laufen, sein Herr, der Offizier, staucht ihn zusammen. Der kleine Michel nimmt sein Gewehr, ruft:

»Du wolltest den Führer ermorden, da ist dein Lohn!« Ein Knall, und der hochmütige Chef, der es wagte, Michel Standpauken zu halten, ist ins ewige Leben (oder ist es der ewige Tod?) eingegangen. Zuletzt wird es so sein, dass die Herren Offiziere sich die Hosen vollmachen vor Angst, wenn sie einen Soldaten treffen oder irgendwo die Führung übernehmen sollen, weil die Soldaten mehr zu sagen und zu tun haben als sie selbst.

Verstehst du's ein bisschen, oder bin ich wieder vom Hundertsten ins Tausendste gekommen? Ich kann's nicht ändern. Ich bin viel zu fröhlich, um logisch zu sein bei der Aussicht, dass ich im Oktober wohl wieder auf der Schulbank sitzen kann! Oh, là, là, habe ich nicht gerade noch gesagt, dass ich nicht voreilig sein will? Vergib mir, ich habe nicht umsonst den Ruf, dass ich ein Bündelchen Widerspruch bin! Deine Anne M. Frank

Dienstag, 1. August 1944

Liebe Kitty!

»Ein Bündelchen Widerspruch!« Das ist der letzte Satz meines vorigen Briefes und der erste von meinem heutigen. »Ein Bündelchen Widerspruch«, kannst du mir genau erklären, was das ist? Was bedeutet Widerspruch? Wie so viele Worte hat es zwei Bedeutungen, Widerspruch von außen und Widerspruch von innen. Das Erste ist das normale »sich nicht zufriedengeben mit der Meinung anderer Leute, es selbst besser zu wissen, das letzte Wort zu behalten«, kurzum, alles unangenehme Eigenschaften, für die ich bekannt bin. Das Zweite, und dafür bin ich nicht bekannt, ist mein Geheimnis.

Ich habe dir schon öfter erzählt, dass meine Seele sozusagen zweigeteilt ist. Die eine Seite beherbergt meine ausgelassene Fröhlichkeit, die Spöttereien über alles, Lebenslustigkeit und vor allem meine Art, alles von der leichten Seite zu nehmen. Darunter verstehe ich, an einem Flirt nichts zu finden, einem Kuss, einer Umarmung, einem unanständigen Witz. Diese Seite sitzt meistens auf der Lauer und verdrängt die andere, die viel schöner, reiner und tiefer ist. Nicht wahr, die schöne Seite von Anne, die kennt niemand, und darum können mich auch so wenige Menschen leiden. Sicher, ich bin ein amüsanter Clown für einen Nachmittag, dann hat jeder wieder für einen Monat genug von mir. Eigentlich genau dasselbe, was ein Liebesfilm für ernsthafte Menschen ist, einfach eine Ablenkung, eine Zerstreuung für einmal, etwas, das man schnell vergisst, nicht schlecht, aber noch weniger gut. Es ist mir unangenehm, dir das zu erzählen, aber warum sollte ich es nicht tun, wenn ich doch weiß, dass es die Wahrheit ist? Meine leichtere, oberflächliche Seite wird der tieferen immer zuvorkommen und darum immer gewinnen. Du kannst dir nicht vorstellen, wie oft ich nicht schon versucht habe, diese Anne, die nur die Hälfte der ganzen Anne ist, wegzuschieben, umzukrempeln und zu verbergen. Es geht nicht, und ich weiß auch, warum es nicht geht.

Ich habe große Angst, dass alle, die mich kennen, wie ich immer bin, entdecken würden, dass ich eine andere Seite habe, eine schönere und bessere. Ich habe Angst, dass sie mich verspotten, mich lächerlich und sentimental finden, mich nicht ernst nehmen. Ich bin daran gewöhnt, nicht ernst genommen zu werden, aber nur die »leichte« Anne ist daran gewöhnt und kann es aushalten. Die »schwerere« ist dafür zu schwach. Wenn ich wirklich einmal mit Gewalt für eine Viertelstunde die gute Anne ins Rampenlicht gestellt habe, zieht sie sich wie ein Blümchen-rühr-mich-nicht-an zurück, sobald sie sprechen soll, lässt Anne Nr. 1 ans Wort und ist, bevor ich es weiß, verschwunden.

In Gesellschaft ist die liebe Anne also noch nie, noch nicht ein einziges Mal, zum Vorschein gekommen, aber beim Alleinsein führt sie fast immer das Wort. Ich weiß genau, wie ich gern sein würde, wie ich auch bin … von innen, aber leider bin ich das nur für mich selbst. Und das ist vielleicht, nein, ganz sicher, der Grund, warum ich mich selbst eine glückliche Innennatur nenne und andere Menschen mich für eine glückliche Außennatur halten. Innerlich weist die reine Anne mir den Weg, äußerlich bin ich nichts als ein vor Ausgelassenheit sich losreißendes Geißlein.

Wie schon gesagt, ich fühle alles anders, als ich es ausspreche. Dadurch habe ich den Ruf eines Mädchens bekommen, das Jungen nachläuft, flirtet, alles besser weiß und Unterhaltungsromane liest. Die fröhliche Anne lacht darüber, gibt eine freche Antwort, zieht gleichgültig die Schultern hoch, tut, als ob es ihr nichts ausmacht. Aber genau umgekehrt reagiert die stille Anne. Wenn ich ganz ehrlich bin, muss ich dir bekennen, dass es mich trifft, dass ich mir unsagbar viel Mühe gebe, anders zu werden, aber dass ich immer wieder gegen stärkere Mächte kämpfe.

Es schluchzt in mir: Siehst du, das ist aus dir geworden: schlechte Meinungen, spöttische und verstörte Gesichter, Menschen, die dich unsympathisch finden, und das alles, weil du nicht auf den Rat deiner guten Hälfte hörst. Ach, ich würde gern darauf hören, aber es geht nicht. Wenn ich still oder ernst bin, denken alle, dass das eine neue Komödie ist, und dann muss ich mich mit einem Witz retten. Ganz zu schweigen von meiner eigenen Familie, die bestimmt glaubt, dass ich krank bin, mir Kopfwehpillen und Beruhigungstabletten zu schlucken gibt, mir an Hals und Stirn fühlt, ob ich Fieber habe, mich nach meinem Stuhlgang fragt und meine schlechte Laune kritisiert. Das halte ich nicht aus, wenn so auf mich aufgepasst wird, dann werde ich erst schnippisch, dann traurig, und schließlich drehe ich mein Herz wieder um, drehe das Schlechte nach außen, das Gute nach innen und suche dauernd nach einem Mittel, um so zu werden, wie ich gern sein würde und wie ich sein könnte, wenn … wenn keine anderen Menschen auf der Welt leben würden.

Deine Anne M. Frank

Hier endet Annes Tagebuch.

Geschichten und Ereignisse aus dem Hinterhaus

beschrieben von Anne Frank

Editorische Notiz

Zum Nachlass von Anne Frank gehörte auch ihr sogenanntes »Geschichtenbuch«, das sie am 7. August 1943 in ihrem Tagebuch erwähnt: »Ich habe vor ein paar Wochen angefangen, eine Geschichte zu schreiben, etwas, das ganz ausgedacht ist, und es macht mir so viel Freude, dass sich meine Federkinder schon stapeln.« Einen knappen Monat später begann sie, diese »Federkinder« in ein eigenes Heft abzuschreiben, das unter dem Titel »Geschichten und Ereignisse aus dem Hinterhaus, beschrieben von Anne Frank« den Vermerk trägt: »eingeweiht: Donnerstag, 2. September 1943«.
Vermutlich die meisten Geschichten hat Anne Frank zunächst auf losen Blättern entworfen und danach säuberlich in das Geschichtenbuch übertragen, denn dort sind kaum durchgestrichene Stellen oder andere Korrekturen zu finden. Wie der Titel bereits andeutet, handelt es sich um zwei Kategorien, nämlich Geschichten, also Ausgedachtes, sowie Erzählungen, die Szenen aus dem Leben im Versteck beschreiben. Anne Frank hat das Buch am Ende mit einem richtigen Inhaltsverzeichnis versehen, in das sie eingetragen hat, in welche Kategorie die jeweilige Erzählung fällt (vgl. das abgedruckte Inhaltsverzeichnis auf S. 362 f.)
Die früheste Erzählung ist mit dem Datum des 8. Dezember 1942 versehen, was als weiterer Hinweis darauf zu werten ist, dass das Heft die Reinschrift vorheriger Entwürfe enthält; die letzte Erzählung trägt das Datum 12. Mai 1944. Einige Erzählungen aus dieser Sammlung sind auch in Anne Franks Tagebuch eingegangen und dort ebenfalls abgedruckt. 1960 erschien eine Ausgabe der »Geschichten und Ereignisse aus dem Hinterhaus« in der Übersetzung von Edith Schmitz, Anneliese Schütz und Josh van Soer, die 2003 mit einer Einleitung von Gerold van der Stroom neu aufgelegt wurde. Mirjam Pressler hat die »Geschichten und Ereignisse aus dem Hinterhaus« für die vorliegende Ausgabe aus der handschriftlichen Fassung Anne Franks neu übersetzt.
Die von Anne Frank verwendeten Abkürzungen, z. B. Pf. und v.P., als Pfeffer und van Pels wurden ausgeschrieben. Im Original hat Anne Frank das Datum jeweils an der Seite einer Geschichte verzeichnet; hier wird es obenstehend abgedruckt.

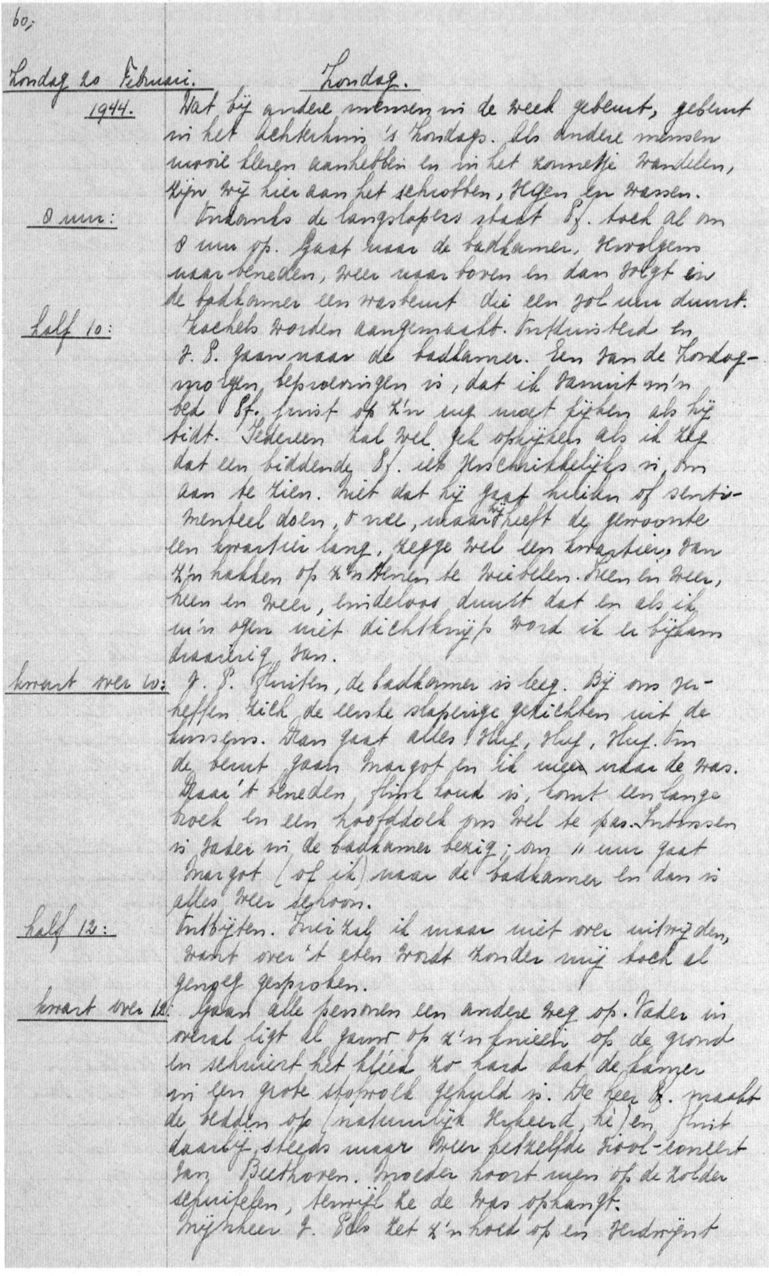

60;

Zondag 20 Februari. 1944.

Zondag.

Wat bij andere mensen in de week gebeurt, gebeurt in het Achterhuis 's Zondags. Als andere mensen mooie kleren aanhebben en in het zonnetje wandelen, zijn wij hier aan het schrobben, vegen en wassen.

8 uur: Ondanks de langslapers staat Df. toch al om 8 uur op. Gaat naar de badkamer, vervolgens naar beneden, weer naar boven en dan volgt in de badkamer een wasbeurt die een vol uur duurt.

Half 10: Kachels worden aangemaakt. Ontduisterd en v. D. gaan naar de badkamer. Een van de Zondagmorgen beproevingen is, dat ik vanuit m'n bed Df. juist op z'n rug moet kijken als hij bidt. Iedereen zal wel gek opkijken als ik zeg dat een biddende Df. iets verschrikkelijks is, om aan te zien. Niet dat hij gaat huilen of sentimenteel doen, o nee, maar heeft de gewoonte een kwartier lang, zegge wel een kwartier, van z'n hakken op z'n tenen te wiebelen. Heen en weer, heen en weer, eindeloos duurt dat en als ik m'n ogen niet dichtknijp word ik er bijna draaierig van.

Kwart over 10: v. D. fluiten, de badkamer is leeg. Bij ons verheffen zich de eerste slaperige gezichten uit de kussens. Dan gaat alles vlug, vlug, vlug. Om de beurt gaan Margot en ik naar de was. Daar 't beneden flink koud is, komt een lange broek en een hoofddoek ons wel te pas. Intussen is Vader in de badkamer bezig; om 11 uur gaat Margot (of ik) naar de badkamer en dan is alles weer schoon.

Half 12: Ontbijten. Hierover zal ik maar niet over uitwijden, want over 't eten wordt zonder mij toch al genoeg gesproken.

Kwart over 12: Gaan alle personen een andere weg op. Vader is overal ligt al gauw op z'n knieën op de grond en schuiert het kleed zo hard dat de kamer in een grote stofwolk gehuld is. De heer Df. maakt de bedden op (natuurlijk verkeerd, hi) en fluit daarbij steeds maar weer hetzelfde Viool-concert van Beethoven. Moeder hoort men op de zolder schuifelen, terwijl ze de was ophangt. Mijnheer v. D. zet z'n hoed op en verdwijnt

Eintrag vom 20. Februar 1944 aus »Geschichten und Ereignisse aus dem Hinterhaus«

Mittwochabend, 24. März 1943

Wurde eingebrochen?

Mutter, Vater, Margot und ich saßen gestern Abend sehr gemütlich zusammen. Auf einmal kam Peter herein und flüsterte Vater etwas ins Ohr. Ich hörte was von »eine Tonne umgefallen im Lager« und »jemand an der Tür rütteln«.
Margot hatte es auch verstanden, versuchte aber, mich ein bisschen zu beruhigen, denn ich war natürlich gleich kreideweiß und nervös. Wir drei warteten, Vater war inzwischen mit Peter hinuntergegangen. Keine zwei Minuten später kam Frau van Pels vom Radiohören herauf und sagte, Pim hätte sie gebeten, das Radio auszumachen und leise hinaufzugehen. Aber wie es so ist, wenn man besonders leise sein will, dann krachen die Stufen einer alten Treppe doppelt so laut. Wieder fünf Minuten danach kamen Peter und Pim, weiß bis an die Nasenspitzen, und erzählten uns ihre Widrigkeiten.
Sie hatten sich unten an die Treppe gesetzt und gewartet, ohne Resultat. Aber plötzlich hörten sie auf einmal zwei harte Schläge, als würden hier im Haus zwei Türen zugeschlagen. Pim war mit einem Satz oben, Peter warnte erst noch Pfeffer, der umständlich und geräuschvoll endlich auch oben landete. Nun ging es auf Strümpfen eine Etage höher, zur Familie van Pels. Herr van Pels war sehr erkältet und lag schon im Bett, deshalb scharten wir uns um sein Lager und tauschten flüsternd unsere Vermutungen aus. Immer wieder, wenn Herr van Pels laut hustete, bekamen seine Frau und ich fast Krämpfe vor Angst. Das ging so lange, bis einer von uns die glänzende Idee hatte, ihm Codein zu geben. Der Husten ließ dann sofort nach.
Wieder warteten und warteten wir, aber nichts war zu hören. Nun nahmen wir eigentlich alle an, dass die Diebe weggelaufen waren, als sie Schritte in dem sonst so stillen Haus gehört hatten. Das Unglück wollte, dass unten am Radio noch der englische Sender eingestellt war und unsere Stühle auch noch ordentlich drum herum standen. Falls die Tür aufgebrochen wäre und der Luftschutzwart das sehen und der Polizei Bescheid sagen würde, könnte das sehr unangenehme Folgen für uns haben. Also stand Herr van Pels auf, zog Hose und Jacke an, setzte einen Hut auf und ging sehr vorsichtig hinter Vater die Treppe hinunter, gefolgt von Peter, der zur Sicherheit mit einem schweren Hammer bewaffnet war. Die Damen oben (mich und Margot eingeschlossen) warteten mit Spannung, bis fünf Minuten später die Herren wieder oben erschienen und sagten, dass im Haus alles ruhig sei. Wir machten aus, dass wir kein Wasser laufen lassen und im Klo nicht die Spülung zie-

hen würden. Aber da die Aufregung fast allen Hausgenossen auf den Magen geschlagen war, kannst du dir vorstellen, was für ein Gestank dort herrschte, nachdem wir einer nach dem anderen unser Geschäft erledigt hatten.
Wenn so etwas passiert, kommt immer alles Mögliche zusammen. So auch jetzt. Erstens spielte die Westerturmglocke nicht mehr, die mir immer so ein beruhigendes Gefühl gab, und dann war Herr Voskuijl am Abend vorher früher weggegangen, und wir wussten nicht genau, ob Bep den Schlüssel noch bekommen und vielleicht vergessen hatte, die Tür abzuschließen.
Aber jetzt kam es darauf nicht an, es war noch immer Abend, und wir waren noch sehr unsicher, obwohl wir uns inzwischen doch etwas beruhigt hatten, weil wir von Viertel nach acht, als der Dieb unser Haus unsicher gemacht hatte, bis halb elf nichts mehr gehört hatten. Bei genauerer Überlegung kam es uns dann auch sehr unwahrscheinlich vor, dass ein Dieb so früh am Abend, wenn noch Leute auf der Straße sein können, eine Tür aufgebrochen hätte. Außerdem kam einer von uns auf den Gedanken, dass der Lagermeister von den Nachbarn, der Firma Keg, vielleicht noch an der Arbeit gewesen war, denn in der Aufregung und bei unseren dünnen Wänden konnte man sich leicht bei den Geräuschen irren, und in solchen heiklen Augenblicken spielt auch die Aufregung eine große Rolle.
Wir gingen also ins Bett, aber der Schlaf wollte nicht bei allen kommen. Vater, Mutter und Herr Pfeffer wachten oft auf, und auch ich kann (mit ein bisschen Übertreibung) ruhig sagen, dass ich kein Auge zugemacht habe.
Heute Morgen sind die Herren hinuntergegangen und haben an der Haustür gezogen, ob sie noch abgeschlossen wäre. Alles war in Ordnung!
Die Ereignisse, die alles andere als angenehm waren, wurden natürlich lang und breit dem gesamten Büro erzählt, denn hinterher kann man leicht lachen, und nur Bep hat uns ernst genommen.
Deine Anne

P. S. Das Klo war heute Morgen verstopft, und Vater hat alle Erdbeerrezepte (unser gegenwärtiges Klopapier) samt einigen Kilo Kot mit einem langen, hölzernen Stock aus der Toilette stochern müssen. Der Stock wurde später verbrannt.

Mittwoch, 8. Dez. 1942

Der Zahnarzt

Heute hatten wir das schönste Schauspiel, das ich hier je gesehen habe; Mutter bügelte, und Frau van Pels, die Erste, die dran glauben musste, setzte sich mitten im Zimmer auf einen Stuhl. Pfeffer fing wichtigtuerisch an, seine Instrumente auszupacken, bat um Eau de Cologne als Desinfektionsmittel[16] und um Vaseline als Wachsersatz. Dann schaute er Frau van Pels in den Mund, berührte einen Schneidezahn und einen Backenzahn, wobei Frau van Pels sich jedes Mal krümmte, als ob sie vor Schmerzen verginge, und unzusammenhängende Töne ausstieß. Nach einer langen Untersuchung (für Frau van Pels wenigstens, denn es dauerte nicht länger als zwei Minuten) fing Pfeffer an, ein Loch auszukratzen. Aber daran war nicht zu denken! Frau van Pels schlug wild mit Armen und Beinen um sich, so dass Pfeffer irgendwann den Kratzer losließ und … dieser in Frau van Pels' Zahn stecken blieb. Da war erst recht der Teufel los! Frau van Pels schlug um sich, weinte (soweit das möglich ist mit so einem Instrument im Mund), versuchte, den Kratzer aus dem Mund zu bekommen, und stieß ihn bei alledem noch fester hinein. Herr Pfeffer betrachtete das Schauspiel völlig ungerührt, die Hände in die Seiten gestemmt. Der Rest der Zuschauer lachte unbändig. Das war natürlich gemein, denn ich bin sicher, dass ich noch viel lauter geschrien hätte. Nach vielem Drehen, Treten, Schreien und Rufen hatte Frau van Pels den Kratzer endlich heraus, und Herr Pfeffer setzte seine Arbeit fort, als wäre nichts passiert. Er tat dies so rasch, dass Frau van Pels keine Zeit hatte, noch einmal anzufangen. Aber er hatte auch so viel Hilfe wie noch nie in seinem Leben. Herr van Pels und ich assistierten gut. Das Ganze sah aus wie auf einem Bild aus dem Mittelalter mit dem Titel »Quacksalber bei der Arbeit«. Die Patientin hatte jedoch nicht so viel Geduld, sie musste auf »ihre« Suppe und »ihr« Essen aufpassen!
Eines ist sicher, Frau van Pels lässt sich so schnell nicht mehr behandeln![17]

16 Bemerkung von Anne Frank am Rand: »Im Dezember schrieb ich: Dezifiziermittel!«; A. d. Ü.

17 Bemerkung von Anne Frank am Rand: »Der letzte Satz hat sich nicht bewahrheitet.«; A. d. Ü.

Freitag, 10. Dezember 1942

Wursttag

Herr van Pels hatte eine ganze Menge Fleisch. Er wollte heute Bratwurst und Fleischwurst machen, morgen Mettwurst.
Es war ein schöner Anblick, wie erst die Fleischstücke durch den Wolf gedreht wurden, zwei- oder dreimal, dann alle Zutaten in die Fleischmasse gemengt und die schließlich mit Hilfe einer Tülle in Därme gefüllt wurde. Die Bratwurst aßen wir mittags sofort zum Sauerkraut auf, aber die Geldersche Wurst, die zum Aufheben bestimmt war, musste erst gut trocknen, und dafür wurde sie an eine Stange gehängt, die mit zwei Schnüren an der Decke hing. Jeder, der in das Zimmer kam und die aufgehängten Würste erblickte, fing an zu lachen. Es war ein äußerst drolliger Anblick.
Im Zimmer herrschte ein heilloses Durcheinander. Herr van Pels hatte eine Schürze seiner Frau umgebunden und war in seiner ganzen Dicke (er sah viel dicker aus, als er ist) mit dem Fleisch beschäftigt. Mit seinen blutigen Händen, dem roten Kopf und der bekleckerten Schürze sah er aus wie ein richtiger Metzger. Frau van Pels tat alles gleichzeitig: Niederländisch aus einem Buch lernen, die Suppe rühren, nach dem Fleisch schauen und über ihre gebrochene obere Rippe seufzen und klagen. Das kommt davon, wenn ältere (!) Damen solche äußerst idiotischen Gymnastikübungen machen, um ihren dicken Hintern wieder loszuwerden!
Pfeffer hat ein entzündetes Auge und betupfte es am Herd mit Kamillentee. Pim saß auf einem Stuhl in dem Sonnenstrahl, der durch das Fenster kam, und wurde von der einen Seite zur anderen geschoben. Dabei hatte er sicher wieder Rheumaschmerzen, denn er saß ziemlich krumm und mit einem verstörten Gesicht da und schaute Herrn van Pels auf die Finger. Er sah aus wie ein alter Invalide aus einem Diakonissenheim. Peter tobte mit der Katze Mouschi im Zimmer herum, Mutter, Margot und ich pellten Kartoffeln. Aber schließlich arbeiteten wir alle nicht besonders gut, weil wir van Pels zuschauten.

Mittwoch, 7. Juli 1943

Der Floh

Wir haben hier noch eine neue Plage, und zwar Muschis Flöhe. Wir haben nicht gewusst, dass Katzenflöhe auch auf Menschen gehen; aber so ist es. Gestern hatte ich einen Floh oben auf meinem Bein erwischt, zehn Minuten später wieder einen weiter unten, und abends lief auf Pfeffers Bett schon wieder einer auf meinem Bein herum, er rutschte mir zwischen den Fingern durch, die Viecher sind so schrecklich schnell. Heute Morgen stand ich vor dem Schrank und zog mich gerade an, da lief doch schon wieder so ein Miststück herum. Einen Floh, der läuft und springt, habe ich noch nie erlebt. Ich schnappte ihn und zerdrückte ihn, aber der Herr sprang sofort wieder davon. Seufzend zog ich mich wieder aus und untersuchte so lange meinen nackten Körper und meine Kleider, bis ich den Floh in meiner Unterhose fand. Keine Sekunde später war sein Kopf ab.

Weißt du noch?

Erinnerungen an meine Schulzeit im Jüdischen Lyzeum.

Weißt du noch? Das sind schöne Stunden, wenn ich von der Schule, von Lehrern, Abenteuern und Jungen erzählen kann. Damals, als wir noch normal gelebt haben, war alles großartig.
Dieses eine Jahr im Lyzeum war für mich eine herrliche Zeit. Die Lehrer, die vielen Dinge, die ich gelernt habe, die Späße, die Blicke, die Verliebtheiten und die Verehrer.

Weißt du noch? Als ich eines Nachmittags aus der Stadt nach Hause kam und ein Päckchen im Briefkasten lag, »d'un ami. R.«. Es konnte von keinem anderen als von Rob Cohen sein. Im Päckchen war eine Brosche für mindestens 2 Gulden 50, hochmodern. Robs Vater handelte mit solchen Sachen. Ich trug sie zwei Tage, dann war sie kaputt.

Weißt du noch? Wie Lies und ich die Klasse verraten hatten. Wir hatten eine französische Klassenarbeit. Ich konnte es ziemlich gut, Lies nicht. Sie schrieb alles von mir ab und ich schaute bei ihr nach, um zu verbessern (ihre Arbeit). Sie bekam eine 5/6[18] und ich 4/5, denn sie hatte dadurch, dass ich ihr geholfen hatte, wenigstens »ein bisschen was« richtig. Sowohl die 5/6 als auch die 4/5 waren mit einer großen Null durchgestrichen worden. Große Empörung. Wir gingen zu Premsela, um ihr die Sache zu erklären, und am Schluss sagte Lies: »Ja, aber die ganze Klasse hat das Buch unter der Bank gehabt!« Premsela versprach der Klasse, sie nicht zu bestrafen, wenn alle, die die Schulaufgabe abgeschrieben hatten, sich melden würden. Ungefähr zehn Finger, natürlich nicht mal die Hälfte, gingen in die Luft. Drei Unterrichtsstunden später bekamen wir unerwartet die gleiche Schulaufgabe noch einmal. Lies und ich wurden als Verräterinnen geschnitten. Schon bald konnte ich es nicht mehr aushalten und schrieb einen langen Bittbrief an die Klasse 1LII, um mich zu versöhnen. Zwei Wochen später war die Sache vergessen.
Der Brief lautete ungefähr so:

18 Erste Note (5) für die Leistung, zweite Note (6) für die Schrift; A. d. Ü.

An die Schüler der Klasse 1LII.
Hiermit bieten Anne Frank und Lies Goslar den Schülern der Klasse 1LII ihre aufrichtige Entschuldigung wegen des feigen Verrats der französischen Klassenarbeit an. Es war passiert, bevor wir richtig nachgedacht hatten, und wir geben beide gerne zu, dass wir eigentlich allein die Strafe hätten auf uns nehmen müssen. Wir glauben, dass es jedem mal passieren kann, dass ihm im Ärger ein Wort oder ein Satz herausrutscht, der unangenehme Folgen hat und gar nicht so gemeint war. Wir hoffen, dass die 1LII das Geschehene auch so sieht und Böses mit Gutem vergilt. Es hilft nun auch nichts mehr, die beiden Schuldigen können die Tat nicht ungeschehen machen.
Wir würden diesen Brief nicht schreiben, wenn es uns nicht wirklich leid täte, was passiert ist. Außerdem bitten wir noch diejenigen, die uns bis heute geschnitten haben, damit aufzuhören, denn so schlimm war die Tat auch wieder nicht, um bis in alle Ewigkeit als Übeltäter angesehen zu werden. Wer uns unsere Tat noch immer nicht verzeihen kann, möge zu uns kommen und uns eine Strafpredigt halten oder uns um irgendeinen Gefallen bitten, wir werden, soweit es uns möglich ist, bestimmt einwilligen.
Wir vertrauen darauf, dass nun alle Schüler der Klasse 1LII vergessen, was passiert ist.

Anne Frank und
Lies Goslar.

<u>Weißt du noch?</u> Wie Pim Pimentel in der Straßenbahn zu Rob Cohen sagte, so, dass Sanne Ledermann es hörte und mir später weitersagte, dass Anne doch viel hübscher aussehe als Danka Zaide, vor allem, wenn sie lache. Robs Antwort war: »Was hast du doch für ein großes Nasenloch, Pim!«

<u>Weißt du noch?</u> Wie Maurice Coster mit Pim sprechen wollte, um ihn um den Umgang mit seiner Tochter zu bitten.

<u>Weißt du noch?</u> Wie Rob Cohen und Anne Frank einen eifrigen Briefwechsel hatten, als Rob im Krankenhaus lag.

<u>Weißt du noch?</u> Wie Sam Salomon mir ständig auf dem Fahrrad hinterherfuhr und mir seinen Arm anbieten wollte.

Weißt du noch? Wie A. W. mir einen Kuss auf die Wange gab, mit dem Versprechen, dass ich niemandem, wem auch immer, etwas von E. G. und ihm erzähle.

Ich hoffe, dass ich irgendwann wieder eine so unbekümmerte Schulzeit haben werde.

Dienstag, 13. Juli 1943

Das beste Tischchen

Gestern Nachmittag hatte ich mit Vaters Erlaubnis Pfeffer gefragt, ob er bitte damit einverstanden sein wolle (doch sehr höflich), dass ich zweimal in der Woche unseren Tisch nachmittags von vier bis halb sechs benutzen dürfe. Von halb drei bis vier Uhr sitze ich jeden Tag dort, während Pfeffer schläft, und sonst sind das Zimmer und der Tisch verbotenes Gebiet. Drinnen, in unserem allgemeinen Zimmer, ist nachmittags viel zu viel los, da kann man nicht arbeiten. Im Übrigen sitzt Vater nachmittags auch gern am Schreibtisch und arbeitet.
Der Grund war berechtigt und die Frage nur reine Höflichkeit. Was glaubst du nun, was der hochgelehrte Herr Pfeffer antwortete? »Nein.« Glattweg und nur »Nein«!
Ich war empört und ließ mich nicht einfach so abweisen, fragte ihn also nach den Gründen seines Neins. Aber da habe ich Pech gehabt. Er legte sofort los: »Ich muss auch arbeiten. Wenn ich nachmittags nicht arbeiten kann, bleibt mir überhaupt keine Zeit mehr übrig. Ich muss mein Pensum erledigen, sonst habe ich ganz umsonst damit angefangen. Du arbeitest doch nicht ernsthaft. Die Mythologie, was ist das schon für eine Arbeit! Stricken und Lesen ist auch keine Arbeit! Ich bin und bleibe an dem Tisch.«
Meine Antwort war: »Herr Pfeffer, ich arbeite sehr wohl ernsthaft. Ich kann drinnen nachmittags nicht arbeiten und bitte Sie freundlich, noch mal über meine Bitte nachzudenken.«
Mit diesen Worten drehte sich die beleidigte Anne um und tat, als wäre der hochgelehrte Doktor Luft. Ich kochte vor Wut, fand Pfeffer schrecklich unhöflich (und das war er auch!) und mich sehr freundlich.
Abends, als ich Pim erwischte, erzählte ich ihm, wie die Sache abgelaufen war, und besprach mit ihm, was ich nun weiter tun sollte. Denn aufgeben wollte ich nicht, und ich wollte die Angelegenheit lieber allein erledigen. Pim erklärte mir so ungefähr, wie ich die Sache anpacken sollte, ermahnte mich aber, lieber bis zum nächsten Tag zu warten, weil ich so aufgeregt war.
Diesen letzten Rat schlug ich in den Wind und wartete Pfeffer abends nach dem Spülen ab. Pim saß im Zimmer neben uns, und das gab mir große Ruhe.
»Herr Pfeffer«, fing ich an, »ich glaube, dass Sie es nicht der Mühe wert fanden, die Sache genauer zu betrachten, und ersuche Sie, es doch zu tun.«
Mit seinem freundlichsten Lächeln bemerkte Pfeffer daraufhin: »Ich bin immer und jederzeit bereit, über diese inzwischen erledigte Sache zu sprechen.«

Ich fuhr mit dem Gespräch fort, wobei Pfeffer mich ständig unterbrach: »Wir haben am Anfang, als Sie hierherkamen, abgemacht, dass dieses Zimmer uns beiden gemeinsam gehören soll. Wenn die Aufteilung gerecht wäre, müssten Sie den Vormittag und ich den ganzen Nachmittag bekommen. Aber das verlange ich noch nicht mal, und mir scheint, dann sind zwei Nachmittage in der Woche doch wohl berechtigt.«

Bei diesen Worten sprang Pfeffer hoch, als hätte ihn jemand mit der Nadel gestochen. »Über Recht hast du hier überhaupt nicht zu sprechen. Wo soll ich denn bleiben? Ich werde Herrn van Pels fragen, ob er auf dem Dachboden einen Verschlag für mich baut, dort kann ich dann sitzen. Ich kann ja auch nirgends mal ruhig arbeiten. Mit dir hat ein Mensch auch immer nur Streit. Wenn deine Schwester Margot, die doch mehr Grund dazu hat, mit dieser Bitte zu mir käme, würde es mir nicht einfallen, sie ihr abzuschlagen, aber du …«

Und dann folgte wieder das von der Mythologie und dem Stricken, und Anne war wiederum beleidigt. Ich zeigte es jedoch nicht und ließ Pfeffer aussprechen. »Aber mit dir kann man ja nicht reden, du bist eine schändliche Egoistin. Wenn du nur deinen Willen durchsetzen kannst, dann können alle anderen sehen, wo sie bleiben. So ein Kind habe ich noch nie erlebt! Aber letzten Endes werde ich doch genötigt sein, dir deinen Willen zu lassen, denn sonst bekomme ich später zu hören, Anne Frank ist durch das Examen gefallen, weil Herr Pfeffer ihr den Tisch nicht überlassen wollte.«

So ging es weiter und immer weiter. Zuletzt wurde eine solche Flut daraus, dass ich fast nicht mehr mitkam. Den einen Augenblick dachte ich: Ich schlage ihm direkt aufs Maul, dass er mit seinen Lügen gegen die Wand fliegt! Und im nächsten Augenblick sagte ich mir: Bleib ruhig, dieser Kerl ist es nicht wert, dass du dich so über ihn aufregst.

Endlich hatte sich Herr Pfeffer ausgetobt und ging mit einem Gesicht, auf dem sowohl Wut als auch Triumph zu lesen waren, und mit seinem Mantel voller Esswaren aus dem Zimmer.

Ich rannte zu Vater und erzählte ihm die ganze Geschichte, soweit er sie nicht mitbekommen hatte. Pim beschloss, noch am selben Abend mit Pfeffer zu sprechen, und so geschah es. Sie redeten mehr als eine halbe Stunde miteinander. Erst ging es darum, ob Anne an dem Tisch sitzen solle oder nicht. Vater erinnerte Pfeffer daran, dass sie schon einmal über dieses Thema gesprochen hätten und dass er damals Pfeffer recht gegeben hätte, um den Älteren der Jüngeren gegenüber nicht ins Unrecht zu setzen, aber berechtigt habe er es damals schon nicht gefunden. Pfeffer meinte, dass ich nicht sprechen dürfe, als wäre er ein Eindringling und nähme alles in Beschlag. Aber dem widersprach Vater entschieden, denn er hatte selbst gehört, dass ich darüber kein Wort gesagt hatte. So ging es hin und her, Vater verteidigte meinen angeblichen Egoismus und meine Pfuscharbeit, und Pfeffer maulte. Endlich musste Pfeffer dann doch nachgeben, und ich bekam an zwei Nachmittagen in der Woche die Gelegenheit, ungestört zu arbeiten. Pfeffer sah sehr betreten aus, sprach zwei Tage nicht mit mir und musste sich dann von fünf bis halb sechs doch noch an den Tisch setzen. Kindisch, natürlich. Jemand, der schon 54 Jahre alt ist und noch so pedantisch und kleinlich, ist von der Natur so gemacht und gewöhnt sich das auch nie mehr ab.

Montag, 2. August 1943

Anne in Theorie

Frau van Pels, Pfeffer und ich waren mit dem Abwasch beschäftigt, und ich war, was selten vorkommt und ihnen auffallen musste, außergewöhnlich still. Um Fragen vorzubeugen, suchte ich also schnell nach einem ziemlich neutralen Thema und hielt das Buch »Henri van de Overkant« für geeignet. Aber ich hatte mich verrechnet. Wenn ich von Frau van Pels nichts aufs Dach kriege, dann ist es Herr Pfeffer. Es lief auf Folgendes hinaus: Herr Pfeffer hatte uns dieses Buch als etwas ganz Besonderes empfohlen, Margot und ich fanden es jedoch alles andere als hervorragend. Der Junge war zwar gut beschrieben, aber der Rest … Darüber schweige ich lieber. Etwas Derartiges brachte ich beim Abwaschen aufs Tapet, und dann bekam ich es ab, aber dick!

»Wie kannst du die Psyche eines Mannes begreifen? Die von einem Kind, das ist nicht so schwierig(!). Du bist viel zu jung für ein solches Buch. Ein Zwanzigjähriger könnte es kaum erfassen.« (Warum hat er mir und Margot dieses Buch dann so empfohlen?)

Nun fuhren Pfeffer und Frau van Pels gemeinsam fort: »Du weißt viel zu viel von Dingen, die für dich nicht geeignet sind, du bist völlig falsch erzogen. Später, wenn du älter bist, hast du an nichts mehr Vergnügen, dann sagst du: Das habe ich vor zwanzig Jahren schon in Büchern gelesen. Du musst dich schon beeilen, wenn du noch einen Mann bekommen oder dich verlieben willst, du bist bestimmt von allem enttäuscht. In der Theorie weißt du alles, nur die Praxis fehlt dir noch!«

Wer könnte sich meine Situation nicht vorstellen? Ich wunderte mich, dass ich ruhig antworten konnte. »Sie denken vielleicht, dass ich falsch erzogen bin, aber diese Meinung teilt nicht jeder!«

Sicher ist es gute Erziehung, wenn sie mich gegen meine Eltern aufhetzen! Denn das tun sie oft. Und einem Mädchen in meinem Alter nichts über bestimmte Dinge zu erzählen, ist wohl auch hervorragend. Die Ergebnisse einer solchen Erziehung sieht man nur allzu deutlich.

Ich hätte den beiden, die mich so lächerlich machten, in diesem Moment ins Gesicht schlagen können. Ich war außer mir vor Wut und würde die Tage zählen (wenn ich wüsste, wo aufhören), bis ich diese Menschen los bin.

Sie ist schon ein Exemplar, diese Frau van Pels! An ihr sollte man sich ein Beispiel nehmen … aber ein schlechtes Beispiel! Frau van Pels ist bekannt als unbescheiden, egoistisch, schlau, berechnend und mit nichts zufrieden.

Eitelkeit und Koketterie kommen noch dazu. Sie ist, daran ist nichts zu rütteln, eine ausgesprochen unangenehme Person. Ganze Bände könnte ich über sie füllen, und wer weiß, vielleicht komme ich noch dazu. Einen schönen Firnis auf der Oberfläche kann sich jeder zulegen. Frau van Pels ist freundlich zu Fremden, vor allem zu Männern, und deshalb täuscht man sich, wenn man sie erst kurz kennt.
Mutter findet sie zu dumm, um ein Wort darüber zu verlieren, Margot zu unwichtig, Pim zu hässlich (buchstäblich und im übertragenen Sinn), und ich bin nach langer Beobachtung, denn ich bin nie voreingenommen, zu dem Schluss gekommen, dass sie dies alles ist – und noch viel mehr. Sie hat so viele schlechte Eigenschaften, warum sollte ich dann mit einer davon anfangen?

P. S. Die Leser mögen zur Kenntnis nehmen, dass, als diese Geschichte geschrieben wurde, die Wut der Schreiberin noch nicht abgekühlt war.

Mittwoch, 4. August 1943

Der Streit über die Kartoffeln

Nach ungefähr drei Monaten Ruhe, unterbrochen durch einige kleine Wortwechsel, fand heute wieder ein heftiger Streit statt.
Es war beim Kartoffelschälen am frühen Morgen, und niemand war darauf gefasst. Ich werde hier den Streit wiedergeben; alle Betroffenen sprachen dabei so durcheinander, dass man unmöglich dem ganzen Gespräch folgen konnte.
Madame begann (natürlich, wer denn sonst) damit, zu sagen, dass diejenigen, die morgens nicht beim Kartoffelschälen halfen, sie abends pellen müssten. Niemand antwortete, und das war bestimmt nicht nach dem Sinn der van Pelsens, denn kurz darauf fing Monsieur damit an, dass eigentlich jeder seine eigenen Kartoffeln schälen könnte, außer Peter, denn Kartoffeln zu schälen ist keine Jungenarbeit!
(Hier sieht man schon die Logik!)
Herr van Pels fuhr fort: »Ich sehe auch nicht ein, warum die Herren hier immer helfen müssen, die Arbeit ist dadurch sehr ungerecht verteilt, warum muss der eine viel mehr für die Gemeinschaft arbeiten als der andere?«
In diesem Moment mischte sich Mutter ein, denn sie begriff nun, welche Richtung dieses Gespräch nehmen würde. »Aha, mein Herr, ich weiß es schon, bestimmt arbeiten die Kinder wieder mal nicht genug. Aber merken Sie sich, wenn Margot nicht hilft, tut Anne es und umgekehrt, Peter hilft doch auch nicht, bei ihm halten Sie es nicht für nötig, nun, ich halte es für die Mädchen nicht für nötig!«
Nun bellte Monsieur dazwischen, keifte Madame, beruhigte Pfeffer und schrie Mutter. Es war ein höllisches Theater, und daneben stand meine Wenigkeit und sah zu, wie sich die angeblich »klugen Erwachsenen« buchstäblich in die Haare kriegten.
Die Worte flogen hin und her, Madame beschuldigte Pfeffer, er spiele ein doppeltes Spiel (das finde ich auch), der Herr sagte zu Mutter etwas über die Gemeinschaft, dass er so viel arbeitete und dass man eigentlich Mitleid mit ihm haben müsse. »Die Kinder sollten lieber ein bisschen mehr helfen, statt ewig ihre Nase in die Bücher zu stecken, so viel brauchen Mädchen nicht zu lernen!« (Modern, nicht wahr!), riefen auf einmal alle dazwischen. Mutter erklärte wieder einigermaßen beruhigt, dass sie überhaupt kein Mitleid mit van Pels hatte.
Dann fing er wieder an: »Warum tragen die Mädchen nie Kartoffeln nach

oben, und warum holen die Mädchen nie das Wasser, so schwach sind sie doch nicht?«
»Sie sind verrückt!«, rief Mutter plötzlich, und dann erschrak ich wirklich ein bisschen, dass sie sich das traute, hatte ich nicht gedacht.
Der Rest ist ziemlich unwichtig, es lief alles auf dasselbe hinaus: Margot und ich sollten zu Dienstmädchen des Hinterhauses befördert werden. Hier kann man ruhig den weniger netten Ausdruck »du kannst mich mal« benutzen, denn das passiert doch nicht.
Van Pels hatte auch noch die Frechheit zu sagen, dass es überhaupt keine Arbeit sei, dass Margot schon ein ganzes Jahr lang morgens und mittags den Abwasch erledigt.
Vater wäre, als er von dem Vorfall nur hörte, am liebsten hinaufgerannt, um dem Herrn ordentlich die Meinung zu sagen, Mutter fand es am besten, dem Herrn mitzuteilen, dass, wenn jeder nur seine eigenen Bohnen pflücken solle, er auch von seinem eigenen Geld leben solle.
Meine Schlussfolgerung ist nun: Das ist typisch Herr van Pels, immer wieder mit den alten Sachen anzukommen. Wenn Vater nicht viel zu gut zu solchen Menschen wäre, wäre es bestimmt das Beste, es ihnen einmal kräftig unter die Nase zu reiben, dass wir und die anderen sie im wahrsten Sinn des Wortes vor dem Tod gerettet haben; in einem Arbeitslager wird man noch ganz anderes tun müssen, als Kartoffeln zu schälen … Sogar etwas anderes, als der Katze die Flöhe abzusuchen!

Mittwoch, 4. August 1943

Der Abend und die Nacht im Hinterhaus

Abends um neun Uhr fängt im Hinterhaus der Rummel mit dem Ins-Bett-Gehen an, und es ist tatsächlich immer ein Rummel. Stühle werden geschoben, Betten herausgeholt, Decken aufgefaltet, und nichts bleibt, wo es tagsüber zu sein hat. Ich schlafe auf der kleinen Couch, die noch nicht mal 1,50 Meter lang ist. Also müssen Stühle als Verlängerung dienen. Plumeau, Laken, Kissen, Decken – alles wird aus Pfeffers Bett geholt, wo es tagsüber untergebracht ist.
Von drüben hört man ein schreckliches Knarren von Margots Bett à la Harmonika. Wieder Couchdecken und Kissen, um die hölzernen Latten ein bisschen bequemer zu machen. Oben scheint es zu gewittern, es ist aber nur das Bett von Frau van Pels. Das wird nämlich ans Fenster geschoben, damit Ihre Hoheit im rosa Bettjäckchen etwas frische Luft in die kleinen Nasenlöcher bekommt.
Neun Uhr: Nach Peter betrete ich das Badezimmer, wo dann eine gründliche Wäsche folgt. Nicht selten passiert es (nur in den heißen Monaten, Wochen oder Tagen), dass ein kleiner Floh im Waschwasser treibt. Dann Zähne putzen, Haare locken, Nägel pflegen, der Wattebausch mit Wasserstoff (um schwarze Schnurrbarthaare zu bleichen), und das alles in einer knappen halben Stunde.
Halb zehn: Schnell den Bademantel angezogen. Die Seife in der einen Hand, Nachttopf, Haarnadeln, Hose, Lockenwickler und Watte in der anderen, eile ich aus dem Badezimmer, meistens noch zurückgerufen wegen der Haare, die in zierlichen, aber für den nachfolgenden Wäscher nicht angenehmen Bögen das Waschbecken verunzieren.
Zehn Uhr: Verdunklung vor, gute Nacht! Eine gute Viertelstunde lang noch das Knarren von Betten und das Seufzen von kaputten Federn, dann ist alles still. Wenigstens dann, wenn die oben keinen Streit im Bett haben.
Halb zwölf: Die Zimmertür quietscht. Ein dünner Lichtstreifen fällt ins Zimmer. Das Knarren von Schuhen, ein großer Mantel, noch größer als der Mann, der in ihm steckt … Pfeffer kommt von seiner nächtlichen Arbeit in Kuglers Büro zurück. Zehn Minuten lang Schlurfen auf dem Boden, das Rascheln von Papier (von den Esswaren, die er versteckt), ein Bett wird gemacht. Dann verschwindet die Gestalt wieder, und man hört nur von Zeit zu Zeit aus der Toilette ein verdächtiges Geräusch.
Ungefähr drei Uhr: Ich muss aufstehen, um ein kleines Geschäft in die Blech-

dose unter meinem Bett zu verrichten, unter die vorsichtshalber noch eine Gummimatte gelegt worden ist, falls das Ding leckt. Wenn das nötig ist, halte ich immer die Luft an, denn es plätschert in die Dose wie ein Bach von einem Berg. Dann kommt die Dose wieder an ihren Platz, und die Gestalt in dem weißen Nachthemd, das Margot jeden Abend den Ausruf entlockt »Oh, dieses unsittliche Nachthemd«, steigt wieder ins Bett. Eine knappe Viertelstunde liegt dann die gewisse Person und horcht auf die nächtlichen Geräusche. Zuerst, ob unten vielleicht ein Dieb sein könnte, dann auf die Geräusche von den diversen Betten, oben, nebenan und im Zimmer, denen man meistens entnehmen kann, ob die verschiedenen Hausgenossen schlafen oder halb wach die Nacht verbringen. Letzteres ist nicht angenehm, vor allem, wenn es um ein Familienmitglied namens Dr. D. geht. Erst höre ich ein Geräusch, als ob ein Fisch nach Luft schnappt. Das wiederholt sich ungefähr zehnmal, dann werden umständlich die Lippen befeuchtet oder man hört kleine Schmatzgeräusche, gefolgt von einem langdauernden Hin- und Herdrehen im Bett und dem Verschieben von Kissen. Fünf Minuten herrscht vollkommene Ruhe, dann wiederholt sich der Ablauf der Ereignisse mindestens noch dreimal, bis sich der Doktor wieder für eine Weile in den Schlaf gelullt hat.

Es kann auch vorkommen, dass irgendwann nachts zwischen eins und vier geschossen wird. Ich bin mir dessen kaum bewusst, da stehe ich aus Gewohnheit neben meinem Bett. Manchmal bin ich auch so in Träume versunken, dass ich an französische unregelmäßige Verben oder einen kleinen Streit oben denke und erst dann merke, dass geschossen wird und ich ruhig im Zimmer geblieben bin. Aber meistens passiert, was ich oben gesagt habe. Schnell ein Kissen und ein Taschentuch geschnappt, Bademantel und Pantoffeln angezogen und zu Vater gerannt, genau so, wie Margot es in dem Geburtstagsgedicht beschrieben hat:

»Des Nachts, beim allerersten Krach
Steht gleich danach in unsrem Gemach
Ein kleines Mädchen, lieb und nett
Mit flehendem Blick an Vaters Bett.«

Im großen Bett angelangt, ist der ärgste Schreck schon vorbei, außer wenn das Schießen sehr laut ist.

<u>Viertel vor sieben:</u> Rrrrrr ... Der Wecker, der zu jeder Stunde des Tages, ob man es braucht oder nicht, loslegen kann. Knack ... peng, Frau van Pels hat ihn ausgemacht. Krach ... Herr van Pels ist aufgestanden. Wasser aufstellen, dann flugs ins Badezimmer.

Viertel nach sieben: Die Tür knarrt wieder. Pfeffer kann ins Badezimmer gehen. Endlich allein, entferne ich die Verdunklung, und der neue Tag im Hinterhaus hat begonnen.

Donnerstag, 5. August 1943

Mittagspause

Es ist halb eins. Der ganze Haufen atmet auf. Nun sind van Maaren, der Mann mit der dunklen Vergangenheit, und de Kok nach Hause gegangen. Oben hört man das Stampfen des Staubsaugers auf dem schönen und einzigen Teppich von Frau van Pels. Margot nimmt ein paar Bücher unter den Arm und geht zum Unterricht für »lernbehinderte Kinder«, denn so wirkt Pfeffer. Pim setzt sich mit seinem ewigen Dickens in eine ruhige Ecke. Mutter eilt eine Etage höher, um der eifrigen Hausfrau zu helfen, und ich gehe ins Badezimmer, um dieses – gleichzeitig mit mir selbst – etwas zu verschönern.
Viertel vor eins: Nach und nach tröpfeln alle ein. Erst Herr Gies, dann Kleiman oder Kugler, Bep und manchmal für kurze Zeit auch Miep.
Ein Uhr: Alle sitzen um das kleine Radio und lauschen gespannt dem BBC, und das sind die einzigen Minuten, in denen sich die Mitglieder des Hinterhauses nicht gegenseitig ins Wort fallen, denn da spricht jemand, dem sogar Herr van Pels nicht widersprechen kann.
Viertel nach eins: Das große Austeilen. Jeder von unten bekommt eine Tasse Suppe, und wenn es mal Nachtisch gibt, auch davon etwas. Zufrieden setzt sich Herr Gies auf die Couch oder lehnt sich an den Schreibtisch, die Zeitung und die Tasse und meistens auch die Katze neben sich. Wenn eines von den dreien fehlt, hört er nicht auf zu protestieren. Kleiman erzählt die letzten Neuigkeiten aus der Stadt, dafür ist er tatsächlich eine hervorragende Quelle. Kugler kommt holterdiepolter die Treppe herauf. Ein kurzes und kräftiges Klopfen an der Tür, und er kommt händereibend herein, je nach Stimmung gut gelaunt und geschäftig oder schlecht gelaunt und still.
Viertel vor zwei: Die Esser erheben sich, und jeder geht wieder seiner Beschäftigung nach. Margot und Mutter machen den Abwasch, Herr und Frau van Pels legen sich auf die Couch, Peter geht auf den Dachboden, Vater auf die Couch, Pfeffer auch, und Anne macht sich an die Arbeit.
Nun folgt die ruhigste Stunde. Wenn alle schlafen, wird niemand gestört. Pfeffer träumt von leckerem Essen, das sieht man seinem Gesicht an. Aber ich betrachte es nicht lange, denn die Zeit rennt, und um vier Uhr steht der pedantische Doktor schon mit der Uhr in der Hand da, weil ich eine Minute zu spät den Tisch für ihn räume.

Donnerstag, 5. August 1943

Das Hinterhaus zu acht am Tisch

Wie sieht es am Tisch aus? Wie vergnügen sich die verschiedenen Tischgenossen?
Der eine ist laut, der andere still, der eine isst viel, der andere wenig, je nachdem.

Herr van Pels: Er eröffnet den Reigen. Er wird als Erster bedient, nimmt beträchtlich viel von allem, wenn es ihm schmeckt. Er redet meistens mit, gibt immer seine Meinung zum Besten, und wenn er das getan hat, gibt es nichts mehr daran zu rütteln. Wenn jemand das wagt, dann hat er es in sich. Ach, er kann einen anfauchen wie eine Katze! Ich möchte das lieber nicht erleben. Wer es einmal mitgemacht hat, hütet sich vor dem zweiten Mal. Er hat die einzig richtige Meinung, er weiß über alles das meiste. Na gut, er hat einen gescheiten Kopf, aber die Selbstgefälligkeit dieses Herrn hat ein hohes Maß erreicht.
Die gnädige Frau: Eigentlich sollte ich besser schweigen. An manchen Tagen, vor allem, wenn sie schlecht gelaunt ist, schaut man ihr Gesicht besser nicht an. Genaugenommen ist sie an allen Diskussionen schuld. Nicht das Objekt! O nein, jeder hütet sich davor, sie anzugreifen, aber man könnte sie die Anstifterin nennen. Hetzen, das ist ihre liebste Beschäftigung. Hetzen gegen Frau Frank und Anne. Gegen Margot und Herrn Frank geht Hetzen nicht so leicht.
Aber nun zu Tisch. Frau van Pels kommt nicht zu kurz, auch wenn sie das manchmal denkt. Die kleinsten Kartoffeln, die leckersten Häppchen, das Zarteste von allem heraussuchen, das ist Madames Parole. Die anderen kommen schon noch an die Reihe, wenn ich erst das Beste habe. (Genau das, was sie von Anne Frank denkt.) Das andere ist Reden. Hauptsache, es hört jemand zu, ob es denjenigen interessiert oder nicht, darauf kommt es offenbar nicht an. Sie denkt sicher, was Frau van Pels interessiert, interessiert jeden. Kokett lächeln, tun, als wüsste man von allem etwas, jedem einen guten Rat geben und jeden bemuttern, das muss doch einen guten Eindruck machen. Aber schaut man genauer hin, geht der Lack ab. Fleißig, *eins,* fröhlich, *zwei,* kokett, *drei,* und manchmal ein hübsches Lärvchen. Das ist Petronella van Pels.
Der dritte Tischgenosse: Man hört nicht viel von ihm. Der junge Herr van Pels ist meistens still und unauffällig. Was den Appetit betrifft: ein Danai-

denfass, es wird niemals voll, und nach der kräftigsten Mahlzeit behauptet er seelenruhig, dass er bestimmt noch mal das Doppelte essen könnte.
Nummer 4 ist Margot!: Isst wie ein Mäuschen, redet überhaupt nicht. Das Einzige, was bei ihr reingeht, ist Gemüse oder Obst. »Verwöhnt« ist das Urteil von Herrn und Frau van Pels. »Zu wenig frische Luft und Sport« ist unsere Meinung.
Daneben Mama: Appetit gut, redet eifrig. Niemand kommt bei ihr, wie bei Frau van Pels, auf den Gedanken: Das ist die Hausfrau. Worin der Unterschied liegt? Nun, Frau van Pels kocht, und Mutter spült und putzt.
Nummer 6 und 7: Über Vater und mich werde ich nicht viel sagen. Ersterer ist der Bescheidenste am Tisch. Er schaut immer erst, ob die anderen schon haben. Er braucht nichts, die besten Sachen sind für die Kinder. Er ist ein Vorbild an Güte, und neben ihm sitzt das Nervenbündel vom Hinterhaus!
Pfeffer: Nimmt, schaut nicht, isst, redet nicht. Und wenn schon geredet werden muss, dann um Himmels willen nur über Essen, das führt nicht zu Streit, nur zu Aufschneiderei. Enorme Portionen passen in ihn, und »nein« sagt er nie, nicht bei den guten Sachen und auch nicht oft bei schlechten.
Die Hose bis zur Brust hochgezogen, eine rote Jacke, schwarze Lackpantoffeln und eine Hornbrille. So kann man ihn am Arbeitstisch sehen, ewig arbeitend, ohne Fortschritte, nur unterbrochen vom Mittagsschläfchen, dem Essen und (seinem Lieblingsort) dem Klo. Drei-, vier-, fünfmal am Tag steht jemand ungeduldig vor der Klotür und verkneift es sich, hüpft von einem Bein aufs andere und kann es kaum mehr halten. Stört er sich daran? Nicht doch! Von Viertel nach sieben bis halb acht, von halb eins bis eins, von zwei bis Viertel nach zwei, von vier bis Viertel nach vier, von sechs bis Viertel nach sechs und von halb zwölf bis zwölf Uhr nachts, danach kann man sich richten, das sind seine festen »Sitzungen«. Davon wird nicht abgewichen, und er lässt sich auch nicht durch die flehende Stimme vor der Tür stören, die vor einem schnell nahenden Unheil warnt.
Nummer 9 ist kein Hinterhaus-Familienmitglied, aber doch Haus- und Tischgenossin. Bep hat einen gesunden Appetit. Sie lässt nichts stehen, ist nicht wählerisch. Mit allem kann man sie erfreuen, und das gerade erfreut uns. Fröhlich und gut gelaunt, willig und gutmütig, das sind ihre Kennzeichen.

Freitag, 6. August 1943

Wenn die Uhr halb neune schlägt …

Margot und Mutter sind nervös. »Pst, Vater! Still, Otto! Pst, Pim! Es ist halb neun. Komm jetzt her, du kannst kein Wasser mehr laufen lassen. Geh leise!« Das sind die diversen Ausrufe für Vater im Badezimmer. Schlag halb neun muss er im Zimmer sein. Kein Tröpfchen Wasser, kein Klo, nicht herumlaufen, alles still! Wenn im Büro noch niemand ist, kann man im Lager alles hören.

Oben wird um zehn vor halb neun die Tür geöffnet und kurz danach dreimal auf den Fußboden geklopft. Der Brei für Anne. Ich steige hinauf und hole das Hundeschüsselchen.

Unten angekommen, geht alles schnell-schnell. Haare kämmen, Plätscherdose ausgießen, Bett auf seinen Platz. Still! Die Uhr schlägt. Frau van Pels wechselt die Schuhe und schlurft auf Badeschlappen durch das Zimmer, Herr Charlie Chaplin auch auf Schlappen, und alles ist ruhig.

Nun ist die ideale Familienszenerie vollkommen. Ich möchte lesen oder lernen, Margot auch, ebenso Vater und Mutter. Vater sitzt (natürlich mit Dickens und Wörterbuch) auf dem Rand seines ausgeleierten Quietschbettes, auf dem noch nicht mal anständige Matratzen liegen. Zwei aufeinandergelegte Keilkissen tun's auch. »Muss ich nicht haben, es geht auch ohne.«

Einmal am Lesen, schaut er nicht auf oder um, lacht ab und zu, gibt sich schreckliche Mühe, Mutter eine Geschichte aufzudrängen.

»Ich habe jetzt keine Zeit.«

Einen Moment sieht er enttäuscht aus, dann liest er weiter. Kurz darauf, wenn wieder etwas Schönes und Typisches kommt, versucht er es wieder: »Das musst du lesen, Mutter!«

Mutter sitzt auf dem Klappbett, liest, näht, strickt oder lernt, was eben an der Reihe ist. Auf einmal fällt ihr etwas ein. Schnell sagt sie:

»Anne, du weißt doch …«, oder: »Margot, schreib mal eben auf …«

Nach einer Weile ist wieder Ruhe eingekehrt. Plötzlich schlägt Margot mit einem Knall ihr Buch zu. Vater zieht die Augenbrauen zu einem witzigen Bogen, seine Lesefalte bildet sich aufs Neue, und er ist wieder vertieft. Mutter fängt an, mit Margot zu schwätzen, ich werde neugierig, höre auch zu. Pim wird in das Gespräch hineingezogen …

Neun Uhr! Frühstück!

Freitag, 6. August 1943

Schufte!

Wer sind hier die Schufte?
Große Schufte.
Van Pels!
Was ist denn nun schon wieder los?
Ich werde es dir erzählen.
Es ist die Wahrheit, dass wir durch die Gleichgültigkeit der van Pels alle Flöhe ins Haus bekommen haben. Monatelang haben wir gewarnt und gesagt: »Lassen Sie Ihre Katze desinfizieren!« Die Antwort war immer: »Unsere Katze hat keine Flöhe!«
Als die Flöhe allzu deutlich zu beweisen waren und wir vor lauter Jucken nicht mehr schlafen konnten, schaute Peter, der als Einziger Mitleid mit der Katze hatte, einmal nach, und tatsächlich, die Flöhe sprangen ihm direkt ins Gesicht. Er machte sich an die Arbeit, kämmte die Katze mit Madames Staubkamm, bürstete sie mit unserer einzigen Kleiderbürste. Was kam zum Vorschein? Über hundert Flöhe!
Man fragte Kleiman um Rat, und am folgenden Tag war bei uns alles voll mit ekligem grünen Pulver. Es half nichts. Nun kam eine Sprühdose mit einer Art Floh-Flit. Vater, Pfeffer, Margot und ich waren lange damit beschäftigt, scheuerten, putzten, schruppten und spritzen. Alles war voll, Teppiche, Decken, Fußböden, Sofas, Ecken und Löcher, nichts blieb unbeflittet. Peters Zimmer oben, die van Pelsens fanden es in ihrem Zimmer nicht nötig. Wir bestanden darauf, die Teppiche, Decken und Sessel zu behandeln. Sie sagten, sie würden es machen. Alles wurde auf den Dachboden gebracht und angeblich beflittet. Aber nein, die Franks kann man ja an der Nase herumführen. Nichts wurde getan; nichts roch.
Die Ausrede war: Die Vorräte werden durch den Geruch angegriffen!

Schlussfolgerung:
Die Flöhe sind durch ihre Schuld hierhergekommen. Wir haben den Gestank, die Juckerei, die Unannehmlichkeit.
Madame kann den Geruch nachts nicht ertragen. Er tut, als würde er flitten, und bringt die Stühle, Decken usw. unbeflittet zurück.
Sollen die Franks doch in ihren Flöhen ersticken!

Freitag, 6. August 1943

Die Pflicht des Tages in der Gemeinschaft:
Kartoffelschälen!

Der eine holt das Zeitungspapier, der zweite die Messer (und behält natürlich das beste für sich selbst), der dritte die Kartoffeln, der vierte das Wasser.
Herr Pfeffer fängt an. Er schält nicht immer gut, dafür aber ohne Pause, schaut kurz nach links und rechts, ob jeder es auch ja auf die gleiche Art tut wie er. Nein!
»Anne, schau mal, ich nehme das Messer so in die Hand, schäle von oben nach unten! Nein, so nicht, sondern so!«
»Ich finde es anders bequemer, Herr Pfeffer«, bemerke ich schüchtern.
»Aber das ist doch die beste Art, du kannst es mir glauben. Mir kann es natürlich egal sein, du musst es selbst wissen.«
Wir schälen wieder weiter. Ich schaue verstohlen zu meinem Nachbarn hinüber. Der schüttelt gedankenverloren den Kopf (sicher über mich), schweigt aber.
Ich schäle weiter, schaue dann kurz zur anderen Seite, wo Vater sitzt. Für Vater ist Kartoffelschälen nicht einfach eine Tätigkeit, sondern eine Präzisionsarbeit. Wenn er liest, hat er eine tiefe Falte am Hinterkopf, wenn er aber hilft, Kartoffeln, Bohnen oder anderes Gemüse vorzubereiten, dann scheint überhaupt gar nichts zu ihm durchzudringen, dann hat er sein Kartoffelgesicht. Und nie wird er eine weniger gut geschälte Kartoffel abliefern, das gibt es einfach nicht, wenn er so ein Gesicht macht.
Ich arbeite weiter, schaue kurz auf und weiß genug. Frau van Pels versucht, ob sie Pfeffers Aufmerksamkeit auf sich ziehen kann. Erst schaut sie zu ihm hin, und Pfeffer tut, als ob er nichts merkt. Dann zwinkert sie ihm zu, Pfeffer arbeitet weiter. Dann lacht sie, Pfeffer schaut nicht hoch. Jetzt lacht Mutter auch, Pfeffer macht sich nichts daraus. Frau van Pels hat nichts erreicht, nun muss sie es also anders anfangen. Kurze Stille, dann kommt: »Putti, nimm doch eine Schürze vor! Morgen muss ich auch wieder die Flecken an deinem Anzug sauber machen.«
»Ich mache mich nicht schmutzig.«
Wieder einen Moment Stille, dann: »Putti, warum setzt du dich nicht hin?«
»Ich stehe gut so, ich stehe lieber.« Pause.
»Putti, schau, du spritzt schon.«
»Ja, Mami, ich passe schon auf.«

Frau van Pels sucht ein anderes Thema. »Sag, Putti, warum bombardieren die Engländer jetzt nicht?«
»Weil das Wetter zu schlecht ist, Kerli.«
»Aber gestern war das Wetter doch schön, und sie sind auch nicht geflogen.«
»Reden wir nicht darüber.«
»Warum? Darüber kann man doch reden und seine Meinung sagen.«
»Nein!«
»Warum denn nicht?«
»Sei jetzt mal still, Mamichen.«
»Herr Frank gibt seiner Frau doch auch immer Antwort.«
Herr van Pels kämpft, das ist seine empfindliche Stelle, das kann er nicht aushalten, und Frau van Pels fängt wieder an: »Die Invasion kommt doch nie!«
Herr van Pels wird weiß. Als Frau van Pels das merkt, wird sie rot, fährt aber trotzdem fort: »Die Engländer leisten nichts!«
Die Bombe platzt. »Jetzt halt mal deinen Mund, zum Donnerwetter nochmal!«
Mutter kann sich das Lachen kaum verbeißen, ich schaue stur vor mich hin.
So etwas wiederholt sich fast jeden Tag, wenn sie nicht gerade einen schlimmen Streit gehabt haben. Dann halten sowohl Herr van Pels als auch seine Frau den Mund.
Ich muss noch ein paar Kartoffeln holen und gehe zum Dachboden. Dort ist Peter damit beschäftigt, die Katze zu entflöhen. Er schaut hoch, die Katze merkt es, wupp … weg ist sie, durch das offene Fenster in die Dachrinne.
Peter flucht, ich lache und verschwinde.

Freitag, 6. August 1943

Die Freiheit im Hinterhaus

Halb sechs: Bep kommt herauf, um uns die Abendfreiheit zu schenken. Jetzt kommt sofort Schwung in den Betrieb. Ich gehe erst mit Bep nach oben, wo sie meistens unseren Nachtisch vom Abendessen im Voraus bekommt.
Bep sitzt noch nicht richtig, da fängt Frau van Pels schon an, ihre Wünsche aufzuzählen. »Ach, Bep, ich habe noch einen Wunsch ...«
Bep zwinkert mir zu. Frau van Pels lässt keine Gelegenheit aus, um jedem, der nach oben kommt, ihre Wünsche mitzuteilen. Das ist sicher einer der Gründe, dass sie alle nicht gern hinaufgehen.
Viertel vor sechs: Bep geht. Ich gehe zwei Stockwerke tiefer. Erst in die Küche, dann ins Privatbüro, dann in den Kohlenverschlag, um für Mouschi das Mäusetürchen aufzumachen.
Nachdem ich mich überall umgeschaut habe, lande ich in Kuglers Zimmer. Dort sucht van Pels in allen Schubladen und Mappen nach der Tagespost. Peter holt die Lagerschlüssel und Moffi, Pim schleppt die Schreibmaschinen nach oben, Margot sucht sich einen ruhigen Platz für ihre Büroarbeit, Frau van Pels setzt einen Kessel Wasser auf den Gasherd, und Mutter kommt mit einem Topf Kartoffeln die Treppe herunter. Jeder weiß, welche Arbeit er zu tun hat.
Schon bald kommt Peter vom Lager zurück. Die erste Frage gilt dem Brot: Es ist vergessen worden. Er macht sich so klein wie möglich, kriecht auf allen vieren durch das vordere Büro zum Stahlschrank, nimmt das Brot und verschwindet. Das heißt, er will verschwinden, denn bevor er kapiert, was geschieht, ist Mouschi über ihn hinweggesprungen und hat sich unter dem Schreibtisch verkrochen.
Peter sucht in allen Ecken. Hach, dort ist die Katze! Wieder kriecht er in das Büro hinein und zieht das Tier am Schwanz. Mouschi faucht. Peter seufzt. Was hat er erreicht? Mouschi sitzt nun direkt am Fenster und leckt sich, sehr zufrieden damit, dass sie Peter entkommen ist. Jetzt hält er als letztes Lockmittel der Katze ein Stück Brot hin. Jawohl, sie folgt ihm, und die Tür schließt sich.
Ich habe alles durch den Türspalt beobachtet.
Herr van Pels ist böse, schmeißt mit der Tür. Margot und ich schauen uns an und denken das Gleiche: Er hat sich bestimmt wieder über irgendeine Dummheit von Kugler aufgeregt und denkt jetzt nicht an unsere Nachbarn.
Da hört man wieder Schritte im Flur. Pfeffer kommt herein, geht in Besitzerhaltung zum Fenster, atmet tief – und hustet, niest, keucht! Er hat Pech ge-

habt, das war Pfeffer. Nun setzt er seinen Weg zum vorderen Büro fort. Die Vorhänge sind offen, das bedeutet, dass er sich kein Briefpapier holen kann. Mit mürrischem Gesicht verschwindet er.

Margot und ich werfen uns einen Blick zu. »Morgen bekommt seine Liebste ein Blatt weniger«, sagt sie. Ich nicke zustimmend.

Auf der Treppe hört man noch Elefantengetrampel. Das ist Pfeffer, der auf seinem geliebten Ort Trost sucht.

Wir arbeiten weiter. Tik, tik, tik … Dreimal klopfen, Essenszeit!

Samstag, 7. August 1943

Kaatje

Kaatje ist unser Nachbarmädchen, und wenn ich durch das Fenster schaue, kann ich, wenn das Wetter schön ist, Kaatje im Garten spielen sehen.

Kaatje hat ein weinrotes Samtkleid für sonntags und ein Baumwollkleid für die Woche, sie hat flachsblondes Haar mit Rattenschwänzchen und hellblaue Augen.

Kaatje hat eine liebe Mutter, aber keinen Vater mehr; Kaatjes Mutter ist Waschfrau, tagsüber ist sie manchmal weg, um für andere Leute die Wohnungen zu putzen, und abends macht sie zu Hause für ihre »Häuser« die Wäsche. Um elf Uhr klopft sie noch die Teppiche und hängt Wäsche an die Leinen.

Kaatje hat sechs Brüder und Schwestern. Ein kleiner Schreihals gehört auch dazu, der sich an den Röcken seiner elfjährigen Schwester festklammert, wenn die Mutter »Schlafenszeit!« ruft.

Kaatje hat eine kleine Katze, die wie ein Mohr aussieht, so schwarz; Kaatje sorgt gut für ihre Katze, jeden Abend, kurz vor dem Schlafengehen, hört man sie rufen »Puss, puss, puss, Kat-je, Kat-je.« Daher kommt auch der Name Kaatje, Kätzchen, das Mädchen heißt vielleicht nicht mal Kaatje, aber sie sieht so aus.

Kaatje hat auch zwei Kaninchen, ein weißes und ein braunes.

Hopp … hopp springen sie im Gras herum, unten an der Treppe, die in Kaatjes Wohnung führt.

Manchmal kann Kaatje auch ungezogen sein, genau wie andere Kinder, und das ist meistens so, wenn sie Streit mit ihren Brüdern hat. Oh, wie böse Kaatje sein kann, schlagen, treten und beißen kann sie wirklich nicht schlecht. Die Brüder haben Respekt vor ihrer kräftigen Schwester.

»Einkaufen gehen, Kaatje!«, ruft Mutter. Kaatje hält sich schnell die Ohren zu, um gleich ehrlich sagen zu können, dass sie ihre Mutter nicht gehört hat; Kaatje kann Einkaufen nicht leiden. Aber lügen ist das Einkaufen auch nicht wert, lügen tut Kaatje nicht, das sieht man an ihren blauen Augen.

Einer von Kaatjes Brüdern ist schon sechzehn Jahre alt und hat eine Stelle als Lehrling, dieser Bruder spielt sich manchmal als Vater für die Kinder auf, gegen Piet wagt Kaatje auch nichts zu sagen, denn Piet wird schnell handgreiflich, und Kaatje weiß aus Erfahrung, dass es einem manchmal, wenn man ihm gehorcht, eine Süßigkeit einbringt. Kaatje liebt Süßigkeiten, und die anderen Schwestern tun es auch.

Sonntags, wenn die Kirche bim-bam, bim-bam macht, geht Kaatjes Mutter mit allen Brüdern und Schwestern zur Kirche. Dann betet Kaatje für ihren lieben Vater, der im Himmel ist, und auch für ihre Mutter, dass sie noch lange am Leben bleibt. Nach der Kirche gehen sie mit Mutter spazieren. Das findet Kaatje sehr schön; durch den Park und einmal auch in den Zoo; aber bevor sie wieder in den Zoo gehen, dauert es noch ein paar Monate, das ist erst im September, wenn es nur noch einen Viertelgulden kostet, oder wenn Kaatje Geburtstag hat, dann darf sie sich so etwas als Geschenk wünschen. Für andere Geschenke hat Kaatjes Mutter kein Geld.

Kaatje tröstet ihre Mutter oft, denn diese sitzt abends, wenn sie schwer gearbeitet hat und müde ist, manchmal da und weint, und Kaatje verspricht ihr dann alles, was sie gerne haben möchte, wenn sie selbst einmal groß ist.

Kaatje wäre so schrecklich gern schon groß, dann könnte sie Geld verdienen und schöne Kleider kaufen und den Schwestern Süßigkeiten schenken, genau wie Piet.

Aber erst muss Kaatje noch viel lernen und lange zur Schule gehen, bevor es so weit ist. Mutter will, dass sie noch eine Haushaltsschule besucht, aber darauf hat Kaatje keine Lust, sie möchte nicht zu einer Dame in Stellung, sie möchte in eine Fabrik, genau wie die Mädchen, die jeden Tag vorbeigehen; in der Fabrik ist sie nicht allein und dort kann man gemütlich plaudern, das tut Kaatje doch so gern.

In der Schule muss sie manchmal in der Ecke stehen, weil sie ihren Mund wieder mal nicht halten konnte, aber sonst ist sie eine gute Schülerin.

Kaatje mag ihre Lehrerin sehr gern, diese ist meistens sehr lieb und sehr, sehr klug. Wie mühsam muss es sein, bis man so klug ist! Aber mit etwas weniger geht es auch; Kaatjes Mutter sagt immer, wenn sie zu gescheit wird, bekommt sie keinen Mann. Und das fände Kaatje sehr schlimm. Später möchte sie liebe Kinder haben, aber nicht solche Kinder wie ihre Brüder und Schwestern, Kaatjes Kinder sollen viel lieber und auch viel schöner sein. Sie sollen schöne braune Locken haben und nicht solche Flachshaare, das ist nicht schön, auch keine Sommersprossen, denn die findet man bei Kaatje in Massen. Kaatje will auch nicht so viele Kinder haben wie ihre Mutter, zwei oder drei, das ist genug. Nun ja, das dauert noch so schrecklich lange, bestimmt noch einmal so lang wie ihr bisheriges Leben.

»Kaatje«, ruft Mutter, »komm her, unartiges Mädchen, wo hast du gesteckt? Geh schnell ins Bett, bestimmt hast du wieder herumgesessen und geträumt!«

Kaatje seufzt, sie hat gerade so schöne Zukunftspläne gemacht.

Samstag, 7. August 1943

Die Portiersfamilie

Sommers wie winters hält sich die Portiersfamilie nicht an die Vorschriften zur Verdunklung. Es sieht aus, als wäre Frieden, die Zeit, in der in allen Wohnungen Lampen gemütlich brannten und man die Hausgenossen um den Ess- oder Teetisch versammelt sah.

Die Portiersfamilie scheint sich in dieser Hinsicht nicht um Krieg oder Frieden zu kümmern, man kann jedenfalls Vater, Mutter, Sohn und Tochter durch das hell erleuchtete Fenster um den Tisch vereinigt sehen.

Mutter will nun mal nicht viel vom Krieg merken, sie macht keine künstliche Soße, isst lieber gar keine, bereitet keinen Teeersatz, sondern trinkt Pfefferminztee, und wenn geschossen wird und sie will es nicht hören, dann hat sie auch ein gutes Mittel dagegen, sie setzt sich nämlich in die Duschecke und lässt das Grammophon laut Jazzmusik spielen. Wenn sich die Nachbarn beschweren, lässt sie sich überhaupt nicht stören, sondern bringt ihnen am nächsten Tag etwas Gutes, um sie zu versöhnen. Die Frau aus dem dritten Stock, deren Tochter mit dem Sohn des Hausbesitzers verlobt ist, bekommt dann einen dicken Pfannkuchen, und Frau Steen, ihre Nachbarin hinten, beschenkt sie mit fünfzig Gramm Zucker.

Die Zahnärztin aus dem zweiten Stock des Hinterhauses, die ihre jüngste Tochter als Assistentin hat, wird auch nicht übergangen, aber auf diese ist Vater böse, denn er muss nach jeder Nacht mit Schießerei drei Zigaretten opfern.

Vater und Mutter sind tagsüber allein und versorgen mit liebevoller Zuneigung ihre fünf Kaninchen, die täglich dicker werden; eine Wiege dient als Schlafplatz, ein Stall für den Regen und eine Holzkiste als Esstisch. Für den Winter haben die Tiere ein Haus mit Fenstern, einen schönen, geräumigen Stall. Karotten und andere Leckereien gehören zu ihrem gewöhnlichen Menü.

Vater arbeitet viel im Garten, Mutter im Haus. Dort blitzt es nur so. Jede Woche die Fenster vorn und hinten, jede Woche die Teppiche, jede Woche das Kücheninventar, alles zusammen mit der dicken Putzfrau, die schon seit Jahr und Tag dieselbe Stellung hat.

Vater hat nicht mehr viel Arbeit. Zur Zeit ist er der Portier des großen Handelsbüros oben und braucht nur einen leichten Schlaf, um eventuelle Diebe hören zu können. Mutter hielt früher zusammen mit der Putzfrau das ganze Gebäude sauber. Seit ihre eine Tochter jedoch geheiratet und die andere ihr zehntes Kind bekommen hat, hat sie damit aufgehört.

Mutters und Vaters größte Freude ist, wenn die Enkelkinder zu Besuch kommen, dann hallt es ständig durch den Garten: »Opa, Oma, schau mal, die Kaninchen sind so witzig!« Dann eilen Opa und Oma herbei, denn Enkelkinder müssen verwöhnt werden, das ist ihre feste Meinung. Enkelkinder sind nicht wie die eigenen Kinder, die wurden mit strenger Hand erzogen. Für seine älteste Enkelin arbeitet Opa hart; er baut ihr ein Kanu zum Geburtstag. »Ich wollte, ich hätte auch so einen Opa!«

Mittwoch, 11. August 1943

Mein erster Lyzeumstag

Nach vielem Hin- und Herwenden, Besprechungen und Überlegungen hat es dann doch geklappt, dass ich auf das Jüdische Lyzeum gehen konnte, und nach ein paar weiteren Telefonanrufen sogar ohne Zulassungsprüfung. Ich war in allen Fächern eine schwache Schülerin, aber vor allem in Rechnen, und bibberte innerlich, wenn ich nur an Geometrie dachte.
Ende September kam der lang ersehnte Brief, dass ich an dem und dem Datum im Oktober zur Anmeldung beim Jüdischen Lyzeum in den Stadstimmertuinen erscheinen sollte.
An dem festgelegten Tag goss es in Strömen, es war also unmöglich, mit dem Fahrrad zu fahren. Dann eben mit der Straßenbahn, natürlich nicht ohne gute Gesellschaft. An der Schule herrschte ein großes Gedränge, Mädchen und Jungen standen in Grüppchen herum und unterhielten sich; viele liefen hin und her und fragten dauernd: »Bist du in meiner Klasse?«, oder: »Oh, dich kenne ich«, »in welcher Klasse bist du?«
So ungefähr ging es auch mit mir, außer Lies Goslar hatte ich kein bekanntes Mädchen entdeckt, das in meine Klasse kommen würde, und das war keine besonders hübsche Vorstellung.
Die Schule begann und wir wurden in der Klasse von einer grauen Lehrerin begrüßt, mit flachen Schuhen, einem langen Kleid und mit einem Mausgesicht.
Sie stand händereibend da, betrachtete das Treiben und gab die gewünschten Erklärungen. Namen wurden aufgerufen und Bücher gezeigt, die bestellt werden mussten, dann wurde noch alles Mögliche besprochen und wir konnten wieder nach Hause gehen.
Ehrlich gesagt, das war eine große Enttäuschung; ich hatte zumindest den Stundenplan erwartet und noch etwas … den Direktor. Ich sah zwar im Flur einen kleinen, dicken, gemütlichen Mann mit roten Wangen, der jedem freundlich zunickte und sich mit einem anderen Mann derselben Größe, mager mit einer Brille, Flaumhaar und einem vornehmen Gesicht, unterhielt, aber ich hatte keine Ahnung, dass Ersterer der Hausmeister und der Zweite der Direktor war. Zu Hause angekommen, berichtete ich aufgeregt von meinen Erfahrungen, doch genaugenommen war ich, was Schule, Lehrer, Kinder und Unterricht betraf, noch genauso schlau wie vorher, bevor ich mich angemeldet hatte.
Genau eine Woche nach der Anmeldung sollte die Schule dann beginnen.

Wieder regnete es schrecklich, aber ich wollte trotzdem mit dem Rad fahren. Mutter packte mir eine Trainingshose ein, damit ich um Himmels willen nicht nass werden sollte, und dann fuhr ich los.
Nun radelt Margot im Allgemeinen sehr schnell, und noch keine zwei Minuten später war ich so außer Atem, dass ich sie bitten musste, etwas langsamer zu fahren. Weitere zwei Minuten später kam eine solche Ladung Regen herunter, dass ich an Mutters warme Trainingshose dachte, abstieg und umständlich dieses Kleidungsstück anzog, ohne es in die Pfütze fallen zu lassen. Dann stieg ich guten Mutes erneut aufs Rad, doch schon bald ging es mir wieder zu schnell und ich musste Margot wieder bitten, etwas langsamer zu fahren.
Sie war der Verzweiflung nahe und erklärte schon beim ersten Mal, dass sie in Zukunft lieber allein fahren wollte; bestimmt hatte sie Angst, zu spät zu kommen!
Punkt halb neun mussten wir in der Schule sein, und genau am Eingang war ein großes Schild angebracht, auf dem geschrieben stand, dass ungefähr zwanzig Schüler die Klasse wechseln mussten.
Ausgerechnet ich war unter diesen zwanzig. Da stand auch noch, dass ich in die Klasse 1LII umziehen sollte. Nun kam ich in eine Klasse, in der ich ein paar Jungen und auch einige Mädchen oberflächlich kannte, aber Lies war in der 1LI geblieben und ich fühlte mich ein bisschen verlassen, als ich in die letzte Bank hinter lauter größere Mädchen gesetzt wurde und dort mutterseelenallein saß.
Schon in der zweiten Stunde hob ich den Finger und fragte, ob ich nicht an einen anderen Platz gesetzt werden könne, weil ich hinter den breiten Rücken nicht viel sehen konnte, außer wenn ich mich weit aus der Bank lehnte.
Meine Bitte wurde sofort bewilligt, und wieder nahm ich meinen Kram und zog um. In der dritten Stunde hatten wir Gymnastik; diese Lehrerin gefiel mir so gut, dass ich sie dringend bat, ob sie es nicht fertigbringen würde, Lies zu mir zu bekommen, und wie die Lehrerin es schaffte, weiß ich nicht, jedenfalls kam Lies in der nächsten Stunde und wurde neben mich gesetzt. Nun war ich mit der ganzen Schule versöhnt; die Schule, von der ich noch so viel Freude und Nutzen erlebt habe, lachte mir jetzt zu, und ich begann guten Mutes aufzupassen, was der Erdkundelehrer erzählte.

Mittwoch, 11. August 1943

Eine Biologiestunde

Händereibend kommt sie herein, händereibend setzt sie sich, händereibend, händereibend, händereibend.
Fräulein Biegel, die Biologielehrerin (Natte His[19] dürfen wir sie nicht nennen), klein, grau, blaugraue Augen, große Nase, ein wirkliches Maus- oder anderes Tiergesicht.
Hinter ihr werden die Karte und das Skelett hereingetragen.
Sie stellt sich hinter den Ofen, schon wieder händereibend, und der Unterricht beginnt.
Erst wird abgehört und dann erzählt. Oh, sie weiß viel, Fräulein Biegel, kann gut erzählen, von den Fischen bis zu den Rentieren, und am liebsten (sagt Margot) redet und fragt sie über die Fortpflanzung. (Bestimmt, weil sie eine »alte Jungfer« ist.)
Plötzlich wird sie in ihrem Redefluss gestört; ein Pfropfen fliegt durch die Klasse, direkt auf meine Bank.
»Was hast du dae[20]?«, kommt die Frage. (Fräulein Biegel ist aus Den Haag!)
»Ich weiß es nicht, Fräulein Biegel!«
»Komm her, mit dem Papier!«
Zögernd verließ ich meine Bank und nahm das Papierchen mit nach vorn.
»Von wem ist das?«
»Das weiß ich nicht, ich habe es noch nicht gelesen.«
»Oh, dann werden wir das nun tun.«
Sie faltete das Papier auf und zeigte mir den Inhalt, der nichts anderes enthielt als »Verräterin«.
Ich wurde rot. Sie schaute mich an.
»Weißt du nun, von wem es kommt?«
»Nein, Fräulein.«
»Du lügst!«
Ich wurde feuerrot und schaute die Lehrerin mit funkelnden Augen an, sagte aber kein Wort.
»Sag mir, von wem das ist. Der soll sich melden, von dem das ist!«

19 Scherzhafte Abwandlung des niederländischen Wortes »natuurhistorie«, Naturkunde; A. d. Ü.

20 Imitation des Den Haager Dialekts; A. d. Ü.

Ganz hinten in der Klasse hob sich ein Finger. Genau wie ich gedacht hatte, von Rob Cohen.

»Rob, komm her!« Rob kam.

»Warum hast du dieses Papier geschrieben?« Stillschweigen.

»Anne, weißt du, was das heißen soll?«

»Ja.«

»Dann sag es!«

»Geht das nicht ein anderes Mal, Fräulein? Es ist eine lange Geschichte.«

»Nein, erzähle.«

Und ich erzählte von der Französischarbeit mit der Null wegen Spicken und dem Verrat gegenüber der Klasse.

»Schön ist das! Und Rob, fandest du es nötig, Anne deine Meinung während des Unterrichts mitzuteilen? Und Anne, ich glaube dir nicht, was dein Stillschweigen über die Herkunft des Zettels betrifft! Setzt euch!«

Ich war wütend. Erzählte den Vorfall zu Hause, und als sich später eine gute Gelegenheit bot, Fräulein Biegel zu erwischen, schickte ich Vater zu ihr.

Er kam mit dem Bericht nach Hause, dass er die Lehrerin immer Biggel genannt hatte und dass sie Anne Frank für ein nettes Mädchen hielt und sich an die angebliche Lüge nicht mehr erinnerte!

Donnerstag, 12. August 1943

Eine Mathematikstunde

Beeindruckend steht er vor der Klasse, groß, alt mit einem umgeknickten Stehkragen, immer in einem grauen Anzug, einer Glatze, umgeben von einem Kranz grauer Haare. Spricht einen eigenartigen Dialekt, schimpft oft und lacht oft. Ist geduldig, wenn man sich Mühe gibt, zornig, wenn man faul ist.

Von den zehn Kindern, die ausgefragt werden, bekommen neun ein ungenügend. Immer wieder erläutern, erklären, argumentieren, um auf ein Ergebnis unter Null zu kommen.

Er gibt gern Rätsel auf, plaudert nach dem Unterricht gern und ist früher Vorsitzender eines großen Fußballclubs gewesen. Herr Keesing und ich sind oft aneinandergeraten, wegen … Schwätzens. In einer Zeitspanne von drei Unterrichtsstunden bekam ich sechs Ermahnungen, bis es Herrn Keesing zu bunt wurde und er mir einen Aufsatz von zwei Seiten aufgab.

Der Aufsatz wurde am folgenden Tag abgeliefert und Herr Keesing, der einen Spaß verstehen konnte, lachte herzlich über den Inhalt; darin war folgender Satz:

»Ich muss mich tatsächlich bemühen, mir das Schwätzen ein bisschen abzugewöhnen, aber ich fürchte, dass nicht viel daran zu ändern ist, da dieses Laster erblich ist. Meine Mutter schwätzt auch so gern, also werde ich es wohl von ihr haben. Sie hat es sich bis jetzt auch noch nicht abgewöhnt.«

Der Aufsatz wurde aufgegeben unter dem Thema: Eine Schwatzliese.

In der nächsten Stunde gab es jedoch wieder Anlass zu einem gemütlichen Schwätzchen, und … Herr Keesing nahm sein Notizbuch und schrieb auf: Fräulein Anne Frank, für die folgende Stunde einen Aufsatz über: Eine unverbesserliche Schwatzliese.

Auch dieser Aufsatz wurde abgeliefert, wie es sich für eine brave Schülerin gehört, doch schon in der nächsten Stunde wiederholte sich das Übel. Woraufhin Herr Keesing in sein Notizbuch schrieb: Fräulein Anne Frank, einen Aufsatz von zwei Seiten, mit dem Thema: »›Kwek, kwek, kwek‹, sagte Fräulein Schnatterbeck«[21].

Was sollte ich tun, ich merkte nur allzu gut, dass es eigentlich ein Witz war, sonst hätte er mir zur Strafe Rechenaufgaben aufgegeben, und aus diesem Grund fasste ich mir ein Herz und beantwortete den Witz mit einem ande-

21 Wörtlich: Schnatterschnabel; A. d. Ü.

ren Witz, ich schrieb nämlich mit Hilfe von Sanne Ledermann einen Aufsatz in Versen, und der erste Teil lautete wie folgt:
»Queck, queck, queck«, sagte Fräulein Schnatterbeck,
während sie ihre Kinderchen rief.
Sie kamen: »Piep, piep, piep,
hast du noch Brot für uns?
Für Gerrit, Mietje und Alphons?«
»Ja sicher habe ich es noch,
ich hab's gesucht und zu finden gewusst
und hab's für euch auch stehlen gemusst.
Dafür müsst ihr's jetzt ehrlich teilen!«
Die Entchen folgten dem Rat ihrer Mutter
und teilten ehrlich nun das Futter.
Sie riefen dabei: »Tük, tük, tük«,
Und: »Ich habe zum Glück das größte Stück.«
Doch oh, da kam schon Papa Schwan
auf das Geschrei hin wütend an
usw., usw.

Keesing las es; er las es in der Klasse vor, dann noch in einigen weiteren Klassen und gab sich geschlagen. Seitdem durfte ich schwätzen und bekam nie mehr eine Strafarbeit.
P.S. Daran sieht man doch, dass er ein netter Mensch war. Den Namen Fräulein Schnatterbeck habe ich also Herrn Keesing zu verdanken.

Mittwoch, 6. Oktober 1943

Evas Traum

Teil I

»Gute Nacht, Eva, schlaf gut!«

»Gleichfalls, Mams!«

Knips, ging das Licht aus und Eva lag kurz im Dunkeln, denn als sie sich an die Dunkelheit gewöhnt hatte, sah sie, dass Mutter die Vorhänge nur so weit geschlossen hatte, dass ein breiter Spalt offen blieb, und durch diesen Spalt konnte Eva direkt in das kugelrunde Gesicht des Mondes schauen.

Der Mond stand so ruhig am Himmel, er bewegte sich nicht, er lachte ständig und war gegen jedermann freundlich.

»Wäre ich nur so«, dachte Eva halblaut, »könnte ich bloß immer freundlich und ruhig sein, damit jeder mich für ein nettes Mädchen halten würde. Oh, wäre das schön.«

Eva grübelte und grübelte weiter über den Mond und verglich ihn mit sich, die doch so bitter klein war. Vom vielen Nachdenken fielen ihr schließlich die Augen zu, während ihre Gedanken in einen Traum übergingen, an den Eva sich am nächsten Tag noch so genau erinnerte, dass sie später manchmal zweifelte, ob es nicht vielleicht wirklich passiert war.

Eva stand am Eingang eines großen Parks, durch dessen Zaun sie unentschlossen hineinschaute und nicht einfach wagte, hineinzugehen.

Gerade als sie schon umkehren wollte, kam ein kleines Mädchen mit Flügeln auf sie zu und sagte:

»Nun, Eva, komm ruhig herein, oder weißt du nicht, wohin du gehen sollst?«

»Nein«, bekannte Eva verlegen.

»Nun, dann werde ich dir den Weg zeigen.« Und sofort nahm die entschlossene Elfe Evas Hand.

Eva war mit ihrer Mutter und ihrer Großmutter schon in vielen Parks spazieren gegangen, aber noch nie hatte sie einen so schönen Park wie diesen gesehen.

Eine Fülle an Blumen, Bäumen und Wiesen sah sie, alle möglichen Insekten und kleine Tiere wie Eichhörnchen und Schildkröten.

Die Elfe sprach fröhlich mit ihr über alles Mögliche, und Eva war nun so weit über ihre Scheu hinweg, dass sie sie etwas fragte, aber die Elfe brachte sie schnell zum Schweigen, indem sie den Finger auf Evas Lippen legte.

»Ich werde dir alles der Reihe nach zeigen und erklären, nach jeder Erklärung darfst du mich fragen, was du nicht verstehst, doch ansonsten musst du den Mund halten und mich auch nicht unterbrechen; wenn du das tust, werde ich dich sofort nach Hause zurückbringen, und dann weißt du genauso viel wie all die anderen dummen Menschen! So, nun werde ich beginnen:

Zu allererst ist hier die Rose, die Königin der Blumen; sie ist so schön und duftet so gut, dass jeder davon berauscht wird und sie selbst wohl am meisten. Die Rose ist schön, elegant und duftend, aber wenn etwas nicht nach ihrem Sinn geht, dreht sie einem sofort die Dornen zu. Die Rose ist wie ein verwöhntes kleines Mädchen, schön, elegant und auf den ersten Blick sehr lieb, aber fasst man sie an oder beschäftigt man sich mit etwas anderem, so dass sie nicht mehr im Mittelpunkt steht, werden sofort ihre Krallen ausgefahren. Sie bekommt einen bissigen Ton, ist beleidigt und möchte doch erst recht lieb aussehen. Ihre Manieren sind anerzogen und deshalb geziert.«

»Aber Elfchen, wie kommt es dann, dass doch jeder die Rose als Königin der Blumen betrachtet?«

»Das kommt, weil fast alle Menschen sich durch den äußerlichen Glanz blenden lassen; es gibt nur wenige, die nicht für die Rose gestimmt hätten, hätten die Menschen wählen können. Die Rose ist vornehm und schön und genau wie in der Welt wird auch bei den Blumen nicht gefragt, ob ein anderer, der von außen hässlicher ist, von innen vielleicht schöner und zum Regieren geeigneter ist.«

»Sag, Elfe, findest du also die Rose nicht schön?«

»Doch, Eva, die Rose ›ist‹ schön von außen, und wenn sie nicht immer im Vordergrund stehen würde, könnte sie vielleicht auch liebenswert sein; aber da sie nun einmal die Blume aller Blumen ist, wird sie sich selbst immer schöner finden, als sie in Wirklichkeit ist; und solange das so bleibt, ist die Rose hochmütig, und hochmütige Wesen mag ich nicht!«

»Ist Leentje dann auch hochmütig, sie ist doch auch so schön und wegen ihres Reichtums die Anführerin der Klasse?«

»Denk doch mal nach, Eva, dann wirst du zugeben müssen, dass Leentje, wenn Marietje aus eurer Klasse etwas gegen sie vorbringen will, den Rest der Mädchen gegen Marietje aufhetzt. Sie bringt als Grund vor, dass Marietje hässlich und arm ist. Ihr anderen tut, was Leentje sagt, denn ihr wisst alle, dass sie, wenn du nicht tust, was die Anführerin will, böse auf dich wird und du sofort für immer ihre Gunst verlierst. Und Leentjes Gunst zu verlieren bedeutet für dich ebenso viel, als wenn der Direktor schon lange böse auf dich ist. Du darfst nicht mehr zu ihr nach Hause kommen, du wirst vom Rest der Klasse geschnitten. Solche Mädchen wie Leentje werden später allein im Le-

ben stehen, denn wenn die anderen Mädchen älter werden, gehen sie gemeinsam gegen Leentje vor, und Eva, wenn das bald geschieht, kann Leentje sich vielleicht jetzt noch bessern, bevor sie für immer allein ist.«
»Soll ich also mein Bestes tun, um den anderen Mädchen abzugewöhnen, immer auf Leentje zu hören?«
»Ja, zuerst wird sie böse und wütend auf dich sein; doch wenn sie vernünftiger wird und einsieht, wie sie sich benommen hat, dann ist sie dir sicher sehr dankbar und wird aufrichtigere Freunde finden, als es bis jetzt der Fall gewesen ist.«
»Jetzt verstehe ich es ganz und gar, aber sag mir, Elfe, bin ich auch so hochmütig wie die Rose?«
»Hör zu, Eva, Menschen und Kinder, die sich solche Fragen ernsthaft stellen, sind nicht hochmütig, denn hochmütige Menschen merken nicht, dass sie es sind. Du kannst dir also diese Frage leicht selbst beantworten, und ich rate dir, es einmal zu tun.
Und nun gehen wir weiter, schau mal, ist das nicht lieb?«
Mit diesen Worten kniete die Elfe bei einem blauen Glöckchen nieder, das sich sanft im Takt des Windes im Gras wiegte. »Dieses Glöckchen ist freundlich, lieb und einfach. Es bringt Freude in die Welt; es läutet für die Blumen, genau wie die Kirchenglocke für die Menschen läutet. Es hilft vielen Blumen und unterstützt sie. Das Glöckchen fühlt sich nie allein, es hat Musik im Herzen. Diese kleine Blume ist ein viel glücklicheres Wesen als die Rose. Sie braucht sich um das Lob von anderen nicht zu kümmern; die Rose lebt allein für und vom Lob anderer; wenn das ausbleibt, hat sie nichts übrig, worüber sie sich freuen kann. Ihr Äußeres lebt für die anderen Menschen, ihr Herz ist leer und deshalb nicht fröhlich. Das Glöckchen hingegen ist nicht so schön, aber es hat ›echte‹ Freunde, die es wegen seiner Melodien loben, und diese Freunde leben im Herz der kleinen Blume.«
»Das Glöckchen ist doch auch eine schöne Blume?«
»Ja, aber nicht so auffällig wie die Rose, und das zieht, leider, die Menschen stärker an.«
»Aber ich fühle mich auch oft allein und möchte bei anderen Menschen sein, ist das denn nicht gut?«
»Das hat nichts damit zu tun, Eva. Wenn du mal älter bist, wirst du selbst das Lied in deinem Herzen klingen hören, da bin ich mir sicher!«
»Fahr fort mit deiner Geschichte, liebe Elfe, ich finde dich und deine Geschichte sehr schön.«
»Gut, ich fahre fort. Schau einmal nach oben!« Mit ihrem kleinen Finger

deutete die Elfe nach oben, auf einen sehr großen, alten, würdevollen Kastanienbaum. »Dieser Baum ist eindrucksvoll, nicht wahr?«
»O ja, wie groß er ist; wie alt wird er wohl sein, Elfe?«
»Er ist sicherlich über hundertfünfzig Jahre alt. Aber er ist noch schön und aufrecht und fühlt sich bestimmt auch nicht alt. Dieser Kastanienbaum wird von allen wegen seiner Stärke bewundert, und dass er stark ist, beweist seine Gleichgültigkeit gegenüber der ganzen Bewunderung. Er duldet niemanden über sich und ist in allem egoistisch und gleichgültig; wenn er nur hat, ist alles andere nicht mehr von Interesse. Er sieht aus, dieser Baum, als wäre er großzügig und für jeden eine Stütze, aber so kann man sich irren. Der Kastanienbaum ist froh, wenn niemand mit Klagen zu ihm kommt. Er führt ein fröhliches Leben, gönnt aber anderen ein solches Leben nicht. Die Bäume und Blumen wissen das; sie gehen mit ihren Klagen zu der häuslichen, gemütlichen Tanne und lassen die Kastanie links liegen.
Trotzdem hat auch der Kastanienbaum ein sehr kleines Lied in einem sehr großen Herzen, das sieht man an seiner Zuneigung zu den Vögeln. Für sie hat er immer ein offenes Fleckchen und ihnen gönnt er auch mal was, auch wenn es nicht viel ist.«
»Kann ich diesen Kastanienbaum auch mit einer bestimmten Art Menschen vergleichen?«
»Auch das brauchst du nie zu fragen, Eef. Alle Lebewesen können miteinander verglichen werden. Der Kastanienbaum macht da keine Ausnahme; übrigens, er ist nicht ganz schlecht, aber gut für die Menschen ist er auch nicht. Er tut niemandem weh; er lebt sein eigenes Leben und ist zufrieden. Hast du mich noch etwas zu fragen, Eva?«
»Nein, ich verstehe jetzt alles und bin dir sehr dankbar für deine Erklärungen, Elfe. Jetzt gehe ich wieder nach Hause, aber komm doch bitte noch einmal, um mir etwas zu erzählen.«
»Das ist nicht möglich. Schlaf gut, Eef.«
Schon war die Elfe verschwunden, und Eva wachte auf, während der Mond der Sonne Platz gemacht hatte und eine Kuckucksuhr nebenan siebenmal schlug.

<u>Teil II</u>
Dieser Traum hatte Eva beeindruckt. Fast jeden Tag ertappte sie sich nun bei kleinen Unarten, und immer dachte sie dann an die Ratschläge der Elfe.
Sie gab sich auch große Mühe, Leentje allmählich nicht immer nachzugeben, aber Mädchen wie Leentje wissen sofort, wenn jemand etwas gegen sie hat

oder sie von ihrem Platz schubsen will. Sie verteidigte sich dann auch heftig, wenn Eef bei dem einen oder anderen Spiel vorschlug, dass auch einmal eine andere die Führung übernehmen solle. Ihre »Getreuen« (so wurden die Mädchen genannt, die Leentje durch dick und, wie sie sagten, auch durch dünn folgten) wurden aufgehetzt gegen die »herrschsüchtige« Eva. Aber Eva spürte mit Freude, dass Leentje sie doch nicht so schroff behandelte wie Marietje. Diese war ein kleines, dünnes und schüchternes Mädchen, über deren Mut, etwas gegen Leentje vorzubringen, Eef höchst erstaunt war.
Nach näherer Einsicht merkte Eva, dass Marietje eigentlich eine viel bessere und liebere Freundin war als Leentje.
Ihrer Mams erzählte Eef nichts von der Elfe; sie wusste selbst nicht, warum, bis jetzt hatte sie ihr alles anvertraut, doch nun hatte sie zum ersten Mal das Bedürfnis, dies ganz allein für sich zu behalten. Sie verstand sich selbst nicht, aber sie hatte das Gefühl, als könne Mams sie dabei nicht verstehen, die Elfe war so schön, und Mams war nicht mit im Park gewesen. Sie hatte die Elfe also nie gesehen. Eva konnte ihr also auch nicht erklären, wie die Elfe wirklich aussah.

Es dauerte nicht lange, und der Traum hatte eine solche Wirkung auf Eva ausgeübt, dass es ihrer Mutter auffiel, wie anders ihre Tochter geworden war. Sie erzählte andere, wichtigere Dinge, kümmerte sich nicht mehr so sehr um Unwichtiges. Doch da sie nichts von dem erzählte, was sie so sichtbar verändert hatte, wagte ihre Mutter nicht, sich in ihr Vertrauen zu drängen.
So lebte Eva weiter, während sie in Gedanken den Ratschlägen der Elfe noch andere gute hinzufügte. Von der Elfe hatte sie inzwischen nie mehr eine Spur gesehen.
Leentje war nicht mehr die Anführerin der Klasse, die Mädchen übernahmen nun abwechselnd die Führung.
Leentje war erst sehr böse gewesen, aber als sie nach einer Weile merkte, dass das nichts nützte, nahm sie eine freundlichere Haltung an. Schließlich wurde sie wieder normal behandelt, denn sie verfiel nicht mehr in ihre früheren Fehler. Als sie so weit gekommen war, beschloss Eva, die ganze Geschichte ihrer Mutter zu erzählen. Ein bisschen zu ihrer Überraschung fing ihre Mutter überhaupt nicht an zu lachen, sondern sagte: »Das ist ein großes Vorrecht gewesen, das die Elfe dir geschenkt hat, mein Kind, ich glaube nicht, dass sie viele Kinder für geeignet dafür hält. Nimm dir dieses Vertrauen zu Herzen und spricht mit niemandem darüber. Tu immer, was die Elfe dir geraten hat, und weiche nicht von ihren Ratschlägen ab.«

Eva wurde älter und tat in ihrer Umgebung viel Gutes. Als sie das Alter von sechzehn Jahren erreichte (vier Jahre nach ihrem Treffen mit der Elfe), war sie allgemein als freundliches, sanftes und hilfsbereites Mädchen bekannt. Jedes Mal, wenn sie wieder etwas Gutes getan hatte, fühlte sie, wie sie von innen froh und warm wurde, und allmählich begriff sie, was die Elfe mit dem Lied in ihrem Herzen gemeint hatte.

Als sie erwachsen geworden war, kam plötzlich der Gedanke und gleichzeitig die Lösung in ihr auf, was und wer die Elfe gewesen sein konnte.

Sie wusste auf einmal genau, dass es ihr eigenes Gewissen war, das ihr im Traum das Gute vorgehalten hatte; aber sie war sehr dankbar, dass sie die Elfe in ihrer Jugend als Vorbild gehabt hatte.

Ende

Freitag, 15. Oktober 1943

Pensionsgäste oder Untermieter

Als wir uns entschließen mussten, unser großes Hinterzimmer zu vermieten, kostete es noch einiges, um uns über unseren Stolz hinwegzusetzen, denn wer von uns war an einen Fremden im Haus gewöhnt, der dafür bezahlte?
Doch wenn Not am Mann ist und das Vermieten harte Notwendigkeit wird, muss man sich über seinen Stolz und noch viel mehr hinwegsetzen können.
Und das haben wir auch getan. Das große Schlafzimmer wurde ausgeräumt und mit Möbeln möbliert, die wir noch übrig hatten; das war jedoch viel zu wenig für ein elegantes Schlafzimmer. Also ... zog mein Vater los, schaute sich bei allen Versteigerungen und öffentlichen Auktionen um und kam an einem Tag mit diesem, am anderen mit jenem Gegenstand zurück.
Nach etwa drei Wochen hatten wir einen hübschen Papierkorb und ein entzückendes Teetischchen, aber es fehlten noch immer zwei Sessel und ein ordentlicher Schrank.
Wieder zog mein Vater los und nahm mich, als besondere Attraktion, diesmal mit. Bei der Auktion angekommen, setzten wir uns zwischen ein paar angespannten Aufkäufern und unangenehmen Kerlen auf eine hölzerne Bank und warteten, warteten, warteten. Wir hätten bis zum nächsten Tag warten können, denn an diesem Tag, an dem wir da waren, wurde nur Porzellan versteigert.
Enttäuscht zogen wir ab, um am Tag darauf nicht sehr hoffnungsvoll einen neuen Versuch zu wagen.
Doch ... diesmal trafen wir es besser, und mein Vater ergatterte wirklich einen schönen Eichenholzschrank mit zwei ledernen Clubsesseln. Um uns zu den neuen Sachen und dem hoffentlich bald auftauchenden Mieter zu gratulieren, gönnten wir uns eine Tasse Tee und ein Stück Torte und kehrten vergnügt nach Hause zurück.
Doch o Schreck, als am folgenden Tag der Schrank und die Sessel gebracht wurden und im Zimmer standen, entdeckte meine Mutter, dass im Schrank solche seltsamen Löchelchen waren; mein Vater schaute nach und ... tatsächlich, der Schrank war voller Holzwürmer. Solche Dinge sind weder auf einem Papier vermerkt, noch kann man sie in einem dunklen Auktionshaus sehen.
Nun, da wir das entdeckt hatten, wurden auch die Sessel sofort unter die Lupe genommen, und in der Tat, auch sie waren voll mit solchen Tierchen.
Das Auktionshaus wurde angerufen und aufgefordert, die Sachen so schnell

wie möglich wieder abzuholen. Das geschah, und meine Mutter seufzte vor Freude, als die Auktionsmöbel wieder aus dem Haus waren. Mein Vater seufzte auch, aber wegen des Geldes, das er durch diesen Vorfall verloren hatte.
Ein paar Tage später traf mein Vater einen Bekannten, der noch ein paar Möbel zu Hause rumstehen hatte und sie uns gern abgeben wollte, bis wir etwas Besseres gefunden hätten. Diese Frage war also endlich gelöst.

Dummerweise habe ich hier aufgehört; wie bekannt, habe ich inzwischen meinen Füllfederhalter in den Ofen geworfen und muss also nun mit einem anderen weiterschreiben.[22]

Nun machten wir uns daran, eine hübsche Schaukastenanzeige an dem Buchladen an der Ecke zu verfassen, die wir für eine Woche bezahlen wollten.
Schon bald kamen Leute, um das Zimmer zu besichtigen. Zuerst ein alter Herr, der für seinen unverheirateten Sohn ein Zimmer suchte. Alles war schon fast geregelt, als der Sohn auch ein Wort sagte und so verrückte Dinge behauptete, dass meine Mutter ernsthaft an seinem Verstand zu zweifeln begann, und das keineswegs zu Unrecht, denn der alte Herr gab schüchtern zu, dass sein Sohn ein bisschen sonderbar sei. Meine Mutter wusste nicht, wie sie die beiden schnell aus der Tür bekommen sollte. Dutzende von Menschen kamen und gingen auch wieder, bis sich eines Tages ein kleiner, dicker Herr mittleren Alters meldete, der viel bezahlen wollte und wenig wünschte, und er wurde akzeptiert. Mit diesem Herrn hatten wir wirklich mehr Vergnügen als Last. Jeden Sonntag brachte er für die Kinder Schokolade und für die Erwachsenen Zigaretten mit und nahm uns mehr als einmal mit ins Kino. Nachdem er eineinhalb Jahre bei uns war, nahm er mit seiner Mutter und seiner Schwester eine eigene Wohnung und erklärte, dass er uns später bestimmt besuchen würde, er behauptete, noch nie eine so angenehme Zeit gehabt zu haben wie bei uns.
Wieder wurde eine Anzeige in den Schaukasten gehängt, und wieder klingelten kleine und große, junge und alte Menschen. Unter anderem kam eine noch ziemlich junge Dame, mit einem Hut wie von der Heilsarme, und deshalb wurde sie sofort von uns »Josephine von der Heilsarmee« getauft. Sie wurde akzeptiert, aber sie war keine so angenehme Hausgenossin wie der dicke Herr. Erstens war sie schrecklich schlampig, ließ überall alles herum-

22 Vgl. den Tagebucheintrag vom 11. November 1943; A. d. Hg.

liegen, und zweitens, und das war das Wichtigste, hatte sie einen Verlobten, der sich oft betrank, und das war weniger schön im Haus. So wurden wir zum Beispiel eines Nachts durch die Klingel geweckt, mein Vater schaute nach und stand einem stockbetrunkenen Kerl gegenüber, der ihm auf die Schulter klopfte und dauernd wiederholte: »Wir sind gute Freunde! Ja, wir sind gute Freunde!« Peng … wurde ihm die Tür vor der Nase zugeschlagen.

Als im Mai 1940 der Krieg ausbrach, kündigten wir das Zimmer und vermieteten es an einen Bekannten, einen jungen Mann von um die dreißig und verlobt.

Dieser Mann war sehr nett, aber er hatte auch ein Laster: Er war schrecklich verwöhnt. Einmal in den kalten Wintertagen, als wir alle mit dem Strom sparsam umgehen mussten, klagte er lauthals, es sei zu kalt. Das war schrecklich übertrieben, denn in seinem Zimmer stand die Heizung am höchsten.

Doch bei Untermietern muss man ein bisschen nachgiebig sein, also erlaubten wir ihm, manchmal für eine Stunde den elektrischen Ofen anzumachen. Doch was war die Folge? Den ganzen Tag stand das Öfchen auf »heiß«. Flehen und Bitten, doch etwas sparsamer zu sein, halfen nichts. Der Stromzähler stieg erschreckend hoch, und eines Nachmittags drehte meine tapfere Mutter die Sicherung heraus und ließ sich den ganzen Nachmittag nicht zu Hause blicken. Die Schuld wurde dem Öfchen gegeben, die Sicherung hatte es angeblich nicht ausgehalten, und der junge Mann musste in der Kälte sitzen. Nichtsdestoweniger war auch er eineinhalb Jahre bei uns und heiratete dann.

Wieder stand das Zimmer leer, und Mutter wollte eine Anzeige aushängen, als ein Bekannter anrief und uns einen geschiedenen Herrn aufdrängte, der dringend ein Zimmer suchte. Es war ein langer Mensch mit Brille, ungefähr fünfunddreißig und mit einem unsympathischen Äußeren. Wir wollten den Bekannten nicht enttäuschen und vermieteten dem Herrn das Zimmer. Auch er war verlobt und das Mädchen kam oft zu uns, die Hochzeit war nahe, als er mit ihr Streit bekam und Hals über Kopf eine andere heiratete.

Zur gleichen Zeit zogen wir um und waren (hoffentlich für immer) die Untermieter los!

Früher, als ich noch klein war, erzählte Pim mir immer Geschichten von der »bösen Paula«, es war eine ganze Serie von Geschichten, und ich war verrückt nach ihnen. Nun, wenn ich nachts bei Pim bin, hat er manchmal angefangen, wieder von Paula zu erzählen, und jetzt habe ich seine letzte Geschichte aufgeschrieben:

22. Dezember 1943

Mittwoch

Paulas Flug
Kapitel I

In Paulas Kopf reifte schon seit langem der Plan, einmal ein Flugzeug aus der Nähe zu betrachten. Ihr Vater arbeitete seit einiger Zeit auf einem Flugplatz in der Nähe von Berlin, wohin auch Paula und ihre Mutter gezogen waren. Eines schönen Tages, als es auf dem Flugplatz ziemlich ruhig war, fasste sie sich ein Herz und kletterte in das erstbeste Flugzeug, das sie traf.
Seelenruhig betrachtete sie alle Ecken und Löcher und blieb schließlich interessiert vor der Pilotenkabine stehen. Sie wollte gerade die Hand auf den Türknopf legen, als sie zu ihrem unbeschreiblichen Schreck draußen laute Stimmen hörte.
Schnell kroch sie unter eine der Bänke und wartete zitternd auf das, was weiter passierte.
Die Stimmen kamen schon näher und näher, und da sah sie, wie zwei Männer in das Flugzeug stiegen, ganz durchliefen und fast gegen die Bank stießen, unter der sie lag. Die beiden setzten sich zusammen auf die Bank hinter ihr und fingen an, in einem Dialekt zu sprechen, dass Paula sie unmöglich verstehen konnte. Als eine gute Viertelstunde verstrichen war, standen sie auf und einer der beiden ging weg, während der andere sich in der Pilotenkabine versteckte, um als Pilot gekleidet zurückzukehren. Nun kam auch der zweite wieder, gefolgt von sechs anderen Männer, die alle ins Flugzeug stiegen, und zitternd hörte Paula, wie der Motor anging und die Propeller sich drehten.

Kapitel II
Da sie trotz aller Ungezogenheit oft sehr feige und ängstlich war und manchmal unerwartet mutig, konnte man nicht genau sagen, welche dieser beiden widersprüchlichen Eigenschaften sich nun zeigen würde.

Doch sie war dann und wann außerordentlich mutig, denn sie kam, nachdem sie eine Weile geflogen waren, plötzlich unter der Bank hervor, zur maßlosen Verblüffung der Mannschaft, stellte sich vor und erklärte, wie sie hierhergekommen war.
Die Mannschaft beriet, was mit Paula zu tun sein, und sie beschlossen, dass ihnen nichts anderes übrigblieb, als sie bei sich zu behalten. Sie hörte von ihnen, dass sie nach Russland flogen, um die russischen Linien zu bombardieren.
Sie legte sich seufzend auf eine Bank und schlief ein.
Peng, bum, peng … sofort saß Paula aufrecht da und starrte die Mannschaft mit aufgerissenen Augen an. Niemand hatte jedoch Zeit, sich um sie zu kümmern, denn die Russen schossen heftig auf das feindliche Flugzeug. Plötzlich – Paula schrie, die Bänke schwankten, die Scheiben klirrten, und ein paar Granaten fielen in das Flugzeug, ein Sturzflug, und das Flugzeug sank zu einer Notlandung auf den Boden.
Sofort eilten ein paar Russen herbei und fesselten die ganze Mannschaft. Man kann sich gut vorstellen, wie diese Fremden sich wunderten, als plötzlich ein kleines Mädchen von ungefähr dreizehn Jahren vor ihnen stand. Die Deutschen und die Russen verstanden kein Wort voneinander, und deshalb nahm ein junger Russe Paula an die Hand, und so liefen sie gemeinsam hinter der Mannschaft her zu einem Gefangenenlager.
Der Chef des Lagers lachte herzlich, als Paula freimütig vor ihm stand; er wollte das kleine Mädchen nicht gefangen nehmen und beschloss, am nächsten Tag hinter der Front nachfragen zu lassen, ob dort vielleicht einfache Menschen wohnten, die das Mädchen bis nach dem Krieg bei sich aufnehmen wollten.

Kapitel III

Nachdem sie ungefähr eine Woche im Büro des Chefs verbracht hatte, wurde Paula eines trüben Morgens gepackt, und so, wie sie ging und stand, von einem großen Auto mitgenommen, in dem verwundete Soldaten in Lazarette gebracht wurden. Fünf Stunden lang holperte und polterte der Wagen über Steine, während ein dichter Regenschleier die ganze Sicht nahm. Dieser einsame Weg wurde ab und zu durch ein Haus unterbrochen, doch all diese Wohnungen waren wie ausgestorben. Am Anfang ihrer Fahrt hörte man in der Ferne noch Kanonengedonner, doch allmählich wurde er leiser und leiser und erstarb schließlich ganz.
Plötzlich wurde die Straße voller, sie fuhren an einigen Autos vorbei, und nun

hielt der Wagen vor einem weißen Haus, das von oben bis unten voller Schilder mit roten Kreuzen war. Die Verwundeten wurden abgeladen und hineingetragen, wo freundliche Krankenschwestern sie in Empfang nahmen.
Als alle draußen waren, fuhr der Chauffeur weiter, ohne ein Wort zu sagen. Wieder verstrich eine Stunde, da hielten sie erneut an, und Paula sah durch die Bäume einen ziemlich großen Bauernhof schimmern. Der Chauffeur machte eine Handbewegung in die Richtung des Hauses, und Paula begriff, dass sie aussteigen sollte. Dann stand sie auf der Straße und wartete auf den Chauffeur, und bevor sie begriff, was geschah, verschwand das Auto und sie stand allein auf der einsamen Straße. »Die Russen sind doch seltsame Menschen; jetzt überlassen sie mich hier in diesem fremden Land einfach meinem Schicksal. Ich weiß wohl, dass die Deutschen in diesem Fall anders handeln würden«, dachte Paula bei sich. (Man bedenke, dass Paula ein deutsches Mädchen war.) Plötzlich erinnerte sie sich jedoch daran, dass der Chauffeur mit der Hand auf das Haus gedeutet hatte. Also überquerte sie die Straße, öffnete die Gartentür und stand auf einer Art eingezäunter Wiese. Vor dem Haus bemerkte sie eine Frau, die Wäsche wusch, und drinnen ein kleines Mädchen, das Wäsche an die Leinen hängte.
Mit ausgestreckter Hand ging sie auf die Frau zu und sagte nur »Paula Müller«. Die Frau schaute hoch, gab auch ihr die Hand, nachdem sie sie an einer klatschnassen Schürze abgewischt hatte, und sagte: »Justichi jarreja kolowjna.« Paula meinte zu begreifen, dass dies ihr Name war, doch es bedeutete einfach: »Herzlich willkommen.«

Kapitel IV

Frau Kantawoska (so hieß die Frau) wohnte mit ihrem Mann und drei Kindern auf dem Bauernhof. Ferner hatte sie noch einen Knecht und zwei Mägde im Dienst. Sie hatte vor drei Tagen eine Nachricht bekommen, dass wahrscheinlich an einem der nächsten Tage ein dreizehnjähriges Mädchen ankommen würde. Dadurch sollte sie dann von jeder anderen Einquartierung befreit sein.
Frau Kantawoska stimmte dem gern zu, und nun nahm sie an, dass dieses bestimmte Mädchen angekommen war. Es war sehr schwierig für die Kantawoskas, Paula etwas beizubringen. Das Mädchen begriff beim besten Willen nicht, was die Leute von ihr verlangten. In den ersten vierzehn Tagen kostete es sie Mühe, das Essen runterzuwürgen, aber da der Hunger rohe Bohnen süß macht, gewöhnte sie sich auch daran, und sie fing wirklich an, der Frau bei der Wäsche oder der Näharbeit zu helfen, nach dem Vorbild der anderen.

So lebte Paula weiter und nach Ablauf eines halben Jahres konnte sie das Russische schon ganz gut verstehen. Als noch einmal die gleiche Zeit vergangen war, verstand sie fast alles und machte, auch wenn es ihr schwerfiel, ab und zu den Mund auf. Die Kantawoskas merkten nichts von Paulas Ungezogenheit, dafür war sie übrigens zu schlau; um sich nun auch hier das Leben zu versauern, hatte sie keine Lust. Sie erfüllte ihre Pflichten und da sie überhaupt nicht so ungeschickt war, wie sie sich zu Hause immer angestellt hatte, wurde sie langsam zu einem Teil der Familie.

Kapitel V

Zwei Jahre nach ihrer Ankunft bei den Kantawoskas wurde Paula vorgeschlagen, etwas von der russischen Lese- und Schreibkunst zu lernen. Das nahm sie gern an, und nun ging sie mit einem Mädchen aus der Nachbarschaft dreimal in der Woche zum Lese- und Schreibunterricht. Sie machte schnell Fortschritte und nach ungefähr zwölf Wochen konnte sie Russisch lesen.

Zusammen mit dem Nachbarmädchen durfte sie auch tanzen lernen, und schon bald konnte man sie abends in den Amüsierlokalen für ein paar Münzen Polka und Mazurka zum Besten geben sehen. Die Hälfte des Geldes, das sie an solchen Abenden verdiente, gab sie Mutter Kantawoska; die andere Hälfte glitt in ihre eigene Tasche, denn sie sann schon lange auf eine Möglichkeit, wieder aus diesem Land zu kommen.

Der Krieg hatte inzwischen ein Ende gefunden, doch nie war ihr etwas über ihre Eltern zu Ohren gekommen.

Kapitel VI

Sie wurde nun sechzehn Jahre alt, hatte nicht viel gelernt und wusste sehr wohl, dass sie für westliche Begriffe ziemlich dumm sein musste. Deshalb tanzte sie fleißig, und so dauerte es nicht lange und sie hatte genug Geld gespart, um einen Zug von Minsk (in dessen Nachbarschaft sie sich befand) nach Warschau zu bezahlen. »Wenn ich erst einmal in Warschau bin«, dachte sie, »werde ich vom Roten Kreuz weitertransportiert werden.«

Gesagt, getan, eines Morgens, als sie angeblich zum Unterricht ging, packte sie ihre angesparten Besitztümer in einen Beutel und zog los, ohne sich zu verabschieden.

Wie sie gedacht hatte, war es gar nicht so leicht, vom Hof der Kantawoskas nach Minsk zu laufen. Einige Stunden lang wurde sie von einem Fuhrmann mitgenommen, doch der Rest war noch ein Fußweg von vielen Stunden.

Als sie gegen Abend todmüde in Minsk ankam, lief sie sofort zum Bahnhof, wo sie sich nach der Zugverbindung nach Warschau erkundigte. Zu ihrem großen Schreck hörte sie dort, dass der erste Zug erst am nächsten Morgen um zwölf Uhr fahren würde. Sie verlangte dringend nach dem Bahnhofsvorsteher, und als dieser vor ihr stand, flehte sie ihn an, ob sie die Nacht in der Bahnhofshalle verbringen dürfe. Das wurde ihr zugestanden, und schon bald schlief sie dort vor lauter Müdigkeit ein. Als der Morgen graute, wachte sie mit steifen Gliedern auf und fragte sich verwundert, wo sie war. Doch ihr Bewusstsein kam nur allzu schnell zurück, da ihr Magen unbändig knurrte. Diese Schwierigkeit hatte Paula nicht bedacht. Am Büffet der Halle stand ein nettes Mädchen, und nach Paulas offenherziger Rede gab sie ihr bereitwillig ein echtes russisches Brötchen umsonst ab. Plaudernd verbrachte sie den Vormittag mit der Kellnerin und stieg um zwölf Uhr erholt und guten Mutes in den Zug nach Warschau.

Kapitel VII

Dort angekommen, lief sie direkt auf Anweisung des Bahnhofsvorstands weiter zum Haus der Krankenschwestern vom Roten Kreuz. Dort blieb sie länger, als sie vermutet hatte, denn die Krankenschwestern wussten nicht, was sie mit ihr anfangen sollten. Adressen oder etwas anderes, wodurch man Menschen aufspüren konnte, hatten sie nicht, und da Paula keinen roten Heller besaß, konnten die Schwestern sie weder in einen Zug setzen noch sie verhungern lassen. Nach einiger Zeit beschlossen die Schwestern jedoch, in Gottes Namen die Reise des Mädchens nach Berlin zu bezahlen, weil Paula ihnen erzählt hatte, dass sie, wäre sie erst einmal in Berlin, den Weg zu ihrem Elternhaus finden würde.

Der Abschied von den Schwestern war herzlich, und wieder bestieg Paula den Zug. An der nächsten Station stieg ein netter junger Mann in ihr Abteil, der schon bald mit dem frech aussehenden Mädchen in ein Gespräch verwickelt war. Auf der ganzen Reise konnte man Paula unaufhörlich in der Gesellschaft des hübschen, jungen Soldaten sehen, und als sie in Berlin ausstiegen, verabredeten sie, sich bald wieder zu treffen.

Paula lief schnell weiter und erreichte nach nicht allzu langer Zeit das Haus ihrer Eltern, aber es war leer und verlassen. Nie war sie auf die Idee gekommen, dass ihre Eltern inzwischen umgezogen sein könnten. Was sollte sie tun? Wieder ging sie zum Roten Kreuz und erzählte dort in gebrochenem Deutsch ihre Geschichte. Wieder wurde sie aufgenommen und versorgt, aber sie hatte nicht das Recht, sich länger als vierzehn Tage dort aufzuhalten.

Die einzige Nachricht, die sie über ihre Eltern hörte, war, dass ihre Mutter von Berlin weggezogen war, um irgendwo anders eine Anstellung zu suchen, und dass ihr Vater im letzten Kriegsjahr eingezogen worden war und irgendwo verwundet in einem Lazarett lag.
Schnell suchte sie sich nun eine Stelle als Dienstmädchen, und als sie diese gefunden hatte, eilte sie zu Erich, dem hübschen jungen Mann, der ihr half, für drei Abende in der Woche ein Engagement bei einem Kabarett zu bekommen. So kamen ihr auch hier wieder die russischen Tänze zustatten.

Kapitel VIII
Schon geraume Zeit war Paula auf diese Art beschäftigt, als eines Abends im Kabarett angekündigt wurde, dass in vierzehn Tagen eine große Tanzaufführung stattfinden würde, und zwar ausschließlich für Soldaten auf dem Weg der Besserung, die unlängst aus verschiedenen Lazaretten entlassen worden waren.
An diesem großen Abend hatte Paula einen nicht geringen Anteil an der Aufführung. Sie musste viel proben, und wenn sie spät nachts nach Hause kam, war sie so müde, dass sie morgens um sieben fast nicht aus den Federn kam. Ihr einziger Trost in dieser Zeit war Erich. Ihre Freundschaft war immer enger geworden, und Paula wusste wirklich nicht, was sie ohne ihn anfangen würde. Als der besagte Abend angebrochen war, hatte Paula zum ersten Mal in ihrem Leben Lampenfieber, sie fand es unheimlich, nur vor Männern tanzen zu müssen. Es blieb ihr aber nichts anderes übrig, als ihre Chance zu wagen, ihre hauptsächliche Triebfeder war, dass sie dann wenigstens wieder ein bisschen mehr Geld in die Hände bekam.
Der Abend verlief nach Wunsch, und nach dem Ablauf lief Paula sofort in den Saal, um bald bei Erich zu sein. Plötzlich blieb sie wie festgenagelt stehen, nicht weit von ihr stand ihr Vater und unterhielt sich mit einem anderen Soldaten. Mit einem freudigen Aufschrei lief sie zu ihm und flog ihm um den Hals.
Sehr erstaunt schaute der alt gewordene Mann hoch, da er seine Tochter nicht erkannt hatte, weder auf der Bühne noch jetzt. Sie musste sich ihm wirklich vorstellen!

Kapitel IX
Eine Woche später konnte man Paula wieder sehen, wie sie am Arm ihres Vaters den Bahnhof von Frankfurt a/M betrat. Sie wurden von einer tief gerührten Mutter empfangen, die schon die ganze Zeit vergeblich auf die

Rückkehr ihrer Tochter gehofft hatte. Scherzend fragte ihr Vater, nachdem sie auch ihrer Mutter die ganze Geschichte erzählt hatte, ob sie nicht vielleicht in das bereitstehende Flugzeug steigen wollte, um nach Russland zurückzufliegen!

Man muss bedenken, dass diese Geschichte im Krieg von 1914–1918 spielt, als die Deutschen beim russischen Feldzug gesiegt haben.

24. Dezember 1943

Freitag

Filmstar-Illusionen

(Dies aus Anlass der ewigen Fragen von Frau van Pels, warum ich nicht Filmstar werden möchte.)

Ich war 17 Jahre alt, ein hübsches junges Mädchen mit einem Wust schwarzer Haare und lustigen Augen, mit ach so vielen Idealen und Illusionen. Auf irgendeine Weise sollte jeder später einmal meinen Namen kennen und ich würde in den Alben vieler schwärmerischer Backfische auftauchen.
Wie genau ich solche Berühmtheit erlangen sollte und in welche Richtung es gehen sollte, darum kümmerte ich mich nicht sehr. Als ich vierzehn Jahre alt war, dachte ich: später, und als ich siebzehn war, dachte ich das noch immer. Meine Eltern ahnten kaum etwas von diesen Plänen, und ich war schlau genug, sie für mich zu behalten, da es mir schien, dass, wenn ich die Chance bekäme, berühmt zu werden, meine Eltern nicht viel dafür übrighaben würden und ich besser daran täte, erst alles allein durchzumachen.
Niemand darf denken, dass diese Illusionen besonders ernst gemeint waren, und es darf auch niemand denken, dass meine Gedanken nichts anderes taten, als sich um meine Berühmtheit zu drehen; im Gegenteil, ich war immer eine eifrige Arbeiterin und ich schnüffelte in sehr vielen Büchern, einfach zu meinem Vergnügen.
Mit fünfzehn Jahren legte ich mein dreijähriges Abschlussexamen in der Oberschule ab, und nun saß ich vormittags in einer Schule, in der Sprachunterricht gegeben wurde, und nachmittags machte ich Hausaufgaben und spielte Tennis.
Eines Tages (es war im Herbst) saß ich zu Hause und war dabei, meinen Kramschrank aufzuräumen, als mir mitten zwischen Schachteln und Schächtelchen ein Schuhkarton in die Hände fiel, auf dem mit großen Buchstaben »Filmstars« stand. Ich erinnerte mich sofort, dass dieser Karton eigentlich nach der Anweisung meiner Eltern längst hätte weggeworfen sein müssen und ich ihn bestimmt so weit weggesteckt hatte, damit ihn niemand fand.
Neugierig nahm ich den Deckel vom Karton und begann, die verschiedenen Päckchen, die alle ordentlich mit einem Gummiband zusammengehalten waren, zu lösen. Einmal in die Betrachtung dieser geschminkten Gesichter

vertieft, konnte ich nicht mehr aufhören; ich erschrak deshalb auch heftig, als zwei Stunden später jemand meine Schulter berührte und ich vom Boden aufblickte, wo ich umgeben von einem Berg von Papieren und Schachteln saß. Es waren so viele, dass ich fast nicht darüber hinwegsteigen konnte, um zum Teetrinken zu kommen.

Als später das ganze Zeug aufgeräumt war, hatte ich die Filmstarschachtel zur Seite gestellt, und abends, als ich meine Betrachtungen fortsetzte, fand ich etwas, das mich nicht losließ. Es war nämlich ein Umschlag, der einen ganzen Packen großer und kleiner Bilder enthielt, besonders von einer Filmstarfamilie Lane, von der ich las, dass drei der Töchter Filmstars waren. Die Adresse dieser Mädchen fand ich auch, und … ich nahm Papier und Stift und machte mich daran, auf Englisch einen Brief an das jüngste der Mädchen aufzusetzen, Priscilla Lane. Ohne dass jemand etwas davon wusste, gab ich den Brief auf, in welchem stand, dass ich so gerne Fotos von Priscilla und ihren Schwestern haben würde und ob sie mir nicht mal antworten könnte, da ich mich sehr für sie und ihre ganze Familie interessierte.

Ich wartete über zwei Monate und wollte es mir selbst nicht eingestehen, dass ich eigentlich die Hoffnung aufgegeben hatte, je eine Antwort auf meinen Brief zu erhalten. Das war auch kein Wunder, denn wenn die Mädchen Lane all ihren Bewunderern und Bewunderinnen eine ausführliche Antwort schreiben und Fotos schicken würden, konnte man sich vorstellen, wie sie sich nach ein paar Wochen ausschließlich mit ihrer Korrespondenz beschäftigen würden.

Aber … gerade als ich nichts mehr erwartete, händigte mir mein Vater eines Morgens einen Briefumschlag aus, adressiert an Fräulein Anne Franklin, den ich hastig aufriss. Meine Hausgenossen waren sehr neugierig, was dies wohl sein mochte, und nachdem ich ihnen von meinem Brief erzählt hatte, las ich die Antwort vor.

Priscilla schrieb so ungefähr, dass sie keine Fotos schicken könne, bevor sie etwas mehr von mir wisse, aber dass sie geneigt sei, mir zu antworten, wenn ich etwas mehr über mich und meine Familie schreiben würde.

Ich schrieb Priscilla wahrheitsgemäß, dass es mir nicht so sehr um ihre Filmtalente ging, sondern um ihre Person. Ich wollte wissen, ob sie abends viel ausgehe, ob Rosemary auch so viel wie sie filmte und so weiter und so weiter. Später bekam ich die Erlaubnis, sie bei ihrem Rufnamen »Pat« zu nennen. Priscilla schien von meiner Art zu schreiben so eingenommen, das sagte sie ja selbst, dass sie mir gern und ausführlich antwortete.

Da der Briefwechsel, der nun folgte, auf Englisch geführt wurde, konnten

meine Eltern schwerlich etwas dagegen haben, weil das bestimmt eine gute Übung für mich war. Priscilla erzählte in ihren folgenden Briefen, dass sie die meisten Tage in den Studios verbrachte und wie sie ihre Tage einteilte. Meine englischen Briefe schickte sie mir korrigiert zurück, doch ich musste sie ihr zurückgeben. Inzwischen hatte sie mir auch schon eine ganze Reihe Fotos geschickt.
Priscilla war weder verheiratet noch verlobt, obwohl sie bestimmt schon zwanzig Jahre alt war; das störte mich jedoch nicht, und ich war ungeheuer stolz auf meine Filmstar-Freundin.

So verging der Winter und als es schon lange Frühjahr war, kam eines Tages ein Brief von den Lanes, in dem Priscilla schrieb, ob es mir nicht gefallen würde, im Sommer mit dem Flugzeug zu ihnen zu kommen, um dort zwei Monate zu bleiben. Vor Freude sprang ich fast ein Loch in die Decke, aber ich hatte nicht mit den vielen Bedenken meiner Eltern gerechnet. Ich konnte nicht allein nach Amerika reisen, ich konnte die Einladung nicht annehmen, ich besaß nicht genug Kleider, ich konnte nicht so lange wegbleiben, und all die übrigen Bedenken, die besorgte Eltern bei ihren Sprösslingen haben. Doch ich hatte mir nun mal in den Kopf gesetzt, nach Amerika zu gehen, und nun würde ich auch gehen.
Ich schrieb Priscilla alle Bedenken, und sie beantwortete sie ausreichend. Erstens müsste ich nicht allein reisen, da Priscillas Gesellschafterin für vier Wochen nach Den Haag zu ihrer Familie fahren würde, sie könnte mich also mitnehmen. Auf dem Rückflug würde bestimmt auch eine Begleiterin zu finden sein.
Ich sollte natürlich viel von Californien sehen, doch meine Eltern hatten noch immer Einwände, nun kannten sie die ganze Familie nicht und vielleicht würde ich mich dort überhaupt nicht wohl fühlen …
Ich war wütend, es schien, als würden sie mir diese unerwartete Chance nicht gönnen. Priscilla war doch immer ungeheuer nett und aufmerksam zu mir gewesen, und das Ende der Nörgelei war, dass nach einem sehr persönlichen Brief von Mrs. Lane die Sache entschieden war.
Ich arbeitete in den Monaten Mai und Juni noch sehr hart, und als Priscilla schrieb, dass ihr Fräulein am 18. Juni in Amsterdam ankommen würde, wurde es ernst mit den Vorbereitungen für die große Reise.
Am achtzehnten gingen Vater und ich zum Bahnhof, um das Fräulein abzuholen. Priscilla hatte mir ein Foto von ihr geschickt und ich erkannte sie ziemlich schnell unter den zahlreichen Reisenden. Miss Kalwood war eine

kleine, graublonde Dame, die viel und schnell sprach, aber sehr sympathisch und nett aussah.
Vater, der früher in Amerika gewesen war und sehr gut Englisch sprach, unterhielt sich mit Miss Kalwood, und ich warf ab und zu ein Wort ein.
Wir hatten abgemacht, dass die Miss eine Woche bei uns bleiben und dann erst wieder wegfahren sollte. Die Woche ging schnell vorbei, und bevor ein Tag vergangen war, war ich schon sehr gut mit der kleinen Miss befreundet.
Am 25. Juli war ich so aufgeregt, dass ich beim Frühstück keinen Bissen hinunterbekam. Miss Kalwood hingegen regte sich überhaupt nicht auf, nun ja, sie hatte die Reise schon einmal gemacht.
Die ganze Familie begleitete uns nach Schiphol, und endlich, endlich, hatte meine Reise nach Amerika begonnen.
Wir flogen gut fünf Tage und kamen am Abend des fünften Tags in der Nähe von Hollywood an.
Priscilla und ihre ein Jahr ältere Schwester Rosemary holten uns ab, und da ich von der Reise ziemlich müde war, fuhren wir mit dem Auto zu einem Hotel in der Nähe vom Flugplatz.
Am folgenden Morgen frühstückten wir in aller Ruhe und stiegen dann wieder in das Auto, das Rosemary selbst steuerte.
Nach einer dreistündigen Fahrt kamen wir im Haus der Lanes an und dort wurde ich herzlich empfangen.
Frau Lane zeigte mir sofort ein hübsches Zimmerchen mit Balkon, das nun für zwei Monate mir gehören sollte.
In dem gastlichen Haus der Lanes, in dem so viel Trubel und Vergnügen war, wo man bei jedem Schritt über alle möglichen Katzen fiel, wo die drei berühmten Stars ihrer Mutter viel mehr halfen als ich als einfacher Backfisch zu Hause und wo es schrecklich viel zu sehen gab, musste sich jeder wohl fühlen. Ich gewöhnte mich schnell daran, englisch zu sprechen, da es mir nicht ganz fremd war.
Priscilla hatte in den ersten vierzehn Tagen meiner amerikanischen Ferien frei und zeigte mir viel von der Umgebung. Fast jeden Tag gingen wir zum Strand, wo ich allmählich Leute kennenlernte, von denen ich früher schon oft gehört hatte. Eine besondere Freundin von Priscilla war Madge Bellamy, die uns dann auch oft auf unseren Ausflügen begleitete.
Niemand, der Priscilla kannte, würde je vermuten, dass sie so viel älter war als ich. Wir verkehrten ganz natürlich miteinander, wie Freundinnen. Als die ersten vierzehn Tage vorbei waren, musste Priscilla wieder zum Studio der Warner Bros. und, wie wunderbar, ich durfte mit. Ich ging mit ihr

zur Garderobe und blieb dabei, als Probeaufnahmen von Priscilla gemacht wurden.
Am ersten Tag war sie schnell fertig und nahm mich mit, um mir das ganze Studio zu zeigen.
»Sag, Anne«, sagte sie plötzlich, »ich habe eine tolle Idee, du gehst morgen Vormittag in eines der Büros, in der sich alle schönen Mädchen bewerben und fragst, ob du dich nicht für irgendetwas eignest, natürlich alles zum Spaß!«
»O ja, das wäre was«, antwortete ich, und tatsächlich ging ich am folgenden Tag zu einem dieser Büros. Es war dort viel los, und die Mädchen, die sich anmelden wollten, standen vor der Tür Schlange. Ich schloss mich ihnen an und nach einer halben Stunde wurde ich hineingelassen: obwohl ich nun drinnen war, kam ich noch lange nicht dran. Es waren bestimmt fünfundzwanzig Mädchen vor mir. Wieder wartete ich eine oder zwei Stunden, dann kam ich an die Reihe.
Eine Klingel ertönte, und ich betrat mutig das Büro, wo hinter einem Schreibtisch ein Mann mittleren Alters saß. Er begrüßte mich ziemlich kurz, fragte nach meinem Namen und meiner Adresse und war ziemlich verwundert, als er hörte, dass ich bei den Lanes wohnte. Als er mit seinen Fragen fertig war, betrachtete er mich noch einmal genau und fragte: »Wollen Sie wirklich Filmstar werden?«
»Wenn ich mich dazu eigne, sehr gern, mein Herr«, antwortete ich. Dann drückte er auf eine Klingel, und sofort danach kam ein elegant gekleidetes junges Mädchen herein und bedeutete mir, ihr zu folgen. Sie öffnete eine Tür und einen Moment blinzelte ich; das Licht im Zimmer war sehr blendend und grell.
Ein junger Mann, hinter einem komplizierten Apparat, begrüßte mich freundlicher als der ältere Herr dort draußen und ließ mich auf einem hohen Hocker Platz nehmen. Er machte einige Aufnahmen, läutete dem Mädchen, und ich wurde wieder zum »Alten« zurückgebracht. Dieser versprach, mich zu benachrichtigen, ob ich wiederkommen könne oder nicht. Gut gelaunt schlug ich wieder den Weg zum Haus der Lanes ein.
Eine Woche war vergangen, bevor ich Nachricht von Herrn Harwich bekam, Priscilla hatte mir seinen Namen genannt. Er schrieb, dass die Fotos sehr gut gelungen seien und dass ich am nächsten Tag um drei Uhr zu ihm kommen könne. Nun wurde ich bevorzugt, weil ich bestellt war. Herr Harwich fragte, ob ich für einen Hersteller von Tennisschlägern posieren wolle. Es sollte nur für eine Woche sein. Nachdem ich den Preis gehört hatte, stimmte ich zu.

Der Tennis-Mann wurde angerufen und ich lernte ihn noch am selben Nachmittag kennen.
Am nächsten Morgen erschien ich in einem Fotoatelier, wohin ich eine Woche lang jeden Tag kommen sollte. Ich musste mich andauernd umziehen, musste stehen und sitzen, immer nur lächeln, hin und her gehen und mich wieder umziehen, nett aussehen und mich schminken. Abends war ich todmüde und schleppte mich in mein Bett.
Nach drei Tagen konnte ich fast nicht mehr lächeln, aber ja, die Verabredung mit dem Fabrikanten musste ich doch einhalten.
Als ich am Abend des vierten Tags bei den Lanes ankam, war ich so blass, dass Frau Lane mir verbot, noch einmal Modell zu stehen. Sie rief den Mann selbst an und machte die Abmachung ungültig.
Ich war ihr insgeheim dankbar dafür.
Nun genoss ich ungestört meine unvergesslichen Ferien und war für immer von allen Berühmtheitsillusionen geheilt, denn nun hatte ich das Leben der Berühmtheiten einmal mehr aus der Nähe gesehen.

11. Februar 1944

Freitag
Katrientje

Katrientje saß auf dem großen Stein, der vor dem Bauernhof in der Sonne lag. Sie dachte nach, dachte sehr eifrig nach. Katrientje war eines jener stillen Mädchen, die (...)[23] geworden sind in späteren Jahren, weil sie immer nachdenken mussten.
Woran das Mädchen in ihrer Bauernschürze dachte, wusste nur sie allein; niemals würde sie irgendjemandem ihre Gedanken erzählen, dafür war sie viel zu still und zu verschlossen.
Freundinnen hatte sie jetzt nicht und würde sie vermutlich auch nicht leicht bekommen; ihre Mutter fand sie seltsam, und leider spürte sie das. Ihr Vater, der Bauer, hatte viel zu viel zu tun, um sich um seine einzige Tochter zu kümmern. So war Trientje also sich selbst überlassen. Es störte sie nicht, dass sie immer allein war; sie kannte es nicht anders und war schnell zufrieden.
An diesem warmen Sommermorgen seufzte sie jedoch tief, als sie aufschaute und die Blicke über die Kornfelder wandern ließ. Wie schön müsste es doch sein, jetzt bei den Mädchen dort mitspielen zu können. Schau doch, wie sie rennen und lachen, was haben sie doch für einen Spaß.
Nun kamen die Mädchen näher, immer näher, würden sie zu ihr kommen? Oh, wie unangenehm, schau, wie sie sie auslachen, sie hörte nun auch deutlich ihren Namen, ihren Spitznamen, den sie so schrecklich hasste, den sie aber immer wieder leise hinter ihrem Rücken hörte: Trödeltrientje. Oh, wie elend fühlte sie sich, könnte sie nur hineingehen, aber dann würden die Kinder sie noch mehr auslachen.
Komm, Mädchen, es wird wohl nicht zum ersten Mal in deinem Leben sein, dass du dir so verlassen vorkommst und dass du ärmere Mädchen so beneidest.

»Trientje, Trien, hereinkommen, wir essen!« Noch ein tiefer Seufzer, und das Mädchen stand langsam auf, um dem Ruf der Mutter zu folgen.
»Was für ein fröhliches Gesicht unsere Tochter wieder macht, was haben wir doch für ein zufriedenes Mädchen«, rief die Bäuerin, als das Mädchen noch langsamer und trauriger als sonst das Zimmer betrat.

23 Hier fehlt ein Wort im niederländischen Originalmanuskript; A. d. Ü.

»Kannst du nicht mal was sagen?«, fuhr die Frau sie an. Ihr Ton war unfreundlicher, als sie selbst wohl wusste, aber ihre Tochter entsprach auch so wenig ihrem Wunsch, ein fröhliches, lebenslustiges Kind zu haben.
»Ja, Mutter«, kam es fast unhörbar.
»Du bist mir auch eine, den ganzen Vormittag wegbleiben und nichts tun. Wo hast du denn gesteckt?«
»Draußen.« Es schien Trientje nun, als habe sie einen Kloß in der Kehle, aber die Mutter, die die Verlegenheit ihrer Tochter falsch auffasste und nun erst recht neugierig wurde, was ihre Tochter einen ganzen Morgen über gemacht haben könnte, fragte wieder:
»Gib doch mal eine richtigere Antwort, ich will jetzt wissen, woher du kommst, hast du das verstanden. Immer diese Trödelei, das kann ich nicht ausstehen!«
Bei dem Wort, dass auf ihren verhassten Spitznamen anspielte, konnte Katrientje sich nicht mehr beherrschen und brach in heftiges Weinen aus.
»Was ist denn nun schon wieder, was für ein Schwächling bist du doch; du kannst doch sagen, wo du gewesen bist, oder ist das vielleicht ein Geheimnis?«
Das arme Mädchen konnte unmöglich antworten, heftiges Schluchzen hinderte sie am Sprechen. Plötzlich stand sie auf, warf ihren Stuhl um und lief weinend aus dem Zimmer zum Dachboden, wo sie sich in einer Ecke auf ein paar Säcke fallen ließ und leise weiterschluchzte.
Achselzuckend räumte die Mutter unten den Tisch ab, sie war nicht sehr erstaunt über das Benehmen ihres Kindes, solche »Verrücktheiten« kamen häufiger vor, sie würde das Mädchen in Ruhe lassen, es war doch nichts herauszubekommen, und die ewigen Tränen flossen so schrecklich schnell; war das nun eine zwölfjährige Bauerntochter?

Auf dem Dachboden hatte Trien sich beruhigt und dachte wieder einmal mach. Sie würde gleich hinuntergehen und ihrer Mutter sagen, dass sie nur auf dem Stein gesessen hatte, und sie würde anbieten, die Arbeit heute Nachmittag zu erledigen. Dann würde ihre Mutter sehen, dass sie nichts gegen viel Arbeit hatte, und wenn sie fragen würde, warum sie den ganzen Vormittag nur still dagessen hatte, dann würde sie antworten, sie habe über etwas nachdenken müssen. Wenn sie dann am Abend die Eier austragen musste, würde sie für Mutter im Dorf einen neuen Fingerhut kaufen, einen schönen silbernen, der glänzte, dafür hatte sie gerade noch Geld. Mutter würde dann sehen, dass sie doch nicht so trödelig war. Einen Moment hielt sie bei diesem Gedanken inne, ach, wie könnte sie diesen schrecklichen Namen loswerden, oh, warte, sie wusste es schon, für das Geld, das sie von dem Fingerhut vielleicht übrig behielt, würde sie eine große Tüte »Snaapjes« kaufen (so hießen bei den Bauernkindern die Süßigkeiten, die rot aussahen und klebten), und die würde sie, wenn sie morgen zur Schule ging, unter den Mädchen verteilen, dann würden sie sie nett finden und fragen, ob sie einmal mitspielen wolle, und dann würden sie bald sehen, dass sie das gut konnte, und niemand würde sie mehr anders als Katrientje nennen.

Noch ein wenig zögernd stand sie auf und ging leise die Dachbodentreppe hinunter. Als sie die Bäuerin im Gang traf und diese sie fragte: »Sind deine Launen wieder vorbei?«, fehlte ihr der Mut, noch etwas über ihr Fernbleiben zu sagen, sie lief einfach weiter, um vor dem Abend noch die Fenster fertig zu putzen.

Als die Sonne schon fast unterging, nahm Trientje den Korb mit Eiern auf den Arm und machte sich flink auf den Weg. Nachdem sie eine halbe Stunde gelaufen war, erreichte sie die erste Kundin, die schon mit einer Porzellanschüssel an der Tür stand. »Ich möchte zehn Eier von dir«, sagte die Frau freundlich. Trien zählte sie ab und ging nach einem Gruß wieder weiter; in einer Dreiviertelstunde war der Korb leer und Trien betrat einen Laden, von dem sie wusste, dass man da alles Mögliche kaufen konnte. Einen schönen Fingerhut und eine Tüte Süßigkeiten fanden Platz in ihrem Korb, und nun trat sie den Rückweg an. Als sie die Hälfte des Wegs zurückgelegt hatte, sah sie in der Ferne zwei der Mädchen ankommen, die sie morgens ausgelacht hatten. Sie unterdrückte mutig die Neigung, sich zu verstecken, und setzte mit klopfendem Herzen ihren Weg fort.

»Ach, da ist ja diese Trödeltrientje, die verrückte Trödeltrientje.«

Trien rutschte das Herz in die Hose. Ratlos, was sie tun könnte, nahm sie die Tüte mit den Süßigkeiten aus dem Korb und hielt sie den Mädchen hin. Mit einem schnellen Griff nahm ihr eine der beiden die Tüte ab und rannte damit davon.

Die andere folgte ihr und streckte ihr die Zunge heraus, bevor sie um eine Wegbiegung verschwand.

Ratlos vor Traurigkeit, Hilflosigkeit und Einsamkeit sank Trientje ins Gras am Wegrand nieder und weinte, weinte, bis sie nicht mehr konnte. Es dämmerte schon, als sie den Korb, der inzwischen umgefallen war, hochhob und nach Hause lief. Irgendwo im Gras glänzte der silberne Fingerhut …

Sonntag, 20. Februar 1944

Sonntag

Was bei anderen Leuten in der Woche passiert, passiert im Hinterhaus sonntags. Wenn andere Leute schöne Kleider anhaben und in der Sonne spazieren gehen, sind wir hier am Schrubben, Fegen und Waschen.
Acht Uhr: Ungeachtet aller Langschläfer steht Pfeffer schon um acht Uhr auf, geht zum Badezimmer, anschließend nach unten, wieder nach oben, dann folgt im Badezimmer eine gründliche Wäsche, die eine volle Stunde dauert.
Halb zehn: Ofen werden angemacht, es wird entdunkelt, und van Pels geht ins Badezimmer. Eine der sonntäglichen Heimsuchungen ist, dass ich von meinem Bett aus Pfeffer genau auf den Rücken schauen muss, wenn er betet. Jeder wird sich wundern, wenn ich sage, dass ein betender Pfeffer ein schrecklicher Anblick ist. Nicht dass er weint und übermäßig gefühlvoll tut, o nein, aber er hat die Angewohnheit, eine Viertelstunde lang, wohlgemerkt, eine Viertelstunde, von den Fersen auf die Zehen zu wippen. Hin und her, hin und her, endlos dauert das, und wenn ich meine Augen nicht zukneife, wird mir fast schwindlig.
Viertel nach zehn: Die van Pels pfeifen, das Badezimmer ist leer. Bei uns erheben sich die ersten verschlafenen Gesichter aus den Kissen. Dann geht alles schnell, schnell, schnell. Der Reihe nach gehen Margot und ich mit hinunter zum Waschen. Da es dort ordentlich kalt ist, sind lange Hosen und ein Kopftuch angebracht. Inzwischen ist Vater im Badezimmer. Um elf Uhr gehen Margot oder ich, dann ist jeder wieder sauber.
Halb zwölf: Frühstücken. Hierüber werde ich mich nicht weiter auslassen, denn über das Essen wird auch ohne mich schon genug gesprochen.
Viertel nach zwölf: Alle Personen gehen ihrer Wege. Vater liegt im Overall bald auf den Knien und bürstet den Teppich so fest, dass das Zimmer in eine dicke Staubwolke gehüllt ist. Herr Pfeffer macht die Betten (natürlich verkehrt) und pfeift dabei immer dasselbe Violinkonzert von Beethoven. Mutter hört man auf dem Dachboden schlurfen, während sie Wäsche aufhängt. Herr van Pels setzt seinen Hut auf und verschwindet in die unteren Regionen, meist gefolgt von Peter und Mouschi. Frau van Pels zieht eine lange Schürze, eine schwarze Wollweste und Überschuhe an, bindet sich einen dicken roten Wollschal um den Kopf, nimmt ein Bündel schmutzige Wäsche unter den Arm und geht, nach einem gut einstudierten Waschfrauenknicks, zum Waschen. Margot und ich spülen und räumen das Zimmer auf.

Um Viertel vor eins:
Wenn alles abgetrocknet ist und nur die Töpfe noch warten, gehe ich hinunter, um dort abzustauben und, wenn ich morgens gewaschen habe, das Waschbecken sauber zu machen.
Ein Uhr:
Nachrichten.
Viertel nach eins:
Einer von uns geht zum Haarewaschen oder -schneiden.
Dann sind wir alle wieder beschäftigt mit Kartoffelschälen, Wäsche aufhängen, Treppen bohnern, Badezimmer schrubben und so weiter und so weiter.
Zwei Uhr:
Nach den Wehrmachtsberichten wird das Musikprogramm und der Kaffee abgewartet und alles wird wieder ruhig.
Wer kann mir erzählen, warum die Erwachsenen hier immer schlafen müssen? Schon um elf Uhr am Morgen sieht man einige gähnen und hört nicht selten den Seufzer: »Ach, könnte ich mich bloß eine halbe Stunde aufs Ohr legen!«
Es ist wirklich nicht lustig, mittags zwischen zwei und vier Uhr nur schläfrige Gesichter zu sehen, wo man auch hinkommt. In unserem Zimmer Pfeffer, im Wohnzimmer Vater und Mutter und oben die van Pelsens, die ihre Schlafstätte mittags teilen. Nun ja, daran lässt sich nichts ändern, vielleicht werde ich es einmal verstehen, wenn ich selbst so alt bin.
Jedenfalls wird die Schlafstunde sonntags noch extra ausgedehnt. Vor halb fünf, fünf Uhr braucht man nicht hinaufzukommen, denn dort sind alle noch im Land der Träume.
Der späte Nachmittag ist genau wie in der Woche, außer dem Konzert von sechs bis sieben Uhr.
Wenn wir erst einmal gegessen und abgewaschen haben, bin ich sehr froh darüber, dass der Sonntag wieder vorbei ist.

Sonntag, 20. Februar 1944

Das Blumenmädchen

Um halb acht jeden Morgen geht die Tür des Häuschens auf, das am Rand des Dorfes steht. Ein ziemlich kleines Mädchen kommt heraus, an jedem Arm einen Korb voller Blumen.
Wenn sie die Tür hinter sich zugemacht hat, rückt sie die beiden Körbe zurecht und macht sich auf den Weg. Jeder aus dem Dorf, der sie vorbeigehen sieht und dem sie freundlich zunickt, schaut ihr mitleidig nach und denkt jeden Morgen wieder dasselbe: »Dieser Weg ist viel zu lang und zu schwer für ein zwölfjähriges Kind.«
Aber das Mädchen selbst hört die Gedanken ihrer Dorfnachbarn nicht und läuft so schnell und so fröhlich, wie sie kann, weiter, immer weiter.
Es ist wirklich ein sehr langer Weg, bis sie die Stadt erreicht hat, sicher gut zweieinhalb Stunden schnelles Laufen, und mit zwei schweren Körben ist eine solche Strecke nicht einfach.
Als sie endlich durch die Straßen der Stadt läuft, ist sie schon todmüde, und nur die Aussicht, gleich sitzen und sich ausruhen zu können, hält sie aufrecht. Aber sie ist tapfer, diese Kleine, und sie verringert ihren Schritt nicht, bis sie ihren Platz auf dem Markt erreicht hat; dann setzt sie sich hin und wartet und wartet …
Manchmal wartet sie so den ganzen Tag, denn es gibt nicht sehr viele Menschen, die dem armen Mädchen Blumen abkaufen wollen. Mehr als einmal kommt es vor, dass Krista ihre Körbe nur halb geleert wieder zurücktragen muss.
Aber an diesem Tag ist es anders, es ist Mittwoch und ungewöhnlich voll auf dem Markt. Neben ihr bieten die schreienden Händlerinnen ihre Ware zum Verkauf an, und überall um sie herum hört das Mädchen schimpfende und böse Stimmen.
Die Leute, die vorbeikommen, hören Krista kaum, denn ihr hohes Stimmchen verschwindet fast ganz im Lärm des Marktes. Doch Krista hört nicht auf, den ganzen Tag zu rufen: »Hier gibt es schöne Blumen, einen Groschen das Sträußchen! Kauft doch diese schönen Blumen!«
Und wenn die Menschen, die ihre Einkäufe schon erledigt haben, in die vollen Körbe sehen, geben sie gern einen Groschen, um ein so hübsch gebundenes Sträußchen zu bekommen.
Um zwölf Uhr steht Krista von ihrem Stuhl auf und geht zur anderen Seite des Markts, wo sie am Kaffeezelt vom Besitzer jeden Tag eine Tasse heißen

Kaffee mit viel Zucker geschenkt bekommt. Für diesen Mann hält Krista dann auch immer ihren schönsten Blumenstrauß bereit. Dann setzt sie sich wieder auf ihren Stuhl und beginnt erneut, ihre Ware anzupreisen. Um halb vier endlich steht sie auf, nimmt ihren Korb und geht in ihr Dorf zurück. Langsamer als morgens läuft sie nun, denn Krista ist müde, schrecklich müde. Sie braucht nun drei Stunden für die Strecke, und erst um halb sieben steht sie wieder vor der Tür des kleinen, alten Häuschens.

Drinnen ist alles noch so, wie sie es morgens verlassen hat, kalt, einsam und ungemütlich. Ihre Schwester, mit der sie das Häuschen teilt, arbeitet von morgens früh bis abends spät im Dorf. Krista darf sich noch keine Ruhe gönnen, sofort nach ihrem Nachhausekommen schält sie Kartoffeln und kocht Gemüse, und erst um halb acht, wenn ihre Schwester nach Hause kommt, setzt sie sich endlich an den Tisch, um das bisschen Essen zu sich zu nehmen.

Um acht Uhr abends geht die Tür des Häuschens auf, und wieder kommt das kleine Mädchen mit zwei großen Körben am Arm heraus. Ihre Schritte richten sich nun zu den Wiesen und Feldern um das Haus herum. Sie geht nicht weit, sondern bückt sich ins Gras und pflückt Blumen, alle Arten, alle Farben, große und kleine, alles wandert in ihre Körbe, und während die Sonne am Untergehen ist, sitzt das kleine Mädchen noch im Gras und pflückt, pflückt immer weiter.

Endlich ist sie fertig, die Körbe sind voll. Die Sonne ist inzwischen schon untergegangen, und Krista liegt im Gras, die Hände unter dem Kopf gefaltet, und schaut mit offenen Augen in den noch hellblauen Himmel.

Das ist ihre schönste Viertelstunde, und niemand braucht zu denken, dass das kleine Blumenmädchen, das schon so hart arbeitet, unzufrieden ist. Unzufrieden ist sie nie und wird es auch nie sein, solange sie das noch jeden Tag von neuem erleben darf. Mitten in der Wiese zwischen den Blumen und dem Gras, mit dem Himmel über sich, ist Krista zufrieden. Verschwunden ist alle Müdigkeit, verschwunden sind der Markt und die Menschen; das Mädchen träumt und denkt nur das eine:

Dass sie das noch jeden Tag haben darf, dieses Viertelstündchen Nichtstun, allein mit Gott und der Natur.

Dienstag, 22. Februar 1944

Mein erstes Interview

Man stelle sich vor, dass die Hauptperson meines ersten Interviews weiß, dass sie als Material benutzt wird! Sie würde bestimmt rot werden und fragen: »Was ist an mir schon zu interviewen?« Ich werde gleich damit herausrücken, Peter ist mein Objekt, und ich will auch gleich erzählen, wie ich plötzlich darauf komme!
Ich kam auf die Idee, jemanden zu interviewen, und da alle Personen im Haus schon durch und durch besprochen sind, dachte ich plötzlich an Peter, der sich immer im Hintergrund hält und genau wie Margot fast nie Anlass zu Unzufriedenheit oder Streit gibt.
Wenn man gegen Abend an seine Zimmertür klopft und leise »ja, ja« rufen hört, kann man sicher sein, dass er, wenn man die Tür öffnet, einen mit dem Kopf zwischen zwei Stufen der Dachbodentreppe anschaut und meist ein bisschen einladend »So!« sagt.
Sein Zimmerchen ist, ja, was ist es eigentlich, ich denke, eine Art Durchgang zum Dachboden, sehr klein, sehr dunkel und feucht, aber … er hat ein richtiges Zimmer daraus gemacht. Wenn er links vor der Dachbodentreppe sitzt, ist zwischen ihm und der Mauer bestimmt nicht mehr als ein Meter Platz. Dort steht dann sein kleiner Tisch, meist wie bei uns mit Büchern übersät (auch die Treppe dient als Ablageplatz), ein Stuhl, und an der gegenüberliegenden Seite der Treppe hängt, an der Decke befestigt, sein Fahrrad. Das zurzeit nutzlose Fahrzeug ist mit Packpapier umwickelt, während an einem der Pedale sehr lustig eine lange Verlängerungsschnur baumelt. Um die ganze Arbeitsecke zu vervollständigen, hängt über dem Kopf des Interviewten eine Lampe, die einen sehr modischen Schirm hat, nämlich aus einem Stück Karton gemacht und mit Papier beklebt.
Ich stehe also noch immer an der Tür und schaue nun zur anderen Seite. An der Wand, also Peter gegenüber, hinter dem Tischchen, steht ein blaugeblümter Diwan, dessen Bettzeug hiner der Lehne versteckt ist. Darüber hängt wieder eine ähnliche Lampe wie fünfzig Zentimeter weiter, neben einem Handspiegel, und ein Stück weiter ein Bücherregal, das nach echt jungenhafter, uneleganter Manier von oben bis unten mit in Packpapier gebundenen Büchern vollgestopft ist. Um den Anblick noch zu verstärken (oder weil der Besitzer sie sonst nirgends unterbringen konnte), steht eine Werkzeugschachtel, in der man die Dinge, die man sucht, bestimmt findet. Es ist lange her, aber doch geschehen, dass ich aus den Tiefen dieser Schachtel

mein verlorenes Lieblingsmesser zum Vorschein brachte, und das wird nicht das einzige Ding sein, das sich zufällig dort hineinverirrt hat.
Neben dem Bücherschränkchen ist ein Brett befestigt, das mit vor langer Zeit weiß gewesenem Papier bespannt ist. Dieses Brettchen war eigentlich dazu bestimmt, Flaschen mit Milch und andere Dinge aus der Küche abzustellen, aber da sich der Bücherschatz des jungen Bewohners so ausgedehnt hat, ist es ganz von diesen lehrreichen Dingen in Beschlag genommen worden und die verschiedenen Milchflaschen haben ihre Existenz auf dem Boden gefunden.
An der dritten Wand hängt wieder ein kleines Schränkchen (früher eine Kirschenkiste), in der auch ein herrliches Sammelsurium zu finden ist, unter anderem Rasierpinsel, Rasierapparat, Klebeband, Abführmittel und so weiter und so weiter.
Neben diesem Schränkchen steht die Krone der van Pels'schen Erfindungskunst, nämlich ein Schrank aus Pappkarton, mit nur zwei oder drei Stützen aus festerem Material. Vor diesem Schrank, der gefüllt ist mit Herrenanzügen, Jacken, Socken, Schuhen und Ähnlichem hängt ein wirklich schöner Vorhang, den Peter nach wochenlangem Betteln endlich von seiner Mutter ergattern konnte. Oben auf diesem Schrank steht so viel, dass ich noch nie dahintergekommen bin, was es genau ist.
Auch der Bodenbelag von van Pels junior verdient es, beachtet zu werden. Nicht nur, dass er in seinem Zimmerchen zwei große und einen kleinen Perserteppich liegen hat, haben diese Teppiche auch derart passende Farben, dass sie jedem, der das Zimmer betritt, sofort auffallen müssen. Der Fußboden, der ziemlich uneben und nicht sehr regelmäßig ist, so dass er mit Vorsicht betreten werden sollte, ist also geschmückt mit diesen einst kostbaren Stücken. Zwei Wände sind mit grüner Jute bespannt und die beiden übrigen verschwenderisch mit schönen und weniger schönen Filmstars und Reklamebildern beklebt. Fett- und Brandflecken sollte man nicht allzu sehr beachten, da man in anderthalb Jahren mit so viel Zeug wirklich erwarten kann, dass etwas schmutzig wird.
Die Decke, auch nicht sehr komfortabel, ist, wie alle hier, aus altmodischen Balken, und da es durch den Dachboden über die Decke in Peters Zimmerchen regnet, dienen ein paar Kartonstücke als Regenschutz. Dass dieses Mittel nicht viel nützt, beweisen die zahllosen Wasserflecken und -ringe nur allzu deutlich.
Ich bin nun, glaube ich, im ganzen Zimmer gewesen und habe nur die beiden Stühle vergessen, einer davon ist braun mit Löchern und Nummer zwei

ein alter, weißer Küchenstuhl, den Peter im letzten Jahr anstreichen wollte, aber beim Abkratzen merkte, dass es nicht ging. Also sieht dieser Stuhl, halb abgekratzt, mit einer Sprosse (die andere brauchten wir als Schüreisen) und mehr schwarz als weiß, nicht sehr schön aus. Aber, wie gesagt, das Zimmer ist dunkel und der Stuhl fällt also nicht besonders auf. Die Tür zur Küche ist mit Küchenschürzen behängt, und daneben befinden sich noch ein paar Haken mit Staubtüchern und Bürsten.

Nach dieser Beschreibung wird jeder alles in Peters Zimmerchen genau wiederfinden können, außer der Hauptperson, Peter selbst. Also möchte ich mich auch dieser Aufgabe entledigen und mir den Besitzer dieser aufgezählten, glorreichen Habseligkeiten vornehmen.

Bei Peter ist zwischen Werktags- und Sonntagskleidung ein großer Unterschied. Während der Woche trägt er einen Overall, den man ruhig als unverzichtbar bezeichnen kann, da er entschieden dagegen ist, dass das arme Ding zu viel gewaschen wird. Ich kann mir keinen anderen Grund dafür denken, als dass er Angst hat, sein geliebtes Kleidungsstück könnte dadurch zu schnell verschleißen und abdanken müssen. Jedenfalls ist er gerade gewaschen worden und man kann wieder sehen, dass seine Farbe blau ist. Um den Hals, ebenso unverzichtbar wie der Overall, ist ein blauer Schal geknüpft. Um die Taille ein dicker, brauner Ledergürtel und weiße Wollsocken, dadurch kann jeder, ob er nun montags, dienstags oder an welchem Tag auch immer kommt, Peter sofort erkennen.

Sonntags jedoch haben seine Kleider eine ganze Wiedergeburt erlebt. Ein schöner Anzug, schöne Schuhe, ein Hemd, eine Krawatte, nun, ich brauche das Übrige nicht aufzuzählen, denn jeder wird ordentliche Kleidung kennen.

Das zum Äußeren. Über Peter selbst hat sich meine Meinung in der letzten Zeit gründlich verändert. Früher fand ich ihn dumm und langweilig, aber zurzeit ist er weder das eine noch das andere, und jeder wird mir zustimmen, wenn ich sage, dass er sehr nett geworden ist.

Ich bin übrigens absolut davon überzeugt, dass er ehrlich und großzügig ist. Bescheiden und sehr hilfsbereit war er immer, und ich habe das Gefühl, dass er viel empfindsamer ist, als alle denken oder vermuten. Eine Vorliebe hat er, die ich absolut nicht vergessen darf, und zwar die Katzen. Nichts ist ihm zu viel für Mouschi und Moffi, und ich glaube, dass die beiden ihm viel ersetzen, was er an Liebe vermisst. Angst hat er auch nicht, im Gegenteil, und er ist überhaupt nicht so angeberisch wie andere Jungen seines Alters. Dumm ist er überhaupt nicht, und ich finde vor allem sein Gedächtnis sehr gut.

Hübsch von Aussehen, das brauche ich niemandem zu erzählen, denn wer ihn kennt, wird es selbst wissen. Seine Haare sind prachtvoll, ein dicker, brauner Lockenwust, blaugraue Augen und sonst, ja, meine Schwäche ist es immer gewesen, Gesichter zu beschreiben, also werde ich sein Foto nach dem Krieg zu denen der anderen Versteckten kleben, dann brauche ich nichts mehr mit der Feder zu beschreiben.

22. Februar 1944
Dienstag

Der Sumpf des Verderbens

Erschrecken Sie nicht, ich habe wirklich nicht vor, eine Reihe von Beispielen zu dem oben genannten Titel aufzuzählen, und der Grund dafür, dass ich diesen Titel gewählt habe, ist nur, dass ich diesen Satz gestern in einer Zeitschrift gelesen habe.
(C&T, No. 8.)[24]
Nun werden Sie sich sicher fragen, in welchem Zusammenhang, und ich werde Ihnen auch gleich antworten.
Der Sumpf des Verderbens stand in einer Zeitschrift im Zusammenhang mit einer Anzahl Nacktbilder in einem Film, den der Kritiker scheinbar nicht sehr anständig fand. Ich möchte nun absolut nicht behaupten, dass er damit nicht recht gehabt hat, aber im Allgemeinen bin ich der Meinung, dass die Leute hier in Holland gleich alles, was nur ein bisschen zu wenig bedeckt ist, beschimpfen.
Sie nennen das, was hier herrscht, Prüderie, und das kann einerseits sehr gut sein, aber wenn andererseits alle Kinder so erzogen werden, dass alles, was mit Nacktsein zu tun hat, nicht anständig ist, dann wird es auf die Dauer sicher so weit kommen, dass die Jugend sich fragt: »Ja, sind die denn ganz und gar verrückt?«
Und ich kann nicht anders, als ihnen recht zu geben. Sittlichkeit und Prüderie können auch zu weit gehen, und das ist in den Niederlanden bestimmt der Fall, denn überlegen Sie doch mal, wie paradox es eigentlich ist, dass man, wenn man das Wort »nackt« erwähnt, von allen Seiten angeschaut wird, als wäre man der unanständigste Mensch der Welt.
Sie brauchen nicht zu denken, dass ich eine bin, die gern die Zeit der Naturvölker zurückhaben möchte, und dass wir alle nur in Tierfellen herumlaufen sollten; weit entfernt, aber ein bisschen freier, ein bisschen normaler, dann wäre alles viel ungezwungener.
Und nun stelle ich Ihnen eine Frage: »Bedecken Sie die Blumen, wenn Sie sie pflücken, auch sofort, und sprechen Sie dann nie mehr davon, wie sie aussehen?«
Ich finde den Unterschied zwischen der Natur nie so groß, und da wir Menschen ebenfalls Teil der Natur sind, wofür sollten wir uns dann über die Art schämen, wie uns die Natur bekleidet hat?

24 Titel der Zeitschrift: Cinema & Theater; A. d. Ü.

22. Februar 1944
Dienstag

Der Schutzengel

Es wohnten einmal vor sehr vielen Jahren am Rand eines großen Waldes zwei Menschen, eine alte Frau und ihre Enkelin. Die Eltern des Mädchens waren gestorben, als sie noch sehr klein war, und ihre Großmutter sorgte immer sehr gut für sie.
Es war ein einsames Häuschen, in dem die beiden wohnten, aber sie empfanden das nicht und waren immer glücklich und zufrieden zusammen.
Eines Tages konnte die alte Frau morgens nicht aus ihrem Bett aufstehen, weil sie überall Schmerzen hatte. Ihre Enkelin war damals schon vierzehn Jahre alt und versorgte ihre Großmutter, so gut sie konnte.
Es dauerte fünf Tage, dann starb die Großmutter und das Mädchen war ganz allein in dem einsamen Häuschen. Da sie so gut wie keine Menschen kannte und auch kein Bedürfnis verspürte, sie zu holen, um ihre Großmutter zu begraben, grub sie selbst eine tiefe Grube am Fuß eines alten Baumes im Wald und legte ihre Großmutter hinein.
Als das arme Mädchen wieder nach Hause kam, war sie völlig verlassen und traurig; sie legte sich auf ihr Bett und weinte schrecklich. Sie blieb den ganzen Tag so liegen und stand erst abends auf, um etwas zu essen.
So ging es Tag um Tag; das arme Mädchen hatte auf nichts mehr Lust und trauerte nur im Stillen um ihre liebe Großmutter. Dann geschah etwas, was sie in einem Tag vollkommen veränderte.
Es war Nacht und das Mädchen schlief, als ihre Großmutter plötzlich vor ihr stand; sie war ganz in Weiß gekleidet, ihre weißen Haare hingen ihr auf die Schultern und sie trug eine kleine Lampe in der Hand. Das Mädchen sah vom Bett aus zu ihr hin und wartete, bis die Großmutter zu sprechen begann: »Mein liebes Mädchen«, fing sie an, »ich sehe nun schon vier Wochen lang jeden Tag nach dir, und nie sehe ich etwas anderes, als dass du weinst und schläfst.
Das ist nicht gut, und ich bin jetzt gekommen, um dir zu sagen, dass du arbeiten musst und spinnen, du musst das Haus sauber halten und dich selbst wieder schön anziehen! Du musst nicht denken, dass ich, da ich nun tot bin, nicht mehr für dich sorge, ich bin im Himmel und schaue immer auf dich hinab. Ich bin dein Schutzengel geworden und bin noch ganz wie früher immer bei dir.
Nimm deine Arbeiten brav wieder auf und vergiss nie, dass deine Großmutter immer bei dir ist!«

Dann verschwand die Großmutter wieder und das Mädchen schlief weiter. Am nächsten Morgen jedoch, als sie erwachte, erinnerte sie sich an das, was die Großmutter gesagt hatte, und plötzlich war sie so froh, weil sie sich nicht mehr verlassen fühlte.

Sie arbeitete wieder, verkaufte ihre Spinnwaren auf dem Markt und folgte immer dem Rat ihrer Großmutter.

Später, viel später, war sie auch nicht mehr allein auf der Welt, denn sie heiratete einen tüchtigen Müller. Da bedankte sich das Mädchen bei ihrer Großmutter, weil sie sie nie allein gelassen hatte, und sie wusste wohl, dass, obwohl sie nun Gesellschaft hatte, ihr Schutzengel sie bis zu ihrem Tod nie mehr verlassen würde.

12. März 1944
Sonntag

Das Glück

Bevor ich mit meiner eigentlichen Geschichte beginne, werde ich doch kurz erzählen müssen, wie mein Leben bis jetzt verlaufen ist.
Ich habe keine Mutter mehr (ich habe sie eigentlich nie gekannt), und mein Vater hat wenig Zeit für mich. Als meine Mutter starb, war ich zwei Jahre alt; mein Vater gab mich zu sehr netten Menschen, die mich fünf Jahre lang bei sich behielten. Mit sieben kam ich in eine Art Internat, wo ich bis zu meinem vierzehnten Jahr war. Dann durfte ich zum Glück dort weg, und mein Vater nahm mich zu sich.
Nun wohnen wir zusammen in einer Pension und ich gehe ins Lyzeum.
Alles verlief sehr normal in meinem Leben, bis, ja, bis Jacques kam.
Ich lernte Jacques kennen, weil er mit seinen Eltern in die Pension kam, um dort zu wohnen. Wir trafen uns erst ein paarmal auf der Treppe, dann zufällig im Park, und danach gingen wir öfter zusammen in den Wald.
Ich fand Jacques gleich sehr nett, wohl etwas still und schüchtern, aber ich glaube, das war es gerade, was mich so anzog. Allmählich gingen wir schon mehr und mehr zusammen aus und jetzt kommt er oft in mein Zimmer oder ich in seines. Vor Jacques hatte ich noch nie nähere Bekanntschaft mit einem Jungen gemacht und war deshalb auch sehr erstaunt zu bemerken, dass er überhaupt kein Prahler und Aufschneider war, wie die Jungen aus meiner Klasse mir vorkamen.
Ich begann über Jacques nachzudenken, nachdem ich viel und lange über mich selbst nachgedacht hatte. Ich wusste, dass seine Eltern immer Streit hatten, und glaubte wohl, dass ihn das sehr störte, denn einer seiner stärksten Charakterzüge ist, dass er Ruhe und Frieden liebt.
Ich bin viel allein und fühle mich oft einsam und traurig, das liegt bestimmt daran, dass ich meine Mutter so sehr vermisse und auch noch nie eine richtige Freundin gehabt habe, der ich alles erzählen könnte. Bei Jacques ist das genauso; er hatte auch nur oberflächliche Freunde, und wie es mir schien, besaß er ebenfalls ein Bedürfnis nach Vertrauen. Doch ich konnte mich ihm nicht nähern, und wir redeten weiter über unwichtige Dinge.
Eines Tages kam er jedoch mit einer Ausrede zu mir herein, während ich auf einem Kissen auf dem Boden saß und nur den Himmel betrachtete.
»Störe ich dich?«, fragte er leise, als er hereinkam.

»Aber nein«, antwortete ich, mich umwendend. »Komm, setz dich ruhig zu mir. Findest du es nicht auch mal ganz schön, so zu sitzen und zu träumen?«
Er stellte sich ans Fenster, den Kopf an die Scheibe gelehnt, und antwortete: »Ja, ich träume auch oft so, weißt du, wie ich das nenne? In die Weltgeschichte schauen.«
Überrascht sah ich ihn an. »Das finde ich sehr passend, dieses Wort werde ich mir merken.«
»Ja«, nun schaute er mich wieder mit diesem eigenartigen Lächeln an, das mich immer ziemlich verwirrte; ich wusste zumindest nie, was er damit eigentlich meinte.
Dann unterhielten wir uns wieder über unbedeutende Dinge, und nach einer halben Stunde ging er weg.
Als er das nächste Mal zu mir kam, saß ich wieder auf demselben Platz und er stellte sich wieder ans Fenster. Das Wetter war an diesem Tag seltsam schön, der Himmel war tiefblau (wir saßen so hoch, dass wir keine Häuser mehr sahen, zumindest ich nicht, vom Boden aus), an den Zweigen der kahlen Kastanie vor unserem Haus hingen Tautropfen, die beim Wiegen der Äste immer wieder einen Sonnenstrahl auffingen, Möwen und andere Vögel flogen an unserem Fenster vorbei, und überall hörten wir Gezwitscher.
Was es war, würde ich nicht sagen können, aber jedenfalls brachten wir beide kein Wort mehr heraus. Wir waren zusammen in einem Zimmer und dazu noch ziemlich dicht beieinander, aber wir sahen einander fast nicht mehr. Wir schauten und schauten immer nur zum Himmel und sprachen mit uns selbst. Ich spreche nur von uns, denn ich bin überzeugt, dass er dasselbe fühlte wie ich und ebenso wenig wie ich innerlich bereit war, die Stille zu brechen.
Nachdem wir eine Viertelstunde so zusammen waren, sagte er doch das erste Wort, nämlich: »Wenn man das sieht, ist es dann nicht eigentlich verrückt, immer wieder zu streiten, das ist alles dann doch unwichtig, und doch fühle ich das sonst nie so!« Er sah mich etwas verlegen an und fürchtete sicher, dass ich ihn nicht verstehen würde, doch ich war überglücklich, dass er Antwort erwartete und ich endlich einmal einem, der es auch verstand, meine Gedanken mitteilen konnte.
Ich antwortete dann auch: »Weißt du, was ich immer finde? Dass es verrückt ist, mit Menschen zu streiten, die einem gleichgültig sind; mit Menschen zu streiten, die einem nicht gleichgültig sind, ist etwas anderes. Man liebt sie, und es schmerzt eigentlich mehr, als dass es wütend macht, wenn sie zu streiten anfangen oder etwas tun, wodurch es zum Streit kommt.«

»Findest du das auch? Aber du streitest doch bestimmt nicht so viel?«
»Nein, aber doch genug, um zu wissen, wie es ist! Und am schlimmsten finde ich noch, dass die meisten Menschen allein durch die Welt gehen!«
»Wie meinst du das?« Jacques schaute mich nun ständig an, aber ich beschloss, einfach weiterzusprechen; vielleicht würde ich ihm damit helfen können.
»Ich meine, dass die meisten Menschen, verheiratet oder unverheiratet, innerlich allein sind. Sie haben niemandem, mit dem sie über all ihre Gefühle und Gedanken sprechen können, und das ist es, was ich am meisten vermisse.«
Das Einzige, was Jacques sagte, war: »Ich auch.« Dann sahen wir wieder zum Himmel, und dann sagte er: »Menschen, die niemanden haben, mit dem sie, wie du sagst, sprechen können, entbehren viel, sehr viel. Und gerade diese Erkenntnis macht mich oft sehr niedergeschlagen.«
»Nein, das finde ich nicht; nicht dass du nie niedergeschlagen sein darfst, daran kann man nichts ändern, aber von vornherein zu wissen, dass du traurig werden wirst, das ist nicht nötig! Denn was du suchst, wenn du traurig bist, das ist doch eigentlich Glück, und entbehrst du auch noch so viel, weil du niemanden hast, mit dem du sprechen kannst, so geht das Glück in dir selbst, wenn du es einmal gefunden hast, nie verloren. Ich meine nun nicht irdische Dinge, ich meine ausschließlich das Geistige. Ich glaube, wenn man einmal das Glück in sich selbst gefunden hat, kann es lange verborgen bleiben, aber verloren geht es nie!«
»Wie hast du es denn gefunden?«
Ich stand auf. »Komm mit«, sagte ich, und dann ging ich ihm voraus zum Dachboden; dort oben war ein kleiner Raum mit einem Fenster. Unser Haus war außergewöhnlich hoch, und als wir oben auf dem Dachboden angekommen waren und aus dem Fensterchen sahen, konnten wir ein großes Stück des Himmels sehen.
»Schau doch«, sagte ich, »wenn du das Glück in dir selbst suchst, musst du hinausgehen, an einem Tag mit viel Sonne und blauem Himmel. Auch wenn du vor so einem Fenster stehst und über unsere Stadt schaust und den ganzen wolkenlosen Himmel siehst, wie jetzt, dann musst du an irgendeinem Tag das Glück finden.
Ich werde dir erzählen, wie es mir ergangen ist. Ich war in einem Internat und fand es dort immer schlimm, aber je älter ich wurde, desto schlimmer wurde es. An einem freien Nachmittag ging ich ganz allein hinaus in die Heide. Dort setzte ich mich hin und träumte ein bisschen; als ich aufschaute,

sah ich, dass das Wetter ungewöhnlich schön war, darauf hatte ich bis dahin überhaupt nicht geachtet, weil ich viel zu sehr mit meinem eigenen Elend beschäftigt war.

Doch als ich einmal aufgeschaut hatte und sah, dass alles um mich herum so schön war, schwieg plötzlich die innere Stimme, die alles aufzählte, was unangenehm war.

Ich konnte nichts anderes mehr tun oder denken oder fühlen, als dass das schön war und das einzig Wahre.

Ich saß mindestens eine halbe Stunde so da, und als ich endlich aufstand, um zu der verhassten Schule zurückzugehen, war ich überhaupt nicht mehr niedergeschlagen, im Gegenteil, ich fand alles gut und schön, so wie es war. Später begriff ich, dass ich an diesem Nachmittag zum ersten Mal das Glück in mir selbst gefunden hatte, denn das Glück kann es immer geben, egal unter welchen Umständen.«

»Und hast du dich dann verändert?«, fragte er leise.

»Insofern, dass ich zufrieden war. Bestimmt nicht immer, ich murrte noch oft genug, aber so durch und durch traurig war ich nie mehr, sicher weil ich fühlte, dass der Kummer nur aus Mitleid mit mir selbst entstand und das Glück aus Freude.«

Als ich zu Ende gesprochen hatte, sah er noch immer aus dem Fenster und war anscheinend in Gedanken versunken, denn er sagte nichts. Dann drehte er sich plötzlich um und schaute mich an. »Ich habe das Glück noch nicht gefunden, aber etwas anderes, nämlich jemanden, der mich versteht.«

Ich verstand, was er meinte, und bis jetzt war ich nie mehr allein.

Samstag, 25. März 1944

Angst

Es war eine schreckliche Zeit, die ich damals durchmachte. Um uns herum wütete der Krieg, und niemand wusste, ob er in der nächsten Stunde noch am Leben sein würde.
Meine Eltern, Brüder und Schwestern und ich wohnten in der Stadt, aber wir erwarteten, evakuiert zu werden oder fliehen zu müssen. Die Tage waren voller Kanonenschläge und Schießereien, die Nächte erfüllt von geheimnisvollen Funken und dumpfen Schlägen, die wohl aus der Tiefe zu kommen schienen.
Ich kann es nicht beschreiben, ich erinnere mich auch nicht mehr so genau an den Tumult jener Tage, ich weiß nur noch, dass ich den ganzen Tag nichts anderes tat, als Angst zu haben. Meine Eltern versuchten mich auf alle möglichen Arten zu beruhigen, aber es nutzte nichts; ich hatte Angst von innen und außen, ich aß nichts, schlief schlecht, zitterte nur.
So ging es eine Woche lang, bis jener eine Abend und die Nacht kam, an die ich mich erinnere, als ob es gestern gewesen wäre.
Um halb neun Uhr abends, als gerade die Schießerei etwas nachgelassen hatte und ich, noch angezogen, auf dem Diwan lag, um ein bisschen zu schlafen, wurden wir plötzlich durch zwei furchtbare Schläge aufgeschreckt. Wie von Nadeln gestochen, sprangen wir alle gleichzeitig auf und stellten uns in den Gang.
Selbst Mutter, die sonst immer so ruhig war, sah blass aus. Die Schläge wiederholten sich in ziemlich regelmäßigen Abständen, und plötzlich ein entsetzliches Krachen, Geklirr, Geschrei, und ich rannte los, so schnell ich konnte. Mit einem Rucksack auf dem Rücken, dick angezogen, rannte ich los, fort aus dieser schrecklichen brennenden Masse.
Überall um mich herum rannten und schrien Menschen; die Straße war von den brennenden Häusern hell erleuchtet, und alle Gegenstände sahen beängstigend glühend und rot aus.
Ich dachte nicht an meine Eltern, meine Brüder oder meine Schwestern, ich dachte nur an mich selbst und dass ich wegmusste, nur weg. Ich spürte keine Müdigkeit, meine Angst war stärker, und ich merkte nicht, dass ich meinen Rucksack verlor, ich rannte nur weiter.
Ich könnte unmöglich sagen, wie lang ich so weiterlief, immer mit dem Bild der brennenden Häuser, der schreienden und verzerrten Gesichter vor Augen, und Angst um alles, was ich hatte. Dann begriff ich plötzlich, dass es

stiller um mich geworden war, ich schaute mich um, wie aus einem Traum erwacht, und sah niemanden und nichts mehr. Kein Feuer, keine Bomben und keine Menschen.
Ich stand still, sah mich genauer um; ich befand mich auf einer Wiese, über meinem Kopf glitzerten die Sterne und der Mond schien, das Wetter war wunderschön, die Nacht frisch, aber nicht kalt.
Keinen Laut hörte ich mehr, todmüde setzte ich mich auf den Boden, breitete die Decke, die ich noch über dem Arm trug, aus und legte meinen Kopf darauf.
Ich schaute zum Himmel und merkte auf einmal, dass ich keine Angst mehr hatte, im Gegenteil, ich war ganz ruhig.
Das Verrückte war, dass ich überhaupt nicht an meine Familie dachte, mich auch nicht nach ihr sehnte; ich sehnte mich nur nach Ruhe, und es dauerte dann auch nicht lange, und ich war mitten im Gras unter dem nackten Himmel eingeschlafen.

Als ich wach wurde, ging gerade die Sonne auf. Ich wusste sofort, wo ich war, als ich im Tageslicht in der Ferne die bekannten Häuser sah, die am Rand unserer Stadt standen.
Ich rieb mir die Augen und sah mich noch einmal genau um; niemand war in der Umgebung zu sehen, nur der Löwenzahn und die Kleeblätter im Gras leisteten mir Gesellschaft. Ich blieb noch ein bisschen auf der Decke liegen und dachte darüber nach, was ich tun musste, aber meine Gedanken schweiften ständig ab, zu dem seltsamen Gefühl, das ich nachts gehabt hatte, als ich allein im Gras saß und keine Angst mehr hatte.
Später fand ich meine Eltern und wir zogen zusammen in eine andere Stadt. Jetzt, nachdem der Krieg schon lange vorbei ist, weiß ich, wie es kam, dass meine Angst unter dem weiten Himmel verschwunden war.
Als ich nämlich allein mit der Natur war, begriff ich, eigentlich ohne es zu wissen, dass Angst nichts hilft und nichts nützt und dass es für jeden, der solche Angst hat wie ich damals, das Beste wäre, die Natur anzusehen und zu erkennen, dass Gott viel näher ist, als die meisten Menschen glauben.
Nach dieser Zeit habe ich, obwohl noch zahllose Bomben in meiner Nähe fielen, nie mehr richtig Angst gehabt.

Sonntag, 26. März 1944

Gib!

Wer von all den Menschen, die in warmen und gemütlichen Zimmern wohnen, hat eine Ahnung davon, was für ein Leben Bettler erdulden?
Wer von all den »lieben« und »guten« Menschen hat sich je gefragt, wie das Leben von so vielen Kindern und Menschen um sie herum ist? Gut, jeder gibt mal einem Bettler einen Groschen, doch meistens wird es ihm roh in die Hand gesteckt und die Tür zugeworfen. Und meistens findet es der gute Spender noch widerlich, diese Hand anzufassen! Ist es wahr oder nicht? Und später wundern sich die Menschen darüber, dass die Bettler so unverschämt sind! Würde nicht jeder frech werden, der eher wie ein Hund als wie ein Mensch behandelt wird?
Es ist schlimm, sehr schlimm, dass in einem Land wie den Niederlanden, das sich seiner guten sozialen Gesetze und einer anständigen Bevölkerung rühmt, die Menschen einander so behandeln. Ein Bettler ist für die meisten bessergestellten Bürger minderwertig, jemand, der schmutzig und ungepflegt ist, frech und ungezogen. Aber wer von all diesen Menschen hat sich einmal gefragt, wie diese Bettler so geworden sind?
Vergleichen Sie mal Ihre eigenen Kinder mit den Bettelkindern! Was ist der Unterschied zwischen ihnen? Ihre eigenen Kinder sind schön und sauber, die anderen ungepflegt und hässlich! Ist das alles? Ja, tatsächlich, darin liegt der ganze Unterschied, aber wenn ein Bettelkind ebenfalls schöne Kleider angezogen bekäme und ordentliche Manieren gelernt hätte, dann gäbe es überhaupt keinen Unterschied mehr!
Alle Menschen sind gleich geboren, alle waren sie hilflos und unbefleckt. Alle Menschen atmen dieselbe Luft, viele glauben an denselben Gott. Und doch ist der Unterschied für viele so unaussprechlich groß! Er ist groß, weil so viele sich nie darüber klargeworden sind, worin der Unterschied eigentlich liegt, denn wenn sie das getan hätten, wären sie schon längst zu der Erkenntnis gekommen, dass es wirklich keinen Unterschied gibt!
Alle Menschen werden gleich geboren, alle Menschen sterben wieder und behalten nichts von ihrem Ruhm auf Erden. Aller Reichtum, alle Macht und alle Größe sind nur für wenige Jahre, warum wird das Vergängliche dann so hartnäckig festgehalten? Warum können die Menschen, die zu viel für ihren eigenen Bedarf haben, dieses Zuviel nicht an ihre Mitmenschen abgeben? Warum muss man es in den wenigen Jahren hier auf der Erde so schlecht haben?

Und vor allem darf man den Menschen die Gaben nicht einfach ins Gesicht werfen, jeder hat ein Recht auf Freundlichkeit. Warum sollte man freundlicher zu einer reichen Dame sein als zu einer armen? Hat jemand den Unterschied im Charakter der beiden schon herausgefunden?
Nicht im Reichtum oder in der Macht liegt die Größe des Menschen, sondern in seinem Charakter und seiner Güte. Alle Menschen sind nur Menschen, alle Menschen haben ihre Fehler und Mängel, doch alle werden auch mit viel Güte geboren. Und wenn man nun beginnen würde, diese Güte zu vergrößern, statt sie zu ersticken, den Armen auch ein Gefühl zu geben, Mensch zu sein, dann braucht man dafür noch nicht einmal Geld oder Güter, denn das hat nicht jeder zu verschenken.
Alles beginnt mit kleinen Dingen, auch hier kann man mit kleinen Dingen beginnen. Stehe zum Beispiel in der Straßenbahn nicht nur für reiche Mütter auf, nein, übergehe auch die Armen nicht. Sage genauso »Entschuldigung«, wenn du einer Armen auf die Zehen trittst, wie du es für eine Reiche tun würdest.
Es ist nur eine kleine Mühe, und doch richtet sie so viel aus. Die kleinen Bettelkinder, die doch ohnehin schon zu kurz kommen, warum sollte man ihnen das bisschen Freundlichkeit nicht schenken?
Jeder weiß selbst, dass ein gutes Beispiel gute Folgen hat, sei nun du dieses gute Beispiel, dann wird es nicht so lange dauern, und die anderen werden diesem Beispiel folgen. Immer mehr Menschen werden freundlich und freigebig werden, bis schließlich niemand mehr auf die Menschen mit wenig Geld hinunterschaut.
Oh, wären wir doch nur so weit, wären die Niederlande und später Europa und schließlich die ganze Welt endlich zur Einsicht gekommen, dass sie unrecht handeln, wäre die Zeit doch schon gekommen, dass die Menschen einander gut gesinnt sind, in dem Bewusstsein, dass sie alle gleich sind und alle irdischen Dinge nur vergänglich!
Wie herrlich ist es, dass niemand eine Minute zu warten braucht, um damit zu beginnen, die Welt langsam zu verändern! Wie herrlich ist es, dass jeder, klein oder groß, direkt seinen Teil dazu betragen kann, um Gerechtigkeit zu bringen und zu geben!
Wie bei so unglaublich vielem suchen die meisten Menschen die Gerechtigkeit irgendwo anders und murren, weil ihnen selbst so wenig davon zuteil wird.
Öffne die Augen, sei selbst gerecht! Gib selbst, was zu geben ist! Und immer, immer ist etwas zu geben, selbst wenn es nur Freundlichkeit ist! Wenn alle

Letzteres geben würden und mit freundlichen Worten nicht so geizig wären, dann würde viel mehr Liebe und Gerechtigkeit in die Welt kommen!
Gib, und du wirst empfangen, viel mehr, als du je für möglich gehalten hast. Gib, gib immer wieder, sei stark, halte durch und gib! Niemand ist je vom Geben arm geworden!
Wenn ihr so handelt, dann werden in ein paar Generationen die Menschen kein Mitleid mehr mit den Bettelkindern zu haben brauchen, denn diese wird es dann nicht mehr geben!
Es gibt Platz, Reichtum, Geld und Schönheit genug in der Welt. Gott hat für alle genug geschaffen! Fangen wir alle damit an, es gerecht zu verteilen!

Dienstag, 18. April 1944

Der kluge Zwerg

Es war einmal eine kleine Elfe, und sie hieß Dora. Diese Dora nun war schön und reich und wurde von ihren Eltern schrecklich verwöhnt. Wer Dora sah, sah sie nie anders als lachend; sie lachte von morgens früh bis abends spät, freute sich über alles und kümmerte sich um keinen Verdruss.
Im selben Wald, in dem Dora wohnte, lebte auch ein kleiner Zwerg, der Peldron hieß. Peldron war in allem das genaue Gegenteil von Dora; während sie ständig wegen etwas Schönem lachte, trauerte er um das Elend, das noch immer in der Welt war, und besonders in der Welt der Zwerge und der Elfen.
Eines Tages musste Dora für ihre Mutter etwas beim Schuhmacher des Elfendorfs abgeben, und wie es der Zufall wollte, traf sie wahrhaftig den unangenehmen und immer trübsinnig aussehenden Peldron.
Dora war nun zwar lieb, aber weil jeder sie nett fand, war sie auch ziemlich eingebildet.
Übermütig, wie sie war, lief sie auf Peldron zu, zog ihm seine schöne Wichtelmütze herunter und lachte laut in einiger Entfernung, mit der Mütze in den Händen.
Peldron war wirklich wütend auf das böse Mädchen, er stampfte mit dem Fuß auf und rief: »Gib das Ding her, du gemeines Mädchen, gib es sofort her!«
Doch Dora dachte nicht daran, sie rannte immer weiter weg und versteckte die Mütze schließlich in einem hohlen Baumstamm; danach setzte sie schnell ihren Weg zum Schuhmacher fort.
Nach langem Suchen hatte Peldron endlich seine Mütze gefunden; er konnte absolut keinen Spaß verstehen, und vor allem Dora konnte er nicht ausstehen. Lustlos ging er weiter, als ihn plötzlich eine tiefe Stimme aus seinen Gedanken aufschreckte. »Schau mal her, Peldron, ich bin der älteste Zwerg der Welt, aber ich bin auch der ärmste, willst du mir nicht etwas geben, damit ich mir etwas zu essen kaufen kann?«
Peldron schüttelte den Kopf. »Ich will dir nichts geben, es ist viel besser, dass du stirbst, dann brauchst du das Elend der Welt nicht länger zu ertragen«, sagte er und schaute sich nicht mehr um, als er weiterlief.

Dora war inzwischen bei dem Schuhmacher fertig, und auf dem Rückweg bat der alte Zwerg auch sie um etwas Geld oder Sachen. »Nein«, sagte auch Dora, »Geld gebe ich dir nicht, denn du hättest nicht arm werden dürfen, die

Welt ist so schön, dass ich mich mit armen Menschen nicht abgeben kann.« Und sie hüpfte weiter.
Seufzend setzte sich der alte Zwerg auf das Moos und dachte darüber nach, was er mit diesen beiden Kindern anfangen sollte, das eine war zu traurig, das andere zu fröhlich, und alle beide würden sie auf diese Art im Leben nicht weiterkommen.
Nun müsst ihr wissen, dass der Zwerg, der schon so schrecklich alt war, kein gewöhnlicher Zwerg war, er war ein Zauberer, aber bestimmt kein böser. Im Gegenteil, er wollte, dass Menschen, Zwerge und Elfen besser werden und die Welt vorwärtsbringen. Eine Stunde lang saß er da und dachte tief nach, dann stand er auf und ging langsam zum Haus von Doras Eltern.

Einen Tag nach ihrer Begegnung im Wald saßen Dora und Peldron beide in einem verschlossenen Häuschen; sie waren gefangen. Der alte Zwerg hatte sie mitgenommen, um sie zu erziehen, und wenn er das wollte, durften die Eltern sich nicht widersetzen.[25] Sie durften nicht nach draußen; sie durften keinen Streit anfangen und sie mussten viel arbeiten, das waren die drei Gebote, die ihnen der alte Zwerg auferlegt hatte.
Oh, wie war das schwer für Dora, den ganzen Tag den langweiligen Peldron zu sehen; Peldron hier und Peldron dort und nie jemand anderen. Aber viel Zeit, um mit Peldron zu sprechen, gab es nicht, denn Dora musste kochen (das hatte sie zu Hause bei ihrer Mutter gelernt), sie musste das Haus sauber halten, und wenn dann noch Zeit war, spann sie.
Peldron hingegen hackte in dem abgesperrten Garten Holz und grub die Erde um, und wenn die Arbeit für einen Tag getan war, machte er sich daran, Schuhe zu reparieren. Um sieben Uhr abends rief Dora ihn zum Essen, und danach waren sie beide so müde, dass sie dem alten Zwerg fast keine Antwort mehr geben konnten, wenn dieser abends kam, um ihre Arbeit zu kontrollieren.

25 An der Stelle dieses Satzes stand zunächst folgender Text, mit dem Anne Frank aber offenbar nicht zufrieden war; also hat sie ihn neu geschrieben: »Was sollten die beiden nun zusammen in einem Häuschen anfangen? Hinaus durften sie nicht, streiten durften sie auch nicht, und den ganzen Tag mussten sie viel arbeiten, das waren die drei Dinge, die ihnen der Zwerg aufgetragen hatte. Also arbeitete Dora und machte danach Spaß, und so ging Peldron auch an die Arbeit und war danach traurig. Jeden Abend um sieben Uhr kam der alte Zwerg, um ihre Arbeit zu besehen, und überließ sie anschließend wieder ihrem Schicksal.
Ja, was mussten sie tun, um wieder freigelassen zu werden? Es gab nur ein Mittel, und das war: alles zu tun, was der Zwerg sagte, und das war schon allerhand.« A. d. Hg.

Eine Woche lang hielten sie dieses Leben aus; Dora lachte noch immer viel, aber sie begann doch, den Ernst des Lebens einzusehen, und begriff, dass es viele Menschen gab, die es sehr schwer hatten, und dass es also kein überflüssiger Luxus war, wenn man diesen Menschen etwas gab und sie nicht mit einer unverschämten Antwort abfertigte.

Und Peldron verlor etwas von seiner Traurigkeit, ja, es geschah manchmal, dass er bei der Arbeit leise pfiff oder mit Dora über einen ihrer Scherze lachte.

Als der Sonntag gekommen war, durften sie beide mit dem Zwerg zu einer kleinen Kapelle gehen, die im Elfendorf immer gut besucht war. Sie achteten beide viel besser auf die Worte des Zwergenpfarrers und fühlten sich zufrieden, als sie durch den grünen Wald zurückspazierten. »Und weil ihr so lieb gewesen seid, dürft ihr heute, genau wie früher, den Tag draußen verbringen, aber denkt daran, morgen wird wieder gearbeitet und es geht nicht nach Hause oder zu anderen Familien, ihr bleibt zusammen!«

Keiner von beiden dachte daran zu murren, sie waren schon sehr froh, dass sie in den Wald gehen durften; den ganzen Tag hindurch tanzten sie, betrachteten die Vögel, die Blumen und den blauen Himmel und vor allem die freundliche, warme Sonne, und sie waren zufrieden.

Und am Abend kehrten sie auf Geheiß ihres Gebieters in das Häuschen zurück und schliefen durch bis zum Morgen, worauf sie sich wieder an die Arbeit machten. Vier Monate lang ließ der alte Zwerg sie zusammenbleiben; jeden Sonntag durften sie in die Kirche und danach hinaus, und in der Woche arbeiteten sie schwer. Als die vier Monate verstrichen waren, nahm der alte Zwerg jeden an eine Hand und ging abends mit ihnen in den Wald. »Schaut, meine Kinder, ich glaube, dass ihr oft sehr böse auf mich wart«, so sprach er, »und ich denke auch, dass ihr große Sehnsucht nach zu Hause habt, nicht wahr?«

»Ja«, nickte Dora, und »ja«, nickte auch Peldron.

»Aber ihr versteht auch, dass es hier gut für euch war?«

Nein, das verstanden beide, Dora und Peldron, noch nicht ganz.

»Nun, dann werde ich es euch erklären«, fuhr der Zwerg fort. »Ich habe euch hierhergebracht, um euch zu zeigen, dass es noch etwas anderes in der Welt gibt als nur euer Vergnügen und eure Traurigkeit. Ihr werdet nun beide viel besser in der Welt zurechtkommen als vorher. Du, Dora, bist etwas ernster geworden, und Peldron etwas fröhlicher, gerade weil ihr dazu gezwungen wart, aus eurem Aufenthalt zu machen, was daraus zu machen war. Ich glaube auch, dass ihr nun viel besser miteinander zurechtkommen könnt, glaubst du nicht auch, Peldron?«

»Ja, ich finde Dora jetzt viel netter«, antwortete der kleine Zwerg.
»Dann dürft ihr jetzt wieder zu euren Eltern, und denkt manchmal an euren Aufenthalt in dem Holzhäuschen zurück. Erfreut euch an all dem Schönen, das das Leben euch bringt, aber vergesst auch das Traurige nicht und versucht selbst mitzuhelfen, den Kummer zu verringern. Alle Menschen können einander helfen; alle Elfen und Zwerge auch, und sogar so kleine Elfen wie Dora und so kleine Zwerge wie Peldron können schon etwas tun. So, geht nun euren Weg und seid nicht mehr böse auf mich, ich habe getan, was ich für euch tun konnte, und es war zu eurem Besten. Guten Tag und auf Wiedersehen, Kinder.«
»Gern«, sagten Dora und Peldron und gingen schnell weg, jeder zu seinem Haus.
Der alte Zwerg setzte sich ins Gras und hatte nur einen Wunsch, nämlich dass er allen Menschenkindern so schnell auf den richtigen Weg helfen könnte wie diesen beiden.

Und wirklich, Dora und Peldron blieben zufrieden, ihr ganzes Leben lang. Sie hatten ein für alle Mal gelernt, dass man lachen und weinen soll, alles zu seiner Zeit, und später, viel später, als sie erwachsen waren, zogen sie freiwillig zusammen in ein Häuschen und Dora erledigte die Arbeit drinnen und Peldron draußen, genau wie damals in ihrer Jugend.

Sonntag, 23. 4. 1944

Blurry, der Weltentdecker

Als Blurry noch sehr klein war, hatte er eines Tages schreckliche Lust, einmal von der Sorge seiner Bärenmutter befreit zu sein und selbst etwas von der großen Welt zu entdecken.
Tagelang war er viel weniger lebhaft als sonst, so sehr beschäftigte es ihn, über seinen Plan nachzudenken. Aber am Abend des vierten Tags hatte er es geschafft. Sein Plan war fertig und wartete nur noch auf die Ausführung. Er würde frühmorgens in den Garten gehen, ganz leise natürlich, damit Miesje, seine Herrin, es nicht merkte, dann würde er durch ein Loch in der Hecke kriechen und dann … nun, dann würde er die Welt entdecken!
So tat er es, und zwar so leise, dass niemand etwas von seiner Flucht merkte, bevor er schon einige Stunden unterwegs war.

Sein ganzes Fell war mit Erde und Schmutz beschmiert, als er unter der Hecke hervorkam, aber ein Bär, noch dazu ein kleiner Spielzeugbär, der die Welt entdecken will, wird sich wegen ein bisschen Dreck doch nicht aufregen! Also die Augen geradeaus, um nicht über die unregelmäßigen Steine zu stolpern, stapfte Blurry forsch auf die Straße zu, die von dem kleinen Weg zwischen den Gärten zu erreichen war.
Auf der Straße angekommen, erschrak er kurz über die vielen großen Menschen, zwischen deren Füßen er ganz und gar verschwand. »Ich muss mich an der Seite halten, sonst laufen sie mich noch über den Haufen«, dachte er, und das war auch wirklich das Vernünftigste. Ja, Blurry war vernünftig, das beweist doch schon die Tatsache, dass er, so klein er war, allein die Welt entdecken wollte!

Also lief er dicht am Rand des Wegs und sorgte dafür, dass er nicht in Bedrängnis geriet; aber plötzlich begann sein Herzchen wie mit Hammerschlägen zu klopfen, was war das? Ein großer, schwarzer Abgrund öffnete sich vor seinen Füßen, es war eine Luke, die in einen Keller führte, aber das wusste Blurry nicht, und ihm schwindelte. Würde er da hineinmüssen?
Ängstlich schaute er sich um, aber die behosten Herrenbeine und die bestrumpften Damenbeine liefen seelenruhig um die dunkle Angelegenheit herum, als wäre nichts los.
Noch nicht ganz erholt von seinem Schrecken, setzte Blurry einen Fuß vor

den anderen in dieselbe Richtung, und bald konnte er wieder ganz normal an der Wand weiterlaufen.
»Jetzt laufe ich also in der großen Welt herum, aber wo ist denn die Welt selbst? Vor lauter Strumpf- und Hosenbeinen kann ich die Welt überhaupt nicht sehen«, überlegte Blurry, »ich glaube, ich bin zu klein, um die Welt zu entdecken, aber das macht nichts, wenn ich älter werde, werde ich auch größer, und wenn ich Milch mit Haut trinke (allein bei dem Gedanken grauste es ihm schon), werde ich bestimmt genauso groß wie all diese Menschen; also werde ich einfach weiterlaufen, irgendwann bekomme ich die Welt bestimmt zu sehen.«

Blurry lief also weiter und ließ sich so wenig wie möglich von den vielen dicken und dünnen Beinen um ihn herum stören. Aber musste er immer nur laufen? Er hatte großen Appetit bekommen, und auf der Straße wurde es auch schon ein wenig dunkler. Blurry hatte überhaupt nicht daran gedacht, dass er auch essen und schlafen musste. Er war zu sehr erfüllt gewesen von seinen Entdeckungsplänen, als dass er an so etwas Gewöhnliches und wenig Heldenhaftes wie essen und schlafen hatte denken können.
Seufzend lief er noch eine Weile weiter, bis er eine offene Haustür entdeckte. Zögernd blieb er einen Moment stehen, doch dann entschloss er sich und trat leise ein.
Er hatte Glück, denn als er durch eine weitere Tür gegangen war, sah er zwischen einem Ding mit vier hölzernen Füßen zwei Schalen stehen, eine mit Milch mit Haut und die andere mit irgendeinem Brei. Ausgehungert und gierig nach so etwas Leckerem, trank Blurry erst das Schälchen mit Milch leer und störte sich, wie es sich für erwachsene Bären gehört, überhaupt nicht an der Haut, dann vertilgte er auch den Brei und war satt und zufrieden.
Aber, o Schreck, was kam da? Etwas Weißes mit großen, grünen Augen näherte sich, ihn immer direkt anstarrend, in langsamem Tempo. Dicht vor ihm blieb das Etwas stehen und fragte mit einer hohen Stimme: »Wer bist du und warum hast du mein Essen aufgegessen?«
»Ich bin Blurry und bei der Entdeckung der Welt brauche ich doch Nahrung, deshalb habe ich dieses Essen aufgegessen, aber ich wusste wirklich nicht, dass es dir gehört, ehrlich!«
»Ach so, du willst also die Welt entdecken, aber warum hast du dann gerade meine Schale aufgesucht?«
»Weil ich keine andere stehen sah«, antwortete Blurry so unfreundlich, wie er nur konnte. Dann überlegte er es sich und fragte mit einer etwas freund-

licheren Stimme: »Aber wie heißt du eigentlich und was bist du für eine seltsame Art Mensch?«
»Ich bin Mirwa und gehöre zur Rasse der Angorakatzen, ich bin sehr wertvoll, das sagt meine Herrin immer. Aber weißt du, Blurry, ich langweile mich oft so allein, willst du nicht eine Weile bei mir bleiben?«
»Ich möchte gern bei dir schlafen«, antwortete Blurry kurz entschlossen und mit einer Miene, als ob er damit der schönen Mirwa eine Gunst erweise. »Aber morgen muss ich wieder weiter, um die Welt zu entdecken!«
Damit war Mirwa vorerst wohl zufrieden. »Komm mit«, sagte sie, und Blurry folgte ihr in einen anderen Raum, wo er wieder nichts anderes als Beine sah, Beine aus Holz, große und kleine, aber doch … da war noch etwas anderes; in einer Ecke stand ein großer Rohrkorb, in dem ein mit grüner Seide bezogenes Kissen lag.
Mirwa trat einfach mit ihren schmutzigen Pfoten auf das Kissen, doch Blurry fand es schade, alles schmutzig zu machen. »Kann ich mich nicht erst ein bisschen waschen?«, fragte er.
»Aber ja«, antwortete Mirwa, »ich werde dich waschen, genau wie ich mich auch wasche.«
Blurry kannte diese Methode absolut nicht, und das war auch gut so, sonst hätte er Mirwa bestimmt nicht damit anfangen lassen. Nun befahl ihm die Katze, sich aufrecht hinzustellen, und gelassen strich sie mit ihrer Zunge über Blurrys Füße. Blurry schauderte und fragte ängstlich, ob das Mirwas Methode des Waschens war. »Aber ja«, antwortete sie, »du wirst sehen, wie sauber du wirst, du wirst blitzen, und ein blitzender Teddybär bekommt viel eher überall Zugang und kann deshalb auch die Welt besser entdecken!«
Blurry unterdrückte sein Schaudern also so weit wie möglich und als ein tapferer Bär muckste er nicht mehr.

Mirwas Wäsche dauerte schrecklich lang, Blurry wurde fast ungeduldig, und seine Füße taten ihm weh vom langen Stillstehen, aber endlich, endlich glänzte er dann auch!
Mirwa stieg erneut in den Korb, und Blurry, der nun todmüde war, legte sich vor sie. Mirwa deckte ihn sozusagen mit ihrem eigenen Körper zu, denn sie legte sich fast ganz auf ihn.
Es dauerte keine fünf Minuten, und sie schliefen alle beide.

Am nächsten Morgen wachte Blurry erstaunt auf, und es dauerte eine Weile, bis ihm einfiel, was da auf seinem Rücken lag. Mirwa schnarchte ein bisschen, und Blurry hatte Lust auf ein Frühstück. Und ohne sich um die Ruhe seiner gastfreundlichen Beschützerin zu kümmern, schüttelte er sie von sich ab und befahl direkt: »Gib mir bitte mein Frühstück, Mirwa, ich habe schrecklichen Hunger!«

Mirwa gähnte erst ausführlich, dann dehnte sie sich, bis sie doppelt so groß war wie sonst, und antwortete: »Nein, jetzt bekommst du nichts mehr, mein Frauchen darf nicht merken, dass du hier bist, du musst so schnell wie möglich durch den Garten verschwinden.« Und Mirwa sprang aus dem Korb, rannte durch das Zimmer zur Tür hinaus, diesmal aus Glas, dann standen sie draußen. »Gute Reise, Blurry, und auf Wiedersehen.« Weg war sie.

Einsam und überhaupt nicht mehr so überzeugt von seiner Tüchtigkeit (diese Veränderung hatte bestimmt die Nacht zuwege gebracht), stapfte Blurry durch den Garten, durch ein Loch in der Hecke auf die Straße. Wohin sollte er nun, und wie lange würde es noch dauern, bis er die Welt entdecken konnte? Blurry wusste es nicht; ganz langsam lief er die Straße entlang, als er plötzlich ein großes, vierfüßiges Ding in voller Fahrt um die Ecke kommen sah. Es gab gewaltige Töne von sich, so dass es in Blurrys Ohren pfiff. Ängstlich drückte er sich, so gut es ging, gegen eine Hausmauer. Dicht vor ihm hielt das riesige Ding an und kam auf ihn zu. Vor Angst fing Blurry an zu weinen, aber das störte das große Ding überhaupt nicht, im Gegenteil, es setzte sich hin und tat nichts anderes, als das arme Tierchen mit großen Augen anzustarren.

Blurry zitterte sehr, nahm dann plötzlich seinen ganzen Mut zusammen und fragte: »Was willst du denn von mir?«

»Ich will dich nur betrachten, weil ich so etwas wie dich noch nie gesehen habe.«

Blurry atmete auf, man konnte also auch mit diesem Riesending sprechen, seltsam war das, warum konnte ihn seine Herrin dann nie verstehen? Viel Zeit, um über diese wichtige Frage nachzudenken, hatte er jedoch nicht, denn das große Tier sperrte den Mund weit auf und ließ alle seine Zähne sehen. Blurry zitterte noch heftiger als bei Mirwas Wäsche; was würde dieses unheimliche Ding nun mit ihm anfangen wollen?

Das entdeckte er eher, als ihm lieb war, denn ohne ihn zu fragen, packte ihn das Tier im Nacken und schleppte ihn so durch die Straße.

Weinen konnte Blurry nicht mehr, denn dann würde er ersticken, noch weniger konnte er schreien, das Einzige, was ihm übrigblieb, war zu zittern, und das gab ihm noch nicht einmal neuen Mut.

Nun brauchte er also nicht selbst zu laufen, wenn sein Nacken nicht so weh getan hätte, wäre das nicht einmal so schlimm gewesen, es wäre dann wie fahren, im Grunde nicht einmal so schlimm. Oh, wie schläfrig wurde man von dem regelmäßigen Dröhnen unter sich. Wo mag ich wohl hinfahren? Wo …? Wohin …? Blurry war, festgehalten von dem großen Tier, eingeschlafen.

Doch das Schläfchen dauerte nicht lange, denn das große Tier wusste plötzlich nicht mehr, warum er mit diesem Ding im Maul herumlief. Achtlos ließ er Blurry, nachdem er ihn in den Nacken gebissen hatte, auf den Boden fallen und lief schnell weiter.
Da lag nun der kleine, hilflose Bär, der die Welt entdecken wollte, ganz allein in seinem Schmerz. Er stand dann doch auf, um nicht getreten zu werden, er rieb sich die Augen und schaute sich um.
Viel weniger Beine, viel weniger Mauern, viel mehr Sonne und weniger Steine unter den Füßen, sollte das nun die Welt sein? Es gab keinen Platz in seinem Kopf für Gedanken, alles klopfte und hämmerte dort drinnen, er wollte nicht mehr weiterlaufen, warum auch? Wohin sollte er gehen, Mirwa war weit weg, seine Mutter noch weiter, und mit ihr seine Herrin, nein, da er nun einmal auf dem Weg war, musste er durchhalten, bis er die Welt entdeckt hatte.

Erschrocken drehte er den Kopf, als er hinter sich Lärm hörte, es würde ihn doch nicht wieder ein anderes Tier beißen? Aber nein, es war ein kleines Mädchen, das Blurry entdeckt hatte. »Schau mal, Mami, ein Bärchen, darf ich es mitnehmen?«, fragte die Kleine ihre Mutter, die ihr gefolgt war. »Nein, Kind, es ist ein schmutziger Bär, schau mal, er blutet!«
»Das ist doch nicht schlimm, das waschen wir zu Hause einfach wieder ab; ich nehme ihn mit, dann habe ich später etwas zum Spielen.«
Blurry konnte von dem Gerede nichts verstehen, seine Ohren verstanden nur die Tiersprache; aber das kleine Mädchen mit den blonden Haaren sah lieb aus, und deshalb wehrte er sich auch nicht, als er in ein Tuch gepackt und in eine Tasche gesetzt wurde. So, hin und her schaukelnd, setzte Blurry seine Reise durch die Welt fort.

Nachdem sie eine Weile gelaufen waren, wurde Blurry samt Tuch aus der Tasche geholt, und das Mädchen nahm ihn auf den Arm. Das war ein Glück, nun konnte er den Weg zum ersten Mal von oben betrachten.

Was für eine Menge Steine waren da vor ihm, und wie hoch waren sie, alle aufeinander und da und dort mit einer weißen Öffnung. Und obendrauf, dort ganz am Himmel, das war sicher zur Verzierung da, so etwas wie die Feder auf dem Hut seiner Herrin, da kam eine Rauchfahne heraus, sollte die Feder eine Zigarette im Mund haben, so eine kleine, die der Herr zu Hause auch immer in Rauch aufgehen ließ! Lustig war das! Doch über den Steinen war anscheinend doch noch Raum, denn dort war es blau, doch schau, nun kam Bewegung hinein, etwas Weißes verdeckte das Blau und kam immer näher, bis es direkt über ihrem Kopf hing, immer weiter trieb es und über dem hohen Rauchding war es wieder so blau wie zuvor.
Und dort unten tutete etwas und lief sehr schnell, aber wo waren die Pfoten oder Beine, auf denen es lief, die gab es nicht, nur ein paar runde, aufgeblasene Dinger. Nun, es lohnte sich bestimmt, die Welt zu entdecken, was hatte man davon, immer zu Hause zu hocken, warum war man dann geboren? Doch nicht, um immer bei seiner Mutter zu bleiben, sehen und erleben, dafür wollte er groß werden. O ja, Blurry wusste wohl, was er wollte.

Endlich, endlich machte das Mädchen halt vor einer Tür; sie gingen hinein, und das Erste, was Blurry zu sehen bekam, war ein ähnliches Ding wie Mirwa, Katze hieß es, wenn er sich recht erinnerte. Die Katze, die hier war, strich um die Beine des blonden Mädchens, doch dieses schubste sie weg und lief mit Blurry auf dem Arm zu etwas Weißem, das seine Herrin zu Hause auch hatte, dessen Namen Blurry aber nicht wusste. Das Ding war hoch über dem Boden, breit, weiß und glatt. An der Seite war etwas aus glänzendem Metall, an dem man drehen konnte, denn das tat das blonde Mädchen.
Blurry wurde auf eine große, harte und kalte Platte gesetzt und das Mädchen begann, ihn zu waschen, vor allem seinen Nacken an der Stelle, wo das unheimliche Tier ihn gebissen hatte, es tat sehr weh und Blurry brummte auch laut, aber da war niemand, den es störte. Diese Art der Wäsche dauerte zum Glück nicht so lange wie jene, die Mirwa angewendet hatte, doch … es war viel kälter und nasser.
Das Mädchen war dann auch ziemlich bald fertig mit ihm, trocknete ihn ab, wickelte ihn in ein sauberes Tuch und steckte ihn in ein fahrbares Bett, genau so eines, wie seine Herrin es auch für ihn benutzt hatte. Warum jetzt ins Bett, Blurry war durchaus nicht müde und wollte auch nicht ins Bett.

Kaum war das Mädchen dann auch aus dem Zimmer, ließ er sich aus seinem Bett gleiten, und durch eine große Anzahl von Türen und Öffnungen landete er wieder auf der Straße.

»Jetzt muss ich unbedingt etwas essen«, dachte Blurry, er schnüffelte, hier in der Nähe musste auch etwas zu essen sein, denn man konnte es schon riechen; er ging dem Geruch nach und stand bald vor der Tür, aus der der leckere Duft kam.
Zwischen den bestrumpften Beinen einer großen Dame hindurch glitt er hinein in den großen Laden. Hinter einem hohen Ungetüm standen zwei Mädchen, die ihn schon bald entdeckt hatten. Sie mussten den ganzen langen Tag hart arbeiten und konnten also eine Hilfe gut gebrauchen; deshalb hoben sie ihn sofort hoch und setzten ihn in einen ziemlich dunklen Raum, in dem es schrecklich warm war. Aber das war nicht so schlimm, die Hauptsache war, dass man da essen konnte, so viel man wollte. Auf dem Boden und auf niedrigen Bänken überall im Kreis lagen Reihen von Brötchen und Gebäck, so viele und so schöne, wie Blurry noch nie gesehen hatte. Was hatte Blurry eigentlich schon gesehen? Doch noch nicht viel!
Gierig fiel er über die Süßigkeiten her und aß so viel, dass ihm beinahe schlecht davon wurde. Danach schaute er sich genauer um; es gab hier wahrlich viel zu sehen, es schien das Schlaraffenland zu sein. Überall Brote, Brötchen, Törtchen und Gebäck, einfach zum Greifen, und es war hier auch viel Betrieb, Blurry sah überall weiße Beine, ganz anders als jene auf der Straße.
Viel Zeit, um zu träumen, blieb ihm nicht, die Mädchen, die aus einiger Entfernung zu ihm hinschauten, drückten ihm einen großen Besen in die Hand und machten ihm vor, wie er damit umgehen sollte. Den Boden fegen, das konnte Blurry natürlich, seine Mutter hatte es auch manchmal getan, als er dabei war. Tapfer machte er sich an die Arbeit, aber das war gar nicht so leicht, denn der Besen war schwer, und der Staub, wie kitzelte er ihn in der Nase, er musste davon sogar niesen. Und wie warm es war, er wurde immer benommener von der ungewohnten Arbeit in der Hitze, doch wenn er sich ab und zu mal kurz ausruhte, kam sofort jemand an, der ihn wieder an die Arbeit trieb und von dem er noch einen Klaps auf den Kopf bekam.
»Wäre ich doch nicht so schnell hier hereingelaufen«, dachte Blurry im Stillen, »dann wäre mir diese unangenehme Arbeit erspart geblieben.« Aber nun half nichts mehr, er musste fegen, also fegte er.

Nachdem er sehr lange gefegt hatte, so lange, dass der Schmutz zu einem großen Haufen zusammengehäuft war, nahm ihn eines der beiden Mädchen an die Hand und führte ihn in eine Ecke, in der einige lose, gelbe, harte Späne lagen. Sie legte ihn darauf, und Blurry verstand, dass er schlafen durfte.
Behaglich, als wäre es das schönste Bett, streckte Blurry sich aus und schlief, schlief bis zum folgenden Morgen.

Um sieben Uhr musste er aufstehen, durfte von den Leckereien wieder so viel essen, wie er wollte, und wurde von neuem an die Arbeit gesetzt. Armer Blurry, er war noch nicht richtig ausgeschlafen von dem langen und ermüdenden Tag gestern. Er war nicht daran gewöhnt, zu arbeiten, und vor allem die Hitze störte ihn schrecklich. Sein Kopf und seine Gliedmaßen taten weh und er hatte das Gefühl, als würde alles an ihm anschwellen.
Nun fing er an, sich zum ersten Mal wieder nach seinem Zuhause zu sehnen, nach seiner Mutter, der Herrin, dem gemütlichen Bett und dem faulen Leben dort, aber … wie sollte er dorthin kommen? Fliehen war hier unmöglich, denn man passte genau auf ihn auf, und übrigens, die einzige Tür, die aufging, führte in den Raum, in dem die beiden Mädchen waren. Diese würden ihn doch noch zurückhalten, auch wenn er so weit kommen würde.
Nein, Blurry musste also abwarten!
Seine Gedanken waren verwirrt, er fühlte sich schwach und elend. Alles um ihn herum begann sich zu drehen, er setzte sich einen Moment hin, niemand ermahnte ihn. Als es wieder vorbei war, setzte er seine Arbeit fort.

Man gewöhnt sich an alles, und so ging es auch mit der Arbeit, die Blurry tun musste, nachdem er eine Woche von morgens früh bis abends spät mit dem Besen gekehrt hatte, kannte er fast nichts anderes mehr.
Kleine Bären vergessen schnell, und das war auch gut so, doch seine Mutter und sein früheres Zuhause hatte er noch nicht vergessen, es schien nur so unwirklich und unerreichbar fern zu sein.

Die beiden Mädchen, die den kleinen Bären gefangen hatten, lasen eines Abends folgende Annonce in der Zeitung:
»Belohnung für das Zurückbringen eines kleinen, braunen Bären, der auf den Namen Blurry hört.«
»Sollte das unser Bärchen sein?«, fragten sie sich, »er arbeitet doch nicht viel, das kann man von einem so kleinen Tier auch nicht erwarten, wenn wir

eine Belohnung für das Zurückbringen bekommen, sind wir vielleicht besser dran.«
Schnell liefen sie nach hinten in die Bäckerei und riefen sehr laut: »Blurry!«
Blurry schaute von seiner Arbeit auf, hatte da jemand seinen Namen genannt? Der große Besen fiel auf den Boden, seine Ohren richteten sich auf.
Die Mädchen kamen auf ihn zu und riefen noch einmal: »Blurry.«
Blurry ging ihnen eilig entgegen.
»Ja, er heißt Blurry, das merkt man sofort«, sagte das eine Mädchen zum anderen. »Wir wollen ihn noch heute Abend zurückbringen.« Das war gut.
Und noch am selben Abend wurde Blurry im Haus seiner Herrin abgegeben, und die Mädchen bekamen eine Belohnung.

Von seiner Herrin bekam Blurry eine Tracht Prügel für seinen Ungehorsam und dann einen Kuss, weil er wieder zurück war. Von seiner Mutter bekam er nur das Folgende zu hören:
»Blurry, warum bist du weggelaufen?«
»Ich wollte die Welt entdecken«, antwortete Blurry.
»Und hast du sie entdeckt?«
»Oh, ich habe viel, sehr viel gesehen, ich bin ein sehr erfahrener Bär geworden.«
»Ja, das weiß ich, aber ich frage, ob du die Welt entdeckt hast.«
»Nein … eh … das eigentlich nicht, ich konnte die Welt nicht finden!«

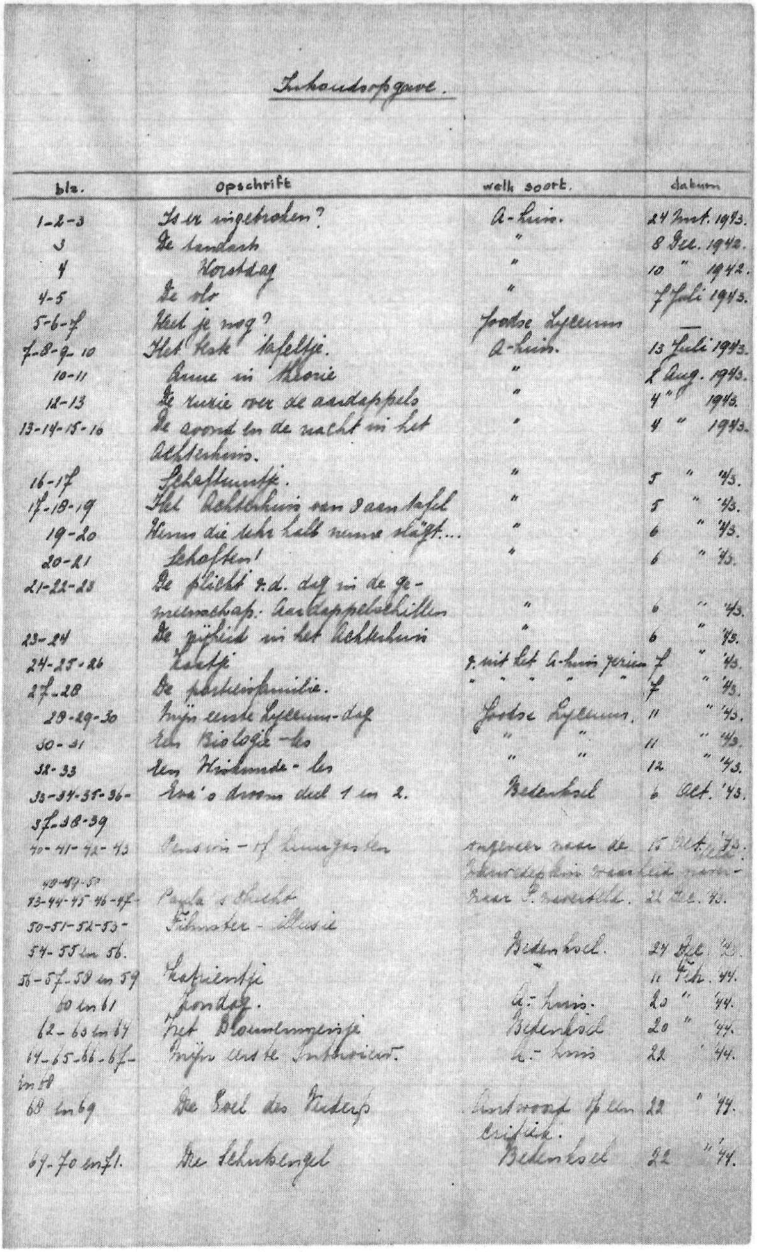

Inhoudsopgave.

blz.	opschrift	welk soort.	datum
1-2-3	Is er ingebroken?	A-huis.	24 Maart. 1943.
3	De tandarts	"	8 Dec. 1942.
4	Zondag	"	10 " 1942.
4-5	De olo	"	7 Juli 1943.
5-6-7	Weet je nog?	Joodse Lyceum	
7-8-9-10	Het "Lotje" tafeltje.	A-huis.	13 Juli 1943.
10-11	Anne in theorie	"	2 Aug. 1943.
12-13	De ruzie over de aardappels	"	4 " 1943.
13-14-15-16	De avond en de nacht in het Achterhuis.	"	4 " 1943.
16-17	Schaftuurtje.	"	5 " '43.
17-18-19	Het Achterhuis aan tafel	"	5 " '43.
19-20	Wenn die Uhr halb neune schlägt…	"	6 " '43.
20-21	Schaften!	"	6 " '43.
21-22-23	De plicht v.d. dag in de gemeenschap: Aardappelschillen	"	6 " '43.
23-24	De vrijheid in het Achterhuis	"	6 " '43.
24-25-26	Kaatje	v. uit het A-huis gezien	7 " '43.
27-28	De portierfamilie.	" " " "	7 " '43.
28-29-30	Mijn eerste Lyceum-dag	Joodse Lyceum.	11 " '43.
30-31	Een Biologie-les	" "	11 " '43.
32-33	Een Wiskunde-les	" "	12 " '43.
33-34-35-36-37-38-39	Eva's droom deel 1 en 2.	Bedenksel	6 Okt. '43.
40-41-42-43	Pinguin-of kruimeltjes	ingezonden naar de [illegible]	15 Okt. '43.
43-44-45-46-47-48-49-50	Paula's vlucht	naar P. [illegible]	22 Dec. '43.
50-51-52-53-54-55 en 56.	Filmster-illusie	Bedenksel.	24 Dec. '43.
56-57-58 en 59	Katrientje		11 Feb. '44.
60 en 61	Zondag.	A-huis.	20 " '44.
62-63 en 64	Het Bloemenmeisje	Bedenksel	20 " '44.
64-65-66-67-en 68	Mijn eerste Interview.	A-huis	22 " '44.
68 en 69	Die Seel des Nieders	Antwoord op een critiek.	22 " '44.
69-70 en 71.	Die Schutzengel	Bedenksel	22 " '44.

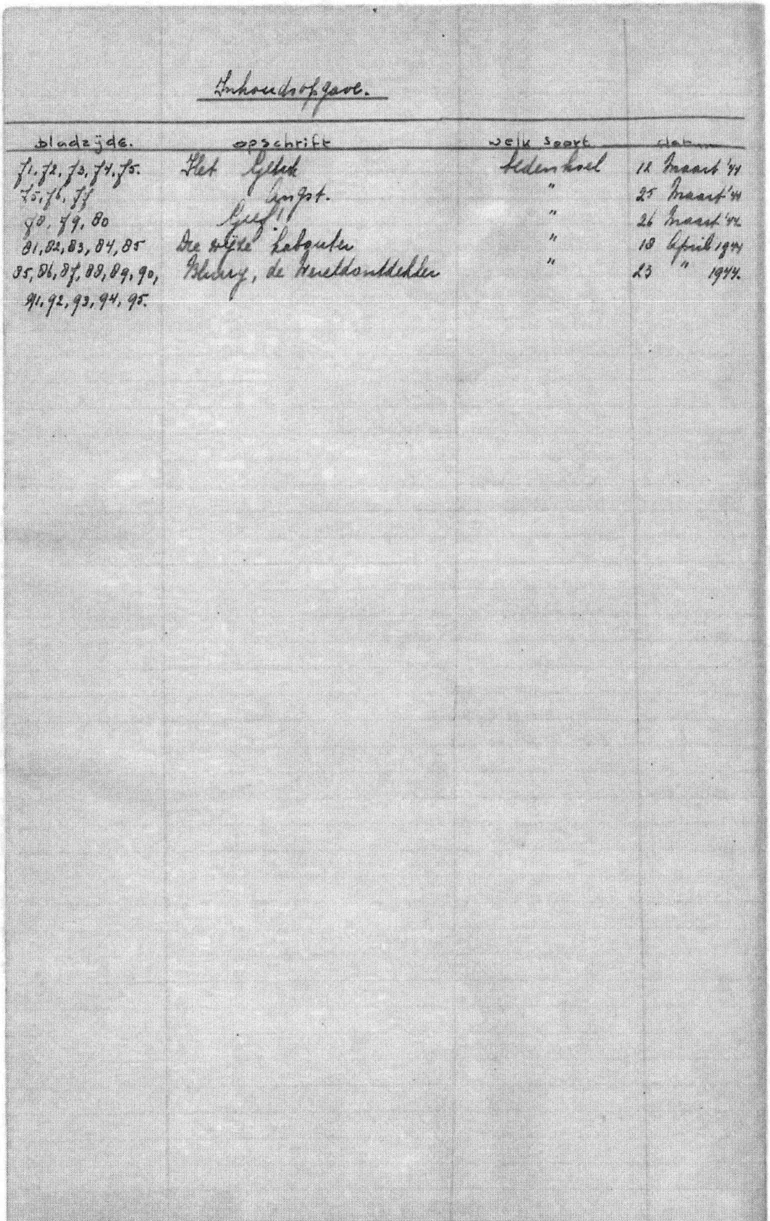

Inhoudsopgave.

bladzijde.	opschrift	welk soort	datum
71, 72, 73, 74, 75.	Het Geluk	bedenksel	12 Maart '44
75, 76, 77	Angst.	"	25 Maart '44
78, 79, 80	Geef!	"	26 Maart '44
81, 82, 83, 84, 85	De wijze Kabouter	"	18 April 1944
85, 86, 87, 88, 89, 90, 91, 92, 93, 94, 95.	Blurry, de Wereldontdekker	"	23 " 1944.

Inhaltsverzeichnis der »Geschichten und Ereignisse aus dem Hinterhaus«

Weitere Erzählungen

Editorische Notiz

Anne Frank hat die Erzählungen und Fragmente (»Die Fee«, »[Riek]«, »[Joke]«, »Warum«, »Wer ist interessant« und »Cadys Leben«) nicht in ihr Inhaltsverzeichnis (s. S. 362 f.) mitaufgenommen. Möglicherweise plante sie, sie noch zu überarbeiten. So gibt es von »Die Fee« zwei Manuskripte – einmal den Anfang der Geschichte und einmal eine vollständige Version mit gleichlautendem Anfang.
Anders als bei den meisten ihrer Erzählungen hat Anne Frank die beiden Geschichten [Riek] und [Joke] nicht mit Überschriften versehen; die Titel in eckigen Klammern stammen vom Herausgeber dieser Ausgabe. Datiert wurde lediglich »Die Fee«.

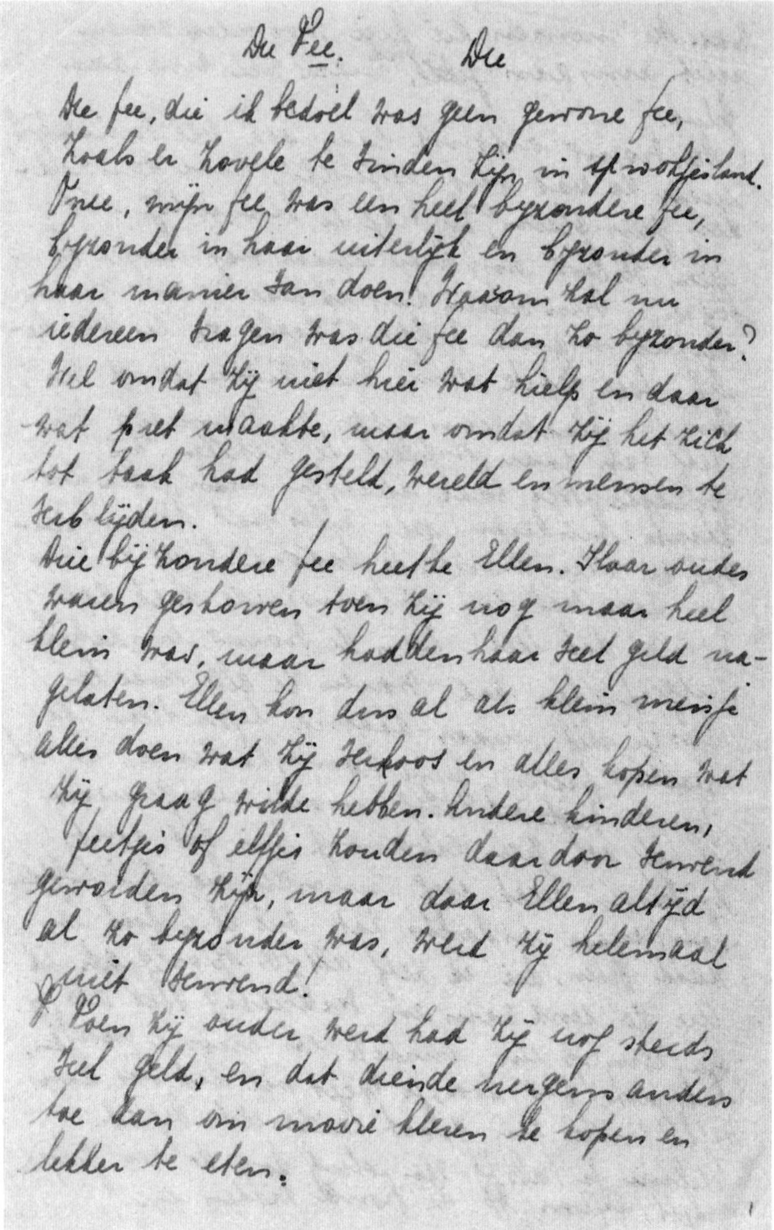

Die Fee. Dee

De fee, die ik bedoel was geen gewone fee,
zoals er zovele te vinden zijn in sprookjesland.
O nee, mijn fee was een heel bijzondere fee,
bijzonder in haar uiterlijk en bijzonder in
haar manier van doen! Waarom zal nu
iedereen vragen was die fee dan zo bijzonder?
Wel omdat zij niet hier wat hulp en daar
wat pret maakte, maar omdat zij het zich
tot taak had gesteld, wereld en mensen te
verblijden.
Die bijzondere fee heette Ellen. Haar ouders
waren gestorven toen zij nog maar heel
klein was, maar hadden haar veel geld na-
gelaten. Ellen kon dus al als klein meisje
alles doen wat zij verkoos en alles kopen wat
zij graag wilde hebben. Andere kinderen,
feetjes of elfjes zouden daardoor verwend
geworden zijn, maar daar Ellen altijd
al zo bijzonder was, werd zij helemaal
niet verwend!
Toen zij ouder werd had zij nog steeds
veel geld, en dat diende nergens anders
toe dan om mooie kleren te kopen en
lekker te eten.

Freitag, 12. Mai 1944

Die Fee[26]

Die Fee, die ich meine, war keine gewöhnliche Fee, wie so viele im Märchenland zu finden sind. O nein, meine Fee war eine ganz besondere Fee, außergewöhnlich in ihrem Aussehen und außergewöhnlich in ihrem Benehmen. Warum, wird nun jeder fragen, war diese Fee denn so besonders?
Nun, weil sie nicht hier ein wenig half und dort ein wenig Freude brachte, sondern weil sie es sich zur Aufgabe gemacht hatte, die Welt und die Menschen glücklich zu machen.
Diese besondere Fee hieß Ellen. Ihre Eltern waren gestorben, als sie noch sehr klein war, hatten ihr aber viel Geld hinterlassen. Ellen konnte also schon als kleines Mädchen alles tun, was sie wollte, und alles kaufen, was sie gern haben wollte. Andere Kinder, kleine Feen oder Elfen, wären dadurch verwöhnt worden, doch da Ellen schon immer so besonders war, wurde sie ganz und gar nicht verwöhnt!
Als sie älter wurde, hatte sie noch immer viel Geld, und das benutzte sie für nichts anderes, als schöne Kleider zu kaufen und lecker zu essen.
Eines Morgens wachte Ellen auf, und während sie noch in ihrem weichen Bettchen lag, dachte sie darüber nach, was mit all dem Geld anzufangen sei. »Für mich selbst kann ich doch nicht alles brauchen und ins Grab kann ich es auch nicht mitnehmen, warum sollte ich nicht andere Menschen mit dem Geld glücklich machen?« Das war ein guter Plan, und Ellen wollte dann auch sofort mit der Ausführung beginnen. Sie stand auf, kleidete sich an, nahm ein Weidenkörbchen, legte aus einem ihrer Geldbündel etwas in den Korb und verließ ihre Wohnung.
»Wo soll ich nun anfangen?«, fragte sie sich. »Warte, ich weiß es schon, die Witwe des Holzhackers wird sich über einen Besuch von mir bestimmt freuen. Ihr Mann ist gerade erst gestorben, und die arme Frau hat es sicherlich sehr schwer.«
Singend lief Ellen durch das Gras und klopfte an die Tür der Holzhackerhütte. »Herein«, erklang eine Stimme von drinnen. Ellen öffnete sachte die

26 Am 9. Mai 1944 schrieb Anne Frank in ihr Tagebuch: »Die Geschichte ›Ellen, die Fee‹ ist fertig. Ich habe sie auf schönem Briefpapier abgeschrieben, mit roter Tinte verziert und die Blätter aneinandergenäht. Das Ganze sieht jetzt hübsch aus, aber ich weiß nicht, ob es nicht etwas wenig ist.« Die Abschrift war als Geburtstagsgeschenk für ihren Vater am 12. Mai gedacht; A. d. Ü.

Tür und schob den Kopf hinein. In dem dunklen Zimmer saß in der äußersten Ecke eine kleine alte Frau in einem wackligen Lehnstuhl und strickte. Sie war sehr überrascht, als Ellen hereinkam und sofort eine Handvoll Geld auf den Tisch legte. Die Frau wusste ebenso gut wie alle anderen Menschen, dass man die Gaben von Feen und Elfen immer ohne Weigerung annehmen muss. Deshalb sagte sie freundlich: »Das ist sehr lieb von dir, Kleine, es gibt nicht viele Menschen, die etwas umsonst geben, aber die Bewohner des Märchenlands sind da zum Glück eine Ausnahme.«

Ellen schaute sie erstaunt an. »Was meinen Sie damit?«, fragte sie.

»Nun, ich meine, es gibt nicht viele Menschen, die etwas weggeben, ohne dass sie dafür etwas zurückhaben wollen.«

»O nein? Aber warum sollte ich etwas von Ihnen haben wollen, ich bin wirklich froh, dass mein Korb etwas leichter geworden ist.«

»Dann ist es gut, ich danke dir herzlich!«

Ellen sagte guten Tag und ging weiter. Nachdem sie zehn Minuten gelaufen war, landete sie an der nächsten Hütte, auch hier klopfte sie an, obwohl sie die Menschen nicht kannte. Sofort, als sie die Tür geöffnet hatte, bemerkte Ellen, dass hier kein Geld nötig war.

Die Leute, die hier wohnten, waren nicht arm an Gütern, sondern arm an Glück.

Die Frau empfing sie dann auch freundlich, aber sie war nicht lebhaft, ihre Augen hatten keinen Glanz, und sie sah traurig aus. Ellen beschloss, ein bisschen länger hierzubleiben. »Vielleicht kann ich dieser Frau auf eine andere Art helfen«, dachte sie, und wirklich, als die kleine liebe Fee auf einem Kissen Platz nahm, begann die Frau wie von selbst von ihrem Unglück zu erzählen. Sie sprach von ihrem schlechten Mann, von den ungezogenen Kindern, von allem, was ihr missfiel, und Ellen hörte zu, fragte ab und zu etwas und interessierte sich sehr für all das Leid. Als die Frau endlich zu Ende geredet hatte, waren sie beide eine Weile still, doch dann begann Ellen zu sprechen. »Liebe Frau«, sagte sie, »ich habe dein Leid nie erlebt. Ich habe auch keine Erfahrung in solchen Dingen und weiß noch weniger, wie ich dir helfen kann, trotzdem möchte ich dir einen Rat geben, dem ich selbst immer folge, wenn ich mich so einsam und traurig fühle wie du. Geh an einem ruhigen und schönen Morgen mal durch den großen Wald, du weißt schon, diesen Wald, an dessen Ende die Heide beginnt. Und setz dich, wenn du ein Stück durch die Heide gelaufen bist, irgendwo auf den Boden und tue nichts. Betrachte nur den Himmel und die Bäume, dann wirst du ganz ruhig werden, und es gibt plötzlich nichts mehr, was so unüberwindlich elend wäre, dass ihm nicht abgeholfen werden kann.«

»Ach nein, Fee, dieses Mittel wird wohl ebenso wenig helfen wie all die anderen Tränke, die ich schon benutzt habe.«

»Versuche es doch mal«, drängte Ellen, »allein mit der Natur, das weiß ich genau, fällt alles Unangenehme von dir ab. Du wirst ruhig und froh und fühlst, dass Gott dich noch nicht verlassen hat, wie du es schon lange glaubtest.«

»Wenn ich dir damit einen Gefallen tun kann, werde ich es einmal probieren«, antwortete die Frau daraufhin.

»Gut, dann gehe ich jetzt weiter und komme nächste Woche um die gleiche Zeit wieder.«

So ging Ellen in fast jedes Haus, machte die Menschen froh, und am Ende des langen Tags war ihr Korb leer und ihr Herz voll, weil sie das Gefühl hatte, dass sie nun wirklich ihr Geld und ihre Gaben gut angewandt hatte. Viel besser als für teuere Kleider.

Von diesem Tag an ging Ellen oft los, mit ihrem Körbchen am Arm, in ihrem gelben Blumenkleid, die Haare mit einer großen Schleife zusammengebunden, so trat sie bei den Menschen ein und machte sie alle froh.

Auch die Frau, die genug Geld, aber auch genug Kummer hatte, war viel fröhlicher geworden, Ellen wusste genau, ihr Mittel half immer.

Durch all diese Besuche bekam Ellen viele Freunde und Freundinnen, keine Elfen und Feen, sondern einfache Menschenkinder.

Die Kinder erzählten ihr von ihrem Leben. Dadurch bekam Ellen viel Erfahrung und wusste schon bald auf jede Klage eine passende Antwort zu geben.

Aber sie hatte sich, was ihr Geld anging, doch ein bisschen verrechnet, denn nach einem Jahr war das Überschüssige verbraucht. Sie hatte nun gerade genug, um davon zu leben.

Wer nun denkt, dass Ellen traurig war oder nicht weiter schenkte, der irrt sich; Ellen schenkte weiter, kein Geld, sondern gute Ratschläge und liebevolle Worte.

O ja, Ellen hatte gelernt, dass man, auch wenn man ganz allein von einer großen Familie übrig geblieben ist, trotzdem sein Leben zu etwas Schönem machen kann und andere, egal wie arm man ist, doch immer noch von den inneren Reichtümern genießen lassen kann.

Als Ellen als sehr alte Fee starb, wurde so viel geweint wie nie zuvor in der Welt. Doch Ellens Geist war noch nicht tot, denn wenn die Menschen schliefen, kam sie oft wieder und ließ sie schön träumen, so dass sie im Schlaf doch noch etwas von der außergewöhnlichen Ellen empfingen.

[Riek]

Es war Viertel nach vier, als ich durch eine ziemlich ruhige Straße spazierte und gerade beschlossen hatte, zu dem in der Nähe befindlichen Konditor zu gehen, als aus einer Seitenstraße zwei lebhaft schwatzende Backfische kamen, die, Arm in Arm, in die gleiche Richtung liefen wie ich.
Es ist mitunter für alle Menschen interessant und anregend, dem Gespräch von zwei Backfischen zu lauschen, nicht nur weil sie wegen der geringsten Kleinigkeit lachen, sondern weil ihr Lachen so ansteckend ist, dass jeder, der in ihrer Nähe ist, unwillkürlich mitlacht.
So erging es auch mir, während ich hinter den beiden Backfischen herlief, lauschte ich ihrem Gespräch, das diesmal um den Kauf einer Süßigkeit für einen Groschen ging. Sie berieten aufgeregt, was für ihr Geld wohl zu kaufen sei, und machten sich absichtlich den Mund wässrig, indem sie einander die leckersten Süßigkeiten empfahlen. Als sie beim Konditor angelangt waren, setzten sie ihre Auswahl vor dem Schaufenster fort, und da ich hinter ihnen die Herrlichkeiten betrachtete, wusste ich schon, bevor sie den Laden betraten, was sie gewählt hatten.
Drinnen war es nicht voll, und die beiden Mädchen waren gleich an der Reihe. Ihre Wahl war auf zwei große Törtchen gefallen, die sie, Wunder über Wunder, noch unangetastet aus dem Laden brachten. Keine halbe Minute nach ihnen war auch ich bedient und sah die beiden wieder laut redend vor mir herlaufen.
An der nächsten Ecke war wieder ein Konditor angesiedelt, vor dessen Schaufenster ein kleines Mädchen stand, das mit gierigen Augen die Leckereien im Schaufenster betrachtete.
Die zwei glücklichen Besitzerinnen der Törtchen blieben neben dem Mädchen stehen, um auch diese Auslagen zu betrachten, und schon bald waren sie mit dem armen Mädchen in ein Gespräch gekommen. Ich erreichte die Ecke, als sie sich schon lange unterhielten, und schnappte daher nur den Rest ihres Gesprächs auf.
»Ach, hast du solchen Hunger?«, fragte einer der Backfische die Kleine, »möchtest du gern so ein Törtchen haben?«
Die Kleine nickte zustimmend mit dem Kopf.
»Sei doch nicht so blöd, Riek«, rief der zweite Backfisch. »Steck, so wie ich, dein Törtchen schnell in den Mund, wenn dieses Kind es hat, hast du nichts mehr davon.«
Riek antwortete nicht, sondern schaute einen Moment lang unschlüssig von

dem Törtchen zu dem Mädchen. Dann gab sie dem Kind plötzlich das Törtchen und sagte freundlich: »Bitte, iss es auf, ich bekomme heute Abend doch wieder etwas zu essen!« Und sofort, bevor die Kleine vor der Scheibe sich bedanken konnte, waren die beiden Freundinnen verschwunden. Auch ich ging weiter, und als ich an der Kleinen, die ihr Törtchen schmauste, vorbeiging, sagte sie zu mir: »Möchtest du mal probieren, Fräulein, ich habe es geschenkt bekommen?« Ich dankte ihr und ging lachend weiter. Wer, glaubt ihr, hat das meiste Vergnügen gehabt, Riek, ihre Freundin oder das arme Mädchen?

Ich denke doch Riek!

[Joke]

Joke steht vor dem offenen Fenster ihres Zimmers und atmet tief die frische Luft ein. Ihr ist warm und es tut ihrem verweinten Gesicht gut, ein wenig Luft zu bekommen.
Ihre Augen wandern höher und höher, bis sie schließlich die Sterne und den Mond anschaut. »Oh«, denkt Joke, »ich kann nicht mehr, ich kann nicht einmal mehr traurig sein. Paul hat mich im Stich gelassen. Ich bin jetzt allein, vielleicht für immer, aber ich kann nicht mehr, ich kann nicht mehr, ich weiß nur noch, dass ich verzweifelt bin.« Und während Joke schaut, immer nur die Natur betrachtet, die sich an diesem Abend sehr schön offenbart, wird sie ruhig. Während ein Windstoß nach dem anderen durch die Bäume vor dem Haus fährt, während der Himmel dunkel ist und die Sterne sich hinter großen, dicken Wolken verstecken, die im Wolkenlicht aussehen wie Löschpapierpfropfen, die alle möglichen Gestalten annehmen, fühlt Joke plötzlich, dass sie überhaupt nicht verzweifelt ist, dass sie noch etwas tun kann und dass ihr niemand ihr eigenes Glück, das, was sie selbst empfindet, wegnehmen kann. »Niemand kann es«, flüstert sie, ohne sich dessen bewusst zu sein. »Selbst Paul nicht.«
Als Joke eine Stunde lang am Fenster gestanden hat, ist sie genesen, sie ist zwar noch traurig, aber nicht mehr verzweifelt, und jeder, der nur lang und tief genug die Natur und damit auch sich selbst betrachtet, wird, genau wie Joke, von jeder Verzweiflung geheilt werden.

Warum?

Das Wort »warum« lebt und wächst eigentlich mit mir mit, seit ich ein kleines Kind war und noch nicht einmal richtig sprechen konnte.
Es ist bekannt, dass kleine Kinder nach allen Dingen fragen, weil ihnen fast alles noch unbekannt ist. Bei mir war das besonders stark der Fall, und nicht nur das, ich konnte es auch in späteren Jahren nicht lassen, von allen Dingen mehr wissen zu wollen.
Das war an sich nicht so schlimm, und ich kann auch nichts anderes sagen, als dass meine Eltern meine Fragen sehr geduldig beantworteten, bis … ich auch Fremde nicht in Ruhe ließ, und andere Menschen halten »diese lästige Kinderfragerei« nicht aus.
Ich muss zugeben, dass es wirklich lästig sein kann, aber ich tröstete mich mit dem Gedanken, dass man durch Fragen klug wird, eine Redensart, die auch nicht ganz stimmt, denn dann hätte ich längst Professor sein müssen.
Als ich älter wurde, merkte ich, dass man längst nicht alle Fragen jedem stellen kann und dass es sehr viele Warums gibt, die nicht beantwortet werden können.
Die Folge davon war, dass ich versuchte, mir selbst zu helfen, indem ich über meine eigenen Fragen nachdachte. Und ich kam zu der wichtigen Entdeckung, dass Fragen, die man in der Öffentlichkeit nun mal nicht stellen kann oder darf, oder Fragen, die man nicht gut in Worte fassen kann, sehr gut innerlich gelöst werden können. Folglich hat mich das Wort »warum« nicht nur fragen, sondern auch denken gelehrt.
Nun zum zweiten Teil des Wörtchens »warum«. Wenn jeder sich bei all seinen Taten erst fragen würde, warum, dann würden die Menschen, glaube ich, viel besser und ehrlicher werden. Denn man kann am besten gut und ehrlich werden, indem man nie nachlässt, sich selbst ehrlich zu prüfen. Das Letzte, was ich mir bei einem Menschen vorstellen kann, ist, dass er seine Fehler und Mängel (die doch jeder Mensch hat), nicht einmal sich selbst gegenüber bekennt. Dies gilt sowohl für Kinder als auch für Erwachsene, das ist in diesem Fall genau das Gleiche. Die meisten Menschen werden wohl denken, dass Eltern ihre Kinder erziehen und ihren Charakter so gut wie möglich formen müssen, doch das ist keinesfalls wahr.
Von klein auf müssen Kinder sich selbst erziehen und selbst versuchen, einen Charakter zu bekommen. Viele werden das absurd finden, aber das ist es nicht; ein Kind, so klein es auch ist, ist schon eine Persönlichkeit, die selbst

ein Gewissen hat. Indem man ein Kind so behandelt, dass es merkt, dass sein eigenes Gewissen es am härtesten bestraft, erzieht man es.
Wenn Kinder vierzehn oder fünfzehn Jahre alt sind, ist jede Strafe lächerlich, denn so ein Kind weiß sehr gut, dass niemand, auch die eigenen Eltern nicht, es durch Strafen beeinflussen oder ihm weh tun können. Allein durch Reden und indem es auf sich selbst verwiesen wird, wird man viel schneller Besserung feststellen als durch die härtesten Strafen.
Aber ich möchte hier keine pädagogischen Ratschläge aufführen, ich möchte nur sagen, dass bei jedem Kind und jedem Menschen das Wort »warum« eine große Rolle spielt und auch spielen muss.
Das »Durch Fragen wird man klug« ist also insofern wahr, dass es zum Denken führt, und von denken kann nie jemand schlechter, sondern, im Gegenteil, nur besser werden.

Wer ist interessant?

Letzte Woche saß ich im Zug, ich zuckelte zu meiner Tante nach Bussum und hatte vor, mich zumindest im Zug noch zu amüsieren, da eine Woche in der Gesellschaft von Tante Josephine zu ertragen wirklich nicht amüsant ist.

Ich saß also mit diesem Plan im Zug, aber ich hatte kein Glück, denn meine Gesellschaft sah auf den ersten Blick nicht sehr interessant oder amüsant aus. Eine kleine alte Frau, die mir gegenüber Platz genommen hatte, war zwar um mich besorgt, aber keineswegs amüsant, der vornehme Herr, der neben ihr saß und durch nichts von seiner Zeitung abzulenken war, ebenso wenig, auch die Bauersfrau auf der anderen Seite sah nicht aus, als hätte sie Lust auf ein Schwätzchen, und doch hatte ich mir vorgenommen, mich zu amüsieren, und das würde ich auch tun.

Notfalls müsste ich jemanden belästigen, die Schuld würde ich dann auf Tante Josephines mageren, langen Hals schieben.

Während ich schon eine Viertelstunde mit diesem Plan allein dasaß und bestimmt genauso wenig amüsant aussah wie meine Abteilgenossen, hielt der Zug schon am ersten Bahnhof, und zu meiner großen Freude stieg ein Herr von etwa dreißig ein, der zwar nicht amüsant, aber doch interessant aussah.

Im Allgemeinen sind Frauen der Meinung, dass Männer mit jungen Gesichtern und ergrauenden Schläfen interessant sind, und ich hatte an der Wahrheit dieser Aussage nie gezweifelt. Nun würde ich also so einen interessanten Mann auf die Probe stellen, ihn auf keinen Fall ohne weiteres als interessant gelten lassen.

Nun war die große Frage: Wie sollte ich das Interessantsein vom Interessanten herausbekommen? Es war bestimmt schon wieder eine Viertelstunde verstrichen, als ich plötzlich ein simples und bestimmt schon oft gebrauchtes Mittel fand, ich ließ nämlich seelenruhig ein Taschentuch fallen, und die Wirkung war wirklich großartig. Nicht nur, dass der interessante Herr sehr galant (es gehört sich auch nicht anders, nicht wahr) mein Taschentuch vom schmutzigen Boden hochhob, er ergriff tatsächlich von sich aus die Gelegenheit, ein Gespräch anzufangen.

»Nun, Fräulein«, begann er sehr freimütig, natürlich mit gedämpfter Stimme, denn die übrigen Reisegenossen brauchten nicht alles zu hören, »hier haben Sie Ihr Eigentum zurück, aber ich würde gern im Tausch für Ihr Taschentuch Ihren Namen wissen.«

Ehrlich gesagt, ich fand den Mann ziemlich dreist, aber da ich mich auf jeden Fall amüsieren wollte, antwortete ich im gleichen Ton und sagte: »Natürlich, mein Herr, ich bin Fräulein van Bergen.«
Er schaute mich recht vorwurfsvoll an und fragte schmeichelnd: »Ach, verehrtes Fräulein, ich würde so gern Ihren Vornamen wissen!«
»Nun ja, also Hetty«, antwortete ich.
»So, Hetty«, wiederholte mein Nachbar, und nun unterhielten wir uns über Gott und die Welt, aber ich konnte das Gespräch nicht interessant werden lassen und erwartete das eigentlich von dem Mann, der für die Welt als interessant galt.[27]
Am nächsten Bahnhof stieg der Herr auch schon aus, und ich war mehr als enttäuscht.
Auf einmal kam die Frau jedoch aus ihrer Ecke hervor und begann mit mir zu sprechen. Sie erzählte so schön und interessant, dass die Zeit wie im Flug verging und ich, bevor ich es merkte, am Ziel war.
Ich bedankte mich bei der interessanten Frau und weiß nun, dass der Ruf der interessanten Männer nur auf dem Äußeren beruht.
Achten Sie, wenn Sie sich auf einer Reise oder irgendwo anders amüsieren wollen, genau wie ich darauf, ob Sie auch alte oder hässlichen Menschen sehen. Diese werden Ihnen viel eher die gewünschte Ablenkung schenken als Herren mit Gesichtern, denen der Dünkel anzusehen ist.

27 Hier wurde, wahrscheinlich von Anne Frank, eine ganze Seite Text weggestrichen: »Schließlich konnte ich mich nicht mehr zurückhalten und sagte ihm auf den Kopf zu, dass ich mich amüsieren wollte. Über die Wirkung meiner Worte erschrak ich wirklich sehr. Es war nämlich gerade an einem Bahnhof, als ich ihm eingestand, ich wollte amüsiert werden. Sofort nach meinem letzten Wort nahm er seinen Hut, grüßte höflich und sagte mit einem Kopfnicken in die Richtung der alten Frau, ›dann sollten Sie sich an diese Adresse wenden!‹
Ich verstand das nicht, und die alte Frau, die ihn vermutlich nicht einmal verstanden hatte, ebenfalls nicht.
Plötzlich rückte jedoch der vornehme Zeitungsleser mit folgenden Worten heraus: ›Ich werde dir erklären, was der Herr gemeint hat, ich fahre jeden Tag mit ihm zusammen, und da er immer für interessant gilt‹«; A. d. Ü.

Cadys Leben

Editorische Notiz

Das Romanfragment »Cadys Leben« findet sich in Anne Franks zweitem Tagebuchheft. Sie erwähnt das Projekt in mehreren Tagebucheinträgen, z. B. am 17. Februar 1944, dem zufolge sie Peter etwas daraus zu lesen gegeben hat: »Ich sagte, dass ich nur mal hatte zeigen wollen, dass ich nicht nur witzige Sachen aufschreibe.«

Am 11. Mai 1944 vertraut sie ihrer Brieffreundin Kitty einen ausführlichen Plan über die Handlung von »Cadys Leben« an und beklagt sich schließlich wenig später, am 5. April: »An Cadys Leben habe ich lange nichts mehr getan. In meinen Gedanken weiß ich genau, wie es weitergehen soll, aber es ist nicht so richtig geflossen. Vielleicht wird es nie fertig, vielleicht landet es im Papierkorb oder im Ofen.« Annes erste Befürchtung trat ein, die zweite nicht.[28]

Auf einzelnen Blättern fanden sich drei weitere Fragmente des Romans, die im Anschluss an den ersten, größeren Teil abgedruckt sind.

28 Eine ausführlichere Erklärung zum Entstehen von »Cadys Leben« findet sich in Gerrold van der Strooms Einführung zur 2003 erschienenen Taschenbuchausgabe der »Geschichten und Ereignisse aus dem Hinterhaus« (Frankfurt am Main); A. d. Hg.

Ich habe viele Ideen und bin damit beschäftigt, sie zusammenzustellen zu einem Ganzen. Um eine Übersicht zu bekommen und weil ich sonst kein liniertes Papier mehr habe, schreibe ich das hier hinten hinein.

Cadys Leben

Kapitel I

1. Teil
Als Cady die Augen aufmachte, war das Erste, was sie sah, dass alles um sie herum weiß war. Das Letzte, was sie deutlich wusste, war, dass jemand sie rief … ein Auto, dann fiel sie … und dann war alles dunkel. Sie spürte nun auch einen stechenden Schmerz in ihrem rechten Bein und ihrem linken Arm, und ohne es zu wissen, stöhnte sie leise. Gleich beugte sich ein freundliches Gesicht über sie, das unter einer weißen Haube hervorsah.
»Tut es sehr weh, arme Kleine? Erinnerst du dich an das, was dir passiert ist?«, fragte die Schwester.
»Es ist nichts …«
Die Schwester lächelte. Dann fuhr Cady, mühsam sprechend, fort: »Ja … ein Auto, ich fiel … dann nichts mehr!«
»Dann sag mir doch, wie du heißt, dann können deine Eltern dich besuchen und brauchen nicht länger in Unruhe zu warten.«
Cady erschrak sichtlich. »Aber … aber, aber eh …«, mehr brachte sie nicht heraus.
»Erschrick nicht, deine Eltern warten noch nicht so lange auf dich, du bist erst eine gute Stunde bei uns.«
Cady gelang, wenn auch mit Mühe, ein kleines Lächeln. »Ich heiße Caroline Dorothea van Altenhoven, kurz Cady genannt, und wohne in der Zuider Amstellaan 261.«
»Sehnst du dich nach deinen Eltern?«
Als Antwort nickte Cady bloß. Sie war so müde und alles tat ihr weh, noch ein Seufzer, und sie war eingeschlafen.

Schwester Ank, die neben dem Bett in dem kleinen, weißen Zimmer wachte, sah beunruhigt zu dem kleinen, blassen Gesichtchen hin, das da so ruhig auf dem Kissen lag, als wäre nichts geschehen. Doch es war etwas geschehen; der Doktor hatte gesagt, das Mädchen sei unter ein Auto gekommen, das gerade um die Kurve bog, als sie die Straße überqueren wollte. Sie war gestürzt, doch zum Glück hatte das Auto gute Bremsen und überfuhr sie nicht ganz. Wie der Doktor vermutete, hatte sie einen doppelten Beinbruch, ihr linker Arm war gequetscht und auch an ihrem linken Fuß war etwas nicht in Ordnung. Sollte dieses liebe Mädchen je wieder laufen können? Schwester Ank bezweifelte es sehr; der Doktor hatte ein sehr ernstes Gesicht gemacht. Zum Glück wusste das Mädchen nichts davon, und man würde ihr auch möglichst nicht die Wahrheit sagen. Cady stöhnte im Schlaf, und Schwester Ank schreckte aus ihren Gedanken hoch. Sie konnte dem Mädchen doch nicht helfen, deshalb stand sie schnell auf, drückte einen Knopf und händigte der Schwester, die hereinkam, einen Zettel aus, auf dem der Name und die Adresse der van Altenhovens stand.

»Such schnell im Telefonbuch die Nummer dieser Leute und informiere sie mit vorsichtigen Worten über den Zustand ihrer Tochter. Frage, ob sie so schnell wie möglich herkommen können. Wenn du die Telefonnummer nicht findest, dann schreibe ein Briefchen und schicke einen Jungen!«

Geräuschlos wurde die Tür wieder geschlossen. Seufzend nahm Schwester Ank das Strickzeug von dem Tischchen, das neben ihr stand. Ihre Gedanken waren an diesem Nachmittag so düster. Wie kam es, dass sie sich das Schicksal dieses Mädchens so zu Herzen nahm? Hatte sie nicht schon so viele Menschen für ihr Leben lang gebrechlich werden sehen, durch etwas, wie es diesem Mädchen passierte? Hatte sie nicht schon längst gelernt, ihre Gefühle auszuschalten? Aber es half nichts, immer wieder drehten sich ihre Gedanken um das gleiche Thema.

Leise wurde an die Tür geklopft; eine Schwester ließ eine Dame mittlerer Größe ein, gefolgt von einem besonders langen und gutaussehenden Herrn. Schwester Ank erhob sich; dies mussten Cadys Eltern sein. Frau van Altenhoven war sehr blass und sah mit ängstlichen Augen ihre Tochter an. Diese merkte nichts davon, da sie noch immer ruhig schlief.

»Schwester, sagen Sie mir doch, was mit ihr passiert ist, wir haben so auf sie gewartet, doch dass ihr ein Unglück zugestoßen ist … nein, nein …«

»Beunruhigen Sie sich nicht zu sehr, meine Dame. Ihre Tochter war schon aus der Bewusstlosigkeit erwacht.«

Schwester Ank erzählte nun so viel, wie sie selbst von der Sache wusste, und während sie es viel leichter beschrieb, als es war, fühlte sie sich selbst auch wieder leichter und froher werden. Wer weiß, vielleicht würde es dem Mädchen wirklich bessergehen!

Während die Erwachsenen noch dastanden und redeten, war Cady aufgewacht, und als sie ihre Eltern im Zimmer stehen sah, fühlte sie sich plötzlich viel kränker als zuvor, als sie mit der Schwester allein gewesen war. Nun bestürmten sie die Gedanken; von allen Seiten kamen Gräuelbilder auf sie zu, sie sah sich für immer verkrüppelt … mit einem Arm, und noch viele andere Schreckensbilder.

Frau van Altenhoven hatte inzwischen bemerkt, dass Cady aufgewacht war, und näherte sich dem Bett. »Hast du große Schmerzen? Wie geht es dir? Soll ich bei dir bleiben? Möchtest du etwas haben?«

Es war Cady unmöglich, all diese Fragen zu beantworten. Sie nickte nur und dachte voller Sehnsucht an den Augenblick, in dem diese ganze Unruhe wieder weg sein würde.

»Vater!«, war das Einzige, was sie herausbrachte.

Herr van Altenhoven setzte sich auf den Rand des großen, eisernen Bettes und nahm, ohne ein Wort zu sagen, die gesunde Hand seines Töchterchens in seine. »Dank dir, ich danke dir sehr«, mehr sagte Cady nicht, sie war wieder eingeschlafen.

Kapitel II

Eine Woche war nun vergangen, seit das Unglück passiert war. Cady bekam jeden Morgen und Nachmittag Besuch von ihrer Mutter, doch diese durfte nicht lange bleiben, da sie mit ihrem unaufhörlichen, nervösen Gerede Cady sehr ermüdete und die Schwester, die immer für sie sorgte, wohl merkte, dass Cady viel mehr auf ihren Vater als auf ihre Mutter wartete.

Die Schwester hatte überhaupt sehr wenig Mühe mit der ihr anvertrauten Patientin; obwohl Cady oft große Schmerzen haben musste, vor allem, wenn der Doktor sie behandelte, klagte sie nie und war auch nie unzufrieden. Am liebsten lag sie still da und träumte vor sich hin, wenn Schwester Ank mit einem Buch oder dem Strickzeug an ihrem Bett saß. Nachdem Cady die ersten Tage überstanden hatte, schlief sie nicht mehr ständig, sondern unterhielt sich gern auch ein bisschen, und mit niemandem konnte sie das so gut wie mit Schwester Ank. Diese war ruhig und sprach immer leise; ihre Sanftmut war es, die Cady so anzog. Dieses Liebevolle und Mütterliche hatte sie, wie sie jetzt erst merkte, immer vermisst. Nach und nach wuchs ein Vertrauen zwischen der Schwester und Cady, und Letztere begann, ihr Fragen über alle möglichen Themen zu stellen.

Als die ersten vierzehn Tage vorbei waren und Cady ihr schon viel erzählt hatte, fragte Schwester Ank eines Morgens vorsichtig nach Cadys Mutter.

Cady hatte diese Frage erwartet, und sie war froh, jemandem ihre Gefühle mitzuteilen.
»Wieso fragen Sie das, ist es Ihnen vielleicht aufgefallen, dass ich nicht nett zu Mutter war?«
»Nein, das nicht, aber ich habe das Gefühl, dass du deiner Mutter anders und kühler gegenüberstehst als deinem Vater.«
»Sie haben es richtig gesehen, ich kann meiner Mutter gegenüber keine echte Wärme empfinden, und ich habe damit schon viel Kummer gehabt. Mutter ist so sehr verschieden von mir; das wäre an sich nicht so schlimm, aber sie steht auch Dingen, die mir wichtig sind und sehr am Herzen liegen, ziemlich verständnislos gegenüber. Können Sie mir nicht helfen, Schwester Ank, und mir sagen, wie ich mein Verhältnis zu meiner Mutter bessern kann, damit sie nicht so merkt, dass ich sie nicht so lieben kann wie Vater? Denn ich weiß, dass Mutter mich, ihr einziges Kind, sehr liebt!«
»Deine Mutter meint es auch gut, ich glaube nur, dass sie nicht den richtigen Ton finden kann, vielleicht ist sie auf ihre Art ein bisschen befangen?«
»O nein, das ist es nicht. Mutter denkt, dass ihre Haltung als Mutter untadelig ist, sie wäre verblüfft, wenn jemand ihr sagen würde, dass sie mir gegenüber den falschen Ton anschlägt. Mutter ist überzeugt, dass der Fehler nur bei mir liegt. Schwester Ank, Sie sind genau die Mutter, die ich mir wünschen würde; ich sehne mich so sehr nach einer echten Mutter, und diesen Platz wird sie, die meine Mutter ist, nie ausfüllen können. Kein Mensch auf der Welt hat es ganz so, wie er es möchte, obwohl die meisten Menschen glauben, dass es mir an nichts fehlt. Ich habe ein gemütliches Heim, die Beziehung zwischen Vater und Mutter ist gut, und ich bekomme alles, was ich mir nur wünschen kann, und trotzdem: Nimmt eine gute, verständnisvolle Mutter nicht einen großen Platz im Leben eines Mädchens ein? Oder vielleicht nicht nur im Leben eines Mädchens? Was weiß ich denn von den Gedanken und Gefühlen eines Jungen; ich habe nie einen Jungen näher kennengelernt. Sie haben bestimmt dasselbe Bedürfnis nach einer verständnisvollen Mutter, vielleicht nur auf eine andere Art. Nun weiß ich plötzlich, was meiner Mutter fehlt, sie hat keinen Takt. Über die heikelsten Dinge spricht sie so hässlich, sie kapiert nichts von dem, was in mir vorgeht, und doch sagt sie immer, dass sie sich so sehr für die Jugend interessiert. Sie hat keine Ahnung, was Geduld und Feingefühl sind; sie ist eine Frau, aber keine echte Mutter!«
»Beurteile deine Mutter nicht so scharf, Cady; sie ist vielleicht auch anders, hat aber viel mitgemacht, und vermeidet nun die heiklen Dinge?«

»Ich weiß es nicht, was weiß eine Tochter wie ich vom Leben ihrer Eltern? Vom Leben ihrer Mutter? Wird ihr das erzählt? Gerade weil ich Mutter nicht verstehe und sie mich nicht, ist nie Vertrauen zwischen uns entstanden.«

»Und Vater, Cady?«

»Vater weiß, dass Mutter und ich nicht miteinander auskommen. Er versteht sowohl Mutter als auch mich. Er ist ein Schatz, Schwester, und versucht mich für vieles zu entschädigen, was ich an Mutter vermisse. Nur hat er ein bisschen Angst, darüber zu sprechen, und vermeidet alle Gespräche zwischen uns, die auf Mutter hinauslaufen könnten. Ein Mann kann viel, aber eine Mutter kann er nie ersetzen!«

»Ich würde dir gern widersprechen, aber ich kann es nicht, Cady, denn ich weiß, dass du recht hast. Ich finde es sehr schade, dass deine Mutter und du euch so gegenübersteht und nicht nebeneinander. Glaubst du, dass es nicht besser werden wird, auch nicht, wenn du älter bist?«

Cady zog fast unmerklich die Schultern hoch. »Schwester, ich vermisse eine Mutter so sehr. Ich hätte so gern jemanden, dem ich volles Vertrauen schenken kann und der mir auch vertraut.«

»Cady, ich habe dich sehr lieb und möchte dir gern das geben, worüber du sprichst, aber ich fühle, dass ich nie das sein könnte, was ich sein müsste. Ich würde dir viel erzählen können, auch von mir selbst, aber das Vertrauen, dass zwischen Mutter und Tochter oder zwischen zwei Freundinnen ist, kann zwischen uns nicht sein, denn dieses Vertrauen muss wachsen!«

Cady waren bei Schwester Anks Worten Tränen in die Augen getreten. Als die Schwester geendet hatte, streckte sie die Hand aus, denn aufrichten konnte sie sich noch nicht. Schwester Ank verstand auch so, was sie sagen wollte.

»Liebe Schwester, ich finde es schlimm, aber Sie haben recht; ich kann Ihnen mein Vertrauen schenken, aber Sie mir nicht Ihres.«

Schwester Ank sah sehr ernst aus, als Cady schwieg. »Lass uns nun nicht mehr darüber sprechen, Kind, aber ich finde es doch gut, dass du mir alles von deiner Mutter erzählt hast.« Und dann wechselte sie plötzlich das Thema: »Ich habe noch eine Neuigkeit für dich, die ich fast vergessen hätte. Wenn es so weitergeht, dürfen dich in der nächsten Woche deine Freundinnen besuchen, eine nach der anderen.«

An Cadys Augen konnte man sehen, dass sie das wunderbar fand. Es ging weniger darum, ihre Freundinnen wiederzusehen, als darum, dass dies der deutlichste Beweis dafür war, dass es vorwärtsging.

Zufrieden und erleichtert aß sie ihren Brei, der gerade hereingebracht wurde, und legte sich dann hin, um ihren Mittagsschlaf zu halten.

Kapitel III

So vergingen die Wochen für Cady ziemlich eintönig. Sie bekam viel Besuch von Bekannten und Freunden, aber den größten Teil des Tages war sie doch allein. Ihr Zustand hatte sich nun insoweit gebessert, dass sie sitzen und lesen konnte.

Sie hatte einen Betttisch bekommen und ihr Vater hatte ein Tagebuch gekauft; nun saß sie oft da und schrieb ihre Gefühle und Gedanken auf. Nie hatte Cady gewusst, dass das so viel Ablenkung und Freude bringen könnte.

Schwester Ank, die sich nun wieder um andere Kranke kümmern musste, hatte die Gewohnheit beibehalten, morgens, wenn sie Cady gewaschen und fertiggemacht hatte, noch eine halbe Stunde bei ihr zu bleiben und zu reden.

Das Leben in einem Krankenhaus war allerdings eintönig, sehr eintönig. Jeder Tag verlief gleich, alles nach der Uhr, nie ein Versehen. Es war auch so still, und Cady hätte, nachdem ihr Arm und ihr Bein nicht mehr weh tat, gern etwas mehr Trubel und Leben um sich gehabt. Doch trotz allem ging die Zeit verhältnismäßig schnell vorbei; Cady langweilte sich nie und bekam von allen Seiten Spiele, die sie mit ihrer rechten Hand und allein spielen konnte. Auch ihre Schulbücher vernachlässigte sie nicht und verwendete eine bestimmte Zeit des Tages für sie. Drei Monate lag sie nun schon hier, aber bald würde es genug sein. Ihre Brüche waren nicht so ernst, wie man zuerst gedacht hatte, und die Ärzte fanden es besser, dass sie nun, da sie sich etwas erholt hatte, hinaus in ein Sanatorium käme, um sich dort völlig auszukurieren.

Also packte Frau van Altenhoven in der folgenden Woche Cadys Sachen zusammen, dann fuhren Cady und ihre Mutter viele Stunden lang mit einem Krankenwagen zum Sanatorium. Hier waren die Tage für sie noch viel einsamer. An einem oder zwei Tagen kam Besuch, es gab keine Schwester Ank und alles war wieder fremd. Ihr großer Lichtpunkt war, dass es ihr immer besserging.

Als sie sich im Sanatorium eingewöhnt hatte und ihr Arm vom Verband befreit war, musste sie wieder laufen lernen. Das war schrecklich! Auf zwei Schwestern gestützt, setzte sie Fuß vor Fuß, und jeden Tag begann die Heimsuchung erneut. Doch je mehr sie lief, umso besser ging es, und schon bald gewöhnten sich ihre Beine wieder an die Bewegung.

Ein Fest war es, als sie wieder so weit genesen war und so gut laufen konnte, dass sie mit einer Schwester und einem Stock im Garten sein durfte.

Kapitel IV

Wenn das Wetter schön war, setzten sich Cady und Schwester Truus, die sie immer begleitete, auf eine Bank in dem weitläufigen Garten und redeten oder lasen etwas, wenn sie ein Buch mitgenommen hatten. In den letzten Tagen war es auch manchmal passiert, dass sie außerhalb des Gartens im Wald einen Spaziergang gemacht hatten, und da Cady das viel schöner fand, sah die Schwester keinen Grund, ihr nicht nachzugeben. Zwar ging das Laufen noch sehr langsam und Cady hatte bei einer unerwarteten Bewegung oft Schmerzen, trotzdem sehnte sie sich jeden Tag erneut nach dieser halben Stunde, in der sie in der freien Natur war und sich ein bisschen einbilden konnte, gesund zu sein.

Nach drei Wochen, als Cady die Wege und Seitenpfade des Walds auswendig kannte, fragte der Arzt, ob sie es nicht schöner fände, allein hinauszugehen.

Cady fand es herrlich. »Darf ich das wirklich?«

»Ja, ja, geh nur gleich mal allein weg und sorge dafür, dass wir dich nicht wiedersehen«, scherzte der Doktor.

Als Cady zum Ausgehen fertig war, nahm sie ihren Stock und ging allein zur Tür hinaus. Es war ein eigenartiges Gefühl; sie war so daran gewöhnt, Schwester Truus immer um sich zu haben, doch sie wagte am ersten Tag nicht, weiter zu gehen als bis zum Zaun des Gartens. Als eine halbe Stunde verstrichen war, sah die Schwester sie wieder hereinkommen, mit röteren Wangen als sonst und mit einem fröhlichen Gesicht.

»Wie ich sehe, hat dir dein Spaziergang gefallen! Bestimmt fandest du es schön, uns einmal los zu sein.«

»Nein, so ist es nicht«, antwortete Cady, »aber es ist so schön, wieder einmal etwas allein tun zu dürfen.«

Die Schwester nickte verständnisvoll und riet ihr, nun wieder ins Bett zu gehen.

Von diesem Tag an konnte man sie jeden Tag im Garten sehen, und weil es so gut lief, bekam sie auch die Erlaubnis, sich ein wenig außerhalb des Zauns aufzuhalten.

Die Gegend, in der das Sanatorium lag, war sehr ruhig, es gab im Umkreis fast keine Häuser außer den großen Villen, die zehn Minuten entfernt und auch zehn Minuten auseinanderlagen.

Cady hatte auf einem Seitenweg eine Bank entdeckt, die aus einem auf der Erde liegenden Baumstamm bestand, und nahm nun Tücher mit, um es sich bequem zu machen. Jeden Morgen setzte sie sich dort hin und träumte oder las. Wenn sie ein Buch mitgebracht hatte, fiel es ihr, nachdem sie ein paar Seiten gelesen hatte, oft aus den Händen, und sie dachte bei sich: »Was geht mich dieses Buch eigentlich an, ist es nicht viel schöner, hier zu sitzen und zu schauen, ist es nicht viel besser, selbst über die Welt und ihren Inhalt nachzudenken, als zu lesen, was dieses Buchmädchen erlebt?«

Und dann schaute sie sich um, betrachtete die Vögel und die Blumen, folgte mit den Augen einer Ameise, die vor ihren Füßen mit einem Hölzchen schnell davonlief, und war zufrieden. Dann träumte sie von der Zeit, wenn sie selbst wieder rennen und springen könnte, wohin sie wollte, und kam zu der Erkenntnis, dass ihr Sturz, der so viel Unangenehmes mit sich gebracht hatte, auch seine guten Seiten hatte. Plötzlich begriff Cady, dass sie hier im Wald, im Sanatorium und in den stillen Stunden im Krankenhaus etwas Neues an sich selbst entdeckt hatte, sie hatte entdeckt, dass sie ein Mensch mit eigenen Gefühlen, Gedanken und Meinungen war, unabhängig von allen, ein Mensch, der selbst jemand ist.

Wie kam es, dass sie das nie vorher entdeckt hatte, dass sie früher nie auf den Gedanken gekommen war, über die Menschen nachzudenken, die täglich um sie waren, ja, über ihre eigenen Eltern?

Was hatte Schwester Ank gesagt? »Hat deine Mutter vielleicht so viel durchgemacht, dass sie die heiklen Dinge des Lebens meidet?«, und was hatte sie selbst geantwortet: »Was weiß eine Tochter schon vom Leben ihrer Eltern?«

Wie kam sie zu dieser ziemlich bitteren Antwort, da sie doch genau wusste, dass sie nie zuvor über diese Frage nachgedacht hatte. Und doch, würde sie nicht jetzt die gleiche Antwort geben? War diese Antwort nicht wahr? Was weiß ein Kind vom Leben der anderen? Das hätte sie auch antworten können, von ihren Freundinnen, ihrer Familie, ihren Lehrern, was kannte sie von ihren Eltern anderes als die Außenseite? Ja, hatte sie jemals ernsthaft mit einem von ihnen gesprochen? Tief in ihrem Innern schämte sie sich darüber, obwohl sie auch nicht wusste, wie sie es anstellen sollte, etwas von den Menschen zu erfahren, und, so schloss sie: Was nützt es mir eigentlich, wenn ich ihr Vertrauen habe, kann ich ihnen dann bei ihren Schwierigkeiten helfen? Und obwohl sie wusste, dass sie keine Ahnung hatte, wie sie helfen konnte, wusste sie zugleich doch, welche Ruhe und welche Stütze es gab, wenn man jemanden ins Vertrauen ziehen konnte; sie hatte es selbst doch noch vor kurzem so sehr vermisst, dass sie niemanden hatte, mit dem sie sich »wirklich« aussprechen konnte. War die drückende Einsamkeit, die sie manchmal empfand, nicht dasselbe? Würde dieses Gefühl nicht verschwunden sein, wenn sie eine Freundin hätte, der sie alles sagen konnte? Und Cady war sich genau

bewusst, dass sie zu wenig getan hatte, aber dass sich auch die anderen nicht um sie gekümmert hatten.
Cady schaute hoch und merkte, dass sie schon die ganze Zeit von den Geräuschen um sie herum nichts gehört hatte. Schnell nahm sie ihr Buch und las an diesem Morgen so viel, wie sie im Wald noch nie gelesen hatte.

Kapitel V

Cady war von Natur aus fröhlich und redete gern; trotzdem fühlte sie sich nicht einsam, wenn sie zu wenig Gelegenheit fand, etwas zu erzählen. Nein, das war es nicht, das Gefühl des Alleinseins saß irgendwo anders.
Nun, da grübelte sie doch schon wieder. Du wirst noch ganz stumpfsinnig, wenn du dich ewig um denselben Punkt drehst. Cady gab sich einen geistigen Schubs und musste ein bisschen lachen wegen der Verrücktheit, dass sie überhaupt keine Strafpredigt bekam und sich, weil sie auch das vermisste, selbst eine hielt.
Auf einmal schaute sie auf, sie hörte Schritte näher kommen, und das war ihr bisher noch nie passiert, dass sie hier auf diesem einsamen Weg jemanden getroffen hatte. Die Schritte kamen näher und näher, und nun tauchte aus dem Wald ein Junge von ungefähr siebzehn Jahren auf, der freundlich grüßte und gleich weiterlief.
Wer könnte das sein?, dachte sie, sollte das einer der Bewohner der Villen sein? Nun, so war es wohl, sonst wohnte hier niemand. Mit diesem Gedanken war das Thema für Cady abgehandelt und sie hatte den Jungen vergessen, bis er am folgenden Morgen wieder vorbeikam und danach wochenlang jeden Morgen um genau die gleiche Zeit.
Eines Morgens, als Cady wieder auf ihrer Bank saß und der Junge aus dem Wald auftauchte, blieb er stehen, streckte die Hand aus und sagte: »Ich bin Hans Donkert, wir kennen einander nun eigentlich schon lange genug, warum sollten wir nicht richtig Bekanntschaft machen?«
»Ich heiße Cady van Altenhoven«, antwortete Cady, »und«, fügte sie hinzu, »ich finde es sehr schön, dass du einmal stehenbleibst.«
»Ja, siehst du, ich wusste nicht, ob du es dumm findest, wenn ich immer so ohne weiteres vorbeilaufe, oder erst recht, wenn ich dich anspreche; aber schließlich wurde ich so neugierig, dass ich es einfach gewagt habe.«
»Sehe ich so aus, als sollte jemand Angst haben, mich anzusprechen?«, fragte Cady neckend.
»Nun, aus der Nähe betrachtet nicht«, ging Hans auf den Scherz ein. »Aber sag, eigentlich wollte ich dich nur fragen, ob du in einer der Villen wohnst

oder ob du eine Patientin des Sanatoriums bist, was mir sehr unwahrscheinlich vorkommt«, fügte er noch schnell hinzu.
»Unwahrscheinlich?« Cady konnte die Frage nicht unterdrücken, »aber natürlich bin ich aus dem Sanatorium, ich hatte mir ein Bein gebrochen und den Arm und den Fuß gequetscht und musste mich nun ein halbes Jahr erholen.«
»So viel auf einmal?«
»Ja, ich war so dumm, unter ein Auto zu kommen, erschrick nicht, du siehst ja, dass du mich sogar nicht mehr für eine Patientin hältst.«
Tatsächlich war Hans ein bisschen erschrocken, aber er fand es ratsamer, nicht mehr auf dieses Thema einzugehen. »Ich wohne im ›Haus Dennengroen‹, dort hinten«, er deutete mit dem Zeigefinger in die Richtung. »Es wird dir wohl seltsam vorkommen, dass ich so regelmäßig hier vorbeilaufe; ich habe Ferien und bin von der Schule nach Hause gekommen, aber ich besuche jeden Morgen einen Freund, weil ich mich sonst doch langweile.«
Cady machte Anstalten, aufzustehen, und Hans, der das merkte, streckte ihr die Hand hin, weil sie von tief unten noch nicht so leicht hochkam. Cady war jedoch hartnäckig und weigerte sich, seine Hand zu nehmen. »Nimm's mir nicht übel, aber ich muss üben, allein aufzustehen.« Hans, der ihr doch helfen wollte, nahm ihr Buch und hielt das für einen Grund, dieses nette Mädchen zum Sanatorium zurückzubringen. Vor dem Zaun nahmen sie Abschied, als ob sie sich schon lange kennen würden, und Cady war auch überhaupt nicht erstaunt, als Hans am folgenden Morgen etwas früher als gewöhnlich kam und sich neben sie auf den Baumstamm setzte.
Sie sprachen über alle möglichen Dinge, doch diese waren nie von tiefergehender Art, und Cady, die Hans ungeheuer nett fand, tat es längst leid, dass sie mit ihm nie ein Thema berührte, das nicht alltäglich war.
Eines Morgens saßen sie zusammen auf dem Baumstamm, ein Stück voneinander entfernt, und das Gespräch floss nicht so recht dahin, was sonst nie der Fall war. Schließlich sagten beide kein Wort mehr und starrten nur vor sich hin. Cady, die ganz in ihre Gedanken versunken war, sah plötzlich hoch, weil sie das Gefühl hatte, jemand schaue sie an; Hans betrachtete auch schon seit geraumer Zeit das Gesicht neben sich, und nun trafen sich ihre Blicke und sie schauten einander länger an, als sie es eigentlich wollten. Bis Cady sich dessen bewusst wurde und schnell zu Boden schaute.
»Cady«, erklang seine Stimme neben ihr, »Cady, kannst du mir nichts von dem erzählen, was in dir vorgeht?«

Cady schwieg einen Moment, um nachzudenken, dann antwortete sie: »Es ist schwierig, du wirst es vielleicht nicht begreifen, du findest es bestimmt kindisch.« Cady war plötzlich so mutlos geworden, und bei den letzten Worten versagte ihr die Stimme.

»Hast du so wenig Vertrauen zu mir? Glaubst du denn, dass ich nicht auch Gefühle und Gedanken habe, die ich nicht dem Erstbesten erzähle?«

»Ich wollte nicht sagen, dass ich dir nicht vertraue, aber es ist so schwierig, ich glaube selbst kaum, was ich dir eigentlich erzählen sollte.« Sie schauten beide zu Boden, und ihre Gesichter waren ernst. Cady merkte, dass sie Hans tief enttäuscht hatte, und da es ihr leid tat, sagte sie plötzlich: »Fühlst du dich auch oft so allein, selbst wenn deine Freunde in der Nähe sind, so allein von innen, meine ich?«

»Ich glaube, dass jeder, der jung ist, sich zu gewissen Zeiten allein fühlt, der eine mehr, der andere weniger. Ich habe das auch und konnte bis jetzt ebenfalls mit niemandem darüber sprechen; Jungen offenbaren sich ihren Kameraden noch viel weniger schnell als Mädchen, sie haben noch viel mehr Angst, nicht verstanden und ausgelacht zu werden.«

Cady schaute ihn an, als er schwieg, dann fuhr sie fort: »Ich habe lange darüber nachgedacht: Warum vertrauen die Menschen einander so wenig. Warum sind sie so geizig mit ›echten‹ Worten? Mit ein paar Sätzen sind manchmal so große Schwierigkeiten und Missverständnisse gelöst.«

Wieder sprachen beide längere Zeit kein Wort, bis Cady plötzlich einen Entschluss gefasst zu haben schien.

»Glaubst du an Gott, Hans?«

»Ja, ich glaube fest an Gott!«

»Ich habe in der letzten Zeit viel über Gott nachgedacht, aber noch nie darüber gesprochen. Zu Hause habe ich schon als ganz kleines Kind gelernt, jeden Abend vor dem Schlafengehen zu beten, ich tat es aus Gewohnheit, genau wie ich mir jeden Tag die Zähne putze. Ich hielt mich nie lange bei Gott auf, ich meine, dass er in meinen Gedanken eigentlich nie vorkam, denn was ich mir damals wünschte, konnten meistens Menschen erfüllen. Seit mir das Unglück passiert ist und ich viel allein bin, habe ich mehr als genug Zeit, über alles gründlich nachzudenken. An einem der ersten Abende, als ich hier war, blieb ich im Gebet stecken und mir fiel auf, dass ich mit meinen Gedanken woanders war. Ich habe das dann geändert, habe über die tiefere Bedeutung der Worte nachgedacht und habe die Entdeckung gemacht, dass in solchen scheinbar einfältigen Kindergebeten so schrecklich viel mehr steckt, als ich je vermutet hätte. Von jenem Abend an habe ich auch andere Dinge gebetet, Dinge, die ich selbst schön fand, nicht nur solche allgemeinen Gebete.

Aber ein paar Wochen später blieb ich eines Abends wieder im Gebet stecken, da schoss mir nämlich ein Gedanke wie ein Blitz durch den Kopf: ›Warum sollte Gott mir, die, als ich es gut hatte, nie an ihn gedacht habe, nun, da ich ihn nötig habe, helfen?‹ Und diese Frage blieb in mir hängen, denn ich wusste, dass es gerecht wäre, wenn Gott nun seinerseits nicht an mich denken würde.«

»In dem, was du zuletzt gesagt hast, kann ich dir nicht ganz recht geben. Früher, als du zu Hause ein fröhliches Leben geführt hast, hast du ja nicht vorsätzlich ohne Inhalt gebetet, du hast nicht weiter über Gott nachgedacht. Nun, da du ihn suchst, weil du Schmerzen und Angst hast, und wirklich versuchst, so zu sein, wie du glaubst, dass du sein sollst, wird Gott dich bestimmt nicht im Stich lassen. Vertraue auf ihn, Cady, er hat schon so vielen geholfen.«

Cady schaute nachdenklich zu den Bäumen hinauf.

»Wie weiß man denn, Hans, dass es Gott gibt? Was und wer ist Gott, niemand hat ihn je gesehen, manchmal habe ich das Gefühl, dass all das Beten zu ihm nur ein Beten zur Luft ist.«

»Wenn du mich fragst, was und wer Gott ist, dann kann ich dir nur dieses antworten: Du kannst niemanden fragen, wer Gott ist und wie er aussieht, denn das weiß keiner. Aber wenn du fragst, was Gott ist, dann kann ich dir antworten: Schau dich um, die Blumen, die Bäume, die Tiere und die Menschen, dann weißt du, was Gott ist. Dieses Wunderbare, das lebt und stirbt, das sich fortpflanzt und Natur heißt, das ist Gott. Dies alles hat er so gemacht, eine andere Vorstellung brauchst du von ihm nicht zu haben. Die Menschen nennen dieses Wunder in einer Zusammenfassung: Gott; man könnte es genauso gut anders nennen. Bist du da mit mir einer Meinung, Cady?«

»Ja, das verstehe ich, und ich habe auch selbst darüber nachgedacht. Manchmal, wenn der Doktor im Krankenhaus zu mir gesagt hat: Du machst gute Fortschritte, ich bin fast sicher, dass du wieder ganz gesund wirst, dann war ich so dankbar, und wem sonst, die Schwestern und Doktoren ausgenommen, sollte ich dankbar sein, wenn nicht Gott? Doch ein andermal, wenn ich große Schmerzen hatte, dachte ich, dass das, was ich Gott nannte, das Schicksal war, und so drehte ich mich immer im Kreis, ohne zu einem Ergebnis zu kommen. Und wenn ich mich dann selbst fragte, was glaubst du denn nun, dann wusste ich genau, dass ich an Gott glaubte. Das habe ich sehr oft,

dass ich, um es so auszudrücken, Gott um Rat frage, und dann weiß ich unfehlbar sicher, dass ich die einzig richtige Antwort bekomme. Aber Hans, sollte diese Antwort nicht auf irgendeine Art aus mir selbst kommen?«
»Wie ich schon sagte, Cady, den Menschen und alles, was lebt, hat Gott geschaffen, so wie es ist. Auch die Seele und das Gerechtigkeitsgefühl kommen von ihm. Die Antwort, die du auf deine Fragen kriegst, kommt aus dir selbst und doch aus Gott, denn er hat dich so gemacht, wie du bist.«
»Du meinst also, dass Gott durch mich selbst zu mir spricht?«
»Ja, das meine ich, und da wir nun darüber gesprochen haben, Cady, haben wir einander schon sehr viel anvertraut. Gib mir die Hand und lass dies unser Zeichen sein, dass wir einander immer vertrauen, und wenn einer von uns beiden Schwierigkeiten hat und gern jemandem davon erzählen möchte, dann wissen wir wenigstens alle beide den Weg, wohin wir gehen müssen.«
Cady streckte sofort die Hand aus und sie blieben lange so sitzen, Hand in Hand, während sie beide eine herrliche Ruhe in sich wachsen fühlten.
Seit ihrem Gespräch über Gott fühlten Hans und Cady, dass sie eine Freundschaft geschlossen hatten, die viel tiefer ging, als jeder Außenstehende vermuten würde. Cady hatte sich inzwischen so daran gewöhnt, alles in ihr Tagebuch zu schreiben, was um sie herum geschah, dass sie auch nach und nach ihre Gefühle und Gedanken dort, außer bei Hans, am besten beschreiben konnte.
So schrieb sie einmal:
»Obwohl ich nun einen Freund habe, der ›echt‹ ist, bin ich doch nicht immer fröhlich und glücklich. Ob Stimmungen bei allen Menschen so wechseln? Aber wenn ich immer fröhlich wäre, könnte ich vielleicht nicht genug über alle möglichen Dinge nachdenken, die es wert sind, bedacht zu werden.
Unser Gespräch über Gott geht mir nicht aus dem Kopf, und es passiert mir oft, dass ich plötzlich beim Lesen, im Bett oder im Wald denke: ›Wieso spricht Gott denn durch mich selbst?‹ Dann folgt ein ganzer Gedankenaustausch mit mir selbst.
Ich glaube, dass Gott ›durch mich selbst spricht‹, weil er, bevor er die Menschen in die Welt schickt, jedem von ihnen ein Stück von sich selbst gibt. Dieses Stück ist es, was im Menschen den Unterschied zwischen Gut und Böse ausmacht und was die Antwort auf ihre Fragen gibt. Dieses Stück ist genauso Natur wie das Wachsen der Blumen und das Singen der Vögel.
Aber Gott hat auch Leidenschaften und Sehnsüchte in die Menschen gesät, und in allen herrscht ein Kampf zwischen diesen Sehnsüchten und der Gerechtigkeit. Hans hat gesagt: ›Auch das Gerechtigkeitsgefühl kommt von

Gott.‹ Haben denn wirklich alle Menschen ein Gerechtigkeitsgefühl? Was ist mit den Verbrechern? Ich glaube wohl, dass die es auch haben, aber dass bei diesen Menschen die Begierden langsam die Macht über das Recht erlangt haben und ihre Sehnsüchte also stärker sind als ihr Gefühl für das Rechte.
Sollten die Menschen denn alles, was Gott ihnen an Gutem gegeben hat, nicht tun können? Sollte nichts mehr von dem Guten übrig bleiben? Oder sollten auch die schlimmsten Übeltäter, die ganz und gar verwerflich vor der Welt sind, noch etwas in sich haben, das eines Tages zum Vorschein kommen könnte?
Und dennoch ist oft nicht jeder Gerechtigkeitssinn gut; denn was ist ein Krieg anderes, als dass zwei Parteien sich gegenseitig das Recht bestreiten.
Krieg, wie komme ich plötzlich an Krieg? In den letzten Wochen wird schrecklich viel über einen nahen Krieg gesprochen.
Doch ich bin noch nicht fertig.
Alle Menschen, die allein ihr Recht gelten lassen, waren bis jetzt noch nicht erfolgreich. Nach Jahren, manchmal nach einer noch viel längeren Zeit, wollten die einzelnen Menschen wieder ihre Freiheit und ihr eigenes Recht. Denn wenn alle einem Recht unterworfen sind, ist das an sich wieder Unrecht. Gott hat nämlich das Recht aller Menschen auf eine andere Art gemacht, wenn sie also alle nach einer bestimmten Art Jahre und Jahre handeln müssen, droht ihr eigener Gerechtigkeitssinn verloren zu gehen. Aber nicht bei allen. Immer wird an irgendeinem Tag der Freiheitssinn wieder aufsteigen.
Ich bin, ohne es zu merken, vom Recht auf die Freiheit übergegangen, doch ich glaube, dass diese beiden Dinge nur zusammen zu etwas Großem wachsen können.
Wer weiß, ob nicht die Menschen irgendwann mehr auf das ›Stückchen von Gott‹, das Gewissen heißt, hören werden, als auf ihre Begierden!«
Die Zeit wurde für die Juden inzwischen nicht besser. Im Jahre 1942 sollte sich für viele ihr Schicksal entscheiden. Im Juli begann man damit, die Jungen und Mädchen von sechzehn Jahren aufzurufen und zu deportieren. Ein Glück war, dass man dabei Cadys Freundin Mary scheinbar vergessen hatte. Später blieb es nicht nur bei der Jugend, sondern es mussten alle daran glauben. Im Spätherbst und im Winter erlebte Cady schreckliche Dinge. Abend um Abend hörte sie die Wagen durch die Straßen fahren, man vernahm Kindergeschrei und Türenschlagen. Unter der Lampe schauten Herr und Frau van Altenhoven und Cady sich an, und in ihren Augen las man die Frage: »Wer wird morgen wieder nicht mehr da sein?«
Eines Abends im Dezember beschloss Cady, zu Mary zu gehen und sie ein

bisschen abzulenken. An diesem Abend war der Lärm auf der Straße schlimmer denn je. Cady klingelte dreimal an der Tür der Hopkens und beruhigte Mary, die nach vorn kam und erst einmal vorsichtig durch das Fensterchen schaute. Sie wurde hineingelassen, wo die ganze Familie in Trainingsanzügen und mit Rucksäcken saß und mehr oder weniger wartete. Alle waren blass und sagten kein Wort, als Cady ins Zimmer trat. Saßen sie schon seit Monaten jeden Abend hier? Der Anblick dieser verängstigten und blassen Gesichter war schrecklich. Bei jeder Tür, die draußen zugeschlagen wurde, ging ein Schock durch alle, die hier saßen. Diese Schläge schienen das Symbol für das Zuschlagen der Tür ihres Lebens zu sein.

Um zehn Uhr nahm Cady Abschied, sie merkte wohl, dass es keinen Sinn hatte, hier zu sitzen, sie konnte diesen Menschen, die in einer anderen Welt zu sein schienen, doch nicht helfen und sie auch nicht ablenken. Die Einzige, die sich ein bisschen aufrecht hielt, war Mary. Sie nickte Cady von Zeit zu Zeit zu und versuchte unter Anspannung all ihrer Kräfte, ihre Schwestern und ihre Eltern dazu zu bewegen, doch etwas zu essen.

Mary brachte sie wieder zur Tür und verriegelte sie hinter ihr. Cady ging mit ihrem Lämpchen in der Hand in die Richtung ihrer Wohnung. Sie hatte noch keine fünf Schritte getan, da blieb sie lauschend stehen; hinter der Straßenecke hörte sie näher kommende Schritte, wie von einem ganzen Regiment Soldaten. Cady konnte in der Dunkelheit nichts unterscheiden, aber sie wusste gut genug, wer sich näherte und was das bedeutete. Sie stellte sich an eine Mauer, knipste ihre Lampe aus und hoffte, dass diese Männer sie nicht entdecken würden. Doch plötzlich stand so ein Kerl vor ihr, eine Pistole in der Hand, und schaute sie mit drohenden Augen und einem barschen Gesicht an. »*Mitgehn*«, war das Einzige, was er sagte, und sofort wurde sie grob gepackt und weggeführt.

»Ich bin ein Christenmädchen von ehrbaren Eltern, mein Herr!«, wagte sie zu sagen. Sie zitterte von Kopf bis Fuß und fragte sich, was dieser unheimliche Kerl mit ihr vorhatte. Sie musste um jeden Preis versuchen, ihm ihren Personalausweis zu zeigen.

»*Was ehrbar, zeig dein Beweis.*«

Cady holte ihn aus der Tasche.

»*Warum hast du das nicht gleich gesagt*«, sagte der Mann, ihn betrachtend, »*so ein Lumpenpack*«, und bevor sie wusste, was geschah, lag sie auf der Straße. Aus Wut über seinen Irrtum hatte der Deutsche dem ehrbaren »Christenmädchen« einen tüchtigen Stoß versetzt. Ohne sich um Schmerz oder etwas anderes zu kümmern, stand Cady auf und lief schnell nach Hause.

Nach diesem Abend war eine Woche vergangen, ohne dass Cady die Gelegenheit gehabt hatte, wieder zu Mary zu gehen. Doch eines Nachmittags nahm sie sich Zeit und kümmerte sich weder um Arbeit oder andere Verabredungen. Bevor sie die Wohnung der Hopkens erreicht hatte, wusste sie schon fast sicher, dass sie Mary nicht mehr dort finden würde, und tatsächlich, als sie vor der Tür stand, fand sie diese versiegelt.

Eine schreckliche Mutlosigkeit packte Cady, »wer weiß«, dachte sie, »wo Mary nun ist.« Sie drehte sich sofort um und ging nach Hause zurück; dort rannte sie in ihr Zimmer und warf die Tür ins Schloss. Sie ließ sich auf den Diwan sinken, noch im Mantel, und dachte nur immer, immer wieder an Mary.

Warum musste Mary weg und sie durfte hierbleiben? Warum musste Mary dieses schreckliche Schicksal erleiden und sie selbst sich vergnügen? Worin bestand denn der Unterschied zwischen ihnen beiden? War sie etwa besser als Mary? Waren sie nicht beide gleich? Was hatte Mary denn verbrochen? Oh, das konnte nichts anderes als ein schreckliches Unrecht sein. Und plötzlich sah sie Marys kleine Gestalt vor sich, in eine Zelle gesperrt, in Lumpen gekleidet, mit einem verfallenen und abgemagerten Gesicht. Ihre Augen waren sehr groß geworden, und sie blickte Cady so traurig und vorwurfsvoll an. Cady konnte nicht mehr, sie fiel auf die Knie und weinte, weinte, bis ihr Körper davon geschüttelt wurde.

Immer wieder sah sie Marys Augen und ihren Blick, der um Hilfe flehte, Hilfe, die Cady, wie sie wusste, nicht geben konnte.

»Mary, vergib mir, komm zurück …!«

Cady wusste nicht mehr, was sie sagen oder denken sollte; zu diesem Elend, das sie so deutlich vor Augen sah, passten keine Worte mehr. Und in ihren Ohren schlugen die Türen, und sie hörte die Kinder weinen, und sie sah vor sich einen Trupp roher, bewaffneter Männer, so wie jener eine, der sie in den Schmutz geworfen hatte, dazwischen, hilflos und allein, Mary – Mary, die dasselbe war wie sie selbst.

[Cadys Leben – Fragmente]
[Fragment I]

Am folgenden Morgen war echtes graues Aprilwetter. Es regnete noch nicht, doch das Barometer stand auf dem tiefsten Punkt. Cady wurde erst um zehn Uhr wach und ließ sich von Schwester Ank die Einzelheiten ihres Falls deutlicher erklären. Sie wurde ein bisschen gewaschen, bekam ein wenig Brei und schlief wieder. So ging es vier Tage lang, Cady wurde ab und zu wach, aß etwas und schlief weiter. Viele Schmerzen hatte sie nicht, und abgesehen davon, dass sie still liegen musste, fühlte sie sich wohl.

Am Nachmittag des vierten Tages wurde Cady zum ersten Mal richtig wach, als ihre Mutter zu Besuch kam. Frau van Altenhoven hatte ihre Tochter bisher nur schlafend angetroffen und war, nachdem sie eine Viertelstunde an ihrem Bett gesessen hatte, wieder gegangen. Deshalb war sie auch sehr überrascht, als sie so fröhlich begrüßt wurde: »So, Mama, bekomme ich auch mal Besuch?«

»Aber Kind, ich war jeden Tag bei dir, du Faulpelz. Du hast immer geschlafen.«

»Ich weiß es wohl, Schwester Ank hat mir deine Grüße immer ausgerichtet.«

Viel wussten Mutter und Tochter einander nicht zu erzählen. Cady fragte nach allen Bekannten und Nachbarn, und dann stockte die Konversation. Frau van Altenhoven beugte sich eine halbe Stunde später über Cady und gab ihr einen Kuss. »Dann bis morgen wieder, tschüs.« Und sie lief zur Tür hinaus.

Cadys Mutter war keine schöne Frau, obwohl sie ein intelligentes und entschlossenes Gesicht hatte. Eine große, spitze Nase und braune, durchdringende Augen machten ihr Gesicht kalt, und wenn sie jemanden anschaute, hatte sie einen unangenehmen Blick. Wenn sie lachte, wurde eine Reihe schöner Zähne sichtbar, und man dachte nicht mehr daran, ihr Gesicht kalt zu nennen.

Wie ihre Mutter aussah, darüber hatte Cady nie viel nachgedacht, aber nun fiel ihr doch auf,[29] dass ihre Mutter ein bisschen watschelte. Obwohl sie diesen Vergleich auf keinen Fall aussprechen würde, konnte sie nicht umhin, in sich hineinzulachen und sich dann quasi selbst dafür zu bestrafen, dass sie ihre Mutter eine alte Gans genannt hatte.

29 Durchgestrichen: »dass ihr Gang dem einer alten Gans glich«; A. d. Ü.

Wenn abends die Besuchsstunde kam, war Cady hingegen nie schläfrig. Ungeduldig wartete sie in ihrem Bett auf ihren Vater, der nie aufhörte, ihr etwas mitzubringen. Einen Strauß Tulpen, etwas Obst, auch wenn es nur eine Kleinigkeit war, Cady mochte diese kleinen Aufmerksamkeiten sehr. Wenn die Tür aufging und Herr van Altenhoven hereinkam, strahlten Cadys Augen und er durfte immer länger bei ihr bleiben als ihre Mutter.

Cadys Vater war ein ruhiger, gutaussehender Mann mit vielen grauen Haaren und blauen Augen. Sein Blick machte jeden, der ihn anschaute, froh und warm. Das schien auch das Zaubermittel für Cady zu sein. Cady und ihr Vater konnten eine ganze Weile ruhig zusammensitzen, ohne zu sprechen, und nur froh sein, dass sie zusammen waren.

Schwester Ank, die Krankenschwester, die ganz und gar für Cady sorgte, betrachtete immer mit Dankbarkeit diesen freundlichen Mann, der nie, auch nur einen Tag, versäumte, seine Tochter froh zu machen.

Die Schwester hatte im großen Ganzen wenig Mühe mit der ihr anvertrauten kleinen Patientin; Cady, die vor allem während der Behandlung durch den Arzt Schmerzen haben musste, klagte nie und war im Gegenteil mit allem zufrieden.

[Fragment II]

Wie Schwester Ank gesagt hatte, geschah es. Am Sonntagnachmittag um zwei Uhr kam zum ersten Mal eine junge Besucherin zu Cady. Es war ein großes Mädchen, nicht schön, aber mit einem netten, fröhlichen Gesicht, das den Portier nach Caroline Dorothea van Altenhoven fragte.

»Oh, du meinst bestimmt das nette Mädchen, das sie Cady nennen, das ist dritte Tür rechts, Zimmer 4.«

Die Sympathie des Portiers hatte Cady gewonnen, indem sie eine Tüte Bonbons, die sie bekommen hatte, durch das ganze Krankenhaus hatte gehen lassen, und Schwestern und Patienten, soweit sie es essen durften, hatten zwei Pralinen bekommen. Deshalb wurde Cady nun bei den Menschen, die sie nicht kannten, »das nette Mädchen, das Cady heißt«, genannt.

Inzwischen lief das Mädchen zu Zimmer 4 und klopfte an. Schwester Ank öffnete die Tür und fragte: »Du bist sicher Greet? Komm doch herein.«

»Hallo, Greet, mach nicht so ein Gesicht, ich bin noch heil.« Cady war froh, dass sie einmal etwas anderes sehen sollte als nur die Schwestern mit den ernsten Gesichtern.

»Nun, Cady, wie geht es dir?« Greet war sichtlich verlegen, und Schwester Ank, die Cady gerne ein bisschen fröhlicher gesehen hätte, ging aus dem Zimmer.

Als sie kurz darauf zurückkam, hörte sie schon von weitem Lachen, das bis zu ihr drang. Schnell machte sie die Zimmertür auf und rief: »Pst, ein bisschen leiser, Mädchen!«
»Oh, Schwester, ich kann nicht mehr, Sie müssen hören, was sie in der Schule angestellt haben, wie schade, dass ich nicht dabei war.« Und Schwester Ank bekam die ganze Geschichte in allen Einzelheiten aufgetischt.
Als Greet um halb vier ging, war Cady todmüde, aber zufrieden über ihren Besuch, und das war die Hauptsache, denn schlafen konnte sie noch lange genug.
Im Allgemeinen jedoch gingen die Wochen ziemlich eintönig vorbei.

[Fragment III]
Am 3. September wurde die Ruhe im Sanatorium zum ersten Mal, seit Cady Einzug genommen hatte, gestört.
Mittags um ein Uhr, als sie zufällig über ihren Kopfhörer die Nachrichten anhörte, erschrak sie schrecklich, als der Sprecher des A. Z. B.[30] die Kriegserklärung von Minister Chamberlain an Deutschland verlas. Cady hatte sich nie um die Politik gekümmert, was sehr logisch für ein vierzehnjähriges Mädchen war, auch berührten sie die Ereignisse in fernen Ländern überhaupt nicht. Aber vage vermutete sie doch, dass diese Kriegserklärung sie auch einmal etwas angehen würde. Als die Schwester nach der Ruhestunde Tee verteilte, erzählte sie die Neuigkeit den anderen Patienten. Im Saal, in dem Cady lag, lagen mit ihr nur Patienten, die auf dem Weg der Besserung waren.
Einen Tag vor Ausbruch des Kriegs war eine neue Dame in den Saal gekommen, die ihr Bett neben Cady hatte. Mit dieser Frau hatte Cady außer »guten Morgen« und »gute Nacht« noch kein Wort gewechselt, aber nun gerieten sie ganz von selbst ins Gespräch. Als die Schwester die Nachricht mitteilte, waren von allen Seiten Rufe durch den Saal geklungen, nur die Frau neben Cady hatte geschwiegen.
Das fiel Cady auf, und sie merkte schon bald, dass über das noch ziemlich junge Gesicht Tränen liefen. Sie wagte nichts zu fragen, aus Angst, ihre Nachbarin, die in Gedanken versunken war, zu stören.
Etwas später am Nachmittag, Cady war gerade am Lesen, hörte sie neben sich ein Schluchzen. Schnell legte sie das Buch auf das Nachtkästchen neben

30 Hier handelt es sich wahrscheinlich um einen Hörfehler. Gemeint war vermutlich das A. N. P. (Algemeen Nederlands Persbureau), das Allgemeine Niederländische Pressebüro, oder D. N. B., das Deutsche Nachrichtenbüro; A. d. Ü.

sich und fragte leise: »Soll ich die Schwester rufen? Fühlen Sie sich nicht wohl?«

Die Frau neben ihr schaute auf. Sie sah verweint aus. Einen Moment musterte sie Cady mit den Augen, dann sagte sie: »Nein, mein Kind, bei meinem Schmerz helfen weder Schwestern noch Heilmittel.«

Cadys Mitleid wurde dadurch nur noch größer. Ihre Nachbarin sah so niedergeschlagen und bedrückt aus, dass sie sich mit diesen Worten nicht zufriedengeben konnte. »Kann ich selbst Ihnen vielleicht helfen?«

Die Frau, die in die Kissen zurückgesunken war, richtete sich wieder auf, trocknete sich mit einem Taschentuch die Tränen und schaute Cady nun sehr freundlich an. »Ich merke wohl, dass es nicht nur Neugier ist, dass du mich das fragst. Auch wenn du noch sehr jung bist, werde ich dir erzählen, was mir solchen Kummer macht.« Hier stockte sie kurz, schaute sich mit blinden Augen um und fuhr dann fort: »Mein Sohn, es geht um meinen Sohn. Er ist in England im Internat und sollte im nächsten Monat zurückkommen, und jetzt, jetzt …« Schluchzer hinderten sie am Weitersprechen, aber Cady beendete ihren Satz: »… kann er nicht mehr zurückkehren?«

Als Antwort erhielt sie ein schwaches Kopfnicken. »Wer weiß, wie lange der Krieg dauert und was dort passiert. Ich glaube nichts von all dem Gerede, dass es in ein paar Monaten vorbei ist. Ein Krieg dauert immer länger, als die Menschen denken.«

»Aber vorläufig wird doch außer in Polen noch nirgends gekämpft? Haben Sie doch nicht solche Angst. Ihr Sohn ist doch gut versorgt.« Obwohl Cady nichts von jenem Sohn wusste, wollte sie auf die bedrückte Antwort neben sich nicht schweigen. Doch offenbar reagierte die Frau nicht.

»Nach jedem Krieg sagen die Menschen wieder, so etwas niemals mehr, es war so schrecklich, um jeden Preis muss eine Wiederholung vermieden werden, und immer müssen die Menschen einander bekämpfen, das wird nie anders werden, solange die Menschen atmen und leben, werden sie immer Streit haben, und wenn Frieden herrscht, werden sie wieder Streit suchen.«

»Ich weiß es nicht, ich habe noch nie einen Krieg erlebt, und … wir haben doch keinen Krieg, bis jetzt geht es uns doch noch nichts an. Was Sie nun von Ihrem Sohn erzählen, ist natürlich betrüblich, aber nach dem Krieg werden Sie sich hoffentlich gesund wiedersehen. Aber … warten Sie, warum kann Ihr Sohn nicht kommen? Der Verkehr zwischen Holland und England ist doch nicht ausgesetzt worden! Fragen Sie den Doktor, der wird es wissen. Wenn Ihr Sohn bald weggehen kann, kann er bestimmt noch nach Hause kommen.«

Noch nie hatte Cady innerhalb von einer Minute eine solche Veränderung in einem Gesicht gesehen. »Meinst du das wirklich, daran habe ich überhaupt nicht gedacht; da kommt die Schwester, ich werde sie fragen.«
Die Schwester trat auf Cadys Winken hin näher zu ihrer Nachbarin.
»Schwester«, fragte die Frau, »wissen Sie auch, ob die Verbindung zwischen Holland und England abgebrochen ist?«
»Davon ist keine Rede, meine Dame, fahren Sie etwa nach England?«
»O nein, deshalb frage ich es nicht, tausend Dank, Schwester.«
Nachdem sie noch einen dankbaren Blick auf Cady geworfen hatte, drehte die Frau sich um und begann, Pläne zu machen, wie sie ihrem Sohn schreiben würde.

Briefe

Editorische Notiz

In die vorliegende Gesamtausgabe sind sämtliche bisher bekannten Briefe von Anne Frank aufgenommen. Es ist nicht auszuschließen, dass noch weitere Schriftstücke existieren. Die undatierten Briefe wurden – soweit es sich aus dem Inhalt ergab – in die vermutete chronologische Reihenfolge eingeordnet.

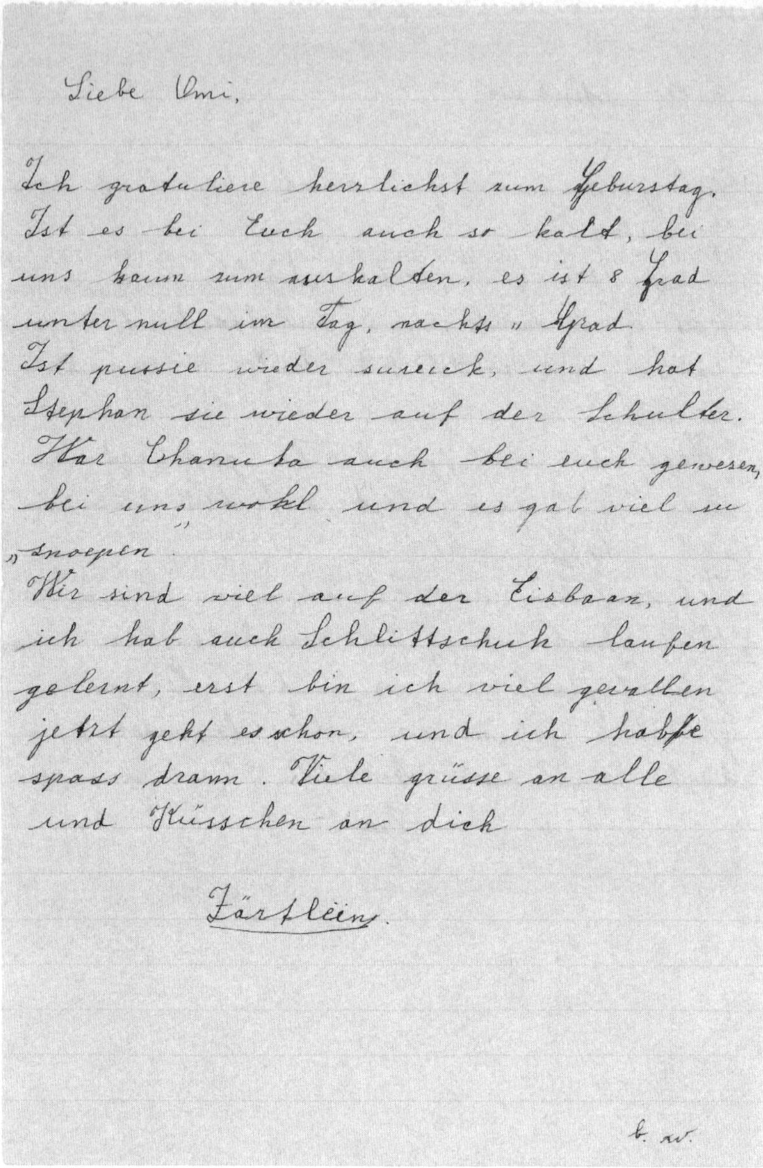

Liebe Omi,

Ich gratuliere herzlichst zum Geburtstag.
Ist es bei Euch auch so kalt, bei
uns kaum zum auskalten, es ist 8 Grad
unter null im Tag, nachts " Grad.
Ist pussie wieder zureck, und hat
Stephan sie wieder auf der Schulter.
War Chanuka auch bei euch gewesen,
bei uns wohl und es gab viel zu
"snoepen".
Wir sind viel auf der Eisbaan, und
ich hab auch Schlittschuh laufen
gelernt, erst bin ich viel gevallen
jetzt geht es schon, und ich habbe
spass dran. Viele grüsse an alle
und Küsschen an dich

Zärtlein.

b. w.

Brief von Anne Frank zum Geburtstag ihrer Großmutter Alice Frank in Basel, undatiert, ca. 1939

Brief an Annes Großmutter väterlicherseits, Alice Frank, die am 20. Dezember Geburtstag hatte, vom 18. Dezember 1936. Original auf Deutsch.

Freitag 18–12–1936

liebe Omi, ich wünsche dir
die herzlichsten wünsche
zum geburtstag, wie geht es
stefan u. berd[31], ich danke
tante leni für das schöne
schimannchen[32] hast du
schöne geschenke bekommen?
schreibe mir mal kusschen[33]
Anne

Undatierter Brief an Alice Frank, die am 20. Dezember Geburtstag hat. Original auf Deutsch.

Liebe Omi,
Ich gratuliere herzlichst zum Geburstag.
Ist es bei Euch auch so kalt, bei uns kaum zum aushalten, es ist 8 Grad unter null im Tag, nachts 11 Grad.
Ist pussie wieder zuruck, und hat Stephan sie wieder auf der Schulter.
War Chanuka auch bei euch gewesen, bei uns wohl und es gab viel zu »snoepen«[34].
Wir sind viel auf der Eisbaan[35], und ich hab auch Schlittschuh laufen gelernt, erst bin ich viel gevallen jetzt geht es schon, und ich hab spass drann. Viele grüsse an alle
und Küsschen an dich
Zärtlein.

31 Gemeint ist *Bernd;* A. d. Ü.
32 Gemeint ist *Skimännchen;* A. d. Ü.
33 Gemeint ist *Küsschen; A. d. Ü.*
34 Naschen; A. d. Ü.
35 Gemeint ist *Eisbahn; A. d. Ü.*

Undatierter Brief an Annes Cousin Stephan Elias, der am 20. Dezember, also am gleichen Tag wie seine Großmutter Alice Frank, Geburtstag hatte. Original auf Deutsch.

Lieber Stephan,
Ich gratuliere dir auch herzlich zum Geburtstag.
Es ist bei uns sehr kalt.
Geht Ihr auch viel schittschuh laufen, wir wohl, ich habe es auch gelernt.
Hast Du viel geschenke gekriegt.
Ist Omi wieder fest auf den Beinen, ich hoffe wohl.
Ist es schön das Zusammen hausen.
Omi had uns viel erzähelt. Ein Geburstagsbrief ist es nicht aber gut gemeint grüsse an alle besonderst an dich auch an Berndt[36]
Anne

Brief an Annes Brieffreundin Juanita Wagner in Danville, Iowa, USA, vom 29. April 1940.

Amsterdam 29 april Monday
Dear Juanita,
I did receive your letter and want to answer you as quick as possible. Margot and mijself are the only children in our house. Our grandma is living with us. Mij father has an office and mother is busy at home. I have not far from school and I am sitting in the fifth class. We have no hour-classes we may do what we prefer, of course we must get to a certain goal. Your mother will certainly know this system, it is called Montessori. We have little work at home. On the map I looked again and found the name Burlington. I did ask a girl friend of mine if she would like to communicate with one of your friends. She wants to do it with a girl about my age not with a boy.
I shall write her address underneath. Did you yourself write the letter I received from you, or did your mother write it? I include a post-card from Amsterdam and shall continue to do that collecting picture-cards I have already about 800. A child I used to be at school with went to New York and she did write a letter to our class some time ago. In case you and Betty get a photo do send a copy as I am curious to know how you look. My birthday is the 12th of

36 Bernd »Buddy« Elias, den jüngeren Bruder von Stephan Elias; A. d. Ü.

June. Kindly let me know yours. Perhaps one of your friends wil write first to my girl friend, for she also cannot write English but her father or mother will translate the letter.
Hoping to hear from you I remain your Dutch friend Annelies Marie Frank.
P. S. Please write me the address of a girl.[37]

Undatierte Ansichtskarte mit einem Bild der Amsterdamer Grachten, die dem Brief vom 29. April 1940 an Juanita Wagner beilag.

Dear Juanita,
This picture shows one of the many old canals of Amsterdam. But this is only one of the old city. There are also big canals and over all those canals are bridges. There are about 340 bridger within The city
Anne. Frank.

Postkarte vom 17. November 1940 an Alice Frank in Basel.

17-11-1940
Liebe Omi,
Wie geht es dir? Es ist jetzt Sonntag und ich langweile mich ziemlich, ich spielte gerade mit meinen Ansichtskarten und da kam mir die Idee, dass ich euch doch schreiben könnte. Heute Morgen waren Papa und Mama weg, und Margot und ich mussten die Zimmer sauber machen. Viel kann ich auf dieser Karte zwar nicht schreiben, aber es folgt auch wieder mal ein Brief.
Viele Grüße an Alle, viele Küsse

Undatierter Geburtstagsbrief an Alice Frank.

Liebe Oma, für
dich habe ich nichts,
nur einen Blumenstrauß
und sonst nichts,

37 Hier folgen Name und Adresse von Anne Franks Freundin Susanne Ledermann; A. d. Ü.

es ist nicht viel, aber mehr
schreibe ich nicht
Deine Anne

Brief an Alice Frank und Annes Cousin väterlicherseits Stephan Elias vom 13. Dezember 1940.

Freitag 13-12-1940.
Liebe Omi und lieber Stephan,
Ich gratuliere euch zu eurem Geburtstag und hoffe, dass wir ihn bald auch wieder mal mit euch zusammen feiern können. Hoffen wir mal, dass dieser Geburtstag der traurigste gewesen ist.
Heute Nachmittag hatte ich Diktat und hatte nicht weniger als 27 Fehler, ihr werdet lachen, wenn ihr das lest, aber es ist kein Wunder, denn es war sehr schwer und ich bin nicht gerade ein Held im Diktat.
Ich freue mich schon auf morgen, denn dann gehe ich zur Kunsteisbahn (zum ersten Mal in diesem Jahr), aber es ist nicht mehr so weit weg, es ist in der Appollo-Halle. Omi weiß bestimmt, wo das ist, ich glaube, dass du in dem Saal mal Kaffee getrunken hast. Und morgen Nachmittag gehe ich mit Papi zur Versteigerung.
Margot hat ein sehr schönes Zeugnis und ich bin ganz stolz auf sie, ich glaube, dass ich später nicht lauter Neuner und Achter[38] haben werde.
Gabrielle Goslar ist so ein süßes Baby, ich und Margot dürfen manchmal dabei sein, wenn sie gebadet wird.
Margot ist gerade dabei, die Verdunklung an den Fenstern anzubringen, das sind jetzt die Sorgen, und ich bin wütend, weil es noch nicht notwendig ist und das Wetter gerade so schön ist, jetzt ist Margot aus dem Zimmer gegangen und ich habe alles schön wieder weggemacht.
Ich wünsche euch alles Gute zum neuen Jahr. Viele Küsse an alle, aber speziell an Omi
eure Anne.

38 Entspricht den deutschen Schulnoten 1 und 2; A. d. Ü.

Undatierter Brief aus dem Ferienheim an Otto Frank, vielleicht Januar 1941.

Allerliebster ming kungka, damit meine ich Papi,
herzlichen Dank noch mal für die beiden Filmstarkarten, die du nach den vorherigen noch geschickt hast, ich habe noch keine davon.
Ich habe mich sehr über deinen Brief gefreut, ebenso über den Zucker, die Marmelade und den Reis. Den Reis kann ich gut gebrauchen, weil ich mir doch den Magen verdorben und zunächst viel Reis gegessen habe.
Kann Mutter in einem Kuvert noch einige Kohletabletten schicken, die nehme ich dann nach dem Essen. Heute bin ich zum ersten Mal wieder aufgestanden, mir geht es wieder gut, außer dass ich heute Morgen etwas Kopfweh hatte und noch etwas Magendrücken. Wir hatten heute Abend gebackenen Fisch mit Kartoffeln und Salat, den Salat durfte ich nicht essen, das Brot auch nicht. Als Nachspeise hatten wir einen köstlichen Pudding mit Kirschen und Soße, ich liebe Pudding, aber nur mit Soße, den könnte Mutter doch auch mal machen, z. B. mit Himbeersoße.
Über deinen Brief habe ich mich sehr gefreut, vor allem das »control« habe ich mir gemerkt. Kannst du nicht eine Woche später Urlaub nehmen, und wenn das nicht geht, wäre es dann nicht möglich, dass du mich mal besuchst, das wäre so schön, dann nimmst du den Zug um halb zehn von Amsterdam, dann nimmst du vor dem Bahnhof den Bus nach Beekbergen von Apeldoorn aus. Dann bittest du den Fahrer, dich beim »Zonnehuis« aussteigen zu lassen, dann fragst du nach dem Koningweg 5, »Op den Driest«. Es wäre natürlich besser, wenn du mir vorher eine Karte schreiben würdest. Packe ein paar Butterbrote ein.
Hier finden sie es gut.
Ich hoffe, du machst es, denn ich sehne mich schrecklich nach euch allen.
Schreib mir bitte bald zurück, denn am Sonntag bekomme ich keine Post und dann ist es so traurig, wenn ich sie erst am Montagabend bekomme.
Viele Grüße an alle und Küsse von

eurer
Anne.

Brief an Alice Frank und die Familie Elias in Basel vom 13. Januar 1941.

13-1-1941
Hallo ihr Lieben,
Heute habe ich Bernds Brief bekommen, ich finde es toll, dass er uns geschrieben hat, vielen Dank noch mal.
Jede freie Minute bin ich auf der Kunsteisbahn. Bis jetzt hatte ich immer meine alten Schlittschuhe, die Margot früher getragen hat, diese Schlittschuhe muss man mit einem Schlüsselchen festschrauben, und auf der Kunsteisbahn hatten alle meine Freundinnen richtige Schlittschuhe, die mit Nägeln an die Schuhe befestigt werden müssen, dann gehen sie nicht mehr ab.
Ich wollte so schrecklich gern auch solche Schlittschuhe haben und nach langem Quengeln habe ich sie dann bekommen.
Ich nehme jetzt regelmäßig Unterricht im Eiskunstlaufen, da lernt man Walzer, Springen und alles Mögliche, was zum Eiskunstlauf dazu gehört.
Hanneli hat jetzt meine anderen Schlittschuhe bekommen und sie hat sich sehr gefreut, jetzt sind wir also beide glücklich.
Hannelis Schwesterchen ist ganz süß, ich darf es manchmal auf den Arm nehmen, es lacht jetzt jeden an, alle Kinder beneiden Hanneli wegen Gabi.
Wie geht es euch? Die ganze Zeit schreibe ich nur über mich und über die Kunsteisbahn, entschuldigt bitte, aber ich bin so begeistert.
Ich hoffe, dass ich auch so gut Schlittschuh fahren lerne wie Bernd.
Hier (ich meine in der Schule) ist alles in Ordnung, unter der Woche habe ich wenig Zeit, nur wenn ich eisfrei habe.
Montags, mittwochs und donnerstags habe ich Französisch und komme erst um kurz vor sechs Uhr nach Hause.
Dienstags und freitags habe ich zusätzlich noch Hausaufgaben auf, und so bleiben zum Schlittschuhlaufen nur noch samstags und sonntags.
Bernd, vielleicht können wir später zusammen auftreten, aber dann muss ich erst mal ganz schön viel üben, um so weit zu kommen, wie du jetzt bist.
Viele Grüße an alle und noch viele Küsschen

eure
Anne

Brief an Alice Frank und die Familie Elias in Basel vom 22. März 1941.

Amsterdam, 22-3-1941

Liebe Omi und ihr Lieben alle,
vielen Dank für das hübsche Foto, man kann sehen, dass Bernd sehr witzig ist, denn alle Leute lachen, ich habe das Foto über mein Bett gehängt.
Herr Wronker ist weg, jetzt haben wir das große Zimmer für uns alleine, das finden wir selbstverständlich sehr schön und wir haben auch etwas mehr Platz.
Heute waren Mama und ich in der Stadt, um einen Mantel für mich zu kaufen, einen grauen, und einen passenden Hut. Ich finde ihn sehr hübsch.
Am Samstag war ich mit Papa im Büro, dort habe ich von 9 bis 3 Uhr gearbeitet, danach sind wir zusammen in die Stadt gegangen und dann nach Hause.
Ich wünschte, ich könnte schon wieder mit Schlittschuhlaufen anfangen, aber bis dahin muss ich noch etwas Geduld haben, bis der Krieg vorbei ist. Falls Papa es sich dann noch leisten kann, bekomme ich wieder Unterricht in Eiskunstlauf, und wenn ich das dann ganz gut kann, hat Papa mir eine Reise in die Schweiz versprochen, zu euch allen.
In der Schule haben wir viele Hausaufgaben auf, Frau Kuperus ist sehr nett, Hanneli geht es auch gut, Margot darf ganz allein mit dem Baby spazieren gehen, und am Sonntag darf ich Frau Goslar und das Baby begleiten.
Sanne ist fast nie bei uns, sie hat ihre eigenen Freundinnen.
Barbara tanzt von morgens bis abends, sie geht ständig zum Tanzunterricht, Ballett und zur normalen Tanzstunde.
Margot ist samstags und sonntags meistens weg, sie geht jetzt in einen Club von Herrn Melker. Oma geht jeden Nachmittag mit ihren Damen spazieren, und wenn das Wetter zu schlecht ist, kommen sie manchmal hierher, dann reden sie endlos lange. Ich höre immer gern zu, wenn die alten Leutchen so angeben.
Ich sitze gerade am Schreibtisch, unser Zimmer ist sehr groß, wir haben eine Kommode, einen Waschtisch und eine Landkarte an der Wand, gegenüber steht Mamas Sekretär, den wir als hübschen kleinen Schreibtisch hergerichtet haben, dann Margots Klappbett, und noch ein Abstelltisch, dann der Diwan, auf dem ich schlafe, und in der Mitte ein Tisch mit einem großen Lehnstuhl, und all meine Bilder und Fotos, unter anderem das von Bernd.

Jetzt kommt Papa gerade nach Hause und Mama ist einkaufen. Ich werde jetzt dann aufhören, sonst ist Papa so allein.
Viele Grüße und unzählbare Küsse an euch alle

eure

Anne

Undatierter Brief an Alice Frank, ca. Frühjahr 1941.

Liebe Omi,
Wie geht es dir? Wir haben das Foto von Bernd bekommen, er sieht gut aus.
In der Schule läuft es gut, unser Lehrer ist schon seit zwei Jahren nicht mehr an der Schule, dieses Jahr bin ich bei Frau Kuperus, du weißt schon, wir nennen die Schulleiterin immer Frau, nächstes Jahr werde ich die Grundschule beenden, hoffentlich kann ich an die H. B. S.[39] wechseln.
Ich muss schrecklich viel lernen und kann fast nie mehr draußen spielen.
Ich bekomme jetzt ein neues Kleid, es ist sehr schwer, den Stoff zu bekommen, und man muss auch viele Marken dafür hergeben.
Hanneli ist krank, in der Schule ist sie längst nicht so gut wie ich, sie muss viel nachholen und ich bin doch wirklich auch noch nicht besonders gut. Jetzt kommt zwei Mal in der Woche ein Herr zu ihr, um ihr zu helfen, den fehlenden Stoff nachzuholen, diese Stunden sind natürlich sehr teuer. Papa hat viel zu tun im Büro, er wird bald umziehen, denn am Singel hat er zu wenig Platz, jetzt wird er zur Prinsengracht ziehen, ich werde ihn oft an der Trambahnhaltestelle abholen. Das Schlafen bei Papa ist sehr schön, aber mir wäre es lieber, wenn ich aus einem anderen Grund unten schlafen müsste und dass die Zeiten wieder normal wären.
Ich stricke gerade einen Pullover, das Modell ist ganz nett und es ist trotzdem einfach, am Ende des Briefes werde ich es dir aufzeichnen, es ist immer 6 rechts, 6 links, ein ganzes Kästchen voll.
Ich habe ziemlich langes Haar, das habt ihr auf dem Foto bestimmt schon gesehen, Papa und Mama möchten, dass ich es schneiden lasse, aber ich möchte es lieber wachsen lassen.
Wie geht es euch? Ich wollte Bernd immer schon gern mal auf dem Eis sehen, hoffentlich geht das schneller, als wir alle denken!

39 Hogere Burgerschool – weiterführende Schule; A. d. Ü.

Ich habe Französischunterricht und bin die Klassenbeste, die Note kommt auch in das Zeugnis, aber erst zu den Herbstferien. Der jüdische Unterricht findet momentan nicht statt, und im Winter kann ich, denke ich, ohnehin nicht hingehen, denn dann müsste ich im Dunkeln nach Hause, und das möchte ich lieber nicht und darf es auch nicht.
Ich habe ein Maschinchen in meinem Mund und einen Bügel[40], nun muss ich jede Woche zum Zahnarzt, und am nächsten Tag wird sie wieder rausgenommen, so geht es schon seit acht Wochen, und das finde ich natürlich sehr lästig. Jetzt muss ich aufhören mit Schreiben, denn ich muss ins Bett. Viele Grüße an Onkel Erich, Tante Lenie, Stephan, Bernd, und Oma Ida, und noch viele Küsse für dich

von deiner
Anne.

Brief an Alice Frank und die Familie Elias in Basel. Datumsangabe unleserlich; wahrscheinlich Juni 1941.

Liebe Omi und ihr Lieben alle,
vielen Dank an euch alle zusammen für den schönen Geburtstagsbrief. Ich habe ihn erst am Zwanzigsten gelesen, weil mein Geburtstag erst später gefeiert wurde, weil Oma am Elften gerade ins Krankenhaus gebracht wurde.
Ich habe ganz viele Geschenke bekommen, von Oma f 2,50 und einen Atlas, von Papa und Mama ein Fahrrad, eine neue Schultasche, ein Strandkleid und noch verschiedene andere Dinge, Margot hat mir dieses Briefpapier geschenkt, weil ich keines mehr hatte, und an Bonbons und anderen kleinen Geschenken hat es mir nicht gefehlt.
Es ist hier sehr warm, bei euch auch? Über Stephans Gedicht habe ich mich sehr gefreut, von Papa habe ich auch eines bekommen, das gehört nun mal dazu.
Wir haben jetzt bald Ferien, ich fahre mit Sanne Ledermann (Omi erinnert sich vielleicht noch an sie) 14 Tage zu ihren Verwandten, außerdem fahre ich in ein Ferienheim für Kinder, auch mit Sanne, dann ist es nicht ganz so schlimm.
Gestern (Sonntag) habe ich mit Sanne, Hanneli und einem Jungen einen Ausflug gemacht, es war sehr schön, es fehlt nicht an Jungen, die mir Gesellschaft leisten.

40 Gemeint ist eine Zahnspange; A. d. Ü.

Zum Braunwerden habe ich wenig Chance, weil wir nicht ins Schwimmbad dürfen, das ist sehr schade, aber man kann es nicht ändern.
In der Schule machen wir nicht viel, am Vormittag zeichnen wir ein bisschen und nachmittags sitzen wir im Garten und fangen Fliegen oder pflücken Blumen.
Jetzt muss ich Schluss machen, denn es wird zu warm, um weiter zu schreiben.
Viele Grüße und Küsse an alle von
eurer
Anne

Undatierte Ansichtskarte an Alice Frank in Sils-Maria, ca. Sommer 1941.

Liebe Omi,
wir haben heute bei herrlichem Wetter einen Ausflug gemacht, und weil es solche schönen Karten gibt, denken
wir an euch. Viele Grüße Anne
{Es folgen Grußformeln und Unterschriften von Annes Freundinnen Sanne und Hanneli.}

Brief an Alice Frank, 30. Juli 1941.

30-7-1941.
Liebe Omi,
Ich bin jetzt in Beekbergen, es ist hier sehr schön, nur schade, dass das Wetter so schlecht ist. Wie geht es euch, ist es schön in Sils-Maria? Wenn du zurückschreibst, schicke den Brief dann nach Amsterdam, denn ich bleibe hier nicht so lange. Sonst müssten sie die Post nachschicken und das ist nicht nötig. Es gibt hier einen kleinen Jungen, er heißt Raymond, Sanne und ich spielen den ganzen Tag mit ihm. Er ist 1½ Jahre alt. Wie lange bleibt ihr dort, ist es in Sils immer noch so schön? Das Haus hier ist sehr altmodisch, aber es ist trotzdem gemütlich. Sanne und ich haben ein eigenes Zimmer. Ich lese viel, schade, dass wir nicht nach draußen gehen können. Nachts schlafen wir hier viel ruhiger als in Amsterdam, wir werden gar nicht gestört.
Jetzt werde ich wieder mit Ray spielen, denn er ruft schon.
Bekomme ich bald eine Nachricht von euch, und viele Küsse
von
Anne.

Undatierter Brief an Otto Frank, ca. Juli 1941.

Montagabend

Lieber Papi,
vielen Dank für den Brief und das Geld, ich kann es gut gebrauchen. Ich habe schon ziemlich viel ausgegeben, aber nicht für Überflüssiges, ich brauchte für alle Leute, denen ich schreiben wollte, doch auch Briefmarken.
für *f*0,25 Citronella
für *f*0,05 Briefumschläge.
„ *f*0,10 Süßigkeiten.
„ *f*0,30 Blumen für Tante Eva.
„ *f*1,80 Briefmarken.
„ *f*0,05 Notizbuch.
„ *f*0,73 Postkarten.
Zusammen macht das also f3,28.
Kannst du bitte Herrn Dreher noch von mir gratulieren, ich habe ihm auch eine Karte geschickt. Heute bin ich den ganzen Tag im Garten gelegen, habe

auch Tischtennis gespielt, ich mache schon Fortschritte, Onkel Heinz und Tante Eva spielen ausgezeichnet, und von Tante Eva lerne ich es nun. Ich lese sehr viel und habe bis auf 1 Buch alle Bücher von Sanne und mir gelesen. Ich habe von Mutter keine Post mehr bekommen, und es ist jetzt Montagabend.
Das Wetter ist noch nicht so ganz schön, aber es regnet auch nicht. Ray ist heute etwas quengelig, aber trotzdem ist er süß. Schreibst du mir bald wieder? Viele Küssschen von
Anne.

Undatierter Brief an Alice Frank, mit einem handschriftlichen Vermerk auf jeder Briefseite: 1942, nach Ostern.

Liebe Omi,
ich habe dir sehr lange nicht geschrieben, aber das kommt auch, weil wir so viele Hausaufgaben aufhaben und dann habe ich fast keine Freizeit mehr.
An Ostern haben wir Zeugnisse bekommen, in Mathematik habe ich mich um drei Punkte verbessert, aber in Niederländisch, Deutsch und Französisch um drei Punkte verschlechtert (insgesamt natürlich).
Wie geht es euch?
Heute ist es zum ersten Mal richtig schönes Sommerwetter. Die Ferien sind am Dienstag schon wieder vorbei, es geht einfach zu schnell. Dieser Brief ist zwar an Oma gerichtet, aber ist natürlich für die ganze Familie.
Das Schlittschuhlaufen ist jetzt wieder vorbei, nicht wahr, Bernd?
Ich bin jetzt völlig aus der Übung, denn ich habe es lange Zeit nicht mehr gemacht.
Am Lyzeum ist es ansonsten ganz nett, wir haben 12 Mädchen und 18 Jungen in der Klasse. Am Anfang haben wir uns viel mit den Jungen aufgehalten, aber das ist jetzt wieder etwas abgekühlt, zum Glück, denn sie werden richtig lästig.
Ich bin wieder mit Hanneli in einer Klasse, ihre kleine Schwester ist ganz süß und kann schon frei laufen.
Sanne ist nicht an unserer Schule, aber ich sehe sie noch oft, sie ist genau wie ich ganz verrückt nach Moortje, so heißt die Katze, die wir seit einem halben Jahr haben.
Es ist ein Weibchen und ich hoffe bald auf Katzenkinder, da sie zurzeit auf dem Dach vielen Männchen begegnet.

Hier läuft es ansonsten relativ gut. Papa hatte einen Hexenschuss oder Rheumatismus im Rücken, aber zum Glück ist es wieder vorbei.
Ihr solltet mir auch mal wieder schreiben, ich finde es so schön, einen Brief ganz allein für mich zu bekommen.
Bald lassen wir uns in einem Geschäft fotografieren, ich denke, dass ihr dann wieder ein Foto bekommen werdet.
Ich sehe jetzt ganz anders aus, denn meine Haare wurden kurzgeschnitten, und ich mache mir Locken, aber das werdet ihr dann auf dem Foto sehen, wenn sie bis dahin nicht vom Wind herausgeweht worden sind.
Margot ist heute ausgegangen, zum Schulclub, aber leider muss sie rechtzeitig zu Hause sein, sonst hätte ich das Reich allein.
Jetzt gehe ich, tschüs, ihr alle, ich hoffe, dass ich bald Nachricht bekomme

Anne

Brief an Annes Cousin väterlicherseits Bernd (Buddy) Elias in Basel zum 3. Juni 1942.

Lieber Bernd,
herzlichen Glückwunsch zu deinem Geburtstag (so fängt ein Geburtstagsbrief immer an) und noch viele Jahre. Hoffentlich seid ihr alle gesund, so wie wir.
Wir haben fünf Tage lang Pfingstferien gehabt, es war sehr schön und meine Tage sind ziemlich ausgelastet. Abends komme ich nicht vor zehn Uhr nach Hause, aber meistens werde ich von einem Jungen nach Hause begleitet.
Wie geht es mit dem Mädchen, wovon du das Foto geschickt hast? Schreibe doch mal darüber, solche Sachen interessieren mich sehr.
Margot hat auch einen Freund, aber er ist noch jünger als meiner.
Das Epistel ist nicht sehr lange geworden, aber ich habe auch keine Zeit, denn ich gehe mit Vater zu einer Filmvorführung bei Bekannten.
Grüße an alle. Schreib mir mal zurück.

Anne

Einträge in Poesiealben

Editorische Notiz

Von Anne Frank sind vier Einträge in die Alben ihrer Freundinnen erhalten; sie waren, wie bis heute üblich, mit kleinen Verzierungen versehen. Auch wenn die Einräge weit verbreiteten Versen folgen, ist deren Auswahl durch Anne bezeichnend für sie selbst und die Beziehung zu ihren Freundinnen. Aus diesem Grund wurden die Einträge in die vorliegende Gesamtausgabe aufgenommen.

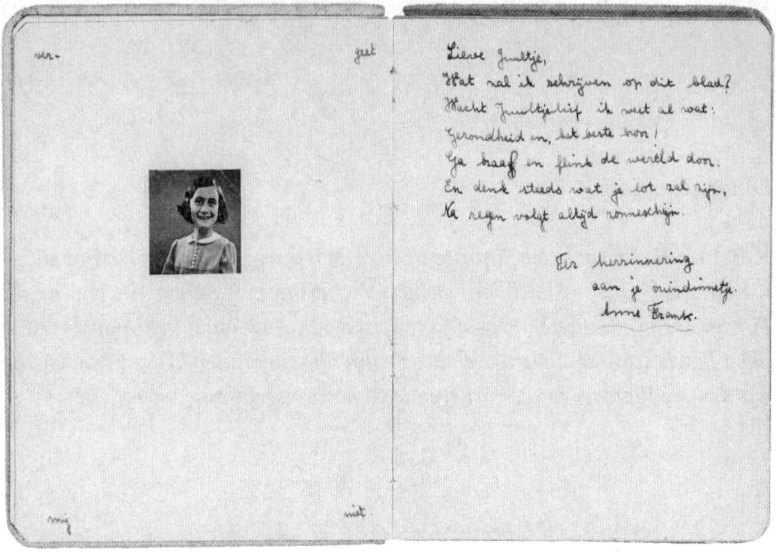

Eintrag von Anne Frank in das Poesiealbum ihrer Klassenkameradin Juultje, 1939

Eintrag ins Poesiealbum von Mary Caroline Bos vom 5. März 1938.

Liebe Mary
Wenn du später nach vielen Jahren
Dieses Album noch mal liest,
Und nachdenkst, wer in deiner Schulzeit
Deine Freundinnen waren.

Und wenn du in Gedanken
Sie alle der Reihe nach einmal durchgehst
Und Erinnerungen aufrufst
Mary, denke dann auch an mich!

Zur Erinnerung
An deine Schulfreundin
Anne Frank

Eintrag ins Poesiealbum von Juultje Ketellapper, Juli 1939.

Liebe Juultje,
Was soll ich schreiben auf dieses Blatt?
Warte, liebe Juultje, ich weiß schon was:
Gesundheit und das Allerbeste!
Geh brav und wacker durch die Welt
Und bedenke immer, welches Dein Schicksal auch sein möge,
Nach Regen kommt immer Sonnenschein.

Zur Erinnerung
an deine Freundin
Anne Frank.

Eintrag ins Poesiealbum von Dinie Amelsbeek, 18. Oktober 1940.

Liebe Dinie,
Wenn wir nicht mehr
in die Schule gehen
Sondern in der weiten Welt stehen,
Dann schaue noch mal dein Album an
Und denk an mich, Deine Schulfreundin.

Anne Frank

Eintrag ins Poesiealbum von Jacqueline van Maarsen, 13. März 1942.

Liebe Jacque,
Bleib immer ein Sonnenstrahl,
In der Schule ein braves Kind.
Für mich meine liebste Freundin,
Dann wirst du von Allen geliebt.

Zur Erinnerung
an deine Freundin
Anne Frank

Das Schöne-Sätze-Buch

Editorische Notiz:

Anne Frank führte ab Juni 1943 ein »Schöne-Sätze-Buch«, in das sie nicht nur schöne Sätze schrieb, sondern in das sie auch interessante Passagen aus den Büchern übernahm, die sie gerade las. In dieser Ausgabe ist es erstmals auf Deutsch zu lesen. Anne Frank erwähnt das »Schöne-Sätze-Buch« in ihrem Tagebucheintrag vom 18. April 1944. Gelegentlich taucht unter den Autoren Anne Frank selbst auf, die sich hinter dem Pseudonym »Rea« verbirgt.[41]
Wie auch beim Ägyptenbuch stammen hier die meisten Texte nicht von Anne Frank selbst, geben aber durch die Zusammenstellung ein so klares Bild von ihrer Lektüre und ihren literarischen Vorlieben, dass das Schöne-Sätze-Buch unbedingt Teil der Gesamtausgabe sein muss.

Das Buch beginnt mit dem Eintrag
»Hinterhaus, 14. August 1943
Eine Erfindung von Pim!«
Gemeint ist damit ihr Vater Otto Frank, der ihr im August 1943 ein leeres Kassenbuch gab, um darin Sätze aufzuschreiben, die ihr gefielen.

41 Vgl. Agnes Sneller im »Nieuw Letterkundige Magazijn«, Jahrgang 26, Leiden 2008. Rea taucht auch noch auf in Version a des Tagebuchs am 28. Februar 1944 und am 24. März 1944; A. d. Hg.

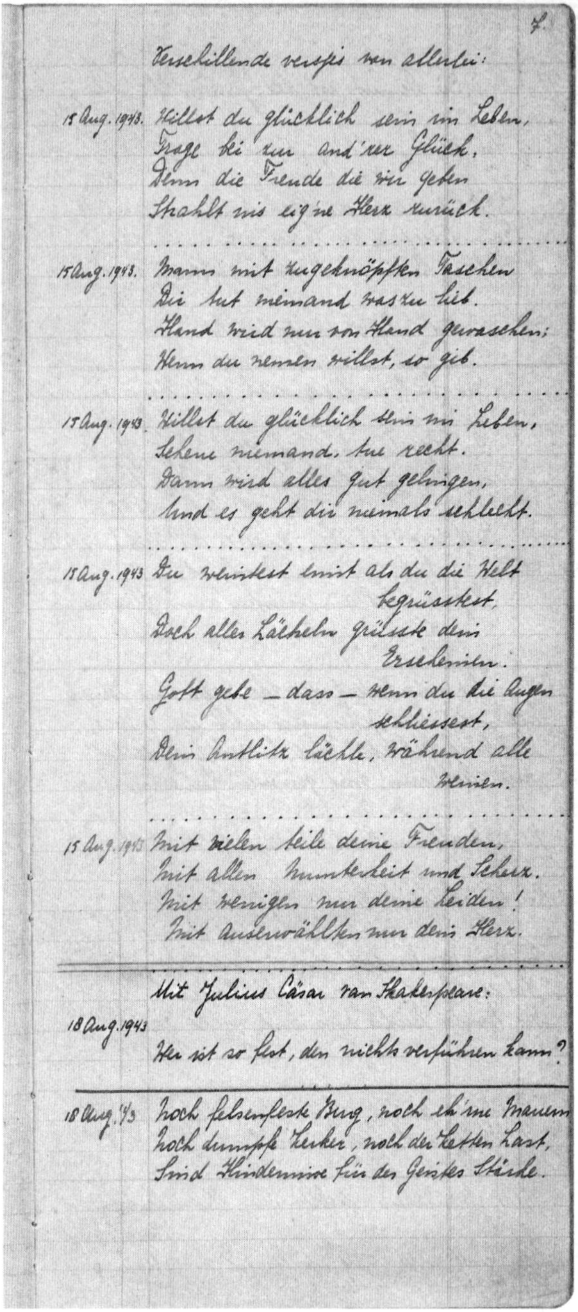
7.

Verschillende versjes van allerlei:

15 Aug. 1943. Willst du glücklich sein im Leben,
Trage bei zu and're Glück,
Denn die Freude die wir geben
Strahlt ins eig'ne Herz zurück.

15 Aug. 1943. Mann mit zugeknöpften Taschen
Dir tut niemand was zu lieb.
Hand wird nur von Hand gewaschen;
Wenn du nehmen willst, so gib.

15 Aug. 1943. Willst du glücklich sein im Leben,
Scheue niemand, tue recht.
Dann wird alles gut gelingen,
Und es geht dir niemals schlecht.

15 Aug. 1943 Du weintest einst als du die Welt
begrüsstest,
Doch alles Lächeln grüsste dein
Erscheinen.
Gott gebe – dass – wenn du die Augen
schliessest,
Dein Antlitz lächle, während alle
weinen.

15 Aug. 1943 Mit vielen teile deine Freuden,
Mit allen Munterkeit und Scherz.
Mit wenigen nur deine Leiden!
Mit Auserwählten nur dein Herz.

Uit Julius Cäsar van Shakespeare:
18 Aug. 1943
Wer ist so fest, den nichts verführen kann?

18 Aug. '43 Noch felsenfeste Burg, noch eh'rne Mauern
Noch dumpfe Kerker, noch der Ketten Last,
Sind Hindernisse für des Geistes Stärke.

Eine Seite aus Anne Franks »Schöne-Sätze-Buch«

Aus: »Het lied der duisternis« [Das Lied der Finsternis]
von Alice Bretz

Juni 1943

Es geht um ein irisches Mädchen, dessen Bruder nach New York gekommen war. Ihre Tante gab zu Ehren dieses Anlasses ein Fest, und als die beiden bei ihr ankamen, war der Tanz schon in vollem Gang.
Das Mädchen rannte zum Schlafzimmer, um ihren Hut und Mantel abzulegen. Als sie nach einigen Minuten noch immer nicht zurück war, ging ihre Tante, sie zu suchen. Sie fand das Mädchen auf den Knien und fragte sie, was sie tue. Die Antwort war: »Ich danke Gott, weil ich so glücklich bin. Ich hatte Angst, das zu vergessen, wenn ich erst einmal tanze.«
Ein Dankgebet ist etwas, das viele von uns nur allzu leicht vergessen. Wir denken wohl daran, Gott um etwas zu bitten, erinnern uns aber nur selten daran, Ihm für alles zu danken, was Er bereits für uns getan hat.
Wenn jemand der Meinung ist, dass meine Blindheit eine Heimsuchung Gottes ist, dann erfüllt mich eine solche Vorstellung Gottes mit Abscheu. Eine solche Vorstellung ist barbarisch. Ein Menschenvater, der sein Kind blind machen würde, aus welchem Grund auch immer, würde von den Nachbarn gelyncht werden, und diese würden nur bedauern, dass sie es nicht früher gemacht hatten. Der himmlische Vater sollte also grausamer sein als ein Menschenvater, und das ist eine Auffassung, die mich abstößt. Ich werfe Gott meine Blindheit nicht vor. Gott hilft mir wie ein Vater. Ich vertiefe mich weder in das, was andere von Gott halten, noch frage ich mich, ob mein Glaube orthodox ist oder nicht. Er ist einfach und stark. Der Herr ist unser Freund, und so wie wir uns hier auf der Erde über einen guten Freund freuen, der uns bei unseren täglichen Aufgaben hilft und uns begleitet, wenn wir ausgehen, so erhöht auch die Anwesenheit des Herrn unsere Freude.
Für meinen einfachen Glauben ist es nicht notwendig, dass ich wirklich zur Kirche gehe. Ich kümmere mich nicht um die gegensätzlichen Auffassungen der verschiedenen Kirchen und wage mich nicht an theologische Diskussionen. Ich bin keine Mystikerin, und wenn Gott in der Stille zu mir sprechen würde, würde ich glauben, dass meine Einbildung die Botschaft erschuf. Gott weiß das und benutzt Menschen, um mir Seine Liebe und Sorge zu zeigen. Das empfinde ich in einer Freundlichkeit, in einem ermutigenden Wort, in einem Geschenk, und ich akzeptiere die Menschen als Gottes Botschafter.

Wenn ich jemandem danke, danke ich auch Gott. Wegen dieser Auffassung bedeutet mir Freundlichkeit so viel in meinem Leben. Es ist ein Lächeln Gottes. Das erklärt mein Glück und die Tatsache, dass ich so fröhlich sein kann, trotz der, wie die Menschen es nennen, Tragödie in meinem Leben. Es ist keine Rede von einer Tragödie.
Mein Leben besteht aus kleinen Dingen, die zu meiner Freude und Behaglichkeit beitragen, und auch oft zu meinem Kummer. Ich brauche Gott nicht um die Erfüllung eines bestimmten Wunsches zu bitten. Wenn Er will, dass ich es habe, kommt es durch einen Menschen zu mir.
Die ruhigen Stunden, aus denen mein Tag besteht, sind ein Vergnügen aus sich selbst. Mein Glaube an Gott füllt die stillen Fleckchen in meinem Herzen. Mein Glaube an Gott macht mich stark, es macht mich reich, an Ihn zu denken, an etwas, das Er gesagt hat, auch wenn es nur ein einziges Wort ist. Der Gedanke führt direkt zu etwas, das ich brauche, und gibt mir Kraft, um weiter zu gehen. Ein friedliches Gefühl erfüllt mein Herz.
Wenn ich über ein Problem nachdenke und vergeblich versuche, eine Lösung zu finden, überlasse ich es Gott. Seine Hilfe hat nie versagt. Dessen bin ich mir so sicher, dass ich es nur recht und billig finde, so viel wie möglich selbst zu tun, mich so gut und so schlecht durchzuschlagen, wie es eben geht. Dann bitte ich Gott um Weisheit und Vernunft, um zu zeigen, was ich weiter tun soll. Gottes Freundschaft gibt nicht nur Hilfe, sondern auch eine tiefe Freude.
So gibt Er uns Verständnis dafür, was die Freundlichkeit in der Welt bedeutet. Niemand kann uns das Gefühl nehmen, denn wir Blinde haben mehr Gelegenheit als andere Menschen, das zu praktizieren.
Würdigung ist der erste Schritt zur Dankbarkeit, und Dankbarkeit in unserem Herzen ist wie ein neues Feuer, angezündet in einem ausgebrannten Herd. Es erwärmt uns durch und durch und macht unser Leben glücklicher. Wir können auch die Wärme mit anderen teilen, denn wir Blinde können aus unserem Platz in der Gesellschaft einen wichtigen Platz machen. Die Menschen sprechen gerne mit uns, weil wir den Mut behalten und uns nicht von unseren Schwierigkeiten niederdrücken lassen.
Wegen allem, was ich auf religiösem Gebiet gelesen habe, bin ich zur Überzeugung gekommen, dass die Freundschaft mit Gott wesentlich notwendig ist. Es gibt einen Text im Alten Testament, der lautet: »So vertrage dich nur mit Gott und mache Frieden; daraus wird dir viel Gutes kommen.«[42] So einfach ist es.

42 Das Buch Hiob, 22:21; A. d. Hg.

Wir können Gott kennenlernen. Er ist immer bereit, unser Freund zu werden; alles, was wir tun müssen, ist, Seine Freundschaft zu begehren und danach zu trachten, Ihn zu begreifen. Unser Begehren ist der wichtigste und stärkste Teil, das Begreifen kommt langsamer und für jeden von uns auf eine andere Art. Wenn es um einen menschlichen Freund geht, sagen wir gern Dinge, um ihm zu gefallen. Die gleiche Haltung können wir gegenüber Gott annehmen. Wir denken gern an Ihn und sprechen gern mit Ihm, finden es schön, wenn Er uns nah ist. Wir wissen, dass Er unser Verlangen versteht, unseren Irrtum begreift, genau wie die Dinge, die unseren Geist ablenken.

Es ist schwierig, dieses Gefühl in Worten auszudrücken. Als ich es einmal versuchte, rief meine Zuhörerin aus: »Ich finde die Art, mit der du über Gott sprichst, ziemlich schlimm. Du tust, als wäre er dein Freund.«

»Das hoffe ich«, war meine Antwort.

Für diese Frau war Gott jemand, der sehr weit weg ist, dessen Zorn mit Gebeten beschworen werden muss. Natürlich fühlen wir uns niedrig und klein in der Gegenwart des Allmächtigen. Auch ein kleines Kind fühlt sich klein und hilflos und sicher in den Armen seines Vaters.

Ja, es gibt viel Böses und Schmerz und Unglück in der Welt, aber es gibt auch Gottes Freundschaft.

(Alice Bretz hat dieses Buch geschrieben, als sie blind geworden war.)
Juni 1943

Aus: »Vorstenschool« [Fürstenschule][43]
von Multatuli
August 1943

Königin-Mutter: So hart am Werk?
Louise: Ich hatte Gäste.
Du weisst, ich hab' Empfang von acht bis zehn.
O sieh, Mama, sieh dir die Stösse an,
Berichte über alles, was beim Volk
Nicht ist, so wie es müsste sein, und doch –

43 Deutsche Übersetzung zitiert nach: Multatuli, Fürstenschule, J. C. C. Bruns, Minden 1903 (aus dem Holländischen von Wilhelm Spohr); A. d. Hg.

Das hoff' ich! – dermaleinst wird anders sein.
Doch, Mutter … garst'ge Tochter, die ich bin …
Ich frug dich nicht einmal um dein Befinden.
Du ruhtest gut nach solchem Abend? Sag'!

Doch leben muss der Mensch
Und das ist: fühlen, denken, wirken, streben,
Und Früchte tragen, hundert … tausendfach!
Wer mehr nicht giebt, als er empfing, ist … null,
Verlor'ne Müh', die ihn ans Dasein hob.

Das Volk
Ist tief gesunken, Mutter! Seel' und Herz
Verschmachten unter ew'gem Leibesmangel.
Der höhern Sehnsucht Glut, sie wird erstickt,
So nur gemeinem Kampf das Leben gilt
Und nicht zu sterben ihm sein einzig Ziel ist,
Des Unterganges Aufschub höchster Preis!
Was ist dem Armen Lenzes Frische? Nichts!
Der Sterne Heer ihm? Nichts! Was ist ihm Kunst?
Was sind ihm Töne, Farben, Düfte? Nichts!
Was ist ihm Poesie? Was Liebe? Nichts!
Das alles darf ihm nichts sein. Alle Flucht
Ist ihm verboten durch die Wirklichkeit,
Die ihn mit Erzfaust in den Schlamm hinabpresst
Und jede Lust zu widerstehn bestraft
Mit … Hunger!

Die Herkunft, Titel, Reichtum, Vorurteil,
[Sieh, Mutter, alles will ich gelten lassen,]
Doch frag': ob ein Stand Hunger vorschreibt, Mutter?
Ob ein Stand kann verdammt sein, Not zu leiden?
Ob einer dieser Stände tiefer steht
Denn Schaf und Rind, die unbekümmert grasen
Und sicher den Menschen verachten würden,
Erführen sie, wie dieser Mensch sich nährt?
Des Armen Kind, ist's weniger denn ein Kalb?
Die Mutter geringer denn die Kuh? Mein Gott,

Ist das ihr Stand? Heischt das die Menschgesellschaft?
O, dann ist alles Lüge, was man predigt
Von Seelenadel und von Bildung!

Ein Teil, ein nichtig Teilchen der Gesellschaft
Herrscht, sorgt für Vettern, macht Gesetze …
Und weist den andern – größten – auf das Elend!

14. August 1943

Alle möglichen Verse:[44]

15. August 1943
Willst du glücklich sein im Leben,
Trage bei zur and'rer Glück.
Denn die Freude die wir geben
Strahlt ins eig'ne Herz zurück.

15. August 1943
Mann mit zugeknöpften Taschen,
Dir tut niemand was zulieb.
Hand wird nur von Hand gewaschen;
Wenn du nehmen willst, so gib.[45]

15. August 1943
Willst du glücklich sein im Leben,
schone niemand, tue recht.
Dann wird alles gut gelingen,
Und es geht dir niemals schlecht.

44 Die folgenden Verse wurden von Anne Frank auf Deutsch abgeschrieben; A. d. Hg.
45 Johann Wolfgang Goethe; A. d. Hg.

15. August 1943 Du weintest einst als du die Welt begrüßtest,
Doch aller Lächeln grüßte dein Erscheinen.
Gott gebe – dass – wenn du die Augen schließest,
Dein Antlitz lächle, während alle weinen.

15. August 1943 Mit vielen teile deine Freuden,
Mit allen Munterkeit und Scherz.
Mit wenigen nur deine Leiden!
Mit auserwählten nur dein Herz.[46]

Aus Julius Caesar von Shakespeare[47]:
18. August 1943 Wer ist so fest, den nichts verführen kann?

18. August 1943 Noch felsenfeste Burg, noch eh'rne Mauern
Noch dumpfe Kerker, noch der Ketten Last,
Sind Hindernisse für des Geistes Stärke.

Die Demut ist der jungen Ehrfurcht Leiter;
Wer sie hinanklimmt, kehrt den Blick ihr zu,
Doch hat er erst die höchste Spross' erreicht,
Dann kehrt er der Leiter seinen Rücken,
Schaut himmelan, verschmäht die niedern Tritte,
Die ihn hinaufgebracht.

Das Einhorn lasse sich mit Bäumen fangen,
Der Löw' im Netz, der Elefant in Gruben,
Der Bär mit Spiegeln und der Mensch durch Schmeichler.
Doch sag' ich ihm, dass er die Schmeichler hasst,
Bejaht er es, am meisten dann geschmeichelt.

46 Johann Gaudenz von Salis-Seewis; A. d. Hg.

47 Die folgenden Verse stammen aus August Wilhelm Schlegels Übersetzung des Dramas »Julius Cäsar« und wurden von Anne Frank auf Deutsch abgeschrieben; A. d. Hg.

Ist's im Vertrag der Ehe, sagt mir Brutus,
Bedungen, kein Geheimnis sollt' ich wissen,
Das euch gehört? Und bin ich Euer selbst
Nur gleichsam, mit gewissen Einschränkungen?
Beim Mahl mit Euch zu sein, Euer Bett zu teilen,
Auch wohl mit Euch zu sprechen? Wohn' ich denn
Nur in der Vorstadt Eurer Zuneigung?
Ist es nur das, so ist ja Portia
Des Brutus Buhle nur und nicht sein Weib.

Der Feige stirbt schon vielmals eh' er stirbt,
Die Tapfern kosten einmal nur den Tod.

Was Menschen Übles tun, das überlebt sie,
Das Gute wird mit ihnen oft begraben.

Aus: Byron von André Maurois[48]
23. August 1943

Friede sei mit den Toten. Trauer kann sie nicht erre[i]chen; ein Seufzer den Entschwundenen, dann nehmen wir wieder das trübe Einerlei des Lebens auf, mit der Gewissheit dass auch wir einst Ruhe finden werden.«

48 Auf Deutsch erschienen unter dem Titel: André Maurois, Byron. Don Juan oder Das Leben Byrons. München 1930. Das folgende Zitat wurde von Anne Frank auf Deutsch abgeschrieben; A. d. Hg.

Aus: Ernte der Zeiten, ein Stück von Thomas Morus[49]
22. August 1943

»Ihr macht Diebe«
Als ich eines Tages an seiner Tafel saß, wollte es der Zufall, daß einer von euren Laienjuristen zugegen war. Dieser begann – ich weiß nicht, wie er darauf kam – eifrig jene strenge Justiz zu loben, die man damals in England Dieben gegenüber übte. Wie er erzählte, wurden allenthalben bisweilen zwanzig an einem Galgen aufgehängt. Da nur sehr wenige der Todesstrafe entgingen, wundere er sich, so meinte er, um so mehr, welch widriges Geschick daran schuld sei, daß sich trotzdem noch überall so viele herumtrieben. Da sagte ich – vor dem Kardinal wagte ich es nämlich, offen meine Meinung zu äußern –: »Da brauchst du dich gar nicht zu wundern; denn diese Bestrafung der Diebe geht über das, was gerecht ist, hinaus und liegt nicht im Interesse des Staates.
Als Sühne für Diebstähle ist die Todesstrafe nämlich zu grausam, und, um vom Stehlen abzuschrecken, ist sie trotzdem unzureichend. Denn einerseits ist einfacher Diebstahl doch kein so schlimmes Verbrechen, daß es mit dem Tode gebüßt werden müßte, anderseits aber gibt es keine so harte Strafe, diejenigen von Räubereien abzuhalten, die kein anderes Gewerbe haben, um sich den Lebensunterhalt zu verdienen. Wie mir daher scheint, folgt ihr in dieser Sache – wie ein guter Teil der Menschheit übrigens auch – dem Beispiel der schlechten Lehrer, die ihre Schüler lieber prügeln als belehren. So verhängt man harte und entsetzliche Strafen über Diebe, während man viel eher dafür hätte sorgen sollen, daß sie ihren Unterhalt haben, damit sich niemand der grausigen Notwendigkeit ausgesetzt sieht, erst zu stehlen und dann zu sterben.«
»Dafür ist ja doch zur Genüge gesorgt«, erwiderte er. »Wir haben ja das Handwerk und den Ackerbau. Beides würde sie ernähren, wenn sie nicht aus freien Stücken lieber Gauner sein wollten.«
»Halt, so entschlüpfst du mir nicht!« antwortete ich. »Zunächst wollen wir nicht von denen reden, die, wie es häufig vorkommt, aus inneren oder auswärtigen Kriegen als Krüppel heimkehren wie vor einer Reihe von Jahren aus der Schlacht gegen die Cornwaller und unlängst aus dem Kriege mit Frankreich. Für den Staat oder für den König opfern sie ihre gesunden Glieder und sind nun zu gebrechlich, um ihren alten Beruf wieder auszuüben, und zu alt,

49 Deutsche Übersetzung zitiert nach: Thomas Morus, Utopia, hrsg. von Jürgen Teller, Leipzig 1974 (aus dem Lateinischen übersetzt von Curt Woyte); A. d. Hg.

um sich für einen neuen auszubilden. Diese Leute wollen wir also, wie gesagt, beiseite lassen, da es nur von Zeit zu Zeit zu einem Kriege kommt, und betrachten wir nur das, was tagtäglich geschieht!

Da ist zunächst die so große Zahl der Edelleute. Selber müßig, leben sie wie die Drohnen von der Arbeit anderer, nämlich von der der Bauern auf ihren Gütern, die sie bis aufs Blut aussaugen, um ihre persönlichen Einkünfte zu erhöhen. Das ist nämlich die einzige Art von Wirtschaftlichkeit, die jene Menschen kennen; im übrigen sind sie Verschwender, und sollten sie auch bettelarm dadurch werden. Außerdem aber scharen sie einen gewaltigen Schwarm von Tagedieben um sich, die niemals ein Handwerk gelernt haben, mit dem sie sich ihr Brot verdienen könnten. Diese Leute wirft man sofort auf die Straße, sobald der Hausherr stirbt oder sie selbst krank werden; denn lieber füttert man Faulenzer durch als Kranke, und oft ist auch der Erbe gar nicht in der Lage, die väterliche Dienerschaft weiter zu halten. Inzwischen leiden jene Menschen tapfer Hunger oder treiben tapfer Straßenraub. Was sollten sie denn sonst auch tun? Haben nämlich erst einmal ihre Kleider und ihre Gesundheit durch das Herumstrolchen auch nur ein wenig gelitten, so mag sie, die infolge ihrer Krankheit von Schmutz starren und in Lumpen gehüllt sind, kein Edelmann mehr in Dienst nehmen. Aber auch die Bauern getrauen es sich nicht; denn sie wissen ganz genau: einer, der in Nichtstun und genießerischem Leben groß geworden und gewohnt ist, mit Schwert und Schild einherzustolzieren, mit von Eitelkeit umnebelter Miene auf seine gesamte Umgebung herabzublicken und jedermann im Vergleich mit sich zu verachten, eignet sich keineswegs dazu, einem armen Manne mit Hacke und Spaten für geringen Lohn und karge Kost treu zu dienen.«

»Und doch müssen wir gerade diese Menschenklasse ganz besonders hegen und pflegen«, erwiderte der Rechtsgelehrte. »Denn gerade auf diesen Männern, die mehr Mut und Edelsinn besitzen als Handwerker und Landleute, beruht die Kraft und Stärke unseres Heeres, wenn es einmal nötig ist, sich im Felde zu schlagen.«

»In der Tat«, antwortete ich, »ebenso gut könntest du sagen, um des Krieges willen müsse man die Diebe hegen und pflegen; denn an ihnen wird es euch ganz gewiß nie fehlen, solange ihr diese Menschenklasse noch habt. Und gewiß, Räuber sind keine feigen Soldaten und die Soldaten nicht die feigsten unter den Räubern: so gut passen diese Berufe zueinander. Indessen ist diese weitverbreitete Plage keine Eigentümlichkeit eures Volkes; sie ist nämlich fast allen Völkern gemeinsam. Frankreich z. B. sucht eine noch andere, verderblichere Pest heim: das ganze Land ist auch im Frieden – wenn jener Zustand

überhaupt Frieden ist – von Söldnern überschwemmt und bedrängt. Sie sind aus demselben Grunde da, der euch bestimmt hat, die faulen Dienstleute hierzulande durchzufüttern, weil nämlich närrische Weise der Ansicht gewesen sind, das Staatswohl erfordere die ständige Bereitschaft einer starken und zuverlässigen Schutztruppe besonders altgedienter Soldaten; denn zu Rekruten hat man kein Vertrauen. Daher müssen sie schon deshalb auf einen Krieg bedacht sein, um geübte Soldaten zur Hand zu haben, und sie müssen sich nach Menschen umsehen, die kostenlos abgeschlachtet werden können, damit nicht, wie Sallust so fein sagt, Hand und Herz durch Untätigkeit zu erschlaffen beginnen.
Wie verderblich es aber ist, derartige Bestien zu füttern, hat nicht bloß Frankreich zu seinem eigenen Schaden erfahren; auch das Beispiel der Römer, Karthager, Syrer und vieler anderer Völker beweist es. Bei diesen allen haben die stehenden Heere bald bei dieser und bald bei jener Gelegenheit nicht bloß die Regierung gestürzt, sondern auch das flache Land und sogar die festen Städte zugrunde gerichtet. Aber wie unnötig ist solch ein stehendes Heer! Das kann man schon daraus ersehen, daß auch die französischen Söldner, die doch durch und durch geübte Soldaten sind, sich nicht rühmen können, im Kampfe mit euren Aufgeboten sehr oft den Sieg davongetragen zu haben. Ich will jetzt nichts weiter sagen; es könnte sonst den Anschein erwecken, als wollte ich euch, die ihr hier zugegen seid, schmeicheln. Aber man kann gar nicht glauben, daß sich eure Handwerker in der Stadt und eure ungeschlachten Bauern auf dem Lande vor dem faulen Troß der Edelleute sehr fürchten außer denjenigen, denen es infolge ihrer körperlichen Schwäche an Kraft und Kühnheit fehlt oder deren Energie durch häusliche Not geschwächt wird. So wenig ist also zu befürchten, daß diese Leute etwa verweichlicht werden könnten, wenn sie für einen nützlichen Lebensberuf ausgebildet und in Männerarbeit geübt werden. Vielmehr erschlaffen jetzt ihre gesunden und kräftigen Körper – die Edelleute geruhen nämlich, nur ausgesuchte Leute zugrunde zu richten – durch Nichtstun, oder sie werden durch fast weibische Beschäftigung verweichlicht. Auf keinen Fall liegt es, will mir scheinen, – wie es sich auch sonst mit dieser Sache verhalten mag – im Interesse des Staates, nur für den Kriegsfall, den ihr doch nur habt, wenn ihr ihn haben wollt, eine unermeßliche Schar von Menschen dieser Sorte durchzufüttern, die den Frieden so gefährden, auf den man doch um so viel mehr bedacht sein sollte als auf den Krieg.
Und doch ist das nicht der einzige Zwang zum Stehlen. Es gibt noch einen anderen, der euch, wie ich meine, in höherem Grade eigentümlich ist.«

»Welcher ist das?« fragte der Kardinal.
»Eure Schafe«, sagte ich. »Sie, die gewöhnlich so zahm und genügsam sind, sollen jetzt so gefräßig und wild geworden sein, daß sie sogar Menschen verschlingen sowie Felder, Häuser und Städte verwüsten und entvölkern. In all den Gegenden eures Reiches nämlich, wo die feinere und deshalb teurere Wolle gewonnen wird, genügen dem Adel und den Edelleuten und sogar bisweilen Äbten, heiligen Männern, die jährlichen Einkünfte und Erträgnisse nicht mehr, die ihre Vorgänger aus ihren Gütern erzielten. Nicht zufrieden damit, daß sie mit ihrem faulen und üppigen Leben der Allgemeinheit nichts nützen, sondern eher schaden, lassen sie kein Ackerland übrig, zäunen alles als Viehweiden ein, reißen die Häuser nieder, zerstören die Städte, lassen nur die Kirchen als Schafställe stehen und, gerade als ob bei euch die Wildgehege und Parkanlagen nicht schon genug Grund und Boden der Nutzbarmachung entzögen, verwandeln diese braven Leute alle bewohnten Plätze und alles sonst irgendwo angebaute Land in Einöden.
Damit also ein einziger Verschwender, unersättlich und eine grausige Pest seines Vaterlandes, einige tausend Morgen zusammenhängenden Ackerlandes mit einem einzigen Zaun umgeben kann, vertreibt man Pächter von Haus und Hof. Entweder umgarnt man sie durch Lug und Trug oder überwältigt sie mit Gewalt; man plündert sie aus oder treibt sie, durch Gewalttätigkeiten bis zur Erschöpfung gequält, zum Verkauf ihrer Habe. So oder so wandern die Unglücklichen aus, Männer und Weiber, Ehemänner und Ehefrauen, Waisen, Witwen, Eltern mit kleinen Kindern oder mit einer Familie, weniger reich an Besitz als an Zahl der Personen, wie ja die Landwirtschaft vieler Hände bedarf. Sie wandern aus, sage ich, aus ihren vertrauten und gewohnten Heimstätten und finden keinen Zufluchtsort. Ihren gesamten Hausrat, der ohnehin keinen großen Erlös bringen würde, auch wenn er auf einen Käufer warten könnte, verkaufen sie um ein Spottgeld, wenn sie ihn sich vom Halse schaffen müssen. Ist dann der geringe Erlös in kurzer Zeit auf der Wanderschaft verbraucht, was bleibt ihnen dann schließlich anderes übrig, als zu stehlen und am Galgen zu hängen – nach Recht und Gesetz natürlich – oder sich herumzutreiben und zu betteln, obgleich sie auch dann als Vagabunden eingesperrt werden, weil sie herumlaufen, ohne zu arbeiten? Und doch will sie niemand als Arbeiter in Dienst nehmen, so eifrig sie sich auch anbieten. Denn mit der Landarbeit, an die sie gewöhnt sind, ist es vorbei, wo nicht gesät wird; genügt doch ein einziger Schaf- oder Rinderhirt als Aufsicht, um von seinen Herden ein Stück Land abweiden zu lassen, zu dessen Bestellung als Saatfeld viele Hände notwendig waren.

So kommt es auch, daß an vielen Orten die Lebensmittel wesentlich teurer geworden sind. Ja, auch die Wolle ist so im Preis gestiegen, daß eure weniger bemittelten Tuchmacher sie überhaupt nicht mehr kaufen können und dadurch in der Mehrzahl arbeitslos werden. Nachdem man nämlich die Weideflächen so vergrößert hatte, raffte eine Seuche eine unzählige Menge Schafe hinweg, gleich als ob Gott die Habgier der Besitzer hätte bestrafen wollen mit der Seuche, die er unter ihre Schafe sandte und die – so wäre es gerechter gewesen – die Eigentümer selbst hätte treffen müssen. Mag aber auch die Zahl der Schafe noch so sehr zunehmen, der Preis der Wolle fällt nicht, weil der Handel damit, wenn man ihn auch nicht Monopol nennen darf, da ja nicht bloß einer verkauft, sicher doch ein Oligopol ist. Die Schafe befinden sich nämlich fast sämtlich in den Händen einiger weniger, und zwar eben der reichen Leute, die keine Notwendigkeit dazu drängt, eher zu verkaufen, als es ihnen beliebt, und es beliebt ihnen nicht eher, als bis sie beliebig teuer verkaufen können. Wenn ferner auch die übrigen Viehsorten in gleicher Weise im Preise gestiegen sind, so ist dafür derselbe Grund maßgebend, und zwar hierfür erst recht, weil sich nämlich nach Zerstörung der Bauernhöfe und nach Vernichtung der Landwirtschaft niemand mehr mit der Aufzucht von Jungvieh abgibt. Jene Reichen treiben nämlich nur Schafzucht, ziehen aber kein Rindvieh mehr auf. Sie kaufen vielmehr anderswo Magervieh billig auf, mästen es auf ihren Weiden und verkaufen es dann für viel Geld weiter. Und nur deshalb empfindet man, meine ich, den ganzen Schaden dieses Verfahrens noch nicht in vollem Umfange, weil jene bis jetzt die Preise nur dort hochgetrieben haben, wo sie verkaufen. Schaffen sie aber erst einmal eine Zeitlang das Vieh schneller fort, als es nachwachsen kann, so nimmt dann schließlich auch dort, wo es aufgekauft wird, der Bestand allmählich ab, und es entsteht dann durch starken Mangel notwendigerweise eine Notlage. So hat die ruchlose Habgier einiger weniger das, was das ganz besondere Glück dieser eurer Insel zu sein schien, gerade euer Verderben werden lassen. Denn diese Verteuerung der Lebensmittel ist für einen jeden der Anlaß, soviel Dienerschaft wie möglich zu entlassen: wohin, so frage ich, wenn nicht zur Bettelei oder, wozu man ritterliche Gemüter leichter überreden kann, zur Räuberei?

22. August 1943

Aus: »Het eeuwige vuur« [Das ewige Feuer], von Jacob van Maerlant
August 1943

Das ewige Mein und Dein.

Lieber Jacob, sag mir doch,
wenn all das Volk gesprossen ist
aus unser aller Vater Adam,
warum gibt's Edle dann und Freie
und Leibeigne daneben?
Wie entstanden all die Stände?
Zu den Dörflern sagt man: »Pfui
schert euch fort, unehrlich Pack,
der Menschheit dient ihr nur zur Schande!«
Doch den Edelmann, den preist man,
und man sagt: »Seid willkommen, Herr!«
Das ist was, das mich zornig macht,
unanständig scheint es mir.

Martijn, sie ist für viele düster,
die Sache, über die Ihr nachgedacht,
und was Ihr fragt, das reicht sehr weit:
Denn wenn ein Wucherer Euch schröpft
und auszieht bis aufs letzte Hemd,
dann will so jemand, dass man dann
ihn zu den Edlen zählt,
auch wenn er tausendmal befleckt,
das Geld reinigt ihn von allem Schmutz.
Das macht, dass Menschen darauf aus sind,
zu holen, was es zu holen gibt.
Für Gott ist es Ursache des Zorns
und stiftet Verwirrung in den Seelen.

Martijn, das alte Gesetz erzählt,
dass durch Unrecht und Gewalt
die Leibeignen entstanden sind.
Wenn ein Fürst im Feld gewann,
ließ er einige am Leben,

verdammte sie zur Sklaverei
und verkaufte sie für Geld.
Das sind jene, die man unfrei schimpft,
das sind jene, die man Sklaven nennen kann.

Jacob, ich habe von Euch vernommen,
dass das menschliche Geschlecht
einst bei Adam begonnen hat.
Wie ist die Gesellschaft so gestört,
dass ein jeder jeden ermordet?
Jammer nenn ich das und Sünde.
Neid ist wieder überall
Herr über Land und Stadt,
das Volk ist arm wie Hunde;
sag mir, was ich wissen will,
alles zwingt mich, Euch zu fragen,
was so gerne ich vernahm,
gründlich von Beginn an.

Zwei Worte gibt es in der Welt,
es sind die Worte »mein« und »dein«,
wenn man die vertreiben könnte,
würden Einigkeit und Frieden einkehren,
jeder wäre frei und niemandes eigen,
Mann und Frau und Frau und Mann,
Getreide und Wein hätten alle gleich,
weder auf See noch auf dem Rhein
würde man jemand umbringen.
Noch verhindert dies das Gift
der Habsucht, oh Martijn,
es tut, dass alle versäumen,
jetzt noch andre Gesetze zu schreiben.

24. August 1943

Aus: Past and Present [Vergangenheit und Gegenwart] von Thomas Carlyle

»Glücklich der, der seine Aufgabe gefunden hat. Möge er nichts anderes mehr wünschen. Er hat Arbeit, er hat ein Lebensziel und braucht keinen anderen Segen.«
Gelesen in:
De jeugd van Flor. Nightingale [Die Jugend von Florence Nightingale] von Willy Corsari.[50]

Rea. »Nur wenn ich in meine eigenen Augen schaue, kann ich die Wahrheit finden.«
vgl. eine Seite weiter! Das ist falsch!

Rea
»Wenn man Gottes Stimme lauschen ›will‹, wird man nur die seine und nicht sein eigenes Verlangen hören.«
So ungefähr gelesen in:
Die Jugend von Florence Nightingale von Willy Corsari.

Es fällt schwer, über ein Gesicht zu urteilen, wenn man die Augen nicht sieht.
Justus van Maurik Jr.
aus: Van allerlei slag [Von allen möglichen Charakteren]

Aus: Peter Paul Rubens, 2. Teil, »In de kracht van zijn leven!« [In der Kraft seines Lebens!][51]
(Um zu zeigen, wie ein leidenschaftlicher Katholik Gott und die Menschen betrachtet.)

50 Pseudonym von Wilhelmina Angela Douwes-Schmidt; A. d. Hg.

51 Deutsche Übersetzung zitiert nach: Zsolt von Harsányi, Das herrliche Leben. Der Lebensroman des P. R. Rubens. Deutsche Buch-Gemeinschaft 1961 (aus dem Ungarischen übersetzt von Gitta Heinig und Horst Wolf); A. d. Hg.

R: Ich glaube nicht, daß man die Menschheit so gering einschätzen darf. Der Allmächtige liebt die Menschen so sehr, daß er sogar seinen eingeborenen Sohn für einige Zeit zum Menschen gemacht hat.
D.D.: Das beweist noch nichts. Vielleicht liebt er die Sterne so sehr, daß er seinen einzigen Sohn in einen Stern verwandelt? Gott liebt alles; denn er ist die unendliche Liebe. Aber der Mensch ist durch seine eingebildete Gottähnlichkeit überheblich geworden. Er ergreift jeden Vorwand und jedes Argument, um sich recht erhaben zu dünken. Habt Ihr schon mal darüber nachgedacht, warum die Reichen sich Zwerge halten? Nicht bloß zu ihrer Belustigung, o nein, sondern um jederzeit auf sie herabsehen und sich stolz und selbstbewußt in die Brust werfen zu können, weil sie schöner, gesünder, größer, kräftiger sind als diese Krüppel. Dabei bedeuten sie im Rahmen der Schöpfung nicht mehr wie ein Staubkorn. Wenn sie bösartig durcheinanderwirbeln, bilden sie sich ein, sie führten Krieg; dabei ist's ein Sturm, der sie herumweht. Und wenn sie wieder zur Ruhe gekommen sind, meinen sie, sie hätten Frieden geschlossen; dabei ist nur der Komet, dessen Einfluß sie erlagen, wieder verschwunden, oder die Konstellation von Gestirnen, deren Kraft auf sie wirkte, hat sich geändert. Nein, einen Weltfrieden wird es niemals geben, mein Freund! Den hat es nur einmal gegeben, und auch da nur in der Poesie: aurea prima sata est – das Goldene Zeitalter. Aber es wird die Zeit kommen, in zehn Jahren oder vielleicht schon morgen, wo die Spannung, die durch geheimnisvolle überirdische Kräfte entstanden ist, an irgendeinem Punkt der Erde nachläßt oder ganz aufhört, und dann werden die Menschen mit einem Male wieder friedlich sein und sich gegenseitig verstehen.
21. Dezember 1943

Wenn ich in meine eigenen Augen schaue, werde ich die Wahrheit immer wieder finden!
Rea.
Okt. 1943

Aus: Kristin Lavrans dochter [Kristin Lavrans Tochter],[52] Band 2: Frau (Lavrans spricht vor seinem Tod mit seiner Tochter Kristin, hier folgen Teile daraus.)

Lavrans: Du weißt doch, meine Kristin, unweise ist der, der über den Hingang eines Menschen weint. Du bist besser bei Christus geborgen als bei mir – hast du wohl sagen hören; ich baue auf Gottes Barmherzigkeit. Sie ist nicht so lange, die Zeit, in der Freunde voneinander getrennt sind. Dich wird sie vielleicht lang dünken, jetzt, solange du jung bist, aber du hast deine Kinder und deinen Mann. Wenn du einmal in meine Jahre kommst, dann wird es dir scheinen, als sei kaum einige Zeit verflossen, seit du uns, die wir dahingegangen sind, gesehen hast, und wenn du die vergangenen Winter nachrechnest, wirst du dich wundern, dass es ihrer so viele waren.

Jetzt kommt erst etwas dazwischen, dann erzählt Lavrans von seiner Jugend.

Ich tröstete mich damit, daß mein Vater es nicht gerne sähe, wenn sein ältester Sohn Mönch würde, und daß ich meinen Eltern nicht zuwider handeln dürfte. Ich selbst aber habe die Welt erwählt, und wenn die Welt gegen mich war, versuchte ich zu denken, daß es unmännlich wäre, über das Schicksal zu klagen, das ich mir selbst erkoren hatte. Denn das habe ich mit jedem dahingehenden Jahr immer tiefer und tiefer verstanden – es gibt keine würdigere Wirksamkeit für den Menschen, dem es vergönnt ist, ein wenig von Gottes Gnade zu erkennen, als Gott zu dienen und für jene Menschen zu wachen und zu beten, denen noch der Blick durch den Schatten der weltlichen Welt verdunkelt ist. […] Da muß ein Mann, der Abkömmlinge seines Leibes zeugt, es auch ertragen können, daß es im Herzen brennt, wenn er sie verliert oder die Welt sich ihnen entgegenstellt. Gott, der ihnen die Seele gab, besaß sie von jeher, und nicht ich –
21. Dezember 1943

52 Deutsche Übersetzung zitiert nach: Sigrid Undset, Kristin Lavranstochter, Frankfurt/M. 1925 ff. (aus dem Norwegischen übersetzt von J. Sandmeier und S. Angermann); A. d. Hg.

Aus: Siegfried von Richard Wagner.[53]
(Nur wegen der Alliteration aufgeschrieben!)

Siegfried:
Aus dem Wald fort
In die Welt ziehn:
Nimmer kehr ich zurück.
Wie ich froh bin,
Dass ich frei ward,
Nichts mich bindet und zwingt!
Zu Mime:
Mein Vater bist du nicht,
In der Ferne bin ich heim;
Dein Herd ist nicht mein Haus,
Meine Decke ist nicht dein Dach.
Wie der Fisch froh
In der Flut schwimmt,
Wie der Fink frei
sich davonschwingt:
Flieg ich von hier,
Flute davon,
Wie der Wind übern Wald
Weh ich dahin –
Dich, Mime, nie wieder zu sehn!
4. Januar 1944

Aus: Peter Paul Rubens, Teil 3
De kroon op het werk [Die Krone der Arbeit][54]
(Gespräch zwischen Frederik Hendrik und Rubens)

Frederik Hendrik: Der Krieg ist ein höllisches Übel, der Friede ein himmlischer Segen für die Völker. Doch ich muß Euch fragen, wer macht den Krieg? Ein fleißiges, friedliches Volk, das ungehindert seiner Arbeit nachgehen

53 Das gesamte Zitat ist auf Deutsch; A. d. Hg.
54 Deutsche Übersetzung zitiert nach: Harsányi, Das herrliche Leben (siehe oben); A. d. Hg.

möchte, oder der eroberungslustige Tyrann, der ihm die Tore seines Kerkers nicht öffnen will?
P. P. Rubens: Die spanische Krone hat ein Erbrecht auf die holländischen Provinzen, Durchlaucht, wenn wir es vom dynastischen Standpunkt aus betrachten. Und wenn man Kinder hat, ist es schwer, auf ein rechtmäßiges Erbe zu verzichten.
Frederik Hendrik: Sehr richtig. Die Holländer haben einst als ein freies Volk gelebt. Die Väter hinterließen ihren Söhnen die Freiheit als Erbe. Warum soll also der Holländer, zumal wenn er Kinder hat, jetzt auf diese ererbte Freiheit verzichten? Die Spanier haben sich unser Land mit Gewalt angeeignet. Wir haben es mit Gewalt zurückgewonnen und müssen es mit den Waffen verteidigen. Wir tun es höchst ungern; denn jeder einzelne Holländer würde viel lieber friedlich seinem Beruf nachgehen; aber er ist gezwungen, sich zur Wehr zu setzen, wie auch Ihr zum Knüttel greifen würdet, wenn bewaffnete Räuber das Vermögen Eurer Kinder wegnehmen wollten. Hört mal zu, Rubens! Wir können uns nur schwer verständigen; denn Ihr habt Euch ganz die Ideologie der Habsburger über ihre göttliche Berufung zu eigen gemacht. Ihr scheint dort drüben unter der spanischen Herrschaft vergessen zu haben, daß es auch andere Nationen als die spanische auf der Welt gibt. Ihr habt Eure flämische Nationalität verleugnet und möchtet, daß wir auch die unsrige verleugnen. Hier lebt ein Volk, das man nicht liebt, weil es fleißig und stark ist. Dieses Volk beansprucht nichts weiter als das Recht, innerhalb seines eigenen Lebensraumes auf seine Art leben zu dürfen, und gerade das gönnt man ihm nicht. Man will es erdrosseln, ihm die Lebensader abschnüren oder durchschneiden; man will es zu einem jämmerlichen oder kläglichen Tode verurteilen. Was soll dieses Volk tun? Es bietet alle seine Kraft auf und sprengt die Fesseln, weil es leben muß. Es fordert die Gebiete, die ihm Nahrung geben. Mit dem Aufgebot seiner letzten, ihm noch gebliebenen Lebenskraft sucht es sich gegen die tückischen Drohungen einer ganzen Reihe von Ländern zu verteidigen. Merkt Euch eins, mein Herr: auch die Völker werden vom Selbsterhaltungstrieb beherrscht, genau wie die einzelnen Lebewesen, und sie schreiten zur Selbsthilfe. Wir werden uns zur Wehr setzen und zum Selbstschutz greifen, auch wenn Euer König hundert Herzöge von Alba schickt, wenn Ihr uns alle Häfen der Welt sperrt, wenn Ihr uns wie mit einem eisernen Reifen umschließt … Alle diese Maßnahmen werden nichts fruchten. Wir pochen auf unser heiliges Recht bis zum letzten Atemzug! Und wenn Ihr meint, das hieße, das Kriegsgespenst heraufbeschwören, so antworte ich Euch: ich halte den Frieden für das höchste Gut; aber ich bin nicht

gewillt, dafür zu sterben, daß andere Frieden haben. Ich rufe Euer eigenes Ich gegen Euch auf: Ihr wollt den Krieg! Ihr bedeutet den Krieg! Ihr, der Friedensapostel, der es gutheißt, daß ein friedliches und arbeitsames Volk unterdrückt wird!
7. Januar 1944

Aus: De terugkeer van een held [Die Rückkehr eines Helden][55]
von Eric Lowe
Die Geschichte von Robin Stewart.
Robins Überlegungen:

Wenn der Tod plötzlich kam, war der Schlag manchmal nicht zu ertragen, obwohl die Trauer wieder vorbeiging, und sogar der sentimentalste Träumer, würde er es auch noch so sehr wollen, nicht imstande war, diese Trauer durch Jahre hindurch am Leben zu erhalten. Es gab natürlich andere Formen der Trauer, von denen der Tod entweder die Folge oder die Ursache war, die nicht so schnell verblassten; aber darunter hatte der sentimentale Träumer nicht viel zu leiden, weil er ganz und gar in Beschlag genommen wurde durch Selbstmitleid, auch wenn dies eigentlich einem anderen galt.
Im Lager sagt ein neu erworbener Freund zu Robin Stewart:
»Ein Abschied sagt mir nichts. Ich nehme nie Abschied. Je mehr man sich des Verlusts bewusst ist, desto oberflächlicher ist die Freundschaft. Ist eine Freundschaft wirklich aufrecht, besitzt man etwas, was man nie verlieren kann.«

Eine interessante Meinung:[56]
Der freie Wille? Freiheit des Handelns eines Individuums? Freiheit, zu denken, was man will? Die Gesetze, die das Leben beherrschen, sind nicht so innig mit dem Individuum verbunden, wie man wohl denkt. Schau dich nur um. Jeden Augenblick kannst du merken, dass menschliche Individuen einen Entschluss fassen, bestimmte Dinge sagen und bestimmte Dinge tun. Würdest du leugnen, dass du die Fähigkeit besitzt, nachzudenken? Und wenn du denken kannst, kannst du auch handeln, wenn auch nur in einem

55 Australischer Originaltitel: Salute to Freedom. Anne Frank erwähnt den ersten Teil der Trilogie am 12. Januar 1944 in ihrem Tagebuch; A. d. Hg.
56 Diese Zeile gehört nicht zum Zitat, sondern stammt von Anne Frank; A. d. Hg.

gewissen Ausmaß, so dass du nie die Gesetze von Ursache und Wirkung außer Kraft setzen kannst. Doch wenn viele Individuen sich vereinigen, dann ist es anders damit. Gemeinsam können sie viel erreichen. Das Denken, das konstruktive Denken, hat sich erst spät in der Geschichte der Menschheit entwickelt. Doch wie viel haben wir nicht schon erreicht! Es ist nicht unmöglich, dass unsere Erkenntnis uns früher oder später befähigt, unsere eigene Zukunft zu bestimmen.
1. Februar 1944

Aus: De Forsyte Sage [Die Forsyte-Saga][57]
Teil 2: In Ketten
von John Galsworthy
Der junge Jolyon[58] zu Irene Heron nach dem Tod des alten Jolyon:

»Wir würden alle gern in vollem Sommer enden, wenn Schönheit über den Rasen auf uns zuschreitet.«
11. Februar 1944

Gedanken des jungen Jolyon: Völlige Einsamkeit! Er konnte hier nicht weiter allein leben! Und doch, weshalb sollte man sich einsam fühlen, solange es Schönheit gab? Die Antwort lautete – wie auf die müßige Frage eines Toren –: Weil er es war. Je größer die Schönheit, desto größer die Einsamkeit, denn Schönheit braucht Harmonie, und Harmonie – Vereinigung. Schönheit war kein Trost, wenn ihr die Seele fehlte.
11. Februar 1944

57 Deutsche Übersetzung zitiert nach: John Galsworthy, Die Forsyte Saga, Reinbek 1954 (aus dem Englischen übersetzt von Luise Wolf); A. d. Hg.

58 In Version a des Tagebuchs findet sich am 15. März 1944 folgender Eintrag: »Die ersten fünf Bände der Forsytes habe ich fertig. Jon erinnert mich in vielen Dingen an Peter, Fleur ist in manchen Dingen besser und schlechter als ich, aber ähnelt auch ein bißchen.«; A. d. Hg.

Aus: Egmont von Goethe.[59]
Klärchens Lied.

Freudvoll
Und leidvoll,
Gedankenvoll sein;
Langen
und Bangen
In schwebender Pein;
Himmelhoch jauchzend,[60]
Zum Tode betrübt;
Glücklich allein
Ist die Seele, die liebt.
12. Februar 1944

12. Februar 1944
Das Veilchen

Ein Veilchen auf der Wiese stand,
Gebückt in sich und unbekannt;
Es war ein herziges Veilchen
Da kam eine junge Schäferin
Mit leichtem Schritt und munterm Sinn,
Daher, daher,
Die Wiese her, und sang.

»Ach!« denkt das Veilchen, »war' ich nur
Die schönste Blume der Natur,
Ach, nur ein kleines Weilchen,
Bis mich das Liebchen abgepflückt
Und an dem Busen matt gedrückt!
Ach nur, ach nur
Ein Viertelstündchen lang!«

59 Diese und die nächsten Seiten des 12. Februar 1944 sind im Original deutsch; A. d. Hg.
60 Anne Frank erwähnt das Gedicht im Tagebucheintrag vom 24. Dezember 1943; A. d. Hg.

Ach! aber, ach! das Mädchen kam
Und nicht in acht das Veilchen nahm,
Ertrat das arme Veilchen.
Es sank und starb und freut' sich noch:
»Und sterb' ich denn, so sterb' ich doch
Durch sie, durch sie,
Zu ihren Füßen doch.«
Goethe.

12. Februar 1944
Gefunden.
Ich ging im Walde
So für mich hin,
Und nichts zu suchen,
Das war mein Sinn.

Im Schatten sah ich
Ein Blümchen stehn,
Wie Sterne leuchtend,
Wie Äuglein schön.

Ich wollt' es brechen,
Da sagt es fein:
»Soll ich zum Welken
Gebrochen sein?«

Ich grub's mit allen
Den Würzlein aus,
Zum Garten trug ich's
Am hübschen Haus.

Und pflanzt' es wieder
Am stillen Ort;
Nun zweigt es immer
Und blüht so fort.
Goethe.

Sprüche von Goethe:

Wär' nicht das Auge sonnenhaft
Die Sonne könnt' es nie erblicken;
Läg' nicht in uns des Gottes eigne Kraft,
Wie könnt uns Göttliches entzücken?

Mit einem Herren steht es gut
Der, was er befohlen, selber tut.

Willst du immer weiter schweifen?
Sieh, das Gute liegt so nah.
Lerne nur das Glück ergreifen,
Denn das Glück ist immer da.

12. Februar 1944

Aus: Het eeuwige lied [Das ewige Lied]
von F. de Clercq Zubli
2. Teil von De Blijde Stilte [Die frohe Stille]
19. Februar 1942
Joeps Mutter sagt zu Joep:

Du kannst nicht von dir geben, wenn du nicht erst gelebt hast, sehr intensiv und in Fülle gelebt. Weißt du noch, wann du zu schreiben begonnen hast? Doch dann, als du in der schwierigen Zeit der beginnenden Taubheit geistig sehr tief ausgeatmet hast. Damals musstest du dich ausdrücken, wenn auch nur, um dir selbst genau bewusst zu werden, was in dir vorging.
Übrigens, jedes wahrhafte Buch ist der Versuch eines Menschen, in den eigenen Gedanken Klarheit zu erlangen! In einem wahrhaften Buch schreibt sich der Schreiber selbst frei.
Sei um Gottes willen ehrlich gegenüber deiner Arbeit und lass das »man« weg. Wenn deine Äußerungsform Märchen sind, wie du sagst, dann musst du sie schreiben, wenn sie nur gut sind, vollkommen, ehrlich, das ist wichtig,

der Rest ist nur Schein. Du hast bisher nur Beiträge in Zeitschriften abgeliefert. Schreibe nun genau das, wohin deine Neigung dich führt, schreib Märchen, so viele du willst. Es herrscht wirklich eine Nachfrage nach guten, reinen Märchen, und wenn du keinen Herausgeber findest, dann hast du das Glück des Schreibens gehabt.
Verzerre nie deine Kunst, Joep, das ist Heiligenschändung, weißt du, und schließlich ist jeder empfindsame Mensch empfänglich für das, was wahr und rein ist und ohne Verzierung direkt aus dem Herzen fließt. In was für eine Form es auch gegossen ist.

Gespräch nach der Geburt ihres Sohnes Frans mit ihrer Mutter.

»Fandest du es schwierig, Mutter, Jungen zu haben?«, frage ich nachdenklich.
Mutter schaut mich überrascht an: »Wieso schwierig, Joep?«
»Nun, ich meine: Hattest du nicht Angst, dass du sie nicht ganz begreifen könntest, später, wenn sie älter werden?«
»Ich glaube, dass wir uns diese Dinge nicht richtig vorstellen. Ich glaube nicht, dass unsere Erziehung darauf gerichtet sein sollte, Männer oder Frauen hervorzubringen, sondern Menschen. Ich glaube, dass alle Probleme von einem reinen, menschlichen Standpunkt aus zu lösen sind, nicht von einem weiblichen oder männlichen Standpunkt.
Der wahre Mensch ist eine Synthese aus weiblichen und männlichen Elementen.
Darum glaube ich nicht, dass du deinen Sohn nicht begreifen können wirst, wenn du dich nicht erheben kannst über das ausschließlich Weibliche hinaus, hin zu einem rein menschlichen Standpunkt. Wenn dein Sohn dasselbe tun kann, werdet ihr einander treffen, und das ist doch das reinste Begreifen, das möglich ist.

Gespräch zwischen Joep und ihrer Mutter:

Vertrauen ist nichts, worauf du aufgrund deiner Mutterschaft ein Anrecht hast. Was sucht ein Kind, ein Mensch, wenn er sein Herz vor dir ausschüttet? Doch einen verständnisvollen Freund, und wenn das Glück deines Kindes dir schwerer als alles wiegt, musst du dankbar sein, dass es so einen Freund gefunden hat, auch wenn du es nicht selbst bist.

Vertrauen dient doch der Bewusstwerdung des Kindes, nicht dem selbstzufriedenen Glück der Mutter.
Natürlich hat die Mutter vielleicht durch das gleiche Wesen, durch gegenseitige Zuneigung eine bessere Chance, zur vertrauten Freundin zu werden, als ein Fremder, aber dass man je das Recht auf das Vertrauen seines Kindes hat, habe ich immer absurd gefunden. Eine Art Ausbeuterei der Mutterschaft.

Das wahrhaftige Glück lebt in dir, das kannst du nicht verlieren.

All das Leid, das wir um das erleiden, was der Tod uns nimmt, hat nichts mit Liebe zu tun, sondern stammt aus der Eigenliebe.

Das Leben, das uns anvertraute Formen zu etwas unsagbar Liebem und Liebenswertem gemacht hat, lebt in uns allen, in der ganzen Schöpfung, in uns selbst. Und was wir vermissen, ist nur, was wir dadurch an Glück besessen haben, was uns in dem geliebten Körper offenbart worden ist.
Wir haben gemeint zu besitzen, und wir werden deshalb unaussprechlich leiden, denn kein Mensch kann je einen anderen Menschen besitzen, auch nichts anderes auf der Welt, denn alles Geschaffene ist aus dem Leben, und das Leben ist in allem Geschaffenen.

Wagen, wagen zu denken, auch wenn es noch so hässlich und schwer ist.

Ärzte sollten Staatsbeamte sein; das Leben vom Leiden anderer finde ich asozial.

Der Tod, dem du jetzt noch nicht ins Gesicht zu schauen wagst, sieht ganz anders aus, als du jetzt denkst.
Er ist gut und mild und genauso gut eine Form des Lebens, das wir so lieben, wie alles andere.
Wie kann die Schöpfung immer wieder neu und jung sein, wenn sie selbst die alten Formen nicht wieder vernichtet?

Aus den Forsytes, Teil 3
Wie verrückt sind die Älteren zu glauben, dass sie die Gefühle der Jungen aussprechen können!
23. März 1944

Liebe, was ist Liebe? Ich glaube, dass Liebe etwas ist, was sich eigentlich nicht in Worte fassen lässt. Liebe ist, jemanden zu verstehen, ihn gernzuhaben. Glück und Unglück mit ihm zu teilen. Und dazu gehört auf die Dauer auch die körperliche Liebe. Du hast etwas geteilt, etwas hergegeben und etwas empfangen. Und ob du dann verheiratet oder unverheiratet bist, ob du ein Kind kriegst oder nicht, ob die Ehre weg ist, auf das alles kommt es nicht an, wenn du nur weißt, dass für dein ganzes weiteres Leben jemand neben dir steht, der dich versteht und den du mit niemandem zu teilen brauchst!
Rea.[61]

Was hilft es, wenn du in all deinem Elend an noch mehr Elend denkst? Denke an schöne Dinge und denke daran, was dir noch an Schönem geblieben ist!
Rea.

Kein Vertrauen zu zeigen ist bereits Misstrauen.

Wer nichts zu sagen hat, redet viel.

Wer ehrt den Helden, dem es gelungen ist, einen Streit zu verhindern?

Nur jenen, die man sehr hoch oder sehr niedrig einschätzt, widerspricht man nicht.

61 Der ganze Absatz findet sich auch im Tagebucheintrag vom 2. März 1944; A. d. Hg.

Wahrer Schmerz schweigt.

Schweigen kann sowohl die Frucht der Verzweiflung als auch der Überzeugung sein.

Aus: De Hemelbestormer [Der Himmelsstürmer][62]
von Z. v. Harsanyi

Wer die Geometrie begreift, vermag in dieser Welt alles zu verstehen; wer aber diese Wissenschaft nicht erfaßt, der möge sein Buch schließen – er wird auch von keiner anderen Wissenschaft jemals etwas verstehen. Die Geometrie lehrt euch ein wahres Wissen, weil sie die Wissenschaft ist, die sich von selbst versteht. Wer der Geometrie widerspricht, der widerspricht der offenbaren Wahrheit …«
»Darin besteht mein Geheimnis, daß ihr mit Hilfe der Geometrie ganz zweifelsfrei ausmachen könnt, wer ein Esel ist und wer nicht. In jeder anderen Wissenschaft kann jemand kühn einen Unsinn behaupten, und es läßt sich darüber höchstens streiten. Hier aber hilft kein Herumreden, hier gibt es nur eindeutige Feststellungen. Und wer diese Feststellungen nicht trifft, ist eben ein Esel. Ehret die Geometrie, diesen wachsamen Hund, der das Haus der Vernunft hütet. Die Geometrie ist die einzige zuverlässige Probe für die Esel.«

Oh, Anne, nimm dir daran ein Beispiel!
12. Mai 1944

62 Deutsche Übersetzung zitiert nach: Zsolt Harsányi, Und sie bewegt sich doch. Der Galilei-Lebensroman. Oswald Möbius Verlag, Wien 1987 (aus dem Ungarischen übersetzt von J. P. Toth und A. Luther). Anne Frank erwähnt das Buch im Tagebucheintrag vom 11. Mai 1944; A. d. Hg.

Aus: De Hemelbestormer [Der Himmelsstürmer][63]
von Z. v. Harsanyi.
Gespräch zwischen Galileo und Kardinal Bellarmin. Galileo war von einigen Priestern bei der Inquisition angezeigt worden, da er ihrer Meinung nach Dinge verkündigte, die gegen die Heilige Schrift waren. Zum Beispiel dass sich die Erde um die Sonne dreht, also das Gegenteil von Aristoteles. Daraus dieses Stück:

Bellarmin:
»Habt Ihr schon einmal darüber nachgedacht, welch geniale Institution unsere Kirche ist? Mit welch unerhörtem Geschick sie alles in ihre Dienste stellt, was die menschliche Seele zu fesseln und zu erheben vermag? Denkt an unsere Kirchen und an ihren Prunk, der dem einfachen, armen Menschen den Trost gibt, daß wenigstens die Pracht der Prozessionen, der Glanz der goldgewebten Meßgewänder ihm gehört, wenn ihn das Leben sonst mit keinerlei irdischen Gütern beschenkt hat. Denkt an die Kunstschätze, die die größten Meister aller Jahrhunderte in Bildern und Statuen für die Kirchen schufen! Denkt an die Sakramente, die den Menschen von seiner Geburt bis zur Reife und weiter bis zu seinem Tode an die Kirche bindet! Denkt an die Beichte, diese weise Einrichtung, die Millionen und aber Millionen Menschen Seelenruhe, Lebensfreude und friedlichen Schlaf wiedergibt! Die menschliche Seele kennt keinerlei Regungen, über welche die Kirche nicht wacht, um zu verhüten, daß ein Irrender vom Glauben abweicht. Diese wundersame Institution, deren zielsichere Weisheit man nicht genug preisen kann, gründet sich auf die Heilige Schrift, in der jede kirchliche Handlung, sei es gleich der unbedeutendste Teil der Messe, verankert ist. Die heutige Organisation der Kirche ist also, wie sie dasteht, mit all ihren Einzelheiten göttlichen Ursprungs. Ihre ganze Leitung, ihre zahlreichen Orden, ihr Herrschaftsanspruch über die Welt, alles ist göttlichen Ursprungs. Wer dies in Zweifel stellt, ist ein Ketzer.«
Galilei:
»Ich zweifle nicht im geringsten daran, Monsignore. Gott behüte!«
Bellarmin:
»Seht Ihr. Und uns Priestern, die durch die Gnade und Berufung Gottes an führender Stelle stehen, ist es heiligste Pflicht, diese heilige Institution zu

63 Deutsche Übersetzung zitiert nach: Harsányi, Und sie bewegt sich doch (siehe oben); A. d. Hg.

pflegen, für ihr Gedeihen zu sorgen und ihre Herrschaft mit weiser Voraussicht den jeweils auftauchenden Problemen anzupassen. Aristoteles und auf seinen Spuren Ptolemäus haben lange vor dem Siege des Christentums das Bild des Weltalls umrissen. Das Christentum hat sich dieses Weltbild zu eigen gemacht, weil es seinen heiligen Zielen entsprach. Gott schuf Adam und Eva, durch sie die Menschheit und erlöste sie dann durch seinen eingeborenen Sohn. Um diese Menschheit, als den Gegenstand der Erlösung, kreist der ganze Kosmos. Nichts kann wichtiges sein als das Seelenheil eines noch so bettelarmen Menschen – auch die Sonne nicht! Sonne, Mond und Sterne sind nur Bestandteile der irdischen Welt, wo sich das unerhörte Mysterium der Erlösung abspielt. Wenn also ein noch so bettelarmer Mann, dessen Seelenheil mir wichtiger ist als alle Wissenschaften der Welt, so gelebt hat und im Schoße der Kirche so erzogen wurde, daß sein Verhältnis zum gekreuzigten Gottessohn das entscheidende Weltdrama ist, wie sollte ich dann jener Lehre Vorschub leisten, die Erde sei nur ein nebensächliches Sternchen, Mittelpunkt des Weltalls aber sei die Sonne? Darf ich denn diese ungeheuerliche Vorstellung gestatten, daß die Erlösung, die Erde und die Menschheit nicht der Mittelpunkt der Weltschöpfung sind? Darf ich zulassen, daß Zweifel in den Herzen der Christenmenschen erwacht? Das wäre ein härterer Schlag für unsere katholische Kirche als die Reformation und als jedes andere Ketzertum. Das könnte die geistliche und weltliche Macht des Papsttums, mithin also die herrliche und weise Institution der Kirche untergraben. Und dem ersten Zweifel dürften hundert andere folgen. Das ganze Gebäude stürzt ein, und an Stelle des Glaubens würde die ungehemmte Willkür herrschen und die Menschheit unglücklich machen. Nein, Galileo Galilei, solange ich meinen Kardinalshut trage, darf und werde ich das nicht zulassen!«

»Erlaubt mir, Monsignore, noch eine Frage zu stellen!«

»Bitte.«

»Ist es denn ganz und gar unvorstellbar, daß meine Lehre wahr sein könnte?«

»Das weiß ich nicht. Mein Geist vermag sich nicht in Eure Lehre hineinzufinden, aber deswegen mögt Ihr doch recht haben. Ich frage aber gar nicht danach, ob das wahr sein könnte. Für mich kommt nur das eine in Betracht: was soll man die Menschheit zum Besten ihres Seelenheils glauben lassen? Ist denn die Feststellung der Wahrheit überhaupt so wichtig? Ist sie nicht lediglich eine Streitfrage für die Gelehrten? Mir aber ist der Glaube von Millionen und aber Millionen einfacher, einfältiger Menschen das Wichtigste. Und ich gehe noch weiter. Wenn Eure Lehren sich als wahr erweisen würden, könnte mein Glaube das ertragen. Denn mein Glaube ist stark genug. Das heilige

Mysterium der Erlösung kann ich mir auch auf einer Erde vorstellen, die um die Sonne kreist. Aber es wäre unverantwortlich, die Millionen unreifer Seelen mit dem Maßstabe meines Glaubens zu messen.«
»Eine derartige Äußerung aus Eurem Munde, Monsignore, kommt mir gelegen. Geht es mir doch ebenso! Ich bekenne mein eigenes astronomisches Weltbild und vermag trotzdem fromm zu bleiben. Und ich weiß selbst, daß ich einem Menschen, den ich aus der breiten Masse herausgreife, nicht zumuten darf, genau das Gegenteil dessen zu glauben, was er sieht, nämlich: daß die Sonne in der Frühe nicht aufgeht, sondern auf ihrem Platz verharrt. Ich verlange das aber auch nur von den Gelehrten, deren Glaube dies ertragen kann. Die Menschheit lernt sehr langsam und macht darum nur allmählich Fortschritte, mag sie auch noch so eifrig das Gebot der Heiligen Schrift: ›Werdet vollkommen, wie Euer himmlischer Vater vollkommen ist‹, befolgen. Einmal aber wird die Zeit kommen, da der Glaube von Hunderttausenden den kopernikanischen Gedanken ertragen kann und noch später auch der von Millionen. Warum sollte ich ihn also den Gelehrten, den Fachleuten im wahrsten Sinne des Wortes nicht schon heute verkündigen?«
»Weil es unter den Gelehrten sehr viele Geistliche gibt. Der Geistliche soll aber nicht mit seinem eigenen Kopf, sondern mit dem des Papstes denken. Denn wenn er nicht glaubt, was er predigt, besitzt die Predigt auch keine Kraft.«
»Und wie steht es mit den gelehrten Laien?«
»Man kann die Laien von den Geistlichen nicht reinlich scheiden. Ich kann doch von der Inquisition nicht zweierlei Indices anfertigen lassen. Findet Euch endlich damit ab, daß ich diese Lehre als Tatsache nicht verbreiten lassen kann. Wir sind Euch persönlich sehr gewogen. Ich scheue mich gar nicht, Euch das ins Gesicht zu sagen. Und Eure wissenschaftliche Arbeit schätzen wir außerordentlich. Und Unser Herr, der keine Zeit hat, sich mit den Wissenschaften zu befassen, achtet in Eurer Person den Beamten eines Herrschers, der ihm für die Außenpolitik seines Kirchenstaates außerordentlich wertvoll ist. Wir behandeln Euch wie ein rohes Ei. Über Euer Buch von den Sonnenflecken zum Beispiel haben wir bislang noch kein Wort verloren, obwohl auch darin kopernikanische Ideen verfochten werden, allerdings kaum erkennbar; wenigstens ist das meine Auffassung. Übrigens habe ich persönlich nichts dagegen, wenn sich herausstellt, daß auch die Sonne nicht vollkommen ist; denn die Sonne ist mein kirchenpolitischer Feind. Mit einem Wort, wie behandeln Euch ganz anders als zum Beispiel Foscarini. Wenn Ihr diese Lehre als eigentümliche Hypothese behandelt, ohne sie in das prakti-

sche Leben zu übertragen, so kann ich sogar beide Augen zudrücken. Aber verkünden und verteidigen lasse ich sie nicht, weil ich ein guter Priester und Katholik bin und jeden Sohn der Kirche glücklich wissen möchte. Was Ihr nun machen wollt, das überlasse ich Eurem katholischen Gewissen. Was ich dagegen tue, ist bereits beschlossene Sache …«
14. Mai 1944

Aus: De Hemelbestormer [Der Himmelsstürmer][64]
von Z. v. Harsanyi
Gespräch zwischen Galileo und seiner ältesten Tochter Suor Celeste (Virginia)

Celeste: »Ihr braucht Euch niemals einsam und verlassen zu fühlen. Immer ist Gott da, dem Ihr vertrauen dürft. Und auch in mir werdet Ihr Euch niemals täuschen. Aber selbst wenn außer mir jeder Mensch in der Welt Euch enttäuschte – sag ich dennoch: Liebet die Menschen und vertrauet ihnen; denn die Glückseligkeit einer einzigen Liebe wiegt den Schmerz aller Enttäuschungen auf. Die Liebe kann vollkommen sein, Enttäuschungen nie, da wir bei Gott immer Trost finden. Darum lebt nur jener richtig, der an Gott und die Menschen glaubt; denn ziehen wir auch von der Glückseligkeit des Vertrauens den Schmerz über die Enttäuschung ab, so bleibt immer noch viel mehr übrig, als wir verloren haben.«
18. Mai 1944

Die ganze Welt als Schöpfung Gottes zu erforschen und zu erkennen, das ist Wissenschaft.
Die ganze Welt in ihren Teilen als Gottes Schöpfung wiederzugeben, das ist Kunst.
Aus: Hongaarse Rhapsodie [Ungarische Rhapsodie][65]
von Z. v. Harsanyi
Lamennais – Liszt.

64 Deutsche Übersetzung zitiert nach: Harsányi, Und sie bewegt sich doch (siehe oben); A. d. Hg.
65 Auf Deutsch erschienen als: Zsolt von Harsányi, Ungarische Rhapsodie (biographischer Roman über Franz Liszt), Leipzig 1935. Anne Frank erwähnt das Buch im Tagebucheintrag vom 9. Juni 1944; A. d. Hg.

1. Juli 1944
Aus: An ideal Husband [Ein idealer Gatte][66] by
Oscar Wilde
Robert Chiltern and Gertrude, his wife:
G: Robert, men can love what is beneath them – things unworthy, stained, dishonoured. We women worship when we love; and when we lose our worship, we love everything.

1. Juli 1944, Lord Goring: Well, she wore far too much rouge last night, and not quite enough clothes. That is always a sign of despair in a woman.

Sir Robert Chiltern to his wife Gertrude:
Al[l] women commit a great error. Why can't you women love us, faults and all? Why do you place us on monstrous pedestals? We have all feet of clay, women as well as men; but when we men love women, we love them knowing their weaknesses, their follies, their imperfections, love them all the more it may be, for that reason. It is not the perfect, but the imperfect, who have need of love. It is when we are wounded by our own hands, or by the hands of others, that love should come to cure us – else what use is love at all? All sins, except a sin against itself, Love should forgive. All lives, save loveless lives, true Love should pardon. A man's love is like that. It is wider, larger, more human than a woman's. Women think that they are making ideals of men. What they are making of us are the false idols merely. You made your false idol of me, and I had not the courage to come down, show you my wounds, tell you my weaknesses. I was afraid that I might lose your love, as I have lost it now. And so, last night you ruined my life for me – yes ruined it! What this woman asked of me was nothing compared to what she offered to me. She offered security, peace, stability. The sin of my youth, that I had thought was burned, rose up in front of me, hideous, horrible, with its hands at my throat. I could have killed it for ever, sent it back into his tomb, destroyed its record, burned the one witness against me. You prevented me. No one but you, you know it. And now what is there before me but public disagree, ruin, terrible shame, the mockery of the world, a lonely dishonoured life, a lonely

66 Auf Deutsch erschienen als: Oscar Wilde, Ein idealer Gatte, Leipzig 1914. Anne Frank erwähnt das Buch im Tagebucheintrag vom 30. Juni 1944; A. d. Hg.

dishonoured death, it may be, some day? Let women make no more ideals of men, let them not put them on altars and bow before them, or they may ruin other lives as completely as you – you whom I have so wildly loved – have ruined mine!
2. Juli 1944

Geburtstagsausruf von Mama, 1944
12. Mai 1944[67]

Neunzehnhundertvierundvierzig
fünfundfünfzig Jahre.
Immer Krieg,
wenig Haare,
wenig Geld und
wenig essen,
Geschenke, sind schon längst vergessen,
eine Schachtel Sirup,
mehr haben wir nicht erreicht,
es sind doch wohl sehr bescheidene Zeiten.
Und doch bleibt Pim voller Mut:
»Der Krieg, der läuft ganz gut!«

Denn im tiefsten Grund ist die Jugend einsamer als das Alter.[68]

Wer nicht zuhören kann, kann auch nichts erzählen.

67 Am 12. Mai war Otto Franks Geburtstag; A. d. Hg.
68 Anne Frank erläutert diesen Satz ausführlich im Tagebucheintrag vom 15. Juli 1944; A. d. Hg.

[Das Ägyptenbuch]

Editorische Notiz

Aus welchem Anlass Anne Frank an dem sogenannten Ägyptenbuch gearbeitet hat, ist bislang nicht bekannt. Möglicherweise hat sie mit der Arbeit daran schon vor dem Untertauchen begonnen und es im Versteck weitergeführt. In ihrem Tagebucheintrag vom 13. Juli 1943 (vgl. auch die Erzählung »Das beste Tischchen«, S. 275 in dieser Ausgabe) erwähnt Anne einen Streit mit Herrn Pfeffer / Dussel über die Benutzung des Tischs, in dessen Verlauf Pfeffer ausruft: »Die Mythologie, was ist das schon für eine Arbeit!« Möglicherweise ist damit Annes Fortschreiben des »Ägyptenbuchs« gemeint. In dieser Ausgabe ist es erstmals zu lesen. Ähnlich wie im Schöne-Sätze-Buch stammt nur ein kleiner Teil der Texte von Anne Frank selbst; das »Ägypenbuch« wurde in die Gesamtausgabe aufgenommen, weil es zeigt, womit sich Anne intensiv beschäftigt hat. Bis auf wenige Ausnahmen hat sie die meisten Erläuterungen aus der Zeitschrift »Kunst in Beeld« [Kunst im Bild] abgeschrieben, aus der sie auch die dazugehörigen Bilder ausgeschnitten und aufgeklebt hat.

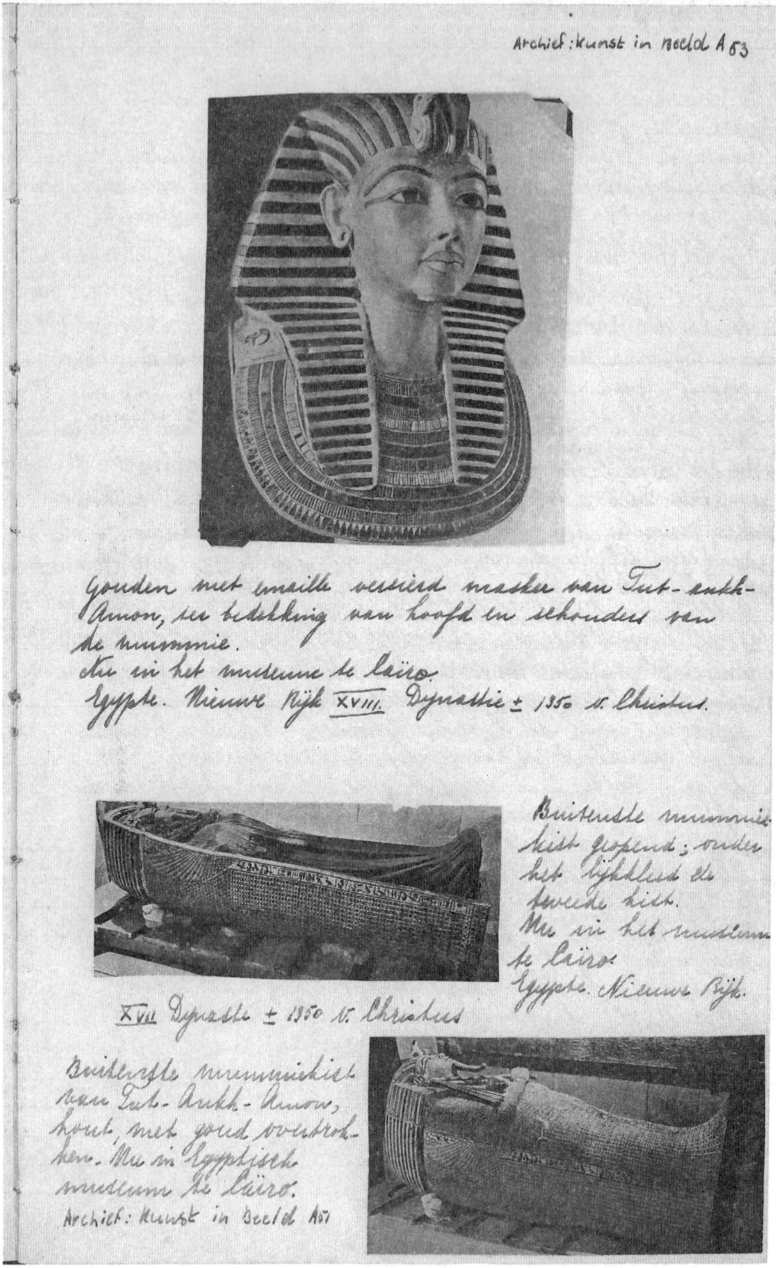

Archief: Kunst in Beeld A 53

Gouden met emaille versierd masker van Tut-ankh-Amon, ter bedekking van hoofd en schouders van de mummie.
Nu in het museum te Caïro.
Egypte. Nieuwe Rijk XVIII. Dynastie ± 1350 v. Christus.

Buitenste mummie-kist geopend; onder het lijkkleed de tweede kist.
Nu in het museum te Caïro.
Egypte. Nieuwe Rijk.
XVII Dynastie ± 1350 v. Christus

Buitenste mummiekist van Tut-Ankh-Amon, hout, met goud overtrokken. Nu in Egyptisch museum te Caïro.
Archief: Kunst in Beeld A 51

Eine Seite aus Anne Franks sogenanntem Ägyptenbuch

[Bild]
Oben: Die Stadt Tyrus sendet mit dem Schiff die schuldbeladenen Schätze nach Assyrien.
Unten: Heerlager in einer Ringmauer mit losziehendem Heer. Beide Bildstreifen waren als Kupferverkleidung auf den Türen eines Palastes in der Nähe von Ninive angebracht, aus der Zeit von Salmanassar II. Mesopotamien. Assyrisch. ± 2800 v. Chr.
Quelle: Kunst in Beeld B95.

[Bild]
Siegesstele des Stadtkönigs Naramsin, Sohn des Sargon / von Akka. Mesopotamien. Sumerisch ± 2800 v. Chr.
Quelle: Kunst in Beeld B84.

[Bild]
Felszeichnung aus den Höhlen von Altamira. Font de Gaume en Combarelles.
Die Höhle von Altamira liegt an der Grenze von Spanien und Frankreich in den Pyrenäen.

[Bild]
Rentier

[Bild]
Herde

[Bild]
Bison
Quelle: Kunst in Beeld C1

[Karte]
Karte von Ägypten.

Ägypten ist ein Land, das schon sehr früh kultiviert war, das liegt vor allem am Nil. Der Nil tritt jedes Jahr über die Ufer, und dadurch lernten die Menschen, Deiche und Brücken zu bauen, um sich vor dem Wasser zu schützen. Aber manchmal machten sie nichts, um das Wasser zurückzuhalten, und dann strömte es weit über das Land, aber der Boden wurde dadurch sehr

fruchtbar und die Menschen lernten, den Boden richtig zu bebauen. Gäbe es den Nil nicht, wäre Ägypten, genau wie die Sahara, eine Wüste. Ägypten bezeichnet man deshalb als ein Geschenk des Nils. Die Völker, die um Ägypten herum lebten, versuchten wiederholt es zu erobern, aber es ist nur ein paarmal gelungen.
Ägypten wurde von Pharaonen regiert, aber das waren nur angenommene Namen. Der Pharao wurde sehr verehrt. Die Priester hatten ebenfalls viel Einfluss.
In Ägypten gab es sehr wenige Städte, zu den größten gehörten Memphis und Thebe. Weil der Nil jedes Jahr über die Ufer trat, mussten die Menschen aus den wenigen Städten oft den Bauern helfen, die Menschen trieben auch viel Handel mit anderen Völkern und lehrten sie auch, das Land zu bebauen. Viel später, in der Zeit von Alexander dem Großen, wurde Ägypten eingenommen und man gründete dort die große Stadt Alexandrien, die nach Alexander dem Großen benannt ist. Bevor Alexander der Große das Land regierte, gab es dort Darius und Xerxes, die das Land auch schon hatten, außer Griechenland, dieses Land konnten sie noch immer nicht bekommen, unter ihnen war es in Ägypten schon einige Male zu Aufständen gekommen, aber den mächtigen Fürsten gelang es immer wieder, sie zu unterdrücken. Alexander hat nun zum ersten Mal erreicht, dass die Ägypter wieder ein bisschen zufrieden wurden, denn er hat ihre Gewohnheiten auch in Mazedonien eingeführt, und die mazedonischen Gewohnheiten in Mazedonien,[69] so dass es eigentlich ein einziges großes Volk wurde. Alexander war nämlich der Sohn von Philippus, dem König von Mazedonien.

[Bild]
Eine goldene, mit Emaille verzierte Maske von Tutanchamun, zur Bedeckung von Kopf und Schultern der Mumie. Jetzt im Museum in Kairo. Ägypten. Neues Reich. XVIII. Dynastie ± 1350 v. Christus.
Quelle: Kunst in Beeld A53

[Bild]
Äußerster Mumienschrein geöffnet; unter dem Leichentuch der zweite Schrein. Jetzt im Museum zu Kairo. Ägypten. Neues Reich. XVII. Dynastie ± 1350 v. Christus

69 Gemeint ist hier vermutlich Ägypten; A. d. Hg..

[Bild]
Äußerster Mumienschrein von Tutanchamun, Holz, mit Gold überzogen. Jetzt im Ägyptischen Museum zu Kairo.
Quelle: Kunst in Beeld A51

Die Mumie von Tutanchamun wurde in einer Pyramide gefunden. An den Seitenkanten steht etwas in Hieroglyphenschrift, das später von dem französischen Gelehrten Champolion entziffert wurde, er benutzte dazu den Stein von Rosette. Dieser Stein wurde in der Nähe von Rosette gefunden, und er war in drei Sprachen beschrieben, u. a. in Hieroglyphenschrift und Griechisch. Dieser Herr Champolion konnte Griechisch und entzifferte so die Hieroglyphenschrift.

[Bild]
Pyramiden von Khafra (Chefren) und Menkare (Mykerinos) bei Gizeh. Ägypten. Altes Reich. IV. Dynastie. ± 2800 bis 2750 v. Christus.

[Bild]
Pyramide von Khufu (Cheops). Ägypten. Altes Reich. IV. Dynastie ± 2850 v. Christus. Bei Gizeh.
Quelle: Kunst in Beeld A9

Die Pyramiden waren sehr große, turmartige Steine, die nur aufeinandergestapelt sind. Die Pharaonen lassen schon lange vor ihrem Tod solch einen großen Steinberg errichten. In einer Pyramide gibt es viele verschiedene Kammern und auch eine Schatzkammer. Wenn der König dann stirbt, wird er in der Pyramide, die für ihn erbaut wurde, begraben.

[Bild]
Das Grab von Tutanchamun. Thebe. Die Vorkammer mit der in der Nordwand versiegelten Tür der Grabkammer. Ägypten. Neues Reich. XVIII. Dynastie ± 1350 v. Christus.
Quelle: Kunst in Beeld A48.

[Bild]
Pyramide von Snofru bei Meidum. Ägypten. Altes Reich. III. Dynastie 2900 v. C.

[Bild]
Sphinx bei der Pyramide von Khafra. Gizeh. Ägypten. Altes Reich. Dynastie ± 2700 v. Christus.
Quelle: Kunst in Beeld A11.

König Xerxes war der Nachfolger von König Darius, König Darius starb, als er gerade wieder ein großes Heer aufstellen lassen wollte, um gegen Griechenland in den Kampf zu ziehen. König Xerxes fuhr nach dem Tod seines Vaters sofort damit fort, das Heer zu verstärken. Aber hat die Griechen nicht besiegen können.

[Bild]
König Xerxes begleitet von Dienern, die Fächer und Sonnenschirm tragen. Der Sonnenschirm galt als Ehrenzeichen. Relief von Persepolis.
Quelle: Kunst in Beeld B120.

[Bild]
Palast oder Tempelruine in Ur. Im Hintergrund die Überbleibsel eines Terrassenbaus (Sternturm von Djigurat). Der Kern der Mauern ist aus Tonstein, die Verkleidung aus Backstein. Mesopotamien. Neubabylonisch, + 550 v. Christus
Quelle: Kunst in Beeld A82

[Karte]
Mesopotamien
Im Stromgebiet von Euphrat und Tigris lebte ± 3000 Jahre vor Christus (vor 5000 Jahren) ein Volk, das über eine hohe Kultur verfügte. Die Sumerer.
Mesopotamien liegt, im Gegensatz zu Ägypten, ziemlich offen, während Ägypten fast ganz abgeschlossen ist. Mesopotamien ist das Land der zwei Ströme. Die Folge dieser Situation war, dass Mesopotamien viel mehr unter Kriegen zu leiden hatte als Ägypten. Außerdem hat Mesopotamien viele Kriege geführt, die außer zur Eroberung auch zur Sicherheit ihres Handels dienten. Die Völker aus diesem Zweistromland haben durch ihren Handel zugleich viel Einfluss auf andere. Der erste große König aus Mesopotamien war Hammurabi, dessen Gesetzgebung auf einer zwei Meter hohen Basaltstele eingeritzt war. Die Gesetzgebung Hammurabis war wichtig, weil er für sein Volk ein neues Recht einführte. (Niemand durfte mehr sein eigener Richter sein.) Die Schrift aus dem Zweistromland nennen wir Keilschrift. Die

Religion der Babylonier bestand anfangs darin, dass jede Stadt ihren eigenen Gott hatte. Z. B. war Marduk der Gott der Stadt Babylon, während Schamasch (Sonne) der Gott einer anderen Stadt war, zugleich aber ebenfalls ziemlich bekannt. Später wurde dann oft der Gott einer Stadt zum Gott des ganzen Landes, das geschah z. B. mit Marduk. Bei den Babyloniern war der Einfluss der Naturkräfte auf die Religion wichtig, man denke in diesem Zusammenhang noch einmal an Schamasch (Sonne). Sie erstellten auch Prophezeiungen aus den Sternen, das wurde Astrologie genannt. Später entwickelte sich daraus die Wissenschaft der Sternenkunde, Astronomie. Sogar in unserer Zeit kennen wir noch die Reste dieser »Astrologie«, wir sprechen von jemandem, der unter einem glücklichen Gestirn geboren wurde. Auch im Jüdischen ist noch etwas davon übrig. Im Niederländischen hingegen hat man von der germanischen Gottesverehrung auch noch viele Wörter [übernommen].

[Bild]
Stadttor von Babylon. Aus der Zeit von König Nabopolassar. Mesopotamien. Neubabylonisch ± 610 v. Christus.
Quelle: Kunst in Beeld A81

[Bild]
Überwölbte Gräber, vielleicht Familiengräber. Jedes Grab hat Raum für mehrere Särge. Mesopotamien. Babylonisch.
Quelle: Kunst in Beeld A91

[Bild]
Codexstele von König Hammurabi, der König empfängt die Gesetzesparagraphen vom Sonnengott. Mesopotamien. Babylonisch ± 2000 v. Chr.

[Zwei Bilder]
Zwei Stelen: Der König verehrt den Sonnengott Schamasch. Mesopotamien. Babylonisch. ± 2000 v. Chr.
Quelle: Kunst in Beeld B82

[Zwei Bilder]
Statuen sumerischer Stadtköniginnen (vielleicht zugleich Priesterinnen) aus den Jahrhunderten vor der Gründung des babylonischen Reichs. Beide Statuen aus Telloh, Lagasch. Links: ± 3000, rechts (Königin Gudea) ± 2500 v. Chr. Mesopotamien.

Quelle: Kunst in Beeld B80.

[Bild]
Königskopf. Assyrien, ± 800 v. Christus.
Quelle: Kunst in Beeld B90.

[Bild]
König Assurnasirpal II. auf der Löwenjagd. Alabasterrelief aus dem Palast des Königs. In Nimrud-Kalach. Mesopotamien. Assyrisch ± 870 v. Chr.
Quelle: Kunst in Beeld B93.

[Bild]
Erstürmung einer feindlichen Festung. Rechts König Assurnasirpal II., der den Angriff leitet. Vor dem König eine große Belagerungsmaschine, ein transportabler Gefechtsturm mit einem Rammbock. Der Feind versucht, den Rammbock mit Ketten nach oben zu ziehen und unschädlich zu machen. Assyrische Sodaten haben sich mit Haken an die Ketten gehängt, um den Rammbock auf das feindliche Tor gerichtet zu halten. An beiden Seiten wird mit Pfeil und Bogen geschossen; getroffene Feinde fallen von den Festungsmauern. Alabasterrelief aus dem Palast von Assurnasirpal II. zu Nimrud-Kalach. Mesopotamien. Assyrisch ± 870 v. C.
Quelle: Kunst in Beeld B94

[Bild]
Bogenschützen mit Panzerwagen stürmen eine Festung. Der König leitet von seinem Thron aus den Angriff.

[Bild]
Palast des Königs Sargon. Das Torhaus neben der großen Treppe.

[Bild]
Rekonstruktion. Mesopotamien. Assyrien. ± 720 v. Chr.
Quelle: Kunst in Beeld A87.

Persien.
Ungefähr ein halbes Jahrhundert nach dem Fall Ninives gelang es den Persern, die mit den Mediern verwandt waren, sich zu befreien. In dieser Zeit regierte dort ein König, der Cyrus hieß. Die Perser hatten Cyrus ± 550 vor

Christus zum König ihres Landes in Lydien gemacht. Babylonien eroberte Persien und eine weitere Zahl kleiner Länder, so dass es schließlich ganz Klein- oder Vorderasien besaß. Die unterworfenen Völker wurden nicht schlecht behandelt. Vor allem die Israeliten und die Phönizier genossen die Gunst der Perser. Der phönizische Handel kam auch wieder zu neuer Blüte. Der Sohn des Krösus, ein sehr reicher Fürst, war Kambyses, dieser unterwarf 525 auch die Ägypter, aber die Ägypter waren ein sehr stolzes Volk und haben wiederholt versucht, sich wieder zu befreien. Kambyses konnte sie aber nicht für sich gewinnen. Als Kambyses gestorben war, erlebte das Reich ein schreckliches[70], doch schnell kam Darius und stellte die Ordnung wieder her. Darius regierte von 521–485. Darius verlieh Persien nun die Weltmacht, er hatte eine geregelte Verwaltung, und (das Land) wurde in Provinzen aufgeteilt und von Stadthaltern (Satrapen) regiert. Zu Persiens Unglück wollte Darius seine Macht in westliche Richtung ausdehnen, stieß dort aber mit den Griechen zusammen, die er jedoch ebensowenig für sich gewinnen konnte wie sein Sohn Xerxes.

[Bild]
Das Grab des Kayros (Cyrus.) Bei Pasargadae. Mesopotamien ± 530 v. Christus
Quelle: Kunst in Beeld A100.

[Bild]
Felsengrab von Dareios (Darius) Persepolis. Mesopotamien. Persien 500 ± v. Chr.
Quelle: Kunst in Beeld A108.

[Bild]
Die persische Leibwache von König Darius. Relief vom Palast zu Persepolis. Mesopotamien. Persisch ± 500 v. Christus

[Bild]
König Darius kämpft mit einem Drachen (Symbol des Kampfs vom Guten gegen das Böse) (Ormuzd gegen Ahriman.)
Quelle: Kunst in Beeld B122

70 Hier fehlt offensichtlich ein Wort.

Griechenland

[Karte]
Karte von Griechenland mit Niederlassungen in Kleinasien und Italien.
Quelle: Kunst in Beeld A132.

Kapitel entsprechend der drei griechischen Stile

[Bild]
Ionisch. Propyläen (Athene)

[Bild]
Korinthisch. Tholos (Epidauros)

[Bild]
Dorisch (Propyläen, Athene)
Quelle: Kunst in Beeld A153.

Sokrates und sein Schüler Plato sind die berühmtesten Philosophen dieses Jahrhunderts gewesen. Sokrates war ein sehr guter und bedächtiger Mann, der viel für andere Menschen übrig hatte.

[Bild]
Theater in Pergamon. Kleinasien. Wie alle griechischen Theater liegt es an einem Hang, aus dem die Sitzplätze herausgehauen sind. Zwischen den Sitzplätzen und der Bühne liegt eine halbrunde Fläche, das Orchestra, das für die mitwirkenden Chöre bestimmt ist. Die hohe Rückwand des Theaters ist verschwunden. Griechisch ± 200 v. Christus.
Quelle: Kunst in Beeld A155.

[Bild]
Kopf eines Faustkämpfers. Bronze. Griechisch. ± 325 v. Chr.
Quelle: Kunst in Beeld B178

[Bild]
Sokrates. Original weiß ± 300 v. Chr.
Quelle: Kunst in Beeld B176

Hermes ist einer der vielen griechischen Götter. Sein Vater ist Zeus. Hermes ist der Gott der Vortragskunst und der Botschafter aller Götter. Hermes muss immer mit den toten Seelen reisen, um ihnen den Weg nach Charon und dem Styx zu zeigen. Damit er die Botschaften, die er bekommt, so schnell wie möglich ausführt, hat er Flügel an seinen Sandalen, und als das noch nicht schnell genug ging, auch noch Flügel an seinem Hut.

[Bild]
Kopf eines Athleten. ± 340 v. Christus. Griechisch.
Quelle: Kunst in Beeld B178

[Bild]
Der Hermes von Praxiteles. Nach dem »erhabenen Stil« der Schule von Phidias bringen Praxiteles und seine Schule den »formschönen Stil«. Griechisch + 350 v. Chr.
Quelle: Kunst in Beeld B174

Im Jahr 461 erlangte Perikles die Führung von Athen. Man sagt nun, er sei einer der größten Staatsmänner gewesen, den die Geschichte kennt. Als Perikles die Führung erlangte, versuchte er, die Macht Athens auszubreiten, das konnte er nur tun, als er mehr Einfluss im Bund hatte. Viele Bundesgenossen, die bis dahin Schiffe geliefert hatten, leisteten nun finanzielle Unterstützung, der Bundesschatz wurde nun nach Athen gebracht. Und jeder war verpflichtet, das Geld an Athen zu bezahlen. Wenn die Bürger im Krieg mitgekämpft hatten, wurden sie auch zu den Ämtern zugelassen. Und sie durften auch auf der Richterbank Platz nehmen. Dem Areopagus wurde das Recht genommen, die Beschlüsse der Volksversammlung für nichtig zu erklären. Perikles hielt auch sehr viel von der Kunst, er ließ vortreffliche Künstler prächtige Gebäude und Paläste bauen und alles schön verzieren. Die armen Bürger durften kostenlos in die Theater. Er ließ sie den Vorträgen von Sokrates und Plato beiwohnen. So sorgte er dafür, dass das Volk ein bisschen kultiviert wurde. Und von allem Möglichen etwas wusste.

[Bild]
Herodot. Römische Kopie nach einem griechischen Original. Aus dem vierten Jahrhundert v. Chr.

[Bild]
Perikles. Römische Kopie. Nach einem griechischen Original – ± 440 v. Chr.
Quelle: Kunst in Beeld B176

[Bild]
Kleine, wahrscheinlich nicht sehr gelungene Marmorkopie der Athena-Parthenos von Phidias. Die Kopie ist römisch. Das Original griechisch. ± 450 v. Chr.
Quelle: Kunst in Beeld B154

Nordwestseite des Parthenon auf der Akropolis in Athen. Ein achtsäuliger Peripteros (Octostylos). Gebaut von Iktinos und Kallikrates. Die Bildhauerei wurde unter der Leitung von Phidias gefertigt, zum Teil eigenhändig von ihm. Griechisch. Dorischer Stil 447 – 432 v. Christus
Quelle: Kunst in Beeld A138

Südostseite des Parthenon auf der Akropolis in Athen. Im siebzehnten Jahrhundert wurde das ganze Dach durch eine Explosion weggeschlagen. Die obenstehende Abbildung gibt den Zustand wieder, in dem sich das Gebäude vor den Renovierungsarbeiten befand, die 1929 begannen. Griechisch. Dorischer Stil 447 – 432 v. Christus.
Quelle: Kunst in Beeld A137

Athene ist die Göttin der Weisheit und des Kriegs. Sie steht oben auf dem Parthenon, mit einem langen Stab in der Hand, und darauf lag ein großer Stein, der blinkte. Wenn nun die Soldaten vom Krieg nach Athen zurückkamen oder Athen verließen, dann sahen sie, dass die Göttin des Kriegs mit ihnen war, dann konnte ihnen also nichts passieren.

Delphi ist vor allem durch sein berühmtes Orakel bekannt. Dieses Orakel war eigentlich nichts anderes als ein Spalt im Boden, aus dem betäubende Dämpfe aufstiegen, über dem Boden war ein Dreifuß aufgestellt, und darauf saß eine Priesterin. Sie war von den Dämpfen schon ganz betäubt, und wenn man sie etwas fragte, antwortete sie sehr wirr. Doch die Griechen dachten, dass es der Gott Apollo sei, der ihnen Prophezeiungen sagte, und sie schätzten das Orakel sehr.

[Bild]
Der Diskuswerfer von Myron. Moderne Bronzerekonstruktion, bestehend aus dem Kopf der Lancelotti-Kopie. Mit dem Körper der vatikanischen Kopie. Das Original war auch aus Bronze. Griechisch. Attische Schule ± 450 v. Chr.
Quelle: Kunst in Beeld B150

[zwei Bilder]
links: Kopf der Göttin Athene (nach Myron). Griechisch ± 450 v. C.
rechts: Klassische Marmorkopie nach der Athene. Klassisch von Phidias. 450. v. C.
Quelle: Kunst in Beeld B152

[Bild]
Kopf einer Göttin. Gefühlvolle Formwiedergabe und sichere Grazie in Haltung und Eleganz in den Falten der Kleidung sind kennzeichnend für die jonische Arbeit. Griechisch. Jonisch. ± 470 v. Chr.
Quelle: Kunst in Beeld B142

[Bild]
Das Stadion in Delphi, bestimmt für Wettläufe. Auf der einen Seite waren die Sitzplätze in den Berghang geschlagen, auf der anderen Seite waren sie gebaut. Es gab Platz für siebentausend Zuschauer. Die Startlinie ist auf dem vorderen Boden noch sichtbar. Griechisch. Wahrscheinlich 500 v. Chr.
Quelle: Kunst in Beeld A157

[Bild]
Kopf einer Göttin. Eine gewisse Härte in der Form. Steife Körperhaltung und einigermaßen starr-lachender Gesichtsausdruck sind kennzeichnend für den dorischen Stil. Griechisch. Dorisch. 600 v. Chr.
Quelle: Kunst in Beeld B142

[Bild]
Kuppelgrab (genannt die Schatzkammer von Atreus zu Mycene). Griechisch. Kreto-mykenische Periode ± 1300 v. Chr.
Quelle: Kunst in Beeld A130

[Bild]
Stadtmauer des alten Troja. Zyklopische Mauern aus behauenem Stein. Die Blöcke fügen sich gut aneinander, obwohl sie noch sehr ungleich in Form und Größe sind. ± 1300 v. Chr.
Quelle: Kunst in Beeld A125

[Bild]
Das Löwentor in Mykene. Dritte Form von zyklopischem Mauerwerk; die Steinblöcke, jedenfalls die meisten, sind rechteckig herausgehauen. Griechisch. Kreto-mykenische Periode ± 1400 v. Christus.
Quelle: Kunst in Beeld A129

[Bild]
Überwölbter Gang in der Bucht von Tiryns. Die Bauweise zeigt die primitivste Form zyklopischer Mauern. Griechisch. Kreto-mykenische Periode 1500 v. Chr.
Quelle: Kunst in Beeld A125

Lichthalle und Treppe im Palast von Knossos auf Kreta. Griechisch. Kreto-mykenische Periode ± 1500 v. Christus.
Quelle: Kunst in Beeld A121

Anne Frank
Merwedeplein 37II
Amsterdam (Z.)
tel. 90441

Teil II

Fotos und Dokumente

Editorische Notiz

Von Anne Frank und ihrer Schwester Margot existieren sehr viele Fotos – ihr Vater Otto Frank war ein begeisterter Fotograf. Für die folgende Auswahl war maßgeblich, dass sie Aufnahmen aus möglichst vielen Lebensphasen von Anne Frank enthalten sollte. Auch die Menschen aus Annes engstem Umkreis, die Mitbewohner im Hinterhaus sowie ihre Helfer sollten gezeigt werden. Außerdem enthält diese Auswahl einige Faksimile-Seiten aus den Schriften von Anne Frank sowie ihre Geburts- und die beiden Sterbeurkunden.

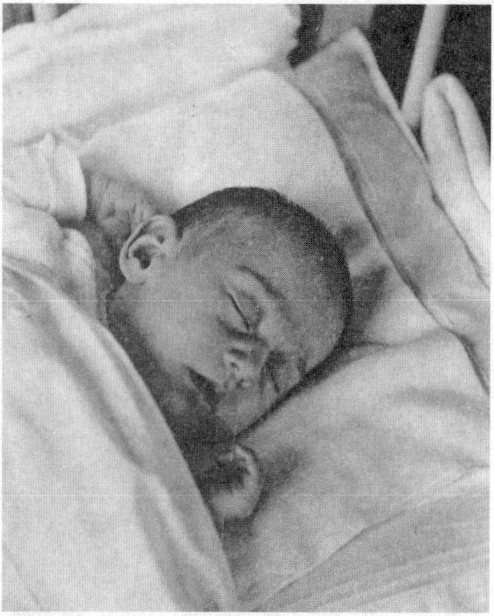

Anne Frank, 1929,
vier Wochen alt

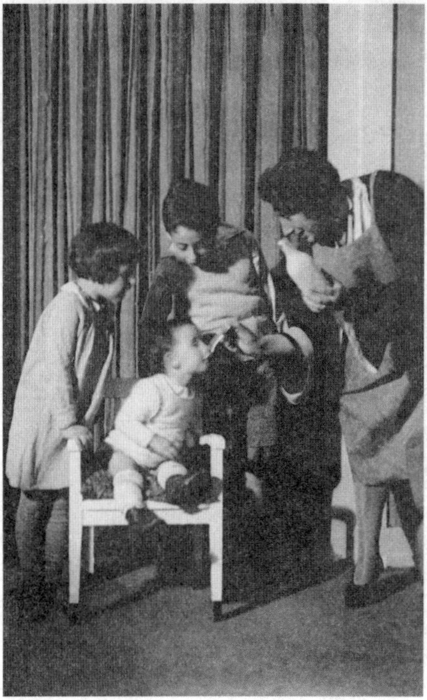

Anne wird gefüttert. Von links:
Annes Schwester Margot Frank,
Anne, Annes Cousin Stephan Elias,
Annes Mutter Edith (vermutlich 1930)

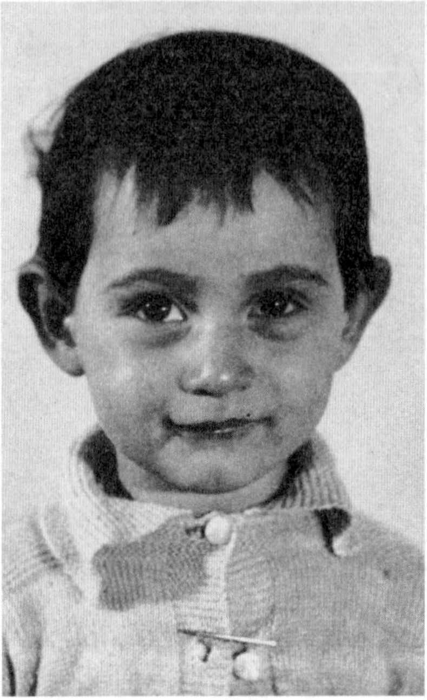

Anne, ca. 1931

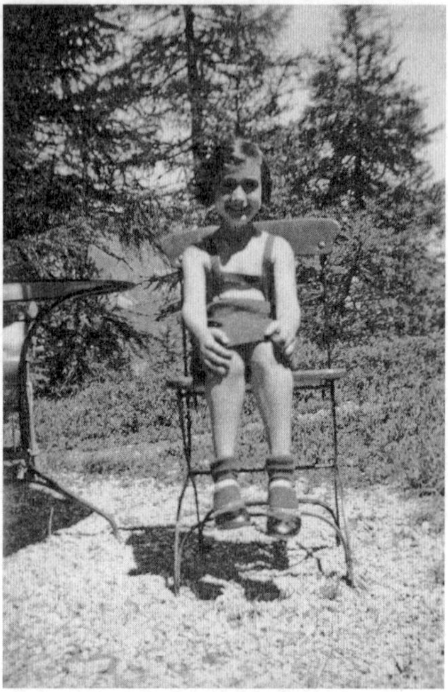

Anne in Sils Maria, ca. 1935

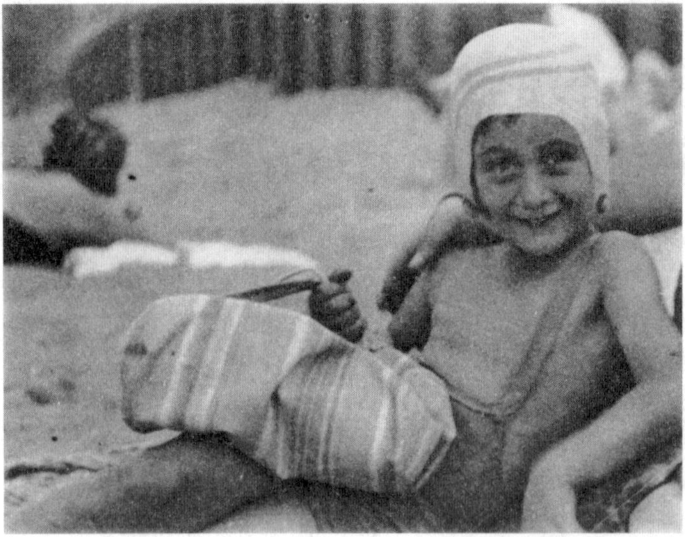

Anne, ca. 5 Jahre alt

Anne (links) und Margot in Aachen, Sommer 1933

Margot (links) und Anne, Oktober 1933 in Aachen

Anne,
11. September 1934

Anne, ca. 1934

Anne, Erinnerung an mein Schuljahr 1935

Anne, ca.1937

Anne, Mai 1935

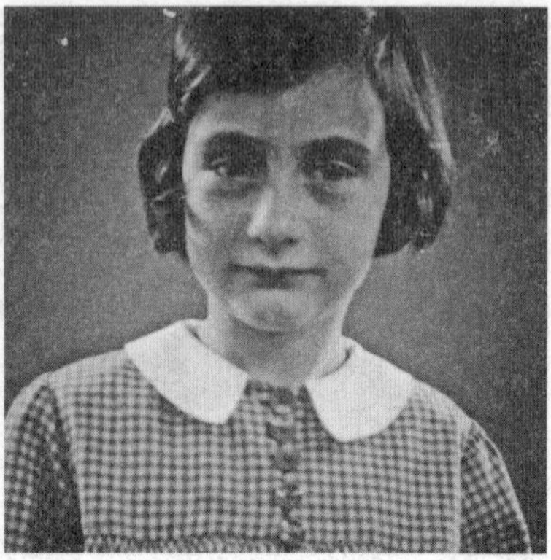

Anne, Mai 1936

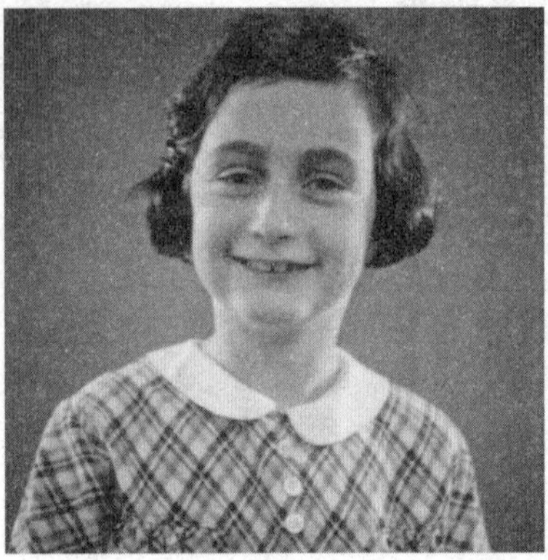

Anne, Mai 1937

Anne, Mai 1938

Anne, Mai 1939

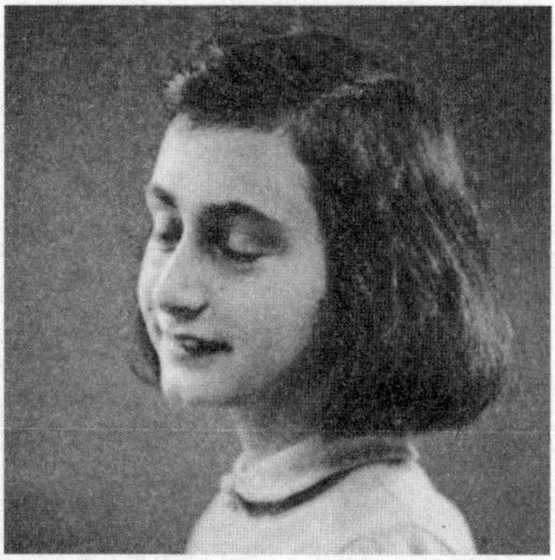

Anne, Mai 1940

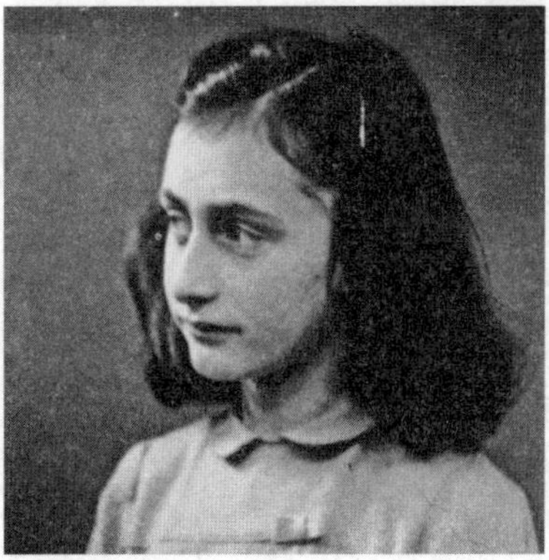

Anne, Mai 1941

Anne, Mai 1942

Anne mit ihren Freundinnen an ihrem 10. Geburtstag, 1939

Anne auf der Dachterrasse des Hauses am Merwedeplein, 1940

Anne, 1942

Hochzeitsfoto von Annes
Eltern Otto Frank und Edith
Frank-Holländer, 12. Mai 1925

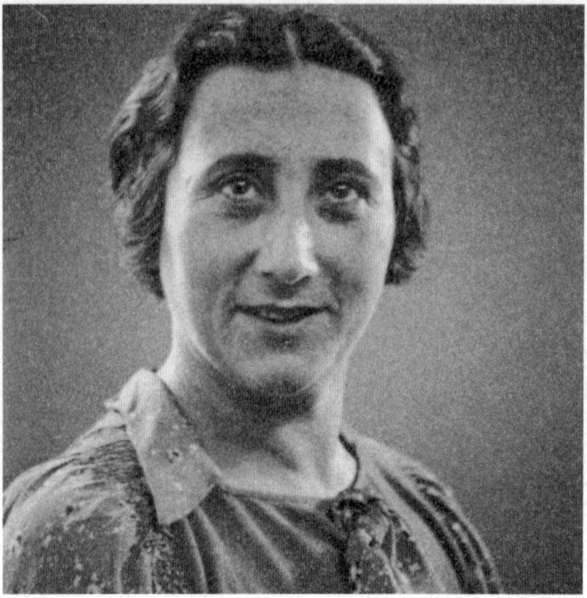

Edith Frank-Holländer, Mai 1935

Otto Frank, Mai 1936

Margot Frank, 1942

Alice Frank, Annes Großmutter väterlicherseits, ca. 1945

Rosa Holländer, Annes Großmutter mütterlicherseits, in den 1920er Jahren

Annes Cousins in Basel, Stephan (links) und Bernd (Buddy) Elias, ca. 1935

Hermann und Auguste van Pels, die Mitbewohner der Franks im Hinterhaus, die in Annes Tagebuch van Daan heißen

Fritz Pfeffer, der Mitbewohner der Franks im Hinterhaus, der in Annes Tagebuch Albert Dussel genannt wird

Peter van Pels (in Annes Tagebuch genannt Peter van Daan), ca. 17 Jahre alt

Angestellte von Otto Franks Firma Opekta, 1941. Von links: Victor Kugler, Esther, Bep Voskuijl, Pine, Miep Gies

Miep und Jan Gies bei ihrer Hochzeit am 16. Juli 1941

Miep Gies (sitzend), Bep Voskuijl (stehend), ca. 1940

Victor Kugler, ca. 1938

Johannes Kleiman

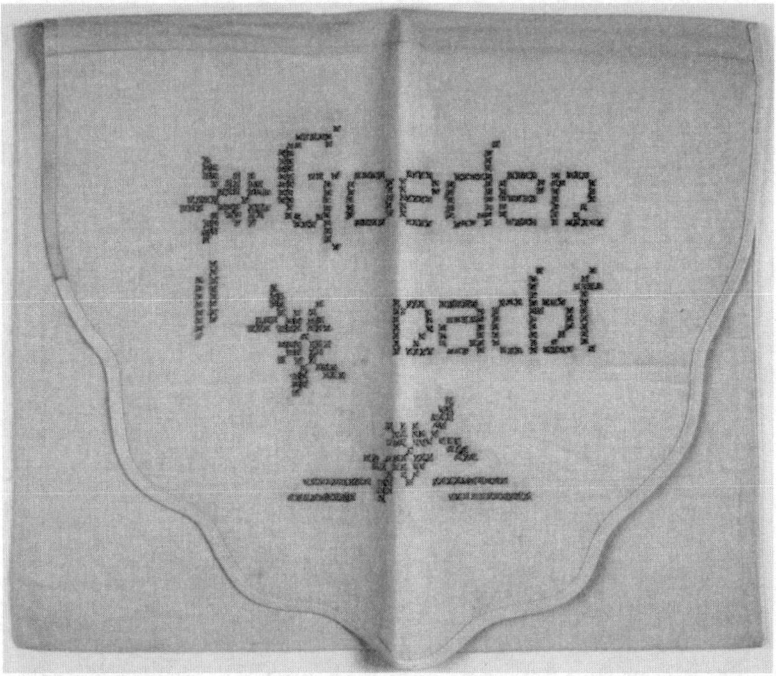

Ein bestickter Nachthemdsack, der von Anne vor dem Untertauchen mit den Worten »Goeden nacht« (Gute Nacht) bestickt wurde und den Otto Frank Annes Cousin Bernd (Buddy) Elias schenkte.

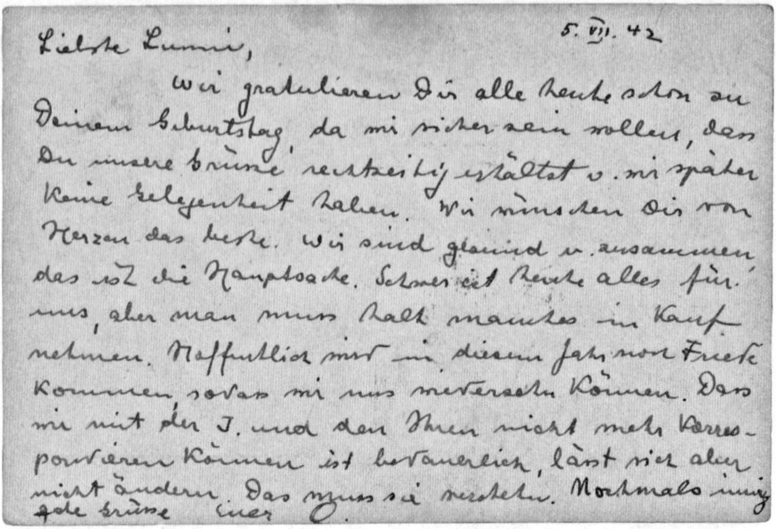

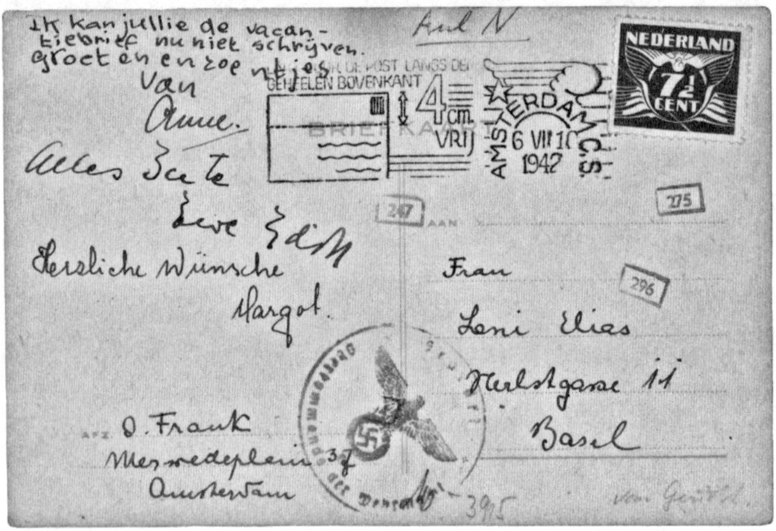

Eine von allen Familienmitgliedern unterzeichnete Postkarte, die Otto Frank kurz vor dem Untertauchen, am 5. Juli 1942, an seine Schwester Leni Elias in Basel schickte. Annes Zeilen auf Deutsch: »Ich kann Euch den Ferienbrief nun nicht schreiben. Grüße und Küsse von Anne«.

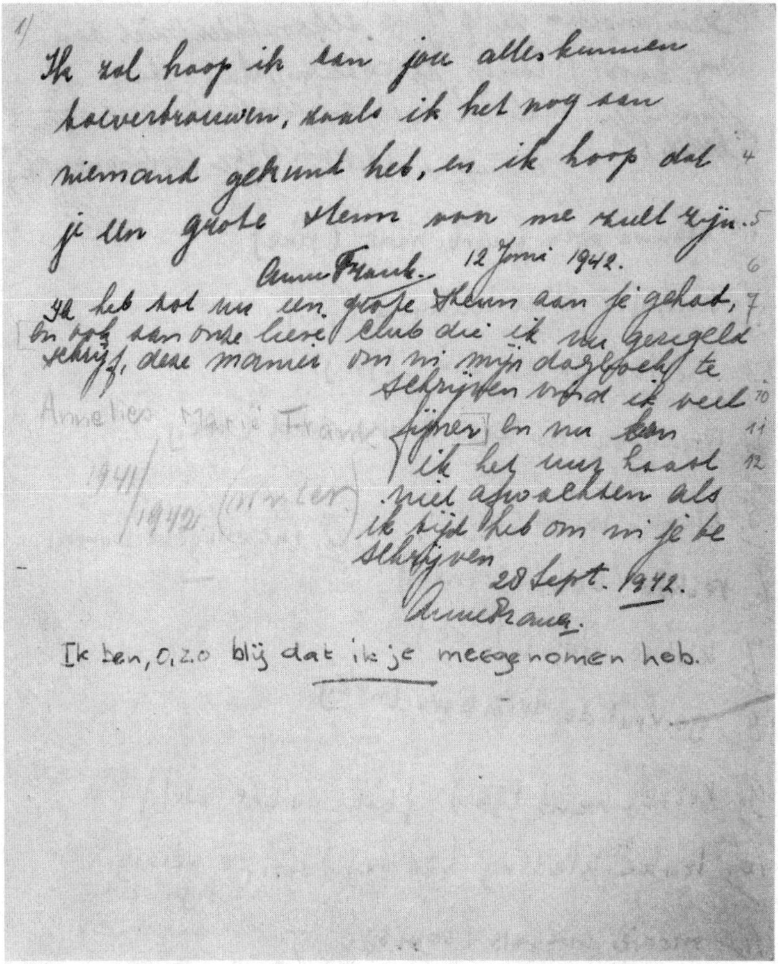

Ik zal hoop ik aan jou alles kunnen
toevertrouwen, zoals ik het nog aan
niemand gekund heb, en ik hoop dat
je een grote steun aan me zult zijn.
Anne Frank. 12 Juni 1942.

Ik heb tot nu een grote steun aan je gehad,
en ook aan onze lieve club die ik nu geregeld
schrijf, deze manier om in mijn dagboek te
schrijven vind ik veel
fijner en nu kan
ik het haast
niet afwachten als
ik tijd heb om in je te
schrijven
28 Sept. 1942.
Anne Frank.

Ik ben, o.z.o. blij dat ik je meegenomen heb.

Vorsatzblatt aus Anne Franks erstem Tagebuch, 12. Juni 1942 und 28. September 1942

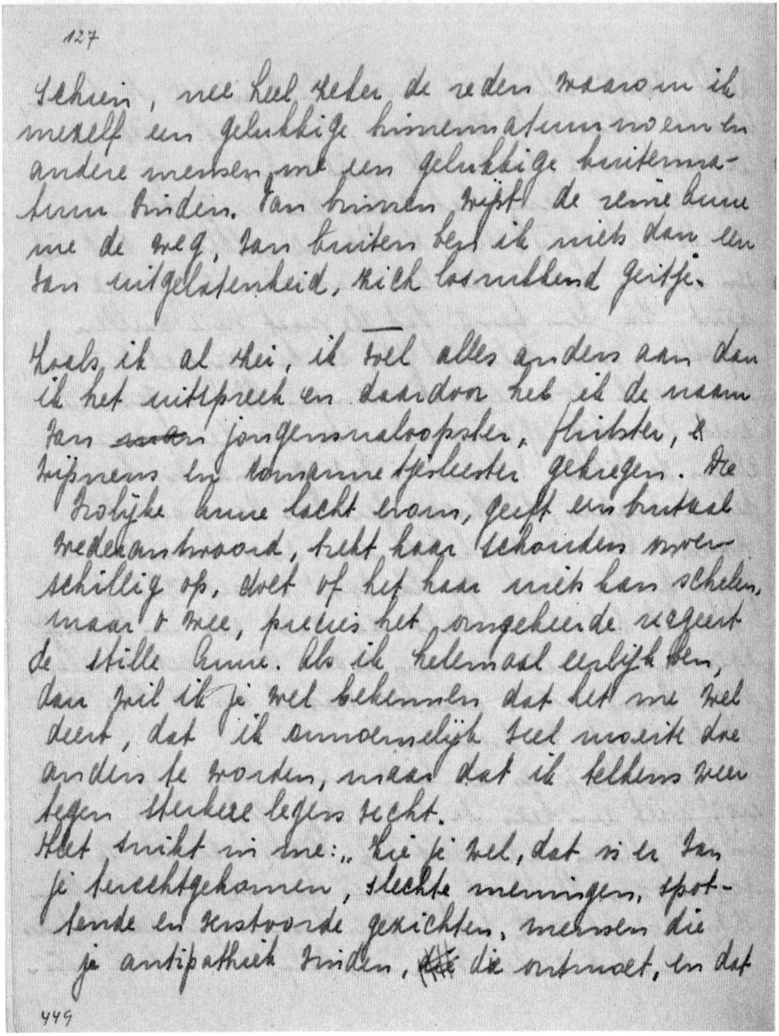

127

schijn, wel heel zeker de reden waarom ik
mezelf een gelukkige binnennatuur noem en
andere mensen met een gelukkige buitenna-
tuur vinden. Van binnen wijst de zuivere Anne
me de weg, van buiten ben ik niets dan een
van uitgelatenheid, zich losrukkend geitje.

Zoals ik al zei, ik voel alles anders aan dan
ik het uitspreek en daardoor heb ik de naam
van ~~meis~~ jongensnaloopster, flirtster, &
wijsneus en romannetjeslezeres gekregen. De
vrolijke Anne lacht erom, geeft een brutaal
weerantwoord, haalt haar schouders onver-
schillig op, doet of het haar niets kan schelen,
maar o wee, precies het omgekeerde reageert
de stille Anne. Als ik helemaal eerlijk ben,
dan zal ik je wel bekennen dat het me wel
deert, dat ik ontzettend veel moeite doe
anders te worden, maar dat ik telkens weer
tegen sterkere legers vecht.
Het snikt in me: „Zie je wel, dat is er van
je terechtgekomen, slechte meningen, spot-
tende en verstoorde gezichten, mensen die
je antipathiek vinden, ~~die~~ die ontmoet, en dat

449

Letzter Eintrag in Anne Franks Tagebuch, 1. August 1944

125

alles alleen omdat je niet naar de goede raad
van je eigen goede helft luistert. Och, ik zou wel
willen luisteren, maar het gaat niet, als ik stil
en ernstig ben denken allen dat het een nieuwe
comedie is en dan moet ik me wel met een
grapje eruit redden, nog niet eens van mijn
eigen familie gesproken, die beslist denkt dat
ik ziek ben, me hoofdpijnpillen en kalmeer-
tabletten laat slikken, me in hals en voorhoofd
voelt of ik koorts heb, naar mijn ontlasting
vraagt en mijn slechte bui bekritiseert; dat
houd ik niet vol, als er zo op me gelet
wordt dan word ik eerst snibbig, dan verdrie-
tig en tenslotte draai ik mijn hart weer om,
draai het slechte naar buiten, het goede naar
binnen en zoek aldoor naar een middel om te
worden zoals ik zo erg graag zou willen zijn
en zo als ik zou kunnen zijn, als ..... er geen
andere mensen in de wereld zouden wonen.

je Anne M. Frank.

450

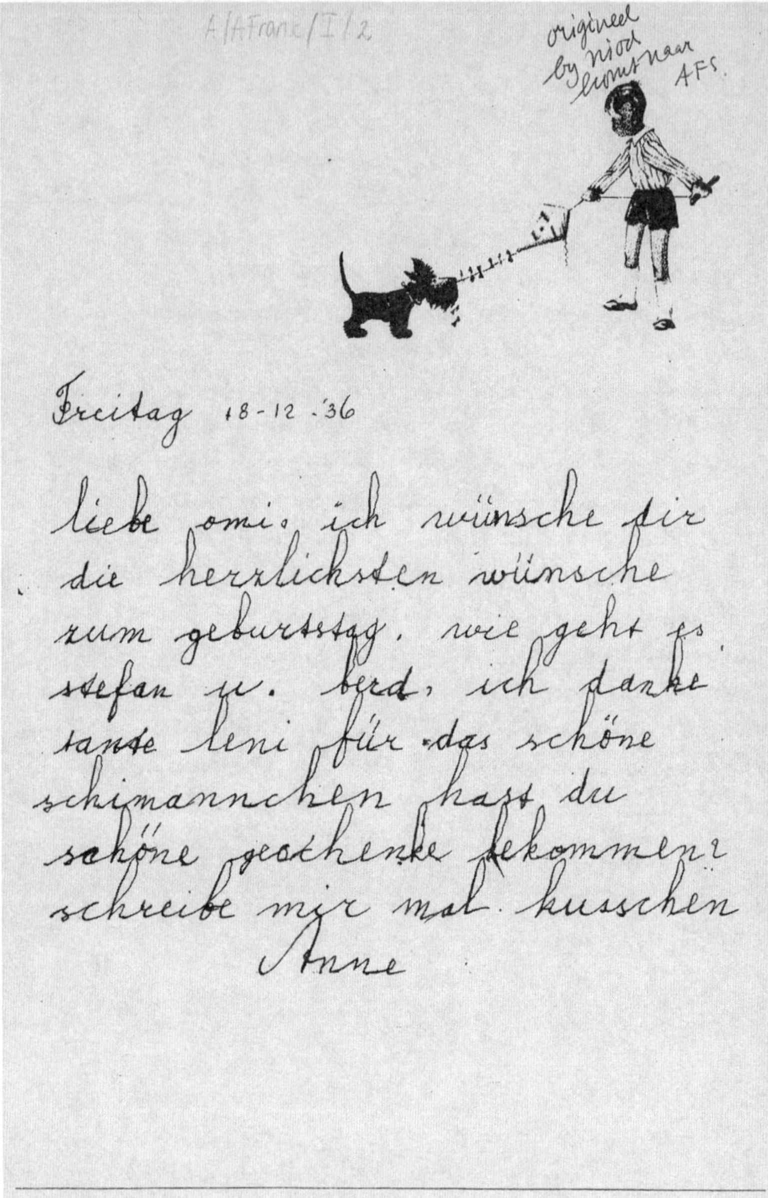

Freitag 18-12-'36

liebe omi. ich wünsche dir
die herzlichsten wünsche
zum geburtstag. wie geht es
stefan u. berd. ich danke
tante leni für das schöne
schimannchen hast du
schöne geschenke bekommen?
schreibe mir mal. küsschen
Anne

Brief von Anne an ihre Großmutter Alice Frank in Basel, Dezember 1936

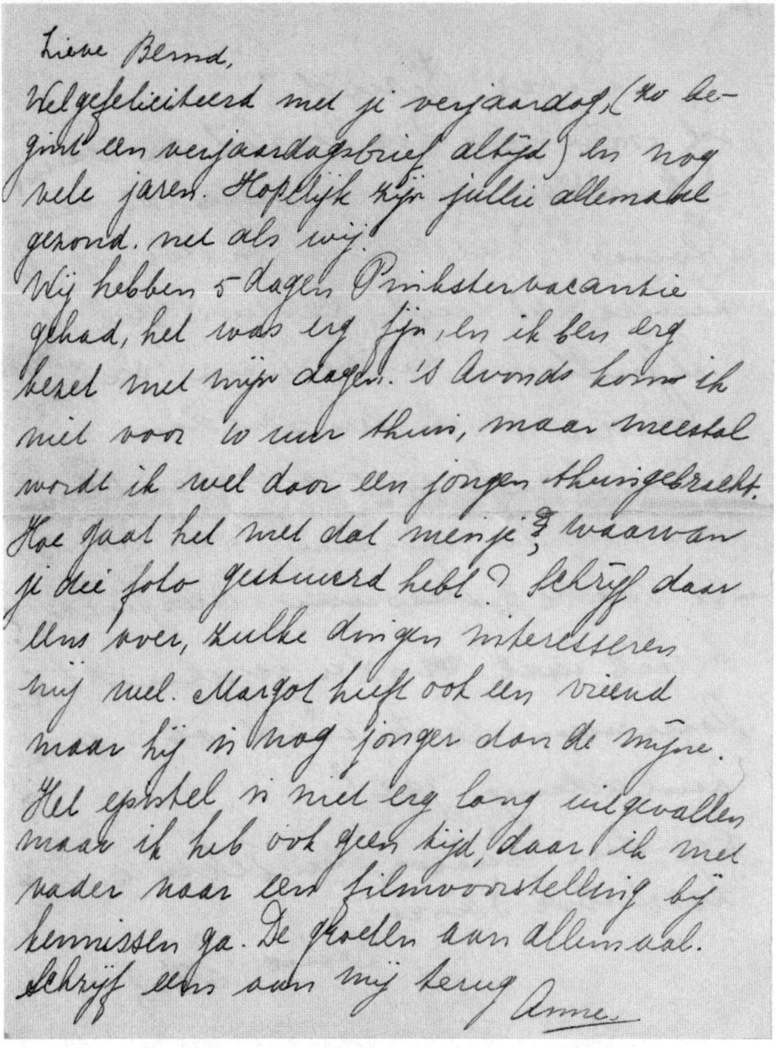

Lieve Bernd,
Welgefeliciteerd met je verjaardag (zo begint een verjaardagsbrief altijd) en nog vele jaren. Hopelijk zijn jullie allemaal gezond. net als wij.
Wij hebben 5 dagen Pinkstervacantie gehad, het was erg fijn, en ik ben erg bezet met mijn dagen. 's Avonds kom ik niet voor 10 uur thuis, maar meestal wordt ik wel door een jongen thuisgebracht. Hoe gaat het met dat meisje?, waarvan je die foto gestuurd hebt? Schrijf daar eens over, zulke dingen interesseren mij wel. Margot heeft ook een vriend maar hij is nog jonger dan de mijne. Het epistel is niet erg lang uitgevallen maar ik heb ook geen tijd, daar ik met vader naar een filmvoorstelling bij kennissen ga. De groeten aan allemaal.
Schrijf eens aan mij terug
Anne

Geburtstagsbrief von Anne an ihren Cousin Bernd (Buddy) Elias in Basel, 1942

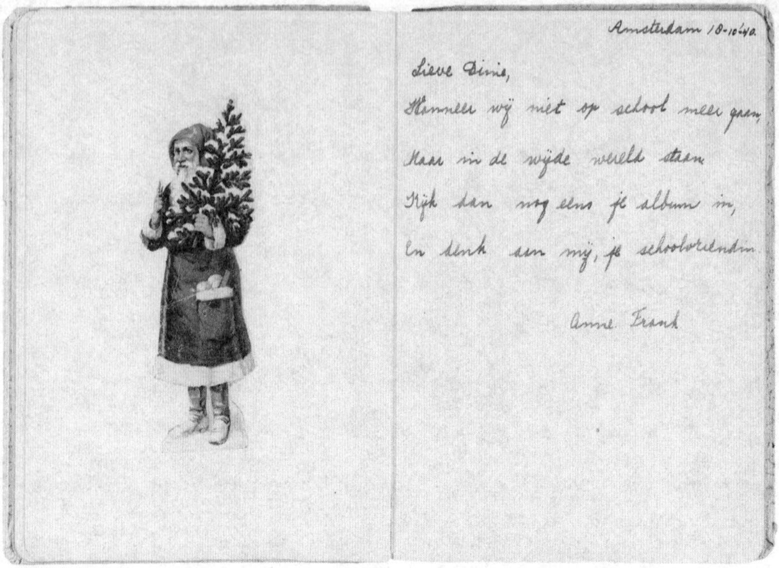

Amsterdam 18-10-40.

Lieve Dinie,

Kunnen wij niet op school meer gaan,
Maar in de wijde wereld staan
Kijk dan nog eens je album in,
En denk aan mij, je schoolvriendin.

Anne Frank

Eintrag von Anne in das Poesiealbum ihrer Klassenkameradin Dinie, 1940

Achterhuis 14 Augustus 1943.

Een uitvinding van Pim!

Deckblatt des Schöne-Sätze-Buches: »Hinterhaus 14. August 1943. Eine Idee von Pim!«

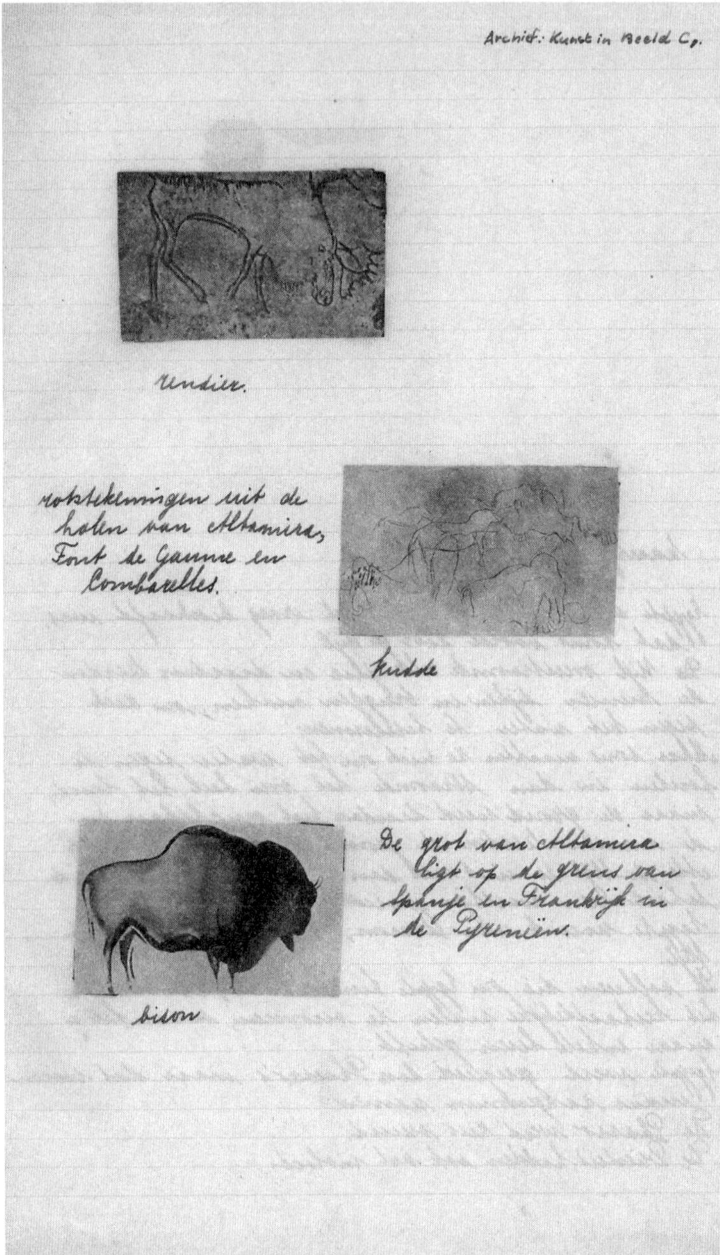
Archief: Kunst in Beeld Cp.

oerdier.

rotsteekeningen uit de holen van Altamira, Font de Gaume en Combarelles.

kudde

De grot van Altamira ligt op de grens van Spanje en Frankrijk in de Pyreneeën.

bison

Seite aus dem sogenannten Ägyptenbuch

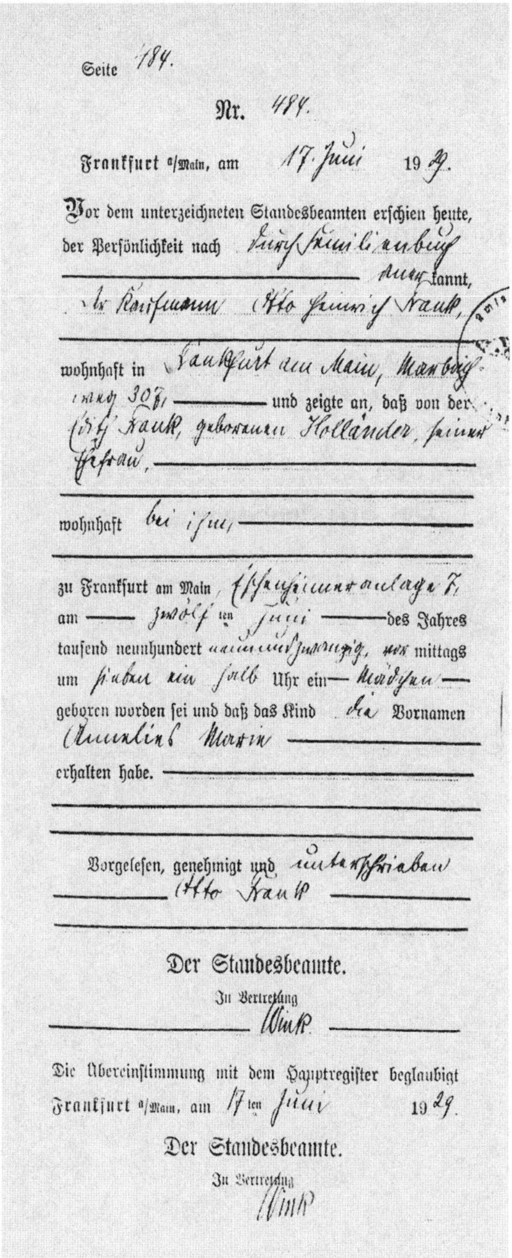

Seite 484.

Nr. 484.

Frankfurt a/Main, am 17. Juni 1929.

Vor dem unterzeichneten Standesbeamten erschien heute, der Persönlichkeit nach durch Familienbuch anerkannt, der Kaufmann Otto Heinrich Frank, wohnhaft in Frankfurt am Main, Marbachweg 307, und zeigte an, daß von der Edith Frank, geborenen Holländer, seiner Ehefrau, wohnhaft bei ihm, zu Frankfurt am Main, Eschenheimeranlage 7, am zwölften Juni des Jahres tausend neunhundert neunundzwanzig, vor mittags um sieben ein halb Uhr ein Mädchen geboren worden sei und daß das Kind die Vornamen Annelies Marie erhalten habe.

Vorgelesen, genehmigt und unterschrieben
Otto Frank

Der Standesbeamte.
In Vertretung
Wink

Die Übereinstimmung mit dem Hauptregister beglaubigt
Frankfurt a/Main, am 17ten Juni 1929.

Der Standesbeamte.
In Vertretung
Wink

Geburtsurkunde von Anne Frank

INFORMATIEBUREAU VAN HET NEDERLANDSCHE ROODE KRUIS
Jan Evertstraat 9, 's-Gravenhage
Telefoon: 184200

Abt.: J.
Dossier: 117266 's-Gravenhage, 5.Mai 1954
Betr.: Uw schr.z.d.

B E S C H E I N I G U N G

Unterzeichneter, Direktor des "Informatiebureau van het Nederlandsche Roode Kruis", bestätigt hierdurch, dass laut der ihm zur Verfügung stehenden Angaben

Annelies Marie FRANK

geboren: 12.Juni 1929 in: Frankfurt/M.
letzter Wohnsitz: Amsterdam, Merwedeplein 37
aus rassischen Gründen und zwar wegen jüdischer Abstammung

am 8.August 1944 ins K.L.Westerbork (Holland) eingeliefert wurde.

Deportation erfolgte am 3.Sept. 1944 vom K.L.Westerbork aus nach Auschwitz.

Obengenannte Person ist nach den hier vorhandenen Unterlagen
~~xxxxxxxxxxxxxxxxxxxxxxxx~~ ~~xxxx~~
~~xx~~ nach 1.März 1945, spätestens aber 31.März 1945 in Bergen-Belsen verstorben. Nach den hiesigen Unterlagen ist der Sterbefall in Holland noch nicht beurkundet.

(J. van de Vosse)
Direktor.

373/54

Model: J.80

Sterbeurkunde vom 5. Mai 1954

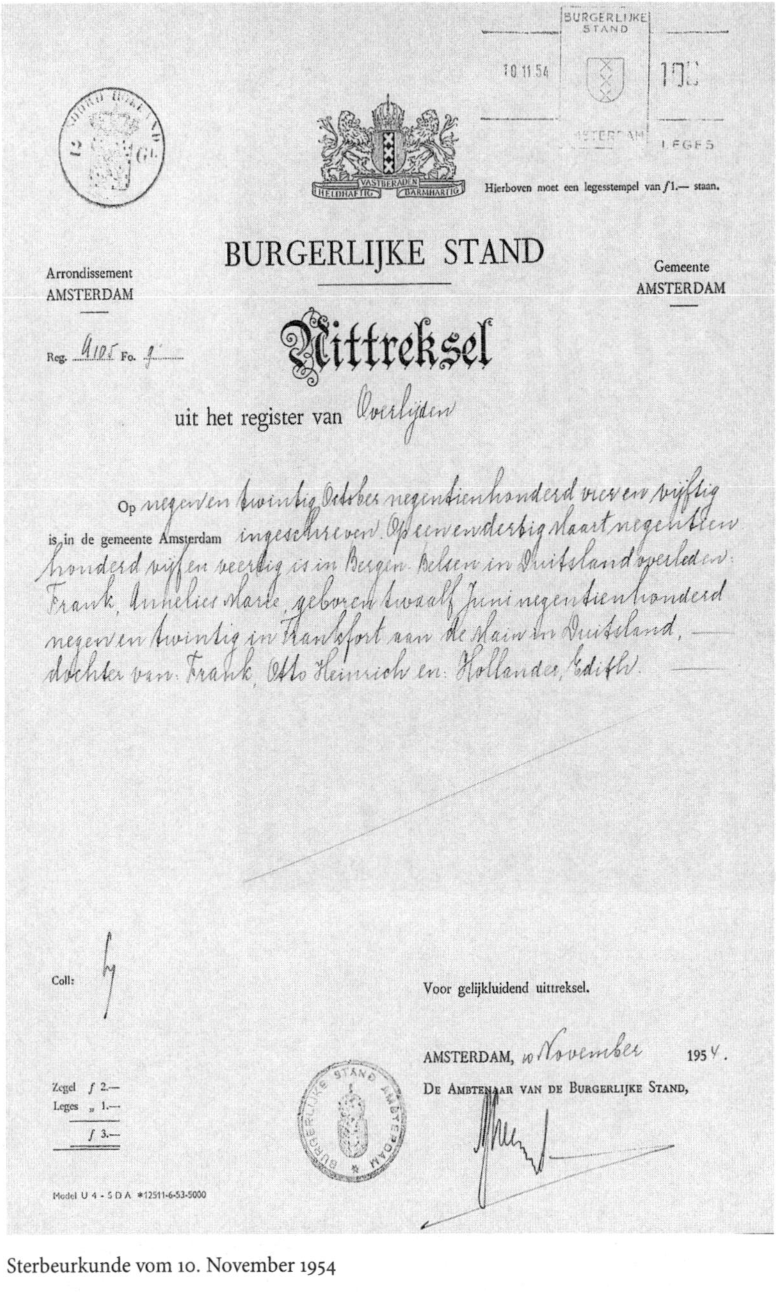

Hierboven moet een legesstempel van ƒ1.— staan.

BURGERLIJKE STAND

Arrondissement AMSTERDAM

Gemeente AMSTERDAM

Reg. 4105 Fo. 9

Uittreksel

uit het register van Overlijden

Op negen en twintig October negentienhonderd vier en vijftig is in de gemeente Amsterdam ingeschreven: Op eenendertig Maart negentien honderd vijf en veertig is in Bergen-Belsen in Duitsland overleden: Frank, Annelies Marie, geboren twaalf Juni negentienhonderd negen en twintig in Frankfort aan de Main in Duitsland, — dochter van: Frank, Otto Heinrich en: Hollander, Edith. —

Coll:

Voor gelijkluidend uittreksel.

AMSTERDAM, 10 November 1954.

De Ambtenaar van de Burgerlijke Stand,

Zegel ƒ 2.—
Leges „ 1.—
ƒ 3.—

Model U 4 - 5 D A *12511-6-53-5000

Sterbeurkunde vom 10. November 1954

Der Umschlag der ersten Ausgabe des Tagebuchs von Anne Frank in den Niederlanden, 1947

Teil III

Hintergrund und Kontext

Mirjam Pressler

Anne Franks Leben

Wie schreibt man die Biographie eines Mädchens, das nur fünfzehn Jahre alt geworden ist? Im Fall Anne Franks reicht es nicht, zu sagen, sie wurde am 12. Juni 1929 geboren, hat die ersten vier Jahre in Frankfurt am Main gelebt, anschließend zehn Jahre in Amsterdam und danach kurze Zeit im Judendurchgangslager Westerbork, bevor sie über Auschwitz in das Konzentrationslager Bergen-Belsen in der Lüneburger Heide deportiert wurde, wo sie im Alter von fünfzehn Jahren umkam. Man muss, um ihre Geschichte zu erzählen, auch auf die politischen Verhältnisse in Europa eingehen, die die Umstände ihres Lebens entscheidend bestimmten und für ihren frühen Tod verantwortlich waren.

Annes Vater Otto Frank, Sohn einer großbürgerlichen jüdischen Familie aus Frankfurt am Main, war bereits sechsunddreißig Jahre alt, als er 1925 die fünfundzwanzigjährige Edith Holländer aus Aachen heiratete, Tochter eines wohlhabenden Fabrikanten, die außer ihrer Jugend auch eine ansehnliche Mitgift in die Ehe einbrachte. Das junge Paar wohnte in Frankfurt, erst im Haus von Otto Franks Mutter Alice, in dem auch seine Geschwister und deren Familien lebten. Dort wurde am 16. Februar 1926 die erste Tochter geboren, Margot Betti, und drei Jahre später, Otto und Edith wohnten da bereits am Marbachweg, die zweite Tochter Annelies Marie, genannt Anne. Die Atmosphäre am Marbachweg wird als liberal und fortschrittlich beschrieben, die zumeist evangelischen Kinder spielten mit den wenigen katholischen, und Anne wuchs, wie ihre Schwester Margot, in diese Kinderschar hinein. Bedingt durch die Auswirkungen des Ersten Weltkriegs (den man damals natürlich noch den Großen Krieg nannte) und der Weltwirtschaftskrise zogen die Franks 1931 in die Ganghoferstraße um. Die Wohnung im sogenannten Dichterviertel war kleiner und billiger, zudem bot die bürgerliche Umgebung möglicherweise auch mehr Schutz vor den immer augenfälliger und brutaler werdenden Aktivitäten der Nationalsozialisten. Anfang März 1933 kündigten die Franks diese Wohnung »infolge der wirtschaftlichen Lage« und zogen wieder ins Haus von Ottos Mutter.

Die politische Situation spitzte sich zu. Am 30. Januar 1933 ernannte Reichspräsident Hindenburg Adolf Hitler zum Reichskanzler. Bei den Kommunalwahlen im März siegten die Nationalsozialisten überall in Deutschland, auch in Frankfurt am Main. Und am 1. April 1933 kam es zum großen nationalsozialistischen Boykott jüdischer Einrichtungen und Geschäfte. Die Franks sahen für sich keine Zukunft mehr in ihrer Heimatstadt Frankfurt, in ihrem Heimatland Deutschland. Sie entschieden sich zur Auswanderung. Ausschlaggebend für diese Entscheidung war die politische Situation, auch wenn die schwierige wirtschaftliche Lage eine Rolle gespielt haben mag, denn der familieneigenen Bank ging es immer schlechter.

Robert, Ottos älterer Bruder, emigrierte mit seiner Frau nach London, Herbert, der jüngere, zog zu einem Cousin in Paris. Leni, die Schwester, war bereits mit ihrem Mann Erich Elias und den Söhnen Stephan und Bernhard, genannt Buddy, nach Basel ausgewandert, wo Erich eine Niederlassung der deutschen Firma Opekta aufbaute. Alice Frank, die Mutter, zog ebenfalls nach Basel, um in der Nähe ihrer Tochter zu sein. Otto Frank hingegen entschied sich für Amsterdam. Dafür gab es mehrere Gründe. Zum einen waren die Niederlande im Ersten Weltkrieg neutral geblieben, so neutral wie die Schweiz im Zweiten Weltkrieg, das Land galt also als sicher. Zum anderen hatte Otto einige Zeit davor versucht, in Amsterdam eine Dependance der Bank zu gründen. Das war zwar misslungen, aber er kannte die Stadt und hatte dort Freunde. Der wichtigste Grund war jedoch, dass ihm sein Schwager Erich Elias eine Vertretung für Opekta in den Niederlanden besorgt hatte. Damit hoffte Otto Frank seine Familie ernähren zu können. Noch 1933 brachte er seine Frau und die Töchter Margot und Anne zu der Großmutter nach Aachen, er selbst fuhr nach Amsterdam und gründete seine Firma.

Die Mitarbeiter, die er anstellte, sollten später die Rolle der Helfer übernehmen. Keiner von ihnen war jüdisch, aber sie riskierten ihr Leben, um Juden zu schützen. Ohne Helfer war ein Untertauchen nicht möglich. Die Hilfsbereitschaft und die aufopfernde Treue dieser Menschen waren bewundernswert, sie verdienen es deshalb, einzeln vorgestellt zu werden.

Victor Kugler, geboren 1900 in Hohenelbe, war ursprünglich Österreicher, der 1938 die niederländische Staatsangehörigkeit erhielt. Er war fast von Anfang an in der Firma und arbeitete als Otto Franks rechte Hand.

Bald nach Kugler trat Miep Santrouschitz, geboren 1909 in Wien, als Büroangestellte in die Firma ein. Auch Miep war ursprünglich Österreicherin. Nach dem Ersten Weltkrieg war sie im Rahmen eines Hilfsprogramms für notleidende Kinder in die Niederlande gebracht worden, um dort aufgepäppelt zu werden, und sie war bei ihren Pflegeeltern geblieben. 1941 heiratete

sie Jan Gies, der ebenfalls zum Kreis der Helfer gezählt werden muss, und wurde später unter dem Namen Miep Gies bekannt.
Elisabeth Voskuijl, geboren 1919 in Amsterdam, genannt Bep, trat 1937 als Bürogehilfin in Otto Franks Firma ein.
Der letzte Helfer schließlich war Johannes Kleiman, geboren 1896 in Koog aan de Zaan, ein alter Freund Otto Franks noch aus der Zeit seines ersten Aufenthalts in Amsterdam. Er hatte schon die Buchhaltung gemacht, bevor er kurz nach Hermann van Pels in die Firma eintrat.
Hermann van Pels, ein Fachmann für Gewürzmischungen, war, wie die Franks, mit seiner Frau Auguste und dem Sohn Peter vor den Nazis aus Osnabrück in die Niederlande geflohen. Er trat als Teilhaber in die Firma ein. Die Familie van Pels sollte später mit den Franks untertauchen, sie wurde von Anne in ihrem Tagebuch »van Daan« genannt.

Nun kehren wir wieder zu Anne zurück. Sie kam im Frühjahr 1934 als Letzte der Familie nach Amsterdam, in die Wohnung am Merwedeplein. In diesem Neubauviertel lebten viele Emigranten aus Deutschland. Anne besuchte den Montessori-Kindergarten und anschließend die Montessori-Schule und lernte, wie ihre Schwester Margot, sehr schnell Niederländisch. Doch anders als Margot war sie keine herausragende Schülerin. Sie scheint ein eher extrovertiertes Mädchen gewesen zu sein, das sich mehr für Spielen und Ausgehen interessierte als für die Schule. Auch Buddy Elias, ihr Cousin, den sie schon in Frankfurt regelmäßig gesehen hatte und mit dem sie später oft ihre Ferien in der Schweiz verlebte, erinnert sich an sie als ein fröhliches, ausgelassenes, verspieltes und ständig zu Streichen aufgelegtes Kind, während er von Margot sagt, sie habe immer still irgendwo gesessen und gelesen. Eine Lehrerin, die sowohl Margot als auch Anne unterrichtet hatte, sagte, als man sie später fragte, ob sie ein solches Tagebuch von Anne erwartet habe, sie habe es wohl eher Margot zugetraut. Anne scheint jedenfalls eine unbeschwerte Kindheit verlebt zu haben, und vermutlich bekam sie in ihrem Alter noch nicht viel von den bedrohlichen Entwicklungen in Deutschland mit, zumindest nicht bis 1939.
Am 1. September 1939 griff die deutsche Wehrmacht Polen an, und der Zweite Weltkrieg begann. Neun Monate später überschritten die Deutschen die niederländische Grenze und besetzten nach einer kurzen, heftigen Gegenwehr der Niederländer das ganze Land. Somit hatten die Nazis die Familie Frank eingeholt, eine Flucht war unmöglich, die Grenzen waren dicht. Otto Frank versuchte zwar, noch eine Einreisegenehmigung für die USA

oder einen der südamerikanischen Staaten zu bekommen, doch er blieb erfolglos.

Wie in allen besetzten Ländern erließen die Deutschen auch in den Niederlanden judenfeindliche Gesetze. Es begann mit der Entlassung der Staatsangestellten und führte über die sogenannte Arisierung oder Entjudung der Wirtschaft bis zur gesellschaftlichen Isolation und Entrechtung der jüdischen Bevölkerung. Otto Frank, ein vorausschauender Mann, der natürlich über die Situation der Juden in Deutschland informiert war, hatte, zumindest offiziell, seine Firma rechtzeitig seinem Freund Johannes Kleiman und Jan Gies, Mieps Ehemann, überschrieben, so dass er der Enteignung entging. Doch die antijüdischen Verordnungen trafen nun auch die ganze Familie. Als jüdische Kinder nicht mehr mit nichtjüdischen die Schule besuchen durften, wechselte Anne Frank in das neu gegründete Jüdische Lyzeum.

Am 12. Juni 1942 wurde Anne dreizehn Jahre alt und bekam, unter anderem, ein Tagebuch geschenkt. Schon in ihrem ersten Eintrag schrieb sie, das sei wohl das schönste Geschenk, das sie bekommen habe. In den wenigen Wochen, die ihr noch in Freiheit blieben, lesen sich die Einträge in ihr Tagebuch so, wie man es von einem Mädchen ihres Alters erwarten konnte. Sie erzählte, welche Geschenke sie bekommen und wer sie besucht hatte, sie berichtete von einem Pingpongclub, den sie mit Freundinnen gegründet hatte, von ersten Verehrern und dass sie Eis essen gewesen sei. Alltägliche Vorfälle eben. Allerdings findet sich in den Einträgen jener Wochen auch schon eine Beschreibung ihrer Mitschüler, der anzumerken ist, dass sie über eine genaue Beobachtungsgabe und über eine spitze Feder verfügte.

Im selben Sommer kamen die ersten »Aufrufe« an junge Jüdinnen und Juden. Das waren Mitteilungen, dass man sich an einem bestimmten Tag da und da einzufinden habe, um in ein Arbeitslager gebracht zu werden. Die ersten Aufrufe richteten sich tatsächlich an Jugendliche zwischen sechzehn und sechsundzwanzig Jahren, nicht viel später allerdings auch an Kinder und Greise. Margot, Annes Schwester, die gerade sechzehn geworden war, gehörte zu den Ersten, die einen Aufruf erhielten. Otto Frank, der vorausschauende Mann, hatte mit einer Verschärfung der Situation gerechnet und Vorsorge getroffen. Er hatte im Haus, in dem seine Firma untergebracht war, ein Versteck für seine Familie vorbereitet, nicht ohne vorher seine Angestellten gefragt zu haben, ob sie bereit seien, Helfer zu werden. Alle, auch Jan Gies, Mieps Ehemann, hatten zugestimmt und damit eine Hilfsbereitschaft und menschliche Größe bewiesen, die man ihnen nicht hoch genug anrechnen kann, schließlich hatten die Deutschen gedroht, jeden, der Juden half,

hart zu bestrafen. Tatsächlich haben etliche Niederländer ihre Hilfsbereitschaft mit dem Leben bezahlen müssen.
Otto Franks Firma war anderthalb Jahre davor in ein neues Haus an der Prinsengracht 263 umgezogen, in ein schmales, hohes Grachtenhaus zwischen anderen schmalen hohen Grachtenhäusern, das jedoch über einen Anbau verfügte, das sogenannte Hinterhaus. Im Erdgeschoss des Anbaus befand sich das große Büro der Firma, der erste Stock war nur über eine Tür zu erreichen, die man später durch einen Aktenschrank verdeckte, der sich, wenn man den Mechanismus kannte, ein- und aushaken ließ und damit den einzigen Zugang verbarg. Im ersten und zweiten Stock dieses Hinterhauses hatte Otto Frank das Versteck für seine Frau und seine Töchter und für die Familie van Pels vorbereitet. Zusammen mit Kleiman hatte er Möbel, Bettzeug und Vorräte hingebracht. Im ersten Stock befanden sich außer einer Toilette mit einem Waschbecken zwei kleine Zimmer, ein Zimmer war für Herrn und Frau Frank bestimmt, das andere für Margot und Anne. Im Stockwerk darüber, über eine steile Treppe zu erreichen, gab es eine geräumige Küche, die, außer als Schlafraum für Herrn und Frau van Pels, als Küche und Aufenthaltsraum für alle dienen sollte. Von der Küche aus führte eine Tür zu einem Vorplatz mit der Treppe zum Dachboden, dieser Vorplatz wurde zu Peters Zimmer bestimmt. Das ganze Versteck umfasste nicht viel mehr als fünfzig, sechzig Quadratmeter.
Am Tag, nachdem Margot den Aufruf bekommen hatte, zogen die Franks ins Hinterhaus, kurz darauf folgte die Familie van Pels. Die Versorgung der sieben Personen mit Nahrungsmitteln und Nachrichten von draußen übernahmen die Angestellten der Firma. Vor allem Miep Gies und Bep Voskuijl wurden nicht müde, alles Essbare anzuschleppen, das sie ergattern konnten, und das wurde immer schwieriger. Schließlich war Krieg, die Versorgung der Bevölkerung war durch Lebensmittelkarten geregelt. Den Untergetauchten, die natürlich offiziell keine Lebensmittelkarten bekamen, gelang es manchmal, diese Karten über den Schwarzmarkt zu besorgen, aber alles war schwierig und kompliziert, und vor allem durften die Helfer sich nicht verdächtig machen. Miep Gies muss über ein außerordentliches Organisationstalent verfügt haben, um diese Aufgabe gut zwei Jahre lang zu meistern.
Doch außer den Schwierigkeiten der Versorgung gab es noch das Problem, das Zusammenleben von sieben unterschiedlichen Personen auf einem so engen Raum zu regeln. Die Hinterhausbewohner mussten wohl oder übel eine neue, ungewohnte Form von Alltag entwickeln, und das war alles andere als leicht. Da gab es zum einen die räumliche Enge, die es ihnen unmög-

lich machte, sich bei Unstimmigkeiten, die beim Zusammenleben so unterschiedlicher Personen zwangsläufig entstehen, aus dem Weg zu gehen. Zum anderen mussten auch viele Vorsichtsmaßregeln eingehalten werden, um sich nicht zu verraten. Die Angestellten der Firma, die Helfer, wussten zwar, dass über dem großen Büro Juden versteckt waren, aber die Lagerarbeiter hatten keine Ahnung. Deshalb, und weil zuweilen auch fremde Menschen wie Kunden, die Putzfrau oder der Steuerberater ins Büro kamen, mussten sich die Untergetauchten während der Geschäftszeiten absolut leise verhalten, sie konnten sich nur auf Zehenspitzen bewegen und durften beispielsweise auch nicht die Wasserspülung der Toilette benutzen. Erst während der Mittagspause, wenn die Lagerarbeiter zum Essen nach Hause gegangen waren, konnten sie für kurze Zeit frei herumlaufen. Das bedeutete, dass sie sich stundenlang leise beschäftigen mussten. Keine leichte Aufgabe, wenn man bedenkt, dass zu den Untergetauchten drei Jugendliche gehörten, Margot sechzehn, Peter fünfzehn, Anne dreizehn, die plötzlich ohne körperliche Bewegung, ohne Abwechslung und ohne Verpflichtungen wie Schule und Hausaufgaben ihre Tage verbringen mussten, ohne dass ein Ende dieses Zustands abzusehen war. Es war also unbedingt notwendig, die Zeit neu zu strukturieren. Außer Lesen und Lernen blieb ihnen nicht viel übrig. Otto Frank hatte sich auch in diesem Punkt als vorausschauend erwiesen, er hatte Margot, Anne und Peter aufgetragen, all ihre Schulbücher und einen Vorrat an Heften und Schreibzeug mitzubringen. Nun verlangte er von ihnen, weiterhin für die Schule zu lernen, und zwar alle Fächer, auch die, die sie nicht mochten, Anne etwa hasste Mathematik. Außerdem bestellte er über Bep Voskuijl einen Fernkurs in Stenografie, um sie zusätzlich zu beschäftigen.

Nach einigen Wochen, sie hatten sich einigermaßen eingelebt, wurden die Nachrichten von draußen immer schlimmer. Man erfuhr von häufigen Razzien der Deutschen, Straßenzüge wurden abgeriegelt, Häuser nach Juden durchsucht, die dann deportiert wurden, »umgesiedelt«, wie man es damals nannte. Die Hinterhausbewohner, die sich selbst sehr sicher fühlten, bekamen ein schlechtes Gewissen. Sie sagten sich, dass da, wo sieben Menschen lebten, auch acht leben könnten, wo sieben satt würden, auch acht satt würden, und die Gefahr für die Helfer bleibe dieselbe, ob sie nun sieben oder acht Personen beschützten. Sie entschlossen sich also, noch jemanden aufzunehmen. Ihre Wahl fiel auf Dr. Fritz Pfeffer, einen jüdischen Zahnarzt, der auf der Flucht vor den Nazis aus Gießen nach Amsterdam gekommen war und den sie alle flüchtig kannten. Da es keinen anderen Raum gab, zog Margot, mit sechzehn Jahren bereits eine junge Frau, mit einem Klappbett ins

Zimmer der Eltern, und Pfeffer teilte nun mit Anne, die noch als Kind galt, das Zimmer. Sie berichtete immer wieder von Streitereien und Querelen mit Pfeffer, den sie in ihrem Tagebuch »Dussel« nannte, was man nur als gezielte Gemeinheit bezeichnen kann.

Anne und ihr Tagebuch. Es fiel ihr offenbar sehr schwer, die Einschränkung ihres Aktionsfelds auf einen so engen Raum und die Reduzierung ihrer Kontakte auf wenige Personen zu akzeptieren. Sie muss sich sehr einsam vorgekommen sein, fühlte sich unverstanden und zurückgesetzt, es kam immer wieder zu Streitereien zwischen ihr und ihrer Mutter. Außerdem war sie oft genug der Anlass für Auseinandersetzungen zwischen den Erwachsenen, vor allem zwischen ihrer Mutter und Frau van Pels, die nicht aufhörte, Edith Frank wegen ihrer »modernen Erziehungsmethoden« anzugreifen. Jedenfalls widmete sich Anne immer stärker ihrem Tagebuch, es war ihre einzige Abwechslung und wurde für sie Ersatz für Freunde und gesellschaftliche Kontakte, und zwar so sehr, dass sie ihr Tagebuch personifizierte und dieser fiktiven Freundin sogar einen Namen gab: Kitty. Sie hatte sich Kitty allerdings nicht ausgedacht, Kitty war eine literarische Figur und stammte aus »Joop ter Heul«, einer damals bekannten Mädchenbuchserie von Cissy van Marxveldt, Bücher, die Anne Frank sehr liebte und in denen ein Club von Freundinnen von der Schulzeit an bis zu der Zeit begleitet wurde, in der die ersten schon verheiratet waren und Kinder bekamen. Anfangs schrieb Anne an alle Mitglieder des Clubs, doch bald blieb nur Kitty übrig. Neben dem Tagebuch fing sie 1943 auch an, Geschichten und Märchen zu schreiben, die später unter dem Titel »Geschichten und Ereignisse aus dem Hinterhaus« veröffentlicht wurden.

Schreiben wurde für sie lebensnotwendig, überlebensnotwendig. Schreiben gab ihr die Möglichkeit, sich darzustellen, aus Wörtern ein Bild von sich und der eigenen Position in der Welt zu malen. Ihre wachsende Leidenschaft fürs Schreiben, die sich später fast zur Besessenheit steigerte, lässt sich vor allem durch ihre Einsamkeit und ihr Zurückgeworfensein auf sich selbst erklären. Während sich das Zusammenleben der acht Personen im Hinterhaus in zermürbenden und aufreibenden Querelen zu erschöpfen schien, brach Anne Frank zum großen Abenteuer ihres Lebens auf, sie wurde zu der Schriftstellerin, die posthum die ganze Welt erobern würde. Sie hörte sehr schnell auf, ein Kind zu sein, sie wuchs nicht nur körperlich, auch ihre geistige Entwicklung verlief in einem atemberaubenden Tempo. Und sie erlebte eine Liebesgeschichte mit Peter van Pels. Es war tatsächlich eine Liebesgeschichte, auch wenn man daran zweifeln kann, ob Anne wirklich in den realen Peter van

Pels verliebt war oder ob sie letztlich nicht nur ihre Sehnsucht nach Emotionen auf ihr »Traumbild« projizierte. Für diese These spricht, dass sie nach Wochen des Überschwangs wieder in ihre Einsamkeit zurückfand. Dennoch hat sie uns mit der Beschreibung ihrer Liebesgeschichte das einmalige Dokument der Entwicklung eines Mädchens zur Frau hinterlassen, ein Dokument, das nicht mehr durch spätere Erlebnisse und Einsichten beeinflusst und verändert wurde, weder verklärt noch verdüstert, sondern offen und direkt von ihren Wünschen und Sehnsüchten bestimmt war. Vielleicht ist das der Grund, warum das Tagebuch der Anne Frank auch heutige jugendliche Leser noch immer ergreift und anrührt.

Anfang 1944 geschah etwas, was für Anne als Schriftstellerin bedeutungsvoll war. Ein Minister der niederländischen Exilregierung in London, Gerrit Bolkestein, hielt über den Sender Oranje eine Rede, in der er meinte, man müsse nach dem Krieg ein Institut gründen, in dem alles, was das Leiden des Volkes unter der deutschen Besatzung zeige, gesammelt, geordnet und veröffentlicht werden solle, und als Beispiel führte er Tagebücher an. Auch im Hinterhaus hörten sie diese Rede. Anne, die ihrem Tagebuch längst anvertraut hatte, dass sie nach dem Krieg Journalistin und Schriftstellerin werden wollte, wurde dadurch angeregt, ihr eigenes Tagebuch im Hinblick auf eine zukünftige Veröffentlichung zu überarbeiten. Bei dieser Arbeit zeigte sie nicht nur, dass ihr der Unterschied zwischen einem privaten Tagebuch und einem Tagebuch als literarischer Form bewusst war, sie bewies auch, wie sehr sie sich schon von einem Tagebuch schreibenden Backfisch zur Schriftstellerin entwickelt hatte. Sie begnügte sich nicht damit, ihre Einträge vielleicht stilistisch zu verbessern, sondern sie wählte aus, ließ Dinge weg, die sie unwichtig fand, und schrieb sehr viel neu dazu. Daneben führte sie ihr ursprüngliches Tagebuch weiter, es erhielt später die Bezeichnung Version a, zum Unterschied zur veränderten und ergänzten Ab- und Umschrift, die als Version b bezeichnet wird.

Gut zwei Jahre verbrachten die acht Menschen im Hinterhaus, unterstützt durch die beispiellose Hilfsbereitschaft der Helfer, gut zwei Jahre lang war das Tagebuch für Anne Frank das Zentrum ihres Lebens. Der 1. August 1944 ist das Datum ihres letzten Eintrags. Danach folgt nur noch der editorische Hinweis: Hier endet Annes Tagebuch. Aber hier endete nicht ihr Leben.

Am 4. August wurden die Untergetauchten verhaftet. Sie wurden verraten, das weiß man, aber darüber, wer sie verraten hat, gibt es nur Spekulationen. Nach dem Krieg wurde gegen einen der Lagerarbeiter ermittelt, dem man zwar nachweisen konnte, dass er von den versteckten Juden wusste, jedoch

keinen Verrat. Es gibt auch den Verdacht, dass ein niederländischer Nazi, der schon mit Otto Frank zu tun gehabt hatte, sie verraten haben könnte, aber beweisen ließ sich das nicht. Wie dem auch sei, sie wurden verhaftet und ein paar Tage später in das Lager Westerbork gebracht.
Westerbork war ursprünglich als Auffanglager für die jüdischen Flüchtlinge aus Deutschland gegründet und auch von den israelitischen Gemeinden der Niederlande bezahlt worden, doch die Deutschen hatten ein Judendurchgangslager daraus gemacht. Von hier aus gingen jede Woche Züge mit Gefangenen in den Osten, die meisten nach Auschwitz und Sobibor. Doch als die acht aus dem Hinterhaus ankamen, gab es schon seit einiger Zeit keine Deportationen aus Westerbork mehr. Eigentlich glaubten sich die Gefangenen zu diesem Zeitpunkt ziemlich sicher, denn die Befreiung schien nahe zu sein. Im Westen waren die Alliierten schon in Frankreich gelandet und im Osten war die Rote Armee weit vorgedrungen. Es war klar, dass die Deutschen den Krieg verlieren würden, und niemand glaubte, dass sie es überhaupt noch schaffen könnten, jüdische Häftlinge nach Polen zu deportieren. Doch als die Alliierten gerade die Südgrenze der Niederlande erreichten, kam es am 4. September doch noch zu einem einzelnen Transport nach Auschwitz, dem letzten von Westerbork aus.
Alle acht Juden aus dem Hinterhaus befanden sich in diesem Transport. Er fand in Viehwaggons statt, die Menschen waren, ohne Essen und Trinken, ohne Toiletten, eng zusammengepfercht. Gleich nach der Ankunft in Auschwitz fand die Selektion statt. Von den 1019 Menschen des Transports wurden 549 sofort vergast, darunter alle Kinder unter fünfzehn Jahren. Die Familien wurden getrennt, Männer und Frauen kamen in verschiedene Lager.
Otto Frank, Hermann van Pels, Fritz Pfeffer und Peter van Pels blieben zusammen. Hermann van Pels war der Erste, der ermordet wurde, er geriet in eine Selektion. Der zweite war Fritz Pfeffer, er starb am 20. Dezember im Konzentrationslager Neuengamme, wohin man ihn von Auschwitz aus verbracht hatte. Peter nahm Mitte Januar, als das Lager vor der immer näher kommenden Roten Armee evakuiert wurde und man den Russen keine lebenden Zeugen in die Hände fallen lassen wollte, an einem der sogenannten Todesmärsche teil. Er erreichte lebend das Lager Mauthausen in Österreich und starb dort wenige Tage vor der Befreiung des Lagers durch die Engländer. Otto Frank, der zu schwach für einen Todesmarsch war, blieb in Auschwitz zurück und wurde am 27. Januar 1945 von der Roten Armee befreit. Auguste van Pels, Peters Mutter, wurde von Auschwitz aus weiter verschleppt, von ihr

weiß man nur, dass sie in Bergen-Belsen war, in Buchenwald und dann in Theresienstadt. Das Niederländische Rote Kreuz gibt als Zeitpunkt ihres Todes an: zwischen dem 9. April und dem 8. Mai 1945 irgendwo in Deutschland oder in der Tschechoslowakei.

Edith Frank, Margot und Anne waren zusammen in Auschwitz-Birkenau, wo Edith Frank am 6. Januar 1945 an Hunger und Erschöpfung starb. Da waren Margot und Anne allerdings schon längst in Bergen-Belsen. Laut Berichten von Frauen, die Anne kannten und den Holocaust überlebt hatten, sollen Margot und Anne in den kaum zwei Monaten, die sie in Auschwitz waren, die meiste Zeit im Krätzeblock verbracht haben. Dann wurden sie nach Bergen-Belsen »überstellt«, das Konzentrationslager in der Lüneburger Heide, das ursprünglich als »besseres« Lager galt. Dort hatten die Nazis Juden inhaftiert, die über ausländische Pässe verfügten oder über Zertifikate, die ihnen eine Einwanderung nach Palästina erlaubt hätten. Diese Gefangenen behielt man als Unterpfand, um sie gegen Deutsche, die sich außerhalb des Machtbereichs der Nationalsozialisten befanden, austauschen zu können. Zu einem solchen Austausch war es 1943 tatsächlich einmal gekommen, 222 Juden wurden gegen deutsche Templer ausgetauscht, die sich im Jahrhundert davor in Palästina angesiedelt hatten und die man durch diese Aktion nach Deutschland zurückholte.

Doch als Margot und Anne Frank in Bergen-Belsen ankamen, waren die Zustände im Lager erbärmlich. Es war hoffnungslos überfüllt, und die SS-Bewacher schafften es nicht, in dem wachsenden Chaos Ordnung zu halten, sie konzentrierten sich allmählich nur noch auf die Bewachung des Lagers, um Fluchtversuche zu verhindern. Infolge der katastrophalen hygienischen Zustände, es fehlten Toiletten und Waschgelegenheiten, brachen Krankheiten aus, denen die Häftlinge wegen ihrer Unterernährung und der schlechten körperlichen Verfassung leicht zum Opfer fielen.

Vor allem die Typhusepidemie, die Anfang 1945 um sich griff, bewirkte, dass fast die Hälfte der 125 000 Juden, die in Bergen-Belsen waren, »umkamen«, weitaus die meisten in den letzten Monaten vor und in den ersten Wochen nach der Befreiung. Es gibt eine Reihe von Zeugenaussagen von Frauen, die den Holocaust überlebten und Margot und Anne Frank entweder noch von früher, von Amsterdam, oder aus Auschwitz kannten.[71] Diesen Aussagen zufolge erkrankten auch Margot und Anne Frank an Typhus, Margot vermut-

71 Vgl. hierzu Willy Lindwer, Anne Frank. Die letzten sieben Monate. Augenzeugen berichten. Frankfurt am Main, 1993

lich als Erste. Ihre vom Hunger erschöpften Körper konnten der Krankheit keinen Widerstand entgegensetzen, beide starben. Ihr Todesdatum ist nicht bekannt, man muss davon ausgehen, dass sie im März 1945 umkamen, nur wenige Wochen vor der Befreiung des Lagers durch die Engländer. Als diese am 17. April das von Typhus und Fleckfieber verseuchte Lager betraten, fanden sie etwa 60 000 ausgemergelte Überlebende vor, dazu viele Leichenberge, für die sie Massengräber graben ließen. Wegen der Seuchengefahr musste das Lager abgebrannt werden.

Heute gibt es in Bergen-Belsen neben den Massengräbern eine Gedenkstätte für die Opfer des Holocaust. Neben anderen findet sich auch ein Gedenkstein für Margot und Anne Frank, die dort ihr Leben verloren.

Anne Frank ist nicht viel älter als fünfzehneinhalb Jahre geworden.

Mirjam Pressler

Die Geschichte der Familie von Anne Frank

Um die Geschichte der Familie Frank zu erzählen, empfiehlt es sich, erst einmal die Judengasse in Frankfurt zu betrachten, das Ghetto der Stadt. Die Gasse war nur dreihundertdreißig Meter lang und so schmal, dass noch nicht einmal ein Fuhrwerk in ihr wenden konnte. Ab 1462 mussten alle Frankfurter Juden, die vorher mitten in der Stadt gelebt hatten, in die neu erbauten Häuser entlang der staufischen Stadtmauer umziehen. An beiden Enden der Gasse gab es Tore, die an den christlichen Feiertagen geschlossen wurden. Anfangs reichten die Häuser für die damals einhundertzehn Personen, aber vor allem im 16. Jahrhundert vervielfachte sich die Zahl der Bewohner, und in der Judengasse wurde es immer enger, doch der Rat der Stadt weigerte sich, einer Erweiterung zuzustimmen. Es herrschte eine unerträgliche Enge. Um 1800 lebten dreitausend Seelen in der Judengasse. Jeder freie Platz war zugebaut, jeder Hof, jedes Gärtchen, der Stadtgraben, alles war zugebaut, und was überbaut werden konnte, war überbaut. Sogar auf den Dächern hatte man zusätzliche Häuser errichtet. Die offene Abflussrinne, die den Bewohnern für ihre Notdurft zur Verfügung stand, war immer verstopft, und die Gasse war so eng, dass man kaum Luft zum Atmen bekam. Da war es kein Wunder, dass die Kinder blass und dünn waren und an Krätze und Grind und ähnlichen Krankheiten litten.

Den Juden war es durch die Zunftordnung verboten, ein Handwerk auszuüben, stattdessen brauchte man sie für den Geldverleih, da die Kirche gläubigen Christen nicht erlaubte, Geld gegen Zinsen zu verleihen. An vielen Orten war die Ansiedlungsgenehmigung für Juden direkt an die Bereitstellung von Pfandleihen und Geldverleih gebunden. Die wohlhabenderen Juden lebten vom Warenhandel, der sich oft aus den Darlehensgeschäften ergab, vom Münzhandel und dem Pferdehandel, die ärmeren vom Handel mit Trödel und alten Sachen. Viele zogen als Hausierer durch die umliegenden Gegenden und hatten kaum eine Chance, ihre erbärmlichen Lebensbedingungen zu verbessern. Doch anders als in den meisten deutschen Städten wurden die Frankfurter Juden nie vertrieben, sondern lebten ununterbrochen in der Stadt. Die einzige Ausnahme bildete der bekannte Fettmilch-Aufstand, der sich gleichermaßen gegen die Juden und den Rat der Stadt richtete. Er hatte zur Folge, dass die Juden gezwungen waren, zwei Jahre lang außerhalb der Stadt zu wohnen, bis die Aufständischen 1614 besiegt und die Juden in die Stadt zurückgeholt wurden.

Nach der Französischen Revolution verbreiteten sich die Forderungen nach Freiheit, Gleichheit und Brüderlichkeit. 1796 beschossen französische Truppen Frankfurt und eroberten die Stadt. An mehreren Stellen brachen Feuer aus, der nördliche Teil der Judengasse fiel den Flammen zum Opfer. Das war der Anfang vom Ende der Judengasse, auch wenn den Juden noch nicht sofort die bürgerliche Gleichstellung zugestanden wurde, das geschah erst mit der Gründung des Kaiserreichs.

Zu den Bewohnern der Judengasse gehörten auch die Familien Stern und Cahn, direkte Vorfahren von Anne Frank. Ihr Ururgroßvater Elkan Juda Cahn (1796–1884) hatte seine Kindheit und Jugend noch teilweise in der Judengasse verbracht. Später kam er als Kaufmann zu großem Wohlstand. Von ihm und seiner Frau Betty existiert eine ovale kolorierte Fotografie, auf der man einen distinguierten Herrn mit Backenbart und Uhrkette auf einem Stuhl sitzend sieht, neben ihm steht eine elegant gekleidete Dame in einem festlichen dunklen Kleid mit eng geschnürter Taille, Spitzenkragen und Spitzenmanschetten. Den Hintergrund bildet eine romantische Landschaft, auf der noch der Rand einer Säule zu sehen ist. Elkan Juda Cahn verheiratete seine Tochter Cornelia (1840–1921), Anne Franks Urgroßmutter, mit August Heinrich Stern (1838–1878). Sterns Familie, in der es Gelehrte und Buchhändler gegeben hatte, stammte ebenfalls aus der Frankfurter Judengasse. Auch von Cornelia ist eine kolorierte Fotografie erhalten. Sie zeigt ein noch pausbäckiges, sehr ernstes und sehr fein gekleidetes, etwa dreijähriges Mädchen vor einer bergigen Landschaft. Dem Paar wurde 1865 die Tochter Alice Betty geboren, Anne Franks Großmutter, die in der Familie eine ganz besondere Rolle spielen sollte. Ein Ölgemälde zeigt Alice als etwa Vierjährige in einem durchsichtigen weißen Spitzenkleid über einem rosafarbenen Unterrock und mit Stiefelchen und weißen Söckchen vor einem braunen und grünen Hintergrund.

Alice war dreizehn Jahre alt, als sie mit ihrer Mutter nach dem plötzlichen Tod ihres Vaters ins Haus des Großvaters Elkan Juda Cahn zog. Doch ihre Beziehung zur Familie ihres Vaters, den Sterns, scheint inniger gewesen zu sein als zu den Cahns. Bernhard Stern, der Bruder ihres Vaters, war, wie sie es später formulierte, ein allseits geschätzter Arzt, und dessen Kinder, vor allem die drei Jahre ältere Cousine Klärchen, der gleichaltrige Richard und der um sechs Jahre jüngere Karl ersetzten ihr wohl die Geschwister, die sie selbst nicht hatte. Ihre innige Beziehung zu Klärchen ist auch später nie abgerissen.

Alice heiratete mit zwanzig Jahren den jüdischen Kaufmann Michael Frank, einen fünfunddreißigjährigen Mann, der aus Landau in der Pfalz nach Frankfurt gekommen war. Michael Frank war das sechste von neun Kindern von Zacharias und Babette Frank. Zacharias Frank, dessen Vater Abraham als Privatlehrer von Fürth nach Niederhochstadt gekommen war, war 1841 in die nahe Stadt Landau gezogen, nachdem er die Genehmigung für eine Eisenwarenhandlung bekommen hatte. Später verlegte er sich auf den Geldverleih. Seine Geschäfte müssen gut gegangen sein, denn er kaufte 1870 für seine Familie das Haus »Zur Blum«, eine ehemalige Poststation. Heute beherbergt das wunderschön renovierte Gebäude, bekannt unter dem Namen »Frank-Loebsches Haus«, neben einem Museum auch ein wissenschaftliches Institut.

Michael Frank war ein kluger Geschäftsmann, der als Kaufmann genug Geld verdiente, um seiner Frau ein sorgenfreies Leben bieten zu können. Er arbeitete als selbständiger Wechselmakler und legte die Gewinne in anderen Branchen an. Diese Geschäftsanteile verkaufte er allerdings wieder und behielt nur die Beteiligung an den Sodener Mineral-Pastillen. 1896 / 97 gründete er das Bankgeschäft Michael Frank als offene Handelsgesellschaft, eine Bank, die sich vor allem dem Handel mit Effekten, Wechseln und Devisen widmete. Es ist auffallend, wie sehr Michael Frank, der ja aus der Pfalz stammte, zum Frankfurter wurde. Fast scheint es, als sei der Frankfurter Stamm der Familie so stark gewesen, dass »Eingeheiratete« nicht zu einer Verfremdung führten, sondern eher so wirkten, als hätte man den Baum durch ein Pfropfreis veredelt.

Pünktlich neun Monate nach der Hochzeit bekam das Paar 1886 den ersten Sohn, Robert Hermann, drei Jahre später, 1889, wurde Otto Heinrich geboren, Anne Franks Vater, und 1891 der dritte Sohn, Herbert. Erst 1893 kam die ersehnte Tochter auf die Welt, Helene, genannt Leni. Auch von ihr gibt es ein Bild, eine Pastellzeichnung. Auf dem Brustbild ist ein etwa fünfjähriges, wunderschönes Mädchen mit dunklen Haaren und leicht abstehenden Ohren zu sehen, in einem weißen Spitzenkleid mit einem wolkigen, von einer rosafarbenen Schleife geschmückten Kragen. Solche Bilder gibt es in der Familie nur von der Tochter, und man kann sie wohl als Beweis dafür ansehen, wie stolz die Eltern auf das Mädchen waren.

Die Franks hatten erst in der Leerbachstraße gewohnt, nach der Geburt des zweiten Sohnes zogen sie in den nahen Gärtnerweg, und 1901 kaufte Michael

Frank ein großes Haus nicht weit vom Palmengarten in der Jordanstraße (später Mertonstraße und heute Dantestraße). In den zweiten Stock zog Cornelia Stern, Alice' Mutter, nur die Mansarde wurde vermietet. Die Franks legten großen Wert auf eine gute Erziehung, ihre Kinder bekamen Musikunterricht, Otto zum Beispiel spielte Cello, und natürlich lernten sie Englisch, Französisch und Italienisch. Die Kinder wurden schon früh dazu angehalten, Briefe an die Eltern zu schreiben, wenn diese auf Reisen waren, was offenbar sehr häufig vorkam. Die Kinder blieben dann unter der Obhut ihrer Großmutter Cornelia in Frankfurt, und natürlich gehörten auch Angestellte wie Köchin und Kindermädchen zum Haushalt. Die Kinder informierten ihre Eltern brieflich darüber, was zu Hause los war. Besonders viele Briefe sind von Robert erhalten, dem Ältesten. Er war künstlerisch sehr begabt und schmückte seine Briefe mit prachtvollen Zeichnungen. Bei Ottos Briefen fällt auf, dass er häufig von Schulnoten erzählte, und in Herberts Briefen ging es oft ums Essen. Von Leni sind die wenigsten Briefe erhalten, sie war ja auch die Jüngste. Alice selbst liebte es, zu dichten, da war es kein Wunder, dass auch die Kinder dichteten, denn sie wussten ja, dass sie ihrer Mutter damit eine Freude machten. Das Verhältnis zwischen Eltern und Kindern scheint jedenfalls liebevoll und freundlich gewesen zu sein, bestimmt findet man hier die Grundlage für den auffallend festen familiären Zusammenhalt.

Alice und Michael Frank führten das Leben wohlhabender, kultivierter Menschen, sie besuchten Konzerte und Theater- und Opernaufführungen, sie gaben Einladungen und wurden eingeladen, doch zur wirklich feinen wilhelminischen Gesellschaft gehörten sie nicht. Wer sich nicht auf das ausgeklügelte Geflecht von Herkunft und Beziehungen berufen konnte, dem blieb der Zutritt zur Oberschicht verwehrt, ein unsichtbares Schild schien vor der Treppe nach oben zu hängen: Für Juden betreten verboten. Die Franks waren Juden, liberale Juden. Obwohl die Familie keineswegs religiös war, hatten sie doch ein ausgeprägtes Gefühl für ihre jüdische Herkunft. Kein Einziger hatte sich taufen lassen, und bis zu diesem Zeitpunkt hatten sie über Generationen hinweg ihre Ehepartner nur unter deutschen Juden gesucht.

Sie waren, das kann man wohl sagen, eine vom Glück begünstigte Familie. Doch am 17. September 1909 starb Michael, knapp achtundfünfzig Jahre alt, plötzlich und ohne Vorwarnung, so wie Alices Vater gestorben war, als sie noch ein Kind gewesen war. Die beiden ältesten Söhne waren zu diesem Zeitpunkt nicht mehr zu Hause. Robert war nach einem Studium der Kunstgeschichte Prokurist eines Antiquitätengeschäfts geworden, und Otto war, nach einem abgebrochenen Studium der Kunstgeschichte, auf Einladung eines Freundes nach Amerika gefahren. Als er vom Tod seines Vaters erfuhr, schrieb er einen beeindruckend einfühlsamen Brief an seine Mutter, einen Brief, dem anzumerken ist, welche Veränderung in ihm stattgefunden hatte. Waren die Briefe des Knaben früher eher Pflichtbriefe gewesen, bewies er nun, obwohl er erst zwanzig Jahre alt war, große Reife, ein erstaunliches Einfühlungsvermögen und viel Verständnis für die Situation seiner Mutter. Es ist, als sei er aus dem Schatten seines älteren Bruders getreten und übernehme nun die Verantwortung für die Familie. Er kehrte aus Amerika zurück nach Frankfurt und arbeitete, wie sein jüngerer Bruder Herbert, nach einer kaufmännischen Lehre in der familieneigenen Bank, da sein älterer Bruder Robert kein Interesse am Bankgeschäft zeigte.

1914 brach der Krieg aus. Aufgrund ihrer sozialen Stellung waren die Franks vermutlich eher konservativ als sozialistisch eingestellt. So zeichnete Alice Frank, wie andere deutschnationale Bürger auch, aus ihrem privaten Vermögen Kriegsanleihen. Und ihre Söhne zögerten nicht, sich freiwillig zum Dienst an der Waffe zu melden. Otto wurde an die Westfront kommandiert. Vom Feld aus schrieb er besonders häufig an seine Schwester, für die er eine Art Vaterrolle übernommen hatte. Alice Frank hatte sich gleich nach Kriegsbeginn als Hilfspflegerin in einem Lazarett gemeldet, auch Leni fungierte als Lazaretthelferin.

Alle drei Söhne der Franks überlebten den Krieg, Otto war 1918 zum Leutnant befördert worden und hatte das Eiserne Kreuz erhalten. Die deutsche Kapitulation und das Ende des Kaiserreichs hatten große Auswirkungen auf das Leben der Familie Frank. Sie hatten viel Geld verloren, und die auf Devisen spezialisierte Bank hatte in Kriegszeiten natürlich kaum Geschäfte machen können. Die wirtschaftliche Lage war nicht gut. Doch in familiärer Hinsicht gab es Festtage. 1921 heiratete Leni einen jüdischen Mann aus Zweibrücken, Erich Elias, der ebenfalls Kriegsteilnehmer gewesen war und, wie Otto und Robert, das Eiserne Kreuz für seine Tapferkeit erhalten hatte. Doch in die Freude über das junge Paar mischte sich auch Trauer. Im selben Jahr, in dem Alice ihre Tochter verheiratete, verlor sie ihre Mutter. Cornelia Stern, geborene Cahn, starb im Juni 1921.

Ein Jahr danach heiratete Herbert, der dritte Sohn, die Amerikanerin Hortense Rah Schott. Die Ehe, aus der keine Kinder hervorgingen, war allerdings nicht von langer Dauer, Hortense sollte Herbert nach einigen Jahren verlassen, die Ehe wurde geschieden. Im selben Jahr wie Herbert heiratete Robert eine gewisse Charlotte Witt. Er war der Erste in der Geschichte der Familie, der eine Christin zur Frau nahm.

Die nächste Hochzeit stand 1925 bevor. Otto Frank heiratete Edith Holländer, die Tochter des Aachener Fabrikanten Abraham Holländer und seiner Frau Rosa, geborene Stern. Otto war bereits fünfunddreißig Jahre alt, es war für ihn an der Zeit, zu heiraten, und Edith Holländer stammte aus einer guten jüdischen und vor allem wohlhabenden Familie. Ediths Mitgift dürfte eine gewisse Rolle gespielt haben, denn finanziell ging es der Bank immer schlechter. Über Ediths Kindheit und Jugend ist nicht viel bekannt. Sie wurde am 16. Januar 1900 in Aachen geboren. Ihre Vorfahren waren, worauf ihr Name hinweist, um 1800 aus Amsterdam nach Deutschland gekommen. Benjamin Holländer, Ediths Großvater, hatte mit Alteisenhandel begonnen, war aber schnell zu Wohlstand gekommen und besaß später metallverarbeitende Fabriken. Ediths Vater Abraham war 1860 als eines von neun Kindern geboren. Er und seine Frau Rosa bekamen vier Kinder. 1894 kam Julius auf die Welt, drei Jahre später Walter, im Jahr darauf Bettina und schließlich Edith. Abraham hatte die Leitung des Familienbetriebs übernommen und erwies sich als erfolgreicher Kaufmann.

Die Holländers waren zwar nicht orthodox, aber Abraham war ein prominentes Mitglied der jüdischen Gemeinde zu Aachen. Im Vergleich zu den Franks waren sie religiös. Sie führten einen koscheren Haushalt und gingen regelmäßig zur Synagoge. Edith besuchte die Evangelische Viktoriaschule, ein Mädchengymnasium, das auch Andersgläubige aufnahm. Sie wird als schüchternes Mädchen beschrieben, doch zugleich soll sie viele Freundinnen und Bekannte gehabt haben. Sie war zweifellos eine gutaussehende Frau, sie spielte Tennis und interessierte sich sehr für modische Kleidung, wovon auch einige Fotos Zeugnis ablegen.

Das Jahr 1914 brachte einen großen Einschnitt in Ediths Leben, ihre Schwester Betti starb, gerade mal sechzehn Jahre alt, an den Folgen einer Blinddarmentzündung. Um ihr Andenken zu ehren, wird Edith später ihre erstgeborene Tochter Margot Betti nennen. Während des Kriegs machte Edith Abitur und half ihrem Vater im Büro. Ihr Bruder Julius wurde im Krieg durch eine Schussverletzung am Arm zum Invaliden.

Ediths Eltern wussten von den finanziellen Schwierigkeiten Otto Franks, aber es wird ihnen wohl gefallen haben, dass ihre Tochter in eine der angesehenen Frankfurter Familien einheiratete, auch wenn die Franks bekanntermaßen zu den assimilierten Juden gehörten. Die Hochzeit fand am 12. Mai 1925 in Aachen statt, an Ottos sechsunddreißigstem Geburtstag. Nach der Hochzeitsreise, die sie nach San Remo führte, zogen die jungen Eheleute in das Haus von Ottos Mutter Alice in der Mertonstraße 4, wo bereits Leni und

Erich mit ihren Söhnen Stephan (geboren 1921) und Bernhard, genannt Buddy (geboren 1925) wohnten. Nach der Geburt ihrer ersten Tochter Margot Betti (1926) zogen Otto und Edith 1927 in eine Doppelhaushälfte am Marbachweg 307. Der Grund für den Umzug mochte darin liegen, dass Otto und Edith irgendwelchen Einmischungen durch die Familie von vornherein aus dem Weg gehen wollten. Außerdem betonte Otto ausdrücklich, er wolle, dass seine Kinder »frei« aufwuchsen, das bedeutete wohl auch, dass er eine liberale Umgebung anstrebte, frei von gesellschaftlichen Einengungen. Seine humanistischen Ideen in Erziehungsfragen passten zu Ediths Vorstellungen, denn diese intelligente, aufgeschlossene Frau sollte später, im Hinterhaus, mit ihren »modernen Erziehungsmethoden« immer wieder anecken.

Im Juni 1929 wurde dem Paar ein ersehntes zweites Kind geboren, die Tochter Annelies Marie, die als Anne Frank mit ihrem Tagebuch den Namen Frank weltberühmt machen sollte. Das Kind wurde auch von der ganzen Verwandtschaft begrüßt, besonders Ottos Mutter Alice und seine Schwester Leni waren glücklich über das neue Familienmitglied. Es herrschte jedenfalls kein Streit zwischen den Familien, Margot und Anne besuchten ihre Großmutter regelmäßig, und auch Buddy erinnert sich daran, dass er häufig mit seinen Cousinen spielte. Die familiären Beziehungen waren eng und sollten es auch bleiben.

Inzwischen arbeitete außer Herbert und Otto auch Erich Elias, Lenis Mann, im Bankgeschäft Michael Frank. Das dürfte eher der Not gehorchend geschehen sein. Die finanzielle Situation wurde wegen der aufkommenden Weltwirtschaftskrise und aufgrund der Reparationen, die Deutschland nach dem verlorenen Krieg zu zahlen hatte, nicht leichter. Zudem verschärften sich die gesellschaftlichen Verhältnisse durch den wachsenden Antisemitismus. Die NSDAP wurde auch in Frankfurt immer stärker. Erich Elias war der Erste, der Konsequenzen aus den veränderten wirtschaftlichen und politischen Bedingungen zog, er nahm 1929 das Angebot an, die schweizerische Vertretung der Opekta-Werke aufzubauen, einer Firma, die vornehmlich Geliermittel für Marmeladen herstellte. Zwei Jahre später folgte ihm seine Familie. Otto und Edith Frank waren 1931 mit ihren Kindern in die Ganghoferstraße gezogen, in eine Wohnung, die kleiner und billiger war, um 1932 schließlich wieder zu Alice in die Mertonstraße zu ziehen.

Am 30. Januar 1933 ernannte Reichspräsident Hindenburg Adolf Hitler zum Reichskanzler. Am 12. März fanden auch in Frankfurt Kommunalwahlen statt, die NSDAP erhielt 42 der 85 Mandate in der Stadtverordnetenversammlung, der jüdische Bürgermeister Ludwig Landmann hatte am Tag zuvor seinen Rücktritt erklärt.

Am 1. April 1933 kam es zum großen nationalsozialistischen Boykott jüdischer Einrichtungen, Geschäfte, Arztpraxen und Rechtsanwaltskanzleien und Ähnlichem. Viele glaubten damals, der »braune Spuk« würde bald vorbeigehen, und sogar der Vorstand der israelitischen Gemeinde hatte sich in einem offenen Brief gegen eine Auswanderung ausgesprochen, mit dem Argument, kein deutscher Jude dürfe in dieser Zeit fahnenflüchtig werden.

Doch die Familie Frank entschied sich zur Auswanderung, umso mehr, als die familieneigene Bank in erheblichen finanziellen Schwierigkeiten steckte und eine Verbesserung der Situation nicht abzusehen war. Robert emigrierte mit seiner Frau Lotti nach England, Herbert hielt sich ohnehin schon in Paris auf, Erich und Leni Elias waren in Basel, wohin ihnen Alice folgte, um in der Nähe ihrer Tochter und der Enkel Stephan und Buddy zu sein.

Otto Frank entschied sich für die Niederlande. Er zog 1933 nach Amsterdam und gründete dort seine Firma, eine Filiale der Opekta-Werke. Die Geschäftsbeziehungen mit dieser Firma hatte er seinem Schwager Erich Elias zu verdanken. Edith Frank und Margot und Anne blieben noch bei der Großmutter in Aachen, bevor Otto Frank sie Anfang 1934 nachholte. Die Geschichte der Familien Frank und Elias in Frankfurt am Main war zu Ende.

Die Familie Frank lebte sich gut in den Niederlanden ein, besonders die Töchter Margot und Anne sprachen schnell Niederländisch. Anne besuchte einen Montessori-Kindergarten und später eine Montessori-Schule. Bis 1940 verlebte sie vermutlich eine relativ unbeschwerte Kindheit.

Doch im Mai 1940 griff die deutsche Wehrmacht die Niederlande an und besetzte nach einer kurzen, heftigen Gegenwehr das ganze Land. Wie in allen besetzten Ländern erließen die Deutschen nun auch in den Niederlanden judenfeindliche Gesetze. Die Juden wurden in ihrem beruflichen und gesellschaftlichen Leben mehr und mehr eingeschränkt, bis sie so gut wie alle bürgerlichen Rechte verloren hatten. Als jüdische Kinder nicht mehr mit nichtjüdischen dieselbe Schule besuchen durften, wechselte Anne Frank in das neu gegründete Jüdische Lyzeum, in dem sie sich offenbar sehr wohl fühlte. Ihr größtes persönliches Unglück, das sie damals erlebte, war wohl der Tod ihrer Großmutter, Ediths verwitweter Mutter, die aus Aachen zur Familie ihrer Tochter gezogen war. Sie starb 1942 in Amsterdam, kurz bevor sich für die Franks alles änderte.

1942, nachdem Margot eine Aufforderung erhalten hatte, sich zum Transport in ein Arbeitslager zu melden, tauchten die Franks unter. Das Versteck befand sich in dem Gebäude an der Prinsengracht 263, in welches Otto Frank mit seiner Firma anderthalb Jahre zuvor gezogen war, und zwar in einem Anbau, dem sogenannten Hinterhaus. Mit der Familie Frank versteckte sich auch Hermann van Pels, der jüdische Teilhaber von Otto Frank, mit seiner Frau und seinem Sohn Peter, die ebenfalls vor den Nazis aus Deutschland geflohen waren, von Osnabrück nach Amsterdam. Später nahmen die sieben Hinterhausbewohner noch einen achten Untertaucher auf, den Zahnarzt Dr. Fritz Pfeffer, der aus Gießen in die Niederlande emigriert war.

Zwei Jahre lang lebten diese acht Personen in dem Versteck, versorgt und beschützt von ihren Helfern Miep und Jan Gies, Johannes Kleiman, Victor Kugler und Bep Voskuijl. In diesen Jahren im Versteck schrieb Anne Frank ihr später weltberühmt gewordenes Tagebuch.

Am 4. August 1944 wurden sie verhaftet und über das Lager Westerbork nach Auschwitz deportiert. Edith Frank starb am 4. Januar 1945 im Lager Auschwitz-Birkenau, Margot und Anne befanden sich zu diesem Zeitpunkt bereits im Konzentrationslager Bergen-Belsen, in das sie nach einigen Wochen in Auschwitz verbracht worden waren. Sie wurden Opfer der Typhusepidemie, die im Frühjahr 1945 im Konzentrationslager ausgebrochen war, und liegen in einem der Massengräber von Bergen-Belsen.

Otto Frank war der Einzige aus seiner Familie, der den Holocaust überlebte, er wurde am 27. Januar 1945 von der Roten Armee befreit. Im Sommer kehrte er nach Amsterdam zurück. Da wusste er bereits, dass seine Frau dem Völkermord zum Opfer gefallen war, doch es dauerte noch eine Weile, bis er durch Zeugenaussagen auch vom Tod seiner Töchter erfuhr. Er war allein, er war mittellos, er hatte keine Papiere, keine Wohnung. Miep und Jan Gies nahmen ihn bei sich auf. Als sicher war, dass Margot und Anne nicht zurückkommen würden, übergab Miep Gies Otto Frank Annes Tagebuch, das sie nach der Verhaftung der Familie im Hinterhaus gerettet hatte. Otto, dem verzweifelten, geschlagenen Mann muss es sehr schwergefallen sein, sich beim Lesen immer wieder den schmerzlichen Erinnerungen an seine Frau und seine beiden Töchter auszusetzen. Doch auch hier zeigte er seine große innere Stärke, die er bereits früher bewiesen hatte, er nahm sein Schicksal auf sich und widmete ab da seine ganze Kraft der Erinnerung. Niemand sollte vergessen, was seinen Töchtern Margot und Anne passiert war, niemand sollte das Schicksal der anderthalb Millionen jüdischer Kinder vergessen, die im Holocaust ihr Leben lassen mussten.

1947 erschien eine Leseausgabe des Tagebuchs der Anne Frank in den Niederlanden, 1950 in Deutschland. Nachdem das Tagebuch zu einem Theaterstück und später zu einem Film verarbeitet worden war, trat es seinen Siegeszug um die Welt an. Otto Frank heiratete 1952 Elfriede (Fritzi) Geiringer, ebenfalls eine Überlebende des Konzentrationslagers Auschwitz. Sie hatte dort Mann und Sohn verloren, sie und ihre Tochter waren am Leben geblieben. Otto Frank trat aus der Firma aus und zog mit seiner neuen Frau nach Basel, in das Haus, das Leni und Erich Elias gekauft hatten. In diesem Haus hatten während des Kriegs Leni und Erich Elias mit ihren Söhnen Stephan und Buddy gelebt, dazu Alice Frank und Ida Elias, Erichs Mutter, die sie noch rechtzeitig aus Deutschland geholt hatten, außerdem Herbert Frank, der aus Paris gekommen war, und, nicht zu vergessen, eine italienische Haushälterin. 1953 starb Alice Frank, geborene Stern. Nur zwei Monate später starb ihr ältester Sohn Robert in London.

Otto blieb noch ein paar Jahre im Haus seiner Schwester, dann zog er mit Fritzi nach Birsfelden. Bis zu seinem Tod im Jahr 1980 widmete er seine ganze Arbeitskraft dem Tagebuch seiner Tochter. Er hielt Vorträge und beantwortete, tatkräftig unterstützt von seiner Frau, die vielen, vielen Briefe junger Menschen, die davon berichteten, wie sehr das Tagebuch ihr Leben verändert hatte. Otto gründete den Anne Frank Fonds in Basel, der die Rechte am Tagebuch verwaltete und die daraus entstehenden Einnahmen für humanitäre Zwecke verwendete. Denn Otto Frank sagte immer wieder, es sei nicht sein Geld, sondern das Geld seiner Tochter und es müsse im Sinne Annes zur Verbreitung ihrer menschlichen, mitmenschlichen Ideale verwendet werden. Als er 1980, einundneunzigjährig, starb, blieben die Rechte beim Anne Frank Fonds, die Originalaufzeichnungen Annes, die Tagebücher und die losen Blätter, gingen an das Niederländische Institut für Kriegsdokumentation in Amsterdam.

Fritzi, seine Frau, zog nach seinem Tod zu ihrer Tochter nach London, wo sie 1998 starb. Die meisten Mitglieder der Familie sind sehr alt geworden, außer Stephan Elias, der mit knapp neunundfünfzig Jahren starb, nur wenige Tage nach seinem Onkel Otto Frank. Erich Elias, sein Vater, wurde vierundneunzig Jahre alt, Leni Elias, geborene Frank, starb 1986 mit dreiundneunzig Jahren, und ein Jahr später starb ihr Bruder Herbert, sechsundneunzig Jahre alt.

Buddy Elias, der nach einer Schauspielausbildung jahrelang als Komiker bei Holiday on Ice gearbeitet hatte, kehrte 1961 nach Basel zurück und widmete sich seiner Karriere als Schauspieler. 1965 heiratete er Gerti Wiedner, geboren 1933 in Österreich, eine Schauspielerkollegin, die er während eines Engagements am Tübinger Theater kennengelernt hatte. Die beiden bekamen zwei Söhne, Patrick, geboren 1966, und Oliver, geboren 1971, die heute mit ihren Familien in Deutschland leben. Buddy kehrte nach einer langen, erfolgreichen Karriere als Bühnen- und Fernsehschauspieler vor allem in Deutschland mit seiner Frau zurück nach Basel. Seit 1986 hatte er sich schon stärker im Fonds engagiert, zuletzt war er Präsident des Anne Frank Fonds, zu dessen Stiftungsräten auch seine Frau Gerti gehört. So ist das Tagebuch, das Anne Frank gut zwei Jahre lang im Hinterhaus in Amsterdam geschrieben hat, zum Zentrum ihres neuen Lebensabschnitts geworden. Buddy hielt, wie zuvor Otto Frank, die Erinnerung an Anne Frank wach, er beantwortete Briefe, hielt Vorträge, kümmerte sich um Menschen, die Hilfe brauchten, und wachte darüber, dass Anne Franks menschliche Ideale und ihre humanistische Grundeinstellung nicht vergessen werden. Buddy Elias starb 2015, seine Frau Gerti führt sein Lebenswerk fort.

Gerhard Hirschfeld

Der zeitgeschichtliche Kontext

Am 10. Mai 1940, einen Monat bevor Anne Frank in Amsterdam ihren elften Geburtstag feierte, überfiel Nazi-Deutschland das kleine, neutrale Königreich der Niederlande. Infolge der waffentechnischen Überlegenheit der deutschen Wehrmacht und der hohen Verluste, vor allem unter der Zivilbevölkerung, kapitulierte die niederländische Armee bereits nach fünf Tagen. Zuvor hatte die Luftwaffe die Innenstadt von Rotterdam in Schutt und Asche gelegt: Über 800 Tote und mehrere Zehntausende Obdachlose waren zu beklagen. Der deutsche Überfall bedeutete für die Bevölkerung einen schweren Schock. Die Reaktionen der Menschen reichten von Panik und Hysterie bis hin zu stiller Resignation und Verzweiflung. Hunderte Menschen, unter ihnen zahlreiche jüdische Bürger, begingen Selbstmord. Nur sehr wenigen gelang die Flucht über die Nordsee nach England. Zu diesen Glücklichen zählte auch eine Gruppe von 75 jüdischen Kindern aus Deutschland und Österreich, die 1938 mit Hilfe eines sogenannten »Kindertransports« nach Amsterdam gekommen waren, wo man sie in einem Waisenhaus untergebracht hatte.

Bereits am dritten Tag der deutschen Invasion hatte die niederländische Königin Wilhelmina an Bord eines englischen Kriegsschiffes das Land verlassen. Einige Stunden später folgten der Ministerpräsident und das gesamte Kabinett, allerdings nicht ohne die Staatssekretäre als höchste Beamte der Ministerien mit der vorläufigen Weiterführung der Amtsgeschäfte zu beauftragen. Über den englischen Rundfunk der BBC erklärte die Monarchin noch am Tage ihrer Ankunft in London, dass sie von dort aus den Kampf gegen Deutschland weiterführen werde. Obgleich die niederländische Verfassung es nicht vorsah, den Regierungssitz außerhalb des Landes zu verlegen, proklamierte Wilhelmina die britische Hauptstadt als vorläufigen Sitz ihrer Regierung. Mit dieser Anordnung hoffte sie, das legale Fortbestehen eines Königreichs der Niederlande zu sichern, um an der Seite der Alliierten, ohne Berücksichtigung der vollzogenen Kapitulation, den Krieg fortzusetzen. In den Niederlanden selbst reagierten die Menschen auf die Flucht der Königin und des Kabinetts zunächst empört und enttäuscht. Erst allmählich wuchs in der Bevölkerung die Einsicht, dass die Entscheidung der Monarchin notwendig gewesen war. Für viele Niederländer wurde das Haus Oranien schon sehr bald wieder zu einem Symbol der nationalen Souveränität und Einheit und Königin Wilhelmina schließlich zum Garanten des Widerstands gegen das nationalsozialistische Deutschland.

Hitler selbst nutzte das am 13. Mai 1940 entstandene Machtvakuum an der Spitze der Niederlande, um dort, nach dem Vorbild des bereits im April unterworfenen Norwegen, rasch eine deutsche zivile Verwaltung, das so genannte Reichskommissariat Niederlande, zu etablieren. Die Leitung dieses Besatzungsregimes übertrug Hitler dem aus Österreich stammenden, politisch zunächst als gemäßigt geltenden Nationalsozialisten Arthur Seyß-Inquart. Auch drei der vier dem Reichskommissar unmittelbar unterstellten Generalkommissare kamen aus Österreich. Die im niederländischen Volksmund als »Donauklub« bezeichnete Führungsriege sollte nicht nur die deutsche Herrschaft sicherstellen, sondern auch dem von Hitler abgesegneten Konzept einer »Selbstnazifizierung« der Niederländer eine möglichst breite Basis in der Bevölkerung verschaffen. Dabei galt es, die Niederlande mit Hilfe »gleichgeschalteter« oder kollaborierender Institutionen fest an das nationalsozialistische Deutschland zu binden, nicht jedoch das Land formell zu annektieren. An eine Machtübertragung an die einheimische kleine faschistische »Nationaal Socialistische Beweging« (NSB), auch Mussert-Bewegung genannt (nach ihrem Führer Anton Adriaan Mussert), war zunächst nicht gedacht. Diese von der Mehrheit der Niederländer abgelehnte und verachtete Partei galt zu Recht als politisch korrumpiert und daher wenig vorzeigbar.

Die Aussichten für eine starke Bindung der Niederlande an Deutschland waren anfänglich nicht einmal schlecht. Das insgesamt korrekte Auftreten der deutschen Soldaten, die zunächst ausbleibenden Verhaftungen von Juden und »politischen Gegnern« sowie eine einvernehmliche Zusammenarbeit zwischen den niederländischen Verwaltungen und den Besatzungsbehörden verfehlten ihre Wirkung nicht. Unter dem Eindruck der Blitzkriegs-Erfolge der Wehrmacht schienen die meisten Niederländer während der ersten Monate der Besatzungsherrschaft bereit, sich mit den Siegern zu arrangieren. Dieser Absicht lag die in fast allen damals von Deutschland besetzten Ländern weit verbreitete Meinung zugrunde, dass der deutsche Sieg nunmehr »endgültig und total« sei und die führende Stellung des nationalsozialistischen Reichs in Europa damit unumstößlich feststände. Niederländische Historiker haben für diese politische Stimmung später den Begriff der Anpassung (»accomodatie«) geprägt: man gab den Deutschen nach, wo immer dies notwendig schien, und versuchte gleichzeitig so viel wie möglich an nationaler Eigenständigkeit zu bewahren.

Nach der fehlgeschlagenen Invasion Englands und mehr noch nach dem Scheitern der Wehrmacht bei ihrem Vormarsch nach Osten im Winter 1941/42 begann sich der Anpassungssog allmählich zu verflüchtigen. Die alltägliche, schlimme Praxis der Besatzungspolitik tat ein Übriges. Statt eines von vielen Niederländern erwarteten vertrauensvollen Miteinanders dominierten deutsche Verordnungen und Forderungen, die immer stärker in das Leben der Menschen eingriffen. Nur sehr vereinzelt kam es zu Protesten und ersten Anzeichen eines Widerstands, die jedoch von der deutschen »grünen Polizei« (wegen der Farbe ihrer Uniformen) und den anderen Sicherheitsdiensten der Besatzungsmacht (Gestapo, SS bzw. SD) bereits im Ansatz erstickt wurden. Dies sollte sich erst im Februar 1941 ändern, als Beschäftigte der Amsterdamer Verkehrsbetriebe sowie Arbeiter aus der Metallindustrie und dem Schiffbau als Reaktion auf die Deportation von 400 jüdischen Männern drei Tage lang ihre Arbeit niederlegten. Der Ausstand in der größten Stadt der Niederlande wurde blutig niedergeschlagen: Sieben Tote waren zu beklagen, zahlreiche Streikende wurden verhaftet. Gegen den Februar-Streik von 1941 ist später kritisch eingewandt worden, dass er einfach zu früh kam und ihm deshalb lange Zeit keine größeren Protestaktionen gefolgt seien.

Stattdessen entwickelte sich in den meisten Bereichen der einheimischen Verwaltung sowie von Wirtschaft und Gesellschaft schon sehr bald eine mehr oder weniger enge Zusammenarbeit mit den deutschen Dienststellen und Behörden, deren Ausmaß und Bedeutung jedoch ausnahmslos von den Interessen der Besatzungsmacht abhängig waren. Die Gründe für diese Kollaboration auf allen Ebenen (administrativ, wirtschaftlich, kulturell etc.) und in allen Teilen des besetzten Landes waren vielschichtig und keineswegs nur politisch beeinflusst. So arbeitete beispielsweise die einheimische Industrie anfangs zu etwa einem Drittel und seit 1944 sogar zu weit über der Hälfte ihrer Kapazitäten ausschließlich für deutsche Auftraggeber, darunter vor allem für die Wehrmacht. Die Unternehmer wie die hierfür verantwortlichen Staatssekretäre hofften so, die Wirtschaft und den Handel unter allen Umständen produktions- und leistungsfähig zu erhalten und die Arbeitsplätze zu sichern. Doch diese als pragmatisch zu charakterisierende Kollaboration beschränkte sich nicht nur auf die Wirtschaft und die staatliche Verwaltung. Auch die niederländische Polizei und die Justiz sahen sich zur »Amtshilfe« für die deutschen Sicherheitsdienste gefordert – mit verhängnisvollen Konsequenzen.

Verhängnisvoll dabei war nicht zuletzt das Vorbild der niederländischen Eliten in Staat, Wirtschaft und Gesellschaft. Angesichts des allgemeinen Klimas einer möglichst einvernehmlichen Zusammenarbeit mit den Deutschen wirkte sich die Kooperationsbereitschaft der meisten hohen Beamten, Richter und auch (soweit sie von der Besatzung im Amt belassen waren) der Bürgermeister nachhaltig auf die mittlere und untere Ebene der Verwaltungen, Gerichte und anderer Institutionen aus. Mit einer besonderen Empfänglichkeit der niederländischen Staatsdiener für nationalsozialistische Propaganda oder für die deutschen Bestrebungen, den öffentlichen Dienst »gleichzuschalten«, hat dieses Verhalten wenig zu tun. Der Anteil überzeugter Nationalsozialisten aus den Reihen der faschistischen Mussert-Bewegung hielt sich insgesamt in deutlichen Grenzen und stieg erst mit der Ernennung von sogenannten NSB-Bürgermeistern in den größeren Gemeinden nach 1943.

Die Vertreter einer pragmatischen Zusammenarbeit mit den Deutschen wurden nicht müde, auf die besänftigende Wirkung hinzuweisen, die ihrer Ansicht nach von der Kollaboration ausgegangen sei. So hätten beispielsweise die Entscheidungen der eigenen Verwaltung die Bevölkerung vor noch weit schlimmeren Maßnahmen der Besatzungsmacht bewahrt. Die historischen Fakten weisen jedoch in eine andere Richtung: Die beiden einschneidendsten Ereignisse der Nazi-Herrschaft in den Niederlanden, die Deportation und Ermordung der Juden sowie die zwangsweise Verschleppung von Männern und Frauen (darunter auch viele männliche Studenten) zum Arbeitseinsatz nach Deutschland, lassen nicht erkennen, dass die einheimischen Behörden einen mäßigenden Einfluss hierauf gehabt hätten – im Gegenteil: Die administrative Unterwürfigkeit der Verwaltungen sowie die »Amtshilfe« von Seiten der Polizei und Justiz trugen erheblich dazu bei, dass die Deportationen der Juden ebenso wie der »Reichseinsatz« von Zivilarbeitern und Kriegsgefangenen insgesamt reibungslos vonstatten gehen konnten.

Die Verfolgung der Juden in den Niederlanden begann auf administrativem Wege, und auch hieran waren niederländische Ministerien und Behörden beteiligt, so beispielsweise die Zentrale der Einwohnermeldeämter in Den Haag. Dieses Amt ermittelte im Januar 1941 in einer auf deutsche Aufforderung hin erfolgten statistischen Erhebung die genaue Zahl der damals in den Niederlanden lebenden Juden: es waren exakt 140 245. Die Mehrzahl von ihnen (circa 118 000) waren niederländische Staatsbürger; hinzu kamen etwa 15 000 deutsche Flüchtlinge sowie etwa 7000 Staatsangehörige anderer Nationalitäten. Viele deutsche Emigranten lebten oft schon mehrere Jahre in den Niederlanden; den meisten von ihnen war inzwischen die deutsche Staatsbürgerschaft aberkannt worden. Neben diesen »Volljuden« (im Rassenjargon des Nazi-Regimes) gab es noch etwa 20 000 sogenannte »Mischjuden« oder »Mischlinge«, also Personen, die weniger als zwei jüdische Großeltern besaßen oder die in einer deutsch-jüdischen »Mischehe« lebten. Unmittelbar betroffen von den antijüdischen Maßnahmen der Besatzungsmacht war aber zunächst die große Gruppe der etwa 140 000 »Volljuden«. Unter diesen war auch die aus Frankfurt am Main stammende Familie Frank, die im Februar 1934 nach Amsterdam übergesiedelt war, wo der Vater Otto Frank bereits seit September 1933 als Geschäftsführer der niederländischen Opekta-Niederlassung tätig war.

Nach einer kurzen Phase bemerkenswerter Zurückhaltung von Seiten der Besatzungsmacht mehrten sich im Spätsommer 1940 die Anzeichen für die nun beginnenden Ausgrenzungen und Diskriminierungen. Ende August wurden alle staatlichen Bediensteten aufgefordert, einen schriftlichen Nachweis über die Nichtzugehörigkeit zur jüdischen Konfession, die sogenannte »Ariererklärung«, abzugeben. Die in ihren Ämtern verbliebenen Staatssekretäre protestierten verhalten, doch schließlich erklärten sie sich bereit, die deutsche Anweisung auf dem Verwaltungsweg umzusetzen. Nur wenige Monate später wurden alle jüdischen Beamten und Angestellten suspendiert und kurze Zeit darauf endgültig entlassen. Parallel zu den »Ariererklärungen« im öffentlichen Dienst begann im Oktober die Anmeldung der »jüdischen Unternehmen« als ein erster Schritt zu den von der Besatzungsmacht geplanten Zwangsenteignungen (»Arisierungen«). Die niederländischen Handelskammern verschickten die Formblätter hierzu an die Geschäftsleitungen der jüdischen Betriebe. Doch die Ausgrenzungen beschränkten sich nicht nur auf die berufliche und wirtschaftliche Sphäre: Im Januar 1941 wurde allen Juden der Besuch von Kinos verboten, und es tauchten die ersten Plakate und Hinweise auf, die ihnen den Eintritt in öffentliche Museen und andere kulturelle Einrichtungen untersagten.

Den administrativen und sozialen Repressionen folgten schon bald die ersten physischen Gewaltmaßnahmen gegenüber Juden. Als Reaktion auf heftige Straßenkrawalle in Amsterdam im Februar 1941, bei denen ein Angehöriger der Mussert-Bewegung tödlich verletzt worden war, verhaftete die deutsche Ordnungspolizei in blindwütigen Razzien etwa 400 junge jüdische Männer, die anschließend in die Konzentrationslager Buchenwald und Mauthausen deportiert wurden. Keiner dieser Amsterdamer Juden überlebte die »Sonderbehandlung« in den Steinbrüchen von Mauthausen. In den nächsten

Monaten erreichten noch drei weitere Transporte mit insgesamt 850 Juden das nahe der österreichischen Stadt Linz gelegene Konzentrationslager. Auch von diesen Deportierten hat keiner die unmenschlichen Bedingungen in Mauthausen überlebt.

Die Verschleppung der jüdischen Männer aus Amsterdam löste dort nicht nur den erwähnten Februar-Streik aus, der Verkehr und Industrie für drei Tage lahm legte, sondern führte auch zur vorübergehenden Ghettoisierung eines überwiegend von Juden bewohnten Stadtbezirks. Zur gleichen Zeit kam es in Amsterdam zur Bildung eines Jüdischen Rates (»Joodse Raad«). Einerseits galt der Rat als Sprachrohr für die Probleme der etwa 80 000 Amsterdamer Juden gegenüber den deutschen Behörden, für die Besatzer hingegen war er ein Instrument zur Aufrechterhaltung von Ruhe und Ordnung, dessen Mitglieder jederzeit, kollektiv wie auch persönlich, zur Verantwortung gezogen werden konnten. Geführt wurde der Judenrat von Abraham Asscher, einem Kaufmann, und David Cohen, einem Universitätsprofessor für Alte Geschichte. Seine übrigen Mitglieder waren Amsterdamer Geschäftsleute sowie Repräsentanten des Bildungsbürgertums; Arbeiter und ausländische Juden waren nicht vertreten. Kritischen Vorbehalten und Zweifeln an der ihnen seitens der Besatzungsmacht zugedachten Rolle, lediglich Befehlsempfänger für die jüdische Gemeinde zu sein, entgegneten die Vorsitzenden stets, dass es zu ihrer »realistischen« Politik einer Zusammenarbeit mit den Deutschen keine Alternative gäbe. Angesichts der allgemeinen Kollaborationswilligkeit konnte diese Einstellung nicht überraschen.

Die Zuständigkeiten und Funktionen des Amsterdamer Judenrates breiteten sich schließlich immer weiter aus. Der Rat war für Angelegenheiten des täglichen Lebens (Arbeitssuche, Wohnungswechsel, Sozialfürsorge) ebenso zuständig wie für die Weitergabe und Durchführung der deutschen Anordnungen und Erlasse. Das Angebot an sozialen wie auch an kulturellen Dienstleistungen war bald derart umfassend und die Ausbildung der internen Zuständigkeiten bis ins Kleinste geregelt, dass man beinahe von einem – allerdings vollkommen wehr- und hilflosen – »Staat im Staate« sprechen konnte. Die von der Besatzungsmacht angestrebte Isolierung der jüdischen von der nichtjüdischen Bevölkerung war damit gleichsam unumkehrbar geworden und die Ghettoisierung der Juden nunmehr eine vollzogene Tatsache.

Mit der fortschreitenden rechtlichen und sozialen Ausgrenzung und Isolierung der jüdischen Bevölkerung verschärfte sich auch die wirtschaftliche Ausplünderung. Alle Juden, nicht mehr nur einige wohlhabende Geschäftsleute und Unternehmer, waren nun gezwungen, ihr gesamtes Vermögen einem unter deutscher Aufsicht stehenden und zu deutschem Nutzen arbeitenden (ehemaligen jüdischen) Bankinstitut zu übertragen; lediglich 250 Gulden standen dem Einzelnen noch zur Verfügung. Zugleich schränkte die Besatzungsmacht die Bewegungsfreiheit der jüdischen Bevölkerung beinahe vollständig ein: Juden mussten ihre Fahrräder bei den Gemeindeämtern abliefern, sie durften keine öffentlichen Verkehrsmittel mehr benutzen, konnten nur noch zu bestimmten Stunden in besonderen Geschäften einkaufen und hatten von acht Uhr abends bis sechs Uhr morgens in ihren Wohnungen zu bleiben. Mit dieser weiteren Einschränkung jeder Mobilität waren die unmittelbaren Voraussetzungen für den Beginn der geplanten Deportationen geschaffen.

Anfang Juli 1942 erhielten etwa 4000 vorwiegend in Amsterdam lebende Juden, unter ihnen viele deutsche Flüchtlinge, eine schriftliche Aufforderung von der »Zentralstelle für jüdische Auswanderung«, einer Abteilung der Gestapo. Die Angeschriebenen sollten sich umgehend »zur eventuellen Teilnahme an einem unter polizeilicher Aufsicht stehenden Arbeitseinsatz in Deutschland zwecks Aufnahme persönlicher Angaben einer gesundheitlichen Untersuchung im Durchgangslager Westerbork, Bahnstation Hooghalen« einfinden. Der Aufforderung beigefügt waren die inzwischen für Juden notwendige Reiseerlaubnis sowie ein (kostenloser!) Beförderungsschein zum Bahnhof Hooghalen. Trotz der verwendeten Tarnsprache – »Arbeitseinsatz in Deutschland«, »gesundheitliche Untersuchung« – kamen zunächst nur wenige der Aufforderung der Zentralstelle nach. Mit Razzien und willkürlichen Verhaftungen sowie einer durch den Judenrat überbrachten Drohung der Gestapo, sämtliche inhaftierten Juden umgehend in ein deutsches Konzentrationslager zu deportieren, suchte die Zentralstelle die Aufgerufenen gefügig zu machen. Auch Anne Franks sechzehn Jahre alte Schwester Margot hatte am 5. Juli die schriftliche Aufforderung erhalten, sich für den Abtransport in ein deutsches Arbeitslager bereitzumachen. Daraufhin entschied der Vater Otto Frank, dass es nun höchste Zeit sei, in das bereits seit einem Jahr von ihm vorbereitete Versteck im Hinterhaus der Opekta-Niederlassung in der Amsterdamer Prinsengracht Nummer 263 überzusiedeln. Am 6. Juli 1942 tauchte die Familie Frank gemeinsam mit einigen jüdischen Freunden unter.

In der Nacht vom 14. auf den 15. Juli verließ ein erster Zug mit 962 Juden den Amsterdamer Hauptbahnhof mit Ziel Hooghalen / Westerbork. Doch das Polizeiliche Durchgangslager Westerbork in der Provinz Drente, nahe der

Grenze zu Deutschland, war nur ein Zwischenaufenthalt. Die Endstation der beiden Güterzüge, die in Hooghalen tags darauf abgefertigt und anschließend auf dem Gebiet des Deutschen Reiches zusammengekoppelt wurden, war das Konzentrations- und Vernichtungslager Auschwitz. Die letzte Phase der nationalsozialistischen Judenverfolgung in den besetzten Niederlanden hatte begonnen.

Insgesamt verließen im Juli 1942 neun Transporte die niederländische Hauptstadt. Weitere folgten und ebenso neue Razzien und Verhaftungen, die nach bewährtem Muster abliefen. Von Mitte Oktober an wurde die »Hollandse Schouwburg«, ein früher sehr bekanntes Theater in Amsterdam, zum berüchtigten »Wartesaal« für die Deportationen. Bald trafen Sonderzüge der Niederländischen Staatsbahnen aus allen größeren Städten des Landes in Hooghalen ein; die anfallenden Transportkosten wurden anschließend der SS-Verwaltung in Rechnung gestellt und von dieser auch pünktlich erstattet. Ankunft und Weiterfahrt verliefen stets nach dem gleichen Schema: Vom Bahnhof Hooghalen mussten die Deportierten einen etwa fünf Kilometer langen Fußmarsch zum eigentlichen Lagerkomplex zurücklegen. Dort angekommen, wurden sie erneut registriert und einer weiteren Kontrolle unterzogen; Schmuck und Bargeld wurden beschlagnahmt. Die Verweildauer der für »transportfrei« erklärten Menschen war im Allgemeinen kurz; oft dauerte sie nicht einmal 24 Stunden. Bis Ende Februar 1943 verließen insgesamt 49 Transporte mit 46 455 Juden aller Altersgruppen das Durchgangslager Westerbork mit der Bestimmung Auschwitz. Der Rhythmus der Deportationen wurde nur von einer vierwöchigen Weihnachtspause unterbrochen, da die Deutsche Reichsbahn in dieser Zeit alle verfügbaren Waggons für den Heimaturlaub deutscher Soldaten benötigte.

Von März bis einschließlich Juli 1943 gingen die Transporte aus den Niederlanden in das im Südosten Polens gelegene Vernichtungslager Sobibor. Hier fand, anders als in Auschwitz, keine Selektion mehr statt. Sobibor hatte nur eine Funktion: jeden Juden innerhalb weniger Stunden nach seiner Ankunft zu töten. Von den aus Westerbork dorthin deportierten 33 208 Menschen überlebten nur 19 die unbeschreibliche Wirklichkeit dieses Ortes. Der zahlenmäßig stärkste Transport war ein sogenannter »Kindertransport« mit 3017 Personen, fast ausnahmslos Kinder und deren Mütter. Bei ihnen handelte es sich um die Angehörigen jüdischer »Rüstungsarbeiter«, die bei der Herstellung kriegswichtiger Produktionen eingesetzt waren, etwa beim Philips-Konzern in Eindhoven. Den Müttern und Kindern hatte man einen Aufenthalt in einem »besonderen Kinderlager« versprochen. Das Kinderlager war Sobibor, und bis auf wenige Ausnahmen wurden die Ankommenden unmittelbar nach ihrem Eintreffen ermordet.

Nicht nur für die sogenannten »Rüstungsjuden« und ihre Angehörigen verlor der ihnen bisher zugestandene Sonderstatus seine Gültigkeit. Auch andere Freistellungskategorien, etwa für die Amsterdamer Diamantenschleifer, für »Doppel- und Fremdstaatler« (Juden mit fremder oder doppelter Staatsangehörigkeit), die als sogenannte »Austauschjuden« in Betracht kommen sollten, sowie für die zahlreichen Mitarbeiter des Judenrates und deren Familien, wurden nunmehr annulliert. Mit drei landesweiten Razzien im Mai und Juni 1943 griff man Tausende bislang verschonter Juden auf und schaffte sie nach Westerbork. Auch die beiden Vorsitzenden des Judenrats, Abraham Asscher und David Cohen, trafen dort mit ihren Familien im Herbst 1943 ein.

Zur gleichen Zeit gingen die Transporte weiter: Bis zum 1. Oktober 1943 waren bereits 86 000 jüdische Männer, Frauen und Kinder von Westerbork und aus dem in den südlichen Niederlanden gelegenen Konzentrationslager Herzogenbusch (Kamp Vught) nach Auschwitz und Sobibor sowie weitere 2000 nach Mauthausen, Buchenwald und Ravensbrück deportiert worden. In dieser letzten Phase der Deportationen gewannen zwei andere Konzentrationslager an Bedeutung: Theresienstadt und Bergen-Belsen. Aus den Niederlanden trafen insgesamt acht Transporte in Bergen-Belsen ein; sieben gingen nach Theresienstadt. Während das »Altersghetto« Theresienstadt in Nordböhmen als ein »Propagandalager« galt, mit dem die grausame Realität des Holocaust kaschiert werden sollte, war Bergen-Belsen am Rande der Lüneburger Heide als »Austausch-Lager« für jene Juden gedacht, die über direkte Beziehungen zu den sogenannten Feindstaaten verfügten; auf diese Weise hoffte man die dort wegen des Krieges internierten Reichsbürger freizupressen. Mit dem Scheitern dieses Vorhabens veränderte sich auch der Charakter von Bergen-Belsen, das innerhalb kurzer Zeit zu einem vollkommen vernachlässigten Auffanglager für Häftlinge aus anderen Konzentrationslagern wurde, die in den letzten Monaten des Krieges auf sogenannte Todesmärsche nach Westen geschickt worden waren.

Mit dem allerletzten Transport aus den Niederlanden nach Auschwitz, der Westerbork am 3. September 1944 verließ, kam die inzwischen fünfzehn Jahre alte Anne Frank mit ihren Eltern und ihrer Schwester Margot. Die Franks und ihre Freunde, die sich seit Juli 1942 versteckt gehalten hatten, waren Anfang August 1944 an die Gestapo verraten und daraufhin nach Westerbork gebracht worden. In Auschwitz wurde Anne, gemeinsam mit ihrer

Mutter und Schwester, im sogenannten Frauenlager untergebracht, wo es ihnen zunächst gelang, die Selektion an der Rampe, die täglich stattfindenden Zählappelle, die umlaufenden Seuchen und den fortwährenden Hunger zu überstehen. Ende Oktober schaffte man die beiden Mädchen mit einem der berüchtigten »Evakuierungstransporte« von Auschwitz-Birkenau in das inzwischen mit etwa 200 000 Menschen völlig überfüllte Lager Bergen-Belsen. Dort wurden Anne und Margot im März 1945 – das genaue Datum ist nicht bekannt – ein Opfer der seit Wochen grassierenden Typhus-Epidemie. Die Mutter Edith, die in Auschwitz zurück geblieben war, starb bereits Anfang Januar, vermutlich an Erschöpfung; der Vater Otto gehörte zu den wenigen jüdischen Häftlingen, die am 27. Januar 1945 von sowjetischen Truppen befreit wurden.

Von den insgesamt 107 000 aus den Niederlanden deportierten Juden überlebten nur etwa 5000 Menschen die deutschen Konzentrations- und Vernichtungslager. Weitere circa 20 000 bis 25 000 Juden, vor allem jüngere Menschen, tauchten innerhalb der Niederlande unter und vermochten so, unterstützt von mutigen nichtjüdischen Helfern, die Zeit der Verfolgungen zu überleben. Die genauen Zahlen dieser jüdischen Untertaucher (»onderduikers«) lassen sich, anders als die von den Tätern überlieferten genauen Angaben der deportierten Juden, nicht mehr feststellen, zumal stets neue hinzukamen und andere wiederum durch Zufall, aber auch Verrat, aufgespürt wurden. Gleichwohl handelt es sich um eine überraschend hohe Zahl an Menschen, denen es vor allem nach 1943 gelang, zunächst in den großen Städten und später auch auf dem flachen Land unterzutauchen. Dies unterstreicht die zeitliche Verbindung zwischen dem seit der Kriegswende 1942/43 aktiver werdenden Widerstand gegen die Besatzungsmacht und einem engagierten Eintreten für verfolgte Juden.

Je mehr sich die militärische Lage zuungunsten Nazi-Deutschlands entwickelte, desto erbarmungsloser und drakonischer wurde die Besatzung in den Niederlanden: Verhaftungen, Internierungen, Geiselnahmen und -erschießungen waren bald an der Tagesordnung und geschahen noch bis in die letzten Tage des NS-Regimes – so beispielsweise im Dorf Putten in der Provinz Gelderland, wo die Wehrmacht im September 1944 auf einen Anschlag von Widerstandskämpfern mit der Zerstörung des gesamten Dorfes, mit Hinrichtungen und der Verschleppung der unbeteiligten Bewohner in ein Konzentrationslager reagierte. Während der Wintermonate 1944/45 kam die Wirtschaft fast vollständig zum Erliegen. Kriegseinwirkungen und der Zusammenbruch des öffentlichen Transportwesens führten zu katastrophalen

Versorgungsengpässen, die schließlich im Hungerwinter des letzten Kriegsjahres gipfelten. Mehr als 20 000 Menschen im Gebiet der dicht besiedelten *Randstad* Holland (Städteviereck Amsterdam – Utrecht – Rotterdam – Den Haag) verhungerten oder starben in dieser Zeit infolge von Mangelerkrankungen.

Wirtschaftliche und soziale Verelendung übten auf die Bereitschaft vieler Niederländer, sich in irgendeiner Form am Widerstand zu beteiligen, erheblichen Einfluss aus. Die Aktionen der Widerstandsorganisationen, die häufig von der Exilregierung in London initiiert und unterstützt wurden, gegen die deutsche Besatzung und ihre niederländischen Kollaborateure wurden immer wirkungsvoller. Im Gegenzug reagierten Polizei- und Sicherheitsdienste, aber auch die Wehrmacht, mit brutalen Vergeltungsmaßnahmen, die den Terror zum obersten Gebot erhoben. Als Ende April / Anfang Mai 1943 fast eine Million Niederländer aus Protest über die Wegführung der ehemaligen Kriegsgefangenen zum »Arbeitseinsatz« nach Deutschland ihre Arbeit niederlegten, verhängten deutsche Gerichte in den besetzten Niederlanden mehr als 80 Todesurteile. Weitere 60 Niederländer wurden standrechtlich erschossen. Dieser Streik war die größte Demonstration gegen ein deutsches Besatzungsregime im Verlauf des Zweiten Weltkriegs.

Die hohe Zahl der Opfer des Holocaust in den Niederlanden, nach der mehr als 75 Prozent der jüdischen Vorkriegsbevölkerung den Tod fand, hat später Anlass zu heftigen Debatten und Kontroversen geliefert. Wie so häufig in der Geschichte gibt es nicht nur einen, sondern mehrere Gründe, die zu einer derart hohen, nur noch mit Osteuropa vergleichbaren jüdischen Opferrate führten. Ein wichtiger Grund war das hohe Maß an krimineller Energie und ebensolcher Effizienz, mit dem die deutsche Besatzungsmacht die Ausgrenzung und Deportation der Juden veranlasste. Ein weiterer Faktor war zweifellos die überaus starke Präsenz des SS-Apparates und anderer Verfolgungsinstanzen in den okkupierten Niederlanden. Hinzu kam die niederländische Bereitschaft zur Anpassung und einer pragmatischen Kollaboration, die auch vom Amsterdamer Judenrat geteilt wurde (wenngleich sich die existentiellen Umstände und Konsequenzen nur schwer vergleichen lassen).

Von entscheidender Bedeutung aber dürfte noch ein anderer Aspekt gewesen sein. Die niederländischen Juden waren in einem Maße in die Bevölkerung integriert, wie dies für kaum eine andere Gesellschaft in Europa zutraf. Die erfahrene und gelebte Integration förderte bei vielen Juden ein psychologisch leicht nachvollziehbares Gefühl der Sicherheit, das sich angesichts einer bislang weder erlebten noch überhaupt vorstellbaren Verfolgungssituation als fatal erweisen musste. Dies erklärt, warum auch nach Beginn der Deportationen nur wenige Juden untertauchten, wie dies die Familie Frank und ihre Freunde taten, eine Mehrheit es dagegen vorzog, sich mit den vom Amsterdamer Judenrat mühsam erkauften »Freistellungen« von den Transporten eine Gnadenfrist zu verschaffen. Die Tragik des Judentums in den Niederlanden bestand nicht zuletzt darin, dass ihre erfolgreiche Integration in die niederländische Gesellschaft den Menschen ein trügerisches Gefühl der Sicherheit vermittelte, das den meisten von ihnen schließlich zum Verhängnis wurde.

Francine Prose
Die Rezeptionsgeschichte

Die erste Veröffentlichung von Anne Franks Tagebuch

Im Sommer des Jahres 1945, nachdem Otto Frank aus Auschwitz nach Amsterdam zurückgekehrt war und es feststand, dass seine beiden Töchter in Bergen-Belsen umgekommen waren, gab Miep Gies dem trauernden Vater Anne Franks Tagebuch. Im August des vorangegangenen Jahres war Familie Frank nach mehr als zwei Jahren im Versteck über den Lagerräumen der Firma Opekta in der Prinsengracht 263 von den Nazis verhaftet worden. Gemeinsam mit anderen holländischen Helfern, die ihrem ehemaligen Arbeitgeber und seiner Familie Unterschlupf gewährt hatten, rettete Miep das Tagebuch aus dem Durcheinander nach der Verhaftung der Franks. Es bestand aus einem in karierten Stoff gebundenen Notizbuch, in das Anne im Juni 1942 ihre Aufzeichnungen zu schreiben begonnen, zwei schwarzen Heften, in denen sie sie fortgeführt, sowie mehr als 200 losen farbigen Blättern, auf denen sie die erste Fassung des Berichts über ihr Leben im Versteck überarbeitet und korrigiert hatte. Miep verwahrte das Tagebuch in einer Schublade für den Tag, an dem Anne zurückkommen und danach fragen würde.
Da Anne aber nicht zurückkehrte, übergab Miep das Tagebuch Otto Frank. Dieser zog sich in sein ehemaliges Büro zurück und las, wie er später sagen sollte, das Werk einer Tochter, die er nie richtig gekannt hatte. Neben anderen überraschenden Einblicken entdeckte er, dass Anne sich sehr gewünscht hatte, ihr Tagebuch veröffentlicht zu sehen.
Am 29. März 1944 hatten die Untergetauchten in ihrem Versteck eine Radiosendung gehört, in der Gerrit Bolkestein, Minister für Bildung, Kunst und Wissenschaft der holländischen Exilregierung, Bürger dazu aufrief, ihre privaten Aufzeichnungen aufzubewahren, damit ihre Nachfahren sich ein Bild davon machen konnten, was die Niederländer während des Krieges zu ertragen hatten. Anne verstand, dass ihr Tagebuch dem entsprach, woran Minister Bolkestein gedacht hatte. Aus ihren Tagebuchaufzeichnungen gedachte sie einen »Roman« mit dem Titel »Het Achterhuis«, wörtlich übersetzt »Das Hinterhaus«, zu machen, vermutlich nach dem Vorbild der Detektivgeschichten, die sie so sehr liebte.

Anne machte sich daraufhin erneut an die Arbeit. Manche Einträge strich sie, andere erläuterte sie oder fügte neue hinzu – alles in dem Bestreben, ihre Darstellung des Alltagslebens in der Prinsengracht 263 noch deutlicher und vollständiger zu machen. Nachdem sie über ihre schwärmerische Verliebtheit in Peter van Pels hinausgewachsen war, löschte sie die betreffenden Passagen über ihre zaghafte erste Liebe. Im Gedanken, dass ihr Buch von Fremden gelesen werden würde, strich sie intime Beobachtungen über körperliche Veränderungen und ihre erwachende Sexualität. Da sie während der zwei Jahre im Versteck reifer geworden war, dämpfte sie die kindische, harsche Kritik an ihrer Mutter. Anders als zu Beginn, als sie die Seiten des karierten Notizbuches noch mit einer kleinmädchenhaften Druckschrift bedeckt hatte, schrieb sie nun in flüssiger Schreibschrift und in raschem Tempo auf losen farbigen Blättern. Um die Zeit ihrer Verhaftung schrieb sie täglich gut elf Seiten.

Dieses umfangreiche, vielschichtige Manuskript lag Otto Frank vor, als er mit der Lektüre des Tagebuchs seiner Tochter begann. Erst als er die Passagen erreichte, in denen Anne von ihrer Hoffnung sprach, einmal publiziert zu werden, erwog er, das Buch auch anderen zu lesen zu geben.

Zuerst tippte er Auszüge ab, übersetzte sie und schickte sie seiner Mutter, die damals in der Schweiz lebte. Dann machte er sich daran, Annes erste Fassung – später als Version a bezeichnet – und die von ihr überarbeitete Fassung – später als Version b bezeichnet – zu einem vollständigen maschinengeschriebenen Manuskript zu verarbeiten – die Version c, die dann in den Jahren nach dem Krieg in französischer, deutscher und englischer Übersetzung und schließlich 1952 auch in den USA erschien.

Otto Frank nahm Passagen aus Annes erster und zweiter Fassung und verband sie in der Absicht, viele Tagebucheinträge, die seine Tochter bei ihrer Textüberarbeitung ausgeschieden hatte, wiederherzustellen. In diesen Einträgen schilderte sie unter anderem, wie sehr sie sich freute, als sie zu ihrem dreizehnten Geburtstag das Tagebuch geschenkt bekam, wie sie den letzten Geburtstag vor dem Untertauchen feierte und, vielleicht die wichtigsten Passagen, wie sich ihre Beziehung zu dem jungen Peter van Pels entwickelte. Otto Frank spürte – und das sollte sich als richtig erweisen –, dass die Liebesgeschichte zweier unschuldiger Jugendlicher den Charme des Buches erhöhte. Er kam Annes Wunsch nach, den Menschen, mit denen sie das Versteck im Hinterhaus teilte (die Familie van Pels und der Zahnarzt Fritz Pfeffer), andere Namen zu geben. Aber obwohl Anne für die Familie Frank in der gedruckten Fassung den Namen Robin vorgesehen hatte – Anne Robin, ihre Eltern und ihre Schwester –, behielt ihr Vater den richtigen Namen der Familie bei.

Nach Fertigstellung einer vorläufigen Fassung zeigte Otto Frank das Tagebuch einigen Vertretern des Amsterdamer literarischen Lebens. Von Trauer gezeichnet, trug er das Manuskript umher, stellte, gegen Tränen ankämpfend, ein paar Seiten daraus vor und bat Freunde und Unbekannte, das Tagebuch zu lesen. Zu den ersten Lesern gehörten Jan und Annie Romein, zwei holländische Intellektuelle, die von Annes Tagebuch beeindruckt waren. Es gelang ihnen aber nicht, Verleger für eine Veröffentlichung zu begeistern, denn diese fürchteten, das Buch könnte in der holländischen Bevölkerung schmerzvolle Erinnerungen wachrufen, die lieber verdrängt wurden. Erst als Jan Romein das Tagebuch in einem begeisterten Aufsatz in der Zeitung *Het Parool* pries, bot ein Lektor vom Contact Verlag in Amsterdam an, das Buch herauszubringen, allerdings nur unter der Bedingung, dass Otto Frank Einträge strich, in denen Anne – nach Ansicht des Verlags – zu freizügig über ihren Körper und ihre jugendliche Sexualität schrieb.

»Het Achterhuis« wurde in den Niederlanden erstmals 1947 publiziert. Das im Untertitel *Tagebuchbriefe vom 12. Juni 1942 bis 1. August 1944* genannte Buch enthielt eine Einleitung von Annie Romein, die sich positiv äußerte, aber zurückhaltend blieb, verglichen mit dem überschwänglichen Lob ihres Ehemanns in *Het Parool*. Das Buch startete mit einer Auflage von 1500 Exemplaren, erhielt wohlmeinende Kritiken, erlebte aber nur einen bescheidenen Erfolg. Trotzdem erregte es die Aufmerksamkeit anderer europäischer Verlage, wenngleich viele bekannte Häuser es ablehnten. Unter dem Titel »Das Tagebuch der Anne Frank« erschien es 1950 in Deutschland beim Verlag Lambert Schneider in Heidelberg. Eine Lizenz dieser Ausgabe erschien 1957 im Ostberliner Union Verlag.

Einige abfällige Passagen über die Deutschen wurden herausgenommen, um deutsche Leser nicht abzuschrecken oder zu kränken. Aber auch mit diesen Änderungen erreichte das Buch immer noch nicht das große Publikum. In Frankreich, wo es etwa zur gleichen Zeit veröffentlicht wurde, fand es mehr Leser als in Deutschland. Erst nach dem Erfolg des Buches in den USA und erst nach Aufführungen des gleichnamigen Bühnenstückes, das an verschiedenen Orten weltweit in die Theater kam, verstanden europäische Verleger und Leser die Bedeutung und das kommerzielle Potential dieses Werkes.

Auch in den USA stieß Anne Franks Tagebuch anfangs bei fast allen großen Verlagen auf Ablehnung. Wie in Europa galt das Buch als thematisch zu eng begrenzt, zu familiär, zu jüdisch, zu langweilig. Vor allem aber sei zu befürchten, dass es die Leser an den Krieg, den alle vergessen wollten, erinnerte. Schließlich kam es, versehen mit einem Vorwort von Eleanor Roosevelt, 1952 bei Doubleday heraus und erhielt schon bald begeisterte Kritiken. Die erste Auflage verkaufte sich rasch, eine zweite und dritte Auflage, jeweils zu 10 000 Exemplaren, folgte.

Binnen weniger Tage gingen im Verlagshaus Doubleday Anfragen von Theaterleuten ein, die eine Bühnenfassung des Tagebuchs einrichten wollten. Damit begann die Geschichte des Tagebuchs der Anne Frank am Broadway – eine Geschichte, so reich an Verrat und Niedertracht, so schwer durchschaubar in seiner Komplexität, dass mindestens vier Autoren versucht haben, Licht in das Wie und Warum zu bringen.

Meyer Levin, Autor mehrerer von der Kritik beachteter Romane, lebte 1950 mit seiner Frau Tereska Torres und zwei Kindern in Südfrankreich. Zu diesem Zeitpunkt gab ihm seine Frau eine Ausgabe des »Tagebuchs der Anne Frank«, das kürzlich in Frankreich erschienen war. Levin hatte sich mit dem Gedanken getragen, über die Vernichtung der europäischen Juden zu schreiben, war aber dann zu der Auffassung gelangt, dass »aus ihrer Mitte ein Erzähler erstehen« müsse. Nach der Lektüre des Tagebuches war er überzeugt, dass er diesen Erzähler in dem Mädchen entdeckt hatte, das so anrührend ihr Leben auf dem Dachboden in Amsterdam geschildert hatte.

Levin schrieb umgehend an Otto Frank und bot sich an, das Buch zu übersetzen und bei der Suche nach einem amerikanischen Verleger behilflich zu sein. Den Verkauf nach Amerika vermittelt er zwar nicht, aber er überzeugte Otto Frank, dass sich das Buch für die Bühne eignete. Um diese Zeit verhandelte Frank mit dem Verlag Doubleday und ihm war sehr daran gelegen, die Bühnenrechte zu behalten, denn er konnte den Gedanken nicht ertragen, dass irgendeine Schauspielerin seine Anne spielen sollte.

Die Ironie des Schicksals wollte es, dass Levins Rezension in der *New York Times* dem Tagebuch sogleich Aufmerksamkeit und Popularität verschaffte, er selbst aber geriet ins Abseits. Sobald sich abzeichnete, dass das Buch ein kommerzieller Erfolg war und eine Bühnenfassung das Broadway-Publikum fesseln würde, kamen die Namen viel berühmterer Autoren als er selbst ins Spiel, die das Stück schreiben sollten. Alle gefeierten amerikanischen Theaterschriftsteller der damaligen Zeit – Arthur Miller, Maxwell Anderson, Lillian Hellman, Carson McCullers, Thornton Wilder – wurden als mögliche Dramaturgen genannt.

Unterdessen schrieb Levin seine Bühnenfassung, die aber abgelehnt wurde. Als sich abzeichnete, dass Levin nicht den Zuschlag erhalten würde, wirkte sich das auf seine Beziehung zu Otto Frank und Doubleday aus. Der Briefwechsel zwischen den früheren Freunden wurde kühler und endete in Verstimmung. Otto Frank und Meyer Levin ließen sich durch ihre Anwälte vertreten. Levin klagte vor Gericht, man habe sein Werk plagiiert. Diese Klage ließ sich freilich schwer belegen, da sowohl Levins Fassung als auch die Version, die schließlich auf der Bühne gespielt wurde, auf ein und dieselbe Vorlage zurückgingen, nämlich Annes Tagebuch.

Im Frühjahr 1953 wandte sich Kermit Bloomgarden, ein Kenner der Theaterszene des Broadway, an das Ehepaar Frances Goodrich und Albert Hackett, die einen guten Ruf als Stückeschreiber besaßen. Nach anfänglichem Zögern nahmen Goodrich und Hackett den Auftrag an. Sie schrieben Otto Frank, dass sie sich geehrt fühlten, dazu auserkoren zu sein, den Geist seiner Tochter auf der Bühne wieder aufleben zu lassen. In seinem Antwortbrief bot Otto Frank ihnen seine Hilfe an und zeigte sich erfreut, dass sie sich durch Annes Buch so hatten rühren lassen.

Die Begeisterung des Vaters ließ aber nach, nachdem er eine erste Textfassung gelesen hatte. Er schrieb den Autoren, er könne kein Theaterstück gutheißen, dass Annes Weltanschauung, ihren Idealismus und ihr Verlangen, den Menschen zu helfen, außer Acht ließ. Nach und nach fand sich Otto Frank damit ab, dass viele seiner Vorstellungen keine Beachtung fanden, einschließlich des Vorschlags, im Programm in einer Anmerkung darauf hinzuweisen, dass das Stück auf einer wahren Begebenheit beruhe. Später sollte Otto Frank von einer holländischen Bekannten hören, sie habe neben einer Amerikanerin gesessen, die behauptete, das Stück dreimal gesehen zu haben, ohne sich bewusst zu sein, dass es auf historischen Tatsachen beruhte. Im Jahr 1954, als das Ehepaar Hackett mit der fünften Textfassung rang, nachdem vier Fassungen keine Zustimmung gefunden hatten, wurde Garson Kanin als Regisseur unter Vertrag genommen. Kanin hatte die Idee, das Theaterstück mit Annes Worten enden zu lassen, dass die Menschen in ihrem Herzen gut seien. Außerdem fügte er Geräusche von außerhalb des Verstecks ein – Tritte, Sirenengeheul –, um die Spannung zu steigern.

Im Herbst 1954 traf sich das Ehepaar Hackett mit Garson Kanin in London, wo sie an einer weiteren Textfassung arbeiteten. Im Dezember besuchten sie eine Woche lang Otto Frank in Amsterdam, was Frances Goodrich später als »sehr quälend« beschrieb. Fotografen waren mitgekommen, um die Räumlichkeiten im geheimen Versteck im Hinterhaus zu dokumentieren, und

Tontechniker nahmen den Klang der Glocken der Westerturmkirche und die Geräusche der nahe gelegenen Straße auf.
Die Premiere des Stücks fand am 5. Oktober 1955 im Cort Theatre in New York statt. Otto Frank verzichtete auf einen Besuch der Premiere, da er fürchtete, es könne zu schmerzlich für ihn sein. Das Stück erhielt nicht nur den Beifall der Kritik, sondern wurde auch ein Publikumserfolg. Es erlebte 717 Vorstellungen in zwei Jahren und gewann obendrein den Pulitzer-Preis und den Preis des New York Drama Critics Circle.
Ein Jahr nach der Uraufführung am Broadway kam das Stück auch nach Deutschland. Der Theaterkritiker Kenneth Tynan wurde Zeuge folgender Reaktion des Publikums am Schluss der Aufführung: »Als das Licht im Saal wieder anging, blieben die Zuschauer wie versteinert auf ihren Plätzen. Eine halbe Minute lang blickten manche starr geradeaus, andere starrten zu Boden. Dann erhoben sie sich, wie aus einem Alptraum erwacht, und gingen schweigend Richtung Ausgang. Sie schauten einander nicht an und vermieden sogar die üblichen kurzen Blicke unter Freunden und Bekannten. Es gab weder Applaus, noch wurden die Schauspieler vor den Vorhang gerufen.«
Das Tagebuch hatte keine große Verbreitung gefunden, aber mit dem Erfolg des Bühnenstücks schnellte auch der Absatz des Buches in Deutschland und im übrigen Europa in die Höhe. Anne Frank wurde sehr rasch zum Gegenstand einer fast religiösen Verehrung. Eine Gedächtnistafel wurde in Frankfurt an dem Haus angebracht, wo sie als kleines Kind wohnte, und 1957 machte sich ein Pilgerzug von 2000 jungen Deutschen auf den Weg nach Bergen-Belsen, um auf dem Massengrab, wo Anne Frank vermutlich begraben liegt, Blumen niederzulegen.

Der Film

Im Jahr 1956 bekundete Samuel Goldwyn Interesse, einen Film nach Anne Franks Tagebuch zu drehen. Die Regie sollte William Wyler übernehmen. Doch weil Otto Frank darauf pochte, über das Drehbuch zu entscheiden, zog Goldwyn sein Angebot zurück, was er später bedauerte. Otto Frank schloss einen Vertrag mit Twentieth Century Fox über die Verfilmung des Tagebuchs der Anne Frank mit einem Budget von drei Millionen Dollar. Der Film sollte nach dem Broadway-Stück gedreht und das Drehbuch ebenfalls von Frances Goodrich und Albert Hackett geschrieben werden.
Der Trailer für den 1959 herauskommenden Film versprach: »Keine span-

nendere Geschichte ist jemals erzählt worden als die bei Twentieth-Century Fox entstandene meisterhafte Verfilmung des Tagebuchs der Anne Frank! Der Schauer ihres ersten Kusses, das Wunder der Jugend, die Aufregung der ersten Liebe, der Zauber ihres Lachens – alles das zeigt dieser Film!« Der Film selbst hält, was der Trailer verspricht, handelt es sich doch um einen psychologischen Thriller, in dem man mit der gleichen Spannung dem ersten Kuss entgegengefiebert, mit der man die Verhaftung der Heldin durch die Gestapo befürchtet. Wahrscheinlich wurden für die Schlussfassung die Ergebnisse von Testvorführungen berücksichtigt. Kommentarkarten (die im Anne-Frank-Haus archiviert sind) belegen, dass Zuschauer gefragt wurden, welche Szenen ihnen besonders gefallen haben, ob sie bestimmte Passagen der Geschichte verwirrend fanden, ob sie den Film an Freunde weiterempfehlen würden. Ein Testpublikum in San Francisco kritisierte eine Schluss-Szene, wo Anne Frank in einem Konzentrationslager gezeigt wurde. Die Szene wurde geschnitten, damit Anne ihren Glauben an das Gute im Menschen verkünden konnte.

Im Jahr 1997 kam Anne Frank wieder im Broadway heraus, diesmal in der neuen Bühnenfassung von Wendy Kesselman. Sie hatte den Auftrag angenommen, weil sie »die Wahrheit wiederherstellen« wollte in der Geschichte, die von Anne Frank auf der Bühne gezeigt worden war.

Kesselmans Bühnenfassung folgt dem Tagebuch getreuer als die ihrer Vorgänger. Man vernimmt deutlicher Annes Stimme, ihre Intelligenz und ihren Geist, auch werden längere Passagen aus dem Tagebuch verlesen. Annes Gedanken über ihre Körperlichkeit und ihre Erinnerung, die Brüste eines anderen Mädchens berührt zu haben, sind wiederhergestellt. Die Zuschauer hören jetzt die Rundfunkansprache des Ministers Bolkestein, der Anne den Gedanken eingegeben hatte, ihr Tagebuch werde publiziert und sie selbst später einmal eine Schriftstellerin werden. Die historischen und religiösen Verhältnisse sind deutlich zu erkennen, und man versteht, was es für die Versteckten bedeutete, verhaftet zu werden. Schließlich erfahren die Zuschauer auch, welches Schicksal Anne und die anderen Untergetauchten des Hinterhauses am Ende erwartete.

Wieder war Annes Tagebuch und die von ihr geschaffene Welt auf paradoxe Weise auferstanden. Vielleicht hatte Otto Frank ja recht, als er Zweifel am Sinn einer Bühnenfassung des Tagebuchs seiner Tochter äußerte. Vielleicht hätte er auf seine innere Stimme hören und der Verlockung widerstehen sollen, Annes Buch ein deutlich größeres Publikum zu verschaffen. Dieses größere Publikum ist aber auch den Bühnenfassungen und der Verfilmung zu verdanken. Wir können schwer einschätzen, wie viele Leser das Theaterstück für das Buch gewonnen hat, wie viele Menschen nie zum Buch gegriffen hätten, hätten sie nicht zuerst das Theaterstück gesehen, wie viele Schüler nie von dem Tagebuch gehört hätten, wären diese Aufzeichnungen nicht durch Bühne und Leinwand zu größerer Bekanntheit gekommen. Tatsächlich fand das Tagebuch erst nach seinem Erfolg als Theaterstück und Film Eingang in den Schulunterricht. Heute ist Anne Franks Tagebuch in über 60 Sprachen übersetzt und in vielen Staaten rund um den Globus Schullektüre. Viele Schulen tragen Anne Franks Namen, ja es gibt Anzeichen für einen wahren Kult um ihre Person. In Japan wurde sogar eine Kirche nach ihr benannt.

Angriffe auf die Echtheit des Buches

In den 1960er- und 1970er-Jahren entstand eine Bewegung und breitete sich alarmierend rasch aus, die mit der Behauptung auftrat, dass es den Holocaust nie gegeben habe, dass die Nazis weder Gaskammern noch Krematorien betrieben hätten und dass die Zahl der jüdischen Opfer im Zweiten Weltkrieg bei weitem nicht so hoch gewesen sei. Diese sogenannten Holocaustleugner haben die Unterstützung von Neonazis und sind in Gruppen wie dem Institute for Historical Review und dem Committee for Open Debate on the Holocaust organisiert. In Anzeigenkampagnen in Zeitungen und auf Websites haben sie die von ihnen sogenannten »Exterminationstheoretiker« angegriffen. Obwohl das Leugnen des Holocaust in vielen Staaten Straftatbestand ist, hat diese Bewegung zahlreiche Anhänger gefunden, darunter besonders aktive in der ehemaligen Sowjetunion. Auch in der islamischen Welt hat sie Fuß gefasst, und ihr bekanntester Vertreter ist dort der ehemalige iranische Präsident Mahmud Ahmadinedschad, nach dessen Worten der Holocaust ein zionistischer Mythos sei.

Wenn der Holocaust ein Mythos ist, dann, so lautet die Folgerung dieses verrückten »Geschichtsrevisionismus«, muss das Tagebuch der Anne Frank eine Fälschung sein. Der Erste, der dies in gedruckter Form behauptete, war Harald Nielsen, ein dänischer Kritiker, der 1957 in einer schwedischen Zeitung schrieb, das Tagebuch stamme zum Teil aus der Feder von Meyer Levin. Nielsens Vorwürfe griff im folgenden Jahr ein norwegischer Journalist auf, der das Tagebuch als Fälschung bezeichnete.

Im Jahr 1958 veröffentlichte in Deutschland Lothar Stielau, ein Englischlehrer und ehemaliger HJ-Gruppenleiter, einen Aufsatz, in dem er Anne Franks

Tagebuch mit den angeblichen Tagebüchern der Hitler-Geliebten Eva Braun gleichsetzte. Bei der öffentlichen Untersuchung gab Stielau zu, er hätte statt des Begriffs »Fälschung« eher den Ausdruck »erheblich verändert« benutzen sollen. Stielau wurde vor Gericht von dem rechtsgerichteten Politiker Heinrich Buddeberg verteidigt, der den Vorwurf, Meyer Levin sei bei der Fälschung beteiligt gewesen, wiederholte. Stielau wurde aus dem Schuldienst entlassen. Otto Frank verklagte Stielau sowie seinen Verteidiger Buddeberg wegen Beleidigung und Verleumdung. Deren Anwälte forderten jedoch, das Tagebuch müsse auf seine Echtheit geprüft werden, und verwiesen auf einen Artikel des Nachrichtenmagazins *Der Spiegel*, in dem behauptet wurde, Albert Cauvern, einer von Otto Franks Freunden, denen er als Erste das Manuskript gezeigt hatte, habe erheblich in die Textgestalt eingegriffen. Miep und Jan Gies sowie Bep Voskuijl mussten vor Gericht unter Eid aussagen, dass Anne tatsächlich ein Tagebuch geführt habe und zwar genau das, das sie Otto Frank ausgehändigt hatten. Forensische Handschriftenexperten überzeugten den Richter von der Echtheit des Tagebuchs.

Dennoch zog sich der Prozess hin. Erst 1961 legten die Parteien den Streit bei. Die Verteidiger räumten ein, dass das Tagebuch echt sei. Sie baten um Entschuldigung, sie hätten weder Otto Frank noch das Andenken seiner Tochter beleidigen wollen. Die Geldstrafe, zu der Stielau verurteilt wurde, zahlte zum großen Teil der deutsche Staat.

Doch von da an nahm die Zahl der Bücher und Traktate, die die Echtheit des Tagebuchs angriffen, noch zu. Die Verfasser beriefen sich auf die »Tatsache«, dass diese ungeschickten Fälscher Annes Tagebuch mit Kugelschreiber geschrieben hätten, wo doch Kugelschreiber nicht vor 1944 benutzt wurden. In Wirklichkeit finden sich nur auf sechs Blättern Seitenzahlen in Kugelschreiber, die, wie sich später herausstellte, von einer graphologischen Gutachterin stammten. Alles andere wurde mit Tinte geschrieben und zwar durchweg mit Annes Handschrift.

Im Jahr 1967 veröffentlichte *The American Mercury* einen Artikel von Teressa Hendry, in dem der Vorwurf erneuert wurde, Meyer Levin habe das Tagebuch geschrieben. Was an Hendrys Artikel so irritiert, ist der abwägende, akademische Ton. Gleich zu Beginn auf »Onkel Toms Hütte« von Harriet Beecher-Stowe anspielend, zitiert die Verfasserin die Frage, die der amerikanische Präsident Abraham Lincoln der Autorin angeblich gestellt hat: »Sie sind also die kleine Frau, die diesen großen Krieg verursacht hat.« Hendry schließt ihren Artikel mit einem Plädoyer für die Wahrheit: »Wenn Mr. Frank die Arbeit von Meyer Levin benutzt hat, um die Welt mit einem Tagebuch zu beschenken, von dem er annahm, dass es zu Teilen oder im Ganzen von seiner Tochter stammte, dann sollte jetzt die Wahrheit ans Licht kommen. Eine erfundene Geschichte als Tatsache auszugeben ist niemals gerechtfertigt und sollte nicht verziehen werden.«

Die Behauptung, dass es sich bei dem Tagebuch um eine Fälschung handele, ist von prominenten Holocaustleugnern aufgegriffen worden. Zu ihnen zählen Richard Harwood, Verfasser von »Did Six Million Really Die? The Truth At Last«, sowie David Irving, der den Fall Levin als Beleg dafür nahm, dass Otto Frank an der Fälschung des Tagebuchs seiner Tochter beteiligt war. Auf Otto Franks Protest strich Irvings Verlag die Passage mit der Anschuldigung aus seinem Buch »Hitler and his Generals«, und Irving wurde zur Zahlung von Schadenersatz zugunsten des Anne Frank Fonds verurteilt.

Weitere Pamphlete, die das Tagebuch als »Schwindel« anprangerten, kamen von dem Deutschen Heinz Roth. Die Flugblätter, die er 1976 bei einer Aufführung des Bühnenstücks »Das Tagebuch der Anne Frank« in Hamburg verteilte, erregten die Aufmerksamkeit der Hamburger Staatsanwaltschaft. Roth wurde untersagt, weiterhin seine Pamphlete zu verteilen. Bei seiner Verteidigung vor Gericht zitierte sein Anwalt aus einem Buch mit dem Titel »The Diary of Anne Frank – Is it Authentic?« eines gewissen Robert Faurisson. Dieser gehörte zu den ersten Holocaustleugnern, die behaupteten, die Lügen über Gaskammern und Krematorien seien von den Alliierten und Juden aufgebracht worden, um die Nazi-Partei zu verleumden.

Weitere Fälle von Pamphletverfassern wurden wegen formaler Gründe oder unter Berufung auf das Recht auf freie Meinungsäußerung juristisch nicht verfolgt. Nur gegen einen Journalisten, Edgar Geiss, der während des Prozesses gegen einen Kollegen Flugblätter im Gerichtssaal verteilte, erging eine Freiheitsstrafe. Er wurde zu einem Jahr Gefängnis verurteilt, ein Urteil, gegen das er Berufung einlegte.

Ditlieb Felderers 1979 erschienene Schrift »Anne Frank's Diary, A Hoax« gehört wohl zu den besonders abstoßenden Beispielen für Angriffe auf das Werk. Dem Verfasser (als Jude in Österreich geboren, trat er zu den Zeugen Jehova über, emigrierte nach Schweden und wurde bei seinen Forschungen über die Verfolgung seiner Glaubensbrüder durch die Nazis zu einem Verfechter des Geschichtsrevisionismus) bei der Schilderung seiner abstrusen Überzeugungen zu folgen, für die er Seite um Seite mit nicht endenden Hasstiraden füllt, ist ebenso ermüdend wie abstoßend.

Nur Gleichgesinnte oder hartgesottene Leser können mehr als ein paar Zeilen dieses Elaborats lesen, die er angeblich im Namen der Geschichte, der

Wahrheit, der Wissenschaft, des gesunden Menschenverstandes und aufgrund von Geheimwissen verfasst hat. Aus Felderers Buch erfährt man u. a., dass es eine Idee der Juden selbst gewesen sei, den sechseckigen Stern zu tragen, eine »Tatsache«, die durch den Aufruf einer zionistischen Wochenzeitschrift belegt sei, die den Juden empfahl, den Stern mit Stolz zu tragen. Der Leser soll glauben, dass der Stern so etwas wie ein Zunftabzeichen oder wie die Anstecknadel der Träger der französischen Ehrenlegion war. Weiter erfährt man, dass sich Otto Franks Familie in Frankfurt »im Reichtum gesuhlt« habe, Juden seien bekanntlich nicht damit zufrieden, nur ein Stück von Deutschland zu besitzen, sie wollten das ganze Land haben. Felderer bemüht sich zu zeigen, dass die Fenster des Hinterhauses nicht, wie im Tagebuch beschrieben, mit Papier verhangen sein konnten, dass die Erwachsenen nicht so viel geraucht haben konnten, ohne dass den Lagerarbeitern dies aufgefallen wäre, dass die Untergetauchten nicht so gut verköstigt werden konnten, ohne jemals entdeckt zu werden.

Die Idee der Helfer, im Versteck im Hinterhaus zu übernachten, kommt Felderer so tollkühn vor, dass die Tagebucheinträge, die von diesen Übernachtungen berichten, allein schon beweisen, dass das ganze Buch eine Lüge ist. Schließlich hätte kein vernünftiger Niederländer ein Tagebuch voller antideutscher Beleidigungen in einer Schublade verwahrt, wo es jeder Deutsche entdecken konnte. Und warum hätte Anne ihr Tagebuch in die Aktentasche ihres Vaters legen sollen, wo ihr Vater es finden und ihre schmutzigen Geheimnisse lesen konnte – eine Frage, die unter vielem anderen das Unvermögen Felderers enthüllt, das Taktgefühl zu verstehen, das es gebietet, Geheimnisse, und seien sie von Kindern, zu hüten – wodurch die Untergetauchten auch in ihrer Lage zivilisierte Menschen blieben.

Die historisch-kritischen Ausgaben

Alle diese Angriffe veranlassten das Niederländische Staatliche Institut für Kriegsdokumentation, das Gerichtslaboratorium des Justizministeriums mit einer Untersuchung zu beauftragen. In einem 250-seitigen Bericht sind die Ergebnisse dargestellt, die die Echtheit des Tagebuchs belegen. Für die physischen Bestandteile – Papier, Leim, Tinte, Stoff des Einbands – wiesen die Experten nach, dass alles schon vor 1944 in Gebrauch war. Auch die Fotos und Postkarten, die Anne in das Tagebuch geklebt hatte, wurden untersucht und datiert. Der wichtigste Teil der Untersuchung betraf aber ihre Handschrift.

Ein positiver Effekt der Untersuchung war die Publikation der kritischen Ausgabe der »Tagebücher der Anne Frank« mit den Versionen a, b und c. In diesem umfangreichen Band, der 1986 zuerst auf Niederländisch und zwei Jahre später auf Deutsch erschien, werden die Ergebnisse des Gerichtslaboratoriums ausführlich dargestellt, darunter die Charakteristika der Handschrift im Tagebuch, die Abstände und Ansetzpunkte, die Haltung zur Schreibfläche und die Varianz im Druck auf das Schreibgerät. Die Schlüsse, die daraus zu ziehen sind, führen zu einem eindeutigen Ergebnis. Sowohl die Druckschrift der ersten Seiten als auch die fließende Schreibschrift der späteren Einträge und Korrekturen stammen von ein und demselben Mädchen. Anne Franks Handschrift veränderte sich in einer Weise, wie es für einen Zeitraum von zwei Jahren plausibel ist. Die Korrekturen, die von anderer Hand zu einem späteren Zeitpunkt vorgenommen wurden, sind geringfügig und selten.

Wenn auch die Angriffe auf das Tagebuch der Anne Frank niederträchtig waren, so muss man doch für die Publikation der »Kritischen Ausgabe« – die auch zahlreiche Faksimiles von Seiten aus dem Manuskript enthält und damit die Ergebnisse der Untersuchung veranschaulicht – dankbar sein. Nun sind Leser in der Lage, die drei Fassungen des Tagebuchs zu vergleichen: Annes ursprüngliche Fassung, die von ihr selbst überarbeitete Fassung und das Manuskript, das Otto Frank aus den beiden früheren Fassungen zusammenstellte. Und die Leser können sich einen Begriff machen, wie sich Anne Franks Stil über die zwei Jahre entwickelte und welche Textpartien sie in »Het Achterhuis« aufnehmen wollte.

Die »Kritische Ausgabe« setzt die Leser in den Stand, Annes Arbeit am Text zu verfolgen, die Reifung ihres Charakters und ihres literarischen Stils in den Jahren im Versteck zu erkennen und, vielleicht das Wichtigste, ihre schriftstellerische Begabung zu beurteilen. Diese Begabung zeigt sich auch in Anne Franks verstreuten Texten – Geschichten, Erinnerungen, Aufsätze und sogar ein Romanfragment mit dem Titel »Cadys Leben« –, die zuerst in den 1960er-Jahren in der Sammlung »Geschichten und Ereignisse aus dem Hinterhaus« veröffentlicht wurden. Wenngleich diese Texte den Charme erster Proben eines erwachenden literarischen Talents haben, vereinigt das Tagebuch doch all ihre Energien und ist der überzeugende Ausdruck ihrer literarischen Gestaltungskraft.

Im Jahr 2001 kam das Tagebuch in einer neuen, ausgezeichneten Übersetzung von Mirjam Pressler heraus, die als Version d bezeichnet wird. Diese Ausgabe ist gut ein Viertel umfangreicher als diejenige aus den 1950er-Jahren und umfasst auch Textpartien über Annes Sexualität, über ihren Zorn auf die Mutter und ihre Spekulationen über die Gefühlskälte in der Ehe ihrer Eltern. Man konnte darin die ursprüngliche Gestalt des Tagebuchs, ohne Otto Franks zensierende Eingriffe ins Werk der Tochter, wiedererkennen.

Den Angriffen der Holocaustgegner zum Trotz und ungeachtet der vielen Stimmen, die Otto Frank wegen seiner zensierenden Eingriffe in das Werk seiner Tochter kritisiert haben, bleibt Anne Franks Tagebuch eines der meistgelesenen Bücher. Weltweit ist es in mehreren Millionen Exemplaren verbreitet. Ein weiterer Beweis für den hohen Stellenwert des Buches ist die Aufregung, die sich jedes Mal einstellt, wenn Neues über das Tagebuch oder Anne Franks Leben ans Licht kommt.

Am 10. September 1998 brachte die *New York Times* gleich auf der ersten Seite und unter der Überschrift »Five Precious Pages Renew Wrangling Over Anne Frank« einen längeren Artikel über bisher unbekannte Seiten aus ihrem Tagebuch. Weiter heißt es dort: »Eine lange zurückgehaltene Seite aus Anne Franks Tagebuch enthüllt Probleme mit ihrer Mutter: ›Ich kann nicht mit ihr reden. Ich kann nicht mehr mit Liebe in diese kalten Augen schauen. Ich kann es einfach nicht. Nie mehr!‹« Eine weitere Nachricht schlug 2005 ein, als man im New Yorker YIVO (Institute for Jewish Research) einen Briefwechsel entdeckte, der Otto Franks verzweifelte Versuche bezeugt, in den USA oder Kuba Asyl für sich und seine Familie zu erhalten.

In einer Reihe von Filmen und Theaterstücken haben sich Regisseure Anne Franks Geschichte mit mehr oder weniger Erfolg angenommen. Jon Blair erhielt 1996 für seinen Streifen »Anne Frank Remembered« einen Oscar für den besten Dokumentarfilm. Spielfilme und halbdokumentarische Filme »veranschaulichen« die Geschichte mit Schauspielern, die die Familie Frank und die Nachbarn spielen. Ein Fernsehspiel mit dem Titel »Who Betrayed Anne Frank?« stellt das Ganze sogar als Kriminalgeschichte dar. Im Jahr 2003 kam ein Hip-Hop-Film mit dem Titel *Anne B. Real* heraus, in dessen Mittelpunkt eine weibliche Rapperin steht, die Inspiration in der Geschichte der Anne Frank findet. Die Story dieses Films wurde später sogar zu einem japanischen Zeichentrickfilm umgearbeitet, »Anne No Nikko«.

Im Jahr 1998 brachte die Indie-Band Neutral Milk Hotel das Album »In The Aeroplane Over the Sea« heraus. Einige Songs dieses Albums sind vom Leben und Sterben Anne Franks inspiriert. Zehn Jahre später entstand in Madrid ein Musical nach dem Tagebuch der Anne Frank: »El diario de Ana Frank. Un canto a la vida.« Ein Puppenspiel nach dem Tagebuchstoff soll in

Atlanta Massen angezogen haben. Auch berichtet eine Ausgabe der amerikanischen Fernsehshow *60 Minutes*, dass in Nordkorea Schulkinder dazu aufgefordert worden seien, Anne Franks Tagebuch zu lesen und dabei an George W. Bush als neuer Hitler und an die US-Amerikaner als neue Nazis zu denken, die die Nordkoreaner ausrotten wollten.

Dokumentarische und belletristische Bücher sind nach dem Vorbild von Anne Franks Tagebuch entstanden. In regelmäßigen Abständen entdeckt die Verlagsbranche das Kriegstagebuch eines unglücklichen Jugendlichen und vermarktet es als Anne Frank von Serbien, Polen oder Vietnam oder dem aktuellsten Schauplatz, wo Kinder zu Opfern der Erwachsenen werden. Philip Roths Roman »Der Ghostwriter« aus dem Jahr 1979 enthält eine längere Meditation über Anne Frank und ihr Tagebuch. Anlass dazu ist Nathan Zuckermans Phantasie, dass Anne Frank die schöne Geliebte seines literarischen Idols ist. Sie hat nicht nur die Lager überlebt, sondern ist nach Amerika gekommen, wo sie unter einem anderen Namen lebt und einen Job gefunden hat: sie archiviert Manuskripte für ihren Liebhaber. Roths Verkörperung der Anne Frank, Amy Bellette, taucht 2007 erneut in seinem Roman »Exit Ghost« auf, nun alt und gebrechlich.

Im gleichen Jahr war in Zeitungen zu lesen, dass dem Kastanienbaum vor dem Unterschlupf im Hinterhaus, von Alter und Krankheit morsch geworden, die Fällung drohte. Hitzige Debatten wurden geführt, ob der grüne Bote, der Anne treu den Wandel der Jahreszeiten angezeigt hatte, vielleicht zu retten sei. Im August 2010 brach der Baum dann bei einem Sturm entzwei. Doch Schösslinge der Kastanie sind an weiter entfernten Orten angepflanzt worden, wo sie weiterwachsen, ähnlich wie das Buch aus der Feder des jungen Mädchens, das den Baum vom Versteck auf dem Dachboden betrachtete, wo sie ihr erstaunliches, schönes und unsterbliches Tagebuch schrieb.

Aus dem Englischen übersetzt von Reinhard Tiffert

Teil IV

Anhang

Tagebuch Versionen a und b

Editorische Notiz

Als Version a wird das erste Tagebuch von Anne Frank bezeichnet, das sie ohne Vorentwürfe direkt geschrieben hat. Es besteht aus drei Bänden und einigen losen bzw. eingeklebten Blättern. Tagebuch 1 war ein Geschenk zu ihrem 13. Geburtstag, und es erstreckt sich vom 12. Juni 1942 bis zum 5. Dezember desselben Jahres. In den Jahren 1943 und 1944 hat Anne Frank noch mehrere Ergänzungen hinzugefügt und vorher leergebliebene Seiten beschrieben. Somit verlaufen die Einträge nicht immer in streng chronologischer Reihenfolge. Tagebuch 2 beginnt mit einem Eintrag am 22. Dezember 1943 und endet mit dem 17. April 1944. Man muss davon ausgehen, dass Anne auch in den dazwischenliegenden zwölf Monaten mindestens ein weiteres Tagebuch geführt hat und dies verloren gegangen ist. Das letzte Tagebuch, Tagebuch 3, beginnt am 17. April 1944; der letzte Eintrag wurde am 1. August 1944 verfasst – drei Tage vor der Verhaftung am 4. August.

Nachdem Anne im Radio aus London einen Aufruf des niederländischen Erziehungsministers gehört hatte, zum Beispiel mit Tagebüchern die Leiden des niederländischen Volkes während der deutschen Besatzung zu dokumentieren, arbeitete sie an einer zum Teil umgeschriebenen und korrigierten, an einigen Stellen erweiterten, an anderen gekürzten Version des Tagebuchs, das sie mit Blick auf eine mögliche spätere Veröffentlichung anfertigte und auf Einzelblättern, hauptsächlich Durchschlagpapier, aufschrieb, den sogenannten »losen Blättern«. Diese Fassung ist ebenfalls erhalten und wird heute als Version b bezeichnet. Ihr erster Eintrag datiert vom 20. Juni 1942, der letzte vom 29. März 1944 – die Arbeit daran wurde mit der Verhaftung beendet.

Beide Versionen werden hier fortlaufend und originalgetreu abgedruckt, um dem Leser die Entstehungsgeschichte der verschiedenen Fassungen bis hin zur heute weltweit verbindlichen Version d deutlich zu machen. (Bisher waren die Versionen a und b lediglich in einer parallel gesetzten, schwer lesbaren Form in der »Kritischen Ausgabe« der Tagebücher zugänglich.)

Bei der Abschrift und Übersetzung wurde die Interpunktion des Originals, soweit möglich, auch in der Übersetzung übernommen; Satzstellungen wurden so weit wie möglich beibehalten; Abweichungen davon wurden nicht gekennzeichnet. Auch unvollständige Sätze wurden in der Regel nicht ergänzt. (Die jeweilige Originalfassung ist in der Kritischen Ausgabe der Tagebücher von Anne Frank in den Anmerkungen dokumentiert.) Im Deutschen unübliche Abkürzungen wurden nicht übernommen; so wurde bei den von Anne Frank häufig verwendeten, teilweise auch unrichtigen Abkürzungen für mijnheer *und* mevrouw *(Herr bzw. Frau), das im Niederländischen ohne Familiennamen benutzt werden kann, in der Übersetzung der entsprechende Name in eckigen Klammern hinzugefügt. Im Original auftauchende deutsche Wörter und Sätze wurden unkorrigiert übernommen und sind kursiv gesetzt. In die vorliegende Ausgabe wurden sämtliche eingeklebten Blätter und nachträglich eingefügten Notizen aufgenommen, die nicht alle Eingang in die Kritische Ausgabe der Tagebücher von Anne Frank gefunden haben.*

Tagebuch Version a

Tagebuch 1: 12. Juni 1942 bis 5. Dezember 1942

Ein goldiges Foto gell!!!!

Ich werde hoffe ich dir alles anvertrauen können, wie ich es noch an niemand gekonnt habe, und ich hoffe daß du eine große Stütze für mich sein wirst.

Anne Frank. 12. Juni 1942.

Ich habe bis jetzt eine große Stütze an dir gehabt, und auch an unserem lieben Club dem ich jetzt regelmäßig schreibe, diese Art in mein Tagebuch zu schreiben finde ich viel schöner und jetzt kann ich die Stunde fast nicht abwarten wenn ich Zeit habe um in dich zu schreiben

28. Sept. 1942.
Anne Frank

Ich bin, O, so froh daß ich dich mitgenommen habe.

Hier müssen die 7 oder 12 Schönheiten (nicht meine!) hinkommen, dann kann ich ausfüllen was ich nicht, und was ich doch besitze.

28. Sept. 1942. (selbstgemacht.)

1. blaue Augen, schwarze Haare. (nein.)
2. Grübchen in den Wangen (ja.)
3. Grübchen im Kinn (ja.)
4. Dreieck auf der Stirn (nein.)
5. weiße Haut (ja.)
6. gerade Zähne (nein.)
7. kleiner Mund (nein.)
8. gebogene Wimpern (nein.)
9. gerade Nase (ja.) {bis jetzt schon.}
10. hübsche Kleidung (manchmal.) {viel zu wenig nach meinem Geschmack.}
11. schöne Nägel (manchmal.)
12. intelligent (manchmal.)

Sonntag 14. Juni 1942.

Diese Seiten die hierauf folgen, werden glaube ich alle vom selben (Seiten) Datum sein, denn ich muß dich noch über alles unterrichten.

Ich werde anfangen mit dem Augenblick daß ich dich bekommen habe, also daß ich dich auf meinem Geburtstagstisch habe liegen sehen, (denn das Kaufen, wo ich auch dabei gewesen bin zählt nicht mit.)

Am Freitag dem 12. Juni war ich schon um sechs Uhr wach, und das ist sehr begreiflich da ich da Geburtstag hatte.

Aber um sechs Uhr durfte ich noch nicht aufstehen, also mußte ich meine Neugier noch bezwingen bis Viertel vor sieben. Dann ging es nicht länger, ich ging ins Eßzimmer, wo ich von Moortje (der Katze) mit Purzelbäumen begrüßt wurde.
Die Zwischentüren machte ich natürlich zu. Um kurz nach sieben ging ich zu Papa und Mama und dann ins Wohnzimmer, um meine Geschenke auszupacken, an erster Stelle warst du es die ich zu sehen bekam, und was wahrscheinlich eines von meinen schönsten Geschenken ist. Dann ein Strauß Rosen, zwei Zweige Pfingstrosen, eine Pflanze, das waren an diesem Morgen floras Kinder, die auf meinem Tisch standen, aber es kamen noch viel mehr.
Von Papa und Mama habe ich eine blaue Bluse, variété, das ist ein ganz modernes Gesellschaftsspiel für Ältere, so etwas wie Monopoli, eine Flasche Traubensaft, der nach meiner Ansicht ein bißchen nach Wein schmeckt, und jetzt angefangen hat zu gären und ich ihn nicht mehr trinken kann und schließlich kann ich schon recht haben, denn Wein wird doch aus Trauben gemacht; dann ein Puzzle; eine Flasche Peek-Aroma »mit Stöpsel« (das habe ich später bekommen, wohlverstanden »den Stöpsel«; eine Dose Creme; einen Schein von 2½ Gulden; einen Gutschein für 2 Bücher; ein Buch von Katze, die Camera Obscura, aber das hat Margot schon, darum habe ich es getauscht; eine Schale selbstgebackene Plätzchen (von mir selbst natürlich, denn im Plätzchen backen, bin ich zur Zeit stark); eine Schale Stroopballetjes aber sie kleben fürchterlich; eine Schale mit »Trüffeln,« von Paps; ein Schälchen mit Marias; ein Brief von Omi, genau pünktlich, aber das ist natürlich Zufall; und eine selbstgebackene Erdbeertorte von Mutter
Dann kam Hanneli mich abholen und wir gingen zur Schule. In der Pause bewirtete ich Lehrer und Schüler mit Butterkeksen; und dann wieder an die Arbeit.
Als ich um fünf Uhr nach Hause kam, denn ich war mit zum Turnen gegangen, (obwohl ich nie mitmachen darf weil ich mir Arme und Beine ausrenke) und habe für meine Klassenkameraden Volleyball als mein Geburtstagsspiel ausgewählt. Später tanzten sie alle im Kreis um mich herum und sangen »lang soll sie leben«. Heimgekommen war Sanne Ledermann schon da, und Ilse Wagner, Hanneli Goslar und Jacqueline van Maarsen habe ich mitgebracht vom Turnen, denn die sind bei mir in der Klasse. Hanneli und Sanne waren früher meine beiden besten Freundinnen, und wer uns zusammen sah sie immer da laufen Anne, Hanne und Sanne. Jacqueline van Maarsen habe ich erst auf dem jüdischen Lyzeum kennengelernt und sie ist nun meine beste Freundin. Ilse ist die beste Freundin von Hanneli, und Sanne ist in einer anderen Schule, und hat dort ihre Freundinnen. Wir zu fünft bilden einen Club genannt »der kleine Bär, minus 2« abgekürzt d.k.B-2.
Das kommt weil wir dachten daß der kleine Bär Sterne hätte, aber da haben wir uns geirrt, denn er hat genau wie der große Bär, sieben Sterne; minus 2 hat die Bedeutung daß Sanne Leiterin und Jacque Sekretärin ist und daß wir (Ilse Hanneli und ich) also noch übrigbleiben als der Club. Es ist ein Ping-Pongclub. Von dem habe ich jetzt ein großartiges Buch bekommen nämlich Nederlandse Sagen en Legenden von Joseph Cohen, aber sie haben mir aus Versehen den zweiten Band gegeben, und deshalb habe ich die Camera Obscura gegen die Nederlandse Sagen en Legenden Band 1 eingetauscht, einschließlich einem Buch von Mama, denn es ist sehr teuer.
Von Hello habe ich 6 schöne Nelken bekommen. Hello ist ein Großneffe oder Cousin um zwei Ecken von Wilma de Jonge, und Wilma de Jonge ist ein Mädchen aus der Straßenbahn die erst sehr nett [zu sein] schien und es auch ist, aber sie spricht den ganzen Tag über nichts anderes als über Jungen und das wird langweilig.
Dieser Hello hat ein Mädchen Ursula abgekürzt Ursul.
Aber ich bin seine Freundin komisch gell!
Jeder denkt daß ich verliebt in Hello bin, aber das ist bestimmt nicht wahr. Tante Helene hat noch ein Puzzle mitgebracht; Tante Stephanie eine reizende Brosche; Tante Leny ein tolles Buch

nämlich Daisy's bergvacantie, und ein Armband mit einem Küßchen von Anneke; Herr Wronker eine Schachtel Droste und ein Spiel; Frau Ledermann eine Rolle Drops; Frau Pfeffer eine Rolle Drops; Herr van Maarsen einen Strauß Wicken; Peter van Pels eine Tafel Milch Schokolade, Frau Pfeffer und Herr Wronker auch Blumen und so bin ich richtig verwöhnt worden. Heute nachmittag bekomme ich noch etwas von den Kindern aus der Klasse.
Gestern Abend hatten wir [einen] Film »De vuurtorenwachter« mit Rin-tin-tin, den bekommen wir heute nachmittag wieder, toll!!!!!
Nun bekomme ich noch Mythen von Griechenland und Rom von meinem eigenen Geld. Noch ein Buch von Herrn Kohnke und bei Blankevoort eine Schachtel zu Variété als Reserve. Nun muss ich aufhören das nächste Mal habe ich wieder so viel in dich zu schreiben, das heißt dir zu erzählen tschüs, ich finde dich so toll.
Das Buch Daisy's bergvacantie ist wirklich sehr schön; es hat mich tief gerührt von dem Mädchen das so viel Reichtum hatte und doch so gut war und am Ende starb, aber dieses Ende mußte kommen und es ist gerade so schön.
Heute morgen im Bad dachte ich darüber nach wie herrlich es wäre, wenn ich so einen Hund wie Rin-tin-tin hätte. Ich würde ihn dann auch Rin-tin-tin nennen und er würde immer in der Schule beim Pedell oder bei schönem Wetter im Fahrradunterstand sein. Mein unterirdisches Palais, wie ich es im stillen nenne habe ich fertig gezeichnet wie es ungefähr aussehen soll. Ich hoffe daß dieser Wunsch von mir noch einmal in Erfüllung gehen wird, aber dann müßte ein Wunder passieren, denn so einfach geht das nicht daß immer Essen und Geld und solche Sachen herbeigeschafft werden und daß es fahren kann sogar nach Amerika und daß man einfach im Boden verschwinden kann und dann darin ist, es ist <u>zu</u> schön um wahr zu sein. Mutter will noch immer wissen wen ich später heiraten möchte, aber ich denke daß sie nie rät daß es Peter ist, weil ich es ihnen ohne mit der Wimper zu zucken ausrede. Ich habe Peter so gern wie ich noch nie jemanden gern gehabt habe, und ich rede mir immer ein, daß Peter nur um seine Gefühle zu verbergen mit all diesen Mädchen geht; er denkt vielleicht von Hello und mir auch, daß wir verliebt ineinander sind und das ist überhaupt nicht wahr, denn das ist nur ein Freund oder wie Mutter es ausdrückt ein Kavalier von mir.

Montag 15. Juni 1942

Sonntagnachmittag hatte ich meine Feier, Rin-tin-tin gefiel meinen Klassenkameraden sehr gut von Miep habe ich eine Brosche bekommen, von Leny auch eine Brosche; von Nannie Blitz ein Lesezeichen; von Danka, Nanny van Praag und Eefje, ein Buch mit dem Titel »goeden morgen melkboer«; von Henny und Betty auch ein Buch »Lydia's moeilijkheden«. Ich werde nun erst mal einiges von der Klasse und Schule erzählen und deshalb mit den Schülern anfangen. Die Schüler der Klasse ILII.
1.) Betty Bloemendaal, sieht ein bißchen ärmlich aus, aber sie ist es glaube ich auch, sie wohnt in der Jan Klasenstraat in [Amsterdam-]West und niemand von uns weiß wo das ist. Sie ist in der Schule sehr gescheit, aber das kommt weil sie so fleißig ist, denn nun läßt die Gescheitheit schon was zu wünschen übrig.
Sie ist ein ziemlich ruhiges Mädchen.
2.) Jacqueline van Maarsen, zählt als meine beste Freundin, aber eine wirkliche Freundin habe ich noch nie gehabt, von Jacque dachte ich erst schon daß sie es werden würde, aber das ist ziemlich schiefgegangen. Sie hat immer Geheimnisse und geht zu anderen Mädchen wie zu Danka Zajde.
3.) Lenij Duijzend, ist ein sehr nervöses Mädchen, die immer etwas vergißt und Strafarbeit um Strafarbeit bekommt. Sie ist sehr gutmütig vor allem Miep Lobatto gegenüber.

4.) Nannie Blitz ist ein Mädchen, die so entsetzlich schwätzt daß es nicht mehr schön ist. Wenn sie einen etwas fragt dann faßt sie einem immer mit den Fingern an den Haaren oder an Knöpfen an.
Man sagt daß Nannie mich nicht ausstehen kann, aber das finde ich überhaupt nicht schlimm, da ich sie auch nicht sympathisch finde.
5.) Henny Metz, ist ein fröhliches und hübsches Mädchen, nur spricht sie sehr laut, und sie ist wenn sie auf der Straße spielt sehr kindisch. Es ist sehr schade daß Henny eine Freundin mit Namen Beppy hat, die einen sehr verderblichen Eindruck auf sie hat, weil dieses Mädchen schrecklich schmutzig und schweinisch ist.
6.) Danka Zajde, darüber können ganze Kapitel geschrieben werden. Danka ist ein angeberisches, tuscheliges, ekliges, erwachsentuendes, hinterhältiges, heuchlerisches Mädchen. Sie hat Jacque sehr eingewickelt und das ist sehr schade.
Danka weint beim kleinsten bißchen, ist sehr wehleidig und vor allem schrecklich zimperlich. Immer muß Fräulein Danka recht haben. Sie ist sehr reich und hat einen ganzen Schrank voll mit goldigen Kleidern, in denen sie aber viel zu alt aussieht. Das Mädchen bildet sich ein daß sie sehr schön ist, aber es ist gerade das Gegenteil. Sie hat ein fröhliches aber freches (gustpisches) Gesicht. Danka und ich können einander überhaupt nicht ausstehen.
7.) Ilse Wagner ist ein fröhliches und nettes Mädchen, aber sie ist sehr genau und kann stundenlang weiterjammern wenn sie z. B. nasse Füße hat, will sie gern zu mir und dann will sie nach Hause. Statt daß sie nun nach Hause geht und trockenen Strümpfe anzieht, geht sie mit mir aber jammert weiter. Ilse mag mich ziemlich gern, sie ist auch sehr gescheit aber faul.
8.) Hanneli Goslar ist ein bißchen eigenartiges Mädchen, sie ist meistens schüchtern und zu Hause sehr frech, aber bei anderen eben bescheiden. Sie tratscht alles was man ihr erzählt an ihre Mutter weiter.
Aber sie hat eine offene Meinung und vor allem in der letzten Zeit schätze ich sie sehr. fortsetzung nächstes Mal.

Dienstag 16. Juni 1942.

Hanneli oder Lies wie sie in der Schule genannt wird, benimmt sich wieder mal blöd gegen Ilse und Jacque, ich weiß eigentlich nicht, was ich von ihr halten soll.
9.) Nannie v. Praag-Sigaar, ist ein witziges kleines, gescheites Mädchen, ich finde sie sehr nett. Sie ist ziemlich klug, viel ist über Nannie van Praag-Sigaar nicht zu sagen.
10.) Eefje de Jong, finde ich ein großartiges Mädchen. Sie ist erst zwölf Jahre, aber ist ganz und gar eine Dame. Sie tut gerade als ob ich ein Baby sei. Eefje ist auch sehr hilfsbereit, und ich mag sie denn auch gerne.
11.) Miep Lobatto ist wohl das schönste Mädchen aus unserer Klasse sie hat ein liebes Gesicht, aber ist in der Schule ziemlich dumm, so daß ich denke, daß sie sitzenbleibt, aber das erzähle ich ihr natürlich nicht. Miep ist zu meiner großen Verwunderung doch nicht sitzengeblieben.
12.) Und zum Schluß von unseren 12 Mädchen sitze ich, neben Miep Lobatto.
Über die Jungen ist viel, aber auch wenig zu sagen. Maurice Coster ist einer von meinen vielen Verehrern, aber er ist ein ziemlich unangenehmer Junge. Sally Springer ist ein schrecklich schweinischer Junge, und das Gerücht geht über ihn herum, daß er gepaart hat. Trotzdem halte ich ihn für einen tollen Jungen, denn er ist sehr witzig. Emiel Bonewit ist der Verehrer von Miep Lobatto aber Miep macht sich nicht viel daraus. Er ist ziemlich langweilig.
Rob Cohen war auch verliebt in mich, aber jetzt kann ich ihn nicht mehr ausstehen es ist ein heuchlerischer, verlogener, weinerlicher, verrückter, unangenehmer Junge, der sich schrecklich viel einbildet.

Max van de Velde ist ein Bauernjunge aus Medemblik, aber ganz annehmbar würde Margot sagen.
Herman Koopman ist auch arg schweinisch genau wie Jopie de Beer, der ein arger Flirter und Schürzenjäger ist. Leo Blom ist der Busenfreund von Jopie de Beer aber wird vom Schweinischsein auch angesteckt.
Albert de Mesquita ist ein Junge der von der 6. Montessorischule kommt und eine Klasse übersprungen hat, er ist sehr klug.
Leo Slager, kommt aus derselben Schule aber nicht so klug.
Ru Stoppelmon ist ein kleiner, verrückter Junge aus Almelo, der erst später in die Schule gekommen ist.
Pim Pimertel tut alles was nicht erlaubt ist ?????????????????????????? Deutsch meinte ich damals aber wollte das nicht schreiben, falls mal jemand das Buch finden würde. 1943 Hinterhaus
Jacques Kocernoot sitzt hinter uns mit Pim und wir lachen uns krank (Miep und ich).
Harry Schaap, ist noch der anständigste Junge aus unserer Klasse, er ist nett.
Werner Joseph (dito, dito) aber während der ganzen Zeit still und wirkt dadurch langweilig.
Sam Salomon ist genau so ein Rabauke aus der Gosse, ein Mistjunge (Verehrer!)
Appie Riem ist ziemlich orthodox aber auch ein Dreckskerl.
idiotisch Meine Geschichte. so etwas vergißt man nicht
Ich bin geboren am 12. Juni 1929 in Frankfurt a / M. Bis zu meinem 4. Jahr wohnte ich in Frankfurt, dann ist mein Vater Otto, Heinrich Frank nach Holland um eine Stellung zu suchen das war im Juni. Er fand etwas, und seine Frau Edith Frank-Holländer ging im September auch nach Holland. Margot und ich gingen nach Aachen, wo unsere Großmutter Rosa Holländer-Stern wohnte, Margot ist im Dezember nach Holland, und ich im Februar wo ich als Geburtstagsgeschenk bei Margot auf den Tisch gesetzt wurde.
Ich ging schon bald in den Kindergarten der Montessorischule der 6. Dort blieb ich bis zu meinem 6. Jahr, dann ging ich in die erste Klasse. Ich kam in die 1B zu Herrn v. Gelder, ich bin da geblieben bis einschließlich der 4. Klasse, dann ging Herr van Gelder weg und kam Fräulein Gadron an seiner Stelle, nach einem Jahr in der 5. bei Fräulein Gadron, landete ich in der 6C bei Frau Kuperus der Direktorin, wir nahmen einen herzergreifenden Abschied am Ende des Schuljahres und weinten alle zwei. Aber nach den Ferien kam ich wieder zu Frau Kuperus zurück, ich sollte noch ein 7. Jahr bei ihr bleiben, aber das war nicht nötig denn ich wurde am jüdischen Lyzeum angenommen wo Margot auch hinging. Meine Zeugnisse gefielen jedem, aber vielleicht sind sie doch nicht gut genug für einen Übertritt. Im Sommer 1941 wurde Oma Hollaender sehr krank, (sie war damals schon bei uns) sie mußte operiert werden, und aus meinem Geburtstag wurde nicht viel. Im Sommer 1940 auch nicht, denn damals war der Krieg gerade vorbei in den Niederlanden.
In diesem Winter 1941–1942 ist Oma gestorben. Und niemand weiß wieviel ich an sie denke und sie noch immer liebhabe.
Dieser Geburtstag 1942 ist dann auch gefeiert worden um alles nachzuholen und Omas Lichtchen stand daneben.

Freitag 19. Juni 1942.

Heute morgen war ich zu Hause, ich habe sehr sehr lange geschlafen, dann kam Hanneli und wir haben noch ein bißchen gequatscht. Jacque ist jetzt auf einmal sehr zufrieden mit Ilse und stellt sich kindisch und albern gegen mich an, sie enttäuscht mich je länger um so mehr.

Anne

Dieses ist Juni 1939.
Das ist das einzige Foto von Oma Holländer, an sie denke ich noch so oft und ich wünschte sie würde noch den häuslichen Frieden bewahren. Margot und ich kamen damals gerade aus dem Wasser und ich weiß noch ich habe sehr gefroren, darum habe ich meinen Bademantel umgehängt, Oma sitzt solieb und friedlich dahinter. So wie sie so oft dagesessen hat.

Anne Frank.

28. Sept. 1942.

Das ist in 1940, noch einmal Margot und ich. Ich tröste mich mit dem Gedanken daß Margot auf obenstehendem Foto von 1939 auch noch nicht sehr entwickelt war. Sie war damals genau wie ich jetzt 13 Jahre alt und sogar schon älter. Sie braucht deshalb nicht in diesem Fall so auf mich herunterzuschauen.

Anne Frank.

28. Sept. 1942.
Ich fange mit dem Foto von Margot an und höre mit meinem eigenen auf. Das ist auch im Januar 1942. Dieses Foto ist scheußlich, und ich bin mir absolut nicht ähnlich.

Omi ist in der Schweiz sie ist eine sehr liebe und kluge Frau, die mit all ihren Bekannten Freunden und Familienmitgliedern gut auskommt und auch alles dafür übrig hat. Sie wohnt jetzt bei der Schwester von Papi, Tante Leni und Stephan und Bernd. Omi ist auch immer nett zu mir gewesen. Sie ist jetzt im Jahre 1942 76 Jahre [alt] und wir hoffen daß wir sie nach dem Krieg gesund wiedersehen.
AnneFrank.

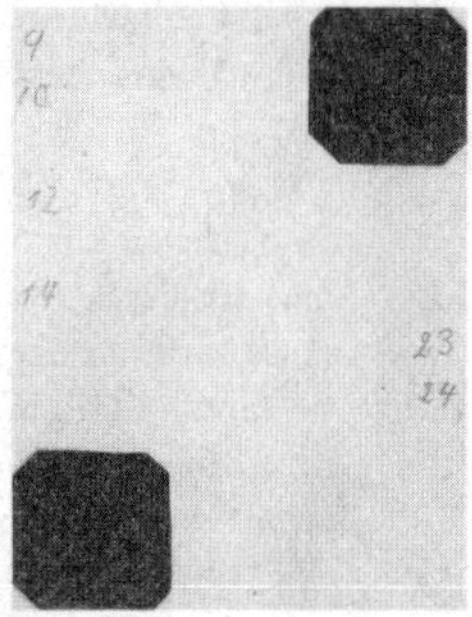

[Am] 11. Mai 1939 habe ich diesen goldigen Brief von Papi bekommen, er soll mir eine Stütze für mein Leben sein, wenigstens wenn ich ihn nicht wie Margot irgendwo liegen lasse, wie Margot ihn jetzt zu Hause hat.
AnneFrank. 28. Sept. 1942.

12. V. 39
Mein liebes Annelein,
Die Omi nannte Dich schon als Du noch ganz klein warst:
»Frauenzimmerchen«. Das bist Du auch geblieben, Du kleine Schmeichelkatze.
Du weißt ja, wir haben oft Geheimnisse miteinander. Ja manchmal passiert etwas, was wir dann miteinander besprechen müssen. Ja einfach wie mit Deinem Schwesterchen geht es nicht immer, wenn auch im allgemeinen Dein lustiger Sinn, Dein liebenswürdiges Wesen Dich spielerisch über vieles hinwegtänzeln lassen. Oft habe ich Dir gesagt, dass Du Dich selbst erziehen musst, wir haben das »control« miteinander ausgemacht und Du gibst Dir selbst viel Mühe, das »aber« zu schlucken. Dabei verwöhnst Du Dich doch gern und lässt Dich noch lieber verwöhnen.
Das ist alles nicht schlimm, wenn Du in Deinem Herzchen so lieb bleibst wie bisher. Ich habe Dir ja schon erzählt, dass ich als Kind auch oft unüberlegt drauf los ging und manche Dummheit gemacht habe. Dann ist die Hauptsache, dass man ein wenig nachdenkt und auf den richtigen Weg zurückfindet.
Eigensinnig bist Du ja nicht und dadurch ist nach ein wenig Weinen rasch das Lachen wieder da.
»Vergnügt was dran ist« – sagt Mutti.
Möge Dir dies lustige Lachen bewahrt bleiben, mit dem Du Dir, uns und anderen das Leben verschönst.

Dein
Pim

AnneFrank. 28. Sept. 1942.
Diesen Brief habe ich 1939 von Papi bekommen, und ich halte ihn für sehr schön, das ist er auch, aber Papi ist lange nicht immer so. Das dachte ich zuerst aber das Gegenteil ist bewiesen
Jacque dachte wenigstens daß es die Liebeserklärung von irgendeinem Jungen wäre, und ich habe es ihr nicht ausgeredet. Liebeserklärungen habe ich niemals schriftlich bekommen, aber was nicht ist kann noch werden, sagt das Sprichwort, aber mündlich habe ich welche bekommen, und sogar oft.
28. Sept. 1942. Nun ist Papi schon immer so lieb, er versteht mich so vollkommen, und ich würde gern mal vertraulich mit ihm reden wollen, ohne daß ich sofort in Tränen ausbreche, aber das

scheint an meinem Alter zu liegen. Ich würde gern immerfort schreiben, aber es wird viel zu langweilig AnneFrank.

Das ist der einzige Brief, den ich von Jacqueline van Maarsen habe, ich habe sie oft genug um ein Foto gebeten, aber sie wollte mal schauen, jetzt am 28. Sept. 1942 ist es zu spät, das wird derjenige der dies liest wohl merken, denn nun verstecken wir uns schon längst. Anne Frank.
{Dies ist das einzige schriftliche Zeichen von Jacques Freundschaft, außer meinem blöden Poesie-Album. Sie ist im Augenblick wieder sehr nett, und ich hoffe daß es so bleibt.} Die Dinge die ich davor alle aufgeschrieben habe habe ich nun zum Teil ganz anders betrachtet aber ich kann keine S. aus meinem Tagebuch reißen und ich hoffe daß man mir später nicht vorwirft was für eine häßliche Handschrift ich damals hatte, denn das stimmte nicht. Es lag nur daran daß ich keine Lust hatte, und es so unbequem fand, in mein Tagebuch zu schreiben.
Ich will mich hiermit nur kurz entschuldigen und die Sache erklären.

28. Sept. 1942.
Anne Frank.

—
Wenn ich oft zu geschriebenen Stücken, etwas dazugeschrieben habe, oder dazuschreiben werde, ist dies nur zur Verbesserung oder um die Dinge von meinem neuen Standpunkt aus zu betrachten.

28. Sept. 1942.
Anne Frank.

Das ist die schriftliche Anzeige von Ruthje Cauverns Geburt.

Dienstag 30. Juni 1942.

Ich muß noch berichten, von der ganzen Woche.
x Freitag 26. Juni, waren nachmittags Jacque und Miep bei mir, es war sehr nett und wir haben Plätzchen gebacken.
x Samstag 27. Juni war ich morgens in der Synagoge und nachmittags sollte ich um halb vier bei Hello Silberberg sein; da war noch ein Junge Fredie Weiß genannt und es war ziemlich gemütlich. Wir sind zur Oase gegangen und haben dort ein Eis zu 12 Cent bekommen, danach kam Wilma, und sie wollten uns noch ein Eis spendieren, aber Wilma und ich wollten nicht, sie haben uns doch jeder noch eins zu 12 gegeben, aber wir haben es nicht angenommen, so hatten Fredie und Hello noch zwei Eis zu 12 Cent.
x Sonntag 28. Juni, wollten Jacque und ich nachmittags zum Film zu Alfred Bloch gehen, aber es ist nicht gegangen da Hanneli und Sanne hingingen.
Jacque hat am Samstagabend bei mir geschlafen.
x Montag 29. Juni, war ein ziemlich ruhiger Tag.
Morgens bin ich wie üblich zu Hanneli gegangen und wir haben zusammen eingekauft; mittags war Jacque bei Hanneli und ich habe mich totgelangweilt.
Hello sollte abends zu mir kommen, aber gegen sechs rief er an, ich ging ans Telefon, da sagte er:
»Hier ist Helmuth Silberberg kann ich bitte Anne sprechen«.
»Ja, Hello, hier ist Anne«
»Tag Anne, wie geht's dir?«
»Gut, danke schön«

»Ich wollte dir zu meinem Bedauern sagen, daß ich heute abend nicht zu dir kommen kann, aber ich würde dich gern noch kurz sprechen, ist es in Ordnung, daß ich in zehn Minuten vor deiner Tür bin?«
»Ja, in Ordnung, tschüs!!!!«
»tschüs, ich komme sofort«
Hörer aufgelegt, ich habe mich rasch umgezogen, und habe meine Haare noch ein bißchen zurechtgemacht. Dann hängte ich mich nervös aus dem Fenster. Endlich kam er an. Wunder über Wunder, bin ich nicht sofort die Treppe hinuntergesaust, sondern habe ruhig abgewartet bis er geschellt hat. Ich ging nach unten, und er fiel sofort mit der Tür ins Haus.
»Hör mal Anne, meine Großmutter findet dich noch zu jung, um regelmäßig mit dir Umgang zu haben und sie sagt daß ich zu Löwenbachs gehen soll, aber du weißt vielleicht, daß ich nicht mehr mit Ursul Umgang habe!«
»Nein, wieso, habt ihr Streit gehabt?«
»Nein, im Gegenteil ich habe Ursul gesagt daß wir doch nicht so gut miteinander auskamen und deshalb nicht mehr zusammen gehen sollten, aber daß Ursul bei uns noch sehr willkommen wäre, und daß ich hoffte daß ich das auch bei ihr wäre. Ich dachte nämlich daß Ursul mit einem anderen Jungen ginge und habe sie auch danach behandelt. Aber das war überhaupt nicht wahr, und nun sagte mein Onkel daß ich Ursul um Entschuldigung bitten müßte, aber das wollte ich natürlich nicht und darum habe ich Schluß gemacht, aber das war nur einer von den vielen Gründen.
Meine Großmutter will nun daß ich zu Ursul gehe, und nicht zu dir, aber der Meinung bin ich nicht und habe es auch nicht vor, alte Leute haben manchmal sehr altmodische Vorstellungen, aber danach kann ich mich nicht richten. Ich habe meine Großeltern zwar nötig aber in einem gewissen Sinn haben sie mich doch auch nötig. Nun habe ich Mittwochs abends immer frei, weil ich für meine Großeltern zum Schnitzunterricht gehe, aber ich gehe zu einem Club der Zionistischen Partei, das darf ich nicht weil meine Großeltern sehr gegen den Zionismus sind, ich bin auch nicht fanatisch dafür, aber ich habe trotzdem was dafür übrig, und ich interessiere mich dafür.
Aber in der letzten Zeit ist dort so ein Durcheinander daß ich vorhabe auszutreten, und deshalb ist Mittwochabend der letzte Abend daß ich hingehe. Dann kann ich also Mittwochabend, Samstagsabend, Samstagsnachmittag, Sonntagsnachmittag und so weiter«.
»Aber wenn deine Großeltern das nun nicht wollen, dann sollst du es doch nicht hinter ihrem Rücken tun.«
»Liebe läßt sich nun mal nicht zwingen.«
Dann kamen wir an der Buchhandlung Blankevoort vorbei, und da stand Peter Schiff mit noch zwei Jungen; es war das erstemal seit langer Zeit daß er mich wieder grüßte und ich freute mich wirklich sehr darüber. Hello und ich gingen inzwischen immer nur um den Block und jetzt liefen wir hinter Papi und Mami, das war auch zufällig, denn die kamen zu dieser seltsamen Uhrzeit von Katzens.
Ich stand dann vor dem Haus und redete noch ein bißchen mit Hello da kommen Sulmans an mit Jantje, der natürlich wieder dabei, und das Ende vom Lied war daß ich Donnerstagabend um fünf Minuten nach acht, auf Hellos Schwelle stehen soll.
Montagabend traf ich noch Herrn van Pels, der Jacque, Lies, Ilse und mir noch ein Eis spendierte, dann trafen wir in der Oase auch noch Herrn Bernhardt, der mir auch noch ein Eis spendiert hat.
So hat Wilma mir noch erzählt, daß Hello an einem Abend bei ihr war, und daß sie ihn fragte, wen findest du nun netter Ursul oder Anne, da sagte er; »das geht dich nichts an«. Aber als er zur Tür hinausging (sie hatten den ganzen Abend nicht mehr miteinander geredet) sagte er: nun,

Anne, tschüs, und niemandem erzählen.« Schwupp war er zur Tür draußen. Man kann an allem merken daß Hello in mich verliebt ist, und das finde ich zur Abwechslung ganz schön. Margot würde sagen Hello ist ein sehr annehmbarer Junge, und das finde ich auch und sogar mehr als das. Mutter lobt ihn auch über die Maßen, ein hübscher Junge, (vom Aussehen) und ein höflicher Junge und ein netter Junge; ich bin froh daß Hello allen Hausgenossen so gut gefällt, außer meinen Freundinnen, die er sehr kindlich findet, und damit hat er recht, außer Ilse die ich außer kindlich, auch nicht mehr sehr nett finde!!!! Anne Frank.

Mittwoch 8. Juli 1942.

Ich muß jetzt noch eine ganze Menge in mein Tagebuch schreiben, Sonntag war Hello bei mir, Samstag waren wir mit Fredie Weiss aus, natürlich u. a. auch in der Oase. Sonntagmorgen lagen Hello und ich in der Sonne auf unserem Balkon, Sonntagnachmittag sollte er zurückkommen, aber um ungefähr 3 Uhr kam ein Polizist zu Mutter der rief unten in der Tür, Frl. Margot Frank, Mutter ging hinunter und erhielt von dem Agent eine Karte, auf der stand daß Margot Frank sich bei der S. S. melden müßte.

Mutter war ganz durcheinander und ging sofort zu Herrn van Pels er kam sofort mit zu uns und mir wurde erzählt daß Papa aufgerufen war. Die Tür wurde abgeschlossen und niemand durfte mehr in unsere Wohnung. Papa und Mama hatten schon längst Maßnahmen ergriffen, und Mutter versicherte mir daß Margot nicht gehen würde und daß wir am nächsten Tag alle weggehen würden. Ich fing natürlich sehr an zu weinen und es war eine entsetzliche Hektik bei uns in der Wohnung. Papa und Mama hatten schon lange eine Menge Sachen aus der Wohnung gebracht, aber wenn es darauf ankommt, vermißt man noch so viel.

Miep Gies und ihr Mann Jan kamen bis abends 11 Uhr um noch Sachen abzuholen. Wir gingen am folgenden Tag schon um Viertel vor acht aus dem Haus ich hatte eine (kombineschen) an dann zwei Hemden und zwei Hosen dann ein Kleid und einen Rock dann eine wollene Strickjacke und einen Mantel, es goß also tat ich ein Kopftuch an, und Mama und ich nahmen jede eine Schultasche unter den Arm. Margot fuhr auch mit einer Schultasche auf dem Fahrrad, und wir mußten zu Fuß gehen zum Büro.

Papi und Mamie erzählten mir nun eine Menge. Wir sollten zu Papis Büro gehen und dort oben war eine Etage für uns freigemacht. Van Pels würden auch kommen, dann waren wir also zu siebt, die Katze von van Pels sollte auch mitkommen, dann hatten wir ein bißchen Abwechslung.

Wir kamen gut im Büro an und gingen sofort weiter nach oben dort waren zuerst das W. C. und dann ein kleines Badezimmer mit einem neuen Waschbecken, daran grenzte ein kleines Zimmer mit zwei Bettcouchs, das war das Zimmer von Margot und mir. Dort waren drei Wandschränke, daran grenzte wieder ein Zimmer, das von Papa und Mama, dort standen wieder zwei Bettcouchs und zwei kleine Tische mit einem Rauchtischchen, und ein Bücherregal und auch ein Wandschrank, darin standen 150 Dosen Gemüse und allerlei andere Vorräte, dann kamen wir auf einen kleinen Flur und da waren wieder zwei Türen, eine führte zum Flur und da kam man nach unten und zu Papas Büro. Und eine führte wieder zu unserem Badezimmer, dann führte eine sehr steile Treppe nach oben und dort ist eine große Wohnküche von, van Pels mit einem kleinen Zimmer von Peter und dann kam ein Dachboden mit einem Oberboden.

Es ist hier überhaupt nicht so schlimm, denn wir können hier selbst kochen und unten in Papis Büro das Radio hören.

Ich kann jetzt ganz offen alle Namen und alles in mein Tagebuch schreiben. Herr Kleiman und Miep und auch Bep Voskuyl haben uns so geholfen, wir haben schon Rhabarber, Erdbeeren und Kirschen gehabt, und ich glaube nicht, daß wir uns hier vorläufig langweilen werden.

Herr van Pels erzählt das Gerücht daß Papa befreundet ist mit einem Kapitän der Armee und der hat ihm geholfen nach Belgien zu kommen, dieses Gerücht weiß nun jeder und wir amüsieren uns damit. Zu lesen haben wir auch und wir kaufen noch einen Haufen Spiele.
Aus dem Fenster schauen oder hinausgehen dürfen wir natürlich nie. Auch müssen wir leise sein, denn unten dürfen sie uns nicht hören.
Jetzt höre ich auf denn ich habe noch viel zu tun.

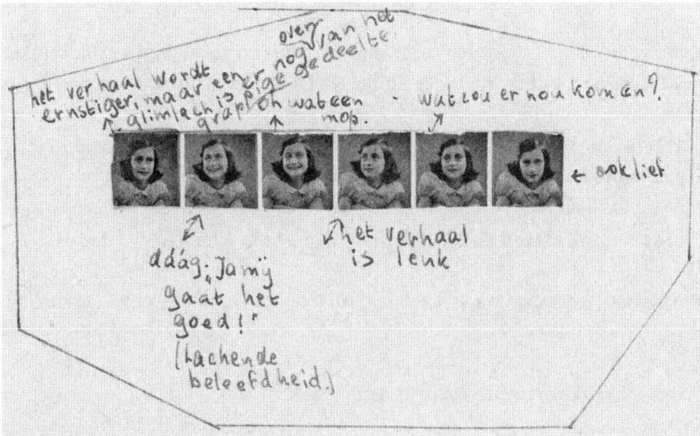

[handschriftliche Anmerkungen unter den Fotos:]
die Geschichte wird ernster,
aber ein Lächeln ist noch übrig von dem witzigen Teil
oh was für ein Witz.
was wird jetzt kommen?
guten Tag. »Ja mir geht es gut!« (lachende Höflichkeit)
die Geschichte ist schön
auch lieb

Papas schönstes Foto.

1939

28. Sept. 1942.

Im allgemeinen, an den ganzen Club,
Beste Kitty,
Wenn ich nachts Angst habe, dann lege ich mich zu Papa ins Bett, er findet das alles prima. Eine Nacht dauerte das Schießen so lange, daß ich alle möglichen Decken zusammengekratzt habe, und mich auf den Boden vor sein Bett gelegt habe so wie ein Hund. Tschüs Kitty Franken und Freund François von Anne Frank.
Beste Pop,
Wenn es gewittert oder wenn ich nicht schlafen kann, darf ich genauso gut zu Pim, er findet alles prima. Grüße [an] Kees ter Heul, tschüs Pop oder Emilie ter Heul-Helmer, von Anne Frank.
Beste Phien,
Wenn ich nachts zum W. C. muß warte ich bis Papa auch muß oft treffen wir uns dann nachts im Badezimmer, Grüße an Bobbel Breed-Philippiene Breed-Greve, von Anne Frank.
Beste Marjan,
Papi ist ein Schatz!!!! Marjan van Hoven und Jaap ter Duin von Anne Frank
Beste Conny,
Mama ist meistens nicht nett, ich habe Pim viel lieber, Grüße an Ru Duyff – Connie Duyff-Ralandt, von Anne Frank.
Beste Lou,
Grüße an Kaki Kruivers – Lou Kruivers, de Poll von Annef rank.
Beste Jetje und Emmy,
Euch schreibe ich nur einmal im Monat und Jacqueline gehört auch nicht dazu.

Sonntag 12. Juli 1942

Heute vor einem Monat waren sie alle so nett zu mir, weil ich Geburtstag hatte, aber ich fühle nun jeden Tag mehr, wie ich mich von Mutter und Margot entfremde, ich habe heute hart gearbeitet, und jeder hat mich ungeheuer berühmt und 5 Minuten später, schimpfen sie wieder auf mich.
Man kann deutlich den Unterschied sehen, wie sie mit Margot umgehen und mit mir, Margot hat z. B. den Staubsauger kaputtgemacht und dadurch haben wir den ganzen Tag kein Licht. Mutter sagte: *»Aber Margot, man sieht das du keine Arbeit gewöhnt bist, sonst hätest du das wissen, das man einen Staubsauger nicht am Contact raussieht«*
Margot sagte etwas und damit war die Geschichte vorbei.
Aber heute mittag wollte ich etwas von Mutters Einkaufsliste abschreiben, denn Mutters Schrift ist so undeutlich dann wollte sie das nicht und ich bekam wieder eine gepfefferte Standpauke, wo sich die ganze Familie einmischte.
Ich passe nicht zu ihnen und das fühle ich vor allem in der letzten Zeit deutlich. Sie sind so sentimental miteinander und das will ich lieber allein sein. Und dann sagen sie wie gemütlich wir es zu viert haben, und daß wir so harmonisch zu einander gehören, aber daß ich das nicht so fühle, daran denken sie keinen Augenblick.
Nur Papa versteht mich manchmal, aber meistens ist er auf der Seite von Mutter und Margot. Dann kann ich auch nicht ausstehen wenn sie wenn Fremde dabei sind, erzählen wie ich geheult habe und wie vernünftig ich bin, das finde ich schrecklich, dann sprechen sie schon mal über Moortje und das kann ich überhaupt nicht haben, denn das ist vor allem mein weicher und schwacher Punkt. Moortje vermisse ich jeden Moment des Tages und niemand weiß wieviel ich an sie denke; immer wenn ich an sie denke bekomme ich Tränen in die Augen davon. Moortje ist so lieb und ich habe sie so gern, ich mache schon Traumpläne daß sie wieder zurückkommt denn ich finde sie so lieb und ihr vertraue ich alles an.

Vater sagt man kann ein Tagebuch davon anlegen, wie großartig die Niederländer sind, ein Buch meint er natürlich, ich höre mal wieder auf, tschüs.

Anne.

Donnerstag Juli 1942.

Vielleicht habe ich es schon geschrieben, aber ich weiß es nicht sicher daß wir nun hier in der Prinsengracht 263 sind, mit der Familie van Pels und uns verstecken hier in der Stadt passiert im Augenblick viel, aber jetzt fange ich von vorn an. Am 9. Mai 1940 brach hier in den Niederlanden der Krieg aus, die Deutschen zogen mit ihren Armeen ein und in 5 Tagen eroberten sie die Niederlande. Krieg mit England haben sie schon ab September 1939. Nun haben sie die Niederlande, Belgien, Frankreich (fast ganz) Polen, Norwegen, Dänemark, Jugoslawien, Griechenland, Rumänien, Bulgarien, Ungarn ist ein Verbündeter von Deutschland.

Nun da die Deutschen hier das Zepter schwangen hat für uns das Unglück begonnen, erst kam die Zuteilung und alles mußte auf Marken gekauft werden, dann kamen in den zwei Jahren die sie jetzt hier sind, lauter Judengesetze. Juden müssen einen Judenstern tragen; Juden müssen ihre Fahrräder abgeben; Juden dürfen nicht in die Straßenbahn; Juden dürfen in kein Auto, auch nicht in ein privates; Juden dürfen nur von 3–5 einkaufen, außer in jüdischen Läden auf denen jüdisches Geschäft steht; Juden dürfen nur zu einem jüdischen Friseur; Juden dürfen von 8 Uhr abends bis 6 Uhr morgens nicht auf die Straße; Juden dürfen sich nicht in Theatern, Kinos und anderen dem Vergnügen dienenden Plätzen aufhalten; Juden dürfen nicht in ein Schwimmbad, ebensowenig zu Tennis, Hokkey oder anderen Sportplätzen; Juden dürfen nicht rudern; Juden dürfen in der Öffentlichkeit keinerlei Sport treiben. Juden dürfen nicht nach 8 Uhr abends mehr in ihrem Garten sitzen, ebensowenig bei ihren Bekannten; Juden dürfen nicht zu Christen ins Haus kommen; Juden müssen auf jüdische Schulen gehen, und viel dergleichen mehr, so ging unser Leben weiter und wir durften dies nicht und das nicht.

Jacque sagte immer zu mir: »Ich traue mich nichts mehr zu machen, denn ich habe Angst daß es nicht erlaubt ist. Ich träume hier immer so schön, aber die Wirklichkeit ist, daß wir hier sitzen müssen bis der Krieg vorbei ist, wir dürfen nie nach draußen gehen und wir können nur Besuch bekommen von Miep Gies-Santroschits, Jan Gies ihrem Mann, Bep Voskuyl, Herrn Voskuyl, Herrn Kugler, Herrn Kleymann, und Frau Kleymann aber die kommt nicht, denn sie findet es zu gefährlich. Ich kann nicht alles schreiben, was in mir vorgeht und wovon ich beschuldigt werde denn es ist so schlimm. Liebes Tagebuch ich hoffe daß niemals jemand dich liest außer meinem lieben süßen Mann, und wer das ist, weißt du wohl, obwohl ich manchmal zweifle in meiner Liebe, und mein Traumjunge ist Frits van Altenhoven. Ich glaube daß ich noch nie etwas von Peter Schiff hier herein geschrieben habe und das ist schon ein Skandal oder Schandal würde Frau van Pels sagen, denn er ist mein Einziger.

AnneFrank Anne} {Peter

Inzwischen ist sie schon dagewesen! ooooooo du verstehst mich schon, gell!!!!

Anne. 28. Sept. 1942

1. August 1942

Bis jetzt habe ich fast ausschließlich Gedanken in mein Buch geschrieben und zu hübschen Geschichten die ich später mal vorlesen kann ist es nie gekommen. Aber ich werde in Zukunft aber nicht oder weniger sentimental sein und mich mehr an die Wirklichkeit halten.

Hier sind wir nun, morgens fängt es schon an, wir stehen auf und gehen alle 7 in einer Reihe nacheinander ins Badezimmer, dann gehen wir hinauf frühstücken, danach abwaschen und irgendetwas im Haushalt. So geht es weiter bis abends wir machen abends meistens eine Stunde

Gymnastik, und ich übe mich fleißig in meinen Tanzschritten. Hier in unserem Zimmerchen ist es sehr gemütlich aber ich fühle mich alles andere als wohl. Es beklemmt mich auch mehr als ich sagen kann, daß wir niemals hinaus dürfen, und ich habe große Angst daß wir entdeckt werden und dann erschossen werden, das ist natürlich eine weniger angenehme Aussicht. Denn es gibt noch eine Tatsache und das ist Herr v. Pels ist verrückt nach Margot und haßt mich, nun versucht er immer mich reinzulegen, aber es gelingt ihm nicht gut, denn Papa und Mama sind beide auf meiner Seite. So z. B. gestern Abend da hatten wir kaltes Fleisch und Aal. Ich habe natürlich kein Fleisch gegessen, wohl aber Aal. Nun gab es noch sehr wenig Brot, aber Margot und ich hatten noch eine Scheibe und da sagte Herr v. Pels, Margot, nun mußt du auf deinem Brot Fleisch essen und den Käse hinterher. Das schrieb ich mir hinter die Ohren und ich nahm ein kleines Stück Käse auf mein Brot denn mehr hatten wir nicht, und dann aßen Margot und ich unsere Butterbrote. Als Margot fertig war, wollte sie den Käse nicht mehr und da fragte ich ob ich ihn haben dürfte, Papa lachte und gab ihn mir, denn er sagt wenn Margot ihn [haben] darf, darfst du ihn auch [haben]. Herr v. Pels saß da wie ein begossener Pudel und dann sagte er: »Nein, dieser Käse ist nur für Kinder die Fleisch essen.«
»Ja aber Anne hat Aal gegessen«, sagte Margot prompt.
»Ja aber Aal essen viel mehr Leute nicht, und Fleisch ißt jeder!«
Da sagte ich, ja aber Herr v. P. Sie suchen immer etwas daß ich nicht kriege oder so etwas dergleichen und dann stand ich vom Tisch auf.

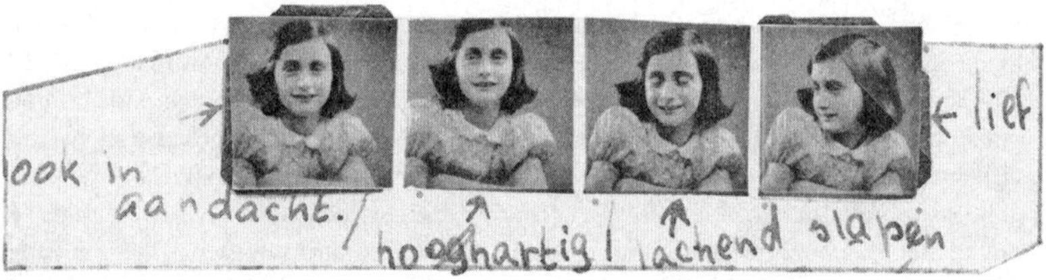

[handschriftliche Anmerkungen:]
auch in Aufmerksamkeit. hochmütig lachend schlafen lieb

Ein anderer Fall:
Wir hatten Graupensuppe und die mag ich nicht und außerdem war es sehr warm und dann esse ich nicht viel. Nun mußte ich natürlich essen aber es war Fleisch drin und das wollte ich nicht, deshalb gab ich es Mutter, nein sagt Mutter das mußt du aufessen und gab es mir wieder zurück. Darum durfte ich von Herrn [van Pels] aus kein Aromat. Margot hatte noch nicht 1 m. m. Fett an ihrem Fleisch, sie machte es ab und Herr [van Pels] sagte nichts. Dann waren die Graupen zu viel für mich und ich konnte sie nicht aufessen, darum ließ ich meinen Teller stehen; prompt sagte Herr [van Pels] daß ich kein Joghurt bekam, aber Mutter war dagegen und darum bekam ich am meisten.
v.P. und [waren] höchst empört und sofort fingen sie an prächtige Geschichten von Peter aufzutischen, daß er so gut ißt.
Vater und Mutter machten sich nichts daraus.
....
Morgens haben wir abgemacht bekommen wir Tee, und Peter mag das nicht; wenn wir nun ab und zu mal Kakao bekommen und ich ein Gesicht ziehe bekomme ich sofort von allen Seiten was auf den Deckel. Wenn wir Tee bekommen dann ist Peter unzufrieden, aber dann gibt Frau v.

P. ihm heimlich Kakao. Das ist nun wieder sehr gemein denn wenn wir etwas nicht mögen nimmt niemand Rücksicht darauf.

....

so passiert jeden Tag was, aber ich
bin zu faul und zu müde, um alles
aufzuschreiben.

tschüs AnneFrank.

Freitag 14. Aug. 1942

Viel Veränderung kommt in unser Leben hier nicht. Heute sind Peters Haare gewaschen worden, aber das ist nicht so etwas Besonderes. Herr v. Pels und ich sind immer zerstritten und heute abend haben wir uns krank gelacht. Mama tut immer als ob ich ein Baby bin, und das kann ich nicht ausstehen. Sonst geht es ein bißchen besser.
Miep geht heute abend zu Herrn Goldsmit unserem Mieter, um noch ein paar Kleider loszubekommen, ich hoffe nur daß sie noch etwas Schönes holt. Von Papa habe ich nun regelmäßig Unterricht, aber ich habe bitter viel von dem was ich in der Schule gelernt habe vergessen. Ich habe inzwischen erfahren daß Hanneli und Jacque (ich glaube wenigstens daß sie es waren) in unserer Wohnung gewesen sind um mein Tagebuch zu suchen, sie wollen natürlich den geheimnisvollen Brief von Papi haben. Abends haben wir Büroarbeit aber heute abend habe ich zufällig nichts zu tun.
Es wird hier nun sehr geheimnisvoll, Herr Kugler hatte Angst daß sie vielleicht herkommen um nach versteckten Fahrrädern zu suchen, und darum wollte er daß die Tür zu unserer Unterkunft getarnt wurde, nun haben sie es so gemacht, daß es genauso aussieht als ob es ein Regal mit Büchern ist, aber in Wirklichkeit ist es eine Tür, denn der Schrank hängt mit Büchern und allem an Scharnieren fest und so kann man ihn wie eine Tür aufmachen, es sieht jedoch (was für ein vornehmes Wort, gell?) aus als ob der Schrank hängt.
Wenn wir nun hinaus wollen, also ins Büro müssen wir uns erst bücken und dann springen.
Für heute genug, denn mein Arm wird lahm, tschüs.

Anne Frank

22. August 1942.

Miep und Jan waren bei Herrn Goldsmith, du weißt ja das ist unser Mieter, und baten ob sie die Wohnung nicht mal betrachten dürften und schauen ob sie nicht noch das eine oder andere für uns retten könnten. Goldsmith sagte daß wir alles aus dem Haus geschleppt hätten und daß er nicht verstand wie wir gegessen hätten, denn es gäbe nur noch einen Teller. Er hat also alles aus unserem Haus geschleppt. Sonst hat er ihnen noch weisgemacht daß Frau Goslar wegen Zigaretten [da] gewesen ist und Frau Lefkowits wegen Baby Wäsche für Kohnkes, aber beide wären sie mit leeren Händen weggegangen. Ich denke daß er einen Teil verkauft hat und den anderen Teil hat er Ulla Cohen gegeben denn er hat sich vor kurzem verheiratet und wir glauben mit Ulla Cohen.
Nun ist Herr Kleiman zu Herrn Lefkowits gegangen und hat ihn gefragt ob er zu Goldsmith gehen will, aber Lefkowits will erst mit Goslar darüber sprechen, und ich weiß nicht ob Goslar das tut. Denn sie wollen darauf hinaus daß Goldsmith Kleiman sagt, wo unsere Sachen sind, und Herr Dunselman hat die Vollmacht also damit können sie auch immer ankommen.
Es ist trotzdem sehr gemein von Goldsmith unsere Sachen zu stehlen, und dann noch zu lügen.
Sonst gibt es nichts Besonderes, nur daß Herr und Frau v. Pels heftigen Streit gehabt haben wobei Herr [van Pels] so entsetzlich geschrien hat, daß man es sicher häuserweit hören konnte.

Mama hat heute morgen wieder so elendiglich gepredigt und das kann ich nicht ausstehen, unsere Meinungen stehen einander genau senkrecht gegenüber. Papa ist ein Schatz, auch wenn er mal 5 Minuten böse auf mich ist.

Tschüs. Anne Frank.

21. September 1942

Ich arbeite viel, auch wenn ich es selbst sage.
Ich habe ein Jahrhundert nicht mehr geschrieben, aber ich werde den Schaden schon wiedergutmachen. Herr v. Pels ist in der letzten Zeit katzenfreundlich zu mir, ich lasse es mir ruhig gefallen. Über Peter lachen wir uns krank den einen Tag hat er Hexenschuß im Rücken, den anderen Tag eine blaue Zunge und Kribbeln [im Hals] und so weiter.
Neulich erst gab es ein ganzes Drama. Peter und Margot dürfen fast alle Bücher lesen, und Herr Kleiman brachte ein Kriegsbuch mit aus dem vorigen Krieg das außerdem sehr frei geschrieben war. Peter und Margot durften es deshalb nicht lesen. Prompt mußte Peter es haben und hat er es weggenommen, woraufhin Frau [van Pels] zu Mutter gegangen ist, (sie wußte nicht daß Peter das Buch gerade las) um ihr zu sagen daß sie es verrückt fand, daß Margot alle Bücher die sie will aber lesen darf. Mama sagte natürlich daß Margot sehr verständig wäre in solchen Dingen, (mir viel zu verständig) aber daß sie die Trilogie trotzdem nicht lesen dürfte. Abends kam Peter nach unten mit »dem« Buch und seine Mutter und er haben den halben Abend darüber geschwätzt, wonach Frau van Pels sagte, daß sie es eigentlich überhaupt nicht schlimm fand. Aber Herr [van Pels] wollte es nicht haben und nahm es weg, aber Peter war wütend und sagte, daß er das Buch haben wollte sonst würde er auch kein Englisch mehr lernen. Herr van Pels wurde hierbei auch wütend und Piet rannte hinauf. Vor dem Essen rief Herr [van Pels] Peter komm essen! Aber nichts kam herunter. Noch einmal rufen, dann rief er ich komme nicht ich schlafe auf dem Dachboden auf dem Harmonikabett. Woraufhin Herr [van Pels] dieses herunterholte, dann sagte er, du kannst es dir noch überlegen aber in 10 Minuten ist es zu spät dann mußt du allein auf dem Dachboden schlafen. Das fand er dann gut, aber am Tisch sagten wir alle daß Peter nicht oben bleiben konnte zum Schlafen dann würde er krank werden. Wenn er kein Essen bekam das konnte nicht schaden.
Auf einmal hörten wir dann ein Pfeifen. Wir erschraken fürchterlich, denn wir wußten zuerst nicht wo das herkam, und dann rief eine Stimme sehr laut, – Ich komme doch nicht hinunter! Herr [van Pels] sprang auf feuerrot aber Vater ging mit, und dann holten sie ihn nach unten. Am folgenden Tag sagte er daß er wieder nicht nach unten käme wenn er das Buch nicht kriegte. Aber er mußte doch. Und Frau van Pels gibt ihm nun sehr recht. Dieses idiotische Weib!!!!
Heute nachmittag auch, hat sie einfach alle Bettücher und Überzüge, außer zwei aus dem Schrank geholt. Alle Handtücher von uns sind auch schon im Gebrauch. Jetzt will sie bloß daß unsere Bettücher kaputtgehen in der Wäsche und im Gebrauch, und Frau [van Pels] läßt die ihren sauber für nach dem Krieg. Aber Vater läßt es nicht durchgehen. Gestern war der Jom Kippur, es werden es auch nicht viele Menschen so ruhig gehabt haben wie wir. Bep hat erzählt daß Betty Bloemendal aus meiner Klasse, auch nach Polen ist, schrecklich gell, und wir haben es hier so schön. Es wird darüber gesprochen, daß Herr Pfeffer auch hier dazu kommt, dann können wir ihm auch helfen. Der Krieg geht noch immer nur weiter, und wir bekommen nun fast keine Butter mehr auf unser Brot.
Mit Vater bin ich jetzt damit beschäftigt einen Stammbaum von seiner Familie zu machen, und dann erzählt er von jedem etwas dazu. Miep und Jan sind gerade aus dem Urlaub zurück, und ich kann Miep jetzt immer wieder anschauen. Ich habe so eine Lust mit jemandem zu korre-

spondieren, und das werde ich in Zukunft mit meinem Tagebuch tun. Ich schreibe also nun in Briefform, was tatsächlich auf dasselbe hinausläuft.
Liebe Jettje, (sage ich mal,)
Meine liebe Freundin, ich werde dir in Zukunft und auch jetzt noch viel zu erzählen haben. Ich habe ein Strickzeug angefangen einen Pullover aus von dieser weißen Wolle. Aber ich darf nicht zuviel daran stricken sonst ist er zu schnell fertig Ich habe jetzt auch ein Licht über mein Bett bekommen. Tschüs ich muß Kartoffeln schälen für das schlimmste Weib der Welt, ein bißchen übertrieben, aber auch nur ein bißchen. Grüße [an] alle und Küsse von

<u>Anne Frank</u> 21. Sept. 1942.

<u>Derselbe Tag</u>

Ich habe heute abend noch Zeit beste Emmy, darum werde ich dir noch schnell ein paar Zeilen schreiben, heute nachmittag habe ich einen ziemlich albernen Brief an Jettje geschrieben, denn ich war noch keine Minute beschäftigt als ich für »Frau Mama« Kartoffeln schälen mußte, das sagt sie dann in so einem Kommando-Ton, und wenn ich mich dann nicht beeile dann folgt noch »loos«, das ist deutsch aber ich weiß nicht genau wie man es schreibt. Genau wie in »Joop ter Heul« tabeh. Nebenbei bemerkt hast du »Joop ter Heul« gelesen? Wie geht es Janeau? Geht es gut mit euch beiden, oder streitet ihr noch jeden Tag miteinander, um es dann abends wieder wegzuküssen, das ist sicher das Schönste an der Sache. Ich gehe jeden Samstagabend ans Radio, da gibt es von Deutschland einen bunten Abend, aber es wird jedesmal langweiliger, nach dem ersten Abend, da lautete das Programm »Verliebt, verlobt, verheiratet«, das natürlich in Deutsch, aber ich werde nicht zuviel über Deutsch argumentieren, dann wirst du wütend, was ich mir gut vorstellen kann. Heute abend habe ich wieder für das Büro gearbeitet, und einen Frachtschein mittendurch gerissen, aber ich habe es noch nicht gesagt, aber ich denke daß sie schon einen neuen machen werden. Herr Kleiman ist noch einmal bei Herrn Goldschmith gewesen nachdem er nun zweimal nicht zu Hause war, hat er seine Telefonnummer zurückgelassen, dann hat Goldschmith ihn angerufen, und er ist zum Joodse Invalide gegangen wo Goldschmith arbeitet. Goldschmith sagte, daß er zu jedem gesagt hat daß nichts mehr im Haus wäre, sonst wollte jeder etwas mitnehmen jetzt hat er fast alles in Kisten und Koffer gepackt und es in das Kofferzimmer gestellt, einen kleinen Teil hat er dem Joodse Raad gegeben, nun ja wenn es nur ein kleiner Teil ist, kann es mir egal sein, aber Mutter denkt daß er es wohl unterschlagen haben wird, aber ich finde daß man nicht so mißtrauisch sein soll, und Papa ist natürlich rührend einig mit mir.
Heute ist Peters Zimmer verändert, der Vorratsschrank ist nun auf dem Dachboden und an der Stelle ist ein Brettchen um dort schnell etwas abzustellen, ich habe ihm geraten den Tisch dort hinzustellen, mit einer hübschen Decke und das eine Schränkchen an die Wand zu hängen, wo jetzt der Tisch ist, dann kann es noch gut ein gemütliches Kämmerchen werden, auch wenn ich nicht gern da schlafen wollte. Mit Madame ist schon wieder etwas anderes, jetzt macht sie es so daß sie die Töpfe nicht abwaschen will, und wenn noch ein Restchen drin ist, tut sie es nicht in eine Glasschale, sondern läßt es im Topf verderben. Das ist natürlich verrückt. Dann sagt Madame, wenn Margot mittags viele Töpfe hat dann heißt es *och Margotchen, Margotchen*, was hast du viel zu tun, aber das ist überhaupt nicht wahr, und Margot hat dann auch mal sieben schmutzige Töpfe, das ist mehr als einer oder höchstens zwei, jetzt höre ich auf, beste Emmy Grüße an Georgette von

<u>Anne Frank</u>

Amsterdam 22-9-1942.

Liebe Kitty,
Gestern habe ich an Emmy und Jettje geschrieben, aber am schönsten finde ich es aber doch an dich zu schreiben, das weißt du ja auch gell und ich hoffe daß es gegenseitig ist.
Gestern abend haben wir darüber gesprochen in einem gewissen Sinn, daß ich doch noch sehr dumm bin, mit der Folge daß Annetje am folgenden Tag hart an die Arbeit gegangen ist, heute morgen habe ich den ganzen Morgen französische unregelmäßige Verben gebüffelt, brav nicht, aber ich habe auch keine Lust, mit 14 oder 15 noch in der ersten Klasse zu sitzen. Gestern sprachen wir auch darüber daß ich fast nichts lesen durfte, Mutter hat im Augenblick »Heren, vrouwen, knechten«, lach mich nicht aus, denn ich weiß nicht genau wie es heißt, und das darf ich auch schon nicht lesen, weil ich erst weiter entwickelt sein muß, so wie meine begabte Schwester, wir sprachen auch über Psychologie, und Philosophie und dergleichen tiefsinnige Themen mehr. Ich denke daß ich morgen an Jacqueline meinen Abschiedsbrief von vor 2½ Monaten schreibe. Hier ist es schon verteufelt kalt, und ich bin zu dem erschreckenden Schluß gekommen daß ich nur ein Kleid mit langen Ärmeln hier habe, und 3 Strickjacken, ich bin nun noch dabei das weiße Ding zu stricken, aber das wird so schnell schmuddelig. All meine Pullover sind bei Broks, aber vielleicht fragt Miep ob sie sie aufheben soll, dann bekommen wir sie natürlich. Wie geht es euch allen? Ich finde es so schade daß ich niemals Antwort bekomme. Gestern habe ich an Emmy etwas über Frau [van Pels] geschrieben, und da kam sie an, klapp, Buch zu. Na Anne, darf ich nicht mal schauen?
Nein, Frau [van Pels]. Nur mal die letzte S.? Nein, auch nicht Frau [van Pels]. Ich bekam natürlich einen Mordsschreck denn da war sie gerade als weniger angenehm deponiert. Ich habe Joop ter Heul so schnell ausgelesen daß ich vor Samstag keine neuen Bücher mehr bekomme. Wenn ich die letzten zwei dann auch aus habe frage ich Kleiman, ob ich »Kees de Jongen« von Theo Thijssen, nicht bekommen kann, kennst du das? Ich wünschte nur daß du dir unsere Behausung hier nur mal anschauen kämest, obwohl es die Erwartungen übertrifft, lachst du dich tot. Gerade ist mein Füller (ich meine Mutters Füller) leer geworden und mit Bleistift schreibe ich nicht gern, also eine Embrasse (sentimental gell, das gucke ich mir von Jettje-Schatz ab) von

Anne Frank

Dies ist der versprochene Abschiedsbrief

25-Sept. 1942.

Liebe Jacqueline,
Ich schreibe dir diesen Brief um Abschied von dir zu nehmen, das wird dich vermutlich verwundern, aber das Schicksal hat es nun einmal nicht anders bestimmt, ich muß weg, (wie du inzwischen natürlich schon längst gehört hast) mit meiner Familie, den Grund wirst du schon selbst wissen.
Als du mich am Sonntagnachmittag anriefst konnte ich dir nichts sagen, denn das durfte ich nicht von Mutter aus, das ganze Haus stand da schon auf dem Kopf, und die Haustür war abgeschlossen. Hello sollte kommen, aber es wurde nicht aufgemacht. Ich kann nicht an jeden schreiben und darum tue ich es auch nur an dich. Ich nehme an daß du [mit] niemandem über diesen Brief sprichst und von wem du ihn bekommen hast, auch nicht. Wenn du so freundlich sein willst mit mir eine geheime Korrespondenz zu führen wäre ich dir sehr dankbar dafür. Informationen Frau Gies!!!! Ich hoffe daß wir einander bald wieder sehen werden, aber es wird vermutlich doch nicht vor dem Ende des Krieges sein. Wenn Lies oder jemand anderer dich fragt ob du nie etwas von mir hörst dann sage niemals jawohl, denn du bringst Frau Gies und uns in Lebensgefahr, und ich hoffe auch daß du so vernünftig bist. Du darfst später natürlich schon erzählen, daß du einen

Brief von mir bekommen hast, zum Abschied. Nun Jacqie es soll dir gut gehen, ich hoffe daß ich bald ein Lebenszeichen von dir bekomme und auf ein baldiges Wiedersehen.
Deine »beste« Freundin Anne
P.S. Ich hoffe daß wir bis daß wir einander wiedersehen immer »beste« Freundinnen bleiben.
tschüs.

Zweiter Brief.
25. Sept. 1942.

Liebe Jackie,
Dein Brief hat mich sehr gefreut, wenn noch niemand von den Deutschen in unserer Wohnung gewesen ist, kannst du schon zu Herrn Goldschmith gehen und ein paar Bücher und Hefte und Spiele von uns holen du kannst sie behalten oder für mich aufheben, aber du kannst sie auch zu Frau Gies bringen. Ich habe dir in meinem vorigen Brief vergessen zu sagen, daß du diese Briefe nicht aufheben darfst, denn niemand darf sie finden. Zerschnippele sie deshalb in solche kleinen Stücke wie wir es damals auf dem Dach mit dem Zettel aus Mutters Schachtel getan haben. Ich hoffe daß du es tust. Wie geht es euch allen, von mir darf ich natürlich nichts schreiben. Ich denke so oft an dich. Wie geht es Ilse ist sie noch da. Von Lies habe ich von Frau Gies gehört daß sie noch da ist. Wir langweilen uns nicht und haben Gesellschaft, weiter darf ich über unser Leben nichts schreiben, obwohl es beklemmend aber interessant für später ist. Zu lange darf der Brief nicht werden auf Wiedersehen und ein kleines Küßchen von
Anne

25. Sept. 1942.

Beste Pop,
Ganz kurz ein paar Zeilen, du hat schon lange nichts mehr von mir gehört gell, aber es geht noch immer gut. Wie geht es Kees? Wann ist es soweit, er ist ja ein netter Junge gell, dich brauche ich das eigentlich nicht zu fragen, denn das findest du natürlich selbstverständlich für deinen Zukünftigen.
Ich muß dir schnell ein »Dreher-Drama« erzählen. Du weißt ja Herr Dreher ist der alte, taube Herr zu dem Pim immer hinging. Heute rief er an um Herrn Kugler zu sprechen und der sagte bloß einfach daß Miep zu ihm kommen würde, Miep telefonierte ab und danach rief Frau Dreher dreimal an und Miep mußte die Stimme von Bep nachmachen, denn sie hat beim erstenmal gesagt daß Miep weg ist mit Herrn Kugler. Wenn Miep so etwas erzählt lachst du dich krumm. Ich kann Miep noch immer stundenlang anschauen. Heute ist es so kalt, daß ich zum erstenmal lange Strümpfe anhabe, zu Hause würde ich das nie tun. Gestern abend war ich wieder auf Besuch bei van Pels, es ist dort immer sehr gemütlich. Ich habe gestern zwei Scheiben Brot mit dick Sirup bekommen, und ein Glas Hefe Limonade. Wir sprachen über Peter, ich habe erzählt daß Peter mir immer über meine Wange streichelt, daß ich das so unangenehm fand, und daß ich handgreifliche Jungen nicht leiden könnte. Dann haben sie gesagt daß Peter mich bestimmt gern hätte und ob ich ihn nicht gern haben könnte ich dachte oh je, und ich sagte, nein das geht nicht. Dann fragten sie eine Menge über meine Freunde, aber über Peter ließ ich nicht viel heraus, ich hätte genausogut Frits oder Sallie sagen können. Dann sagte ich daß Peter sich ein bißchen linkisch anstellte und daß ich annahm daß er schüchtern wäre, das ist mit allen Jungen, die noch nicht oft mit Mädchen umgegangen sind.
Nun Pop ich rieche die Schreibmaschine und meine Finger prickeln Viele Grüße an Betty und ihren ami.
Anne Frank.

26. Sept. 1942.

Beste Marianne,

Der eine nach dem anderen wird nun mit Schreiben abgehakt aber mit dir ist die Reihe geschlossen. Ich habe heute morgen wieder den ganzen Vormittag Französisch gemacht. Pim gebe ich jetzt auch niederländischen Unterricht, es sind ihm ein paar Schnitzer gelungen z. B. ein Frosch klatscht mit seinen Augen, statt die Wellen klatschen, das ist reiner Germanismus, und eine Diebin statt Diebin und eine glitzernde Überwindung, während es das Verb glitzern sein mußte also z. B. die Sonne glitzerte im Wasser.

Hier hecken sie wieder etwas aus. Broks du weißt ja der Vertreter von Opekta, wo wir unser ganzes Zeug im Haus haben, fragt immer nach uns, und jammert schrecklich, darum wollen sie versuchen einen Brief zu schreiben. Dann schreiben sie an einen Mann in Zeeuws-Vlaanderen, der jedes Jahr Opekta bekommt, ob er das in diesem Jahr auch bekommen hat und fragen sie es so daß er es auf dem Zettel durchstreichen muß und ihn in den bei liegenden Briefumschlag stekken muß, und einfach zurückschicken muß, aber von dem Briefumschlag hat Papa die Adresse geschrieben, und der kommt dann mit Papas Handschrift hier an. Dann reißt Herr Kleiman ihn auf, holt den Zettel von dem Mann heraus und läßt Papa einen Zettel schreiben was er dann hineinsteckt. So haben sie also einen Brief von uns aus Belgien, der über die Grenze geschmuggelt worden ist. Sie haben es extra in Zeeuws-Vlaanderen gemacht, weil dort niemand hin darf, und Broks oder jemand anders, auch nicht hin kann. Schlau ausgedacht gell! Ich finde das auch.

Vater hat gestern abend wieder, einmal ein Theater aufgeführt, ihm war schlecht, vor Müdigkeit und torkelte ins Bett, dort hatte er es kalt an den Füßen, habe ich ihm meine Bettschuhe angezogen. Fünf Minuten später lagen sie doch wieder neben seinem Bett. Dann wollte er kein Licht haben und hat sich mit dem Kopf, unter die Decke gelegt. Als das Licht ausgemacht wurde kam er sehr vorsichtig zum Vorschein, es war zu komisch. Dann sprachen wir darüber daß Peter, Margot eine Tante nennt, auf einmal kam eine Stimme aus der Tiefe von Papa, den wir schlafend wähnten, »*Kaffee,*« damit meinte er dann »*Kaffeetante*«. Madame ist erkältet und ist sehr bissig, Mutter und ich haben uns bei Tisch immer gekniffen. Frau Kleiman ist jetzt oben, so etwas ist eine willkommene Abwechslung. Musschie (die Katze) wird je länger umso netter und lieber gegen mich, aber ich habe noch immer ein bißchen Angst vor ihr. Heute haben wir drei Körbchen von diesen kleinen Pflaumen bekommen, sehr lecker, obwohl ich sie selbst noch nicht pro-biert habe. Herr Kleiman hat heute Joop van Dilter Heul, und Joop en haar jongen mitgebracht, nett ist er doch, er bringt alles ganz pünktlich. Heute abend gehe ich zum Radio, das war kaputt, aber ist inzwischen wieder zurück, in viel besserem Zustand. Das nächste Mal weiter tschüs Marian, Grüße an Jaap.

Anne

P.S. Wie geht es mit eurem Verhältnis und mit Gabis Gesang. Wann kommt Molletje an, es dauert sicher nicht mehr so lange. Geht es deiner Mutter gut und wie geht es Bank-Papa. Ich hoffe daß es euch allen gut geht. In meinen Briefen vergesse ich das immer, weil ich immer, soviel zu schreiben habe über uns, und unser Leben hier. Nun tschüs.

Anne

26. Sept. 1942.

Liebe Kitty,

Ich werde dir nur einmal zwischendrin schreiben, weil ich mir so gut vorstellen kann wie du dich nun fühlen mußt. Es ist natürlich unangenehm, aber Kit ich denke daß du wohl jemand anderen finden wirst; du findest das natürlich herzlos, denn ich weiß wie aufrichtig lieb du Henk hattest und ich hätte das auch nie von Henk erwartet, aber einen großen Vorteil Kitty hast

du, nämlich du kannst alles noch mit Mutti besprechen, ich kann das nicht und mit Pim habe ich zwar ein sehr vertrautes Verhältnis aber eine Frau ist doch noch etwas anderes. Hören wir jetzt auf damit und bloß nicht mehr daran rühren, denn ich weiß nicht ob du es nett findest wenn ich mich hier einmische, wenn du es doch nett findest, kannst du mir ruhig alles über ihn schreiben, denn du weißt ich werde niemals mit jemandem darüber sprechen.
Gestern habe ich Mutter am Schrank herumräumen sehen und all unsere Dubbeltjes und Kwartjes herausnehmen sehen, von Papa aus darf ich sie jetzt wieder selbst haben und das finde ich doch schon ein schönes Gefühl. Alles was hier vorfällt kann ich dir nicht erzählen denn dann wäre ich in einem Tag mit meinem Papier fertig, und ich muß doch schon so sparsam sein. Gerade kommt *»die alte Sikte«* wieder zu mir jammern daß ich Margots Sachen aus dem Fach von meinem Schränkchen geräumt habe, nun ja ich will nicht eine schmutzige Lampe und ein noch schmutzigeres Fülleretui anschauen, dieses blöde Weib, sie kann das so vernichtend sagen daß das Margots Schränkchen ist und daß sie dort hineintun kann was sie selbst will, aber ich werde es Margo schon sagen.
Jetzt beschäftige ich mich doch wieder mit mir selbst, aber dieses Weib, kommt auch immer in den intimsten Augenblicken. Nun ist all mein Vergnügen wieder vorbei, tschüs Kit, grüße sie alle von mir deine

AnneFrank.

27. Sept. 1942.

Beste Conny,
wie geht es mit dir und der Lehrerin, du Ärmste bist du so einsam, ja aber höre eine schöne Aussicht, du darfst bei mir übernachten, ich bin einen ganzen Vormittag bei deiner Mutter gewesen, und die ist jetzt einverstanden, ich hoffe daß diese Abwechslung nach deinem Sinn ist, komm nur so bald wie möglich. Heute habe ich eine sogenannte »Diskussion« mit Mutter gehabt, aber das Unangenehme ist, ich breche sofort in Tränen aus, ich kann es nicht ändern, Papa ist immer lieb zu mir, und er versteht mich auch viel besser. Ach ich kann Mutter in solchen Momenten wieder nicht ausstehen, und ich bin für sie auch eine Fremde, denn das sieht man, sie weiß noch nicht mal wie ich über die normalsten Dinge denke. Wir sprachen über Dienstmädchen, daß man die »Haushaltshilfe« nennen muß, und daß das nach dem Krieg sicher verlangt werden wird, aber ich sah das noch nicht sofort ein und dann sagte sie daß ich so oft über »später« spreche, und daß ich mich dann genau wie Peter aufspiele als eine große Dame, aber das ist überhaupt nicht wahr, und ich darf mir doch wirklich mal kleine Luftschlösser bauen, das ist doch so schlimm nicht, das braucht man doch nicht so ernst aufzufassen. Papi verteidigt mich wenigstens ohne ihn, würde ich es hier bestimmt fast nicht aushalten.
Frau [van Pels] ist gestern wieder eine Laus über die Leber gelaufen alles war wieder verkehrt erst hatte Mutter ein sauberes Handtuch genommen, weil sie nicht wußte daß Madame die Handtücher auf den Dachboden gehängt hat, weil sie das so eklig findet im Zimmer, wieder was Neues.
Dann mußte das Gemüse aus dem Topf weil sie den sonst abends abspülen müßte, und nun wollte sie daß Margot ihn mittags abspülen sollte. Aber das ist Unsinn denn abends wird das Gemüse doch wieder im Topf aufgewärmt.
Dann räumte sie ihre gläsernen Schälchen weg, und nun benutzen wir nur unsere. Die ihren sind zu gut, aber die unseren können wir schon kaputtmachen.
Bei Tisch wollte ich kein Gemüse haben, dann sollte ich nach Meinung von Frau [van Pels] auch keine Kartoffeln bekommen, aber das ließ mich kalt, weil ich wußte daß ich sie von Mutter doch bekommen würde. Gleich darauf gab mir Mutter als erster von allen die Kartoffeln. Herr [van

Pels] sagte auch daß ich ein bißchen Gemüse essen müßte, aber ich habe es trotzdem nicht gemacht. Dann wetterte Frau [van Pels] los und sagte, daß sie das keine Erziehung fand, und daß ich wenn ich ihr Kind wäre bestimmt Gemüse bekommen hätte, und daß ich schlecht erzogen wäre. Papa sagte dann ich finde daß Anne sehr gut erzogen ist, denn sie sagt nichts gegen Sie, und dabei sagte er [vise versa] welches bedeutet wie das Vorbild ist, wird es nachgemacht.
Das ging natürlich auf Madame, weil sie abends keine Bohnen und überhaupt keine Kohlsorten vertragen kann, denn dann läßt sie »Winde«.
Aber das kann ich auch sagen. Idiotisch ist sie doch gell. Grüße an deine Eltern und komm so bald wie möglich von deiner erwartenden

AnneFrank.

27. Sept. 1942.

Beste Pien,
ich habe dir schon seit langem nicht geschrieben, aber ich habe auch ziemlich viel zu tun. Denke bloß nicht daß ich böse auf dich bin, denn das ist absolut nicht wahr.
Ich werde dir ein Drama erzählen das vor ein paar Wochen stattgefunden hat, und das dir ein deutliches Bild unserer Beziehung hier geben wird.
Wir saßen an einem Sonntagmorgen Frühstückstisch, und wir sprachen darüber daß Papi so bescheiden ist da sagte Frau [van Pels]:
»Ich bin auch sehr bescheiden, viel bescheidener als mein Mann!«
Herr [van Pels]: »Ich will auch nicht bescheiden sein«, und dann zu mir: »Sei nur nicht bescheiden, denn damit kommt man niemals weiter!« worin Mutter einstimmte.
Frau [van Pels]: »Wie idiotisch um so etwas zu Anne zu sagen, das ist doch eine allzu verrückte Lebensauffassung!«
Mutter: »Ich finde auch daß man damit viel weiter kommt, schauen Sie mal, mein Mann und Margot und Peter sind außergewöhnlich bescheiden während Anne, Ihr Mann, Sie und ich überhaupt nicht bescheiden sind. Wir sind nicht unbescheiden, aber wir sind auch nicht bescheiden.«
Frau [van Pels]: »Oh, nein, im Gegenteil ich bin sehr bescheiden, wie können Sie sagen daß ich unbescheiden bin?«
Mutter: »Ich habe auch nicht gesagt daß Sie unbescheiden sind, aber Sie sind doch auch nicht bescheiden.«
Frau [van Pels]: Worin bin ich denn nicht bescheiden, wenn ich hier nicht für mich selbst sorgte würde ich verhungern!«
Mutter lachte, und so ging es einfach weiter. Ich lebte so mit, daß ich in einem bestimmten Moment den Kopf schüttelte. Davon wurde sie natürlich noch wütender, und hielt mir wieder eine Predigt, worin ich losprustete.
Sie ist ein idiotisches Weib, er auch ein bißchen aber viel netter, und ihr Sohn, ist zwar nett aber zäh. Nun Pien bald wieder ein Schwätzchen, besser als so ein langer und langweilig werdender Bericht. Grüße deine Familie und Kaki von mir. Wie immer deine

AnneFrank

27. Sept. 1942.

Liebe Pop,
Noch kurz ein paar Zeilen, heute war ich im Bad das ist ganz seltsam, nämlich ich muß eine kleine Waschschüssel unten in das große W. C. stellen, dann gieße ich dort von dem Durchlauferhitzer, in der Büroküche daneben heißes Wasser in die Schüssel, und ich stelle mich mit den

Füßen hinein, ich setze ich mich inzwischen auf das W. C. und fange an mich zu waschen, aber alles geht natürlich daneben und später wenn ich sauber bin, muß ich alles wieder mit dem schmutzigen Lappen aufwischen. Zuhause würde ich auch niemals gedacht haben, daß ich noch mal auf einem W. C. ein Bad nehmen würde, aber es ist noch nicht so schlimm, denn es könnte auch sein daß ich noch einmal in einem W. C. wohnen müßte, dann würde ich ein Bücherbrett machen lassen, und einen Tisch und dann das W. C. als Stuhl, aber Schlafplatz gibt es nicht, dann müßte ich alles wegräumen und das würde nicht gehen. Licht ist dort auch und Verdunklung kann man auch machen. Nun Pop die Familie ist gekommen, mit der Katze, und jetzt werde ich abgelenkt, denn ich will schauen. Die besten Grüße an Kees, Grüße von

Anne Frank

28. Sept. 1942.

Beste Kit,
Heute nachmittag können wir nicht zum W. C. und das ist sehr unangenehm, aber nichts zu machen, es können schlimmere Dinge passieren.
Die Handwerker müssen die Rohre vom Büro W. C. ändern und sie haben Angst daß die Rohre dann brechen, dann müssen sie nach oben, und das ist schon recht peinlich, aber Kleiman sagt dann daß er den Schlüssel nicht bei sich hat, dann müssen sie morgen zurückkommen, und dann müssen wir das Badezimmer und das W. C. ausräumen, aber ja wir hoffen daß es nicht passieren wird. Unser Regal das wir als Tür haben ich habe glaube ich mal davon erzählt müssen wir dann vielleicht wegnehmen, aber ich weiß nicht ob das geht.
Die Broksen Familie will ein Zimmer vermieten, nun kann das nicht anders sein als unser Zimmer, das ist doch gemein denn dann bekommen sie für ein Zimmer doppelte Miete. Wir haben so Angst daß sie unser Zeug dann hinauswerfen. Heute morgen waren wir sehr fleißig Kartoffelchalet mußte gemacht werden und das ganze Waisenhaus wie wir es nennen mußte mithelfen Kartoffeln zu schälen und sie durch die Mühle zu drehen, ich habe sie genau wie Äpfel über so einem Ding mit Löchern gerieben, dann wird es viel feiner, aber es ist eine himmlische Arbeit, und es verlangt viel Kraft Anstrengung und es dauert natürlich viel länger als daß es durch die Mühle geht. Gestern abend lagen Margot und ich zusammen in meinem Bett, es war unsagbar klein aber ebendarum witzig, sie fragte ob sie mal mein Tagebuch lesen dürfte, ich sage manche Stücke schon, und dann fragte ich nach dem ihren das dürfte ich dann auch lesen, und dann kamen wir auf die Zukunft und da fragte ich sie was sie werden wollte, aber das will sie nicht sagen und sie macht ein großes Geheimnis davon, aber ich habe so etwas aufgeschnappt von Unterricht, ich weiß natürlich nicht ob es richtig ist aber ich vermute daß es schon in diese Richtung gehen wird. Ich darf eigentlich nicht so neugierig sein. Heute morgen lag ich auf Peters Bett, nachdem ich ihn erst verjagt hatte, er war wütend auf mich, aber das kann mir alles herzlich wenig ausmachen, er könnte ruhig mal etwas freundlicher zu mir sein, denn ich habe ihm gestern abend noch einen Apfel gegeben als Trost für seine verzweifelte Liebe die ich mir eigensinnig genug gut vorstellen kann.
Ich habe Margot mal gefragt ob sie mich sehr häßlich fand, sie sagte daß ich schon witzig aussähe, und daß ich hübsche Augen hätte, ziemlich vage findest du nicht auch? Nun bis zum nächsten Mal, grüße deine zweite Hälfte Wellensittich von

Anne Frank

28. Sept. 1942.

Beste Pien,
Als Nachttopf benutze ich ein Weckglas, es steht tagsüber im Badezimmer aber ich habe unheimlich Angst daß sie es noch mal als Weckglas haben wollen, aber wenn sie daran riechen werden sie wohl genug davon haben. Nachts mache ich es schon nach Gefühl und ich mache es direkt um mein »Vagina« und ein Stück drumherum, es geht prima. Kein allzu langer und, auch nicht allzu feiner Brief gell, nun ein anderes Mal wieder, du wurdest beim letztenmal auch nicht schlecht bedient. Richte Grüße an deinen Geliebten aus, von deiner Freundin,

Anne Frank.

28. Sept. 1942

Beste Loutje,
Peter geht abends ins Lager um die Eimer mit Abfall zu leeren, oft klingelt es am Montagabend und dann bekommen wir einen Schreck. Auch ruft zuweilen jemand nach der Bürozeit an. Ich kann auf jede S. die ich schreibe immer wieder setzen, »Pim ist ein Schatz!!!! Mama nicht!!!! Das erste ist genauso gemeint wie das zweite, gemein gell!!!! Ich finde es so interessant aussehend, auf jeder S. ein so auffallendes »etwas« stehen zu haben. Wie geht es Kaki, die »Joop ter Heul« Bücher habe ich ausgelesen, und ich finde genau wie du das letzte Buch am schönsten. Ich sitze hier nicht so bequem, wie du wohl an meiner Schrift merken wirst, also good bye my girl, jour

Anne Frank.

30. Sept. 1942

Heute morgen konnten wir wieder normal nach dem Frühstück nach unten gehen. Der Installateur kam nicht, da sein Sohn einen Aufruf für Deutsch-land hatte und sofort wegfahren mußte. Ich ging nach unten um zu arbeiten. Ungefähr um halb eins kam Herr Levinsohn der mußte in der Küche sein und mit Herrn Kugler kochen. Neue Schwierigkeit, denn Herr Levinsohn kennt das Gebäude genauso gut wenn nicht besser als der Installateur. Die Familie war daher mäusestill und Herr Levinsohn argumentierte mit seiner geschwollenen Stimme gegen Herrn Kugler, als dieser mal 5 Minuten aus der Küche gegangen war, schrie er ihm schon wieder hinterher: »Herr Kugler!!!! Herr Kugler!!!!«.
Der arme Mann hatte keine Minute Ruhe. Als Herr Levinsohn dann endlich um halb drei abgezogen war, mußte Herr Kugler wieder zum Wirtschaftsprüfer der unten in den Büchern herumschnüffelt.
Bei Tisch, große Veränderung, da ich neben Herrn van Pels sitze und Margot neben Mutter, dies weil Margot die Eßlust des Herrn [van Pels] nicht mehr gut beeinflußt und deshalb muß ich nun als Ersatz herhalten. Das Menü war nicht sehr verlockend wenigstens für mich, hingegen aß Herr [van Pels] 3 große Teller leer und seinen Behauptungen nach konnte auch noch ein 4. dazu.
1. Oktober 1942. Heute sind die drei Gefährlichen beieinander nämlich Levinsohn, [die] Putzfrau und Herr Broks. Herr Levinsohn nennt sich nun am Telefon Herr Müller, weil er bei Christen nicht anrufen darf.
Heute morgen saß die Familie also wieder oben. Das Menü bestand aus Möhreneintopf, jedoch ohne Lachstück, nach Peters Meinung.

6. Okt. 1942.

Bokkie Pepertje Sokkie Tokkie Pepertje – Pokkie Pepertje Pokkie
Heute haben wir endlich wieder einmal ein bißchen Ruhe, wenigstens soweit man das [so] nennen kann wenn Levinsohn doch mittags kommt. Morgens habe ich Französisch und Geschichte

gelernt mit Vater, jedoch nicht ohne Unterbrechungen von Kugler und Kleiman. Kleiman hat etwas sehr Ekliges Hämorrhoiden das sind Blutadern in den Därmen, wenn man nun zum W. C. geht oder Gase läßt drückt das gegen die Blutgefäße und die platzen so daß das Blut herausläuft und man deshalb oft einfach auf der Straße eine ganze Hose voll Blut bekommt. Die Operation davon ist sehr unangenehm, die Därme müssen aus dem Körper geholt werden und man darf 8 Tage nicht aufs W. C. davon bekommt man natürlich einen ganz dicken Bauch. Kleiman hat so eine Operation schon einmal gehabt und fürchtet sich davor, aber vielleicht geht es mit Salbe vorbei.
Heute mittag kam Miep mit den Debitorenlisten noch vom Mai die haben Vater und ich noch vor dem Essen zusammen fertig gemacht. Das Verkaufsbuch muß heute abend noch ganz aufgestellt werden und das ist viel, aber ich denke daß Papa das schon tun wird, fertig werden wird er wohl nicht denn die Debitorenlisten müssen auch noch aufgezählt [werden].
Miep hat wieder etwas Unangenehmes bei ihren Eltern (Pflegeeltern) sind Haussuchungen gewesen und ein Zimmer ist versiegelt, weil der Mann Dinge hatte von seinem Schwiegersohn in diesem Zimmer sind nun auch noch viele andere Dinge sehr unangenehm. Jeden Abend werden die Leute fast abgeholt und das ist schrecklich vor allem auch alte und kranke Menschen, sie behandeln sie genau wie Sklaven in früheren Zeiten. Die armen alten Menschen werden abends nach acht abgeholt und müssen dann z. B. gehen bis zum Adama v. Scheltemaplein nachts in einem ganzen Haufen mit Kindern und allem dabei wenn sie dann am Adama v. Scheltemaplein angekommen sind müssen sie zu der Ferdinand Bolstraat von dort wieder zum A. v. Scheltemaplein und so werden die armen Menschen gequält. Auch werden sie mit Wasser bespritzt wenn sie schreien. Ein Glück daß wir hier sind. Miep ist auch bei Helene gewesen die hat ein Genesungsheim und versucht einen Stempel zu bekommen daß sie nicht weg muß. Herr Rozendaal, der Taube von der Tokita ist auch verhaftet worden weil er das J. aus seinem Personalausweis weggemacht hatte. Herr Huisburg ist auch in Westerborg aber darf vorläufig dort bleiben, für den Judenrat. Herr Holland der Sportansager sein Sohn und seine Frau sind auch weg genau wie Herr de Vries von der Sportvereinigung auf der Noorder Amstellaan. Frau Bunjes hat am 1. Oktober ein Baby bekommen Joke, Regina ein hübscher Name. Herr Bunjes ist vom Cineac entlassen weil er abends einen Film ein bißchen abgekürzt hat, um die letzte Straßenbahn noch zu erwischen, aber das haben sie nur gemacht weil er ein Viertel Jude ist, aber nicht dazu zählt. Heute abend haben wir schrecklich gelacht um eigentlich nichts als Blödsinn. Margot sieht aus wie aus einer üblen Gegend weggelaufen und ich nicht viel besser weil gestern abend unsere Haare gewaschen wurden.
Ich esse schrecklich viel, so viel daß jeder darüber staunt auch Gemüse nur abends nicht gern. Heute mittag und heute abend hatten wir Grünkohleintopf aber ohne Wurst, heute abend habe ich ihn nicht gegessen. Heute mittag habe ich nach langer Zeit wieder mal geschlafen und davor habe ich statt zu lesen meine Puppe aus der Wiege von Frau Eichwald angezogen sie sieht wieder hübsch aus und den Bär, mein einziges übriggebliebenes Schmuckstück, (traurig klingt das gell) habe ich so hingesetzt daß es aussieht als würde er kriechen. Die Kingfordschool habe ich fertig aber ich finde sie lange nicht so wie die anderen Bücher von Cissy van Marxveldt es hat nichts Fesselndes.

30. Sept. 1942.

Beste Conny,
Gestern konnte ich nicht an dich schreiben, weil Frau [van Pels] Geburtstag hatte, es war sehr gemütlich, und ich habe nachmittags fünf Tassen Tee getrunken. Frau [van Pels] hat Crysanthemen vom Personal und Rosen von uns bekommen. Herr [van Pels] hat ihr rote Nelken verehrt,

sehr schön. Mittags aßen wir Blumenkohl mit Zunge und Kartoffeln, Tomatensuppe davor und leckere Soße. Als mittags das ganze Büro heraufkam inclusive Herrn Voskuyl haben wir Apfeltörtchen und Kaffee (außer ich Tee) gehabt. Abends haben wir bei Tisch schrecklich gelacht denn ich habe Papi, den Pelz von Frau Dreher um den Kopf gelegt und da sah er so himmlisch aus, es war zum Totlachen, Herr van Pels hat es danach auch probiert und der sah noch verrückter aus, vor allem als er sich auch noch Margots Brille auf die Nase setzte. Er sah genau aus wie so eine alte deutsche Dame, und niemand würde darin Herrn v. Pels erkennen. Abends war es nicht mehr so schön, denn wir waren alle ohne Ausnahme sehr müde. Frau [van Pels] hatte einen tollen Pflaumenkuchen gebacken.
Heute morgen waren wir froh daß der Installateur nicht kam, denn dessen Sohn war in Deutschland und ist zurückgekommen, nun muß er wieder zurückgehen denn er hat wieder einen Aufruf bekommen. Nun kam an dessen Stelle Herr Levinsohn der mußte für Herrn Kugler Proben kochen. Es war unheimlich, denn dieser Kerl kennt auch, genau wie der Installateur, das ganze Haus, wir mußten daher so still wie Mäuschen sein.
Ich habe doch fleißig gelernt, französische unregelmäßige Verben und auch die Wörter von: »La belle Nivernaise«. Später kam Miep und ist hinaufgegangen, Papa und ich die unten saßen, ihr hinterher. Ich legte mich zu Herrn v. Pels, herrlich warm und als Miep wieder weg war, habe ich angefangen dir zu schreiben. Miep und Jan kommen diesen oder nächsten Freitag hierher schlafen, dann tragen wir Papis Bett, in unser Zimmer und dort schlafen sie dann zu zweit darauf. Miep bringt zwei Wolldecken mit, und wir haben auch zwei Wolldecken übrig, dann können wir von oben im Koffer des Herrn Fuchs noch eine Daunendecke und ein Plumeau mit Kissen bekommen, so werden sie es vermutlich nicht zu kalt bekommen. Meine Couch rollen wir dann in das angrenzende Zimmer, und Margot schläft auf dem Harmonika-Bett. Frau van Pels und ich haben ständig Streit, weil sie Vater immer über die Haare streichen will, und ich bin ziemlich eifersüchtig ausgefallen wie du weißt, also das kann ich nicht haben, vor allem weil sie sich so anstellt, Mutter tut das doch auch nicht bei Herrn [van Pels], das habe ich ihr auch ins Gesicht gesagt.
Der Freund von Bep, Bertus muß auch nach Deutschland, Bep ist ganz down, das kann man verstehen.
Ich habe schreckliche Schmerzen, in meinem Zeigefinger (von der linken Hand zum Glück) und kann nun nicht bügeln, was für ein Glück!
Herr v. Pels wollte lieber daß ich mich neben ihn an den Tisch setzte, denn Margot ißt nicht mehr genug nach seinem Willen, nun ich finde so eine Veränderung auch ganz schön. Im Garten, läuft nun immer so ein kleines schwarzes Kätzchen herum, das erinnert mich dann wieder an mein Moortje, oh, dieser Schatz. Mama hat ständig was auszusetzen, vor allem auch bei Tisch, deshalb ist die Veränderung auch ganz schön, nun hat Margot den Ärger damit, oder besser gesagt keinen Ärger damit, denn zu ihr hat Mutter nicht solche Stacheligen Anmerkungen, das vorbildliche Kind! Mit dem vorbildlichen Kind piesacke ich sie nun immer und das kann sie nicht ausstehen, vielleicht gewöhnt sie es sich dann ab, es wird auch höchste Zeit.
Wenn unten jemand ist, gehen wir alle auf Marmeladen-Weckgläser oder Nachttöpfe auf den Oberboden, denn auf das W. C. dürfen wir nicht. Jetzt ist es genug für heute, tschüs Con, Grüße an deinen Herrn Gemahl von

Anne Frank

3. Okt. 1942.

Beste Marianne,
Ich habe schon wieder ein paar Tage nicht geschrieben, aber es ist inzwischen schon sehr viel passiert. Gestern haben sie mich sehr geneckt weil ich mit Herrn v. Pels zusammen auf dem Bett gelegen habe. So früh schon, ein Skandal!, und lauter solche Ausdrücke mehr. Blöd natürlich. Ich würde nie mit Herrn v. Pels schlafen wollen in der allgemeinen Bedeutung natürlich. Heute morgen kam Miep und erzählte wieder daß sie gestern abend in [Amsterdam-]Süd wieder Haus um Haus Juden abgeholt haben. Schrecklich. Wer weiß wer von unseren Bekannten noch da ist. Eine alte lahme Frau saß bei Miep vor der Tür denn sie konnte nicht gehen und da haben die Schufte ein Auto geholt, da mußte die arme Frau in der Kälte vor der Tür sitzen (hinein durfte sie nicht) und es wurde heftig geschossen. Man kann es sich nicht vorstellen wie schrecklich es ist, ich bin nur froh, daß wir hier sind. Gestern gab es wieder einen Zusammenstoß und Mutter hat sich schrecklich aufgespielt, sie hat all meine Sünden Papi erzählt, und fing heftig an zu weinen; ich natürlich auch, und ich hatte schon so schreckliche Kopfschmerzen. Ich habe Papi endlich erzählt, daß ich »ihn« viel lieber habe, als Mutter, daraufhin hat er dann gesagt, daß das schon wieder vorbeigehen würde, aber das glaube ich nicht. Mutter kann ich nun mal nicht ausstehen, und ich muß mich mit Gewalt zwingen, sie nicht immer anzuschnauzen und ruhig zu bleiben, ich könnte ihr so ins Gesicht schlagen, ich weiß nicht wie es kommt daß ich eine so schreckliche Abneigung gegen sie habe. Papa hat gesagt daß [ich] wenn Mutter sich nicht wohl fühlt oder Kopfschmerzen hat, mal von selbst anbieten müßte etwas für sie zu tun, aber das tue ich nicht denn ich mag sie nicht, und fühle ich das auch nicht. Bei Vater würde ich das fühlen, das habe ich bei seiner Krankheit gemerkt. Ich kann mir auch gut vorstellen daß Mutter mal stirbt, aber wenn Papa mal stirbt scheint mir das unüberwindbar. Es ist sehr gemein von mir, aber so fühle ich es. Ich hoffe daß Mutter »dieses« und alles andere <u>niemals</u> lesen wird.
Peter hat nun wieder etwas am Fuß, dieser Trottel und ich merke gut daß er verliebt ist. Gestern habe ich die Marken ausgeschnitten, das ist eine schöne Arbeit. Kartoffeln schälen, tue ich jetzt auch oft, aber pellen finde ich schrecklich. Heute muß ich im Gebetbuch lesen, ich verstehe nicht daß Mutter mich dazu zwingen will, aber ich werde es tun ihr zuliebe und vor allem für Pim.
Mutter hat gerade gesagt wenn wir daheim wären und dort bleiben dürften würden wir vielleicht Baby Goslar auf nehmen, das scheint mir großartig; aber ich denke wir würden sie nicht mehr gehen lassen. Ich habe nun so ein schönes Buch »Eva's jeugd« heißt es. Da dachte Eva daß Kinder wie Äpfel an einem Baum wachsen, und daß der Storch sie dort abpflückt wenn sie reif sind und sie den Müttern bringt. Aber die Katze von ihrer Freundin hat Junge bekommen und die kommen aus der Katze, nun dachte sie daß die Katze, genau wie ein Huhn Eier legt, und sich dann darauf setzt brüten, und die Mütter die ein Kind bekommen gehen auch ein paar Tage zuvor nach oben und ein Ei legen um es dann auszubrüten, wenn das Kind dann da ist sind die Mütter noch etwas schwach vom langen Hocken. Eva wollte nun auch ein Kind haben und da nahm sie einen Wollschal, und legte den auf den Boden, da hinein sollte das Ei dann fallen und dann kauerte sie sich hin und drückte. Sie fing an zu gackern aber es kam kein Ei. Endlich nach sehr lange sitzen, kam etwas heraus aber kein Ei, eine Wurst. Oh, Eva schämte sich so. Und das Mädchen dachte, daß sie krank wäre. Witzig gell. Ich höre damit auf liebe Marianne, ein nächstes Mal mehr von

<u>Anne Frank.</u>

P.S. Grüße an Jaap. <u>Ich liebe dich</u>. Du verstehst mich schon gell?

4. Okt. 1942.
Sonntag.

Beste Kitty,
Heute ist es wieder so ein fauler Tag den ich verabscheue. Heute morgen bin ich im Waschschüssel-Bad gewesen, es war gemütlich und ich mache es mir ganz einfach. Heute morgen habe ich noch Radio gehört, Göring war am Schimpfen über die Juden ungeheuerlich!!!! Gestern abend war ich mit Peter am Radio es war zum erstenmal nach ein paar Wochen wieder schön, die Witze waren wie folgt:
{{Ein Photograph wollte eine lange dünne Dame photographieren, aber es wurde ein Fehlschlag und das Photo war nur ein langer schwarzer Streifen. Die Dame jedoch war damit zufrieden und sagte, daß ihr Pfadfinder-Mann auch zufrieden sei. Nach ein paar Tagen kam die Dame zurück und fragte ob der Photograph auch mal nachts kommen könnte photographieren. Der Photograph kam und verstand die Absicht und fing daher an sich zu entkleiden, wobei die Dame weglief.}}}} Papa hat heute ziemlich schlechte Laune, aber das geht bestimmt vorbei. Ich habe mit Margot zusammen auf der Couch gelegen und in »De Stormers« gelesen es ist wohl nett, aber es ist bei weitem nicht so gut wie »Joop ter Heul« es kommen übrigens auch meistens dieselben Wörter darin vor das ist natürlich klar bei derselben Schreiberin.
Übrigens schreibt Cissij van Marxveldt toll. Ich werde sie bestimmt meine Kinder auch lesen lassen. In »Eva's jeugd« stehen auch Dinge über das Verkaufen von Körpern von unbekannten Frauen auf den Straßen, und einen Haufen Geld dafür verlangen. Ich würde mich totschämen vor so einem Mann. Weiter steht auch darin daß Eva ihre Periode bekommen hat, gell danach sehne ich mich so sehr, dann bin ich wenigstens erwachsen. Papa mault schon wieder, und droht daß er mein Tagebuch wegnehmen wird, oh ein unüberwindlicher Schreck. Ich werde es in Zukunft auch verstecken, tschüs (keine Lust mehr)

AnneFrank.

5. Okt. 1942.
Montag

Beste Pop,
Noch kurz 5 Minuten mit dir quatschen bevor mein Kopf gewaschen wird. Heute war es wieder: »Stille«! Der Installateur, Levinsohn (ohne Susi, den Hund) und die Putzfrau waren da also drei schwarze Gefahren. Mein weißer Pullover, ist nun schon ein Slipover denn er ist fertig bis auf die Ärmel. Frau [van Pels] ist (jordaans) eine Laus über die Leber gelaufen, aber das sind wir so langsam gewöhnt. Heute nachmittag haben wir uns fast alle in die Hosen gemacht weil wir nicht zum W. C. konnten /// Ich habe immer so gelbes Zeug in der Hose, mit Einbildungskraft männlicher Samen, eklig aber ich traue mich nicht zu fragen /// tschüs ich traue mich nicht weiter denn Wasser kocht.

Anne Frank

7. Okt. 1942.
Mittwoch.

Beste Conny,
Gestern abend wollte ich noch gern ein Butterbrot und wir hatten darüber gesprochen daß bei Tisch keine Butter war, unten haben wir angenommen daß sie oben wohl auch Butterbrot essen würden, aber das durften wir natürlich nicht sagen. Ich ging nach oben und schnitt Brot ab. Da waren sie schon böse weil sie sagten daß ich dann auch Grünkohleintopf essen müßte, aber ich sagte daß ich dann wenigstens einen Vorteil hatte als ich die Jüngste war. Wurde wi-

dersprochen, dann würde jeder etwas sagen können aber ja Frau [van Pels] hat noch weniger gehabt als ein Vögelchen essen würde, konnte ich wieder nicht sagen denn ich wollte nicht frech werden. Ich holte in aller Ruhe die Butter, aber da wurde Herr [van Pels] wütend er tobte und er sagte daß ich jetzt gleich hinuntergehen sollte, und das zeigen und daß er böse auf mich wäre. Ich zog in aller Ruhe hinunter und Frau [van Pels] besänftigte Herrn [van Pels] oben ein bißchen, unten angekommen war es auch nicht viel besser denn Papi fing hier auch an zu schreien, worüber ich mich natürlich zu Tode schämte, weil sie oben jedes Wort verstehen konnten. Aber der Vorfall war bald erledigt und der Schluß war, daß ich einsah daß es blöd von mir war, heute morgen oder besser gesagt gestern abend schon war der ganze Fall vergessen. Zum Frühstück aß ich eine Scheibe Brot ohne Butter und die anderen wieder mit. Miep kam, aber sie erzählte zum Glück nicht viel denn was sie erzählt ist meistens nicht sehr schön. Bep hat eine Schachtel mitgebracht mit den Kleidern die Corry fertiggemacht hat, nur der Rock ist noch nicht da, aber das können wir natürlich nicht fragen, denn Miep weiß das natürlich nicht.

AnneFrank.

7. Okt. 1942.
Mittwoch.

Beste Phien,
Heute morgen ist zum Glück niemand unten also können wir dort sein. Ich habe ein bißchen Französisch gemacht aber Margot brauchte das Wörterbuch und dann habe ich mit Geschichte angefangen. Heute ist schon ein Kräuterkuchen gebacken worden für Freitag wenn Miep und Jan kommen, großartig scheint mir das, Bep will auch mal. Meine neue Einbildung ist jetzt die Schweiz, vielleicht zeichne ich die 8 neuen Kleider hier ein, aber das weiß ich noch nicht denn mein Zeichentalent ist nicht so groß, und dann habe ich Angst daß ich sie vermassele, dann wäre der Effekt meiner Phantasie nicht mehr so schön. Mama und ich stehen wieder auf besonderem Fuß, während Papi gestern sehr gereizt war, aber das wollen wir ihm mal nicht übel nehmen. Ich habe nun auch eine Toilettenschachtel eingerichtet, aber sie ist lange nicht so schön wie meine schweizerische. Auch den Film würde ich gern haben. Piets großer Zehen Nagel eitert, nun läuft er mit einem großen Socken nachts drumherum, es sieht zum Brüllen aus. Gestern abend sah er aus wie ein Bäckergeselle mit seiner Pyjamahose und nacktem Oberkörper, dann der Humpel-Fuß und ein Handtuch über der Schulter und eine Nagelbürste es war zum Brüllen. Papi kam gerade aus dem W. C. in Hemd und Unterhose, er ging wieder so wie der alte Dreher, zum Totlachen. Ich bekomme Rückenschmerzen Phienekind also bis zum nächsten Mal.

AnneFrank

Ich bilde mir nun ein daß …. ich in die Schweiz gehe und alles mitnehme auch die Möbel und Geld. Wir kommen dort an Papa und ich schlafen in 1 Zimmer während das Studierzimmer der Jungen mein Zimmer wird wo ich sitze und meine Gäste empfange. Dort haben sie als Überraschung neue Möbel gekauft mit Teetisch, Schreibtisch, Sesseln und Divan, einfach großartig. Nach ein paar Tagen gibt Papa mir f150 Gulden umgerechnet natürlich aber ich werde einfach Gulden sagen und sagt daß ich dafür alles kaufen soll ausschließlich für mich selbst was ich für nötig halte dieses darf ich unverzüglich ausgeben, ich bekomme dann jede Woche f1, dafür kann ich mir dann kaufen was ich selbst will. Ich gehe mit Bernd los und kaufe:

3 Sommerhemden	à f0,50	=f1,50
3 „ hosen	à f0,50	=f1,50
3 Winterhemden	à f0,75	=f2,25
3 „ hosen	à f0,75	=f2,25
2 Unterkleider	à f0,50	=f1,00
2 Büstenhalter (kleinste Größe)	à f0,50	=f1,00
5 Pyjamas	à f1,00	=f5,00
1 Sommermorgenrock	à f2,50	=f2,50
1 Winter „	à f3.00	=f3.00
2 Bettjäckchen	à f0,75	=f1,50
1 kleines Kissen	à f1.00	=f1.00
1 Paar Sommerpantoffeln	à f1.00	=f1.00
1 „ Winter „	à f1,50	=f1,50
1 „ Sommerschuhe (Schule)	à f1,50	=f1,50
1 „ „ (gut)	à f2,00	=f2,00
1 „ Winterschuhe (Schule)	à f2,50	=f2,50
1 „ „ (gut)	à f3.00	=f3.00
2 Schürzen	à f0,50	=f1.00
25 Taschentücher	à f0,05	=f1.25.
4 Paar Seidenstrümpfe	à f0,75	=f3.00
4 „ Knie „	à f0,50	=f2.00
4 „ Socken	à f0,25	=f1.00
2 „ dicke „	à f1,00	=f2.00
3 Knäuel weiße Wolle (Hosen Eis, Mütze)		f1,50
3 „ blaue Wolle (Pullover, Rock.)		ff1,50
3 „ farbige Wolle (Mütze, Schal,)		ff1,50
Schals, Gürtel, Krägen, Knöpfe)		f1,25
	f50.	

Marianne.
Kit.
Pop.

2 Schulkleider (Sommer.)	à f2.–	=f4.– Phien
2 „ (Winter.)	à f3.75	=f7.50 Con.
2 gute „ (Sommer.)	à f2.50	=f5.–
2 gute „ (Winter.)	à f4.–	=f8.– (Em.) (Jet.)
1 Sommerrock	à f100	=f1.–
1 guter Winterrock	à f300	=f300 (Lou.)
1 Schul „	à f2.–	=f2.–
1 Regenmantel	à f5.–	=f5.–
1 Sommermantel	à f7.50	=f7.50
1 Wintermantel	à f10,–	=f10.–

2 Hüte à f2.– =f4.–
2 Mützen à f050 =f1.–
– 58,–
108.–
2 Taschen à f2.– = f4.–
1 Eiskostüm = f2.50.
1 Paar Schlittschuhe + Schuhe = f10.–
1 Schachtel mit (Puder, Fettcreme, Pudercreme, Abschminkcreme, Sonnenöl, Watte. Verbandschachtel in, Rouge, Lippenstift, Augenbrauenstift, Badesalz, Körperpuder, Eau de Cologna, Seife, Schwamm) à f5.–
1 Schachtel mit Nagelgarnitur und Farbe à f2.50
1 Gürtel mit Tasche = f1,–
= f25.
f133.
4 Pullover à f1,50 = f1.50
4 Blusen à f1.– = f1.–
diverse Dinge à f10,. und Bücher.
Geschenke f4,50.

Mit Privatstunden habe ich die Schule eingeholt und kann auch genügend Französisch und Deutsch um mitzukommen, wobei ich auch ganz hübsch Schweizerdeutsch kann. Ich komme in die zweite Klasse Lyceum mit netten Jungen und Mädchen wo ich bald Kitty aufstöbere ein nettes Mädchen von 14 Jahren wir werden dicke Freundinnen auch mit den Jungen freunde ich mich an.
Bernd lehrt mich eifrig Kunstreiten und ich werde seine Partnerin da der Partner doch zufällig weg ist, wir bilden zusammen ein reizendes Paar und jeder ist hingerissen wir schicken fünf Photos ins Büro 1 Anne beim Herumdrehen 2 Anne eingehängt bei Bernd linker Fuß vor 3 Anne mit Bernd beim Walzer tanzen 4 Anne mit Bernd Schwan[entanzfigur] 5 Anne links, Bernd rechts einander zugewandt mit Kußhand. Später wird ein Film gemacht für Holland und die Schweiz, sowohl die Freundinnen in Holland als auch in der Schweiz finden ihn sehr schön. Er ist in drei Teilen.
1. Teil. Anne auf Schlittschuhen.
Erst sieht man sie von der einen Seite erscheinen während ihr Partner an der anderen Seite erscheint mit einem blauen Eiskostüm mit weißem Pelzbesatz vorne mit Reißverschlußtaschen und Reißverschluß und Gürtel mit Tasche.

[Handschriftliche Anmerkung zu der Zeichnung:]
Mütze
Kleid

Dann machen sie Schwan[entanz] und Anne macht einen ungeheuren Luftsprung. Später Walzer tanzen und Witze dann wie der Unterricht ist.

2. Teil. Anne zu Besuch und in der Schule.
In dem Zimmer mit Kitty und zwei Jungen darunter Bernd an einem Teetisch beschäftigt dann in der Schule umringt von einem Sturm von Kindern und alle möglichen albernen Szenen z. B. im Bett mit Vater und bei Tisch.
3. Teil. Annes Toiletten die 8 neuen Kleider das Eiskostüm das ein Geschenk ist ein weißes und Schuhe.

10. Okt. 1942
Samstag.

Beste Marianne,
Ein Skandal gell, daß ich so lange nicht von mir habe hören lassen, und doch ist so viel passiert, aber ich hatte einfach nicht die Zeit dir zu schreiben. Gestern nachmittag war Miep bei Frau Stoppelman die versteckt sich in Bussum bei Frau van der Horst, Miep ging sie dann aufsuchen. Als sie zurückkam, kam sie direkt vom Bahnhof zu uns, denn sie wollte mit Jan bei uns schlafen. Erst haben wir gegessen, Karotten, Kartoffeln und jeder zwei Bällchen Hackfleisch mit Suppe davor. Dann saßen wir noch ein bißchen um den Tisch und Frau v. P. war schon am Spülen, und auf einmal peng ging das Licht aus, wir erschraken natürlich schrecklich und Papi rief von unten, ist das Licht aus? Ja, riefen wir zurück. Und ich ging nach unten um Kerzen zu holen. Es war eine festliche Beleuchtung und wir dachten natürlich, daß die Herren nicht mehr ins Lager gehen würden. Aber es war erst Viertel nach sieben und die Herren, gingen, doch. Nach 5 Minuten badete unser Haus also wieder in Licht. Der Kurzschluß war durch Papis Schreibtischlampe verursacht worden. Um halb 9 gingen wir wieder hinauf wo inzwischen gelüftet war und tranken Kaffee mit Kräuterkuchen und Maria-Keksen. Die Kinder bekamen Zitronensaft. Um 10 Uhr mußten wir schon ins Badezimmer und wir lagen schon bald im Bett. Die Herren gingen mit Jan zum Radio, und die Damen saßen mit Miep oben, während Lord Peter schon ins Bett gegangen war, und dort las. Um halb 11 kam endlich Bewegung in die Sache und gingen die anderen auch ins Bett. Um 11 Uhr ging das Licht aus. Margot und ich saßen von 10 bis 11 im Bett und lasen, was für diese besondere Gelegenheit erlaubt war. Heute morgen war ich schon früh auf, und Jan war schon angezogen der mußte um halb 9 schon weg, also saß er schon um 8 Uhr oben und frühstückte. Miep zog sich gerade an. Und stand noch in ihrem Hemd, als ich hereinkam. Miep hat auch genau solche wollenen Hosen wie ich, auf dem Fahrrad. Margot und ich zogen uns nun auch an, und wir waren viel früher als gewöhnlich oben. Nach einem gemütlichen Frühstück zog Miep ab, nach unten. Es goß, und sie war froh, daß sie nun nicht mit dem Fahrrad ins Büro zu fahren brauchte. Miep hat vorgeschlagen mich an einem Abend mitzunehmen und dann bei ihr in die Badewanne zu gehen, und mich am folgenden Abend wieder heimzubringen. Aber das ist doch viel zu gefährlich denn es könnte doch sein daß mich jemand sehen würde.
Ich ging nach dem Frühstück mit Papi erst wieder die Betten machen, und dann 5 französische unregelmäßige Verben lernen, fleißig gell. Margot und Peter saßen in unserem Zimmer und lasen, und Musschi, saß bei Margot auf der Couch, ich kam nach meinen französischen unregelmäßigen Verben auch dazu und las in »En eeuwig zingen de bossen«, es ist ein sehr schönes, aber sehr sonderbares Buch, ich habe es nun fast aus. Musschi liegt nun wieder bei Mutter, genau wie ein Babykätzchen, ich habe sie ganz zugedeckt und sie sieht goldig aus. Papi macht mir gleich mit dem Lockenstab die Haare, schön gell! Herr Kleiman hat 2 Bücher von seiner Tochter mitgebracht, Else's baantjes und Riek de kwajongen, das eine kannte ich schon, und das andere scheint mir sehr kindisch zu sein. Herr Kleimans Tochter wird hier immer so genannt, und das finde ich sehr steif. Herr kleiman tut als ob die Bücher die er mir gibt für Beps Schwestern wä-

ren, und er hat gesagt daß ich 16 oder 15 Jahre alt bin. Auf der einen Seite wünschte ich bloß daß es wahr wäre aber auf der anderen Seite auch nicht. Tschüs liebste Marjan grüße Jaap von mir, und unser »Geheimnis ooh erinnernd.

AnneFrank

10. Okt. 1942.
Samstag

Beste Kitty,
Meine Vagina wird immer weiter, aber es kann auch sein daß ich mir das einbilde. Wenn ich auf dem W.C. bin, schaue ich manchmal nach und dann sehe ich ganz genau, daß der Urin aus einem Loch in der Vagina kommt, aber oben ist noch ein Ding, da ist auch ein Loch drin, aber ich weiß nicht wozu das dient. Pim ist wieder goldig, ich fühle mich immer im 7. Himmel wenn er mich streichelt. Madame war im Bad aber sie hat die Schüssel in die Küche gestellt, schrecklich unheimlich, kommt mir das vor. Nun höre ich auf, ich muß aufs W.C. Tschüs. Unsere eigenartigen Gespräche hoffentlich fortsetzen zu können, grüße ich dich und deine Lieben. Tschüs.

AnneFrank.

Mittwoch. 14. Okt. 1942.

Beste Pop,
Ich komme einfach nicht dazu, mal an euch zu schreiben. Ich habe schrecklich viel zu tun. Gestern habe ich erst ein Kapitel aus »La belle Nivernaise« übersetzt, und Wörter aufgeschrieben. Dann eine Mistrechenaufgabe gemacht und dann noch 3 Seiten französische Sprachlehre übersetzt. Heute französische Sprachlehre und Geschichte. Ich denke nicht daran jeden Tag solche Mistrechenaufgaben zu machen. Papa findet sie auch schrecklich und ich kann sie fast noch besser als er, aber in Wirklichkeit können wir sie alle zwei nicht so daß wir Margot immer dazu holen müssen. Ich bin auch eifrig am Stenographieren das finde ich toll, ich bin am weitestens von uns dreien. Bep bestellt nun die Unterrichtsstunden für uns und wir bekommen jeder ein Steno Heft, Margot hat schon eines. Heute nacht habe ich wieder einmal von P.S. geträumt und er ist wieder der alte. Einfach süß! Ich wünschte nur er käme auch hierher zum Verstecken. Der arme Junge vielleicht ist er schon tot in Polen. Ich hoffe nur daß er mich nicht enttäuschen würde. Mama ist wieder wie üblich. Gestern abend hatte ich Büroarbeit. Miep ist erkältet und kommt deshalb nicht, Jan auch. Wir haben vorgeschlagen daß sie sich hier ins Bett legt, dann können wir sie versorgen, aber das will sie nicht. Madame findet mich heute wieder einmal eine Egoistin, verrückt gell!!!! Diese .... sie hat keinen Charakter, sie tut nur manchmal so, und dann ist sie auch wirklich nett. Montag habe ich Mutter den Kopf gewaschen und gestern den von Frau [van Pels] sie hat so ein schönes Schampoon daß meine Hände und ich jetzt noch danach riechen. Pim ist lieb. Er hat seine Schnurrbart-Mäuschen wieder ein bißchen gestutzt, es sah auch nach nichts mehr aus, nun läßt er seinen Schnurrbart, nur noch, in die Breite wachsen. Heute ist ein Brief von Onkel Erich gekommen, Herbi ist in der Schweiz bei ihnen, und sie erwarten auch Paul, Erichs Bruder. Ich wünschte daß Pim und ich dorthin könnten, he, was für Träume gell!!!!
Poppedijn, bis hoffe ich nicht mehr als 5 Tage, dann komme ich in Gedanken wieder zu dir!

Anne Frank.

14. Okt. 1942.
Mittwoch.

Liebe Phien,
Lange nichts mehr hören lassen gell, aber ich will eure Flitterwochen auch nicht mit meinem albernen Gequatsche, so oft stören, oder macht das nichts? Hat Bob seine Arbeit wieder aufgenommen? Und zeigen sich bei dir nicht schon die Spuren von Befruchtung, ich hoffe es für dich, aber es ist doch lange nicht immer einfach. Goslars Baby muß inzwischen auch schon längst da sein. Schade daß wir es nicht sehen können, wenn Miep wieder gesund ist, geht sie sicher mal hin. Tschüs Phienekind, Grüße an deine bessere Hälfte, mit Sehnsucht auf dich wartend.
AnneFrank.

15. Okt. 1942.
Donnerstag.

Beste Conny,
Gestern haben wir noch einen riesigen Schreck gehabt. Der Zimmermann war vor unserem Schrank an der Arbeit, er mußte den Feuerspritzenschrank füllen und etwas an der Zwischentür zum Vorderhaus reparieren. Wir waren nicht gewarnt worden und riefen nichtsahnend durch das Haus. Auf einmal nach dem Essen, Bep wollte gerade hinuntergehen, höre ich Hämmern ich sage pst oben, aber wir dachten daß es Mutter wäre die gerade die Dachbodentreppe herunterkam, aber es ist Bep auf der Treppe höre ich es wieder, und die anderen auch, so haben wir gemerkt daß der Zimmermann anwesend war. Papa und ich haben uns an die Tür gestellt horchen, aber es dauerte bestimmt eine Viertelstunde, und der Herr zog aber nicht ab. Bep konnte natürlich nicht nach unten denn dann würde der Mann unsere Tarnung sehen. Auf einmal hören wir ein schreckliches Rütteln, an unserer Tür. Wir dachten nicht anders als wäre es der Zimmermann, der hierher kommen wollte und nachschauen. Es war beängstigend laut. Dann immer Pfeifen und Klopfen.
Ich hatte schreckliche Angst und dachte unsere letzte Stunde hätte geschlagen. Ich sah uns in Gedanken schon in einem Konzentrationslager oder an der Wand stehen, um erschossen zu werden. Endlich hörten wir Kleiman etwas rufen und wir atmeten auf. Eine Stunde danach hatte ich noch weiche Knie und zitternde Hände. Kleiman konnte die Tür nicht vom Haken bekommen und konnte uns daher nicht warnen. Nun war der Zimmermann inzwischen kurz nach unten gegangen und darum wollte er Bep abholen, aber bekam die Tür wieder nicht auf. Was für ein Schreck, kann ich dir sagen! Papa und ich haben gestern abend französisch gesprochen und uns totgelacht. Wir haben die erste schriftliche Steno Lektion des Kurses »Selbstentwicklung« schon gehabt, es geht sehr schön und schnell. Nächste Woche bekomme ich ein Steno Heft. Tabeh my darling.
AnneFrank.

15. Okt. 1942.
Donnerstag

Beste Emmy
Kurz ein paar Zeilen zwischendurch, auch wenn der Monat noch nicht um ist. Heute morgen mußten wir wieder oben bleiben, wegen der Putzfrau, unangenehme Frau! Wir hatten Kartoffeln in der feuerfesten Schüssel aber roh, mit Apfelmus und Birnenkompott. Gestern stand in der Zeitung was man alles nicht mehr bekommen kann u. a. Zahnpasta, Eau de Cologne, Antiquitäten, Rouge und Puder, Handschuhe aus Leder, Porzellan, Öfen, Pelze und dergleichen mehr. Emmy, ich habe noch zu arbeiten für das Büro und Französisch weil ich tagsüber nicht viel gemacht habe also bis zum nächsten Mal von

AnneFrank.

22. Januar 1944.

Ich will nur mal kurz
anmerken daß Zahnpasta
und dergleichen uns noch immer geliefert
werden!
AnneFrank.

Anne.

18. Okt. 1942
Sonntag.
Auf diesen Fotos war ich 11 Jahre.

[handschriftliche Anmerkung neben den Fotos]
unangenehm zu hören
und volle Aufmerksamkeit.
Nasenlöcher weit offen.
kindlich schüchtern

16. Okt. 1942.
Freitag

Beste Jet,
Wenn Emmy ein paar Zeilen zwischendurch bekommt bist du auch kein Stiefkind, also, wie geht es so? Schon wieder ein bißchen von dem Schreck erholt, ich hoffe schon. Hier ist zum Glück noch alles beim alten. Ich habe heute Listen gemacht von den französischen unregelmäßigen Verben. Es ist eine präzise und langweilige Arbeit aber ich will es gern fertig machen. Ich habe noch nichts für Steno gemacht vielleicht heute abend noch, aber es ist Freitag also ist das kritisch. Mama ist wieder in einer schlechten Laune. Wir haben gehört daß die Familie Kohnke sich versteckt hat, zum Glück. Ich lese gerade Körner, der schreibt sehr schön. Bis zum nächsten Mal Jettie-Liebe von

AnneFrank

[handschriftliche Anmerkung zu den Fotos]
und so in einen Spiegel
so schaue ich in einen Kinderwagen
Dies ist doch goldig gell. Anne.
Hier habe ich sicher den Harlekin betrachtet.
Anne
18. Okt. 1942. Sonntag.

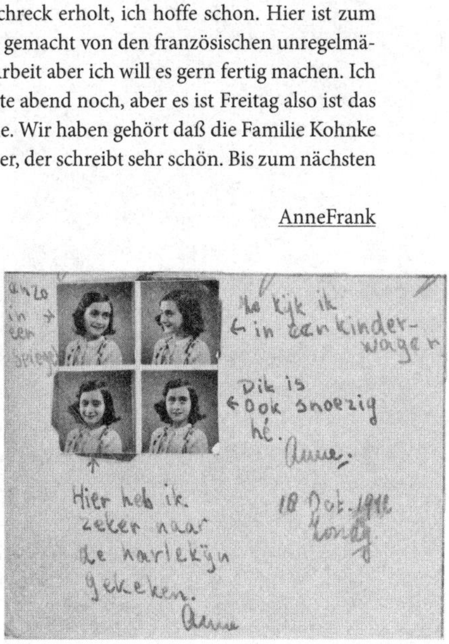

18. Okt. 1942
Sonntag

Liebe Marianne,
Gestern ist das Schreiben wieder zu kurz gekommen. Zum ersten weil ich die Liste der französischen Verben fertig machen wollte und zum zweiten weil ich noch andere Arbeit hatte. Ich habe wieder 2 Bücher von Kleiman bekommen, die Arcadia. Das handelt von einer
Reise nach Spitzbergen und De Louteringskuur, sie scheinen mir ganz schön zu sein. De Opstandelingen hat er auch mitgebracht. Das ist von Ammersküller. Dieselbe Schriftstellerin wie von Heeren, Vrouwen, Knechten. Das darf ich jetzt auch lesen, toll! Dann habe ich eine Menge Liebes Romantheaterstücke von Körner gelesen, ich finde daß dieser Mann schön schreibt. Z. B. *Hedwig, der Vetter aus Brehen, Hans Heilings Felsen, Der Grüne Domino, Die Gouvernante, Der Vierjährige Posten, Die Sühne, Der Kampf mit dem Drachen, Der Nachtwächter* und solche mehr. Vater will daß ich nun auch Hebbel und andere Bücher von anderen bekannten deutschen Schriftstellern lese. Deutsch lesen, geht nun schon relativ flott. Nur flüstere ich es meistens, statt daß ich für mich lese. Aber das geht wohl vorbei.

[handschriftliche Anmerkung zu dem Foto]
Das ist ein Foto, wie ich mir wünschen würde, immer so zu sein. Dann hätte ich wohl noch eine Chance nach Holywood zu kommen. Aber zur Zeit sehe ich leider meistens anders aus.
Anne Frank. 18. Okt. 1942
Sonntag.

Gestern habe ich wieder einige Filmstars im Zimmer aufgehängt, aber nun mit Photoecken, dann kann ich sie wieder herunternehmen. Bep ist gestern in die Stadt gegangen und hat Röcke für Margot und mich gekauft. Aber sie müssen umgetauscht werden, denn sie passen nicht ganz.

Bertus der Freund von Bep geht Mittwoch weg, mit noch einer ganzen Menge anderer niederländischer Leute. Die schicken sie nun auch fast alle nach Deutschland um zu arbeiten. Sowohl Männer wie Frauen. Heute morgen sind wir wieder alle auf der Waage gewesen,
Margot wiegt nun 120 Pfund
Mutter „ 124 „
Vater „ 141 „
Anne „ 87 „
Peter „ 134 „
Frau [van Pels] „ 106 „
Herr [van Pels] „ 150 „
Ich habe in den drei Monaten die ich hier bin 17 Pfund zugenommen, enorm gell! Heute morgen habe ich angefangen einen Karteikasten vom Büro zu sortieren denn der war umgefallen, und ganz durcheinander. Ich wurde schon bald halb verrückt, und fragte Margot und Peter ob sie mir helfen wollten, aber die beiden waren zu faul. Also habe ich es auch nur wieder weggeräumt, ich bin nicht verrückt das alleine zu machen. Gleich gehe ich mit meinem Strickzeug oder einem Buch hinunter und setze mich ans Radio. Ich muß auch noch ins Bad, aber dazu habe ich überhaupt keine Lust, vielleicht versäume ich es heute.
Frau [van Pels] hat bei Herrn Kleiman alle möglichen Toilettenartikel bestellt dabei war auch eine Tube feine Cream, und die fand sie nicht gut, aber Mutter schon und so wollten sie die Cream gemeinsam benutzen. Nach ein paar Tagen kam Frau [van Pels] zu der Entdeckung daß die Cream herrlich war, und noch altes Fabrikat und nun will sie sie auf einmal noch aufheben, aber Mutter ist nicht blöd. Frau [van Pels]weiß natürlich nicht daß Margot und ich auch davon mitbenutzen. Aber das ist uns egal Wir tun es doch. Nun Marjan Grüße an deinen (Bett oder Ehe) Genossen von
Anne Frank

20. Okt. 1942.
Dienstag.

Beste Kitty,
Die Röcke haben wir inzwischen bekommen. Nun mußt du mal hören wie lächerlich, meiner ist ellenlang und sehr eng, dann ist die Art Stoff ungefähr wie Jute, wovon Kartoffelsäcke gemacht werden. Die Nähte sind sofort aufgegangen als ich ihn anzog. Die Druckknöpfe waren auch schon locker bevor der Rock kaum hier war, und überall wo genäht war hingen lange Fäden und die Naht war stellenweise offen. So ein Ding das die Läden früher nicht gewagt hätten zu verkaufen kostet nun f7.75. Ich hatte zu Hause einen Rock den ich drei Jahre getragen habe und [der] noch gut ist für f1,95. Margot hat aus dem gleichen Jutestoff auch so ein Ding mit Falten. Obwohl viel zu weit um die Hüften viel zu eng und an den Nähten überall Knubbel das kostet f24.– Es ist einfach lächerlich.
Es sind nun wieder 15 Geiseln erschossen worden ist das nicht schrecklich? Die Menschen haben nichts getan, aber bürgen für alles was Sabotage ist. Es sind alles bedeutende Männer und sie haben einfach in der Zeitung geschrieben wegen Sabotage das kann natürlich niemand beweisen. Wenn nun der eine oder andere Mann etwas tut z. B. einen Deutschen tot schießen oder etwas in die Luft sprengen und er wird nicht gefunden dann werden ungefähr 5 von diesen bedeutenden Männern, die absolut nichts damit zu tun haben totgeschossen. Das tun sie natürlich weil wenn jemand nun sabotiert seine Landsleute dafür leiden müssen und das ist schon sehr schlimm. Auch müssen in Frankreich sich alle Männer von 18 bis 50 Jahren anmelden zum Arbeitsdienst das wird hier wohl auch bald passieren. Rosel und Wronker sind weitergeschickt worden nach Polen.

Heute war erst die Putzfrau hier, die war gerade weg und da kam Daatselaar und als der weg ist kommt Levinsohn wieder, nun kann niemand aufs W. C. Bep hat das Stenographieheft schon mitgebracht. Gestern mußte ich für Miep wieder Debitorenlisten machen, aber sie sind noch nicht fertig.
Hier ist großer Streit gewesen. Herr Westermann hat angerufen und gesagt daß wenn Herr Kugler jetzt nicht mit seinen Laboratorium Versuchen aufhört, dann werden Hijbroek und er von jemand anderem ihre Waren kaufen. Nun wenn Westermann und Heibroek nicht mehr da sind, dann ist die Firma Gies & Co im Eimer. Also Kugler müßte verkaufen, aber das will er nicht einsehen. Herr v. P. und Pim haben beide schlecht geschlafen vor Wut. Dieser Kugler spinnt auch. Nun will er noch ein Mädchen einstellen aber das geht natürlich nicht wegen uns und auch seinetwegen.
»De Opstandigen« ist ein tolles Buch. Es geht um die Familie Coornvelt die 14 Kinder hatten, von denen 2 an den Pocken und 4 an Krämpfen gestorben sind. Die übrigen 8 sind Nicolaas der älteste der auch Krämpfe hat, dann Keejetje die hat Willem Wijsman geheiratet und hat 4 Kinder Willem, Lize, Agatha, Constance. Constance hat auch schon wieder ein Kind. Dann kommt Henrik der ist Prediger und dann Koosje die bei Henrik dem Witwer den Haushalt führt, Koosje hat auch die Pocken. Dann kommt David der ist Prof. und ist verheiratet mit Aleida und hat Clara und Louis als Kinder. Dann kommt Saartje die ist verheiratet mit einem pensionierten Offizier und hat auch 4 Kinder Sophie, Betsy, Cateau, Coba. Dann gibt es noch eine Cousine aus Paris in dem Buch, Marie Elisabeth Sylvain, die eine der ersten ist die bei der Frauen Emanzipation mitmacht, das ist der Kampf der gewesen ist um die Frau, daß die auch studieren wollte und dieselben Rechte haben wie der Mann. Denn früher wenn die Frau nicht verheiratet war kam sie als alte schwer arbeitende Blöde zu einem ihrer Brüder ins Haus. Ich habe noch zwei Kinder vergessen Naatje die nicht verheiratet ist und bei Abraham den Haushalt führt und Abraham der 12 Kinder hat von denen 2 schon da waren bevor er verheiratet war.
Ich könnte vielleicht Bep fragen ob sie bei Perrij mal vorbeischauen kann ob die noch Tagebücher verkaufen, denn sonst muß ich bald ein Heft nehmen, denn mein Tagebuch wird voll, schade! Ich kann es zum Glück noch ein bißchen strecken mit den Blättern die ich dazwischen geklebt habe. Jetzt ist es genug ein ellenlanger Brief tschüs mein Schatz von

AnneFrank

P.S. Ich habe dir noch vergessen die wichtige Neuigkeit zu erzählen daß ich wahrscheinlich bald meine Periode bekomme. Das merke ich weil immer so eine Art klebriger Samen in meiner Hose ist und Mutter hat es mir vorausgesagt. Ich kann es fast nicht abwarten es scheint mir so wichtig, nur schade daß ich nun keine Damenbinden tragen kann denn die bekommt man auch nicht mehr, und die Stäbchen von Mama können nur Frauen tragen die schon mal ein Kind gehabt haben. Nun lebwohl mein Kind

AnneFrank

Ich würde so etwas nun nicht mehr schreiben können!

AnneFrank
22. Jan. 1944

22. Okt. 1942.
Donnerstag

Beste Poppie,
Schon wieder 2 Tage nicht geschrieben das ist doch eine Schande. Rosel und Wronker sind wieder zurückgeholt worden, warum das wissen wir nicht es ist schon glücklich. Miep geht heute morgen hin. Mit Steno geht es gut vorwärts, ich werde bald vielleicht mal was in Steno schrei-

ben. Papi hat Bep gefragt ob sie einen Nachttopf für mich kaufen will zum Glück. Mutter, Margot und ich sind wieder die besten Freunde, das ist doch eigentlich viel angenehmer. Ich liege nun fast jeden Abend bei Margot im Bett wir haben darüber gesprochen daß Margot Säuglingsschwester werden will, ich finde es schon einen schönen Beruf, aber ich will doch lieber zu den kleinen Kindern, statt zu dem Baby, aber ich will doch auch mal dabeisein wenn jemand ein Kind bekommt, denn dann scheint es mir viel weniger unheimlich für mich selbst. Margot und ich sind alle 2 schrecklich erkältet, aber das wird wohl wieder vorbeigehen. Bertus ist mit 2 Brüdern und einer Schwägerin nach Deutschland, das war noch ein ganzes Drama, aber das wird zu lang. Herr v. Pels hat ein paar nette Witze erzählt, ich werde sie hier aufschreiben.

—

Wer macht 999 mal tick und 1 mal tack?
Ein 1000 Füßler mit 1 Klumpfuß.

—

Wer ist schwarz, sitzt auf dem Dach, hat zwei Pfoten und kann pfeifen?
Der Lehrling vom Schornsteinfegermeister.

—

(Papi)
In einem Hotel sind die Wände genau wie bei uns gekachelt und dort kann man also alles durchhören.
Einmal ist auf der einen Seite ein Pärchen und auf der anderen Seite ein Mann. Die männliche Hälfte des Pärchens klopft der weiblichen immer auf den Po wobei er sagt: *»Ach was ein schönes Popöchen, von wem ist den das schöne Popöchen«?* Da ruft der Mann auf der anderen Seite: *»Es wird sich doch noch rausstellen lassen, von wem das verdamte Asch ist«!*

—

Die sind schon gut gell! Liebste Pop viel Neues gibt es nicht mehr, und ich finde immer daß wenn ich die Briefe durchlese nichts Schönes drinsteht also tschüs, ich hoffe daß ich bald Nachricht bekomme.

AnneFrank.

Steno

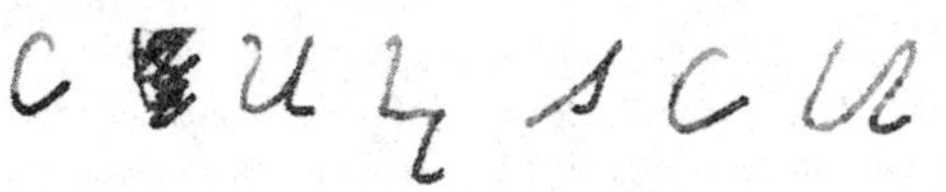 = die Katze sitzt auf dem Ast.

 = ich kleckere beim Trinken.

26. Okt. 1942.
Montag

Freitag und Samstag habe ich im Bett gelegen, ich war erkältet und habe mich nicht sehr gut gefühlt.

—

Beste Phienny,
Papa hat Herrn Kleiman um ein Tagebuch gebeten und Bep um einen Nachttopf. Hè, ich hatte ganz vergessen, daß ich sonst immer Druckschrift schreibe, so war ich in Gedanken. Sie haben

uns vorausgesagt daß Levinsohn wohl einen Monat hintereinander unten sein wird. Die Schränke sind umgeräumt, denn in dem Schrank an der Wand wird die Wäsche naß, so feucht ist es, nun habe ich 3 Bretter zur Verfügung, das ist hervorragend. In Afrika hat eine neue Offensive angefangen, wir wollen nur hoffen daß die Engländer keine neuen Schnitzer machen. und der Krieg bald vorbei ist. Herr Kugler hat wieder 12 Panoramas mitgebracht, nun haben wir wieder was zu lesen. Miep war bei Frau Stoppelman die arme Frau hält es nicht aus in ihrem Versteck vor lauter Heimweh und Hunger. Bep hat im Gemüse Geschäft wo sie immer kauft, ein früheres Mädchen von der »Tokita« entdeckt mit ihrem Kind von 3 Jahren. Ich fragte direkt, ist die denn verheiratet, das war natürlich nicht der Fall, und man nimmt an, daß es [das] soundsovielte Kind von Rozendaal ist. Unerhört, was für ein Mann.
Miep hat von jemand erzählt der aus Westerbork geflohen ist, nun es ist dort, schrecklich, und wenn es dort schon so schlimm ist wie muß es dann wohl in Polen sein? Die Menschen bekommen fast nichts zu essen geschweige denn zu trinken, denn sie haben nur 1 Stunde pro Tag Wasser und 1 W. C. und ein Waschbecken für ein paar 1000 Menschen. Schlafen tun sie alle durcheinander Männer und Frauen und die letzteren + kinder bekommen oft die Haare abgeschoren wenn sie dann fliehen kann jeder sie erkennen.

AnneFrank.

Herr. »*Fräulein es blitst!*«
Fräulein. »*Zieht mann arg?*«
Herr. »*Nein, nur den Unterrock!*«

28. Okt. 1942.
Mittwoch.

Beste. Lou.
Wie geht es so? Heute morgen bin ich wieder mit allem gestört und konnte daher nichts ordentlich fertigmachen. Ich habe wieder was gelernt Bordell und Kokotte, ich habe ein extra Büchlein dafür angeschafft aber es liegt in den Briefen, sonst nichts Besonderes

AnneFrank

2. Nov. 1942.
Montag.

Beste Marianne,
Freitagabend war Bep bei uns, es war ziemlich gemütlich, aber sie hat nicht gut geschlafen weil sie Wein bekommen hat. Sonst nichts Besonderes. Gestern hatte ich schlimme Kopfschmerzen bin früh ins Bett. Heute nacht hat die Winterzeit angefangen. Margot ist wieder mal garstig. Gestern haben wir zum erstenmal den Ofen angehabt und heute ist das ganze Zimmer voller Rauch. Bis zum nächsten Mal

AnneFrank.

2. Nov. 1942.
Montag.

Beste Kitty,
Ich habe es dir glaube ich noch nicht erzählt, aber Goslars haben ein totes Baby, schrecklich ist das, und die arme Hanneli, was wird sie für Aufregung haben. Heute morgen kam Miep und erzählte daß die Wohnung von van Pels leergeräumt wurde, aber Frau [van Pels] hatte eine so schlechte Laune, daß wir es ihr noch nicht erzählt haben. Sonntag war ich im Bad, diesmal in der Küche, aber es war noch früh, und hinter einem Ofenschirm konnte mich niemand sehen.

Ich habe eine Weile zwischen den Vorhängen des vorderen Büros hindurch auf die Straße geschaut, komisches Gefühl ist das, es scheint als ob die Menschen draußen verrückt sind. Ich mache nun auch Algebra aber Geometrie davon halte ich mich fern. Mit Steno geht es schon gut, ich werde mal wieder einen unbedeutenden Satz dazwischenkritzeln.

Es klappt ganz gut, aber nun muß ich üben und dazu habe ich keine Lust. Papi hat gerade gesagt daß er schlechte Laune hat, er hat so traurige Augen, der Ärmste. Ich bin ganz einfach süchtig nach dem Buch »De Klop op de deur« van Ina Boudier-Bakker. Der Familienroman ist außerordentlich gut geschrieben, aber was drumherum ist über Krieg, Schriftsteller oder die Emanzipation der Frau ist nicht so gut, aber ehrlich gesagt interessiert es mich nicht so schrecklich. Bertus hat aus Berlin an Bep geschrieben, bis jetzt findet er es ziemlich ordentlich. Ich bin einfach auf dem Sprung um Herrn Kleiman nach dem neuen Tagebuch zu fragen nun tabeh

AnneFrank

5. Nov. 1942.
Donnerstag.

Beste Pop,
Wir haben zum Glück Hülsenfrüchte bekommen 270 Pfund, aber das Personal muß auch etwas haben. Wir nehmen nun anstelle von Stadtlebensmittelkarten, Land-Lebensmittelkarten denn das macht einen Unterschied von 7 Gld. Landkarten kosten nämlich nur 33 Gld. und wenn wir die Brotmarken die darauf sind auch noch verkaufen dann sind es nur noch 20 Gld. Herr v. P. hat nun schon fast kein Geld mehr, Pim zum Glück schon noch, Herr Siemans (das ist unser Bäcker) bekommt nun Milchzucker und darum liefert er uns nun wieder Brot ohne Marken zum normalen Preis. Kleiman ist auch wieder bei Goldschmidt gewesen aber er will unser Zeug nicht hergeben, und er sagt auch daß er fast alles für Gesellschaftlichen Zweck weggegeben hat, aber das glauben wir nicht, und er beruft sich auf Frau Levie aber Miep geht zu Pfeffer und der wird es Frau Levie bestimmt fragen. Herr Voskuijl bekommt nun oft mittags etwas Essen von uns. Das Büro schließt zur Zeit um 5 Uhr aber das Lager bleibt noch etwas länger offen. »De klop op de deur« habe ich nun fast ausgelesen, aber es muß Freitag auch zurück. Gestern habe ich meine Filmstars ein bißchen aufgemöbelt, aber ich bin noch nicht fertig damit. Die Engländer haben nun endlich in Afrika ein paar Erfolge und Stalingrad ist auch noch nicht gefallen, also sind die Herren sehr fröhlich und haben wir heute morgen Kaffee und Tee gehabt. Weiter nichts Besonders. Peter hat am Sonntag dem 8. November Geburtstag, und zu dieser Gelegenheit kommen Kleimans. Grüße an Kees von

AnneFrank

7. Nov. 1942.
Samstag.

Beste Phien,
Es ist nun wirklich lange her, daß ich dir geschrieben habe. Ich habe in dieser Woche viel gelesen und wenig gearbeitet, so muß man es tun in der Welt und so wird man auch sicher weiterkommen. Morgen hat Peter Geburtstag aber darüber werde ich noch schreiben. Mutter und ich kommen in der letzten Zeit wieder besser miteinander aus, aber vertraulich niemals. Margot ist

patziger als je, und Vater hat etwas womit er nicht herausrücken will, aber ist doch wie immer ein Schatz. Levinsohn macht es uns noch immer jeden Tag schwer. Donnerstag abend war ich mit Vater unten und habe in Kuglers Büro die Debitorenlisten gemacht es war dort unten sehr unheimlich, und ich war froh als die Arbeit fertig war. Frau [van Pels] sah unten Gespenster, aber das war nur ein Stück Kalk, das von der Wand gefallen war. Vater hat eine Dose aus Kuglers Büro geholt und versucht nun ob sie wasserdicht ist, wenn das der Fall ist, bekomme ich sie als Nachttopf, aber Herr v. P. macht erst noch einen Henkel daran, ein Deckel kann auch darauf, also das ist komplett, ich hoffe nur nicht daß sie leckt. Ich sehne mich mehr denn je nach Moriaan und ich kann es fast nicht abwarten daß ich ihn oder 1 von seinen Jungen habe. Ich fühle mich hier noch immer verlassen und zu viel und träume viel von dem unterirdischen Gewölbe aber dann ist die Wirklichkeit wieder so grau, also ich weiß nicht was ich tun soll. Seit ein paar Tagen ist der Ofen an, und das ganze Zimmer ist voll Rauch, ich halte doch viel mehr, von Zentralheizung und da werde ich wohl nicht die einzige sein. Margot kann ich nicht anders als ein Miststück bezeichnen, das mich Tag und Nacht, schrecklich reizt. Grüße an alle von

Anne.

[handschriftliche Anmerkungen zu den Fotos:]
schade wegen der häßlichen Zähne.
nicht zu sagen, mißlungen
hübsch
dieses Foto habe ich in groß schon
ein bißchen vorher eingeklebt

10. Nov. 1942.
Dienstag.

Beste Conny,
Ich habe meinen Bericht vom Sonntag noch nicht wiedergegeben, es war auch tatsächlich ein sehr wichtiger Tag. Morgens wurde schon um 7 Uhr der Ofen angemacht, also konnte keiner mehr schlafen und waren alle weiblichen Hausgenossen sehr böse. Um 8 Uhr bin ich schon nach oben gegangen und habe mit Peter, die Geschenke betrachtet. Es war das Börsenspiel vom Büropersonal, ein Feuerzeug, Spiegel, Rasierpinsel, Krawatte, Mokkabonbons eine Dose Erbsensuppe von seinen Eltern und von uns ein Rasierapparat, mit Alaunstein. Um halb eins gingen wir nach unten und hörten zufällig am Radio daß die englischen und amerikanischen Truppen in Tunis, Algiers, Casa Blanca und Oran gelandet sind. Das war eine Überraschung. Mittags kamen Kleimans die über die erfreulichen Nachrichten auch schon Bescheid wußten. Abends hat Hitler eine belanglose Rede gehalten. Montag haben wir das Büro zu Ehren des Geburtstags freigehalten. Schlaf gut und Grüße an die Lehrerin von deiner dich liebhabenden

AnneFrank

10. Nov. 1942.
Dienstagabend.

Beste Emmy,
Heute sind wir eigentlich wieder überrumpelt, denn wir haben noch mal darüber gesprochen daß wir hier eigentlich noch sehr gut eine Person aufnehmen können und das Schicksal hat auf Herrn Pfeffer gewiesen, denn der hat nicht so viel Familie. Wir haben schon mit Kugler darüber gesprochen und der wird noch mal eine Nacht darüber schlafen, aber der Beschluß ist eigentlich schon gefaßt. Was wird dieser Mann staunen, aber darüber kann ich bestimmt noch berichten wenn er in unserem Versteck angekommen ist. Wir werden fragen ob er auch etwas mitbringen kann um hohle Backenzähne zu füllen, denn er ist Zahnarzt, und ich denke daß er bei mir im Zimmer schläft.
Lebwohl

AnneFrank.

13. Nov. 1942.
Freitag.

Beste Jetty,
Gestern morgen erzählte Miep uns daß sie bei Dr. Pfeffer gewesen war. Er nahm den Vorschlag sich zu verstecken natürlich mit beiden Händen an. Aber er flehte Miep buchstäblich um eine Woche Aufschub an denn er ist mit 2 Zahnoperationen beschäftigt, er bekommt noch Geld von van der Hoeden (das ist der Zahnarzt bei dem er illegal arbeitet) und er muß die Kartei noch mit van der Hoeden fertig machen, daraus wird der sonst nicht klug. Aber wir fanden das viel zu gefährlich, denn dann sagt er wieder zu van der Hoeden, ja ich verstecke mich nächste Woche Donnerstag. Dann erzählt van der Hoeden das wieder weiter, und dann wird Pfeffer mit Fragen bestürmt. Und zum zweiten kann es auch auffallen daß der Jude Pfeffer jeden Tag zu Miep und Jan geht und sein Zeug hinbringt, denn wenn Miep und Jan was passiert, sind wir auch wieder in Gefahr. Also haben wir gesagt wenn Pfeffer heute sagt er muß Aufschub haben und kann nicht gegen Samstag kommen, dann soll er überhaupt nicht kommen, denn wenn er heute oder morgen auf der Straße oder daheim, eventuell auch in der Praxis festgenommen wird, dann kann er auch nicht sagen, ich muß meine Kartei noch fertig machen und ich bekomme noch Geld. Nun wird Miep wieder mit ihm reden und heute fällt dann die Entscheidung ob er morgen kommt.
Wir werden es dann so regeln daß er um 10 Uhr im Postamt sein muß und so tut als ob er eine Karte, an seinen Vater in Deutschland schreibt, dann trifft ihn Herr Kleiman angeblich zufällig und bittet ihn ungefähr 10 Meter hinter ihm herzugehen. Wenn Kleiman dann ins Büro geht, kommt Pfeffer auch, das kann nicht auffallen, denn Levinsohn und Kahn und eine Zahl anderer Juden gehen jeden Tag hier ins Büro. Nun höre ich auf, hier gibt es weiter nichts Besonderes. Politik geht gut. Marokko und Algiers, Casa Blanca und Oran haben sich ergeben, nun geht es noch um Tunis. Mein weißer Pullover ist fertig den Reißverschluß habe ich von. Frau v. Pels, bekommen, und er sieht piekfein aus. Grüße an Moek von

AnneFrank

DAZWISCHEN INS ANDERE TAGEBUCH.

Beste Kitty, 5 Dez. 1942
Gestern abend war es herrlich, wir haben erst Kerze angezündet und sind dann nach oben gegangen, dort war alles mit Blumen übersät, von Pim für Mama, von Herrn v. Pels und Herrn Pf. für Mama, von Herrn v. Pels für Frau [van Pels] und von Pim und Herrn Pf. für Frau [van Pels].

Mutter hat noch ein Päckchen Zigaretten und 1 Tafel Schokolade bekommen. Margot und ich jede ein reizendes Nähkästchen, Piet und wir zwei sehr viele Zuckerplätzchen, Und M. und ich 1 Tafel Schokolade und 1 silbernes Schälchen. Ich noch ein Schloß für mein Tagebuch. Heute war es wieder schlimm mit mir, ich hätte den ganzen Morgen weinen können, und Pim kann mich auch so anfahren, aber er ist doch reizend

Tschüs von AnneFrank.

[Edith Frank Holländer]

Samstag 22. Januar 1944

Ich finde es blöd von mir daß ich all diese schönen Seiten offengelassen habe, aber es kann vielleicht nicht schaden wenn ich hiernach meine allgemeinen Gedanken über das Geschriebene niederschreibe.
Jetzt da ich 1½ Jahre später wieder in mein Tagebuch schaue, staune ich sehr daß ich jemals so ein unverdorbener Backfisch gewesen bin. Unwillkürlich weiß ich, daß ich wie gern ich es auch wollte so nie mehr werden kann. Die Launen die Äußerungen über Margot, Mutter und Vater verstehe ich noch genauso gut als ob ich sie gestern geschrieben hätte, aber daß ich so ungeniert über andere Dinge geschrieben habe kann ich mir nicht mehr vorstellen.
Ich schäme mich wirklich wenn ich die Seiten lese die von Themen handeln die ich am liebsten schöner mir vorstelle.

Ich habe es so unfein hingeschrieben! Aber nun genug davon.
Was ich auch sehr gut verstehe ist das Heimweh und die Sehnsucht nach Moortje. Oft bewußt aber noch viel öfter unbewußt hatte ich die ganze Zeit die ich hier war und bin ein Verlangen nach Vertrauen, Liebe und Zärtlichkeit. Dieses Verlangen ist manchmal stärker und manchmal schwächer, aber es ist immer da

AnneFrank.

eine Seite Steno:

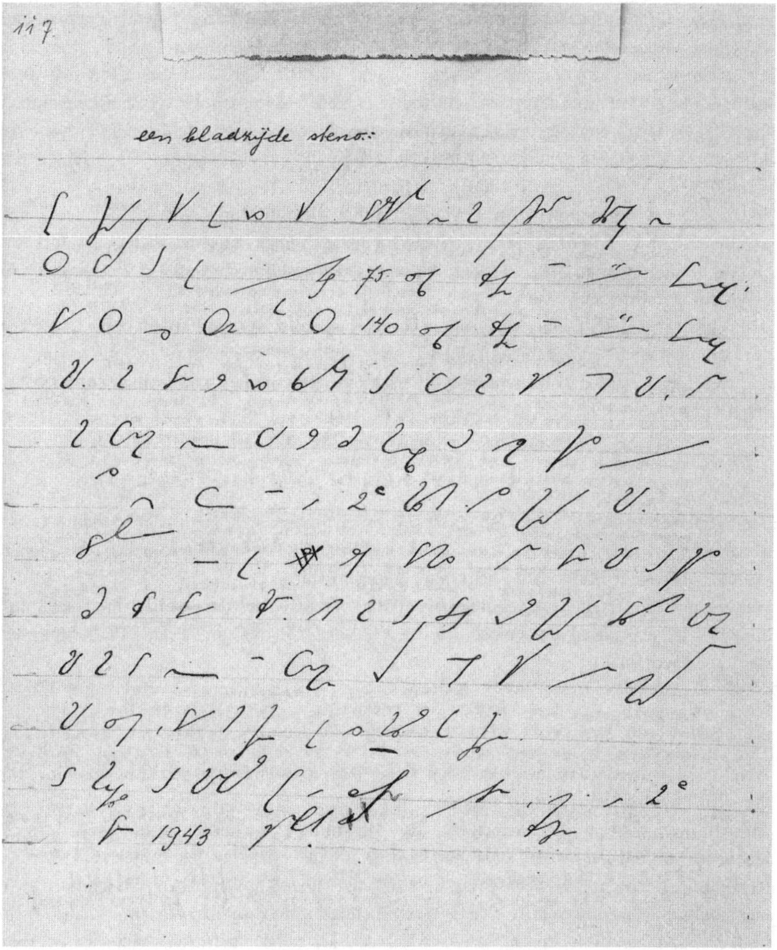

2. Mai 1943.
Sonntag.

Die Stimmungen über den Krieg im Hinterhaus.

Herr v. Pels.

Dieser ehrenwerte Herr, hat nach unser aller Meinung viel Durchblick in der Politik. Aber sagt uns doch voraus daß wir uns bis Ende '43 noch hier aufhalten werden müssen. Das ist schon sehr lang, trotzdem wird es noch auszuhalten sein. Aber, wer gibt uns die Versicherung daß dieser Krieg, der niemandem etwas anderes als Leid und Kummer bereitet, dann vorbei sein wird? Und wer kann uns die Versicherung geben, daß mit uns und unseren Versteckhelfern, inzwischen nicht längst etwas passiert ist? Doch niemand! Und darum leben wir auch jeden Tag in

Anspannung. Sowohl in Anspannung von Erwartung und Hoffnung, aber auch in Angstanspannung, wenn man Geräusche hört im Haus oder draußen, wenn sehr geschossen wird oder wenn neue »Bekanntmachungen« in der Zeitung stehen, denn auch kann es jeden Tag passieren daß einige von unseren Versteckhelfern, sich selbst hier verstecken werden müssen.
Verstecken ist ein ganz normales Wort geworden. Wieviele Menschen verstecken sich wohl nicht; es ist im Verhältnis natürlich nicht viel, aber trotzdem werden wir später sicher staunen wieviele gute Menschen es in den Niederlanden gibt, die Juden und auch fliehende Christen mit oder ohne Geld zu sich genommen haben. Und es ist auch unglaublich von wievielen Leuten man hört die einen falschen Personalausweis haben.
Frau v. Pels. Als diese schöne Dame (nur ihrer eigenen Meinung nach) hörte, daß es nicht mehr so schwierig ist wie früher an einen falschen Personalausweis zu kommen, schlug sie sofort vor, hier für uns alle einen machen zu lassen. Als ob das nichts ist und das Geld bei Vater und Herrn v. Pels auf dem Rücken wächst.
Während Frau van Pels immer den größten Unsinn behauptet, springt Putti oft in die Luft. Aber das kann man auch leicht, denn den einen Tag sagt Kerli: »ich lasse mich später taufen« und am nächsten Tag ist es: »Ich wollte schon immer nach Jerusalem, denn ich fühle mich nur unter Juden heimisch!«
= = = = = = = = = = = = = =
= = = = = = = = = = = = = =
Pim Ist ein großer Optimist, aber er weiß immer einen Grund dafür denn Herr Pfeffer denkt ins Blaue hinein, und wenn jemand Seiner Hoheit widersprechen will, dann kommt man schlecht weg. Bei Herrn Fritz Pfeffer zu Hause, ist es glaube ich die Regel, daß was er sagt, das oberste Wort ist; aber Anne Frank paßt solches ganz und gar nicht.
Was die anderen Mitglieder des Hinterhauses über den Krieg denken ist nicht interessant, nur diese vier zählen in der Politik, eigentlich nur zwei aber Madame van Pels und Pfeffer rechnen sich auch dazu.

2. Mai 1943.
Sonntag.

Wenn ich mal überlege wie wir hier leben, komme ich meistens zu dem Schluß daß wir es im Verhältnis zu anderen Juden die sich nicht verstecken, wie in einem Paradies haben, aber daß ich später wenn alles wieder normal [ist] doch verwundert sein werde wie wir, die es doch zu Hause sehr ordentlich hatten, so, ja man kann wohl sagen, heruntergekommen sind. Heruntergekommen in dem Sinn des Wortes, wo es Manieren betrifft. Wir haben z. B. schon seit wir hier sind immer auf unserem Tisch eine Wachstuchdecke, die durch den vielen Gebrauch meistens nicht zu den saubersten gehört. Zwar versuche ich oft sie noch etwas herzurichten, aber mit einem Abwaschlappen, der mehr Loch als Lappen und ebenfalls vor dem Verstecken, vor langer Zeit, neu gewesen ist gibt es auf dem Tisch mit noch so hartem Schrubben, nicht mehr viel Ehre zu gewinnen. Van Pelsens schlafen nun schon den ganzen Winter auf einem Flanelltuch das man hier nicht waschen kann, weil das Marken-Seifen-Pulver, viel zu knapp und außerdem viel zu schlecht ist. Vater läuft mit einer fransigen Hose herum und auch seine Krawatte zeigt Verschleiß. Mamas Korsett ist heute vor Alter zusammengebrochen und es ist nicht mehr zu reparieren, während Margot mit einem zwei Nummern zu kleinen Büstenhalter herumläuft.
Mutter und Margot sind den ganzen Winter zusammen mit 3 Hemden ausgekommen und die meinen sind so klein daß sie mir noch nicht mal bis an den Bauch reichen. Das sind nun zwar alles Dinge über die man hinwegsehen kann, aber trotzdem überlege ich manchmal mit Schrek-

ken, wie wollen wir, die mit dem von meiner Unterhose bis zu Vaters Rasierpinsel verschlissenen Zeug herumlaufen und uns behelfen, später wieder einmal zu unserem Vorkriegsstand gehören können?

hier hatte ich ein Gebiß ohne Zähne an und bin deshalb auch ur-häßlich.

A	B	C	D	E	F	G	H	I	J	K	L	M	N	O	P	Q	R	S	T	U	V	W	X	Y	Z
3	5	4	1	2	6	8	7	9	11	12	10	14	13	16	18	15	17	20	19	21	22	24	23	25	26

Tagebuch 2: 22. Dezember 1943 bis 17. April 1944

Tagebuch von Anne Frank
vom 22. Dezember 1943 bis 17. April 1944. Hinterhaus
A'dam C.[72]
Zum Teil Briefe an »Kitty«

Hinterhaus, Mittwoch 22-12-'43.

Liebe Kitty,
Vater hat doch wieder ein neues Tagebuch für mich aufgetrieben und daß es eine respektable Dicke hat, davon kannst, du dich zu gegebener Zeit selbst überzeugen. Meine Entschuldigungen muß ich auch noch anbringen, daß ich so lange nichts von mir habe hören lassen, aber dafür gibt es auch gute Gründe. Seit vergangener Woche Samstag bis gestern, Dienstag lag ich im Bett. Dienstag vor einer Woche war ich einen Tag auf, aber das hatte nur zur Folge daß ich mich noch mehr erkältet habe. Halsweh, Schwitzen, Umschläge, Pastillen usw, usw. mußte ich mitmachen. Nun fühle ich mich wieder ein bißchen besser, aber ganz weg ist es noch nicht.
Ausnahmsweise (ein anderes Wort paßt hier nicht) ist das Einvernehmen hier gut, niemand hat Streit, aber es wird wohl nicht lange dauern, wir haben einen solchen Hausfrieden bestimmt ein halbes Jahr nicht gehabt.
Bep ist noch immer von uns getrennt, aber bald wird die kleine Schwester wohl bazillenfrei sein, sie hat sich so gefreut über mein Nikolaus-Geschenk daß sie mir einen Apfel, eine Tüte Baisers, Libellen usw. mitgebracht hat. Zu Weihnachten habe ich auch was für Miep und Bep. Ich habe nämlich wohl einen Monat lang Zucker gespart von meinem Brei und zu Nikolaus habe ich ein Pfund zusammen gehabt, aber ich hatte nicht damit gerechnet daß die Läden vor Nikolaus so viel zu tun hatten. Kleiman hat nun zu Weihnachten die Zuckerplätzchen machen lassen. Für Channukah haben Margot und ich von oben einen Kräuterkuchen und ich eine Schürze bekommen, Peter auch einen Kräuterkuchen und 3 Fleischmarken. Herr Pf. hat Frau v. P. und Mutter eine schöne Torte geschenkt, wir dachten erst daß seine Frau die gebacken hätte, aber Miep erzählte Vater, daß Frau Pfeffer von der ganzen Torte nichts wußte und sie diese auf Pfeffer's Ersuchen gebacken hätte. Bei all der Arbeit mußte Miep auch das noch tun. Zu Nikolaus und Weihnachten haben wir alle von der Zuteilung 180 Gramm Öl, 100 g Süßigkeiten und einen Topf Haushaltssirup bekommen. Von den Süßigkeiten habe ich Herrn Kugler, Pf., Margot, Frau [van Pels] und mir selbst spendiert. Nur die Damen und die Kinder haben Süßigkeiten bekommen, da wir noch immer 5 Karten haben. Margot und ich haben eine Brosche bekommen, bei der eine Medaille und ein Cent verarbeitet sind; das Ganze glänzt prächtig, fast alle Mitglieder der weiblichen Seite des Hinterhauses haben so ein Ding, auch Peter. Das sind also Miep, Bep, Frau Kleiman, Margot, Anne und Peter, auch Frau Pf. hat eins.
Für heute ist es genug, bis zum nächsten Mal Kitty, deine

Anne.

Freitag 24. Dezember 1943.

Beste Kitty,
Ich (Oh weh, das darf man nicht!) habe dir schon öfter geschrieben, daß wir hier alle so viel mit Stimmungen zu tun haben, und ich glaube daß das vor allem in der letzten Zeit bei mir stark zu-

72 Amsterdam Zentrum; A. d. Ü.

nimmt. »*Himmelhoch jauchzend, zu tode betrübt*«, ist hier bestimmt zutreffend. »*Himmelhoch jauchzend*« bin ich, wenn ich daran denke, wenn ich daran denke, wie gut wir es hier noch haben, im Vergleich zu all den anderen jüdischen Kindern und »*zu tode betrübt*«, wie jetzt z. B. als heute nachmittag Frau Kleiman hier war und so erzählt von Jopie, wie die Hockey spielt und Freunde und Clubs hat. Ich glaube nicht daß ich eifersüchtig auf Jopie bin, aber wohl bekomme ich dann so eine starke Sehnsucht auch wieder mal viel Spaß zu machen und zu lachen, bis man Bauchweh hat. Frag mich nicht wann wir mal wieder wirklich richtig gelacht haben, das ist sicher schon ein gutes Jahr her. Vor allem jetzt im Winter, mit den freien Weihnachts- und Neujahrstagen, da sitzen wir hier so wie Ausgestoßene und doch ist was ich hier schreibe übertrieben. Ich darf dies nicht schreiben und trotzdem muß ich es mal.
Wenn jemand gerade von draußen kommt, mit der frischen Luft noch an sich, dann könnte ich manchmal in Weinen ausbrechen und denke ich, wann dürfen wir wieder mal die Luft riechen?
Glaub mir, Kitty, wenn man 1½ Jahre so eingeschlossen sitzt, dann kann es einem an manchen Tagen, wohl mal zuviel werden. Ob das berechtigt oder undankbar ist, das Gefühl läßt sich nicht wegschieben.
Auch wieder mal Radfahren, Tanzen, Flirten und was-weiß-ich-noch-mehr, das würde ich wohl umarmen wollen; wenn ich erst mal wieder frei bin!
Ich denke sogar manchmal, würde jemand mich darin begreifen, würde jemand über die Undankbarkeit hinwegsehen, hinwegsehen über Jude oder nicht Jude, nur allein den Backfisch in mir sehen, der so ein Bedürfnis nach ausgelassenem Vergnügen hat? Ich weiß es nicht und ich würde auch nicht, mit niemandem darüber sprechen können, denn ich weiß daß ich dann anfange zu weinen. Weinen kann so eine Erleichterung bringen, wenn man nur bei jemand weinen kann und trotz allem, trotz Theorien und Bemühungen, vermisse ich jeden Tag und jede Stunde, die Mutter, die mich versteht. Und darum auch, denke ich bei allem was ich tue und was ich schreibe, daß ich später für meine Kinder sein will, die Mams, die ich mir vorstelle. Die Mams, die nicht alles so ernst nimmt, was so gesagt wird, und doch ernst nimmt, was von mir kommt. Ich merke, ich kann es nicht beschreiben, aber das Wort Mams sagt schon alles. Weißt du was ich für einen Ausweg gefunden habe, um doch so etwas wie Mams zu meiner Mutter zu sagen? Ich nenne sie oft Mansa und davon kommt Mans. Es ist sozusagen, die unvollkommene Mams, die ich so gern mit noch einem Strich am n verehren möchte, aber die das nicht erkennt. Es ist ein Glück daß Mans, das nicht erkennt, denn sie wäre sehr unglücklich darüber.
Nun ist es genug davon, mein *zu tode betrübt* ist beim Schreiben ein bißchen vorbeigegangen!

Anne.

_._._._._._._._._._._._. _._._._._._._._

In diesen Tagen, jetzt da Weihnachten, nur noch einen Tag ist, muß ich immer an Pim denken und was er mir vergangenes Jahr erzählt hat. Vergangenes Jahr, als ich die Bedeutung seiner Worte nicht verstand, wie ich sie nun verstehe. Spräche er doch noch einmal, vielleicht würde ich ihm dann zeigen können daß ich ihn verstand!
Ich glaube daß Pim darüber gesprochen hat, weil er, der so viele Herzensgeheimnisse von anderen weiß, sich auch einmal aussprechen mußte; denn Pim, sagt sonst nie etwas über sich selbst und ich glaube nicht, daß Margot vermutet, was Pim hat durchmachen müssen. Der arme Pim, er kann mir nicht weismachen, daß er sie vergessen hat. Nie wird er das vergessen. Er ist nachgiebig geworden, denn auch er sieht Mutters Fehler. Ich hoffe daß ich ihm ein bißchen ähnlich werde, ohne daß ich das auch durchmachen muß! deine

Anne.

Montag 27. Dezember 1943.

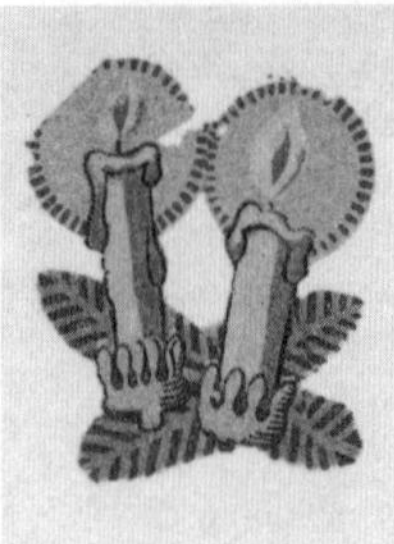

Freitagabend habe ich zum ersten Mal in meinem Leben etwas zu Weihnachten bekommen.
Die Mädchen, Kleiman und Kugler hatten wieder eine herrliche Überraschung vorbereitet. Miep hat einen herrlichen Weihnachtskuchen gebacken, auf dem »Friede 1944« stand. Ein Pfund Butterkekse von Vorkriegsqualität versorgte Bep.
Für Peter Margot und mich gab es eine Flasche Joghurt und für die Erwachsenen jeden ein Bier. Alles war wieder so schön eingepackt und diese schönen Bildchen waren auf die verschiedenen Pakete geklebt. Die Weihnachtstage sind für uns, ansonsten schnell vorbeigegangen.

Anne

Mittwoch 29. Dezember 1943.

Gestern abend war ich wieder sehr traurig. Oma und Hannelie kamen mir wieder vor Augen. Oma – oh die liebe Oma, wie wenig haben wir verstanden was sie gelitten hat, wie lieb war sie immer wieder zu uns, wieviel Interesse brachte sie allem entgegen was uns betraf und dabei bewahrte sie stets sorgfältig das schreckliche Geheimnis das sie mit sich herumtrug.
Wie treu und gut war Oma immer, keinen von uns würde sie je im Stich gelassen haben, was es auch war, wie ungezogen ich auch gewesen war, Oma entschuldigte mich immer. Oma – hast du mich geliebt, oder hast du mich auch nie verstanden? Ich weiß es nicht. Zu Oma hat auch nie jemand was von sich selbst gesagt. Wie einsam muß Oma gewesen sein, wie einsam, trotz uns. Ein Mensch kann einsam sein, trotz der Liebe von vielen, denn für niemanden ist er doch der »Liebste«.
Und Hanneli, lebt sie noch? Was macht sie? Oh Gott, beschütze sie und bringe sie zu uns zurück. Hanneli, an dir sehe ich immer, wie mein Schicksal auch hätte sein können, immer sehe ich mich an deiner Stelle. Warum bin ich dann oft noch traurig wegen dem was hier passiert, muß ich nicht immer froh, zufrieden und glücklich sein, außer wenn ich an sie und ihre Schicksalsgenossen denke? Ich bin selbstsüchtig und feige. Warum träume und denke ich immer die schlimmsten Dinge und würde ich vor Angst am liebsten schreien? Weil ich doch noch, trotz

allem, Gott nicht genug vertraue. Er hat mir soviel gegeben, was ich sicher noch nicht verdient hatte und doch tue ich jeden Tag noch so viel Verkehrtes!
Man kann weinen, wenn man an seinen Nächsten denkt, man kann eigentlich schon den ganzen Tag weinen. Man kann nur beten, daß Gott ein Wunder geschehen läßt und noch einige von ihnen verschont. Und ich hoffe daß ich das ausreichend tue!

Anne.

Donnerstag 30. Dezember 1943.

Liebe Kitty,
Hier ist nach den letzten heftigen Streitereien alles gut gegangen, sowohl zwischen uns, Pf. und oben, als auch zwischen Herr [van Pels] und Frau [van Pels]. Aber jetzt brauen sich wieder dicke Unwetterwolken zusammen und zwar über .... das Essen. Frau [van Pels] kam auf die unselige Idee morgens weniger Bratkartoffeln zu machen sondern sie lieber zu bewahren. Mutter und Pf. einschließlich wir, waren damit nicht einverstanden, und nun haben wir auch die Kartoffeln aufgeteilt. Aber es geht jetzt mit dem Fett ungerecht zu und Mutter muß wieder einen Riegel vorschieben. Wenn es ein einigermaßen interessantes Ende nimmt, werde ich dir dieses bestimmt noch schreiben. Im Lauf der letzten Zeit, haben wir nun geteilt. Das Fleisch (sie Fett, wir ohne Fett; sie Suppe, wir keine Suppe. Die Kartoffeln (sie geschält, wir gepellt.) Extra kaufen, und jetzt auch noch die Bratkartoffeln.
Wären wir nur schon wieder ganz geteilt!

deine Anne.

P.S. Bep hat für mich eine Ansichtskarte von der ganzen Königlichen Familie abziehen lassen. Juliane sieht darauf sehr jung aus, ebenso die Königin. Die drei Mädchen sind goldig. Ich fand das riesig nett von Bep, du nicht? Mit den Zuckerplätzchen von mir für die Mädchen zu Weihnachten hat es geklappt. Bep hat sich auch herzlich bedankt für meine Dose Milch und die übrigen Nikolausgeschenke. Ich bin nur froh daß Mutter von dem allen nichts weiß, ich glaube nicht, daß sie das gut finden würde. 15. Januar wenn Herr Voskuyl Geburtstag hat, will ich ihm mein nächstes Glas Pflaumenmarmelade geben. Tschüs.

Donnerstag 6-Januar 1944.

Liebe Kitty,
Heute muß ich dir drei Dinge bekennen, die ziemlich viel Zeit in Anspruch nehmen werden, aber die ich irgend jemandem erzählen muß und das kann ich dann doch am besten bei dir tun, weil ich sicher weiß daß du immer und unter allen Umständen schweigen wirst. Das erste ist über Mutter. Du weißt, daß ich oft geklagt habe über Mutter und mir dann doch immer wieder Mühe gab nett zu ihr zu sein. Plötzlich ist mir klar geworden was ihr fehlt. Mutter hat uns selbst erzählt, daß sie uns mehr als Freundinnen denn als ihre Töchter betrachtet; das ist nun natürlich schon ganz schön, aber trotzdem kann eine Freundin nicht die Stelle einer Mutter ersetzen. Ich habe das Bedürfnis, meine Mutter als ein Beispiel zu nehmen und Achtung vor ihr zu haben und meine Mutter ist in den meisten Dingen schon ein Beispiel für mich, aber gerade ein Beispiel wie ich es nicht machen soll. Ich habe das Gefühl daß Margot in all diesen Dingen ganz anders denkt und was ich dir nun erzählt habe, nie begreifen würde. Und Vater weicht allen Gesprächen aus, die von Mutter handeln würden.
Eine Mutter, stelle ich mir vor, als eine Frau, die an erster Stelle viel Takt an den Tag legt, vor allem für ihre Kinder die in unserem Alter sind und nicht, so wie Mansa, wenn ich wegen etwas weine, nicht wegen Schmerzen, sondern wegen anderer Dinge mich ins Gesicht hinein laut auslacht. Eine Sache, es mag vielleicht unbedeutend erscheinen habe ich ihr nie vergeben. Es war an

einem Tag daß ich zum Zahnarzt mußte, Mutter und Margot sollten mitgehen und fanden es in Ordnung daß ich mein Fahrrad mitnahm. Als wir beim Zahnarzt fertig waren und wieder vor der Tür standen, erzählten Margot und Mutter ganz fröhlich, daß sie nun in die Stadt gingen, um etwas anzuschauen oder zu kaufen, ich weiß es nicht mehr so ganz genau. Ich wollte natürlich mitgehen, aber das durfte ich nicht weil ich mein Fahrrad dabei hatte. Vor Wut sprangen mir die Tränen in die Augen und Margot und Mutter fingen laut an zu lachen. Da wurde ich so wütend, daß ich ihnen auf der Straße die Zunge herausstreckte, während zufällig ein kleines Frauchen vorbeikam, das ganz erschrocken schaute. Ich fuhr auf dem Fahrrad nach Hause und habe bestimmt noch lange geweint. Es ist eigenartig daß bei den unzähligen Wunden die Mutter mir zugefügt hat, wieder diese genau anfängt zu brennen, wenn ich daran denke, wie böse ich damals war.

——

Das zweite ist etwas was mir sehr viel Mühe kostet es dir zu erzählen, denn es geht um mich selbst. Ich bin nicht prüde, Kitty, aber ich habe doch ein Gefühl, daß wenn sie hier so oft über das sprechen, was sie genau auf dem W. C. erledigen, ich mich mit meinem ganzen Körper dagegen wehre.
Gestern las ich nun einen Artikel von Dra. Sis Heyster diese schrieb über Erröten, ich werde es hiernach erklären. Sis Heyster spricht in diesem Artikel, als ob es zu mir alleine wäre; obwohl ich nicht so schnell erröte, sind die anderen Dinge die darin stehen, doch schon für mich passend. Sie schreibt so ungefähr, daß ein Mädchen in den Pubertätsjahren(-zeit) in sich selbst still wird und anfängt nachzudenken über die Wunder, die mit ihrem Körper vollführt werden. Auch ich habe das und davon bekomme ich in der letzten Zeit das Gefühl, daß ich anfange mich zu genieren. vor Margot, Mutter und Vater. Margot hingegen ist viel schüchterner als ich und geniert sich überhaupt nicht.
Ich finde es so sonderbar, das was da mit mir passiert und nicht nur das, was äußerlich an meinem Körper zu sehen ist, sondern das was sich da drinnen vollzieht. Gerade weil ich über mich selbst und vor allem über diese Dinge nie mit jemandem spreche, spreche ich mit mir selbst darüber. Immer wieder wenn ich meine Periode habe, (und das ist erst dreimal passiert) habe ich das Gefühl, daß ich trotz aller Schmerzen, des Unangenehmen und Ekligen ein süßes Geheimnis mit mir trage und darum, auch wenn ich nur Schwierigkeiten davon habe, freue ich mich in einem gewissen Sinn des Wortes, immer wieder auf die Zeit, daß ich wieder das Geheimnis in mir fühlen werde. Ferner schreibt Sis Heyster noch, daß junge Mädchen in diesen Jahren, nicht völlig sicher ihrer selbst sind und entdecken, daß sie selbst ein Mensch sind, mit Ideen, Gedanken und Gewohnheiten. Ich habe, da ich schon mit kaum 13 Jahren hierhergekommen bin, früher angefangen damit über mich selbst nachzudenken und zu wissen, daß ich ein Mensch für mich selbst bin. Manchmal bekomme ich abends im Bett ein schreckliches Bedürfnis meine Brüste zu befühlen und zu hören, wie ruhig und sicher mein Herz schlägt.
Unbewußt habe ich solche Gefühle schon gehabt bevor ich hierher kam, denn ich weiß daß ich als ich einmal abends bei Jacque schlief, mich nicht mehr halten konnte, so neugierig war ich auf ihren Körper, den sie immer vor mir versteckt gehalten hatte und den ich nie gesehen habe. Ich fragte Jacque ob wir als Beweis unserer Freundschaft uns gegenseitig die Brüste befühlen sollten. Jacque lehnte ab. So war es auch, daß ich ein schreckliches Bedürfnis hatte Jacque zu küssen und daß ich es auch getan habe. Ich gerate jedesmal in Ekstase, wenn ich eine nackte Frauengestalt sehe, so wie zum Beispiel, in der Springerkunstgeschichte eine Venus. Ich finde es manchmal so wunderbar und schön, daß ich an mich halten muß, daß ich die Tränen nicht laufen lasse.
Hätte ich nur eine Freundin!

Nun noch das dritte Bekenntnis und das liegt mir am meisten am Herzen. Ich werde beim Anfang anfangen:
Mein Verlangen einmal mit jemandem zu sprechen, wurde so groß, daß ich auf irgendeine Art mit Peter sprechen wollte. Wenn ich manchmal oben in Peters Zimmerchen kam, bei Licht, fand ich es dort immer sehr gemütlich, aber weil Peter immer so bescheiden ist und nie jemanden vor die Tür setzt, traute ich mich nie länger zu bleiben, weil ich Angst hatte, daß er mich schrecklich langweilig finden würde. Ich suchte ansonsten jede Gelegenheit um mal mit ihm zu reden und die ergab sich dann gestern. Peter hat nämlich plötzlich eine Manie für Kreuzworträtsel bekommen und tut nichts anderes mehr, als den ganzen Tag raten, ich half ihm dabei und schon bald saßen wir einander gegenüber an seinem Tisch, er auf dem Stuhl, ich auf der Couch.
Und ich kann dir sagen, daß mir so wunderlich zumute wurde, immer wenn ich in seine dunkelblauen Augen schaute und er da saß, mit dem geheimnisvollen Lächeln um den Mund. Ich konnte an allem gleich sein Inneres ablesen, ich sah an seinem Gesicht, noch die Hilflosigkeit und die Unsicherheit wie er sich verhalten sollte und gleichzeitig einen Hauch vom Bewußtsein seiner Männlichkeit. Ich sah gleich seine verlegene Haltung und wurde so weich von innen, ich konnte es nicht lassen immer und immer wieder und immer wieder, die dunklen / Augen zu treffen und flehte fast mit meinem ganzen Herzen, oh erzähl mir doch was in dir vorgeht, oh schau doch über die verhängnisvolle Schwatzhaftigkeit hinweg.
Aber der Abend ging vorbei und nichts passierte, außer daß ich ihm über das Erröten erzählte, natürlich nicht das was ich aufgeschrieben habe, sondern daß er wohl sicherer werden würde, mit den Jahren.
Abends im Bett mußte ich weinen, weinen, schrecklich und doch durfte niemand es hören. Ich überlegte im Bett was ich heute alles zu Peter sagen würde und konnte einfach nicht aufhören zu schluchzen. Sehr spät schlief ich ein.
Trotzdem mußt du wirklich nicht denken, daß ich verliebt in Peter bin, keine Rede davon. Wenn v. P.'s statt eines Jungen, ein Mädchen hier haben würden, würde ich auch versucht haben ihr etwas von mir selbst zu erzählen und auch sie veranlaßt haben zu reden.
Morgens, heute morgen wurde ich ungefähr 5 vor 7 wach und wußte sofort ganz genau, was ich geträumt hatte. Ich saß auf einem Stuhl und mir gegenüber saß Peter ...... Schiff, wir blätterten ein Buch mit Bildern von Mary Bos durch, in dem nur eine Seite damit voll war, auf der anderen standen andere Dinge. So deutlich war mein Traum, daß ich mich an die Zeichnungen teilweise noch erinnere. Aber der Traum ging noch weiter, auf einmal trafen sich Peters und meine Augen und lange schaute ich in diese schönen samtbraunen Augen, dann sagte Peter ganz leise: »Wenn ich das gewußt hätte, wäre ich schon längst zu dir gekommen .....!« Brüsk drehte ich mich um, denn die Rührung wurde mir zu stark. Und danach fühlte ich eine weiche, oh so kühle und wohltuende Wange, an meiner und alles war so gut, so gut .....
Dann wurde ich wach, während ich noch seine Wange an meiner fühlte und noch seine braunen Augen tief in mein Herz schauen fühlte, so tief, daß er darin gelesen hatte, wie sehr ich ihn geliebt hatte und wieviel <u>sehr</u> ich ihn noch liebte. Dann sprangen mir wieder Tränen in die Augen und war ich so traurig daß ich ihn nun wieder verloren hatte, aber war ich auch so froh weil ich auf einmal wieder mit Sicherheit wußte, wie sehr ich Peter liebe. In Rauch waren die Träume von sechs Kindern, einem schönen Häuschen und langen Reisen aufgegangen, wenn ich nur Peter bei mir haben dürfte, oh Petel, Petel ......
Es ist eigenartig daß ich hier so oft solche deutlichen Traumbilder bekomme. Erst sah ich Omi eines Nachts so deutlich, daß ich sie sah [als] ob ihre Haut aus so dickem, weichem, Faltensamt war. Dann erschien Oma, so daß ich sie als meinen Schutzengel betrachte und jeden Abend zu ihr bete und ihr meine Küsse schicke. Dann Hanneli, so deutlich daß ich jeden Abend für sie

bete und sie mir vorkommt, wie das Symbol des Elends von all meinen Freunden und allen Juden wenn ich also für sie bete, ich bete für alle Juden und arme Menschen zusammen. Und nun Peter, mein lieber Peter, noch nie ist er mir im Geist so deutlich vor Augen gekommen, ich brauche kein Foto von ihm, ich sehe ihn so, so gut.

Aber Kitty, ich glaube daß ich dir nie erzählt habe, die Geschichte von mir und all meinen Anbetern. Hier folgt sie dann:

Als ich noch sehr klein war, sogar schon im Kindergarten, war meine Sympathie auf Sally Kimmel gefallen. Er hatte keinen Vater mehr, der war glaube ich geschieden und er wohnte mit seiner Mutter bei ihrer Schwester. Ein Vetter von Sally war Appy und die beiden waren meistens zusammen und meistens gleich angezogen. Appy war ein hübscher, schlanker dunkler Junge und Sally ein kleiner, dicker, blonder gemütlicher Junge, mit oh so viel Humor. Aber ich sah nicht auf Schönheit, sondern mochte Sally jahrelang sehr gern. Eine Zeitlang waren wir viel zusammen, aber ansonsten blieb meine Liebe unerwidert. Bis Peter mir über den Weg lief und ich eine echte Kinderverliebtheit bekam. Er mochte mich auch gern und einen Sommer lang waren wir nicht zu trennen. Ich sehe uns noch Hand in Hand durch die Straßen gehen. Ich kam damals in die 6. Klasse der Grundschule und er kam in die erste Klasse der 4.–3. Ich holte ihn oft von der Schule ab, er mich auch und ich war oft bei ihm zu Hause.

Peter war ein Bild von einem Jungen, groß, hübsch, schlank, mit einem ernsten, ruhigen und intelligenten Gesicht. Er hatte dunkle Haare und wunderschöne braune Augen, braun-rote Wangen und eine spitze Nase. Wenn er lachte bekam er so etwas Freches. Als wir ungefähr 3 Monate zusammen waren, zog er um und wohnte zusammen mit einem viel älteren Jungen Rolf (Peter war 3 Jahre älter als ich.) Dieser machte ihn scheinbar darauf aufmerksam, daß ich so kindisch war, und er verließ mich. Ich liebte ihn so sehr, daß ich das nicht einsehen wollte und hielt / ihn fest, bis der Tag kam, an dem ich begriff, daß wenn ich ihm noch länger hinterherlief, ich noch als mannstoll, verschrien wurde. Die Jahre gingen vorbei, Peter verkehrte mit Mädchen seines eigenen Alters und grüßte mich schon bald nicht mehr, aber ich konnte ihn nicht vergessen. Ich kam ins jüdische Lyceum, fast alle Jungen meiner Klasse verliebten sich in mich, ich fand das schön, war geehrt, aber es berührte mich nicht weiter. Später kam Hello der verrückt nach mir war, aber ich wurde nie mehr verliebt.

Das Sprichwort sagt: Zeit heilt alle Wunden, so ging es auch bei mir, ich bildete mir ein daß ich Peter vergessen hatte und ihn überhaupt nicht mehr nett fand, aber doch lebte in meinem Unterbewußtsein die Erinnerung so stark fort, daß ich mir innerlich zugab, daß ich eifersüchtig war auf die anderen Mädchen und ihn deshalb nicht mehr nett fand. Heute morgen habe ich verstanden daß nichts in mir verändert ist, im Gegenteil, während ich größer und reifer wurde, wuchs meine Liebe in mir mit.

Ich kann nun gut verstehen, daß Peter mich kindisch fand und doch tat es mir immer wieder weh daß er mich so vergessen hatte. (hatte.)

Sein Gesicht kam mir so deutlich vor Augen, daß ich nun weiß, daß niemand anders so in mir verhaftet bleiben kann. Ich liebe Peter mit allem was in mir ist.

Heute bin ich dann auch völlig verwirrt. Als Vater mir heute morgen einen Kuß gab, hätte ich gern geschrien: »Oh, wärest du bloß Peter!« Bei allem denke ich an ihn und den ganzen Tag, wiederhole ich nichts anderes bei mir selbst als: »Oh Petel, lieber lieber Petel ……

Was kann mir nur helfen? Ich muß weiter leben und Gott anflehen, daß er wenn ich hier herauskomme mir Peter über den Weg führt und daß der, während er in meinen Augen meine Gefühle liest, sagen wird: »Oh Anne, wenn ich das verstanden hätte, hätte ich dich schon längst gefragt!«

Vater sagte einmal zu mir, als wir über Sexualität sprachen, daß ich dieses Verlangen noch nicht verstehen könnte, ich wußte immer daß ich es schon verstand und nun verstehe ich es ganz. Nichts ist mir nun noch so teuer wie er, mein Petel!

Ich habe im Spiegel mein Gesicht gesehen und das sieht so anders aus, als sonst. Meine Augen sind so klar und so tief, meine Wangen sind, was seit Wochen nicht passiert ist, rosig gefärbt, mein Mund ist viel weicher, ich sehe aus als ob ich glücklich bin und doch ist so etwas Trauriges in meinem Ausdruck, mein Lächeln gleitet sofort von meinen Lippen weg. Ich bin nicht glücklich denn ich hätte es [vorher] wissen können, daß Petels Gedanken nicht bei mir sind und doch, doch fühle ich immer wieder seine schönen Augen auf mich gerichtet, und seine Kühle, weiche Wange an meiner ……

Oh Petel, Petel, wie komme ich je wieder von deinem Bild los? Ist jeder andere an deiner Stelle, nicht ein armseliger Ersatz? Ich liebe dich, oh mit soviel Liebe, daß sie nicht länger in meinem Herzen wachsen konnte, sondern zum Vorschein kommen mußte und sich plötzlich, in so gewaltiger Größe mir offenbarte.

Vor einer Woche, vor einem Tag, würde ich wenn mich jemand gefragt hätte: »Wen von deinen Bekannten, würdest du am geeignetsten finden, um ihn zu heiraten? geantwortet haben: »Sally, denn bei ihm ist es gut, ruhig und sicher!«

Und nun würde ich schreien: »Petel, denn ihn liebe ich mit meinem ganzen Herzen, mit meiner ganzen Seele in vollkommener Hingabe!« Außer dem einen, er darf mich nicht weiter berühren, als im Gesicht.

Ich saß in Gedanken heute morgen mit Petel auf dem vorderen Dachboden, auf dem Holz vor den Fenstern und nach einem kurzen Gespräch, fingen wir alle-zwei an zu weinen und später fühlte ich seinen Mund und seine herrliche Wange! Oh Petel, komm zu mir, denke an mich, mein lieber Petel!

Mittwoch 12. Januar 1944

Liebe Kitty,

seit 14 Tagen ist Bep nun wieder bei uns, obwohl ihre Schwester noch nicht zur Schule darf. Auch Dina und Joop sind noch zu Hause; der Gesundheitsdienst hatte Gerda einfach vergessen. Bep war Montag und gestern nicht hier, sondern lag zu Hause im Bett mit Halsweh. Miep war vergangene Woche zusammen mit Jan auch zwei Tage zu Hause mit einem verdorbenen Magen. Am zweiten Tag mußte Jan wieder ins Büro und Frau [Gies] hat [es] sich ruhig gemacht.

Bep hat versprochen mich die modernen Tanzschritte zu lehren, Voskuyl war am Samstag auch bei uns und zufällig kam heraus daß er mit »Pallada« bekannt ist.

Ich habe im Augenblick eine Ballet- und Tanzanwandlung und übe jeden Abend fleißig. Aus einem hell-lila Unterrock von Mutter mit Spitze von unten und oben, habe ich ein hyper-modernes Tanzkleid hergestellt. Oben schließt es mit einem Band über der Brust, das um den Rükken und unter den Ärmeln durchzuziehen ist. Ein Band aus rosa gerippter Seide vollendet das Ganze. Vergeblich habe ich versucht aus meinen Turnschuhen Balletschuhe zu machen. Mit einem ganzen Haufen schwieriger Übungen bin ich schon ganz schön weit.

Z. B. auf dem Boden sitzen mit jeder Hand einen Fuß festhalten und dann beide Beine in die Höhe heben. Ein Kissen muß ich aber als Unterlegung benutzen. (Hier wurde ich unterbrochen und habe am Donnerstag 13. Januar 1944) weiter gemacht!)

Bei all diesen Übungen sind meine Arme und Beine nicht besser geworden. Mein linker Arm und mein linkes und rechtes Bein waren ausgerenkt, nach 1½ Tagen war mein Arm wieder gut, aber meine Beine tun noch sehr weh. Diese Illusion von jeden Abend Gymnastik ist also auch wieder verflogen.

Hier lesen sie im Augenblick das Buch mit dem Titel Ochtend zonder wolken, Mutter fand es so schön weil soviel Jugendprobleme darin beschrieben waren. Ein bißchen sarkastisch dachte ich bei mir selbst, kümmertest du dich erst mal um deine eigene Jugend!
Ich glaube daß Mutter denkt, daß Margot und ich das beste Verhältnis zu unseren Eltern haben, das es nur gibt, und daß niemand sich mehr mit dem Leben seiner Kinder beschäftigt als sie.
Sie schaut dabei bestimmt nur nach Margot, denn ich glaube daß sie solche Probleme und Gedanken wie ich nie hat.
Mutter will ich gar nicht auf den Gedanken bringen, daß es bei einem ihrer Sprößlinge ganz anders aussieht als sie sich das vorstellt, denn sie wäre völlig verblüfft und wüßte doch nicht, wie die Sache anders anzupacken; den Kummer der für sie daraus folgen würde will ich ihr ersparen, vor allem weil ich weiß das alles für mich doch dasselbe bleiben würde. Mutter fühlt wohl, daß Margot sie viel mehr liebt als ich, aber sie denkt daß dies in Perioden so ist!
Ist es nicht verrückt, Kitty, daß ich mich manchmal sehe, mit Augen wie von einem anderen? Ich sehe ganz scharf wie es mit den Angelegenheiten bei Anne Frank bestellt ist. Früher als ich noch nicht so viel nachdachte, hatte ich manchmal Zeiten daß ich auch schon das Gefühl hatte, daß ich nicht zu Mama, Pim und Margot gehörte, manchmal war ich dann wohl ein halbes Jahr lang traurig, bis ich mich selbst bestrafte, und mir vorwarf daß es nichts als meine eigene Schuld wäre, daß ich so die Leidensperson spielte und daß ich nicht wert wäre, daß ich es noch immer so gut hatte.
Dann folgte eine Zeit in der ich mich zwang wieder gern nach Hause zu gehen und freundlich zu sein. Jeden Morgen wenn jemand die Treppe herabkam hoffte ich daß es Mutter wäre, die kommen und mir Guten-Morgen sagen würde und ich begrüßte sie lieb, weil ich mich auch wirklich darüber freute daß sie mich so gut anschaute. Dann, durch die eine oder andere Bemerkung schnauzte sie mich an und ging ich ganz entmutigt zur Schule, während ich dachte daß Mutter doch nicht lieb wäre.
Um 12 Uhr, als ich aus der Schule kam, entschuldigte ich sie dann wieder und dachte bei mirselbst daß sie so viel zu tun hatte, ich kam wieder fröhlich heim und meistens wiederholte sich nachmittags dann dasselbe. Manchmal nahm ich mir vor jetzt böse zu bleiben, aber wenn ich aus der Schule heimgekommen, so viel zu erzählen hatte, hatte ich mein Vorhaben schon längst wieder vergessen und das war auch gut so! Bis ich morgens nicht mehr wartete und wieder anfing mich einsam zu fühlen und abends lange weinte.
Nun ist der Unterschied nur daß ich weil ich Mutter den ganzen Tag um mich habe, ihr Gesicht nicht mehr gut sehen kann, weil sie meine Mams nicht ist und nie sein kann!
Gestern abend stieg das alles plötzlich in mir auf und ich weiß nicht was es ist, aber ich kann nie den geeigneten Moment finden mit ihm zu reden. Und dann ...... ich weine so schnell bei so etwas und dann kann ich alles doch nicht so ruhig sagen, wie ich es gern will.
Eine Hilfe in diesen Dingen hat Gott mir jetzt doch geschickt Peter ...... –
Ich fasse kurz an meinen Anhänger, drücke einen Kuß darauf und denke: »Was kann mir der ganze Kram ausmachen! Petel gehört zu mir und niemand weiß davon!« Und auf diese Art kann ich jedes Anschnauzen überwinden.
Wer würde hier wissen, wieviel in einer Backfischseele vorgeht?

Samstag 15. Januar 1944.

Liebste Kitty,
Es hat keinen Zweck daß ich dir immer wieder bis in die kleinsten Besonderheiten unsere Streitereien und Auseinandersetzungen zu beschreiben. Es ist schon genug, wenn ich dir erzähle daß wir immer mehr von einander wegtreiben und immer weniger andere Wünsche berücksichtigen.

Mutters Geburtstag nähert sich, sie hat von Kugler Zucker bekommen was schon ein Anlaß zu Eifersucht ist, weil es zu Frau [van Pels'] Geburtstag keinen Zucker gab. Ich weiß daß es dich und jeden anderen langweilen würde immer wieder die Gespräche, Heulausbrüche, die harten Worte hören zu müssen und uns langweilt es noch viel mehr. Mutter hat sich als vorläufig undurchführbaren Wunsch gewünscht, daß sie Herrn van Pels' Gesicht nicht mehr zu sehen bräuchte.
Ich frage mich, ob man mit allen Menschen mit denen man so / lange zusammenwohnt auf die Dauer Streit bekommen würde. Oder haben wir vielleicht großes Pech gehabt? Wenn Pf. am Tisch von einer halben Schüssel Soße ¼ wegnimmt und der ganze Rest wartet noch auf die Soße dann ist mir der Appetit vergangen und würde ich gern aufspringen um ihn von seinem Stuhl hinunter und aus der Tür zu werfen. Ist die Mehrheit der Menschheit so egoistisch und knausrig? Von van Pels' ist es: »Wenn wir genug haben, dürfen auch die anderen bekommen, wir das beste, wir zuerst, wir das meiste.« Von Pf. ist es: »Ich nehme von allem soviel wie ich will, schaue nicht ob noch etwas übrig ist und sage jedem daß ich so bescheiden bin!« Ich finde es ganz gut, daß ich hier etwas Menschenkenntnis bekommen habe, aber nun finde ich es genug; dasselbe sagte Peter auch und sagte ich auch schon damals als wir hier erst ein halbes Jahr waren, statt anderthalb. Gott wird wohl wissen was notwendig und gut für uns ist und wir müssen das Beste aus unserem Aufenthalt hier machen.
Ich predige Kitty, aber ich glaube auch daß wenn ich hier noch lange bleibe, die Jugend des Backfischs in meiner Seele weg ist. Und ich würde so gern noch ein richtiger Backfisch sein!

<u>Anne Frank.</u>

Mittwochabend (8 Uhr!)
19. Januar 1944.

Liebe Kitty,
Ich (schon wieder dieser Fehler!) weiß nicht was es ist, aber ich merke nach meinem Traum immer wieder daß ich verändert bin. Nebenbei bemerkt heute nacht träumte ich wieder von Peter und sah wieder seine durchdringenden Augen in meinen, aber dieser Traum war nicht so schön und auch nicht so klar wie der vorige. Du weißt daß ich früher immer eifersüchtig auf Margot war, was Vater betrifft, jetzt gibt es davon keine Spur mehr; es tut mir zwar noch weh wenn Vater mich so ungerecht behandelt in seiner Nervosität, aber ich denke doch: »Ich kann es euch eigentlich nicht übel nehmen daß ihr so seid, ihr redet viel über Kinder- und Jugendgedanken, aber ihr wißt nicht die Spur davon!« Ich sehne mich nach mehr als Vaters Küssen, nach mehr als seinen Liebkosungen. Bin ich nicht schrecklich, daß ich mich immer mit mir selbst beschäftige? Muß ich, die gut und lieb sein will nicht an erster Stelle ihnen vergeben? Ich vergebe Mutter auch, aber ich kann es mir fast nicht verbeißen wenn sie so sarkastisch ist und mich immer wieder auslacht.
Ich weiß es, ich bin noch lange nicht so wie ich sein muß, werde ich jemals so werden?

<u>Anne Frank.</u>

P.S. Vater fragte ob ich dir von der Torte erzählt habe. Mutter hat nämlich an ihrem Geburtstag vom Büro eine richtige Vor-Kriegstorte bekommen aus Mokka. Sie war wirklich toll! Aber ich habe im Augenblick so wenig Platz in meinen Gedanken für diese Dinge.

Samstagnachmittag (Viertel nach drei) 22. Januar 1944.

Liebste Kit,
Kannst du mir vielleicht erzählen wie es kommt, daß die Menschen so ängstlich ihr Inneres verbergen? Wie es kommt daß ich in Gesellschaft immer ganz anders bin als ich sein sollte und auch ganz anders als ich innerlich bin? Warum vertrauen die Menschen einander so wenig an? Oh, ich weiß es wird wohl einen Grund dafür geben, aber es ist schlimm, sehr schlimm!
Seit der Nacht von meinem Traum bin ich verändert, ich bin älter geworden und mehr eine Person für sich selbst. Du wirst wohl sehr erstaunt sein wenn ich dir erzähle daß sogar van Pelsens eine andere Position bei mir eingenommen haben. Ich betrachte auf einmal all die Diskussionen usw. usw. nicht mehr von unserem bloß voreingenommenen Standpunkt aus. Wie bin ich so verändert? Ich habe plötzlich das Gefühl bekommen (wo/wovon weiß ich selbst nicht) daß wenn Mutter anders wäre, eine richtige Mams, unsere Beziehung hier ganz und gar anders gewesen sein würde.
Es ist natürlich wahr daß Frau van Pels einen unangenehmen Charakter hat, aber die Menschen hier werden so schlecht nicht sein daß sie nicht auch eine Sonnenseite haben.
Wenn Mutter nicht so unmöglich wäre bei jeder Diskussion, so hart, so abweisend und so wenig weiblich, dann hätten all unsere Streitereien leicht vermieden werden können denn Frau van Pels ist mit Reden und nett Reden wirklich nicht so schlimm wie sie aussieht. Es ist wahr, sie ist raffgierig, egoistisch und dumm aber doch kann man mit ihr reden.
All unsere Erziehungsfragen, die Verwöhnerei, das Essen, alles, alles, alles hätte einen ganz anderen Verlauf genommen wenn man offen und freundschaftlich geblieben wäre und nicht immer nur die schlechten Seiten vor Augen gehabt hätte. Ich weiß genau was du sagen würdest Kittij: »Aber Anne, kommen diese Worte wirklich aus dir? Aus dir die so viele harte Worte von oben hat hören müssen, von dir die all das Unrecht kennt das geschehen ist!
Ja wirklich, es kommt von mir. Im Augenblick ergreife ich jede Gelegenheit um etwas zu finden das mit mir reden kann und Frau [van Pels] trotz ihrer schlechten Neigungen ist nicht durch und durch schlecht.
Ich darf ihr dies natürlich nicht sagen, denn ich muß nun nicht gegen meine eigene Familie angehen, aber ich werde [dafür] sorgen daß ich nicht mehr tratsche und sie soviel wie möglich verteidige.
Bis jetzt dachte ich immer daß alle Schuld an den Streitereien bei ihnen liegt, aber ein sehr großer Teil lag auch an uns.
Wir hatten schon recht was die Themen angeht, aber von vernünftigen Menschen (zu denen wir uns rechnen!) erwartet man doch etwas mehr Einsicht um Menschen zu behandeln.
Ich habe diese Einsicht nun bekommen und hoffe daß ich noch eine Gelegenheit finden werde sie gut anzuwenden.

AnneFrank.

P.S. Ich arbeite noch immer viel und vor allem in der letzten Zeit habe ich eine Vorliebe für Stammbäume von königlichen Häusern gefaßt. Man kommt da wenn man einmal damit beginnt sehr weit. Auch meine Filmstars habe ich nicht im Stich gelassen. Herr Kugler bringt jede Woche die Cinema & Theater für mich mit. Tschüs deine Anne.

Montag 24. Januar 1944.

Liebe Kitty,
Mir ist etwas passiert, oder eigentlich kann man von passieren nicht sprechen was ich selbst ganz verrückt finde.

Früher zu Hause und in der Schule wurde über Geschlechtsfragen entweder geheimnisvoll oder abscheuerweckend gesprochen. Worte die sich darauf bezogen wurden geflüstert und wenn jemand etwas nicht wußte wurde er ausgelacht. Ich fand das immer verrückt und dachte: »Warum spricht man über diese Dinge doch immer so geheimnisvoll und unangenehm?« Aber weil doch nichts daran zu ändern schien, hielt ich bloß so viel wie möglich den Mund oder sprach nur darüber wenn ich allein mit Jacque oder so war. Als ich dann schon eine Menge wußte, sagte Mutter einmal: »Anne, ich gebe dir einen guten Rat, sprich über solche Dinge nie mit Jungen und gib keine Antwort wenn sie darüber anfangen!« Ich antwortete: Nein natürlich nicht, was stellst du dir vor!« Und ich habe mit Jungen auch nie darüber gesprochen.
Als ich hierher kam, erzählte Vater mir eine Menge darüber und den Rest erfuhr ich beiläufig, aus Büchern oder Gesprächen. Peter hier, war nie so unangenehm in diesen Dingen wie die Jungen in der Schule, am Anfang vielleicht schon mal, aber niemals um mich herauszufordern. Frau [van Pels] hatte uns mal erzählt daß sie mit Peter über diese Dinge nie gesprochen hatte und soweit sie wußte auch ihr Mann nicht. Scheinbar wußte sie nicht einmal wie und [über] was Peter informiert war.
Gestern nun, als Margot, Peter und ich am Kartoffelpellen waren kam das Gespräch auf Moffi. Und ich weiß nicht wie es kam aber Peter sagte daß Moffi doch ein Kater wäre und fügte hinzu daß Pf. das auch gesagt, »aber der hat erst auch gesagt daß es eine Katze ist, also das gibt nichts!«
»Nun«, sagte ich, »dann kann ich es auch nicht mehr unterscheiden, aber ich wollte längst wieder mal mit dir nach unten gehen dann kannst du es mir zeigen!«
Nun das fand Peter in Ordnung: »Aber es ist bestimmt ein Kater«, sagte er noch »ich habe es selbst gesehen vom Privatbüro aus daß er ein Verhältnis gehabt hat.« Ich schaute ihn bestimmt ein bißchen verwirrt an; ich war es nicht gewöhnt und sicher nicht von Peter, daß er so offen über diese Dinge sprach.
Nachmittags zog ich also meinen Mantel an und ging mit ihm hinunter. Wir stellten uns in die Veranda, denn Moffi war nicht da und Piet rief. »Ja«, sagte er »Moffi ist bestimmt ein Kater, ich kann es sehen wenn er so mit mir spielt, dann springt er an mir hoch und wenn er wild ist, denkt er sogar daß ich eine weibliche Katze bin, das macht sich dann bemerkbar!« »Das weiß ich«, sagte ich, denn das hatte ich schon mal bei Tor dem Hund von Amendes gesehen.
Ich wollte dauernd fragen ob Moffi dann nicht kastriert war, aber ich traute mich nicht richtig. Peter nahm mir meine Worte jedoch auch schon aus dem Mund: »Moffi ist bestimmt keine kastrierte Katze.«
»Peter«, fragte ich »wie alt war Mouschi als er kastriert wurde?«
»Direkt als sie zu uns kam, noch ganz klein!« Und er pfiff noch immer und rief leise und Moffi kam aber nicht. »Sag, wie heißt *»Geschlechtsteil«* in niederländisch«, fragte er dann wieder.
»Geslachtsdeel«
»Nein, das meine ich nicht.
»Oh meinst du das andere, das weiß ich nicht.«
Und wir gingen hinauf.
Später am Nachmittag, hörte ich daß er wieder hinunterging und ich ging ihm alleine hinterher. Er stand schon am Packtisch und spielte mit Moffi.
»So, hier ist er, willst du es jetzt sehen?« Und sofort hob er die Katze hoch und zeigte mir: »Dies hier ist das männliche Geschlechtsteil und dies sind nur ein paar lose Härchen und dahinter ist sein Hintern!« Die Katze wurde wieder umgedreht und stand auf der Theke.
Jedem anderen Jungen der mir so »das männliche Geschlechtsteil« gezeigt hätte, würde ich vor Empörung einen Schlag ins Gesicht gegeben haben. Aber Peter sprach über dies alles so normal,

so ohne den geringsten Spott und die geringsten Hintergedanken daß ich auch ganz normal davon wurde. »Bist du dabeigewesen, als Mouschi kastriert wurde?«
»Ja sicher, das geht sehr schnell, das Tier wird natürlich betäubt.«
»Holen sie da was raus?«
»Nein, der Doktor knickt einfach den Samenleiter durch. Man kann von außen nichts davon sehen. Horch mal wie die andere Katze quäkt!« Draußen miaute eine Katze immer weiter Tag und Nacht, immer um die Brunftzeit herum. »Das ist sicher ein Männchen«, vermute ich.
»Das kann man nicht sagen.«
»Doch, die Männchen sind es doch immer die so rufen.«
»Dieser bekommt bestimmt niemand.«
»Werden Hunde auch so viel kastriert wie Katzen?«
»Nein, nur Schoßhündchen.« Peter spielte inzwischen mit der Katze und wollte mir Moffis Gebiß zeigen. Ich sammelte Mut, denn so »einfach« ging es bei mir doch nicht.
»Peter, ein *Geschlechtsteil* ist doch ein geslachtsdeel, dann hat es bei Männchen und bei Weibchen noch einen verschiedenen Namen.«
»Das weiß ich.«
»Bei Weibchen heißt es Vagina, soviel ich weiß, bei Männchen weiß ich es nicht mehr.«
»Ja«
»Och ja,« sagte ich wieder »wie soll man diese Worte auch wissen, meistens trifft man sie durch Zufall.«
»Warum, ich frage sie oben. Meine Eltern wissen das besser als ich und haben auch mehr Erfahrung.«
Dann gingen wir wieder hinauf.
»Das Glücksrad kann sich drehen«, sagte Brederode. Ja wirklich, so einfach würde ich nie mit einem Mädchen darüber gesprochen haben. Das meinte Mutter auch nicht, als sie sagte, daß ich nie mit Jungen darüber sprechen sollte.
Trotz allem war ich ein bißchen durcheinander. Als ich darüber nachdachte schien es mir doch sehr eigenartig.
Zum Glück, eine Sache weiß ich wenigstens, es gibt auch junge Leute und sogar vom anderen Geschlecht die so ungezwungen und ohne Witzchen sprechen können.
Würde Peter wirklich immer seine Eltern fragen, würde er wirklich so sein wie er sich gestern zeigte?
Ach, was weiß ich davon?!

Anne.

Freitag 28. Januar 1944.

Beste Kitty,
Obwohl hier nicht viel Neues passiert darf ich die Hinterhausangelegenheiten, meiner eigenen zuliebe, doch nicht völlig vernachlässigen. An erster Stelle wollte ich über die »Untertaucher« sprechen. Untertauchen und Verstecken ist für jeden etwas ganz Normales geworden und du kannst dir nicht vorstellen wieviel getan wird von Organisationen wie »Vrij-Nederland«. Tausende und Abertausende Personalausweise und Lebensmittelkarten werden besorgt, teils umsonst und teils für Geld. Wie viele falsche Personalausweise sind nicht im Umlauf. Jüdische Bekannte laufen unter normalen christlichen Namen herum und es gibt sicher nicht viele Untertaucher wie wir die weder einen Personalausweis haben noch je auf die Straße gehen.
Der Freund von Bep, der eigentlich in Berlin sein müßte trifft täglich auf der Straße Mit-Kame-

raden und sie wissen auch oft voneinander wo sie sich verstecken. Drei Söhne von unserem Milchmann sind auf dem Land usw. usw.
Die verrücktesten Geschichten hört man aus sehr verläßlichen Quellen erzählen so z. B.: In Gelderland war ein Fußballspiel, eine untergetauchte Mannschaft spielte gegen eine Mannschaft Feldjäger.
In Hilversum wo neue Stammkarten ausgeteilt werden sind bestimmte Stunden wo die Polizei keine Aufsicht führt reserviert um den Untergetauchten Gelegenheit zu geben auch ihre Stammkarten zu holen. Ich muß noch arbeiten, bis zum nächsten Mal.

AnneFrank.

Sonntag 30. Januar 1944.

Liebste Kit,
Wir sind wieder an dem Sonntag angelangt; zwar finde ich den nicht mehr so schlimm wie zuerst aber immer noch langweilig genug.
Im Lager bin ich noch nicht gewesen, vielleicht daß es später noch klappt. Gestern abend bin ich ganz allein im Dunkeln hinuntergegangen nachdem ich ein paar Abende zuvor mit Vater schon da war. Ich stand dann oben an der Treppe, es war ziemlich, viele deutsche Flugzeuge fliegen hin und her und ich wußte daß ich ein-Mensch-für-sich selbst war, der nicht auf die Hilfe anderer rechnen durfte. Meine Angst war verschwunden, ich sah hinauf zum Himmel und vertraute auf Gott.
Ich habe ein schreckliches Bedürfnis allein zu sein. Vater merkt daß ich nicht normal bin aber ich kann ihm auch nichts erzählen. »Laß mich in Ruhe, laß mich allein!« das würde ich immer nur rufen wollen. Wer weiß werde ich noch einmal mehr allein gelassen als mir lieb ist!

AnneFrank.

Donnerstag 3. Februar 1944.

Liebste Kitty,
Die Invasions-Stimmung steigt im ganzen Land mit jedem Tag und wenn du hier wärest würdest du sicher genau wie ich unter den Eindruck all dieser Vorbereitungen geraten und auf der anderen Seite würdest du uns auslachen, weil wir uns so aufregen, wer weiß wegen nichts! Alle Zeitungen stehen voll über die Invasion und machen die Leute verrückt weil sie schreiben: »Wenn die Engländer hier eventuell landen sollten, werden die deutschen Autoritäten alle Mittel einsetzen müssen um das Land zu verteidigen, es notfalls auch unter Wasser setzen.« Überall sieht man kleine Karten wo die Teile Hollands die unter Wasser gesetzt werden können, schraffiert sind. Die erste Frage war nun: Was tun wenn das Wasser einen Meter hoch in den Straßen steht?
Ich werde dir weil es dich sicher interessiert schreiben was auf diese Frage hier im Hinterhaus alles für Antworten kamen.
1°: Man kann nicht mehr gehen oder radfahren, muß also wenn man fliehen will versuchen durch das Wasser zu waten; auf die Dauer ist das natürlich stehendes Wasser.
2°: Man muß versuchen zu schwimmen. Frau v. P.: »Ich habe noch einen Badeanzug und Peter muß dann schnell schwimmen lernen.« Antwort: »Wenn Sie dann eine Bademütze aufsetzen und viel unter Wasser schwimmen sieht niemand daß Sie jüdisch sind.«
3°: Was wird das für ein Gestank sein; wir werden die Wasserratten wohl in allen Straßen sehen.
4°: Vielleicht fällt das ganze Lager zusammen, das ist mehr Holz als Stein.
5°: Nein, nun Spaß beiseite. Wir werden versuchen ein kleines Boot zu bekommen.
6°: Nicht doch, viel besser, wir setzen uns jeder in eine Milchzuckerkiste und rudern mit einem Kochlöffel.

7°: Können wir nicht auf Stelzen gehen?
8°: Das hat Jan Gies nicht nötig. Der nimmt seine Frau sicher auf den Rücken.
Usw. usw. Das klingt ja alles ganz witzig aber die Wahrheit ist überhaupt nicht witzig.
Die zweite Frage kam heute morgen an die Reihe anläßlich all dieser Anschläge die in den Straßen hängen: Was tun wenn die Deutschen hier anfangen zu evakuieren?
1°: Mit gehen. Uns so gut wie möglich vermummen.
2°: auf keinen Fall mitgehen. Hier bleiben! Die Deutschen sind imstande die ganze Bevölkerung immer weiter zurückzutreiben, bis sie in Deutschland sterben.
3°: Ja, hier bleiben, hier sind wir noch am sichersten. Wir werden versuchen Kleiman zu überreden dann mit seiner Familie hier zu wohnen. Wir werden sehen noch etwas Holzwolle zu bekommen dann können wir auf dem Boden liegen. Miep und Kleimans sollen jetzt schon Dekken hier herbringen. Wir werden 50 Pf. Mehl bestellen bei Siemons. 60 Pf. Korn ist schon hier im Haus, schon gemahlen.
Laßt uns Jan noch um 10 Pf. Erbsen bitten, wir haben schon 70 Pf. braune Bohnen, 10 Pf. Erbsen und 5 Pf. Ackererbsen. 50 Dosen Gemüse, 20 Dosen Fisch, 40 Dosen Milch, 4 Kilo Milchpulver, 3 Flaschen Öl, 4 Weckgläser Butter, 4 Weckgläser Fleisch, 4 Töpfe Orangeade, 60 Weckgläser Obst, 20 Flaschen Tomatensuppe, 10 Pfund Haferflocken, 8 Pf. Reis, und keinen Zucker. Unsere Vorräte sind relativ viel; aber wenn man bedenkt daß vielleicht plötzlich noch viel mehr Menschen essen müssen, ist das wirklich nicht zu viel. Kohlen und Brennholz sind genug im Haus; Kerzen so weit wie möglich plenty.
4°: Nähen wir uns alle Brustsäckchen, um wenn nötig all das Geld hineinzutun.
5°: Wir werden Listen machen und das Nötigste in Rucksäcke packen.
6°: Wir machen wenn es soweit ist einen Wachposten auf dem vorderen und dem hinteren Dachboden.
7°: Hört jetzt haben wir wohl Vorräte, aber was ist wenn Gas und Strom nicht gehen? Dann müssen wir auf dem Ofen kochen. Wasser filtern und kochen. Wir werden ein paar Korbflaschen jetzt schon saubermachen, und wenn es soweit ist da Wasser hineintun. Ferner haben wir als Wasserreservoir noch drei Weckkessel und eine Waschschüssel.
8°: Wir werden so bald wie möglich unsere Rot-Kreuzkiste, alle Wintermäntel, Schuhe, Kognak und Zucker von Amendes kommen lassen.
9°: Wir haben auch noch 1½ Zentner Winterkartoffeln im Gewürzraum-hinten.
So geht es hier den ganzen Tag Vater hat vor, Margot und mir wenn es soweit kommen sollte jeder f500.– zu geben darunter wahrscheinlich auch Dollars, Mutter und er nehmen jeder f1000.-.
Beim Essen hatten wir folgendes Gespräch mit Jan:
Herren: Wir haben Angst Jan, daß die Deutschen, hier die ganze Bevölkerung mitnehmen werden.
Jan: Das ist doch nicht möglich, wie haben sie dafür denn Züge?
Herren: Züge? Schusters Rappen müssen die Zivilisten dann benutzen.
J: Nicht doch, Sie sehen hier immer alles durch eine viel zu schwarze Brille, was würden sie für ein Interesse daran haben?
H: Was hat Goebels gesagt? »Wenn wir abtreten müssen, schlagen wir hinter uns die Tür von allen besetzten Gebieten zu!«
J: Sie haben schon so viel gesagt!
H: Denken Sie daß die Deutschen dafür zu edel sind, die sagen: Wenn wir untergehen müssen, sollen die auch untergehen.
J: Ich glaube kein Wort davon!

H: Es ist immer wieder dasselbe, ihr wollt nicht sehen was passiert!
J: Woher haben Sie das denn, Sie nehmen es doch auch nur an.
H: Wir haben es doch selbst mitgemacht und was ist es anders in Rußland?
J: Das ist etwas ganz anderes, die Juden ganz außer Betracht gelassen. Und in Rußland da wissen Sie auch nicht was dort passiert, die Engländer und die Russen werden genau wie die Deutschen übertreiben aus Propagandazwecken.
H: Das glauben wir nicht und nehmen wir an daß es 100 % übertrieben ist dann ist es noch schlimm genug, denn es ist eine Tatsache daß in Polen und Rußland, Millionen und Abermillionen hingemordet und vergast worden sind.
Kitty, ich werde nun damit aufhören, dir alle Besonderheiten aufzuzählen. Ich bin ganz ruhig und mache mir nichts aus der ganzen Aufregung: nur würde ich es sehr schön und beruhigend finden wenn Kleimans hierher kommen würden.
Ich bin nun soweit gekommen, daß es mir nicht mehr viel ausmacht ob ich sterbe oder leben bleibe, die Welt wird sich auch ohne mich weiter drehen und ich kann mich gegen diese Ereignisse doch nicht wehren.
Ich lasse es jetzt darauf ankommen, aber wenn ich gerettet werde, und vor dem Untergang bewahrt bleibe, dann würde ich es schrecklich finden wenn ich meine Tagebücher und meine Geschichten verloren hätte.

<u>AnneMaryFrank.</u>

Dienstag 8. Februar 1944.

Beste Kitty,
Wie ich mich fühle könnte ich dir nicht sagen. Den einen Augenblick sehne ich mich nach Ruhe, den anderen wieder nach etwas Fröhlichkeit. Lachen sind wir hier nicht mehr gewöhnt, so richtig lachen bis man nicht mehr kann.
Heute morgen hatte ich einen »Lachanfall,« du weißt schon wie man in der Schule haben kann. Margot und ich kicherten wie richtige Backfische.
Gestern abend hatten wir wieder was mit Mutter. Margot rollte sich in ihre Wolldecke aber sprang plötzlich wieder aus dem Bett und betrachtete die Decke sehr gründlich; eine Stecknadel war daran! Mutter hatte in die Decke einen Flicken eingesetzt. Vater schüttelte bedeutungsvoll den Kopf und sprach über Mutters Schlampigkeit. Schon bald kam Mutter aus dem Badezimmer und ich sagte ein bißchen zum Spaß: *»Du bist doch eine echte Rabenmutter«*. Sie fragte natürlich warum und wir erzählten ihr von der Stecknadel. Sie zog sofort ihr hochmütigstes Gesicht und sagte zu mir: »Du mußt vor allem was über Schlampigkeit sagen, wenn du nähst ist der ganze Boden übersät mit Stecknadeln. Und schau mal hier liegt wieder das Nageletui, das räumst du auch niemals auf!« Ich sagte daß ich das Nageletui nicht benutzt hätte und Margot sprang ein, denn sie war die Schuldige. Mutter redete noch eine Weile über Schlampigkeit zu mir bis ich randvoll war und ziemlich kurz angebunden sagte: »Ich habe doch nichts von Schlampigkeit gesagt, immer bekomme ich es wenn ein anderer etwas tut!« Mutter schwieg und ich war genötigt ihr noch keine Minute später ihren Gutenachtkuß zu geben der Vorfall war vielleicht unwichtig aber mich ärgert alles.
Da ich im Augenblick eine Zeit des Nachdenkens zu haben scheine, kamen meine Gedanken auf Vaters und Mutters Ehe. Mir war diese immer als Vorbild einer idealen Ehe hingestellt worden. Nie Krach, keine bösen Gesichter, vollkommene Harmonie usw. usw.
Von Vaters Vergangenheit weiß ich einiges und was ich nicht weiß, habe ich dazuphantasiert. Ich meine zu wissen, dass Vater Mutter geheiratet hat, weil er Mutter für geeignet hielt, den Platz als seine Frau einzunehmen. Ich muss sagen, dass ich Mutter bewundere, wie sie diesen Platz ein-

genommen hat und dass sie, soweit ich weiß, nie gemurrt hat und auch nie eifersüchtig war. Es kann für eine Frau, die liebt, nicht einfach sein zu wissen, dass sie im Herzen ihres Mannes nie den ersten Platz einnehmen wird, und Mutter wusste das. Vater hat Mutter dafür bestimmt bewundert und fand ihren Charakter hervorragend. Warum sollte er eine andere heiraten? Seine Ideale waren verflogen und seine Jugend war vorbei. Was ist aus ihrer Ehe geworden? Kein Streit und keine Meinungsverschiedenheiten – nein, aber eine Ideal-Ehe ist es doch auch nicht. Vater schätzt Mutter und hat sie gern, aber nicht mit der Liebe einer Ehe, die ich mir vorstelle. Vater nimmt Mutter so, wie sie ist. Er ärgert sich oft, aber sagt so wenig wie möglich, weil er weiß, welche Opfer Mutter bringen hat müssen. Über das Geschäft, über andere Dinge, über Menschen, über alles. Vater fragt sie längst nicht immer nach ihrem Urteil, erzählt nicht alles, denn er weiß, dass sie viel zu übertrieben, viel zu kritisch und oft viel zu voreingenommen ist. Vater ist nicht verliebt, er gibt ihr einen Kuss, wie er uns küsst, er stellt sie nie zum Vorbild, weil er das nicht tun kann. Er schaut sie neckend und spottend an, aber nie liebevoll. Es mag sein, dass Mutter durch das große Opfer hart und unangenehm für ihre Umgebung geworden ist, aber auf diese Art wird sie immer weiter vom Weg der Liebe abtreiben und immer weniger Bewunderung wecken. Bestimmt wird Vater einmal wissen, dass sie zwar niemals nach außen hin Anspruch auf seine volle Liebe gestellt hat, aber dadurch von innen langsam, aber sicher, abgebröckelt ist. Sie liebt ihn wie keinen anderen, und es ist hart, diese Art Liebe immer unbeantwortet zu sehen.
Muss ich folglich nicht sehr viel Mitleid mit Mutter haben, muss ihr helfen? Und Vater? – Ich kann nicht, ich sehe immer eine andere Mutter vor mir, ich kann es nicht. – Wie sollte ich auch? Sie hat mir nichts erzählt, ich habe sie nie gefragt. Was wissen wir von unseren gegenseitigen Gedanken? Ich kann nicht mit ihr sprechen, ich kann nicht liebevoll in diese kalten Augen schauen, ich kann nicht, nie! – Wenn sie nur ein bisschen was von einer verständnisvollen Mutter hätte, entweder Weichheit oder Freundlichkeit oder Geduld oder etwas anderes; ich würde mich ihr immer wieder zu nähern versuchen. Aber diese gefühllose Natur zu lieben, dieses spöttische Wesen, ist mir mit jedem Tag unmöglicher!

<u>Anne Mary Frank.</u>

Samstag 12. Februar 1944.

Liebe Kitty,
Die Sonne scheint, der Himmel ist tief-blau es weht ein herrlicher Wind und ich sehne mich so – sehne mich so – nach allem ..... –
Nach Reden, nach Freiheit, nach Freunden, nach Allein-sein. Ich sehne mich so ..... nach Weinen! Ich habe ein Gefühl in mir als ob ich zerspringe und ich weiß daß es mit Weinen besser würde, ich kann es nicht. Ich bin unruhig gehe von dem einen ins andere Zimmer, atme unten an einem Fenster, fühle mein Herz klopfen, als ob es sagt: »Erfülle doch endlich meine Sehnsucht« … – Ich glaube daß ich den Frühling in mir fühle, ich fühle das Frühlings-Erwachen, ich fühle es in meinem ganzen Körper und in meiner Seele.
Ich muß mich mit Gewalt zusammennehmen, immer wieder, ich sehne mich nach meinem Petel, ich sehne mich nach jedem Jungen, auch nach Peter – hier. Ich würde ihn gern anschreien: »Oh sag was zu mir, behalte nicht immer nur dieses Lächeln, faß mich an, daß ich wieder das seligmachende Gefühl bekomme, wie ich es zum erstenmal gehabt habe in meinem Traum von Petels Wange!«
Ich bin völlig durcheinander, ich weiß nicht was zu lesen, was zu schreiben, was zu tun, ich weiß nur daß ich mich sehne.
deine

<u>Anne Mary Frank.</u>

Montag 14. Februar '44.

Liebe Kitty,
Seit Samstag hat sich für mich viel geändert. Das kommt so: Ich sehnte mich (und ich sehne mich noch) aber ..... zu einem kleinen, sehr kleinen Teil ist mir schon geholfen.
Sonntagmorgen merkte ich schon (ich werde ehrlich sein, zu meiner großen Freude) daß Peter mich immer so anschaute. So ganz anders als gewöhnlich, ich weiß nicht, ich kann nicht erklären wie, aber ich hatte auf einmal das Gefühl daß er doch nicht so verliebt in Margot war wie ich erst dachte. Den ganzen Tag schaute ich ihn absichtlich nicht viel an, denn wenn ich das tat schaute er auch immer und dann – ja dann, dann bekam ich ein schönes Gefühl in mir, das ich besser nicht zu oft bekommen sollte.
Montagmorgen mußte ich zum Dachboden um für Herrn Pfeffer ein paar Bücher zu holen und sofort nahm Peter die Gelegenheit wahr und kam auch herauf. Wir redeten über unwichtige Dinge; Herr van Pels kam dazu und ich ging ziemlich bald wieder hinunter. Als ich Pf. seine Bücher gebracht hatte, mußte ich die gelesenen zurückbringen. (ich hätte das natürlich genauso gut verschieben können, aber das tat ich nicht.)
Ich stieg wieder die Treppen hinauf mit meiner Jacke an und setzte mich auf den Boden auf einen Stapel Säcke mit einem Kissen darauf. Das Fenster war offen, die Sonne schien herrlich und ich war froh weil ich wußte daß er zurückkommen würde. Er kam auch wirklich und erzählte mir was am vorigen Abend passiert war.
Sonntagabend saßen sie alle am Radio, bis auf Vater und ich, und lauschten dem Sonntagabend-Konzert. Pf. drehte andauernd an dem Gerät, Peter ärgerte sich und die anderen auch. Als das so eine halbe Stunde gedauert hatte ersuchte Peter, Pfeffer einigermaßen gereizt das Gedrehe einzustellen. Pf. antwortete in seinem üblichen Ton: *»ich mach' das schon!«* Peter wurde böse, was er genau sagte weiß ich nicht aber es war frech. Herr van Pels fiel ein, war auch böse und verteidigte Peter. Das war alles.
Peter war im Schwung, er sah sicher daß ich ihn wohl verstand, jedenfalls er erleichterte sich das Herz ein bißchen bei mir.
»Ja und siehst du«, so sagte er »ich sage nicht schnell was, denn ich weiß schon im voraus daß ich nach Worten ringen werde. Ich fange an zu stottern, werde rot und verdrehe die Worte die ich sagen wollte. Gestern auch, ich wollte etwas ganz anderes sagen, aber als ich einmal angefangen hatte, habe ich den Kopf verloren. Und das ist schrecklich; ich habe eine ganz schlechte Angewohnheit, nämlich wenn ich böse auf jemanden war dann bearbeitete ich ihn früher, lieber mit meinen Fäusten als daß ich mit Worten anfing mit ihm zu streiten. Aber ich weiß schon daß ich damit nicht weiterkomme und deshalb bewundere ich dich so, du kannst dich wenigstens ausdrücken, sagst den Leuten was du zu sagen hast und bist nicht so schüchtern.«
»Hör mal«, antwortete ich, ich sage die Dinge auch meistens ganz anders als ich sie sagen wollte. Ich rede zuviel und das ist auch nicht gut!«
Peter redete immer weiter und kam auch immer wieder auf Pf. zurück. Was er sagte, werde ich aber nicht aufschreiben, denn du kennst Wut-Anfälle gegen Pf. von mir schon all zu gut. Eine Sache werde ich noch von dem wiederholen was er sagte:
»Gestern abend war ich aber so nervös, ich zitterte ganz und gar, so bin ich noch nie gewesen; ich kannte mich-selbst nicht mehr! Das passiert mir nicht schnell, ich bin sonst fast nie nervös.«
Ich hatte wirklich Mitleid mit ihm. er stand da so scheinbar gleichgültig gegen eine Kartoffeltonne gelehnt, während ich ihm fast vor den Füßen saß. Und aus seinen Worten, aus seinen Bewegungen, aus seiner Stimme und aus seinen Augen konnte ich sehen und merken daß in ihm genau so etwas wütet wie in mir. Er ist verhältnismäßig gleich alt und ist sich auch in allem noch etwas unsicher.

Dienstag 15-2-1944.

Dienstag hatte ich von Mutter gehört daß Pf. das folgende erzählt hatte:
»Gestern morgen kam Peter zu mir, sagte mir Guten-Morgen und fragte ob ich gut geschlafen hatte. Er fügte noch hinzu daß es ihm leid täte wegen gestern abend und daß er es nicht so gemeint hatte Ich sagte dann auch zu ihm daß ich es auch nicht so schlimm aufgefaßt hätte.«
Ich fand es tapfer von Peter daß er doch noch um Entschuldigung gebeten hatte und als ich um Viertel-nach-zwölf auf dem Dachboden war erzählte ich ihm das.
»Davon ist kein Wort wahr!« rief er aus. Ich erschrak. Warum sollte Pfeffer denn gelogen haben? Wir redeten noch eine Weile über Film und Kinos und gingen dann hinunter.
Abends hielten Herr van Pels und Peter Pfeffer eine gehörige Standpauke und waren wieder wütend. Aber so schlimm kann es nicht gewesen sein da Peter heute in zahnärztlicher Behandlung war.
Eigentlich wollten sie nicht mehr miteinander sprechen.

Mittwoch 16-2-1944.

Den ganzen Tag sprachen wir nicht miteinander, außer ein paar unwichtigen Worten. Es war zu kalt um auf den Dachboden zu gehen und außerdem: Margot hatte Geburtstag.
Um halb eins kam er die Geschenke anschauen und blieb viel länger zum Reden als entschieden nötig war oder er es sonst je getan haben würde. Aber nachmittags kam die Chance, da ich einmal im Jahr Margot versorgen wollte ging ich den Kaffee holen und holte danach die Kartoffeln. Ich kam in Peters Zimmer, er holte sofort seine Papiere von der Treppe und ich fragte ob ich die Luke schließen sollte. »Ja«, antwortete er »mach das, wenn du zurückkommst klopfst du einfach dann mache ich sie wieder für dich auf.« Ich dankte ihm, ging hinauf und suchte wohl 10 Minuten lang die kleinsten Kartoffeln aus der großen Tonne. Dann bekam ich Rückenschmerzen und mir wurde kalt. Ich klopfte natürlich nicht, machte selbst die Luke auf, aber er kam mir doch sehr diensteifrig entgegen und nahm mir den Topf ab. »Ich habe lange gesucht, aber konnte keine kleineren finden.«
»Hast du in der großen Tonne nachgeschaut?«
»Jawohl, ich habe alles mit den Händen umgewühlt.«
Ich stand inzwischen unten an der Treppe er schaute prüfend in den Topf den er noch in den Händen hatte. »Oh, aber sie sind doch prima«, sagte er und fügte dann hinzu als ich ihm den Topf abnahm: »Mein Kompliment!«
Dabei schaute er mich an mit einem so warmen, weichen Blick daß ich auch warm und weich von innen wurde. Ich konnte so richtig merken daß er mir Freude machen wollte und weil er keine großen Lobreden halten konnte legte er seine Worte in seinen Blick. Ich verstand ihn, oh so gut und war ihm riesig – dankbar! Noch jetzt werde ich froh wenn ich mir die Worte und den Blick vor Augen hole!
Als ich runter kam, sagte Mutter daß noch mehr Kartoffeln geholt werden mußten, jetzt für das Abendessen. Ich bot sehr bereitwillig an noch einmal nach oben zu gehen. Als ich zu Peter kam entschuldigte ich mich daß ich ihn noch einmal stören müßte. Er stand auf, stellte sich zwischen die Treppe und die (Außen) Wand, nahm meinen Arm als ich schon auf der Treppe stand und wollte mich mit aller Gewalt zurückhalten: »Ich geh schon, ich muß doch noch hinauf!« sagte er. Aber ich antwortete daß das wirklich nicht nötig wäre und daß ich nun keine kleinen zu holen brauchte. Da war er überzeugt und ließ meinen Arm los. Auf dem Rückweg kam er die Luke öffnen und nahm mir wieder den Topf ab. An der Tür fragte ich noch: »Was machst du gerade?«
»Französisch«, war die Antwort. Ich fragte ob ich die Lektionen mal anschauen dürfte, wusch meine Hände und setzte mich ihm gegenüber auf die Couch.

Nachdem ich ihm von Französisch etwas erklärt hatte, fingen wir bald an zu reden. Er erzählte mir daß er später nach Niederländisch-Indien gehen wollte und dort auf den Plantagen leben. Er sprach über sein Leben zu Hause, über den Schwarzhandel und daß er so ein Nichtsnutz wäre. Ich sagte daß er wohl ein sehr starkes Minderwertigkeitsgefühl hätte. Er sprach über den Krieg, daß die Russen und Engländer sicher auch wieder Krieg miteinander bekommen würden und er sprach über die Juden. Er würde es schon viel bequemer gefunden haben wenn er Christ wäre und wenn er nach dem Krieg Christ sein könnte. Ich fragte ob er sich taufen lassen würde, aber das war auch nicht der Fall. Er könnte doch nicht fühlen wie die Christen sagte er, aber nach dem Krieg würde doch niemand wissen ob er Christ oder Jude war und was für einen Namen er hatte!

Dabei ging mir kurz ein Stich durchs Herz, ich finde es so schade daß er immer noch einen Rest Unehrlichkeit in sich hat. Aber wir sprechen weiter ganz gemütlich über Vater und über Menschenkenntnis und über alle möglichen Dinge ich weiß selbst nicht mehr was.

Um Viertel nach fünf ging ich erst weg weil Bep kam.

Abends sagte er noch etwas was ich schön fand, wir sprachen über eine Filmschauspielerin die er mal von mir bekommen hat und die nun bestimmt anderthalb Jahre in seinem Zimmer hängt. Er fand die so schön und ich bot ihm an, mal ein paar andere Filmschauspielerinnen zu geben. »Nein«, antwortete er dann »ich lasse es lieber so, diese hier, die schaue ich jeden Tag an und das sind meine Freunde geworden!«

Warum er Muschi immer so an sich drückt verstehe ich jetzt auch viel besser. Er hat natürlich auch ein Bedürfnis nach Zärtlichkeit. Noch etwas habe ich vergessen worüber er sprach. Er sagte: »Nein, Angst kenne ich nicht, jedoch schon wenn an mir-selbst etwas ist, aber das gewöhne ich mir auch schon ab.«

Das Minderwertigkeitsgefühl ist bei Peter sehr schlimm. So denkt er z. B. immer daß er so blöd und wir so klug sind. Wenn ich ihm bei Französisch helfe, bedankt er sich tausendmal. Ich werde doch bestimmt mal sagen: »Hör auf mit diesen Sprüchen, du kannst wiederum Englisch und Geographie viel besser!«

deine

Anne Frank.

P.S. Peter sagte noch: »Die Juden sind immer das auserwählte Volk gewesen und werden es wohl immer bleiben!«

Ich antwortete: »Ich hoffe immer, daß sie einmal zum Guten auserwählt sind!«

Donnerstag 17. Februar 1944.

Beste Kitty,

Heute morgen war ich oben und ich hatte Frau [van Pels] versprochen mal ein paar Geschichten vorzulesen. Ich fing mit Evas Traum an, das fand sie sehr schön, dann las ich noch ein paar Sachen aus dem Hinterhaus über die sie schallend lachten. Peter hörte auch teilweise zu (ich meine nur bei dem letzten) und fragte ob ich mal zu ihm käme um noch mehr vorzulesen. Ich dachte daß ich nun mein Glück probieren könnte, holte mein Tagebuch und ließ ihn das Stück zwischen Cady und Hans über Gott lesen. Ich kann überhaupt nicht sagen was das für einen Eindruck auf ihn gemacht hat, er sagte etwas was ich nicht mehr weiß, nicht ob es gut ist, sondern etwas über den Gedanken selbst. Ich erzählte ihm daß ich nur mal zeigen wollte daß ich nicht nur witzige Sachen aufschrieb. Er nickte mit dem Kopf und ich ging aus dem Zimmer. Mal sehen ob ich noch etwas davon höre!

deine

Anne Frank.

Freitag 18. Februar 1944.

Liebste Kitty,
Wenn ich wann auch immer nach oben gehe, hat das immer zum Ziel daß ich »ihn« sehen werde. Mein Leben hier ist also eigentlich viel besser geworden weil es nun wieder für etwas Zweck hat und ich mich auf etwas freuen kann.
Der Gegenstand meiner Freundschaft, ist wenigstens immer im Haus und ich brauche (außer vor Margot) keine Angst vor Rivalen zu haben. Du brauchst wirklich nicht zu denken daß ich verliebt bin, denn das ist nicht wahr, aber ich habe ständig das Gefühl daß zwischen Peter und mir noch einmal etwas Schönes wachsen wird, etwas das Freundschaft ist und Vertrauen gibt. Wenn ich nur eben kann gehe ich zu ihm und es ist nicht mehr so wie früher daß er nicht genau weiß was er mit mir anfangen soll, im Gegenteil er redet noch wenn ich schon fast zur Tür hinaus bin. Mutter sieht es nicht gern daß ich nach oben gehe, sie sagt immer daß ich Peter lästig falle und daß ich ihn in Ruhe lassen soll. Würde sie wirklich nicht verstehen daß ich auch noch Intuition habe? (hier ist dieses Wort wenigstens richtig verwendet Herr van Pels verwendet es zu recht und zu unrecht!)
Immer wenn ich in das kleine Zimmer hineingehe schaut sie mich so seltsam an. Wenn ich von oben herunterkomme fragt sie wo ich gewesen bin. Ich finde es schlimm, aber so langsam kann ich sie nicht ausstehen!

deine
Anne M. Frank.

Samstag 19. Februar 1944.

Liebe Kitty,
Es ist wieder Samstag und das sagt an sich eigentlich schon genug. Der Morgen war ruhig, ich war fast eine Stunde mit den Klößchen beschäftigt und somit oben aber »ihn« habe ich nicht mehr als flüchtig gesprochen.
Als sie um halb 3 alle oben waren, entweder um zu lesen oder um zu schlafen zog ich mit Decken und allem nach unten um mich an den Schreibtisch zu setzen und zu lesen oder zu schreiben. Es dauerte nicht sehr lange, ungefähr kurz nach drei da wurde es mir zu viel, mein Kopf fiel vornüber auf meinen Arm und ich brach in Schluchzen aus. Die Tränen strömten und ich fühlte mich tief unglücklich.
Oh, wäre »er« nur gekommen um mich zu trösten. Es war schon 4 Uhr als ich wieder hinaufging, um 5 Uhr holte ich Kartoffeln mit wieder neuer Hoffnung im Herzen auf ein Treffen, aber als ich noch im Badezimmer meine Haare zurechtmachte ging er zu Moffi.
Ich wollte Frau [van Pels] helfen und setzte mich mit Buch und allem oben hin, aber auf einmal fühlte ich wieder Tränen aufsteigen und ich rannte hinunter zum W. C. unterwegs noch schnell den Handspiegel mitnehmend.
Da saß ich dann auch nachdem ich längst fertig war, völlig angezogen auf dem W. C., während meine Tränen dunkle Flecken auf das Rot von meiner Schürze machten und ich tieftraurig war.
Ich dachte so ungefähr: Oh, so erreiche ich Peter nie, wer weiß findet er mich überhaupt nicht nett und hat überhaupt kein Bedürfnis nach Vertrauen. Vielleicht denkt er wohl nie anders als oberflächlich an mich und fand er das Stück über Gott überhaupt nicht vertrauenerweckend. Oh, ich muß wieder allein weiter, ohne Vertrauen und ohne Peter. Womöglich bald wieder ohne Hoffnung, Trost und Erwartung. Oh, könnte ich meinen Kopf nun bloß an seine Schulter legen und mich nicht so hoffnungslos allein und verlassen fühlen!
Wer weiß macht er sich überhaupt nichts aus mir und schaut er die anderen auch so weich an, habe ich mir vielleicht nur eingebildet daß dies für mich ist. Oh Peter, könntest du mich nur

hören oder sehen, aber die Wahrheit die vielleicht so enttäuschend ist kann ich doch nicht hören!
Später war ich doch wieder hoffnungsvoll und voller Erwartung, während die Tränen in mir noch flossen.

deine
Anne M. Frank.

Mittwoch 23. Februar 1944.

Liebste Kitty,
Seit gestern ist das Wetter herrlich und ich bin wieder vollkommen aufgemuntert. Meine Schreibarbeit, das Schönste was ich besitze, geht gut voran.
Heute morgen, (Donnerstag) als ich wieder zum Dachboden ging, war Peter am Aufräumen. Schon bald war er fertig und während ich mich auf meinen Lieblingsplatz auf den Boden setzte, kam er auch. Wir betrachteten alle beide das herrliche Blau des Himmels, den kahlen Kastanienbaum, an dessen Zweigen kleine Tropfen glitzerten, die Möwen und andere Vögel, die in der Sonne wie aus Silber aussahen und das alles rührte und packte uns alle zwei so, daß wir nicht mehr sprechen konnten. Er stand und ich saß, wir atmeten die Luft ein, schauten hinaus und fühlten alle zwei daß das nichts war um zu unterbrechen. Wir saßen lange so still beieinander und ich traute mich nicht anzufangen, denn ohne Übergang kann ich doch nicht über die allerintimsten Dinge anfangen zu sprechen. Als ich da saß und ich deutlich sah daß auch er nachdachte über alles, da wußte ich daß er ein feiner Kerl ist und ein Schatz.
Um halb eins gingen wir zum Oberboden, während der Viertelstunde die er Holz hackte, sprachen wir kein Wort. Ich schaute ihm zu, wie er, so sichtlich sein Bestes tat gut zu hacken um mir seine Kraft zu zeigen.
Aber ich schaute auch aus dem offenen Fenster, über ein großes Stück Amsterdam, über alle Dächer, bis an den Horizont der lilafarben zulief. Solange es dies noch gibt, dachte ich, und ich es erleben darf, diesen Sonnenschein, diesen Himmel, an dem keine einzige Wolke ist, solange kann ich nicht traurig sein.
Und für jeden der Angst hat, einsam oder unglücklich ist, ist bestimmt das beste Mittel, nach draußen zu gehen, irgendwo wo er ganz allein ist, allein mit dem Himmel, der Natur und Gott. Denn dann erst, nur dann, fühlt man daß alles ist, wie es sein soll und daß Gott die Menschen in der einfachen, aber schönen Natur glücklich sehen will.
Solange es dies gibt, und das wird es wohl immer, weiß ich daß unter welchen Umständen auch ein Trost für jeden Kummer ist. Und ich glaube daß bei allem Elend, sogar bei Bomben oder Schießen, die Natur alle Angst wegnimmt.
Oh, wer weiß, dauert es nicht mehr so lange, daß ich dieses überwältigende Glücksgefühl mit Peter teilen kann.

deine Anne M. Frank.

P.S. Gedanken: an Peter.
Wir vermissen hier viel, sehr viel und auch schon lange und ich vermisse es auch, genauso wie du. Du mußt nicht denken daß ich über äußere Dinge spreche, denn damit sind wir hier hervorragend versehen. Nein, ich meine die innerlichen Dinge. Ich sehne mich genauso wie du, nach Freiheit und Luft, aber ich glaube daß wir für diese Entbehrungen reichlich Entschädigung bekommen haben. Ich werde versuchen es dir zu erklären: Als ich heute morgen vor dem Fenster saß, verstand ich plötzlich, daß wir für unsere Entbehrungen viel, sehr viel Entschädigung bekommen haben. Ich meine Entschädigung von innen. Als ich nach draußen schaute und eigentlich Gott und die Natur richtig und tief betrachtete war ich glücklich, nichts anderes als glücklich.

Und Peter, solange es das Glück von innen gibt, das Glück über Natur, Gesundheit und noch sehr viel mehr, solange man das in sich trägt, wird man immer wieder glücklich werden.
Reichtum, Ansehen, alles kann man verlieren, aber das Glück im eigenen Herzen kann nur verschleiert werden und wird immer, solange wie du lebst dich wieder glücklich machen.
Versuche auch mal wenn du allein und unglücklich oder traurig bist, auf dem Oberboden bei so einem schönen Wetter, nach draußen zu schauen. Nicht zu den Häusern und den Dächern, sondern zum Himmel. Solange du furchtlos den Himmel anschauen kannst, so lange weißt du daß du rein von innen bist und daß du doch wieder glücklich werden wirst.

Sonntag 27. Februar 1944.

Liebste Kitty,
Von morgens früh bis abends spät tue ich eigentlich nichts anderes als an Peter denken. Ich schlafe mit seinem Bild vor Augen ein, träume von ihm und werde wieder wach wenn er mich anschaut.
Ich habe stark das Gefühl daß Peter und ich gar nicht so verschieden sind wie das von außen wohl aussieht und ich werde dir auch erklären warum: Peter und ich vermissen alle zwei eine Mutter. Die seine ist zu oberflächlich, flirtet gern und bekümmert sich nicht viel um Peters Gedanken. Die meine bemüht sich wohl viel mit mir, aber hat keinen Takt, kein Feingefühl, kein Mutterverständnis.
Peter und ich kämpfen alle zwei mit unserem Inneren, wir sind alle zwei noch unsicher und eigentlich zu zerbrechlich und zart innerlich um so hart angepackt zu werden. Ich will dann schon mal raus, oder will mein Inneres verbergen; werfe dann mit Töpfen und Wasser und bin lärmend so daß jeder nur wünschte daß ich weit weg wäre.
Er schließt sich dann ab, spricht fast nicht, ist still und träumt und verbirgt sich dadurch auch ängstlich.
Aber wie und wann werden wir einander endlich erreichen?
Ich weiß nicht wie lange ich mit meinem Verstand dieses Verlangen noch beherrschen kann

deine Anne M. Frank.

Montag 28. Februar '44.

Liebste Kitty,
Es wird ein Nacht- und Tagalptraum. Ich sehe ihn fast jede Stunde und kann nicht zu ihm, ich darf nichts zeigen niemandem, muß fröhlich sein, während innen in mir alles verzweifelt ist.
Peter Schiff und Peter van Pels sind zusammengeflossen zu einem Peter, der gut und lieb [ist] und nach dem ich mich schrecklich sehne. Mutter ist schrecklich, Vater lieb und dadurch noch lästiger, Margot am lästigsten, denn sie erhebt Anspruch auf ein freundliches Gesicht und ich will Ruhe haben.
Peter kam nicht zu mir, auf den Dachboden, er ging zum Oberboden und schreinerte dort was. Mit jedem Krachen und jedem Schlag bröckelte ein Stück von meinem Mut ab und wurde ich noch trauriger. Und in der Ferne spielte eine Uhr: »Auf-recht der Körper, auf-recht die Seele!«
Ich bin sentimental – ich weiß es. Ich bin verzweifelt und unvernünftig – das weiß ich auch.
Oh hilf mir!

deine Anne M. Frank.

Hier sitze ich nun und lerne und lerne
für Ihn; ich kann nicht mehr!
Rea.

Mittwoch 1. März '44.

Beste Kitty,
Mein Fläschchen Joghurt zum 1. März habe ich gewonnen! Heute morgen hat Frau [van Pels] es mir schon gegeben; leider Gottes ist die Invasion noch nicht gekommen.
Wir haben wieder genug Aufregung gehabt, da eingebrochen worden ist. Diese Angelegenheit ist jetzt noch viel komplizierter als das vorige Mal:
Als Herr v. P. gestern-abend wie gewöhnlich nach unten ging, fand er die Glas-Zwischentür und Kuglers Tür offen. Das verwunderte ihn, er ging weiter und war noch mehr verwundert als die Bürotüren, die sonst immer offen sind, geschlossen waren. Er ging weiter zum vorderen Büro, wo ein schlimmes Durcheinander war. Schubladen standen auf dem Schreibtisch und eine Schranktür war offen. »Hier war ein Dieb«, dachte er und ging sofort nach unten, um die Vordertür zu kontrollieren, diese war zu, das Lipsschloß auch.
Da nahm er an daß Bep das Büro etwas unordentlich hinterlassen hätte.
Heute morgen nun kam Peter mit dem Bericht herauf, daß die Vordertür offen war. Pf. wußte zu berichten daß das Projektions-Gerät verschwunden war und v. P. erzählte nun auch von seiner Verwunderung vom vorigen Abend. Peter ging wieder nach unten und schloß die Vordertür ab.
Was war nun passiert? Dieser Dieb mußte einen Nachschlüssel gehabt haben, denn die Tür war nicht aufgebrochen. Als Herr v. P. abends unten war muß er sich schnell versteckt haben und geflüchtet sein als v. P. nach oben ging. Dann ließ er die Tür unabgeschlossen.
Es ist ein Mysterium. Wer kann hier unseren Schlüssel haben? Und warum ist der Dieb nicht ins Lager gegangen. Wenn der Dieb einer der Lagerarbeiter ist, dann weiß der also nun, daß abends jemand im Haus ist. Die große, elektrische Pfauen-Uhr hatte der Dieb auch vor mitzunehmen; er hatte zu diesem Zweck schon den Kaminsims im vorderen Büro leergeräumt, aber wurde sicherlich gestört.
Es ist sehr unheimlich, ich habe mich jedoch nicht aufgeregt und sehe daß es ganz gut ohne Aufregung geht.

deine Anne M. Frank

Donnerstag 2. März '44.

Liebe Kitty,
Margot und ich waren heute zusammen auf dem Dachboden, ich kann mit ihr doch nicht so zusammen genießen wie ich mir das vorgestellt hatte bei Peter (oder einem anderen). Ich weiß wohl daß sie bei den meisten Dingen genauso fühlt wie ich!
Bei dem Abwasch fing Bep an mit Mutter und Frau v. P. über ihre Niedergeschlagenheit zu sprechen. Was helfen ihr die beiden? Vor allem unsere taktlose Mutter verhilft einem Menschen nur noch tiefer in die Pfütze. Weißt du was sie ihr für einen Rat gab? Sie sollte mal an all die anderen Menschen denken die untergehen in dieser Welt! Was hilft der Gedanke an Elend nun, wenn man selbst schon elend ist? Dies sagte ich auch, die Antwort war natürlich, daß ich über solche Dinge nicht mitreden kann!
Was sind die Erwachsenen doch idiotisch und blöd! Als ob Peter, Margot, Bep und ich nicht alle dasselbe fühlen und dagegen hilft nur Mutterliebe, oder Liebe von sehr, sehr guten Freunden.
Aber die beiden Mütter hier, verstehen nicht das geringste bißchen von uns! Frau v. Pels vielleicht noch mehr als Mutter! Oh, ich würde der armen Bep so gern was gesagt haben, etwas was ich aus Erfahrung weiß daß es hilft; aber Vater kam dazwischen und schob mich sehr grob zur Seite. Was sind sie doch alle blöd!
Mit Margot sprach ich auch noch über Vater und Mutter, was würden wir es hier nett haben können wenn die nicht so schrecklich langweilig sein würden. Wir würden Abende organisieren

können an denen jeder der Reihe nach über ein Thema sprechen kann. Aber da sind wir schon am Schlußpunkt. Ich kann hier nicht sprechen! Herr v. P. greift an, Mutter wird scharf und kann über nichts normal reden, Vater hat keine Lust auf solche Dinge, ebensowenig wie Herr Pf. Frau [van Pels] wird immer so angegriffen, daß sie da sitzt mit einem roten Kopf und sich fast nicht mehr wehren kann! Und wir? Wir dürfen kein Urteil haben!
Ja, sie sind schrecklich modern. Kein Urteil haben! Man kann sagen, du mußt den Mund halten, aber kein Urteil haben gibt es nicht! Niemand kann einem anderen sein Urteil verbieten, auch wenn der andere noch so jung ist!
Bep, Margot, Peter und mir hilft nur eine große und hingebungsvolle Liebe, die wir alle hier nicht bekommen. Und niemand, vor allem hier diese idiotischen Weisen, können uns verstehen, denn wir sind empfindsamer und viel weiter mit unseren Gedanken, als jemand von hier wohl in den entferntesten Fernen vermuten würde!
Liebe, was ist Liebe? Ich glaube daß Liebe etwas ist was eigentlich keine Worte haben kann. Liebe, ist jemanden verstehen, ihn gern haben. Glück und Unglück mit ihm teilen. Und dazu gehört auf die Dauer auch die körperliche Liebe, man hat was geteilt, etwas hergegeben und etwas empfangen und ob du dann verheiratet oder unverheiratet bist, ob du ein Kind kriegst oder nicht. Ob die Ehre weg ist, auf das alles kommt es nicht an, wenn du nur weißt daß da für dein ganzes weiteres Leben jemand neben dir steht, der dich versteht und den du mit niemandem teilen brauchst!

deine
Anne M. Frank.

Im Moment mault Mutter wieder; sie ist sichtbar eifersüchtig daß ich mehr mit Frau van Pels rede als mit ihr, ist mir egal!
Heute nachmittag habe ich Peter erwischt, wir haben mindestens eine dreiviertel Stunde miteinander geredet. Peter hatte sehr viel Mühe was von sich selbst zu erzählen, aber es kam doch ganz langsam. Ich wußte wirklich nicht ob ich besser täte hinunterzugehen oder oben zu bleiben. Aber ich wollte ihm so gern helfen!
Ich erzählte ihm von Bep und daß die beiden Mütter so taktlos sind. Er erzählte mir daß seine Eltern immer Streit hatten, über Politik und Zigaretten, und über allerlei mehr. Wie schon gesagt Peter war sehr schüchtern, aber doch nicht so und er ließ heraus daß er schon gern seine Eltern zwei Jahre lang nicht sehen würde. »Mein Vater ist wirklich nicht so toll, wie er aussieht« sagte er »aber in der Zigarettenfrage hat Mutter absolut recht!«
Ich erzählte ihm auch von meiner Mutter. Aber Vater verteidigte er, er fand ihn einen »Mordskerl«.
Heute abend als ich meine Schürze nach dem Abwasch aufhängte, rief er mich und bat mich nichts unten davon zu erzählen daß sie wieder Streit hatten und nicht zusammen sprechen. Ich versprach es ihm, obwohl ich es Margot schon erzählt hatte. Aber ich bin davon überzeugt daß Margot ihren Mund schon hält.
»Nein Peter«, sagte ich »du brauchst vor mir keine Angst zu haben, ich habe mir abgewöhnt so viel weiter zu erzählen, ich sage nie was davon, was du mir erzählst.«
Das fand er dann toll. Ich erzählte ihm auch von den schrecklichen Tratschereien bei uns und sagte: »Nun hat Margot natürlich sehr recht wenn sie sagt daß ich nicht ehrlich bin; denn obwohl ich zwar nicht mehr tratschen will, über Herrn Pfeffer tue ich es noch viel zu gern.« »Das ist schön von dir«, sagte er, er war rot geworden und ich wurde bei dem aufrichtigen Kompliment auch fast verlegen. Dann sprachen wir noch über unten und oben; Peter war wirklich ein bißchen erstaunt daß wir seine Eltern noch immer nicht gern mögen. »Peter«, sagte ich »du

weißt daß ich ehrlich bin, warum sollte ich es dir nicht erzählen, wir wissen ihre Fehler doch auch.«
Wir versprachen einander auch noch daß wir einander absolut glaubten, u. a. sagte ich noch: »Peter, ich würde dir so gern helfen, kann ich das nicht? Du bist hier so dazwischen und ich weiß, auch wenn du es nicht sagst, du dir doch wohl was daraus machst.«
»Oh, ich werde deine Hilfe immer in Anspruch nehmen wollen.«
»Vielleicht gehst du besser zu Vater, der erzählt auch nichts, dem kannst du es ruhig erzählen!«
»Ja, der ist ein echter Kamerad«.
»Du hast ihn sehr gern, gell?« Peter nickte und ich fuhr fort »Nun, er dich auch!«
Er schaute schnell und rot hoch, es war wirklich rührend wie froh er über diese paar Worte war.
»Glaubst du?« fragte er.
»Ja«, sagte ich »das erkennt man genau an dem was er so ab und zu von sich gibt!«
Dann kam Herr van Pels zum Diktieren. Peter ist sicher genau wie Vater auch ein »Mordskerl!«

deine Anne M. Frank.

Freitag 3. März 1944.

Liebste Kitty,
Als ich heute abend (Freitagabend 5 vor 8) in die Kerze schaute, wurde ich wieder froh und ruhig. Oma ist eigentlich in dieser Kerze und Oma ist es auch die mich behütet und beschützt und die mich wieder froh macht. Aber ..... es ist ein anderer, der meine ganze Stimmung beherrscht und das ist ..... Peter. Als ich heute die Kartoffeln holte und noch mit dem vollen Topf auf der Treppe stand, fragte er schon: »Was hast du unter Mittag gemacht?«
Ich setzte mich auf die Treppe und wir fingen an zu reden; um Viertel nach fünf (eine Stunde nach dem Holen) kamen die Kartoffeln (die ich inzwischen auf den Boden gestellt hatte) im Zimmer an. Peter sprach mit keinem Wort mehr über seine Eltern, wir redeten nur über Bücher und über früher.
Oh, was hat dieser Junge für einen warmen Blick; es fehlt glaube ich nicht mehr viel und ich werde verliebt in ihn. Darüber sprach er heute abend. Ich kam zu ihm hinein, nach dem Kartoffelschälen und sagte daß mir so heiß wäre. »An Margot und mir kann man direkt die Temperatur sehen; wenn es kalt ist sind wir weiß und wenn es warm ist, rot« sagte ich.
»Verliebt?« fragte er.
»Warum sollte ich verliebt sein?« meine Antwort (oder lieber (besser) gesagt Frage) war ziemlich albern.
»Warum nicht!« sagte er und dann mußten wir essen.
Würde er mit dieser Frage etwas beabsichtigt haben? Ich bin heute endlich dazu gekommen ihn zu fragen ob er mein Gerede nicht lästig fände, er sagte nur: »Ich finde es gut!« Inwieweit diese Antwort nun Schüchternheit ist, kann ich nicht beurteilen. Auch erzählte ich ihm noch daß Mutter, Bescheid wußte von dem Streit, aber nicht durch mich. Frau van Pels selbst hat es Mutter erzählt, daß ihr Mann und sie nicht miteinander reden. Er vertraut und glaubt mir, denke ich schon!
Kitty, ich bin genau wie eine Verliebte, die von nichts anderem erzählen kann als von ihrem Schatz.
Peter ist auch in der Tat ein Schatz. Wann werde ich ihm das mal sagen können? Natürlich nur, wenn er mich auch für einen Schatz hält, aber ich bin kein Kätzchen das man ohne Handschuhe anpackt, das weiß ich wirklich. Und er liebt seine Ruhe, also inwieweit er mich nett findet, davon habe ich keine Ahnung. Jedenfalls lernen wir einander ein bißchen mehr kennen, ich wünschte

nur, daß wir uns mit viel mehr Dingen heraustrauen würden. Aber, wer weiß, kommt diese Zeit schneller als ich denke! So ein paarmal am Tag bekomme ich einen Blick des Einvernehmens von ihm, ich zwinkere zurück und wir sind beide froh.
Ich bin wohl verrückt um ebenfalls von seiner Freude zu sprechen, aber ich habe das unwiderstehliche Gefühl, daß er genauso denkt wie ich!

deine Anne M. Frank.

Samstag 4. März 1944.

Beste Kitty,
Dieser Samstag ist seit Monaten und Monaten einmal nicht so langweilig, traurig und öde wie alle vorigen. Niemand anders als Peter ist davon die Ursache. Heute morgen kam ich meine Schürze aufhängen als Vater fragte ob ich nicht bleiben wollte, um ein bißchen Französisch zu reden, ich fand das prima; wir redeten zuerst ein bißchen Französisch, ich erklärte ihm etwas, dann machten wir Englisch, Vater las aus Dickens vor und ich war selig, denn ich saß auf Vaters Stuhl dicht neben Peter.
Um Viertel vor 11 ging ich nach unten, um schnell wieder zurückzukehren um zum Dachboden zu gehen. Peter sprang auf um oben das Fenster aufzumachen, aber er blieb sitzen als ich sagte daß ich genauso gut später zurückkehren könnte.
Ich war schon etwas erstaunt, sonst würde er doch bestimmt gegangen sein das Fenster aufzumachen. Tief in mir steckte die Frage: »Würde er lieber mit mir zusammen hinaufgehen?«
Und in der Tat um halb zwölf schon auf der Treppe sagte er daß ich die Luke ruhig offen lassen konnte. Wir redeten bis Viertel vor 1. Wenn es nur eben geht, wenn ich zur Tür hinausgehe, z. B. nach dem Essen, wenn niemand es hört, sagt er: »Tschüs Anne, bis später!«
Oh, ich bin so froh! Würde er mich jetzt doch anfangen zu lieben? Jedenfalls ist er ein netter Kerl und wer weiß wie toll ich mit ihm reden kann!
Frau [van Pels] findet es schon gut wenn ich mit ihm rede, aber heute fragte sie doch neckend: »kann ich euch beiden da oben denn trauen?«
»Natürlich«, sagte ich protestierend »Sie beleidigen mich!«
Ich freue mich von morgens bis abends daß ich Peter sehen werde.

deine Anne M. Frank.

P.S. Nicht zu vergessen, heute nacht ist ein dicker Haufen Schnee gefallen, jetzt ist fast nichts mehr davon zu sehen alles ist aufgetaut.

deine A. M. F.

Montag 6. März 1944.

Liebe Kitty,
Findest du es nicht verrückt, daß ich, nachdem Peter mir das von seinen Eltern erzählt hat, mich ein bißchen für ihn verantwortlich fühle. Ich denke genauso als ob mich die Streitereien ebenso viel angehen wie ihn und doch wage ich nicht mehr mit ihm darüber zu sprechen, denn ich habe Angst daß er das nicht mag. Für kein Geld der Welt würde ich nun unzart sein.
An Peters Gesicht kann ich sehen daß er genauso viel denkt wie ich und gestern abend habe ich mich dann auch sehr geärgert als Frau [van Pels] so spöttisch sagte: »Der Denker!« Peter wurde rot und verlegen und ich platzte fast.
Die Leute sollen doch ihren Mund halten! Man kann sich nicht vorstellen wie schlimm es ist untätig anzusehen, wie einsam er ist. Ich kann mir vorstellen, als ob ich es selbst mitgemacht hätte wie verzweifelt er manchmal bei Streit und Liebe sein muß. Armer Peter, wie sehr hat er Liebe nötig!

Wie hart klang es in meinen Ohren als er davon sprach daß er keine Freunde nötig hätte. Oh, wie irrt er sich! Ich glaube auch, daß er von diesen Worten nichts ernst meint!
Er klammert sich an seiner Männlichkeit, seiner Einsamkeit und seiner gespielten Gleichgültigkeit fest um nur nicht seine Rolle zu verlieren um nie, nie zu zeigen wie er sich fühlt. Armer Peter, wie lange kann diese Rolle noch dauern, wird auf diese übermenschliche Anspannung kein schrecklicher Ausbruch folgen?
Oh Peter, könnte und dürfte ich dir nur helfen! Wir zusammen würden unser beider Einsamkeit schon vertreiben!

Ich denke viel, aber sage nicht viel. Ich bin froh wenn ich ihn sehe und dazu noch die Sonne scheint. Gestern war ich beim Kopfwaschen sehr ausgelassen und wußte noch gut daß er in dem Zimmer neben uns saß. Ich konnte nichts daran ändern; je stiller und ernster ich von innen bin, desto lärmender bin ich von außen! Wer wird der erste sein, der selbst diesen Panzer entdeckt und durchbricht?
Es ist doch gut daß v. P. kein Mädchen haben, nie würde meine Eroberung so schwierig, so schön und so toll sein können wenn nicht gerade das andere Geschlecht anziehen würde!

deine Anne M. Frank.

P.S. Du weißt daß ich dir ehrlich alles schreibe und darum muß ich dir auch sagen daß ich eigentlich von einem Treffen zum anderen lebe. Immer hoffe ich zu entdecken daß er auch so auf mich wartet und ich bin in mir selbst so entzückt wenn ich seine kleinen, schüchternen Versuche merke. Er würde meiner Meinung nach oh so gern, sich genauso ausdrücken wie ich, er weiß auch nicht daß gerade seine Unbeholfenheit mich so trifft.
Oh Schatz! (es klingt so banal, aber ist es doch nicht!)

deine A.

Dienstag 7. März 1944.

Liebe Kitty,
Wenn ich nun so über mein Leben von 1942 nachdenke fühlt sich das alles so unwirklich an. Dieses Götterleben erlebte eine ganz andere Anne Frank, als die, die hier jetzt vernünftig geworden ist. Ein Götterleben, das war es. An jeder Ecke fünf Verehrer, ungefähr 20 Freundinnen und Bekannte, der Liebling des größten Teils der Lehrer, verwöhnt von Vater und Mutter von hinten bis vorn, viele Süßigkeiten, genug Geld, was will man mehr?
Du wirst mich selbstverständlich fragen wollen wie ich all die Leute denn so um den Finger gewickelt habe. Was Peter sagt: »Anziehungskraft«, ist doch nicht ganz wahr. Jeder Lehrer, fand meine schlauen Antworten, meine witzigen Bemerkungen, mein lachendes Gesicht und meinen kritischen Blick, nett, amüsant und witzig. Mehr war ich auch nicht; ein schrecklicher Flirt, kokett und amüsant. Ein paar Vorteile hatte ich, durch die ich ziemlich in der Gunst blieb, nämlich Fleiß, Ehrlichkeit und Großzügigkeit.
Nie würde ich, wem auch immer verweigert haben abzugucken, Süßigkeiten verteilte ich mit offenen Händen und ich war nicht eingebildet.
Würde ich von all der Bewunderung nicht übermutig geworden sein? Es ist ein Glück daß ich mittendrin, am Höhepunkt des Festes, auf einmal in der Wirklichkeit landete und es hat gut ein Jahr gedauert bevor ich daran gewöhnt war, daß nirgends mehr Bewunderung kam.
Wie sahen sie mich in der Schule? Die Anführerin von Späßen und Späßchen, immer vorne dran, und niemals schlecht gelaunt oder weinerlich. War es [ein] Wunder daß jeder gern mit mir radelte oder mir eine Aufmerksamkeit erwies?
Ich betrachte die Anne Frank jetzt, als ob sie ein nettes, witziges, aber oberflächliches Mädchen

war, die nichts mit mir zu tun hat. Was sagte Peter über mich? »Wenn ich dich sah warst du immer umringt von 2 oder mehr Jungen und einem Haufen Mädchen, immer lachtest du und warst du der Mittelpunkt!« Er hatte recht.
Was ist nun von dieser Anne Frank übriggeblieben? Oh sicher, ich habe mein Lachen und meine Antworten nicht verlernt, ich kann noch genauso gut oder besser die Menschen kritisieren, ich kann noch genauso flirten und auch noch amüsant sein, wenn ich will … – Da ist der Punkt, ich will wohl noch mal, für einen Abend, für ein paar Tage, für eine Woche, so Komödie spielen, denn dieses Leben kann nichts anderes als Komödie sein. Dann wäre ich todmüde und würde dem Ersten der ordentlich mit mir redet sicher fast um den Hals fallen. Ich will keine Anbeter sondern Freunde, keine Bewunderer für ein schmeichelndes Lächeln, sondern für mein Auftreten und Charakter. Aber soviele Bewunderer brauche ich nicht zu haben, ich weiß schon selbst was gut und was schlecht ist!
Die Anne von 1942 war auch anders, auch allein, auch sehnsüchtig nach einer wirklichen Freundin, aber versuchte bewußt oder unbewußt mit Witzchen die Leere zu vertreiben.
Jetzt betrachte ich mein eigenes Leben, denn eine Zeitspanne ist schon abgeschlossen, die der unbesorgten, unbekümmerten Schulzeit. Dies kommt nie mehr zurück, ich sehne mich auch nicht mehr danach, ich bin darüber hinausgewachsen. Wer weiß würde ich wenn ich darin geblieben wäre, nie mehr davon losgekommen sein!
Ich sehe mein Leben bis zum Neujahr 1944 wie unter einer scharfen Lupe. Daheim die unbekümmerte Schulzeit, mit viel Spaß und viel Vergnügen, aber auch mit etwas Leere. Dann 1942 hier, der Rückschlag, die Streitereien, ich konnte es nicht fassen, ich war völlig überrumpelt und wußte nichts anderes um meine Haltung aufrechtzuerhalten, als Frechheit. Dann die erste Hälfte von '43. Mein namenloser Kummer meine Heulanfälle und meine Einsamkeit, das Einsehen all der Fehler und Mängel, die bei mir viel größer war und ist als ich je gedacht hatte. Ich redete noch genauso viel, versuchte mit aller Kraft, Vater zum Vertrauten zu machen, es gelang nicht, ich stand allein und tat (fast) Abend um Abend nichts anderes als weinen.
Dann die zweite Hälfte von 1943, ich wurde Backfisch, wurde körperlich erwachsen und mein Geist erfuhr eine große, sehr große Veränderung, ich lernte Gott kennen!
Ich fing an zu denken, zu schreiben und entdeckte mich selbst. Ich bekam Vertrauen, aber auch noch Kummer, denn ich verstand daß ich an Mutter nichts mehr hatte, und daß Vater niemals mein Vertrauter werden würde. Ich hatte keine Redeträume mehr, ich hatte mich selbst.
Nach Neujahr die zweite große Veränderung, mein Traum ….. und damit entdeckte ich Peter, entdeckte einen zweiten gleich schweren Kampf neben mir, entdeckte meine Sehnsucht nach einem Jungen; nicht nach einer Mädchenfreundin, sondern nach einem Jungenfreund. Entdeckte auch das Glück in mir selbst und meinen Panzer aus Oberflächlich- und Fröhlichkeit. Aber dann und wann wurde ich ruhig. Nun lebe ich nur noch von Peter, denn von ihm wird sehr viel abhängen, von [dem] was mit mir weiter passieren wird!

Oh abends wenn ich im Bett liege, und mein Gebet mit den Worten beende:
»Ich danke dir, für all das Gute und Liebe und Schöne«, dann jubelt es in mir, dann denke ich an *»das Gute«* vom Verstecken, von meiner Gesundheit, von meinem ganzen Selbst, an *»das Liebe«* von Peter, das was noch klein und empfindlich ist und das wir alle-zwei noch nicht wagen zu benennen oder zu berühren und an *»das Schöne«*, das die Welt ist; die Welt und die Natur, die Schönheit und alles, alles Schöne zusammen.
Dann denke ich nicht an all das Elend, sondern denke an das Schöne das noch übrigbleibt. Und das ist auch der Unterschied zwischen Mutter und mir. Ihr Rat für Schwermut ist: »Denk an all das Elend in der Welt und sei froh daß du noch lebst.«

Mein Rat ist: »Geh hinaus in die Felder, die Natur und die Sonne, geh hinaus und versuche das Glück in dir selbst und Gott zurückzufinden; denke an all das Schöne was in und um dich selbst noch übrigbleibt und sei glücklich!« Darin liegt ein himmelweiter Unterschied, der himmelweite Unterschied der auch zwischen uns beiden ist. Was nützt dir das Elend wenn du schwermütig bist? Was nützt dir das Leben, wenn es nur Elend in sich hat?
Aber von der Natur, dem Sonnenschein und der Freiheit und von dir selbst, davon hast du was. Da und nur da findest du dich selbst und Gott.
Und wer glücklich ist, wird auch andere glücklich machen, wer Mut und Vertrauen [hat], wird nie im Elend untergehen!

deine Anne Mary Frank.

Mittwoch 8. März 1944.

Hier werde ich einige Briefchen folgen lassen die Margot und ich einander gestern und heute mittag geschrieben haben, nur zum Spaß natürlich:
Dienstag:
Anne: Ich würde dich gern das Stück das ich heute in mein Tagebuch geschrieben habe mal lesen lassen, aber ich traue mich noch nicht. Später, vielleicht schon in einem Monat, wenn ich wieder weiter bin, kann ich es dir zeigen, Soll Mutter dann nur ruhig sagen, daß ich von Lebensdingen nichts verstehe!
Weißt du warum ich denke daß es dich interessiert? Weil ich nirgends, auch nicht in meinen Geschichten wirklich mich selbst ausdrücken kann und das geht in meinem Tagebuch völlig.
Das schreit und jauchzt eigentlich genauso wie ich das manchmal tue!
Mittwoch:
Anne: Verrückt gell, mir fallen nächtliche Begebenheiten immer erst viel später ein, jetzt weiß ich plötzlich daß Herr Pfeffer heute nacht sehr geschnarcht hat (jetzt ist es Mittwochnachmittag Viertel vor drei und Herr Pf. schnarcht wieder, dadurch ist es mir natürlich eingefallen) und daß, als ich auf den Topf mußte, ich absichtlich etwas mehr Lärm machte um das Schnarchen aufhören zu lassen.
Ferner habe ich sie fliegen hören (buchstäblich!), habe von Jacque und Danka und nach-dem-Krieg geträumt und habe mich gut amüsiert. A.
Margot:
Was ist besser das Geschnappe nach Luft oder das Geschnarche? Hast du richtig Radau gemacht mit Danka und J.
Anne:
Geschnarche ist besser, denn wenn ich Krach mache hört es auf, ohne daß die fragliche Person wach wird!
Jacque und Danka waren nur in den Nach-Kriegstraum einbezogen, Jacque wollte gerne Steno von mir lernen, inzwischen stand sie jedoch oben am Herd, und rührte in einem Topf. Danka saß auf dem Stuhl neben dem Porzellanschrank mit einem Rock aus allen möglichen gestrickten Farben an. Er hat meinem Oberteil ein bißchen ähnlich gesehen, aber es war ein Muster drin!

A.

Was ich Margot nicht geschrieben habe, aber was ich dir doch bekennen will beste Kitty, ist daß ich sehr viel von Peter träume. Vorgestern nacht war ich in unserem Wohnzimmer hier, auf dem Eis mit dem kleinen Jungen von der Kunsteisbahn Apollohal, der mit seinem Schwesterchen in-dem-ewig-blauen Kleid-und-Storchenbeinen hier lief. Ich stellte mich ihm sehr geziert vor als: Anne Frank und fragte nach seinem Namen, er hieß: Peter. Schon in meinem Traum fragte ich mich wieviele Peters ich nun wohl kennen würde!

Dann träumte ich daß wir in Peters Zimmerchen standen, einander gegenüber neben der Treppe. Ich sagte etwas zu ihm, er gab mir einen Kuß, aber antwortete daß er mich doch nicht so gern hatte und daß ich nicht flirten sollte. Mit einer verzweifelten und flehenden Stimme sagte ich: »Ich flirte nicht, Peter!«
Als ich wach wurde, war ich nur froh, daß Peter das noch nicht gesagt hatte.
Heute nacht küßten wir uns auch, aber Peters Wangen waren sehr enttäuschend, sie waren nicht so weich wie sie aussehen, sondern wie Vaters Wange, also die Wange von einem Mann, der sich schon rasiert.

——

Heute mittag nach Tisch als Bep, Vater und Pf. schon nach unten waren, wollte ich Frau v. P. doch mal sagen daß sie nicht so unsensibel sein sollte um immer mal wieder über Henk zu sprechen. Sie hatte nämlich so etwas zu Bep gesagt wie: Du hättest doch auch gut Henk heiraten können, du findest ihn doch sehr nett! Nun warte nur, wenn er wieder geschieden ist, usw. usw.
Ich brachte mein Vorhaben auch zur Ausführung und sagte: »Ich verstehe nicht Frau [van Pels], daß Sie zu Bep immer wieder Dinge über Henk sagen. Es ist mir unbegreiflich daß Sie nicht merken wie unangenehm das für Bep ist.« Frau [van Pels] wurde natürlich rot und sagte: »Ich werde doch noch selbst wissen was ich zu Bep sage; wenn sie das so unangenehm finden würde, würde sie nicht so oft über Henk sprechen!«
Meine Antwort war ziemlich hochmütig und kühl: »Ich weiß nur daß Bep all dieses Gerede unangenehm findet!« Dann ging ich kurz danach hinunter.
Mein Triumph gegenüber Frau [van Pels] ist daß ich gegenwärtig so gut meine Ruhe bewahren kann; sie wird rot und ich bleibe normal und sage genau was ich mir vorgenommen habe. Ich glaube daß es meine Sicherheit ist die Mutter auch oft überrumpelt.
Denn Kitty, ich versage noch oft, sehr oft, bei allem, aber ich weiß wann. Und eine Sache die bei mir sehr gut funktioniert ist, daß ich sage was ich sagen will!
Ich bin jetzt allein aber schrecklich neugierig was Peter dazu sagen wird, ich habe nämlich gewartet bis er dabei war! Es kann natürlich auch gut sein, daß er nichts sagt, ich hoffe aber doch!

deine Anne M. Frank.

Freitag 10. März 1944.

Liebste Kitty,
Peter hat in der Tat nichts gesagt, aber ich habe ihn gestern gefragt. Er sagte nichts Besonderes darüber. Heute kommt das Sprichwort: »Ein Unglück kommt nie allein, gut zustatten!« Peter sagte es gerade. Ich werde dir erzählen was wir alles für Unannehmlichkeiten haben und was uns vielleicht noch über dem Kopf schwebt.
Erstens ist infolge der Hochzeit von Henk und Aagje gestern, Miep krank. In der Westerkirche, wo die Trauung stattfand, hat sie sich sehr erkältet. Übergeben, Kopf- und Halsweh und all-dasmehr.
Zweitens ist Herr Kleiman noch immer nicht zurück von seiner letzten Magenblutung und Bep ist also allein im Büro.
Drittens ist ein Herr, den ich nicht nennen werde und auf dessen Namen es auch nicht ankommt, von der Polizei verhaftet worden. Nicht nur daß es für den fraglichen Mann sehr schlimm ist aber auch für uns, da wir sehr auf Kartoffeln, Butter und Marmelade warten. Herr M. werden wir ihn mal nennen, hat fünf Kinder unter 13 Jahren und eines unterwegs. Gestern abend haben wir wieder einen kleinen Schreck erlebt da plötzlich neben uns an die Wand geklopft wurde. Wir waren beim Essen; der weitere Abend verlief bedrückt und nervös.

——

Ich habe in der letzten Zeit überhaupt keine Lust auf das Aufschreiben der Ereignisse hier. Viel mehr gehen mir meine eigenen Angelegenheiten zu Herzen. Faß meine Absicht nun nicht verkehrt auf, denn ich finde das Schicksal des armen, guten Herrn M. schrecklich, aber in meinem Tagebuch ist doch nicht sehr viel Platz für ihn.
Dienstag, Mittwoch und Donnerstag war ich von halb 5 bis Viertel nach, als alles weg war bei Peter. Wir haben Französisch gemacht und über alles-und-noch-was getratscht. Ich freue mich wirklich auf jenes kleine Stündchen nachmittags und das Schönste von allem ist daß ich glaube daß auch Peter mein Kommen wohl schön findet.

deine Anne M. Frank.

Samstag 11. März 1944

Liebe Kitty,
In der letzten Zeit habe ich kein Sitzfleisch mehr, ich gehe von oben nach unten und von unten wieder nach oben. Ich habe manchmal Launen daß ich allein sein muß oder wenigstens bei Peter. Armer, armer Peter, seine Eltern haben wieder Streit, Geschrei und Geschimpfe dröhnt wieder über unserem Kopf. Ich gehe hinauf, ich kann nichts anderes machen

deine Anne M. Frank.

Sonntag 12. März 1944.

Liebe Kitty,
Alles wird je länger umso verrückter seit gestern schaut Peter mich nicht an. Es ist genau als ob er böse auf mich ist, ich tue dann nun auch mein bestes um ihm nicht nachzulaufen und so wenig wie möglich mit ihm zu reden, aber es ist sehr schwierig! Was würde es doch sein, das ihn oft von mir abhält und oft zu mir hindrängt? Vielleicht bilde ich mir nur ein daß es schlimmer ist als es wirklich ist, vielleicht hat auch er Launen, vielleicht ist morgen alles wieder gut!
Das Schwierigste von allem ist, wenn ich so widerwärtig und traurig bin, mein normales Äußere zu bewahren. Ich muß reden, helfen, zusammensitzen und muß vor allem fröhlich sein! Am meisten von allem vermisse ich die Natur und einen Platz wo ich so lange wie ich will allein sein kann! Ich glaube daß ich alles durcheinander bringe, Kitty, aber ich bin auch völlig verwirrt: auf der einen Seite bin ich verrückt vor Sehnsucht nach ihm, kann ich fast nicht im Zimmer sein, ohne nach ihm zu schauen und auf der anderen Seite frage ich mich, warum er mir eigentlich soviel ausmachen kann, warum ich nicht genug an mir selbst habe, warum ich nicht wieder ruhig werden kann!
Ich tue Tag und Nacht, immer wenn ich wach bin nichts anderes als mich fragen: »Hast du ihn nicht genug in Ruhe gelassen? Bist du zuviel oben? Redest du zuviel über ernste Dinge, über die er noch nicht reden kann? Findet er dich vielleicht überhaupt nicht sympathisch? War der ganze Rummel vielleicht nur Einbildung? Aber warum hat er dir dann so viel über sich selbst erzählt? Tut ihm das vielleicht leid?« Und eine ganze Menge mehr.
Gestern nachmittag, nach einem Morgen voller Lahmheit, nach Berichten von Verhaftungen (nun auch van D.) nach schlechten Berichten von Beps Vater und keinem freundlichen Blick von Peter, war ich so durchgedreht und so unter Null, daß ich schlafen ging, schlafen nur nichts mehr denken. Ich schlief bis 4 Uhr und mußte dann doch wieder hinein. Oh was fällt das schwer, dann Mutter zu antworten und Vater zu erzählen warum ich schlafen gegangen bin. Völlig ratlos habe ich eben gesagt daß ich Kopfweh hätte, ich hatte auch Kopfweh von innen!
Normale Leute, normale Mädchen, Backfische wie ich werden mich wohl übergeschnappt finden, aber niemand weiß wie schwierig es ist so verliebt zu sein, ohne Gegenliebe und immer die Person der Anbetung um sich haben zu müssen. Für nichts auf der Welt würde ich Peter missen

wollen, aber doch würde ich gern einmal ganz von ihm weg sein. Das ist verrückt, aber auch begreiflich, denn wenn ich gerade in einer Stunde Arbeit ein bißchen Ordnung in meine Gedanken und Gefühle gebracht habe, sehe ich ihn wieder und sind alle meine guten Vorsätze auf einen Schlag vernichtet.
Ich bin unglücklich in der Liebe, zahllose Anbeter und begehrte Jünglinge haben um meine Gunst gefleht, während ich nichts als Kameradschaft für sie fühlte. Aber drei hat es gegeben die ich gern hatte und keiner von diesen dreien machte sich was aus mir.
Oh Peter, sag dann endlich mal was, laß mich nicht länger zwischen Hoffnung und Niedergeschlagenheit treiben. Gib mir einen Kuß oder schicke mich aus dem Zimmer, aber so stürze ich mich ins Unglück. Abends die lieblichsten Szenen, morgens die nackte Wirklichkeit und das wochenlang, jeden Tag, dafür bin ich noch nicht stark genug!

——

Das ist es gerade, jeder denkt daß ich frech, selbstbewußt und witzig bin, während ich nichts anderes wünsche als für einen Menschen Anne zu sein. Überall spiele ich Komödie, bin der Clown, die Freche, Übermütige, bei einem würde ich nichts anderes als die Empfindsame sein wollen. Denn ich bin empfindsam, sehr empfindsam! Margot möchte gern meine Vertraute sein, ich kann nicht. Sie ist lieb, und gut, und schön, aber ihr fehlt etwas was ich so nötig brauche. Auch würde ich es nicht ertragen den ganzen Tag zu sehen daß irgend jemand weiß was in mir vorgeht, meine Vertraute kann nicht den ganzen Tag um mich sein, außer … Peter!
Es ist so schwer was ich zu tragen habe und doch bin ich stark. Ich bin auch in einem bestimmten Sinn selbstbewußt, obwohl ganz anders als die Leute denken. Ich weiß daß ich höher stehe als Mutter und Frau v. Pels. Ich kann für all ihre Handlungen nichts anderes als Verachtung fühlen und das Bewußtsein daß ich anders bin. Ich weiß daß ich Gott habe, Gott und Oma und noch so viel mehr und das ist es was mich aufrechthält. Ohne die Stimme die immer wieder Trost und Gutes vorhersagt, würde ich schon längst keine Hoffnung mehr haben, ohne Gott wäre ich schon längst zusammengebrochen.
Ich weiß daß ich nicht sicher bin, ich habe Angst vor den Zellen und Konzentrationslagern, aber ich fühle daß ich mutiger geworden bin und in Gottes Armen liege!

deine Anne M. Frank.

Dienstag 14. März 1944.

Beste Kit,
Es ist vielleicht vergnüglich für dich (für mich am allerwenigsten) zu hören, wie wir heute essen werden. Im Augenblick sitze ich, da die Putzfrau unten faulenzt, bei v. P. am Wachstuchtisch mit einem Taschentuch im Mund und gegen meine Nase gedrückt, das durchzogen ist von wohlriechendem, Vor-Verstecks-Parfüm. Du wirst auf diese Art nicht viel verstehen, also wieder: »Mit dem Anfang beginnen!«
Da B. und D. festgenommen worden sind, haben wir keine Marken, (außer unseren fünf Lebensmittelkarten) und kein Fett. Da Miep und Kleiman krank sind, kann Bep nicht weg und da die ganze Stimmung trübselig ist, ist das Essen das auch. Ab morgen sitzen wir ohne ein Stückchen Fett, Butter oder Margarine und werden wahrscheinlich vor Samstag, wenn die neuen Marken heraus sind, auch nichts kriegen.
Wir frühstücken nun nicht mehr mit Bratkartoffeln sondern mit Brei und da Frau [van Pels] denkt daß wir verhungern haben wir etwas Vollmilch mehr gekauft. Unser Mittagessen heute ist Grünkohleintopf, der aus dem Faß kommt. Daher auch die Vorsichtsmaßnahmen mit dem Taschentuch. Unglaublich wie Grünkohl, der wahrscheinlich ein paar Jahre alt ist, stinken kann! Es riecht nach einer Mischung aus W.C, verdorbenen Pflaumen und Konservierungsmittel

+ 10 verdorbenen Eiern. Bah, mir wird schon übel bei der Idee allein daß ich dieses Zeug essen muß!
Dazu kommt noch daß sich unsere Kartoffeln solche sonderbaren Krankheiten zugezogen haben, daß von zwei Eimern pommes de terre einer im Herd landet. Wir vergnügen uns dann auch damit, genau die verschiedenen Krankheiten herauszufinden und sind zu der Schlußfolgerung gekommen, daß Krebs, Pocken und Masern einander abwechseln. Oh ja, das ist was um sich im 4. Kriegsjahr (für die Niederlande dann!) zu verstecken. Wäre der ganze Mist nur schon vorbei!
Ehrlich gesagt kann das Essen mir nicht so viel ausmachen, wenn es sonst nur etwas vergnüglicher wäre. Hier ist der Haken, uns alle fängt dieses langweilige Leben an unleidlich zu machen.
Hier folgt noch kurz wie wir Versteckte den gegenwärtigen Zustand, jeweilig aufnehmen:
Frau van Pels.
Die Arbeit als Küchenfee gefällt mir schon lange nicht mehr. Sitzen und nichts zu tun haben, oder Englisch lernen, langweilt. Also bloß wieder kochen, nicht klagen: »Ohne Fett ist Kochen unmöglich, mir wird übel von all den ekligen Gerüchen. Nichts als Undankbarkeit und Geschrei bekomme ich, ich bin immer das schwarze Schaf gewesen, an allem bekomme ich die Schuld! Ferner bin ich der Meinung daß der Krieg nicht schnell genug geht; die Deutschen werden am Schluß noch den Sieg erringen. Ich habe schreckliche Angst, daß wir verhungern werden: *»Scheisse, Schwein, Rottzeug!«*
Herr van Pels:
Ich muß rauchen, rauchen, rauchen, dann ist Essen, Politik, Kerlis Launen, alles nicht so schlimm. Kerli ist doch eine liebe Frau!
Wenn ich nichts zu rauchen bekomme werde ich krank dann muß ich Fleisch haben, leben wir zu schlecht, ist alles nicht gut genug und folgt bestimmt ein heftiger Streit. Schrecklich dummes Weib ist doch diese Kerli von mir.
Peter:
Lernen, still sein, nicht nörgeln, niemandem zur Last fallen und tun was getan werden muß!
Frau Frank:
Das Essen ist nicht so wichtig, aber ich würde noch gern eine Scheibe Roggenbrot haben, denn ich habe schrecklichen Hunger.
Wenn ich Frau van Pels wäre hätte ich hinter dem ewigen Gerauche des Herrn [van Pels] schon längst ein Ende gemacht. Jetzt muß ich entschieden eine Zigarette haben, denn ich habe einen ganz blöden Kopf.
V. P. sind schreckliche Leute. Die Engländer machen viele Fehler, ich muß reden und froh sein daß ich nicht in Polen bin!
Herr Frank:
Alles in Ordnung, brauche nichts. Immer mit der Ruhe, wir haben Zeit. Gib mir 10 Kartoffeln dann habe ich genug. Schnell noch was für Bep zur Seite legen. Politik geht voran!
Margot Frank:
Langweilig und unangenehm ist alles, nichts dran zu machen, nehmen wie es kommt und vor allem nicht jammern. Appetit habe ich nie, laßt nur!
Fritz Pfeffer:
Ich muß mein Pensum schaffen, alles rechtzeitig fertig machen. Politik geht oitschtekent, daß wir geschnappt werden ist unmooglik. Ich, ich, ich ....!
Anne Frank:
Mut bewahren, Glück suchen, fröhlich sein. Im Bett kann man weinen, soviel man will. Verhungern werden wir nicht und ich hoffe daß alles gut geht! Sei freundlich und bewahre Mut!

deine Anne M. Frank.

Mittwoch 15. März 1944.

Liebe Kitty,
Nicht viel Neues zu berichten. Miep ist noch schlecht dran, Kleiman geht es überhaupt nicht gut. Wir denken daß er wieder eine Blutung hat da er bewußtlos geworden ist.
Bep war gestern abend in einem Klavierkonzert im Concertgebouw. Eine gewisse Telma weißnicht-weiter, [ein] Mädchen von 20 Jahren spielte. Heute abend geht sie Evelyn Künneke hören!
Das Wetter ist herrlich aber kalt. Ich arbeite viel Englisch und Französisch, für was anderes habe ich im Augenblick keine Lust.
Die ersten fünf Bände der Forsytes habe ich fertig. Jon erinnert mich in vielen Dingen an Peter. Fleur ist in manchen Dingen besser und schlechter als ich, aber ähnelt auch ein bißchen. Heute nacht träumte ich wieder von Peter. Wir standen irgendwo zusammen als ich ihn fragte ob ich eine Haarlocke von ihm haben dürfte. Er war einverstanden, aus irgendeinem Grund gaben wir einander auch wieder einen Kuß.
Mit meiner Stimmung geht es wieder gut, wenn es nur niemals Samstag oder Sonntag würde!

deine Anne M. Frank.

Donnerstag 16. März 1944.

Liebe Kitty,
Es wird immer unangenehmer hier; Bep ist nämlich sehr erkältet hat schlimme Rücken- und Halsschmerzen. Wir haben Angst daß sie auch Grippe bekommt. Was soll es dann werden?
Das Wetter ist herrlich, unbeschreiblich schön, ich gehe sicher bald zum Dachboden.
Ich weiß jetzt warum ich so viel unruhiger bin als Peter. Er hat ein eigenes Zimmer, in dem er arbeitet, träumt, denkt und schläft. Ich werde von der einen Ecke in die andere geschoben. Allein in meinem abgeteilten Zimmer bin ich nie und doch sehne ich mich danach so sehr. Das ist auch der Grund daß ich zum Dachboden flüchte. Dort und bei dir kann ich kurz, ganz kurz ich selbst sein. Doch will ich über meine Sehnsüchte nicht jammern, im Gegenteil, ich will mutig sein!
Unten können sie zum Glück nichts von meinen innerlichen Gefühlen merken, außer daß ich mit jedem Tag kühler und verächtlicher gegenüber Mutter bin, Vater weniger liebkose und auch gegenüber Margot nichts mehr rauslasse, bin ich völlig zugeknöpft. Vor allem muß ich meine äußerliche Sicherheit bewahren, niemand darf wissen daß in mir noch immer Krieg herrscht. Krieg zwischen meinem Verlangen und Verstand. Bis jetzt hat letzterer den Sieg errungen aber wird sich doch nicht ersteres als das Stärkste erweisen? Manchmal fürchte ich und oft ersehne ich ein Ja!
Oh es ist so schrecklich schwierig gegenüber Peter nie etwas herauszulassen, aber ich weiß daß er als erster anfangen muß; es ist so schwierig, all die Gespräche und Taten die ich in meinen Träumen erlebt habe, wieder tagsüber als ungeschehen zu betrachten! Ja Kitty, Anne ist ein verrücktes Mädchen, aber ich lebe auch in einer verrückten Zeit und unter noch verrückteren Umständen.
Am schönsten von allem finde ich noch daß ich was ich denke und fühle wenigstens noch aufschreiben kann, sonst würde ich komplett ersticken. Was denkt Peter wohl über all diese Dinge, immer wieder denke ich daß ich eines Tages mit ihm darüber sprechen kann. Es muß doch etwas geben das er von mir erraten hat, denn die äußerliche Anne, die er bis jetzt kennt kann er doch nicht gern haben! Wie kann er, der Ruhe und Frieden so liebt, Sympathie für meinen Lärm und meine Lebhaftigkeit fühlen? Würde er der erste und einzige auf der Welt sein, der hinter meine Betonmaske geschaut hat? Wird er dahinter dann auch bald ankommen? Gibt es nicht einen alten Spruch daß Liebe oft auf Mitleid folgt oder daß die zwei Hand in Hand gehen? Ist

das nicht auch mit mir der Fall; denn ich habe genauso viel Mitleid mit ihm wie ich es oft auch mit mir selbst habe!
Ich weiß wirklich nicht, wirklich nicht wie ich die ersten Worte finden soll und wie würde er das dann können der noch viel schwieriger spricht? Könnte ich ihm bloß schreiben dann wüßte ich wenigstens daß er weiß was ich sagen wollte, denn mit Worten ist es so entsetzlich schwierig!

deine Anne M. Frank.

Donnerstagnachmittag.

Heute morgen wußte ich in der Tat noch nicht was noch über unserem Haupt schwebte. Kugler hat nämlich einen Aufruf vom Arbeitsdienst bekommen daß er 6 Tage arbeiten muß. Er ist jetzt auf dem Weg zu einem Arzt der zuverlässig ist und den Herr v. P. auch kennt um ein wirksames Attest zu bekommen. Bep hat kein Fieber obwohl sie noch nicht gesund ist. Miep wird laut Jan noch mindestens 14 Tage im Bett bleiben. Kleiman hat keine neue Magenblutung sondern einen Nervenzusammenbruch gehabt! davon die Bewußtlosigkeit! Es ist hier also ein schöner Zustand. Wir haben abgemacht daß die Lager-Leute morgen einstweilen nicht kommen, nur Bep, wenn die wenigstens auf den Beinen bleibt. Die Haustür wird abgeschlossen und wir müssen uns ruhig halten wegen der Nachbarn. Falls Bep nicht kommen würde, müssen wir uns noch ruhiger halten und kommt Jan uns auf jeden Fall nach eins kurz besuchen.
Um nur ein Beispiel des Zustands-draußen zu nehmen erzählte Jan was er von Samstag an gegessen hat. Samstag bekam er drei große Winterkarotten, Frau Pfeffer oder er selbst das weiß ich nicht kochte die mit grünen Erbsen durcheinander und das war das Mahl von Samstag, Sonntag und Montag. Dienstag kamen Ackererbsen auf den Tisch und Mittwoch wurde von den übriggebliebenen Karotten Eintopf gekocht.
Als wir fragten ob Mieps Doktor noch mal zurückkäme, war die Antwort: »Der Doktor hat so viel zu tun daß er in seiner Privatpraxis noch einen Assistenten dazu hat. Wenn man am Telephon bittet ein Rezept für Pulver bereitzulegen, antwortet er daß von 8 bis 9 Sprechstunde ist und daß man das Rezept dann nur abholen soll!«
Alles in allem ist es eine tragische Geschichte wenn es nicht so unangenehm für uns und alle wäre, würde es wohl interessant und witzig sein. Wir regen uns alle nicht so arg auf, verhungern werden wir nicht und vielleicht wird alles nicht so schlimm und geht noch mal gut!

Anne.

Freitag 17. März 1944.

Allerliebster Schatz,
Tatsächlich ist alles noch gut gegangen, denn Beps Erkältung ist keine Grippe geworden sondern nur Heiserkeit und Herr Kugler ist von der Arbeit durch das Arztattest befreit worden. Weniger gut geht es mit Herrn Kleiman, bei dem sich letztlich doch noch herausgestellt hat daß er eine Magenblutung hat.
Hier alles noch all-right!
Außer daß Margot und ich unsere Eltern ein bißchen leid werden. Du mußt es nicht falsch auffassen, ich liebe Vater noch genau so und Margot Vater und Mutter, aber wenn du so alt bist wie wir sind, willst du doch auch ein kleines bißchen für dich selbst entscheiden, willst du auch selbst mal von der Elternhand los. Wenn ich nach oben gehe, wird gefragt was ich tun will, Salz darf ich nicht haben, um Viertel nach acht fragt Mutter immer wieder jeden Abend ob ich mich noch nicht ausziehen muß, jedes Buch das ich lese muß geprüft werden. Ehrlich gesagt ist diese Prüfung überhaupt nicht streng und darf ich fast alles lesen, aber all diese Be- und Anmerkungen plus all dieses Fragen den ganzen Tag durch finden wir lästig.

Noch etwas ist vor allem bei mir nicht nach ihrem Sinn, ich will nicht mehr den ganzen Tag Küßchen hier und Küßchen da geben. All die süßen und ausgedachten Kosenamen finde ich lächerlich, Vaters Vorliebe über Winde und W. C. zu sprechen, finde ich scheußlich, kurz ich will sie wohl mal eine Weile loshaben und das verstehen sie nicht. Nicht daß wir ihnen etwas davon erzählt haben, aber nein wozu nützt das, sie würden nichts davon kapieren.
Margot sagte gestern abend noch: »Ich finde es wirklich blöd, daß wenn man kurz mit dem Kopf auf den Händen, zweimal seufzt, sie gleich fragen ob man Kopfweh hat oder ob man sich nicht gut fühlt!«
Auch verstehen Margot [und ich] nun zum erstenmal daß man mehr von sich selbst seinen Freundinnen erzählen kann, als seinen Eltern.
Es ist für uns beide ein richtiger Schlag daß wir nun plötzlich sehen, wie wenig von dem vertrauten und harmonischen Zuhause übrig ist! Und das liegt doch zu einem großen Teil daran weil wir so schief zueinander stehen. Damit meine ich daß wir wie kleine Kinder behandelt werden was die äußerlichen Dinge betrifft und wir viel älter sind, als Mädchen unseres Alters, was innere Dinge betrifft. Auch wenn ich erst 14 bin, ich weiß doch sehr gut was ich will, ich weiß wer recht und unrecht hat, ich habe meine Meinung, meine Auffassung und meine Prinzipien und auch wenn es vielleicht verrückt klingt für einen Backfisch, aber ich fühle mich Mensch, viel mehr als Kind, ich fühle mich völlig unabhängig von welcher anderen Seele auch immer.
Ich weiß daß ich besser debattieren oder diskutieren kann, als Mutter, ich weiß daß ich einen objektiveren Blick habe, ich weiß daß ich nicht so übertreibe, ordentlicher und geschickter bin und dadurch (du kannst darüber lachen) fühle ich mich in vielen Dingen ihr überlegen. Wenn ich jemand liebe, muß ich in erster Linie Bewunderung für ihn haben, Bewunderung und Respekt und diese beiden Forderungen vermisse ich bei Mutter vollkommen!
Alles wäre gut, ich würde nichts mehr zählen, wenn ich Peter nur hätte, denn für ihn habe ich Bewunderung in ganz vielen Dingen. Gell, er ist so ein feiner und kluger Junge!

<u>deine Anne M. Frank.</u>

Samstag 18. März 1944.

Liebe Kitty,
Niemandem auf der Welt habe ich mehr über mich selbst und meine Gefühle erzählt als dir, warum sollte ich dir dann nicht auch etwas über sexuelle Dinge erzählen?
Eltern und Menschen im allgemeinen sind bei diesem Thema sehr eigenartig. Statt daß sie sowohl ihren Mädchen als ihren Jungen mit 12 Jahren alles erzählen, werden die Kinder bei solchen Gesprächen aus dem Zimmer geschickt und dürfen selbst sehen wo sie ihre Weisheit herholen. Wenn die Eltern dann später merken daß die Kinder doch etwas erfahren haben, denken sie daß die Kinder mehr oder weniger wissen, als mit der Wirklichkeit übereinstimmt. Warum versuchen sie dann nicht noch das Versäumte nachzuholen und fragen wie es damit steht?
Ein wichtiges Hindernis gibt es für die Erwachsenen, aber ich finde dieses Hindernis nur sehr klein, sie denken nämlich daß die Kinder die Ehe sozusagen nicht mehr heilig und unversehrt vor Augen haben, wenn sie wissen daß die Unversehrtheit in den meisten Fällen bloß Unsinn ist.
Ich für mich finde es für einen Mann überhaupt nicht schlimm wenn er ein bißchen Erfahrung mit in die Ehe bringt und damit hat die Ehe selbst dann doch nichts zu tun?
Als ich gerade 11 Jahre geworden war, klärten sie mich über Periode auf, woher diese Sache kam oder was für eine Bedeutung das hatte das wußte ich noch lange nicht. Mit 12½ bekam ich schon mehr zu hören, weil Jacque Lange nicht so blöd war wie ich. Wie Mann und Frau zusammen le-

ben hat mein Gefühl mir selbst gesagt; am Anfang fand ich die Vorstellung schon sehr verrückt, aber als Jacque es mir bestätigte war ich schon ein bißchen stolz auf meine Intuition!
Daß Kinder nicht von dem Bauch heraus geboren werden, habe ich auch von Jacque, die sagte einfach: »Wo das Erzeugnis hinein geht, kommt es vollendet auch wieder heraus!« Das Jungfernhäutchen und noch weitere nähere Einzelheiten wußten Danka, Jacque und ich aus einem Buch über sexuelle Aufklärung. Daß man Kinder kriegen verhindern konnte wußte ich auch, aber wie das innerlich ging war noch ein Geheimnis.
Als ich hierher kam erzählte Vater mir von Prostituierten usw., aber alles zusammen aufgezählt bleiben immer noch Fragen übrig die nicht beantwortet sind.
Wenn eine Mutter ihren Kindern nicht alles erzählt, hören sie es nur stückchenweise und das ist sicher verkehrt!

——

Obwohl Samstag ist bin ich nicht gelangweilt! Das liegt daran weil ich mit Peter auf dem Dachboden saß, mit geschlossenen Augen habe ich dagesessen und geträumt; es war herrlich!

deine Anne M. Frank.

Sonntag 19. März 1944.

Liebe Kitty,
Gestern war ein sehr wichtiger Tag für mich, das war so: Nach dem Mittagsessen verlief alles ganz normal, um 5 Uhr setzte ich Kartoffeln auf und gab Mutter mir von der Blutwurst etwas um es Peter zu bringen. Ich wollte das erst nicht machen, ging später aber doch: »Peter«, sagte ich »willst du das von uns annehmen, für deine Brötchen?« Aber er nahm es nicht und ich hatte das elende Gefühl daß es noch immer wegen des Streites über das Mißtrauen war. Auf einmal konnte ich nicht mehr, die Tränen schossen mir in die Augen und ohne viel Drängen stellte ich die Untertasse wieder bei Mutter ab und ging aufs W. C. kurz ausweinen. Als ich so weit war hatte ich beschlossen das jetzt mit Peter auszusprechen. Vor dem Essen saßen wir zu viert bei ihm um an einem Kreuzworträtsel zu helfen, konnte ich also nichts sagen, aber gerade bevor wir zu Tisch gingen, flüsterte ich ihm zu: »Machst du heute abend Steno, Peter?« »Nein«, war seine Antwort. »Ich wollte dich dann später kurz sprechen!« das fand er gut.
Nach dem Abwasch ging ich also in sein Zimmer und fragte ob er die Blutwurst wegen des letzten Streites nicht angenommen hatte. Zum Glück war das nicht der Grund, er fand es nur nicht anständig, so schnell nachzugeben. Wir redeten noch über die Streitereien und daß ich denen nun ganz anders gegenüberstehe usw. usw. Es war sehr warm im Zimmer gewesen und mein Gesicht so rot wie ein Krebs, darum kam ich nachdem ich Margots Wasser hinuntergebracht hatte noch kurz nach oben um etwas Luft zu bekommen. Anstandshalber stellte ich mich erst an v. P. Fenster, aber schon bald ging ich zu Peter. Er stand an der linken Seite des offenen Fensters; ich stellte mich an die rechte und wir redeten. Es war viel leichter am offenen Fenster, bei ziemlicher Dunkelheit zu sprechen, als bei soviel Licht und ich glaube daß Peter das auch fand. Wir haben einander so viel erzählt, so schrecklich viel, das kann ich gar nicht alles wiederholen, aber es war toll, der schönste Abend den ich je im Hinterhaus gehabt habe.
In Kürze werde ich dir die verschiedenen Themen doch schon sagen:
Erst sprachen wir über die Streitereien, daß ich denen nun ganz anders gegenüberstehe; dann über die Entfremdung zwischen uns und unseren Eltern. Ich erzählte Peter von Mutter und Vater, von Margot und mir-selbst. In einem bestimmten Moment fragte er: »Ihr sagt einander bestimmt immer Gutenacht mit einem Nachtkuß?«
»Einem, einem ganzen Haufen, du nicht gell?«
»Nein, ich habe fast nie jemandem einen Kuß gegeben!«

»Auch nicht an deinem Geburtstag?«
»Ja, dann schon«
Wir sprachen über Vertrauen das wir alle zwei unseren Eltern nicht geschenkt haben. Daß seine Eltern einander sehr liebten und auch wohl gern sein Vertrauen haben wollten, aber daß er nicht wollte. Daß ich meinen Kummer im Bett ausweine und er auf den Dachboden geht und flucht. Daß Margot und ich einander auch erst so kurz kennen und daß wir einander doch nicht so viel erzählen, weil wir immer beieinander sind. Über alles mögliche, über Vertrauen, Gefühl und uns-selbst, oh er war genau wie ich schon wußte daß er war.
Dann kamen wir auf 1942 zu sprechen, wie anders wir damals waren. Wir erkennen uns nun in dieser Periode alle zwei nicht mehr wieder. Wie wir einander am Anfang nicht ausstehen konnten. Er fand es unangenehm daß ich bei ihm ans Radio ging, er fand mich lebhaft und lästig und ich fand schon bald an dem ganzen Jungen nichts. Ich verstand nicht daß er nicht flirtete, aber jetzt bin ich froh. Er sprach auch noch darüber daß er sich soviel absonderte. Ich sagte auch von meinem Lärm und Übermut und seiner Stille, daß darin gar nicht soviel Unterschied ist.
Daß ich auch die Ruhe liebe und nichts für mich allein habe, außer meinem Tagebuch, daß jeder mich lieber gehen als kommen sieht, zuerst Herr Pf. und drinnen will ich nicht immer sein. Daß er so froh ist daß meine Eltern Kinder haben und daß ich froh bin daß er hier ist. Daß ich ihn nun schon verstehe in seiner Zurückgezogenheit und seinem Verhalten zu seinen Eltern und ihm so gern helfen würde bei den Streitereien. »Peter, wenn du mal Hilfe brauchst, wirst du es mir dann sagen?« »Du hilfst mir doch immer!« antwortete er. »Womit denn?« fragte ich sehr erstaunt »Mit deiner Fröhlichkeit!«
Das war wohl das Schönste was er mir gesagt hat. Auch sagte er noch daß er es überhaupt nicht mehr lästig fand wenn ich zu ihm kam so wie früher, sondern toll.
Ich erzählte ihm auch daß in all den Kosenamen von Vater und Mutter kein Inhalt ist. Daß mit einem Küßchen hier und einem Küßchen da, noch kein Vertrauen geschaffen ist.
Wir sprachen noch über unseren eigenen Willen, das Tagebuch und die Einsamkeit, den Unterschied zwischen einem Innen- und Außenmenschen den jeder hat. Meine Maske usw.
Es war herrlich er muß angefangen haben mich als Kameraden zu lieben und das ist vorläufig genug. Ich habe keine Worte dafür, so dankbar und froh bin ich und ich muß mich schon bei dir entschuldigen Kitty, daß mein Stil unter Niveau ist heute. Ich habe nur aufgeschrieben was mir eingefallen ist!
Ich habe jetzt das Gefühl als teilen Peter und ich ein Geheimnis, wenn er mich anschaut mit diesen Augen, diesem Lachen und diesem Zwinkern, geht bei mir von innen genau wie ein Licht an. Ich hoffe daß es so bleiben möge, daß wir noch viele, viele schönen Stunden zusammen verbringen mögen!

<u>deine dankbare und frohe Anne.</u>

Montag 20. März 1944.

Heute morgen fragte Peter ob ich abends mal öfter käme, daß ich ihn wirklich nicht störte und daß bei ihm im Zimmer ebenso gut wie Platz für einen auch Platz für zwei wäre. Ich sagte daß ich nicht jeden Abend könnte, da sie das unten nicht richtig fänden, aber er fand daß ich mich daran nicht stören sollte. Ich sagte dann daß ich am Samstagabend gern mal kommen würde und bat ihn mir vor allem mal Bescheid zu sagen wenn der Mond da wäre. »Dann gehen wir hinunter«, sagte er »dort den Mond anschauen.« Das fand ich prima und große Angst vor den Dieben habe ich auch wirklich nicht.
Inzwischen ist ein Schatten auf mein Glück gefallen, ich dachte es schon längst daß Margot Peter mehr als nett fand. Inwieweit sie ihn liebt weiß ich nicht, aber ich finde es sehr schlimm. Jedes-

mal daß ich Peter nun treffe muß ich ihr absichtlich weh tun und das Schönste ist daß sie sich fast nichts anmerken läßt. Ich weiß schon daß ich verzweifelt vor Eifersucht sein würde, aber Margot sagt nur daß ich kein Mitleid mit ihr haben muß. »Ich finde es so schlimm daß du als drittes Bein dabeistehst«, fügte ich noch hinzu. »Das bin ich gewöhnt«, antwortete sie einigermaßen bitter.
Dies wage ich Peter doch nicht zu erzählen, vielleicht später einmal, wir müssen uns erst noch so schrecklich viel aussprechen.
Mutter hat mir gestern abend einen kleinen Schlag verpaßt, den ich wirklich schon verdient habe. Ich darf mich in meiner Gleichgültigkeit und Verachtung ihr gegenüber nicht zu weit gehenlassen. Also, mal wieder versuchen trotz allem freundlich zu sein und meine Bemerkungen zu unterlassen!
Auch Pim ist nicht mehr so herzlich. Er versucht sich nun das Kindische wieder ein bißchen abzugewöhnen und ist nun viel zu kalt. Sehen was daraus wird! Er hat mir gedroht daß wenn ich kein Algebra mache, ich später bestimmt keine Nachhilfestunden bekomme. Obwohl ich das abwarten kann, will ich doch wieder damit anfangen, vorausgesetzt ich bekomme ein neues Buch.
Vorläufig genug, ich kann nichts anderes als Peter anzuschauen und bin randvoll!

<u>deine Anne M. Frank.</u>

Beweis von Margots Güte, dieses bekam ich heute den 20. März 1944.

Anne, als ich gestern sagte daß ich nicht eifersüchtig auf dich wäre, war das nur zu 50 % ehrlich. Der Fall ist nämlich so, daß ich weder auf dich, noch auf Peter eifersüchtig bin. Ich finde es nur für mich – hier hatte ich ein Blatt überschlagen. Siehe vorige Seite. selbst ein bißchen schade, daß ich noch niemanden gefunden habe und vorläufig sicher nicht finden werde, mit dem ich über meine Gedanken und Gefühle sprechen könnte. Aber darum würde ich es euch allen zweien von Herzen gönnen, wenn ihr einander etwas von deinem Vertrauen schenken könntet; du vermißt hier schon genug, was für viele andere so selbstverständlich ist.
Auf der anderen Seite weiß ich genau, daß ich mit Peter doch nie so weit gekommen wäre, weil ich das Gefühl habe, daß ich mit demjenigen, mit dem ich viel besprechen möchte auf ziemlich intimem Fuß stehen müßte. Ich würde das Gefühl haben müssen daß er mich auch ohne daß ich viel sage durch und durch versteht, aber darum müßte es jemand sein, den ich mir geistig überlegen fühle und das ist bei Peter nie der Fall. Bei dir würde ich mir das Obenstehende schon mit Peter vorstellen können.
Du brauchst dir also überhaupt keine Vorwürfe zu machen, daß ich zu kurz komme und daß du etwas tust was mir zukäme, nichts ist weniger wahr. Du und Peter werdet beide nur gewinnen können durch den Umgang miteinander.

Antwort von mir:
Liebe Margot,
Deinen Brief fand ich außerordentlich lieb, aber ich bin doch nicht völlig beruhigt und werde es wohl auch nicht werden.
Von Vertrauen in dem Maße, das du meinst ist zwischen Peter und mir vorläufig noch keine Rede, aber an einem offenen und dunklen Fenster, sagt man einander mehr als im hellen Sonnenschein. Auch kann man seine Gefühle leichter flüsternd weitersagen als wenn man sie herausposaunen muß. Ich glaube daß du für Peter eine Art schwesterlicher Zuneigung fühlst und ihm gern helfen willst, mindestens so gern wie ich. Vielleicht wirst du das auch noch mal tun können, obwohl das kein Vertrauen in unserem Sinne ist. Denn ich finde daß Vertrauen von

zwei Seiten kommen muß; ich glaube daß das auch der Grund ist daß es zwischen Vater und mir nie so weit gekommen ist. Hören wir jetzt damit auf und rede auch nicht mehr darüber, wenn du noch etwas willst, mache es dann bitte schriftlich, denn so kann ich viel besser sagen was ich meine als mündlich.
Du weißt nicht wie sehr ich dich bewundere und hoffe nur, daß ich noch mal etwas von Vaters und deiner Güte bekomme, denn darin sehe ich nicht mehr viel Unterschied.

Deine Anne.

Tageseinteilung von Anne Frank an den Werktagen, Montag, Dienstag, Mittwoch, Donnerstag und Freitag, im Frühjahr 1944 im Hinterhaus:
Aufwachen, zwischen halb 7 und halb 8.
Vaters Wecken, halb 8
Aufstehen: 8 nach halb 8
Anziehen: von 8 nach halb 8 bis fünf vor 8, inklusive Bett abräumen, Lockenwickler rausmachen, Kleider, Wasserstoff, Kamm, Spiegel und Salbe hineinbringen.
Badezimmer: 8 Uhr.
Fertig anziehen und Haare machen: ± Viertel nach 8 Topf holen und Bücher usw. usw. bis halb 9.
Ruhe von Lesen oder anderer Stiller Beschäftigung von halb 9 bis 9
Frühstück: 9 bis halb 10.
Kartoffelschälen: halb 10 bis 10 Uhr oder halb 11.
Arbeiten in Büchern; mit Unterbrechung von Reden, Tagebuch-schreiben, Tratschen und Nichtstun (auch manchmal Kaffee um ± Viertel vor 11) von halb 11 bis 12 Uhr.
Dachboden: 12 Uhr bis Viertel vor 1. Luft schnappen.
Häusliche Tätigkeit: Viertel vor 1–1 Uhr. Damit ist Waschbecken saubermachen gemeint.
Radio: 1 Uhr bis Viertel nach 1.
Essen: Viertel nach 1 oder halb 2 bis 10 vor 2.
Tratschen: 10 vor 2 bis 2 Uhr.
Wehrmachtsbericht: 2 Uhr bis etwas nach zwei.
Herumlungern unten und oben bis halb 3.
Arbeiten, wieder mit diversen Unterbrechungen, oft auch viel lesen, hängt von der Lektüre ab: von halb 3 bis Viertel vor 4.
Brote essen: Viertel vor 4–4 Uhr.
Frischmachen: 4 Uhr–Viertel nach 4.
Kaffee trinken: Viertel nach 4.
Kartoffeln holen: nach dem Kaffeetrinken bis etwas vor halb 5. Der Kaffee wird oben zu sich genommen. Um Viertel nach 4 gehen Margot und ich nämlich immer nach oben.
Bei Peter für Französisch und Reden: halb 5 bis Viertel nach 5.
Freiheit, Büro weg und Durcheinander im Haus: Viertel nach 5 bis 6 Uhr.
Radio: 6 Uhr bis Viertel nach 6.
Tratschen, herumlungern und nichts tun: Viertel nach 6 bis halb 7.
Essen: halb 7 bis 7 Uhr.
Abwaschen: 7 Uhr bis halb 8.
Lesen, schreiben, reden: halb 8 bis halb 9.
Ausziehen: halb 9 bis zehn vor 9.
Badezimmer: zehn vor 9 bis Viertel nach 9.
Toilette-Make-up: Viertel nach 9 bis halb 10.

Gutenachtsagen, Licht-aus: halb 10–Viertel vor 10.
Denken, träumen, beten und genießen: Viertel vor 10–Viertel nach 10.
Schlafen: Viertel nach 10 oder halb 11 bis ± 7 Uhr.

Anne Frank.

Mittwoch 22. März 1944.

Liebe Kitty,
Dies empfing ich gestern abend von Margot:
Beste Anne,
Nach deinem Brief von gestern habe ich das unangenehme Gefühl, daß du Gewissensbisse fühlst wenn du zu Peter gehst arbeiten oder reden; dazu gibt es jedoch wirklich keinen Grund. In meinem Inneren hat jemand Recht auf gegenseitiges Vertrauen und ich würde Peter noch nicht an seiner Stelle dulden können.
Es ist jedoch so, genau wie du schreibst, daß ich das Gefühl habe, daß Peter eine Art Bruder ist, aber …… ein jüngerer Bruder und daß unsere Gefühle Fühler zueinander ausstrecken um einander vielleicht später, vielleicht auch nie in einer Zuneigung wie von Bruder und Schwester zu berühren; soweit ist es jedoch noch lange nicht.
Du brauchst also wirklich kein Mitleid mit mir zu haben. Genieße nur soviel du kannst [die] Gesellschaft, die du nun gefunden hast.

———

Es wird hier inzwischen immer schöner, ich glaube Kitty, daß wir hier im Hinterhaus vielleicht noch eine echte große Liebe bekommen. All das Gewitzel von Heiraten mit Peter wenn wir hier noch lange bleiben war also doch nicht so verrückt. Ich denke wirklich nicht darüber nach ihn zu heiraten, ich weiß nicht wie er wenn er mal erwachsen ist sein wird, ich weiß auch nicht ob wir einander einmal so lieben werden, daß wir gern heiraten würden.
Daß Peter mich auch gern hat bin ich inzwischen sicher, auf welche Art dieses Gernhaben ist weiß ich nicht. Ob er nur eine gute Kameradin wünscht, oder daß ich ihn als Mädchen anziehe, oder aber als Schwester, ich komme noch nicht richtig dahinter.
Als er sagte, daß ich ihm bei den Streitereien zwischen seinen Eltern immer helfe, war ich riesig froh und schon einen Schritt auf dem Weg um an seine Freundschaft zu glauben. Gestern nun, fragte ich ihn was er tun würde wenn es hier ein Dutzend Annes gäbe und immer zu ihm kommen würden, seine Antwort war: »Wenn sie alle so wie du wären, wäre das wirklich nicht so schlimm!« Er ist zu mir enorm gastfreundlich und ich glaube schon daß er mich wirklich gern kommen sieht.
Französisch lernt er inzwischen sehr eifrig, sogar bis abends Viertel nach zehn im Bett. Oh, wenn ich noch an Samstagabend denke, an unsere Worte, unsere Stimmen, dann bin ich zum erstenmal über mich selbst zufrieden; ich meine dann, daß ich nun dasselbe sagen würde und nicht alles anders, was sonst meistens der Fall ist.
Er ist so hübsch, sowohl wenn er lacht, als auch wenn er so still vor sich hinschaut, er ist so lieb und gut und hübsch. Meiner Meinung nach hat es ihn am meisten von mir überrumpelt, als er merkte daß ich überhaupt nicht die oberflächliche Anne, der Welt bin, sondern genauso ein verträumtes Exemplar, mit genauso vielen Schwierigkeiten wie er selbst!
Gestern abend nach dem Abwasch wartete ich absolut darauf daß er mich fragen würde oben zu bleiben. Aber nichts passierte; ich ging weg er kam nach unten um Pfeffer zum Radio zu rufen, trödelte lange im Badezimmer, aber als Pf. zu lange wegblieb ging er nach oben. Er lief in seinem Zimmer auf und ab und ging sehr früh ins Bett.
Ich war so unruhig den ganzen Abend, daß ich immer wieder ins Badezimmer ging, mein Ge-

sicht kalt abwusch, kurz las, wieder träumte, auf die Uhr schaute und nur wartete, wartete, wartete und nach ihm horchte. Als ich früh im Bett lag, war ich todmüde.
Heute abend muß ich ins Bad und morgen?
Das ist noch so lange!

deine Anne M. Frank.

Antwort:
Liebe Margot,
Am besten finde ich daß wir nun einfach abwarten was daraus wird. Es kann nicht mehr so lange dauern daß die Entscheidung zwischen Peter und mir fällt, entweder wieder normal oder anders. Wie das gehen soll weiß ich nicht, ich denke diesbezüglich noch nicht weiter als meine Nase lang ist.
Aber, eine Sache tue ich bestimmt, wenn Peter und ich Freundschaft schließen, dann erzähle ich ihm auch daß du ihn auch sehr gern hast und für ihn bereit stehen würdest, wenn das nötig wäre. Dieses letztere wirst du sicher nicht wollen, aber das macht mir jetzt nichts; was Peter über dich denkt, weiß ich nicht, aber ich werde ihn dann auch schon fragen.
Schlecht ist es sicher nicht, im Gegenteil! Komm ruhig auf den Dachboden oder wo auch immer wir sind, du störst uns wirklich nicht, da wir glaube ich alle zwei stillschweigend abgemacht haben, daß wenn wir reden, wir es dann abends im Dunkeln tun.
Bewahre Mut! Ich tue es auch, obwohl es nicht immer einfach ist, deine Zeit kommt vielleicht schneller als du denkst!

deine Anne.

Donnerstag 23. März 1944.

Liebste Kitty,
Seit gestern-morgen ist so unsäglich viel passiert daß ich wirklich nicht weiß wo anzufangen. Zuerst mal die Neuigkeiten von draußen. B. & D. sind aus dem Gefängnis entlassen. Die stärksten Sachen werden daraus erzählt, aber es ist genug wenn ich dir sage daß das niederländische Volk großartig ist. Brouwers Frau erwartet an einem dieser Tage ein Kind; deshalb ist er freigekommen, aber die Sache ist noch nicht ganz erledigt. Hoffen wir das beste!
Herrn Kleiman geht es nicht gut. Seine Frau und wir alle sind mit seinem Arzt nicht zufrieden. Seine letzte Magenblutung erwies sich als sehr schwer, deshalb die Bewußtlosigkeit.
Miep ist seit gestern-morgen wieder hier, aber heute ist Jan wegen Erkältung und Frösteln ins Bett gegangen. Bep wieder etwas gesund, obwohl ihr Husten noch anhält.
Gestern ist hier ein Flieger abgestürzt, die Menschen sprangen noch rechtzeitig mit Fallschirmen heraus. Die Maschine stürzte auf eine Schule, in der zum Glück keine Kinder waren, ein paar Menschen wurden getötet und ein kleiner Brand. Die Maschine muß dicht über die Markthallen geflogen sein. So eine Schießerei wie bei diesem Flugzeug haben wir noch nie gehabt. Das waren die Deutschen die mit Maschinengewehren auf die abgesprungene Mannschaft und das stinkende Flugzeug schossen. Zehn Minuten lang eine ohrenbetäubende Schießerei. Es war sehr beängstigend.
Nun über mich selbst.
Als ich gestern zu Peter kam, kamen wir, ich weiß wirklich nicht mehr wie, auf sexuelles Gebiet. Ich hatte mir längst vorgenommen ihn einige Dinge zu fragen. Er weiß alles; als ich ihm erzählte daß Margot und ich überhaupt nicht richtig aufgeklärt waren, war er ganz erstaunt. Ich erzählte ihm viel von Margot und mir und Mutter und Vater, daß ich mich die letzte Zeit nicht mehr traue zu fragen. Er bot dann an mich aufzuklären und ich machte davon dankbar Gebrauch: er

erzählte mir wie Verhütungsmittel funktionieren und ich fragte ihn tollkühn wie Jungen merken, daß sie erwachsen sind. Darüber mußte er dann mal kurz nachdenken; er würde es mir abends erzählen. U.a. teilte ich ihm die Geschichte von Jacque mit und daß Mädchen gegenüber so starken Jungen wehrlos sind: »Nun, du brauchst vor mir keine Angst zu haben!« sagte er.
Abends als ich zurückkam sprachen wir noch lang und breit darüber und er erzählte mir dann von den Jungen. Ein bißchen genierlich war es schon, aber es war doch auch toll, darüber mal mit ihm zu sprechen. Er und ich konnten uns alle zwei nicht vorstellen daß wir noch einmal mit einem Mädchen respektive mit einem Jungen so offen über die intimsten Angelegenheiten reden würden.
Ich denke daß ich nun alles weiß. Viel erzählte er mir von »*Präsentiv*«mitteln. Deutsch.

———

Abends im Badezimmer sprachen Margot und ich über Bram und Trees!

———

Heute morgen erwartete mich etwas sehr Unangenehmes: Nach dem Frühstück winkte Peter mir um mit nach oben zu gehen: »Du hast mich ganz schön reingelegt!« sagte er »ich hörte was Margot und du gestern im Badezimmer zusammen bespracht, du wolltest denke ich mal sehen was Peter davon wußte und dich dann damit vergnügen!«
Oh, mir verschlug es die Sprache. Mit allen Mitteln habe ich ihm das fürchterliche Gerede aus dem Kopf geredet; ich kann so gut verstehen wie es ihm zumute gewesen sein muß und es ist nicht einmal wahr! »Oh nein, Peter«, sagte ich »so gemein würde ich nicht sein, ich habe [zu]gesagt meinen Mund zu halten und werde das auch tun. So Komödie zu spielen und mit Ernst so gemein zu handeln, nein Peter, das wäre nicht mehr witzig, das ist unfair. Ich habe nichts erzählt was ich dir erzählt habe ist alles wahr, glaubst du mir?«
Er versicherte mir daß er mir glaubte, aber ich muß noch mal mit ihm darüber reden, den ganzen Tag tue ich nichts anderes als hierüber zu grübeln. Ein Glück daß er gleich sagte, was er dachte, stell dir vor daß er mit so etwas Gemeinem von mir in sich herumgelaufen wäre. Der liebe Peter!
Nun werde und muß ich ihm alles erzählen!

deine
Mary Anne Frank.

Irrtum!
Das liegt sicher an der Aufregung, denn mein Herz klopft mit Hammerschlägen!

deine Anne

Freitagmorgen 24. März 1944.

Beste Kitty,
Erzählt habe ich doch nicht alles, aber es ist auch so wieder gut oder besser gesagt noch viel besser. Du kannst dir nicht vorstellen, wie dankbar ich bin weil ich dies hier noch im Hinterhaus bekommen habe.
Gestern nachmittag bei Peter haben wir wieder kein Englisch gemacht, wir sprachen über die Eltern. v. P. tun nämlich so blöd wenn ich abends aus Peters Zimmer komme und Peter sagt auch daß sie mit Pf. und miteinander darüber flüstern. Peter gab mir nun den Rat mir nichts daraus zu machen. »Sagen sie unten denn was zu dir?«
»Ja Mutter ist sehr neugierig, aber ich drücke mich immer mit einer faulen Ausrede.«
»Gestern abend sagten sie sicher auch was«, fuhr er fort.
»Ja natürlich, sie sagten: bist du noch dort, das ist sicher deine *zweite Heimat* geworden.« »Pf. sagte zu mir, daß es sich nicht schickt so spät abends junge Mädchen im Zimmer zu haben, ich

antwortete auch etwas wie daß er sich nicht einmischen sollte. Zu meinen Eltern sagte ich, daß es nichts als Neid wäre, daß sie schon so alt und wir noch jung sind.
Aber du kommst nur ruhig, ich finde es (wirklich) toll.« Und in einem anderen Satz, als ich sagte: »Nun solche Dinge erzählt man doch nicht jedem«, (es ging um unser Fenstergespräch), da antwortete er: »Aber du bist doch nicht jeder!«
Diese Seite hatte ich aus Versehen überschlagen, also um die vorige Seite fortzusetzen muß man noch einmal umblättern.
Vater sagt immer daß ich eine Zierpuppe bin, aber das ist nicht wahr, ich bin nur eitel! Ich habe noch nicht von vielen Leuten gehört daß sie mich hübsch vom Äußeren finden. Außer von Pim Pimentel der sagte daß ich so nett aussah wenn ich lachte.
Gestern nun bekam ich ein aufrichtiges Kompliment von Peter und ich werde zum Spaß unser Gespräch nur kurz so ungefähr wiedergeben:
Peter sagte so oft »Lach mal!« Das fiel mir auf und ich fragte gestern: »Warum soll ich doch immer lachen?«
»Weil das hübsch ist; du bekommst dann Grübchen in deine Wangen, wie kommt das eigentlich?«
»Damit bin ich geboren. Das habe ich auch im Kinn. Das ist das einzige Schönheits-Ding das ich besitze.«
»Aber nein das ist nicht wahr!«
»Doch, ich weiß schon daß ich kein hübsches Mädchen bin, das bin ich nie gewesen und werde ich auch nie werden!«
»Das finde ich überhaupt nicht, ich finde dich hübsch«.
»Das ist nicht wahr.«
»Wenn ich das sage, dann kannst du das von mir annehmen!«
Ich sagte dann natürlich dasselbe von ihm!

Als ich abends hörte daß v. P. ihr Fenster aufmachten, war ich sehr unentschlossen; um 8 Uhr beschloß ich den Versuch mal zu wagen. Ich klopfte leise an die Tür und wurde von Herrn v. P. empfangen mit: »Stk, stk, pack sie Mouschi, pack sie!«
»Oh soll ich gleich wieder weggehen?« fragte ich, aber ich ging doch bloß sofort weiter zu Peters Zimmer. Dort stand Frau [van Pels] die sofort fragte ob ich Luft schnappen käme. Sie blieb ein bißchen bei uns stehen und redete, aber als Herr [van Pels] das Fenster zumachte wollte Peter sie zur Tür hinaussetzen. Frau [van Pels] weigerte sich zu gehen, sie wollte bei uns bleiben. Natürlich fanden wir das auch gut, aber nach 5 Minuten ging sie doch. Ich sagte noch, daß unsere Gesellschaft auch nicht so interessant wäre, aber damit war sie nicht einverstanden und sie würde wieder zurückkommen.
Als wir allein waren sagte Peter sofort: »Sie haben wirklich nichts dagegen wenn du kommst, sie werden es nie verbieten; ich sagte heute abend schon zu ihnen, daß du gleich kommst!« »Oh«, sagte ich »ich wollte eigentlich erst nicht kommen.« Sehr erstaunt antwortete er: »Aber ich hatte dir doch noch über den Tisch zugezwinkert bevor du nach unten gegangen bist!«
»Hör mal Peter«, sagte ich dann »ich kann auf keinen Fall jeden Abend kommen.« »Aber warum nicht?« »Nein, das tue ich nicht, ich finde es so schon unheimlich heraufzukommen. Das einzige Mittel, und gleichzeitig der goldene Mittelweg würde sein, wenn du kurz nach unten kommen würdest und mich mit nach oben nehmen. Du willst mich nicht jeden Abend bitten zu kommen und ich will nicht von selbst kommen, dann ist das doch das Beste.«
»Aber, aber, aber .....«
»Tu mir nun mal den Gefallen.« Das verfehlte seine Wirkung nicht. Sofort sagte er »Nun gut

dann.« Dann fragte er noch ob er dann durch unser Zimmer gehen mußte. Das ist natürlich nicht nötig, einfach durch das Badezimmer, ich bin dann schon in meinem Zimmer. Dann mußte er wissen ob er laut sprechen sollte, meine Antwort darauf war: »Tu so, wie es gerade paßt.«

Später am Abend, sprach er wieder darüber, daß ich doch kommen müßte: »Ich langweile mich sonst so allein.«

»Du hast dich bis jetzt doch auch nicht gelangweilt!«

»Ja aber das war etwas ganz anderes!«

»Wie witzig ging das mit uns gell, am Anfang wollte ich gern was mit dir machen, aber du fandest es schrecklich wenn ich kam. Danach hatte ich ein Jahr lang deine Existenz fast vergessen, bis ich mich eines Tages plötzlich erinnerte daß es auch noch so etwas wie einen Peter gab.«

»Wenn du in dieser Zeit nicht zu mir gekommen wärest, wäre ich schon zu dir gekommen.«

Zufällig ist das gell Kitty, daß wir einander ungefähr gleichzeitig entdeckt haben. Nun kann ich aus all den Worten und Taten von ihm doch schon feststellen daß er auch viel für mich fühlt. Wenn er nicht zum Dachboden kommt ist das sicher weil ich sagte, daß ich so gern auch mal allein bin. Wie das nun weitergeht weiß ich wirklich nicht, ob wir immer etwas zu reden haben ebensowenig. Aber wenn es weitergeht zwischen uns werden wir wohl auch ohne zu reden beieinander sein können. Das einzige was ich unangenehm finde ist daß Margot so alleine unten sitzt wenn ich oben mit Peter bin, aber von solchen Worten will sie absolut nichts hören.

Vater fragt und sagt nichts, aber er ist nicht mehr so kindisch. Mutter weiß wohl daß ich mir nicht viel aus ihr mache, genauso mit Peters Vater und Mutter. Und, Kitty, ich bekomme nun so ein bißchen das Gefühl daß ich nicht mehr so frei von Peter bin, daß ich ihm eigentlich nachlaufe, von seinen Gunstbezeigungen abhängig bin.

Wenn die Alten da oben sich nur nicht so blöd anstellen würden; es ist bestimmt weil sie mich nicht so gern sehen. Peter und ich erzählen doch wirklich nicht worüber wir sprechen. Stell dir vor daß die wüßten daß wir über solche intimen Themen sprechen. Mit einem Jungen über deine Periode zu sprechen und ein Junge über seine Angelegenheiten mit einem Mädchen ist doch sicher nicht so alltäglich. Ich würde Peter über dieses Thema noch ganz viel fragen wollen, aber ich habe immer Angst daß er denkt, daß ich über nichts anderes reden kann.

Ich wollte ihn fragen ob er weiß wie ein Mädchen eigentlich aussieht. Ein Junge ist von unten glaube ich nicht so kompliziert gestaltet wie ein Mädchen. Auf Fotos und Abbildungen von nackten Männern kann man doch sehr gut sehen wie die aussehen, aber bei Frauen nicht. Da sind die Geschlechtsteile oder wie das heißt schon mehr zwischen den Beinen. Er hat doch vermutlich noch nie ein Mädchen von so nahe gesehen, ehrlich gesagt ich auch nicht. Tatsächlich ist es bei Jungen viel einfacher. Wie sollte ich die Installation um Himmels willen erklären, denn daß er das nicht genau weiß habe ich aus seinen Worten schon schließen können. Er sprach über den *»Muttermund«*, aber der sitzt innen, davon kann man nichts sehen. Es ist bei uns doch schon sehr gut eingeteilt, bevor ich 11 oder 12 Jahre alt war wußte ich niemals daß es auch noch die inneren Schamlippen gab, das war überhaupt nicht zu sehen. Und das Schönste bei der ganzen Angelegenheit war, daß ich dachte, daß der Urin aus dem Kitzler käme.

Als ich Mutter einmal fragte was dieses nirgendwo hinführende Ding bedeutete, sagte sie daß sie das nicht wüßte, gell die tut nun auch immer so dumm!

Aber zum Thema zurückgekehrt wie soll man ohne Beispiele nun um Himmels willen erklären wie das alles zusammenhängt? Soll ich es hier gleich mal probieren? Also los! Von vorn wenn du

stehst siehst du nichts als Haare, zwischen deinen Beinen sind eigentlich eine Art Kissen, weiche Dinger, auch mit Haaren, die beim Stehen aneinanderliegen, man kann das was drinnen ist dann nicht sehen. Wenn du dich setzt spalten sich diese auseinander und dort drin sieht es sehr rot und häßlich fleischig aus.
Am oberen Teil, zwischen den großen Schamlippen obenan ist eine Hautfalte, die bei näherer Betrachtung eigentlich eine Art Bläschen ist, das ist der Kitzler. Dann kommen die kleinen Schamlippen, die sind auch gegeneinandergedrückt genau als ob es eine Falte wäre. Wenn die aufgehen, ist darin ein fleischiger Stummel, nicht größer als die Oberkante meines Daumens. Der oberste Teil davon ist porös, da sind verschiedene Löcher drin und da kommt der Urin heraus. Der untere Teil scheint wohl nur Haut zu sein, aber dort ist doch die Scheide. Hautfalten sind ganz und gar darüber, es ist fast nicht zu entdecken. So entsetzlich klein ist das Loch das darunter ist daß ich mir fast nicht denken kann, wie dort ein Mann hinein soll, geschweige denn ein ganzes Kind heraus. In das Loch kannst du noch nicht mal mit deinem Zeigefinger, aber nicht einmal leicht. Das ist alles und das spielt doch so eine große Rolle!

deine Anne M. Frank.

Das ist noch von vor ein paar Wochen, jetzt zählt das nicht mehr, aber da meine Verszeilen so selten sind, schreibe ich es einfach auf:
Wieder hat der Tag mir nichts gebracht
Es war gleich einer dunklen Nacht!

Anne. (Rea.)

Samstag 25. März 1944.

Liebe Kitty,
Wenn man sich selbst verändert merkt man das erst wenn man verändert ist. Ich bin verändert und noch dazu gründlich, ganz und alles. Meine Meinungen, Auffassungen, kritischer Blick, Äußeres, Inneres alles ist verändert und ich darf ruhig sagen denn es ist wahr, zum Guten.
Ich habe dir schon mal erzählt wie schwierig es für mich war als ich hierherkam, aus meinem Leben einer angebeteten Person in die Kahle Wirklichkeit von Standpauken und Erwachsenen. Aber, Vater und Mutter sind zum großen Teil mitschuldig daß ich so viel ausstehen mußte.
Zu Hause wollten sie mir den Spaß gerne gönnen und das war auch gut, aber hier hätten sie mich nicht zusätzlich auch noch aufhetzen müssen und mir durch all ihre Streitereien und Tratschgeschichten nur bloß »ihre« Seite zeigen. Es war falsch, obwohl sie meiner Meinung nach bei den meisten Streitereien recht hatten und an den Charakteren der v. P. ganz schön was auszusetzen ist.
Es gibt ein Sprichwort oder einen Spruch, daß an allen Vorwürfen und in Wut gesagten Worten immer etwas dran ist. So auch bei mir. Es gab viel Wahres was sie mir vorwarfen, nur ich wußte es nicht besser und erweckte durch meine witzige Kritik und schnellen Antworten, auch noch die Bewunderung. Meine Gegner waren in der Tat oft knock out, aber ich war es in meinem Inneren noch öfter.
Bevor ich dahinterkam, daß sie hier in ihren Streitereien fifty-fifty stehen, dauerte es eine ganze Zeit. Aber jetzt weiß ich dann wie viele Fehler hier begangen worden sind, von alt und jung.
Der größte Fehler von Vater und Mutter gegenüber v. P. ist daß sie nie offenherzig und freundschaftlich sprechen (möge die Freundschaft auch ein bißchen geleugnet sein).
Ich will hier jetzt vor allem den Frieden bewahren und weder streiten, noch klatschen. Bei Vater und Margot ist das nicht schwierig; bei Mutter schon und darum ist es sehr gut daß sie mir selbst manchmal auf die Finger klopft. Herr v. P. kann man auch gewinnen wenn man ihm recht gibt, ihm ruhig zuhört und nicht viel sagt und vor allem …. auf alle seine Scherze und blöden Witze

mit einem anderen Scherz eingeht. Frau [van Pels] gewinnt man durch offenherziges Reden und alles Zugeben. Sie gibt auch ihre Fehler, die wohl sehr zahlreich sind, offen zu.
Ich weiß nur allzu gut, daß sie nicht mehr so schlecht über mich denkt wie am Anfang. Und das kommt nur weil ich ehrlich bin und den Menschen auch weniger schmeichelhafte Dinge einfach ins Gesicht sage. Ich will ehrlich sein und ich finde daß man damit viel weiter kommt; hinzu kommt noch daß man selbst ein viel besseres Gefühl bekommt.
Ich will auf keinen Fall gegen Vater und Mutter handeln; ich will mich in Streitereien und Diskussionen nicht mehr einmischen, (in letzter Zeit ist es da doch schon verhältnismäßig ruhig zum Glück) aber ich sitze auch nicht mehr durch dick und dünn mit Vater und Mutter im selben Boot. Ich habe meine eigene Meinung auch über diese Dinge und ich ziehe vor nicht mehr immer aus Anstand ihre Partei zu ergreifen!
Gestern sprach Frau [van Pels] mit mir über diese Frage und auch über den Reis den wir Kleiman gegeben haben:
»Wir haben gegeben, gegeben und noch mal gegeben, aber dann kam ich an einen Punkt daß ich sagte: Jetzt ist es genug. Herr Kleiman kann selbst wenn er sich nur genug Mühe dafür nimmt schon an Reis kommen, warum müssen wir dann alles aus unserem Vorrat weggeben? Die Kinder und wir alle hier haben es genauso nötig«, sagte Frau [van Pels].
»Nein Frau [van Pels],« antwortete ich »ich bin nicht Ihrer Meinung. Herr Kleiman kann vielleicht an Reis kommen, aber er findet es unangenehm sich darum zu kümmern. Es ist nicht unsere Aufgabe die Leute die uns helfen zu kritisieren, wir müssen ihnen geben, alles was wir nur eben entbehren können und was sie nötig haben. Wir haben an so einem Teller Reis in der Woche auch nichts, wir können genauso gut Hülsenfrüchte essen!«
Frau [van Pels] fand das dann nicht, aber sie sagte auch daß obwohl sie nicht damit einverstanden war, sie gerne nachgeben wollte, das wäre eine ganz andere Frage. Nun ja, höre ich auf, ich weiß manchmal wo mein Platz ist und manchmal zweifle ich noch, aber ich werde es wohl erreichen! Oh ja!
Und vor allem da ich nun Hilfe habe, denn Peter hilft mir durch manche harte Nuß und sauren Apfel. Er sagte schon daß er mich pflegen wollte wenn ich krank werden sollte, mich trösten wenn geschossen wird oder die Invasion kommt, mir helfen so viel es geht. Und natürlich auch umgekehrt!
Ich weiß wirklich nicht in welchem Maß er mich liebt und ob wir jemals zu einem Kuß kommen werden; ich will es jedenfalls nicht erzwingen! Vater habe ich erzählt daß ich viel zu Peter gehe und ob er das wohl gut fände, er fand es natürlich gut!
Peter erzähle ich auch viel lockerer Dinge, die ich sonst nie rauslasse; so habe ich ihm auch erzählt daß ich später viel schreiben will, wenn schon keine Schriftstellerin werden, aber dann doch neben meinem Beruf oder andere Aufgabe es nie vernachlässigen. Oh ja, ich will nicht so wie die meisten Menschen für nichts gelebt haben. Ich will von Nutzen und Freude sein für die Menschen die um mich herum leben und die mich doch nicht kennen, ich will noch fortleben auch nach meinem Tod! Und darum bin ich Gott so dankbar daß er mir bei meiner Geburt schon eine Möglichkeit mitgegeben hat mich zu entwickeln und zu schreiben, also um auszudrücken, alles was in mir ist!
Ich bin nicht reich an Geld oder irdischen Gütern, ich bin nicht hübsch, nicht intelligent, nicht klug, aber ich bin und ich werde glücklich sein! Ich habe eine glückliche Natur, ich liebe die Menschen, bin nicht mißtrauisch und will sie alle mit mir zusammen glücklich sehen

deine ergebene Anne M.
Frank.

Montag 27. März 1944.

Liebe Kitty,
Ein sehr großes Kapitel in unserer Versteckgeschichte auf Papier muß eigentlich die Politik einnehmen, aber da dieses Thema mich persönlich nicht so sehr interessiert habe ich es viel zu viel links liegen gelassen. Darum werde ich dir heute mal einen der Politik gewidmeten Brief schreiben. Daß es sehr viele verschiedene Auffassungen bezüglich dieses Themas gibt ist selbstverständlich, daß in der schlimmen Kriegszeit auch viel darüber gesprochen wird ist noch logischer, aber .... daß so viel Streit darum gemacht wird ist einfach dumm! Laß sie wetten, lachen, schimpfen, nörgeln, laß sie alles tun wenn sie nur in ihrem eigenen Fett schmoren, aber laß sie keinen Streit machen, denn das hat meistens weniger gute Folgen. Die Menschen die von draußen kommen, bringen sehr viele unwahre Nachrichten mit; unser Radio hat jedoch bis jetzt noch nie gelogen. Jan, Miep, Kleiman, Bep und Kugler sind alle in ihren politischen Stimmungen up und down, Jan noch am wenigsten von ihnen.
Hier im Hinterhaus ist die Stimmung was die Politik angeht wohl immer dieselbe. Bei den zahllosen Debatten über Invasion, Luftbombardierungen, Speeches usw. usw. hört man auch zahllose Ausrufe wie unmoog'lik, *Gottes Willen,* wenn sie jetzt erst anfangen wollen was soll das dann wohl werden! Es geht oitstekend, prima, bestens!
Optimisten und Pessimisten und vor allem die Realisten nicht zu vergessen, geben mit unermüdlicher Energie ihre Meinung zum besten und wie das mit allem geht, sie denken immer daß **sie** recht haben.
Eine gewisse Dame ärgert sich über das beispiellose Vertrauen das ihr Herr Gemahl in die Engländer setzt, ein gewisser Herr greift seine Dame an wegen ihrer neckischen und geringschätzigen Bemerkungen hinsichtlich seiner geliebten Nation! Von morgens früh bis abends spät, und das Schönste ist daß es ihnen nie anfängt langweilig zu werden. Ich habe etwas herausgefunden und die Wirkung davon ist in der Tat enorm, es ist als ob du jemanden mit Nadeln stichst, dann springt der nämlich auch hoch.
Genauso mit meinem Mittel, fange über die Politik an, eine Frage, ein Wort, einen Satz und sofort ist die ganze Familie mittendrin!

Als ob nun die deutschen Wehrmachtsberichte und die englischen B. B. C.'s noch nicht genug wären ist noch nicht so lange her eine »*Luftlagemeldung*« eingerichtet worden. Großartig mit einem Wort, aber (die Kehrseite der Medaille) auch oft enttäuschend. Die Engländer machen aus ihren Luftwaffen einen Dauerbetrieb, nur mehr zu vergleichen mit den deutschen Lügen die dito dito sind!
Also, Radio ist schon um 8 Uhr morgens an (wenn nicht früher) und wird jede Stunde gehört bis abends 9, 10 und oft auch 11.
Dies ist der schönste Beweis daß Erwachsene Geduld und schwer zu erreichende Gehirne haben, (manche natürlich, ich will niemanden beleidigen) wir würden nach einer höchstens zwei Sendungen schon längst für den ganzen Tag genug haben! Aber die alten Gänse, nun ja ich sagte es ja schon!
Arbeiter-Programm, Oranje, Frank Philips oder Ihre Majestät Wilhelmina alles bekommt seine Reihe und ein ebenso williges Ohr und sind sie nicht am Essen oder am Schlafen, dann sitzen sie am Radio und reden über Essen, Schlafen und Politik. Uff, es wird langweilig und ein richtiges Kunststück dabei kein langweiliges Mütterchen zu werden. Bei den alten Herrschaften kann das letztere nicht mehr so viel schaden!

Um nur ein leuchtendes Beispiel zu geben, ist die Rede des von uns allen sehr geliebten Windston Churchil ideal.

Neun Uhr, Sonntagabend. Der Tee unter der Haube auf dem Tisch und die Gäste kommen herein. Pfeffer neben das Radio links, Herr van Pels davor, Peter dahinter Mutter neben Herrn [van Pels], Frau [van Pels] davor. Margot und ich ganz hinten und Vater am Tisch Ich weiß, ich bin nicht sehr deutlich aber unsere Plätze tun da nicht soviel zur Sache. Die Herren pafften ununterbrochen, Peter lauschte mit geschlossenen Augen vor Anstrengung, Mutter in langem dunklem Négligé, Frau [van Pels] am Bibbern wegen der Flieger die sich aus der Rede nichts machten und lustig nach Essen flogen, Vater Tee schlürfend, Margot und ich schwesterlich Mouschi teilend, erstere mit Tuch um den Kopf wegen der Lockenwickler, letztere auch in einem viel zu kleinen, zu engen und zu kurzen Nachtgewand. Es schien intim, gemütlich, friedlich, das war es auch für dieses Mal, aber ich warte mit Schrecken noch die Folgen ab!
Sie können ja, fast nicht abwarten, zappeln vor Ungeduld, ob nicht wieder ein Streit kommt! Kst, kst als ob sie eine Katze aus ihrem Körbchen locken, so stacheln sie einander auf zu Streit und Uneinigkeit!

———

Dienstag 28. März 1944.

Liebste Kitty,
Ich würde über die Politik noch viel mehr schreiben können, von den Nachrichten morgens in aller Frühe von Mieps und Beps Fragen und so weiter, und so weiter, aber ich habe heute erst wieder eine Menge anderes zu berichten.
Erstens hat Mutter mir eigentlich verboten nach oben zu gehen, da ihrer Meinung nach Frau van Pels eifersüchtig ist. Zweitens hat Peter Margot mit eingeladen nach oben zu kommen, ob es aus Höflichkeit ist oder ernst gemeint weiß ich nicht. Drittens habe ich Vater gefragt ob er fand daß ich mich an der Eifersucht viel stören müßte und er fand das nicht.
Was nun? Mutter ist böse, will mich wieder drinnen bei Pfeffer arbeiten lassen, will mich nicht nach oben lassen, ist vielleicht auch eifersüchtig. Vater gönnt Peter und mir gerne die Stunden / und findet es prima daß wir so gut miteinander auskommen. Margot hat Peter auch gern, aber fühlt daß man nicht zu dritt besprechen kann was man wohl zu zweit kann.
Ferner denkt Mutter daß Peter in mich verliebt ist, ehrlich gesagt wünschte ich nur daß es wahr wäre, dann sind wir quitt und können einander viel leichter erreichen. Sie sagt weiterhin daß er mich soviel anschaut; nun ist das schon wahr daß wir uns mehr als einmal im Zimmer zuzwinkern, und daß er nach meinen Wangen-Grübchen schaut, dafür kann ich doch nichts! Stimmt's?
Ich bin in einer sehr schwierigen Lage. Mutter ist gegen mich und ich gegen sie, Vater schließt vor dem stillen Kampf zwischen Mutter und mir die Augen. Mutter ist traurig da sie mich noch lieb hat, ich bin überhaupt nicht traurig, da sie für mich erledigt ist. Und Peter ..... Peter will ich nicht aufgeben, er ist so lieb und ich bewundere ihn so, es wird so schön zwischen uns werden können, warum stecken die »Alten« ihre Nasen wieder hinein?
Zum Glück bin ich gewöhnt mein Inneres zu verbergen und es gelingt mir dann auch hervorragend nicht zu zeigen wie versessen ich auf ihn bin. Wird er je was sagen? Werde ich je seine Wange fühlen, so wie ich Petels Wange in meinem Traum gefühlt habe? Oh Peter und Petel, ihr seid dasselbe! Sie begreifen uns nicht, würden nie verstehen daß wir schon zufrieden sind wenn wir nur beieinander sitzen und nicht reden. Sie begreifen nicht was uns so zueinander zieht! Oh, wann würden all die Schwierigkeiten überwunden sein und doch ist es gut sie zu überwinden denn dann ist das Ende umso schöner. Wenn er mit dem Kopf auf den Armen, die Augen geschlossen daliegt, dann ist er noch ein Kind, wenn er mit Mouschi spielt oder über sie spricht, dann ist er liebevoll, wenn er Kartoffeln oder andere schwere Dinge trägt, dann ist er kräftig.

Wenn er nachschauen geht beim Schießen oder im Dunkeln nach den Dieben, dann ist er mutig und wenn er so unbeholfen und ungeschickt tut, dann ist er eben lieb.
Ich finde es viel schöner wenn er mir was erklärt als wenn ich ihm was beibringen muß, ich hätte es so gerne daß er mir in fast allem überlegen wäre!
Was können mir die vielen Mütter ausmachen, Oh wenn er nur sprechen würde.

deine Anne M. Frank.

Mittwoch 29. März 1944.

Liebe Kitty,
Gestern abend sprach Minister Bolkesteyn am Oranje-Sender darüber daß nach dem Krieg eine Sammlung von Tagebüchern und Briefen von diesem Krieg durchgeführt würde. Natürlich stürmten sie alle direkt auf mein Tagebuch los.
Stell dir mal vor wie interessant es sein würde, wenn ich einen Roman vom Hinterhaus herausgeben würde, nach dem Titel allein würden die Leute denken, daß es ein Detektiv-Roman wäre. Aber nun im Ernst es muß ungefähr 10 Jahre nach dem Krieg schon komisch anmuten wenn man erzählt wie wir als Juden hier gelebt, gegessen und gesprochen haben. Auch wenn ich dir viel von uns erzähle trotzdem weißt du doch nur ein ganz kleines bißchen von unserem Leben. Wieviel Angst die Damen hier manchmal haben (z. B. am Sonntag als sie mit 350 Maschinen 500 000 kg auf IJmuiden abgeworfen haben) wie die Häuser von den Bomben wanken, wie viele Epidemien es gibt, so wie Diphterie, Scharlach usw. Was die Leute essen, wie sie Schlange stehen für Gemüse und alle möglichen anderen Dinge, es ist fast nicht zu beschreiben.
Die Ärzte haben schrecklich viel zu tun, alle naselang werden ihre Fahrzeuge von der Straße weggestohlen, in den Krankenhäusern ist kein Platz für die vielen ansteckenden Kranken, durch das Telefon bekommt man ein Rezept für eine Arznei.
Vor allem die zahllosen Einbrüche und Diebstähle kannst du dir nicht vorstellen. Man fragt sich manchmal schon ob die Niederländer nun plötzlich so diebisch geworden sind. Kleine Kinder von 8 und 11 Jahren schlagen die Scheiben von Wohnungen ein und stehlen alles. Was lose und was fest ist wird gestohlen, du darfst deine Wohnung nie allein lassen, denn in den fünf Minuten die du weg bist ist dein Kram auch weg. Jeden Tag stehen Anzeigen mit Belohnungen in der Zeitung für das Wiederbringen gestohlener Schreibmaschinen, Perserteppiche, elektrischer Uhren, Maschinen, auch Spielzeug, Schmuck, Leinen und Stoff. Die verrücktesten Dinge manchmal.
Auch der Mutwille der Jugend nimmt von Tag zu Tag zu, das Abmontieren elektrischer Uhren von der Straße, von Telephonen in den Zellen, Zerschlagen von Scheiben und Stehlen von Fahrrädern, alles was nur kaputt zu machen ist.
Die Stimmung unter der Bevölkerung kann auch nicht gut sein, sie haben alle Hunger, mit den Wochenrationen kann man es noch keine 2 Tage schaffen, außer mit dem Ersatzkaffee. Die Invasion läßt lange auf sich warten, die Männer müssen nach Deutschland, die Kinder krank oder unterernährt und alle mit schlechten Kleidern und Schuhen. Eine Sohle kostet illegal f7.50 aber die meisten Schuhmacher nehmen keine Schuhe und keine Kunden an, wenn sie sie annehmen muß man 4 Monate auf die Schuhe warten, wenn sie inzwischen nicht gestohlen sind.
Aber eine Sache ist gut; an allen Seiten wird sabotiert, jeder kennt wohl Leute mit falschen Personalausweisen oder *Ausweisen.* Viele warnen (vor allem Beamte) wenn sie wissen daß irgendwo ein Kontrolldienst kommt, die Polizei schaut schon mal durch die Finger wenn es um Markenhändler geht. Das Zuteilungsamt liefert Karten hintenherum an »Vrij Nederland« für nichts. Vom Milchmann bis zur Schneiderin, jeder hilft, aber auch viele, sehr viele fallen damit rein oder sind zu unvorsichtig.

Schau doch mal unsere Gemüseversorger, die wissen daß sich hier jemand versteckt und uns immer ohne Marke und zum normalen Preis Gemüse geben. Die ganzen Niederlande, alle Einwohner, wir alle sitzen nun schon fast 4 Jahre in einem engen Gefängnis. Jeden Tag wird unser Lebensraum kleiner, wird es bald genug vorbei sein, um uns nicht zu ersticken und verhungern zu lassen?

deine Anne M. Frank.

Liebe Kitty,
Stell dir vor es ist noch ziemlich kalt aber die meisten Leute sind schon ungefähr einen Monat ohne Kohlen, unerfreulich gell!
Die Stimmung im allgemeinen ist wieder optimistisch für die russische Front denn das ist großartig! Ich schreibe zwar nicht viel über die Politik, aber wo sie jetzt stehen muß ich dir doch kurz mitteilen, sie stehen dicht vor dem General-Gouvernement und bei Rumänien am Pruth. Ganz dicht bei Odessa stehen sie, Tarnopol haben sie eingekesselt usw., usw. Hier warten sie jeden Abend auf ein Sondercommuniqué von Stalin. In Moskau schießen sie so viele Salutschüsse, daß die Stadt jeden Tag wohl dröhnen muß, ob sie das nun schön finden zu tun als ob der Krieg in der Nähe ist oder daß sie keine andere Art wissen, um ihre Freude zu zeigen, ich weiß es nicht!
Ungarn ist durch deutsche Truppen besetzt, dort gibt es noch 1 Million Juden, die werden nun auch wohl draufgehen!
Hier nichts Besonderes. Heute hat Herr v. Pels Geburtstag, er hat 2 Päckchen Tabak bekommen, Kaffee für eine Tasse, den hatte seine Frau noch aufgespart, Zitronen-Punsch von Kugler, Sardinen von Miep. Eau de Cologne von uns, 2 Zweige Flieder und Tulpen. Nicht zu vergessen eine Torte mit Himbeeren gefüllt, ein bißchen klebrig durch das schlechte Mehl und das Nichtvorhandensein von Butter, aber doch wohl lecker.
Das Gerede über Peter und mich hat sich etwas beruhigt, er wird mich heute abend abholen, doch nett findest du nicht, weil er es selbst so unangenehm findet! Wir sind sehr gute Freunde, viel beieinander und reden über alle möglichen Themen. Es ist so toll daß ich mich nie zurückhalten muß wie es bei anderen Jungen der Fall sein würde, wenn wir auf heikles Gebiet kommen. So sprachen wir zum Beispiel über Blut, dazu paßt dann Menstruation usw.
Er findet uns Frauen doch schon zäh, daß wir den Blutverlust von 1 bis 2 Liter Blut so aushalten. Auch mich findet er zäh. Ra-ra warum?
Wir werden gleich essen, mein Leben hier ist besser geworden, viel besser.
Gott hat mich nicht allein gelassen und wird mich nicht allein lassen

deine Anne M. Frank.

Samstag 1. April 1944.

Liebste Kitty,
Und doch ist alles noch so schwierig, du weißt sicher schon was ich meine, gell? Ich sehne mich so entsetzlich nach einem Kuß von ihm, dem Kuß der so lange ausbleibt. Würde er mich immer noch als einen Kameraden betrachten, bin ich denn nicht mehr?
Du weißt und ich weiß, daß ich stark bin, daß ich die meisten Belastungen schon alleine tragen kann, ich bin es nie gewöhnt gewesen seine Lasten mit jemandem zu teilen, an einer Mutter habe ich mich nie festgeklammert, aber jetzt würde ich so gern einmal meinen Kopf an seine Schulter legen und nur ganz ruhig sein.
Ich kann nicht, kann nie den Traum von Peters Wange vergessen, als alles nur mehr gut war! Würde er sich nicht auch danach sehnen? Würde er nur zu schüchtern sein um seine Liebe zu bekennen? Warum will er mich so oft bei sich haben? Oh, warum spricht er nicht?

Laß mich aufhören, laß mich ruhig sein, ich werde mich wieder tapfer halten und mit etwas Geduld wird das andere wohl auch kommen, aber …. und das ist das Schlimme, es sieht so sehr danach aus als ob ich ihm nachlaufe, immer muß ich hinauf, nicht er geht zu mir. Aber das liegt an den Zimmern und er versteht die Bedenken ja. Oh ja, er wird wohl mehr verstehen

deine Anne M. Frank.

Montag 3. April 1944.

Liebste Kitty,
Ganz gegen meine Gewohnheit werde ich dir doch mal ausführlich über das Essen schreiben, denn es ist nicht nur im Hinterhaus, sondern auch in ganz Niederlande, in ganz Europa und noch weiter, ein sehr wichtiger und schwieriger Faktor geworden.
Wir haben in den 21 Monaten, die wir nun hier sind schon etliche »Essens-Perioden« erlebt, was das bedeutet wirst du gleich hören. Unter »Essens-Perioden« verstehe ich Perioden in denen man nichts anderes zu essen bekommt als ein bestimmtes Gericht oder ein bestimmtes Gemüse. Eine Zeitlang hatten wir nichts anderes zu essen als jeden Tag Endivie, mit Sand, ohne Sand, Eintopf, einzeln und in der feuerfesten Schüssel, dann war es Spinat, danach folgte Kohlrabi, Schwarzwurzeln, Gurken, Tomaten, Sauerkraut usw. usw.
Es ist wirklich nicht schön jeden Mittag und jeden Abend zum Beispiel Sauerkraut zu essen, aber man tut viel wenn man Hunger hat. Nun haben wir jedoch die schönste Periode, denn wir bekommen überhaupt kein Gemüse. Unser Wochenmenue mittags besteht aus: braunen Bohnen, Erbsensuppe, Kartoffeln mit Mehlklößen, Kartoffelauflauf, mit Gottes Gnade noch mal Stielmus oder verfaulte Karotten und dann nur wieder braune Bohnen. Kartoffeln essen wir für jede Mahlzeit, beginnend mit dem Frühstück, wegen Mangel an Brot, aber dann sind sie noch ein bißchen gebacken.
Für die Suppe nehmen wir braune und weiße Bohnen, Kartoffeln, Julienne aus Päckchen, Königinsuppe aus Päckchen, braune Bohnen aus Päckchen.
In allem sind braune Bohnen, nicht am wenigstens im Brot.
Abends essen wir immer Kartoffeln mit Kunst-Soße und, das haben wir zum Glück noch, rote Beete Salat. Über die Mehlklöße muß ich auch noch sprechen, die machen wir aus Regierungsmehl mit Wasser und Hefe. Sie sind so pappig und zäh daß es ist als ob einem Steine im Magen liegen, aber was soll's!
Unsere größte Attraktion ist die Scheibe Leberwurst jede Woche und die Marmelade auf trockenem Brot. Aber wir leben noch und es ist sogar oft noch lecker!

deine Anne M. Frank.

Da du noch nie einen Krieg mitgemacht hast, Kitty und du trotz all meiner Briefe doch noch wenig vom Verstecken weißt, werde ich dir zum Spaß mal erzählen was der erste Wunsch von uns acht ist wenn wir wieder mal hinauskommen.
Margot und Herr v. Pels wünschen sich am meisten ein heißes Bad bis oben voll und wollen darin mehr als eine halbe Stunde bleiben. Frau v. P. will am liebsten sofort Torten essen, Pf. kennt nichts als seine Charlotte, Mutter ihre Tasse Kaffee, Vater geht zu Voskuyls, Peter in die Stadt und ins Kino und ich würde vor Seligkeit nicht wissen, wo anzufangen.

deine Anne.

Mittwoch 5. April 1944.

Liebste Kitty,
Eine ganze Zeit wußte ich überhaupt nicht mehr wofür ich nun arbeite, das Ende des Krieges ist so entsetzlich weit, so unwirklich, märchenhaft und schön. Wenn der Krieg im September nicht vorbei ist dann gehe ich nicht mehr zur Schule, denn zwei Jahre will ich nicht zurückkommen. Die Tage bestanden aus Peter, nichts als Peter, Träume und Gedanken, bis ich Samstagabend so entsetzlich lahm wurde, nein fürchterlich. Ich kämpfte bei Peter nur gegen meine Tränen, lachte schrecklich mit v. P. beim Zitronenpunsch später, war fröhlich und aufgeregt, aber kaum allein wußte ich daß ich mich jetzt ausweinen mußte. So in meinem Nachthemd ließ ich mich auf den Boden gleiten und betete erst sehr anwesend mein langes Gebet, dann weinte ich mit dem Kopf auf den Armen, die Knie angezogen, auf dem kahlen Fußboden, ganz zusammengekauert. Bei einem lauten Schluchzer kam ich wieder ins Zimmer zurück und bezwang meine Tränen, weil sie drinnen nichts hören durften.
Dann fing ich an mir selbst Mut zuzusprechen, ich sagte nichts anderes als: ich muß, ich muß, ich muß ….. Ganz steif von der ungewohnten Haltung fiel ich gegen die Bettkante und kämpfte dann weiter, bis ich kurz vor halb 11 wieder ins Bett stieg. Es war vorbei!
Und jetzt ist es völlig vorbei, ich muß arbeiten um nicht dumm zu bleiben, um weiterzukommen, um Journalistin zu werden, denn das will ich!
Ich weiß daß ich schreiben <u>kann</u>, ein paar Geschichten sind gut, meine Hinterhaus-Beschreibungen humoristisch, viel aus meinem Tagebuch spricht, aber ….. ob ich wirklich Talent habe das steht noch dahin.
Evas Traum war mein bestes Märchen und das Verrückte dabei ist, daß ich wirklich nicht weiß wo es herkommt. Viel aus Cadys Leben ist auch gut, aber das Ganze ist nichts!
Ich selbst bin meine schärfste und beste Beurteilerin hier, ich weiß selbst was gut und nicht gut geschrieben ist. Niemand der nicht schreibt weiß wie toll schreiben ist; früher bedauerte ich immer daß ich absolut nicht zeichnen konnte, aber nun bin ich überglücklich daß ich wenigstens schreiben kann.
Und wenn ich kein Talent habe um für Zeitungen oder Bücher zu schreiben, nun dann kann ich noch immer für mich selbst schreiben. Aber ich will weiterkommen, ich kann mir nicht vorstellen daß ich so leben muß wie Mutter, Frau v. P. und all die Frauen, die ihre Arbeit machen und später vergessen sind, ich muß etwas haben neben Mann und Kindern dem ich mich ganz widmen kann!
Mit schreiben werde ich alles los, mein Kummer verschwindet, mein Mut lebt wieder auf! Aber und das ist die große Frage werde ich jemals noch etwas Großes schreiben können, werde ich jemals noch mal Journalistin und Schriftstellerin werden?
Ich hoffe es, oh ich hoffe es so, denn beim Schreiben kann ich alles festlegen, meine Gedanken, meine Ideale und meine Phantasien.
An Cadys Leben habe ich lange nicht mehr gearbeitet, in meinen Gedanken weiß ich genau wie es weitergehen wird, aber es floß nicht richtig. Vielleicht wird es nie fertig, landet es im Papierkorb oder im Ofen. Das ist eine unheimliche Idee, aber danach denke ich wieder, mit 14 Jahren und so wenig Erfahrung, kann man auch noch keine Philosophie schreiben. Also nur wieder weiter, mit neuem Mut, es wird schon gelingen, denn schreiben will ich!
<u>deine Anne M. Frank.</u>

Donnerstag 6. April 1944.

Liebe Kitty,

Du hast mich gefragt, was meine Hobbys und Interessen sind und darauf will ich dir antworten, aber ich warne dich, erschrick nicht, denn es sind eine ganze Menge.

An erster Stelle: schreiben, aber das rechnet eigentlich nicht als Hobby.

No. 2: ist Stammbäume. Von den französischen, deutschen, spanischen, englischen, österreichischen, russischen, nordischen und niederländischen Fürstenfamilien bin ich in allen Zeitungen, Büchern und Papieren nach Stammbäumen auf der Suche. Mit vielen bin ich schon sehr weit gediehen, umso mehr da ich längst aus all den Biographien oder Geschichtsbüchern, die ich lese, Anmerkungen mache. Viele Teile Geschichte schreibe ich sogar ab.

Mein drittes Hobby ist dann auch Geschichte, wo Vater für mich schon viele Bücher davon gekauft hat, ich kann den Tag fast nicht abwarten daß ich in der öffentlichen Bibliothek alles nachschauen kann.

Numero 4 ist Mythologie von Griechenland & Rom. Auch hierüber habe ich verschiedene Bücher. Die 9 Musen oder 7 Geliebten von Zeus kann ich dir so aufsagen. Die Frauen von Herakles usw. usw. kenne ich aus dem Effeff.

Weitere Liebhabereien sind Filmstars, und Familienfotos.

Versessen auf Lesen und auf Bücher. Empfinde viel für Kunstgeschichte vor allem Schriftsteller, Dichter und Maler. Musiker kommt vielleicht später noch.

Gewisse Antipathie habe ich gegen Algebra, Geometrie und Rechnen. Alle übrigen Schulfächer mache ich mit Vergnügen, aber Geschichte über allem!

deine Anne M. Frank.

Dienstag 11. April 1944.

Liebste Kitty,

Ich weiß nicht wo mir der Kopf steht, ich weiß wirklich nicht womit anzufangen. Donnerstag (das letztemal daß ich an dich schrieb) verlief normal, Freitag war Karfreitag, wir spielten nachmittags Börsenspiel, ebenso Samstagnachmittag. Diese Tage vergingen alle sehr schnell, Samstagmorgen waren sie auch alle da, gegen 2 Uhr fing es heftig an zu schießen, Schnellfeuerkanonen sagen die Herren, sonst war alles ruhig.

Sonntagnachmittag kam Peter auf meine Einladung um halb 5 zu mir, um Viertel nach gingen wir zu dem vorderen Dachboden wo wir bis 6 Uhr blieben.

Von 6 bis Viertel nach 7 wurde am Radio ein schönes Mozart-Konzert gegeben, vor allem die *»kleine Nachmusik«* hat mir sehr gut gefallen. Ich kann im Zimmer fast nicht zuhören weil bei schöner Musik alles in mir in Bewegung kommt.

Sonntagabend konnte Peter nicht ins Bad, da die Schüssel mit Wäsche gefüllt in der Küche unten stand. Wir gingen dann auch um 8 Uhr zusammen zum vorderen Dachboden und um weich zu sitzen nahm ich das einzige Couchkissen das in unserem Zimmer zu finden ist, mit. Wir nahmen auf einer Kiste Platz. Kiste sowohl als Kissen waren sehr schmal, wir saßen ganz und gar aneinander und lehnten beide an andere Kisten; Mouschi leistete uns noch Gesellschaft, also waren wir nicht unbeobachtet. Plötzlich um Viertel vor 9 pfiff Herr v. P. und fragte ob wir ein Kissen von Herrn Pf. hatten. Alle beide sprangen wir auf und gingen mit Kissen, Katze und v. P. nach unten.

Aus diesem Kissen ist noch eine ganze Misere gekommen. Pf. war böse weil ich sein Nachtkissen mitgenommen hatte und fürchtete daß Flöhe darin wären, alle hat er wegen dieses einen Kissens in Aufregung versetzt. Peter und ich steckten aus Rache für seine Widerwärtigkeit zwei harte Bürsten in sein Bett, die später wieder herauskamen da er noch ins Zimmer mußte.

Wir hatten schrecklich gelacht wegen dieses Intermezzos.

Sonntagabend 9. April 1944.

Aber unser Vergnügen sollte nicht lange dauern; um halb 10 klopfte Peter leise an die Tür und fragte Vater ob dieser oben kurz mit einem schwierigen englischen Satz helfen würde. »Das geht nicht mit rechten Dingen zu«, sagte ich zu Margot »die Ausrede ist zu dick, die Herren reden mit Stimmen als ob eingebrochen worden ist!« Meine Vermutung stimmte, im Lager wurde gerade eingebrochen. In einem Minimum an Zeit waren Vater, v. P. und Peter unten, Margot, Mutter, Frau [van Pels] und ich warteten ab.

Vier Frauen in Angst müssen reden, so auch wir, bis wir unten einen Schlag hörten, danach alles still, die Uhr schlug Viertel vor 10. Von unser aller Gesicht war die Farbe gewichen, aber noch waren wir ruhig, obwohl ängstlich. Wo würden die Herren geblieben sein? Was war dieser Schlag? Würden sie vielleicht mit den Einbrechern kämpfen? Niemand dachte weiter, wir warteten ab.

10 Uhr, Schritte auf der Treppe, Vater, blaß und nervös kam herein, gefolgt von Herrn v. P. »Licht aus, leise nach oben, wir erwarteten Polizei im Haus!«

Es blieb keine Zeit für Angst, die Lichter gingen aus, ich ergriff noch schnell eine Jacke und wir waren oben. »Was ist passiert, erzähl doch schnell!« Es war niemand da zum Erzählen, die Herren waren wieder unten.

Erst 10 nach zehn kamen sie alle vier herauf, 2 hielten Wache an Peters offenem Fenster, die Tür zum Treppenabsatz war abgeschlossen, der Drehschrank zu.

Um die Nachtlampe hängten wir einen Pullover, danach erzählten sie:

»Peter hörte auf dem Treppenabsatz zwei harte Schläge, lief nach unten und sah daß an der linken Seite der Lagertür ein großes Brett fehlte. Er rannte nach oben, verständigte den wehrhaften Teil der Familie und zu viert zogen sie nach unten. Die Einbrecher waren weiter am Stehlen als sie in das Lager hineinkamen, ohne zu überlegen schrie v. P. »Polizei!« schnelle Schritte draußen, die Einbrecher waren geflohen. Um zu verhindern daß die Polizei das Loch bemerken würde, wurde das Brett wieder davorgesetzt, aber durch einen kräftigen Tritt von draußen, flog dieses noch mal auf den Boden. Die Herren waren perplex über soviel Frechheit, v. P. sowohl als Peter fühlten Mordgelüste in sich aufsteigen, mit dem Beil schlug v. P. kräftig auf den Boden, alles war wieder still. Erneut kam das Brettchen vor das Loch, erneut eine Störung, ein Ehepaar draußen, beschien mit greller Taschenlampe das ganze Lager. »Verflixt«, murmelte einer der Herren und ...... nun änderte sich ihre Rolle von Polizei zu Einbrechern. Alle vier rannten sie nach oben, Pf. und v. P. nahmen die Bücher von erstgenanntem, Peter öffnete die Türen und Fenster von Küche und Privatbüro, schmiß das Telefon auf den Boden und mit der Waschschüssel landen waren sie schließlich alle vier hinter den Versteckwänden gelandet.«

Ende des ersten Teils.

Nach aller Wahrscheinlichkeit hatte das Ehepaar mit der Taschenlampe, die Polizei benachrichtigt; es war Sonntagabend, der Abend des ersten Ostertags, zweiter Ostertag niemand im Büro, also niemand konnte sich rühren vor Dienstagmorgen. Stell dir vor zwei Nächte und ein Tag in dieser Angst zu verbringen! Wir stellten uns nichts vor, saßen nur im Stockdunkeln, weil Frau [van Pels] auch schon aus Angst die Lampe ganz ausgedreht hatte, die Stimmen flüsterten, bei jedem Knarren erklang pst, pst.

Es wurde halb 11, 11 Uhr, kein Geräusch, der Reihe nach kamen Vater und v. P. zu uns. Dann, Viertel nach 11, Geräusch unten. Bei uns war das Atmen der ganzen Familie hörbar, sonst rührten wir uns nicht. Schritte im Haus, Privatbüro, Küche, dann ..... unsere Treppe, niemand atmete jetzt hörbar, 8 Herzen hämmerten, Schritte auf unserer Treppe, dann Gerüttel am Drehschrank. Dieser Moment ist unbeschreiblich:

»Jetzt sind wir verloren!« sagte ich und ich sah uns alle fünfzehn in der selben Nacht noch von der Gestapo mitgenommen.
Gerüttel am Drehschrank, zweimal, dann fiel eine Dose, die Schritte entfernten sich, für soweit waren wir gerettet! Ein Zittern ging durch uns alle, von unbestimmten Seiten, hörte ich Zähneklappern, niemand sagte noch ein Wort, so saßen wir bis halb 12.
Nichts wurde mehr gehört im Haus, aber es brannte Licht auf unserem Treppenabsatz, gerade vor dem Schrank. Würde das deshalb sein weil unser Schrank geheimnisvoll war? Hatte die Polizei vielleicht das Licht vergessen? Kam noch jemand es ausmachen? Die Stimmen lösten sich, niemand war mehr im Haus, vielleicht wohl ein Bewacher vor der Tür. Drei Dinge taten wir nun, Vermutungen äußern, Angst haben und Zittern und Numero 3 war, zum W. C. müssen. Eimer waren auf dem Dachboden, nur der blecherne Papierkorb von Peter konnte dienen. v. P. machte einen Anfang, danach Vater, Mutter schämte sich zu sehr. Vater brachte den Korb mit ins Zimmer, wo Margot, Frau [van Pels] und ich gern Gebrauch davon machten, endlich beschloß [es] auch Mutter. Immer war Nachfrage nach etwas Papier, ich hatte zum Glück [welches] in meiner Tasche. Der Korb stank, alles flüsterte und wir waren müde, es war zwölf Uhr. »Legt euch doch auf den Boden und schlaft!« Margot und ich bekamen jede ein Kissen plus Decke. Margot lag ein Stück vom Vorratsschrank weg, ich zwischen den Tischbeinen, auf dem Boden stank es nicht so schlimm, aber Frau [van Pels] holte doch leise etwas Bleichpulver, ein Trockentuch diente als zweites Schutzmittel über dem Topf. Gerede, Geflüster, Angst, Gestank, Winde und dauernd jemand auf dem Topf, schlaf dabei mal. Um halb 3 wurde ich jedoch zu müde und bis halb 4 hörte ich nichts. Ich wurde wach als Frau [van Pels] mit ihrem Kopf auf meinen Füßen lag.
»Geben Sie mir bitte etwas zum Anziehen!« bat ich, ich bekam, aber frag nicht was, eine wollene Hose über meinem Pyjama, den roten Pullover und schwarzen Rock, weiße Unterstrümpfe und kaputte Kniestrümpfe.
Frau [van Pels] nahm dann wieder auf dem Stuhl Platz und Herr [van Pels] legte sich auf meine Füße. Ab halb 4 fing ich an zu denken, ich zitterte noch immer, so daß v. P. nicht schlafen konnte, ich bereitete mich darauf vor daß die Polizei zurückkommen würde »dann müssen wir sagen daß wir Versteckte sind, entweder sind es gute Niederländer dann ist alles prima, oder es sind N. S. B.ler dann müssen sie bestochen werden!«
»Tu doch das Radio weg!« seufzte Frau [van Pels] »ja in den Herd«, antwortete Herr [van Pels] »wenn sie uns finden, dürfen sie auch das Radio finden!«
»Dann finden sie auch Annes Tagebuch«, mischte sich Vater ein! »Verbrennt das dann«, schlug der Ängstlichste von uns allen vor.
Das und als die Polizei an der Schranktür rüttelte waren meine angstvollsten Augenblicke, mein Tagebuch nicht, mein Tagebuch nur zusammen mit mir! Aber Vater antwortete nicht mehr, zum Glück! Es hat überhaupt keinen Zweck alle die Gespräche an die ich mich noch erinnere anzuführen, es wurde soviel geredet, ich tröstete Frau [van Pels] in ihrer Angst. Wir sprachen über Flüchten und verhören von der Gestapo, über anrufen und mutig sein.
»Nun müssen wir uns eben wie Soldaten verhalten, Frau [van Pels], wenn wir draufgehen, nun gut dann eben für Königin und Vaterland, für Freiheit, Wahrheit und Recht, genau was Oranje immer wieder sagt. Das einzige was entsetzlich schlimm ist, ist daß wir sie alle mit ins Unglück ziehen!«
Herr v. P. tauschte nach einer Stunde wieder mit seiner Frau, Vater kam zu mir. Die Herren rauchten ununterbrochen, ab und zu ein ein tiefer Seufzer, dann wieder ein Pinkeln und dann fing alles wieder aufs neue an.
Vier Uhr, fünf Uhr, halb 6. Nun setzte ich mich zu Peter horchen, dicht aneinander, so dicht daß wir die Schauer im Körper des anderen fühlten saßen wir, sprachen so ab und zu ein Wort und lauschten angestrengt.

Drinnen entdunkelten sie und schrieben die Punkte auf um Kleiman am Telefon zu erzählen. Um 7 Uhr wollten sie nämlich Kleiman anrufen und jemanden herkommen lassen. Das Risiko daß der Bewacher vor der Tür oder im Lager das Telefonieren hörte was groß, aber daß die Polizei wieder zurückkam, noch größer.
Obwohl ich das Gedächtnisdokument hier beilege werde ich es zur Deutlichkeit jedoch noch abschreiben:
Eingebrochen: Polizei im Haus gewesen, bis zum Drehschrank; nicht weiter.
Einbrecher sind offensichtlich gestört worden, haben Lager aufgebrochen und [sind] durch den Garten geflüchtet. Haupteingang verriegelt, Kugler muß durch 2. Tür weggegangen sein.
(Peter nahm dort die Stöcke weg!)
Die Schreibmaschine und Rechenmaschine sind sicher in schwarzer Kiste Privatbüro. Auch Wäsche von Miep oder Bep liegt in der Waschwanne in der Küche. Schlüssel für 2. Tür hat nur Bep und Kugler, möglicherweise Schloß kaputt.
Jan versuchen zu benachrichtigen und Schlüssel holen, und zum Büro gehen nachschauen, muß auch die Katze füttern.

Ferner verlief alles nach Wunsch, Kleiman wurde angerufen, die Stöcke weggeholt, Schreibmaschine in die Kiste gesteckt. Danach saßen wir wieder am Tisch und warteten auf Jan oder Polizei.
Peter war eingeschlafen, Herr v. P. und ich lagen auf dem Boden als wir unten laute Schritte hörten. Leise stand ich auf: »Das ist Jan!«
»Nein, nein, das ist die Polizei!« sagten alle anderen. An unserer Seite wurde geklopft, Miep pfiff. Frau van Pels wurde es dann zuviel, leichenweiß und schlaff hing sie in ihrem Stuhl und wenn die Spannung noch eine Minute weitergedauert hätte, wäre sie ohnmächtig geworden. Als Jan und Miep hereinkamen bot unser Zimmer ein herrliches Bild, allein der Tisch war schon die Mühe eines Fotos wert, ein Cinema & Theater, voll mit Marmelade und Pektine gegen Diarrhoe lag auf einer Tänzerinnen-Seite aufgeschlagen, 2 Marmeladengläser, ein halbes und ein viertel Brötchen, Pektine, Spiegel, Kamm, Streichhölzer, Asche, Zigaretten, Tabak, Aschenbecher, Streichhölzer, Bücher, eine Unterhose, Taschenlampe, Haarkamm von Frau [van Pels], Toilettenpapier usw. usw.
Jan und Miep wurden natürlich mit Jauchzen und Tränen begrüßt, Jan zimmerte das Loch mit Kiefernholz zu und ging schon bald mit Miep wieder weg um der Polizei von dem Einbruch zu berichten. Miep hatte unter der Lagertür auch noch einen Zettel von Nachtwächter Sleegers gefunden, der das Loch offen und der Polizei Bescheid gesagt hatte, diesen würde er auch kurz aufsuchen.
Eine halbe Stunde hatten wir also um uns zurechtzumachen noch nie habe ich in einer halben Stunde soviel sich verändern sehen wie in dieser halben Stunde. Margot und ich legten unten die Betten aus, gingen zum W. C., putzten unsere Zähne, wuschen die Hände und machten die Haare zurecht. Danach räumte ich das Zimmer noch ein bißchen auf und ging wieder nach oben, der Tisch war dort schon abgeräumt, wir zapften Wasser, machten Kaffee und Tee, kochten Milch und deckten für die Kaffeestunde, Vater und Peter leerten die Piss- und Kacktöpfe mit Warmwasser und Chlorkalk, der größte war bis obenan gefüllt und so schwer daß er sehr mühsam aufzuheben war, außerdem leckte das Ding so daß es in einem Eimer mitgenommen wurde.
Um 11 Uhr saßen wir mit Jan, der zurück war um den Tisch und es wurde allmählich schon wieder gemütlich.
Jans Geschichte war wie folgt:

»Bei Sleegers erzählte seine Frau, denn Herr [Sleegers] schlief, daß Herr [Sleegers] bei seiner Runde an den Grachten das Loch bei uns entdeckt hatte, und mit einem herbeigeholten Polizisten durch das Gebäude gelaufen war. Herr Sleegers ist privater Nachtwächter und radelt jeden Abend mit seinen zwei Hunden die Grachten entlang. Herr [Sleegers] wollte Dienstag zu Kugler kommen und dort weiter hören. Auf dem Polizeibüro wußten sie noch nichts von dem Einbruch, aber notierten es sofort um auch Dienstag mal zu kommen und nachzuschauen. Auf dem Rückweg ging Jan zufällig bei van Hoeven, unserem Kartoffellieferanten vorbei und erzählte daß eingebrochen war. »Das weiß ich«, sagte van Hoeven seelenruhig, ich kam gestern abend mit meiner Frau an ihrem Gebäude vorbei und sah ein Loch in der Tür, meine Frau wollte schon weitergehen, aber ich schaute kurz nach (mit der Taschenlampe) da liefen die Diebe sicherlich weg. Zur Sicherheit habe ich die Polizei aber nicht angerufen da ich das bei Ihnen nicht wollte, ich weiß wohl nichts, aber ich vermute viel.« Jan bedankte sich und ging davon. Van Hoeven vermutet sicher daß wir hier sind, denn er bringt die Kartoffel immer nach halb eins und nicht nach halb zwei. Prima Mann!
Nachdem Jan weggegangen war und wir abgewaschen hatten war es 1 Uhr. Alle acht gingen wir schlafen. Um Viertel vor drei wurde ich wach und sah daß Herr Pfeffer schon verschwunden war. Ganz zufällig begegnete ich mit meinem verschlafenen Gesicht Peter im Badezimmer, der gerade von oben kam. Wir verabredeten uns für unten. Ich machte mich zurecht und ging hinunter. Vor der W. C. Tür hörte ich, »pst, pst, ich bin hier!« »Ist gut, ich warte schon!« Auf einem Stuhl nahm ich in der Küche / Platz, aber brauchte nicht lange auf ihn zu warten.
»Traust du dich noch auf den vorderen Dachboden zu gehen?« fragte er, ich stimmte zu, nahm mein Bettkissen mit einem Tuch darum und wir gingen zum vorderen Dachboden. Das Wetter war großartig und schon bald heulten dann auch die Sirenen, wir blieben wo wir waren. Peter legte seinen Arm um meine Schulter, ich legte meinen Arm um seine Schulter und so blieben wir die Arme umeinander und warteten ruhig, bis Margot uns um 4 Uhr zum Kaffee holen kam.
Wir aßen unser Brot auf, tranken Limonade und machten Witze, das ging also wieder, sonst lief alles normal, ich dankte Peter abends weil er der Mutigste von allen war.

Keiner von uns allen hat sich je in solch einer Gefahr befunden wie wir diese Nacht. Gott hat uns wohl sehr beschützt, stell dir mal vor, die Polizei an unserem Versteckschrank, das Licht davor an und wir bleiben noch unbemerkt. »Nun sind wir verloren!« sagte ich leise in jenem Augenblick, aber wir sind wieder gerettet.
Wenn die Invasion mit Bomben kommt, kann jeder für sich selbst aufkommen, aber hier war die Angst für die unschuldigen und guten Christen. »Wir sind gerettet, rette uns weiter!« Das ist das einzige was wir sagen können.

Diese Geschichte hat viele Veränderungen mit sich gebracht. Pf. sitzt fortan abends im Badezimmer, Peter geht um 8½ und 9½ durch das Haus kontrollieren, Peters Fenster darf nicht mehr offenstehen, da der Mann von Keg das Fenster offen gesehen hat, nach halb 10 abends darf auf dem W. C. nicht mehr gezogen werden. Herr Sleegers ist als Nachtwächter engagiert worden, heute abend kommt ein illegaler Zimmermann und zimmert an unseren weißen Frankfurter Betten die Verbarrikadierung.
Debatten vorn und Debatten hinten gibt es jetzt im Hinterhaus. Kugler hat uns unsere Unvorsichtigkeit vorgeworfen, daß wir nie nach unten dürfen, sagte auch Jan. Übrigens wir haben Kugler nicht mal die ganze Wahrheit erzählt.
Jetzt muß man der Sache auf den Grund gehen ob dieser Sleegers zuverlässig ist, ob die Hunde

anschlagen wenn sie jemanden hinter der Tür hören, wie die Verbarrikadierung zu machen ist, alles mögliche.
Wir sind sehr stark daran erinnert worden daß wir uns verstecken, daß wir gefesselte Juden sind, gefesselt an einen Fleck, ohne Rechte, mit Tausenden Pflichten. Wir Juden dürfen unser Gefühl nicht gelten lassen, müssen mutig sein und stark, müssen alle Beschwerlichkeiten auf uns nehmen und nicht murren, müssen tun was in unserer Macht liegt und auf Gott vertrauen.
Einmal wird dieser schreckliche Krieg doch wohl vorbeigehen, einmal werden wir doch wieder Menschen und nicht nur Juden sein!
Wer hat uns das auferlegt? Wer hat uns Juden zu einer Ausnahme unter allen Völkern gemacht? Wer hat uns bis jetzt so leiden lassen? Es ist Gott gewesen der uns so gemacht hat, aber es wird auch Gott sein, der uns aufhebt. Wenn wir all dieses Leid ertragen und doch noch immer Juden übrigbleiben dann werden die Juden einmal von Verdammten zu Vorbildern werden. Wer weiß darf es unser Glaube noch mal sein der die Welt und damit alle Völker das Gute lehrt und dafür, dafür allein müssen wir auch leiden. Wir können niemals nur Niederländer oder nur Engländer oder von welcher Nation auch immer werden, wir werden daneben immer Juden bleiben müssen, aber wir wollen es auch bleiben.
Seid mutig! Wollen wir uns unserer Aufgabe bewußt bleiben, und nicht murren, es wird einen Ausweg geben, Gott hat unser Volk nie im Stich gelassen; durch alle Jahrhunderte hin sind Juden am Leben geblieben, durch alle Jahrhunderte hin mußten Juden leiden, aber durch alle Jahrhunderte hin sind sie auch stark geworden, die Schwachen werden ausgesucht und die Starken werden übrigbleiben und niemals untergehen!
In dieser Nacht wußte ich eigentlich daß ich sterben mußte, ich wartete auf die Polizei, ich war bereit, bereit wie die Soldaten auf dem Schlachtfeld. Ich wollte mich gern opfern für das Vaterland, aber nun, nun ich wieder gerettet bin, nun ist mein erster Wunsch nach dem Krieg, mach mich Niederländerin!
Ich liebe die Niederländer, ich liebe unser Land, ich liebe die Sprache und will hier arbeiten. Und wenn ich an die Königin selbst schreiben muß, ich werde nicht weichen bevor mein Ziel erreicht ist!

Immer unabhängiger werde ich von meinen Eltern, so jung wie ich bin habe ich mehr Lebensmut, mehr richtiges und unverletztes Rechtsgefühl als Mutter. Ich weiß was ich will, habe ein Ziel, habe eine Meinung, habe einen Glauben und eine Liebe. Laßt mich ich selbst sein, dann bin ich zufrieden. Ich weiß daß ich eine Frau bin, eine Frau mit innerer Stärke und viel Mut!
Wenn Gott mich leben läßt, werde ich mehr erreichen als Mutter es je tat, ich werde nicht unbedeutend bleiben, ich werde in der Welt und für die Menschen arbeiten!
Und nun weiß ich daß Mut und Fröhlichkeit, das zuerst notwendige ist!

deine Anne M. Frank.

Eingebrochen: Polizei im Haus gewesen, bis an Drehtür; nicht weiter.
Einbrecher sind offensichtlich gestört worden haben Lager aufgebrochen und [sind] durch den Garten geflüchtet.
Haupteingang verriegelt, Kugler muß durch 2. Tür weggegangen sein.
Die Schreibmaschine und Rechenmaschine sind sicher in schwarzer Kiste Privatbüro.
Auch Wäsche von Miep oder Bep liegt in Waschecke in der Küche.
Schlüssel für 2. Tür hat nur Bep und Kugler, möglicherweise Schloß kaputt:
Jan versuchen zu benachrichtigen und Schlüssel holen, und zum Büro gehen nachschauen, muß auch die Katze füttern.

Freitag 14. April 1944.

Beste Kitty,
Die Stimmung ist hier noch sehr gespannt. Pim steht auf dem Siedepunkt, Frau [van Pels] liegt mit Erkältung im Bett und schimpft, Herr [van Pels] ohne Safiaantjes ist blaß, Pf., der viel von seiner Bequemlichkeit aufopferte hat Beanstandungen usw. usw.
Übrigens, es ist wahr wir haben im Augenblick kein Glück. Das W. C. ist leck und der Hahn überdreht, dank der vielen Beziehungen ist das eine sowohl wie das andere bald wieder herzustellen.

———

Manchmal bin ich sentimental das weißt du ja, aber .... es gibt hier auch manchmal noch Platz für Sentimentalität. Wenn Peter und ich irgendwo zwischen viel Gerümpel und Staub, auf einer harten, hölzernen Kiste sitzen, die Arme gegenseitig um die Schulter, dicht nebeneinander; er mit einer Locke von mir in seiner Hand. Wenn draußen die Vögel so trillernd pfeifen, wenn man die Bäume grün werden sieht, wenn die Sonne hinauslockt, wenn der Himmel so blau ist, oh dann, dann, will ich so viel!

———

Nichts als unzufriedene und mürrische Gesichter sieht man hier, nichts als Seufzen und unterdrücktes Klagen, es scheint als ob wir es plötzlich schrecklich schlecht bekommen haben. Wirklich alles ist genau so schlecht, wie, [man] es selbst macht. Hier, im Hinterhaus geht niemand mit dem guten Beispiel voran, hier muß jeder schon sehen wie er seine Launen unterboxt.
Wäre es nur vorbei, das hört man jeden Tag!

———

Meine Würde, meine Hoffnung, meine Liebe, mein Mut,
das alles hält mich aufrecht und macht mich gut!

———

Ich glaube bestimmt Kit, daß ich heute ein bißchen spinne und ich weiß doch nicht warum. Alles steht hier durcheinander, kein Zusammenhang ist zu merken und ich zweifle manchmal ernsthaft daran, ob später jemanden mein Geschwätz interessieren wird.
»Die Bekenntnisse eines häßlichen jungen Entleins«, wird dann der Titel von dem ganzen Unsinn: Herr Bolkesteyn oder Gerbrandi werden an meinen Tagebüchern wirklich nicht so viel haben

deine Anne M. Frank.

Samstag 15. April 1944.

Liebe Kitty,
»Der eine Schreck folgt auf den anderen;
Wann wird das Ende sein?«
Das können wir nun wirklich gut sagen, stell dir mal vor was nun wieder passiert ist: Peter hat vergessen den Riegel vor der Tür aufzumachen. Die Folge war daß Kugler mit den Männern nicht ins Haus konnte, er ist zu Keg gegangen und hat das Küchenfenster zerbrochen. Unsere Fenster standen offen und auch das sah Keg. Was werden sie bei Keg wohl denken? Und van Maaren? Miep ist auch wieder sehr erschrocken da M. & S. verhaftet sind, aber das hat nun mit uns nichts zu tun. Kugler ist wütend; er bekommt die Vorwürfe daß er nichts an den Türen verändern läßt, und wir machen so eine Dummheit!
Ich kann dir sagen daß Peter vollkommen aus der Fassung ist, als bei Tisch Mutter sagte daß sie am meisten Mitleid mit Peter hatte, fing er fast an zu weinen. Es ist genauso gut unsere Schuld, denn wir fragen fast jeden Tag ob der Riegel wohl weg ist und Herr v. P. fragt auch fast immer. Vielleicht kann ich ihn nachher ein bißchen trösten, ich würde ihm so gern etwas helfen!

Hier folgen noch einige vertrauliche Hinterhaus-Mitteilungen der letzten Wochen.

1. Miep hatte mehr als 14 Tage lang die Grippe; sie war gerade auf als Jan es auch erwischte. Da die Ärzte bei normaler Grippe nicht kommen und Jan nicht so elend war wie sie, gab sie ihm etwas von den Pulvern die der Doktor für sie, hatte machen lassen und gab ihm darüber hinaus noch ein Aspirin. Ein Mittel hilft für alle Krankheiten, ob man sich nun schlecht fühlt oder Kopfweh hat!

2. Samstag vor einer Woche wurde Moffie plötzlich krank, sie war sehr still und sabberte. Schnell nahm Miep sie hoch, rollte sie in ein Tuch, steckte sie in die Einkaufstasche und brachte sie zur Hunde- und Katzenklinik. Der Doktor gab ihr eine Arznei mit, da Moffie es an den Eingeweiden hatte. Peter gab ihr ein paarmal von der Arznei, aber schon bald ließ Moffie sich nicht mehr sehen und war Tag und Nacht unterwegs; sicher bei seiner Liebsten.

3. Es dauerte nicht lange und Moffie war wieder gesund. Aber jetzt ist ihre Nase ganz geschwollen und wenn man sie anfaßt fiept sie. Wahrscheinlich hat sie einen Klaps abbekommen bei einer Adresse wo sie etwas klauen wollte.

4. Unsere Mouschi hatte ein paar Tage lang Stimmbruch. Genau als wir den Plan hatten auch sie zum Doktor zu schicken, war sie wieder halb genesen.

5. Unser Dachbodenfenster bleibt nun nachts auch etwas offen; Peter und ich sitzen jetzt oft noch abends droben.

6. Dank Gummilösung und Ölfarbe kann unser W. C. bald wieder gerichtet werden.

7. Auch der überdrehte Hahn ist ersetzt durch einen anderen.

8. Mit Herrn Kleimans Gesundheit geht es zum Glück wieder besser. Er geht schon wieder ein bißchen auf die Straße und darf durchgedrehtes Fleisch essen. Bald, wenigstens wenn sein Blut in Ordnung ist, wird er zu einem Spezialisten gehen. Wir wollen nur hoffen, daß eine Magenoperation nicht nötig ist.

9. Nach dem Schreck von heute morgen, werden unsere Fenster nicht mehr vor 9 Uhr aufgemacht. Hoffentlich wird unser Familienvater so vernünftig sein und sogar im Sommer die Fenster nicht mehr Tag und Nacht spaltbreit offen lassen.

10. Diesen Monat, haben wir aus Anlaß von Br. 8 Lebensmittelkarten bekommen. Unglücklicherweise hat es für die ersten 14 Tage statt Haferflocken oder Graupen, nur Hülsenfrüchte darauf gegeben.

11. Herr Pf. sitzt abends im Badezimmer auf einem Stuhl und liest. Bis nach halb 10 hält er mich damit beschäftigt daß er Geschichten von seiner Frau und Kindern erzählt.

12. Unser neuester Leckerbissen ist Picalilly. Wenn man kein Glück hat sind in so einem Glas nur Gurken und etwas Senfsoße.

13. Gemüse gibt es gar nicht. Salat davor und Salat danach. Unsere Mahlzeiten bestehen nur noch aus Kartoffeln und Kunstsoße.

14. Die Russen haben mehr als die Hälfte der Krim in ihrem Besitz. Bei Cassino gehen die Engländer nicht vorwärts. Rechnen wir eben mit dem Westwall.

15. Bombardements gibt es viele und unvorstellbar schwer.

16. In Den Haag ist von einem Bombenwerfer die Ver. Ned. Burgerlijke Stand angegriffen worden. Alle Niederländer bekommen neue Stammkarten.

Für heute genug.

deine Anne M. Frank.

Sonntag 16. April 1944.

Liebste Kitty,
Behalte den gestrigen Tag, denn er ist sehr wichtig in meinem Leben. Ist es nicht für jedes Mädchen wichtig wenn sie ihren ersten Kuß bekommt? Nun, für mich ist es genauso wichtig. Der Kuß von Bram auf meine rechte Wange zählt nicht mit und ebensowenig von Woudstra auf meine rechte Hand.
Wie ich so plötzlich zu diesem Kuß gekommen bin, nun das werde ich dir erzählen:
Gestern abend um 8 Uhr saß ich zusammen mit Peter auf seiner Couch, schon bald legte er einen Arm um mich (da es Samstag war, hatte er keinen Overall an) »Rücken wir ein bißchen auf«, sagte ich »dann kann ich meinen Kopf nicht an das Schränkchen stoßen.« Er rückte fast bis ganz in die Ecke, ich legte meinen unter seinem Arm durch auf seinen Rücken und Seite und er begrub mich fast weil sein Arm um meine Schultern hing.
Nun haben wir schon öfter so gesessen, aber nie so dicht beieinander wie gestern abend. Er drückte mich fest an sich; meine linke Brust lag auf der seinen, <u>mein</u> Herz klopfte schon, aber wir waren noch nicht fertig.
Er ruhte nicht bevor mein Kopf auf seiner Schulter lag und der seine da wieder obendrauf. Als ich mich nach ungefähr fünf Minuten wieder etwas aufrecht setzte, nahm er schon bald meinen Kopf in seine Hände und legte ihn wieder an sich. Oh, es war so herrlich, ich konnte nicht viel sprechen, der Genuß war zu groß; er streichelte ein bißchen ungeschickt meine Wange und meinen Arm, fummelte an meinen Locken und unsere Köpfe lagen die meiste Zeit dicht aneinander.
Das Gefühl das mich dabei durchströmte kann ich dir nicht beschreiben Kitty, ich war zu glücklich und ich glaube er auch.
Um halb 9 standen wir auf, Pfeffer kam herein und ging wieder weg mit seiner Jacke, Peter zog seine Turnschuhe an um leiser zu laufen bei seiner zweiten Runde durch das Haus und ich stand dabei. Wie ich plötzlich die richtige Bewegung fand, ich weiß es nicht, aber bevor wir nach unten gingen, gab er mir einen Kuß, zwischen meine Haare, halb auf meine linke Wange, halb auf mein Ohr. Ich rannte nach unten, ohne umzuschauen und und habe große Sehnsucht nach heute

<u>deine Anne M. Frank.</u>

<u>Sonntagmorgen kurz vor 11 Uhr.</u>

Montag 17. April 1944.

Liebe Kitty,
Glaubst du daß Vater und Mutter es gutheißen würden daß ich auf einer Couch sitze und einen Jungen küsse, ein Junge von 17½ und ein Mädchen von fast 15? Ich glaube es eigentlich nicht, aber ich muß mich in dieser [Sache] auf mich selbst verlassen. Es ist so ruhig und sicher in seinen Armen zu liegen und zu träumen, es ist so aufregend seine Wange an meiner zu fühlen, es ist so herrlich zu wissen, daß jemand auf mich wartet. Aber, es gibt tatsächlich ein Aber, denn wird Peter es dabei belassen wollen? Ich habe sein Versprechen wirklich noch nicht vergessen, aber …… er ist ein Junge!
Ich weiß selbst schon daß ich sehr früh dran bin, noch keine 15 und schon so selbständig ist für andere Leute wohl ein bißchen unbegreiflich. Ich weiß fast sicher daß Margot niemals einem Jungen einen Kuß geben würde ohne daß auch die Rede ist von Verloben oder Heiraten, denn solche Pläne haben weder Peter noch ich. Auch Mutter hat vor Vater sicher keinen Mann berührt. Was würden meine Freundinnen oder Jacque dazu sagen wenn sie wüßten daß ich in Peters Armen lag, mit meinem Herzen auf seiner Brust, mit meinem Kopf auf seiner Schulter, mit seinem Kopf und Gesicht auf dem meinen!

Oh Anne, wie skandalös; aber wirklich, ich finde es nicht skandalös; wir sind hier eingesperrt, abgeschlossen von der Welt, in Angst und Sorge in der letzten Zeit ganz besonders, warum sollten wir, die einander lieben, dann von einander fernbleiben? Warum sollten wir in diesen Zeiten einander keinen Kuß geben? Warum sollten wir warten, bis wir das passende Alter haben? Warum sollten wir viel fragen?
Ich habe es auf mich genommen auf mich selbst aufzupassen, er würde mir nie Kummer oder Schmerz zufügen wollen, warum sollte ich dann nicht tun was mein Herz mir eingibt und uns beide glücklich machen? Doch glaube ich schon Kitty daß du ein bißchen von meinem Zweifel merkst, ich denke daß es meine Ehrlichkeit ist, die sich gegen Heimlichkeit auflehnt? Findest du daß es meine Pflicht ist, Vater zu erzählen was ich tue? Findest du daß unser Geheimnis einem Dritten zu Ohren kommen muß? Viel von dem Schönen würde weggehen, aber würde mein Inneres dadurch ruhiger werden? Ich werde mit »ihm« darüber sprechen!
Oh ja, ich will mit ihm noch über so viel sprechen, denn nur miteinander schmusen darin sehe ich keinen Sinn. Um unsere Gedanken einander zu erzählen dazu gehört viel Vertrauen, aber wir werden beide sicher stärker werden, im Bewußtsein von diesem Vertrauen!

deine Anne M. Frank.

P.S. Gesternmorgen waren wir schon wieder um 6 Uhr auf den Beinen, da die ganze Familie wieder Einbruchgeräusche gehört hatte. Es war vielleicht ein Nachbar von uns, der diesmal das Opfer geworden ist. Unsere Türen waren beim Kontrollieren um 7 Uhr fest verschlossen, zum Glück!

Mit dem vergessenen Riegel ist es wieder gut ausgegangen, Kugler war außergewöhnlich fair; vor die zerbrochene Küchenfensterscheibe ist ein Stück Holz genagelt worden. Stell dir mal vor der Chef von Keg hatte schon eine Leiter geholt um durch Pf. offenes Fenster hineinzuklettern. Kugler konnte ihn gerade noch zurückhalten, da die Leiter glücklicherweise zu kurz war.
Streit mit Pf. gehabt, ich nicht sondern Herr van Pels und Vater, er hat sich nach ihrem Verbot doch wieder in Kuglers Büro gesetzt am Sonntag. Das ist nun für immer vorbei, denn das Privatbüro ist ihm zugestanden worden. Er ist tief beleidigt und ist sogar nicht am Radio erschienen für ein Händelkonzert.
Herr v. P. kochte, Frau [van Pels] will genau wie Mutter daß die Korrespondenz mit Frau Pf. abgebrochen wird, ich sehe das so schnell noch nicht kommen, obwohl es in der Tat viel unnötiges Risiko beinhaltet. Unsere Fenster gehen nun nicht mehr vor 9 Uhr auf, auch im Sommer wollen wir sie nicht mehr Tag und Nacht offenlassen; sogar das Stöckchen von Pfeffer ist verboten, auch das gab Anlaß zu Auseinandersetzungen.
Tante R. ist sicher sehr deprimiert, sie hat nun Tochter und Schwiegersohn in Polen, Sohn und Schwiegertochter festgenommen und L. tot. Nur P. ist noch übrig (F.)
Miep ist über oben genannten Fall sehr betrübt. Auch Schwester von S. ist dabei. Miep hat mit der Sache zum Glück nichts zu tun.
Samstag hatten wir Besuch von Kleiman. Bis Viertel vor vier ist er und Kugler hier geblieben. Kleiman erholt sich nun langsam wieder ein bißchen,

deine Anne.

ich muß lernen, es wird zu spät,
schon 10 vor 11, Montagmorgen.

Sonntag
20. Feb. 1944.
Sonntag.

Was bei anderen Leuten in der Woche geschieht, geschieht im Hinterhaus sonntags. Wenn andere Leute schöne Kleider anhaben und in der Sonne spazierengehen, sind wir hier am Schrubben, Fegen und Waschen.
8 Uhr: Ungeachtet der Langschläfer steht Pf. doch schon um 8 Uhr auf. Geht zum Badezimmer, anschließend nach unten, wieder nach oben und dann folgt im Badezimmer eine gründliche Wäsche die eine volle Stunde dauert.
halb 10: Öfen werden angemacht. Entdunkelt und v. P. geht ins Badezimmer. Einer der Sonntagsmorgen Heimsuchungen ist, daß ich von meinem Bett aus Pf. genau auf den Rücken schauen muß wenn er betet. Jeder wird sich wohl wundern wenn ich sage daß ein betender Pf. etwas Schreckliches ist, um anzuschauen. Nicht daß er weint oder sentimental tut, oh nein, aber er hat die Angewohnheit eine Viertelstunde lang, wohlgemerkt eine Viertelstunde, von den Fersen auf die Zehen zu wippen. Hin und her, hin und her, endlos dauert das und wenn ich meine Augen nicht zukneife wird mir nahezu schwindlig davon.
Viertel nach 10: v. P. pfeifen, das Badezimmer ist leer. Bei uns erheben sich die ersten schläfrigen Gesichter aus den Kissen. Dann geht alles schnell, schnell, schnell. Der Reihe nach gehen Margot und ich mit zur Wäsche. Da es unten ordentlich kalt ist, kommt eine lange Hose und ein Kopftuch uns gut zustatten. Inzwischen ist Vater im Badezimmer beschäftigt; um 11 Uhr geht Margot (oder ich) zum Badezimmer und dann ist alles wieder sauber.
halb 12: Frühstücken. Hier werde ich mich aber nicht darüber ausbreiten, denn über das Essen wird ohne mich doch schon genug gesprochen.
Viertel nach 12: Gehen alle Personen verschiedener Wege. Vater im Overall liegt bald auf den Knien auf dem Boden und bürstet den Teppich so fest daß das Zimmer in eine große Staubwolke gehüllt ist. Der Herr Pf. macht die Betten (natürlich verkehrt, gell) und pfeift dabei immer dasselbe Violin-Konzert von Beethoven. Mutter hört man auf dem Dachboden schlurfen, während sie die Wäsche aufhängt.
Herr v. Pels setzt seinen Hut auf und verschwindet in die unteren Regionen, meistens gefolgt von Peter und Mouschi. Frau [van Pels] zieht eine lange Schürze mit herunterhängender Kante, schwarze Wollweste und Überschuhe an; bindet einen dicken rot-wollenen Schal um den Kopf, nimmt ein Bündel schmutzige Wäsche unter den Arm und nach einem gut einstudierten Waschfrauen-Knicks geht sie zur Wäsche.
Margot und ich spülen ab und räumen soweit das Zimmer auf.

Tagebuch 3: 18. April 1944 bis 1. August 1944

Tagebuch von Anne Frank. vom 17. April bis
Hinterhaus
A'dam C.[73]
Zum Teil Briefe an »Kitty«
Lebensdevise der Eigentümerin:
Schwung muss der Mensch haben

18. April 1944.
Dienstag.

Liebe Kitty,
Wieder hat es einen Schatz gegeben der ein Chemieheft für mich auseinandergenommen hat um mir ein neues Tagebuch zu besorgen, diesmal ist es Margot.
Hier ist alles gut; gestern abend war der Zimmermann wieder da der angefangen hat eiserne Platten vor die Türfüllungen zu schrauben. Unser W. C. funktioniert wieder, nur dürfen wir vor und nach Bürozeit nicht mehr ziehen, nur mit Wasser nachspülen. Wenn Büro ist darf auch sehr wenig gezogen werden da van Maaren uns nicht hören darf. Aber man gewöhnt sich an alles, also auch an das.
Vater sagte gerade noch daß er fest erwartet daß vor dem 20. Mai noch ganz großangelegte Operationen stattfinden werden, sowohl in Rußland und Italien, als auch im Westen; ich kann mir eine Befreiung aus unserem Zustand je länger umso weniger vorstellen.
Gestern sind Peter und ich dann endlich zu unserem Gespräch gekommen, das mindestens schon 10 Tage verschoben war. Ich habe ihm alles von den Mädchen erklärt und nicht gescheut die intimsten Dinge zu besprechen. Ich fand es zwar einigermaßen witzig daß er dachte daß sie den Eingang bei Frauen auf Bildern einfach wegließen. Er konnte sich also nicht vorstellen, daß das wirklich zwischen den Beinen war.
Der Abend endete mit einem gegenseitigen Kuß, ein bißchen neben dem Mund, es ist wirklich ein tolles Gefühl!
Vielleicht nehme ich mein Schöne-Sätze-Buch doch mal mit hinauf, um endlich mal etwas tiefer auf die Dinge einzugehen, ich finde keine Befriedigung darin Tag um Tag einander in den Armen zu liegen und würde mir so gern dasselbe von ihm vorstellen.
Wir haben nach unserem unbeständigen Winter wieder ein prachtvolles Frühjahr. April ist tatsächlich großartig, nicht zu warm und nicht zu kalt mit ab und zu einem kleinen Regenschauer. Unsere Kastanie ist schon ziemlich grün und hier und da sieht man sogar schon kleine Kerzen.
Bep hat uns Samstag mit 4 Blumensträußchen verwöhnt, 3 Narzissen und 1 Traubenhyazinthe, das letztere war für mich.
Herr Kugler versorgt uns immer besser mit Zeitungen, jede Woche Cinema & Theater, viel Prinsen und Rijk der Vrouw, jede Woche die Haagse Post, manchmal *das Reich* u. a.
Ich muß Algebra machen, Kitty, auf Wiedersehen

deine Anne M. Frank.

73 Amsterdam Zentrum; A. d. Ü.

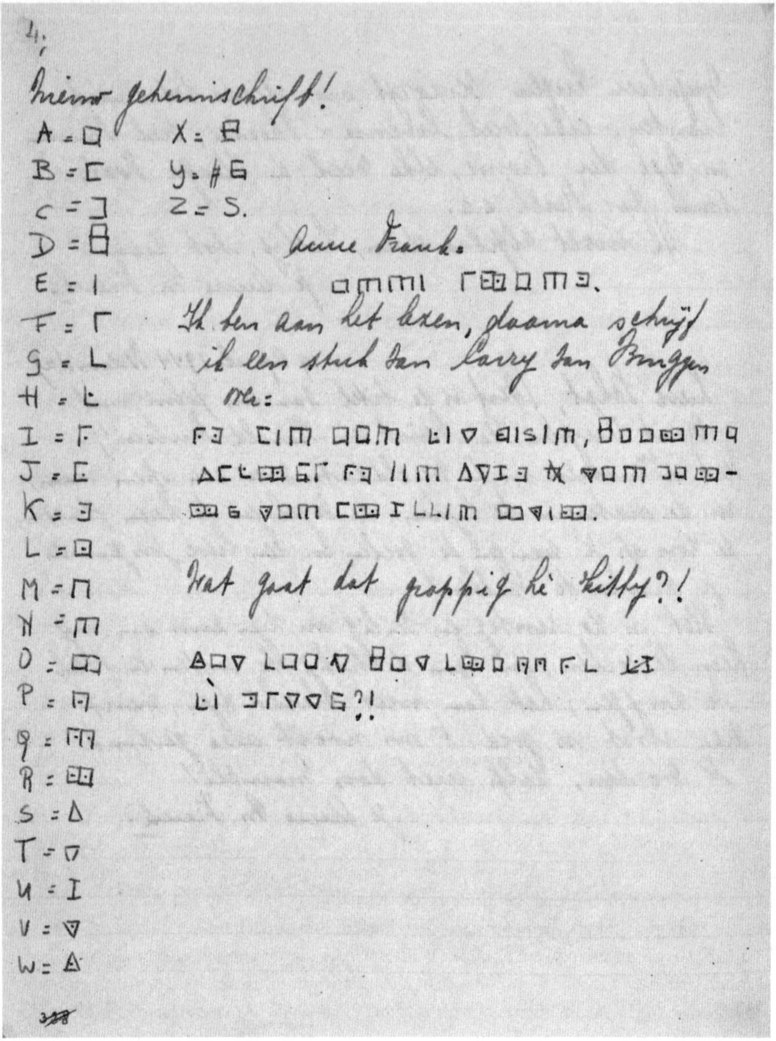
4.

Meine geheimschrift!

Anne Frank.

Ik ben aan het lezen, daarna schrijf ik een stuk van Carry van Bruggen over:

Wat gaat dat grappig hè Kitty?!

328

Neue Geheimschrift!
Anne Frank =
Ich lese gerade, danach schreibe
ich ein Stück von Carry van Bruggen ab =

Was geht das witzig gell Kitty?!

---

19. April 1944 Mittwoch.

Lieve Schat, (Das ist der Titel eines Films mit Dorit Kreysler, Ida Wüst und Harald Paulsen!)
Was gibt es schöneres in der Welt als vor einem offenem Fenster, in die Natur zu schauen, die Vögel pfeifen zu hören, die Sonne auf den Wangen zu fühlen und einen lieben Jungen in den Armen zu haben?
Es ist so ruhig und sicher seinen Arm um mich herum zu fühlen, ihn dicht daneben zu wissen und doch zu schweigen; es kann nicht schlecht sein, denn diese Ruhe ist gut. Oh um nie dabei gestört zu werden, sogar nicht von Mouschi!

deine Anne M. Frank.

Freitag 21. April 1944.

Liebste Kitty,
Gestern nachmittag lag ich mit Halsweh im Bett, aber da mich dies schon am ersten Nachmittag langweilte und ich doch kein Fieber hatte, bin ich heute aber wieder aufgestanden. Heute ist das Halsweh dann auch fast *»verschwunden«).*
Gestern wurde, wie du vermutlich selbst bemerkt hast, unser *Führer* 55 Jahre alt. Heute ist der 18. Geburtstag von Ihrer Königlichen Hoheit Kronprinzessin Elizabeth von York. Beim B. B. C. wurde durchgegeben daß sie noch nicht volljährig erklärt worden ist, wie es bei Prinzessinnen sonst der Fall ist. Wir haben uns schon gefragt an welchen Prinzen diese Schönheit verheiratet wird, konnten jedoch keinen geeigneten finden; vielleicht kann ihre Schwester, Prinzessin Margaret Rose, Kronprinz Boudewijn von Belgien bekommen!
Hier kommen wir von der einen Misere in die andere, kaum haben wir nun die Außentüren gut verrammelt und van Maaren kommt wieder aufs Tapet. Nach aller Wahrscheinlichkeit hat er Kartoffelmehl gestohlen und will Bep nun die Schuld in die Schuhe schieben. Das Hinterhaus ist begreiflicherweise wieder in Aufruhr. Bep ist außer sich vor Wut. Vielleicht läßt Kugler das heruntergekommene Subjekt jetzt beschatten.
Heute morgen war der Schätzungsmann aus der Beethovenstraat hier, er will für unsere Truhe f400.– geben, auch die anderen Angebote sind unserer Meinung nach zu niedrig.
Ich will bei »de Prins« anfragen ob sie ein Märchen von mir unterbringen, natürlich unter einem Pseudonym, aber da meine Märchen bis jetzt noch zu lang sind, glaube ich nicht daß ich viel Aussicht auf Erfolg habe.
Bis zum nächstenmal Darling

deine Anne M. Frank.

Dienstag 25. April 1944

Liebe Kitty,
Seit ± 10 Tagen spricht Pfeffer wieder nicht mit v. P. und das nur weil wir nach dem Einbruch eine ganze Menge neuer Sicherheitsvorkehrungen getroffen haben. Eine davon war daß er abends nicht mehr nach unten darf, wie ich dir schon mitteilte. Peter macht jeden Abend um halb 10 mit Herrn van Pels die letzte Runde und dann darf niemand mehr nach unten. Von abends acht Uhr darf auf dem W. C. nicht mehr gezogen werden, morgens auch um 8 Uhr nicht. Die Fenster gehen morgens erst auf wenn Licht in Kuglers Büro brennt und auch abends dürfen keine Stöckchen mehr dazwischen. Letzteres ist der Anlaß zu Pf. Schmollen gewesen. Er behauptet daß v. P. ihn angeschnauzt hat, aber das ist nur seine eigene Schuld. Er sagt daß er noch eher ohne Essen, als ohne Luft könnte, und daß eine Methode gefunden werden müßte um die Fenster zu öffnen. »Ich werde darüber wohl mit Herrn Kugler sprechen«, sagte er zu mir, ich

antwortete daß solche Dinge nie mit Herrn Kugler, sondern in der Gemeinschaft beschlossen werden.

»Alles geht hier auch hinter meinem Rücken, dann werde ich wohl mit deinem Vater darüber sprechen.« Er darf sich samstags nachmittags und sonntags auch nicht mehr in Kuglers Büro setzen, weil der Chef von Keg wenn er kommt, das hören kann. Prompt setzte sich Pf. doch hinein.

v. P. war rasend und Vater ging nach unten um es ihm zu sagen. Natürlich hatte er wieder irgendeine Ausrede, aber das ging diesmal sogar nicht bei Vater.

Vater spricht nun auch so wenig wie möglich mit ihm, weil Pf. ihn beleidigt hat, auf welche Art weiß ich nicht und wissen wir alle nicht, aber es wird wohl schlimm sein. Auch der Briefwechsel mit seiner Frau ist fast ganz gesperrt.

Und nächste Woche hat das Stück Unglück Geburtstag. Geburtstag haben, nicht den Mund aufmachen, schmollen und Geschenke bekommen, wie paßt das zueinander? Inzwischen gab es wieder etwas Unangenehmes, das noch nicht aufgelöst ist. Van Maaren, will Bep die Schuld von den vielen gestohlenen Waren in die Schuhe schieben und behauptet die gröbsten Lügen über sie. Viel Kartoffelmehl ist weg und wie schade, unsere Privat-Truhe auf dem vorderen Dachboden ist fast ganz geplündert.

Wahrscheinlich ist van Maaren auch mißtrauisch wegen uns; er legt im Lager die Bücher und Papiere auf die äußersten Kanten, so daß wenn man nur hindurchgeht, es schon fallen muß. Bep geht auch nicht mehr als letzte weg; Kugler schließt ab. Mit Kleiman, der inzwischen hier war, Kugler und den beiden Herren ist von allen Seiten überlegt worden, wie dieser Kerl aus dem Haus zu kriegen ist. Unten finden sie es zu riskant. Ist es so nicht noch viel riskanter?

Mit Herrn Voskuyl geht es schnell bergab, er hat nun schon mehr als 10 Tage fast 40 Fieber, jeden Abend. Gestern war es sogar 40.7. Morgens ist es nur ± 37.7. Der Doktor sieht den Zustand als hoffnungslos an, sie denken daß der Krebs zur Lunge durchgebrochen ist. Der arme Mann, man würde ihm so gern helfen, aber niemand als Gott kann hier helfen!

Ich habe eine schöne Geschichte geschrieben, sie heißt Blurry, de Wereldontdekker, und hat meinen 3 Zuhörern sehr gefallen.

Ich bin noch immer sehr erkältet und habe sowohl Margot als auch Mutter und Vater angesteckt. Wenn Peter es nur nicht bekommt, er mußte einen Kuß haben und nannte mich sein Eldorado. Geht doch nicht, verrückter Junge! Aber lieb ist er doch!

deine Anne M. Frank.

Donnerstag 27. April 1944.

Liebe Kitty,

Heute morgen hatte Frau [van Pels] schlechte Laune; nichts als Klagen, erst über die Erkältung, daß sie keine Bonbons bekam, daß vieles Naseputzen nicht zum Aushalten ist. Dann daß die Sonne nicht scheint. Daß die Invasion nicht kommt. Daß wir nicht aus dem Fenster schauen können usw. usw. Wir mußten schrecklich über sie lachen und es war noch nicht so schlimm und sie lachte mit. Rezept für unseren Kartoffel-Auflauf aus Mangel an Zwiebeln geändert:

Man nehme geschälte Kartoffeln, drehe sie durch eine Rohkostmühle. Füge etwas trockenes Regierungsmehl und Salz hinzu. Schmiere die Back- oder feuerfeste Schüssel mit Paraffin oder Stearin ein, backe diesen Rührteig 2½ Stunden. Esse ihn mit faulem Erdbeerkompott. (Zwiebeln nicht vorhanden, Fett weder für Schüssel noch Teig!)

Im Augenblick lese ich: Kaiser Karl V von einem Hochschullehrer an der Universität Göttingen geschrieben; dieser Mann hat 40 Jahre an diesem Buch gearbeitet. In 5 Tagen las ich 50 Seiten,

mehr ist nicht möglich. Das Buch umfaßt 298 S.; jetzt kannst du dir ausrechnen wie lange ich dafür brauchen werde und dann noch der zweite Teil! Aber …… sehr interessant!
Wovon ein Schulmädchen in einem Tag nicht alles hört, nimm mich nun mal. Erst übersetzte ich von Holländisch in Englisch ein Stück von Nelsons letzter Schlacht. Danach nahm ich die Fortsetzung des Nordischen Krieges durch (1700–1721), von Peter dem Großen, Karl XII, August dem Starken, Stanislaus Lescinsky, Mazeppa, Von Görz, Brandenburg, Vor-Pommern, Hinter-Pommern und Dänemark + die üblichen Jahreszahlen.
Anschließend landete ich in Brasilien, las von dem Bahia-Tabak, dem Überfluß an Kaffee, den 1½ Millionen Einwohnern von Rio de Janeiro, von Pernambuco und São Paulo, den Amazonasfluß nicht zu vergessen. Von Negern, Mulatten, Mestizen (!) Weißen mehr als 50 % Analphabeten und der Malaria. Da noch etwas Zeit übrigblieb, nahm ich noch schnell einen Stammbaum durch; Jan der Alte, Willem Lodewijk, Ernst Casimir I, Hendrik Casimir I, bis hin zu der kleinen Margriet Franziska (geboren 1943) in Ottawa.
12 Uhr: auf dem Dachboden setzte sich die Lernzeit fort mit Dekanen, Pfarrern, Pastoren, Päpsten und …… Pf.! bis 1 Uhr.
Nach 2 saß das arme Kind (mm) schon wieder an der Arbeit, Schmal- und Breitnasenaffen waren an der Reihe. Kitty, sag schnell wieviel Zehen ein Nilpferd hat!
Dann folgt die Bibel, Arche Noach, Sem, Cham und Jefeth. Danach Karl V.
Bei Peter, der Kolonel in Englisch von Thackery. Französische Vokabeln abhören und dann den Mississippi mit dem Missouri vergleichen!
Genug für heute, adieu!

deine Anne M. Frank.

Freitag 28. April 1944.

Liebe Kitty,
Meinen Traum von Peter Schiff habe ich nie vergessen, (siehe Anfang Januar) ich fühle, wenn ich daran denke heute noch seine Wange an meiner, mit jenem herrlichen Gefühl, das alles gut machte. Mit Peter hier hatte ich das Gefühl wohl auch mal, aber nie in so starkem Maße, bis daß …… wir gestern-abend zusammensaßen, wie gewöhnlich auf der Couch, einander in den Armen, da glitt die normale Anne plötzlich weg und kam dafür die 2. Anne an die Stelle, die zweite Anne, die nicht übermütig und witzig ist, sondern die nur lieb haben will und weich sein will. Ich lehnte fest an ihm und fühlte die Rührung in mir aufsteigen, die Tränen sprangen mir in die Augen, die linke fiel auf seinen Overall, die rechte tropfte an meiner Nase entlang durch die Luft auch auf seinen Overall. Würde er es gemerkt haben? Keine Bewegung verriet es. Würde er genauso fühlen wie ich? Er sprach auch fast kein Wort. Würde er wissen, daß er zwei Annes vor sich hat? Das sind alles unbeantwortete Fragen. Um halb 9 als Pf. schon durch war, stand ich auf, ging zum Fenster, dort nehmen wir immer Abschied, ich zitterte noch, ich war noch Anne No: 2, er kam auf mich zu, ich legte meine Arme um seinen Hals und drückte einen Kuß auf seine linke Wange, gerade wollte ich zur rechten, als mein Mund den seinen traf und wir da nur draufdrückten. Taumelnd drückten wir uns aneinander, noch einmal und noch einmal, um nie mehr aufzuhören, oh!

Peter hat Bedürfnis nach Zärtlichkeit, er hat zum erstenmal in seinem Leben ein Mädchen entdeckt, hat zum erstenmal gesehen, daß die lästigsten Mädchen auch ein Inneres und ein Herz haben, und sich verändern sobald sie mit einem allein sind.
Er hat zum erstenmal in seinem Leben, seine Freundschaft und sich selbst gegeben, er hat noch nie und nimmer vorher einen Freund oder eine Freundin gehabt. Nun haben wir einander gefunden, ich kannte ihn auch nicht, hatte auch nie einen Vertrauten und darauf ist es herausge-

kommen ...... Wieder die Frage, die mich nicht losläßt: »Ist es richtig?« Ist es richtig daß ich so schnell nachgebe, daß ich so heftig bin, genauso heftig und verlangend wie Peter selbst? Darf ich, ein Mädchen, mich so gehenlassen?
Es gibt nur eine Antwort darauf: »Ich sehne mich so .... schon so lange, ich bin so einsam und habe nun einen Trost gefunden!«

———

Morgens sind wir normal, nachmittags auch noch ziemlich, außer einigen wenigen Malen, aber abends kommt die Sehnsucht des ganzen Tages, das Glück und die Wonne von all den vorherigen Malen wieder hoch und denken wir nur aneinander. Jeden Abend, nach dem letzten Kuß, würde ich wohl wegrennen wollen, ihm nicht mehr in die Augen sehen, weg, weg, in die Dunkelheit und allein! Und was bekomme ich, wenn ich die 14 Stufen hinuntergegangen bin? Das volle Licht, Fragen hier und Lachen dort, ich muß handeln und darf mir nichts anmerken lassen.
Mein Herz ist noch zu weich, um so einen Schock wie gestern abend den, direkt wegzuschieben, die weiche Anne kommt zu wenig und läßt sich darum auch nicht sofort wieder zur Tür hinausjagen; Peter hat mich berührt, tiefer als ich je in meinem Leben berührt wurde, außer in meinem Traum! Peter hat mich angefaßt, mein Inneres nach außen gekehrt, ist es dann nicht für jeden Menschen selbstverständlich, daß er danach Ruhe haben muß um sein Inneres wieder zu erholen? Oh Peter, was hast du mit mir gemacht? Was willst du von mir? Wohin soll das führen? Oh, nun begreife ich Bep, nun, wo ich dies erlebe, nun begreife ich ihre Zweifel; wenn ich älter wäre und er würde mich heiraten wollen, was würde ich dann antworten. Anne, sei ehrlich! Du würdest ihn nicht heiraten können, aber loslassen ist auch so schwer. Peter hat noch zu wenig Charakter, zu wenig Willenskraft, zu wenig Mut und Kraft. Er ist noch ein Kind, nicht älter als ich, in seinem Inneren; er will nur Ruhe und Glück finden.
Bin ich wirklich erst 14? Bin ich wirklich noch ein dummes Schulmädchen? Bin ich wirklich noch so unerfahren in allem? Ich habe mehr Erfahrung als die anderen, ich habe etwas erlebt was fast niemand in meinem Alter kennt.
Ich habe Angst vor mir selbst, ich habe Angst daß ich in meinem Verlangen mich zu schnell weggebe, wie kann das später mit anderen Jungen dann gut gehen? Oh es ist so schwierig, immer gibt es wieder das Herz und den Verstand, alles muß zu seiner Zeit sprechen, aber weiß ich wohl sicher, daß ich die Zeit richtig gewählt habe?

<u>deine Anne M. Frank.</u>

Dienstag 2. Mai 1944.

Liebe Kitty,
Samstag abend habe ich Peter gefragt ob er findet, daß ich Vater etwas von uns erzählen muß, er fand nach ein bißchen Hin und Her ja: ich war froh, es zeugt von gutem Fühlen bei ihm. Sofort als ich hinunterkam ging ich mit Vater mit Wasser holen, auf der Treppe sagte ich schon: »Vater du verstehst sicher schon, daß wenn Peter und ich zusammen sind wir keinen Meter voneinander weg sitzen, findest du das schlimm?« Vater antwortete nicht sofort, dann sagte er: »Nein schlimm finde ich das nicht, aber Anne hier in dem beschränkten Raum mußt du vorsichtig sein.« Er sagte noch etwas in diesem Sinn, dann gingen wir nach oben.
Sonntagmorgen rief er mich zu sich und sagte: »Anne, ich habe noch mal darüber nachgedacht, (ich bekam schon Angst!) es ist hier im Hinterhaus eigentlich nicht so gut, ich dachte daß ihr Kameraden wäret, ist Peter verliebt?«
»Keine Rede«, antwortete ich.
»Ja du weißt daß ich euch gut verstehe, aber du mußt zurückhaltend sein; geh nicht mehr so oft nach oben, ermuntere ihn nicht mehr als nötig ist. Der Mann ist in solchen Dingen immer der

aktive, die Frau kann zurückhalten. Es ist draußen wenn du frei bist etwas ganz anderes, du siehst andere Jungen und Mädchen, du kannst mal weggehen, Sport treiben und alles andere, aber hier, wenn du hier zuviel zusammen bist und du willst weg kannst du nicht, ihr seht einander jede Stunde, eigentlich immer. Sei vorsichtig Anne, und fasse es nicht zu ernst auf!«
»Das tue ich nicht Vater, aber Peter ist anständig, er ist ein lieber Junge!«
»Ja, aber er hat keinen starken Charakter, er ist leicht zur guten, aber auch leicht zur schlechten Seite zu beeinflussen, ich hoffe für ihn daß er gut bleibt, denn in seinem Wesen ist er gut!«
Wir redeten noch ein bißchen weiter und machten aus, daß Vater auch mit ihm reden würde.
Sonntagnachmittag auf dem vorderen Dachboden fragte er: »Und hast du mit deinem Vater gesprochen, Anne?«
»Ja«, antwortete ich »ich werde es dir schon erzählen. Vater findet es nicht schlimm, aber er sagt daß hier, wo wir so aufeinander sitzen leicht Konflikte aufkommen können.«
»Wir haben doch abgemacht daß wir keinen Streit machen würden, ich habe vor mich daran zu halten.«
»Ich auch Peter, aber Vater dachte es nicht von uns, er dachte daß wir Kameraden wären, findest du daß das nun nicht geht?«
»Ich schon und du?«
»Ich auch. Ich habe auch zu Vater gesagt, daß ich dir vertraue. Ich verlasse mich auf dich, Peter, genauso vollkommen wie ich es bei Vater tue und ich glaube daß du das wert bist, ist es nicht [so]?«
»Ich hoffe es« (Er war sehr verlegen und rot-artig).
»Ich glaube an dich Peter«, fuhr ich fort »ich glaube daß du einen guten Charakter hast und daß du weiterkommen wirst in der Welt.«
Wir sprachen danach über andere Dinge, später sagte ich noch: »Wenn wir hier herauskommen, weiß ich schon daß du dich um mich nicht mehr kümmern wirst«! Er geriet in Feuer »das ist nicht wahr Anne, oh nein, das <u>darfst</u> du nicht von mir denken!«
Dann wurden wir gerufen.

—

Vater sprach mit ihm, er erzählte es mir Montag: »Dein Vater dachte daß die Kameradschaft wohl mal zu Verliebtheit werden kann sagte er, »aber ich antwortete daß wir uns gegenseitig schon beherrschen werden!«

—

Vater will jetzt daß ich abends weniger nach oben gehe, aber das will ich nicht, nicht nur daß ich gern bei Peter bin, aber ich habe gesagt daß ich mich auf ihn verlasse, ich verlasse mich auch auf ihn, und ich will ihm das Vertrauen auch beweisen und das kann ich nie tun wenn ich aus Mißtrauen unten bleibe.
Nein, ich gehe!«

—

Inzwischen ist das Pf.-Drama wieder gut geworden, er hat Samstagabend bei Tisch in schönen niederländischen Worten um Entschuldigung gebeten. v. P. war sofort wieder gut, Pf. hat für diese Aufgabe bestimmt den ganzen Tag gelernt.
Sonntag, sein Geburtstag verlief ruhig. Von uns bekam er eine Flasche guten Wein von 1919, von v. P. (die jetzt ihr Geschenk doch geben konnten) eine Flasche Picalilly und ein Päckchen Rasierklingen, von Kugler einen Topf Zitronen (Limonade) von Miep ein Buch »Martijntje« von Bep eine kleine Pflanze. Er spendierte ein Ei für jeden.

<u>deine Anne M. Frank.</u> abends!
(das Essen ruft!) <u>halb 7.</u>

Mittwoch 3. Mai 1944.

Lieb Kitty,

Erst kurz die Neuigkeiten der Woche! Die Politik hat Urlaub es gibt nichts aber auch nichts mitzuteilen. So allmählich habe ich auch angefangen zu glauben daß die Invasion kommt, sie können die Russen doch nicht alles allein erledigen lassen; übrigens die tun auch nichts im Augenblick.

Herr Kleiman ist wieder jeden Morgen im Büro, sein Blut ist noch immer nicht in Ordnung und daher kann er noch nicht zum Spezialisten. Er hat für Peters Couch eine neue Feder besorgt und also muß sich Peter ans Polstern machen, begreiflicherweise hat er dazu überhaupt keine Lust. Auch Katzenpuder gegen die Flöhe hat Kleiman besorgt.

Habe ich dir schon erzählt daß unsere Moffi weg ist? Seit vergangener Woche Donnerstag spurlos verschwunden. Sie wird sicher schon längst im Katzenhimmel sein, während irgendein Tierfreund einen Leckerbissen aus ihr macht. Vielleicht kriegt ein Mädchen das Geld hat eine Mütze aus ihrem Fell. Peter ist über diese Tatsache sehr traurig. Bep hat einen richtigen Sieg errungen, sie geht mit Bertus schwimmen, wie lange wird sie das aushalten?

Seit Samstag (vor zwei Wochen) haben wir an diesem Tag geluncht um halb 12 mittags; morgens mußten wir es also mit einer Tasse Brei aushalten. Ab morgen soll das jeden Tag so sein, das nützt um eine Mahlzeit zu sparen. Gemüse ist noch immer sehr schwer zu bekommen, faulen Kochsalat hatten wir heute mittag. Normaler Salat, Spinat und Koch-Salat, sonst gibt es nichts. Dazu noch faule Kartoffeln also eine herrliche Zusammenstellung!

Seit mehr als 2 Monaten hatte ich nicht mehr meine Periode, nun bin ich seit Sonntag endlich wieder so weit. Trotz der Unannehmlichkeit und Umstände bin ich doch sehr froh daß es mich nicht länger im Stich gelassen hat.

—

Wie du dir sicher denken kannst wird hier oft in Verzweiflung gesagt: »Wofür, oh wofür nützt nun dieser Krieg, warum können die Menschen nicht friedlich miteinander leben, warum muß alles verwüstet werden?«

Diese Frage ist verständlich, aber eine entscheidende Antworten hat bis jetzt noch niemand gefunden, ja warum bauen sie in England immer größere Flugzeuge, immer schwerere Bomben und dabei Einheitshäuser für den Wiederaufbau? Warum gibt es jeden Tag an Millionen Geld für den Krieg und keinen Cent für die Heilkunde, für die Künstler, für die armen Menschen? Warum müssen die Menschen Hunger leiden wenn in anderen Teilen der Welt die überflüssige Nahrung wegfault? Oh warum sind die Menschen so verrückt?

Ich glaube nie daß Krieg nur von den großen Männern, von den Regierenden und Kapitalisten kommt, oh nein, der kleine Mann macht es genauso gerne, sonst würden die Völker doch schon längst dagegen aufgestanden sein! Es ist nun einmal in den Menschen ein Drang zum Vernichten, ein Drang zum Totschlagen, zum ermorden und rasend sein und solange die ganze Menschheit ohne Ausnahme, keine große Metamorphose durchläuft wird der Krieg wüten, wird alles was aufgebaut, gezüchtet und gewachsen ist, wieder abgeschnitten und vernichtet werden, um danach aufs neue zu beginnen!

—

Ich bin oft niedergeschlagen gewesen, aber nie verzweifelt, ich betrachte dieses Verstecken, als ein gefährliches Abenteuer, das romantisch und interessant ist. Ich betrachte jede Entbehrung wie eine Unterhaltung in meinem Tagebuch. Ich habe mir nun mal vorgenommen daß ich ein anderes Leben führen werde als andere Mädchen und später ein anderes Leben als normale Hausfrauen. Dies ist der richtige Anfang des Interessanten und darum, darum nur muß ich in den gefährlichsten Augenblicken lachen über die drollige Situation.

Ich bin jung und besitze noch viele verschlossene Eigenschaften, ich bin jung und stark und erlebe das große Abenteuer, ich sitze noch mitten drin und kann nicht den ganzen Tag klagen, weil ich nichts als mich amüsieren kann!
Ich habe viel mitbekommen, eine glückliche Natur, viel Fröhlichkeit und Stärke. Jeden Tag fühle ich wie mein Inneres wächst, wie die Befreiung naht, wie schön die Natur ist, wie gut die Menschen in meiner Umgebung, wie interessant und amüsant dieses Abenteuer! Warum sollte ich dann verzweifelt sein?

deine Anne M. Frank.

Freitag 5. Mai 1944.

Beste Kitty,
Vater ist unzufrieden mit mir, er dachte daß ich nach unserem Gespräch vom Sonntag von selbst nicht mehr jeden Abend nach oben gehen würde. Er will die *»knutscherei«* nicht haben. Das Wort konnte ich nicht hören, es war schon unangenehm genug darüber zu sprechen, warum muß er mich nun auch noch so schlecht machen! Ich werde heute mit ihm sprechen, Margot hat mir guten Rat bekommen, schau mal was ich so ungefähr sagen will:
»Ich glaube Vater daß du eine Erklärung von mir erwartest, ich werde sie dir geben. Du bist enttäuscht von mir, du hattest mehr Zurückhaltung von mir erwartet, du willst sicher daß ich genauso bin wie eine 14-jährige zu sein gehört, darin irrst du dich!
Seit wir hier sind, seit Juli 1942 bis vor ein paar Wochen hatte ich es wirklich nicht einfach. Wenn du mal wüßtest was ich abends nicht alles ausgeweint habe, wie verzweifelt und unglücklich ich war, wie einsam ich mich fühlte, dann würdest du wohl verstehen können daß ich nach oben will! Ich habe es nicht von einem auf den anderen Tag fertig gebracht, daß ich so weit gekommen bin, daß ich ganz ohne Mutter und ohne Unterstützung von wem auch immer leben kann; es hat mich viel, viel Kampf und Tränen gekostet so selbständig zu werden, wie ich es jetzt bin. Du kannst lachen und mir nicht glauben, es macht mir nichts, ich weiß daß ich ein Mensch für mich bin und ich fühle mich euch gegenüber für keinen Cent verantwortlich. Ich habe dir dies nur erzählt, weil ich dachte daß du mich sonst heimlich fändest, aber für meine Taten habe ich nur Verantwortung mir selbst gegenüber abzulegen.
Als ich Schwierigkeiten hatte habt ihr und auch du die Augen zugemacht und die Ohren zugestopft, du hast mir nicht geholfen, im Gegenteil, nichts als Ermahnungen habe ich bekommen daß ich nicht so lärmend sein sollte. Ich war lärmend nur um nicht immer traurig zu sein, ich war übermütig um nicht immer die Stimme von innen zu hören. Ich habe Komödie gespielt, anderthalb Jahre lang, tagein, tagaus, ich habe nicht geklagt, bin nicht aus der Rolle gefallen, nichts von alledem und jetzt, jetzt habe ich fertig gekämpft. Ich habe gesiegt! Ich bin selbständig nach Leib und Geist, ich habe keine Mutter mehr nötig, ich bin durch all den Kampf stark geworden!
Und nun, nun [da] ich obenauf bin, nun [da] ich weiß daß ich fertig gekämpft habe, nun will ich auch selbst meinen Weg weitergehen, den Weg den ich richtig finde. Du kannst und darfst mich nicht wie 14 betrachten, ich bin durch alle Unannehmlichkeiten älter geworden; ich werde meine Handlungen nicht bedauern, ich werde handeln wie ich denke daß ich das tun kann!
Du kannst mich nicht sanft von oben weghalten, entweder du verbietest mir alles, oder du vertraust mir durch dick und durch dünn, laß mich dann auch in Ruhe!«

deine Anne M. Frank.

vor ± einer Woche stand in der Zeitung ein Artikel, in dem erzählt wurde von einem Mann der eine eingedrungene Katze festhielt und mit dem Schürhaken totschlug. Der Richter forderte für diesen Fall 1 Monat Gefängnisstrafe.

Aus diesem Anlaß dieses folgende Gedicht
Katzenstrophen.

Die Redaktion und ihr Diener
Bekommen aus Dorf und Stadt
Viel katzige Klagen
In Zusammenhang mit Nachbars Katze
Nachbars Katze läuft durch die Beete
Durch das Gesäte im Galopp
Trinkt die Milch aus ohne Milchmarke
Und ißt den Kanarienvogel auf
Fremde Katzen suchen einfach
Bei den Nachbarn Unterschlupf
Stehlen Fleisch und sie zerzausen
Garten, Salate und Katzenklo
Also der Nachbar von diesem Nachbarn
Wird – das ist ziemlich logisch – böse,
Vor allem, wenn die Katze ihn ruhig
Aus der Ferne schimpfen läßt
Wenn der Nachbar dann zu weit geht
Indem er die Nachbarskatze erschlägt:
Gibt es sofort zwei Lager:
Pro und Contra Katze entstehen.
Beide schreiben an die Zeitung,
Jeder mit seiner eigenen Frage:
Warum darf meine Katze nicht streunen?
Warum diese Katzenplage?
……………………
Jede Sache hat immer zwei Seiten,
Was sich auch hier wieder deutlich erweist;
Und nur <u>der</u> ist weise zu nennen,
Der sie alle beide betrachtet.
So daß auch die Katze des Nachbarn
Ihre zwei Katzenseiten hat
(Oh, wie tut mir leid, daß
Salomon selig nun nicht mehr lebt!)
Nicht, weil er auch eine Katze hatte,
Sondern allein wegen der Tatsache,
Daß dieser Mann so einen großen Durchblick hatte
Auf Recht und Gerechtigkeit.
Ganz vielleicht (ich sage: ganz vielleicht)
Hätte der weise Mann gesagt:
Werte Pro- und Anti-Katzer,
Lernt doch mehr Verträglichkeit!
Anti-Katzer: seid etwas wachsam
Haltet zur Not eine Spritze bereit
Und damit die Katzen fern,

Aber werdet nie unnötig grausam
Ihr, Pro-Katzer: haltet Eure Katze zu Hause,
Innerhalb Zaun und innerhalb Wand
Denn eine Katze ist ja ein Haus-Tier,
Aber nicht für Euren Nachbarn. ..... Clinge Doorenbos.

Samstag 6. Mai 1944.

Liebe Kitty,
Gestern vor dem Essen habe ich meinen Brief in seine Tasche gesteckt, nach dem Lesen war er den ganzen Abend laut Margot durcheinander. (Ich war oben am Spülen!) Armer Pim, ich konnte wohl wissen welche Wirkung diese Epistel hervorbringen würde! Er ist so empfindsam!
Sofort habe ich zu Peter gesagt daß er nichts mehr fragen oder sagen sollte.
Pim hat zu mir nichts mehr über diesen Fall gesagt, würde es noch kommen?
Hier geht alles wieder so ein bißchen. Kleiman ging es gestern nicht so gut, ist darum früh nach Hause, Miep ist böse auf uns; sie wählt in allem Pf. Partei und ist gegen uns nicht sehr nett. Bep ist heute zum Friseur, neue Dauerwelle! Was Jan, Kugler und Kleiman von den Preisen und Menschen draußen erzählen ist fast nicht zu glauben, ein ½ Pfund Tee kostet f350.– Ein ½ Pfund Kaffee f80.– Butter f35.– das Pfund, ein Ei f1.45. Für bulgarische Zigaretten werden f14.– pro 100 Gramm bezahlt! Jeder handelt schwarz, jeder Laufjunge bietet etwas an. Unser Bäckerjunge hat uns Stopfseide besorgt, f0.90 ein dünnes Strängchen, der Milchmann kommt an illegale Lebensmittelkarten, ein Begräbnis-Unternehmen besorgt Käse. Eingebrochen, ermordet und gestohlen wird jeden Tag, Polizisten und Nachtwächter machen genauso stark mit wie Berufsdiebe, jeder will was in seinem Magen haben und da Gehaltserhöhung verboten ist müssen die Leute wohl schwindeln.
Die Jugendpolizei ist ständig beschäftigt mit Aufspürungsarbeit, Mädchen von 15, 16, 17, 18 und älter sind jeden Tag vermißt.
Nellie Voskuyl – ist in L'aône in Frankreich. Sie hat unter entsetzlichen Bombardierungen zu leiden und will um alles wieder nach Hause. Einen von ihren vielen Freunden, einen Flieger aus Eindhoven, hat sie nachts aus dem Bett geklingelt und angefleht ihr zu helfen. Ein guter Anlaß für die Beurlaubung war für sie die Krankheit ihres Vaters, aber nur wenn der alte Mann gestorben ist, darf seine Tochter nach Hause fahren.
Nelli hat tiefe Reue über ihr Benehmen von früher und bittet in ihren Briefen um Verzeihung. Ist es ein Wunder daß [die] Voskuyls längst wieder besänftigt sind? Doch sicher nicht!
Ich will versuchen, die Geschichte von der Fee, Ellen, fertig zu machen. Zum Spaß kann ich das Vater zum Geburtstag schenken, mit allen Urheberrechten dazu. Auf Wiedersehen (ist eigentlich falsch, bei der deutschen Sendung aus England sagen sie: *auf Wiederhören,* ich muß dann schreiben, auf Wiederschreiben!)

deine Anne M. Frank.

Sonntagmorgen 7. Mai 1944.

Liebe Kitty,
Vater und ich haben gestern-nachmittag ein langes Gespräch gehabt, ich mußte schrecklich weinen und er tat mit. Weißt du was er zu mir sagte, Kitty? »Ich habe schon viele Briefe in meinem Leben bekommen, aber dieser ist der häßlichste! Du, Anne, die [du] soviel Liebe von deinen Eltern empfangen hast, die Eltern hast, die immer für dich bereit stehen, die dich immer verteidigt haben, was auch war, du sprichst von keine Verantwortung fühlen! Du fühlst dich zurückgesetzt und allein-gelassen, Nein Anne, das war ein großes Unrecht was du uns angetan hast!

Vielleicht hast du es nicht so gemeint, aber es war so niedergeschrieben, nein Anne, solch einen Vorwurf haben »wir« nicht verdient!«
Oh ich habe schrecklich gefehlt, dies ist wohl die schlimmste Tat die ich in meinem Leben getan habe. Ich wollte nichts als angeben mit meinem Weinen und meinen Tränen, nichts als mich aufspielen, um ihn Respekt vor mir haben zu lassen. Sicher, ich habe viel Kummer gehabt und was Mutter angeht ist alles wahr, aber den guten Pim so zu beschuldigen, ihn der alles für mich getan hat und noch alles für mich tut, nein das war mehr als gemein.
Es ist ganz gut daß ich mal aus meiner unerreichbaren Höhe heruntergeholt worden bin, daß mein Stolz mal ein bißchen angeknackst worden ist, denn ich war wieder viel zu eingenommen von mir selbst. Was Fräulein Anne tut ist noch lange nicht immer richtig! Jemand der einem anderen, den er behauptet zu lieben, so einen Kummer zufügt und das auch noch vorsätzlich, ist niedrig, sehr niedrig!
Und am meisten schäme ich mich noch über die Art in der Vater mir vergeben hat, er wird den Brief in den Ofen werfen und ist nun so lieb zu mir als ob er etwas falsch getan hat. Nein Anne, du mußt doch noch schrecklich viel lernen, fange da erst mal wieder mit an, statt so auf andere hinunterzuschauen und andere zu beschuldigen!
Ich habe viel Kummer gehabt, aber hat das nicht jeder in meinem Alter? Ich habe viel Komödie gespielt, aber ich war mir dessen noch nicht mal bewußt, ich fühlte mich einsam, aber war fast nie verzweifelt! So wie Vater, der mit einem Messer auf die Straße gelaufen ist um ein Ende zu machen, so weit bin ich nie gewesen.
Ich muß mich tief schämen und ich schäme mich tief; geschehen ist geschehen, aber man kann schon weiteres verhindern. Ich will wieder von vorn anfangen und es kann nicht schwer sein, da ich Peter jetzt habe. Mit ihm als Unterstützung kann ich es! Ich bin nicht mehr allein, er liebt mich, ich liebe ihn, ich habe meine Bücher, mein Schreibbuch und mein Tagebuch, ich bin nicht so arg häßlich, nicht so sehr arg dumm, habe eine fröhliche Natur und will einen guten Charakter bekommen!
Ja Anne, du hast sehr gut gefühlt daß dein Brief zu hart und unwahr war, aber du warst noch stolz darauf! Nehme ich mir wieder Vater als Beispiel, und ich werde mich bessern.

deine Anne M. Frank.

Montag 8. Mai 1944.

Liebe Kitty,
Habe ich dir eigentlich schon mal was von unserer Familie erzählt? Ich glaube nicht und darum werde ich sofort damit beginnen. Vater wurde in Frankfurt am Main geboren, von steinreichen Eltern, Michael Frank hatte eine Bank, und war dadurch Millionär geworden und Alice Stern war von sehr vornehmen und reichen Eltern. Michael Frank war in seiner Jugend überhaupt nicht reich, aber hatte sich ordentlich hochgearbeitet. Vater hatte in seiner Jugend ein richtiges Reiches-Söhnchen Leben, jede Woche Partys, Bälle, Feste, schöne Mädchen, Walzer tanzen, Diners, viele Zimmer usw. usw. All das Geld ging nach Opas Tod verloren und nach dem Weltkrieg und Inflation war nichts mehr davon übrig. Bis vor dem Krieg war jedoch noch genug reiche Verwandtschaft übrig, wie Olga Spitzer in Paris und Milly Stanfield in London. Auch Jacob und Hermann in Luxembourg hatten über Geldmangel nicht zu klagen! Vater ist folglich primaprima erzogen und mußte gestern schrecklich lachen, weil es das erstemal in seinem 55-jährigen Leben war, daß er bei Tisch die Bratpfanne auskratzte.
Mutter war nicht so reich, aber doch auch ganz ordentlich und daher können wir mit offenem Mund den Geschichten von Verlobungen mit 250 Menschen, privaten Bällen und Diners lauschen.

Reich kann man uns auf keinen Fall mehr nennen, aber all meine Hoffnung ist auf nach dem Krieg gerichtet, ich versichere dir daß ich ganz und gar nicht auf so ein beschränktes Leben aus bin, wie Mutter und Margot sagen, es zu tun. Ich würde gern ein Jahr nach Paris und ein Jahr nach London um die Sprache zu lernen und Kunstgeschichte zu studieren, vergleich das mal mit Margot die Säuglingsschwester in Palästina werden will.
Ich male mir noch immer schöne Kleider und interessante Menschen aus, ich will was sehen und erleben in der Welt, das habe ich dir schon öfter erzählt, und ein bißchen Geld kann dabei nicht schaden!

———

Miep erzählte heute morgen von der Verlobung ihrer Nichte wo sie am Samstag hinging. Die betreffende Nichte ist 27 Jahre alt und ihr Bräutigam 23. Die Nichte ist ein stattliches, hübsches Mädchen von reichen Eltern, der Bräutigam ein kleiner, schlapper Junge von noch reicheren Eltern. Alle beide sind sie einziges Kind, also auf beiderseitiges Erbe können sie wohl rechnen. Miep machte uns den Mund wäßrig mit dem Essen das sie bekamen: Gemüsesuppe mit Hackfleischklößchen, Käse, Brötchen mit Hackfleisch, Hors d'oevres, mit Eiern und Roastbeaf, Brötchen mit Käse, Moskauer Gebäck, Wein und Zigaretten, von allem soviel man nur wollte.
Miep hat 10 Gläser Schnaps getrunken und 3 Zigaretten geraucht; ist das die anti-alkoholische Frau? Wenn Miep schon soviel getrunken hat, wieviel wird sich ihr Gatte dann hinter die Binde gegossen haben? Sie waren auf dem Fest natürlich alle etwas angeheitert; es waren auch zwei Polizisten von der Mordkommission der Polizei da, die Fotos von dem Paar gemacht haben; du siehst daß Miep die Versteckten keine Minute aus den Gedanken verlieren kann, denn sie hat sich sofort Namen und Adresse von denen gemerkt, für den Fall daß etwas passiert und man gute Niederländer nötig hat.
Sie hat uns den Mund so wäßrig gemacht, wir die wir zu unserem Frühstück nichts anderes bekommen haben als zwei Löffel Brei und denen die Mägen knurren vor Hunger, wir die tagein, tagaus nichts anderes als halb rohen Spinat essen (wegen der Vitamine!) und faule Kartoffeln bekommen, wir die in unseren leeren Magen nichts als Salat, Kochsalat, Spinat, Spinat und noch mal Spinat stopfen. Vielleicht werden wir noch mal so stark wie Popey, obwohl ich davon noch nicht viel sehe!
Wenn Miep uns zu der Verlobung mitgenommen hätte, dann wäre von den Brötchen nichts mehr für die anderen Gäste übriggeblieben. Wenn wir auf jenem Fest gewesen wären, hätten wir sicher das ganze Zeug geplündert und sogar die Möbel nicht auf ihrem Platz gelassen!
Ich kann dir sagen, daß wir Miep die Worte aus dem Mund zogen, daß wir um sie herumstanden als ob wir noch nie in unserem Leben von gutem Essen und eleganten Menschen gehört hätten! Und das sind die Enkelinnen von dem bekannten Millionär, es geht schon verrückt zu in der Welt!

deine Anne M. Frank.

Dienstag 9. Mai 1944.

Liebe Kitty,
Die Geschichte von Ellen, der Fee ist fertig. Ich habe sie auf schönes Briefpapier abgeschrieben, mit roter Tinte verziert und aneinandergenäht. Das ganze sieht wohl hübsch aus aber ob es nicht etwas wenig ist weiß ich nicht. Margot und Mutter haben jede ein Geburtstagsgedicht gemacht.
Beim Bäcker Siemons können wir fast 50 Vorkriegs-Petitfours bekommen.
Herr Kugler kam heute mittag mit der Nachricht herauf daß Frau Broks ab Montag jeden mittag hier 2 Stunden Kaffee trinken will. Stell dir vor! Niemand kann mehr heraufkommen, Kartof-

feln können nicht gebracht werden, Bep bekommt kein Essen, wir können nicht aufs W. C., wir dürfen uns nicht rühren und die übrigen Unannehmlichkeiten! Wir kamen mit den ausgefallensten Vorschlägen an, um sie abzuwimmeln, Mutter sagte kurz zu Herrn Kugler wie er es tun sollte, v. P. fand daß ein gutes Abführmittel in ihren Kaffee vielleicht ausreichen würde. »Nein«, antwortete Kleiman »bitte nicht, dann kommt sie überhaupt nicht mehr runter von der Schachtel!«
Schallendes Gelächter »von der Schachtel?« fragte Frau [van Pels], »was bedeutet das?« Eine Erklärung folgte »kann ich das immer benutzen?« fragte sie danach ziemlich albern. »Stellt euch vor«, kicherte Bep »daß man im Bijenkorf nach der Schachtel fragt, sie würden einen nicht mal begreifen!«

Pf. sitzt nun prompt um halb 1 »auf der Schachtel«, um den Ausdruck mal beizubehalten, heute mittag nahm ich beherzt ein Stück rosa Papier und schrieb auf: W. C. Dienstplan für den Herrn Pfeffer.
morgens 7.15–7.30
mittags nach 1 Uhr
sonst nach Wunsch!
dies befestigte ich auf der grünen W. C.-Tür als er noch darauf saß, ich hätte gut noch dazuschreiben können: Bei Übertretung dieses Gesetzes, wird Einsperrung verhängt!
Denn unser W. C. kann man von innen und von außen abschließen.

Neuester Witz von v. P.:
Anläßlich der Bibelstunde und Adam & Eva, fragte ein 13-jähriger Junge seinen Vater: »Sag mal Vater, wie bin ich eigentlich geboren?«
»Ja«, antwortete der Vater »der Storch holte dich aus dem großen Wasser, legte dich zu Mutter ins Bett und pickte sie fest in ihr Bein. Dadurch blutete sie und mußte mehr als eine Woche im Bett bleiben.«
Um es noch etwas genauer zu erfahren, fragte der Junge es auch noch mal seine Mutter: »Sag Mutter«, fragte er »wie bist du eigentlich geboren und wie bin ich geboren?«
Seine Mutter erzählte ihm genau dieselbe Geschichte, wonach der junge um auch das Beste vom Besten zu erfahren, auch noch zu seinem Großvater ging. »Sag Großvater«, sagte er »wie bist du geboren und wie ist deine Tochter geboren?« Und zum drittenmal hörte er dieselbe Geschichte. Abends schrieb er in sein Tagebuch: »Nach sehr gründlichem Sammeln von Informationen muß ich feststellen, daß in unserer Familie während dreier Generationen kein Verhältnis stattgefunden hat!
Ich muß noch arbeiten, es ist schon 3 Uhr.

deine Anne M. Frank.

P.S. Da ich dir schon von der neuen Putzfrau berichtet habe, will ich noch kurz hinzufügen, daß diese Dame verheiratet, 60 Jahre alt und schwerhörig ist! Sehr sympathisch wegen der eventuellen Geräusche die von 8 Versteckten durchklingen könnten.

Oh Kit, es ist so schönes Wetter, könnte ich nur nach draußen!
deine Anne.

Mittwoch 10. Mai 1944.

Liebe Kitty,
Wir saßen gestern nachmittag auf dem Dachboden und lernten Französisch, als ich plötzlich hinter mir das Geplätscher von Wasser hörte, ich fragte Peter was das zu bedeuten hatte, aber dieser antwortete nicht mal, rannte zum Trockenboden wo der Ort des Unheils war und stieß Mouschi, die wegen eines zu nassen Katzenklos daneben Platz genommen hatte mit einer groben Bewegung auf den richtigen Fleck. Ein lautes Spektakel folgte und die inzwischen fertiggepinkelte Mouschi rannte nach unten.
Mouschi hatte sich, um noch ein bißchen katzenklo-artige Bequemlichkeit zu empfinden über einen Spalt in dem porösen Oberbodengrund auf ein bißchen Holzwolle gesetzt, die Pfütze lief sofort von dem Oberboden durch die Decke zum Dachboden und unglücklicherweise genau in und neben unsere Kartoffeltonne.
Die Decke triefte, und da der Dachboden seinerseits auch nicht frei von Löchern ist, fielen einige, gelbe Tropfen durch die Decke des Zimmers, zwischen einen Stapel Strümpfe und ein Buch die auf dem Tisch lagen.
Ich bog mich vor Lachen, der Anblick war auch zu komisch, die zusammengeduckte Mouschi unter einem Stuhl, Peter mit Wasser, Chlorpulver und Lappen und v. P. am Beschwichtigen. Das Unheil war schon bald behoben, aber es ist eine bekannte Tatsache daß Katzenpipis schrecklich stinken, das bewiesen die Kartoffeln gestern nur allzu deutlich und außerdem auch der Holzabfall den Vater in einem Eimer herunterbekam um ihn zu verbrennen. Arme Mouschi! Kannst du wissen daß kein Torfmull zu bekommen ist?

Anne.

Donnerstag 11. Mai 1944.

Liebe Kitty,
Eine neue Aufführung zum Lachen:
Peters Haare mußten geschnitten werden, die Haarschneiderin, sollte, wie gewöhnlich seine Mutter sein. 5 Minuten vor halb 8 verschwand Peter in seinem Zimmer, Punkt halb kam er wieder heraus, pudelnackt bis auf eine blaue Badehose und Turnschuhe.
»Kommst du mit?« fragte er seine Mutter.
»Ja, aber ich suche die Schere!«
Peter half suchen und wühlte dabei ungebührend in Frau [van Pels'] Toilettenschublade. »Mach nicht so einen Durcheinander, Peter«, murrte sie, Peters Antwort konnte ich nicht verstehen, sie muß auf jeden Fall frech gewesen sein, denn Frau [van Pels] gab ihm einen Klaps auf den Arm, er gab ihr einen zurück, sie schlug mit aller Macht und Peter zog mit einem komischen Gesicht seinen Arm zurück. »Komm mit Alte!« Frau [van Pels] blieb stehen, Peter packte ihre beiden Handgelenke und zog sie so durch das ganze Zimmer, Frau [van Pels] weinte, lachte, schimpfte und strampelte, es half alles nichts, Peter führte seine Gefangene bis zur Dachbodentreppe, wo er sie wohl loslassen mußte. Frau [van Pels] kehrte in das Zimmer zurück und fiel laut seufzend auf einen Stuhl
»*Die Entführung der Mutter*«, witzelte ich.
»Ja, aber er hat mir weh getan.«
Ich ging nachschauen und kühlte ihre heißen, roten Handgelenke mit etwas Wasser. Peter, noch an der Treppe, wurde wiederum ungeduldig, mit seinem Gürtel in der Hand schritt er wie ein Tierbändiger ins Zimmer. Aber Frau [van Pels] ging nicht mit, sie blieb vor dem Schreibtisch sitzen und suchte nach einem Taschentuch. »Du mußt erst um Entschuldigung bitten!« »Na gut dann,

ich bitte dich hiermit um Entschuldigung, weil es sonst so spät wird!« Frau [van Pels] mußte gegen ihren Willen lachen, stand auf und ging zur Tür. Hier fühlte sie sich genötigt erst uns noch eine Erklärung zu geben. (uns waren Vater, Mutter und mir, wir waren gerade am Abwaschen) »Zuhause war er nicht so«, sagte sie »ich hätte ihm einen Schlag gegeben daß er die Treppe runterflog (!), er ist nie so frech gewesen, er hat auch mehr Schläge bekommen, das ist nun die moderne Erziehung, moderne Kinder, ich würde meine Mutter nicht so anpacken, sind Sie so mit Ihrer Mutter umgegangen, Herr Frank?« Sie war so aufgeregt, lief hin und her, fragte und sagte alles mögliche und war bei dem allen immer noch nicht oben. Endlich, endlich trollte sie sich dann.
Nicht länger als 5 Minuten war sie oben und sie stürmte mit aufgeblasenen Wangen die Treppe wieder herab, warf ihre Schürze hin, antwortete auf meine Frage ob sie fertig wäre, daß sie kurz nach unten ginge und flog wie ein Wirbelwind schon die Treppe hinunter, wahrscheinlich in die Arme von ihrem Putti.
Sie kam nicht mehr herauf vor 8 Uhr, ihr Mann kam mit, Peter wurde vom Dachboden geholt, bekam eine gehörige Standpauke, ein paar Schimpfworte, Flegel, Bengel, ungezogen, schlechtes Vorbild, Anne ist, Margot macht, mehr konnte ich nicht auffangen.
Vermutlich ist heute wieder alles in Butter!

deine Anne M. Frank.

P.S. Dienstag- und Mittwochabend sprach unser aller geliebte Königin, sie macht Urlaub um gestärkt in die Niederlande zurückkehren zu können. Sie sprach von, bald wenn ich zurück bin, baldiger Befreiung, Heldenmut und schweren Lasten.
Eine Rede von Gerbrandi folgte, dieser Mann hat so ein nörgelndes Kinderstimmchen, daß Mutter unwillkürlich »och« sagte. Ein Pastor, der seine Stimme von Herrn Edel geklaut hat, beschloß den Abend mit einer Bitte an Gott, daß er für die Juden, die Menschen in Konzentrationslagern, Gefängnissen und Deutschland sorgen solle.

deine Anne

Donnerstag 11. Mai 1944.

Liebe Kitty,
Da ich meine ganze »Kramschachtel« und also auch Füller oben vergessen habe und ich sie in ihrem Schlafstündchen (halb 3) nicht stören kann, mußt du jetzt mit einem Bleistift Vorlieb nehmen.
Ich habe schrecklich viel zu tun im Augenblick und wie verrückt es auch klingt, ich habe zu wenig Zeit um durch meinen Berg Arbeit durchzukommen. Soll ich dir mal in Kürze erzählen was ich alles so tun muß? Nun dann bis morgen muß ich das erste Buch der Lebensgeschichte von Galileo Galilei auslesen, da es zur Bibliothek zurück muß. Gestern habe ich damit angefangen, jetzt bin ich auf Seite 220 und 320 hat es, also kriege ich es schon aus. Nächste Woche muß ich Palestina op de tweesprong und den 2. Teil von Galilei lesen. Ferner habe ich gestern den ersten Teil der Lebensbiographie von Kaiser Karl V ausgelesen und muß dringend die vielen Anmerkungen und Stammbäume die ich herausgeholt habe, ausarbeiten. Anschließend habe ich 3 S. mit Fremdwörtern die alle aufgesagt, eingeschrieben und gelernt werden müssen, aus den verschiedenen Büchern geholt.
Nr. 4 ist daß all meine Filmstars in schrecklicher Unordnung durcheinander liegen und nach einem Aufräumen schreien, da jedoch so ein Aufräumen mehrere Tage in Anspruch nehmen würde und Professor Anne im Augenblick wie schon gesagt in der Arbeit erstickt, wird das Chaos doch nur als Chaos gelassen. Dann warten Theseus, Ödipus, Peleus, Orpheus, Jason und Herkules auf ein gründliches Ordnungsmachen, da verschiedene ihrer Taten wie bunte Fäden in einem Kleid, in meinem Kopf durcheinander liegen, auch Myron und Phidias müssen dringend

einer Behandlung unterzogen werden, wollen sie nicht ganz aus ihrem Zusammenhang geraten. Ebenso geht es z. B. mit dem Sieben- und dem Neunjährigen Krieg, ich bekomme auf diese Art alles durcheinander. Ja, was soll man auch mit so einem Gedächtnis anfangen! Stell dir mal vor, wie vergeßlich ich sein werde wenn ich 80 bin!
Oh, noch was, die Bibel, wie lange wird es noch dauern und ich treffe die Geschichte von der badenden Susanne? Und was meinen sie mit der Schuld von Sodom und Gomorrha? Oh es gibt noch so schrecklich viel zu fragen und zu lernen. Und Liselotte von der Pfaltz, die habe ich inzwischen ganz im Stich gelassen.
Kitty, siehst du wohl daß ich überlaufe?
Doch darf ich die neuesten Mitteilungen nicht vergessen, Nellie Voskuyl ist zurück von L'aône, mit Helm und Gasmaske kam sie hier an. Die letzten Wochen haben sie dort nichts anderes getan als im Luftschutzkeller gesessen, Nellie hatte schreckliche Angst. Auch sehnte sie sich nach Hause und nach ihrem Vater, jeden Abend ist sie zum Kommandanten des Flughafens hingegangen und hat gefragt ob sie keinen Urlaub bekommen könnte, den Kommandanten fing das an zu langweilen, deshalb fragte er ob sie nicht vor statt nach dem Essen kommen könnte. »Ich denke nicht daran«, antwortete Nellie »ich werde mir doch nicht auch noch meinen Appetit verderben lassen!« Außerdem erzählte sie dem Herrn Kommandanten, daß sie es den Deutschen nie verzeihen würde, daß ihr Vater gestorben war ohne daß sie sich noch von ihm verabschieden konnte. Nur weil sie die einzige gute Arbeitskraft des Flughafens war, wollte der Kommandant sie noch nicht gehen lassen, aber schließlich wurde er denn doch von ihrem Flehen erweicht.
Am Radio haben sie schon mehr als einmal gesagt, daß solche Leute, Mädchen sowohl als Jungen, Frauen sowohl als Männer, nach dem Krieg bestraft werden für ihren Landesverrat. In der Untergrundbewegung hier in den Niederlanden wird von Konzentrations-Lagern in Niederländisch-Guinea gesprochen. Für Nellie würde es die beste Lösung sein wenn sie so einen Deutschen heiraten würde, dann würde sie einfach als Deutsche-Staatsbürgerin behandelt werden.
Hier glauben sie entschieden daß Nellie nicht hundert Prozent normal ist. Nimm z. B. den Fall mit dem Foto von der Königin das sie in ihrer Tasche mit nach L'aône genommen hatte und worüber sie mit einem Kollegen Streit bekommen hatte. Neben der Königin lag sicher ein Foto vom Führer!
Nun über etwas anders: Du weißt längst daß mein liebster Wunsch ist daß ich einmal Journalistin und später eine berühmte Schriftstellerin werden werde. Ob ich diese Größen-(Wahnsinn!) Neigungen je zur Ausführung bringen werden kann das wird sich noch herausstellen müssen, aber Themen habe ich bis jetzt schon noch. Nach dem Krieg will ich auf jeden Fall ein Buch betitelt »das Hinterhaus« herausgeben, ob das gelingt bleibt auch noch die Frage, aber mein Tagebuch wird dafür dienen können.
Cadys Leben muß auch fertig werden, ich habe mir die Fortsetzung der Geschichte so gedacht, daß Cady nach ihrer Genesung im Sanatorium wieder nach Hause geht und mit Hans in Briefwechsel bleibt. Das ist 1941, schon bald kommt sie dann zu der Entdeckung daß Hans zur Seite der N. S. B.ler neigt und da Cady mit dem Los der Juden und mit ihrer Freundin Marianne großes Mitleid hat, entsteht eine Entfremdung zwischen ihnen. Es kommt zu einem Bruch nach einem Treffen, wobei sie alles erst wiedergutgemacht hatten, aber wonach Hans ein anderes Mädchen bekommen hatte. Cady ist tief gebrochen und will um doch auch eine richtige Arbeit zu haben, Krankenschwester werden. Nachdem sie das gelernt hat, geht sie auf Drängen von Freunden ihres Vaters in die Schweiz um dort in einem Lungensanatorium eine Stelle als Krankenschwester anzunehmen. In ihren ersten Ferien dort geht sie zum Como-See wo sie zufälligerweise Hans trifft. Dieser erzählt ihr daß er vor zwei Jahren geheiratet hat, die Nachfolgerin von Cady, aber daß seine Frau in einem Anfall von Schwermut sich das Leben genommen hat.

An ihrer Seite hatte er erst gemerkt wie sehr er die kleine Cady geliebt hatte und nun hielt er aufs neue um ihre Hand an. Cady lehnte ab, obwohl sie noch immer, gegen ihren Willen ihn ebenso liebte, ihr Stolz hielt sie zurück. Hans zog daraufhin weg und Jahre später hörte Cady daß er in England gelandet war, wo er mehr krank als gesund war.
Cady selbst heiratete mit 27 Jahren einen wohlhabenden Landbewohner, Simon, sie fing an ihn sehr zu lieben, aber doch nie so sehr wie Hans. Sie bekam zwei Töchter und einen Sohn, Lilian, Judith und Nico. Simon und sie waren glücklich miteinander, aber immer blieb Hans im Hintergrund von Cadys Denken, bis sie eines Nachts von ihm träumte und Abschied von ihm nahm.
Es ist kein sentimentaler Unsinn denn der Roman von Vaters Leben ist darin verarbeitet.

deine Anne M. Frank.

Samstag 13. Mai 1944.

Liebste Kitty,
Gestern hatte Vater Geburtstag, Vater und Mutter waren 19 Jahre verheiratet, es war kein Putzfrau-Tag und die Sonne schien wie sie 1944 noch nie geschienen hatte. Unser Kastanienbaum stand von unten bis oben in voller Blüte, er ist vollgepfropft mit Blättern und viel schöner als im vergangenen Jahr.
Vater hat von Kleiman eine Biographie über das Leben von Linnaeus bekommen, von Kugler auch ein Naturbuch, von Pf »Amsterdam te water«, von v. P. eine riesige Schachtel, zurechtgemacht wie vom besten Dekorateur, mit 3 Eiern, 1 Flasche Bier, 1 Yoghurt und einer grünen Krawatte darin. Unser Glas Sirup stach schon etwa ab. Meine Rosen riechen herrlich im Gegensatz zu Miep und Beps roten Nelken. Er ist schon verwöhnt worden.
Von Siemons sind 50 Törtchen gekommen, herrlich! Vater spendierte ferner noch Kräuterkuchen, für die Herren Bier und für die Damen Yoghurt. Alles traf den Geschmack!

deine Anne M. Frank.

Dienstag 16. Mai 1944.

Liebste Kitty,
Zur Abwechslung (weil wir es so lange nicht gehabt haben) will ich dir eine kleine Diskussion weitererzählen, die Herr [van Pels] und Frau [van Pels] gestern abend hatten.
Frau [van Pels]: »Die Deutschen werden den Atlantik-Wall inzwischen wohl sehr stark gemacht haben, sie werden sicher alles tun was in ihrer Macht steht um die Engländer zurückzuhalten. Es ist doch enorm wieviel Kraft die Deutschen haben!«
Herr [van Pels]: »Oh ja schrecklich!«
Frau [van Pels]: »Ja-ah!
Herr [van Pels]: »Bestimmt die Deutschen werden am Ende den Krieg noch gewinnen so stark sind sie«.
Frau [van Pels]: »Das kann gut sein, ich bin vom Gegenteil noch nicht überzeugt«.
Herr [van Pels]: »Ich kann besser keine Antwort mehr geben«.
Frau [van Pels]: »Du antwortest mir doch immer wieder, du läßt dich doch immer wieder hinreißen.«
Herr [van Pels]: »Aber nein, meine Antworten sind sehr minimal«.
Frau [van Pels]: »Aber du antwortest doch und du mußt auch immer recht haben! Deine Voraussagen stimmen längst nicht immer!«
Herr [van Pels]: »Bis jetzt haben meine Voraussagungen immer gestimmt.«
Frau [van Pels]: »Das ist nicht wahr. Die Invasion war schon im vorigen Jahr, die Finnen hatten

schon Frieden, Italien war im Winter schon vorbei, die Russen hatten Lemberg schon, oh nein, auf deine Voraussagungen gebe ich nicht viel.«
Herr [van Pels]: (aufstehend) und jetzt halte endlich mal dein großes Maul, ich werde dir noch beweisen daß ich recht habe, einmal wirst du genug bekommen, ich kann das Gezeter nicht mehr hören, mit deiner Nase werde ich dich in all deine Hänseleien stoßen!«
Ende des ersten Aufzugs.

———

Ich mußte eigentlich schrecklich lachen, Mutter auch und Peter verbiß es sich ebenfalls, oh die dummen Erwachsenen, sollen sie lieber selbst anfangen zu lernen, bevor sie soviel an den Kindern auszusetzen haben!

———

Seit Freitag sind nachts wieder die Fenster offen.

deine Anne M. Frank.

Wofür sich die Hinterhaus-Familie interessiert.
(Systematische Übersicht der Lern-Lesefächer).
Herr v. P.: lernt nichts. Schlägt viel nach im Knaur. Liest gern, Detektiv-Romane, Medizin-Bücher, spannende und unbedeutende Liebesgeschichten.
Frau v. P.: lernt Englisch in schriftlichen Kursen, liest gern, Roman-Biographien & einige Romane.
Herr Fr.: lernt Englisch (Dickens!) ferner etwas Latein, liest niemals Romane, aber gern ernsthafte und trockene Beschreibungen von Personen und Ländern.
Frau Fr.: Lernt Englisch in schriftlichen Kursen, liest alles, außer Detektivgeschichten.
Herr Pf.: Lernt Englisch, Spanisch und Niederländisch, ohne merkliches Resultat. Liest alles, urteilt mit der Mehrheit.
Peter v. P.: Lernt Englisch, Französisch (schriftlich), niederländisch Steno, englisch Steno, deutsch Steno, englische Handels Korrespondenz, Holzbearbeitung, Staatswirtschaftslehre und ab und zu Rechnen. Liest wenig. Manchmal Erd.
Margot Fr.: Lernt Englisch, Französisch, Latein nach schriftlichen Kursen, englisch Steno, deutsch Steno, niederländisch Steno, Mechanik, Goniometrie, Steriometrie, Physik, Chemie, Algebra, Geometrie, englische Literatur, französische Literatur, deutsche Literatur, niederländische Literatur, Buchhaltung, Erdkunde, neue Geschichte, Biologie Ökonomie, liest alles, am liebsten über Religion und Heilkunde
Anne Fr.: lernt Französisch, Englisch, Deutsch, niederländisch Steno, Geometrie, Algebra, Geschichte, Erdkunde, Kunstgeschichte, Mythologie, Biologie, biblische Geschichte, niederländische Literatur, liest sehr gern Biographien, trocken oder spannend, geschichtliche Bücher, (Romane & Unterhaltungsliteratur manchmal).

Freitag 19. Mai 1944.

Liebe Kitty,
Gestern war mir sehr elend, übergeben, (und das bei Anne!) Kopfweh, Bauchweh, was du dir nur vorstellen kannst, heute geht es wieder besser, ich habe großen Hunger aber von den braunen Bohnen die wir heute bekommen werde ich mich aber fernhalten.
Bep war Mittwochabend auf einem Hochzeitsfest, die Braut war zwar eine Witwe mit einem 2½ jährigen Kind, aber darum war das Vergnügen nicht geringer, sie hat viel getrunken und einen kleinen Kater, sonst ist alles nach Wunsch verlaufen.
Die Gefahr Ans Broks ist bis nächsten Montag verschoben, vielleicht ist sie auch noch ganz ab-

zuwenden. Miep hat zwei weiße Blusen mitgebracht, diejenigen die ein Jahr lang bei der Näherin waren, die neue ist sehr schön geworden, mit Spitzen an Vorderseite, Ärmeln und Kragen. Bei Voskuyls ist es wieder das alte Elend, Nellie ist aushäusig, sicher das anziehende Eindhoven, [...]. Nellie hat sehr frech an den L'aône-Kommandanten geschrieben, daß sie nicht zurückkommt bevor sie neue Schuhe kriegt, da sie auf diesen Lumpen nicht gehen kann. Mit Peter und mir geht es prima, der arme Junge hat noch mehr Bedürfnis nach etwas Zärtlichkeit als ich, er wird noch immer jeden Abend rot bei seinem Gutenachtkuß und bettelt einfach um noch einen. Würde ich der bessere Ersatz für Moffi sein? Ich finde es nicht schlimm, er ist schon so glücklich nun er weiß daß jemand ihn gern hat. Ich stehe nach meiner mühsamen Eroberung ein bißchen über der Situation, aber du darfst nicht denken daß meine Liebe abgeflaut ist, er ist ein Schatz, aber mein Inneres habe ich schnell wieder zugeschlossen, wenn er jetzt noch mal das Schloß aufbrechen will, muß das Brecheisen schon stärker sein!

deine Anne M. Frank.

Samstag 20. Mai 1944.

Liebe Kitty,

Endlich nach sehr vielen Überlegungen habe ich denn mit meinem »Hinterhaus« angefangen, in meinem Kopf ist es schon so weit fertig wie es fertig sein kann, aber in Wirklichkeit wird es wohl viel weniger schnell gehen, wenn es überhaupt jemals fertig wird.

Gestern abend kam ich vom Dachboden nach unten und sah sofort, als ich ins Zimmer hineinging, daß die schöne Vase mit Nelken auf dem Boden lag, Mutter auf den Knien gerade beim Aufwischen und Margot meine Papiere vom Boden fischte. »Was ist hier passiert?« fragte ich mit ängstlichen Ahnungen, und ihre Antwort nicht mal abwartend betrachtete ich aus einer Entfernung den Schaden. Meine ganzen Stammbäume Mappe, Hefte, Bücher, alles badete. Ich weinte fast und war so aufgeregt daß ich anfing deutsch zu sprechen, an meine Worte kann ich mich jetzt nicht mehr erinnern aber Margot sagte, daß ich etwas von mir gab wie *»unübersehbarer Schade, schrecklich, entzetslich, nie zu ergänzen«*, und noch mehr. Vater brach in Gelächter aus, Mutter und Margot fielen ein, aber ich hätte wohl weinen können, um all die verlorene Arbeit und die gut ausgearbeiteten Anmerkungen.

Bei näherer Betrachtung war *»der unübersehbare Schade«* zum Glück nicht so schlimm, sorgfältig suchte ich auf dem Dachboden die zusammengeklebten Papiere zusammen und löste sie. Danach hängte ich sie nebeneinander an die Wäscheleine zum Trocknen. Es war eine lustiger Anblick und ich mußte dann doch wieder lachen, Maria de Medici neben Karl dem Fünften, Willem von Oranien und Marie Antoinette, das ist *»Rassenschande«* witzelte Herr v. Pels.

Nachdem ich Peter die Fürsorge für meine Pamphlete anvertraut hatte ging ich wieder hinunter.

»Welche Bücher sind hin?« fragte ich Margot die gerade meinen Bücherschatz kontrollierte. »Algebra«, sagte Margot. Ich kam schnell näher, aber leider Gottes war auch das Algebrabuch noch nicht verdorben.

Ich wollte daß es in die Vase gefallen wäre, ich habe noch nie ein Buch so verabscheut wie das Algebra-Buch. Vorn drin stehen mindestens 20 Namen von Mädchen die es schon vor mir in ihrem Besitz hatten, es ist alt, gelb, vollgekritzelt, durchgestrichen und verbessert. Wenn ich noch mal sehr übermütig bin zerreiße ich das Drecksding in Stücke!

deine Anne M. Frank.

Montag 22. Mai 1944.

Liebe Kitty,
Vater hat am 20. Mai 5 Flaschen Yoghurt an Frau v. P. verwettet. Die Invasion ist wirklich noch nicht gekommen, ich darf ruhig sagen daß ganz Amsterdam, ganz Niederlande, ja die ganze Westküste Europas bis Spanien hinunter Tag und Nacht über die Invasion spricht, debattiert, wettet und ..... hofft.

Die Spannung steigt zu ihrem Höhepunkt; lange nicht all die Menschen die wir zu den »guten« Niederländern rechnen haben ihr Vertrauen in die Engländer behalten, lang nicht alle finden den englischen Bluff ein Meisterstück, oh nein die Menschen wollen nun endlich mal Taten sehen, große und heldenhafte Taten.

Niemand denkt weiter als seine Nase lang ist, niemand denkt daran daß die Engländer für sich selbst und ihr Land kämpfen; jeder denkt daß sie verpflichtet sind so schnell und so gut wie möglich Holland zu retten. Welche Verpflichtungen haben die Engländer denn? womit haben all die Holländer die edelmütige Hilfe verdient die sie so fest erwarten? Oh nein, die Niederländer werden sich noch sehr irren, die Engländer haben sich trotz all ihrem Bluff, doch bestimmt nicht mehr blamiert als all die anderen Länder und Ländchen die nun besetzt sind. Die Engländer werden wirklich nicht um Entschuldigung bitten, sie haben geschlafen während Deutschland sich bewaffnete, aber all die anderen Länder, die Länder die an Deutschland grenzten haben auch geschlafen.

Mit Vogel-Strauß-Politik kommt man nicht weiter, das hat England und das hat die ganze Welt gesehen und sie müssen alle Stück für Stück und England nicht am wenigsten schwer dafür büßen.

Kein Land wird für nichts Männer aufopfern vor allem nicht für die Interessen eines anderen, auch England wird das nicht tun. Die Invasion, die Befreiung und die Freiheit wird einmal kommen; doch England kann den Zeitpunkt ausmachen und nicht all die besetzten Gebiete zusammen.

———

Zu unserem großen Leidwesen und zu unserem großen Entsetzen haben wir gehört daß die Stimmung uns Juden gegenüber bei vielen Leuten umgeschlagen ist. Wir haben gehört daß Anti-Semitismus aufgekommen ist in Kreisen die früher nicht daran dachten. Uns alle 8 hat diese Tatsache tief, sehr tief getroffen. Die Ursache dieses Judenhasses ist verständlich, manchmal sogar menschlich, aber nicht richtig. Die Christen werfen den Juden vor, daß sie sich bei den Deutschen verplappern, daß sie ihre Helfer verraten, daß viele Christen durch die Schuld der Juden das schreckliche Los und die schreckliche Strafe von so vielen erleiden. Das ist alles wahr. Aber sie müssen wie bei allen Dingen auch die Kehrseite der Medaille betrachten; würden die Christen an unserer Stelle anders handeln? Kann ein Mensch, egal ob Jude oder Christ vor deutschen Methoden weiter schweigen? Jeder weiß daß dies fast unmöglich ist, warum verlangt man dann das Unmögliche von den Juden?

In Kreisen des Untergrunds wird darüber gemurmelt daß deutsche Juden, die in die Niederlande emigriert sind und jetzt in Polen sind, nicht mehr in die Niederlande zurückkommen dürfen, sie hatten in den Niederlanden Asylrecht aber müssen wenn Hitler weg ist wieder nach Deutschland zurück.

Wenn man das hört, fragt man sich dann nicht selbstverständlich, warum dieser lange und schwere Krieg geführt wird? Wir hören doch immer daß wir alle zusammen kämpfen für Freiheit, Wahrheit und Recht! Und fängt noch während des Kampfes schon wieder an Zwietracht aufzukommen, ist doch der Jude wieder weniger als die anderen? Oh es ist traurig, sehr sehr traurig, daß wieder zum soundsovielten Male die alte Weisheit bestätigt wird: Was ein Christ tut das muß er selbst verantworten, was ein Jude tut, fällt auf alle Juden zurück.

Ehrlich gesagt kann ich es nicht begreifen, Niederländer, Menschen von diesem guten, ehrlichen und rechtschaffenen Volk, urteilen so über uns, urteilen so über die am meisten unterdrückten, unglücklichsten und bedauernswertesten Völker der ganzen Welt vielleicht.
Ich hoffe nur eine Sache, daß dieser Judenhaß vorübergehender Art sein wird, daß die Niederländer doch zeigen werden wer sie sind, daß sie jetzt nicht und niemals wanken in ihrem Rechtsgefühl, denn dieses ist ungerecht!
Und wenn das Schreckliche tatsächlich Wahrheit werden sollte, dann wird das armselige Restchen Juden in den Niederlanden weggehen. Wir auch, wir werden wieder weiterziehen mit unserem Bündelchen, aus diesem schönen Land das uns so herzlich Unterschlupf angeboten hat und uns nun den Rücken zukehrt.
Ich liebe die Niederlande, ich habe einmal gehofft daß es mir Vaterlandslosen als Vaterland dienen könnte, ich hoffe es noch!

deine Anne M. Frank.

Donnerstag 25. Mai 1944.

Liebe Kitty,
Bep hat sich verlobt! Die Tatsache an sich ist nicht so sehr erstaunlich obwohl sich keiner von uns allen sehr darüber freut. Bertus mag dann wohl ein solider, netter und sportlicher Junge sein, Bep liebt ihn nicht und das ist für mich Grund genug um ihr von der Hochzeit abzuraten.
Beps ganzes Streben ist darauf gerichtet sich hochzuarbeiten und Bertus zieht sie hinunter; er ist ein Arbeiter, ohne Interessen und ohne Drang vorwärts zu kommen und ich glaube nicht daß Bep sich dabei glücklich fühlen wird.
Es ist schon verständlich daß Bep diesen Halbheiten ein Ende macht; vor 4 Wochen noch hat sie ihm abgeschrieben aber dabei fühlte sie sich noch unglücklicher deshalb schrieb sie ihm wieder und jetzt hat sie sich dann verlobt.
Eine ganze Menge Faktoren spielen bei dieser Verlobung eine Rolle, erstens der kranke Vater, der viel von Bertus hält, zweitens daß sie die älteste von allen Voskuyl-Mädchen ist und daß ihre Mutter sie wegen ihrer Mannlosigkeit neckt, drittens daß sie gerade noch 24 ist und darauf legt Bep viel Wert.
Mutter sagte daß sie es besser gefunden hätte wenn Bep ein Verhältnis mit ihm angefangen hätte, ich kann das nicht sagen, ich habe Mitleid mit Bep und verstehe daß sie sich sehr einsam fühlte. Heiraten können sie doch erst nach dem Krieg, da Bertus ein illegaler beziehungsweise schwarzer Mann ist und dann haben sie alle beide noch keinen Cent und keine Aussteuer. Was für eine triste Aussicht für Bep, der wir alle so viel Gutes wünschen. Ich hoffe nur daß entweder Bertus anders sein wird unter ihrem Einfluß, oder Bep noch einen netten Mann findet der sie schätzt!

deine Anne M. Frank.

Derselbe Tag.
Jeden Tag was anderes, heute morgen ist v. Hoeven verhaftet worden, er hatte zwei Juden im Haus. Es ist ein schwerer Schlag für uns, nicht nur daß die armen Juden wieder am Rand des Abgrunds stehen, für v. Hoeven ist es schrecklich.
Die Welt steht hier auf dem Kopf, die anständigsten Menschen werden weggeschickt in Konzentrationslager, Gefängnisse und einsame Zellen und der Abschaum regiert über Jung und Alt, Reich und Arm. Der eine fliegt durch Schwarzhandel, der zweite durch Juden oder andere Versteckte auf, niemand, der nicht bei den N. S. B.lern ist weiß was morgen passiert.

Auch für uns ist v. Hoeven ein sehr schwerer Verlust. Erst war es Br. aber Hoeven ist doch noch schlimmer. Bep kam und darf die Mengen Kartoffeln nicht anschleppen, das einzige was zu tun ist ist weniger zu essen. Wie wir das tun werden, werde ich dir schon noch mitteilen, aber angenehmer wird es sicher nicht. Mutter sagt daß wir morgens überhaupt kein Frühstück, mittags Brei und Brot, abends Bratkartoffeln und eventuell ein oder zweimal die Woche Gemüse oder Salat, mehr bekommen wir nicht.
Das wird Hungern werden, aber alles ist nicht so schlimm wie entdeckt werden.

deine Anne M. Frank.

Freitag 26. Mai 1944.

Liebste Kitty,
Endlich, endlich bin ich dann so weit daß ich ruhig an meinem Tischchen vor dem Spalt des Fensters sitzen kann und dir alles alles schreiben.
Ich fühle mich so elend wie seit Monaten nicht, sogar nicht nach dem Einbruch war ich so innerlich und äußerlich kaputt. Auf der einen Seite v. Hoeven, die Judenfrage die im ganzen Haus ausführlich besprochen worden ist, die ausbleibende Invasion, das schlechte Essen, die Spannung, die miserable Stimmung, die Enttäuschung wegen Peter und auf der anderen Seite, Beps Verlobung, Pfingstempfang, Blumen, Kuglers Geburtstag, Torten und Geschichten von Kabaretts, Filmen und Konzerten. Diesen Unterschied, diesen großen Unterschied den gibt es immer, den einen Tag lachen wir wegen des Witzigen der Verstecksituation, aber am nächsten Tag und noch viel mehr Tagen haben wir Angst, stehen Angst, Spannung und Verzweiflung auf unseren Gesichtern zu lesen.
Miep und Kugler spüren am stärksten die Last von uns und all den Versteckten, Miep durch ihre Arbeit, Kugler dem die kolossale Verantwortung von uns 8 manchmal zu groß wird und der fast nicht mehr sprechen kann vor unterdrückter Nervosität und Aufregung. Kleiman und Bep sorgen auch gut für uns, sehr gut sogar, aber einmal ist für sie auch das Hinterhaus vergessen, auch wenn es nur für ein paar Stunden ist, einen Tag, zwei Tage vielleicht.
Sie haben ihre eigenen Sorgen, Kleiman wegen seiner Gesundheit, Bep wegen ihrer Verlobung die nicht sehr rosig aussieht und neben diesen Sorgen haben sie auch ihr Ausgehen, ihre Besuche, ihr ganzes Leben von normalen Menschen, bei ihnen weicht die Spannung manchmal auch wenn es nur für kurze Zeit ist, bei uns weicht sie niemals, zwei Jahre lang nicht und wie lange wird sie noch ihre drückende, immer beklemmendere Hand auf uns halten?
Die Kanalisation ist wieder verstopft, es darf kein Wasser ablaufen oder nur tropfenweise, wir dürfen nicht zum W. C. oder müssen eine Bürste mitnehmen, das schmutzige Wasser bewahren wir in einem großen Steinguttopf auf. Für heute können wir uns behelfen, aber was wenn der Klempner es nicht allein schafft, die Stadt kommt nicht vor Dienstag. Miep schickte uns ein Rosinenbrot mit der Aufschrift »fröhliche Pfingsten«, es ist fast als ob sie spottet, unsere Stimmung und unsere Angst sind wirklich nicht »fröhlich«.
Wir sind alle ängstlicher geworden nach der Angelegenheit mit van Hoeven, man hört wieder von allen Seiten pst., alles geschieht leiser. Die Polizei hat dort die Tür aufgebrochen, also davor sind wir auch nicht sicher! Wenn auch wir einmal …… nein, ich darf das nicht ausschreiben, die Frage läßt sich heute nicht wegschieben, im Gegenteil all die einmal durchgemachte Angst steht wieder vor mir in ihrem ganzen schrecken.
Ich musste alleine nach unten zum W. C. um 8 Uhr heute abend, niemand war unten, alle am Radio, ich wollte mutig sein, aber es war schwer. Ich fühle mich hier oben noch immer sicherer als allein in dem großen, stillen Haus; allein mit den geheimnisvollen Poltergeräuschen von oben und dem Getute der Autohupen auf der Straße, zittere ich wenn ich nicht schnell weitermache und kurz nachdenke über die Situation.

Miep ist viel netter und herzlicher zu uns geworden nach dem Gespräch mit Vater. Aber das habe ich dir noch nicht erzählt. Miep kam eines nachmittags mit feuerrotem Kopf zu Vater und fragte ihn geradeheraus ob wir dachten daß sie auch vom Anti-Semitismus angesteckt wären. Vater erschrak gewaltig und redete ihr das gründlich aus, aber etwas von Mieps Verdacht ist hängen geblieben. Sie holen mehr für uns, interessieren sich mehr für unsere Schwierigkeiten, obwohl wir ihnen damit sicher nicht zur Last fallen dürfen. Oh es sind doch solche herzensguten Menschen!

Ich frage mich immer wieder ob es nicht besser für uns alle gewesen wäre wenn wir nicht untergetaucht wären, wenn wir nun tot wären und dieses Elend nicht mitmachten und vor allem den anderen ersparten. Aber auch davor schaudern wir alle zurück, wir lieben das Leben noch, wir haben die Stimme der Natur noch nicht vergessen, wir hoffen noch, hoffen auf alles.
Laß nun schnell etwas passieren, notfalls Schießen, das kann uns nicht mehr zermürben als diese Unruhe, laß das Ende kommen, auch wenn es hart ist, dann wissen wir wenigstens ob wir letztlich siegen werden oder untergehen.

<u>deine Anne M. Frank.</u>

Mittwoch 31. Mai 1944.

Liebe Kitty,
Samstag, Sonntag, Montag und Dienstag war es so warm daß ich keinen Füller in der Hand halten konnte, darum war es auch unmöglich dir zu schreiben. Freitag war die Kanalisation kaputt, Samstag ist sie gemacht worden, Frau Kleiman kam uns nachmittags besuchen und erzählte eine ganze Menge von Jopie. u. a. daß sie zusammen mit Jacque van Maarssen in einem Hokkey-Club ist. Sonntag kam Bep nachschauen ob nicht eingebrochen war und blieb bei uns frühstücken, Montag (2. Pfingstfeiertag) tat Herr Gies als Versteckbewacher Dienst und Dienstag durften die Fenster endlich wieder auf. So ein schönes und warmes, man kann ruhig sagen heißes Pfingsten hat es noch selten gegeben. Hitze ist hier im Hinterhaus schrecklich, um dir einen Eindruck der vielen Klagen zu geben, werde ich dir kurz die warmen Tage beschreiben:
Samstag: »Herrlich, was für ein Wetter, sagten wir alle morgens, »wäre es nur etwas weniger warm« nachmittags als die Fenster geschlossen werden mussten.
Sonntag: »Es ist nicht zum Aushalten, diese Hitze, die Butter schmilzt, es gibt kein kühles Fleckchen im Haus, das Brot wird trocken, die Milch verdirbt, kein Fenster darf auf, wir armen Ausgestoßenen, sitzen hier und ersticken, während die anderen Leute Pfingstferien haben«, so Frau [van Pels].
Montag: »Meine Füße tun mir weh, ich habe keine dünnen Kleider, ich kann bei dieser Wärme nicht abwaschen«, Geklage von morgens früh bis abends spät, es war äußerst unangenehm.
Ich kann noch immer keine Wärme aushalten und bin froh daß heute der Wind ordentlich bläst und die Sonne trotzdem scheint.

<u>deine Anne M. Frank.</u>

Freitag 2. Juni 1944.

Beste Kitty,
»Wer zum Dachboden geht, großen Regenschirm mitnehmen, am besten Herrenmodell!« Dies zum Schutz vor Regen die von oben kommen. Es gibt ja ein Sprichwort das sagt: »Hoch und trocken, heilig und sicher«, aber das gilt bestimmt nicht für die Kriegszeit (schießen) und Versteckte (Katzenklo!) Tatsächlich hat sich Mouschi eine Art Gewohnheit daraus gemacht auf ein paar Zeitungen oder zwischen eine Bodenritze ihre Geschäfte zu deponieren, so daß nicht nur

Angst vor Geplätscher sondern noch größere Furcht vor entsetzlichem Gestank sehr begründet ist. Wisse man dann daß auch das neue Moortje aus dem Lager an denselben Lastern leidet, dann kann sicher jeder der je eine nicht stubenreine Katze gehabt hat sich ein Bild davon machen, was für Gerüche außer Pfeffer und Thymian in unserem Haus schweben.
Ferner habe ich ein brandneues Rezept Anti-Schießen mitzuteilen: Bei lautem Knallen eile man zur nächstgelegenen Holztreppe, rennt diese hinunter und wieder hinauf, und sorgt dafür daß man bei Wiederholung davon mindestens einmal leicht nach unten fällt. Mit den entstandenen Schrammen und dem Lärm den das Laufen + Fallen macht, hat man genug zu tun um sowohl das Schießen nicht zu hören als auch nicht mehr daran zu denken. Schreiberin dieser [Zeilen] hat dieses ideale Rezept entschieden und mit Erfolg angewandt!

<u>deine Anne M. Frank.</u>

Montag 5. Juni 1944.

Liebe Kitty,
Neue Hinterhaus-Unannehmlichkeiten, Streit zwischen Pf. und Fr. über die Buttereinteilung. Kapitulation von Pf. Dicke Freundschaft zwischen Frau v. P. und Letztgenanntem, Flirten, Küßchen und freundliches Lächeln, Pf. fängt an Frauen-Sehnsucht zu bekommen.
V. P. wollen keinen Kräuterkuchen für Kuglers Geburtstag backen, weil wir selbst auch keinen essen. Was für eine Kleinlichkeit. Oben schlechte Laune. Frau [van Pels] erkältet. Pf. bei Bierhefepillen erwischt, während wir nichts bekommen.
Einnahme von Rom durch die fünfte Armee, die Stadt ist weder verwüstet, noch bombardiert. Riesenpropaganda für Hitler.
Wenig Gemüse und Kartoffeln, ein Paket Brot verdorben. Das Scharminkeltje (Name der neuen Lagerkatze) verträgt keinen Pfeffer. Sie nimmt das Katzenklo als Schlafplatz und die Verpakkungs-Holzwolle als W. C. Unmöglich zu halten.
Wetter schlecht. Anhaltende Bombardierungen auf Pas de Calais und französische Westküste.
Kleiman steht vor einer neuen Magenoperation. Dollars sind nicht zu verkaufen, Gold noch weniger, der Boden der schwarzen Kasse ist zu sehen, wovon werden wir den nächsten Monat leben?

<u>deine Anne M. Frank.</u>

<u>Dienstag 6. Juni 1944.</u>

Liebste Kitty,
»This ist <u>the</u> day«, sagte um 12 Uhr das englische Radio und zu recht »this ist <u>the</u> day«, die Invasion hat begonnen!
Heute morgen um 8 Uhr berichteten die Engländer: Schwere Bombardements von Calais, Boulogne, Le Havre und Cherbourg sowie Pas du Calais. (wie üblich) Ferner eine Sicherheitsmaßnahme für die besetzten Gebiete, alle Menschen die in einer Zone von 35 km. von der Küste wohnen, müssen sich auf Bombardements vorbereiten. Wenn möglich werden die Engländer eine Stunde zuvor Flugblätter abwerfen.
Deutschen Berichten zufolge, sind englische Fallschirmtruppen an der französischen Küste gelandet. Englische Landungsschiffe im Kampf mit deutschen Marinesoldaten. So der B. B. C.
Beschluß vom Hinterhaus um 9 Uhr beim Frühstück: Dies ist eine Probelandung, genau wie vor zwei Jahren bei Dieppe.
Englische Sendung in Deutsch, Niederländisch, Französisch und anderen Sprachen um 10 Uhr: The invasion has begun! Also die »echte« Invasion.
Englische Sendung in Deutsch 11 Uhr: Rede von Oberbefehlshaber General Dwight Eisenhower.

Englische Sendung in Englisch 12 Uhr: »This ist the day.« General Eisenhower sagte zu dem französischen Volk: »Stiff fighting will come now, but after this the victory. The year 1944 is the year of the complete victory, good luck!«
Englische Sendung in Englisch 1 Uhr: (übersetzt) 11 000 Flugzeuge stehen bereit und fliegen unaufhörlich hin und her um Truppen niederzulassen und hinter den Linien zu bombardieren. 4000 Landungsfahrzeuge + kleinere Schiffe legen zwischen Cherbourg und Le Havre unaufhörlich an. Englische und amerikanische Armeen befinden sich schon in harten Gefechten. Reden von Gerbrandy, dem Premierminister von Belgien, König Haakon von Norwegen, de Gaul für Frankreich, dem König von England und nicht zu vergessen, Churchil.

Das Hinterhaus ist im Aufruhr. Sollte denn nun wirklich die lang ersehnte Befreiung nahen, die Befreiung über die soviel gesprochen wurde, aber die doch zu schön, zu märchenhaft ist um je wirklich werden zu können. Sollte dieses Jahr, dieses 1944 uns den Sieg schenken? Wir wissen es auch jetzt noch nicht, aber die Hoffnung, diese bringt Leben, die macht uns wieder mutig, die macht uns wieder stark. Denn mutig müssen wir die vielen Ängste, Entbehrungen und Leiden durchstehen, nun kommt es darauf an ruhig und standhaft zu bleiben, nun eher die Nägel in das Fleisch drücken als schreien! Schreien vor Elend kann Frankreich, Rußland, Italien und auch Deutschland aber wir haben dazu noch nicht das Recht!
Oh Kitty, das Schönste an der Invasion ist, daß ich das Gefühl habe daß Freunde im Anzug sind. Die schrecklichen Deutschen haben uns so lange unterdrückt und das Messer an die Kehle gesetzt, daß Freunde und Rettung, alles für uns sind! Nun gilt es nicht mehr den Juden, nun gilt es den Niederlanden, den Niederlanden und [dem] ganzen besetzten Europa. Vielleicht, sagt Margot, kann ich im September oder Oktober doch noch zur Schule.

deine Anne M. Frank.

P.S. Ich werde dich mit den neuesten Berichten auf dem Laufenden halten!

Anne.

Heute morgen und auch nachts landeten Stroh- und Schaufensterpuppen aus der Luft hinter den deutschen Stellungen, diese Puppen explodierten als sie mit dem Boden in Berührung kamen. Auch viele Fallschirmjäger landeten aus der Luft, all diese Menschen waren schwarz-bemalt um in der Nacht nicht aufzufallen. Morgens um 6 Uhr landeten die ersten Schiffe nachdem die Küste nachts mit 5 000 000 kg. Bomben bombardiert worden war. 20 000 Flugzeuge waren heute in Aktion. Die Küstenbatterien der Deutschen waren bei der Landung selbst schon kaputt; ein kleiner Brückenkopf ist schon gebildet worden, alles geht gut, obwohl das Wetter schlecht ist.
Das Heer und auch das Volk ist »one will and one hope.«

Anne.

Freitag 9. Juni 1944.

Liebe Kitty,
Mit der Invasion geht es ober-prima. Die Alliierten haben Bayeuth, ein Dörfchen an der französischen Küste eingenommen und kämpfen jetzt um Caen. Es ist klar, daß es die Absicht ist die Halbinsel auf der Cherbourg liegt abzuschneiden. Jeden Abend erzählen Kriegsberichterstatter von den Schwierigkeiten, Mut und Begeisterung der Armee, die unglaublichsten Kunststücke sind dabei, auch Verwundete die nun schon wieder in England zurück sind waren am Mikrophon. Trotz des miserablen Wetters fliegen sie fleißig. Es ist uns über den B. B. C. zu Ohren gekommen daß Churchil die Invasion zusammen mit den Truppen beginnen wollte, nur auf Abraten von Eisenhower und anderen Generälen hat sich dieser Plan zerschlagen. Stell dir mal vor, was ein Mut von so einem alten Mann, er ist sicher schon 70 Jahre.

Hier hat sich die Aufregung wieder etwas gelegt; trotzdem hoffen wir daß der Krieg Ende des Jahres endlich vorbei sein wird, es wird auch Zeit. Frau v. P.'s Gejammer ist kaum mehr anzuhören, nun sie uns nicht mehr mit der Invasion verrückt machen kann nörgelt sie den ganzen Tag über das schlechte Wetter, man würde Lust haben sie in einen Eimer kaltes Wasser auf den Oberboden zu stellen!

——

Das ganze Hinterhaus, mit Ausnahme v. P. und Peter hat die Trilogie »Hongaarse Rhapsodie« gelesen; dieses Buch handelt von der Lebensgeschichte des Komponisten, Klavierkünstlers und Wunderkindes Franz Liszt. Das Buch ist sehr interessant, aber meiner Ansicht nach wird ein bißchen zu viel über Frauen gesprochen; Liszt war zu seiner Zeit nicht nur der größte und bekannteste Pianist, sondern auch der größte Schürzenjäger bis einschließlich seinem 70. Lebensjahr. Er hatte ein Verhältnis mit Gräfin Marie d'Agoult, Fürstin Caroline Sayn-Wittgenstein, Tänzerin Lola Montez, Pianistin Agnes Kingworth, Pianistin Sophie Menter, Tscherkessenfürstin Olga Janina, Baronesse Olga Meyendorff, Schauspielerin Lilla weiß-ich-wie-sie-heißt usw. usw. es nimmt überhaupt kein Ende. Die Teile des Buches wo es um Musik und andere Künste geht sind viel interessanter, in dem Buch kommen vor: Schumann & Clara Wieck, Hector Berlioz, Johannes Brahms, Beethoven, Joachim, Richard Wagner, Hans von Bülow, Anton Rubinstein, Frederic Chopin, Victor Hugo, Honoré de Balsac, Hiller, Hummel, Czerny, Rossini, Cherubini, Paganini, Mendelsohn, usw. usw.
Liszt war an sich ein toller Kerl, sehr großzügig, bescheiden für sich selbst obwohl übermäßig eitel, half jedem, kannte nichts Höheres als die Kunst, war versessen auf Cognac und auf Frauen, konnte keine Tränen sehen, war ein Gentleman, konnte niemandem einen Gefallen abschlagen, gab nichts auf Geld, hielt von Religionsfreiheit und von der Welt.

deine Anne M. Frank.

Auf einen Artikel von Prof. Dr. Sleeswijk im Telegraaf, über die Bakterien beim Küssen.

Kußgefahr.
Ich las von Professor Sleeswijk:
Seid nicht freigiebig mit Eurem Kuß
Wegen Überspring-Gefahren
Des Halsschmerzkeims
Küßt keine Babys wenn Ihr sie liebt,
Gebt auch »anderen« keinen Kuß;
Tut so, als gäbe es sie auf Marken,
Küßt eine karge Kußration.
Denn Formationen von Halsmikroben
Stehn zu jeder Zeit bereit:
Ein paar Millionen von ihr zu ihm.
Ein paar Millionen von ihm zu ihr.

Wissen Sie, was das ist, Professor?
Sie, als Fachmann, haben recht;
Aber für einen Laien bleibt da immer
Theorie und die Praxis.
Manchmal sind Menschen in der Stimmung
Des echten Fatalisten:

Eher die Chance zu einer Bronchitis,
Als entschieden einen Kuß verloren.
Wenn wir das Küssen anfangen auszuschalten
Wegen medizinischer Moral,
Ist dann das hygienische Mittel
Nicht viel schlimmer als die Qual?
Wenn wir mal eine Abstimmung hielten
Zwischen Alt, Jung, Groß und Klein:
Wer ob er geküßt sein will
Und wer geküßt sein will,
Ich denke, daß auf den meisten Zetteln
Dann so ungefähr stehen würde:
Wer ein Kiebitz-Ei will finden,
Muß manchmal durch einen Graben gehen .....
Clinge Doorenbos.
(Nachdruck verboten!)

Dienstag 13. Juni 1944.

Liebe Kit,
Der Geburtstag ist wieder vorbei, jetzt bin ich also 15. Ich habe ziemlich viel bekommen: die 5 Springer Bücher, eine Garnitur Unterwäsche, zwei Gürtel, ein Taschentuch, zwei Yoghurts, ein Glas Marmelade, 2 Honigkuchen, (kleines Format) Pflanzenkundebuch von Vater und Mutter, Doublé Armband von Margot, Patria-Buch v. P., Biomalz und Gartenwicken Pf, Süßigkeiten Miep, Süßigkeiten und Hefte Bep und der Höhepunkt das Buch Maria Theresia und 3 Scheiben vollfetten Käse von Kugler. Von Peter einen schönen Strauß Pfingstrosen; der arme Junge hat sich soviel Mühe gegeben um etwas zu finden aber nichts hat geklappt.

———

Mit der Invasion geht es immer noch hervorragend, trotz des miserablen [Wetters], der zahllosen Stürme, Regengüsse und stürmischer See. Churchil, Smutz, Eisenhower und Arnold waren gestern in den französischen Dörfern, die von den Engländern erobert und befreit worden sind. Churchil war auf einem Torpedo-Boot das die Küste beschoß, der Mann scheint wie so viele Männer keine Angst zu kennen; beneidenswert!
Die Stimmung in den Niederlanden ist von unserer Hinterburg aus nicht einzuschätzen. Unzweifelhaft sind die Menschen froh, daß das nichts-tuende (!) England, endlich auch selbst mal die Ärmel hochkrempelt. Wie ungerecht sie argumentieren erkennen sie nicht, wenn die Menschen immer wieder sagen daß sie englische Besatzung hier nicht haben wollen. Alles zusammen genommen läuft dieser Gedankengang darauf hinaus England muß kämpfen, streiten und seine Söhne für die Niederlande und andere besetzte Gebiete aufopfern. Die Engländer dürfen nicht in den Niederlanden bleiben, müssen ihre untertänigsten Entschuldigungen all den besetzten Staaten anbieten, müssen [Niederländisch-]Indien dem ursprünglichen Eigentümer zurückgeben und dürfen dann geschwächt und arm nach England zurückkehren!
Ein armer Tölpel, der sich dies so vorstellt und doch, wie schon gesagt, müssen viele Niederländer zu diesen Tölpeln gerechnet werden. Was, frage ich nun, würde aus den Niederlanden und den benachbarten Ländern geworden sein, wenn England den so oft möglichen Frieden mit Deutschland unterzeichnet hätte? Die Niederlande wären deutsch geworden und damit basta!
Alle Niederländer die nun noch auf die Engländer hinunterschauen, England und die Alte-Herren-Regierung beschimpfen, Engländer feige nennen, aber doch die Deutschen hassen, müssen

mal genauso aufgeschüttelt werden wie daß man ein Kissen aufschüttelt, vielleicht legen sich die verwirrten Gehirne dann in etwas bessere Falten!

——

Viele Wünsche, viele Gedanken, viele Beschuldigungen und viele Vorwürfe spuken in meinem Kopf herum. Ich bin wirklich nicht voller Einbildung so wie viele Leute meinen, ich kenne meine zahllosen Fehler und Mängel besser als wer auch immer, nur mit dem Unterschied daß ich auch weiß daß ich mich bessern will, bessern werde und mich schon viel verbessert habe!
Wie kommt es dann, frage ich mich so oft, daß jeder mich noch immer so schrecklich vorlaut und unbescheiden findet? Bin ich so vorlaut? Bin <u>ich</u> es wirklich oder sind es vielleicht nicht auch die anderen? Das klingt verrückt, ich merke es, aber ich streiche den letzten Satz nicht durch, weil er wirklich nicht so verrückt ist. Frau v. Pels und Pf. meine hauptsächlichen Ankläger sind alle zwei bekannt als vollkommen unintelligent und spreche ich es ruhig mal aus »dumm!« Dumme Menschen können es meistens nicht verwinden wenn andere etwas besser machen als sie selbst; das beste Beispiel dafür sind in der Tat die beiden Dummen Frau v. P. und Pf. Frau [van Pels] findet mich dumm weil ich nicht so schrecklich an diesem Übel leide wie sie, sie findet mich unbescheiden, weil sie es noch schlimmer ist, sie findet meine Kleider zu kurz, weil die ihren noch kürzer sind und darum findet sie mich auch vorlaut, weil sie selbst noch doppelt soviel über Themen mitredet, von denen sie überhaupt nichts versteht; dasselbe gilt für Pf. Aber einer von meinen meist geliebten Sprüchen ist: »von jedem Vorwurf ist wohl was wahr«, und ich gebe dann auch prompt zu daß ich vorlaut bin.
Nun ist das Unangenehme an meiner Natur, daß ich von niemandem soviele Standpauken bekomme und soviel ausgeschimpft werde wie von mir selbst; wenn Mutter dann noch ihren Teil Ratschläge hinzufügt, wird der Haufen Predigten so unüberwindlich groß, daß ich vor Verzweiflung jemals noch herauszukommen, frech werde und anfange zu widersprechen und dann kommt von selbst das bekannte und schon alte Anne-Wort zurück: niemand versteht mich auch!
Dieses Wort ist in mir und so unwahr es auch scheinen mag, auch hier ist das Zipfelchen Wahrheit drin. Meine Selbstbeschuldigungen nehmen oft so einen Umfang an, daß ich nach einer tröstenden Stimme lechze die sie wieder in gesunde Formen zurückbringt und sich auch etwas aus meinem stillen Kämmerlein macht, aber leider, ich kann lange suchen, gefunden ist derjenige noch nicht.
Ich weiß, daß du nun an Peter denkst, gell Kit? Es ist so, Peter hat mich gern, nicht als Verliebter sondern als Freund, seine Zuneigung steigt mit jedem Tag, aber was das Geheimnisvolle ist, das uns alle beide zurückhält, das verstehe ich selbst nicht.
Manchmal denke ich daß das schreckliche Verlangen von mir zu ihm übertrieben war, aber das ist doch wirklich nicht so, denn wenn ich mal zwei Tage nicht oben war sehne ich mich wieder genauso heftig nach ihm wie je zuvor. Peter ist lieb und gut, trotzdem darf ich es nicht leugnen, vieles enttäuscht mich. Vor allem seine Religionsabkehr, Eßgespräche und noch mehr von diesen auseinandergehenden Dingen, gefallen mir nicht. Trotzdem bin ich fest davon überzeugt daß wir nach unserer ehrlichen Abmachung nie Streit bekommen werden. Peet ist friedliebend, verträglich und sehr nachgiebig. Er läßt sich von mir viel mehr Dinge sagen als er seiner Mutter zugesteht, er versucht mit viel Hartnäckigkeit seine Tintenbücher zu entflecken und Ordnung in seinen Sachen zu halten.
Aber doch, warum bleibt sein Inneres dann innen und ich darf nie daran rühren? Er ist eine viel verschlossenere Natur als ich, das ist wahr; aber ich weiß und nun wirklich aus der Praxis, (denke an »Anne in Theorie« was immer wieder aufs Tapet gebracht wird) daß sogar die verschlossenen Naturen zu ihrer Zeit, genauso stark oder noch stärker nach einem Vertrauten verlangen.

Peter und ich haben alle zwei unsere Denk-Jahre im Hinterhaus verbracht, wir reden oft über Zukunft Vergangenheit und Gegenwart, aber wie schon gesagt das Echte vermisse ich und doch weiß ich sicher daß es da ist!

Würde es daher kommen weil ich meine Nase so lange nicht in die frische Luft stecken konnte daß ich so versessen auf alles was Natur ist, geworden bin? Ich weiß noch sehr gut, daß ein strahlend blauer Himmel, zwitschernde Vögel, Mondschein und blühende Blumen meine Aufmerksamkeit früher noch lange fesseln konnten. Hier ist das anders geworden, ich habe an Pfingsten z. B. als es so warm war, abends mit Gewalt meine Augen offen gehalten um bei halb 12 den Mond am offenen Fenster einmal richtig und alleine betrachten zu können, leider führte dieses Opfer zu nichts da der Mond zuviel Licht verbreitete und ich ein offenes Fenster nicht riskieren durfte. Ein anderes Mal, schon wieder ein paar Monate her, war ich zufällig oben als das Fenster abends offen war. Ich ging nicht eher nach unten bevor das Lüften vorbei war, der dunkle-regnerische Abend, der Sturm, die jagenden Wolken hielten mich in ihrer Macht gefangen, nach 1½ Jahren hatte ich zum erstenmal wieder die Nacht von Angesicht zu Angesicht gesehen. Nach diesem Abend war meine Sehnsucht, dies noch mal zu sehen, größer als meine Angst vor Dieben, dunklem Rattenhaus oder Überfällen. Ich ging ganz allein nach unten und schaute aus dem Fenster von Privatbüro und Küche. Viele Menschen finden die Natur schön, viele schlafen mal unter dem freien Himmel, viele ersehnen in Gefängnissen oder Krankenhäusern den Tag daß sie wieder frei die Natur genießen können, aber wenige sind mit ihrer Sehnsucht so abgeschlossen und isoliert von demjenigen was für Arm und Reich dasselbe ist.
Es ist keine Einbildung daß die Betrachtung vom Himmel, den Wolken, dem Mond und den Sternen mich ruhig und abwartend macht. Dieses Mittel ist viel besser als Baldrian oder Brom, die Natur macht mich klein und bereit alle Schläge mutig aufzufangen!
Es hat so sein müssen daß ich die Natur nicht anders als manchmal ausnahmsweise durch dick verstaubte und schmutzige bevorhangte Fenster sehen darf und da durchzuschauen ist kein Vergnügen mehr, die Natur ist das einzige das wirklich kein Surrogat vertragen kann!

Schon häufiger ist eine der vielen Fragen gewesen, die mein Inneres nicht in Ruhe lassen, warum früher und jetzt auch noch oft, die Frau bei den Völkern einen so viel geringeren Platz einnimmt als der Mann. Jeder kann sagen daß das ungerecht ist, aber damit bin ich nicht zufrieden, ich würde so gern die Ursache wissen von diesem großen Unrecht!
Es ist anzunehmen daß der Mann durch seine größere Körperkraft, die Herrschaft von Anfang an über die Frau ausgeübt hat; der Mann, der verdient, der Mann der die Kinder zeugt, der Mann der alles darf..... Es ist dumm genug von all den Frauen gewesen daß sie bis vor einiger Zeit dies nur still geschehen haben lassen, denn je mehr Jahrhunderte diese Regel weiterlebt, desto fester faßt sie auch Fuß. Zum Glück sind der Frau durch Schule, Arbeit und Entwicklung die Augen etwas geöffnet worden. In vielen Ländern haben die Frauen gleiches Recht bekommen; viele Menschen, Frauen vor allem, aber auch Männer, sehen nun ein wie falsch diese Welteinteilung so lange Zeit war, und die modernen Frauen wollen Rechte für ihre völlige Unabhängigkeit!
Aber das ist es nicht allein, die Würdigung der Frau, die muß kommen! Allgemein in allen Erdteilen wird der Mann hoch geschätzt; warum darf da die Frau nicht zuallererst daran teilhaben? Soldaten und Helden aus dem Krieg werden geehrt und gefeiert, Entdecker erlangen unsterblichen Ruhm, Märtyrer werden angebetet, aber wieviel der ganzen Menschheit betrachtet die Frau, auch als Soldaten?
Im Buch »Strijders voor het leven« steht etwas, das mich sehr berührt hat und das ist so ungefähr, daß Frauen im allgemeinen mehr Schmerzen, mehr Krankheiten und mehr Elend allein

schon mit dem Kinderkriegen durchmachen als welcher Kriegsheld auch immer. Und was erntet die Frau für einen Erfolg wenn sie all den Schmerz durchgestanden hat? Sie wird in eine Ecke geschoben wenn sie durch die Geburt entstellt ist, ihre Kinder gehören schon bald nicht mehr ihr, ihre Schönheit ist weg. Frauen sind viel tapferere, viel mutigere Soldaten die kämpfen und Schmerzen ertragen für das Fortbestehen der Menschheit als die vielen Freiheitshelden mit ihrem großen Mund!
Ich will hiermit überhaupt nicht sagen daß Frauen sich gegen Kinder-kriegen auflehnen sollen, im Gegenteil, so ist die Natur eingerichtet und so wird es gut sein. Ich verurteile nur die Männer und die ganze Weltordnung die sich noch nie Rechenschaft darüber geben wollte welch einen großen, schweren, aber zeitweise auch schönen Anteil, die Frau in der Gesellschaft trägt.
Paul de Kruif, der Autor des obengenannten Buches, hat mehr als meine volle Zustimmung wenn er sagt daß die Männer lernen müssen, daß eine Geburt aufgehört hat etwas natürliches und normales in den Teilen der Welt zu sein, die kultiviert genannt wird. Die Männer haben so leicht reden, sie haben und werden die Unannehmlichkeiten der Frau nie ertragen zu brauchen!
Ich glaube daß wenn die Einsicht, daß es die Pflicht der Frau ist, daß sie Kinder bekommt, sich im Lauf des nächsten Jahrhunderts schon verändern wird, und einer Würdigung und Bewunderung für diejenige Platz machen wird die ohne Murren und große Worte, die Lasten auf ihre Schultern nimmt!

deine Anne M. Frank.

Freitag 16. Juni 1944.

Liebe Kitty,
Neue Probleme: Frau [van Pels] ist verzweifelt, spricht über eine Kugel durch den Kopf, Gefängnis, Aufhängen und Selbstmord. Sie ist eifersüchtig daß Peter mir wohl und ihr nicht sein Vertrauen schenkt, sie ist beleidigt daß Pf. nicht ausreichend auf ihre Flirtereien eingeht, hat Angst daß ihr Mann ihr ganzes Pelzmantel-Geld aufraucht, macht Streit, schimpft, weint, beklagt sich, lacht und fängt dann wieder mit Streit an.
Was soll man mit so einem greinenden und verrückten Exemplar anfangen? Ernst wird sie von niemandem genommen. Charakter hat sie nicht, klagen tut sie auch bei jedem und sie läuft rum wie: *Von hinter Lyceum, von vorne Museum.* Dabei ist noch das Schlimmste daß Peter frech, Herr v. P. gereizt und Mutter zynisch wird. Ja das ist mir ein Zustand hier! Es gibt nur eine Regel die du dir gut vor Augen halten mußt: Lache über alles und störe dich nicht an den anderen! Es scheint egoistisch, es ist in Wirklichkeit das einzige Heilmittel für Selbst-Mitleidige.

Kugler muß 4 Wochen schaufeln in Alkmaar, versucht frei zu kommen mit Arztattest und einem Opekta-Brief.
Kleiman will sich bald einer Magenoperation unterziehen. Gestern abend um 11 Uhr ist von allen Privatleuten das Telefon abgeschnitten worden.

deine Anne M. Frank.

Freitag 23. Juni 1944.

Liebe Kitty,
Nichts Besonderes los hier. Die Engländer haben den großen Angriff auf Cherbourg begonnen, laut Pim und v. P. sind wir am 10. Okt. bestimmt frei. Die Russen nehmen teil an der Aktion, gestern hat ihre Offensive bei Witebsk angefangen, das ist genau auf den Tag 3 Jahre nach dem deutschen Einfall.

Beps Laune ist noch immer unter Null. Wir haben fast keine Kartoffeln, fortan wollen wir die Kartoffeln für alle acht abzählen kann jeder sehen was er macht. Miep nimmt Montag eine Woche Vorurlaub. Kleimans Ärzte haben auf den Röntgen-Aufnahmen nichts gefunden, er schwankt sehr zwischen operieren oder allem seinen Lauf lassen.

deine Anne M. Frank.

Dienstag 27. Juni 1944.

Liebste Kitty,
Die ganze Stimmung ist umgeschlagen, es geht enorm gut. Cherbourg, Witebsk und Slobin sind heute gefallen. Sicher viel Beute und Gefangene. 5 deutsche Generäle bei Cherbourg gefallen, 2 gefangen. Nun können die Engländer an Land bringen was sie wollen denn sie haben einen Hafen; das ganze Contentin 3 Wochen nach der Invasion englisch! gewaltige Leistung.
In den drei Wochen nach D-day ist noch kein Tag ohne Regen und Sturm gewesen, sowohl hier als in Frankreich, aber dieses Pech hindert die enorme Kraft der Engländer und Amerikaner nicht sich zu zeigen und wie zu zeigen! Wohl ist die Wuwa in voller Aktion, aber was bedeutet so eine Katzenschelle anderes als etwas Schaden in England und volle Zeitungen bei den Moffen? Übrigens wenn sie in diesem Moffrika merken daß die bolschewistische Gefahr nun wirklich im Anmarsch ist werden sie noch mehr Bammel bekommen.
Alle deutschen Frauen und Kinder die nicht für die Wehrmacht arbeiten, werden aus den Küstenstreifen evakuiert nach Groningen, Friesland und Gelderland. Mussert hat erklärt daß wenn die Invasion hierher kommt er einen Soldatenanzug anzieht. Will der Dicke etwa kämpfen gehen? Hätte er schon früher in Rußland tun können. Finnland hat das Friedensangebot seinerzeit abgelehnt, auch jetzt sind die diesbezüglichen Unterhandlungen dazu wieder abgebrochen worden, was werden die das bereuen, die Dummköpfe!
Wie weit denkst du daß wir am 27. Juli sind?

deine Anne M. Frank.

Freitag 30. Juni 1944.

Liebe Kitty,
Schlechtes Wetter oder bad weather from once at a stretch to thirty June. Ist das nicht gut, oh sicher, ich kann schon einen Mundvoll Englisch; um das zu beweisen lese ich »An ideal husband« mit Wörterbuch! Krieg hervorragend: Broboisk, Mogifef und Orsja gefallen, viele gefangen.
Hier alles all right. Launen steigen, unsere Hyper-Optimisten irritieren, v. P. zaubern mit dem Zucker, Bep hat ihre Frisur geändert und Miep hat eine Woche frei. Das sind die letzten Neuigkeiten!
Ich habe eine sehr ekelhafte Nervenbehandlung und noch dazu an einem vorderen Zahn, es hat schon schrecklich weh getan, und es war sogar so schlimm das Pf. dachte daß ich umkippe. Es fehlte nicht viel. Prompt hatte Frau [van Pels] auch Zahnweh!

deine Anne M. Frank.

P.S. Wir haben von Basel gehört daß Bernd die Rolle vom Wirt in Minna von Barnhelm gespielt hat. *Künstler-neigungen* sagt Mutter.

Donnerstag 6. Juli 1944.

Liebe Kitty,
Mir wird angst ums Herz wenn Peter davon spricht daß er später vielleicht Verbrecher wird oder anfängt zu spekulieren: obwohl es natürlich als Witz gemeint ist habe ich doch das Gefühl daß er selbst Angst vor seiner Charakterschwäche hat. Immer wieder höre ich sowohl von Margot als

von Peter: »Ja, wenn ich so stark und mutig wäre wie du, wenn ich so genau meinen Willen durchsetzte, wenn ich so eine ausdauernde Energie hätte, ja dann ....!«
Ist es wirklich eine gute Eigenschaft daß ich mich nicht beeinflussen lasse? Ist es wohl gut daß ich fast ausschließlich dem Weg meines eigenen Gewissens folge?
Ehrlich gesagt kann ich mir nicht richtig vorstellen wie jemand sagen kann: »Ich bin schwach«, und dann noch schwach bleibt. Wenn man so etwas doch schon weiß warum dann nicht dagegen angegangen, warum deinen Charakter nicht trainieren? Die Antwort war: »Weil es so viel bequemer ist!« Diese Antwort hat mich ein bißchen mißmutig gemacht. Bequem? Bedeutet ein faules und betrügerisches Leben daß es auch ein bequemes Leben ist? Oh nein, das kann nicht wahr sein, es darf nicht sein daß bequem und .... Geld so schnell verführen können. Ich habe lange darüber nachgedacht was ich dann wohl für eine Antwort geben muß, wie ich Peet dazu bringen soll an sich selbst zu glauben und vor allem sich selbst zu verbessern; ob ich richtig getippt habe weiß ich nicht.
Ich habe mir so oft vorgestellt wie toll es sein würde wenn jemand mir sein Vertrauen schenkt, aber nun, nun es soweit ist sehe ich erst wie schwierig es ist ganz mit den Gedanken des anderen zu denken und dann <u>die</u> Antwort zu finden.
Vor allem weil die »bequem« und »Geld«-Begriffe für mich etwas vollkommen Fremdes und Neues sind.
Peter fängt an sich ein bißchen auf mich zu stützen und das darf unter keinen Umständen sein. Auf eigenen Beinen im Leben stehen ist schwierig, aber noch schwieriger ist es allein zu stehen mit Charakter und Seele und doch noch standhaft zu bleiben.
Ich taumele so ein bißchen herum, suche schon seit Tagen, suche nach einem vollkommen ausreichenden Mittel gegen das schreckliche Wort »bequem«. Wie kann ich ihm deutlich machen daß was so bequem und schön scheint ihn in die Tiefe ziehen wird, die Tiefe wo keine Freunde, keine Unterstützung und nichts Schönes mehr ist, die Tiefe von wo aus aufzustehen fast unmöglich ist?
Wir leben alle aber wissen nicht warum und wofür, wir leben alle mit dem Ziel glücklich zu werden, wir leben alle verschieden und doch gleich. Wir drei sind erzogen worden in einem guten Kreis, wir können lernen, wir haben die Möglichkeit etwas zu erreichen, wir haben viel Grund um auf ein schönes Glück zu hoffen, aber ...... wir müssen das selbst verdienen. Und das ist was nie mit etwas Bequemem zu erreichen ist, Glück verdienen bedeutet dafür zu arbeiten und Gutes zu tun und nicht zu spekulieren und faul zu sein. Faulheit mag anziehend <u>erscheinen</u>, Arbeit <u>gibt</u> Befriedigung.
Menschen die nichts von arbeiten halten die kann ich nicht verstehen, aber das ist bei Peter auch nicht der Fall, er hat kein festes Ziel vor Augen, findet sich selbst zu dumm und zu unbedeutend um etwas zu leisten. Armer Junge, er hat noch nie das Gefühl andere glücklich zu machen gekannt und das kann ich ihn auch nicht lehren.
Er hat keine Religion, spricht spottend über Jesus Christus, flucht mit dem Namen Gottes; obwohl ich auch nicht orthodox bin tut es mir noch jedesmal wieder weh wenn ich merke wie verlassen, wie geringschätzig, wie arm er ist. Menschen die eine Religion haben dürfen froh sein denn es ist nicht jedem gegeben an überirdische Dinge zu glauben. Es ist nicht einmal nötig Angst zu haben vor Strafen nach dem Tod; das Fegefeuer, die Hölle und der Himmel sind Dinge die viele nicht annehmen können, aber doch hält irgendeine Religion, welche es ist tut nichts zur Sache, den Menschen auf dem richtigen Pfad. Es ist keine Angst vor Gott, sondern die Hochhaltung von eigener Ehre und Gewissen. Wie schön und gut würden alle Menschen sein wenn sie jeden Abend vor dem Einschlafen sich die Ereignisse des ganzen Tages vor Augen riefen und dann genau prüfen würden was gut und was schlecht gewesen ist an ihrem eigenen Auf-

treten. Unwillkürlich probiert man dann jeden Tag wieder von vorn sich zu verbessern, selbstverständlich daß man dann nach einiger Zeit ganz schön was erreicht. Dieses Mittel ist für jeden anzuwenden, es kostet nichts und ist entschieden sehr nützlich. Denn wer es nicht weiß, muß es lernen und erfahren »ein ruhiges Gewissen macht stark!«

deine Anne M. Frank.

Samstag 8. Juli 1944.

Liebe Kitty,
Broks war in Beverwijk und hat einfach so bei der [Gemüse]versteigerung Erdbeeren bekommen. Sie kamen hier an, sehr verstaubt, voller Sand, aber in großer Menge. Nicht weniger als 24 Kistchen für das Büro und uns + den Rest für Broks-selbst. Sofort abends wurden die ersten 6 Gläser eingemacht und 8 Gläser Marmelade gemacht. Am folgenden Morgen wollte Miep für das Büro Marmelade kochen.
Um halb 1, Außentür zu, Kistchen abholen, Peter, Vater, v. P. poltern auf der Treppe, Anne warmes Wasser vom Durchlauferhitzer holen, Margot Eimer holen, alle Mann an Deck! Mit einem ganz verrückten Gefühl im Magen betrat ich die übervolle Büroküche, Miep, Bep, Kleiman, Jan, Vater, Peter Versteckte und Versorgungskolonne alles durcheinander und das mitten am Tag! Die Vorhänge und Fenster offen, lautes Reden, schlagende Türen, ich bekam Bammel vor Aufregung. Ja aber, verstecken wir uns wirklich noch? fuhr es mir durch den Kopf, so [ein] Gefühl muß das sein wenn man sich wieder der Welt zeigen darf. Der Topf war voll, schnell nach oben. In der Küche am Tisch stand der Rest von der Familie und pflückte, es sollte zumindest Pflücken darstellen; es ging mehr in die Münder als in den Eimer. Noch ein Eimer war bald nötig, Peter ging wieder zur Küche, es klingelte zweimal, der Eimer blieb stehen, Peter rannte herauf, die Schranktüren geschlossen. Wir zappelten vor Ungeduld, der Wasserhahn mußte zubleiben und die halb gewaschenen Erdbeeren warteten noch so auf ihr Bad, aber Versteckregel:
Jemand im Haus, alle Hähne dicht wegen des Lärms den die Wasserzufuhr macht, blieb aufrechterhalten.
Um 1 Uhr, Ankunft von Jan, es war der Postbote, Peter eilt die Treppe wieder hinunter. Rang, die Klingel, rechtsum kehrt. Ich gehe horchen ob da jemand kommt, erst an der Schranktür, dann oben an der Treppe. Schließlich hängen Peter und ich wie zwei Diebe über das Geländer und horchen auf den Lärm der von unten kommt. Keine fremde Stimme. Peter geht leise die Treppe hinunter, bleibt auf halbem Weg stehen und ruft: Bep. Keine Antwort, noch einmal: Bep. Der Lärm in der Küche ist lauter als Peters Stimme. Dann rennt er die Treppe hinunter in die Küche hinein. Ich schaue gespannt hinunter: »Mach daß du nach oben kommst Peter, v. Erp ist da, du mußt weg«, das ist die Stimme von Kleiman. Seufzend kommt Peter oben an, die Schranktür bleibt zu. Halb 2 kommt Kugler endlich: »Oh jemineh, ich sehe nichts anderes mehr als Erdbeeren, mein Frühstück Erdbeeren, Jan ißt Erdbeeren, Kleiman nascht Erdbeeren, Miep kocht Erdbeeren, Bep pflückt Erdbeeren, ich rieche Erdbeeren will ich das rote Zeug richtig loswerden und gehe nach oben, dann werden hier gewaschen .... Erdbeeren.« Der Rest der Erdbeeren wird eingeweckt. Abends: zwei Gläser offen. Vater macht schnell Marmelade davon. Am folgenden Morgen: Zwei Weckgläser offen. Mittags: 4 Weckgläser offen. v. P. hatte sie nicht heiß genug sterilisiert, jetzt kocht Vater jeden Abend Marmelade.
Wir essen Brei mit Erdbeeren, Buttermilch mit Erdbeeren, Brot mit Erdbeeren, Erdbeeren als Dessert, Erdbeeren mit Zucker, Erdbeeren mit Sand. Zwei Tage tanzten überall Erdbeeren, Erdbeeren, Erdbeeren, dann war der Vorrat aufgebraucht oder hinter Schloß und Riegel in den Gläsern.

——

»Hör mal Anne«, ruft Margot »wir haben Erbsen bekommen von Frau van Hoeven, 18 Pfund.« »Das ist nett von ihr«, antworte ich. In der Tat ist es nett, aber die Arbeit … Puh! »Ihr müßt Samstagmorgen alle mit enthülsen«, kündigt Mutter bei Tisch an. Und wirklich, heute morgen nach dem Frühstück erschien der größte Emailletopf auf dem Tisch, bis an den Rand gefüllt mit Erbsen. Enthülsen ist eine langweilige Arbeit, aber dann mußt du mal versuchen die Schoten auszunehmen. Ich denke daß die Mehrheit der Menschen nicht weiß wie vitamin-reich, lecker und weich die Schote von der Erbse schmeckt wenn das innerste Häutchen herausgenommen wird. Die drei gerade angeführten Vorteile wiegen jedoch nicht auf gegen die Tatsache daß die Portion, die gegessen werden kann wohl 3 mal soviel ist, als wenn man nur die Erbsen ißt.
Dieses Häutchen abziehen ist eine außergewöhnlich genaue und fummelige Arbeit, die vielleicht wohl für pedantische Zahnärzte oder genaue Gewürzmenschen geeignet ist, Für einen ungeduldigen Backfisch wie mich ist es schrecklich. Um halb zehn haben wir angefangen, um halb elf gehe ich mich setzen, um 11 Uhr stehe ich wieder auf, um halb 12 gehe ich mich setzen. Es summt in meinen Ohren: Spitze abknicken, Häutchen entfernen, Fädchen ziehen, Hülse werfen; Spitze abknicken, Häutchen entfernen, Fädchen ziehen, Hülse werfen usw. usw., es dreht sich vor meinen Augen, grün, grün, Würmchen, Fädchen, verfaulte Hülse, grün, grün, grün. Vor Lahmheit, um doch was zu tun, quatsche ich den ganzen Vormittag allen Unsinn den es gibt, bringe sie alle zum Lachen und fühle mich fast umkommen vor Stumpfsinn. Mit jedem Faden den ich ziehe weiß ich wieder besser daß ich nie, nie nur Hausfrau sein will!
Um 12 Uhr frühstücken wir endlich aber von halb 1 bis Viertel nach müssen wir wieder Häutchen entfernen. Ich bin fast seekrank, als ich aufhöre die anderen auch ein bißchen, ich schlafe bis 4 Uhr und bin dann noch immer durcheinander wegen der elenden Erbsen.

deine Anne M. Frank.

Samstag 15. Juli 1944.

Liebe Kitty,
Wir haben von der Bibliothek ein Buch gehabt mit dem herausfordernden Titel: »Hoe vindt U het moderne jonge meisje?« Über dieses Thema würde ich heute gern mal sprechen.
Die Autorin kritisiert »die Jugend von heute« von Kopf bis Zeh, ohne jedoch alles was jung ist ganz und gar abzuweisen als: zu nichts Gutem imstande. Im Gegenteil sie ist eher der Meinung daß wenn die Jugend wollen würde, sie eine große, schönere und bessere Welt aufbauen könnte, daß die Jugend die Mittel hat, aber sich mit oberflächlichen Dingen beschäftigt ohne dem wesentlichen Schönen einen Blick zu gönnen.
Bei einigen Passagen hatte ich stark das Gefühl daß die Schreiberin mich mit ihrem Tadel meinte und darum will ich mich nun endlich mal dir ganz offenlegen und mich gegen diesen Angriff verteidigen.
Ich habe einen stark ausgeprägten Charakterzug der jedem der mich länger kennt auffallen muß, und zwar meine Selbsterkenntnis. Ich kann mich bei all meinen Handlungen betrachten als ob ich eine Fremde wäre. Überhaupt nicht voreingenommen oder mit einem Sack voller Entschuldigungen stehe ich dann der Anne von jedem Tag gegenüber und schaue zu was diese gut und schlecht macht. Das Selbstgefühl läßt mich niemals los und bei jedem Wort das ich ausspreche weiß ich sofort wenn es ausgesprochen ist: dies hätte anders sein müssen, oder, das ist gut so wie es ist!« Ich verurteile mich selbst in so unsagbar vielen Dingen und sehe immer mehr wie wahr das Wort von Vater war:
»Jedes Kind muß sich selbst erziehen.« Eltern können nur Rat oder gute Anweisungen mitgeben, die letztendliche Bildung von jemandes Charakter liegt in seiner eigenen Hand. Dazu kommt noch daß ich außerordentlich viel Lebensmut habe, ich fühle mich immer so stark und

zum Aushalten fähig, so frei und so jung! Als ich das zum erstenmal merkte war ich froh, denn ich glaube nicht daß ich mich schnell unter den Schlägen beuge die jeder auffangen muß.
Aber über diese Dinge habe ich schon so oft gesprochen, ich wollte nun mal kurz zu dem Kapitel: Vater und Mutter verstehen mich nicht kommen. Mein Vater und meine Mutter haben mich immer sehr verwöhnt, waren lieb zu mir, verteidigten mich vor oben und haben getan was Eltern nur tun können. Und doch habe ich mich lange so entsetzlich einsam gefühlt, ausgeschlossen, vernachlässigt, nicht verstanden. Vater versuchte alles was nur ging um meine Aufsässigkeit zu besänftigen, das half nichts, selbst habe ich mich geheilt, durch mir selbst das Verkehrte meines Tuns vorzuhalten. Wie kommt es nun daß Vater mir in meinem Kampf niemals eine Stütze gewesen ist, er ganz fehlschlug als er mir die helfende Hand bieten wollte? Vater hat die falschen Mittel genommen, er hat immer zu mir gesprochen wie zu einem Kind das schwierige Kinderzeiten durchmachen muß. Das klingt verrückt, denn niemand anders als Vater hat mir ständig viel Vertrauen geschenkt und niemand anders als Vater hat mir das Gefühl gegeben daß ich vernünftig bin. Aber eine Sache hat er vernachlässigt, er hat nämlich nicht daran gedacht daß mein Kämpfen nach oben zu kommen für mich wichtiger war als alles andere.
Ich wollte nichts von Lebensalterserscheinungen, anderen Mädchen, geht von selbst vorbei hören, ich wollte nicht als Mädchen-wie-alle-anderen, sondern als Anne-für-sich-selbst behandelt werden und Pim verstand das nicht. Übrigens ich kann jemandem nicht mein Vertrauen schenken, der mir nicht auch sehr viel von sich selbst erzählt und weil ich von Pim nichts weiß, werde ich den Weg zum Vertraulichen zwischen uns nicht betreten können. Pim hält sich immer auf dem Standpunkt des älteren Vaters, der wohl auch einmal solche vorübergehenden Neigungen gehabt hat, aber der mit mir nicht mehr als Freund gegenüber Jugend mitleben kann, wie eifrig er auch danach trachtet. Durch diese Dinge bin ich dazu gekommen meine Lebensanschauungen und meine gut durchdachten Theorien niemals jemand anderem mitzuteilen als meinem Tagebuch und vereinzelte Male Margot. Vor Vater verbarg ich alles was mich selbst berührte, habe ihn niemals an meinen Idealen teilhaben lassen, habe ihn mir mit Willen und Absicht entfremdet.
Ich konnte nicht anders, ich habe vollkommen nach meinem Gefühl gehandelt, ich habe egoistisch gehandelt, aber ich habe gehandelt wie es für meine Ruhe gut war. Denn meine Ruhe und mein Selbstvertrauen das ich so schwankend aufgebaut habe würde ich wieder ganz verlieren wenn ich jetzt Kritik an meinem halbfertigen Werk durchstehen müßte. Und das habe ich sogar für Pim nicht übrig, wie hart das auch klingen mag, denn nicht nur habe ich Pim in Nichts an meinem inneren Leben teilhaben lassen, ich stoße ihn oft durch meine Gereiztheit noch weiter von mir ab.
Dies ist ein Punkt der mir viele Gedanken gibt: Wie kommt es daß Pim mich manchmal so ärgert? Daß ich fast nicht mit ihm lernen kann, daß seine vielen Zärtlichkeiten mir gemacht vorkommen, daß ich Ruhe haben will und am liebsten sähe daß er mich ein bißchen links liegen ließe, bis ich ihm wieder sicherer gegenüberstehe! Denn noch immer nagt an mir der Vorwurf des gemeinen Briefes den ich in meiner Aufregung ihm an den Kopf zu werfen gewagt habe. Oh was ist es schwierig wirklich nach allen Seiten hin stark und mutig zu sein!

Trotzdem hat dieses mir nicht die schlimmste Enttäuschung bereitet, nein noch viel mehr als über Vater, denke ich über Peter nach. Ich weiß sehr gut daß ich ihn erobert habe statt umgekehrt, ich habe mir ein Traumbild von ihm geschaffen, sah ihn als den stillen, empfindsamen, lieben Jungen der Liebe und Freundschaft so nötig hat! Ich mußte mich einmal aussprechen bei einem Lebenden, ich wollte einen Freund haben der mir wieder auf den Weg half, ich habe die schwierige Arbeit vollbracht und habe ihn langsam aber sicher mir zugewendet.

Als ich ihn schließlich zu freundschaftlichen Gefühlen für mich gebracht hatte, kamen wir von selbst zu Intimitäten, die mir nun bei näherem Betrachten unerhört erscheinen. Wir sprachen über die verborgensten Dinge, aber über die Dinge worüber mein Herz voll war und ist haben wir bis jetzt geschwiegen. Ich kann noch immer nicht richtig klug werden aus Peter, ist er oberflächlich, oder ist es Verlegenheit das ihn sogar mir gegenüber zurückhält?
Aber abgesehen davon, ich habe einen Fehler dadurch begangen alle anderen Möglichkeiten von Freundschaft auszuschalten und ihm durch Intimitäten näherzukommen. Er hungert nach Liebe und er fängt an mich jeden Tag lieber zu finden, das merke ich sehr gut. Ihm geben unsere Treffen Befriedigung, bei mir bewirken sie nur den Drang es immer wieder aufs neue mit ihm zu versuchen und nie die Themen zu berühren, die ich so gern ans Licht kommen lassen würde. Ich habe Peter mehr als er selbst weiß mit Gewalt zu mir hergeholt, jetzt hält er sich an mir fest und ich sehe vorläufig noch kein geeignetes Mittel ihn wieder von mir zu trennen und auf eigene Füße zu stellen. Als ich nämlich schon sehr schnell bemerkte daß er kein Freund nach meinem Verständnis sein konnte, habe ich danach gestrebt ihn dann wenigstens aus seiner Eingeschränktheit herauszuheben und ihn groß zu machen in seiner Jugend.

»Denn im tiefsten Grund ist die Kindheit einsamer als das Alter.« Dieser Spruch ist mir aus irgendeinem Buch geblieben und habe ich für wahr befunden.
Ist es denn wohl wahr daß die Erwachsenen es hier schwerer haben als die Jugend? Nein, das ist sicher nicht wahr. Ältere Menschen haben eine Meinung über alles und schwanken nicht mehr in ihren Taten durch das Leben. Wir, Jüngeren haben doppelt Mühe unsere Meinungen zu handhaben in einer Zeit wo aller Idealismus zerstört und niedergeschmettert wird, wo die Menschen sich von ihrer häßlichsten Seite sehen lassen, wo gezweifelt wird an Wahrheit und Recht und an Gott.
Jemand der dann noch behauptet daß die Älteren es hier im Hinterhaus viel schwerer haben realisiert sich dann sicher nicht, in wieviel größerem Umfang die Probleme auf uns einstürmen, die Probleme wofür wir vielleicht noch viel zu jung sind, aber die sich doch so lange an uns aufdrängen bis wir nach sehr langer Zeit eine Lösung gefunden zu haben meinen, eine Lösung meistens die sich nicht gewachsen erweist, gegen die Waffen die sie wieder zunichte machen. Das ist das Schwierige in dieser Zeit, Ideale, Träume, schöne Erwartungen kommen noch nicht auf oder sie werden durch die grauenhafteste Wirklichkeit getroffen und so vollständig zerstört. Es ist ein großes Wunder daß ich nicht all meine Erwartungen aufgegeben habe, denn sie scheinen absurd und unausführbar. Trotzdem halte ich sie fest, trotz allem weil ich noch immer an die innere Güte der Menschen glaube.
Es ist mir zum einen unmöglich alles aufzubauen auf der Basis von Tod, Elend und Verwirrung, ich sehe wie die Welt langsam immer mehr in eine Wüste verwandelt wird, ich höre den anrollenden Donner immer lauter der auch uns töten wird, ich fühle das Leid von Millionen Menschen mit und doch wenn ich zum Himmel schaue, denke ich daß dies alles sich wieder zum Guten wenden wird, daß auch diese Härte aufhören wird, daß wieder Ruhe und Frieden in die Weltordnung kommen wird. Inzwischen muß ich meine Vorstellungen hoch und trocken halten, in den Zeiten die kommen sind sie vielleicht doch noch auszuführen!

deine Anne M. Frank.

Freitag 21. Juli 1944.

Liebe Kitty,
Nun werde ich hoffnungsvoll, nun endlich geht es gut. Ja wirklich, es geht gut! Tolle Berichte! Ein Mordanschlag auf Hitler ist ausgeübt und nun mal nicht durch jüdische Kommunisten oder englische Kapitalisten sondern durch einen hoch-germanischen deutschen General, der Graf und außerdem noch jung ist. Die göttliche Vorsehung hat dem Führer das Leben gerettet und er ist leider Gottes mit ein paar Schrammen und einigen Brandwunden davongekommen. Ein paar Offiziere und Generäle aus seiner nächsten Umgebung sind getötet oder verwundet worden. Der Haupttäter ist standrechtlich erschossen worden.
Der beste Beweis doch wohl daß es viele Offiziere und Generäle gibt die stinksauer über den Krieg sind und Hitler gern in tiefere Gewölbe versinken sehen würden um eine Militärdiktatur zu errichten, mittels derer Frieden mit den Alliierten zu schließen, erneut zu rüsten und nach 20 Jahren erneut den Krieg beginnen würden. Vielleicht hat die Vorsehung mit Absicht noch ein bißchen gezögert ihn aus dem Weg zu räumen, denn es ist für die Alliierten viel bequemer und auch vorteilhafter wenn die unbefleckten Germanen sich gegenseitig totschlagen, umso weniger Arbeit bleibt für die Russen und Engländer und desto schneller können sie wieder mit dem Aufbau ihrer eigenen Städte beginnen.
Aber soweit sind wir noch nicht, und ich will nichts weniger als den glorreichen Tatsachen vorgreifen. Trotzdem merkst du wohl, daß was ich sage die Wahrheit und nichts als die Wahrheit enthält; ausnahmsweise fasele ich nun mal nicht über höhere Ideale.
Hitler ist ferner noch so freundlich gewesen seinem treuen und anhänglichen Volk mitzuteilen daß alle Militärs von heute an der Gestapo zu gehorchen haben und daß jeder Mann oder jeder Soldat der weiß daß sein Kommandant an diesem feigen und minderwertigen Attentat teil gehabt hat, ihn abknallen darf!
Schöne Geschichte wird das werden. Pietje Wijs hat schmerzende Füße vom langen Laufen, sein Herr, der Offizier schnauzt ihn zusammen. Pietje ergreift sein Gewehr, ruft: »Du wolltest den Führer ermorden, da ist dein Lohn!« Ein Knall und der hochmütige Chef, der es wagt Pietje Standpauken zu halten, ist ins ewige Leben (oder ist es der ewige Tod?) eingegangen! Zuletzt wird es dann so aussehen, daß die Herren Offiziere, sich die Hosen vollmachen vor Angst wenn sie einen Soldaten treffen oder irgendwo die Führung haben, weil die Soldaten mehr zu sagen und zu tun haben, als sie selbst.
Verstehst du's ein bißchen, oder bin ich wieder vom Hundertsten ins Tausendste gekommen. Ich kann's nicht ändern, bin viel zu fröhlich um logisch zu sein, in der Aussicht daß ich im Oktober wohl wieder mal auf der Schulbank sitzen können würde! O lala, habe ich nicht gerade noch gesagt daß ich nicht voreilig sein will? Vergib mir, ich habe nicht umsonst den Namen daß ich ein Bündelchen Widerspruch bin!

deine Anne M. Frank.

Dienstag 1. August 1944.

Liebe Kitty,
»Ein Bündelchen Widerspruch« ist der letzte Satz meines vorigen Briefes und der erste von meinem heutigen. »Ein Bündelchen Widerspruch«, kannst du mir genau erklären was das ist? Was bedeutet Widerspruch? Wie so viele Worte (kann es auf zwei Arten erklärt werden) hat es zwei Bedeutungen, Widerspruch von außen und Widerspruch von innen. Das erste ist das normale sich nicht zufriedengeben mit anderer Leute Meinungen, es selbst besser zu wissen, das letzte Wort zu behalten, kurzum alles unangenehme Eigenschaften wofür ich bekannt bin, das zweite, dafür bin ich nicht bekannt, das ist mein eigenes Geheimnis.

Ich habe dir schön öfter erzählt (gesagt), daß meine Seele sozusagen zweigeteilt ist. Die eine Seite beherbergt meine ausgelassene Fröhlichkeit, Spöttereien über alles, Lebenslustigkeit und vor allem die Auffassung der leichten Seite von allem. Darunter verstehe ich bei Flirten nichts zu finden, einem Kuß, einer Umarmung, einem unanständigen Witz. Diese Seite sitzt meistens auf der Lauer und verdrängt die andere die viel schöner, reiner und tiefer ist. Nicht wahr, die schöne Seite von Anne, die kennt niemand und darum können mich auch so wenige Menschen leiden. Sicher, ich bin ein amüsanter Clown für einen Nachmittag, dann hat jeder für einen Monat wieder genug von mir. Eigentlich genau dasselbe was ein Liebesfilm für tiefdenkende Menschen ist, einfach eine Ablenkung, Zerstreuung für einmal, etwas um schnell zu vergessen, nicht schlecht aber noch weniger gut.

Es ist sehr unangenehm für mich dir dies erzählen zu müssen, aber warum sollte ich es nicht tun, wenn ich doch weiß daß es die Wahrheit ist? Meine leichtere, oberflächliche Seite wird der tieferen immer zuvorkommen und darum immer gewinnen. Du kannst dir nicht vorstellen wie oft ich nicht schon versucht habe, diese Anne, die nur die Hälfte von allem was Anne heißt ist wegzuschieben, umzuschlagen, zu verbergen, es geht nicht und ich weiß auch wieso es nicht geht.

Ich habe große Angst daß alle die mich kennen wie ich immer bin, entdecken werden daß ich eine andere Seite habe, eine schönere und bessere Seite. Ich habe Angst daß sie mich verspotten, mich lächerlich, sentimental finden, mich nicht ernst nehmen. Ich bin gewöhnt nicht ernst aufgenommen zu werden, aber nur die leichte Anne ist es gewöhnt und kann es aushalten, die schwerere ist dafür zu schwach. Wenn ich wirklich einmal eine Viertelstunde die gute Anne mit Gewalt ins Rampenlicht gestellt habe, dann zieht sie sich wie ein Blümchen-rühr-mich-nicht-an zusammen sobald sie sprechen muß, läßt Anne No:1 ans Wort und ist bevor ich es weiß verschwunden.

In Gesellschaft ist die liebe Anne also noch nie, noch nicht einmal zum Vorschein gekommen, aber beim Allein-sein führt sie fast immer das Wort. Ich weiß genau wie ich gern sein wollte, wie ich auch bin … von innen, aber leider bin ich das nur für mich selbst. Und das ist vielleicht, nein ganz sicher der Grund warum ich mich selbst eine glückliche Innennatur nenne und andere Menschen mich eine glückliche Außennatur finden. Von innen weist die reine Anne mir den Weg, von außen bin ich nichts als ein vor Ausgelassenheit, sich losreißendes Geißlein.

Wie ich schon sagte, ich fühle alles anders als ich es ausspreche und dadurch habe ich den Ruf einer Jungennachläuferin, Flirterin, Besserwisserin und Romaneleserin bekommen. Die fröhliche Anne lacht darüber, gibt eine freche Widerantwort, zieht ihre Schultern gleichgültig hoch, tut als ob es ihr nichts ausmachen kann, aber oh nein, genau umgekehrt reagiert die stille Anne. Wenn ich ganz ehrlich bin, dann will ich dir wohl bekennen daß es mich wohl berührt, daß ich mir unsagbar viel Mühe gebe anders zu werden, aber daß ich immer wieder gegen stärkere Armeen kämpfe.

Es schluchzt in mir: »Siehst du, das ist aus dir geworden, schlechte Meinungen, spöttische und verstörte Gesichter, Menschen die dich unsympathisch finden, die [du] triffst, und das alles nur weil du nicht auf den guten Rat deiner eigenen guten Hälfte hörst. Ach, ich würde wohl hören wollen, aber es geht nicht, wenn ich still und ernst bin denken alle daß das eine neue Komödie ist und dann muß ich mich wohl mit einem Witz daraus retten, ganz zu schweigen von meiner eigenen Familie, die bestimmt denkt daß ich krank bin, mich Kopfwehpillen und Beruhigungstabletten schlucken läßt, mir an Hals und Stirn fühlt ob ich Fieber habe, nach meinem Stuhlgang fragt und meine schlechte Laune kritisiert, das halte ich nicht aus, wenn so auf mich aufgepaßt wird dann werde ich erst schnippisch, dann traurig und schließlich drehe ich mein Herz wieder um, drehe das Schlechte nach außen, das Gute nach innen und suche dauernd nach einem Mittel um zu werden wie ich so sehr gern sein würde und so wie ich würde sein können, wenn ….. keine anderen Menschen auf der Welt leben würden.

deine Anne M. Frank.

[Innenseite Hintereinband:]
Soit gentil et tiens courage!

Tagebuch Version b

20. 6. 42

Es ist für jemanden wie ich, eine sehr eigenartige Empfindung in ein Tagebuch zu schreiben. Nicht allein daß ich noch nie geschrieben habe, sondern es kommt mir so vor daß später weder ich, noch jemand anders für die Herzensergüsse eines dreizehnjähriges Schulmädchens Interesse aufbringen wird. Aber ja, eigentlich kommt es darauf nicht an, ich habe Lust zu schreiben und noch viel mehr mein Herz über alles mögliche einmal gründlich und vollkommen zu erleichtern. Papier ist geduldiger als Menschen, dieses Sprichwort fiel mir ein als ich an einem meiner leicht-melancholischen Tagen, gelangweilt mit meinem Kopf auf den Händen da saß und vor Schlaffheit nicht wußte ob ich weggehen sollte, oder lieber zu Hause bleiben, und so letztlich auf demselben Fleck sitzenblieb und weitergrübelte. Ja in der Tat, Papier ist geduldig, und da ich nicht die Absicht habe, dieses kartonierte Heft, das den hochtrabenden Namen »Tagebuch« trägt, jemals jemanden lesen zu lassen, es sei denn ich bekäme noch irgendwann in meinem Leben einen Freund oder [eine] Freundin, der dann »der« Freund oder [»die«] Freundin ist, kann das wahrscheinlich niemandem was ausmachen.
Nun bin ich bei dem Punkt angelangt an dem die ganze Tagebuch-Idee angefangen hat; ich habe keine Freundin.
Um noch deutlicher zu sein, muß hier eine Erklärung folgen, denn niemand kann verstehen daß ein Mädchen von 13 ganz allein auf der Welt steht, das ist auch nicht wahr: ich habe liebe Eltern und eine Schwester von 16, ich habe alle zusammengezählt bestimmt 30 Bekannte und was man so Freundinnen nennt, ich habe einen Haufen Anbeter, die mir [alles] von den Augen ablesen und wenn's nicht anders geht, mit einem zerbrochenen Taschenspiegel in der Klasse noch einen Schimmer von mir aufzufangen versuchen, ich habe Familie, liebe Tanten und ein gutes Zuhause, nein so offensichtlich fehlt es mir an nichts, außer »der« Freundin. Ich kann mit keinem meiner Bekannten etwas anderes tun als Spaß machen, ich kann niemals dazu kommen mal über etwas anderes als über die alltäglichen Dinge zu sprechen, oder etwas intimer zu werden, und das ist der Haken. Vielleicht liegt der Mangel an Vertraulichkeit bei mir, jedenfalls die Tatsache ist da und es ist schade genug auch nicht aufzulösen. Darum dieses Tagebuch. Um nun die Vorstellung der langersehnten Freundin in meiner Phantasie noch zu steigern will ich nicht die Tatsachen einfach wie jeder andere in dieses Tagebuch schreiben, sondern will ich dieses Tagebuch, die Freundin-selbst sein lassen und diese Freundin heißt Kitty.
Da niemand etwas von meinen Geschichten an Kitty verstehen würde, wenn ich so mit der Tür ins Haus falle muß ich kurz meine Lebensgeschichte wiedergeben, so ungern ich das auch tue. Mein Vater, der liebste Schatz von einem Vater den ich je getroffen habe, heiratete erst mit 36 Jahren meine Mutter die damals 25 war. Meine Schwester Margot, wurde 1926 geboren, in Frankfurt a/m in Deutschland. Am 12. Juni 1929 folgte ich und da wir reinrassige Juden sind emigrierten wir 1933 in die Niederlande, wo mein Vater angestellt wurde als Direktor der Niederländischen Opekta Gesellschaft zur Marmeladenzubereitung. Unser Leben verlief mit den nötigen Aufregungen, da die übriggebliebene Familie in Deutschland nicht von Hitlers Juden-

gesetzen verschont blieb. 1938 nach den Pogromen, flüchteten meine beiden Onkel, Brüder von Mutter und landeten sicher in Nord-Amerika, meine alte Großmutter kam zu uns, sie war damals 73 Jahre alt. Nach Mai 1940 ging es bergab mit den guten Zeiten, erst der Krieg, die Kapitulation, Einmarsch der Deutschen und das Elend für uns Juden begann. Judengesetz folgte auf Judengesetz und unsere Freiheit wurde sehr beschränkt, aber es ist noch auszuhalten, trotz Stern, getrennten Schulen, um Uhr zu Hause sein usw. usw.
Oma starb im Jan. 1942, Margot und ich waren im Okt. 1941 in das jüdische Lyzeum versetzt worden, Sie in die 4., ich in die 1. Klasse. Unserer 4-Familie geht es noch immer gut, und so bin ich dann an dem heutigen Datum angelangt an dem die feierliche Einweihung meines Tagebuchs beginnt.
Amsterdam
20. Juni 1942. AnneFrank.

20. Juni 1942
Samstag

Liebe Kitty,
Dann fange ich sofort an; es ist so schön ruhig, Vater und Mutter sind ausgegangen und Margot ist mit ein paar Jugendlichen zu ihrer Freundin Trees gegangen ping-pongspielen. Ping-pongspielen tue ich in der letzten Zeit auch sehr viel, so viel sogar daß wir mit fünf Mädchen einen Club gegründet haben. Der Club heißt der kleine Bär minus 2; das ist schon ein sehr verrückter Name aber er beruht auch auf einem Irrtum. Wir wollten einen ganz besonderen Namen für unseren Club haben und dachten übereinstimmend mit unseren 5 Mitgliedern an die Sterne. Unserer Meinung nach enthielt der große Bär 7 und der kleine Bär 5 Sterne, aber bei näherem Anfragen stellte sich heraus daß allebeide 7 haben. Daher das minus 2. Ilse Wagner hat ein Ping-Pongspiel und das große Eßzimmer der Wagners steht immer zu unsrer Verfügung, Susanne Ledermann ist unsere Vorsitzende, Jacqueline van Maarsen Sekretärin, Elizabeth Goslar, Ilse und ich stellen die übrigen Mitglieder dar. Da wir 5 Ping-Pong-Spielerin[nen], vor allem im Sommer sehr gerne Eis mögen und Ping-Pong-Spielen warm macht, läuft so ein Spiel meistens auf einen Ausflug zu den nächstgelegenen Eisgeschäften hinaus die für Juden erlaubt sind die Oase oder Delphi. Nach Portemonnaies oder Geld suchen wir schon überhaupt nicht mehr; in der Oase ist es meistens so voll, daß unter all den Leuten schon einige großzügige Herren aus unserem ausgedehnten Bekanntenkreis oder der eine oder andere Verehrer zu finden ist, die uns mehr Eis anbieten als wir in einer Woche essen können.
Ich nehme an daß du ein bißchen erstaunt bist über die Tatsache daß ich so jung wie ich bin (die Jüngste vom Club) über Verehrer spreche. Leider, oder in einigen Fällen auch wieder nicht leider, dieses Übel scheint auf unserer Schule nicht zu vermeiden zu sein. Sobald einer der Jungen mich fragt ob er mit mir nach Hause radeln darf und ein Gespräch angefangen wird, kann ich in 9 von 10 Mal davon überzeugt sein, daß der betreffende Jüngling die lästige Angewohnheit hat sofort in Feuer und Flamme zu geraten und mich nicht mehr aus den Augen läßt. Nach einiger Zeit legt sich die Verliebtheit tatsächlich wieder, vor allem weil ich mir aus feurigen Blicken nicht viel mache und lustig weiterradle. Wenn es mir [mir] manchmal zu bunt wird und sie Fragen über Vater schwafeln, schlenkere ich ein bißchen mit meinem Rad, [die] Tasche fällt, der junge Mann muß anstandshalber absteigen und nachdem [er] die Tasche wieder abgeliefert hat, habe ich längst wieder ein anderes Gesprächsthema angeknüpft. Das sind aber noch die Unschuldigsten, es gibt natürlich auch [welche] darunter die Kußhändchen schicken oder sich eines Arms versuchen zu bemächtigen, aber da sind sie bestimmt an der falschen Adresse, ich steige ab und weigere mich weiter seine Gesellschaft in

Anspruch zu nehmen, oder ich bin angeblich beleidigt und sage ihm klipp und klar, daß er nach Hause gehen kann.
So, der Grundstein für unsere Freundschaft ist gelegt, bis morgen

Deine Anne.

21. Juni 1942.
Sonntag.

Liebe Kitty,
Unsere ganze 1 L II bibbert, der Anlaß ist natürlich die in Aussicht gestellte Lehrerkonferenz. Die halbe Klasse ist am Wetten wegen Versetzung oder Sitzenbleiben, Miep Lobatto, meine Nachbarin und ich, lachen uns kaputt über unsere beiden Hintermänner, Pim Pimentel und Jacques Kokernoot die ihr ganzes Ferien-Kapital aneinander verwettet haben. »Du wirst versetzt«, »von wegen«, »doch«, von morgens früh bis abends spät, sogar Mieps flehende Blicke um Ruhe und meine bösen Ausbrüche können die beiden nicht zur Ruhe bringen. Meiner Meinung nach müßte ein Viertel der ganzen Klasse sitzenbleiben, solche Trottel sitzen hier darin, aber Lehrer sind die launenhaftesten Menschen die es gibt, vielleicht sind sie jetzt, ausnahmsweise einmal launenhaft in der richtigen Richtung.
Für meine Freundinnen und mich selbst habe ich nicht solche Angst, ein paar Ferienaufgaben und Nachprüfungen und damit werden wir wohl durchrutschen. Nur in Mathematik bin ich unsicher. Nun ja, abwarten. Bis dahin sprechen wir einander Mut zu.
Ich komme mit allen meinen Lehrern und Lehrerinnen ziemlich gut aus, es sind 9 insgesamt, von denen 7 männlich und 2 weiblich [sind]. Herr Keesing, der alte Mann der Mathematik, war eine Zeitlang sehr böse auf mich weil ich so viel schwätzte, Ermahnung folgte auf Ermahnung bis ich Strafarbeit bekam. Einen Aufsatz schreiben mit dem Thema »eine Schwatzliese«. Eine Schwatzliese, was kann man darüber nun schreiben? Das war eine spätere Sorge, ich steckte mein Aufgabenheft nach Eintragung in meine Tasche und versuchte mich ruhig zu halten.
Abends daheim als all meine andere Hausaufgabe fertig war, fiel mein Auge auf die Eintragung für den Aufsatz. Mit dem Ende meines Füllers im Mund fing ich an über das Thema nachzudenken; so einfach irgend etwas schwafeln und so weit wie möglich auseinanderschreiben kann jeder, aber einen schlagenden Beweis für die Notwendigkeit des Redens zu finden, das war die Kunst. Ich dachte und dachte, dann hatte ich auf einmal eine Idee, ich schrieb meine 3 aufgegebenen Seiten voll und war zufrieden. Als Argumente hatte ich angeführt, daß Reden weiblich sei, daß ich ja mein Bestes tun würde es ein bißchen zu mäßigen, aber abgewöhnen würde ich es mir wohl nie, da meine Mutter genauso viel redete wie ich, wenn nicht mehr und daß an ererbten Eigenschaften nun mal wenig zu machen ist.
Herr Keesing mußte über meine Argumente lachen, aber als ich mein Sprech-Stündchen in der nächsten Stunde doch wieder fortsetzte, folgte auch der zweite Aufsatz. Diesmal sollte es »eine unverbesserliche Schwatzliese« sein. Auch dies wurde abgeliefert und Keesing hatte zwei Stunden lang nichts zu klagen. In der dritten Stunde wurde es ihm jedoch wieder zu bunt. »Anne Frank, als Strafarbeit für Reden, ein Aufsatz mit dem Thema »Kwek, Kwek, Kwek, sagte Fräulein Schnatterbeck«. Die Klasse lachte schallend. Ich mußte auch lachen, obwohl mein Erfindungsreichtum auf dem Gebiet von Schwatzaufsätzen erschöpft war. Ich mußte etwas anderes, sehr Originelles dafür finden. Der Zufall kam mir zu Hilfe, meine Freundin Susanne, [eine] gute Dichterin, bot ihre Hilfe an um den Aufsatz von vorn bis hinten in Reimen abzuliefern. Ich jauchzte. Keesing wollte mich mit diesem blödsinnigen Thema zum Besten halten, aber ich würde ihn mit meinem Gedicht doppelt und dreifach zum Besten halten.

Das Gedicht wurde fertig und war großartig! Es handelte von einer Mutter Ente und einem Vater Schwan, mit 3 kleinen Entchen, die wegen zuviel Schnatterns, vom Vater totgebissen wurden. Keesing verstand den Witz zum Glück richtig, er las das Gedicht mit Kommentar in der Klasse vor und in verschiedenen anderen Klassen auch noch. Seitdem durfte ich schwatzen und bekam nie mehr Strafarbeit, im Gegenteil, Keesing macht jetzt immer Witzchen.

Deine Anne.

Mittwoch 24. Juni 1942.

Liebe Kitty,
Es ist glühend heiß, jeder schnauft und brät, in dieser Hitze muß ich alles zu Fuß gehen. Jetzt sehe ich erst wie angenehm eine Straßenbahn doch ist, vor allem eine offene, aber dieser Genuß ist uns Juden nicht länger beschieden, für uns ist Schusters Rappen gut genug. Gestern mußte ich in der Mittagspause zum Zahnarzt in die Jan Luikenstraat, es ist von unserer Schule in den Stadstimmertuinen aus ein langer Weg, in der Schule schlief ich nachmittags dann auch beinahe ein. Ein Glück daß einem die Leute von selbst schon etwas zu trinken anbieten, die Schwester vom Zahnarzt ist wirklich eine herzliche Frau. Das einzige womit wir noch fahren dürfen ist die Fähre, über die Jozef Israëlskade ist ein kleines Boot, dessen Fährmann uns sofort mitnahm als wir um Übersetzen baten. An den Holländern liegt es wirklich nicht daß wir Juden es so schlecht haben. Ich wünschte nur daß ich nicht zur Schule müßte, mein Fahrrad ist in den Osterferien gestohlen worden und Mutter ihres hat Vater, zu Christenbekannten in Verwahrung gegeben. Aber zum Glück nähern sich die Ferien mit rasenden Schritten, noch eine Woche und das Leid ist vorbei. Gestern morgen habe ich etwas Nettes erlebt, ich kam am Fahrradabstellplatz vorbei, als mich jemand rief. Ich schaute mich um und sah einen netten Jungen hinter mir stehen, den ich am Abend zuvor bei Wilma getroffen hatte.
Er kam ein bißchen schüchtern näher und stellte sich vor als Hello Silberberg. Ich war ein bißchen erstaunt und wußte nicht recht was er wollte, aber das stellte sich schon schnell heraus, Hello wollte meine Gesellschaft in Anspruch nehmen und mich zur Schule bringen. »Wenn du sowieso in dieselbe Richtung mußt, gehe ich wohl mit«, antwortete ich und so gingen wir zusammen. Hello ist schon 16 und kann über alle möglichen Dinge hübsch erzählen, heute morgen wartete er wieder auf mich und in Zukunft wird es nun wohl so bleiben.

Anne.

Mittwoch 1. Juli 1942.

Liebe Kitty,
Bis heute hatte ich wirklich keine Zeit um wieder zu schreiben. Donnerstag war ich den ganzen Nachmittag bei Bekannten, Freitag hatten wir Besuch und so ging es bis weiter bis heute.
Hello und ich haben uns in dieser Woche gut kennengelernt, er hat mir viel von seinem Leben erzählt, er kommt aus Gelsenkirchen und ist ohne seine Eltern hier in den Niederlanden bei seinen Großeltern. Seine Eltern sind in Belgien für ihn gibt es keine Möglich[keit] auch dorthin zu kommen.
Hello hat ein Mädchen Ursula, ich kenne sie, ein Vorbild an Sanftmut und Langeweile, seit er mich getroffen hat ist Hello zu der Entdeckung gekommen daß er an Ursuls Seite einschläft. Ich bin also eine Art Wachhaltemittel, ein Mensch weiß nie wofür er noch einmal gebraucht wird!
Montagabend war Hello bei uns zu Hause um mit Vater und Mutter Bekanntschaft zu machen, ich hatte Torte und Süßigkeiten geholt, Tee und Kekse alles gab's, aber weder Hello noch ich hatten Lust ruhig nebeneinander auf einem Stuhl zu sitzen, wir sind spazierengegangen und erst um zehn nach 8 wurde ich zu Hause abgeliefert. Vater war sehr böse, fand das keine Art daß ich

zu spät zu Hause war, ich mußte versprechen in Zukunft schon um 10 vor 8 drinnen zu sein. Am kommenden Samstag bin ich bei ihm eingeladen. Meine Freundin Jacque zieht mich immer mit Hello auf; ich bin wirklich nicht verliebt, oh nein, aber ich darf doch wohl Freunde haben, niemand findet da was dabei.
Vater ist in der letzten Zeit viel zu Hause, im Geschäft hat er nichts mehr zu suchen, ein unangenehmes Gefühl muß das sein sich so überflüssig zu fühlen. Herr Kleiman hat die Opekta übernommen und Herr Kugler Gies und Co, die Firma für (Ersatz) Kräuter, die erst 1941 gegründet worden ist. Als wir vor ein paar Tagen zusammen um unseren Platz spazierten, fing Vater an über Verstecken zu sprechen, er redete darüber daß es sehr schwer für uns sein wird ganz und gar abgeschnitten von der Welt zu leben, Ich fragte warum er jetzt schon darüber sprach »Ja Anne,« sagte er darauf »du weißt daß wir schon seit mehr als einem Jahr Kleider, Lebensmittel und Möbel zu anderen Leuten bringen, wir wollen unseren Besitz nicht in die Hände der Deutschen fallen lassen, aber noch viel weniger wollen wir-selbst geschnappt werden. Wir werden darum von uns aus weggehen und nicht warten bis wir geholt werden.«
»Aber Vater, wann denn?«
ich bekam Angst durch den Ernst mit dem Vater dieses so sagte.
»Mach du dir mal keine Sorgen darüber, das regeln wir schon, genieße dein unbeschwertes Leben, solange du es genießen kannst.«
Das war alles. Oh laß die Erfüllung dieser düsteren Worte, noch lange fern bleiben.

Deine Anne.

Sonntagmorgen 5. Juli 1942.

Beste Kitty,
Die Versetzungsfeier am Freitag im Jüdischen Theater ist nach Wunsch verlaufen, mein Zeugnis ist gar nicht so schlecht, ich habe ein Ungenügend eine 5 in Algebra, sonst alles Siebenen, zwei Achten, und zwei Sechsen. Zu Hause waren sie schon froh, aber meine Eltern sind in Notenangelegenheiten ganz anders als andere Eltern, sie haben sich nie etwas aus guten oder schlechten Zeugnissen [gemacht] und passen nur auf ob ich gesund bin, nicht zu frech und Spaß habe, wenn diese 3 Dinge in Ordnung sind, kommt alles andere von selbst. Ich bin das Gegenteil, ich will nicht schlecht sein, ich bin unter Vorbehalt ins Lyzeum aufgenommen, weil ich eigentlich noch in der 7. Klasse der 6. Montessorischule bleiben sollte, aber als alle jüdischen Kinder auf jüdische Schulen mußten, nahm Herr Elte mich und Lies Goslar, nach einigem Hin- und Hergerede, unter Vorbehalt auf. Lies ist auch versetzt worden aber mit einer schweren Nachprüfung in Geometrie. Arme Lies, sie kann zu Hause fast nie tüchtig arbeiten; in ihrem Zimmerchen spielt ihre kleine Schwester den ganzen Tag spielt, ein verwöhntes Baby von fast 2 Jahren. Wenn Gabi ihren Willen nicht bekommt schreit sie und wenn Lies sich dann nicht mit ihr beschäftigt, schreit Frau Goslar. Auf so eine Art kann Lies unmöglich richtig arbeiten und helfen auch die zahllosen Nachhilfestunden nicht viel die sie immer wieder bekommt.
Bei Goslars ist mir das aber auch ein Haushalt; von den fünf Zimmern auf der Zuider Amstellaan ist eines vermietet, die Eltern von Frau [Goslar] wohnen im nächsten Eingang, essen aber auch bei der Familie, dann gibt es noch ein Dienstmädchen, das Baby, Herrn [Goslar], den immer Zerstreuten und Abwesenden und Frau [Goslar], die immer Nervöse und Gereizte, die wieder guter Hoffnung ist. In dieser Lotterwirtschaft ist Lies mit ihren beiden linken Händen so gut wie verloren. Meine Schwester Margot hat auch ihr Zeugnis bekommen, ausgezeichnet wie immer. Wenn es cum laude bei uns gäbe, wäre sie sicher mit Auszeichnung versetzt worden, so ein kluges Köpfchen! Gerade schellt es, Hello kommt, ich schließe

deine Anne.

Mittwoch 8. Juli 1942.

Liebe Kitty,

Ab Sonntagmorgen bis jetzt scheint es ein Abstand von Jahren, es ist so viel geschehen daß es ist als ob sich die ganze Welt plötzlich umgedreht hätte, aber Kitty, du merkst, daß ich noch lebe, und das ist die Hauptsache, sagt Vater.

Ja, in der Tat ich lebe noch, aber frage nicht wo und wie. Ich denke daß du heute überhaupt nichts von mir verstehst, deshalb werde ich einfach anfangen dir zu erzählen was Sonntagnachmittag geschehen ist.

Um 3 Uhr, (Hello war eben weggegangen, um später zurückzukommen) schellte jemand an der Tür, ich hörte es nicht da ich faul in einem Liegestuhl auf der Veranda in der Sonne lag und las. Kurz danach erschien Margot in aufgeregtem Zustand an der Küchentür. »Es ist ein Aufruf von der S. S. für Vater gekommen«, flüsterte sie »Mutter ist schon zu Herrn van Pels gegangen.«

Ich erschrak schrecklich, ein Aufruf, jeder weiß was das bedeutet, Konzentrationslager und einsame Zellen sah ich schon im Geist auftauchen und dahin sollten wir Vater ziehen lassen müssen. »Er geht natürlich nicht«, erklärte mir Margot als wir im Zimmer saßen und auf Mutter warteten »Mutter ist zu v. P. um zu fragen ob wir morgen in unser Versteck umziehen können. V. P. verstecken sich mit uns. Wir sind dann zu 7.« Stille. Wir konnten nicht mehr sprechen, der Gedanke an Vater, der nichts Böses ahnend zu Besuch in der Joodse Invalide war, das Warten auf Mutter, die Hitze, die Anspannung das alles ließ uns schweigen.

Plötzlich schellte es wieder. »Das ist Hello«, sagte ich. »Nicht aufmachen«, hielt Margot, mich zurück, aber das war überflüssig, wir hörten Mutter und Herrn v. P. unten mit Hello reden, dann kamen sie herein und schlossen die Tür hinter sich zu. Bei jedem Klingeln, mußten Margot und ich nun leise hinunter um zu sehen ob es Vater war, andere Leute ließen wir nicht herein.

Margot und ich wurden aus dem Zimmer geschickt, v. P. wollte mit Mutter allein sprechen. (V. P. ist ein Bekannter und Teilhaber in Vaters Firma) Als Margot und ich in unserem Schlafzimmer saßen, erzählte sie daß nicht Vater sondern sie der Aufruf traf. Ich erschrak aufs neue und fing dann an zu weinen. Margot ist 16, solche jungen Mädchen wollten sie also alleine wegschicken, aber glücklicherweise würde sie nicht gehen, Mutter hat es selbst gesagt, und darauf würden auch Vaters Worte wohl gezielt haben, als er mit mir über verstecken sprach.

Verstecken, wo sollten wir uns verstecken, in der Stadt, auf dem Land, in einem Haus, in einer Hütte, wann, wie wo? .... Das waren viele Fragen, die ich nicht stellen konnte, und die doch immer wieder zurückkamen. Margot und ich begannen das Nötigste in eine Schultasche zu pakken, das erste was ich hineinstopfte war dieses kartonierte Heft, danach Lockenwickler, Taschentücher, Schulbücher, Kamm, alte Briefe, ich dachte an das Verstecken und stopfte deshalb den verrücktesten Unsinn in die Tasche, aber es tut mir nicht leid, ich mache mir mehr aus Erinnerungen, als aus Kleidern.

Um 5 Uhr kam Vater endlich nach Hause, wir riefen Herrn Kleiman an und fragten ob er abends noch kommen könnte. V. P. ging weg und holte Miep. Miep kam, nahm einige Schuhe, Kleider, Mäntel, Unterwäsche und Strümpfe in einer Tasche mit und versprach abends zurückzukommen. Danach war es still in unserer Wohnung; keiner von vieren wollten wir essen, es war noch warm und alles war sehr sonderbar. Unser großes oberes Zimmer hatten wir vermietet an einen gewissen Herrn Goldschmidt, [ein] geschiedener Mann in den Dreißigern, der an diesem Abend scheinbar nichts zu tun hatte, darum blieb er bis 10 Uhr bei uns herumhängen und war mit guten Worten nicht wegzukriegen.

Um 11 Uhr kamen Miep und Jan Gies, Miep ist seit 1933 bei Vater im Geschäft und eine intime Bekannte geworden, genau wie ihr frischgebackener Ehemann Jan. Wieder verschwanden

Schuhe, Hosen, Bücher und Unterwäsche in Mieps Tasche und Jans tiefen Taschen; um halb 12 waren auch sie verschwunden.
Ich war todmüde und obwohl ich wußte daß es die letzte Nacht in meinem Bett sein würde, schlief ich sofort ein und wurde erst um halb 6 am Morgen von Mutter geweckt. Glücklicherweise war die Hitze etwas geringer als [am] Sonntag; ein warmer Regen strömte den ganzen Tag hindurch. Wir kleideten uns alle 4 so dick an, als würden wir in einem Eisschrank übernachten müssen und das nur um noch einige Kleidungsstücke mitzunehmen. Kein Jude in unserer Lage würde es gewagt haben mit einem Koffer voller Kleider aus dem Haus zu gehen. Ich hatte 2 Hemden, drei Hosen, ein Kleid, darüber Rock, Mantel, Sommermantel, zwei paar Strümpfe, feste Schuhe, Mütze, Schal, und noch viel mehr an, ich erstickte zu Hause schon, aber danach fragte niemand. Margot stopfte ihre Schultasche voll mit Schulbüchern, holte ihr Rad von dem Abstellplatz und fuhr hinter Miep her fort, in mir unbekannte Fernen. Ich wußte nämlich noch immer nicht wo der geheimnisvolle Platz unserer Bestimmung sein würde.
Um halb 8 schlossen auch wir die Tür hinter uns, die einzige von der ich Abschied nehmen mußte war Moortje, meine kleine Katze, die ein gutes Heim bei den Nachbarn bekommen sollte, wie angegeben war auf einem Zettel an Herrn Goldsmith adressiert. Die abgedeckten Betten, das Frühstückszeug, auf dem Tisch, ein Pfund Fleisch für die Katze in der Küche, das alles weckte den Eindruck als ob wir Hals über Kopf weggegangen wären. Eindrücke konnten uns nichts ausmachen, weg wollten wir, nur weg, sicher ankommen, sonst nichts.
Morgen Fortsetzung.

Deine Anne.

Donnerstag 9. Juli 1942.

Liebe Kitty,
So gingen wir dann im strömenden Regen, Vater, Mutter und ich, jeder mit einer Schul- und Einkaufstasche, bis obenhin vollgestopft mit den am meisten durcheinanderliegenden Dingen. Die Arbeiter die früh zur ihrer Arbeit gingen schauten uns mitleidig nach; auf ihrem Gesicht war deutlich das Bedauern zu lesen daß sie uns keinerlei Fahrzeug anbieten konnten, der auffallende gelbe Stern sprach für sich selbst.
Erst als wir auf der Straße waren erzählten Vater und Mutter mir stückchenweise den ganzen Versteckplan. Schon monatelang hatten wir so viel von unserem Hausrat und unserer Leibwäsche wie möglich war, aus dem Haus geschafft, und nun waren wir gerade so weit daß wir uns freiwillig am 16. Juli verstecken wollten. Durch diesen Aufruf war der Versteckplan 10 Tage früher gelegt, so daß wir uns mit weniger gut geordneten Appartements zufriedengeben mußten.
Der Versteckplatz selbst sollte in Vaters Bürogebäude sein. Das ist für Außenstehende ein bißchen schwer zu begreifen, darum werde ich es näher erklären. Vater hat nicht viel Personal gehabt, Herrn Kugler, Kleiman und Miep, ferner noch Bep Voskuyl, die 23jährige Stenotypistin, die alle über unser Kommen informiert waren. Im Lager, der Lager Meister, Herr Voskuyl, Vater von Bep, dem wir nichts gesagt hatten und zwei Arbeiter.
Mit dem Gebäude verhält es sich folgendermaßen, [im] Parterre ist ein großes Magazin, das als Lagerraum gebraucht wird, dieser ist wieder unterteilt in verschiedene Verschläge, zum Beispiel der Mahlraum, wo Zimt, Nelken und Pfeffer Surrogat vermahlen werden, der Vorratsraum und die Veranda, Neben der Lagertür, befindet sich die normale Haustür, die durch eine Zwischentür Zugang zu einer Treppe gibt. Oben an der Treppe, erreicht man eine Tür mit Halbmattglas, auf der einmal mit schwarzen Buchstaben »Kontor« stand. Dies ist das große vordere Büro, sehr groß, sehr hell, sehr voll. Tagsüber arbeiten da Bep, Miep und Herr Kleiman, durch ein Kabinett mit Tresor, Garderobe und einem großen Vorratsschrank, kommt man zu dem kleinen, muffi-

gen, dunklen Direktorenzimmer. Dort saßen früher Herr Kugler und Herr V. P., nun nur noch ersterer. Man kann auch vom Flur aus Kuglers Büro erreichen, aber dann nur durch eine Glastür die zwar von innen, aber von außen nicht ohne weiteres zu öffnen ist von Kuglers Büro aus, den langen schmalen Flur hindurch, an der Kohlenecke vorbei, vier Stufen hinauf, das Prunkstück des ganzen Gebäudes, das Privat-Büro. Vornehme dunkle Möbel Linoleum und Teppiche auf dem Boden, Radio, vornehme Lampe alles prima-prima, daneben eine große, geräumige Küche mit Warmwasserbereiter und zwei Gaskochern und daneben [ein] W. C. Das ist der erste Stock.

Vom unteren Flur, führt eine normale, hölzerne Treppe nach oben. Oben, ist ein kleiner Vorplatz, der die Diele genannt wird. Rechts und links von der Diele ist eine Tür, links führt zum Vorderhaus, mit Kräuterzimmer, Durchgangszimmer, Vorzimmer, vorderem Dachboden und vorderem Oberboden. Von diesem Vordergebäude führt auf der anderen Seite auch noch eine lange, übersteile, echt holländische Bein-Brechtreppe zur zweiten Straßentür.

Rechts von der Diele liegt »das Hinterhaus«. Kein Mensch würde vermuten daß hinter der einfachen, graugemalten Tür so viele Zimmer versteckt sind. Vor der Tür ist eine Schwelle und dann ist man drinnen. Direkt gegenüber der Eingangstür eine steile Treppe, links ein kleiner Flur und ein Zimmer, dieses Zimmer sollte das Wohnzimmer und Schlafzimmer der Familie Frank werden, daneben noch ein kleineres Zimmer, Schlaf- und Arbeitszimmer der beiden jungen Damen Frank. Rechts von der Treppe, ein Zimmer ohne Fenster, mit Waschbecken und abgeschlossener W. C. Kabine, auch wieder eine Zugangstür zu Margots und meinem Zimmer. Wenn man die Treppe hochgeht und die Tür am oberen Ende öffnet, ist man erstaunt, daß es in einem so alten Grachtenhaus so einen großen, hellen und geräumigen Raum gibt. In Diesem Raum steht ein Herd, (das haben wir der Tatsache zu verdanken daß es früher Kuglers Laboratorium war) und ein Spülstein. Die Küche also und gleichzeitig auch Schlafzimmer des Ehepaares v. P., allgemeines Wohnzimmer, Eßzimmer und Arbeitszimmer. Ein sehr kleines Durchgangszimmerchen wird Peter v. P. Apartment werden. Dann genau wie vorn ein Dachboden und Oberboden. Schau ich stellte dir unser ganzes, schönes Hinterhaus vor!

<u>deine Anne.</u>

Freitag 10. Juli 1942.

Liebe Kitty,

Es ist sehr wahrscheinlich daß ich dich mit meiner langatmigen Wohnungsbeschreibung ziemlich gelangweilt habe, aber trotzdem finde ich es notwendig daß du weißt wo ich gelandet bin; wie ich gelandet bin das wirst du aus allen folgenden Briefen schon erfahren.

Nun erst die Fortsetzung von meiner Geschichte, denn daß <u>ich</u> noch nicht fertig [bin] weißt du. In der Prinsengracht 263 angekommen, führte uns Miep gleich durch den langen Flur, die hölzerne Treppe hinauf, direkt nach oben ins Hinterhaus. Sie schloß die Tür hinter uns und wir waren allein Margot war mit dem Rad viel schneller gewesen und wartete schon auf uns. Unser Wohnzimmer und alle anderen Zimmer, waren so voll Zeug, daß es nicht zu beschreiben ist, alle Kartons die im Lauf der vorhergehenden Monate ins Büro geschickt worden waren, standen auf dem Boden und auf den Betten; das kleine Zimmer war bis an die Decke mit Bettzeug gefüllt. Wenn wir abends in ordentlich gemachten Betten schlafen wollten, mußten wir uns sofort daranmachen, und den Kram aufräumen. Mutter und Margot waren nicht imstande ein Glied zu rühren, sie lagen auf den kahlen Betten waren müde schlapp, und weiß ich was nicht alles mehr, aber Vater und ich, die beiden Aufräumer in der Familie wollten sofort anfangen.

Wir packten den ganzen Tag hindurch Schachteln aus, Schränke ein, hämmerten und räumten, bis wir abends todmüde in die sauberen Betten fielen. Den ganzen Tag hatten wir kein warmes

Essen gehabt, aber das störte uns nicht, Mutter und Margot waren zu müde und zu überspannt um zu essen, Vater und ich hatten zuviel Arbeit.
Dienstagmorgen fingen wir dort an, womit wir Montag aufgehört hatten, Bep und Miep machten die Einkäufe auf unseren Lebensmittelmarken, Vater reparierte die unzureichende Verdunklung, wir schrubbten den Küchenboden, und waren wieder von morgens bis abends beschäftigt. Zeit um über die große Veränderung die in mein Leben gekommen war, nachzudenken hatte ich fast nicht bis Mittwoch; dann fand ich zum erstenmal seit unseren Ankunft im Hinterhaus Gelegenheit dir die Ereignisse mitzuteilen und gleichzeitig um mir mal richtig klarzumachen was nun eigentlich mit mir passiert war und was noch passieren würde.

Deine Anne.

Samstag 11. Juli 1942.

Liebe Kitty,
Vater, Mutter und Margot können sich noch immer nicht an das Geräusch der Westerturmglocke gewöhnen, die jede Viertelstunde sagt wie spät es ist. Ich schon, ich fand es sofort schön und vor allem nachts ist es so etwas Vertrautes. Es wird dich wohl interessieren zu hören wie es mir als Versteckter gefällt, nun, ich kann dir nur sagen daß ich es selbst noch nicht genau weiß. Ich glaube daß ich mich in diesem Haus nie daheim fühlen werde, aber damit will ich überhaupt nicht sagen daß ich es hier unangenehm finde, ich fühle mich eher wie in einer sehr eigenartigen Pension, wo ich Ferien mache. Eine ziemlich verrückte Auffassung von Verstecken, aber es ist nun mal nicht anders. Das Hinterhaus ist als Versteck ideal, obwohl feucht und schiefgezogen, wird man in ganz Amsterdam, ja in ganz Holland vielleicht zum Verstecken nicht mehr so etwas bequem Eingerichtetes haben. Unser Zimmer war mit den glatten Wänden bis jetzt noch sehr kahl; dank Vater der meine ganze Postkartensammlung und Filmstarsammlung zuvor schon mitgenommen hatte, habe ich mit einem Leimtopf und Pinsel die ganze Wand bestrichen und von dem Zimmer ein einziges Bild gemacht. Dadurch sieht es da viel fröhlicher aus und wenn V. P. kommen werden wir mit dem Holz das auf dem Dachboden ist ein paar Schränkchen und anderen netten Krimskrams machen. Margot und Mutter haben sich wieder ein bißchen erholt, gestern wollte Mutter zum erstenmal Erbsensuppe kochen, aber als sie unten am Reden war vergaß sie die Suppe, die brannte dadurch so an, daß die Erbsen, kohlschwarz, nicht mehr vom Topf loszukriegen waren. Herr Kleiman hat »het boek voor de jeugd« für mich mitgebracht. Gestern abend sind wir alle vier zum Privat-Büro gegangen und haben das englische Radio angemacht, ich hatte solche Angst daß jemand das hören könnte daß ich Vater buchstäblich anflehte mit nach oben zu gehen; Mutter verstand meine Angst und ging mit. Auch in anderen Dingen haben wir große Angst daß die Nachbarn uns hören oder sehen könnten. Gleich am ersten Tag haben wir die Vorhänge genäht, eigentlich darf man nicht von Vorhängen sprechen denn es sind nur lose kalte Lappen, völlig unterschiedlich in Form, Qualität und Muster, die Vater und ich sehr unfachmännisch schief aneinandernähten; mit Reißnägeln sind diese Prunkstücke vor den Fenstern befestigt, um da vor Ende unserer Versteckzeit nie mehr herunterzukommen.
Rechts neben uns liegt eine Filiale der Firma Keg, aus Zaandam, links eine Möbeltischlerei, diese Leute sind nach der Arbeitszeit also nicht in den Gebäuden, aber trotzdem könnten Geräusche durchdringen. Wir haben Margot dann auch verboten nachts zu husten, obwohl sie eine schwere Erkältung erwischt hat und geben ihr große Mengen Codein zu schlucken.
Ich freue mich sehr auf die Ankunft von v. P. die auf Dienstag festgelegt ist; es wird viel gemütlicher und auch weniger still sein. Diese Stille ist es nämlich die mich abends und nachts so nervös macht und ich würde viel darum geben wenn jemand von unseren Beschützern hier schlafen würde.

Gestern hatten wir viel Arbeit, wir mußten zwei Körbe Kirschen entkernen für [das] Büro, Herr Kugler wollte sie konservieren. Von den Kirschenkisten machen wir Bücherregale. Tagsüber müssen wir immer sehr leise gehen und leise sprechen, denn im Lager dürfen sie uns nicht hören.

Gerade werde ich gerufen
deine Anne.

Freitag 14. August 1942.

Beste Kitty,
Einen Monat lang habe ich dich im Stich gelassen, aber es gibt auch wirklich nicht so viel Neues, um dir jeden Tag etwas Schönes zu erzählen. V. P. sind am 13. Juli angekommen. Wir dachten daß es der 14. werden würde, aber da die Deutschen zwischen 13. und 16. Juli schon mehr und mehr Menschen beunruhigten und Aufrufe nach allen Seiten schickten, fanden sie es sicherer einen Tag zu früh als einen Tag zu spät umzuziehen. Morgens um halb 10 (wir saßen noch am Frühstück) kam Peter, V. Pelsens Sohn von noch nicht 16 Jahren, [ein] ziemlich langweiliger und schüchterner Lulatsch, von dessen Gesellschaft nicht viel zu erwarten ist. Frau [van Pels] und Herr [van Pels] kamen eine halbe Stunde später; Frau [van Pels] hatte zu unserem großen Spaß in ihrer Hutschachtel einen großen Nachttopf. »Ohne Nachttopf fühle ich mich nirgends daheim«, erklärte sie und der Topf war dann auch der erste der einen festen Platz unter der Bettcouch bekam. Herr [van Pels] brachte keinen Topf sondern seinen zusammenklappbaren Teetisch unter dem Arm mit. Wir aßen am ersten Tag unseres Zusammenseins gemütlich zusammen und nach drei Tagen wußten wir alle nichts anderes mehr als daß wir eine große Familie geworden waren. Wie sich von selbst versteht hatten v. P. noch viel über die Woche die sie nach uns in der bewohnten Welt verbrachten zu erzählen. U.a. interessierte uns sehr was mit unserer Wohnung und Herrn Goldsmith geschehen war.
Herr v. P. erzählte.
»Montagmorgen um 9 Uhr rief Herr Goldsmith uns an und fragte ob ich kurz vorbeikommen kann. Ich ging sofort und fand G. in großer Aufregung. Er gab mir einen Zettel zu lesen, den die Familie Frank zurückgelassen hatte und wollte nach der Anweisung davon die Katze zu den Nachbarn bringen was ich sehr gut fand. M. G. hatte Angst daß Haussuchung gehalten würde, deshalb gingen wir durch alle Zimmer, räumten ein bißchen auf und deckten den Tisch ab.
Plötzlich entdeckte ich auf Frau [Franks] Schreibtisch einen Notizblock, auf der eine Adresse in Maastricht angegeben stand. Obwohl ich wußte daß Frau [Frank] dies absichtlich zurückgelassen hatte, tat ich sehr erstaunt und erschrocken und ersuchte Herrn G. dringend dieses Unglückspapierchen zu verbrennen. Ich blieb die ganze Zeit dabei daß ich nichts von Ihrem Verschwinden wußte, aber nachdem ich den Zettel gesehen hatte, bekam ich eine gute Idee. »Herr G.«, sagte ich »jetzt fällt mir auf einmal ein worauf sich diese Adresse beziehen kann. Ich erinnere mich sehr gut daß ungefähr vor einen halben Jahr ein hoher Offizier im Büro war, er stellte sich als ein guter Jugend-Bekannter von Herrn Fr. heraus, der ihm versprach im Fall von Not helfen zu wollen und der auch tatsächlich in Maastricht Aufenthalt hatte. Ich denke daß dieser Offizier Wort gehalten hat und Herrn Fr. auf die eine oder andere Art nach Belgien und von dort in die Schweiz mitzunehmen. Erzählen Sie das auch den Bekannten, die eventuell nach Fr. fragen kommen, Maastricht brauchen Sie dann natürlich nicht zu nennen.«
Und damit ging ich weg. Die meisten Bekannten wissen dies jetzt schon, denn von verschiedenen Seiten habe ich meinerseits diese Erklärung gehört.« Wir fanden die Geschichte sehr witzig, aber lachten noch mehr wegen der Einbildungskraft der Leute als Herr V. P. von anderen Bekannten erzählte.

So hatte eine Familie vom Merwedeplein uns alle vier früh morgens auf dem Fahrrad vorbeikommen sehen und eine andere Frau wußte sicher daß wir mitten in der Nacht in ein Militärauto geladen worden waren.

Deine Anne.

Freitag 21. August 1942.

Beste Kitty,

Unser Versteck ist nun erst ein richtiges Versteck geworden. Herr Kugler fand es nämlich besser vor unsere Zugangstür einen Schrank zu stellen, (weil viele Haussuchungen nach versteckten Fahrrädern gehalten werden.) aber dann natürlich einen Schrank der drehbar ist und der dann wie eine Tür aufgeht.

Herr Voskuyl hat das Ding geschreinert; dafür mußten die Wände von der Diele tapeziert werden. (Wir haben Herrn Voskuyl über die 7 Versteckten informiert, er ist die Hilfsbereitschaft selbst). Wenn wir nun nach unten wollen müssen wir uns erst bücken und dann springen,. Nach 3 Tagen gingen wir alle mit einer Stirn voller Beulen herum weil jeder sich an der niedrigen Tür stieß. Peter hat es danach so weich wie möglich gemacht, indem er ein Tuch mit Holzwolle dagegen nagelte. Sehen ob es hilft! Lernen tue ich nicht viel, bis September mache ich mir selbst Ferien. Vater will mir danach Unterricht geben, aber dann müssen wir erst all die Schulbücher neu kaufen.

Miep und Jan sind bei G. gewesen um noch ein paar Kleider von uns wegzuholen, aber all die Schränke waren leer. G. sagte, daß er nicht verstand wie wir in der letzten Zeit gegessen hätten da nur noch ein Teller und eine Tasse im Haus waren. Ist das nicht schlimm? Was er mit unserem Zeug gemacht hat mag der Himmel wissen, aber gemein ist es Miep alles zu verweigern. Es ist nicht weil er unsere Sachen nicht an fremde Menschen geben will, denn er kennt Miep sehr gut. Wir waren sehr empört aber können nichts mehr daran ändern.

Es ist draußen schönes warmes Wetter und trotz allem nutzen wir es soweit wie möglich aus indem wir uns auf das Harmonika-Bett auf dem Dachboden legen.

Peter finde ich noch immer nicht netter, er ist ein langweiliger Junge faulenzt den ganzen Tag auf seinem Bett, tischlert ein bißchen und geht wieder dösen. Was für ein Dummkopf!

Deine Anne.

Mittwoch 2. September 1942.

Liebe Kitty,

Herr und Frau v. P. haben heftigen Streit gehabt, ich habe so etwas noch nie erlebt, da Vater und Mutter nicht daran denken würden einander so anzuschreien. Der Anlaß war so gering daß es nicht einmal der Mühe wert war ein einziges Wort darüber zu verlieren, aber ja, jeder nach seinem Geschmack.

Es ist natürlich unangenehm für Peter, der steht doch bloß dazwischen, aber Peter wird von niemandem mehr ernst genommen, da er schrecklich zimperlich und faul ist. Gestern war er ganz schön beunruhigt, weil er eine blaue anstatt einer roten Zunge bekommen hatte; diese seltsame Erscheinung verschwand jedoch genauso schnell wie sie auch gekommen war. Heute läuft er mit einem dicken Schal um den Nacken herum, da dieser steif ist und weiter klagt der Herr über Hexenschuß im Rücken. Schmerzen zwischen Herz, Niere und Lunge sind ihm auch nicht fremd; er ist ein echter Hypochonder! (das nennt man doch so gell?)

Mutter und Frau v. P. vertragen sich nicht sehr gut, Anlässe für Unannehmlichkeiten sind genug da, um ein kleines Beispiel zu nennen, will ich dir erzählen daß Frau [van Pels] aus dem gemeinschaftlichen Wäscheschrank bis auf drei all ihre Laken weggeholt hat, sie nimmt natürlich an

daß Mutter, Wäsche für die ganze Familie verwendet werden kann. Wird sie schwer enttäuschen wenn sie merkt daß Mutter dem guten Beispiel gefolgt ist.
Ferner hat Frau [van Pels] eine Stinkwut daß nicht unser Tischgeschirr, sondern das ihre in Gebrauch ist. Sie versucht immer herauszukriegen wo wir unsere Teller hingetan haben; sie sind näher als sie denkt, denn sie stehen auf dem Dachboden in Kartons, hinter einem ganzen Haufen Reklamematerial von Opekta. Solange wir uns verstecken sind die Teller unerreichbar, und das ist auch gut so!
Mir passieren immer Unglücke, gestern schmiß ich einen Suppenteller von Frau [van Pels'] Geschirr kaputt.
»Oh«, [rief] Sie wütend aus, »willst du wohl mal vorsichtig sein, das ist das einzige was ich noch habe.« Bitte berücksichtige, Kitty, daß die beiden Damen hier, fürchterlich niederländisch sprechen (über die Herren wage ich nichts zu sagen, die würden arg beleidigt sein.), wenn du die Haspelei mal hören würdest würdest du schallend lachen; wir achten nicht mal mehr darauf, verbessern hilft doch nicht. ich werde wenn ich über Mutter oder Frau v. P. schreibe aber nicht die originale Sprache wiedergeben sondern ordentliches Niederländisch.
Letzte Woche hatten wir eine kleine Unterbrechung in unserem so eintönigen Leben, das lag an einem Buch über Frauen und Peter. Du mußt nämlich wissen daß Margot und Peter fast alle Bücher, die Herr Kleiman uns leiht lesen dürfen, aber dieses besondere Buch über ein Frauenthema gaben die Erwachsenen doch lieber nicht aus den Händen. Das stachelte sofort Peters Neugier an. Was würde wohl Verbotenes in diesem Buch stehen? Heimlich nahm er es seiner Mutter weg während sie unten am Reden war und ging mit seinem Brief zum Oberboden, das ging zwei Tage gut; Frau v. P. wußte längst was er tat aber verriet nichts, bis Herr [van Pels] dahinterkam. Dieser wurde böse, nahm das Buch weg und dachte daß die Sache erledigt wäre. Er hatte die Rechnung jedoch ohne die Neugier seines Sohnes gemacht, der durch das energische Auftreten von Papa, keineswegs aus der Fassung gebracht war.
Peter sann auf Möglichkeiten um dieses mehr als interessante Buch doch auszulesen. Frau [van Pels] hatte sich inzwischen bei Mutter informiert was sie von der Sache hielt. Mutter fand dieses Buch nicht gut für Margot, aber in den meisten anderen sah sie nichts Schlimmes.
»Es ist ein großer Unterschied Frau v. P.,« sagte Mutter »zwischen Margot und Peter, erstens ist Margot ein Mädchen und Mädchen sind immer reifer als Jungen, zweitens hat Margot schon mehr ernste Bücher gelesen und sucht nicht nach Dingen die für sie nicht mehr verboten sind und drittens ist Margot viel weiter entwickelt und verständiger, was ihre 4 H. B. S. Jahre mit sich bringen.« Frau [van Pels] stimmte dem zu, aber fand es doch prinzipiell falsch junge Kinder erwachsene Bücher lesen zu lassen.
Inzwischen hatte Peter den richtigen Zeitpunkt gefunden, in dem niemand auf das Buch oder ihn achtete. Abends um halb 8, als die ganze Familie im Privat-Büro Radio hörte, nahm er seinen Schatz wieder mit hinauf zum Oberboden. Um halb 9 hätte er wieder unten sein müssen, aber, da das Buch so spannend war vergaß er die Zeit und kam gerade die Dachbodentreppe herunter, als sein Vater ins Zimmer kam. Was folgte ist verständlich, ein Klaps, ein Schlag, ein Ruck, das Buch lag auf dem Tisch und Peter war auf [dem] Oberboden. So standen die Dinge als die Familie zum Essen kam. Peter blieb oben, niemand kümmerte sich um ihn, er mußte ohne Essen ins Bett.
Fröhlich plaudernd setzten wir unsere Mahlzeit fort, als auf einmal ein durchdringendes Pfeifen zu uns drang, alle legten die Gabeln nieder und jeder schaute den anderen mit bleichem und erschrockenem Gesicht an. Dann hörten wir Peters Stimme die durch das Ofenrohr rief: »Ich komme doch nicht hinunter.«
Herr v. P. sprang auf, [die] Serviette fiel auf den Boden, mit feuerrotem Kopf schrie er: »Jetzt ist es aber genug.«

Vater nahm ihn am Arm da er schlimme Sachen fürchtete und zusammen gingen die zwei Herren zum Dachboden; nach viel Sträuben und Trampeln landete Peter in seinem Zimmer, die Tür ging zu und wir aßen weiter. Frau [van Pels] wollte ein Butterbrot für Sohnemännchen übriglassen, Herr [van Pels] war unerbittlich »wenn er nicht sofort um Entschuldigung bittet, muß er auf dem Oberboden schlafen.« Wir protestierten und fanden ohne Essen schon Strafe genug. Peter könnte sich erkälten, dann würde kein Doktor vorbeikommen können.
Peter bat nicht um Entschuldigung, er war schon wieder auf dem Dachboden, V. P. kümmerte sich nicht mehr darum, aber bemerkte morgens daß Peters Bett schon benutzt worden war, um 7 Uhr war er schon wieder auf dem Dachboden, wurde aber durch die freundschaftlichen Worte von Vater veranlaßt herunterzukommen. Drei Tage mürrische Gesichter, hartnäckiges Schweigen und alles lief wieder in gewohnten Gleisen.

deine Anne.

Montag 21. Sept. 1942.

Liebe Kitty,
Heute werde ich dir kurz die allgemeinen Neuigkeiten vom Hinterhaus mitteilen. Über meiner Bettcouch ist ein Licht angebracht worden, so daß ich eventuell an einer Schnur ziehen kann beim Schießen. Im Augenblick ist das jedoch nicht möglich, da unser Fenster Tag und Nacht spaltbreit geöffnet ist.
[Die] Männliche v. P. Abteilung hat einen sehr komfortablen, gebeizten Vorratsschrank geschreinert mit echtem Fliegengitter. Dieses glorreiche Ding stand bis jetzt in Peters Zimmer, aber ist wegen der größeren Frische auf den Dachboden umgestellt worden. Frau v. P. ist unausstehlich. Ich bekomme von oben ständig Standpauken wegen meines unaufhörlichen Schwätzens. Ich mache mir aus ihren Worten aber nichts! Ab und zu dringen Berichte zu uns durch von den anderen Juden, es geht ihnen leider nicht gut. U.a. weiß ich daß ein Mädchen aus meiner Klasse mit ihrer Familie weggebracht worden ist.
Herr Kleiman bringt jede zweite Woche ein paar Mädchenbücher für mich mit ich bin begeistert von der Joop ter Heul Serie. Die ganze Cissy van Marxveldt gefällt mir im allgemeinen besonders gut, »een Zomerzotheid« habe ich dann auch schon 4 mal gelesen und noch [immer] muß ich über die drolligen Situationen lachen.
Das Lernen hat einen Anfang genommen, ich mache viel für Französisch und pauke jeden Tag 5 unregelmäßige Verben, Peter hat seine Englischaufgaben seufzend aufgenommen. Einige Schulbücher sind gerade angekommen, [einen] Vorrat Hefte, Bleistifte, Radiergummis und Etiketten habe ich mir reichlich von zu Hause mitgebracht. Ich höre manchmal den Oranje-Sender, kürzlich sprach Prinz Bernhardt, ungefähr im Januar wird bei ihnen ein Kind geboren werden, erzählte er. Ich finde das schön, hier verstehen sie nicht daß ich so Oranje gesinnt bin.
Vor ein paar Abenden sprachen wir darüber, daß ich doch noch sehr dumm bin, mit der Folge daß ich am folgenden Tag hart an die Arbeit gegangen bin, ich habe wirklich keine Lust mit 14 oder 15 Jahren noch in der ersten Klasse zu sitzen.
Weiter kam in dem Gespräch zur Sprache, daß ich fast nichts lesen darf;
Mutter hat zur Zeit »Heren, knechten en vrouwen« das darf ich natürlich nicht haben, (Margot schon!) ich muß erst noch etwas weiter entwickelt sein, so wie meine begabte Schwester. Dann sprachen wir über meine Unwissenheit bezüglich Philosophie, Psychologie und Physiologie, wovon ich tatsächlich nichts weiß, vielleicht bin ich im nächsten Jahr klüger! (diese schwierigen Wörter habe ich gleich im Koenen nachgeschlagen!) Ich bin zu dem erschreckenden Schluß gekommen daß ich nur ein Kleid mit langen Ärmeln und 3 Strickjacken für den Winter habe; Vater hat mir die Erlaubnis gegeben einen Pullover aus weißer Schafwolle zu stricken, die Wolle

ist zwar nicht sehr schön, da wird die Wärme dagegen aufwiegen müssen. Wir haben noch einige Kleider bei anderen Leuten, (u.a. Broks), die können leider erst nach dem Krieg geholt werden, wenn sie dann noch da sind.
Als ich kürzlich etwas über Frau [van Pels] an dich schrieb kam sie gerade an, klapp Buch zu.
»Na Anne, darf ich nicht mal schauen?«
»Nein Frau [van Pels].«
»Nur mal die letzte S.?«
»Nein auch nicht, Frau [van Pels].«
Ich bekam natürlich einen Mordsschreck, denn auf dieser S. war sie gerade als weniger nett deponiert.

Deine Anne.

Freitag 25. September 1942.

Liebe Kitty,
Vater hat einen alten Bekannten, Herrn Dreher, einen Mann von Mitte 70, sehr schwerhörig, krank und arm und an dessen Seite als lästiges Anhängsel eine Frau die 27 Jahre jünger ist, auch arm, mit Armen und Beinen voller echter und unechter Armbänder und Ringe, die noch aus den früheren goldenen Zeiten übrig sind. Dieser Herr Dreher hat Vater schon ziemlich viel Mühe bereitet und ich bewunderte ihn immer wegen der Engelsgeduld mit der er dem bedauernswerten Männchen am Telefon Rede und Antwort stand. Mutter riet, als wir noch zu Hause waren, Vater immer ein Grammophon vor das Telefon zu stellen, ein Grammophon das alle 3 Minuten, ja Herr Dreher ….. nein Herr Dreher sagen würde denn der alte Mann verstand doch nichts von Vaters ausführlichen Antworten. Heute rief Herr Dreher im Büro an und fragte Herrn Kugler ob dieser nicht kurz vorbeikommen könnte, Herr Kugler hatte keine Lust und würde Miep schicken. Miep telefonierte ab. Frau Dreher rief danach dreimal an, aber da Miep angeblich den ganzen Nachmittag abwesend war, mußte sie am Telefon die Stimme Beps nachmachen. Unten (im Büro) und auch oben war ein schreckliches Gelächter und jedesmal wenn jetzt das Telefon klingelt sagt Bep: »Das ist Frau Dreher!« Wodurch Miep schon von vornherein anfängt zu lachen und den Menschen sehr unhöflich, kichernd Rede und Antwort steht. Ja, ja, das ist was, so eine verrückte Firma wie die unsere besteht in der ganzen Welt nicht noch einmal, die Direktoren machen zusammen mit den Büromädchen den größten Spaß!
Ich gehe abends manchmal zu V.P. um ein bißchen zu reden. Dann essen wir einen Motten-Keks mit Sirup (diese Dose Kekse stand in einem Kleider Schrank der eingemottet war) und amüsieren uns. Kürzlich ging das Gespräch über Peter. Ich erzählte daß Peter mich so oft über die Wange streichelte und daß ich das nicht mag. Sie fragten wirklich auf Eltern-Art ob ich Peter nicht gernhaben könnte da er mich bestimmt sehr gernhätte, ich dachte »Oh je« und sagte »oh nee;« Stell dir vor!
Pim (das ist Vaters Rufname) erhebt Anspruch auf niederländischen Unterricht, ich finde das schon bestens, sozusagen als Gegenleistung für seine Hilfe in Französisch und anderen Fächern. Aber die Schnitzer die er macht sind unglaublich einer davon war »der Frosch klatscht mit den Augen« statt »die Wellen klatschten gegen den Pier«, das ist der reinste Germanismus.
Ich muß sagen daß die Versteckkommission Hinterhaus (Abt. Herren) sehr erfinderisch ist. Hör nur was sie sich jetzt wieder ausgedacht haben um Herrn Broks, Vertreter der Opekta Gesellschaft, Bekannter und illegaler Güter-Verstecker, eine Nachricht von uns zukommen zu lassen! Sie tippen einen Brief an einen Händler, indirekter Kunde von der Opekta, in Zeeuws-Vlaanderen und zwar so daß der Mann einen beigelegten Zettel als Antwort ausfüllen muß und in dem beigelegten Umschlag zurückschicken muß. Von diesem Umschlag schreibt Vater die Adresse.

Wenn dieser Umschlag aus Zeeland zurückkommt, wird der inliegende Zettel herausgeholt und ein mit der Hand geschriebenes Lebenszeichen von Vater hineingesteckt. So kann Broks es lesen, ohne Argwohn zu bekommen. Sie haben ausgerechnet Zeeland gewählt, weil es dicht bei Belgien liegt und [der Brief] also einfach über die Grenze geschmuggelt worden sein kann und weil niemand dort ohne eine besondere Genehmigung hin darf. Ein normaler Vertreter wie Broks wird diese Genehmigung wohl nicht bekommen.

Deine Anne.

Sonntag 27. September 1942.

Liebe Kitty,
Krach mit Mutter gehabt, zum soundsovielten Mal in der letzten Zeit, es geht zwischen uns leider nicht sehr gut, auch mit Margot komme ich nicht gut zurecht. Obwohl es in unserer Familie nie so einen Ausbruch wie oben gibt, ist es für mich doch längst nicht immer gemütlich. Die Naturen von Margot und Mutter sind so fremd für mich, ich verstehe meine Freundinnen noch besser als meine eigene Mutter, schade ist das gell!
Wir reden oft über Nachkriegsprobleme, so z. B. daß man nicht geringschätzig über Dienstmädchen reden darf, das fand ich nicht so schlimm wie den Unterschied zwischen Frau und Fräulein bei verheirateten Frauen.
Frau [van Pels] ist zum so und sovielten Mal eine Laus über die Leber gelaufen, sie ist sehr launisch und schließt immer mehr von ihren Privat-Sachen weg.
Schade daß Mutter nicht jeden v. P. Schwund mit einem Frank-Schwund beantwortet.
Manche Leute scheinen es ein besonderes Vergnügen zu finden, nicht nur ihre eigenen sondern auch noch die Kinder ihrer Bekannten mit zu erziehen, so auch v. P. An Margot ist nicht zu erziehen, die ist von Natur aus, die Gut-, Lieb- und Klugheit selbst, aber ich trage ihren Anteil an Untugenden ausreichend mit. Mehr als einmal fliegen über den Tisch die ermahnenden Worte und frechen Antworten hin und her. Vater und Mutter verteidigen mich immer heftig, ohne sie würde ich den Kampf nicht immer wieder so ohne mit der Wimper zu zucken aufnehmen können. Obwohl sie mir immer wieder vorhalten daß ich weniger reden soll, mich in nichts einmischen und bescheidener sein soll, versage ich mehr als es mir gelingt und wäre Vater nicht immer wieder so geduldig, hätte ich die Hoffnung auch nur jemals den elterlichen Forderungen, die doch wirklich nicht hoch sind zu entsprechen, längst aufgegeben.
Wenn ich von einem Gemüse das ich überhaupt nicht mag wenig nehme und statt dessen Kartoffeln esse, können v. P. und vor allem Frau [van Pels] die Verwöhnung nicht ertragen.
»Nimm noch etwas Gemüse Anne komm«, folgt dann schon bald.
»Nein danke schön Frau [van Pels]«, antworte ich »ich habe genug an Kartoffeln.«
»Gemüse sind sehr gesund, das sagt deine Mutter selbst, nimm noch was«, drängt sie dann, bis Vater dazwischen kommt und meine Weigerung bestätigt.
Dann wettert Frau [van Pels] los: »Da hätten Sie mal bei uns zu Hause sein müssen, da wurden die Kinder wenigstens erzogen, das ist keine Erziehung, Anne ist schrecklich verwöhnt, ich würde das nie zulassen, wenn Anne meine Tochter wäre .....«
Damit beginnt und endet immer der ganze Wortschwall: »Wenn Anne meine Tochter wäre«, nun zum Glück bin ich das nicht. Aber um auf unser Erziehungs-Thema zurückzukommen, gestern trat nach Frau [van Pels'] letzten vielsagenden Worten eine Stille ein. Dann antwortete Vater: »Ich finde daß Anne sehr gut erzogen ist; sie hat doch wenigstens schon soviel gelernt daß sie auf Ihre langen Predigten keine Antwort mehr gibt. Was das Gemüse betrifft, kann ich Ihnen nichts anderes antworten, als vice versa.«
Frau [van Pels] war geschlagen und zwar gründlich, das vice versa, bezog sich natürlich direkt

auf ihre eigene winzige Portion. Frau [van Pels] führt für ihre Verwöhntheit als Grund an, daß zuviel Gemüse vor dem Zubettgehen für ihren Stuhlgang schädlich ist. Soll sie dann jedenfalls über mich den Mund halten. Es ist so komisch zu sehen wie schnell Frau v. P. rot wird, [bätsch] ich nicht und darüber ärgert sie sich insgeheim schrecklich.

Deine Anne.

Montag 28. Sept. 1942

Liebe Kitty,
mein Brief von gestern war noch lange nicht beendet, als ich abbrechen mußte, darum nun die Fortsetzung. werde ich sofort noch eine andere Unstimmigkeit wiedergeben.

Montag 28. Sept. 1942

Liebe Kitty,
Mein Brief von gestern war noch lange nicht fertig, als ich mit Schreiben aufhören mußte. Ich kann die Lust nicht bezwingen dir noch eine Unstimmigkeit mitzuteilen, aber bevor ich damit anfange noch dies: Ich finde es sehr komisch daß erwachsene Menschen so schnell, so viel und über alle möglichen Kleinigkeiten Streit anfangen; bis jetzt dachte ich immer daß zanken eine Kindergewohnheit wäre, die sich später geben würde. Es gibt natürlich schon mal Anlaß für einen »richtigen« Streit, aber diese Wortgefechte hier sind nichts anderes als Zankerei. Da diese Zankereien zur Tagesordnung gehören müßte ich eigentlich schon daran gewöhnt sein; das ist jedoch nicht der Fall und wird auch wohl nicht der Fall sein solange wie ich bei fast jeder Diskussion (dieses Wort wird hier statt Streit verwendet, ganz falsch natürlich, aber das wissen Deutsche nicht besser!) zur Sprache komme.
Nichts aber dann auch gar nichts lassen sie an mir gelten, mein Auftreten, Charakter, Manieren, werden Stück für Stück von vorn bis hinten und von hinten bis vorn bequatscht und beklatscht und etwas was ich überhaupt nicht gewöhnt war, nämlich harte Worte und Geschrei an meine Adresse muß ich laut befugter Seite wohlgemut schlucken. Das kann ich nicht! Ich denke nicht daran all diese Beleidigungen auf mir sitzen zu lassen, ich werde ihnen schon zeigen daß Anne Frank nicht von gestern ist, sie werden sich noch wundern und bald ihre große Klappe halten, wenn ich ihnen klarmache, daß sie nicht mit meiner, sondern mit ihrer eigenen Erziehung zuerst beginnen müssen. Das ist aber eine Art aufzutreten! Einfach barbarisch. Bis jetzt bin ich jedesmal wieder verblüfft vor soviel Ungezogenheit und vor allem … Dummheit, (Frau v. P.!) aber sobald ich mich daran gewöhnen werde und das wird schon bald sein, werde ich ihnen ihre Wörter ungesalzen zurückgeben, dann werden sie wohl anders reden! Bin ich denn wirklich so ungezogen, eigenwillig, störrisch, unbescheiden, dumm, faul usw. usw. wie sie oben sagen? Ach nein, ich weiß schon daß ich viele Fehler und Mängel habe, aber sie übertreiben wirklich in sehr hohem Maße! Wenn du nur wüßtest, Kitty, wie ich manchmal koche, bei diesen Schelt- und Schimpfkanonaden und es wird wirklich nicht mehr lange dauern bis meine angestaute Wut zum Ausbruch kommt.
Aber nun genug hierüber, ich habe dich lange genug mit meinen Streitereien gelangweilt und doch kann ich nichtlassen, eine hoch-interessante Tisch-Diskussion hier folgen zu lassen: Über irgendein Thema kamen wir auf Pims weitgehende Bescheidenheit. Diese Bescheidenheit ist eine feststehende Tatsache, an der selbst von den idiotischsten Leuten nicht gezweifelt werden kann. Plötzlich sagte Frau [van Pels] weil sie doch in jedem Gespräch etwas von sich selbst hören lassen muß: »Ich bin auch sehr bescheiden, viel bescheidener als mein Mann!«
Hast du je im Leben [so was schon gehört]! Dieser Satz bringt doch sehr deutlich ihre Bescheidenheit zum Ausdruck! Herr v. P., der es nötig fand das: »als mein Mann« näher zu erklären,

antwortete darauf sehr ruhig: »Ich will auch nicht bescheiden sein, ich habe in meinem Leben immer festgestellt daß unbescheidene Leute es viel weiter bringen als bescheidene!« Und dann sich an mich wendend: »Sei nur nicht bescheiden Anne, damit kommt man wirklich nicht weiter«; dieser Sichtweise stimmte Mutter vollkommen zu.

Aber Frau van Pels mußte so wie gewöhnlich zu diesem Erziehungsthema ihren Senf dazugeben, für diesmal wandte sie sich jedoch nicht direkt an mich, sondern an mein Elternpaar, mit den Worten: »Sie haben doch eine eigenartige Lebensauffassung um so etwas zu Anne zu sagen, in meiner Jugend war das doch anders, aber nein, das ist nun sicher wohl noch anders außer in Ihrer modernen Familie!« Das letzte zielte auf die mehrfach verteidigte moderne Erziehungsmethode von Mutter.

Frau [van Pels] war feuerrot vor Aufregung, Mutter hingegen überhaupt nicht und jemand der rot wird regt sich durch die Aufheizung immer mehr auf und verliert schnell gegen die Gegenpartei. Die nicht-rotwerdende Mutter die den ganzen Fall jetzt so schnell wie möglich vom Tisch haben wollte, überlegte nur kurz, bevor sie antwortete: »Frau v. P, auch ich finde tatsächlich daß es viel besser ist im Leben etwas weniger bescheiden zu sein. Mein Mann, Margot und Peter sind alle drei außergewöhnlich bescheiden; Ihr Mann, Anne, Sie und ich sind nicht bescheiden, aber wir lassen uns auch nicht bei allem zur Seite schieben.«

Frau [van Pels]: »Oh aber Frau [Frank], ich verstehe Sie nicht, ich bin wirklich außergewöhnlich bescheiden, wie kommen Sie dazu mich unbescheiden zu nennen?«

Mutter: »Sie sind sicher nicht unbescheiden, aber niemand würde Sie besonders bescheiden finden.«

Frau [van Pels]: »Ich würde gern mal wissen wollen, worin ich unbescheiden bin! Wenn ich hier nicht für mich selbst sorgen würde, ein anderer tut es sicher nicht und dann würde ich also verhungern müssen, aber darum bin ich wirklich genauso bescheiden wie Ihr Mann.«

Mutter konnte bei dieser lächerlichen Selbstverteidigung nichts anderes tun als lachen, das irritierte Frau [van Pels], die ihren schönen Bericht noch mit einer langen Reihe prächtiger deutsch-niederländischer und niederländisch-deutscher Worte fortsetzte, bis die geborene Rednerin sich so in ihren eigenen Worten verwirrte daß sie sich schließlich von ihrem Stuhl erhob und aus dem Zimmer gehen wollte, als ihr Auge auf mich fiel. Nun hättest du mal etwas sehen müssen, unglücklicherweise hatte ich gerade in diesem Moment als Frau [van Pels] uns ihren Rücken zeigte, mitleidig und ironisch mit dem Kopf geschüttelt, nicht mit Absicht, sondern ganz unwillkürlich, so intensiv hatte ich diesen Wortschwall verfolgt, Frau [van Pels] kehrte zurück und fing an zu keifen, laut, deutsch, gemein und unhöflich, genau wie ein dickes, rotes Fischweib, es war eine Lust es anzuschauen. Wenn ich zeichnen könnte hätte ich sie am liebsten in dieser Haltung gezeichnet so komisch war dieses kleine, verrückte, dumme Weib! Aber eine Sache weiß ich jetzt und das ist dies: Man lernt die Menschen erst gut kennen wenn man einmal richtigen Streit mit ihnen gehabt hat, erst dann kann man ihren Charakter beurteilen!

Deine Anne.

Dienstag 29. Sept. '42.

Liebe Kitty,

Versteckte erleben seltsame Dinge! Stell dir vor, weil wir keine Badewanne haben waschen wir uns in einer Waschschüssel und weil nur das Büro (damit meine ich immer das gesamte untere Stockwerk) warmes Wasser hat, gehen wir alle 7 der Reihe nach um diesen großen Vorteil auszunutzen. Aber weil wir alle 7 auch so sehr verschieden sind und die Frage des Genierens bei einigen höher steht als bei dem Rest, hat sich jedes Mitglied der Familie einen getrennten Badeplatz ausgesucht. Peter badet in der Küche, obwohl die Küche eine Glastür hat. Wenn er vorhat

ein Bad zu nehmen besucht er uns alle einzeln und teilt mit daß wir während einer halben Stunde nicht an der Küche vorbeigehen dürfen. Diese Maßnahme findet er dann ausreichend. Herr [van Pels] badet ganz oben, für ihn wiegt die Sicherheit des eigenen Zimmers auf gegen die Unbequemlichkeit das heiße Wasser all die Treppen hoch zu tragen. Frau [van Pels] geht vorläufig überhaupt nicht ins Bad, sie wartet ab welcher Platz der beste ist. Vater badet im Privat-Büro, Mutter in der Küche hinter einem Ofenschirm, Margot und ich haben das vordere Büro als Planschplatz gewählt. Samstagsnachmittags gehen dort die Vorhänge zu, dann reinigen wir uns im Dunkeln, während diejenige, die nicht an der Reihe ist durch einen Spalt der Gardine aus dem Fenster schaut und sich über die witzigen Leute erstaunt.
Seit letzter Woche gefällt mir dieses Bad nicht mehr, und bin ich auf [die] Suche gegangen nach einer komfortableren Einrichtung. Es war Peter der mich auf die Idee brachte, und zwar in dem geräumigen Büro W. C. meine Schüssel hinzustellen. Dort kann ich mich setzen, Licht anmachen, die Tür abschließen, das Wasser selbst ohne fremde Hilfe weggießen und ist es sicher vor indiskreten Blicken. Sonntag habe ich mein schönes Badezimmer zum erstenmal in Betrieb genommen und wie verrückt es auch klingt, ich finde es besser als welchen anderen Platz auch immer.
Mittwoch war der Installateur unten um die Rohre unserer Wasserzu- und Abfuhr von dem Büro W. C. auf den Flur zu verlegen. Diese Veränderung ist im Hinblick auf einen eventuellen kalten Winter, und Rohre-Einfrierung geschehen. Der Installateurbesuch war für uns alles andere als angenehm, nicht nur durften wir tagsüber kein Wasser laufen lassen, sondern wir durften auch nicht zum W. C.
Nun ist es wohl sehr unfein dir zu erzählen was wir dann getan haben um diesem Übel abzuhelfen, ich bin nicht so prüde um über solche Dinge nicht zu sprechen. Vater und ich haben uns von Anfang unserer Versteckzeit an einen improvisierten Nachttopf angeschafft, das ist so zu verstehen daß wir aus Mangel an einer Nachtvase ein Weckglas für diesen Zweck geopfert haben. Diese Weckgläser haben wir während des Installateurbesuchs ins Zimmer gestellt und unsere Bedürfnisse, tagsüber aufbewahrt. Dies fand ich lange nicht so eklig als daß ich den ganzen Tag still sitzenbleiben mußte und auch nicht reden durfte. Du kannst dir nicht vorstellen wie schwer das Fräulein Quak-quak-quak gefallen ist. An normalen Tagen müssen wir schon flüstern, ganz und gar nicht sprechen und sich bewegen ist noch 10x schlimmer.
Mein Hintern war nach drei Tagen hintereinander plattgedrückt zu sein ganz steif und schmerzhaft. Abendgymnastik hat geholfen.

<u>Deine Anne.</u>

Donnerstag 1. Okt. 1942.

Beste Kitty,
Gestern bin ich schrecklich erschrocken, es klingelte um 8 Uhr plötzlich ganz laut; ich dachte nicht anders als da käme jemand, wer, das verstehst du schon. Aber als alle behaupteten daß es sicher Straßenjungen oder die Post war wurde ich ruhiger.
Die Tage werden hier sehr still; Levinsohn, ein kleiner jüdischer Apotheker und Cheminist arbeitet für Herrn Kugler in der Küche. Er kennt das ganze Haus sehr gut und darum haben wir ständig Angst daß es ihm einfällt das frühere Laboratorium mal zu besichtigen. Wir sind so still wie Babymäuschen. Wer hätte vor 3 Monaten vermuten können daß die Quecksilber-Anne stundenlang so ruhig sitzen muß und kann?
Am 29. hatte Frau van Pels Geburtstag. Obwohl nicht groß gefeiert wurde sie doch geehrt mit Blumen, kleinen Geschenken und gutem Essen. Rote Nelken von ihrem Herrn Gemahl scheint in der Familie Tradition zu sein.

Um noch kurz bei Frau [van Pels] stehenzubleiben, kann ich dir sagen daß ein Quell ständigen Ärgernisses für mich, ihre Flirtversuche mit Vater sind. Sie streichelt ihm über Wange und Haar, zieht ihr Röckchen sehr hoch hinauf, sagt angeblich witzige Dinge und versucht so Pims Aufmerksamkeit auf sich zu ziehen. Glücklicherweise findet Pim sie nicht schön und auch nicht nett und geht also auf die Flirtereien [nicht] ein.
Peter kann ab und zu recht witzig sein. Eine Vorliebe, die zum Lachen Anlaß gibt, hat er jedenfalls mit mir gemeinsam, und zwar, verkleiden. Er in einem sehr engen Kleid von Frau [van Pels], ich in seinem Anzug erschienen wir richtig mit Hut und Mütze zurechtgemacht. Sie bogen sich vor Lachen die Erwachsenen und wir hatten nicht weniger Spaß.
Bep hat im Bijenkorf neue Röcke für Margot und mich gekauft. Es ist ein Miststoff, genau wie Jutesäcke und kostet f24 beziehungsweise f7.75. Was für ein Unterschied zu früher! Noch etwas Schönes in Aussicht, Bep hat für Margot, Peter und mich bei irgendeinem Verein schriftlichen Stenounterricht bestellt. Du wirst schon sehen was für perfekte Stenoleute wir das nächste Jahr sind. Ich finde es jedenfalls riesig wichtig so eine Geheimschrift wirklich zu lernen.
Zum Schluß der Kuddelmuddel-Mitteilungen einen besonders drolligen Witz der von Herrn v. P. stammt. Was macht 999 mal klick und 1 mal klack? Ein Tausendfüßler mit einem Klumpfuß!

tschüs deine Anne.

Freitag 9. Oktober 1942.

Liebe Kitty,
Nichts als traurige und deprimierende Berichte habe ich heute zu erzählen. Unsere vielen jüdischen Bekannten werden in Gruppen festgenommen. Die Gestapo geht mit diesen Menschen nicht im geringsten zart um, sie werden einfach in Viehwagen nach Westerbork, dem großen Judenlager in Drente gebracht. Westerborg muß schrecklich sein, es gibt für die Tausende von Menschen nur 1 Waschbecken, 1 W. C. und die Schlafplätze sind alle durcheinandergewürfelt. Männer, Frauen und Kinder schlafen zusammen. Man hört dadurch von weitgehender Sittenlosigkeit; viele Frauen und Mädchen die etwas länger Aufenthalt haben sind schwanger.
Fliehen ist fast unmöglich, die Menschen aus dem Lager sind alle gebrandmarkt durch ihre geschorenen Köpfe und viele auch durch ihr jüdisches Äußere.
Wenn es in Holland schon so schlimm ist wie werden sie dann in den fernen und barbarischen Gebieten leben, wo sie hingeschickt werden? Wir nehmen an daß die meisten ermordet werden. Der englische Sender spricht von Vergasung; vielleicht ist das noch die schnellste Sterbemethode.
Ich bin völlig aus der Fassung, Miep erzählt all diese Greuelgeschichten so ergreifend, und selbst ist sie ebenfalls sehr aufgeregt. Erst neulich z. B. saß eine alte, lahme jüdische Frau vor ihrer Tür, sie mußte auf die Gestapo warten die ein Auto holen gegangen war um sie zu transportieren. Das arme Altchen hatte solche Angst vor der lauten Schießerei auf die englischen Flieger die darüberflogen und auch vor den grellen, flitzenden Scheinwerfern. Trotzdem wagte Miep nicht sie hereinzuholen, das würde niemand tun. Die Herren Deutschen sind nicht zimperlich mit ihren Strafen.
Auch Bep ist still, ihr Freund muß nach Deutschland. Sie hat jedesmal Angst daß die Flieger die über unsere Häuser fliegen, ihre Bombenlast von sehr oft gut 1 Million Kilos auf Bertus' Kopf fallenlassen.
Witze wie eine Million wird er wohl nicht bekommen und 1 Bombe ist schon genug, finde ich hier nicht ganz am Platz. Bertus ist wirklich nicht der einzige der gehen muß, jeden Tag fahren volle Züge mit jungen Leuten weg. Unterwegs wenn sie auf einem kleinen Bahnhof halten steigen sie manchmal heimlich aus und versuchen unterzutauchen, einem kleinen Prozentsatz gelingt das vielleicht.

Ich bin noch nicht fertig mit meinem Trauergesang. Hast du schon mal von Geiseln gehört? Das führen sie nun als neueste Straf-Masche für Saboteure ein. Es ist das Schrecklichste das du dir vorstellen kannst. Unschuldige, bedeutende Bürger werden gefangen genommen um auf ihre Ermordung zu warten. Wenn jemand sabotiert und der Täter wird nicht gefunden, stellt der Grüne seelenruhig ungefähr 5 Geiseln an die Wand. Oft stehen Todesmeldungen von diesen Leuten in der Zeitung. Durch »ein schicksalhaftes Unglück« wird dieses Verbrechen da genannt.
Ein schönes Volk die Deutschen und da gehöre ich eigentlich auch noch dazu! Aber nein, Hitler hat uns längst staatenlos gemacht und übrigens, es gibt keine größere Feindschaft auf dieser Welt als zwischen Deutschen und Juden.

deine Anne.

Dienstag, 20. Oktober 1942.

Liebe Kitty,
Meine Hand zittert noch obwohl der Schreck den wir hatten schon wieder zwei Stunden vorbei ist. Du mußt wissen daß wir fünf Minimaxgeräte im Haus haben gegen Brandgefahr. Weil sie unten so gescheit sind haben sie uns nicht gewarnt als der Zimmermann oder wie so ein Bursch sonst heißt, die Geräte füllte. Die Folge war daß wir überhaupt nicht leise waren bis ich draußen, auf dem Treppenabsatz, (gegenüber unserer Schranktür) Hammerschläge hörte. Ich dachte sofort an den Zimmermann und warnte Bep, die am essen war daß sie nicht nach unten konnte. Vater und ich bezogen Posten an der Tür, um zu hören wann der Mann weggehen würde. Nachdem er eine Viertelstunde gearbeitet hatte legte er dadraußen seinen Hammer und andere Werkzeuge auf unseren Schrank (so meinten wir!) und klopfte an unsere Tür. Wir wurden weiß, sollte er also doch etwas gehört haben und nun dieses geheimnisvolle Ungetüm untersuchen wollen? Es schien so, das Klopfen, Ziehen, Schieben, und Reißen hielt an.
Ich wurde fast ohnmächtig vor Angst daß es dem wildfremden Mann doch gelingen könnte unseren schönen Schlupfwinkel zu entlarven. Und gerade dachte daß ich die längste Zeit gelebt hatte, als wir Herrn Kleimans Stimme sagen hörten »macht doch mal auf, ich bin es.« Sofort machten wir auf. Was war passiert? Der Haken, mit dem der Tür-Schrank festsitzt, hat geklemmt, deshalb konnte niemand uns vor dem Zimmermann warnen, der Mann war nach unten gegangen und Kleiman wollte Bep abholen, doch bekam den Schrank wieder nicht auf. Ich kann dir sagen daß ich nicht wenig erleichtert war. Der Mann, von dem ich meinte daß er bei uns herein wollte, hatte in meiner Einbildung immer größere Formen angenommen, zuletzt sah er aus wie ein Riese und war so ein Faschist wie es keinen schlimmeren gibt. Gell, gell, zum Glück ist es für dieses Mal sehr gut mit uns abgelaufen.
Inzwischen hatten wir Montag viel Spaß, Miep und Jan haben bei uns übernachtet. Margot und ich haben für eine Nacht bei Vater und Mutter geschlafen, so daß das Ehepaar Gies unseren Platz einnehmen konnte. Das Ehren Menü schmeckte herrlich, eine kleine Unterbrechung war daß Vaters ? Lampe Kurzschluß verursachte und wir mit einem Schlag im Dunkeln saßen. Was tun? Neue Sicherungen waren zwar im Haus, aber die Sicherung mußte ganz hinten im dunklen Lager eingesetzt werden und das war keine besonders hübsche Aufgabe abends. Trotzdem wagten es die Herren und nach 10 Minuten konnte unsere Kerzenillumination wieder weggeräumt werden.

Bep kommt nächste Woche auch mal auf Nachtbesuch.

Deine Anne.

Donnerstag 29.
Oktober 1942.

Liebste Kitty,
Ich bin ziemlich beunruhigt, Vater ist krank. Er hat hohes Fieber und roten Ausschlag, es scheinen die Masern zu sein. Stell dir vor wir können nicht einmal den Doktor holen. Mutter läßt ihn kräftig schwitzen, vielleicht geht das Fieber davon runter. Heute morgen erzählte Miep daß die Wohnung v. P. auf der Zuider Amstellaan entmöbelt ist. Wir haben es Frau [van Pels] noch nicht erzählt, sie ist doch schon so »nervenmäßig« die letzte Zeit und wir haben keine Lust noch ein Gejammer über ihr schönes Service und feinen Sesselchen die zu Haus geblieben sind anzuhören. Wir haben auch fast alles was schön war im Stich lassen müssen, was hilft jetzt das Geklage?
Die letzte Zeit darf ich etwas mehr Erwachsenen-Bücher lesen. Ich lese gerade Eva's jeugd von Nico van Suchtelen, der Unterschied zwischen Mädchenromanen und diesem finde ich nicht so arg groß.
Vater hat Goethes und Schillers Dramen aus dem großen Bücherschrank geholt, er will mir jeden Abend etwas vorlesen. Mit Don Carlos haben wir schon angefangen.
Um Vaters gutem Vorbild zu folgen hat Mutter mir ihr Gebetbuch in die Hände gedrückt. Anstandshalber habe ich ein paar Gebete in Deutsch gelesen, ich finde es schon schön aber es sagt mir nicht viel. Warum zwingt sie mich auch so fromm-religiös zu tun?
Morgen wird der Ofen zum erstenmal angemacht, wir werden wohl ziemlich im Rauch sitzen; der Schornstein ist schon lange Zeit nicht gefegt, hoffen wir daß das Ding zieht!

deine Anne.

7. Nov. 1942

Liebe Kitty,
Mutter ist schrecklich nervös und das ist für mich immer sehr gefährlich. Sollte es Zufall sein daß Vater und Mutter nie Margot ausschimpfen und ich immer alles abkriege? Gestern-abend z. B.: Margot las ein Buch, in dem prächtige Zeichnungen waren, sie stand auf, ging hinauf und legte das Buch zur Seite um es später weiterzulesen. Ich hatte gerade nichts zu tun, nahm es und betrachtete die Bilder. Margot kam zurück, sah »ihr« Buch in meiner Hand, bekam eine Falte in der Stirn und verlangte es böse zurück. Ich wollte es noch kurz weiter betrachten. Margot wurde immer böser, Mutter mischte sich ein mit den Worten: »Das Buch liest Margot, gib es ihr also.« Vater kam ins Zimmer, wußte nicht einmal worum es ging, sah daß Margot etwas angetan wurde und fuhr mich an: »Ich würde dich mal sehen wollen, wenn Margot in deinem Buch herumblättern würde!«
Ich gab sofort nach, legte das Buch hin und ging ihrer Meinung nach »beleidigt« aus dem Zimmer. Ich war weder beleidigt, noch böse, wohl aber traurig.
Es war nicht richtig von Vater zu urteilen ohne die Streitfrage zu kennen. Ich hätte das Buch von selbst Margot gegeben und dazu noch viel schneller wenn Vater und Mutter sich nicht eingemischt hätten und als ob es das größte Unrecht betraf Margot sofort in Schutz genommen hatten.
Daß Mutter sich für Margot einsetzt, versteht sich von selbst, sie setzen sich immer für einander ein, Ich bin daran so gewöhnt daß ich vollkommen gleichgültig für Mutters Standpauken und Margots gereizte Launen geworden bin. Ich liebe sie nur deshalb weil sie nun einmal Mutter und Margot sind, als Menschen können [sie] zum Mond gehen. Bei Vater ist das ein anderer Fall, wenn er Margot vorzieht, alle Taten Margots gutheißt, Margot lobt und mit Margot zärtlich ist dann nagt es in mir denn auf Vater bin ich versessen, er ist mein großes Vorbild, niemanden auf der ganzen Welt als Vater liebe ich.

Er ist sich nicht bewußt daß er mit Margot anders umgeht als mit mir: Margot ist nun mal die Klügste, die Liebste, die Schönste und die Beste. Aber ein bißchen Recht auf Ernst habe ich doch auch; ich war immer der Clown und der Taugenichts der Familie, mußte immer für alle Taten doppelt büßen; einmal mit Standpauken und einmal mit der Verzweiflung in mir selbst. Nun befriedigt mich diese oberflächliche Zärtlichkeit nicht mehr, genauso wenig die angeblich ernsthaften Gespräche ich verlange etwas von Vater wozu er nicht imstande ist es zu geben.
Ich bin nicht neidisch auf Margot, war es nie, ich begehre ihre Klug- und Schönheit nicht, ich würde nur so gerne Vaters echte Liebe, nicht nur als sein Kind, sondern als Anne-als-sie selbst fühlen. Ich klammere mich an Vater fest, weil ich jeden Tag verächtlicher auf Mutter hinunterschaue und er der einzige ist der mein letztes Restchen Familiengefühl aufrechterhält. Vater versteht nicht daß ich mir über Mutter mal das Herz erleichtern muß, er will nicht reden, vermeidet alles was sich auf Mutters Fehler bezieht.
Und doch liegt Mutter mit all ihren Mängeln mir am schwersten auf dem Herzen. Ich weiß nicht wie ich mich beherrschen soll, kann ihr ihre Schlampigkeit, [ihren] Sarkasmus und [ihre] Härte nicht unter die Nase reiben, kann jedoch auch nicht immer die Schuld bei mir finden.
Ich bin in allem genau umgekehrt wie sie und das prallt selbstverständlich aufeinander. Ich urteile nicht über Mutters Charakter denn darüber kann ich nicht urteilen, ich betrachte sie nur als Mutter. Für mich ist Mutter keine Mutter; Ich selbst muß meine Mutter sein. Ich habe mich abgesondert von ihnen, ich laviere mich allein durch und werde später schon sehen wo ich lande. Es kommt alles vor allem daher weil ich in mir selbst ein ganz großes Vorbild sehe, wie eine Mutter und eine Frau sein soll und nichts davon in ihr wiederfinde der ich den Namen Mutter geben muß.
Ich nehme mir immer vor, nicht mehr auf Mutters falsche Beispiele zu achten, ich will nur ihre guten Seiten sehen und was ich bei ihr nicht finde, bei mir selbst suchen. Aber das gelingt nicht und dann ist noch das Schlimmste daß weder Vater noch Mutter erkennen daß sie in meinem Leben ihren Verpflichtungen nicht nachkommen und daß ich sie dafür verurteile. Würde jemand seine Kinder wohl ganz und gar zufriedenstellen können? Manchmal glaube ich daß Gott mich auf die Probe stellen will jetzt und auch später; ich muß nur gut werden, ohne Vorbilder und ohne zu reden, dann werde ich später am stärksten sein?
Wer anders als ich selbst wird später all diese Briefe lesen? Wer anders als ich selbst wird mich trösten? Denn ich habe oft Trost nötig, ich bin so häufig nicht stark genug und versage öfter als ich [den Anforderungen] genüge. Ich weiß es und versuche immer wieder, jeden Tag aufs neue mich zu bessern.
Ich werde ungleichmäßig behandelt; den einen Tag ist Anne so vernünftig und darf alles wissen und am nächsten höre ich wieder daß Anne erst noch ein kleines dummes Schaf ist das nichts weiß und denkt Wunder was aus Büchern gelernt zu haben! Ich bin nicht mehr das Baby und das Hätschelkind, das außerdem bei all ihren Tanten ausgelacht werden darf. Ich habe meine eigenen Ideale, Vorstellungen und Pläne, aber ich kann sie noch nicht in Worte fassen.
Ach es kommt soviel hoch, wenn ich abends allein bin ebenso tagsüber wenn ich die Leute aushalten muß die mir zum Hals heraushängen oder die meine Absichten immer verkehrt auffassen. Ich komme darum letztlich immer wieder auf mein Tagebuch zurück, das ist mein Anfang und mein Ende, denn Kitty ist immer geduldig ich werde ihr versprechen daß ich trotz allem aushalten werde, meinen eigenen Weg bahnen werde und meine Tränen hinunterschlucken. Ich würde nur einstweilen so gern die Resultate sehen und ein einziges Mal ermutigt werden, von jemandem der [oder die] mich liebhat.
Verurteile mich nicht, sondern betrachte mich als jemanden dem es auch einmal zuviel wird.

deine Anne.

Montag 9. Nov. 1942.

Liebe Kitty,
Gestern hatte Peter Geburtstag, er ist 16 geworden. Die Geschenke waren recht hübsch. Er hat u. a. das Börsenspiel, einen Rasierapparat und einen Zigarettenanzünder bekommen. Nicht daß er soviel raucht, überhaupt nicht, nur für die Eleganz. Die größte Überraschung brachte Herr v. P. uns als er um 1 Uhr berichtete daß die Engländer in Tunis, Algiers, Casa Blanca und Oran gelandet sind. Das ist der Anfang vom Ende, sagten sie alle, aber Churchil, der englische Premierminister, der wahrscheinlich in England denselben Ausruf gehört hatte, sagte: »Diese Landung ist eine sehr wichtige Tatsache, doch darf man nicht glauben, daß dies der Anfang vom Ende ist. Ich sage eher daß sie das Ende vom Anfang bedeutet.« Merkst du den Unterschied? Grund für Optimismus gibt es aber doch wohl, Stalingrad, die russische Stadt, die sie nun schon seit drei Monaten verteidigen ist noch immer nicht an die Deutschen preisgegeben.
Um im Geist des Hinterhauses zu sprechen werde ich doch auch mal etwas von unserer Lebensmittelversorgung aufschreiben müssen. (Du mußt wissen daß die obere Abteilung echte Leckermäuler sind!) Unser Brot liefert ein sehr netter Bäcker ein Bekannter v. Kleiman. Wir bekommen natürlich nicht so viel wie zu Hause, aber es ist ausreichend. Lebensmittelkarten werden ebenfalls illegal eingekauft. Der Preis dafür steigt ständig, von f27.– ist er nun schon f33.– geworden. Und das nur für ein Blatt bedrucktes Papier!
Um etwas haltbares Zeug im Haus zu haben außer unseren hundert Büchsen, haben wir 270 Pfund Hülsenfrüchte gekauft. Das ist nicht alles für uns allein, auch das Büro wurde einberechnet. Die Hülsenfrüchte hingen in Säcken in unserem kleinen Flur (innerhalb der Verstecktür), an Haken. Durch das schwere Gewicht, sind ein paar Nähte von den Säcken aufgesprungen.
Wir beschlossen unseren Wintervorrat dann doch auf den Dachboden zu stellen und vertrauten Peter das Hochschleppen an. 5 von 6 Säcken waren schon mit heiler Haut oben angekommen und Peter war gerade dabei Nr. 6 hochzuschleppen, als die untere Naht des Sackes riß und ein Regen, nein ein Hagel von braunen Bohnen durch die Luft und die Treppe hinunterflog. In dem Sack waren ungefähr 50 Pfund, es war dann auch ein Höllenlärm; unten dachten sie nichts anderes als daß sie das alte Haus samt Inhalt auf den Kopf bekämen. Peter erschrak kurz aber mußte schrecklich lachen als er mich unten an der Treppe stehen sah wie eine Insel zwischen den Bohnenwellen, so war ich umringt von dem braunen Zeug das mir bis an die Knöchel reichte. Schnell machten wir uns ans Aufsammeln, aber Bohnen sind so glatt und klein daß sie in alle möglichen und unmöglichen Ecken und Löcher rollen. Jedesmal wenn jetzt jemand die Treppe hinaufgeht, bückt er sich um eine Handvoll Bohnen an Frau [van Pels] abzuliefern. Fast hätte ich vergessen zu vermelden daß Vaters Krankheit wieder ganz vorbei ist.

deine Anne.

P.S. Gerade kommt die Nachricht durch das Radio daß Algiers gefallen ist. Marokko, Casa Blanca und Oran sind schon seit ein paar Tagen in englischen Händen. Jetzt wird noch auf Tunis gewartet.

deine Anne

Dienstag 10. November 1942.

Liebe Kitty,
Großartige Neuigkeiten, wir wollen einen 8. Verstecker aufnehmen!
Ja wirklich, wir sind immer der Meinung gewesen daß hier noch genug Platz und Essen für eine 8. Person ist. Wir hatten nur Angst Kugler und Kleiman noch mehr zu belasten. Als nun die Greuelberichte von draußen bezüglich der Juden immer schlimmer wurden hat Vater mal bei

den beiden entscheidenden Personen vorgefühlt und diese fanden den Plan ausgezeichnet. Die Gefahr ist für 7 genauso groß wie für 8 sagten sie völlig zurecht. Als dies in Ordnung war sind wir in Gedanken unseren Bekanntenkreis durchgegangen um einen alleinstehenden Menschen zu finden, der gut in unsere Versteckfamilie passen würde. Es war nicht schwierig so jemanden aufzutreiben. Nachdem Vater alle Verwandten der V. P. abgelehnt hatte, fiel unsere Wahl auf einen Zahnarzt mit Namen Fritz Pfeffer. Er lebt zusammen mit einer viel jüngeren und netten Christenfrau, mit der er wahrscheinlich nicht verheiratet ist, aber das ist Nebensache. Er ist bekannt als ruhig und höflich und so nach der oberflächlichen Bekanntschaft zu urteilen schien er sowohl V. P. als auch uns sympathisch.
Auch Miep ist mit ihm bekannt, so daß von ihr der Versteckplan geregelt werden kann. Wenn er kommt, muß Pf. in meinem Zimmer schlafen statt Margot, die das Harmonikabett als Lagerstatt bekommt.

deine Anne.

Donnerstag 12. November
1942.

Liebe Kitty,
Pfeffer fragte Miep als sie ins Zimmer kam sofort, ob sie nicht vielleicht einen Versteckplatz für ihn wüßte. Er war riesig froh daß Miep ihm erzählte daß sie etwas für ihn hätte und daß er so schnell wie möglich dorthin gehen müßte, am liebsten Samstag schon. Das schien ihm einigermaßen bedenklich, er mußte seine Kartei noch in Ordnung bringen, zwei Patienten behandeln und die Kasse machen. Mit diesem Bericht kam Miep heute morgen zu uns. Wir fanden es nicht gut noch solange zu warten. All diese Vorbereitungen kosten wieder Erklärungen an eine Anzahl Leute, die wir lieber draußen halten würden; Miep will fragen ob es nicht doch so geregelt werden kann daß Pf. Samstag ankommt. Pf. sagte nein und kommt nun Montag. Ich finde es verrückt daß er nicht sofort auf jeden Vorschlag eingeht, wenn er auf der Straße mitgenommen wird kann er weder der Kartei noch den Menschen mehr helfen, warum dann der Aufschub? Ich für mich finde es dumm daß Vater nachgegeben hat.
Sonst nichts Neues.

deine Anne.

Dienstag 17. November
1942.

Liebe Kitty,
Pf. ist angekommen. Es hat alles gut geklappt: Um 11 Uhr morgens hatte Miep zu ihm gesagt müßte er vor dem Postamt an einem bestimmten Platz sein, dort würde ein Herr ihn mitnehmen. Pf. stand auf dem verabredeten Platz, genau pünktlich, Herr Kleiman ging auf ihn zu, berichtete daß der genannte Herr noch nicht kommen konnte und ob er dann zu Miep ins Büro kommen wollte. Kleiman stieg in die Straßenbahn, fuhr zurück ins Büro und Pf. ging denselben Weg [zu Fuß].
Um 10 Minuten vor halb 12 klopfte Pf. an die Bürotür. Miep ließ ihn seinen Mantel ausziehen, so daß der Stern unsichtbar war und brachte ihn ins Privatbüro, wo Kleiman ihn beschäftigte bis die Putzfrau weg war. Mit dem Vorwand daß das Privatbüro nicht länger frei wäre, ging sie mit Pf. nach oben, öffnete den Drehschrank und stieg vor den Augen des verblüfften Mannes hinein. Wir 7 saßen oben rund um den Tisch und erwarteten mit Kognak und Kaffee den Mitverstecker. Erst führte Miep ihn in unser Wohnzimmer; er erkannte sofort unsere Möbel, aber dachte noch nicht im entferntesten daran daß wir uns über seinem Kopf befanden. Als Miep

ihm das erzählte fiel er fast in Ohnmacht vor Staunen. Aber zum Glück ließ Miep [ihm] nicht zu lange Zeit und ging mit nach oben. Pf. ließ sich auf einen Stuhl fallen und schaute uns alle eine Weile sprachlos an, als ob er erst die genaue Wahrheit von unseren Gesichtern ablesen wollte. Danach stotterte er: Maar ... aber, sind u dan nicht in België? Ist der Militär nicht gekommen, das Auto die vlucht ist sie nicht gelukt? Wir erklärten ihm den ganzen Fall, daß wir die Geschichte von dem Militär und dem Auto extra ausgestreut hatten um die Leute und die Deutschen, die eventuell nach uns suchen würden auf eine falsche Spur zu locken. Pf. war wieder sprachlos über soviel Erfindungsgeist und konnte weiter den ganzen Tag nichts anderes tun als sich erstaunt umzuschauen, als er unser hyper-praktisches und schönes Hinterhäuschen näher beschnüffelte.
Wir aßen zusammen, er schlief ein bißchen und trank dann Tee mit uns, ordnete sein bißchen Zeug das Miep schon zuvor mitgebracht hatte und fühlte sich schon ziemlich heimisch. Vor allem als er die folgende getippte Hinterhaus Versteckregeln (Fabrikat V. P.) in die Hände bekam:
Prospekt und Leitfaden des Hinterhauses. Spezielle Einrichtung für die vorübergehende Unterkunft von Juden und dergleichen.
Während des ganzen Jahres geöffnet. Schöne, ruhige, waldreiche Umgebung im Herzen von Amsterdam. Keine privaten Nachbarn. Zu erreichen mit den Straßenbahnlinien 13 und 17 ferner auch mit Auto oder Fahrrad. In bestimmten Fällen wo die deutschen Autoritäten die Benutzung dieser Transportmittel nicht erlauben auch laufend.
Entfernung von der Munt: 5 Minuten. Entfernung von [Amsterdam-]Süd: 45 Minuten. Möblierte und unmöblierte Wohnungen und Zimmer ständig verfügbar mit oder ohne Pension. Wohnpreis gratis. Diätküche, fettfrei.
Fließendes Wasser im Badezimmer (leider keine Wanne) und an diversen Innen- und Außenwänden. Herrliche Feuerstellen. Geräumige Lagerplätze für Güter jeder Art. 2 große moderne Panzerschränke. Eigene Radio-Zentrale.
mit direkter Verbindung von London, New York, Tel Aviv und vielen anderen Stationen.
Dieser Apparat steht ab 6 Uhr abends allen Bewohnern zur Verfügung, wobei es keine verbotenen Sender gibt unter der Bedingung daß nur ausnahmsweise deutsche Sender gehört werden dürfen z. B. klassische Musik u. ä. Der Radio-Nachrichtendienst arbeitet durchgehend in 3 Schichten. Morgens um 7 Uhr, 8 Uhr, mittags um 1 uhr, abends um 6 Uhr. Ruhezeiten: 10 Uhr abends – 7½ Uhr morgens. Sonntags 10¼ Uhr. In Zusammenhang mit [besonderen] Umständen werden tagsüber auch Ruhestunden abgehalten, nach Anweisungen der Direktion. Ruhestunden müssen genau eingehalten werden, in Zusammenhang mit der allgemeinen Sicherheit!!!! Freizeit: verfällt soweit außer Haus bis auf weitere Anweisung.
Gebrauch der Sprache: Gefordert ist zu allen Zeiten leise zu sprechen, erlaubt sind alle Kultursprachen, also kein Deutsch. Lektüre und Entspannung: Es dürfen keine deutschen Bücher gelesen werden, ausgenommen wissenschaftliche und klassische, alles übrige ist frei. Gymnastikübungen: täglich Gesang: ausschließlich leise und nach 6 Uhr abends.
Film: Nach Abmachung.
Unterricht: In Stenographie jede Woche 1 schriftliche Lektion. In Englisch, Französisch, Mathematik, und Geschichte jederzeit.
Bezahlung im Gegenunterricht, z. B. Niederländisch.
Es ist strengstens verboten deutsche Nachrichten abzuhören (egal von wo diese ausgesandt werden) und zu verbreiten.

Besondere Abteilung für kleine Haustiere, mit guter Versorgung (ausgenommen Ungeziefer, für das besondere Genehmigung erteilt werden muß ....

—

Preis, wird nach Beratung festgelegt.

—

Die Einnahme der Mahlzeiten: Frühstück an allen Tagen, mit Ausnahme der Sonn- und Feiertage morgens um 9 Uhr, Sonn- und Feiertage ca 11½ Uhr.

—

Dinner, zum Teil ausgedehnt.
Mittags 1¼ – 1¾ Uhr.

—

Abendessen, kalt und / oder warm in Zusammenhang mit dem Nachrichtendienst keine feste Zeit.

—

Verbessern:
Die Hausgenossen ersuchen freundlich wenn jemand einen Fehler macht in Sprache oder Aussprache der niederländischen Sprache, verbessert zu werden; es wird sicher allen Hausgenossen zugute kommen.
Verpflichtungen gegenüber der Versorgungskolonne:
Immer bereit zu sein um bei Büroarbeiten zu helfen.
Baden: Sonntags ab 9 Uhr steht die Schüssel allen Hausgenossen zur Verfügung. Man kann baden im WC, in der Küche, im Privatbüro, im vorderen Büro, ganz nach Wunsch.
Starke Getränke nur gegen ärztliches Attest. Ende.

deine Anne.

Donnerstag 19. Nov. 1942.

Liebe Kitty,
Wie wir alle annehmen ist Pf. ein sehr netter Mann. Er fand es natürlich in Ordnung das Zimmer mit mir zu teilen; ich bin ehrlich gesagt nicht so sehr erfreut darüber daß ein Fremder meine Sachen benutzt, aber man muß was für die gute Sache übrig haben, und ich bringe dieses kleine Opfer dann auch gern; wenn wir nur jemanden von unseren Bekannten retten können ist alles andere Nebensache, sagte Vater und damit hat er vollkommen recht. Pf. hat mich am ersten Tag als er hier war sofort über alle Dinge ausgefragt, so z. B. wann die Putzfrau kommt, wie die Badezimmerzeiten sind, wann man auf die Toilette gehen darf. Du wirst lachen aber das alles ist in einem Versteck nicht so einfach. Wir dürfen tagsüber nicht so viel Umstände machen daß sie uns unten hören und wenn eine Extra-Person wie z. B. die Putzfrau da ist, müssen wir uns alle auch extra in acht nehmen. Ich erklärte Pf. das alles sehr genau, aber eine Sache erstaunte mich dabei und das ist daß er so sehr schwer von Begriff ist, alles fragt er doppelt und behält es auch dann noch nicht.
Vielleicht geht das vorbei, und ist er nur durch die Überraschung so durcheinander. Übrigens geht es prima, Pf. hat uns viel von der Außenwelt erzählt, die wir nun schon so lange vermissen. Es ist traurig was er alles wußte, zahllose Freunde und Bekannte sind weg zu einem schrecklichen Ziel. Abend für Abend fahren die grünen oder grauen Militärfahrzeuge vorbei klingeln an jeder Tür und fragen ob da auch Juden wohnen. wenn ja muß die ganze Familie sofort mit, wenn nicht gehen sie wieder weiter. Niemand kann sich seinem Schicksal entziehen wenn er sich nicht versteckt. Sie gehen auch häufig mit Listen herum und klingeln dann nur dort wo sie wissen daß sie eine reiche Beute einfangen werden. Kopfgeld wird oft bezahlt, pro Kopf so viel. Es sieht so aus wie die Sklavenjagd, wie sie die früher abhielten. Aber es ist wirklich kein Witz, dafür ist es viel zu dramatisch, ich sehe oft abends im Dunkeln die Reihen guter, unschuldiger

Menschen gehen, mit weinenden Kindern, immer nur laufen, kommandiert von ein paar Kerlen, geschlagen und gepeinigt bis sie fast zusammenbrechen. Nichts wird geschont Bejahrte, Kinder, Babys, schwangere Mütter, Kranke alles, alles geht mit in dem Zug zum Tod.
Wie gut haben wir es hier, wie gut und ruhig. Wir brauchten uns aus dem ganzen Elend nichts zu machen, wenn wir uns nicht so ängstigen würden um alle die uns so teuer waren und denen wir nicht mehr helfen können. Schlecht fühle ich mich, daß ich in einem warmen Bett liege, während meine liebsten Freundinnen irgendwo draußen niedergeworfen oder niedergestürzt sind.
Ich bekomme selbst Angst wenn ich an alle denke mit denen ich mich immer so innig verbunden fühlte und die nun den Händen der brutalsten Henker ausgeliefert sind die es jemals gegeben hat. Und das alles weil sie Juden sind

<u>deine Anne.</u>

Freitag 20. Nov. 1942.

Liebe Kitty,
Wir wissen alle nicht genau was für eine Haltung wir einnehmen sollen. Bis jetzt ist von den Berichten über die Juden nie viel zu uns durchgedrungen und haben wir es am besten gefunden so weit wie möglich heiter zu bleiben. Wenn Miep ab und zu mal etwas herausließ über das schreckliche Los eines Bekannten fingen Mutter oder Frau v. P. jedesmal an zu weinen, so daß Miep es besser fand überhaupt nichts mehr zu erzählen. Aber Pf. wurde sofort bestürmt mit Fragen und die Geschichten die er erzählte waren so grauenhaft und barbarisch daß es nicht zum einen Ohr rein und zum anderen wieder rausgeht. Trotzdem werden wir wenn die Berichte ein bißchen gesackt sind wohl wieder Witze machen und uns necken; es hilft uns und denen da draußen nicht wenn wir so bedrückt bleiben wie wir es alle im Augenblick sind und was hat es für einen Sinn aus dem Hinterhaus ein melancholisches Hinterhaus zu machen.
Bei allem was ich tue muß ich an die anderen denken, die weg sind und wenn ich wegen etwas lachen muß, höre ich erschrocken wieder auf und denke mir daß es eine Schande ist daß ich so fröhlich bin. Aber muß ich denn den ganzen Tag weinen? Nein, das kann ich nicht und sie wird wohl auch wieder vorbeigehen diese Bedrücktheit.
Zu diesem Traurigen ist noch etwas anderes gekommen, aber das ist von persönlicher Art und versinkt in das Nichts neben dem eben erzählten Elend. Trotzdem kann ich es nicht lassen dir zu erzählen daß ich mich in der letzten Zeit immer mehr verlassen fühle, es gibt eine zu große Leere um mich herum. Früher dachte ich darüber nie so nach und erfüllten mein Vergnügen und meine Freundinnen mein ganzes Denken. Nun denke ich oft an unglückliche Dinge oder über mich selbst. Und letzten Endes bin ich zu der Entdeckung gekommen daß Vater, wie lieb er auch ist, doch nicht meine ganze frühere Welt ersetzen kann. Mutter und Margot zählen in meinen Gefühlen schon lange nicht mehr mit. Aber warum dir mit solchen dummen Dingen lästig fallen, ich bin so schrecklich undankbar, Kitty, ich weiß es ja, aber mir wird oft schwindlig wenn ich zuviel auf den Kopf bekommen und dann noch an all das andere Schlimme denken muß!

<u>deine Anne.</u>

Samstag 28. Nov. 1942.

Liebe Kitty,
Wir haben viel zuviel Licht verbraucht und nun unsere Elektrizitätsration überschritten. Folge: übertriebene Sparsamkeit und in Aussicht gestellte Abschaltung. 14 Tage kein Licht, hübsch, gell? Aber wer weiß vielleicht läuft es noch gut! Von 4 Uhr oder halb 5 ist es zu dunkel um zu lesen, wir verkürzen uns die Zeit mit allerlei verrückten Sachen. Rätsel aufgeben, Gymnastik ma-

chen im Dunkeln, Englisch oder Französisch sprechen, Bücher kritisieren, das langweilt alles auf die Dauer. Seit gestern abend habe ich etwas Neues herausgefunden und zwar mit einem scharfen Fernglas in die erleuchteten Zimmer der hinteren Nachbarn zu spähen. Tagsüber dürfen unsere Vorhänge niemals einen einzigen Zentimeter zur Seite, aber wenn es so dunkel ist kann das nicht schaden. Ich wußte früher nie daß Nachbarn so interessante Menschen sein können, jedenfalls die unseren, ein paar habe ich bei der Mahlzeit angetroffen, eine Familie filmte gerade und der Zahnarzt von gegenüber hatte eine alte, ängstliche Dame in Behandlung.
Herr Pf., der Mann von dem immer gesagt war daß er hervorragend mit Kindern zurechtkäme und auch alle Kinder gern hätte, entpuppt sich als der altmodischste Erzieher und Prediger ellenlanger Manierenreihen. Da ich das seltene Glück habe (!) mit dem hochedelwohlerzogenen Herrn mein leider sehr enges Zimmer teilen zu dürfen und da ich allgemein für die am schlechtesten Erzogene von drei Jugendlichen gehalten werde, habe ich ziemlich zu tun um den allzu häufig wiederholten Standpauken und Ermahnungen zu entgehen und eine ostindische Taubheit durchzuhalten. Das alles würde noch gehen wenn der Herr nur nicht so ein großer Petzer wäre und sich auch noch Mutter als Weitergabeadresse ausgesucht hätte. Wenn ich von ihm gerade den Wind von vorn abbekommen habe, setzt Mutter noch eins drauf, und kriege ich also den Wind von hinten, wenn ich dann noch besonders großes Glück habe, ruft Frau [van Pels] mich fünf Minuten später zur Verantwortung und kommt der Wind von oben geblasen!
Wirklich du mußt nicht denken daß es einfach ist, der unerzogene Mittelpunkt einer sich überall einmischenden Versteckerfamilie zu sein. Abends im Bett, wenn ich über meine vielen Sünden und angedichteten Mängel nachdenke, komme ich so durcheinander durch die große Menge dieser Dinge die betrachtet werden müssen, daß ich entweder lache, oder weine, je nach meiner inneren Stimmung. Und schlafe dann mit dem verrückten Gefühl ein anders sein zu wollen als zu sein oder anders zu sein als zu wollen, oder vielleicht auch anderes zu tun als zu wollen oder zu sein. Lieber Himmel, jetzt bringe ich dich auch noch durcheinander, verzeih mir, aber durchstreichen mag ich nicht und Papier wegwerfen ist in Zeiten großer Papierknappheit verboten. Also kann ich dir nur raten den obersten Satz nicht noch einmal durchzulesen und dich vor allem nicht hineinzuvertiefen, denn du kommst da doch nicht raus!

deine Anne.

Montag 7. Dez. 1942.

Liebe Kitty,
Chanuka und St. Nikolaus fielen dieses Jahr fast zusammen, der Unterschied war nur ein Tag. Für Chanuka haben wir nicht viel Umstände gemacht, ein paar hübsche Sächelchen hin und her und dann die Kerze. Da Mangel an Kerzen ist wurden sie nur 10 Minuten angezündet, aber wenn das Lied nicht dabei fehlt ist das auch ganz gut. Herr V. P. hat einen Leuchter aus Holz gemacht so daß auch dies geregelt ist. St.-Nikolaus-Abend, Samstag war viel schöner. Bep und Miep hatten uns sehr neugierig gemacht indem sie die ganze Zeit mit Vater zwischen dem Essen flüsterten, so daß wir wohl vermuteten daß etwas in Vorbereitung war. Und wirklich, um 8 Uhr gingen wir alle die hölzerne Treppe hinunter, durch den stockdunklen Flur, (ich schauderte und wünschte mich schon wieder sicher oben!) zu dem Durchgangszimmer, dort konnten wir Licht anmachen, weil dieser Raum keine Fenster hat. Als das geschehen war machte Vater den großen Schrank auf. »Oh, wie hübsch«, riefen wir alle. In der Ecke stand ein großer Korb mit Nikolauspapier geschmückt und oben war eine Pietmaske befestigt.
Schnell nahmen wir den Korb mit nach oben. Es war für jeden ein schönes Geschenk darin mit einem passenden Vers. St. Nikolausverse wirst du selbst wohl kennen, und alle werde ich sie dir auch nicht schreiben, aber sowohl der von Mutter als von Frau v. P. waren sehr passend:

Warten Sie auf Ihre Zeit
Das scheint einfach
das ist eine Tatsache.
Doch warten, warten,
Mit Gedanken
Voller Schmerz,
Ist sehr schwer,
Doch muß so sein.
Nikolaus fand diese Geduld
Müßte belohnt werden.
Ein schöner Kalender
wurde ihm gezeigt.
Pack ein, sagte er
zu Pieter seinem Knecht
Dieses schöne Stück Arbeit
Paßt gut zu Frau F.

—

Was für ein Eifer und ein Laufen
Ist das jeden Tag
Ist das vielleicht der Grund
Warum jeder sie mag (nicht gemeinte Schmeichelei!
Immer nur wieder mit Gas und Herd
All das »leckere Futter«
fertig zu schmoren
Aber .... sitzt sie auch mal still
Was ist das erste das sie will?
Stricken! Stricken! Stricken!
Und darum fand der gute Nikolaus,
daß neben ihrem Mann dem Raucher
Diese fleißige Frau haben sollte
Einen prima Stricknadelköcher.

Fabrikat Jan Gies.
Ich bekam eine Puppe aus Brotteig, Vater Buchstützen usw. usw. Es war jedenfalls alles schön ausgedacht und da wir alle acht noch nie in unserem Leben Nikolaus gefeiert haben, war diese Premiere recht am Platz.

deine Anne.

P.S. Für unten hatten wir natürlich auch was, noch alles aus den früheren guten Zeiten, während bei Miep und Bep außerdem Geld immer am Platz ist.
Heute haben wir gehört daß der Aschenbecher für v. P, Bilderrahmen für Pf. und die Buchstützen für Vater alles von Voskuyl selbst gefertigt ist. Wie jemand das so kunstvoll mit der Hand machen kann ist mir ein Rätsel!

deine Anne.

Donnerstag 10. Dez. 1942.

Liebe Kitty,

Herr v. P. kommt aus dem Wurst, Fleisch und Gewürzhandel. In der Firma wurde er wegen seiner Gewürzkenntnisse angestellt, doch nun zeigt er sich von der wurstigen Seite, was uns bei weitem nicht unangenehm ist. Wir hatten viel Fleisch (illegal natürlich) bestellt, um einzumachen, falls wir mal schwierige Zeiten durchmachen müßten. Er wollte Bratwurst, Geldersche Wurst und Mettwurst machen. Es war ein schöner Anblick, wie erst die Fleischstücke durch den Fleischwolf gingen, 2 oder 3 mal, dann alle Zutaten in die Fleischmasse hineingemengt wurden und dann mit Hilfe einer Tülle in die Därme gefüllt wurde. Die Bratwurst aßen wir mittags sofort zum Sauerkraut auf, aber die Gelderse, die zum Einmachen bestimmt war, mußte erst gut trocknen und dafür wurde sie an einem Stock mit zwei Schnüren an die Decke aufgehängt. Jeder der in das Zimmer kam und die ausgestellten Würste erblickte, fing an zu lachen; es war auch ein äußerst drolliger Anblick.

Im Zimmer war ein heilloses Durcheinander: Herr V. P. war, mit einer Schürze von Frau [van Pels] umgebunden, in seiner ganzen Dicke (er sah viel dicker aus als er ist) mit dem Fleisch beschäftigt, blutige Hände, roter Kopf und die bekleckerte Schürze, gaben ihm das Aussehen eines richtigen Metzgers. Frau [van Pels] tat alles gleichzeitig. Niederländisch lernen aus einem Büchlein, die Suppe rühren, nach dem Fleisch schauen, seufzen und klagen über ihre gebrochene, oberste Rippe. Das kommt davon wenn ältere Damen (!) solche äußerst idiotischen Gymnastikübungen machen um ihren dicken Hintern wieder loszuwerden!

Pf. hatte ein entzündetes Auge und betupfte es am Herd mit Kamillentee. Pim saß auf einem Stuhl in dem Sonnenstrahl der durch das Fenster kam, wurde von der einen zur anderen Seite geschoben, dabei hatte er sicher wieder Schmerzen an seiner Rheumastelle, denn er saß ziemlich krumm und mit einem verstörten Gesicht und schaute Herrn v. P. auf die Finger. Er sah genau aus wie so ein alter und invalider Diakonissenmann. Peter tobte mit der Katze (Muschi genannt) im Zimmer herum, Mutter, Margot und ich waren am Kartoffeln pellen, und schließlich taten wir alle unsere Arbeiten nicht gut um V. P. zuzuschauen.

—

Pf. hat seine Zahnarztpraxis eröffnet. Ich werde dir zum Spaß kurz mitteilen, wie die erste Behandlung abgelaufen ist. Mutter war am Bügeln und Frau [van Pels], die erste die daran glauben mußte, setzte sich auf einen Stuhl, mitten im Zimmer. Pf. fing bedeutsam an seine Schachtel auszupacken, bat um Eau de Cologne als Desinfektionsmittel und Vaseline als Wachs. Pf. schaute in Frau [van Pels'] Mund, berührte einen Zahn und einen Backenzahn, wobei Frau [van Pels] jedesmal zusammenkroch, als ob sie vor Schmerz verginge und stieß unzusammenhängende Töne aus. Nach einer langdauernden Untersuchung, (für Frau [van Pels] wenigstens, denn es war nicht länger als 2 Minuten) fing Pf. an ein Loch auszukratzen, aber nein, daran war nicht zu denken, Frau [van Pels] schlug wild mit Armen und Beinen, so daß in einem bestimmten Moment Pf. den Kratzer losließ und ..... er in Frau [van Pels'] Zahn steckenblieb. Nun war erst recht der Teufel los! Frau [van Pels] schlug um sich, weinte, (so weit das möglich ist, mit so einem Instrument im Mund), versuchte den Kratzer aus dem Mund zu bekommen und stieß ihn bei alledem noch fester hinein. Herr Pf. betrachtete das Schauspiel völlig ruhig mit den Händen in die Seiten gestützt. Der Rest der Zuschauer lachte unbändig; das war natürlich gemein, denn ich weiß bestimmt, daß ich noch viel lauter geschrien hätte. Nach vielen Drehen, Treten, Schreien und Rufen hatte Frau [van Pels] dann endlich den Kratzer heraus und Herr Pf. setzte als ob nichts passiert wäre seine Arbeit fort. Er tat dies so rasch, daß Frau [van Pels] keine Zeit hatte noch einmal anzufangen, aber er hatte auch soviel Hilfe wie noch nie in seinem Leben; zwei Assistenten ist nicht wenig, Herr [van Pels] und ich fungierten gut. Das Ganze sah aus wie auf einem Bild aus dem Mittelalter, so einem mit dem Titel »Quacksalber bei der Arbeit. Inzwischen hatte die Patientin jedoch nicht viel Geduld, sie mußte auf »ihre« Suppe und »ihr« Essen aufpassen. Eine Sache ist sicher, Frau [van Pels] läßt sich so schnell nicht mehr behandeln!

deine Anne.

Samstag 12. Dez. 1942.

Liebe Kitty,
Ich sitze sehr gemütlich im vorderen Büro und schaue hinaus, durch den Spalt der schweren Vorhänge. Hier ist es dämmrig aber noch Licht genug um dir zu schreiben.
Es ist ein sehr seltsamer Anblick wenn ich die Leute gehen sehe, es sieht genauso aus als ob sie es alle schrecklich eilig haben und würden fast über ihre eigenen Füße stolpern. Die Radfahrer, nun dieses Tempo ist überhaupt nicht mitzuhalten, ich kann nicht einmal sehen was für eine Art Individuum auf dem Vehikel sitzt. Die Menschen sehen hier in der Nachbarschaft nicht so anziehend aus und vor allem die Kinder sind zu schmutzig um [sie] mit der Zange anzufassen, richtige Gossenkinder mit Rotznasen; ihre Sprache kann ich kaum verstehen. Gestern nachmittag waren Margot und ich hier am Baden und da sagte ich: »Wenn wir nun mal die Kinder die hier vorbeilaufen Stück für Stück mit einer Angel heraufangelten, ins Bad stopften, ihre Wäsche waschen würden und flickten und dann wieder laufen ließen, dann« ..... darauf antwortete Margot, »würden sie morgen wieder genauso schmutzig und zerrissen aussehen, wie zuvor«.
Aber was fasele ich hier herum, es gibt noch andere Dinge zu sehen, Autos, Schiffe und den Regen. Ich höre die Straßenbahn und die Kinder und amüsiere mich.
Unsere Gedanken haben genauso wenig Abwechslung wie wir selbst, es geht immer, wie ein Karussel von den Juden, zum Essen und vom Essen zur Politik. Apropos von Juden gesprochen, gestern habe ich, als ob es ein Weltwunder wäre, 2 Juden durch den Vorhang zu sehen, das war so ein seltsames Gefühl, als ob ich die Menschen verraten hätte und nun ihr Unglück belauere.
Hier gegenüber liegt ein Hausboot, auf dem ein Schiffer, mit Frau und Kindern haust, dieser Mann hat einen kleinen Kläffer. Den Hund kennen wir nur vom bellen hören und von seinem Schwanz, den wir sehen können wenn er in der Laufrinne des Bootes läuft.
Bah, jetzt hat es angefangen zu regnen und die meisten Menschen haben sich unter ihren Schirmen versteckt, ich sehe nichts als Regenmäntel und manchmal einen bemützten Hinterkopf. Es ist eigentlich auch nicht nötig mehr zu sehen, so allmählich kenne ich die Frauen von draußen, aufgeschwemmt durch die Kartoffeln mit einem roten oder grünen Mantel und abgetretenen Absätzen, einer Tasche am Arm, mit einem grimmigen oder gutmütigen Gesicht, ganz nach der Laune ihres Mannes

deine Anne.

Dienstag
22. Dez. 1942.

Liebe Kitty,
Das Hinterhaus hat mit Freude vernommen daß jeder zu Weihnachten ¼ Pfund extra Butter bekommt. In der Zeitung steht zwar ½ Pfund aber das ist nur für die glücklichen Sterblichen die ihre Lebensmittelkarten vom Staat bekommen und nicht für versteckte Juden, die wegen dem hohen Preis nur 4 statt 8 illegal kaufen.
Wir werden alle 8 etwas backen mit der Butter, ich habe heute morgen Plätzchen gemacht und zwei Torten. Es ist viel Arbeit hier oben und Mutter hat verboten daß ich lerne oder lese bevor die ganze Hausarbeit erledigt ist. Frau v. P. liegt mit ihrer gequetschten Rippe im Bett, klagt den ganzen Tag, läßt sich ständig neue Verbände anlegen und ist mit nichts zufrieden. Ich werde froh

sein wenn sie wieder auf ihren beiden Beinen steht und selbst ihr Zeug macht, denn eine Sache muß gesagt werden, sie ist außergewöhnlich fleißig und ordentlich und solange sie sich körperlich und geistig in gutem Zustand befindet auch fröhlich. Als ob ich tagsüber nicht schon genug, pst. pst. zu hören bekomme, weil ich immer zu »viel« Lärm mache, ist mein Herr Zimmergenosse auf die Idee gekommen, mir nachts auch wiederholt pst. zuzurufen. Ich darf mich wenn es nach ihm geht nicht mal kurz umdrehen; ich denke nicht daran das zu beachten und rufe das nächste Mal pst. zurück.
Er wird von Tag zu Tag unangenehmer und egoistischer, von den freigiebig versprochenen Plätzchen habe ich nach der ersten Woche kein Stück mehr gesehen. Er macht mich vor allem sonntags wütend wenn er so früh das Licht anmacht und anfängt 10 Minuten Gymnastik zu machen.
Es kommt mir armer Geplagten stundenlang vor, denn die Stühle – mit denen mein Bett verlängert ist – schieben sich ständig unter meinem schläfrigen Kopf hin und her. Nachdem er mit ein paar heftigen Armschwüngen die Gelenkigkeitsübungen beendet hat, beginnt der Herr mit seiner Toilette. Die Unterhose hängt am Haken, dann erst hin, wieder zurück, die Krawatte auf dem Tisch, wieder schiebend und stoßend an den Stühlen vorbei und ebenso wieder zurück. Aber laß mich dich nicht aufhalten über alte, unangenehme Herren zu jammern, es wird doch nicht besser davon und alle meine Rachemittel, wie Birne ausschrauben, Tür abschließen, Kleider verstecken, muß ich um den Frieden zu bewahren leider unterlassen. Ach, ich werde so vernünftig! Alles muß hier mit Vernunft geschehen, lernen, zuhören, Mund halten, helfen, lieb sein, nachgeben und was weiß ich noch alles! Ich habe Angst daß ich meine Vernunft, die schon nicht besonders groß ist viel zu schnell verbrauche und für die Nachkriegszeiten nichts mehr übrigbehalte.

<u>deine Anne.</u>

Mittwoch 13. Jan. 1943.

Liebe Kitty,
Wir haben eine neue Beschäftigung, nämlich Päckchen mit Bratensoße (in Pulverform) füllen. Diese Bratensoße ist ein Fabrikat von Gies und Co; Herr Kugler kann keine Abfüller finden und wenn wir es machen ist es auch viel billiger. Es ist Arbeit wie sie sie auch in den Gefängnissen tun müssen, es ist seltsam langweilig und man wird ganz schwindlig und albern davon. Draußen ist es schrecklich, Tag und Nacht werden die armen Menschen weggeschleppt, mit nichts anderem bei sich als einem Rucksack und etwas Geld. Diese Besitztümer werden ihnen unterwegs auch noch abgenommen. Die Familien werden auseinandergerissen, Männer, Frauen und Kinder werden getrennt. Kinder die von der Schule nach Hause kommen finden ihre Eltern nicht mehr. Frauen die Einkäufe machen finden bei ihrer Heimkunft ihre Wohnung versiegelt, ihre Familie verschwunden. Die niederländischen Christen haben auch schon Angst, ihre Söhne werden nach Deutschland geschickt, jeder fürchtet sich. Und jede Nacht kommen Hunderte von Fliegern über die Niederlande, fliegen zu den deutschen Städten und pflügen dort die Erde mit ihren Bomben und jede Stunde fallen in Rußland und Afrika, Hunderte, sogar Tausende Menschen. Niemand kann sich raushalten, die ganze Erdkugel führt Krieg und obwohl es mit den Alliierten besser geht, ein Ende ist noch nicht abzusehen.
Und wir, wir haben es gut, ja besser als Millionen anderer, wir sitzen noch sicher und ruhig und essen sozusagen unser Geld auf. Wir sind so egoistisch daß wir über »nach dem Krieg« sprechen, uns über neue Kleider und Schuhe freuen, während wir eigentlich jeden Cent sparen müßten um nach dem Krieg den anderen Menschen zu helfen, zu retten was noch zu retten ist. Die Kinder hier laufen in einer dünnen Bluse mit Holzschuhen an den Füßen herum, kein Mantel, keine

Mütze, keine Strümpfe und niemand der ihnen hilft. Sie haben nichts im Bauch, sondern kauen auf einer Mohrrübe herum, gehen von ihrer kalten Wohnung weg, auf die kalte Straße und kommen in der Schule in eine noch kältere Klasse. Ja, es ist sogar so weit mit Holland gekommen daß zahllose Kinder auf der Straße die Vorübergehenden anhalten und um ein Stück Brot bitten. Ich würde dir stundenlang über das Elend das der Krieg mit sich bringt erzählen können, aber das macht mich sogar nur noch bedrückter. Da bleibt uns nichts anderes übrig, als so ruhig wie es nur geht das Ende dieser Misere abzuwarten. Sowohl die Juden als die Christen, als auch die ganze Erdkugel warten auf ihren Tod.

deine Anne.

Samstag 30. Jan.
1943.

Liebe Kitty,
Ich koche vor Wut und ich darf es nicht zeigen, ich würde gern mit den Füßen stampfen, schreien, Mutter einmal gründlich durchschütteln, weinen und was weiß ich noch alles wegen der bösen Worte, der spöttischen Blicke, der Beschuldigungen die mich wie Pfeile aus einem straff gespannten Bogen jeden Tag aufs neue treffen und die so schwer aus meinem Körper zu ziehen sind. Ich würde Mutter, Margot, V. P., Pf. und auch Vater anschreien wollen: Laßt mich in Ruhe, laßt mich endlich eine Nacht schlafen ohne daß mein Kissen naß von den Tränen [ist], meine Augen brennen und Kopfschmerzen in meinem Kopf hämmern. Laßt mich weg, weg von allem, am liebsten weg von der Welt!« Aber ich kann es nicht, ich kann ihnen meine Verzweiflung nicht zeigen, ich kann sie keinen Blick werfen lassen auf die Wunden die sie mir zufügen, ich würde das Mitleid und den gutmütigen Spott nicht aushalten können, auch dann noch würde ich noch schreien müssen.
Jeder findet mich übertrieben wenn ich rede, lächerlich wenn ich schweige, frech wenn ich Antwort gebe, gerissen wenn ich eine gute Idee habe, faul wenn ich müde bin, egoistisch wenn ich einen Bissen zuviel esse, dumm, feige, berechnend usw. usw.
Den ganzen Tag höre ich nichts anderes als daß ich ein unausstehlicher Fratz bin, und obwohl ich darüber lache, tue als ob ich mir nichts daraus mache, macht es mir sehr wohl etwas aus, würde ich Gott bitten wollen mir eine andere Natur zu geben, die alle Menschen nicht gegen mich in Harnisch bringt.
Es geht nicht, meine Natur ist mir gegeben und ich kann nicht schlecht sein, ich fühle es. Ich gebe mir mehr Mühe es allen recht zu machen als sie auch nur im entferntesten vermuten, ich versuche oben zu lachen weil ich ihnen meinen Verdruß nicht zeigen will.
Mehr als einmal habe ich Mutter nach einer Reihe ungerechter Verweise, an den Kopf geworfen: Es kann mir doch egal sein was du sagst, zieh deine Hände ruhig ganz von mir ab, ich bin doch ein hoffnungsloser Fall.« Ich bekam dann natürlich zu hören daß ich frech war, wurde zwei Tage ein bißchen ignoriert und dann war auf einmal wieder alles vergessen und wurde ich behandelt wie jeder andere.
Es ist mir unmöglich am einen Tag sehr lieb zu sein und ihnen am folgenden Tag meinen Haß ins Gesicht zu schleudern. Ich wähle lieber den goldenen Mittelweg, der nicht vergoldet ist, und halte meinen Mund über das was ich denke und versuche einmal genauso verächtlich ihnen gegenüber zu werden wie sie mir gegenüber. Ach, wenn ich es nur könnte

deine Anne.

Freitag 5. Febr. 1943.

Liebe Kitty,
Obwohl ich dir lange nichts mehr von den Streitereien geschrieben habe hat sich daran doch nichts verändert. Herr Pf. nahm die schnell-vergessenen Uneinigkeiten im Anfang noch so ernst, aber nun gewöhnt er sich schon daran und versucht nicht mehr zu vermitteln.
Margot und Peter sind überhaupt nicht was man »jung« nennt, alle zwei so langweilig und still. Ich steche schrecklich dagegen ab und bekomme immer zu hören »Margot und Peter tun das auch nicht, schau mal deine liebe Schwester.« Schrecklich finde ich das. Ich will dir bekennen daß ich ganz und gar nicht so wie Margot werden will, sie ist mir viel zu lasch und gleichgültig, läßt sich von jedem überreden und gibt in allem nach. Ich will einen kräftigeren Geist! Aber solche Theorien behalte ich für mich, sie würden mich schrecklich auslachen wenn ich mit dieser Verteidigung ankäme.
Bei Tisch ist die Stimmung meistens gespannt, zum Glück werden die Ausbrüche noch manchmal dank der Suppen-Esser zurückgehalten. Die Suppen-Esser sind alle die von unten kommen um eine Tasse Suppe zu kriegen. Heute mittag sprach Herr v. P. wieder darüber daß Margot zu wenig ißt. »Sicher um die schlanken Linie zu halten«, fuhr er in spöttischem Ton fort. Mutter, die immer für Margot eintritt sagte in lautem Ton:
»Ich kann das dumme Geschwätz von Ihnen nicht mehr hören.« Frau [van Pels] wurde feuerrot, Herr [van Pels] schaute vor sich und schwieg.
Oft lachen wir auch über irgend etwas, erst kürzlich kramte Frau [van Pels] so herrlichen Blödsinn heraus. Sie erzählte von früher, wie gut sie mit ihrem Vater zurechtkam und wieviel sie geflirtet hat. »Und wissen Sie«, fuhr sie fort »wenn ein Herr ein bißchen handgreiflich wird, sagte mein Vater, dann mußt du zu ihm sagen »Mein Herr, ich bin eine Dame«, dann weiß er schon was du meinst.« Wir brachen in Lachen aus wie über einen guten Witz.
Auch Peter wie still auch meistens, gibt manchmal Grund zu Fröhlichkeit. Er hat das Unglück versessen auf fremde Wörter zu sein, aber deren Bedeutung nicht zu kennen. An einem Nachmittag als wir wegen Besuch im Büro nicht auf die Toilette gehen konnten, mußte er doch sehr dringend hin, zog jedoch nicht ab. Um uns nun vor einem weniger angenehmen Geruch zu warnen, befestigte er einen Zettel an der W.C. Tür mit »S.V.P. Gas« darauf. Er wollte natürlich dranschreiben »Vorsichtig, Gas,« fand aber s.v.p. vornehmer. Daß es bitte bedeutet, davon hatte er keine blasse Ahnung.

deine Anne.

Sam. 27. Febr. 1943.

Liebe Kitty,
Pim erwartet jeden Tag die Invasion. Churchil hat Lungenentzündung gehabt, es geht ihm langsam besser. Gandi, der indische Freiheitsmann hält seinen soundsovielten Hungerstreik. Frau [van Pels] behauptet daß sie Fatalistin ist. Wer hat am meisten Angst wenn sie schießen? Niemand anders als Gusti. Jan hat den Hirtenbrief der Bischöfe für die Menschen in der Kirche für uns mitgebracht; er war enorm schön und anspornend geschrieben. »Bleibt nicht ruhig Niederländer, jeder kämpfe mit seinen eigenen Waffen für die Freiheit von Land, Volk und Religion! Helft, gebt, zögert nicht!« Das verkünden sie einfach von der Kanzel. Würde es helfen? Unseren Glaubensgenossen bestimmt nicht. Stell dir vor was uns nun wieder passiert ist!
Der Hausbesitzer von diesem Gebäude hat ohne Kugler und Kleiman zu informieren das Haus verkauft. Eines Morgens kam der neue Hausbesitzer mit einem Architekten das Haus besichtigen; zum Glück war Herr Kleiman anwesend, der den Herren alles gezeigt hat bis auf unser Hin-

terhäuschen, er hatte angeblich den Schlüssel von der Zwischentür zu Hause vergessen. Der neue Hausbesitzer fragte nicht weiter.
Wenn er nur nicht zurückkommt und doch das Hinterhaus sehen will, dann sieht es schlecht für uns aus.
Vater hat für Margot und mich einen Karteikasten leergemacht und Kärtchen hineingetan die auf einer Seite noch unbeschrieben sind. Dies wird die Bücherkartei, wir schreiben nämlich alle zwei auf welche Bücher wir gelesen haben, von wem sie geschrieben sind und was für ein Datum.
Neue Butter- oder Margarine-Einteilung. Jeder bekommt sein Stückchen Aufstrich auf seinen Teller. Die Einteilung davon geschieht sehr unfair. V. P. die immer das Frühstück machen geben sich selbst anderthalb Mal so viel wie uns. Meine Eltern haben viel zuviel Angst vor Streit um was dazu zu sagen. Schade, ich finde daß man solchen Leuten immer mit gleicher Münze zurückzahlen muß.

deine Anne.

Donnerstag 4. Mrz. '43.

Liebe Kitty,
Frau [van Pels] hat einen neuen Namen, wir nennen sie Mrs. Beverbruck. Davon verstehst du die Bedeutung natürlich nicht, ich werde es dir sagen: Am englischen Radio, spricht oft ein Mr. Beverbruck über die viel zu laschen Bombardierungen auf Deutschland. Frau van Pels widerspricht immer jedem, sogar Churchil und dem Nachrichtendienst, aber mit Herrn Beverbruck ist sie rührend einig. Wir fanden es darum das beste daß sie Herrn Beverbruck heiratet und da sie sich davon geschmeichelt fühlte, heißt sie fortan schon Mrs. Beverbruck.
Wir bekommen einen neuen Lagerarbeiter, der alte muß nach Deutschland, das ist schlimm aber für uns ganz schön weil ein neuer das Haus nicht kennt. Wir haben vor den Lagerarbeitern noch immer Angst.
Gandi ißt wieder. Der Schwarzhandel läuft hervorragend. Wir würden uns rund und fett essen können wenn wir das Geld hätten um die unmöglichen Preise zu bezahlen. Bro. kaufte neulich im Zug ein Pfund Butter, unser Gemüsemann kauft die Kartoffeln von der Wehrmacht und bringt sie in Säcken ins Privatbüro. Er weiß daß wir uns verstecken und kommt darum auch immer ordentlich in der Arbeitspause wenn das Lager weg ist.
Wir können nicht atmen oder wir niesen und husten, soviel Pfeffer wird durch die Mühlen gedreht. Jeder der heraufkommt, begrüßt uns, hatschi, Frau [van Pels] behauptet daß sie nicht hinuntergeht, sie würde krank werden wenn sie noch mehr Pfeffer riecht.
Ich finde daß Vater überhaupt keine schöne Firma hat, nichts als Geliermittel oder scharfen Pfeffer. Wenn jemand schon Kaufmann in Lebensmitteln ist, dann muß es doch auch etwas zum Naschen geben!
Heute morgen habe ich wieder ein donnerndes Gewitter aus Worten über mich ergehen hören; es blitzte so von unfreundlichen Ausdrücken daß meine Ohren gellten von den Anne's schlecht, V. P.'s gut, Donnerwetterwetter.

deine Anne.

Mittwoch 10. Mrz. 1943.

Liebe Kitty,
Gestern abend hatten wir Kurzschluß, außerdem ballerten sie unaufhörlich. Ich habe meine Angst vor allem was Schießen oder Flieger heißt noch nicht abgelegt und liege fast jede Nacht bei Vater im Bett um dort Trost zu suchen. Das mag nun sehr kindisch sein, aber du mußt das mal mitmachen, man kann seine eigenen Worte nicht mehr verstehen so donnern die Kanonen.

Mrs. Beverbruck, die Fatalistin fing fast an zu weinen und sprach mit einem sehr beklommenen Stimmchen: »Oh, es ist so unangenehm, oh sie schießen so laut.« D.h. »ich habe so Angst!« Bei Kerzenlicht schien es noch nicht mal so schlimm wie wenn es dunkel war; ich zitterte als ob ich Fieber hätte und flehte Vater an die Kerze wieder anzumachen. Er war unerbittlich, das Licht blieb aus. Plötzlich schossen Maschinengewehre, das ist noch zehnmal schlimmer als Kanonen, Mutter sprang aus dem Bett und steckte zu Pims großem Ärger die Kerze an.
Mutters resolute Antwort auf sein Murren war: »Anne ist doch kein alter Soldat.« Damit basta.
Habe ich dir schon von Frau [van Pels'] anderen Ängsten erzählt, ich glaube nicht. Um über alle Hinterhausabenteuer informiert zu sein muß du auch dies wissen. Frau [van Pels] hörte eines Nachts Diebe auf dem Dachboden, sie vernahm richtige laute Schritte und hatte solche Angst daß sie ihren Mann weckte genau in diesem Augenblick verschwanden die Diebe und der Lärm den Herr [van Pels] noch hörte war das Klopfen des ängstlichen Herzens der Fatalistin. »Och Putti« (Herrn [van Pels] Kosenamen) sie haben sicher die Würste und alle unsere Hülsenfrüchte mitgenommen und Peter, oh würde Peter wohl noch in seinem Bett liegen.« »Peter haben sie wirklich nicht gestohlen, ängstige dich nicht und laß mich schlafen.« Doch daraus wurde nichts Frau [van Pels] schlief vor Angst nicht mehr ein. Ein paar Nächte später wurde die ganze Obenfamilie durch den gespenstischen Lärm geweckt. Peter ging mit einer Taschenlampe auf den Dachboden und rrt was lief da weg? Ein Haufen große Ratten!
Als wir wußten wer die Diebe waren haben wir Mouschi auf dem Dachboden schlafen lassen und die ungebetenen Gäste sind nicht mehr zurückgekommen, wenigstens .... nicht nachts.
Peter kam vor ein paar Abenden auf den Oberboden (es war erst halb 8 und noch Tageslicht) um ein paar alte Zeitungen zu holen. Um die Treppe hinunterzuklettern mußte er sich gut an der Luke festhalten, er legte ohne zu schauen seine Hand hin und .... fiel fast vor Schreck und Schmerz die Treppe hinunter. Ohne daß er es wußte hatte er seine Hand auf eine große Ratte gelegt, die ihn fest in den Arm biß. Das Blut lief durch seinen Pyjama durch als er so weiß wie ein Handtuch und mit weichen Knien zu uns kam. Kein Wunder, eine große Ratte zu streicheln ist nicht so angenehm und noch einen Biß obendrein zu bekommen ist schrecklich.

<u>deine Anne.</u>

Freitag 12. Mrz. '43.

Liebe Kitty,
Darf ich dir vorstellen: Mama Frank, Vorkämpferin der Kinder!
Extra Butter für die Jugendlichen, moderne Jugendprobleme, in allem steht Mutter für die Jugend ein und bekommt nach einer Portion Streit fast immer ihren Willen.
Ein Glas eingemachte Zunge ist verdorben. Galamahlzeit für Muschi und Moffi.
Moffi ist noch eine Unbekannte für dich, doch ist sie schon in der Firma gewesen bevor wir uns versteckten. Sie ist die Lager- und Bürokatze und hält im Lagerraum die Ratten fern. Auch ihr politischer Name ist leicht zu erklären. Eine Zeitlang hatte die Gesellschaft Gies & Co zwei Katzen, eine für das Lager und eine für den Dachboden. Es passierte schon mal daß die zwei sich trafen, was immer große Kämpfe zur Folge hatte. Die Lager[katze] war immer diejenige die angriff, während das Dachboden Tier am Ende doch den Sieg errang. Genau wie in der Politik, also wurde die Lagerkatze, die Deutsche oder Moffi und die Dachbodenkatze, der Engländer oder Tommi.
Tommi ist später abgeschafft worden und Moffi dient uns allen zum Vergnügen.
Wir haben soviel braune- und weiße Bohnen gegessen, daß ich sie nicht mehr sehen kann. Wenn ich nur daran denke, wird mir schlecht.
Die Abend-Brotverteilung ist ganz eingestellt worden.

Schreckliche Bombenangriffe auf Deutschland. Herr v. P. ist schlecht gelaunt, Anlaß: Zigarettenknappheit. Diskussion über die Frage ob die Dosen aufessen oder nicht, ist für unsere Partei günstig verlaufen.
Keine Schuhe kann ich mehr anziehen, außer hohen Skischuhen, die im Haus sehr unpraktisch sind. Ein paar Strohsandalen für f6.50 konnte ich nur eine Woche tragen, dann versagten sie ihren Dienst. Vielleicht treibt Miep illegal etwas auf.
Ich muß noch Vaters Haare schneiden; Pim behauptet daß er nach dem Krieg nie mehr einen anderen Friseur nimmt, so gut erledige ich meine Arbeit. Wenn ich nur nicht so oft sein Ohr mitschneiden würde!

deine Anne.

Donnerstag 18. Mrz. '43.

Liebste Kitty,
Die Türkei ist im Krieg. Große Aufregung. Warten mit Spannung die Radionachrichten ab.

Freitag 19. Mrz. '43.

Liebe Kitty,
Die Enttäuschung war der Freude schon in einer Stunde gefolgt und hatte die letztgenannte überholt. Die Türkei ist noch nicht im Krieg, der Minister dort, sprach lediglich von einer baldigen Aufhebung der Neutralität. Auf dem Dam stand ein Zeitungsverkäufer der schrie: Türkei auf der Seite Englands!« Die Zeitungen wurden ihm auf diese Art aus der Hand gerissen. So hat das erfreuliche Gerücht auch uns erreicht.
Die Tausend-Gulden-Scheine werden ungültig erklärt; das ist ein großer Schlag für alle Schwarzhändler und dergleichen, aber noch mehr für anderes schwarzes Geld oder Versteckte. Man muß wenn man einen tausend Gulden Schein einwechseln will genau erklären und beweisen wie man daran gekommen ist.
Steuern dürfen zwar noch damit bezahlt werden, auch letzteres läuft nächste Woche ab. Die Scheine von f500.– verfallen gleichzeitig. Gies & Co hatte noch schwarzes Geld in f1000.-, sie haben für eine ganze Zeit ihre Steuer im voraus bezahlt, auf diese Art war alles sauber. Pf. hat ein Tretbohrmaschinchen bekommen, ich werde dann wohl bald eine ernsthafte Kontrolle erhalten.
Pf. ist aber schrecklich ungehorsam gegenüber den Versteckregeln, er schreibt nicht nur Briefe an seine Frau, sondern auch mit diversen anderen Leuten führt er eine gesellige Korrespondenz. Margot als Lehrerin für Hinterhaus Niederländisch läßt er die Briefe die in Holländisch geschrieben sind, korrigieren. Vater hat ihm streng verboten damit weiterzumachen, Margots Korrigieren hat aufgehört, aber ich für mich glaube daß er das Schreiben wohl bald wieder aufnehmen wird.
Der *Führer aller Germanen* hat vor verwundeten Soldaten gesprochen.
Es war traurig anzuhören. Frage und Antwort gingen ungefähr so:
»Heinrich Scheppel ist mein Name.«
»Wo verwundet?«
»Bei Stalingrad.«
»Was verwundet?«
»Zwei abgefrorene Füße und ein Gelenkbruch am linken Arm.«
Genau so gab das Radio dieses schreckliche Marionetten-Theater an uns weiter. Die Verwundeten schienen noch stolz auf ihre Verwundungen zu sein, je mehr um so besser. Einer brachte vor Rührung daß er dem *Führer* die Hand reichen durfte (wenn er die wenigstens noch hatte) fast kein Wort heraus.

Ich habe Pf. Duftseife auf den Boden fallen lassen. Ich trat darauf und nun ist ein ganzes Stück hin. Ich habe Vater im voraus um Schadenersatz für ihn gebeten, vor allem weil Pf. nicht mehr als 1 Stück Seife im Monat bekommt.

deine Anne.

25. März
1943.
Donnerstag

Liebe Kitty,
Mutter, Vater, Margot und ich saßen gestern abend sehr gemütlich beisammen; auf einmal kam Peter herein und flüsterte Vater etwas ins Ohr, ich hörte was von »eine Tonne umfallen im Lager« und »jemand an der Tür rütteln. Margot hatte das auch verstanden, aber versuchte mich noch ein bißchen zu beruhigen, denn ich war natürlich kreide-weiß und sehr nervös.
Wir drei warteten ab; Vater war inzwischen mit Peter hinuntergegangen und noch keine 2 Minuten später kam Frau v. Pels vom Radio nach oben, sie erzählte daß Pim sie gebeten hatte, das Radio abzudrehen und leise nach oben zu gehen. Aber wie geht es, wenn man gerade besonders leise gehen will, dann krachen die Stufen einer alten Treppe gerade doppelt laut. Wieder 5 Minuten danach kamen Peter und Pim, weiß bis an die Nasenspitzen, und erzählten uns ihre Erlebnisse:
Sie hatten sich unten an die Treppe gesetzt und gewartet, ohne Folgen, aber auf einmal, ja, sie hörten zwei harte Schläge, als ob hier im Haus, zwei Türen zugeschlagen wurden; Pim war mit einem Satz oben, Peter warnte erst noch Pf., der mit viel Umstand und Geräusch endlich auch oben an-landete. Nun ging es auf Strümpfen eine Etage höher zu der Pelsen-Familie. Herr [van Pels] war sehr erkältet und lag schon im Bett, daher scharten wir uns alle um seine Lagerstätte und flüsterten unsere Vermutungen.
Immer wieder wenn Herr [van Pels] laut hustete, dachten Frau [van Pels] und ich daß wir Krämpfe kriegen würden vor Angst; das ging so lange, bis einer von uns auf die erleuchtete Idee kam, ihm Codein zu geben, der Husten ließ sofort nach.
Wieder warteten und warteten wir, aber nichts wurde mehr vernommen und nun nahmen wir eigentlich alle an daß die Diebe, da sie Schritte in dem sonst so stillen Haus gehört hatten, die Beine unter den Arm genommen hatten. Nun war das Unglück, daß das Radio unten noch auf England stand und die Stühle auch noch so ordentlich drumherum geschart waren; wenn nun die Tür aufgebrochen sein wird und der Luftschutzwart solches bemerken würde und der Polizei Bescheid sagen, dann würde der Fall zu sehr unangenehmen Folgen für uns führen können. Also stand Herr V. P. auf, zog Hose und Jacke an, setzte einen Hut auf und ging hinter Vater sehr vorsichtig die Treppe hinunter, gefolgt von Peter, der zur Sicherheit mit einem schweren Hammer bewaffnet war. Die Damen oben (inklusive Margot und ich) warteten mit Spannung bis 5 Minuten später die Herren oben erschienen und erzählten, daß alles im Haus ruhig war. Es wurde abgesprochen, daß wir kein Wasser laufen lassen würden, noch im W. C. Wasser abziehen; aber da die Aufregung fast allen Hausgenossen auf den Magen geschlagen war, kannst du dir vorstellen was für ein Gestank dort herrschte als wir alle nach einander unser Geschäft zurückgelassen hatten. Wenn so etwas ist, kommen immer eine Menge Sachen zusammen; so auch jetzt, Nr. 1 war, daß die Westerturmglocke nicht spielte, was immer so ein beruhigendes Gefühl gibt, und daß Herr Voskuyl am vorigen Abend eher weggegangen war und wir nicht sicher wußten ob Bep den Schlüssel noch erlangen konnte und vielleicht vergessen hatte, die Tür abzuschließen. Aber nun kam das nicht so sehr darauf an, es war noch immer Abend und wir waren noch in der Unsicherheit; obwohl doch wieder ein bißchen beruhigt, da wir sie alle von Viertel

nach 8, daß der Dieb unser Haus unsicher gemacht hatte, bis halb 11 nichts mehr gehört hatten. Es schien uns bei näherer Überlegung dann auch sehr unwahrscheinlich daß ein Dieb so früh am Abend, wenn noch Leute auf der Straße sein können, eine Tür aufgebrochen haben würde. Außerdem stieg in einem von uns der Gedanke auf, daß es wohl möglich wäre, daß der Lagermeister von unseren Nachbarn, der Firma Keg noch an der Arbeit war, denn in der Aufregung und mit unseren dünnen Wänden konnte man sich leicht bei den Geräuschen irren und auch die Einbildung spielt meistens in solchen heiklen Augenblicken eine große Rolle.
Wir legten uns also auf unsere Betten nieder, aber der Schlaf wollte nicht bei allen kommen, Vater sowohl wie Mutter und Herr Pf. waren viel wach und ich kann mit ein bißchen Übertreibung wohl sagen, daß ich kein Auge zugemacht habe. Heute morgen sind die Herren nach unten gegangen und haben an der Außentür gezogen ob sie noch abgeschlossen war, aber alles war sicher!
Das Ereignis, das trotzdem bei weitem nicht angenehm war, wurde natürlich lang und breit dem gesamten Büro erzählt, denn hinterher kann man über solche Dinge leicht lachen und nur Bep hat uns ernst genommen.

deine Anne

P.S. Das W. C. war heute morgen sehr verstopft und Vater hat alle Erdbeerrezepte, (unser gegenwärtiges Toilettenpapier) mit einigen Kilo Kot mit einem langen, hölzernen Stock aus dem W. C. stochern müssen. Der Stock wurde später ausgebrannt.

deine Anne.

Samstag 27. Mrz. 1943.

Liebe Kitty,
Der Steno Kurs ist fertig, wir fangen nun an Geschwindigkeit zu üben, was werden wir klug! Um dir weiter noch mal was von meinen Totschlagbeschäftigungen (das nenne ich so weil wir nichts anderes tun als die Tage so schnell wie möglich vorbeigehen zu lassen, so daß das Ende der Versteckzeit schnell näher kommt) zu erzählen. Ich bin versessen auf Mythologie und am meisten auf griechische und römische Götter. Hier denken sie daß es vorübergehende Neigungen sind, sie haben noch nie von einem Backfisch mit Götter-Würdigungen gehört. Nun, dann bin ich der erste!
Herr v. P. ist erkältet oder besser er hat ein wenig Halskratzen. Er macht ein gewaltiges Getöse darum. Gurgeln mit Kamillentee, Gaumen pinseln mit Myrrhen-Tinktur, Dampo auf Brust, Nase, Zähne und Zunge und dann auch noch eine schlechte Laune!
Rauter, irgendein hoher Mof hat eine Rede gehalten »Alle Juden müssen bis 1. Juli die germanischen Länder verlassen haben. Vom 1. April bis 1. Mai von 1. März bis Juni die Provinzen wird die Provinz Utrecht gesäubert werden (als ob es Kakerlaken sind), von 1. Mai bis 1. Juni Die Provinzen Nord- und Süd Holland. Wie eine Herde armes, krankes und verwahrlostes Vieh werden die armen Menschen zu den schmutzigen Schlachtplätzen geführt. Aber laß mich lieber darüber schweigen, ich bekomme nur Albträume von meinen eigenen Gedanken! Noch eine tolle Neuigkeit ist daß die deutsche Abteilung der Arbeiterbörse durch Sabotage in Brand gesteckt wurde. Ein paar Tage danach folgte das Standesamt. Männer in Uniform der deutschen Polizei haben die Wachtposten geknebelt und somit wichtige Papiere futsch gemacht.

deine Anne.

Donnerstag 1. April '43.

Liebe Kitty,
Wirklich keine Scherzstimmung, (siehe Datum) im Gegenteil, heute kann ich ruhig das Sprichwort anführen: Ein Unglück kommt nie allein.« Zum ersten hat unser Aufheiterer, Herr Kleiman gestern eine starke Magenblutung bekommen und muß mindestens drei Wochen das Bett hüten. Du mußt wissen daß Herr Kleiman viel an Magenblutungen leidet, wogegen kein Kraut gewachsen scheint. Zum zweiten Bep Grippe. Zum dritten geht Herr Voskuyl nächste Woche ins Krankenhaus. Er hat wahrscheinlich ein Magengeschwür und muß daran operiert werden. Und zum vierten kamen die Direktoren der Pomosinwerke aus Frankfurt um die neuen Opekta-Lieferungen zu besprechen; alle Punkte dieser Besprechung hatte Vater mit Kleiman besprochen, Herr Kugler kann in der Eile nicht so gut informiert werden.
Die Frankfurter Herren kamen, Vater zitterte schon im Voraus über den Ablauf der Besprechung. »Wenn ich nur dabei sein könnte, wäre ich doch nur unten«, rief er aus. »Dann leg dein Ohr doch auf den Boden, die Herren kommen doch ins Privatbüro dann kannst du alles hören.« Vaters Gesicht hellte sich auf und um halb 11 gestern morgen nahmen Margot (zwei Ohren hören mehr als 1!) und Pim ihre Stellung auf dem Boden ein. Die Besprechung wurde morgens nicht beendet, aber nachmittags war Vater nicht mehr in der Lage die Lauschkampagne fortzusetzen, er war wie gerädert durch die ungewohnte und unpraktische Haltung.
Ich nahm seine Stelle um halb 3 ein als wir Stimmen im Flur hörten. Margot leistete mir Gesellschaft; das Gespräch war zum Teil so weitschweifig und langweilig daß ich plötzlich auf dem harten, kalten Linoleum-Boden eingeschlafen war. Margot wagte mich nicht anzufassen, aus Angst daß sie uns unten hören würden und rufen ging überhaupt nicht. Ich schlief eine gute halbe Stunde, wurde dann erschrocken wach und hatte alles von der wichtigen Besprechung vergessen. Zum Glück hatte Margot besser aufgepaßt.

Freitag 2. April 1943.

Liebe Kitty,
Ach ich habe wieder etwas Schreckliches auf meinem Sündenregister stehen. Gestern abend lag ich im Bett und wartete bis Vater mit mir beten würde und dann Gutenachtsagen, als Mutter ins Zimmer kam, sich auf mein Bett setzte und sehr bescheiden fragte: »Anne, Papi kommt noch nicht, sollen wir nicht mal zusammen beten.«
»Nein Mansa«, antwortete ich. Mutter stand auf, blieb da neben meinem Bett stehen, ging dann langsam zur Tür. Plötzlich drehte sie sich um, und mit einem verzerrten Gesicht sagte sie: »Ich will nicht böse auf dich sein; Liebe läßt sich nicht zwingen!« Ein paar Tränen rannen über ihr Gesicht als sie die Tür hinausging. Ich blieb still liegen und fand es sofort gemein von mir selbst, daß ich sie so rüde von mir gestoßen hatte, aber ich wußte auch daß ich nichts anderes antworten konnte. Ich kann nicht so heucheln und gegen meinen Willen mit ihr beten. Es ging einfach nicht.
Ich hatte Mitleid mit Mutter, sehr sehr viel Mitleid, denn zum erstenmal in meinem Leben habe ich gemerkt daß meine kühle Haltung sie nicht gleichgültig läßt. Ich habe den Kummer auf ihrem Gesicht gesehen, als sie über die Liebe, die sich nicht zwingen läßt sprach. Es ist hart die Wahrheit zu sagen und doch ist es die Wahrheit daß sie selbst mich von sich gestoßen hat, daß sie selbst mich für jede Liebe von ihrer Seite abgestumpft hat durch ihre taktlosen Bemerkungen, ihre rohen Scherze über Dinge die für mich als Witze nicht gehen. So wie ich mich jedesmal zusammenkrampfe wenn sie mir ihre harten Worte zufügt, so krampfte sich ihr Herz zusammen als sie merkte daß die Liebe zwischen uns wirklich verschwunden war.
Sie hat die halbe Nacht geweint und die ganze Nacht nicht gut geschlafen. Vater schaut mich

nicht an und wenn er es kurz tut lese ich in seinen Augen die Worte: »Wie kanst du so gemein sein, wie wagst du Mutter solchen Kummer anzutun!«
Alle erwarten sie daß ich mich entschuldige, aber dies ist ein Fall für den ich mich nicht entschuldigen kann, weil ich etwas gesagt habe das wahr ist und das Mutter früher oder später doch wissen muß. Ich bin und scheine gleichgültig gegenüber Mutters Tränen, und Vaters Blick, weil sie alle zwei zum erstenmal etwas fühlen was ich unaufhörlich merke. Ich kann nur Mitleid haben mit Mutter, die selbst ihre Haltung zurückfinden muß. Ich für meinen Teil schweige weiter und bin kühl und werde auch weiterhin vor der Wahrheit nicht zurückschrecken weil sie, desto länger verschoben, um so schwerer anzuhören ist!

deine Anne.

Dienstag 27. April '43.

Liebe Kitty,
Das ganze Haus dröhnt vor Streit. Mutter und ich, v. P. und Papa, Mutter und Frau [van Pels], alles ist böse auf einander, nette Atmosphäre gell? Das übliche Sündenregister von Anne, kam in seinem ganzen Umfang neu aufs Tapet. Vergangenen Samstag kamen die ausländischen Herren wieder zu Besuch. Sie sind bis sechs Uhr geblieben, wir saßen alle oben und wagten nicht uns zu rühren. Wenn sonst niemand im Haus oder in der Nachbarschaft an der Arbeit ist hört man im Privatbüro jeden Schritt. Ich habe wieder das Sitzfieber, so lange mäuschenstill zu sitzen ist wirklich nicht erfreulich.
Herr Voskuyl liegt schon im Binnen-Gasthuis, Herr Kleiman ist wieder im Büro, die Magenblutung war schneller gestillt als sonst. Er hat erzählt daß das Standesamt noch mal extra zugerichtet worden ist durch die Feuerwehr, die statt das Feuer zu löschen, den ganzen Kram unter Wasser gesetzt haben. Macht mir Spaß!
Das Carlton-Hotel ist kaputt, zwei englische Flieger mit einer großen Ladung Brandbomben an Bord sind genau auf das »*Offizierenheim*« gefallen. Die ganze Ecke, Vijzelstraat-Singel ist abgebrannt. Die Luftangriffe auf die deutschen Städte werden von Tag zu Tag stärker; wir haben keine Nacht mehr Ruhe, ich habe schwarze Ringe unter den Augen durch den Mangel an Schlaf.
Unser Essen ist miserabel. Frühstück mit trockenem Brot, Kaffee Ersatz. Diner schon 14 Tage lang: Spinat oder Salat. Kartoffeln von 20 cm Länge, schmecken süß und faul. Wer abmagern will logiere im Hinterhaus! Oben klagen sie Stein und Bein, wir finden es nicht so tragisch.
Alle Männer die 1940 gekämpft haben oder mobilisiert waren, sind aufgerufen worden um in Kriegsgefangenenlagern für den *Führer* zu arbeiten. Tun sie sicher als Vorsichtsmaßnahme für die Invasion!

deine Anne.

Samst. 1. Mai 1943.

Liebe Kitty,
Pf. hatte Geburtstag. Zuvor hat er so getan als ob er nichts davon wissen wollte, aber als Miep mit einer großen Einkaufstasche kam, in der die Päckchen überquollen war er so aufgeregt wie ein kleines Kind. Seine Lotje hat ihm Eier, Butter, Kekse, Limonade, Brot, Kognak, Kräuterkuchen, Blumen, Orangen, Schokolade. Bücher und Briefpapier geschickt. Er baute einen Geburtstagstisch auf der nicht weniger als 3 Tage zur Schau gestellt wurde, dieser alte Blödian!
Du mußt nicht denken daß er Hunger leidet, wir haben in seinem Schrank Brot, Käse, Marmelade und Eier gefunden. Es ist mehr als skandalös daß er, den wir hier so liebevoll und nur um ihn vor dem Untergang zu retten hier aufgenommen haben, sich nun hinter unserem Rücken den Magen vollstopft und nichts abgibt. Wir haben doch sicher auch alles mit ihm geteilt! Noch

schlimmer fanden wir jedoch daß er auch gegenüber Kleiman, Voskuyl und Bep so kleinlich ist, nichts bekommen sie von ihm. Die Orangen die Kleiman so nötig hat für seinen kranken Magen, findet Pf. für seinen eigenen Magen noch gesünder.
Heute nacht habe ich 4 mal alle meine Besitztümer einpacken müssen so laut ballerten sie. Heute habe ich ein Köfferchen gepackt, in das ich die notwendigsten Fluchtgegenstände gestopft habe. Aber zu Recht sagt Mutter: »Wohin willst du denn flüchten?«
Ganz Niederlande hat Strafe für das Streiken der vielen Arbeiter. Darum ist der Ausnahmezustand ausgerufen und bekommt jeder eine Buttermarke weniger. Was sind die Kinder aber auch ungezogen.
Heute abend habe ich Mutters Haar gewaschen, das ist in dieser Zeit auch schon nicht so einfach. Wir müssen uns mit klebriger grüner Seife behelfen weil das Schampoon aus ist und zweitens kann Mans ihre Haare nicht richtig auskämmen, denn am Familienkamm sind nicht mehr als 10 Zähne.

deine Anne.

Dienstag 18. Mai '43.

Liebe Kit,
Ich bin Zuschauer gewesen von einem schweren Luftgefecht zwischen deutschen und englischen Fliegern. Ein paar Alliierte mußten leider Gottes aus ihrer brennenden Maschine springen. Unser Milchmann, der in Halfweg wohnt, hat am Straßenrand vier Kanadier sitzen sehen, von denen einer fließend Holländisch sprach. Dieser bat den Milchmann um Feuer für eine Zigarette und erzählte ihm daß die Besatzung der Maschine aus 6 Personen bestanden hatte. Der Pilot war verbrannt und ihr 5. Mann hatte sich irgendwo versteckt. Die grüne Polizei kam die vier kerngesunden Leute später abholen lassen. Wie ist es möglich daß man nach so einer gewaltigen Fallschirm-Reise noch so geistesgegenwärtig ist!
Obwohl es offenkundig warm ist müssen wir jeden zweiten Tag unsere Öfen anmachen um Gemüse-Abfall und Schmutz zu verbrennen. In Mülleimer können wir nichts werfen, weil wir immer den Lagerarbeiter in Betracht ziehen müssen. Wie leicht verrät eine kleine Unvorsichtigkeit einen nicht!
Alle Studenten, die dieses Jahr entweder anfangen wollen zu studieren oder weiterstudieren wollen müssen auf einer Liste der Obrigkeit unterschreiben »daß sie mit allen Deutschen sympathisieren und der neuen Ordnung gut gesinnt sind«. 80 % hat nicht daran gedacht sein Gewissen und Überzeugung zu verleugnen, doch die Folgen sind nicht ausgeblieben. Alle Studenten die nicht unterzeichnet haben müssen in ein Arbeitslager nach Deutschland. Was bleibt von der niederländischen Jugend noch übrig wenn alle in Deutschland hart arbeiten müssen?
Wegen der zu lauten Schüsse hatte Mutter heute nacht das Fenster geschlossen; ich war in Pims Bett. Plötzlich springt über unserem Kopf Frau [van Pels] aus ihrem Bett, wie von Muschi gebissen, direkt gefolgt von einem lauten Schlag. Es klang als ob eine Brandbombe neben meinem Bett niedergestürzt wäre.
Ich schrie, Licht, Licht. Pim knipste die Lampe an. Ich erwartete nichts anderes als würde innerhalb von ein paar Minuten das Zimmer lichterloh brennen. Nichts passierte. Wir eilten alle hinauf um zu sehen was dort im Gange war. Herr [van Pels] und Frau [van Pels] hatten durch das offene Fenster, eine rosa Glut gesehen, Herr [van Pels] dachte daß es hier in der Nachbarschaft brannte und Frau [van Pels] dachte daß unser Haus Feuer gefangen hätte. Bei dem Schlag der folgte stand Frauchen [van Pels] schon auf ihren zitternden Beinen. Pf. blieb oben eine Zigarette rauchen, wir legten uns wieder in unsere Betten. Es war noch keine Viertelstunde vergangen und das Schießen begann aufs neue. Frau [van Pels] stand sofort wieder auf und ging die Treppe

hinunter in Pf.'s Zimmer, um dort Ruhe zu finden, die ihr bei ihrem Ehegatten nicht beschert war. Pf. empfing sie mit den Worten: »Komm in mein Bett, mein Kind!«
Was uns in einen unbändigen Lachanfall ausbrechen ließ. Das Kanonenfeuer konnte uns nichts mehr anhaben, unsere Angst was wie weggefegt.

deine Anne.

Sonntag 13. Juni 1943!

Liebe Kitty,
Mein Geburtstagsvers von Vater ist zu schön, als daß ich dir dieses Gedicht vorenthalten kann
Da Pim in Deutsch dichtet, mußte Margot sich ans Übersetzen machen. Urteile nach dem hier angegebenen Stück selbst ob Margot sich nicht prima ihrer freiwilligen Aufgabe entledigt hat.
Nach einer üblichen kurzen Zusammenfassung der Jahresereignisse folgt:
Als Jüngste von allen und doch nicht mehr klein
Hast du es nicht leicht; ein jeder will sein
Ein bißchen dein Lehrer, Dir oft zur Pein:
»Wir haben Erfahrung!« – »Nimm es von mir an.«
»Wir haben sowas schon öfter getan
Und wissen besser was kann und was mag.«
Ja ja so geht es seit Jahr und Tag.
Die eigenen Fehler, haben kein Gewicht,
Drum fällt tadeln einem jeden so leicht.
Von anderen die Fehler, die zählen schwer,
Es ist schwer für uns, dein Elternpaar
Immer zu urteilen sehr gerecht,
Die Alten tadeln, macht sich sonderbar.
Ist man zusammen mit so vielen Alten,
Dann muß man schlucken all die Lektionen
So wie man nimmt eine bittere Pille;
Man tut es dann um des Friedens willen.
Die Monate hier sind nicht vergeudet,
Das hättest du selbst auch nicht gewollt,
Mit Lernen und Lesen von vielen Büchern,
Müßte man »Langeweile« mit einem Licht suchen.
Aber noch viel schwieriger ist die Frage:
»Was soll ich anziehen? Was ich auch trage
Ist viel zu klein. Ich habe keine Hose
Mein Hemd ist nur wie ein Lendentuch.

Und dann die Schuhe, es ist nicht zu ertragen
So viele Qualen wie mich plagen.«
Ja wenn man wächst 10 Zentimeter
Paßt nichts mehr, das versteht ein jeder.

Den Teil über das Essensthema hat Margot nicht mit Reimen übersetzt hingekriegt und darum lasse ich ihn hier ganz weg. Findest du übrigens meinen Vers nicht schön? Weiter bin ich sehr verwöhnt worden und habe ganz schöne Sachen bekommen. U.a. ein dickes Buch über mein Lieblingsthema: die Mythologie von Hellas und Rom. Auch über Mangel an Süßigkeiten kann ich nicht klagen, alle haben ihren letzten Vorrat angegriffen. Als Benjamin v. d. Versteckfamilie bin ich wirklich mit viel mehr beschenkt worden als mir zusteht.

deine Anne.

Dienstag 15. Juni 1943

Liebe Kitty,

Es ist eine Menge passiert, aber ich denke meistens daß all mein uninteressantes Geschwätz dich sehr langweilt und daß du froh bist wenn du nicht so viele Briefe erhältst.

Ich werde dir die Berichte auch nur in Kürze wiedergeben.

Herr Voskuyl ist nicht an seinem Magen operiert: Als sie ihn auf dem Operationstisch hatten und sein Magen offen war, sahen die Ärzte daß er lebensgefährlichen Krebs hatte, der schon so weit gediehen war daß es nichts mehr zu operieren gab. Sie haben den Magen also nur wieder geschlossen, ihn 3 Wochen im Bett behalten und gut zu essen gegeben und dann nach Hause geschickt. Aber sie haben dabei eine unverzeihliche Dummheit begangen, nämlich dem armen Mann genau zu erzählen wie es um ihn steht. Er ist nicht mehr imstande zu arbeiten, sitzt zu Hause umringt von seinen 8 Kindern und grübelt über seinen nahen Tod. Ich habe schrecklich viel Mitleid mit ihm und finde es sehr schlimm daß wir nicht auf die Straße gehen können, sonst würde ich ihn bestimmt oft besuchen, um ihn abzulenken. Für uns ist es ein Unglück daß der gute Voskuyl uns nicht mehr über alles was im Lager passiert und gehört wird auf dem Laufenden hält. Er war unsere beste Hilf- und Stützkraft für die Vorsichtigkeit, wir vermissen ihn sehr.

Nächsten Monat sind wir an der Reihe mit der Radioablieferung. Kleiman hat zu Hause ein illegales Baby-Gerät, welches wir als Ersatz für unseren großen Philips bekommen. Es ist ja schade daß der schöne Apparat abgeliefert werden muß, aber ein Haus in dem man sich versteckt darf sich auf keinen Fall die Obrigkeit mutwillig auf den Hals laden. Das kleine Radio stellen wir natürlich oben hin. Zu illegalen Juden, illegalem Geld und illegalem Kupfer kann auch noch gut ein illegales Radio [dazu].

Alle Leute versuchen ein altes Gerät zu ergattern, um das anstelle ihrer »Mutbewahren-Quelle« abzuliefern. Es ist wirklich wahr, wenn die Berichte von draußen immer schlimmer werden, hilft das Radio mit seiner Wunder-Stimme daß wir den Mut nicht verlieren und jedesmal wieder sagen: »Kopf hoch, bewahre guten Mut, es kommen auch wieder andere Zeiten!«

deine Anne.

Sonntag 11. Juli 1943.

Beste Kitty,

Um zum [soundsovielten] Mal auf das Erziehungsthema zurückzukommen, werde ich dir sagen daß ich mir sehr viel Mühe gebe um hilfsbereit, freundlich und lieb zu sein und alles so zu machen daß der Beanstandungsregen ein Nieselregen wird. Es ist verflixt schwierig sich Menschen gegenüber die man nicht ausstehen kann so vorbildlich zu benehmen, während man doch nichts davon meint. Aber ich sehe wirklich daß ich weiterkomme wenn ich ein bißchen heuchele, statt meine alte Gewohnheit jedem geradeheraus meine Meinung zu sagen beizubehalten (obwohl nie jemand nach meiner Meinung fragt oder Wert darauf legt) und Natürlich falle ich sehr oft aus der Rolle und kann meine Wut bei Ungerechtigkeiten nicht verbeißen, so daß wieder 4 Wochen lang, über das frechste Mädchen der Welt getratscht wird. Findest du nicht daß ich manchmal zu bedauern bin? Es ist nur gut daß ich keine Nörglerin bin, denn sonst würde ich versauern und meine gute Laune nicht bewahren können. Meistens betrachte ich die Standpauken von der humoristischen Seite, aber das kann ich besser wenn jemand anders sein Fell vollbekommt als wenn ich selbst die Gelackmeierte bin.

Ferner habe ich beschlossen (es hat langes Nachdenken gekostet) Steno ein bißchen sausen zu lassen. Erstens um noch mehr Zeit meinen anderen Fächern widmen zu können und zweitens wegen meiner Augen, denn das ist eine elende Misere. Ich bin sehr kurzsichtig geworden und müßte längst eine Brille haben, (hu, was werde ich eulenhaft aussehen!) aber ja du weißt, Versteckte dürfen ......

Gestern sprach das ganze Haus von nichts anderem, als Annes Augen, weil Mutter vorgeschlagen hatte Frau Kleiman mit mir zum Augenarzt zu schicken. Bei dieser Mitteilung schwankte ich einen Moment auf den Beinen, denn das ist doch keine Kleinigkeit. Auf die Straße. Stell dir vor. Auf die Straße. Man kann es sich nicht vorstellen. Erst war ich todängstlich und später froh. Aber so einfach ging das nicht, denn nicht alle Instanzen die über solch einen Schritt zu beschließen haben, waren so schnell damit einverstanden. Alle Schwierigkeiten und Risiken mußten erst auf die Waagschale gelegt werden, obwohl sich Miep direkt mit mir auf den Weg machen wollte. Ich holte schon meinen grauen Mantel aus dem Schrank, aber der war so klein daß er aussah wie von meiner jüngsten Schwester. Der Saum ging auf und er kann nicht mehr zugeknöpft werden. Ich bin wirklich neugierig was daraus wird, aber ich glaube nicht daß der Plan aufgeführt wird, denn inzwischen sind die Engländer auf Sizilien gelandet und ist Vater wieder auf ein »baldiges Ende« eingestellt.

Bep gibt Margot und mir viel Büroarbeit, das finden wir alle zwei wichtig und es hilft ihr ein ganzes Stück. Korrespondenz ablegen und Verkaufsbuch eintragen kann jeder, aber wir tun es besonders sorgfältig.

Miep ist genau wie ein Packesel, sie schleppt ganz schön viel. Fast jeden Tag hat sie irgendwo Gemüse aufgetrieben und bringt alles in großen Einkaufstaschen auf dem Fahrrad mit. Sie ist es auch die jeden Samstag 5 Bibliotheksbücher mitbringt. Wir schauen immer sehnsüchtig dem Samstag entgegen, weil dann die Bücher kommen genau wie kleine Kinder, die ein Geschenk bekommen. Normale Leute wissen auch nicht wieviel Bücher für einen Eingeschlossenen bedeuten. Lesen lernen und das Radio sind unsere einzigen Ablenkungen.

deine Anne.

Freitag 16. Juli 1943.

Liebe Kitty,

Schon wieder ein Einbruch, aber nun ein echter! Heute morgen ging Peter wie gewöhnlich um 7 Uhr zum Lager und sah sofort daß sowohl die Lager- als auch die Straßentür offenstanden. Er berichtete das sofort Pim, der im Privatbüro das Radio auf Deutschland drehte und die Tür schloß; zusammen gingen sie dann nach oben. Das normale Kommando in solchen Fällen: nicht waschen, still sein, um 8 Uhr fix und fertig dasitzen, und nicht zum W. C., wurde wie gewöhnlich genau befolgt. Wir waren alle 8 froh daß wir nachts so gut geschlafen und nichts gehört hatten. Wir waren wohl ein wenig empört als den ganzen Morgen sich niemand oben sehen ließ und Herr Kleiman uns bis halb 12 auf dem Sprung sitzen ließ. Er erzählte daß die Einbrecher, mit einem Stemmeisen die Außentür eingestoßen und die Lagertür aufgebrochen hatten. Es gab im Lager jedoch nicht viel zu stehlen und darum versuchten die Diebe ihr Glück eben eine Etage höher. Sie haben zwei Geldkassetten mit f40.– Gulden Inhalt, Blanko, Giro und Sparbücher und am schlimmsten, unsere ganze Zuckerzuteilung nicht weniger als f150.– gestohlen.

Davon ist die Mehlzentrale sofort informiert worden um eventuell neue Marken locker zu machen, aber das wird nicht so leicht gehen.

Herr Kugler denkt daß dieser Einbrecher, zur selben Gilde gehört wie derjenige, der vor sechs Wochen hier war und an allen drei Türen (1 Lager und 2 Haustüren) versucht hat hereinzukommen, aber wo es ihm damals nicht gelungen war.

Der Fall hat wieder etwas Aufregung in unserem Gebäude verursacht, aber ohne das scheint das Hinterhaus nicht zurechtzukommen. Wir waren natürlich froh daß die Schreibmaschinen und die Kasse sicher in unserem Kleiderschrank waren.

deine Anne.

P.S. Landung auf Sizilien. Wieder ein Schritt näher an dem ….!

Montag 19. Juli 1943.

Liebe Kitty,
Am Sonntag ist Amsterdam-Nord sehr schwer bombardiert worden. Die Verwüstung muß entsetzlich sein, ganze Straßen liegen in Schutt und es wird noch lange dauern bevor all die Menschen ausgegraben sind. Bis jetzt gibt es 200 Tote und unzählbare Verwundete; die Krankenhäuser sind übervoll. Man hört von Kindern die verloren in den schwelenden Ruinen nach ihren toten Eltern suchen. Ich bekomme Schauer wenn ich noch an das dumpfe, dröhnende Grollen in der Ferne denke, das für uns ein Zeichen der nahenden Vernichtung war.

Freitag 23. Juli '43.

Bep kann im Moment wieder Hefte bekommen, vor allem Journale und Hauptbücher, brauchbar für meine buchhaltende Schwester! Andere Hefte gibt es schon zu kaufen, aber du mußt nicht fragen welche und für wie lange. Hefte haben gegenwärtig diese Aufschrift: Markenfrei erhältlich!« Genau wie alles was noch »markenfrei« ist, ist das auch unter aller Kritik.
So ein Heft besteht aus 12 Seiten grauem, schief- und engliniertem Papier. Margot denkt darüber nach ob sie von derselben Adresse wo wir unseren Stenounterricht bekommen haben, einen Kurs Schönschreiben machen will; ich habe es ihr sehr empfohlen, es kann noch der Schriftverbesserung dienen. Mutter will auf keinen Fall daß ich da auch mitmache, wegen meiner Augen, aber ich finde das Blödsinn. Ob ich das tue oder etwas anderes, es bleibt doch genau dasselbe.
Wir haben einander gefragt was wir zuerst tun würden, wenn wir je wieder mal normale Menschen werden. Margot geht in ein heißes Vollbad, Mutter will erst zu einem Konditor, Vater besucht Voskuyl und ich würde vor lauter Herrlichkeit nicht wissen was zu tun!
Ich sehne mich am meisten nach einer eigenen Wohnung, freier Bewegung und endlich wieder Hilfe bei der Arbeit, also nach der Schule! Bep hat uns Obst angeboten. Kostet eine Kleinigkeit. Trauben f5.– pro Kilo, Stachelbeeren f0.70 pro Pfund, f0.40 1 Pfirsich, 1 Kilo Melonen f1.50. Und dann schreiben sie jeden Abend mit Riesenbuchstaben in der Zeitung: Preistreibung ist Wucher!«

Montag 26. Juli 1943.

Beste Kitty,
Gestern war es ein sehr stürmischer Tag und wir sind noch immer aufgeregt. Du kannst uns eigentlich fragen welcher Tag ohne Aufregung vorbeigeht. Morgens beim Frühstück bekamen wir das erste Mal Voralarm, aber das kann uns nichts anhaben, denn es bedeutet daß da Flieger an der Küste sind. Nach dem Frühstück habe ich mich eine Stunde hingelegt, denn ich hatte starke Kopfschmerzen und ging dann ins Büro. Es war ungefähr 2 Uhr. Um halb 3 war Margot mit ihrer Büroarbeit fertig; sie hatte den Kram noch nicht weggeräumt als die Sirenen heulten, daher zog ich wieder mit ihr nach oben. Es wurde Zeit, denn wir waren noch keine 5 Minuten oben und sie fingen an laut zu schießen, so daß wir uns in den Flur stellten. Und ja, da dröhnte das Haus und fielen die Bomben. Ich drückte meine Flucht-Tasche an mich, mehr um etwas zum Festhalten zu haben, als um zu flüchten, denn wir können doch nicht weg und im schlimmsten Fall bedeutet die Straße genauso viel Lebensgefahr wie ein Bombardement. Nach einer ½ Stunde wurde das Fliegen weniger, aber die Geschäftigkeit im Haus nahm zu. Peter kam

von seinem Beobachtungsposten auf dem vorderen Dachboden, Pf. war im vorderen Büro, Frau [van Pels] fühlte sich im Privatbüro sicher, Herr v. P. hatte vom Oberboden aus zugeschaut und wir in der Diele zerstreuten uns auch um die Rauchsäulen über dem IJ aufsteigen zu sehen. Bald roch es überall nach Brand und sah draußen aus als ob da ein dicker Nebel hinge.
Obwohl so ein großer Brand kein schöner Anblick ist lag es glücklicherweise wieder hinter uns und wir begaben uns an unsere jeweiligen Tätigkeiten. Abends beim Essen: Luftalarm. Wir hatten leckeres Essen, aber der Appetit verging mir schon allein bei dem Geräusch. Es passierte jedoch nichts und 3 Viertelstunde später war es sicher. Der Abwasch war an der Reihe: Luftalarm, Schießen, fürchterlich viele Flieger. »Oh jemineh, zweimal an einem Tag, das ist sehr viel«, dachten wir alle, aber es half nichts, wieder regnete es Bomben, diesmal auf der anderen Seite, laut Bericht der Engländer auf Skiphol. Die Flieger tauchten, stiegen, es sauste in der Luft und es war sehr unheimlich, jeden Augenblick dachte ich »jetzt fällt er, das war's.«
Ich kann dir versichern daß als ich um 9 Uhr ins Bett ging, ich meine Beine noch nicht gerade halten konnte. Punkt 12 wurde ich wach: Flieger. Pf. zog sich gerade aus, ich störte mich nicht daran, sprang doch beim ersten Schuß hellwach aus dem Bett. Bis 1 Uhr drinnen, halb 2 ins Bett, 2 Uhr wieder bei Vater und sie flogen immer und immer noch. Kein Schuß wurde mehr abgegeben, und ich konnte nach Hause gehen. Um halb 3 schlief ich ein.
7 Uhr. Mit einem Schlag saß ich aufrecht im Bett. V. P. war bei Vater. Einbrecher, war mein erster Gedanke. »Alles« hörte ich V. P. sagen ich dachte daß alles gestohlen sei. Aber nein, nun war es ein herrlicher Bericht, so schön wie wir seit Monaten, vielleicht in all den Kriegsjahren nicht gehört haben, Mussolini hat sich zurückgezogen, der Kaiser-König von Italien hat die Regierung übernommen.
Wir jubelten. Nach all dem Schrecklichen von gestern, endlich wieder was Gutes und .... Hoffnung. Hoffnung auf das Ende, Hoffnung auf den Frieden. Kugler ist eben vorbeigekommen und erzählte daß Fokker schwer heimgesucht worden ist. Inzwischen hatten wir heute morgen wieder Luftalarm mit Überfliegen und noch mal Vor-Alarm. Ich ersticke in Alarmen, bin nicht ausgeschlafen, und habe keine Lust zu arbeiten. Aber jetzt hält doch die Spannung um Italien uns wach und die Hoffnung auf das Ende des Jahres .....

deine Anne.

Donnerstag 29. Juli 1943

Liebe Kitty,
Frau V. P., Pf. und ich waren mit dem Abwasch beschäftigt, und was fast nie vorkommt und ihnen sicher auffallen würde war, daß ich außergewöhnlich still war. Um Fragen vorzubeugen, suchte ich also schnell ein ziemlich neutrales Thema und dachte daß das Buch: Henri van de Overkant, diesem Anspruch genügen würde. Aber ich hatte mich verrechnet; bekomme ich Frau [van Pels] nicht aufs Dach, dann ist es Herr Pf. Es lief auf folgendes hinaus: Herr Pf. hatte uns dieses Buch besonders empfohlen, als ein hervorragendes Exemplar. Margot und ich fanden es jedoch alles andere als hervorragend; der Junge war zwar gut beschrieben, aber der Rest .... darüber schweige ich lieber. Etwas derartiges brachte ich beim Abwaschen aufs Tapet, und das besorgte mir eine enorme Ladung:
»Wie kannst du die Psyche eines Mannes begreifen. Von einem Kind, ist das nicht so schwierig(!). Du bist viel zu jung für ein derartiges Buch, ein Mann von 20 Jahren würde das nicht einmal erfassen können.« (Warum hat er speziell Margot und mir dieses Buch so empfohlen?) Nun fuhren Pf. und Frau [van Pels] gemeinsam fort: »Du weißt viel zu viel, von Dingen, die nicht für dich geeignet sind, du bist völlig falsch erzogen. Später, wenn du älter bist, hast du an allem kein Vergnügen mehr, dann sagst du: das habe ich vor 20 Jahren schon in Büchern gelesen. Du mußt

dich schon beeilen willst du noch einen Mann bekommen oder dich verlieben, du bist bestimmt von allem enttäuscht. Du bist in der Theorie schon ganz ausgelernt, nur die Praxis die fehlt noch!«
Wer würde sich meine Situation nicht vorstellen können? Ich war selbst noch verwundert darüber, daß ich ruhig antworten konnte: »Sie denken vielleicht, daß ich verkehrt erzogen bin, aber da ist noch lange nicht jeder mit ihnen einig!«
Es ist sicher die gute Erziehung um mich immer so gegen meine Eltern aufzustacheln, denn das ist es was sie oft tun und einem Mädchen meines Alters nichts über die Dinge zu erzählen, ist hervorragend. Die Ergebnisse einer derartigen Erziehung, sind nur allzu deutlich bewiesen.
Ich hätte den beiden, die mich da so lächerlich machten, in dem Augenblick ins Gesicht schlagen können. Ich war außer mir vor Wut und würde wirklich die Tage zählen (wenn ich wüßte wo aufzuhören), daß ich von »diesen« Menschen weg bin.
Diese Frau V. P. ist mir auch ein Exemplar! Daran soll man sich seine Beispiele nehmen, nun die Beispiele ..... aber dann die schlechten. Frau v. P. ist bekannt als sehr unbescheiden, Egoist, schlau, berechnend und mit nichts zufrieden. Eitelkeit und Koketterie kommen noch dazu. Sie ist, daran ist nichts zu drehen: eine ausgesprochen unangenehme Person. Über Madame v. P. könnte ich Bände füllen und wer weiß, vielleicht komme ich noch mal dazu. Einen schönen Firnis auf der Oberfläche kann sich jeder zulegen. Frau [van Pels] ist freundlich zu Fremden und vor allem zu Männern und deshalb irrt man sich wenn man sie erst kurz kennt.
Mutter findet sie zu dumm um ein Wort darüber zu verlieren, Margot zu unwichtig, Pim zu häßlich (buchstäblich und bildlich!) und ich bin nach einer langen Reise, denn ich bin nie von Beginn an, voreingenommen, zu dem Schluß gekommen, daß sie alles drei und noch viel mehr ist. Sie hat soviel schlechte Eigenschaften, warum sollte ich dann mit einer davon anfangen?

deine Anne.

Dienstag 3. August 1943.

Liebe Kitty,
Mit der Politik geht es vorzüglich. In Italien ist die faschistische Partei verboten worden. An vielen Stellen kämpft das Volk gegen die Faschisten, einige Militärs nehmen am Kampf teil. Wie kann so ein Land noch weiter Krieg mit England führen? Unser schönes Radio ist letzte Woche weggebracht worden, Pf. war sehr böse, daß Kugler es am festgelegten Datum ablieferte. Pf. sinkt in meiner Achtung immer tiefer, er ist schon ungefähr unter Null. Was er auch sagt über Politik, Geschichte, Erdkunde oder andere Dinge, ist so ein Unsinn daß ich es fast nicht zu wiederholen wage. Hitler verschwindet in der Geschichte. Der Hafen von Rotterdam ist größer als der von Hamburg. Die Engländer sind Idioten, weil sie im Augenblick Italien nicht bunt und blau bombardieren usw. usw.
Ein drittes Bombardement hat stattgefunden, ich habe meine Zähne auf einander gebissen und so Mut geübt.
Frau V. P., die immer gesagt hat »laß sie nur kommen«, »besser ein Ende mit Schrecken, als kein Ende«, ist nun die Feigste von uns allen, heute morgen hat sie gebibbert wie ein Rohrstengel und brach sogar in Tränen aus. Ihr Mann mit dem sie nach einer Woche Streit, erst wieder Frieden geschlossen hat, tröstete sie; ich wurde fast sentimental allein bei dem Anblick.
Daß Katzen halten nicht nur Vorteil bringt, hat Mouschi uns unzweideutig bewiesen. Das ganze Haus ist voller Flöhe, die Plage nimmt jeden Tag zu.
Herr Kleiman hat alle Ecken mit gelbem Puder vollgestreut, den Flöhen macht das nichts aus. Wir werden alle nervös davon, man meint immer etwas auf Arm, Bein oder anderen Körperteilen herumkrabbeln zu fühlen, deshalb machen viele Familienmitglieder Gymnastikübungen

um im Stehen hinten auf ihr Bein oder ihren Hals zu schauen. Nun rächt sich die geringe körperliche Bewegung; wir sind viel zu steif um unsere Nacken richtig umzudrehen. Die wirkliche Gymnastik ist schon längst draufgegangen.

deine Anne

Mittwoch 4. Aug. 1943.

Liebe Kitty,
Du weißt nun nachdem wir gut ein Jahr Hinterhäusler sind schon einiges über unser Leben, aber vollständig kann ich dich doch nicht informieren; es ist alles so vollkommen anders als in normalen Zeiten und bei normalen Leuten. Um dir doch ein bißchen näheren Einblick in unser Leben zu gönnen werde ich fortan ab und zu ein Stück eines normalen Tages beschreiben. Heute fange ich mit dem Abend und der Nacht an:
Abends um 9 Uhr fängt im Hinterhaus der Rummel mit dem ins Bett gehen an und das ist tatsächlich immer ein ganzer Rummel. Stühle werden geschoben, Betten herausgeholt, Decken aufgefaltet und nichts bleibt wo es tagsüber zu sein hat. Ich schlafe auf der kleinen Couch, die noch nicht mal 1.50 m lang ist. Hier müssen also Stühle als Verlängerungsstück dienen; ein Plumeau, Laken, Kissen, Decken, alles aus Pf. Bett geholt, wo es tagsüber seinen Aufenthalt hat. Drinnen hört man ein schreckliches Knarren, das Bett à la Harmonika von Margot; wieder Couchdecken und Kissen, alles um die hölzernen Latten ein bißchen bequemer zu machen. Oben scheint es zu gewittern, es ist aber nur: das Bett von Frau [van Pels]. Dieses wird nämlich an das Fenster geschoben um ihrer Hoheit mit dem rosa Bettjäckchen etwas Prickelndes in die kleinen Nasenlöcher zu geben.
9 Uhr: Nach Peter betrete ich das Badezimmer wo dann eine gründliche Wäsche folgt, und es passiert nicht selten (**nur** in den heißen Monaten, Wochen oder Tagen) daß ein kleiner Floh mit in dem Waschwasser treibt. Dann Zähne putzen, Haare, Locken, Nägel behandeln, Wasserstoff Wattebäusche benutzen (dient dazu schwarze Schnurrbarthaare zu bleichen) und das alles in einer kleinen halben Stunde.
halb 10: Schnell Bademantel an, Seife in die eine, Nachttopf, Haarnadeln, Hose, Lockenwickler und Watte in die andere Hand eile ich aus dem Badezimmer, meistens noch einmal zurückgerufen für die verschiedenen Haare, die in zierlichen aber für den folgenden Wäscher, nicht allzu angenehmen Bögen das Waschbecken verunzieren.
10 Uhr: Verdunklung vor, gute Nacht. Im Haus, wohl eine Viertelstunde lang, ein Geknarre von Betten und ein Seufzen von kaputten Federn, dann ist alles still, wenigstens wenn die Nachbarn von oben keinen Bettstreit haben.
halb 12: Die Badezimmertür knarrt. Ein dünner Streifen Licht fällt in das Zimmer. Knarren von Schuhen, ein großer Mantel, noch größer als der Mann darunter ..... Pf. kommt von seiner Nachtarbeit in Kuglers Büro zurück. 10 Minuten lang über den Boden schlürfen, Rascheln von Papier, das sind die aufzubewahrenden Eßwaren und ein Bett wird gemacht. Dann verschwindet die Gestalt wieder, und man hört nur von Zeit zu Zeit aus dem W. C. ein verdächtiges Geräusch kommen.
± 3 Uhr: Ich muß aufstehen wegen eines kleinen Geschäfts in die Metallbüchse unter meinem Bett, worunter vorsichtshalber noch eine kleine Gummi-Matte gelegt worden ist, für das eventuelle Lecken. Wenn das passieren muß, halte ich immer den Atem an, denn es plätschert in die Dose wie ein Bach von einem Berg. Dann geht die Büchse wieder an ihren Platz und eine Gestalt in einem weißen Nachthemd, die jeden Abend Margot wieder den Ausruf entlockt: »Oh dieses unsittliche Nachthemd«, steigt ins Bett. Eine kleine Viertelstunde liegt dann eine gewisse Person und lauscht auf die nächtlichen Geräusche. Zuallererst ob vielleicht ein Dieb unten sein könnte,

dann nach den diversen Betten, oben, neben und in dem Zimmer, woraus man meistens entnehmen kann wie die verschiedenen Hausgenossen schlafen oder halb-wach die Nacht durchbringen. Letzteres ist bestimmt nicht angenehm, vor allem wenn es ein Familienmitglied mit Namen Dr. Pf. betrifft.
Erst höre ich ein Geräusch als ob ein Fisch nach Luft schnappt, dies wiederholt sich ungefähr zehnmal, dann werden mit viel Umstand die Lippen befeuchtet, abgewechselt von kleinen Schmatzgeräuschen, gefolgt von einem langdauernden Hin- und Herdrehen im Bett und dem Verschieben von Kissen. Fünf Minuten vollkommene Ruhe und dann wiederholt sich dieser Ablauf von Ereignissen noch bestimmt 3 mal, wonach sich der Dr. sicher wieder für eine Weile in Schlaf gelullt hat.
Es kann auch passieren daß nachts variierend zwischen 1 und 4 Uhr geschossen wird. Dessen bin ich mir kaum bewußt bevor ich aus Gewohnheit neben meinem Bett stehe. Manchmal bin ich auch so am Träumen, daß ich an französische unregelmäßige-Verben oder einen kleinen Oben-Streit denke. Wenn das dann vorbei ist, merke ich erst daß geschossen worden ist und ich noch still im Zimmer geblieben bin. Aber meistens passiert es wie oben gesagt. Schnell wird ein Kissen, plus Taschentuch in die Hand gestopft, Bademantel an, Pantoffeln und dann zu Vater gerannt, genau wie Margot in dem Geburtstagsgedicht schrieb: Nachts beim allerersten Schuß, da knarrt eine Tür und [man] sieht ..... ein Taschentuch, ein Kissen und ein kleines Mädchen ...
Einmal am großen Bett angelangt, ist der ärgste Schreck schon vorbei, außer wenn das Schießen sehr laut ist.
viertel vor 7: trrrrrr ..... der Wecker der zu jeder Stunde (wenn man danach fragt oder manchmal auch ohne das) des Tages seine Stimme erheben kann. Krach ... peng ... Frau [van Pels] hat ihn ausgemacht. Knack ..... Herr [van Pels] ist aufgestanden. Wasser aufstellen und dann flugs ins Badezimmer.
viertel nach 7: Die Tür knarrt wieder. Pf. kann ins Badezimmer gehen. Einmal allein wird die Verdunklung entfernt .... und der neue Tag im Hinterhaus hat begonnen.

deine Anne.

Donnerstag 5. Aug. 1943.

Liebe Kitty,
Heute nehmen wir mal die Mittagspause an die Reihe:
Es ist halb 1: Der ganze Haufen atmet auf. Nun sind van Maaren, der Mann mit der düsteren Vergangenheit, und de Kok wenigstens nach Hause. Oben hört man das Stampfen des Staubsaugers über Frau [van Pels'] schönen und einzigen »Teppich«; Margot nimmt ein paar Bücher unter ihren Arm und geht zum Unterricht »für Kinder die nicht weiterkommen,« denn so wirkt Pf.
Pim setzt sich mit seinem unzertrennlichen Dickens in eine Ecke, um doch mal irgendwo Ruhe zu finden. Mutter eilt eine Etage höher um der eifrigen Hausfrau zu helfen und ich gehe ins Badezimmer um das ein bißchen zu verschönern, gleichzeitig mit mir selbst.
viertel vor 1: Das Eimerchen tröpfelt voll. Erst Herr Gies dann Kleiman oder Kugler, Bep und manchmal auch kurz Miep.

1 Uhr: Gespannt lauschen alle dem B. B. C. Geschart um das kleine Babyradio sitzen sie und dies sind die einzigen Minuten, wo die Mitglieder des Hinterhauses einander nicht ins Wort fallen, denn da spricht jemand dem sogar Herr V. P. nicht widersprechen kann.
Viertel nach 1: Die große Austeilung. Jeder von unten bekommt eine Tasse Suppe, und wenn es mal ein Nachtisch sein darf auch davon etwas. Zufrieden setzt sich Herr Gies auf die Couch oder

lehnt sich gegen den Schreibtisch. Die Zeitung, Tasse und meistens Katze neben sich. Wenn eines von den dreien fehlt, wird er nicht versäumen zu protestieren. Kleiman erzählt die letzten Neuigkeiten aus der Stadt; er ist dafür tatsächlich eine hervorragende Quelle. Kugler kommt holterdipolter die Treppe herauf, einmal ein kurzes und kräftiges Klopfen an die Tür und er kommt händereibend herein, je nach Stimmung gut gelaunt und geschäftig oder schlecht gelaunt und still.

Viertel vor 2: Die Esser erheben sich und jeder geht wieder seinen eigenen Beschäftigungen nach. Margot und Mutter den Abwasch, Herr und Frau [van Pels] auf die Couch, Peter auf den Dachboden, Vater auf die Couch, Pf. auch und Anne an die Arbeit. Nun folgt die ruhigste Stunde; wenn alle schlafen, wird niemand gestört. Pf. träumt von leckerem Essen, danach sieht sein Gesicht wirklich aus und ich schaue nicht lange, denn die Zeit rennt und um 4 Uhr steht der pedantische Dr. schon mit der Uhr in der Hand, weil ich eine Minute zu spät den Tisch für ihn abräume.

deine Anne.

Samstag 7. Aug. '43.

Liebe Kitty,

Eine Unterbrechung in der Hinterhausbeschreibung. Ich habe vor ein paar Wochen angefangen mal eine Geschichte zu schreiben, etwas das ganz ausgedacht ist und habe daran so viel Freude bekommen daß meine Federkinder sich stapeln.

Weil ich dir versprochen habe daß ich dir von all meinen Erlebnissen in ungeschönter Form einen treuen Bericht geben würde, mußt du auch mal beurteilen ob kleine Kinder vielleicht Freude an meinen Geschichten haben würden.

Kaatje

Kaatje ist unser Nachbarmädchen und wenn ich durch das Fenster hinausschaue, kann ich wenn es schönes Wetter ist, Kaatje im Garten spielen sehen.

Kaatje hat ein weinrotes Samtkleid für Sonntags und ein Baumwollkleid für die Woche, flachsblonde Haare, mit Mäuseschwänzchen und helle blaue Augen. Kaatje hat eine liebe Mutter, aber keinen Vater mehr; Kaatjes Mutter ist Waschfrau, tagsüber ist sie manchmal weg, um für andere Leute die Wohnung sauber zu halten und abends macht sie zu Hause für ihre »Häuser« die Wäsche. Um 11 Uhr klopft sie noch die Teppiche und hängt Reihen Wäsche an die Leinen.

Kaatje hat wohl 6 Brüder und Schwestern. Ein kleiner Schreihals ist auch dabei, der sich an den Röcken der 11-jährigen Schwester festklammert wenn Mutter »Schlafenszeit!« ruft. Kaatje hat ein Kätzchen, das wie ein Mohr aussieht, so schwarz ist es, Kaatje sorgt gut für ihr Kätzchen, jeden Abend kurz vor Schlafenszeit höre ich sie »Pussi, Kätz... chen, Kätz... chen« rufen. Daher ist auch der Name Kaatje gekommen, das Mädchen heißt vielleicht nicht mal Kaatje, aber sie sieht ganz so aus. Kaatje hat auch zwei Kaninchen, ein weißes und ein braunes. Hopp .... hopp springen sie im Gras herum, unten an der Treppe die zu Kaatjes Wohnung führt. Manchmal kann Kaatje auch ungezogen sein, genau wie andere Kinder und das ist meistens so wenn sie Streit mit ihren Brüdern hat. Oh, wie kann diese Kaatje böse sein, schlagen treten und beißen, tut sie lange nicht wenig. Die Brüder habe wohl Respekt vor ihrer kräftigen Schwester.

»Einkaufen, Kaatje!« ruft Mutter. Kaatje hält sich schnell die Ohren zu, um danach ehrlich sagen zu können, daß sie Mutter nicht gehört hat; einkaufen kann Kaatje nicht ausstehen. Aber Lügen ist ihr ein Einkauf auch nicht wert, lügen tut Kaatje nicht, das sieht man gleich an ihren blauen Augen. Ein Bruder von Kaatje ist schon 16 Jahre, und in Stellung als Lehrling, dieser Bruder spielt sich schon mal als Vater über die Kinder auf; gegen Piet wagt Kaatje auch nichts zu sagen, denn Piet hat eine harte Hand und Kaatje weiß aus Erfahrung daß wenn man ihm gehorcht

manchmal eine Süßigkeit abfällt. Süßigkeiten mag Kaatje sehr und die anderen Schwestern auch.
Sonntags wenn die Kirche, bim-bam, bim-bam macht, geht Kaatjes Mutter mit all den Brüdern und Schwestern zur Kirche. Dann betet Kaatje für ihren lieben Vater, der im Himmel ist und auch für die Mutter, daß die noch lange am Leben bleiben soll.
Nach der Kirchzeit gehen sie mit Mutter spazieren. Das findet Kaatje doch so schön; durch den Park und selten auch zum Artis. Aber bevor sie zum Artis gehen dauert es noch ein paar Monate, das ist erst im September wenn es wieder ein Kwartje kostet, oder wenn Kaatje Geburtstag hat, dann darf sie sich so etwas als Geschenk wünschen. Andere Geschenke, dafür hat Kaatjes Mutter kein Geld.
Kaatje tröstet ihre Mutter oft, denn die sitzt abends wenn sie hart gearbeitet hat und müde ist, schon manchmal da und weint und Kaatje verspricht ihr dann alles was sie so gern hätte, wenn sie selbst groß ist. Groß möchte Kaatje doch so schrecklich gerne schon sein, dann kann sie Geld verdienen und schöne Kleider kaufen, und auch den Schwestern Süßigkeiten geben, genau wie Piet.
Aber erst muß Kaatje noch viel lernen und lange zur Schule gehen bevor sie soweit ist. Mutter will daß sie noch in die Haushaltsschule geht, aber dazu hat Kaatje keine Lust, sie will nicht zu einer Dame in Stellung, sie will in die Fabrik, genau wie die Reihe Mädchen die jeden Tag vorbeigehen. In der Fabrik ist sie nicht allein und dort kann man sich gemütlich unterhalten, das tut Kaatje doch so gerne!
In der Schule muß sie manchmal in der Ecke stehen, weil sie ihren Mund wieder nicht hat halten können, aber sonst ist sie schon eine gute Schülerin, Kaatje mag auch die Lehrerin sehr gern, die ist meistens lieb und sehr sehr gescheit. »Was muß das schwierig sein, bis ich so gescheit bin!« denkt Kaatje »aber mit weniger geht es auch, Mutter sagt immer, daß wenn ich zu gescheit werde, ich keinen Mann mehr bekomme und das wäre doch sehr schlimm.«
Kaatje will später nette Kinder haben, aber nicht solche Kinder wie ihre Brüder und Schwestern sind, Kaatjes Kinder werden viel lieber und auch viel schöner sein. Sie werden schöne braune Locken haben und nicht solche Flachshaare, das ist nicht fein, auch keine Sommersprossen, denn die findet man bei Kaatje in Mengen. Kaatje will auch nicht so viele Kinder haben wie ihre Mutter, 2 oder 3, das ist schon genug. Aber ja das dauert noch so schrecklich lange, bestimmt noch 2 mal so lange wie ihr eigenes Leben. »Kaatje,« ruft Mutter, »komm mal her, du ungezogenes Mädchen, wo bist du gewesen? Geh schnell ins Bett, du hast sicher wieder geträumt!«
Kaatje seufzt, sie war gerade dabei so schöne Zukunftspläne zu machen.

<u>deine Anne.</u>

Montag 9. Aug.
1943.

Liebe Kitty,
Dieses Mal Fortsetzung der Hinterhaustageseinteilung. Nach der Mittagspause ist der Mittagstisch an der Reihe.
<u>Herr v. P.</u>, dieser eröffnet die Reihe. Er wird als erster bedient, nimmt beträchtlich viel von allem, wenn es ihm schmeckt. Redet meistens mit, gibt immer seine Meinung zum besten und wenn das einmal der Fall ist, gibt es nichts mehr daran zu rütteln denn wenn jemand das wagt, dann hat er es in sich. Ach … er kann einen wie eine Katze anfauchen …. ich will das lieber nicht haben …. Wenn man es einmal mitgemacht hat, kein zweites Mal.
Er hat die richtigste Meinung, er weiß von allem das meiste. Na gut, er hat einen gescheiten Kopf; aber Selbstgefälligkeit hat bei diesem Herrn einen hohen Grad erreicht.

Madame. Eigentlich kann ich besser schweigen. An manchen Tagen, vor allem wenn schlechte Laune im Anzug ist, ist ihr Gesicht nicht zum Anschauen. Bei Licht betrachtet, ist sie die Schuldige an allen Diskussionen. Nicht das Objekt! Oh nein, davon hält sich jeder lieber fern, aber man könnte sie vielleicht die Anstifterin nennen. Hetzen, das ist eine schöne Arbeit. Hetzen gegen Frau Frank und Anne, gegen Margot und Herrn [Frank] geht nicht so leicht.
Aber nun zu Tisch. Frau [van Pels] kommt nicht zu kurz, auch wenn sie das manchmal denkt. Die kleinsten Kartoffeln, das leckerste Häppchen, das Zarteste von allem, heraussuchen, ist Madames Parole. Die anderen kommen schon an die Reihe, wenn ich nur erst das Beste habe. (Genau was sie von Anne Frank denkt.) Das zweite ist reden; wenn nur jemand zuhört, ob es denjenigen interessiert oder nicht, darauf kommt es scheinbar nicht an, sie denkt sicher »was Frau v. P. ist interessiert jeden.«
Kokett lächeln, tun als ob man von allem etwas weiß, jedem ein bißchen Rat geben und jeden bemuttern, davon muß der Eindruck doch gut werden. Aber schaut man länger hin, dann ist das Gute schon längst ab. Fleißig eins, fröhlich zwei, kokett drei und manchmal ein hübsches Lärvchen: Das ist Gusti van Pels.
Der 3. Tischgenosse: Man hört nicht viel von ihm. Der junge Herr v. P. ist meistens still und läßt nicht viel von sich merken. Was Appetit betrifft: ein Danaidenfaß, es wird niemals voll und bei der allerkräftigsten Mahlzeit behauptet er mit einem seelenruhigen Gesicht daß er bestimmt noch das Doppelte essen könnte.
Nr. 4. Margot: Ißt wie ein Mäuschen, redet überhaupt nicht. Das einzige was reingeht ist Gemüse oder Obst. Verwöhnt, ist v. P's Urteil; zuwenig Luft und Sport unsere Meinung.
Daneben Mama: Kräftiger Appetit, eifrige Rednerin. Niemand hat wie bei Frau v. P. die Vorstellung: das ist die Hausfrau. Worin der Unterschiede liegt? Nun, Frau [van Pels] kocht und Mutter spült und putzt.
Nr. 6 und 7. Über Vater und mich werde ich nicht viel sagen. Ersterer ist der Bescheidenheitste. vom ganzen Tisch. Er schaut immer erst ob die anderen auch haben; alles braucht er nicht, die besten Sachen sind für die Kinder.
Da sitzt das Vorbild des Guten, daneben das Nervenbündel von Haus Hinter.

Pfeffer: Nimmt, schaut nicht, ißt, redet nicht. Und wenn man reden muß, dann um Himmels willen nur über Essen; davon entsteht kein Streit, nur Aufschneiderei. Enorme Portionen gehen hinein und »nein« wird nie gesagt, nicht bei dem Guten und auch nicht oft bei dem Schlechten.
Die Hose sitzt an der Brust, die rote Jacke an, schwarze Lackpantoffel und eine Hornbrille. So kann man ihn am Tisch sehen, ewig arbeitend, niemals weiterkommend, nur abgewechselt durch das Mittagsschläfchen, Essen und .... den liebsten Ort .... das W. C. Drei, vier, fünfmal am Tag steht jemand ungeduldig vor der W. C.-Tür und kneift. Hüpft von einem auf das andere Bein und ist fast nicht zu halten.
Stört er sich daran? Nicht doch, von Viertel nach 7-halb 8, von halb 1–1 Uhr, von 2 Uhr-Viertel nach 2, von 4 Uhr-Viertel nach 4, von 6 Uhr-Viertel nach 6, und von halb 12–12 Uhr. Man kann es aufschreiben, das sind die festen »Sitzplätze«. Davon wird nicht abgewichen und er stört sich nicht an der flehenden Stimme draußen vor der Tür, die vor einem schnell nahenden Unheil warnt.
Nr. 9 ist kein Hinterhaus-Familienmitglied, wohl aber ein Haus- und Tischgenosse. Bep hat einen gesunden Appetit. Läßt nichts stehen, ist nicht wählerisch. Mit allem kann man sie erfreuen und das gerade erfreut uns. Fröhlich und gut gelaunt willig und gutmütig, das sind ihre Kennzeichen.

Dienstag 10. August.
1943.

Liebe Kitty,

Neue Idee: ich rede bei Tisch mehr mit mir selbst als mit den anderen, das ist in zwei Sinnen günstig, erstens sind sie alle froh, wenn ich nicht an einem Stück durchquatsche und zweitens brauche ich mich nicht über anderer Leute Urteil zu ärgern. Meine Meinung finde ich selbst nicht blöd und andere schon; also kann ich sie besser für mich behalten. Genauso tue ich wenn ich etwas essen muß, was ich überhaupt nicht ausstehen kann: ich nehme den Teller vor mich, bilde mir ein daß es etwas sehr Leckeres ist, schaue möglichst wenig hin und bevor ich es weiß ist es aufgegessen.

Morgens beim Aufstehen, auch so etwas was sehr unangenehm ist, springe ich aus dem Bett, denke mir »du legst dich gleich wieder gemütlich rein«, laufe zum Fenster, mache die Verdunklung weg, schnüffele so lange an dem Spalt bis ich ein bißchen Luft spüre und bin wach. Das Bett wird so schnell wie möglich auseinandergelegt, dann gibt es keine Verführung mehr. Weißt du, wie Mutter so etwas nennt? Ein Lebenskünstler. Findest du das nicht ein witziges Wort? Wir sind seit einer Woche alle ein bißchen mit der Zeit durcheinander, weil unsere liebe und werte Westerturm-Glocke offensichtlich weggeholt worden ist für Fabriksverwendung und wir weder Tag noch Nacht genau wissen wie spät es ist. Ich habe zwar noch etwas Hoffnung, daß sie etwas herausfinden werden, das die Nachbarschaft ein bißchen an die Glocke erinnern wird, z. B. ein zinnernes, kupfernes oder was weiß ich für ein Ding.

Ob ich oben, unten oder wo auch immer bin, jeder schaut mir bewundernd auf die Füße, wo ein Paar außergewöhnlich schöne Schuhe (für diese Zeit!) prangen. Miep hat sie für f27.50 ergattert. Weinrot, peau de suède mit Leder und einem ziemlich hohen Blockabsatz. Ich gehe wie auf Stelzen und sehe noch viel größer aus als ich schon bin. Gestern hatte ich einen Unglückstag. Stach mich mit dem hinteren Ende einer dicken Nadel in den rechten Daumen. Die Folge war daß Margot die Kartoffeln für mich schälen mußte (das Gute beim Schlechten und ich krakelig schrieb.

Dann rannte ich mit dem Kopf gegen die Schranktür, fiel fast rückwärts um, bekam einen Rüffel für den vielen Lärm den ich wieder verursachte, durfte den [Wasser]hahn nicht laufen lassen um meine Stirn zu betupfen und laufe nun mit einer Riesenbeule ober dem rechten Auge herum. Zu allem Unglück, blieb mein rechter-kleiner Zeh im Stift von dem Staubsauger hängen Das Ding blutete und tat weh, aber ich hatte soviel mit meinen anderen Qualen auszuhalten, daß diese Beschwerde ins Nichts versank. Dumm genug, denn nun laufe ich mit einem infizierten Zeh + Zugsalbe + Verbandmüll + Heftpflaster herum und kann meine glorreichen Schuhe nicht anziehen.

Pf. hat uns zum soundsovielten Mal in Lebensgefahr geworfen. Miep brachte wahrhaftig ein verbotenes Buch für ihn mit, eine Schmähschrift auf Mussolini. Unterwegs wurde sie von einem SS-Motorrad angefahren. Sie verlor die Nerven, schrie: Elende Schufte und fuhr weiter. Denken wir lieber nicht daran was passiert wäre wenn sie mit zum Büro gemußt hätte.

deine Anne.

Freitag 10. September 1943.

Liebe Kitty,

Jedesmal wenn ich an dich schreibe ist wieder etwas Besonderes passiert, aber meistens sind es mehr unangenehme als angenehme Dinge. Jetzt jedoch ist etwas Schönes los:

Mittwochabend 8. Sept. d. J. saßen wir am Radio von 7 Uhr, das erste was wir hörten war wie folgt: Here follows the best news from whole the war: Italy has capitulered. Italien bedingungs-

los kapituliert! Um Viertel nach 8 fing der Oranje Sender an: »Hörer, vor 1 einviertel Stunden, gerade als ich mit der Chronik des Tages fertig war, traf die herrliche Nachricht von der Kapitulation Italiens hier ein, ich kann Ihnen sagen, daß ich noch nie meine Papiere mit soviel Befriedigung in den Papierkorb geworfen habe wie heute!
God save the King, die amerikanische Hymne und die russische Internationale wurden gespielt. Wie immer war der Oranjesender herzerquickend und doch nicht zu optimistisch.
Die Engländer sind in Neapel gelandet. Nord-Italien ist von den Deutschen besetzt. Freitag 3. September war der Waffenstillstand schon unterzeichnet, genau an dem Tag daß die englische Landung in Italien geschah. Die Deutschen fluchen und wettern in allen Zeitungen über den Verrat von Badoglio und dem italienischen Kaiser.
Aber wir haben auch Unannehmlichkeiten, es geht um Herrn Kleiman. Du weißt wir haben ihn alle sehr gern und obwohl er immer krank ist, viel Schmerzen hat und nicht viel essen und [herum]gehen darf ist er immer fröhlich und bewundernswert mutig. »Wenn Herr Kleiman hereinkommt, geht die Sonne auf!« sagte Mutter gerade neulich und damit hat sie sehr recht.
Nun mußte er für eine sehr unangenehme Darmoperation ins Krankenhaus und wird dort mindestens 4 Wochen bleiben müssen. Du hättest sehen sollen wie er von uns Abschied genommen hat, als würde er einkaufen gehen, so normal

deine Anne.

Donnerstag 16. Sept. 1943.

Liebe Kitty,
Das gegenseitige Verhältnis hier wird je länger um so schlechter. Pf. und v. P. bis zum folgenden Streit dicke Freunde. Bei Tisch wagt niemand den Mund aufzumachen, (außer um einen Bissen hineinzuschieben), denn was man sagt wird entweder übelgenommen oder verkehrt aufgefaßt. Herr Voskuyl kommt ab und zu auf Besuch. Leider geht es ihm sehr schlecht. Er macht es seiner Familie auch nicht einfacher, weil er immer mit der Vorstellung vor den Augen herumläuft: Was kann es mir noch ausmachen, ich sterbe doch bald! Ich kann mir die Stimmung bei Voskuyls zu Hause sehr gut vorstellen wenn ich mir überlege wie gereizt sie hier schon alle sind.
Ich schlucke jeden Tag Valeriaantjes gegen Angst und Depression, aber das verhütet doch nicht daß meine Stimmung am folgenden Tag noch miserabler ist.
Einmal richtig und laut zu lachen das würde mehr helfen als 10 Valeriaantjes, aber lachen haben wir fast verlernt. Manchmal habe ich Angst daß ich vor Ernst ein starres Gesicht und einen niederhängenden Mund bekommen werde. Mit den anderen ist es auch nicht besser, alle erwarten mit bangen Vorgefühlen den großen Felsbrocken, der Winter heißt. Noch eine Tatsache welche uns nicht aufheitert ist daß der Lagerarbeiter v. Maaren mißtrauisch wird was das Hintergebäude angeht. Es muß jemandem, der ein bißchen Gehirn hat wohl auffallen, daß Miep sagt sie geht ins Laboratorium, Bep ins Archiv, Kleiman zum Opekta-Vorrat und Kugler behauptet daß das Hinterhaus nicht zu dem Gebäude gehört sondern zum Nachbarhaus.
Es könnte uns egal sein was Herr v. Maaren von diesem Zustand denkt, wenn der Mann nicht als unzuverlässig bekannt wäre und ein hohes Maß an Neugier besitzt, so daß er sich nicht mit ein paar leeren Worten abspeisen läßt.
Eines Tages wollte Kugler mal extra vorsichtig sein, zog 10 Minuten vor halb 1 seinen Mantel an und ging zu der Drogerie um die Ecke. Noch keine 5 Minuten später war er wieder zurück, schlich wie ein Dieb über die Treppe und kam zu uns. Um Viertel nach eins wollte er wieder gehen, traf aber auf dem Treppenabsatz Bep die ihn warnte daß v. Maaren im Büro saß. Kugler machte rechtsumkehrt und saß bis halb 2 bei uns. Dann nahm er seine Schuhe in die Hand und ging auf Strümpfen (trotz seiner Erkältung) zur Tür des vorderen Dachbodens, ging dort Fuß vor Fuß die

Treppe hinunter und nachdem er eine ganze Viertelstunde auf der Treppe balanciert hatte um jedes Knarren zu vermeiden, landete er von der Straßenseite im Büro. Bep, inzwischen kurz von van Maaren befreit kam um Herrn Kugler bei uns abzuholen, aber Kugler war schon längst weg, der war inzwischen noch in Strümpfen auf der Treppe. Was werden die Leute auf der Straße wohl gedacht haben als der Direktor seine Schuhe draußen wieder anzog? Hach, der Direktor in Socken!

deine Anne.

Mittwoch 29.
September 1943.

Liebe Kitty,
Frau v. P. hat Geburtstag. Wir haben ihr außer einer Käse- Fleisch- und Brotmarke nur noch ein Glas Marmelade geschenkt. Von ihrem Mann, Pf. und dem Büro hat sie auch ausschließlich Blumen oder Eßwaren bekommen. So sind die Zeiten nun einmal! Bep hatte in der Woche einen halben Nervenzusammenbruch, so oft wurde sie geschickt, 10 × am Tag bekam sie Aufträge, immer wurde darauf gedrängt daß sie es schnell holen müßte, daß sie noch einmal gehen müßte oder daß sie es verkehrt getan hätte! Wenn man dann bedenkt daß sie unten im Büro ihre Arbeit erledigen muß, Kleiman krank ist, Miep zu Hause mit einer Erkältung ist, sie selbst sich den Knöchel verstaucht, Liebeskummer und zu Hause einen murrenden Vater hat, dann kann man sich vorstellen daß sie weder ein noch aus weiß. Wir haben sie getröstet und gesagt, daß wenn sie ein paarmal energisch behaupten würde daß sie keine Zeit hätte, die Einkaufslisten bestimmt von alleine kleiner würden.
Samstag spielte sich hier ein Drama ab, welches in seiner Heftigkeit noch nicht seinesgleichen gehabt hat. Es begann mit v. Maaren und endete mit einem allgemeinen Streit mit Geschluchze. Pf. hat sich bei Mutter darüber beklagt, daß er behandelt wird wie ein Ausgestoßener, daß niemand von uns freundlich zu ihm ist, daß er uns doch nichts angetan hat und noch eine Reihe süßlicher Schmeicheleien, worauf Mutter diesmal zum Glück nicht reinfiel [und] ihm erzählte daß er alle sehr enttäuscht hätte und daß er uns mehr als einmal Anlaß zu Ärger gegeben hätte. Pf. versprach Himmel und Erde, wobei wie immer bisher nichts herausgekommen ist.
Mit V. P. geht es schief, ich sehe es schon kommen! Vater ist wütend weil sie uns betrügen; sie unterschlagen Fleisch u. ä. Oh, welch ein Ausbruch schwebt uns wieder über dem Kopf? Wenn ich nur nicht so eng mit all diesen Scharmützeln verbunden wäre, wenn ich nur weggehen könnte. Sie machen uns noch verrückt!

deine Anne.

Sonntag 17. Okt. 1943.

Liebe Kitty,
Kleiman ist wieder zurück, zum Glück! Er sieht noch ein bißchen blaß aus aber geht doch wohlgemut los um für v. P. Kleider zu verkaufen.
Es ist eine unangenehme Tatsache, daß das Geld der v. P. radikal zu Ende ist, seine letzten f100.– hat er im Lager verloren, damit haben wir noch Schwierigkeiten gehabt. Wie können montagsmorgens f100.– ins Lager geraten? Alles Argwohnanlässe. Inzwischen sind die f100.– gestohlen worden. Wer ist der Dieb?
Aber ich sprach über Geldmangel. Frau [van Pels] will von ihrem Stoß Mäntel, Kleidern und Schuhen, nichts missen, der Anzug des Herrn [van Pels] ist schwer loszuwerden, Peters Fahrrad ist von der Besichtigung zurück. Niemand wollte es haben. Das Ende vom Lied ist noch nicht in Sicht. Frau [van Pels] wird wohl ihren Pelzmantel abtreten müssen. Ihr Standpunkt daß die Firma für unseren Unterhalt aufkommen muß, stimmt wohl nicht. Oben haben sie diesbezüg-

lich einen Mordskrach hinter sich und ist die Versöhnungsphase von »Ach lieber Putti« und »süße Kerli« eingetreten.
Mir ist ganz schwindlig von all den Schimpfworten die im letzten Monat durch dieses ehrbare Haus geflogen sind. Vater läuft mit zusammengepreßten Lippen herum, wenn jemand ihn ruft schaut er so kopfscheu hoch, als hätte er Angst wiederum eine prekäre Angelegenheit lösen zu müssen.
Mutter hat vor Aufregung rote Flecken auf den Wangen, Margot klagt über Kopfschmerzen, Pf. kann nicht schlafen, Frau [van Pels] klagt den ganzen Tag und ich selbst habe die Taste ganz verloren. Ehrlich gesagt vergesse ich ab und zu mit wem wir Streit haben und mit welcher Person die Versöhnung schon stattgefunden hat.
Das einzige was ablenkt ist lernen und das tue ich viel.

deine Anne.

Freitag 29. Okt. 1943.

Liebste Kitty,
Herr Kleiman ist wieder abwesend; sein Magen läßt ihn nicht in Ruhe. Er weiß selbst noch nicht ob das Blut schon gestillt ist. Er war zum erstenmal wirklich down als er uns erzählte daß er sich nicht gut fühlte und nach Hause ging.
Hier gab es wieder laute Streitereien zwischen Herrn [van Pels] und Frau [van Pels]. Das kam so: V. P. ihr Geld ist alle. Sie wollten einen Wintermantel und einen Anzug von Herrn [van Pels] verkaufen, aber dafür war niemand zu finden. Er wollte viel zu hohe Preise dafür haben.
Eines Tages, schon einige Zeit her, sprach Kleiman über einen befreundeten Kürschner; dadurch kam Herr [van Pels] auf die Idee Frau [van Pels'] Pelzmantel zu verkaufen. Es ist ein Pelzmantel aus Kaninchenfellen gemacht und 17 Jahre lang getragen. Frau [van Pels] bekam f325.– dafür. Dieser Betrag ist enorm. Frau [van Pels] wollte das Geld behalten um nach dem Krieg neue Kleider zu kaufen und es war eine ganz schön harte Nuß bevor Herr [van Pels] ihr klargemacht hatte, daß das Geld für den Haushalt dringend nötig war.
Das Gekreische, Weinen, Gestampfe und Geschimpfe kannst du dir unmöglich vorstellen. Es war beängstigend. Meine Familie stand mit angehaltenem Atem unten an der Treppe um notfalls die Kämpfenden auseinander zu halten.
All das Gekeife, Weinen und die Nervosität sind so spannend und anstrengend daß ich abends weinend ins Bett falle, und dem Himmel danke daß ich mal eine halbe Stunde für mich allein habe.
Mir selbst geht es gut, außer daß ich überhaupt keinen Appetit habe. Immer wieder höre ich: »Was siehst du aber schlecht aus«. Ich muß sagen daß sie sich große Mühe geben um mich ein bißchen bei Kräften zu halten. Traubenzucker, Lebertran, Hefetabletten und Kalk müssen dafür zustatten kommen. Meine Nerven habe ich noch längst nicht immer unter Kontrolle, vor allem sonntags fühle ich mich elend. Dann ist die Stimmung im Haus drückend, schläfrig und bleiern; draußen hört man keinen Vogel singen, eine tödliche und bedrückende Stille hängt über allem und diese Schwere hängt sich an mir fest als ob ich mit müßte in eine tiefe Unterwelt. Vater, Mutter und Margot lassen mich dann gelegentlich gleichgültig, ich irre von einem Zimmer zum anderen, die Treppe hinunter und wieder hinauf und habe ein Gefühl wie ein Singvogel, dem seine Flügel mit harter Hand ausgerissen worden sind und der in vollkommener Dunkelheit gegen die Stäbe seines engen Käfigs fliegt. »Nach draußen, Luft und Lachen«, schreit es in mir; ich antworte nicht mal mehr, lege mich auf die Couch und schlafe um die Zeit, die Stille, die schreckliche Angst auch, abzukürzen, denn zu töten sind sie nicht

deine Anne.

Mittwoch 3. Nov. 1943.

Liebe Kitty,
Um uns etwas Abwechslung und Fortbildung zu verschaffen hat Vater einen Prospekt der Leidener Lehreinrichtungen angefordert; Margot schaute das dicke Büchlein wohl 3 mal durch ohne daß sie etwas nach ihrem Geschmack und ihrer Geldbörse fand. Vater war schneller für etwas zu haben, er wollte dem Institut schreiben und um eine Probelektion »Elementares Latein« bitten. Gesagt, getan, die Lektion kam, Margot machte sich begeistert an die Arbeit, und der Kurs, egal wie teuer, wurde genommen. Für mich ist er viel zu schwer, obwohl ich sehr gerne Latein lernen würde.
Um mich gleichfalls mit etwas Neuem anfangen zu lassen, bat Vater Kleiman um eine Kinderbibel, um endlich mal etwas vom Neuen Testament zu erfahren. »Willst du Anne zu Chanuka eine Bibel schenken?« fragte Margot etwas entsetzt. »Ja ... eh, ich denke daß Sankt-Nikolaus eine passendere Gelegenheit ist«, antwortete Vater.
Jesus zu Chanuka paßt nun mal nicht.
Weil der Staubsauger kaputt ist, muß ich jeden Abend den Teppich mit einer alten Bürste ausbürsten. Das Fenster zu, Licht an, Ofen auch und dann mit einem Handbesen über den Fußboden. »Das kann nicht gut gehen,« dachte ich mir schon beim ersten Mal. Das muß zu Klagen führen und jawohl Mutter bekam Kopfschmerzen von den dicken Staubwolken die weiter im Zimmer herumwirbelten, Margots neues lateinisches Wörterbuch war vom Schmutz bedeckt und Pim murrte wahrhaftig daß der Boden sich in keinerlei Hinsicht verändert hätte. Gestank als Dank nennt man so etwas.
Die neueste Hinterhaus-Abmachung ist, daß der Ofen sonntags normal um halb 8 angemacht wird, statt um halb 6 morgens. Ich finde es eine gefährliche Angelegenheit. Was sollen die Nachbarn wohl nicht über unseren rauchenden Schornstein denken?
Genauso mit den Vorhängen; die bleiben seit Versteckbeginn immer stocksteif festgesteckt, manchmal bekommt dann einer der Herren oder Damen eine Anwandlung und, muß kurz hinausschauen. Folge: ein Sturm von Vorwürfen. Antwort: »Das sieht man doch nicht.« Damit beginnt und endet jede Unvorsichtigkeit. »Das sieht man nicht, das hört man nicht, darauf achtet niemand«, es ist leicht gesagt, aber würde es wohl mit der Wahrheit übereinstimmen? Im Augenblick haben sich die Sturm-Streite wieder gelegt, nur Pf. hat Streit mit V. P. Wenn er über Frau [van Pels] spricht, hört man nichts anderes als: die blöde Kuh, oder »das alte Kalb«, und umgekehrt betitelt Frau [van Pels] den unfehlbaren Studierten mit »alte Jungfer«, ewig auf die Zehen getretener Junggeselle usw. usw.
Der Topf wirft dem Kessel vor daß er schwarz aussieht!

deine Anne.

Donnerstag 11. Nov. 1943.

Liebe Kitty,
Ich habe gerade einen guten Titel für dieses Kapitel:
Ode an meinen Füllhalter
Im memoriam
»Aus Margots schola Latina.«
Mein Füllhalter war für mich immer ein kostbarer Besitz; ich schätzte ihn sehr hoch, vor allem wegen der dicken Spitze die er hatte, denn ich kann nur mit dicken Füllfederspitzen wirklich schön schreiben. Mein Füllhalter hat ein sehr langes und interessantes Füllhalter-Leben gehabt, welches ich kurz gefaßt mitteilen will:
Als ich 9 Jahre alt war, kam mein Füllhalter in einem Päckchen (in Watte gewickelt) als »Muster

ohne Wert« den ganzen Weg aus Aachen, dem Wohnort meiner Großmutter, der gütigen Geberin. Ich lag im Bett mit Grippe, während der Februar-Wind ums Haus heulte. Der glorreiche Füllhalter hatte ein rotes Lederetui um sich und wurde sofort am ersten Tag allen meinen Freundinnen gezeigt. Ich, Anne Frank, die stolze Besitzerin eines Füllhalters.
Als ich 10 Jahre alt war, durfte der Füllhalter mit in die Schule und wahrhaftig die Lehrerin erlaubte daß ich damit schrieb. Mit 11 mußte mein Schatz jedoch wieder weggepackt werden, da die Lehrerin der 6. Klasse nur Schulfedern und Tintenfäßchen als Schreibgerät erlaubte. Als ich 12 wurde und ins jüdische Lyzeum ging, bekam mein Füllhalter, zur höheren Ehre ein neues Etui, in das noch ein Bleistift paßte und das außerdem viel echter aussah, da es mit einem Reißverschluß schloß. Mit 13 ging der Füllhalter mit ins Hinterhaus wo er mit mir durch zahllose Tagebücher und Hefte geeilt ist. Als ich 14 Jahre alt war, war das das letzte Jahr das mein Füllhalter mit mir beendet hatte und nun .....
Es war am Freitagnachmittag nach 5 Uhr, daß ich aus meinem Zimmer gekommen mich an den Tisch setzen wollte um zu schreiben, als ich grob zur Seite geschoben wurde und Platz machen mußte für Margot und Vater die ihr »Latein« übten. Der Füllhalter blieb unbenutzt auf dem Tisch liegen, und seine Besitzerin nahm seufzend Vorlieb mit einer sehr kleinen Tischecke und fing an Bohnen zu reiben. Bohnen reiben, bedeutet hier, verschimmelte braune Bohnen wieder anständig herzurichten. Um Viertel vor 6 fegte ich den Boden und warf den Schmutz zusammen mit den schlechten Bohnen auf eine Zeitung und in den Ofen. Eine gewaltige Flamme schlug heraus und ich fand es großartig daß auf diese Art, der Ofen der auf dem letzten Loch gepfiffen hatte, sich erholte.
Die Ruhe war wiedergekehrt, die Lateiner abgezogen und ich setzte mich an den Tisch um meine geplante Schreibarbeit aufzunehmen, aber, wo ich auch suchte, mein Füllhalter war nirgends zu entdecken. Ich suchte noch einmal, Margot suchte, Mutter suchte, Vater suchte, Pf. suchte, aber das Ding war spurlos verschwunden.
»Vielleicht ist er in den Ofen gefallen, gleichzeitig mit den Bohnen!« äußerte Margot. »Aber nein Kind!« antwortete ich.
Als mein Füllhalter abends jedoch noch nicht zum Vorschein kommen wollte, nahmen wir alle an, daß er verbrannt war, um so mehr da Zelluloid riesig brennt. Und wirklich, die traurige Annahme wurde bestätigt als Vater am nächsten Morgen beim Ofen saubermachen den Klips, mit dem man einen Füllhalter feststeckt, mitten in in einer Ladung Asche, wiederfand. Von der goldenen Feder war nichts mehr zu entdecken. »Sicher festgebacken in irgendeinem Stein«, meinte Vater.
Ein Trost ist mir geblieben, wenn auch nur ein magerer, mein Füllhalter ist eingeäschert worden, genau was ich später so gern will!

Bewahre den Klips auf.
(Der Füllhalter ist weg)
Er hilft gegen den Schreck
Ich hatte Riesen-Pech
deine Anne.

Montagabend 8. November 1943.

Liebe Kitty,
Wenn du meinen Stapel Briefe hintereinander durchlesen kannst, dann würde dir sicher auffallen in was für unterschiedlichen Stimmungen diese geschrieben sind. Ich finde es selbst unangenehm, daß ich hier im Hinterhaus so sehr von Stimmungen abhängig bin, übrigens das bin ich nicht allein, das sind wir alle. Wenn ich ein Buch lese das mich beindruckt, muß ich in mir

selbst gründlich Ordnung machen, bevor ich mich unter die Leute begebe, sonst würde man von mir denken daß ich einen etwas seltsamen Verstand hätte. Im Augenblick, wie du wohl gemerkt haben wirst habe ich eine Periode, in der ich niedergeschlagen bin.
Ich könnte dir nicht wirklich sagen wie ich so werde, aber ich glaube daß es meine Feigheit ist, gegen die ich immer wieder stoße.
Heute abend als Bep noch da war klingelte es lang, laut und durchdringend, in diesem Augenblick wurde ich weiß, bekam Bauchweh und Herzklopfen und das alles vor Angst!
Abends im Bett sehe ich mich allein in einem Kerker, ohne Vater und Mutter. Oder manchmal irre ich auf der Straße herum, oder unser Hinterhaus steht in Brand, oder sie kommen uns nachts holen und ich lege mich vor Verzweiflung unter mein Bett. Ich sehe alles so als würde ich es an meinem eigenen Leib erleben und dann noch das Gefühl zu haben, dies alles kann dir sofort passieren!
Miep sagt oft daß sie uns hier beneidet, weil wir hier Ruhe haben. Das kann leicht stimmen, aber an unsere Angst, denkt sie sicher nicht.
Ich kann mir ganz und gar nicht vorstellen daß die Welt für uns jemals wieder normal wird. Ich spreche zwar über: »Nach dem Krieg«, aber dann ist es als ob ich über ein Luftschloß spräche, etwas das niemals Wirklichkeit werden kann.
An den Merry, die Freundinnen, Schule, Vergnügen, an das alles denke ich wie an etwas das ein anderer als ich erlebt hat. Ich sehe uns 8 zusammen mit dem Hinterhaus als ob wir ein Stück blauer Himmel wären umringt von schwarzen, schwarzen Regenwolken. Das runde, abgegrenzte Fleckchen, auf dem wir stehen ist noch sicher aber die Wolken rücken immer näher auf uns zu und der Ring der uns von der nahenden Gefahr trennt wird immer enger gezogen.
Jetzt sind wir schon so weit von Gefahr und Dunkelheit umgeben daß wir vor Verzweiflung wo Rettung zu finden [ist], gegeneinanderstoßen.
Wir schauen alle nach unten wo die Menschen gegeneinander kämpfen, wir schauen alle nach oben wo es ruhig und schön ist und unterdessen sind wir abgeschnitten durch die, düstere Masse, die uns nicht nach unten und nicht nach oben gehen läßt, sondern die vor uns steht wie eine undurchdringliche Mauer die uns zerschmettern will aber noch nicht kann.
Ich kann nichts anderes tun als rufen und flehen: »Oh Ring, Ring werde weiter und öffne dich für uns!«

deine Anne.

Mittwoch 17. Nov. 1943.

Liebe Kitty,
Hauserschütternde Ereignisse im Gang. Bei Bep zu Hause herrscht Diphterie, deshalb darf sie 6 Wochen lang nicht mit uns in Berührung kommen. Sowohl wegen Essen als wegen Einkäufe erledigen ist das sehr unangenehm von der Ungeselligkeit noch gar nicht zu sprechen. Kleiman liegt noch immer und hat schon drei Wochen lang nichts anderes als Milch und dünnen Brei gegessen.
Kugler hat unheimlich viel Arbeit. Die Firma hat zum Glück wieder 2500 kg. Pfeffer zu mahlen. Die Bußen die wir im vergangenen Jahr von der Preisüberwachung bekommen haben sind so angewachsen daß Gies & Co offiziell diesen Betrag nicht mal in seiner Kasse haben darf.
Margots eingeschickte lateinische Lektionen werden von einem Lehrer korrigiert zurückgeschickt. Margot schreibt unter Beps Namen, der Lehrer, ein gewisser A. C. Nielson ist sehr nett und witzig obendrein. Er ist sicher froh daß er eine so gescheite Schülerin bekommen hat.
Pf. ist ganz durcheinander, keiner von uns weiß warum. Es hat damit angefangen daß er oben den Mund zukniff und weder mit Herrn V. P. noch mit Frau V. P. ein Wort sprach. Das fiel jedem

auf als es ein paar Tage anhielt nahm Mutter die Gelegenheit wahr um ihn zu warnen vor Frau [van Pels] die ihm tatsächlich auf diese Art noch viel Unannehmlichkeiten bereiten kann.
Pf. sagte daß Herr V. P. mit Schweigen angefangen hätte und er hatte daher auch nicht vor sein Schweigen zu brechen. Nun mußt du wissen, daß gestern der 16. November war, der Tag an dem er 1 Jahr im Hinterhaus ist. Mutter wurde zu dieser Gelegenheit ein Blumentopf geschenkt, aber Frau V. P. die schon Wochen zuvor, mehrmals auf dieses Datum Anspielungen gemacht hatte und mit ihrer Meinung daß Pf. etwas spendieren mußte nicht hinter dem Berg hielt, bekam nichts.
Statt erst einmal seine Dankbarkeit für die uneigennützige Aufnahme zu äußern, sprach er überhaupt nicht. Und als ich am Morgen vom 16. ihn fragte ob ich ihm gratulieren oder kondolieren sollte, antwortete er daß er alles in Empfang nähme.
Mutter, die für die schöne Rolle der Friedensstifterin fungieren wollte, kam keinen Schritt weiter mit ihm und schließlich blieb der Zustand gleich.
Es ist keine Übertreibung wenn ich sage daß in Pf. Gehirn ein Bindeglied fehlt. Wir machen uns oft im Stillen lustig darüber daß er kein Gedächtnis, keine Meinung und kein Urteil hat und lachen manches Mal wenn er, soeben gehörte Berichte völlig verkehrt weitererzählt und alles durcheinander stottert.
Weiter gibt er für jeden Vorwurf und Beschuldigungen viele schöne Versprechungen, von denen in Wirklichkeit nicht eine ausgeführt wird.
»Der Mann der hat ein grosser Geist und ist so klein von Taten!«

deine Anne.

Samstag 27. November
1943.

Liebe Kitty,
Gestern Abend vor dem Einschlafen stand plötzlich vor meinen Augen Hanneli.
Ich sah sie vor mir, in Lumpen gekleidet mit einem eingefallenen und abgemagerten Gesicht. Ihre Augen waren sehr groß und sie sah mich so traurig und vorwurfsvoll an, daß ich in ihren Augen lesen konnte: Oh Anne, warum hast du mich verlassen? Hilf, oh hilf mir, rette mich aus dieser Hölle!«
Und ich kann ihr nicht helfen, ich kann nur zuschauen wie andere Menschen leiden und sterben und darum muß ich untätig da sitzen und kann Gott nur bitten sie zu uns zurückzuführen. Ausgerechnet Hanneli sah ich, niemand anderen, und ich verstand es. Ich habe sie falsch beurteilt, war zu sehr Kind um ihre Schwierigkeiten zu begreifen. Sie hing an ihrer Freundin und es sah aus als ob ich ihr die wegnehmen wollte. Wie muß die Arme sich gefühlt haben, ich weiß es, ich selbst kenne dieses Gefühl so gut!
Manchmal wie ein Blitz sah ich etwas von ihrem Leben, um egoistisch, direkt wieder in eigenen Vergnügungen und Schwierigkeiten aufzugehen.
Es war gemein von mir, wie ich mit ihr gehandelt habe und jetzt schaute sie mich mit ihrem blassen Gesicht und ihren flehenden Augen, oh so hilflos an. Könnte ich ihr bloß helfen! Oh Gott, daß ich hier alles habe, was ich mir nur wünschen kann und daß sie von dem harten Schicksal so angefaßt worden ist. Sie war mindestens so fromm wie ich, sie wollte auch das Gute, warum wurde ich dann auserwählt um zu leben und mußte sie womöglich sterben? Welcher Unterschied war zwischen uns? Warum sind wir jetzt so weit voneinander?
Ehrlich gesagt, habe ich sie monatelang ja ein Jahr fast vergessen. Nicht ganz aber doch nicht so daß ich sie in all ihrem Elend vor mir sah. Ach Hanneli, ich hoffe daß ich dich, wenn du das Ende des Krieges noch erleben solltest, und zu uns zurückkommen würdest, aufnehmen kann, um etwas an dir gutzumachen was ich unrecht gegen dich getan habe.

Aber wenn ich wieder imstande bin ihr zu helfen dann hat sie meine Hilfe nicht mehr so nötig wie jetzt. Würde sie noch einmal an mich denken und was würde sie dann fühlen?
Guter Gott gib ihr Hilfe, daß sie wenigstens nicht allein ist. Oh, kannst du ihr nur sagen, daß ich mit Liebe und Mitleid an sie denke, es würde sie vielleicht in ihrem Durchhaltevermögen stärken.
Ich darf nicht weiterdenken, denn ich komme nicht heraus. Ich sehe immer wieder ihre großen Augen die mich nicht loslassen. Würde Hanneli wirklich in sich selbst Glauben haben, würde sie den Glauben nicht von außen aufgedrängt bekommen haben?
Ich weiß es nicht mal, nie habe ich mir die Mühe gemacht es sie zu fragen.
Hannelie, Hannelie, könnte ich dich bloß wegholen von wo du jetzt bist, könnte ich dich an allem teilhaben lassen was ich genieße.
Es ist zu spät, ich kann nicht mehr helfen und nicht mehr gutmachen was ich verkehrt gemacht habe. Aber ich werde sie niemals vergessen und immer für sie beten!

deine Anne.

Mnt. 6. Dez. '43.

Liebe Kitty,
Als St. Nikolaus näherkam, dachten wir alle unwillkürlich an den schön hergerichteten Korb vom vergangenen Jahr und vor allem mir schien es langweilig dieses Jahr alles zu übergehen. Ich dachte lange nach, bis ich etwas gefunden hatte, etwas Lachbares.
Pim wurde zu Rate gezogen und vor einer Woche gingen wir an die Arbeit um für alle 8 ein Gedicht zu machen.
Sonntagabend um Viertel nach 8, erschienen wir oben mit dem großen Wäschekorb zwischen uns, der geschmückt war mit Figuren und Bändern aus rosa und blauem Durchschlagpapier. Über dem Korb lag ein großes Stück braunes Packpapier auf dem ein Zettel befestigt war. Alle oben waren einigermaßen erstaunt über den Umfang der Überraschung.
Ich nahm den Zettel von dem Packpapier und las:
Prolog:
Nikolaus ist auch dieses Jahr wieder gekommen
Sogar das Hinterhaus hat es vernommen.
Leider, können wir es nicht so schön begehen
Wie es vergangenes Jahr geschehen.
Damals waren wir hoffnungsvoll und dachten bestimmt
Daß siegen würde der Optimist
Und meinten daß dieses Jahr frei
Sankt-Nikolaus zu feiern sei.
Doch wollen wir des Tags gedenken
Aber da nun nichts mehr ist zum Schenken
So müssen wir etwas anderes tun
(Und während Vater und ich das Packpapier hochheben)
Ein jeder schaue in seinen Schuh!

Ein schallendes Gelächter folgte als jeder Eigentümer seinen Schuh aus dem Korb holte. In jedem Schuh war ein kleines Päckchen in Packpapier gewickelt mit der Adresse des Schuh-Eigentümers. Ich werde nicht alle die Verse aufschreiben, denn das würde leicht langweilig werden. Ein paar trafen jedoch so allgemein den Geschmack daß du sie sicher auch schön findest.

An Frl. A. M. Frank.
Wenn man des Nachts die Flieger hört
Niemanden das besonders stört
Außer Anne, den Benjamin
den jüngsten Sproß der Familie.
Und schießt auch noch der Bullerjan
Ist es mit unsrer Anne getan
Als Medizin nicht Lebertran
Sondern wohl geeignet Valeriaan
Der Vorrat schwindet, Nikolaus schnell zu Hilfe
Und hat ihn wieder aufgefüllt.
(Das Geschenk war ein Valeriaantje.)
An Frau E. Frank
Zeiten abnormal
Gute Ernährung knapp
Äpfel, sine
Wenig Vitamine
Warum nichts zum Verlust,
Rohkost, hörst du!
Der moderne Wille
Erd'pfel mit Schale
Peter'sil, Radieschen
Ist gesunde Speise.
Nikolaus ist Ihrer Meinung zugetan
Und bietet Ihnen hier etwas Rohkost an.
An den Herrn P. A. v. P.
Wer holt die Kartoffeln, wer macht den Dachboden sauber?
Peter ist die richtige Person.
Wer holt das Gemüse, wer holt die Kohlen,
Wer schleicht nach unten auf Katzensohlen?
Wer sorgt daß die Katzen, etwas haben zu essen?
Peter wird es bestimmt nicht vergessen.
Wer holt das Brennholz, wer birgt die Asche?
Wer steckt selbst seinen Overall in die Wäsche?
Piet tut das und noch viel mehr
Darüber freute sich Nikolaus sehr
Er ist darum auf die Suche gegangen
und bietet hier Extra-Marken an.
An Frau G. v. P.
Ich will etwas stricken und weiß schon was
Ich habe etwas Wolle, es ist wie ich schätze
Genug für ein Hemdchen oder eine Hose
Doch erst ein gutes Muster, ich suche.

Ich komm rasch voran, aber sehe schon schnell
Daß das Material nicht ausreichend war
Nun ribble ich es auf, wähle ein andres Modell
Es wird ein Kopfschmuck für meinen Sohn.

Nun gefällt mir die Farbe nicht, ich lasse es färben
Sie werden bei Palthe die Wolle nicht verderben!

——

Frau [van Pels] wenn Sie noch mal beginnen
Schauen Sie dann erst nach der Arbeit von Nikolaus
Dieser hat schon für Sie angefangen
Und hat sich einen neuen Stich ausgedacht!

——

Ich hatte ein Stück gestrickt und auf Streichhölzern angeschlagen.

Mittwoch 22. Dez. 1943.

Liebe Kitty,
Eine hartnäckige Grippe hat mich gehindert dir eher als heute zu schreiben. Es ist elend hier krank zu sein, wenn ich husten mußte kroch ich eins, zwei, drei unter die Decke und versuchte meine Kehle so leise wie möglich zu beruhigen, was meistens zur Folge hatte daß das Kribbeln gar nicht mehr wegging und Milch mit Honig, Zucker oder Pastillen herhalten mußten. Wenn ich an die Kuren denke die sie mich haben machen lassen wird mir schwindlig, Schwitzen, Umschläge, feuchte Brustwickel, trockene Brustwickel, heißes Trinken, Gurgeln, Pinseln, Stilliegen, Wärme-Kissen, Wärmflaschen, Zitronenwasser und dabei alle zwei Stunden das Thermometer.
Kann man auf so eine Art eigentlich gesund werden? Am schlimmsten fand ich aber wenn Herr Pf. angefangen hat Doktor zu spielen und seinen Pomadenkopf auf meine nackte Brust legte, um die Geräusche da drinnen abzuhören. Nicht nur, daß seine Haare mich schrecklich kitzelten, ich genierte mich obwohl daß er einmal dreißig Jahre studiert hat und den Arzt Titel hat. Was hat sich dieser Kerl an mein Herz zu legen? Er ist doch nicht mein Geliebter! Übrigens was da drinnen gesund oder nicht gesund ist hört er doch nicht, seine Ohren müssen erst ausgespült werden, da er beängstigend stark einem Schwerhörigen anfängt zu gleichen. Aber nun genug über die Krankheit. Ich fühle mich wieder pudelwohl, 1 Zentimeter gewachsen, 2 Pf. zugenommen, blaß und lernlustig.
Viel Neues ist nicht zu berichten; Bep ist noch immer von uns getrennt, wir bekommen zu Weihnachten extra Öl, Süßigkeiten und Sirup, das Geschenk war eine Brosche fabriziert aus einem Centstück und das schön glänzend. Gar nicht zu erklären prächtig.
Das Wetter ist trübe, der Ofen stinkt, das Essen drückt schwer auf aller Magen was von allen Seiten donnernde Geräusche verursacht, Kriegsstillstand, Miststimmung

deine Anne.

Freitag 24. Dez. 1943.

Beste Kitty,
Ich habe dir schon öfter geschrieben daß wir hier alle so viel mit Stimmungen zu tun haben und ich glaube daß dieses Leiden bei mir vor allem in der letzten Zeit stark zunimmt. »*Himmelhoch jauchzend, zu Tode betrübt*«, ist hier bestimmt zutreffend. »*Himmelhoch jauchzend*« bin ich wenn ich daran denke, wie gut wir es hier haben und mich vergleiche mit anderen jüdischen Kindern und »*zu Tode betrübt*«, überfällt mich z. B. als Frau Kleiman hier gewesen ist

und erzählt von Jopies Hockeyclub, Kanufahrten, Theateraufführungen und Teetrinken mit Freunden. Ich glaube nicht daß ich eifersüchtig auf Jopie bin, aber wohl bekomme ich so eine starke Sehnsucht auch wieder mal viel Spaß zu machen und zu lachen, bis ich Bauchweh davon bekomme. Vor allem jetzt im Winter, mit den freien Weihnachts- und Neujahrstagen, da sitzen wir hier wie Ausgestoßene und doch darf ich diese Worte eigentlich nicht aufschreiben weil ich dann undankbar erscheine, aber was sie auch von mir denken mögen, ich kann nicht alles für mich behalten und führe noch einmal meine Anfangsworte an »Papier ist geduldig«.

Wenn jemand gerade von draußen kommt, mit dem Wind in den Kleidern und der Kälte im Gesicht, dann würde ich meinen Kopf unter die Decken stopfen wollen, um nicht zu denken: Wann ist es uns wieder gegönnt Luft zu riechen.« Und weil ich meinen Kopf nicht in den Decken verstecken darf, im Gegenteil mich aufrecht und stark halten muß, kommen die Gedanken doch, nicht einmal, sondern viele, unzählige Male.

Glaub mir, wenn man 1½ Jahre so eingeschlossen sitzt, dann kann es einem an manchen Tagen mal zuviel werden. Aller Berechtigung oder Undankbarkeit zum Trotz; Gefühle lassen sich nicht wegschieben.

Radfahren, tanzen, pfeifen, die Welt sehen, mich jung fühlen, wissen daß ich frei bin danach sehne ich mich und doch darf ich es nicht zeigen, denn stell dir vor wenn wir alle 8 anfingen uns zu beklagen oder unzufriedene Gesichter zu machen, wohin soll das führen?

deine Anne.

Sonntag 2. Jan 1944.

Liebe Kitty,

Als ich heute morgen nichts zu tun hatte, blätterte ich mal in meinem Tagebuch und stieß mehrmals auf Briefe die das Thema »Mutter« in so heftigen Worten behandelten daß ich darüber erschrak und mich fragte: »Anne, bist du das die über Haß gesprochen hat, oh Anne, wie konntest du das?« Ich blieb mit der offenen Seite in der Hand sitzen und dachte darüber nach wie es kam daß ich so randvoll Wut und wirklich so etwas wie voller Haß war, daß ich dir das alles anvertrauen mußte. Ich habe versucht die Anne von vor einem Jahr zu verstehen und zu entschuldigen, denn mein Gewissen ist nicht rein solange ich dich mit diesen Beschuldigungen sitzen lasse ohne dir nun hinterher zu erklären wie ich so wurde. Ich leide und litt an Stimmungen die mich (bildlich) mit dem Kopf unter Wasser hielten, und die Dinge so wie sie waren nur subjektiv sehen ließen, ohne zu versuchen ruhig über die Worte der Gegenpartei nachzudenken und dann zu handeln im Geist desjenigen den ich mit meinem aufbrausenden Temperament beleidigt oder traurig gemacht habe.

Ich habe mich in mir selbst versteckt, nur mich selbst betrachtet und alle meine Freude, Spott und Traurigkeit ungestört in mein Tagebuch geschrieben. Dieses Tagebuch hat für mich schon Wert weil es oft ein Memoiren-Buch geworden ist, aber auf viele Seiten könnte ich schon »Vorbei« setzen.

Ich war wütend auf Mutter (bin es oft noch) sie verstand mich nicht, das ist wahr, aber ich verstand sie auch nicht. Da sie mich liebte, war sie zärtlich, aber da sie auch in viele unangenehme Situationen durch mich gekommen ist und daß sie dadurch und durch viele andere traurige Umstände, nervös und gereizt war, ist es gut zu verstehen daß sie mich anschnauzte.

Ich nahm das viel zu ernst, war beleidigt, frech und unangenehm zu ihr, was sie ihrerseits wieder bekümmert stimmte. Es war also eigentlich ein Hin und Her von Unannehmlichkeiten und Verdruß. Angenehm war es für uns beide sicher nicht, aber es geht vorbei. Daß ich dies nicht einsehen wollte und viel Mitleid mit mir selbst hatte ist ebenfalls verständlich.

Die Sätze, die zu heftig sind, sind lauter Äußerungen von Wut die ich im normalen Leben mit ein paarmal Aufstampfen in einem Zimmer hinter Schloß [und Riegel] oder Schimpfen hinter Mutters Rücken ausgelebt hätte.
Die Zeit daß ich Mutter unter Tränen verurteilt habe ist vorbei, ich bin klüger geworden und Mutters Nerven haben sich etwas beruhigt. Ich halte meistens den Mund wenn ich mich ärgere und sie tut das ebenso und deshalb geht es augenscheinlich viel besser.
Denn Mutter so richtig lieben mit der anhänglichen Liebe eines Kindes das kann ich nicht.
Ich beruhige mein Gewissen jetzt einfach, mit dem Gedanken daß Schimpfworte besser auf Papier stehen, als daß Mutter sie in ihrem Herzen tragen muß

deine Anne.

Donnerstag 6. Januar
1944.

Liebe Kitty,
Mein Verlangen einmal mit jemandem zu sprechen, wurde so groß daß es mir auf irgendeine Art in den Kopf kam, Peter dafür auszuwählen. Wenn ich oben manchmal in Peters Zimmerchen kam, bei Licht, fand ich es dort immer sehr gemütlich, aber weil Peter so bescheiden ist und nie jemanden der lästig wird vor die Tür setzt, traute ich mich nie länger zu bleiben, weil ich Angst hatte daß er mich sehr langweilig finden würde. Ich suchte nach einer Gelegenheit unauffällig in dem Zimmerchen zu bleiben und ihn am Reden zu halten, und die Gelegenheit ergab sich gestern. Peter hat nämlich plötzlich eine Manie für Kreuzworträtsel bekommen und tut nichts anderes mehr als raten. Ich half ihm dabei und schon bald saßen wir einander gegenüber an seinem Tisch, er auf dem Stuhl, ich auf der Couch.
Es wurde mir wunderlich zumute, als ich in seine dunkelblauen Augen schaute und sah wie verlegen er bei dem ungewohnten Besuch war.
Ich hätte ihn bitten wollen: Erzähl mir was von dir? schau über die verhängnisvolle Schwatzhaftigkeit hinweg. Ich merkte jedoch daß solche Fragen leichter vorzubereiten als auszuführen sind.
Abends im Bett fand ich die ganze Situation bei weitem nicht ermunternd und die Idee daß ich um Peters Gunst flehen muß einfach abstoßend. Man tut eine ganze Menge um seine Wünsche zu befriedigen das siehst du an mir, denn ich nahm mir vor mich öfter zu Peter zu setzen und ihn auf irgendeine Art ans Sprechen zu bekommen.
Du mußt keinesfalls denken, daß ich verliebt in Peter bin, keine Rede davon. Wenn van Pelsens statt eines Jungen, eine Tochter hier gehabt hätten, würde ich auch versucht haben mit ihr Freundschaft zu schließen.
Heute morgen wurde ich ungefähr fünf Minuten vor sieben wach und wußte sofort ganz genau, was ich geträumt hatte. Ich saß auf einem Stuhl und mir gegenüber saß Peter …… Schiff, wir blätterten ein Buch mit Zeichnungen von Mary Bos durch, in dem nur eine Seite gezeichnet war, auf der anderen Seite standen unterschiedliche Musterfiguren. So deutlich war mein Traum, daß ich mich an die Zeichnungen teilweise noch erinnere. Aber das war nicht alles, der Traum ging weiter, auf einmal trafen Peters Augen die meinen und lange schaute ich in die schönen samtbraunen Augen, dann sagte Peter sehr leise: »Wenn ich das gewußt hätte, wäre ich schon längst zu dir gekommen!« Brüsk drehte ich mich um, denn die Rührung wurde mir zu stark. Und danach fühlte ich eine weiche, oh so kühle und wohltuende Wange an meiner und wurde alles so gut, so gut …..
An diesem Punkt angekommen wurde ich wach, während ich noch seine Wange an meiner fühlte und seine braunen Augen tief in mein Herz schauen fühlte, so tief daß er darin gelesen

hatte, wie sehr ich ihn geliebt hatte und wie sehr ich ihn noch liebte. Die Tränen sprangen mir wieder in die Augen und ich war sehr traurig weil ich ihn wieder verloren hatte, aber gleichzeitig doch froh, weil ich wieder mit Sicherheit wußte, daß Peter noch immer mein Auserwählter ist.
Es ist eigenartig daß ich oft solche deutlichen Traumbilder bekomme. Erst sah ich Omi eines Nachts so deutlich, daß ich ihre Haut aus dickem, weichem Faltensamt schien. Dann erschien Oma, als Schutzengel, danach Hanneli, die mir noch das Symbol des Elends von all meinen Freunden und allen Juden erscheint; wenn ich also für sie bete, bete ich für alle Juden und armen Menschen zusammen Und nun Peter, mein lieber Peter, ich brauche kein Foto von ihm zu haben, ich sehe ihn vor meinen Augen gut genug.

Freitag 7. Jan. 1944.

Liebe Kitty,
Dummkopf der ich bin, ich habe überhaupt nicht daran gedacht daß ich dir die Geschichte meiner großen Liebe nie erzählt habe. Als ich noch sehr klein war, sogar schon im Kindergarten war meine Sympathie auf Sally Kimmel gefallen. Er hatte keinen Vater mehr und wohnte mit seiner Mutter bei einer Tante. Ein Vetter von Sally, Appy war ein hübscher, schlanker, dunkler Junge der später ein Musterbeispiel von Filmheldenhaftigkeit geworden ist und der immer mehr Bewunderung erweckte als der kleine humorvolle Moppel, der Sally war. Eine Zeitlang waren wir viel zusammen, aber ansonsten blieb meine Liebe unerwidert, bis Peter mir über den Weg lief und mich eine dreifache Kinderverliebtheit ergriff. Er mochte mich ebenso gerne und einen Sommer lang waren wir unzertrennlich. Ich sehe uns in Gedanken noch Hand in Hand durch die Zuider Amstellaan gehen, er in einem weißen Baumwollanzug, ich in einem kurzen Sommerkleid. Am Ende der großen Ferien kam er in die 4[c]3 und ich in die 6. Klasse der Grundschule. Er holte mich von der Schule ab und umgekehrt holte ich ihn ab.
Peter war ein Bild von einem Jungen, groß, hübsch, schlank mit einem ernsten, ruhigen und intelligenten Gesicht. Er hatte dunkle Haare und wunderschöne braune Augen, rot-braune Wangen und eine spitze Nase. Vor allem auf sein Lachen war ich versessen, dann sah er so lausbübisch und frech aus.
Ich ging in den Ferien weg und zurückgekommen fand ich Peter nicht mehr an seiner alten Adresse; er war inzwischen umgezogen und wohnte zusammen mit einem viel älteren Jungen. Dieser machte ihn scheinbar darauf aufmerksam daß ich noch ein kindischer Knirps war und Peter verließ mich. Ich liebte ihn so sehr, daß ich die Wahrheit nicht einsehen wollte und ihn festhielt, bis der Tag kam, an dem es mir bewußt wurde daß, wenn ich ihm noch länger nachlief, ich als mannstoll verschrien wurde.
Die Jahre gingen vorbei, Peter verkehrte mit Mädchen seines eigenen Alters, und dachte nicht mehr daran mich zu grüßen.
Ich kam ins jüdischen Lyceum, viele Jungen von unserer Klasse verliebten sich in mich, ich fand das schön, war geehrt, aber weiter berührte es mich nicht. Noch später war Hello verrückt nach mir, aber wie schon gesagt, ich wurde nie mehr verliebt.
Es gibt ein Sprichwort: Zeit heilt alle Wunden, so ging es auch bei mir, ich bildete mir ein daß ich Peter vergessen hatte und ihn ganz und gar nicht mehr nett fand. Die Erinnerung an ihn lebte jedoch so stark fort, daß ich mir selbst manchmal eingestand daß ich eifersüchtig war auf die anderen Mädchen und ihn deshalb nicht mehr nett fand. Heute morgen habe ich gemerkt daß nichts verändert ist, im Gegenteil, während ich älter und reifer wurde, wuchs meine Liebe in mir mit. Sein Gesicht zeigte sich mir so deutlich, und ich weiß, daß niemand anders so fest in mir verhaftet bleiben kann.

Nach dem Traum bin ich völlig verwirrt. Was kann mir helfen? Ich muß einfach weiter leben und Gott anflehen daß er wenn ich hier herauskomme, mir Peter über den Weg führt und daß der, während er in meinen Augen meine Gefühle liest, sagen wird: »Oh Anne, wenn ich das gewußt hätte, wäre ich schon längst zu dir gekommen.«

deine Anne.

Mittwoch 12. Jan. 1944.

Liebe Kitty,
seit 14 Tagen ist Bep wieder bei uns obwohl ihre Schwester erst die nächste Woche zur Schule darf. Sie selbst lag zwei Tage mit einer heftigen Erkältung im Bett. Auch Miep und Jan konnten zwei Tage nicht an ihrem Platz sein, sie hatten alle zwei den Magen verdorben. Ich habe im Moment eine Tanz- und Balletanwandlung und übe jeden Abend fleißig Tanzschritte. Aus einem hellila Unterrock mit Spitze von Mansa habe ich ein hyper-modernes Tanzkleid hergestellt. Oben ist ein Band durchgezogen das über der Brust schließt; ein rosa, geripptes Band vollendet das Ganze. Vergeblich versuchte ich aus meinen Turnschuhen echte Balletflatter zu machen. Meine steifen Gliedmaßen sind auf dem besten Weg so geschmeidig wie früher zu werden.
Eine tolle Übung finde ich auf dem Boden sitzen mit beiden Händen eine Ferse festhalten und dann beide Beine in die Höhe heben. Ich muß jedoch ein Kissen als Unterlage verwenden sonst wird mein armes Steißbein zu sehr mißhandelt.
Hier lesen sie ein Buch mit dem Titel »Ochtend zonder wolken«, Mutter fand es außergewöhnlich gut weil viele Jugendprobleme darin beschrieben sind. Ein bißchen ironisch dachte ich bei mir selbst, »kümmertest du dich mal erst um deine eigene Jugend!« Ich glaube daß Mutter noch immer nicht soweit die Augen geöffnet sind, als daß sie sieht daß unser Verhältnis zu unseren Eltern lange nicht so oberprima ist wie sie sich das immer vorgestellt und auch gedacht hat. Ich spreche von unserem [Verhältnis], hast du es gemerkt? Margot ist so lieb geworden, sie scheint mir ganz anders als früher zu sein, sie ist längst nicht so schnippisch und wird eine wirkliche Freundin. Sie betrachtet mich im allgemeinen nicht mehr als den kleinen Knirps mit dem man nicht zu rechnen hat.
Es ist ein seltsames Phänomen daß ich mich manchmal sehe wie durch die Augen eines anderen. Ich betrachte mir die Angelegenheiten einer gewissen Anne Robin dann seelenruhig und blättere in meinem eigenen Lebensbuch als wäre es das einer Fremden.
Früher zu Hause (als ich noch nicht so viel nachdachte) hatte ich zuweilen das Gefühl, daß ich nicht zu Mansa, Pim und Margot gehörte und immer ein Außenseiter bleiben würde, manchmal spielte ich dann wohl ein halbes Jahr lang die Rolle eines Waisenkindes, bis ich mich selbst bestrafte und mir vorwarf daß es nichts als meine eigene Schuld war daß ich die Leidensperson spielte wo ich es noch immer so gut hatte. Dann folgte eine Periode in der ich mich zwang freundlich zu sein. Jeden Morgen wenn jemand die hohe Dachbodentreppe herabkam hoffte ich daß es Mutter sein würde die mir guten Morgen sagen kam. Dann durch die eine oder andere Bemerkung war sie unfreundlich gegen mich und dann ging ich ganz entmutigt zur Schule.
Auf dem Heim Weg entschuldigte ich sie, dachte bei mir daß sie Sorgen hatte, kam fröhlich heim, redete drauflos, bis sich dasselbe von morgens wiederholte und ich mit einem nachdenklichen Gesicht mit meiner Schultasche aus der Tür ging.
Manchmal nahm ich mir vor böse zu bleiben, aber aus der Schule heimgekommen hatte ich so viele Neuigkeiten daß ich mein Vorhaben schon längst vergessen hatte und Mutter unter allen Umständen ein offenes Ohr für all meine Erlebnisse haben mußte.
Bis ich wieder die Zeit bekam wo ich morgens nicht mehr auf Schritte auf der Treppe horchte, mich einsam fühlte und abends mein Kissen mit Tränen übergoß.

Hier ist alles viel schlimmer geworden, du weißt es schließlich und jetzt bin ich so weit daß ich einen Kuß auf meinen goldenen Anhänger drücke, denke: »was kann mir der ganze Kram eigentlich ausmachen«, und Zukunftspläne schmiede!

deine Anne.

P.S. Es wird dir vielleicht aufgefallen sein daß ich Mutter meistens Mans oder Mansa nenne. Das habe ich herausgefunden um doch noch so etwas wie Mams zu ihr zu sagen. Es ist sozusagen eine unvollkommene Mams, die ich so gern mit noch einem Strich an dem n ehren würde, die jedoch die Bedeutung ihres Namens zum Glück nicht begreift.

deine Anne.

Samstag 15. Jan. 1944.

Liebe Kitty,

Es hat keinen Zweck daß ich dir immer wieder bis in die kleinsten Besonderheiten unsere Streitereien und Auseinandersetzungen beschreibe. Ich finde es genug wenn ich dir erzähle daß wir sehr viele Dinge wie Fett und Fleisch getrennt haben und damit unsere eigenen Bratkartoffeln essen und uns beim Fleisch nicht mehr nach dem Geschmack von V. P. zu fragen brauchen noch die Töpfe kontrollieren müssen um die verschwundenen Stücke dazuzudichten. Seit einiger Zeit essen wir etwas Roggenbrot extra dazu weil wir um 4 Uhr schon sehnsüchtig das Mittagessen erwarteten und unseren knurrenden Magen fast nicht beherrschen konnten.

Mutters Geburtstag nähert sich mit raschen Schritten; sie hat von Kugler extra Zucker bekommen, ein Anlaß für Eifersucht von Pelsens Seite weil zu Frau [van Pels'] Geburtstag die Bewirtung ausgefallen war. Aber wozu nützt es dich noch weiter mit harten Worten, Heulausbrüchen und giftigen Gesprächen zu langweilen, wenn du nur weißt daß sie uns noch mehr langweilen.

Mutter hat den vorläufig undurchführbaren Wunsch geäußert, daß sie Herrn van Pels' Gesicht 14 Tage nicht zu sehen bräuchte.

Ich frage mich dauernd ob man mit allen Menschen mit denen man so lange zusammen wohnt auf die Dauer Streit bekommen würde. Oder haben wir vielleicht großes Pech gehabt? Wenn Pf. am Tisch von einer halben Schüssel Soße ¼ wegnimmt und den ganzen Rest seelenruhig ohne Soße essen läßt dann ist mir der Appetit vergangen und würde ich gern aufspringen um ihn von seinem Stuhl hinunter und aus der Tür zu werfen.

Ist die Mehrheit der Menschheit so egoistisch und knausrig? Van Pels' Methode ist: »Wenn wir genug haben, dürfen die anderen bekommen; wir das Beste, wir zuerst, wir das meiste.« Pf. geht noch einen Grad weiter: »Ich nehme von allem so viel wie ich will, schaue nicht ob noch etwas übrig ist und sage jedem daß ich sehr bescheiden bin!« Ich finde es prima daß ich hier ein kleines bißchen Menschenkenntnis bekommen habe, aber es scheint mir nun genug gewesen zu sein. Der Krieg stört sich nicht an unseren Streitereien, Freiheits- und Luft-Sehnsüchten und darum müssen wir versuchen das beste aus unserem Aufenthalt zu machen. Ich predige, aber ich glaube auch daß, wenn ich hier noch lange bleibe ich eine ausgetrocknete Bohnenstange werde. Und ich würde so gern noch ein richtiger Backfisch sein!

deine Anne.

Samstag 22. Jan. 1944.

Liebe Kitty,

Kannst du mir vielleicht erzählen wie es kommt daß alle Menschen ihr Inneres so ängstlich verbergen? Wie es kommt daß ich mich in Gesellschaft immer ganz anders verhalte als ich mich verhalten sollte? Warum vertraut der eine dem anderen so wenig? Ich weiß es, es wird sicher

einen Grund dafür geben, aber manchmal finde ich es sehr schlimm daß man nirgends, selbst bei den Menschen die einen am nächsten stehen so wenig Vertraulichkeit findet.
Es scheint mir als ob ich seit der Nacht von meinem Traum älter geworden bin, viel mehr eine Person für sich selbst. Du wirst wohl sehr erstaunt sein wenn ich dir sage daß sogar van Pelsens eine andere Position bei mir eingenommen haben. Ich betrachte auf einmal all die Diskussionen usw. usw. nicht mehr von unserem voreingenommenen Standpunkt aus. Wie bin ich so verändert? Ja siehst du, ich dachte auf einmal daran daß wenn Mutter anders wäre, eine wirkliche Mams, dann würde unsere Beziehung hier ganz und gar anders gewesen sein.
Es ist natürlich schon wahr daß Frau v. Pels ein alles andere als ein feiner Mensch ist, trotzdem denke ich daß Mutter nicht so unmöglich im Umgang wäre bei jedem scharfen Gespräch, dann hätte die Hälfte von allen Streitereien vermieden werden können. Frau van Pels hat nämlich eine Sonnenseite und das ist daß man mit ihr reden kann. Trotz allem Egoismus, [aller] Raffgierigkeit und Rückständigkeit kann man sie leicht zum Nachgeben bewegen wenn man sie nicht reizt und widerborstig macht. Bis zum nächsten Anlaß funktioniert dieses Mittel nicht aber wenn man eine geduldige Person ist kann man dann aufs neue versuchen wie-weit man kommt.
All unsere Erziehungsfragen, die Verwöhnerei, das Essen, alles, alles, alles hätte einen ganz anderen Verlauf genommen wenn man offen und freundschaftlich geblieben wäre und nicht immer nur die schlechten Seiten vor Augen gehabt hätte. Ich weiß genau was du sagen würdest Kitty: »Aber Anne, kommen diese Worte wirklich aus dir? Von dir die so viele harte Worte von oben hast hören müssen, von dir die all das Unrecht kennt, das geschehen ist!«
Und doch, es kommt von mir. Ich will aufs neue alles ergründen und dabei nicht nach dem Sprichwort: »So wie die Alten sungen, zwitschern auch die jungen«, vorgehen. Ich will selbst v. P. erforschen und sehen was wahr und was übertrieben ist. Wenn ich dann selbst die Enttäuschung erlebt ist kann ich wieder in gleichen Bahnen wie Vater und Mutter laufen, wenn nicht, nun dann werde ich erst einmal versuchen sie von ihrer falschen Vorstellung abzubringen und wenn das nicht gelingt dann werde ich doch meine eigene Meinung und Urteil hoch halten.
Ich werde jede Gelegenheit ergreifen um offen mit Frau [van Pels] über viele Streitpunkte zu reden und keine Angst haben trotz des Namens Naseweis meine neutrale Meinung zu sagen.
Was gegen meine eigene Familie verstößt das muß ich wohl verschweigen, aber tratschen von meiner Seite gehört von heute an zur Vergangenheit, obwohl das nicht bedeutet daß ich jemals nachlassen werde sie gegen wen auch immer zu verteidigen. Bis jetzt dachte ich felsenfest daß alle Schuld an den Streitereien bei ihnen liegt, aber ein großer Teil lag sicher auch an uns.
Wir hatten wohl recht was die Themen angeht, aber von vernünftigen Menschen (zu denen wir uns rechnen!) erwartet man doch etwas mehr Einsicht um Menschen zu behandeln.
Ich hoffe daß ich ein Tüpfelchen von jener Einsicht bekommen habe und die Gelegenheit finden werde es gut anzuwenden.

deine Anne.

Montag 24. Jan. 1944

Liebe Kitty,
Mir ist etwas passiert (oder eigentlich kann ich von passieren nicht sprechen), das ich selbst ganz verrückt finde.
Früher zu Hause und in der Schule wurde über Geschlechtsfragen entweder geheimnisvoll oder abscheuerweckend gesprochen. Worte die sich darauf bezogen wurden geflüstert und oft wurde jemand der etwas nicht wußte ausgelacht. Ich fand das seltsam und dachte oft: »Warum spricht man über diese Dinge geheimnisvoll oder unangenehm?« Aber weil doch nichts daran zu ändern war, hielt ich so viel wie möglich den Mund oder bat bei meinen Freundinnen um Aus-

kunft. Als ich über vieles Bescheid wußte, und auch – sagte Mutter einmal: »Anne, ich gebe dir einen guten Rat, sprich über dieses Thema nie mit Jungen und gib keine Antwort wenn sie darüber anfangen!« Ich weiß meine Antwort ganz genau, ich sagte: »Nein natürlich nicht, was stellst du dir vor!« Und dabei ist es geblieben.

Am Anfang der Versteckzeit, erzählte Vater häufig von Dingen die ich lieber von Mutter gehört hätte, und den Rest erfuhr ich schon aus Büchern oder Gesprächen. Peter v. Pels, war nie so unangenehm auf diesem Gebiet wie die Jungen in der Schule, am Anfang vielleicht schon mal, aber niemals um mich zum Reden zu bringen.

Gestern, als Margot, Peter und ich am Kartoffel pellen waren kam das Gespräch von selbst auf Moffi. »Wir wissen noch immer nicht welches Geschlecht Moffi hat, gell?« fragte ich

»Doch schon«, antwortete er »es ist ein Kater.« Ich fing an zu lachen: »Ein schöner Kater der in anderen Umständen ist.« Peter und Margot lachten mit über diesen witzigen Irrtum. Peter hatte nämlich vor ungefähr zwei Monaten festgestellt daß es nicht lange dauern würde und Moffi hätte Kinder, ihr Bauch wurde aufsehenerregend dick. Die Dicke kam wie sich herausstellte jedoch von den vielen gestohlenen Leckerbissen die Kinderchen wuchsen nicht geschweige denn daß sie geboren wurden.

Peter mußte sich gegen die Anschuldigungen doch verteidigen. »Nein«, sagte er, »du kannst selbst mitgehen und ihn betrachten, ich habe als ich mal mit ihm gebalgt habe ganz genau gesehen daß er ein Kater ist.«

Ich war nicht imstande meine Neugier zu zähmen und ging mit ins Lager. Moffi hatte jedoch keine Sprechstunde und war nirgends zu entdecken; wir warteten eine Weile fingen an zu frieren und stiegen die Treppen wieder hinauf.

Später am Nachmittag, hörte ich ihn zum zweiten Mal hinuntergehen; ich raffte meinen ganzen Mut zusammen um allein durch das stille Haus zu gehen, und landete im Lager. Auf dem Packtisch stand Moffi und spielte mit Peter der ihn gerade auf die Waage setzte um sein Gewicht zu kontrollieren. »Hallo, willst du ihn sehen?« Er machte keine langen Vorbereitungen, hob das Tier hoch, drehte ihn auf den Rücken, hielt sehr geschickt Kopf und Pfoten fest und der Unterricht begann: »Dies ist das männliche Geschlechtsteil, dies sind ein paar lose Härchen und das ist sein Hintern!«

Die Katze machte nochmals eine halbe Umdrehung und stand wieder auf ihren weißen Socken.

Jeden anderen Jungen der mir »das männliche Geschlechtsteil« gezeigt hätte, würde ich nicht mehr angeschaut haben. Aber Peter sprach seelenruhig weiter über das sonst so peinliche Thema, hatte überhaupt keine unangenehmen Hintergedanken und beruhigte mich schließlich so weit daß ich auch normal wurde.

Wir spielten mit Moffi, amüsierten uns gut, tratschten miteinander und schlenderten schließlich durch das langgestreckte Lager hindurch zur Tür.

Ich stoße auf meine Informationen meistens zufällig in irgendeinem Buch, du nicht? fragte ich

»Warum, ich frage sie oben. Meine Eltern wissen das besser als ich und haben mehr Erfahrung.«

Wir standen schon auf der Treppe und ich hielt weiter den Mund.

»Das Glücksrad kann sich drehen«, sagte Bredero. Ja wirklich, so einfach würde ich nie mit einem Mädchen darüber gesprochen haben. Ich weiß auch sicher daß Mutter dies nie meinte als sie mich vor den Jungen warnte.

Trotz allem war ich den ganzen Tag ein bißchen durcheinander, als ich an unser Gespräch zurückdachte schien es mir doch eigenartig. Aber bei einem Punkt bin ich wenigstens klüger geworden: es gibt auch junge Menschen und sogar noch vom anderen Geschlecht, die ungezwungen und ohne Witze sprechen können.

Würde Peter wirklich seine Eltern viel fragen, würde er denn wirklich so sein, wie er sich gestern zeigte?
Ach, was weiß ich schon davon?!!!!!

deine Anne.

Freitag 28. Jan. 1944.

Liebe Kitty,
In der letzten Zeit habe ich eine starke Vorliebe für Stammbäume und genealogische Tabellen von königlichen Häusern gefaßt und bin zu der Schlußfolgerung gekommen daß wenn man einmal mit Suchen anfängt man immer weiter in der Vergangenheit graben muß und zu immer interessanteren Entdeckungen kommt.
Obwohl ich außergewöhnlich eifrig bin was meine Lehrfächer angeht, schon ziemlich gut dem Home Service am englischen Radio folgen kann, widme ich noch viel Sonntage dem Aussuchen und Sortieren meiner großen Filmstarsammlung, die einen sehr respektablen Umfang angenommen hat. Herr Kugler macht mich jeden Montag froh wenn er die Cinema & Theater mitbringt; obwohl diese Verwöhnerei oft als Geldvergeudung von unseren unmondänen Hausgenossen bezeichnet wird, sind sie jedesmal wieder erstaunt über die Genauigkeit mit der ich nach einem Jahr noch präzise die Mitspieler in einem bestimmten Film aufzählen kann. Bep, die oft ihre freien Tage mit ihrem Freund in den Kinos verbringt, teilt mir den Titel des geplanten Films samstags mit und ich rassele ihr sowohl die Hauptdarsteller als auch die Kritik in einem herunter.
Es ist noch nicht lange her daß Mans sagte daß ich später nicht ins Kino bräuchte weil ich den Inhalt, die Stars und Kritiken schon so gut im Kopf hatte.
Wenn ich an einem Tag mit einer neuen Frisur angesegelt komme schauen sie mich alle mit mißbilligenden Gesichtern an und ich kann damit rechnen daß einer fragt welche Filmschauspielerin diese Coifure auf ihrem Kopf prangen hat. Wenn ich antworte daß sie eine eigene Erfindung ist glauben sie mir immer noch nur halb. Was die Frisur angeht sie hält nicht länger als eine halbe Stunde, dann bin ich ihre abweisenden Urteile so leid daß ich ins Badezimmer eile und schnell meine normale Lockenfrisur wieder herstelle.

deine Anne.

Freitag 28. Jan. 1944.

Liebe Kitty,
Heute morgen habe ich mich gefragt ob du dir nicht vorkommst wie eine Kuh, die all die alten Neuigkeiten immer wiederkäuen muß und die von der einseitigen Ernährung schließlich laut gähnt und im stillen wünschte daß Anne mal etwas Neues auftreibt. Leider, ich weiß das Alte ist langweilig für dich, aber stell dir mal vor wie nörgelig ich von den alten Geschichten die immer wieder aufgewärmt werden, werde. Wenn ein Tischgespräch nicht über Politik oder eine herrliche Mahlzeit geht na dann kommen Mutter oder Frau [van Pels] bloß wieder mit längst erzählten Jugendgeschichten heraus oder Pf. schwafelt über den ausgedehnten Kleiderschrank, von seiner Frau, schöne Rennpferde, lecke Ruderboote, Jungen die mit 4 Jahren schwimmen, Muskelkater und ängstlichen Patienten.
Es läuft alles darauf hinaus daß wenn einer von den acht seinen Mund aufmacht die anderen sieben seine angefangene Geschichte fertig machen können. Die Pointe von jedem Witz wissen wir schon im Voraus und der Erzähler lacht allein über die Pointe. Die diversen Milchmänner, Lebensmittelhändler und Metzger der Ex-Hausfrauen sehen wir in unserer Einbildung schon mit einem Bart so oft sind sie bei Tisch in den Himmel gehoben oder fertiggemacht worden; es ist unmöglich daß etwas noch jung und frisch ist wenn es im Hinterhaus zur Sprache kommt.

Das alles wäre noch zu ertragen wenn die Erwachsenen nicht die Angewohnheit hätten, Geschichten die Kleiman, Jan oder Miep zum besten geben, 10 mal nachzuerzählen und sie jedes neue Mal mit eigenen Erfindungen zu schmücken, so daß ich mich oft unterm Tisch in den Arm kneifen muß um dem begeisterten Erzähler nicht den richtigen Weg zu zeigen. Kleine Kinder, so wie Anne eines ist dürfen Erwachsene unter keinen Umständen verbessern, welche Schnitzer sie auch machen oder welche Unwahrheiten aus den Fingern gesogen sind.
Ein Thema dem Kleiman und Jan oft Ehre antun ist das Verstecken oder Untertauchen; sie wissen ganz genau daß alles was andere Untergetauchte oder versteckte Menschen betrifft uns brennend interessiert und daß wir aufrichtig mitleben mit festgenommenen Versteckten in ihrem Leid, ebenso wie mit befreiten Gefangenen in ihrer Freude. Untergetauchte und Versteckte sind genau so ein normaler Begriff geworden wie früher Pantoffeln von Papa die vor dem Ofen stehen muß. Einrichtungen wie »Vrij Nederland,« die Personalausweise fälschen, Untergetauchten Geld verleihen, Plätze zum Verstecken auftreiben, versteckten Christenjungen Arbeit beschaffen gibt es sehr viel und es ist erstaunlich wie viel, wie nobel und wie uneigennützig Arbeit von den Leuten verrichtet wird die unter Einsatz ihres eigenen Lebens anderen helfen und andere retten.
Das beste Beispiel dafür sind doch wohl unsere Helfer, die uns bis jetzt durchgezogen haben und uns hoffentlich ganz auf dem Trockenen abliefern, sonst müssen sie-selbst das Schicksal teilen von all denen, die gesucht werden, nie haben wir ein Wort gehört das auf die Last hinweist, die wir doch sicher sind, niemals klagt einer von ihnen daß wir ihnen zuviel Mühe machen. Jeden Tag kommen sie alle herauf, sprechen mit den Herren über Geschäft und Politik, mit den Damen über Essen und die Beschwerden der Kriegszeit, mit den Kindern über Bücher und Zeitungen. Sie machen so oft wie möglich ein fröhliches Gesicht, bringen Blumen und Geschenke zu Geburts- und Festtagen mit, stehen immer und überall für uns bereit. Das ist es was wir nie vergessen dürfen, daß obgleich andere Heldenmut im Krieg oder gegenüber den Deutschen zeigen, unsere Helfer Heldenmut in ihrer Fröhlichkeit und Liebe beweisen.

———

Die verrücktesten Geschichten machen die Runde und doch sind sie meistens wirklich passiert. Kleiman teilte uns zum Beispiel diese Woche mit daß in Gelderland zwei Fußballmannschaften gegeneinander gespielt haben, die eine bestand ausschließlich aus Untergetauchten und die zweite war aus 11 Mitgliedern der Feldjäger zusammengesetzt.
In Hilversum werden neue Stammkarten ausgeteilt, damit die vielen Versteckten auch ihren Teil der Zuteilung bekommen (Lebensmittelkarten sind ausschließlich auf Stammkarten oder für f60.– je Stück erhältlich) haben die Beamten der Zuteilung, alle Untergetauchten aus der Umgebung zu einer bestimmten Stunde bestellt, dann können sie ihre Ausweise an einem getrennten Tisch abholen. Man muß aber vorsichtig sein daß solche Kunststückchen den Moffen nicht zu Ohren kommen.

deine Anne.

Donnerstag 3. Febr. 1944.

Liebe Kitty,
Die Invasions-Stimmung steigt im ganzen Land mit jedem Tag und wenn du hier wärest dann würdest du sicher auf der einen Seite genau wie ich unter den Eindruck all dieser Vorbereitungen geraten, aber auf der anderen würdest du uns auslachen, weil wir uns so aufregen, wer weiß wegen nichts!
Alle Zeitungen stehen voll über die Invasion und machen die Leute verrückt weil sie schreiben: »Wenn die Engländer eventuell in den Niederlanden landen sollten, werden die deutschen Autoritäten alle Mittel einsetzen müssen um das Land zu verteidigen, es notfalls auch unter Wasser

setzen.« Dazu sind kleine Karten veröffentlicht worden, in denen die Teile der Niederlande die unter Wasser gesetzt werden können, schraffiert sind. Da große Teile von Amsterdam zu dem schraffierten Teil gehören, war die erste Frage was zu tun ist wenn das Wasser einen Meter hoch in den Straßen steht?
Auf diese schwierige Frage, kamen von allen Seiten die verschiedensten Antworten:
»Weil Radfahren oder Gehen ausgeschlossen sind, werden wir durch das stillstehende Wasser waten müssen.«
»Nicht doch, man muß versuchen zu schwimmen. Wir ziehen uns alle eine Bademütze und Badeanzug an und schwimmen so viel wie möglich unter Wasser, dann sieht niemand daß wir Juden sind.«
»Ach, was für ein Geschwätz, ich sehe die Damen schon schwimmen, wenn die Ratten sie in die Beine beißen.« (Das war natürlich ein Mann; mal sehen wer am lautesten schreit!)
»Wir werden nicht aus dem Haus kommen, das Lager ist so wacklig das fällt bei so einer Wasserströmung bestimmt zusammen.«
»Hört mal Leute, nun Spaß beiseite, wir werden versuchen ein kleines Boot zu bekommen.«
»Wozu ist das nötig, ich weiß etwas viel besseres wir nehmen jeder eine Milchzuckerkiste vom vorderen Dachboden und rudern mit einem Kochlöffel.«
»Ich gehe auf Stelzen, das konnte ich in meiner Jugend primissima.«
»Jan Gies hat das nicht nötig, der nimmt seine Frau sicher auf den Rücken, dann hat Miep Stelzen.«
Nun weißt du es schon so ungefähr, nicht Kit? Dieses Gerede ist alles ganz witzig, die Wahrheit wird es anderes lehren. Die zweite Invasions-Frage konnte nicht ausbleiben. Was tun wenn die Deutschen Amsterdam evakuieren?
»Mit gehen. Uns so gut wie möglich vermummen.«
»Auf keinen Fall auf die Straße. Das einzige ist hierzubleiben! Die Deutschen sind imstande die ganze Bevölkerung immer weiter zurückzutreiben, bis sie in Deutschland sterben.«
Ja natürlich, wir bleiben hier, hier ist es am sichersten. Wir werden versuchen Kleiman zu überreden mit seiner Familie hierher zu kommen wohnen. Wir werden sehen einen Sack Holzwolle zu bekommen dann können wir auf dem Boden schlafen. Miep und Kleimans sollen jetzt schon bald Decken herbringen. Wir werden noch zu unseren 60 Pf. etwas Korn bestellen.
Jan soll versuchen Hülsenfrüchte zu bekommen, wir haben nun ungefähr 60 Pf. Bohnen und 10 Pf. Erbsen im Haus. Vergeßt die 50 Dosen Gemüse nicht. Mutter zähl die anderen Essensvorräte mal:
10 Dosen Fisch, 40 Dosen Milch, 10 Kilo Michpulver, 3 Flaschen Öl, 4 Weckgläser Butter, 4 Weckgläser Fleisch, 2 Korbflaschen Erdbeeren, 2 Flaschen Himbeeren-Johannisbeeren, 20 Flaschen Tomaten, 10 Pf. Haferflocken, 8 Pf. Reis das ist alles.
Unser Vorrat ist recht erfreulich, aber wenn man bedenkt daß wir wohl noch Besuch dazu füttern müssen und jede Woche davon verbraucht wird dann scheint er enormer als er ist.
Kohlen und Brennholz sind genug im Haus, Kerzen auch (Chanuka haben wir ausgelassen). Nähen wir uns alle Brustsäckchen, um wenn nötig all unser Geld mitzunehmen. Wir werden Listen erstellen was beim Flüchten zuerst mit muß und jetzt schon Rucksäcke packen.
Wenn es so weit ist stellen wir zwei Wachposten auf, einen auf den vorderen und einen auf den hinteren Oberboden.
Sagt was fangen wir mit soviel Eßwaren an wenn wir kein Wasser, Gas und Strom kriegen?
Dann müssen wir auf dem Ofen kochen. Wasser filtern und kochen. Wir werden große Korbflaschen saubermachen, und darin Wasser aufheben. Ferner haben wir als Wasserreservoirs noch drei Weckkessel und eine Waschschüssel.

Wir werden so bald wie möglich unsere Rote-Kreuz-Kiste, alle Wintermäntel, Schuhe, Kognak, Eau de Cologne und Zucker von der Versteckadresse kommen lassen.
Wir haben außerdem noch 1½ Zentner Winterkartoffeln im Gewürzraum stehen.

———

Dieses Gerede höre ich den ganzen Tag, Invasion vorne, Invasion hinten, Dispute über Hungern, Sterben, Bomben, Feuerspritzen, Schlafsäcke, Judenausweise, Giftgase usw. usw. Alles nicht erheiternd. Ein gutes Beispiel dieser unzweideutigen Warnungen von unseren Herren ist das folgende Gespräch mit Jan:
H.: Wir haben Angst, daß die Deutschen, wenn sie sich zurückziehen die ganze Bevölkerung mit sich nehmen werden.
J. Das ist nicht möglich, dafür haben sie keine Züge zur Verfügung.
H: Züge? Dachten Sie daß sie die Zivilisten auch noch in einen Wagen setzen würden. Davon ist keine Rede, Schusters Rappen können sie benutzen. (per pades apostolonum sagt Pf. immer).
J. Ich glaube kein Wort davon, Sie sehen alles durch eine viel zu schwarze Brille. Was sollten sie für ein Interesse daran haben alle Zivilisten mitzutreiben?
H. Wissen Sie nicht daß Goebels gesagt hat: Wenn wir abtreten müssen, schlagen wir hinter uns die Tür von allen besetzten Gebieten zu!«
J. Sie haben schon so viel gesagt!
H. Denken Sie daß die Deutschen für so eine Tat zu edel oder zu menschenfreundlich sind? Die denken: Wenn wir untergehen müssen, dann sollen alle Menschen die sich innerhalb des Bereiches von unserer Macht befinden auch untergehen«
J. Sie können mir viel erzählen, ich glaube kein Wort davon!
H. Es ist immer wieder dasselbe Lied, niemand will die Gefahr einsehen die um ihn herum geschieht bevor sie seinen eigenen Leib getroffen hat.
J. Sie wissen doch auch nichts positiv. Sie nehmen es auch nur an.
H. Wir haben das alles doch selbst mitgemacht, erst in Deutschland und dann hier. Und was passiert in Rußland?
J. Die Juden müssen Sie mal außer Betracht lassen, ich glaube daß niemand weiß was in Rußland los ist. Die Engländer und Russen werden genau wie die Deutschen für Propagandazwecke übertreiben.
H. Davon kann keine Rede sein, das englische Radio hat immer die Wahrheit gesagt. Und angenommen daß die Berichte 10 % übertrieben sind, dann sind die Tatsachen noch schlimm genug, denn Sie können nicht leugnen daß es eine Tatsache ist, daß in Polen und Rußland viele Millionen friedlicher Menschen, ohne viel Federlesen ermordet oder vergast werden.
Weiter werde ich dir unsere Gespräche ersparen, ich bin ganz ruhig und mache mir nichts aus der ganzen Aufregung. Ich bin soweit gekommen daß es mir nicht mehr viel ausmachen kann ob ich sterbe oder leben bleibe. Die Welt wird sich auch ohne mich weiter drehen und ich kann mich gegen diese Ereignisse doch nicht wehren.
Ich lasse es darauf ankommen und tue nichts anderes als lernen und auf ein gutes Ende hoffen

deine Anne.

Dienstag, 8. Februar 1944

Liebe Kitty,
da ich im Augenblick eine Zeit des Nachdenkens zu haben scheine und alle Gebiete abgrase, wo es etwas zum Nachdenken gibt, kamen meine Gedanken wie von selbst auf Vaters und Mutters Ehe. Mir war diese immer als Vorbild einer idealen Ehe hingestellt worden. Nie Krach, keine bösen Gesichter, vollkommene Harmonie usw. usw.

Von Vaters Vergangenheit weiß ich einiges und was ich nicht weiß, habe ich dazuphantasiert. Ich meine zu wissen, dass Vater Mutter geheiratet hat, weil er Mutter für geeignet hielt, den Platz als seine Frau einzunehmen. Ich muss sagen, dass ich Mutter bewundere, wie sie diesen Platz eingenommen hat und dass sie, soweit ich weiß, nie gemurrt hat und auch nie eifersüchtig war. Es kann für eine Frau, die liebt, nicht einfach sein zu wissen, dass sie im Herzen ihres Mannes nie den ersten Platz einnehmen wird, und Mutter wusste das. Vater hat Mutter dafür bestimmt bewundert und fand ihren Charakter hervorragend. Warum sollte er eine andere heiraten? Seine Ideale waren verflogen und seine Jugend war vorbei. Was ist aus ihrer Ehe geworden? Kein Streit und keine Meinungsverschiedenheiten – nein, aber eine Ideal-Ehe ist es doch auch nicht. Vater schätzt Mutter und hat sie gern, aber nicht mit der Liebe einer Ehe, die ich mir vorstelle. Vater nimmt Mutter so, wie sie ist. Er ärgert sich oft, aber sagt so wenig wie möglich, weil er weiß, welche Opfer Mutter bringen hat müssen. Über das Geschäft, über andere Dinge, über Menschen, über alles. Vater fragt sie längst nicht immer nach ihrem Urteil, erzählt nicht alles, denn er weiß, dass sie viel zu übertrieben, viel zu kritisch und oft viel zu voreingenommen ist. Vater ist nicht verliebt, er gibt ihr einen Kuss, wie er uns küsst, er stellt sie nie zum Vorbild, weil er das nicht tun kann. Er schaut sie neckend und spottend an, aber nie liebevoll. Es mag sein, dass Mutter durch das große Opfer hart und unangenehm für ihre Umgebung geworden ist, aber auf diese Art wird sie immer weiter vom Weg der Liebe abtreiben und immer weniger Bewunderung wecken. Bestimmt wird Vater einmal wissen, dass sie zwar niemals nach außen hin Anspruch auf seine volle Liebe gestellt hat, aber dadurch von innen langsam, aber sicher, abgebröckelt ist. Sie liebt ihn wie keinen anderen, und es ist hart, diese Art Liebe immer unbeantwortet zu sehen.
Muss ich folglich nicht sehr viel Mitleid mit Mutter haben, muss ihr helfen? Und Vater? – Ich kann nicht, ich sehe immer eine andere Mutter vor mir, ich kann es nicht. – Wie sollte ich auch? Sie hat mir nichts von sich erzählt, ich habe sie nie danach gefragt. Was wissen wir von unseren gegenseitigen Gedanken? Ich kann nicht mit ihr sprechen, ich kann nicht liebevoll in diese kalten Augen schauen, ich kann nicht, nie! – Wenn sie nur ein bisschen was von einer verständnisvollen Mutter hätte, entweder Weichheit oder Freundlichkeit oder Geduld oder etwas anderes; ich würde mich ihr immer wieder zu nähern versuchen. Aber diese gefühllose Natur zu lieben, dieses spöttische Wesen, ist mir mit jedem Tag unmöglicher!
Deine Anne

Samstag 12. Febr. 1944.

Liebe Kitty,
Die Sonne scheint, der Himmel ist tief-blau, es weht ein herrlicher Wind und ich sehne mich so – sehne mich so – nach allem .... Nach Reden, nach Freiheit, nach Freunden, nach Allein-sein. Ich sehne mich so .... nach Weinen! Ich habe ein Gefühl in mir als ob ich zerspringe und ich weiß daß es mit Weinen besser würde; ich kann es nicht. Ich bin unruhig laufe von dem einen ins andere Zimmer, atme durch den Spalt eines geschlossenen Fensters, fühle mein Herz klopfen, als ob es sagt: »Erfülle doch endlich meine Sehnsucht.«
Ich glaube daß ich den Frühling in mir fühle, ich fühle das Frühlings-Erwachen, ich fühle es in meinem ganzen Körper und in meiner Seele. Ich muß mich mit Gewalt zusammennehmen um mich normal zu verhalten, ich bin völlig durcheinander, weiß nicht was zu lesen, was zu schreiben, was zu tun, weiß nur daß ich mich sehne .... –

deine Anne.

Montag 14. Febr. 1944.

Liebe Kitty,
Sonntagabend saßen sie alle am Radio außer Pim und ich und lauschten der *»unsterblichen Musik Deutscher Meister«*. Pf. drehte andauernd an dem Gerät, Peter ärgerte sich und die anderen auch. Nach einer halben Stunde zurückgehaltener Nervosität ersuchte Peter einigermaßen gereizt das Gedrehe einzustellen. Pf. antwortete in seiner hochmütigsten Haltung: *»ich mach' das schon!«* Peter wurde böse, wurde frech, Herr van Pels stimmte ihm zu, und Pf. mußte nachgeben. Das war alles.
Der Anlaß war an sich nicht so außergewöhnlich wichtig, aber es scheint daß Peter sich die Sache sehr zu Herzen genommen hat, er kam jedenfalls heute morgen, als ich in der Bücherkiste auf dem Dachboden herumwühlte zu mir und fing an mir von dem Fall zu erzählen. Ich wußte nichts davon, Peter merkte daß er eine aufmerksame Zuhörerin gefunden hatte, und kam in Schwung.
»Ja und siehst du«, so sagte er »ich sage nicht schnell was, denn ich weiß schon im voraus daß ich nach Worten ringen werde. Ich fange an zu stottern, werde rot und verdrehe die Worte die ich sagen wollte, so lange bis ich meine Behauptungen abbrechen muß weil ich selbst die Worte nicht mehr finde. Gestern ging es mir genauso, ich wollte etwas ganz anderes sagen, aber als ich einmal angefangen hatte habe ich den Kopf verloren, und das ist schrecklich.
Ich hatte früher eine schlechte Angewohnheit, die ich jetzt noch am liebsten anwenden würde: wenn ich böse auf jemanden war dann bearbeitete ich ihn lieber mit meinen Fäusten als daß ich mit Worten mit ihm gestritten habe. Aber ich weiß daß ich mit dieser Methode nicht weiterkomme und deshalb bewundere ich dich so, du kannst dich wenigstens richtig ausdrücken, sagst den Leuten das was du zu sagen hast und bist nicht im mindesten schüchtern.«
»Dann irrst du dich sehr«, antwortete ich, ich sage in den meisten Fällen die Dinge ganz anders als ich mir ursprünglich vorgenommen hatte und dann rede ich viel zu viel und viel zu lang, das ist ein genauso schlimmer Fehler.«
»Kann sein, aber du hast den Vorteil daß man dir nie ansieht daß du verlegen bist. Du bleibst in Farbe und Form gleich.«
Im Stillen mußte ich über diesen letzten Satz lachen, wollte ihn jedoch ruhig weiter über sich selbst sprechen lassen, ließ von meiner Fröhlichkeit nichts merken, setzte mich auf ein Kissen auf dem Boden, schlug meine Arme um meine angezogenen Beine und schaute ihn aufmerksam an.
Ich bin riesig froh daß noch jemand im Haus ist, der genau solche Wutanfälle wie ich bekommen kann. Es tat Peter sichtbar gut daß er Pf. mit den schlimmsten Worten kritisieren durfte ohne daß er Angst vor Petzen haben mußte. Und ich, ich fand es auch schön weil ich ein starkes Gefühl von Gemeinschaft empfand das ich früher nur mit meinen Freundinnen hatte

deine Anne.

Donnerstag 17. Febr. 1944.

Liebe Kitty,
Der winzige Fall mit Pf. hatte noch ein langes Nachspiel und das nur durch seine eigene Schuld.
Pf. kam Montagabend triumphierend zu Mutter, erzählte daß Peter ihn am selben Morgen gefragt hätte ob er die Nacht gut verbracht hatte, und hinzugefügt hatte daß ihm die Angelegenheit von Sonntagabend leid täte und daß er seinen Ausbruch nicht so böse gemeint hätte. Darauf hatte Pf. ihn beruhigt mit der Versicherung daß er es auch nicht so böse aufgefaßt hatte. Alles war also wieder in bester Ordnung.

Mutter trug mir die Geschichte zu und ich war insgeheim völlig verblüfft daß Peter, der so böse auf Pf. war sich trotz all seiner Versicherungen so erniedrigt hatte.
Ich konnte es dann auch nicht unterlassen bei Peter bezüglich der Frage vorzufühlen und hörte von ihm sofort daß Pf. gelogen hatte. Nun hättest du Peters Gesicht sehen müssen, es wäre Gold wert gewesen das zu fotografieren. Empörung wegen der Lüge, Wut, Überlegung was jetzt zu tun [wäre], Unruhe und noch viel mehr erschien mit kleinen Zwischenpausen deutlich auf seinem Gesicht.
Es tat mir eigentlich ein bißchen leid daß ich so schnell gewesen war mit meiner Frage, da ich ihm an der Nase ansah daß er es nicht dabei belassen würde. Und jawohl meine Vermutung bewahrheitete sich. Abends hatten sowohl Herr [van Pels] als Peter einen heftigen Wortwechsel mit Pf., zwei Tage Schweigen und heute ist von dem ganzen Fall nichts mehr zu merken. Zum Glück!

Seit gestern ist draußen herrliches Wetter und ich bin vollkommen aufgemuntert. Ich gehe fast jeden Morgen zum Dachboden um die dumpfe Zimmerluft aus meinen Lungen wehen zu lassen; von meinem Lieblingsplatz aus, dem Boden, betrachtete ich den blauen Himmel, den kahlen Kastanienbaum an dessen Zweigen kleine Tropfen glitzerten, die Möwen und die anderen Vögel, die in ihrem Tiefflug wie aus Silber aussahen und das alles rührte und packte uns alle zwei, so daß wir nicht mehr sprechen konnten. Er stand mit dem Kopf gegen einen dicken Balken gelehnt, ich saß, wir atmeten die Luft ein, schauten hinaus und fühlten daß dies nichts war um mit Worten zu unterbrechen. Wir schauten sehr lange hinaus und als er Holz hacken gehen mußte wußte ich daß er ein feiner Kerl ist. Er kletterte die Oberbodentreppe hinauf, ich folgte und für die Dauer der Viertelstunde die er Holz hackte sprachen wir wieder kein Wort. Ich schaute von meinem Stehplatz zu ihm hin, wie er sichtlich sein Bestes tat gut zu hacken um mir seine Kraft zu zeigen.
Aber ich schaute auch aus dem offenen Fenster, über ein großes Stück Amsterdam hinaus, über alle Dächer bis zu dem Horizont, der so hell blau war, daß der Streifen nicht deutlich zu sehen war.
»Solange es dies noch gibt« dachte ich, »und ich es erleben darf, diesen Sonnenschein, diesen Himmel, an dem keine Wolke ist, so lange kann ich nicht traurig sein.
Für jeden der Angst hat, einsam oder unglücklich ist, ist bestimmt das beste Mittel, nach draußen zu gehen, irgendwo wo er ganz allein ist, allein mit dem Himmel, der Natur und Gott. Denn dann erst, nur dann fühlt man daß alles ist wie es sein soll und daß Gott die Menschen in der einfachen, aber schönen Natur glücklich sehen will.
Solange es dies gibt, und das wird es wohl immer, weiß ich daß unter welchen Umständen auch ein Trost für jeden Kummer ist. Und ich glaube fest daß bei allem Elend, die Natur viel Schlimmes wegnehmen kann.
Oh wer weiß, dauert es nicht mehr lange, daß ich dieses überwältigende Glücksgefühl mit jemand teilen kann der es genauso aufnimmt wie ich.

deine Anne.

Mittwoch 1. März
1944.

Liebe Kitty,
Meine eigenen Angelegenheiten haben sich im Hintergrund versteckt und zwar durch .... einen Einbruch. Ich werde langweilig mit meinen Einbrüchen aber was kann ich daran ändern daß die Einbrecher so ein Vergnügen daran haben Gies & Co die Ehre ihres Besuches anzutun? Dieser Einbruch ist viel komplizierter als der vorige vom Juli '43.

Als Herr v. Pels gestern abend wie gewöhnlich um halb 8 in Kuglers Büro ging sah er die gläserne Zwischentür und die Büro Tür offenstehen. Dies verwunderte ihn, er ging weiter und wurde immer erstaunter als die Kabinettstüren ebenfalls geöffnet waren und im vorderen Büro ein schreckliches Durcheinander herrschte. »Hier war ein Dieb«, schoß es ihm durch den Kopf und um sofort Sicherheit in Bezug auf den Fall zu haben, ging er die Treppe hinunter, faßte die Vordertür an, befühlte das Lipsschloß, alles war zu.
Och, dann werden sowohl Bep als auch Peter heute abend sehr schlampig gewesen sein«, nahm Herr [van Pels] nun an. Er blieb eine Weile in Kuglers Zimmer sitzen, drehte dann die Lampe aus, ging nach oben und machte sich weder über die offenen Türen noch über das unordentliche vordere Büro viel Gedanken.
Heute morgen klopfte Peter schon früh an unsere Zimmertür und kam mit der weniger hübschen Neuigkeit daß die Vordertür weit offenstand. Ferner wußte er zu berichten daß das Projektionsgerät und Kuglers neue Aktentasche aus dem Wandschrank verschwunden waren. Peter bekam den Auftrag die Tür zu schließen, V. Pels erzählte seine Entdeckungen des vergangenen Abends und wir waren ziemlich unruhig.
Die ganze Sache kann nicht anders erklärt werden als daß der Dieb einen Nachschlüssel von der Tür hat denn die war ganz und gar nicht aufgebrochen. Er muß schon sehr früh abends hier hereingeschlüpft sein, schloß die Tür hinter sich wurde von v. P. gestört, versteckte sich bis dieser weggegangen war, flüchtete dann mit seiner Beute und ließ aus Eile die Tür offenstehen.
Es ist ein Mysterium. Wer kann unseren Schlüssel haben? Warum ist der Dieb nicht ins Lager gegangen? Sollte vielleicht einer unserer eigenen Lagermänner der Täter sein und würde er uns nun nicht verraten da er v. P. doch gehört und vielleicht sogar gesehen hat?
Es ist sehr unheimlich weil wir nicht wissen ob es dem betreffenden Einbrecher nicht einfällt noch einmal unsere Tür zu öffnen oder würde er selbst über den Mann der hier herumlief erschrocken sein?

deine Anne.

P.S. Wenn du vielleicht einen guten Detektiv für uns auftreiben könntest dann wäre uns das sehr angenehm. Erste Forderung ist natürlich Zuverlässigkeit in Sachen Verstecken.

deine Anne.

Dienstag 7. März 1944.

Liebe Kitty,
Wenn ich nun so über mein Leben von 1942 [nachdenke] fühlt sich das wie eine Unwirklichkeit an. Dieses Leben erlebte eine ganz andere Anne, als die, welche im Hinterhaus erzogen wird. Daheim, auf dem Merry scheint es mir von hier aus so herrlich gewesen zu sein, viele Freunde und Freundinnen, verwöhnt von Vater und Mutter, viele Süßigkeiten, genug Geld, was will man mehr?
Du wirst mich selbstverständlich fragen wollen auf welche Weise ich all die Leute denn so um den Finger gewickelt habe, die mich früher nett fanden. Es war keine Anziehungskraft, überhaupt nicht, es lag an meinen Antworten, witzigen Bemerkungen, meinem kritischen Blick und meiner guten Laune. Mehr war ich nicht, ein Flirt, kokett und manchmal amüsant. Ich hatte ein paar Vorteile durch die ich in der Gunst blieb nämlich Fleiß und Ehrlichkeit.
Nie würde ich, wem auch immer verweigert haben abzugucken, ich habe mich immer zu meinen Fehlern bekannt und war keineswegs eingebildet. Würde ich das jedoch auf die Dauer nicht geworden sein, würde dieses Leben mich nicht übermütig gemacht haben?
Es ist ein Glück, bei all dem Unglück, daß ich mittendrin, auf dem Höhepunkt des Festes, auf einmal in der Wirklichkeit landete und es hat gut ein Jahr gedauert bevor ich daran gewöhnt war, daß nirgends mehr Bewunderung kam.

Ich schaute auf die Anne nieder, als ob sie ein nettes, aber sehr oberflächliches Mädchen war, das mit mir nichts mehr zu tun hat. Peter sagte sehr zurecht über mich: »Wenn ich dich sah warst du immer von 2 oder mehr Jungen und einem Haufen Mädchen umringt, immer hast du gelacht und warst du der Mittelpunkt!« Was ist von diesem Mädchen noch übriggeblieben? Oh sicher, ich habe mein Lachen und meine Antworten noch nicht verlernt, ich kann noch genauso gut oder besser die Menschen kritisieren, ich kann noch flirten, wenn ich .... will. Da ist der Punkt, ich will gern noch mal, für einen Abend, ein paar Tage, eine Woche so leben, scheinbar unbekümmert und fröhlich. Am Ende dieser Woche würde ich todmüde sein und dem Erstbesten der über etwas Ordentliches reden würde sehr dankbar sein.
Ich will keine Anbeter, sondern Freunde, keine Bewunderer für ein schmeichelndes Lächeln, sondern für Auftreten und Charakter. Ich weiß sehr gut daß dann der Kreis um mich herum viel kleiner sein würde. Aber was macht das wenn ich nur ein paar Menschen, aufrechte Menschen übrig behalte?
Trotz allem war ich 1942 auch nicht ungeteilt glücklich, das geht nicht, ich fühlte mich oft verlassen, aber weil ich von morgens bis abends beschäftigt war, dachte ich nicht nach und machte Spaß soviel wie nur ging.
Nun betrachte ich mein eigenes Leben und merke daß eine Zeitspanne davon unwiderruflich abgeschlossen ist; die unbesorgte, kummerlose Schulzeit kommt niemals mehr zurück. Ich sehne mich nicht mal sehr danach, ich bin darüber hinausgewachsen, ich kann nicht nur mehr Unsinn machen, ein Teil von mir bewahrt immer seinen Ernst.

———

Ich betrachte mein Leben bis zum Neujahr 1944 wie unter einer scharfen Lupe. Daheim das Leben mit viel Sonne, dann '42 hier, der plötzliche Übergang, die Streitereien, die Anschuldigungen; ich konnte es nicht fassen, ich war überrumpelt und wußte nichts anderes um meine Haltung aufrecht zu erhalten, als Frechheit. Die erste Hälfte von 1943, meine Heulanfälle, die Einsamkeit, das langsame Einsehen all der Fehler und Mängel, die so groß sind und noch doppelt so groß schienen. Ich redete tagsüber über alles hinweg, versuchte Pim zu mir zu ziehen, das gelang nicht, ich stand allein vor der schwierigen Aufgabe mich so zu machen daß ich keine Tadel mehr hören sollte, denn die drückten mich nieder bis zu schrecklicher Mutlosigkeit.
Die 2. Hälfte des Jahres wurde es etwas besser, ich wurde Backfisch, wurde mehr erwachsen betrachtet. Ich fing an zu denken, Geschichten zu schreiben und kam zu dem Schluß daß die anderen nichts mehr mit mir zu tun hatten, sie hatten kein Recht mich wie eine Pendeluhr von links nach rechts zu ziehen, ich wollte mich selbst umformen nach meinem eigenen Willen. Ich verstand daß ich auf Mutter verzichten kann, ganz und vollständig, das tat weh, aber eine Sache die mich noch mehr traf war, daß ich einsah daß Vater nie mein Vertrauter werden würde. Ich vertraute niemandem mehr als mir selbst.
Nach Neujahr die zweite große Veränderung, mein Traum ..... damit entdeckte ich meine grenzenlose Sehnsucht nach allem was schön und gut ist.

———

Und abends, wenn ich im Bett liege und mein Gebet mit den Worten beende:
»*Ich danke dir für all das Gute und Liebe und Schöne*«, dann jubelt es in mir, dann denke ich an »*das Gute*« vom Verstecken, meiner Gesundheit, meinem ganzen Selbst, an »*das Liebe*« von [dem] was einmal kommen wird, die Liebe, die Zukunft, das Glück und an »*das Schöne*«, das die Welt meint. Die Welt, die Natur und die weite Schönheit von allem, allem Schönen zusammen.
Dann denke ich nicht an all das Elend, sondern an das Schöne das noch immer übrigbleibt. Hier liegt zu einem großen Teil der Unterschied zwischen Mutter und mir. Ihr Rat für Schwermut ist: »Denk an all das Elend in der Welt und sei froh daß du das nicht erlebst.« Mein Rat ist: »Geh

hinaus, in die Felder, die Natur und die Sonne, geh hinaus und versuche das Glück in dir selbst zurückzufinden; denke an all das Schöne was in dir selbst und um dich herum wächst und sei glücklich!«
Meiner Meinung nach kann Mutters Satz nicht aufgehen, denn was mußt du tun wenn du das Elend doch erlebst? Dann bist du verloren.
Hingegen finde ich daß noch bei jedem Kummer etwas Schönes übrigbleibt, wenn du danach schaust, fällt dir immer mehr Freude auf und du wirst selbst wieder ausgeglichen. Und wer glücklich ist, wird andere glücklich machen, wer Mut und Vertrauen hat, wird nie im Elend untergehen.

deine Anne M. Frank.

Sonntag 12. März 1944.

Liebe Kitty,
In der letzten Zeit habe ich kein Sitzfleisch mehr, ich gehe von oben nach unten und wieder zurück. Ich finde es schön mit Peter zu reden aber habe immer Angst daß ich ihm lästig falle. Er hat mir einiges über früher, seine Eltern und sich selbst erzählt, ich finde es viel zu wenig und frage mich alle fünf Minuten, wie ich dazu komme mehr zu verlangen. Er fand mich früher unausstehlich, es ging vice versa, jetzt habe ich meine Meinung geändert, muß er dann auch verändert sein? Ich denke ja, doch schließt das noch nicht ein daß wir dicke Freunde werden müssen, obwohl ich meinerseits das ganze Verstecken leichter ertragen können würde. Aber ich mache mich nicht verrückt, ich beschäftige mich genug mit ihm und brauche dich nicht zusammen mit mir zu langweilen, denn lahm bin ich.

Samstagnachmittag war ich nach einer Reihe trauriger Neuigkeiten von draußen so durchgedreht daß ich mich auf meine Couch legte um zu schlafen Ich wollte nichts als schlafen um nicht nachzudenken.
Ich schlief bis 4 Uhr, mußte dann hinein. Es fiel mir sehr schwer Mutter auf all ihre Fragen zu antworten und mir für Vater eine Ausrede auszudenken die mein Schlafen erklärte. Ich schob Kopfschmerzen vor, was nicht gelogen war da ich auch Kopfschmerzen hatte … von innen!
Normale Menschen, normale Mädchen, Backfische wie ich werden mich wohl übergeschnappt finden in meinem Selbstmitleid, aber ja das ist es gerade, ich sage bei dir alles was mir auf dem Herzen liegt und bin den weiteren Tag so frech, fröhlich und selbstbewußt wie es nur möglich ist, um alle Fragen zu vermeiden und mich innerlich über mich selbst zu ärgern.
Margot ist sehr lieb und würde gern meine Vertraute sein, ich kann ihr trotzdem nicht alles sagen. Sie ist lieb und gut und schön, aber ihr fehlt die Nonchalance über tiefere Dinge zu sprechen, sie nimmt mich ernst, viel zu ernst und denkt lange über ihre verrückte Schwester nach, schaut mich bei allem was ich sage prüfend an und denkt bei allem: »Ist das jetzt Komödie oder meint sie es wirklich?« Das kommt weil wir ständig zusammen sind und ich meine Vertraute nicht ständig um mich herum haben könnte.
Wann komme ich wieder aus dem Wirrwarr von Gedanken, wann wird wieder Ruhe und Frieden in mir sein?

deine Anne.

Dienstag 14. Mrz. 1944.

Liebe Kitty,
Es ist vielleicht vergnüglich für dich (für mich am allerwenigsten) zu hören, wie wir heute essen werden. Im Augenblick sitze ich, da die Putzfrau unten ist, am Wachstuchtisch bei v. P. habe ein Taschentuch im Mund und gegen meine Nase geschoben, das durchzogen ist mit wohlriechen-

dem, Vor-Verstecks-Parfüm. Du wirst auf diese Art nicht viel verstehen, also wieder: »Mit dem Anfang beginnen.
Da unsere Markenlieferanten festgenommen worden sind haben wir außer unseren 5 schwarzen Lebensmittelkarten keine Marken und kein Fett. Da Miep und Kleiman wieder krank sind kann Bep keine Einkäufe machen und da die ganze Stimmung trübselig ist, ist es das Essen auch. Ab morgen haben wir kein Stückchen Fett, Butter oder Margarine mehr.
Wir frühstücken nicht mehr mit Bratkartoffeln (Brotersparnis) sondern mit Brei und da Frau [van Pels] denkt daß wir verhungern haben wir extra Vollmilch gekauft. Unser Mittagessen heute ist Grünkohleintopf aus dem Faß. Daher auch die Vorsichtsmaßnahmen mit dem Taschentuch. Unglaublich wie Grünkohl, der wahrscheinlich ein paar Jahre alt ist, stinken kann! Es riecht hier im Zimmer nach einer Mischung aus verdorbenen Pflaumen, [einem] Löffel Konservierungsmittel + 10 faulen Eiern. Bah, mir wird schon übel bei der Idee allein daß ich dieses Zeug essen muß!
Dazu kommt noch daß sich unsere Kartoffeln solche sonderbaren Krankheiten zugezogen haben, daß von zwei Eimern pommes de terre einer im Herd landet. Wir vergnügen uns damit, genau die verschiedenen Krankheiten herauszufinden und sind zu der Schlußfolgerung gekommen, daß Krebs, Pocken und Masern einander abwechseln. Oh ja, es ist kein Spaß sich im 4. Kriegsjahr zu verstecken. Wäre der ganze Mist nur schon vorbei!
Ehrlich gesagt würde das Essen mir nicht so viel ausmachen, wenn es sonst nur etwas vergnüglicher hier wäre. Hier ist der Haken, uns alle fängt dieses langweilige Leben, an unleidlich zu machen. Hier folgt die Meinung von 5 erwachsenen Versteckten über den gegenwärtigen Zustand (die Kinder dürfen keine Meinung haben, habe ich mich für diesmal mal daran gehalten).
Frau van Pels.
Die Arbeit als Küchenfee gefällt mir schon lange nicht mehr. Sitzen und nichts zu tun haben langweilt. Also koche ich bloß wieder doch muß ich klagen: »Ohne Fett kochen ist unmöglich, mir wird übel von all den ekligen Gerüchen. Nichts als Undankbarkeit und Geschrei ist der Lohn für meine Mühe, ich bin immer das schwarze Schaf, an allem kriege ich die Schuld.« Ferner bin ich der Meinung daß der Krieg nicht viel Fortschritt macht, die Deutschen werden am Schluß doch noch den Sieg davontragen. Ich habe schreckliche Angst, daß wir verhungern und schimpfe jeden aus wenn ich schlechte Laune habe.
Herr van Pels.
Ich muß rauchen, rauchen, rauchen, dann ist Essen, Politik, Kerlis Launen, alles nicht so schlimm. Kerli ist eine liebe Frau.
Wenn ich nichts zu rauchen bekomme werde ich krank dann muß ich Fleisch haben, dann leben wir zu schlecht, ist alles nicht gut genug und folgt bestimmt ein heftiger Streit. Schrecklich dumme Frau ist diese Kerli von mir.
Frau Frank.
Das Essen ist nicht sehr wichtig, aber jetzt würde ich gern eine Scheibe Roggenbrot haben, denn ich habe schrecklichen Hunger. Wenn ich Frau van P. wäre hätte ich hinter dem ewigen Gerauche des Herrn [van Pels] schon längst einen Riegel vorgeschoben. Aber jetzt muß ich entschieden eine Zigarette haben, denn ich habe einen ganz blöden Kopf.
V. P. sind schreckliche Leute; die Engländer machen viele Fehler aber der Krieg geht voran, ich muß reden und froh sein daß ich nicht in Polen bin!
Herr Frank.
Alles in Ordnung, ich brauche nichts. Immer mit der Ruhe, wir haben Zeit. Gib mir meine Kartoffeln dann halte ich meinen Mund. Schnell von meiner Ration noch was für Bep zur Seite legen. Die Politik läuft in hervorragenden Bahnen, ich bin riesig Optimist!

Fritz Pfeffer.
Ich muß mein Pensum schaffen, alles rechtzeitig fertig machen. Politik geht oitschtekent, daß wir geschnappt werden ist unmooglik. Ich, ich, ich ....!

deine Anne.

Donnerstag 23.
März 1944.

Liebe Kitty,
Hier läuft alles wieder ein bißchen. Unsere Markenmänner sind aus dem Gefängnis entlassen, zum Glück!
Miep ist seit gestern wieder hier; heute hat sich ihr Ehemann in die Falle gelegt. Frösteln und Fieber, die bekannten Grippesymptome. Bep ist gesund, obwohl der Husten anhält, Kleiman wird noch lange zu Hause bleiben müssen.
Gestern ist hier ein Flieger abgestürzt, die Insassen sprangen rechtzeitig mit Fallschirmen hinunter. Die Maschine stürzte auf eine Schule, in der keine Kinder waren. Ein kleiner Brand und ein paar Tote, sind bei der Angelegenheit herausgekommen. Die Deutschen haben schrecklich auf die sinkenden Flieger geschossen, die zuschauenden Amsterdamer schäumten fast vor Wut über solch eine feige Tat. Wir, das heißt die Damen, erschraken uns auch zu Tode, br, ich finde Schießen äußerst mies.
Ich gehe zur Zeit oft abends hinauf und schnappe in Peters Zimmer die frische Abendluft. In einem dunklen Zimmer kommst du viel schneller zu ordentlichen Gesprächen als wenn dir die Sonne im Gesicht kitzelt. Ich finde es gemütlich oben auf einem Stuhl neben ihm zu sitzen und hinauszuschauen. v.P. und Pf. stellen sich schrecklich blöd an wenn ich in seinem Zimmer verschwinde. »*Anne's zweite Heimat*«, heißt es dann, oder »schickt es sich für Herren, abends spät im Dunkeln noch junge Mädchen zu Besuch haben?«
Peter hat eine erstaunliche Geistesgegenwart bei solchen angeblich witzigen Bemerkungen. Meine Mama ist übrigens auch nicht wenig neugierig und würde sehr gern nach den Themen unserer Gespräche fragen wenn sie nicht im stillen Angst vor einer abweisenden Antwort hätte. Peter sagt, daß die Erwachsenen nichts als Neid spüren, weil wir jung sind und uns aus ihren Gehässigkeiten nicht viel machen. Manchmal holt er mich unten ab, aber das ist doch auch peinlich, denn er bekommt trotz aller Vorsichtsmaßnahmen ein feuerrotes Gesicht und kriegt fast kein Wort heraus; ich bin doch nur froh daß ich nie rot werde, das scheint mir entschieden eine höchst unangenehme Empfindung. Ich finde es weiter sehr unangenehm daß Margot alleine unten sitzt während ich oben gute Gesellschaft habe. Aber was soll ich daran ändern, ich finde es prima wenn sie mit hinaufgeht, aber dann ist sie wie ein fünftes Rad am Wagen und sitzt mehr oder weniger für Speck und Bohnen dabei.
Ich muß mir von allen ganz schön was über die plötzliche Freundschaft anhören und weiß wirklich nicht wie oft ein Tischgespräch nicht schon über Heiraten im Hinterhaus ging, wenn der Krieg noch 5 Jahre dauern dürfte. Was machen wir uns eigentlich aus all diesen Elternsprüchen? Nicht viel jedenfalls, sie sind alle so blöd. Würden meine Eltern auch ihre Jugend vergessen haben? Es scheint so, sie nehmen uns wenigstens immer ernst wenn wir einen Witz machen und lachen über uns wenn wir ernst sind

deine Anne.

Donnerstag 16. Mrz. 1944.

Liebe Kitty,
Pf…, gell, gell, ein Weilchen von den düsteren Szenen befreit! Ich höre heute nichts anderes als wenn dies und das passiert, dann werden wir damit Schwierigkeiten bekommen und wenn der noch krank wird, stehen wir wie allein auf der Welt, wenn dann ….. nun ja den Rest weißt du schon, ich vermute wenigstens daß du die Hinterhäusler inzwischen ausreichend kennst um ihre Gespräche erraten zu können.
Der Anlaß des wenn, wenn, ist daß Kugler aufgerufen ist 6 Tage zu graben, Bep mehr als einen Stockschnupfen hat und wahrscheinlich morgen zu Hause bleiben muß, Miep von ihrer Grippe noch nicht geheilt ist und Kleiman eine Magenblutung mit Bewußtlosigkeit gehabt hat. Eine wahre Trauerliste für uns!
Das erste was Kugler unserer Meinung nach tun muß ist zu einem zuverlässigen Arzt zu gehen, ein gutes Attest schreiben zu lassen und das in Hilversum dem Rathaus zeigen. Die Lagerleute haben morgen für einen Tag frei bekommen, Bep ist dann allein im Büro. Wenn (schon wieder eins) Bep zu Hause bleibt dann bleibt die Tür verschlossen, müssen wir mäuschenstill sein, damit Keg uns nicht hört und kommt Jan die Verlassenen um 1 Uhr für ½ Stunde besuchen, er spielt dann gleichsam die Rolle eines Artiswärters.
Jan hat heute mittag zum erstenmal seit langer Zeit wieder mal etwas von der großen Welt erzählt. Du hättest uns 8 um ihn herum sehen müssen, es sah genau aus wie auf einem Bild von Grimm: Wenn Großmutter erzählt. – Er kam vom Hundertsten ins Tausendste vor seinem dankbaren Publikum, über das Essen natürlich in erster Linie. Frau Pf. eine Bekannte von Miep kocht für ihn. Diese Dame konnte nach viel Mühe drei Mohrrüben vom Gemüsemann bekommen. Vorgestern bekam Jan Karotten mit grünen Erbsen, gestern mußte er die Reste davon aufessen, heute kochte sie Ackererbsen und morgen wird aus den übriggebliebenen Karotten Eintopf gemacht.
Wir fragten nach Mieps Doktor. »Doktor?« fragte Jan, »was wollen Sie vom Doktor, ich rief heute morgen bei ihm an, bekam so ein Assistentchen ans Telefon, bat um ein Rezept gegen Grippe, die Antwort war daß ich morgens zwischen 8 und 9 Rezepte holen kann.« Wenn man eine sehr schwere Grippe hat kommt der Doktor selbst kurz an den Apparat, sagt strecken Sie mal Ihre Zunge raus, sagen Sie Aah. Ich höre es schon Sie haben einen roten Hals. Ich schreibe ein Rezept für Sie auf, können Sie bei dem Apotheker bestellen. Guten Tag, mein Herr.
Und damit basta. Bequeme Praxis ist das, ausschließlich Bedienung durch das Telephon. Aber ich soll den Ärzten nichts vorwerfen, schließlich hat jeder Mensch nur zwei Hände und in der gegenwärtigen Zeit gibt es einen Überfluß an Patienten und eine minimale Zahl Ärzte. Trotzdem mußten wir alle kurz lachen als Jan das Telephongespräch wiedergab. Ich kann mir wirklich vorstellen wie ein Arztwartezimmer gegenwärtig aussieht. Man schaut nicht mehr auf Kassenpatienten hinunter sondern auf Leute denen nichts Schlimmes fehlt und denkt dabei: »Mensch, was hast du hier zu suchen, nach hinten in die Reihe, schlimmer Patient hat Vorrang.«

deine Anne.

Freitag 17. März 1944.

Liebste Kitty,
Alles wieder all right! Kugler ist durch den großen Rat freigesprochen worden. Bep hat ihrer Nase einen Klaps gegeben und ihr streng verboten sie heute zu hindern. Durch das Hinterhaus weht der Wind der Erleichterung!

deine Anne.

Montag 27. März
1944.

Liebe Kitty,
Ein sehr großes Kapitel in unserer Versteckgeschichte auf Papier, muß eigentlich die Politik einnehmen, aber da dieses Thema mich persönlich nicht so sehr beschäftigt habe ich es viel zu viel links liegen gelassen. Darum werde ich heute mal einen ganzen Brief der Politik widmen. Daß sehr viele verschiedene Auffassungen bezüglich dieses Themas bestehen ist selbstverständlich, daß in schlimmen Kriegszeiten auch viel darüber gesprochen wird ist noch logischer, aber .... daß so viel Streit darüber gemacht wird ist einfach dumm! Laß sie wetten, lachen, schimpfen, nörgeln, laß sie alles tun wenn sie nur in ihrem eigenen Fett schmoren, aber laß sie keinen Streit machen, denn das hat meistens weniger gute Folgen. Die Menschen die von draußen kommen, bringen sehr viele unwahre Nachrichten mit; unser Radio hat jedoch bis jetzt noch nie gelogen. Jan, Miep, Kleiman, Bep und Kugler sind alle in ihren politischen Stimmungen up und down, Jan noch am wenigsten von ihnen.
Hier im Hinterhaus ist die Stimmung was die Politik angeht wohl immer dasselbe. Bei den zahllosen Debatten über Invasion, Luftbombardierungen, Speeches usw. usw. hört man auch zahllose Ausrufe wie unmooglik, *Um Gottes Willen,* wenn sie jetzt erst anfangen wollen was soll das dann wohl werden! es geht oitschtekend, prima, bestens!
Optimisten und Pessimisten und vor allem die Realisten nicht zu vergessen, geben mit unermüdlicher Energie ihre Meinung zum besten und wie das, mit allem geht, jeder denkt daß er allein recht hat. Eine gewisse Dame ärgert sich über das beispiellose Vertrauen das ihr Herr Gemahl in die Engländer setzt, ein gewisser Herr greift seine Dame an wegen ihrer neckischen und geringschätzigen Bemerkungen hinsichtlich seiner geliebten Nation!
Von morgens früh bis abends spät, und das Schönste ist daß es ihnen nie anfängt langweilig zu werden. Ich habe etwas herausgefunden und die Wirkung davon ist enorm, es ist als ob du jemanden mit Nadeln stichst und ihn dadurch aufspringen läßt. Genauso funktioniert mein Mittel, fange über die Politik an, eine Frage, ein Wort, einen Satz und sofort ist die ganze Familie mittendrin!

Als ob nun die deutschen Wehrmachtsberichte und die englischen B. B. C.'s noch nicht genug wären ist seit kurzer Zeit »eine *Luftlagemeldung*« eingerichtet worden. Großartig mit einem Wort, aber die Kehrseite der Medaille auch oft enttäuschend. Die Engländer machen aus ihren Luftwaffen einen Dauerbetrieb, nur mehr zu vergleichen mit den deutschen Lügen die dito, dito sind!
Also, Radio ist schon um 8 Uhr morgens an (wenn nicht früher) und wird jede Stunde gehört bis abends 9, 10 und oft auch 11. Dies ist der schönste Beweis daß die Erwachsenen Geduld und schwer zu erreichende Gehirne haben, (manche natürlich, ich will niemanden beleidigen) wir würden nach einer höchstens zwei Sendungen doch schon längst für den ganzen Tag genug haben! Aber die alten Gänse, nun ja ich sagte es ja schon!
Arbeiter-Programm, Oranje, Frank Philips oder Ihre Majestät Wilhelmina alles bekommt seine Reihe und ein ebenso williges Ohr und sind sie nicht am Essen oder am Schlafen, dann sitzen sie am Radio und reden über Essen, Schlafen und Politik. Uff, es wird langweilig und ein richtiges Kunststück dabei kein langweiliges Mütterchen zu werden. Bei den alten Herrschaften kann das letztere nicht mehr so viel schaden!
Um ein leuchtendes Beispiel zu geben, ist die Rede des von uns allen sehr geliebten Windston Churchil ideal.
Neun Uhr, Sonntagabend. Der Tee unter der Haube auf dem Tisch, die Gäste kommen herein.

Pf. neben das Radio links, Herr [van Pels] davor, Peter daneben. Mutter neben Herrn [van Pels], Frau [van Pels] dahinter. Margot und ich ganz hinten und Pim am Tisch. Ich merke daß ich nicht sehr deutlich schreibe wie wir sitzen, aber letztendlich tun unsere Plätze nicht viel zur Sache. Die Herren paffen, Peters Augen fallen von dem anstrengenden Zuhören zu, Mama in langem dunklem Négligé und Frau [van Pels] am Bibbern wegen der Flieger die sich aus der Rede nichts machten und lustig nach Essen fliegen, Vater Tee schlürfend, Margot und ich schwesterlich vereint durch die schlafende Mouschi die zwei verschiedene Knie in Beschlag nimmt. Margot hat Lockenwickler in den Haaren, ich bin gekleidet in ein viel zu kleines, zu enges und zu kurzes Nachtgewand.
Es scheint intim, gemütlich, friedlich, das ist für dieses Mal auch so, doch warte ich mit Schrekken die Folgen der Rede ab.
Sie können ja fast nicht abwarten, zappeln vor Ungeduld, ob nicht wieder ein Streit kommt! Kst, kst als ob eine Katze aus Maus aus ihrem Loch lockt, so stacheln sie einander auf zu Streit und Uneinigkeit!

deine Anne.

Mittwoch 29. März
1944.

Liebe Kitty,
Gestern abend sprach Minister Bolkesteyn am Oranje-Sender darüber daß nach dem Krieg eine Sammlung von Tagebüchern und Briefen von diesem Krieg durchgeführt würde. Natürlich stürmten sie alle direkt auf mein Tagebuch los.
Stell dir mal vor wie interessant es sein würde, wenn ich einen Roman vom Hinterhaus herausgeben würde; nach dem Titel allein würden die Leute denken, daß es ein Detektiv-Roman wäre. Aber nun im Ernst es muß ungefähr 10 Jahre nach dem Krieg schon komisch anmuten wenn wir erzählen wie wir als Juden, hier gelebt, gegessen und gesprochen haben. Auch wenn ich dir viel von uns erzähle trotzdem weißt du doch nur ein ganz kleines bißchen von unserem Leben.
Wieviel Angst die Damen haben wenn sie bombardieren, z. B. am Sonntag als 350 englische Maschinen ½ Million Kilo Bomben auf IJmuiden abgeworfen haben, wie dann die Häuser zittern wie ein Grashalm im Wind, wie viele Epidemien hier herrschen, von all diesen Dingen weißt du nichts und ich würde den ganzen Tag weiterschreiben müssen wenn ich dir alles bis in die Einzelheiten nacherzählen müßte. Die Leute stehen Schlange für Gemüse und alle möglichen anderen Dinge, die Ärzte können nicht zu den Kranken kommen weil alle naselang ihr Fahrzeug gestohlen wird, Einbrüche und Diebstähle gibt es hier jede Menge, sogar so daß man sich anfängt zu fragen ob etwas in die Niederländer gefahren ist daß sie plötzlich so diebisch geworden sind. Kleine Kinder von 8 und 11 Jahren schlagen die Scheiben von Wohnungen ein und stehlen was lose und was fest ist. Niemand wagt für fünf Minuten seine Wohnung zu verlassen, denn wenn du weg bist ist dein Kram auch weg. Jeden (jeden) Tag stehen Anzeigen mit Belohnungen für das Wiederbringen gestohlener Schreibmaschinen, Perserteppiche, elektrischer Uhren, Stoffe usw. in der Zeitung. Elektrische Straßenuhren werden abmontiert, die Telephone in den Zellen bis auf den letzten Draht auseinandergenommen. Die Stimmung unter der Bevölkerung kann nicht gut sein, jeder hat Hunger, mit der Wochenration kann man noch keine zwei Tage auskommen, außer dem Ersatzkaffee. Die Invasion läßt lange auf sich warten, die Männer müssen nach Deutschland, die Kinder werden krank oder sind unterernährt, alles hat schlechte Kleider und schlechte Schuhe.
Eine Sohle kostet illegal f7.50 dabei nehmen die meisten Schuhmacher keine Kunden an oder man muß 4 Monate auf die Schuhe warten, die oft inzwischen verschwunden sind.

Eine Sache ist dabei gut, daß nämlich die Sabotage gegen die Behörde immer schlimmer wird, in dem Maße wie die Ernährung schlechter und die Maßnahmen gegen das Volk strenger werden. Das Zuteilungs-Amt, die Polizei, die Beamten, alles tut entweder mit um den Mitbürgern zu helfen oder verrät sie und läßt sie dadurch ins Gefängnis bringen. Zum Glück steht nur ein kleiner Prozentsatz der niederländischen Bürger auf der falschen Seite.

deine Anne.

Tagebucheintrag vom 20. Juni 1942

Editorische Notiz

Ende der neunziger Jahre tauchten fünf bis dahin unbekannte Manuskriptseiten aus dem Tagebuch von Anne Frank auf.[74] *Mit Erlaubnis des Anne Frank Fonds Basel wurde eine längere Passage mit dem Datum 8. Februar 1944 in die Lesefassung (Version d) aufgenommen und dem bereits existierenden Eintrag desselben Datums hinzugefügt. Die kurze Fassung des Eintrags vom 20. Juni 1942, die im Folgenden abgedruckt ist, wurde nicht berücksichtigt, weil bereits eine ausführlichere Version im Tagebuch existiert. Der hier abgedruckte Eintrag stammt aus der Version b des Tagebuchs, wurde also wahrscheinlich von Anne Frank nachträglich angefertigt.*

Es ist eine ganz neue und eigenartige Erfahrung für mich, in ein Tagebuch zu schreiben. Ich habe es bis jetzt noch nie getan, und wenn ich eine gute Freundin hätte, der ich alles, was mir auf dem Herzen liegt, erzählen könnte, würde ich nicht daran gedacht haben, mir ein dickes, kartoniertes Heft anzuschaffen und es mit dem Unsinn vollzukritzeln, den später keinen mehr interessieren wird. Aber da ich das Heft nun mal gekauft habe, werde ich weitermachen und dafür sorgen, dass es nicht nach einem Monat in einer vergessenen Ecke liegen bleibt, und ich werde auch dafür sorgen, dass niemand es in die Hände bekommt. Vater, Mutter und Margot mögen wohl ganz lieb sein, und ich kann es ihnen auch erzählen, aber mit meinem Tagebuch und Freundinnen-Geheimnissen haben sie trotzdem nichts zu tun. Um mir noch mehr einzubilden, dass ich eine Freundin habe, eine echte Freundin, die meine Liebhabereien mit mir teilt und meine Sorgen versteht, werde ich mein Tagebuch nicht einfach führen, sondern meine Briefe an eine Freundin-in-der-Einbildung richten, Kitty.
Also dann los!

74 Vgl. hierzu ausführlich Melissa Müller, Das Mädchen Anne Frank. Die Biographie. Frankfurt am Main 2013; A. d. Hg.

Stammbaum der Familie Frank

Abraham Süßkind Stern ∞ Golde b'Herz (1. Ehe)
* 1764 † 1804
† 5.7.1838

Vögele Eva Reiss (2. Ehe)
* 1775
† 7.3.1859

Moritz (Moses) Stern ∞ Bertha, geb. Simon
* 29.6.1807 Ffm * 5.4.1823 Leipzig
† 30.1.1894 Zürich † 24.12.1850 Göttingen

Emanuel Stern ∞ Hanchen, geb. Bauer (1. Eh
* 14.11.1799 Ffm * 11.2.1799 Ffm
† 5.10.1841 Ffm † 31.1.1834 Ffm

Helene,
geb. Schwarzschild (2. Ehe
* 5.1.1806 Ffm
† 12.4.1886 Ffm

Bernhard Stern ∞ Antonie, geb. Lenel
* 11.2.1835 Ffm * 8.6.1839 Mannheim
† 13.1.1893 Ffm † 17.12.1912 Ffm

August Heinrich Stern
* 14.7.1838 Ffm
† 8.2.1878

Alfred Stern ∞ Clara (Klärchen) Stern
* 22.11.1846 Göttingen * 1.12.1862 Ffm
† 24.3.1936 Zürich † 10.12.1933 Zürich

Carl Elias ∞ Ida, geb. Neu
* 23.3.1855 Zweibrücken * 11.4.1868 Homburg
† 23.11.1929 Zweibrücken † 15.1.1957 Basel

4 Kinder
(Dora, Emma, Georg, Antonie)

Paul Elias
* 27.10.1895 Zweibrücken
† KZ Auschwitz

Johanna Elias
* 10.1.1893 Zweibrücken
† 29./30.8.1911 Zweibrücken

1. Robert Frank ∞ Charlotte, geb. Witt
* 7.10.1886 Ffm * 26.1.1900 Magdeburg
† 23.5.1953 London †

4. Helene, geb. Frank ∞ Erich Elias
* 8.9.1893 Ffm * 6.11.1890 Zweibrücken
† 2.10.1986 Basel † 2.10.1984 Basel

Stephan Elias
* 20.12.1921 Ffm
† 24.8.1980 Basel

Bernhard (Buddy) Elias ∞ Gerti, geb. Wiedner
* 2.6.1925 Ffm * 8.5.1933 Oberhaag, Österr

Dieser Stammbaum erhebt keinen Anspruch auf Vollständigkeit. Der Verlag dankt Alice Frank-Schulman, Paris, Edith Oppenheimer († 2008), Lotti Thyes und Wolf von Wolzogen für ihre hilfreichen Vorarbeiten.

uda Nathan Cahn ∞ Gütte, geb. Sänger
* 1748 † 29.4.1837
† 19.5.1833

Nathan David Cahn ∞ Madl[e] Amalie b'Jakob Haas
* 24.1.1776 * 1785
† 1862

Elkan Juda Cahn ∞ Betty, geb. Cahn
* 8.10.1796 Ffm * 1806
† 28.10.1884 Ffm † 20.4.1853

Zacharias Frank ∞ Barbara (Babette), geb. Hammelfett
* 19.4.1811 Niederhochstadt * 28.5.1814 Fürth
† 27.7.1884 Landau † 10.10.1891 Ffm

rnelia, geb. Cahn
15.9.1840 Ffm
21.7.1921 Ffm

9 Kinder
(Rebekka, Jakob, Rosalia, Sophie, Veronika, Arnold, Michael, Leon, Caroline)

e Betty, geb. Stern ∞ Michael Frank
20.12.1865 Ffm * 9.10.1851 Landau
20.3.1953 Basel † 17.9.1909 Ffm

Abraham Holländer ∞ Rosa, geb. Stern
* 27.10.1860 Eschweiler * 25.12.1866 Schwalbach
† 19.1.1928 Aachen † 1942 Amsterdam

Herbert Frank ∞ Hortense, geb. Schott
13.10.1891 Ffm * 21.10.1899 Newport/USA
20.3.1987 Basel †

2. **Otto Frank** ∞ **Edith, geb. Holländer** (1. Ehe)
* 12.5.1889 Ffm * 16.1.1900 Aachen
† 19.8.1980 Basel † 6.1.1945 KZ Auschwitz

Elfriede (Fritzi), geb. Markovits, verw. Geiringer (2. Ehe)
* 13.2.1905 Wien
† 1.10.1998 London

Margot Betti Frank (aus 1. Ehe)
* 16.2.1926 Ffm
† März 1945 KZ Bergen-Belsen

Anne (Annelies Marie) Frank (aus 1. Ehe)
* 12.6.1929 Ffm
† März 1945 KZ Bergen-Belsen

Zeittafel

12. Juni 1929	Annelies Marie Frank, genannt Anne, wird in Frankfurt geboren. Ihre Eltern sind Otto Frank, geb. 1889, und Edith Frank, geb. 1900. Annes Schwester Margot ist am 16. Februar 1926 auf die Welt gekommen.
1931	Umzug der Familie Frank vom Marbachweg 307 in die Ganghoferstraße
Dezember 1933	Umzug der Familie Frank zu Alice Frank in die Mertonstraße
30. Januar 1933	Machtübernahme Adolf Hitlers
September 1933	Umzug Otto Franks nach Amsterdam, während Edith mit den beiden Töchtern für einige Monate nach Aachen zu ihrer Mutter zieht.
Februar 1934	Ankunft von Edith, Margot und Anne Frank in Amsterdam, Merwedeplein 37
1. September 1939	Ausbruch des Zweiten Weltkriegs mit dem Überfall Deutschlands auf Polen
10. Mai 1940	Einfall der deutschen Truppen in den Niederlanden
14. Mai 1940	Kapitulation der Niederlande
20. Januar 1942	Auf der »Wannsee-Konferenz« wird die »Endlösung« der Judenfrage beschlossen.
Mai 1942	Einführung des »Judensterns« in den Niederlanden
12. Juni 1942	Anne Frank bekommt zu ihrem dreizehnten Geburtstag ein leeres Buch mit rot-weiß-kariertem Einband geschenkt und beginnt, ihr Tagebuch zu führen.
5. Juli 1942	Aufruf an Margot Frank, sich zum »Arbeitseinsatz im Osten« zu melden
6. Juli 1942	Otto und Edith Frank tauchen mit ihren beiden Töchtern Anne und Margot in dem vorbereiteten Versteck im Hinterhaus der Prinsengracht 263 unter.
13. Juli 1942	Auguste und Hermann van Pels ziehen mit ihrem Sohn Peter ebenfalls ins Hinterhaus ein.
16. November 1942	Fritz Pfeffer taucht im Hinterhaus unter.
10. Juli 1943	Landung der Alliierten Truppen auf Sizilien
6. Juni 1944	Landung der Alliierten Truppen in der Normandie
4. August 1944	Verhaftung der acht Untergetauchten sowie ihrer Helfer Victor Kugler und Johannes Kleiman
5. August 1944	Die acht Untergetauchten werden ins »Judendurchgangslager« Westerbork verbracht.
3. September 1944	Alle acht werden im letzten Transport von Westerbork nach Auschwitz deportiert, wo sie am 6. September ankommen. Edith, Margot und Anne Frank kommen ins Frauenlager Auschwitz-Birkenau.

September 1944	Hermann van Pels stirbt bald nach seiner Ankunft in Auschwitz in der Gaskammer. Das Todesdatum seiner Frau Auguste ist unbekannt.
Ende Oktober/ Anfang November 1944	Anne und Margot werden ins KZ Bergen-Belsen gebracht.
20. Dezember 1944	Fritz Pfeffer stirbt im KZ Neuengamme.
6. Januar 1945	Edith Frank stirbt im KZ Auschwitz-Birkenau.
27. Januar 1945	Befreiung des KZ Auschwitz durch die Rote Armee. Zu den Überlebenden gehört Otto Frank.
Ende Februar/ Anfang März 1945	Margot und Anne Frank sterben an Typhus im Lager Bergen-Belsen.
5. Mai 1945	Peter van Pels stirbt im KZ Mauthausen, nachdem er einen »Evakuierungsmarsch« aus dem KZ Auschwitz überlebt hat.
8. Mai 1945	Ende des Zweiten Weltkriegs
1947	Erscheinen der niederländischen Ausgabe des Tagebuchs der Anne Frank (Version c) unter dem Titel »Het Achterhuis« (Das Hinterhaus)
1950	Erscheinen der deutschen Ausgabe des »Tagebuchs der Anne Frank« (Version c), übersetzt von Anneliese Schütz
19. August 1980	Otto Frank stirbt in Birsfelden in der Schweiz.
1986	Das Niederländische Staatliche Institut für Kriegsdokumentation veröffentlicht die Kritische Ausgabe unter dem Titel »Die Tagebücher der Anne Frank« (Versionen a, b und c).
1991	Unter dem Titel »Anne Frank. Tagebuch« erscheint eine erweiterte Neuausgabe in der Übersetzung von Mirjam Pressler (Version d). Sie ist die weltweit verbindliche Leseausgabe.
Oktober 2013	Zum ersten Mal erscheint eine vollständige Gesamtausgabe mit sämtlichen bekannten Schriften Anne Franks.

Auswahlbibliographie

Textausgaben

Das Tagebuch der Anne Frank. 14. Juni – 1. August 1944. Aus dem Holländischen übertragen von Anneliese Schütz. Lambert Schneider, Heidelberg 1950 [Version c]

Das Tagebuch der Anne Frank. 14. Juni – 1. August 1944. Aus dem Holländischen übertragen von Anneliese Schütz. Union Verlag, Berlin 1957 [DDR-Lizenz der westdeutschen Ausgabe; Version c]

Geschichten und Ereignisse aus dem Hinterhaus, aufgeschrieben von Anne Frank. Aus dem Niederländischen von Edith Schmidt, Anneliese Schütz und Josh van Soer. Mit einer Einführung von Gerold van der Stroom. Fischer Taschenbuch Verlag, Frankfurt am Main 2001

Rijksinstituut voor Oorlogsdocumentatie / Niederländisches Staatliches Institut für Kriegsdokumentation (Hrsg.): Die Tagebücher der Anne Frank. Aus dem Niederländischen von Mirjam Pressler. S. Fischer, Frankfurt am Main 1988. [Die Ausgabe enthält die Versionen a, b und c der Tagebücher und wird auch ›Kritische Ausgabe‹ genannt.]

Anne Frank Tagebuch. Fassung von Otto H. Frank und Mirjam Pressler. Aus dem Niederländischen von Mirjam Pressler. S. Fischer, Frankfurt am Main 1988 [Version d]

Biographien und Bücher über Anne Frank

Anne-Frank-Zentrum (Hrsg.): Liebe Anne. Ein Buch für Anne Frank. S. Fischer, Frankfurt am Main 2005

Irène Cohen-Janca u. a.: Annes Baum. Gerstenberg, Hildesheim 2011

Theo Coster: In einer Klasse mit Anne Frank. Herbig, München 2011

Charlotte Degen: Guten Morgen, lieber Kastanienbaum. Gespräche um Anne Frank. Johannis, Lahr 1994

Miep Gies: Meine Zeit mit Anne Frank. Der Bericht jener Frau, die Anne Frank und ihre Familie in ihrem Versteck versorgte, sie lange Zeit vor der Deportation bewahrte – und doch nicht retten konnte. Fischer Taschenbuch Verlag, Frankfurt am Main 2009

Alison Leslie Gold: Erinnerungen an Anne Frank. Nachdenken über eine Kinderfreundschaft. Ravensburger, Ravensburg 2000

Matthias Heyl: Anne Frank. rororo Monographie. Rowohlt, Reinbek 2002

Carol Ann Lee: Anne Frank. Die Biographie. Piper, München 1999

Willy Lindwer: Anne Frank. Die letzten sieben Monate. Augenzeuginnen berichten. Fischer Taschenbuch Verlag, Franfurt am Main 1990

Menno Metselaar / Ruud van der Rol: Die Geschichte der Anne Frank. Oetinger, Hamburg 2005

Melissa Müller: Das Mädchen Anne Frank. Die Biographie. Fischer Taschenbuch Verlag, Frankfurt am Main 2013

Mirjam Pressler / Gerti Elias: »Grüße und Küsse an alle«. Die Geschichte der Familie von Anne Frank. S. Fischer, Frankfurt am Main 2009

Mirjam Pressler: Ich sehne mich so. Die Lebensgeschichte der Anne Frank. Beltz & Gelberg, Weinheim und Basel 1992

Ernst Schnabel: Anne Frank. Spur eines Kindes. Ein Bericht. S. Fischer, Frankfurt am Main 1997

Eva Schweikart / Sabine Zürn: Anne Frank. Eine Dokumentation ihres Lebens und ihrer Zeit. Ravensburger, Ravensburg 2002

Marion Siems: Erläuterungen und Dokumente zu Anne Frank: Tagebuch. Reclam, Stuttgart 2003

Jürgen Stehn / Wolf von Wolzogen (Hrsg.): Anne aus Frankfurt. Leben und Lebenswelt der Anne Frank. Katalog zur Ausstellung im Historischen Museum Frankfurt am Main 1990

Jacqueline van Maarsen: »Deine beste Freundin Anne Frank«. Erinnerungen an den Krieg und eine besondere Freundschaft. S. Fischer, Frankfurt am Main 2013

Jacqueline van Maarsen: Die Erbschaft. Erinnerungen der Jugendfreundin von Anne Frank. S. Fischer, Frankfurt am Main 2006

Jacqueline van Maarsen: Ich heiße Anne, sagte sie, Anne Frank. S. Fischer, Frankfurt am Main 2005

Jacqueline van Maarsen: Meine Freundin Anne Frank. Droemer, München 1997

Cara Wilson: Alles Liebe, Otto. Der Briefwechsel zwischen Cara Wilson und Otto Frank – Das Erbe der Anne Frank. Perseus, Basel 1996

Die Übersetzerin und die Beiträger

Mirjam Pressler, geboren 1940 in Darmstadt, besuchte die Hochschule für Bildende Künste in Frankfurt am Main und lebt heute als Übersetzerin und Schriftstellerin in der Nähe von München. Sie ist die Übersetzerin des Tagebuchs der Anne Frank sowie der Kritischen Ausgabe der Tagebücher von Anne Frank. Mit großem Erfolg hat sie insgesamt fast vierzig Bücher publiziert. Mirjam Pressler ist mit zahlreichen Preisen ausgezeichnet worden, so u. a. 1995 mit dem Deutschen Jugendliteraturpreis, 2001 mit der Carl-Zuckmayer-Medaille für Verdienste um die deutsche Sprache, 2002 mit dem Deutschen Bücherpreis (Kinderbuch), 2004 mit dem Deutschen Bücherpreis für ihr literarisches Lebenswerk, 2010 mit dem Deutschen Jugendliteraturpreis Sonderpreis Gesamtwerk, 2013 mit der Buber-Rosenzweig-Medaille, 2015 mit dem Preis der Leipziger Buchmesse (Kategorie Übersetzung). Mirjam Pressler hat eine Biographie Anne Franks veröffentlicht (Ich sehne mich so. Die Lebensgeschichte der Anne Frank) und, zusammen mit Gerti Elias, eine Geschichte der Familie Frank (»Grüße und Küsse an alle«. Die Geschichte der Familie von Anne Frank, S. Fischer Verlag, Frankfurt am Main 2009).

Gerhard Hirschfeld, geboren 1946, ist Professor am Institut für Geschichte der Universität Stuttgart. Bis 2011 war er Direktor der Bibliothek für Zeitgeschichte in Stuttgart. Forschungsschwerpunkte sind u. a. die Geschichte des Ersten Weltkriegs sowie Frankreich und die Niederlande unter deutscher Besatzung im Zweiten Weltkrieg. Mitglied zahlreicher wissenschaftlicher Gremien, u. a. des Niederländischen Staatlichen Instituts für Kriegsdokumentation und des Historial de la Grande Guerre. Veröffentlichungen u. a.: Fremdherrschaft und Kollaboration. Die Niederlande unter deutscher Besatzung 1940–1945, Stuttgart 1984; Kollaboration in Frankreich. Politik, Wirtschaft und Kultur während der nationalsozialistischen Besatzung 1940–1944, S. Fischer Verlag, Frankfurt am Main 1991; Enzyklopädie Erster Weltkrieg (zus. mit Gerd Krumeich und Irina Renz), 2. Aufl. Paderborn 2014; Deutschland im Ersten Weltkrieg (zus. mit Gerd Krumeich), S. Fischer Verlag, Frankfurt am Main 2013.

Francine Prose, geboren 1947, lebt als Schriftstellerin und Literaturkritikerin in New York. Sie lehrt als Gastprofessorin Literatur am Bard College und ist seit 2007 Präsidentin des amerikanischen PEN-Zentrums. Francine Prose schreibt regelmäßig u. a. für die New York Times und The Atlantic und ist die Autorin von 15 Romanen und 4 Sachbüchern, darunter ein einschlägiges, in viele Sprachen übersetztes Werk über das Tagebuch der Anne Frank und sein Nachleben: Anne Frank: The Book, the Life, the Afterlife, New York 2008.

Der Anne Frank Fonds Basel (AFF) wurde 1963 von Otto Frank gegründet und ist die einzige von ihm legitimierte Organisation, zugleich Universalerbe und gemäß seinem Testament Rechteinhaber der Werke der Familie. Der AFF ist eine gemeinnützige Stiftung und untersteht der Schweizerischen Stiftungsaufsicht. Die Einnahmen aus Buchverkäufen und Lizenzen werden für viele karitative und edukative Projekte gespendet. Hierbei kooperiert der AFF weltweit mit UNICEF. Im Vordergrund der Kooperation stehen Bildungsprogramme und die Aufklärungsarbeit über Kinderrechte.

Bildnachweis

Seite 481 oben, Seite 483 oben, Seite 484 unten, Seite 485 oben und unten sowie Seite 488 oben und unten mit freundlicher Genehmigung des Anne Frank Fonds Basel und der Anne Frank Stichting, Amsterdam.

Alle weiteren Abbildungen mit freundlicher Genehmigung des Anne Frank Fonds Basel.

Editorische Nachbemerkung

In der vorliegenden Ausgabe sind zum ersten Mal sämtliche dem Herausgeber und der Wissenschaft bekannten Schriften von Anne Frank versammelt. Ausschlaggebend für die Aufnahme in die Gesamtausgabe war das Kriterium, dass die Texte von Anne Frank verfasst sein mussten. Die sogenannte Version d wurde 1991 von Mirjam Pressler im Auftrag des Anne Frank Fonds Basel auf der Basis von Otto Franks 1947 zusammengestellter Version c um zahlreiche Auszüge aus a und b erweitert und ist somit die vollständigste und heute weltweit gültige Fassung des Tagebuchs. Daher haben sich die Herausgeber entschieden, die Gesamtausgabe mit dieser Version zu eröffnen und Version und a und b in den Anhang zu übernehmen. Version a und b waren bisher nicht in fortlaufender Form zugänglich; die vorliegende Ausgabe bietet zum ersten Mal die Möglichkeit, Version d mit Blick auf die beiden Erstfassungen des Tagebuchs zu lesen. Auf eine Aufnahme von Version c wurde verzichtet, weil diese seit langem durch die Version d abgelöst worden ist.

Anne Franks »Geschichten und Ereignisse aus dem Hinterhaus« wurden in einer Neuübersetzung von Mirjam Pressler aufgenommen – damit ist gewährleistet, dass die Übersetzung sämtlicher Texte der Gesamtausgabe aus einem Guss ist und denselben Maßstäben folgt.

Bisher nur vereinzelt veröffentlicht wurden die Briefe der heranwachsenden Anne Frank, die zum einen ihre Verbundenheit mit dem inzwischen in der Schweiz lebenden Teil der Familie beweisen und zum anderen dokumentieren, wie Anne Franks Muttersprache Deutsch allmählich vom Niederländischen abgelöst wurde. In dieser Ausgabe werden die Briefe erstmals gesammelt zugänglich gemacht. Weitgehend unbekannt waren bisher auch zwei weitere Sammlungen von Anne Frank – zum einen das »Schöne-Sätze-Buch«, in das sie Absätze, Verse und Denksprüche eintrug, die ihr während ihrer intensiven Lesetätigkeit im Hinterhaus auffielen und gefielen; zum anderen das »Ägyptenbuch«, in dem sie Kapitel aus der antiken Mythologie aus der Zeitschrift »Kunst in Beeld« abschrieb, mit aufgeklebten Bildern versah und teilweise selbst nacherzählte. Des Weiteren finden sich noch kürzere Textausschnitte und Poesiealbeneinträge in der vorliegenden Gesamtausgabe.

Überdies wurden in der vorliegenden Ausgabe einige der Kürzel aufgelöst, die das Rijksinstitut voor Orlogsdocumentatie (Niederländisches Staatliches Institut für Kriegsdokumentation) mehreren von Anne Frank beschriebenen Personen gegeben hatte, die anonym bleiben wollten.

Soweit nicht anders angegeben, folgt die Ausgabe der Handschrift Anne Franks. Flüchtigkeitsfehler wurden stillschweigend korrigiert. Die im Original auf Deutsch verfassten Begriffe und Passagen sind als solche kenntlich gemacht; in diesen Fällen wurde die teils nicht korrekte Orthographie beibehalten. Version a und b der Tagebücher wurden in der alten Rechtschreibung gesetzt und berücksichtigen auch in der deutschen Übersetzung Anne Franks Grammatik und Interpunktion des niederländischen Originals.

Kinder haben Rechte

Anne Franks Schicksal und ihr Tagebuch stehen als Mahnmal gegen Menschenrechtsverbrechen. Das jüdische Mädchen ist zur Symbolfigur für Millionen von Kindern geworden, die bis zum heutigen Tag Opfer von Rechtsverstößen werden. Umso wichtiger ist die konsequente Umsetzung der im Jahr 1989 von der UNO verabschiedeten Kinderrechtskonvention. Sie ist weltweit das erste und bislang einzige Dokument, das die bestehenden Menschenrechtsverträge und Standards auf die Bedürfnisse von Kindern ausrichtet und ihre Interessen verbindlich festhält.

Die 54 Artikel umfassende Kinderrechtskonvention richtet sich an alle unter 18-jährigen Menschen nach drei Grundprinzipien:

- Recht auf Schutz
- Recht auf Förderung
- Recht auf Beteiligung

Mit ihrem Engagement setzen sich der Anne Frank Fonds Basel und UNICEF, das Kinderhilfswerk der Vereinten Nationen, dafür ein, auf die Rechte der Kinder aufmerksam zu machen und ihnen weltweit zur Umsetzung zu verhelfen.

ANNE FRANK FONDS®
FOUNDED BY OTTO FRANK

unicef

Mirjam Pressler
Gerti Elias
Grüße und Küsse an alle
Die Geschichte der Familie von Anne Frank
432 Seiten. Gebunden

Wie durch ein Wunder haben zahllose Briefe, Dokumente und Fotos auf dem Dachboden des Hauses der Familie Frank in der Baseler Herbstgasse überlebt und wurden dort vor einiger Zeit entdeckt – ein Sensationsfund. Die wunderbare Erzählerin Mirjam Pressler hat daraus die so einzigartige wie exemplarische Geschichte der deutsch-jüdischen Familie Frank zusammengefügt.

»Dieses Buch porträtiert Anne Franks Vorfahren und ist dabei so reich an schillernden Figuren, dass man meint, man stecke mitten in einem packenden Familienroman.«
Brigitte

S. Fischer

fi 1-022303 / 1